LA FRANCE

LITTÉRAIRE.

DE L'IMPRIMERIE DE A. FIRMIN DIDOT,

RUE JACOB, N° 24.

LA FRANCE

LITTÉRAIRE,

OU

DICTIONNAIRE BIBLIOGRAPHIQUE

DES SAVANTS, HISTORIENS ET GENS DE LETTRES DE LA FRANCE,
AINSI QUE DES LITTÉRATEURS ÉTRANGERS QUI ONT ÉCRIT EN
FRANÇAIS, PLUS PARTICULIÈREMENT PENDANT LES XVIIIe ET
XIXe SIÈCLES.

Ouvrage dans lequel on a inséré, afin d'en former une Bibliographie nationale complète,
l'indication 1° des réimpressions des ouvrages français de tous les âges; 2° des diverses
traductions en notre langue de tous les auteurs étrangers, anciens et modernes; 3° celle
des réimpressions faites en France des ouvrages originaux de ces mêmes auteurs étrangers, pendant cette époque.

PAR J.-M. QUÉRARD.

The chief glory of every people arises
from its authors. JOHNSON.

TOME TROISIÈME.

PARIS,

CHEZ FIRMIN DIDOT FRÈRES, LIBRAIRES,
RUE JACOB, N° 24.

M DCCC XXIX.

I

LA FRANCE

LITTÉRAIRE.

E.

EANDI. Voy. VASSALI.

EARLE (Gilbert). Esquisses sentimentales, ou Fragments du journal d'un Anglais ; traduits sur les Mémoires de Gilbert Earle. *Paris, Didot jeune ; Lugan*, 1826, 2 vol. in-12, 5 fr.

EBAUDY DE FRESNE, né à Vesoul (Haute-Saône), vers 1760.
— Plan de restauration et de la libération, fondé sur les principes de la législation et de l'économie politique, proposé aux États-Généraux. *Vesoul, Poirson*, 1789, in-8.
— Traité d'Agriculture, considérée tant en elle-même que dans ses rapports d'économie politique, avec les preuves tirées de la comparaison de l'agriculture, du commerce et de la navigation, etc. *Vesoul, le même*, 1788, 3 vol. in-8.

EBEL (Jean-Godefroi), docteur en médecine, membre de l'Académie des sciences de Munich ; né à Francfort-sur-le-Mein, dans le XVIIIe siècle.
— Instructions pour un voyageur qui se propose de parcourir la Suisse, etc. trad. de l'allem., par le traducteur du « Socrate rustique»(FREY DES LANDRES), avec des corrections et additions. *Bâle*, 1795, 2 part. in-12.
— Manuel du voyageur en Suisse, ouvrage où l'on trouve les directions nécessaires pour recueillir tout le fruit et toutes les jouissances que peut se promettre un étranger qui parcourt ce pays-là. (Traduit de

l'allem.). IIIe édit. originale. *Zurich, Orell et Comp.*, 1818, 4 vol. in-12, dont un de planches, 34 fr.
— Le même, traduction (abrégée) de l'allemand. VIe édit. française, soigneusement rev. et considérablement augm. *Paris, H. Langlois*, 1826, in-12 avec une pl. et une carte, 10 fr.

L'éditeur a retranché toute la partie géologique, minéralogique, botanique, etc., qui se trouve dans l'édition précédente.

EBERHARD (Jean-Auguste), théologien allemand ; né à Alberstad, le 31 août 1739, mort le 7 janvier 1809.
— Examen de la doctrine touchant le salut des païens, ou nouvelle Apologie pour Socrate ; trad. de l'allem. (par DUMAS). *Amsterdam, Van Harrevelt*, 1773, in-8.

Cet ouvrage est dirigé contre la réfutation ironique que que publia Turgot, sous le titre de « Trente-sept vérités opposées aux Trente-sept impiétés contenues dans Bélisaire ». Le bachelier Ubiquiste, ou plutôt Turgot, réfute dans cet opuscule les hérésies que la Sorbonne trouvait dans le roman de Marmontel ; mais Eberhard a pris cette réfutation pour une seconde censure de la Sorbonne. *Barb.*

EBERHART, imp. à Paris. Cours de langue allemande, à l'usage des personnes qui désirent apprendre cette langue d'elles-mêmes et en très-peu de temps. *Paris, Eberhart*, 1801, 2 vol. in-8, 6 fr.

Ce Cours se compose d'une Grammaire et de la traduction interlinéaire du Nouveau Robinson, de Campe.

EBERMAYER (Ch.). Manuel des pharmaciens et des droguistes, ou Traité des

caractères distinctifs des altérations et so-
phistications des médicaments simples et
composés; trad. de l'allem. sur la dernière
édit., et approprié à la nouvelle pharmacopée française, par J.-B. KAPELER et J.-B.
CAVENTOU. *Paris, Brosson et Chaudé*, 1821,
2 vol. in-8, 11 fr.

EBERSTEIN (le baron). * Remarques
critiques sur le « Tableau historique et
politique de la colonie de Surinam », ou
Lettre d'un inconnu à Ph. Fermin. *Londres (Amsterdam)*, 1779, in-8.

Avec Chion Duvergier.

EBERTS (J.-Henri), associé honoraire
de l'Académie imp. des beaux-arts.

Eberts nous a donné la traduction de cinq pièces
allemandes : le Page (1781), et la Piété filiale(1781),
voy. ENGEL ; Pas plus de six plats (1781), voy. GROSS-
MANN ; les Juifs (1781), voy. LESSING, et le Comte
de Waltron (1782) voy. MOLLER.

ECHALLARD (Oliv.), bénédictin. École
(l') du pur amour de Dieu, dans la vie
d'une pauvre fille idiote, Armelle Nicolas,
décédée en Bretagne ; par une religieuse
de sa connaissance. Nouv. édit. (publ. par
P. POIRET.) *Cologne (Hollande)*; 1704,
in-12.

La première et la seconde édition de cet ouvrage,
dans le genre de la « Vie de la sœur de la Nativité »,
ont paru en France en 1676 et 1683, sous le titre de
« Triomphe de l'amour divin ». La religieuse mentionnée sous le titre de l'ouvrage est Jeanne de la
Nativité, ursuline de Vannes, sur le compte de qui
l'auteur a voulu le faire passer. *Barb.*

ÉCHARD (Jacq.), religieux de l'ordre
de Saint-Dominique ; né à Rouen, le 22
septembre 1644, mort à Paris, le 15 mars
1724.
—Scriptores ordinis prædicatorum recen-
siti. 1719-21, 2 vol. in-fol.

Ouvrage estimé que le P. Quétif avait commencé,
et que la mort l'empêcha de continuer. Jacq. Échard,
son éditeur, profita de huit cents articles et des matériaux.

— S. Thomæ suo autori vindicata, sive
de V. F. Vicentii bellovacensis scriptis Dissertatio, in quâ quid de speculo morali
sentiendum aperitur. 1708, in-8.

Dans les Nouveaux Mémoires, etc. de D'Artigue,
on trouve encore de lui, une Lettre à M. l'abbé Leclerc;
sur une opinion émise dans ses Scriptores ord. prædicatorum, etc. *Biogr. univ.*

ECHARD (Laurent), historien anglais,
mort en 1730.
—- Dictionnaire géographique portatif,
trad. de l'angl. sur la treizième édition par
VOSGIEN (et l'abbé LADVOCAT). *Paris*, 1747,
1750, in-8.
— Le même. Nouvelle édition, augmentée
(par Ch.-Guill. LE CLERC). *Paris, Libraires
associés*, 1779, in-8.

— Le même. Nouv. édit., augm. et entièrement refondue par Auguste L*** (Ant. J.
LETRÔNE). *Paris, Saintin*, 1813, in-8.

Ce diction. a été réimprimé depuis 1747 une multitude de fois sous le nom de Vosgien, avec des
augmentations de chacun des nouveaux éditeurs.
Voy. VOSGIEN.

— Histoire romaine, depuis la fondation
de Rome jusqu'à la translation de l'empire
par Constantin ; traduite de l'anglais (par
Dan. de LARROQUE, et ensuite par l'abbé
GUYON, revue par l'abbé DESFONTAINES).
Paris, G. Martin, 1728-1742, 16 vol.
in-12, 34 à 36 fr.—*Avignon*,1802, 12 vol.
in-12.

La continuation de l'abbé Guyon forme les dix
derniers volumes de l'ouvrage.

ÉCHASSERIAUX. Homme (de l') d'état.
1805, in-8.
—Lettres sur le Valais, sur les mœurs de ses
habitants, etc. *Paris, Maradan*, 1806, in-8.
—Tableau politique de l'Europe au commencement du XIXe siècle, et moyens d'assurer la paix générale. 1802, in-8.

ECHERNY. Voy. ESCHERNY (d').

ECKARD (G.-P.). Manuel ou Guide des
négociants dans la combinaison des changes, trad. de l'allem. (1799). Voy. FLOEGEL.

ECKARD (Jean-Philippe). Parallèle des
accouchements naturels et non naturels.
1803, in-8, 1 fr. 20 c.

ECKARD (J.). Lettre à M. Alexis Dumesnil, éditeur des Mémoires de Sénart ou
Sénard. *Paris, Ch. Gosselin*, 1824, br.
in-8, 75 c.
—Mémoires historiques sur Louis XVII,
roi de France et de Navarre, avec des notes et des pièces justificatives. *Paris, Nicolle*, 1816, 1817, in-8 avec portr., 7 fr.;
pap. vél. satiné, figure double en bistre et
noir, 14 fr.
— * Notice sur J.-B.-C. Hanet-Cléry, dernier serviteur de Louis XVI, et sur le
« Journal du Temple » ; suivie de quelques
autres notices. Par l'auteur des « Mémoires
historiques sur Louis XVII. » *Paris, impr.
d'Éverat*, 1825, in-8.

Tiré à 100 exempl.

— Notice sur le Manuscrit original de la
relation des derniers événements de la captivité de Monsieur, frère de Louis XVI;
suivie de variantes, de notes historiques et
d'une lettre de M. le comte d'Avaray à son
ami, sur le voyage de S. M. Louis XVIII
de Mittau à Mémel, en 1801. *Paris, L.
G. Michaud*, 1823, br. in-8, 1 fr.
—Question d'état civil et historique : Na-

poléon Bonaparte est-il né Français ? *Paris, de l'imp. d'Everat*, 1826, in-8 de 32 pag.

L'auteur résout la question par l'affirmative, et fixe la date de la naissance de Napoléon au 15 août 1769.

— * Une Lettre sur l'éducation du Dauphin, attribuée à Louis XVI : est-elle authentique ? ou Observations sur les « Recueils de Lettres » publiées en 1803 et 1817, sous le nom de ce prince. *Paris, Nicolle*, 1819, in-8.

Cette question est à présent résolue, puisqu'on est convaincu que la Correspondance de Louis XVI, qui la contient, est l'ouvrage de Babié.

— Vérité (la) rétablie sur quelques-uns des principaux événements du 9 thermidor an II (27 juillet 1794). *Paris, Ch. Gosselin*, 1828, in-8 de 44 pag.

M. Eckard a été, avec Lucet, l'éditeur des « Hommages poétiques sur la naissance du roi de Rome » (1811), *voy. ce titre*, et avec Sérieys, celui des « Lettres inédites de madame la marquise Du CHASTELLET » (1818). *Voy. ce nom.*

ECKARTSHAUSEN. Gott ist die reinste liebe, etc. (Neue Auflage). *Strasburg, gedr. bey Leroux*, 1813, 1820, in-18, 1 fr. 25 c.

— Le même, traduit en français, sous ce titre : le Chrétien adorateur, par un évêque de France retiré en Allemagne (ou plutôt par le baron de STASSART). *Paris, Poncelin*, 1801, 1803, in-18.

Cette même traduction a été réimprimée en 1808, sous le titre de *Morceaux choisis d'Eckartshausen*, in-18. La même année on en publia une nouv. édit. entièrem. rev. et corrig. (par M. JONDOT) sous un titre conforme à l'original : *Dieu est l'amour le plus pur. Ma prière et ma contemplation*. Paris, Maradan, 1808, in-18. C'est sous ce dernier titre que ce petit ouvrage, qui n'a pas obtenu moins de succès en France qu'en Allemagne, a été très-souvent réimprimé. Nous citerons, parmi ses nombreuses réimpressions, les suivantes : *Paris*, Pélafol, 1815, 1817, 1822 ; *Paris*, Maradan, 1816, 1823, in-18, 2 fr. — Autre édition, augm. de la messe et des vêpres. *Paris*, Saintin, 1822, in-32. — Autre édition, la seule où l'on ne tutoie pas la Divinité, augmentée des vêpres en français et de plusieurs belles prières extraites des meilleurs livres de piété. *Belfort, Clerc*, 1822, in-18, fig., 1 fr. — Autre édit., augm. de plusieurs prières, et précédée d'une Notice sur la vie et les ouvrages de l'auteur. *Paris*, Guitel, 1823, in-18, 1 fr. 80 c. — Autre édit. *Paris, Trouvé et Froment*, 1827, in-32.

— Nuée (la) sur le sanctuaire, ou Quelque chose dont la philosophie religieuse de notre siècle ne se doute pas. Trad. de l'allem. (par M. COESSIN). *Paris, Maradan, et Le Normant*, 1819, in-18, 2 fr.

ECKEL (Jos.-Hil.), numismate autrichien du XVIIIe siècle.
— Choix de pierres gravées du cabinet impérial des antiques (à Vienne), représentées en 40 planches, décrites et expliq. *Vienne* (* Volke), 1788, gr. in-fol. 72 fr.

Il y a des exempl. sur petit pap. dont le prix est moins élevé : vendus en France de 30 à 40 fr.

On doit encore à Eckel plusieurs autres ouvrages sur la même matière, mais écrits en latin.

ECKER D'ECKHOFF (le bar. J. H.).
— Érudition (l') universelle militaire, ou Analyse abrégée de toutes les sciences et parties militaires. *Augsbourg, C. H. Stage*, 1781, in-8.
— Franc-Maçon (le) prisonnier, drame (en un acte et en prose). *La Haye, L. Plaat et Comp.*, 1777, in-8.

ECKSTEIN (le baron d'). État (de l') actuel des affaires. (Extr. du Catholique). *Paris, Sautelet*, 1828, in-8, 5 fr.
— Jésuites (des). *Paris, Sautelet*, 1827, in-8 de 104 pages.
— Réponse aux attaques dirigées contre lui par M. Benjamin Constant dans son ouvrage intitulé « de la Religion ». *Paris, Sautelet*, 1827, in-8 de 60 pages.

Extrait du *Catholique*, recueil périodique dirigé par le baron d'Eckstein depuis 1826. Voy. ce titre à la Table des Anonymes.

ÉCLUSE (L'). Voy. L'ÉCLUSE.

ECQUEVILLY (le comte d'), ancien chef d'état-major de l'armée de Condé, pair de France, lieut.-gén. des arm. du roi.
— Campagnes du corps sous les ordres de S. A. S. Mgr le prince de Condé. *Paris, Le Normant*, 1818, 3 vol. in-8, avec carte et fac-simile, 15 fr.

ECRAMMEVILLE (d').* Considérations sur l'état de la France au moment de l'ouverture des états-généraux, et sur quelques-unes des questions majeures qui vont y être traitées, par l'auteur de « l'Essai histor. sur l'art de la guerre ». *Paris*, 1789, in-8.
— * Essai historique et militaire sur l'art de la guerre, depuis son origine jusqu'à nos jours. *Paris, Eleuet*, 1789, 3 vol. in-8.

Réimpr. en 1793, sous le titre d'*Examen des causes, des succès et des disgraces à la guerre, arrivés depuis Cyrus jusqu'à nos jours*. Paris, un vol. in-8, anon.

— * Lettres philosophiques et historiques à mylord S***, sur l'état moral et politique de l'Inde, des Indous et de quelques autres principaux peuples de l'Asie, au commencement du dix-neuvième siècle; traduites en très-grande partie des « Asiatic Researches », « des Works of William Jones, » et d'autres ouvrages anglais, par l'auteur de « l'Essai historique sur l'art de la guerre, depuis son origine jusqu'à nos jours ». *Paris, Pougens*, an XI (1803), in-8.

ECREMENT (A.-L.), vérificateur des douanes. — Cri d'humanité élevé par un Français en l'honneur de son pays. *Lille, Leleux, et Paris, Delaunay*, 1826, in-8 de 64 pag., 1 fr. 25 c.

— Entretiens et vues sur l'économie politique, dans lesquels on réfute MM. Ganilh et Say ; où l'on indique les vraies causes de la misère de la France, avec les moyens sûrs, irrécusables, d'y remédier par le commerce d'un jour à l'autre, et d'élever ensuite la France à une opulence indicible ; enfin où l'on fait entrevoir un monde nouveau dans celui-ci. *Lille, Leleux, et Paris, A. Bertrand*, 1818, in-12, 3 fr. 50 c.

Ce vol. avait déjà été publ. l'année précédente, avec un titre moins développé. En 1823, on a refait de nouveau le front., où on lit : *Sec. édit.*

— Théorie de la nature. *Lille, Leleux*, 1824, in-8.

ECRLINF, pseud. Voy. RUAULT.

ECUREL (L'). Voy. L'ECUREL.

ECUY (L'). Voy. L'ECUY.

ECUYER (L'). Voy. L'ECUYER.

EDEK (Williams). Idées sur les finances. *Paris, impr. de Leblanc*, 1816, in-8 de 32 pag. et un tableau.

EDEL (F.-W.), pasteur. Dictionnaire (petit) français - allemand, contenant les mots les plus usités, et particulièrement ceux qui se trouvent dans les « Lectures françaises, instructives et amusantes », à l'usage de la jeunesse, recueillies par J.-F. Aufschlager. Sec. édit., revue et augm. *Strasburg, imp. de Heitz*, 1821, in-12.

— Historien (neue) Bibel. *Strasburg, gedr. bey Heitz*, 1819, in-12.

— Leben (das) Jesus Christus. *Strasburg, Heitz*, 1823, in-12.

— La même en français. Vie (la) de J.-C., présentée à la jeunesse chrétienne en forme de récits et avec des figures ; trad. de l'allemand. *Strasburg, Heitz*, 1824, in-12.

— Neue (de) Kirche in Strasburg : ein Beitrag zur Geschichte unserer Vaterstadt. *Strasburg, Heitz*, 1825, in-8.

— Rede bei der beerdigung von Christian August Blind, gehalten den 19ten mai 1826. *Strasburg, Levrault*, 1826, br. in-8.

EDELCRANTZ, de l'Académie suédoise.
— Traité des télégraphes, et Essai d'un nouvel établissement de ce genre ; trad. du suédois par Hect. B..., officier de la marine royale de Suède. *Paris, Patris et Gilbert*, an IX (1801), in-8 avec un tabl. et 4 planch., 2 fr. 50 c.

EDELINE (Hippolyte). Chants d'allégresse sur la naissance de Mgr le duc de Bordeaux. *Paris, imp. de Hardy*, in-8 de 8 pages.

EDGEWORTH (Miss Mar.), romancière

et moraliste anglaise de XIXe siècle ; née à Edgeworth-Town, en Irlande.

— Aimable (l') enfant, ou Conversations d'Édouard, imité de miss Edgeworth, par Mme de Bon. *Paris, Th. Grandin, et P. Blanchard*, 1820, 2 vol. in-12, 6 fr.

— Bélinde, conte moral trad. de l'angl. par le traducteur d'Ethelwina (Octave Ségur), par L. S... et par F. S... *Paris, Maradan*, an X (1802), 4 vol. in-12, 6 fr.

— Conseils à mon fils, ou les deux Familles ; la Chaumière de Rosanna et le Nègre reconnaissant ; par Mar. EDGEWORTH : le Turban, conte oriental, par J. MOSER ; Edgard et Alfred, par Mistr. OPIE ; traduction libre de l'angl. Par Th. P. BERTIN. *Paris, Dentu*, 1813, 2 vol. in-12, ornés de 12 grav., 8 fr.

— Contes (petits) moraux, à l'usage des enfants, en partie traduits librement ou imités de Miss Maria Edgeworth (par Mme L. Sw. BELLOC). *Paris, A. Eymery*, 1821, 2 vol. in-18, 2 fr. 50 c.

— Deux (les) Griselidis, histoires trad. de l'angl., l'une de Miss EDGEWORTH, l'autre de CHAUCER. (par M. DUBUC). *Paris, Galignani*, 1813, 2 vol. in-12, 4 fr.

— Éducation familière, ou Série de lectures pour les enfants, depuis le premier âge jusqu'à l'adolescence. Trad. de l'angl., par Mme L. Sw. BELLOC. Lectures du premier âge. *Paris, Alex. Mesnier*, 1828, 2 vol. in-18, 6 fr.

Madame Belloc se propose de publier une continuation, en plusieurs séries, graduées pour les âges de 7 à 15 ans. On peut se procurer chaque série séparément.

— Éducation pratique, trad. libre de l'anglais, par Ch. PICTET. *Genève, Paschoud*, 1801, 2 vol. in-8, 8 fr.

— Ennui (l'), ou Mémoires du comte de Glenthorn ; trad. de l'angl. (par Mme de Bon). Sec. édit. *Paris, Hautecœur*, 1823, 3 vol. in-12, 9 fr.

La prem. parut en 1812, chez Galignani.

— Enfants (les), ou les Caractères ; trad. de l'angl. par l'auteur de « Quinze jours », et de « Six mois à Londres. » (M. DEFAUCONPRET). *Paris, A. Eymery*, 1822, 4 vol. in-18, 6 fr.

— Fanni, ou les Mémoires d'une jeune orpheline et de ses bienfaiteurs ; trad. de l'anglais (par M. Jos. JOLY). *Paris, Galignani*, 1812, 3 vol. in-12, 9 fr.

— Forster, ou la Manie de l'indépendance ; suivi d'Angélina, ou l'Amie inconnue : nouvelles, trad. de l'angl. (par Mme TOURTE, née CHERBULIEZ). *Paris, A.*

Bertrand, 1821 , 2 vol. in-12, 6 fr.

— Glenfell , ou les Macdonalds et les Campbells , histoire écossaise du XIXe siècle ; suivie de Murad le malheureux ; trad. de l'angl. par L. H***. *Paris , de l'impr. de Hardy*, 1822 , 2 vol. in-12 , 5 fr.

— Harrington, . trad. de l'angl. par Ch.-Aug. DEFAUCONPRET. *Paris , Gide fils*, 1817, 2 vol. in-12 , 5 fr.

—Jeunes (les) industriels, ou Découvertes, expériences, conversations, voyages de Henri et de Lucie ; trad. de l'angl. par Mme L. Sw. BELLOC. *Paris , Fortic*, 1825, 4 vol. in-12, avec 4 grav. , 14 fr.

— Leçons de l'enfance. (Première partie). Trad. par L. C. CHÉRON. *Paris*, 1803, 2 vol. in-8. — Le même ouvrage, français et anglais. *Paris*, 1803, 5 vol. in-18.

—Léonora, trad. de l'angl. par C. (CHENEL). *Paris , Dentu*, 1807, 2 .vol. in-12.

— * Mère (la) intrigante, trad. de l'anglais (par M. Jos. JOLY). *Paris , Galignani*, 1812, 2 vol. in-12.

— Modèle des femmes, trad. de l'angl. par Mme Elis. de BON. *Paris , Galignani*, 1813, 2 vol. in-12, 5 f.

— Moral Tales. Tenth. edition. *Paris , Baudry*, 1826, 2 vol. in-12, 9 fr.

— Les mêmes, en français, sous le titre de Choix de nouveaux Contes moraux offerts à la jeunesse ; trad. de l'angl. par B.....,, traducteur du Voyage à Botany-Bay, et des Beautés de Sterne. *Paris, Freschet et compagn.* , 1804, 3 vol. in-12 , avec grav. , 6 f.

— Ormond, roman, trad. par l'auteur de « Quinze jours » et de « Six mois à Londres » (M. DEFAUCONPRET). *Paris, Gide*, 1817 , 3 vol. in-12 , 7 fr. 50 c.

— Parent's (the) assistant, or Storie for Children. *Paris , Baudry* , 1826, 6 vol. in-18 , 12 fr.

— Le même, en franç., sous ce titre : l'Ami des parents, contes ; trad. de l'angl. (par Ch. PICTET). (Sec. édit.). *Genève, Paschoud*, 1827, 2 vol. in-12 , 6 fr.

    Traduction incomplète : elle a d'abord été impr., par fragments, dans la Bibl. Britan.

— Popular Tales. Eighth. edition. *Paris, the fame*, 1826, 2 vol. in-12, 10 fr.

— Les mêmes en français : Contes populaires, trad. par Mmes E. VOLART et READ. *Paris*, 1821, 2 vol. in-12, avec 2 grav., 6 fr.

— Protecteurs (les) et les Protégés , trad. de l'angl. par J. COHEN. *Paris , Ledoux et Tenré*, 1816 , 5 vol. in-12. — Nouv. édit. *Paris, Hautecœur*, 1823, 5 vol. in-12, 15 fr.

    L'original a paru sous le titre de « Patronage ».

—Tales of fashionable Life. (The first vol.).

Paris, Galignani, 1813 , in-12 , 6 fr.

    Ce vol. contient l'*Ennui*.

— Les mêmes, en français , sous le titre de Scènes de la vie du grand monde (trad. par M. DUBUC). *Paris, Nicolle et Renard*, 1813, 7 vol. in-12 , 18 fr.

    Les Scènes de la vie du grand monde se composent de trois Nouvelles : l'Absent, ou la Famille irlandaise , 3 vol. — Émilie de Coulangès , 1 vol. — Vivian , ou l'Homme sans caractère, 3 vol. — Cette réunion forme la traduction complète des « Tales of fashionable Life », qui ont en anglais 6 vol. in-12.

— Vivian , ou l'Homme sans caractère , trad. de l'angl. (par M. Jos. JOLY). *Paris, Maradan*, 1813 , 3 vol. in-18 , 4 fr. 50 c.

    L'une des Nouv. des *Scènes de la vie du grand monde*.

    Tous ces ouvrages sont-ils bien de miss Edgeworth ? on peut en douter, car le « Dictionnary of the living authors of Great-Britain », qui donne la liste des romans et livres d'éducation publiés par cette demoiselle, jusqu'en 1816, ne cite aucun des suivants : *Conseils à mon fils , Contes à mon fils , Fanny, Forster, Glenfell*, la *Mère intrigante* , et le *Modèle des femmes*.

    Madame Gottis a encore traduit de miss Edgeworth plusieurs *Contes* qu'elle a insérés dans des recueils destinés à l'enfance ; madame L. Sw. Belloc en a aussi donné dans sa « Petite Galerie morale de l'enfance » (1825). Voy. GOTTIS et BELLOC.

EDGEWORTH DE FIRMONT (l'abbé), oncle de la précédente, dernier confesseur de Louis XVI.

— Lettres (ses) à ses amis , écrites depuis 1777 jusqu'à 1817 , avec des Mémoires de sa vie, contenant quelques détails sur le défunt évêque catholique de Cork, le docteur Moylan et les lettres du très-honorable Edmond Burke et d'autres personnes de distinction , par le révérend Thomas R***; trad. de l'angl. par Mme Élis. de BON. *Paris, Eymery*, 1818 , in-8 , 4 fr.

— Mémoires de M. l'abbé Edgeworth de Firmont , dernier confesseur de Louis XVI, recueillis par C. SNEYD EDGEWORTH. IIIe édit., augm. d'une Notice sur les derniers moments de Marie-Antoinette , reine de France , et de son testament , de celui de Louis XVI, et d'une pièce inédite relative à l'évasion de M. l'abbé Edgeworth ; trad. de l'angl. (par M. DUPONT, conseiller d'état). *Paris, Gide fils*, 1815, 1816, in-8, 3 f. 50 c.

EDLIN. Art (l') de faire le pain, et Observations théoriques et pratiques sur l'analyse et la synthèse du froment, et sur la manière la plus avantageuse de préparer un pain léger ; précédées de quelques recherches sur l'origine et les maladies du blé. Trad. de l'angl. par Jean PESCHIER, D. M. *Paris et Genève, Paschoud*, 1811, in-8 de 185 pag., 2 fr. 50 c.

    Le traducteur a ajouté à cet ouvrage deux chapitres, l'un sur les maladies des graines céréales, et l'autre sur celles qu'elles occasionnent aux personnes qui ont le malheur d'en faire usage dans cet état de détérioration.

EDMOND, pseudonyme sous lequel plusieurs auteurs se sont cachés. Voyez CHAZET. — CROSNIER. — FOURNIER. — ROCHEFORT.

ÉDOUARD (le P.), de Paris, capucin. —Réflexions sur les cent et une propositions tirées du livre, etc. (du P. Quesnel). *Paris, Seneuze*, 1715, in-12.

Le P. Édouard se fit des affaires à Paris et ensuite à Amiens, où il fut relégué après la mort de Louis XIV, et où il est mort en 1720.

ÉDOUARD, aut. dram. Voy. MONNAIS.

EDWARDS (Geo.), naturaliste anglais; né à Sradfort, comté d'Essex, en Angleterre, le 3 avril 1694, mort à Plaiston, le 23 juillet 1773.

— Glanures d'histoire naturelle, consistant en figures de quadrupèdes, d'oiseaux, d'insectes, etc., avec les descriptions, par G. EDWARDS; et trad. de l'angl., avec le texte, par J. DU PLESSIS et Edm. BARKER. *Londres*, 1758-64, 3 vol. in-4.

Ces trois volumes doivent être joints aux quatre suivants; ils contiennent les planches 211 à 362, avec le portrait d'Edwards.—Nouv. édit. Londres, 7 vol. in-4, et tiré sur papier vélin, in-fol., avec les fig. soigneusement coloriées.

— Histoire naturelle d'oiseaux peu communs, et d'autres animaux rares qui n'ont pas été décrits..., représentés sur deux cent dix planches, avec une ample et exacte description de chaque figure (en anglais), par G. EDWARDS (avec la traduction française, par M. D. de la S. R.) *Londres, l'Auteur*, 1751, 4 vol. gr. in-4.

Cet ouvrage a été publié successivement par volume, depuis 1743 jusqu'en 1751, époque à laquelle l'auteur fit supprimer les anciens titres et en fit mettre de nouveaux avec la date de 1751. Beaucoup d'exemplaires n'ont pas les deux versions, la traduction française n'ayant paru souvent qu'un ou deux ans après la publication de l'original.

Ces deux ouvrages réunis sont recherchés des naturalistes autant que des curieux; ils ont même été long-temps mis au nombre des plus beaux livres connus dans ce genre, et comme tels ils se payaient de 400 à 500 fr.; mais la publication d'ouvrages plus modernes sur l'histoire naturelle, plus soignés, a fait tomber le prix des ouvrages d'Edwards (1re édit.), jusqu'à 240 ou 300 fr. *Brun*.

EDWARDS (Bryan), historien anglais du XVIIIe siècle; né à Wesbury dans le Wiltshire, en 1743, mort le 16 juillet 1800. —Histoire civile et commerciale des Colonies anglaises dans les Indes-Occidentales, depuis leur découverte par Christophe Colomb jusqu'à nos jours; suivie d'un Tableau historique et politique de l'île de Saint-Domingue, avant et depuis la révolution française. Trad. de l'angl. par le traducteur des « Voyages d'Arth. Young en

France, etc. (M. SOULÈS)». Sec. édit. *Paris, Dentu*, 1804, in-8, avec une carte générale des Indes-Occidentales, 5 fr.

La première édition de cette traduction est de 1801.

— Histoire de l'île de Saint-Domingue, extraite de l'Histoire des Antilles, continuée jusqu'aux derniers événements, contenant de nombreux détails sur ce qui s'est passé dans cette importante colonie pendant la révolution. Trad. de l'angl., par J.-B.-J. BRETON. *Paris*, 1803, in-12, 2 fr.

— Histoire de Saint-Domingue, depuis 1789 jusqu'en 1794; trad. pour la première fois de l'angl. sur la dernière édit. de Londres. *Paris, P. Blanchard*, 1813, in-8, 4 fr. 50 c.

On a encore la traduction d'un autre écrit d'Edwards, dans un vol. intitulé : Mémoires historiques et géographiques sur le pays situé entre la mer Noire et la mer Caspienne (1796). Voy. ce titre à la Table des Anonymes.

EDWARDS (Jonathan), président du collége de la Nouvelle-Jersey (États-Unis). — Union (l') dans la prière pour la propagation de l'Évangile, ou Abrégé d'un humble Essai, dont le but est de provoquer un accord visible du peuple de Dieu dans l'offre des prières extraordinaires pour avancer le règne du Christ sur la terre, publ. en 1748. *Paris, imp. de Smith; H. Servier*, 1823, in-12 de 36 pag.

EDWARDS (W.-Fréd.), docteur en médecine de la Faculté de Paris, membre de la Société philomatique; né à la Jamaïque en 1777. — Influence (de l') des agents physiques de la vie. *Paris, Crochard*, 1824, in-8, avec une planche, 8 fr.

On trouve de lui dans les Annales de chimie et de physique : un Rapport sur des « Recherches chimiques sur le caméléon minéral. » (Avec M. Chevillot): trois « Mémoires sur les reptiles batraciens ». Il est en outre un des collaborateurs du « Dictionnaire classique d'histoire naturelle » publ. par M. Bory de Saint-Vincent, et l'un des rédacteurs des Mém. de la Soc. d'hist. natur. de Paris.

EDWARDS (H.-Milne). Manuel d'anatomie chirurgicale, ou Description du corps humain, divisé en régions, avec des Considérations sur l'influence que la structure, la forme et les rapports de nos organes exercent sur la fréquence, les symptômes et le mode de traitement des principales maladies chirurgicales. *Paris, Compère*, 1826, in-18, 5 fr. 50 c. —Manuel de matière médicale, ou Description abrégée des médicaments, avec l'indication des caractères botaniques des plantes médicinales et celle des principales préparations officinales des pharmacopées de Paris, de Londres et d'Édimbourg; des considérations sur l'art de formuler, et des tableaux synoptiques. *Paris, Compère jne*, 1825, in-18, avec 3 tableaux, 5 fr. 50 c. Avec P. Vavasseur.

EDWARDS ROWE. Voy. Rowe.

EDZARD (Jos.-Hieron.). De Fide librorum mercatorum. *Argentorati*, 1740, in-4.

EECKHOUT (J.-J.), peintre belge.
— Collection de portraits d'artistes modernes nés dans le royaume des Pays-Bas ; lithogr. par G.-P. Van den Burggraaff. *Bruxelles*, 1822, 10 livraisons in-4 de chacune 6 portraits. Prix de la livraison sur pap. bl., 3 fr. 50 c., et sur pap. jaune, 4 f.
— Costumes du peuple de toutes les provinces du royaume des Pays-Bas, lithographiés par J.-J. Eeckhout et J. Madou. *Bruxelles, Van den Burggraaff*, 1825 et ann. suiv., gr. in-4.

Cette collection est annoncée comme devant avoir plusieurs séries : la première se composera de 20 livraisons de 4 planches. Prix de chaque livraison : 1 florin en noir, et 1 florin 50 c. avec les figures coloriées. Dix livr. paraissaient en mars 1828.

EFFEN (Juste Van), écrivain hollandais; né à Utrecht, le 21 avril 1684, mort à Bois-le-Duc, le 18 septembre 1735.
— Bagatelle (la), ou Discours ironiques, ou l'on prête des sophismes ingénieux au vice et à l'extravagance, pour en faire mieux sentir le ridicule. *Amsterdam*, 1719, 1722, 3 vol. in-12 ; 1742, 2 vol. in-12 ; *Lausanne*, 1743, 2 vol. petit in-8.

La prem. édit. est anonyme.

— Dissertation sur Homère et sur Chapelain, par J. P. de Cr. P. E. P. E. M. D. L. A. D. L. (Nouv. édit.). *La Haye*, 1714, br. in-8.

Plusieurs personnes ont cru trouver, par les lettres initiales, que J. P. de Crouzas, professeur en philosophie et mathématiques de l'Académie de Lausanne, était auteur de cette Dissertation ; mais il est certain qu'elle est de Van Effen.

Cet Opuscule, dans lequel Chapelain est mis fort au-dessus d'Homère, a été inséré dans les différentes éditions des « Chefs-d'œuvre d'un inconnu ».

— * Essai sur la manière de traiter la controverse, en forme de lettre, adressée à M. de la Chapelle, avec la suite. *Utrecht*, 1730, in-8.
— Misanthrope (le). *La Haye*, 1711 et 1712, 2 vol. in-8. — Nouv. édit., augm. de la Relation de Van Effen en Suède. 1726, 2 vol. in-8.

Le Misanthrope est une espèce de feuille périodique à la manière du Spectateur d'Addison, qui eut du succès.

— Petits (les) Maîtres, comédie en 5 actes.

Amsterdam, 1719, in-8.
— Spectateur (le nouv.) français.....

Il n'a paru de cet ouvrage que 28 cahiers, dont quatre sont employés à l'examen des écrits de Houdard de la Motte.

Indépendamment de ces ouvrages, Van Effen est encore auteur du Spectateur hollandais, en langue hollandaise, 1731—35, 12 vol., et a travaillé, de 1715 à 1718, au Journal littéraire de La Haye; il a eu part au « Journal historique, politique et galant », commencé en 1719, et dont il n'a paru que quatre numéros ; on trouve plusieurs morceaux de lui dans la « Bibliothèque française » (de Du Souzet), et dans le « Je ne sais quoi » de Cartier de Saint-Philippe.

On lui doit aussi la traduction, de l'anglais, des divers ouvrages suivants : Essai sur l'usage de la raillerie et de l'enjouement dans les conversations (1710), voy. SHAFTESBURY. — Les Aventures de Robinson Crusoé (1720), voy. FOE. — Le Conte du Tonneau (1721), voy. SWIFT. — Pensées libres sur la religion, etc. (1722), voy. MANDEVILLE. — Le Mentor moderne (1723), voy. ADDISON. — Histoire métallique des dix-sept provinces des Pays-Bas (1732), voy. Van Loon.

EFFENDI (Ibrahim). Traité de tactique, ou Méthode artificielle pour l'ordonnance des troupes, trad. du turc (par le comte REWICSKI). *Vienne*, 1769, in-8.

Réimprimé en France, sous la même date, in-12.

ÉFRAGNIÈRE (Albert-Michel d'), ex-juge.
— * Lumière (la) brillante des vérités de la religion chrétienne, mise sur le chandelier par son fondateur J.-C. N. S., le roi des rois, pour accomplir sa promesse d'éclairer ceux qui entrent. *Paris, Petit; Brajeux*, 1823, in-8 de 80 pages.

On avait promis une seconde livraison qui n'a pas paru.

EGAN. (P.). Diorama anglais, ou Promenades pittoresques à Londres, etc., trad. de l'angl. par (SAUVAN). *Paris, Didot aîné*, in-8, orné de 24 planch. enlum., 20 fr., et avec fig. avant la lettre, 40 fr.

ÉGAULT, ingénieur des ponts et chaussées.
— Mémoires sur les inondations de Paris. *Paris, imp. de F. Didot*, 1814, in-4 de 24 pages, 2 fr.

EGERTON (sir Francis-Henry), comte de Bridgewater, membre de la Société royale de Londres, mort à Paris, en février 1829.
— An adress to the people of England. *Paris, print. by Jules Didot*, 1826, br. in-8.
— Compilation (a) of various authentik evidences, and historical Authorities tending to illustrate the life and character of Th. Egerton, a chancellor of England. *Paris, print. by P. Didot*, 1812, in-folio.
— Description du plan incliné souterrain exécuté par F. Egerton, dans ses mines de charbon de terre. *Paris*, 1812, in-4.

—First (the) part of a Letter to the Parisians, and the french Nation, upon in land navigation, containing a defence of the public character of his grace Francis Egerton, late duke of Bridgewater, etc., etc. *Paris, printed by P. Didot aîné*, 1819, br. in-8. — Second (the) part, etc. And including some notices and anecdotes, concerning M. James Brindley. *Paris, printed by P. Didot*, 1820, br. in-8.

— Première partie d'une Lettre aux Parisiens et à la Nation française sur la navigation intérieure, contenant une défense du caractère public de sa grace Francis Egerton, feu duc de Bridgewater, et renfermant aussi une Notice et des Anecdotes sur M. James Brindley. Traduction faite sur la sec. édit. *Paris, imp. de Chaignieau fils*, 1819, in-8 de 64 pag. — Sec. édit. (à laquelle est jointe la 2ᵉ partie, qui commence page 65). *Paris*, 1826, in-8.

— Fragment d'une ode de Sapho, grec et latin, avec des notes. *Paris*, 1815, in-8.

—Lettre inédite de la Seigneurie de Florence au pape Sixte IV. *Paris*, 1814, in-8.

— Note (c) indicated at p. 113 in the third part of the « Letter on inland navigation to the Parisians and french Nation. *Paris, printed by Jules Didot*, 1824, 1825, br. in-8.

— Numbers IX. — XIII of Addenda and Corrigenda to the edition of the Hipolytus Stephanephoros of Euripides. *Paris, P. Didot aîné*, 1822, in-4.

On a donné antérieurement à Oxford, en 1796, une édition de cet ouvrage.
Sir Fr. Edgerton a publié aussi une édition de Comus, petit poème de MILTON (1812). *Voy. ce nom*.

EGERTON BRYDGES. Voy. (au Supplément) BRYDGES.

EGERTON LEIGH (Sam.). Abbaye (l') de Munster, trad. de l'angl. par L. A. MARQUAND. *Paris, Renard; Dentu*, an VI (1798), 2 vol. in-12, ou 4 vol. in-18, 3 f.

EGGEDE (J.), missionnaire danois du XVIIᵉ siècle.
— Description et Histoire naturelle du Groenland, trad. par D. R. D. P. (J. B. DES ROCHES DE PARTHENAY). *Copenhague, Philibert*, 1763, petit in-8, fig., 4 à 6 fr.

EGGERS (le bar. Jac. d'), général livonien du XVIIIᵉ siècle.
— Journal du siége de Berg-op-Zoom en 1747. *Amsterdam, Arkstée et Merkus*, 1750, in-8.

Le bar. d'Eggers a donné une nouvelle édition augmentée, du Dictionnaire militaire d'AUBERT DE LA CHESNAYE DES BOIS (1750). *Voy. ce nom*.

EGGERS (le baron Ch. U. Dett. d').
— Réflexions sur la nouvelle noblesse héréditaire en France. *Lunébourg, Herold et W.*, 1808, in-12, 1 fr. 25 c.

EGINHARD, célèbre secrétaire de Charlemagne, etc., au IXᵉ siècle.
— Histoire de Charlemagne, traduction nouvelle, par M. D*** (DENISE), répétiteur des pages. *Paris, Lhuillier*, 1812, in-12.
Cette traduction est la seule qui appartienne à notre époque.

EGIZIO (D. Matteo). * Lettre amiable d'un Napolitain à l'abbé Lenglet du Fresnoy, par laquelle il est prié de corriger quelque endroit de sa géographie touchant le royaume de Naples. *Paris, Barrois*, 1738, in-12.

ÉGLY (Monthenault d'). Voy. MONTHENAULT.

ÉGRON (Adr.-Cés.), anc. imprimeur-libraire de Paris, né à Tours.
— *Allons à Paris, ou le Baptême du duc de Bordeaux, par A. E. *Paris*, 1821, in-12.
— Exploits (les) et les amours du frère Diable, trad. de l'italien (1801). Voyez NARDINI.

M. Égron est aussi auteur, dit A. A. Barbier, d'un Voyage au faubourg Saint-Marceau, et d'un Voyage au faubourg Saint-Germain. 2 vol. in-18.

EGVILLE (J.-H.), directeur et maître des ballets en chef des théâtres royaux de Londres.
— Lettre aux auteurs dramatiques et à quelques personnages de distinction. *Paris, Bossange père, et Londres, Martin Bossange*, 1823, in-8 de 48 pages.

EGVILLY (A. d'). Avénement de Charles X, sujet mis au concours par la Société royale des bonnes lettres, pièce en vers. *Paris, Dentu*, 1825, in-8 de 16 pag.
— Deux (les) Règnes, pièce en vers. *Paris, le même*, 1824, in-8 de 8 pag.
—Discours en vers sur Malesherbes, précédé d'une Notice historique. *Paris, le même; Petit*, 1821, in-8 de 24 pages, 75 c.
— Discours en vers sur la clémence. *Paris, imp. de A. Boucher*, 1818, br. in-8.
— Discours en vers sur le bonheur que procure l'étude dans toutes les situations de la vie, sujet proposé par l'Académie française. *Paris; G. Mathiot*, 1817, in-8 de 12 pag.
— Douze (le) avril, anniversaire de la rentrée des Bourbons dans leur capitale. *Paris, Boucher*, 1824, br. in-8. 50 c.
Pièce en vers.

— Épitre en vers à Rollin, ancien recteur de l'Université, sur les avantages de l'Enseignement mutuel. Sujet proposé par l'Académie française. *Paris, Petit et Delaunay*, 1819, in-8 de 16 pag.

— Épitre (nouv.) à Rollin, sur l'enseignement mutuel, envoyée au concours académique, précédée d'une Épitre aux jeunes politiques. *Paris, Dentu et Petit*, 1820, de 16 pag.

— Esquisses parlementaires, ou Précis des faits principaux et discours remarquables pendant les années 1821-24. *Paris, Dentu*, 1824, in-8.

— * Lettres en vers à la marquise de *****, sur les sessions de 1819 et 1820. *Paris, G. Mathiot*, 1820, in-18, 3 fr. 50 c.

— Nuits françaises sur l'attentat du 13 février 1820, suivies d'une Élégie sur la mort de S. A. R. Mgr le duc de Berry (en vers). *Petit; Dentu*, 1820, in-8 de 32 p., 75 c.

— * Retour (le) des Bourbons, poëme en x chants. *Paris*, 1816, in-12.

— * Un mois de folie, poëme en viii chants. *Vaucluse (Avignon, Chambeau), et Paris, Lamy*, 1803, in-12.

Imité d'un ouvrage de Kotzebue, intitulé : « les Bijoux dangereux ».

EHLERS (Em.-Aug.) doct.-méd. d'Altona, en Holstein.

— Paralysie (de la) de l'iris occasionée par une application locale de la belladona, etc., traduction (1802). Voyez HIMLY.

EHRENMALM, sous-lieutenant au régiment suédois.

— Théorie du jet de bombes. *Paris, Lagrange*, 1788, in-8.

EHRHARD (Project-Joseph), médecin; né à Redesheim (Haute-Alsace), le 24 janvier 1738.

— Dissertatio de cicutâ. *Argentorati*, 1763, in-4.

— Th. Burnet, Hypocratis contractus. *Argentorati*, 1765, in-8.

EHRENSTROEM (d'). Marianne. Notices sur la littérature et les beaux-arts en Suède. *Stockholm*, 1826, in-8, 12 fr.

EHRLEN. Voy. GÉRARD DE RAYNEVAL.

EHRMANN (J.-Chrét.), médecin de Strasbourg; né dans cette ville, en 1710, où il y est mort, le 16 août 1797.

— Dissertatio de fœniculo. *Argentorati*, 1732, in-4.

— Dissertatio inauguralis de camino. *Argentorati*, 1733, in-4.

— Marci-Mappi historia plantarum Alsaticarum. *Argentorati et Amstelodami*, 1742, in-4.

— Pharmacopæia Argentoratis, incl. magistratus jussæ revisa et ad usum hodiernum accommodata, à collegio medico. *Argentorati*, 1757, in-fol.

EHRMANN (J.-Chrét.), fils du précédent, médecin à Francfort-sur-le-Mein; né à Strasbourg, en 1740.

— Praktische versuche in der Darmgicht der Pferde. *Strasbourg*, 1778, in-8.

La Biographie médicale cite de lui quelques autres opuscules sur différentes questions médicales, publ. en allem., et qui n'ont point été imprimés en France.

EHRMANN (J.-Fréd.), frère du précédent, professeur de clinique à Strasbourg; né dans cette ville, en 1739.

— Dissertatio de hydrargyri præparatorum internorum in sanguinem effectibus. *Argentorati*, 1762, in-4.

— Dissertatio de morbo catarrhali benigno apud nos epidemico. *Argentorati*, 1762, in-4.

EHRMANN (Fréd.-Louis), physicien; né à Strasbourg, en ....., où il est mort, au mois de mai 1800.

— Ballons (des) aérostatiques, et de l'art de les faire. *Strasbourg*, 1784, in-8.

— Description et usage des lampes à air inflammable, de son invention. *Strasbourg*, 1780, in-8.

— Dissertatio de jure fornacum ad statuta argentin. præcipue applicato. *Argentorati*, 1763, in-4.

— Éléments de physique. 179 :....

— Essai d'un art de fusion à l'aide de l'air, du feu ou air vital; trad. de l'allem. (par M. de FONTALLARD), suivi des Mémoires de Lavoisier, sur le même sujet. *Strasbourg*, 1785, in-8 avec fig.

EHRMANN (F.-Fr.). Anleitung uber d. aussprache und orthogr. der franzœsichen Sprache. *Strasbourg*, gedr. bey L. Eck, 1817, in-8.

EIBEL. * Qu'est-ce que le Pape? traduit de l'allem. (par DESCHAMPS DE SAUCOURT). *Vienne (Paris)*, 1782, in-12.

Cette traduction a été réimprimée à Paris en 1797, dans le sixième volume des « Annales de la Religion ». Il en existe une édition étrangère in-8, sans date, suivie d'un développement de 22 pag., qui a pour titre : *Preuves qu'autrefois les papes étaient subordonnés aux empereurs romains, et qu'ils étaient confirmés par eux dans leur dignité*, traduit de l'allemand.
Barb.

EICHENSTAMM (J.-B.-R.). Ernte (die), ein. lyr. und relig. Drama. *Strasbourg, Treuttel et Würtz*, 1817, in-8.

EICHHOFF (J.-J.), alors maire de la ville de Bonn, et membre du conseil-général du département du Rhin-et-Moselle. —Mémoire sur les quatre départements réunis de la rive gauche du Rhin, sur le commerce et les douanes de ce fleuve. *Paris*, 1802, in-8.

EICHHOFF (F.-G.). Études grecques sur Virgile, ou Recueil de tous les passages des poètes grecs, imités dans les Bucoliques, les Géorgiques et l'Énéide, avec le texte latin et des rapprochements littéraires. *Paris, Aug. Delalain*, 1825, 3 vol. in-8, 18 fr.

Sans vouloir déprécier le mérite de M. le professeur Eichoff, qu'il nous soit pourtant permis de faire la remarque que son idée n'est pas neuve, puisque l'on a déjà : *Virgilius collatione scriptorum græcorum illustratus, opera et industria Fulvii Ursini. Editio ad exempl. Plantini renovata, etc.* Leovardiæ, 1747, in-8. La prem. édit. est d'Anvers, Plantin, 1568, pet. in-8.

EICHHOFF, élève de l'Académie de commerce de Paris. —Polymètre, ou Comparateur universel des monnaies, poids et mesures de tous les pays, mis en rapport entre eux, comparé au système métrique, et classé en un tableau. *Paris, Dondey-Dupré*, 1818, une feuille sur pap. gr. monde, 10 fr.

EIDOUS (Marc-Ant.), traducteur plus laborieux qu'exact et élégant; né à Marseille, et mort vers la fin du XVIIIᵉ siècle. —Caractères (les) modernes, traduit de l'angl., par M. E***. *Paris*, 1771, 2 vol. in-12.

Il est douteux que cet ouvrage soit traduit de l'anglais.

— Histoire des principales découvertes faites dans les arts et les sciences, trad. de l'angl. *Lyon*, 1767, in-12.

Traduction supposée. Le privilège prouve que cet ouvrage est de la composition d'Eidous.

Barb.

On doit à ce fécond traducteur la série des traductions suivantes, dont une grande partie est anonyme : 1° la Médecine militaire (1744), voy. PORTIUS; 2° avec Diderot et Toussaint : Dictionnaire universel de la médecine (1746), voy. JAMES; 3° Traité des fièvres (1746), voy. HOFFMANN; 4° Traité du Castor (1746), voy. MARIUS; 5° le Pharmacien moderne (1749), voy. LEWIS; 6° Recherches sur l'origine des idées que nous avons de la beauté et de la vertu (1749), voy. HUTCHESON; 7° Mémoires littéraires sur divers sujets (1750), *voy. ce titre*; 8° Vie d'Agathocle, tyran de Syracuse (1752), *voy. ce titre*; 9° Histoire naturelle, civile et géographique de l'Orénoque (1758), voy. GUMILLA; 10° Métaphysique de l'âme, etc. (1764), voy. SMITH; 11° l'Agriculture complète (1765), voy. MORTIMER; 12° les Aventures de Loville, etc. (1765), *voy. ce titre*; 13° Histoire du règne de la reine Anne d'Angleterre (1765), voy. SWIFT; 14° Recherches sur les beautés de la peinture (1765), voy. WEBB; 15° Essai sur le goût (1766), voy. GÉRARD; 16° Haukiou Choaan,

histoire chinoise (1766), *voy. ce titre*; 17° Histoire des colonies européennes de l'Amérique (1766), voy. JENYNGS; 18° Miss Lucie Wellers (1766), *voy. ce titre*; 19° Voyages depuis Saint-Pétersbourg en Russie dans diverses contrées de l'Asie (1766), voy. BELL D'ANTREMONY; 20° le Château d'Otrante (1767), voy. WALPOLE; 21° Dissertation sur les miracles (1767), voy. CAMPBELL; 22° Histoire de Kamtschatka (1767), voy. KRACHENINNICOFF; 23° Histoire de l'origine et des progrès de la poésie (1767), voy. BROWN; 24° Histoire de la Nouvelle-Yorck (1767), voy. SMITH; 25° Histoire naturelle et civile de la Californie (1767), voy. BURRIEL; 26° Mém. du colonel Lawrence (1767), voy. CAMBRIDGE; 27° Traité de toutes les espèces de coliques (1767), voy. PURCELL (1767); 28° Essai sur les différentes espèces de fièvres (1768), voy. HUXHAM; 29° Histoire de Russie (1768), voy. LOMONOSSOW; 30° Réflexions sur les causes de l'incrédulité (1768), voy. FORBES; 31° Voyage dans le Levant, dans les années 1749—52 (1768), voy. HASSELQUIST; 32° Voyage en Orient (1768), voy. POCOCKE; 33° Arminius, ou la Germanie délivrée (1769), voyez SCHOENAICH; 34° l'Art de se traiter et de se guérir soi-même (1769), voy. LANGHANS; 35° Dissertation historique et politique sur la population des anciens temps (1769), voy. WALLACE; 36° Éléments généraux de police (1769), voy. JUSTI; 37° Essais sur la vertu et l'harmonie morale (1770), voy. JAMESON; 38° Système de philosophie morale (1770), voy. HUTCHESON; 39° Lettres sur la mythologie (1771), voyez BLACKWELL; 40° les Italiens, ou mœurs et coutumes d'Italie (1773), voy. BARETTI; 41° Histoire générale de l'état présent de l'Europe (1774), *voy. ce titre*; 42° Histoire ecclésiastique ancienne et moderne (1776), voy. MOSHEIM; 43° Histoire de l'Amérique (1773), voy. ROBERTSON; 44° enfin Ersch attribue à Eidous sept autres traductions pour lesquelles on a moins de certitude que pour celles que nous venons de citer.

Eidous a encore eu part aux traductions de «l'Histoire de la Philosophie», de Stanley; des «Recherches sur la vie et les écrits d'Homère», de Blackwell; des «Antiquités romaines», de Kennet, etc., etc. Il a aussi fourni beaucoup d'articles au Dictionnaire encyclopédique de Diderot et a été l'éditeur des Œuvres mêlées de madame LEPRINCE DE BEAUMONT (1775).

EISENBERG (le baron d'). Description du manége moderne dans sa perfection, expliqué par des leçons nécessaires et représenté par des figures exactes, depuis l'assiette de l'homme à cheval, jusqu'à l'arrêt; accompagné aussi de divers mords pour bien brider les chevaux : écrit et dessiné par le baron d'EISENBERG, et gravé par B. Picart. 1727, in-4 oblong, avec 60 planches grav.

Édition originale qui a l'avantage de contenir les premières épreuves des planches, 15 à 18 fr. Les réimpressions faites à La Haye, en 1733, 1737 et en 1740, et Amsterdam, 1747, in-4 obl., sous le titre de l'Art de monter à cheval, ou Description du manége moderne, ont un peu moins de valeur.

— Le même. Nouv. édit., augmentée d'un Dictionnaire des termes du manége moderne (qui avait paru séparément en 1747). *Amst. et Leipzig*, 1749, in-4 oblong, 12 à 15 fr.

On trouve quelquefois dans ce volume : l'*Antimaquignonage pour éviter la surprise dans l'emplette des chevaux*, du même. Amsterdam, 1764, in-4 obl., avec 9 planches. *Bran.*

— Perfezione (la) e i diffeti del cavallo (italiano e francese). *Firenze*, 1753, in-fol., avec figures.

Belle édition : le frontispice gravé porte : *Anti-maquignonage, etc.*

EISENMANN (George-Henri), professeur d'anatomie à Strasbourg ; né dans cette ville, le 18 novembre 1693, y est mort le 16 septembre 1768.

— Glandula (de) thyroïdeâ. *Argentorati*, 1742, in-4.

— Quæstiones medicæ varii argumenti. *Argentorati*, 1742, in-4.

— Tabulæ anatomicæ quatuor uteri duplicis observationem rariorum sistentes. *Argentorati*, 1752, in-fol. maj.

— Le même ouvrage, traduit en français. *Strasbourg*, 1752, gr. in-fol.

EISENSCHMID (J. - Gasp.), célèbre mathématicien ; né à Strasbourg, le 15 novembre 1656, où il mourut le 4 décembre 1712.

— Diatribe de figura telluris ellipticor. sphæroide. *Argentorati*, 1691, in-8.

— Ponderibus (de) et mensuris veterum Romanorum, Græcorum, Hebræorum, necnon de valore pecuniæ veteris. *Argentorati*, 1708, 1737, in-8 avec fig.

On a encore de ce mathématicien, en tête des Tables de Képler et de Bartsch : *Introductio nova ad Tabulas manuales logarithmicas J. Kepleri et J. Bartschii.* 1780, in-8.

EKEBERG (A.-G.). Mémoire sur quelques propriétés de l'yttria, comparées avec celles de la glucine ; sur les substances minérales dans lesquelles on a trouvé l'yttria, et sur la découverte d'une nouvelle substance métallique (Extr. du Journ. des mines). *Paris, Bossange ; Masson et Besson*, 1802, in-8.

ELBANIE (d') pseudon. Voy. KOURZ-ROCK (Mme de).

ELBÉE (le comte GIGOT d'), général vendéen ; né à Dresde, en 1752, mort dans l'île de Noirmoutiers, en janv. 1794.

— Mal (le) et le Remède, sauf meilleur avis, dans le régime, la composition et l'entretien de la milice et des troupes réglées. *Paris*, 1789, in-8.

ELBÉE (A.-A. d'), fils du précédent.

— Nouveau Manuel des maires et adjoints, membres des conseils municipaux et gardes-champêtres des communes rurales, relatif à leurs fonctions administratives et de police, etc. *Aix-la-Chapelle et Paris*, 1803, in-12, 2 fr.

ELBOUVILLE DE LA CHATRE, chef d'escadron.

— Discours prononcé à l'occasion de l'inauguration du buste de S. M. Charles X, dans la salle des séances du conseil municipal de la ville de Vernon. *Paris, imp. de Pinard*, 1825, in-8 de 4 pag.

ELGIN (le comte d'). Antiquités grecques, ou Notice et Mémoires sur des recherches faites en Grèce, dans l'Ionie et dans l'Archipel grec, en 1799 et années suivantes ; trad. de l'angl., par M. B. DE V. (BARÈRE DE VIEUZAC). *Bruxelles, Weissembruck*, 1820, in-8.

ELIA (Félix). Albert et Théodore, ou les Brigands, trad. de l'angl. *Paris, Vatar-Jouannet*, an VIII (1800), 2 vol. in-12, fig., 3 fr.

ÉLICAGARAY.

On a de lui dans le Caducée, feuille périodique de Marseille, deux Discours prononcés au collége de Marseille, en 1821 : un autre Discours, prononcé à sa première visite au même collége, a été impr. séparément. Carcassonne, impr. de P. Polère, 1821, in-8 de 4 pages.

ÉLIE DE BEAUMONT ( ), avocat au parlement de Paris, docteur honoraire de l'Université d'Oxford, et de la Société royale de Londres ; né dans le diocèse de Bayeux.

— Choix de Plaidoyers et Mémoires (publ., avec une Notice, par M. DUPIN jeune). *Paris, de l'imp. de Rignoux*, 1824, in-8.

Tiré à 10 exempl. seulement, mais extrait des « Annales du Barreau français».

— * Jurisprudence des rentes. *Paris, Prault père*, 1762, in-8.

ÉLIE DE BEAUMONT (Mlle Anne-Louise-Morin-Dumesnil, dame), épouse du précédent ; née à Caen, en 1729, morte le 12 janvier 1783.

— * Lettres du marquis de Roselle, par Mme E. D. B. *Paris, Cellot*, 1764, 2 vol. in-12. — Nouvelle édit. *Paris, D'Hautel*, 1812, 2 vol. in-18, 3 fr. 50 c.

Madame Élie de Beaumont est auteur de la troisième partie des Anecdotes de la cour et du règne d'Édouard II, roi d'Angleterre, ouvrage de madame de Tencin, à qui la mort ne permit pas de l'achever.

ÉLIE DE BEAUMONT (L.), ingénieur des mines.

— Coup-d'œil sur les mines. (Extrait du Dictionnaire des Sciences naturelles). *Paris, Levrault*, 1824, in-8 avec 2 pl.

— Voyage métallurgique en Angleterre, etc. (1827). Voy. DUFRÉNOY.

ÉLIE DE LA POTERIE (J.-Ant.), docteur-régent de la Faculté de médecine de

Paris; né vers 1732, mort à Brest, le 23 mai 1794.

— Examen de la doctrine d'Hippocrate sur la nature des êtres animés, sur les principes du mouvement et de la vie, sur les périodes de la vie humaine, pour servir à l'histoire du magnétisme animal. *Brest*, 1784, in-8.

— Recherches sur l'état de la médecine dans les départements de la marine. 1791, in-4 de 53 pag.

— Recherches sur l'état de la pharmacie, considérée dans ses rapports à la médecine des départements de la marine, et les éléments de constitution médicale. 1791, in-4 de 109 pag.

ÉLIEN (Cl.). Milice (la) des Grecs, ou Tactique d'Élien, traduit du grec, avec des notes, par BOUCHAUD DE BUSSY. *Paris*, 1757, 2 vol. in-12.

Une préface du traducteur remplie de documents utiles; une dédicace de l'auteur à l'empereur Adrien, sous lequel il vivait; une table détaillée des chapitres, dont le premier traite *des Auteurs qui ont écrit sur la tactique*, et le dernier des *Commandements de l'exercice*; le texte de ces quatre chapitres : voilà ce qui compose le premier volume de ce petit ouvrage, qui est le seul que nous ayons en ce genre.

Le second volume contient un Discours sur la phalange et sur la milice des Grecs en général; et une Dissertation sur le coin des anciens; le tout accompagné de notes et de figures.

— Variæ historiæ libri xv, gr., cum notis Joh. SCHEFFERI, interpretatione Justi VULTEII, variis lectionibus, notis posthumis Joh. SCHEFFERI, annotationibusque Joach. KUHNII; editio postrema, curante Joh.-Henr. LEDERLINO. *Argentorati*, 1713, pet. in-8.

Cette édition, à cause des notes qu'elle contient, peut entrer dans la collection des *Variorum*.

— Diversités historiques, trad. du grec, par J.-H.-Sam. FORMEY, et enrichies de remarques. *Berlin*, 1764, in-8.

Traduct. qui n'est pas aussi estimée que la suiv.

— Le même ouvrage, sous le titre d'Histoires diverses, trad. du grec, avec des remarques (par Bon-Jos. DACIER). *Paris*, 1772, in-8. — Nouv. édit. *Paris, Aug. Delalain*, 1827, in-8, 10 fr. 50 c.

Les notes de cette traduction sont pleines de goût et d'érudition. La dernière édit. porte le nom du traducteur.

— Choix méthodique des Histoires variées d'ÉLIEN, suivi de deux Vocabulaires et de notes sur le texte, à l'usage des collèges. Par A. VALATOUR. *Paris, Maze*, 1824, in-12. — Sec. édit. *Paris, Maire-Nyon*, 1827, in-12, 2 fr. 50 c.

— ÉLIEN, HÉRACLIDE ET NICOLAS DAMAS-

CIN, en grec, avec des notes de D. CORAY. *Paris, F. Didot*, 1805, in-8, 12 fr.

Ce vol. forme le *Prodromus* de la Bibliothèque hellénique, publ. par M. Coray.

ÉLISABETH CHARLOTTE. Voy. CHARLOTTE-ÉLISABETH DE BAVIÈRE.

ÉLISÉE (Jean-François COPEL, connu sous le nom du P.), carme-déchaussé, célèbre prédicateur; né à Besançon, le 21 septembre 1726, mort à Pontarlier, le 11 juin 1783.

— Oraison funèbre du roi Stanislas. 1766, in-4.

— Sermons (ses) (publ. avec la Vie de l'auteur, par le P. CÉSAIRE, son cousin). *Paris*, 1784, 1786, 4 vol. in-12, 12 fr.

— OEuvres (ses) choisies, précédées d'une Notice biographique. *Paris, Salmon*, 1828, iu-18, 2 fr.

C'est un choix des sermons de l'auteur. Ce volume fait partie d'une petite collection intitulée : *Bibliothèque des Orateurs chrétiens*.

ÉLIZÉE (le P.). Discours prononcé par le premier chirurgien du roi (le P. Élizée), dans la première séance de la commission nommée par S. M., en vertu d'une ordonnance du 19 novembre, à l'effet de lui rendre compte de l'état actuel de l'enseignement dans les écoles de médecine et de chirurgie du royaume. *Paris, imp. de Demonville*, 1815, in-4 de 8 pag.

Le P. Élizée est éditeur d'un recueil intitulé les « Panégyristes de Saint-Louis, roi de France (1813), voy. ce titre à la Table des Anonymes.

ELLEN EXETER Voy. EXETER (Hél.)

ELLER DE BROCKHUSEN (Jean-Théodore), professeur au Collège royal médico-chirurgique de Berlin, directeur de l'Académie de la même ville, conseiller privé du roi de Prusse, etc.; né à Plœtzkau, dans la principauté d'Anhalt-Bernbourg, le 26 novembre 1689, mort à Berlin, en 1760.

— Connaissance (de la) et du traitement des principales maladies aiguës. Trad. du latin par Jacques-Agathange LEROY. *Paris*, 1774, in-12. — Nouv. édit., 1785, in-12.

Eller est auteur de plusieurs autres ouvrages écrits en latin et en allemand, qui n'ont pas été traduits en français.

On lui doit une série de Mém. écrits en franç. et imp. dans le rec. de l'Acad. de Berlin, et dont suit l'énumération : deux Dissertations sur les éléments, ou premiers Principes des corps, dans lesquelles on prouve qu'il doit y avoir des éléments, et qu'il y en a effectivement; qu'ils sont sujets à souffrir divers changements, et même susceptibles d'une parfaite transmutation; et enfin que le feu élémentaire et l'eau sent les seules choses qui méritent proprement le nom d'éléments (1746). — Exposition anatomique de l'origine et de la formation du Ganglion (id.). — Dissertation physico-chimique sur la séparation de l'or d'avec l'argent, qu'on nomme *séparation sèche*, trad. du lat. (1747). — Essai sur la formation des corps en général (1748).— Recherches sur la fertilité de la terre en général (1749). — Sur la nature et les propriétés de l'eau commune considérée comme un dissolvant (1750).— Sur les phénomènes qui se manifestent quand on dissout toutes sortes de sels dans l'eau commune séparément (id.). — Nouvelles Expériences sur le sang humain (1751). — Nouvelles Recherches et Observations sur la végétation des graines, des plantes et des arbres (1752). — Réflexions philosophiques sur un cas singulier d'un jeune garçon de 12 ans, à qui l'aile d'un moulin à vent avait enfoncé le crâne, et qui cependant a été entièrement guéri, sans le moindre dérangement des facultés de l'ame (id.). — Essai sur l'origine et la génération des métaux (1753). — Recherches sur l'usage prétendu dangereux de la vaisselle de cuivre dans nos cuisines (1754). — Description d'un monstre cyclope, mis au monde à Berlin le 19 février de l'année 1755 (id.). — Recherches sur la formation des pierres, ou concrétions graveleuses dans le corps humain, à l'occasion d'une pierre sortie par un abcès percé dans les hypochondres (1755). — Recherches sur la force de l'imagination des femmes enceintes sur le fœtus, à l'occasion d'un chien monstrueux (1756). — Expériences sur la conservation du sang et d'autres corps liquides, sans corruption, dans le vide, pendant plusieurs années (1757).

ELLERS (Jean), littérateur suédois, sous Gustave III.

Nous avons de lui : *Mes Larmes*, *poème*, trad. en franç., et impr. dans les « Mélanges de littérature suédoise ». *Voy. ce titre.*

ELLIES DUPIN (Louis). Voy. DUPIN.

ELLIOT (Geo.). Vie d'Arthur Wellesley, duc de Wellington, trad. de l'angl. par H. L***. *Paris*, *L. G. Michaud*, 1816, in-8, 2 fr. 50 c.

ELLIS (J.), négociant et naturaliste anglais du XVIIIe siècle; mort à Londres le 5 octobre 1776.

— Description du mangostan et du pain à fruit, avec des instructions aux voyageurs pour le transport de ces deux fruits; ouvrage trad. de l'angl. (par BALLIÈRE DE LAISEMENT). *Rouen*, *Machuël*, 1779, br. in-8.

— Essai sur l'histoire naturelle des coralines et autres productions marines du même genre, qu'on trouve sur les côtes de la Grande-Bretagne et d'Irlande, etc. Trad. de l'angl. (par J.-N.-Séb. ALLAMAND). *La Haye*, *de Hondt*, 1756, in-4, fig., 4 à 6 fr., en gr. pap., fig. coloriées, 10 à 15 fr.

Cette édition est augmentée de l'explication de la planche 38, d'après une lettre de l'auteur à l'éditeur, qui n'a pas été insérée dans l'édit. anglaise. *Biogr. univ.*

ELLIS (Henr.), voyageur anglais, mort au commencement du XIXe siècle.

— Voyage à la baie d'Hudson, fait par la galiote le Dobbs et la Californie, en 1746 et 1747, pour la découverte d'un passage au nord-ouest, avec une Description exacte de la côte, et un Abrégé de l'histoire naturelle du pays. Trad. de l'angl. (par SELLIUS). *Paris*, *Jorry*, 1749, 2 vol. in-12, fig. Traduction assez mauvaise.

ELLIS (H.). Voyage en Chine, ou Journal de la dernière ambassade anglaise à la cour de Pékin, contenant le détail des négociations qui ont eu lieu dans cette circonstance; la relation de la traversée à la Chine et du retour en Europe; et enfin celle du voyage par terre de l'ambassade, depuis l'embouchure du Pei-ho jusqu'à Canton; mêlée d'observations sur l'aspect du pays, sur la politique, sur le caractère moral et sur les mœurs de la nation chinoise. Trad. de l'angl. par J. MAC-CARTHY. *Paris*, *Delaunay*, 1818, 2 vol. in-8 avec 8 fig. et 3 cartes, 15 fr.

ELLIVERF - TNIAS ED ENIATNOF, pseudonyme. Voy. FONTAINE DE SAINT-FRÉVILLE.

ELMOTTE. Voy. POULTIER D'ELMOTTE.

ÉLOY (Nic.-Fr.-Jos.), médecin; né à Mons, le 20 septembre 1714, y est mort, le 10 mars 1788.

—*Cours élémentaire des Accouchements. *Mons*, 1775, in-12.

— Dictionnaire historique de la médecine, avec l'histoire des plus célèbres médecins. *Liège*, 1755, 2 vol. in-8. — Nouv. édit., sous ce titre : Dictionnaire historique de la médecine ancienne et moderne. *Mons*, 1778, 4 vol. in-4, 24 à 36 fr. et plus en gr. p.

— Mémoire sur la marche, la nature, les causes et le traitement de la dyssenterie. *Mons*, 1780, in-8.

— Question médico-politique : Si l'usage du café est avantageux à la santé, et s'il peut se concilier avec le bien de l'état dans les provinces belgiques ? *Mons*, 1781, in-8.

— Réflexions sur l'usage du thé. *Mons*, 1750, in-12.

ELPHINSTONE (Mounstuart). Cabul (le), ou Tableau de ce royaume et de ses dépendances dans la Perse, la Tartarie et l'Inde; trad. de l'angl., et abrégé par J. B. J. BRETON. *Paris*, *Nepveu*, 1816, 3 vol. in-18, ornés de 14 fig., 10 fr., et avec les fig. color., 15 fr.

ELSNER (Jacques), doct. en théologie, directeur de la classe des belles-lettres de l'Académie royale de Berlin, etc.; né à Saalfeld en Prusse, en mars 1692, mort à Berlin, le 8 octobre 1750.

Indépendamment de plusieurs ouvr. allem, estimés, Elsner est encore auteur des Dissertations suiv., écrites en franç., et imprimées dans le recueil de l'Académie dont il était le directeur : Dissertation sur l'excellence de la Palestine, trad. du lat., avec 2 vign. (1745). — Dissertation sur les dieux Pataïques (1746). — Dissertation sur le chapitre XL du livre de Tacite, des Mœurs des Germains, et en particulier sur la déesse Hertha, Hertham, ou Erdamm, qui a été autrefois le principal objet du culte dans la Germanie septentrionale (1747). — Dissertation sur l'île de la déesse Hertham, ou Erdamm, et sur les adorateurs de cette divinité (1748).

ELTON (Thomas). Miroir (le) d'Uranie, donnant à ceux qui veulent étudier l'astronomie, etc. ; trad. de l'angl. *Paris*, *Audin*, 1825, br. in-18, avec un tableau collé sur carton, 5 fr.

— Panorama céleste, ou l'Astronomie en tableaux ; ouvrage à l'aide duquel on peut, en s'amusant, se familiariser avec les phénomènes célestes. Trad. de l'angl. *Paris*, *Audin*, 1825, broch. in-18 avec une pl., roulée dans un carton, 5 fr.

ELYSIO (Fil.). Voy. MANOEL.

EMANGARD (E.-P.). Charlatanisme (du) en général, et de quelques remèdes secrets en particulier. *L'Aigle, de l'imp. de Bredif*, 1823, in-8 de 20 pages.

— Mémoire additionnel au « Traité pratique du Croup » et examen critique du « Traité de la diphtérite ». *Paris*, *Mlle Delaunay*, 1828, in-8 de 48 pag., 1 fr. 25 c.

— Traité pratique du Croup, et examen critique de quelques opinions sur cette maladie. *L'Aigle, Bredif, et Paris, Mlle Delaunay*, 1827, in-8, 4 fr. 50 c.

EMBRY (Arthus - Thom.). Tableaux prophétiques prédisant la ruine de la monarchie turque et le rétablissement de l'empire grec ; extraits littéralement de l'histoire de Chalcondyle, Athénien. *Lyon*, *Millon cadet, et Paris, Tourneux*, 1821, in-12 de 24 pag.

EMERIC (Nicolas). Manuel (le) des inquisiteurs, à l'usage des inquisitions d'Espagne et de Portugal, ou Abrégé de l'ouvrage intitulé : *Directorium inquisitorum*, composé vers 1358 : on y a joint une courte histoire de l'établissement de l'inquisition dans le royaume de Portugal, tirée du latin de Louis-A. PARAMO (l'abbé MORELLET). *Lisbonne*, 1762, in-12.

ÉMERIC (L. - Damien), homme de lettres, né à Eyguières, en Provence, vers 1765, mort en 1825.

— Guide (nouv.) de la politesse, ouvrage critique et moral, avec des notes et un petit aperçu littéraire. Sec. édit. *Paris*, *Roret et Roussel*, 1821, in-8, 5 fr.

La prem. édit. parut en 1819, sous le titre : *De la Politesse, ouvrage critique, moral et philosophique*. In - 8.

ÉMERIC (J.-Jos.), avocat, frère aîné du précédent, ex-doyen des avocats de la ville de Nîmes ; né à Eyguières, vers 1755.

M. J. J. Émeric a publié une suite de quatre brochures, dont les titres sont : *la Vérité et la Justice*, *ou le Cri des Royalistes français*. N° I. Avignon, de l'impr. de Chaillot jeune, 1816, in-8 de 24 pag. — *L'Ermite du Vaucluse*, ou Souhaits de bonne année pour 1818. N° II. Avignon, de l'impr. du même, 1822, in-8. — *Réponse aux réflexions faites par Agricole Moureau, sur les protestations du pape*, et pour servir d'Introduction à l'histoire d'Avignon et du comtat Venaissin, et de Suite à l'Ermite du Vaucluse. N°. III. Avignon, de l'impr. d'Aubanel, 1818, in-8. — *La Sainte-Alliance*, ou le Tombeau des Jacobins, servant de suite à l'Ermite du Vaucluse. N° IV. Avignon, de l'impr. de Bonnet, 1818, in-8 de 16 pag.

ÉMERIC - DAVID (T.-B.), membre de l'Académie des inscriptions et belles-lettres ; né à Aix, en Provence, le 20 avril 1755.

— Choix de notices sur les tableaux du Musée. In-8.

Ce Choix est extrait des 42 livraisons que M. Émeric-David a fournies pour le texte du « Musée français ».

— Discours historique sur la gravure en taille-douce et sur la gravure en bois. *Paris*, 1809, in-8.

Imprimé d'abord en tête d'un vol. du Musée français, publ. par MM. Robillard-Péronville et Laurent, et réimprimé dans le Magasin encyclopédique en 1807.

— Discours (premier) historique sur la peinture moderne, renfermant l'histoire de cet art depuis Constantin jusqu'au commencement du XIIIe siècle. (Extrait du Magas. encycl.). *Paris*, 1807, in-8.

On trouve encore dans le Magasin encyclopédique (1807), sous le titre d'*Essai sur le classement chronologique des sculpteurs grecs les plus célèbres*, un fragment d'un autre Discours sur la sculpture ancienne, commencé par Croze-Magnan, et achevé pour les 40 dernières pag. par M. Émeric-David, qui avait été aussi impr. d'abord en tête d'un volume du Musée français.

— Examen des inculpations dirigées contre Phidias ; fragment d'un Mémoire sur le classement chronologique des sculpteurs grecs. (Extrait des Annales encyclopéd.). *Paris*, impr. de Le Normant, 1817, in-8 de 24 pages.

— * Musée olympique de l'école vivante des beaux-arts. *Paris*, *Plassan* (1796), in-8 de 51 pages.

— Recherches sur la répartition des contributions foncière et mobilière, faite au conseil général d'Aix, le 12 novembre 1791. *Aix*, 1791, broch. in-4 de 39 pag.

— Recherches sur l'art du statuaire, considéré chez les anciens et chez les moder-

nes, ou Mémoire sur cette question proposée par l'Institut : Quelles ont été les
causes de la perfection de la sculpture antique, et quels seraient les moyens d'y
atteindre? Ouvrage couronné par l'Institut.
Paris, *Ve Nyon*, 1805, in-8.
— Réponse au libelle intitulé : « Lettre de
M. Giraud à M. Émeric-David ». *Paris*,
1806, in-8. — Réponse à un écrit intitulé :
« Seconde lettre de M. Giraud à M. Émeric-
David. *Paris*, 1806, 2 part. in-8.

Relatives à une discussion entre l'auteur et M. Giraud, sculpteur, qui a prétendu avoir eu part à la
rédaction des *Recherches sur l'art statuaire*, etc.

— Suite d'Études calquées et dessinées
d'après cinq tableaux de Raphaël, accompagnées de gravures de ces tableaux, et
de notices historiques et critiques par M.
T.-B. ÉMERIC-DAVID. *Paris, Bonnemaison*,
1818-20, 5 livr. de 20 pl. avec texte,
120 fr. et avec les fig. avant la lettre, 200 fr.

On a encore de M. Émeric-David des *Notices* sur
les artistes, dans la *Biographie universelle*, et des
articles dans les *Annales encyclopédiques*, ainsi que
dans la *Revue encyclopédique*, dont il est l'un des
rédacteurs.

ÉMERIE, ou EYMERIE (l'abbé), doct. en
théologie, prieur-curé de Villeneuve à
Montpellier.
— Traité du légitime ministère de l'église.
1770, 2 vol. in-12.

ÉMÉRIGON (Balthaz.-Mar.), célèbre
avocat d'Aix; né vers 1725, mort à Marseille, en 1785.
— * Commentaire (nouveau) sur l'ordonnance de la marine du mois d'août 1681,
par M***. *Marseille*, 1780, 2 vol. in-12.
—Nouv. édit., augm. (par PASTORET). *Marseille, et Paris, Bossange*, an XI (1803),
3 vol. in-12.
— Traité des assurances et des contrats à
la grosse, conféré et mis en rapport avec
le nouveau Code de commerce et la jurisprudence, suivi d'un vocabulaire des termes de marine et des noms de chaque partie
du navire; par P.-S. BOULAY-PATY. Nouv.
édit. *Rennes, Molliex, et Paris, Charles
Béchet*, 1826-27, 2 forts vol. in-4, 36 fr.

Cette édition a fait tomber le prix de la première,
publiée de 1783 à 1784, Marseille, 2 vol. in-4, et
qui valait encore de 24 à 30 fr. avant la réimpression due aux soins de M. Boulay-Paty.
On a encore d'Émérigon plusieurs *Mémoires* et
Recherches sur des contestations maritimes.

ÉMERSON. Tableau de la Grèce en 1825
(1826). Voy. PECCHIO.

ÉMERY. * Mémoires et Aventures de
M. de P***, écrits par lui-même, et mis au
jour par M. E***. *Paris, Dupuis*, 1736,
in-12.

ÉMERY (Jean-Ant.-Xav.), jurisconsulte; né à Beaucaire, en 1756, mort à
Nîmes, le 30 juillet 1794.
— * Traité des successions, obligations et
autres matières, contenues dans le 3e et
4e livre des Instituts de Justinien, enrichi
d'un grand nombre d'arrêts récents du
parlement de Toulouse. Par M. A***. *Avignon, Fr. Séguin*, 1787, in-4.

Ouvrage qui prouve l'étendue et la solidité de savoir de l'auteur, en matière de jurisprudence.
Émery avait aussi composé un « Traité des Testaments, mais la révolution, dont il mourut la victime, survenue au moment où il l'achevait, l'empêcha de le livrer à l'impression.   *Biogr. univ.*

ÉMERY (Jacq.-And.), théologien, supérieur général de la congrégation de
Saint-Sulpice; né à Gex, le 27 août 1732,
mort le 28 avril 1811.
— * Christianisme (le) de François Bacon,
chancelier d'Angleterre, ou Pensées et
sentiments de ce grand homme sur la religion. *Paris*, *Ve Nyon*, an VII (1799), 2
vol. in-12.
— * Conduite (la) de l'Église dans la réception des ministres de la religion qui
reviennent de l'hérésie et du schisme; nouvelle édition, considérablement augmentée.
Paris, Leclerc, 1801, in-12.
— * Esprit de Leibnitz, ou Recueil de
pensées choisies sur la religion, la morale,
l'histoire, la philosophie. *Lyon, Bruyset*,
1772, 2 vol. in-12. — Nouv. édit., sous
le titre de Pensées de Leibnitz sur la religion et la morale, augmentées de la correspondance de Leibnitz avec Bossuet.
Paris, 1804, 2 vol. in-8.

L'auteur devait joindre à cette seconde édition un
« *Éclaircissement sur la mitigation des peines de
l'enfer*»; mais après avoir fait imprimer cet écrit,
il en arrêta la distribution, et il ne s'en est répandu qu'un très-petit nombre d'exemplaires.
Dans la préface de la première édition de cet ouvrage, l'abbé Émery se déclare le partisan zélé des
libertés de l'Église gallicane. Voici ses expressions :
« Nous ajoutons, pour écarter jusqu'aux plus légers
soupçons d'*ultramontanisme*, que nous sommes très-
attachés aux maximes du clergé de France, consignées dans la déclaration de 1682. Nous la regar-
dons, cette déclaration, même au Saint-Siège, dont nous ne doutons
pas qu'il ne loue un jour la sagesse et ne réclame
l'autorité : parce qu'en même temps qu'on y rejette
des prérogatives qui n'ont pas de fondement dans
l'Évangile, on y établit celles qui sont de droit divin,
et sur lesquelles repose l'immuable grandeur du
Saint-Siège; et, si l'Église gallicane y indique d'une
main la partie de l'édifice que l'on peut abattre,
elle montre de l'autre celle qui doit être à jamais
sacrée et inviolable. Le moment n'est peut-être pas
éloigné où l'on adoptera, dans les États catholiques
de l'Europe, nos maximes ; et la crainte qu'en pous-
sant précipitamment la juridiction du pape, on ne
la fasse reculer au-delà de ses justes bornes, nous a
donné lieu de faire l'observation précédente ».
L'abbé Émery, en faisant imprimer la seconde
édition, ne craignit plus dès lors de passer pour

ultramontain; il s'est dispensé de reproduire ce bel éloge de nos libertés: depuis il les a attaquées avec beaucoup d'art, dans la préface des «Nouveaux Opuscules de Fleury, qu'il a publiés en 1807. Voy. FLEURY.

— * Esprit de sainte Thérèse, recueilli de ses œuvres. *Lyon, Bruyset-Ponthus*, 1775, 1779, in-8.

Plusieurs exemplaires portent sur le frontispice: *seconde édition*; la préface est imprimée en caractères ronds : ils ont une dédicace à l'impératrice-reine Marie-Thérèse, rédigée par M. Émery; l'idée de cette dédicace ne vint au libraire qu'après la vente de plusieurs exemplaires.　*Barb.*

—Le même, avec les Opuscules de sainte Thérèse. Nouv. édit., corrigée et augmentée d'une Notice sur l'auteur. *Avignon, Fischer*, 1825, 2 vol. in-12.

— Exposition de la doctrine de Leibnitz sur la religion, suivie de Pensées extraites du même auteur. *Paris, Tournachon-Molin et H. Séguin, et A. Lecière*, 1819, in-8, 6 fr.

— * Lettre de Mme de *** à sa fille. *Paris, Crapart*, sans date (1791), in-8 de 8 pag.

— Mémoire sur cette question : Les religieuses peuvent-elles aujourd'hui, sans blesser leur conscience, recueillir des successions et disposer par testament? 1797, in-8.

— Moyens de ramener l'unité dans l'Église catholique. *Paris*, 1802, in-12.

— Pensées de Descartes. *Paris*, 1811, in-8.

On a encore de l'abbé Émery plusieurs articles dans les Annales catholiques.

L'abbé Émery a été aussi l'éditeur des ouvrages suivants : 1° Principes de Bossuet et de Fénélon sur la souveraineté (1791), ouvrage qui a été réimpr. depuis sous le titre de la «Politique du bon vieux temps » (1797), voy. QUERBOEUF; 2° Lettres sur l'histoire physique de la terre (1798), voy. DE LUC; 3° Lettres à un évêque, sur divers points de morale et de discipline, etc. (1803), voy. LEFRANC DE POMPIGNAN; 4° Défense de la révélation contre les objections des esprits forts (1805), voy. EULER; 5° Nouveaux Opuscules de l'abbé FLEURY (1807), *voy. ce nom*; 6° Examen particulier sur divers sujets, propres aux ecclésiastiques, etc. (　), voy. TRONSON.

　　　Barbier, Exam. des Dict. histor. , et Dict.
　　　　　des ouvr. anon.

Barbier attribue à tort à l'abbé Émery l'ouvrage intitulé : « Entretiens pacifiques de Marcien et de Clémile, sur les affaires de la religion », que l'on sait aujourd'hui, bien positivement, être de l'abbé CAZAINTRE (*voy. ce nom*).

EMETT (Rob.). Essais de médecine sur le flux menstruel, et Traité des maladies de la tête; trad. du latin par P.-T.-N. HURTAUT. Nouv. édit. 1757, in-12.

ÉMILIANE (d'), pseudonyme. Voyez GAVIN (Ant.).

ÉMILIANE (G. d'). Histoire des tromperies des prêtres et des moines de l'Église romaine, contenues en huit lettres écrites

par un voyageur pour le bien du public. (Sec. edit.). *Rotterdam*, 1719, 2 vol. in-8.

La première édition, qui parut en 1693, est anonyme.

ÉMILE, nom sous lequel plusieurs auteurs dramatiques ont publié des pièces. Voy. COTTENET. — ROUGEMONT.

EMMANUEL. Almanach jardinier perpétuel, dans lequel on voit, mois par mois, tout ce qu'il y a à faire dans les jardins, fort utile à tous ceux qui se plaisent à cultiver les herbes, les fleurs et les arbres fruitiers. (*Sans lieu, ni date*), in-12.

— Appel à l'honneur français, ou Projet d'une fête pour célébrer dignement la mort de Louis XVI. *Paris*, 1796, in-8.

EMMANUEL, pseudon. Voyez FLINS DES OLIVIERS.

EMMERICH (Fréd.-Ch.-Timoth.), ministre du saint Évangile et prof. d'histoire ecclés. à Strasbourg; né dans cette ville, le 15 février 1786, y est mort le 1er juin 1820.

— Auswahl hinterlassener Predigten, mit einer Vorrede, von D. REDSLOB. *Strasburg, Treuttel et Würtz*, 1821, in-8.

— De Evangeliis secundùm Hæbreos et Ægyptos, atque Justini martyris. Dissertatio. *Argentorati*, 1807, in-8.

— Predigten. *Strasburg, Heitz*, 1824, 2 vol. in-8, 6 fr.

— Was sind uns die Jubelfener der Reformation. *Strasburg, Treuttel et Würtz*, 1817, broch. in-8, 1 fr.

EMMERT (J.-H.). Introduction à l'histoire naturelle, pour les enfants. Nouv. édit. *Gottingue, Brose*, 1818, in-8, 2 fr. 50 c.

— Teinture d'histoire naturelle, pour les enfants. Nouv. édit. *Gottingue*, 1812, in-12, 2 fr. 50 c.

EMMERY DE GROZYEULX (le comte J.-L.-Cl.), successivement avocat, député aux états-généraux, au conseil des Cinq-Cents, sénateur, et plus tard pair de France; né à Metz, le 20 avril 1752, mort à Grozyeulx, le 15 juillet 1823.

— *Faits concernant la ville de Metz et le pays messin. (*Metz*, 1788), broch. in-8.

— *Recueil des édits, déclarations, lettres-patentes, etc., enregistrés au parlement de Metz, ensemble des arrêts de règlement rendus par cette cour. *Metz, Pierre Marchal et Ve Antoine*, 1774-1788, 5 vol. in-4.

Le sixième volume de cette importante collection

a été imprimé, mais le libraire l'a vendu en entier pour faire des gargousses.   *Barb.*

ÉMONOT (J.-B.), médecin et président de la Société de médecine de Paris, membre honoraire de l'Académie de médecine; mort en février 1823.

— Traité des fièvres et des inflammations, trad. du lat. (1800). Voy. QUARIN (Jos.).

EMPAYTAZ, Genévois. Considérations sur la divinité de Jésus-Christ, adressées à MM. les étudiants de l'auditoire de théologie de l'église de Genève. *Lyon, imp. de Barret*, 1816, in-8 de 64 pages.

EMPEREUR (L'). Voy. L'EMPEREUR.

EMPIRICUS (Sextus). Hipotyposes (les), ou Institutions pyrrhoniennes; trad. du grec (par HUART, maître de mathématiques), avec des notes. *Sans indication de lieu (Amsterdam)*, 1725, in-12.

EMPIS (Adolphe), anc. secrétaire des bibliothèques du roi, vérificateur du service des gouvernements des maisons royales, chef de la première division du ministère de la maison du roi.

— *Sapho, tragédie lyrique en 3 actes, reçue à l'Académie royale de musique, le 12 août 1818. *Paris, P. Didot*, 1819, in-8.

Avec Courniol.

On trouve dans les Poésies de madame la princesse de Salm, Paris, Didot, 1811, ou 1817, in-8, une pièce intitulée : *Sapho*, tragédie-lyrique représentée pour la première fois le 14 décembre 1794 : elle a eu plus de cent représentations : la nouvelle Sapho n'a pas eu le même bonheur.   *Barb.*

M. Empis est encore auteur, avec M. Mennechet, de Vendôme en Espagne, opéra (1823), et avec Picard, de l'Agiotage, et Lambert Simmel (1827), comédies. Voy. MENNECHET et PICARD.

EMPORTES (Dupuy d'). Voy. DUPUY.

ÉNARD (l'abbé), aumônier de la Chambre des députés.

— Grand (le) travail de l'abbé de Pradt, corrigé et amendé. *Paris, Ad. Leclère*, 1819, in-8, 4 fr.

— Question importante et facile à résoudre : L'abbé Grégoire fut-il un des auteurs de la mort de Louis XVI, et doit-il être regardé comme véritablement coupable de ce forfait? *Tolle et lege:* Prenez et lisez. Par E. P. R. B. (Énard, prêtre, religieux bénédictin). *Paris,* (1814), in-8 de 21 pag.

Cette brochure porte pour faux titre : *l'abbé Grégoire jugé par lui-même.*

ÉNAUX. Méthode de traiter les morsures des vipères, etc. Voy. CHAUSSIER.

ENCARVILLE. Voy. HANCARVILLE (d').

ENCONTRE (Dan.), ministre du saint Évangile, d'abord professeur de belles-lettres à l'École centrale de Montpellier, ensuite professeur de mathématiques transcendantes et doyen de la Faculté des sciences de Montpellier, plus tard professeur de dogme à la Faculté de théologie protestante de Montauban, et doyen de cette Faculté; membre des Sociétés des sciences, lettres et arts de Montpellier, de Nîmes et de Montauban; né à Nîmes, en 1762, mort à Montauban, le 16 septembre 1818.

— Discours prononcé à l'ouverture solennelle des cours de la Faculté de théologie de Montauban, l'année classique 1816-17. *Montauban*, 1816, in-8.

Ce discours, où l'on remarque l'usage le plus heureux des saintes Écritures, des idées fortes, des mouvements pathétiques, un ton paternel et pénétré, est un des meilleurs modèles qui puissent être proposés à de jeunes candidats au saint ministère.

— Dissertation sur le vrai système du monde comparé avec le récit que Moïse fait de la création. (Extr. du 3e vol. du recueil de l'Acad. des sc. et belles-lettres de Montpellier). *Montpellier, Tournel*, 1807, in-8.

— (Nouv. édit., avec le texte hébreu de la Genèse, qui fait le sujet de la dissertation). *Avignon, Séguin frères*, 1808, in-8 de 32 pag.

La dissertation porte sur les 19 prem. versets du chapitre premier, et sur les 6 prem. versets du chapitre deuxième de la Genèse.

— Lettre à M. Combes-Dounous, auteur de l'Essai historique sur Platon. *Paris, Ve Nyon, et Montpellier, Renaud*, 1811, in-8 de 90 pag.

Cette lettre était destinée à combattre quelques graves erreurs de fait et de raisonnement dans lesquelles était tombé, à l'égard de la religion chrétienne, un des adversaires d'Encontre les plus redoutables : elle offre à chaque page un modèle achevé de discussion logique et de style, aussi bien que de candeur, d'urbanité et de grâce. Il est impossible d'avoir raison plus complètement, ni d'une manière plus franche et plus aimable. L'ironie elle-même est inoffensive sous la plume de l'auteur, qui manie avec force cette figure pour la défense de sa cause, et non pour frapper inutilement la personne de son adversaire. En distribuant avec sagesse les trésors de la science théologique et de l'érudition, il s'élève à des idées générales ; il découvre à son lecteur des vues nouvelles, il l'attendrit par des mouvements partis du cœur.

— Mémoire sur l'inscription de l'Ennéagone, et sur la division complète du cercle. *Montpellier, Tournel père et fils*, an IX (1801), in-8, avec une pl.

Une anecdote singulière à recueillir sur cet ouvrage, c'est qu'il n'a acquis que par hasard la célébrité dont il jouit en France et dans l'étranger. Enfoui dans les bulletins d'une société savante, il y est un jour découvert par un professeur de l'Académie de Breslau, qui se hâte, en le traduisant, de le faire connaître à l'Allemagne et à la France elle-même, à laquelle il fallut que l'étranger en révélât l'existence et le mérite pour que son modeste auteur obtînt dans sa patrie la gloire due à cette ingénieuse découverte et à la démonstration élégante qu'il en a donnée.

— Mémoire sur les principes fondamentaux de la théorie générale des équations. (Extrait des Annales de mathématiques et du recueil de la Société des sciences de Montpellier, tom. VI). *Montpellier*, in-8 de 36 pag.

— * M. Boncacous, ou l'S et le T, comédie en un acte et en vers, avec cette épigr. : Grammatici certant.... Horat. *Montpellier*, Ve J. Martel ainé, sans date, in-8.

« Une discussion grammaticale, dégénérée en dispute ridicule, divisait la petite littérature du Gard et de l'Hérault, pour la manière dont il fallait écrire l'imparfait du verbe *tenir* dans un vers de Racine (de Mithridate, acte II, scène III) :
« Tenais entre elle et moi l'univers incertain. »
M. Encontre, sortant d'un salon où l'on avait gravement et vivement discuté la question de savoir si l'on devait écrire *tenais* ou *tenait*, ne peut s'empêcher, tout en se promenant, d'exprimer en vers les idées plaisantes dont cette anecdote obsédait son esprit. Cette bluette, composée tout d'une haleine pendant sa promenade, fut trouvée si comique, qu'on en fit bientôt un grand nombre de copies. Elle est en effet animée, d'un bout à l'autre, d'une verve rapide et d'une franche gaîté; l'auteur y a répandu avec goût le sel de la bonne plaisanterie; la versification en est naturelle, vive, élégante. »
Cette pièce n'est pas la seule qu'Encontre ait composée : ses amis se rappellent d'une de caractère, entre autres, intitulée : *la Mère généreuse*, qu'il leur a lue, mais qui n'a pas été imprimée.

— Recherches sur la botanique des anciens. Fasc. Ier (et unique). *Montpellier*.
Avec M. de Candolle.

Ce premier cahier fait regretter vivement qu'un projet si intéressant, et dont l'exécution s'annonçait d'une manière si brillante, n'ait pu s'accomplir. Dans cet opuscule, où les connaissances du botaniste se trouvent réunies au goût et à l'érudition du littérateur philologue, les auteurs offrent le résultat de leurs recherches sur l'*Aconit*.

— Théorie de l'intérêt composé, et application de cette théorie au calcul de la différence des niveaux, d'après les observations du baromètre. (Extrait du recueil de la Société des sciences de Montpellier). *Montpellier*, in-8 de 39 pag.

Indépendamment des ouvrages que nous venons de citer, Dan. Encontre est encore auteur de plusieurs opuscules et mémoires, soit de philosophie, de mathématiques ou de littérature, qui ont été insérés dans le recueil des travaux publiés par les sociétés dont il était membre; les bulletins de l'Hérault en contiennent un assez grand nombre. Nous ne sommes pas à même de les consulter; mais nous pouvons néanmoins, à l'aide d'un petit nombre de notes, présenter une idée imposante, quoique incomplète, des travaux scientifiques de cet écrivain : 1° Mémoire sur la théorie des probabilités (impr. dans le recueil de l'Académie de Montpellier); 2° Mémoire sur un cas particulier de l'intégration des quantités angulaires. Erreur où sont tombés de grands géomètres.—Théorème nouveau. 3° Lettre à M. M***, professeur de mathématiques à **, sur différents problèmes relatifs à la théorie des combinaisons; 4° Essai de critique sur un passage (de Gorgias ou de la Rhétorique) de Platon, trad. par La Harpe; 5° Mémoire sur un théorème fondamental du calcul des sinus ; 6° Nouvelles Recherches sur la composition des forces, en deux mémoires. Mémoire historique dans lequel l'auteur s'attache à démontrer que les anciens, et Aristote en particulier, ont connu le parallélogramme des forces. L'auteur avait promis un 3° mémoire, qui n'a pas été imprimé. 7° Éléments de géométrie plane ; 8° Examen de la nouvelle théorie du mouvement de la terre, proposée par le docteur Wood (impr. dans les Annales de mathém. publ. à Nîmes, par le prof. Gergonne). En réfutant la théorie du doct. Wood, Encontre donne une analyse très-élégante de la cycloïde courbe rendue célèbre par les travaux de Pascal. 9° Mém. sur l'île de Blascon (Hérault), dans lequel Encontre détermine la cause de l'encombrement de cette par les sables du Rhône; 10° Addition à la Flore biblique de Sprengel. Encontre a ajouté environ quinze articles aux soixante-quinze dont se compose la Flore biblique de Sprengel. Parmi les manuscrits importants qu'a laissés Encontre, on distingue des Traités ou des Mémoires incomplets sur les *probabilités*, sur la *sommation des séries*, sur le *calcul différentiel intégral des différences finies*, sur la *détermination de l'orbite des comètes*, un Traité complet des *sections coniques*, un Traité *du calcul différentiel*, un Commentaire assez avancé, mais interrompu trop tôt et non achevé, sur la Mécanique céleste de M. Laplace, que si peu de mathématiciens sont en état d'entendre ; des Mémoires de sa vie. Encontre a laissé aussi deux ouvrages théologiques, achevés : l'un est un *Traité de l'Église*, écrit en latin; et l'autre, un résumé des leçons importantes qu'il a données *sur le Péché original*. Enfin, n'omettons pas de dire qu'une de ses dernières occupations a été l'entreprise de l'édition de la Bible, version de Martin, qui a paru en 1819 à Montauban.

Extrait de la Notice sur la vie et les écrits de Dan. Encontre, Archiv. du Christian. au 19e siècle, tom. III, pag. 107.

ENCONTRE. Consécration du temple d'Anduze au culte chrétien, par les fidèles du culte de cette église. *Alais*, *Martin*, 1824, in-12 de 64 pag.

ÉNÉE. Commentaires grecs de la défense des places, par Ænéas le Tacticien, le plus ancien des auteurs militaires; trad. par le comte J.-Jacq. Beausobre. *Paris*, 1757, 2 vol. in-4.

Traduction estimée. On trouve à la fin un petit Traité concernant l'utilité d'une école et d'une académie militaire. *Barb.*

ENFANT (Jacq. L'). Voyez L'Enfant.

ENFANTIN (l'abbé B.-L.), prédicateur, chanoine de Valence.

— Cantiques (ses). *Rouen*, *Mégard*, 1828, in-12, 60 c.

— Dévotion à la Sainte-Vierge, ou Recueil des notes qui ont servi de bases aux différents sujets traités sur cette matière, dans le cours des missions, retraites, etc. *Valence*, *Montal*, 1821, in-12. — Supplément de la Dévotion à la Sainte-Vierge. Paraphrases de quelques-unes des prières consacrées à Marie, etc. *Valence*, *J.-F. Joland*, 1821, in-12.

Le Supplément est anonyme.

— Oraison funèbre de S. A. R. Msr Charles-Ferdinand d'Artois, duc de Berry, improvisée par M. l'abbé Enfantin, missionnaire, dans l'église de Saint-Roch à Paris. *Valence*, imp. de J. *Montal*, 1820, in-8 de 56 pag.

—Preuves (les) de la religion, ou Recueil des notes qui ont servi de bases aux différents sujets sur cette matière, dans le cours des missions, retraites, etc. *Valence*, M. *Aurel*, 1821, in-12.

— Sept (les) péchés capitaux, ou Recueil des notes qui ont servi de bases aux différents sujets traités sur cette matière, dans les missions. Liv. Ier, l'Orgueil. *Valence*, E. *Jolland*, 1821, in-12.—Liv. II, l'Avarice. *Caen*, *Poisson*, 1822, in-12. — Liv. III, la Luxure. *Angers*, *Pavie*, 1823, in-12.

ENFIELD (W.). The Speaker, or Miscellaneous pieces, selected from the best english writers, and disposed under proper heads, etc. *Paris*, Th. *Barrois*, 1823, in-12, 4 fr.

ENGEL (Sam.), géographe suisse du xviie siècle.

— * Essai sur cette question : Quand et comment l'Amérique a-t-elle été peuplée d'hommes et d'animaux, par L. B. d'E. *Amsterdam*, M. M. *Rey*, 1767, in-4, ou 5 vol. in-12.

— * Essai sur la manière la plus sûre d'établir un système de police des grains. 1772, in-12 de 210 pag.

— * Mémoire sur la navigation dans la mer du Nord, depuis le 63e degré de latitude vers le pôle, et depuis le 10e au 100e degré de longitude, avec une nouvelle carte sur cette étendue, par M. le B. d'E. *Berne*, *Fetcherin*, 1779, in-4.

— * Mémoires et Observations géographiques et critiques sur la situation des pays septentrionaux d'Asie et d'Amérique, etc. *Lausanne*, 1765, in-4, avec cartes.

— * Prétendue (la) universalité du déluge et des divers systèmes qui ont servi à l'établir. *Amsterdam*, 1767, in-12.

— Remarques sur la partie de la relation du voyage du capitaine Cook, qui concerne le détroit entre l'Asie et l'Amérique. *Berne*, 1781, in-4, avec carte.

— * Traité de la nature, de la culture et de l'utilité des pommes de terre, par un ami des hommes. *Lausanne*, 1771, in-12.

Ces ouvrages sont si remplis de germanisme que la lecture en est très-fatigante. Ce géographe est encore auteur de plusieurs ouvrages d'économie rurale écrits en allemand.   *Biogr. univ.*

ENGEL (J.-Jacq.), professeur de philosophie, et auteur dramatique; né à Parchim, dans le duché de Mecklenbourg, le 11 septembre 1741, mort le 28 juin 1802.

— Bon (le) fils, ou le Soldat parvenu, drame en 2 actes (en prose), imité de l'allemand et tiré du 8e vol. de « l'Ami des enfants (de Berquin). *Paris*, *Pissot*, 1782, in-8.

—La même pièce, sous le titre du Fils reconnaissant, com. en un acte (et en prose), trad. de l'allem. *Vienne* (*Toulouse*), J.-Flor. Baour, 1775, in-8.

— Idées sur le geste et l'action théâtrale, suivies d'une lettre du même, sur la peinture musicale; le tout traduit de l'allem. (par JANSEN). *Paris*, 1788, 2 vol. in-8.

Traduction assez médiocre, qui fait partie du Recueil de pièces intéressantes, concernant les antiquités, les beaux-arts, les belles-lettres et la philosophie, publ. par le traducteur.

— Laurent Starck, peinture de caractères, d'après l'allemand. *Berlin*, *Quien*, 1802, in-12, 4 fr.

Mauvaise traduction d'un ouvrage estimé.

— Page (le), comédie en un acte (en prose), traduite de l'allem., par Adr.-Ch. FRIEDEL. *Berlin* (*Paris*), 1781, in-8.

—La même pièce, sous ce titre: le Page, com. en un acte (en prose), pour les enfants; trad. de l'allemand, par J.-H.-E. (EBERTS). *Paris*, L. *Cellot*, 1781, in-8.

Cette pièce a été imitée par Dezède, ou plutôt par le baron de Montauffé (voy. ce nom), qui la donna sous le titre des *Deux pages*, à cause de l'addition d'un personnage, et y ajouta quelques scènes qui ne sont pas dans l'original.

— Panégyrique du roi (Frédéric II), prononcé dans le collége de Joachim, le 22 janv. 1781. (Trad. de l'allem. par FORMEY). *Berlin*, *Lange*, 1781, in-8.

— Piété (la) filiale, petite pièce pour la campagne (en un acte et en prose), trad. par J.-H.-E. (EBERTS). *Sans nom de ville*, *ni d'imprimeur*, 1781, in-8.

Les ouvrages d'Engel sur la philosophie, la morale et la littérature, dont il n'existe point de traduction française, sont considérés en Allemagne comme classiques; tous respirent une saine morale. Le recueil de l'Académie de Berlin renferme trois mémoires d'Engel, écrits ou traduits en français, et qui sont intitulés: De l'impénétrabilité de la lumière (1796). — Sur la réalité des idées générales ou abstraites (1801). — Sur l'origine de l'idée de la force (id.).

ENGEL (Philips-Jacob). Frage (die) etc. (Question: Pourquoi faut-il célébrer la fête du jubilé des protestants en l'année 1817? Réponse : A sa clôture, le 1er novembre 1817, comprise dans le sermon de la réformation par Ph. J. Engel). *Strasbourg*, imp. de *Schüler*, 1818; in-8 de 8 pag.

—Zeittafel, und Uebersicht der gesammenlten biblischen, und Kirchengeschichte. *Strasburg, gedr. bey Schüler*, 1815, in-8.

ENGELHARD (Geo.-Fred.). De Jure occupandi bona naufragorum. *Argentorati*, 1764, in-4.

ENGELHARD (Ch.-M.). Wanderungen durch die Vogesen. *Strasburg, Treuttel et Würtz*, 1821, in-8, 5 fr.

M. Ch. M. Engelhard a donné une nouvelle édition d'un vieux poëme allemand, intitulé : *Ritter (der) von Stauffenberg* (1823), voy. ce titre.

ENGELMANN (J.-B.). Bibliothèque française pour la jeunesse. *Heidelberg, Meder*, 1813, 2 vol. in-8, 10 fr. 50 c.
— Manuel pour les voyageurs en Allemagne et dans les pays limitrophes. Trad. par Du Fresnes. IIIe édit., rev., augm. et corr. *Francfort, Fr. Wilmans*, 1827, in-12, avec 3 tableaux et une carte, 12 fr.

Avec Reichard.

ENGELMANN (Godefroi), ingénieux artiste; né à Mulhouse en août 1788.
— Manuel du dessinateur lithographe, ou Description des meilleurs moyens à employer pour faire les dessins sur pierre dans tous les genres connus. Sec. édit., suivie d'une Instruction sur le nouveau procédé du lavis lithographique. *Paris, G. Engelmann*, 1824, in-8, avec 13 planch., 6 fr.

La prem. édit. est de 1823.

Voy. aussi (au Suppl.) Berger (G.).

ENGELS (J.-B.). Mémoire sur la question : Vers quel temps les ecclésiastiques commencèrent-ils à faire partie des états de Brabant? quels furent ces ecclésiastiques et quelles ont été les causes de leur admission; quia remporté l'accessit en 1783. *Bruxelles, impr. académ.*, 1783, in-4 de 21 pag.

ENGESTROEM (Gustave). Guide des voyageurs aux carrières et mines de Suède. *Stockholm*, 1796, in-8.

Le tom. II du Journal des mines (1795) renferme un *Mémoire sur l'alliage métallique connu a la Chine sous le nom de Pak-fong ou cuivre blanc*, du même auteur.

ENGIVAL. Une heure avant les Vêpres, petite critique des Vêpres Siciliennes (de M. Cas. Delavigne), en un acte et en vaudeville, avec une Épitre en vers au public. *Paris, march. de nouv.*, 1819, in-8, 1 fr.

Avec Allodi de Fontbonne.

Cette pièce n'a pas été représentée; elle fut refusée au théâtre de la Porte-Saint-Martin, par crainte de la censure.

ENGRAMELLE (Mar.-Dom.-Jos.), religieux de l'ordre de Saint-Augustin ; né à Nedonchel en Artois, le 24 mars 1727, mort en 1780.
— Papillons de l'Europe (1779-93). Voy. Ernst.
— Tonotechnie (la), ou l'Art de noter les cylindres, et tout ce qui est susceptible de notage dans les instruments de concerts mécaniques. 1775, in-8.

Il a eu part, en ce qui concerne le notage, à la dernière partie de la Facture de l'orgue. Voy. Dom Bedos de Celles.

ENGRAND (Henri), conservateur des dépôts littéraires de Reims; né à Saint-Fiacre, près de Meaux, le 12 décembre 1753, mort à Reims, le 10 octobre 1823.
— Leçons élémentaires sur l'histoire ancienne et l'histoire grecque. IVe édit. *Reims, Lebatard*, 1813, in-12.
— Leçons élémentaires sur l'histoire de France, depuis le commencement de la monarchie jusqu'au 18 brumaire an VIII. IVe édit., continuée jusqu'à la restauration de 1814 exclusivement. *Reims, Lebatard*, 1821, in-12.
— Leçons élémentaires sur l'histoire romaine, à l'usage de la jeunesse. IVe édit., rev. et augm. d'un Vocabulaire géographique des noms, des lieux et des peuples dont il est fait mention dans le cours de l'ouvrage. *Reims, le même*, 1813, in-12.
— Leçons élémentaires sur la mythologie, suivies d'un Traité sommaire de l'apologue. IVe édit. 1809, in-12.
— Principes élémentaires de la langue française; suivis d'un Traité sommaire des tropes et des principales figures oratoires, à l'usage de la jeunesse. Nouv. édit. *Reims, Lebatard*, 1813, in-12.

Plusieurs des précédentes éditions sont intitulées : *Principes de la langue française, rappelés à leurs plus simples éléments.*

D'après l'Annuaire du département de la Marne, 1824, ces cinq ouvrages auraient eu un plus grand nombre d'éditions.

Engrand a aussi laissé des manuscrits qui sont déposés à la Bibliothèque de Reims.

ENJALRIC. *Essai sur cette question : Quels sont les moyens de rendre le commerce de Narbonne plus florissant que jamais? Par M.E*, correspondant de la Société d'agric. de Paris. (*Narbonne*), 1821, broch. in-8.

ENLARD DE GRANDVAL (G.), anc. procureur-général du Roi au conseil suprême d'Artois.
— Considérations morales et politiques sur le prêt à intérêt tel qu'il se pratique aujourd'hui en France et sur sa tolérance religieuse. *Paris, L. Janet*, 1823, br. in-8, 75 c.

— Psaumes (traduction complète des) en vers français, etc. (1819). Voy. à la Table des anonymes, au mot *Bible.*

ENNERY (d'). Voy. Tobiesen-Duby.

ENTHEAUME VANDERVAEREN. Observations et notes sur la loi fondamentale des provinces-unies des Pays-Bas, etc. *Anvers*, 1815, in-8, 1 fr. 25 c.

ENTRAIGUES. Voy. Delaunay.

ENTRECASTEAUX (Jos.-Ant.-Bruni d'), célèbre navigateur; né à Aix, mort le 20 juillet 1793.
— Voyage à la recherche de la Pérouse, rédigé par M. Rossel. *Paris, impr. impér.*, 1808, 2 vol. gr. in-4 et atlas in-folio (de 40 planches) rédigé par Beautemps-Beaupré, ingénieur-géographe de l'expédition, 72 à 90 fr.

ÉON DE BEAUMONT (Charl.-Geneviève-Louise-Auguste-André-Timothée d'), guerrier, diplomate et écrivain; né à Tonnerre, le 5 octobre 1728, mort à Londres, le 21 mai 1810.
— Considérations historiques sur les impôts des Égyptiens, des Babyloniens, des Perses, des Grecs, des Romains, et sur les différentes situations de la France par rapport aux finances, depuis l'établissement des Francs dans la Gaule jusqu'à présent, etc. 1760, 2 vol. in-8.
La prem. édit. est de 1758, 2 vol. in-12.
— Correspondance avec Anacharsis Cloots en 1791....
— Éloge funèbre du marquis de Tavistock. 1767, in-8.
— Épître aux Anglais dans leurs tristes circonstances. 1788, in-8.
— Essai historique sur les différentes situations de la France, par rapport aux finances, sous le règne de Louis XIV et la régence du duc d'Orléans. 1754, 2 vol. in-12.
— Lettre (dernière) à M. de Guerchy. 1767, in-4.
— Lettres, Mémoires et Négociations particulières du chevalier d'Éon. *Londres*, 1763-64, 2 part. in-8.
Le *London Catalogue* en cite une édition in-4: prix 18 shell.
— Lettres sur l'utilité de la culture des mûriers et de l'éducation des vers à soie en France. 1758, in-12.
— Loisirs du chevalier d'Éon sur divers sujets d'administration, pendant son séjour en Angleterre. *Amsterdam*, 1775, 13 vol. in-8.
Cette collection se compose 1° de Mémoires sur

ses différends avec M. de Guerchy; 2° d'une Histoire des papes; 3° d'une Histoire politique de la Pologne; 4° de Recherches sur les royaumes de Naples et de Sicile; 5° de Recherches sur le commerce et la navigation; 6° de Pensées sur le célibat et les maux qu'il a causés à la France; 7° de Mémoires sur la Russie, et son commerce avec les Anglais; 8° d'une Histoire d'Eudoxie-Fæderowna; 9° d'Observations sur le royaume d'Angleterre, son gouvernement, ses grands officiers, etc.; 10° de Détails sur l'Écosse et sur les possessions de l'Angleterre en Amérique; 11° de Mémoires sur la régie des blés en France, les mendiants, le domaine des rois, etc.; 12° de Détails sur toutes les parties des finances de la France, etc.; 13° d'un Mémoire sur la situation de la France dans l'Inde avant la paix de 1763, etc.
— Mémoires pour servir à l'histoire générale des finances. *Londres*, 1758, ou *Amsterdam*, 1760, 2 vol. in-12.
— Note remise à S. E. le comte de Guerchy. *Londres*, 1763, in-4.
— Pièces relatives aux démêlés entre mademoiselle d'Éon et Caron de Beaumarchais. 1778, in-8.
— Pièces authentiques pour servir au procès criminel au tribunal du roi d'Angleterre, contre le comte de Guerchy. 1765, in-4.
— Véritable constitution d'une république, trad. de l'angl. Voy. Marchmont Needham.
On a encore du même quelques articles dans « l'Année littéraire », de Fréron.
Pendant la vie de cet étonnant personnage, que l'on a vu tour à tour sous des habits d'homme et de femme, on avait formé des doutes qu'il fût du sexe masculin; mais le P. Élisée, premier chirurgien de S. M. Louis XVIII, qui l'assista à ses derniers moments, et qui fut présent à l'inspection et à la dissection de son corps, ainsi que deux Anglais, ont déclaré avoir trouvé les organes masculins parfaitement formés.   *Biogr. univ.*

ÉPAGNY (d'). Voy. Violet d'Épagny.

ÉPÉE (l'abbé de l'). Voy. L'Épée.

ÉPHREM (S.), diacre d'Édesse et docteur de l'église.
— OEuvres (ses) de piété, traduites en français sur la nouvelle édit. de Rome (par l'abbé Ign. Le Merre). *Paris, Didot*, 1744, 2 vol. in-12.
Dans les Opuscules des Pères, faisant partie de la Bibliothèque des Dames chrétiennes, on trouve des traductions de discours de saint Éphrem.

ÉPICTÈTE, le plus célèbre moraliste de l'antiquité.
— Epicteti Enchiridion, græcè, curante J.-B. Le Febvre de Villebrune. *Parisiis*, *Pierres*, 1782, in-18.
Les exemplaires de cette édit. sont de deux sortes; les uns sans notes, 3 fr.; les autres avec notes, 4 fr.; mais on ne recherche guère que ceux qui sont sur vélin.   *Brun.*
— Manuel d'Épictète et le Tableau de Cébès, en grec, avec une traduction fran-

caise, par Le Febvre de Villebrune. *Paris, Ph. D. Pierres*, 1783, in-18.

Il y a au moins 12 exempl. de cette édit. sur vélin, 80 à 100 fr.

— Le même, de la même édit. *Paris, de l'impr. de Didot jeune*, 1795, 2 tomes en 1 vol. in-18.

On ne recherche de cette édition que les exemplaires sur vélin.

La version de Le Febvre de Villebrune est souvent infidèle.

— Manuel d'Épictète, Tableau de Cébès, et Hymne de Cléanthe, en grec moderne, avec une traduction française en regard et des notes (par D. Coray). *Paris, F. Didot*, 1826, in-8, 6 fr.

— Manuel d'Épictète, trad. par l'abbé de Bellegarde. *Paris (Trévoux)*, 1701; *Amsterdam*, 1709; *La Haye*, 1734; *Bouillon*, 1772, in-12.

— Manuel d'Épictète et les Commentaires de Simplicius; nouv. Manuel d'Épictète (tiré d'Arrien), avec cinq traités de Simplicius, trad. en français, par And. Dacier. *Paris*, 1715; 2 vol. in-12, 6 fr.

— Les mêmes, de la même traduction. *Paris*, 1776, 2 vol. in-12, 6 à 7 fr.

On joint ordinairement l'édition de 1776 à la « Bibliothèque des anciens philosophes ».

— Les mêmes. Nouv. édit. (de la même traduction), plus soignée, plus concertée et plus correcte que les précédentes, avec le Tableau de Cébès (trad. par l'éditeur, Belin de Ballu), *Paris, J. B. Bastien*, 1790, in-8, 6 fr.

— Manuel d'Épictète, de la même trad. Nouv. édit., publ. avec une préface, par L. Dutens. *Paris, Debure*, 1775, in-18.

Dans un très-petit nombre d'exempl., la préface est signée de l'éditeur.

— Manuel d'Épictète, trad. du grec (par Naigeon). *Paris, Debure aîné*, 1782, 2 vol. in-18.

Cette traduction fait partie de la « Collection des Moralistes anciens », dont elle forme le premier vol.

— Manuel d'Épictète, trad. (sur une version latine), précédé de réflexions sur ce philosophe et sur la morale des stoïciens; par M. de P. (de Pommereul), C. a C. R. de l'A. (capitaine au corps royal d'artillerie). *Genève, B. Chirol*, 1783, in-8. — *Paris, Igonette*, 1822, in-18, 2 fr. 50 c.

La dernière édition porte le nom du traducteur.

— Le même, nouvellement traduit du grec, précédé d'un Discours sur la vie et la morale d'Épictète. Par Gabr. Brotier, et publ. par And.-Ch. Brotier. *Paris, Mérigot*, an II (1793), in-8.

— Manuel d'Épictète, suivi du Tableau de Cébès; présent d'un père captif à ses en-

fants (trad. du grec par Arm.-Gast Camus). *Paris*, 1796, 2 vol. in-18. — Sec. édit. *Paris, A. A. Renouard*, an XI (1803), 2 vol. in-18.

— Manuel (le) d'Épictète et le Tableau de Cébès de Thèbes, traduits du grec en vers français (par P.-J.-B. Choudard-Desforges). *Paris*, an V (1797), in-4.

— Manuel d'Épictète, suivi du Tableau de Cébès. *Paris, Perlet*, 1803, in-12, 1 fr. 50 c.

Il existe encore deux autres traductions du « Manuel d'Épictète, faites depuis 1700 : l'une, par P. Mourgues, est insérée dans son « Parallèle de la morale chrétienne avec celle des anciens philosophes, Paris, 1702, in-12 ; et l'autre, par M. Pillot, à la suite des Maximes de Phocylides et de Théognis, et des Vers dorés de Pythagore. Douai, 1814, in-8.

ÉPICURE. Morale (sa), tirée de ses écrits. Voy. Batteux.

— Songes (les), trad. du grec par le doct. Ugtvogt (Louis de Beausobre). *Berlin et Paris*, 1755, in-12.

ÉPINAY (Mlle Louise-Flor.-Pétron. Tardieu d'Esclavelles, dame de La Live d'), femme d'un fermier-général; née à Valenciennes, morte le 17 avril 1783.

—*Conversations d'Émilie. *Paris*, 1774, 1775, 1784, 2 vol. in-12.

Ouvrage réimprimé : à Paris en 1781 et 1783; à Lausanne en 1784, et de nouveau à Paris en 1787, 1788 et 1804, 2 vol. in 12, et plus récemment encore, Paris, de l'impr. de P. Gueffier, 1822, 2 vol. in-18, avec figures : assez jolie édition.

L'Académie française couronna cet ouvrage le 16 janvier 1783, comme le plus utile qui eût été publié depuis quelques années. Berquin fut mis en concurrence, mais il n'obtint le prix que l'année suivante. C'est pour l'éducation de la jeune comtesse Émilie de Belzunce, petite-fille de l'auteur, que madame d'Épinay composa les *Conversations d'Émilie.* L'amour maternel, dit madame Briquet, à qui nous empruntons cette note, la soutint dans cette entreprise, qu'elle exécuta au milieu des souffrances les plus cruelles. Elle voudrait que l'éducation fût divisée en trois époques principales : la première finirait à l'âge de dix ans; la seconde à quatorze ou quinze ans; la troisième durerait jusqu'à l'établissement de la jeune personne. Son ouvrage n'a pour objet que la première époque. Peut-être aurait-elle parcouru les deux autres, si sa carrière n'eût point été terminée si promptement.

—*Lettres à mon fils. *Genève, de mon impr.*, 1758, in-8; 1759, in-12 de 136 pag.

Ouvrage très-rare qu'on attribue à cette dame.

— Mémoires et Correspondance de Mme d'Épinay, renfermant un grand nombre de lettres inédites de Grimm, de Diderot et de J.-J. Rousseau, ainsi que des détails très curieux sur les liaisons de l'auteur avec les personnages les plus célèbres du XVIIIe siècle. *Paris, Brunet*, 1818, 3 vol. in-8, 18 f.

— * Les mêmes, réimprimés sur la première, feuille par feuille, sauf les dernières feuilles du 3e volume, où se trouvent des additions. *Paris, Volland jeune,* 1818, 3 vol. in-8, 18 fr.

Il en a été fait une 3ᵉ édit., en 1818, également en 3 vol. in-8.

D'autres lettres de madame d'Épinay à l'abbé Galiani ont été imprimées la même année dans la Correspondance inédite de ce dernier. Voy. GALIGNANI. La même année aussi, il a été publié des Anecdotes inédites pour faire suite aux Mémoires de madame d'Épinay, précédées de l'Examen de ces Mémoires: Paris, Baudouin frères, 1818, br. in-8.

—* Mes Moments heureux. *Genève, de mon impr.* 1758; in-8 de 178 pag.; 1759, in-12 de VIII et 224 pag.

ÉPINAY-PUCHARD (d'). Voyez SIGOGNE.

ÉPINE (Guill.-Jos. de l'). Voyez L'ÉPINE.

ÉPINOY (Rose de l'). Voy. L'ÉPINOY.

ÉRARD (Cl.), avocat français du XVIIIᵉ siècle.

—Plaidoyers (ses). Nouv. édit., augm. *Paris,* 1734, in-8.

La prem. édit. est de 1696.

ÉRASME (Didier), théologien hollandais du XVIᵉ siècle, écrivain célèbre.

— Colloques, trad. du latin par Nic.-P. GUEUDEVILLE. *Leyde,* 1720, 6 vol. in-12, fig.

C'est plutôt un travestissement des Colloques d'Érasme qu'une traduction.

—Selecta Colloquiorum Erasmi fragmenta. *Parisiis, typ. regiis,* 1783, in-8, 4 à 6 fr.

Tiré à un petit nombre d'exempl.

—Erasmi, Petrarchi et Coderii selecta Colloquia, quibus adjectus est ejusdem Erasmi Tractatus de civilitate morum puerilium, cum notis gallicis, ad usum studiosæ juventutis; editio novissima. *Parisiis, apud Nyon jun.,* 1817, in-18, 75 c. — Eidem, cum dictionnario, acc. J.-G. MASSELIN. *Parisiis, A. Delalain,* 1821, in-18. 1 f. 50 c.

— *Colloques (les) choisis, traduits en français (par DUMAS), le texte vis-à-vis de la traduction, avec trois dialogues moraux tirés de PÉTRARQUE et de Mathurin CORDIER. *Paris, Brocas,* 1762, in-12.

—Les mêmes, de la même traduction, sous le titre de Dialogues choisis d'Érasme, etc. (avec le texte). Nouv. édit. *Paris, Nyon jeune,* 1817; in-18, 1 fr. 50 c.

—Μωριας Εγκωμιον : StultitiæLaudatio, Desid. Erasmi declamatio, editio castigatissima (curâ et studio D. MEUSNIER DE QUERLON). *Londini et Parisiis, Barbou,* 1765, in-8, seu 1777, 2 tom. en un vol. in-12, 5 à 7 fr.

— Éloge de la folie, trad. du lat. par P. GUEUDEVILLE. *Amsterdam, L'Honoré,* 1728,

petit in-8, orné de 80 fig. d'après Holbein.

La traduction de Gueudeville est plate et remplie de froids quolibets; ce n'est donc qu'à cause des gravures dont elle est ornée qu'on recherche cette édition : 4 à 6 fr.

La première édition de cette traduction est de Leyde, Van der Aa, 1713, in-12.

— La même traduction (retouchée et publiée par MEUSNIER DE QUERLON). *Paris, Hochereau,* 1751, petit in-8, orné de 12 vignettes (médiocres), d'après Eisen, 3 à 4 f.; en grand pap. sur format in-4, figures tirées en couleur, 18 à 24 fr.

— La même traduction, retouchée par FALCONNET. *Paris,* 1757, in-12.

— Le même ouvrage, trad. par LAVEAUX. *Bâle,* 1780, in-8, avec des figures en bois d'après Holbein.

Les exemplaires de cette traduction, en pap. de Hollande, sont assez recherchés.

— Le même, trad. nouv. du latin par BARRETT. *Paris,* 1789, in-12, 3 fr.

La meilleure traduction française de cet ouvrage.

— Le même, traduction nouvelle (c'est-à-dire, traduct. de Barrett, rev. sur l'original et retouchée); précédée d'une Notice sur la vie d'Érasme. *Paris, Égron; F. Louis,* 1819, in-12, 2 fr. 50 c.

— Le même, traduit du latin (par Ch. BRUGNOT). *Troyes, Cardon,* 1826, in-8, 5 fr.

Traduction donnée sous le pseudon. de C. B. de Panalde.

—Extrait d'Érasme sur la guerre, tiré d'un ouvrage publ. en 1794 sous le titre d'Antipolemus. *Paris, impr. de Lachevardière,* 1824, in-8 de 32 pag.

On trouve, dans les *Adages* d'Érasme, un long article intitulé : *Bellum.* On l'a imprimé à part; Bayle le cite avec éloge : il a été traduit librement en français, à Londres, en 1794, par Vicesimus Knox, pour l'ouvrage que ce dernier a donné sous le titre de *Antipolemus, or a Plea against war, translated from Erasmus,* in-12, et il a été donné dans la même ville de Londres, en 1816, une édition séparée de cette traduction : c'est sur cette dernière qu'a été faite la réimpression de Paris que nous venons de citer.

— Femme (la) mécontente de son mari, trad. par de LA RIVIÈRE. *Paris,* 1707, 1708, in-12.

— Infinie (de l') miséricorde de Dieu, trad. du latin (par Cl. Du Bosc DE MONTANDRÉ, conseiller d'état). *Paris, de Nully,* 1712, in-12.

— Manière de prier Dieu, trad. du latin (par Cl. Du Bosc DE MONTANDRÉ). *Paris, de Nully,* 1713, in-12.

— Manuel (le) du soldat chrétien, ou les Obligations et les Devoirs d'un chrétien, et la Préparation à la mort; traduit en français (par Cl. Du Bosc DE MONTANDRÉ). *Paris, Edme Couterot,* 1711, in-12.

— Mariage (le) chrétien, traduit du latin (par Cl. Du Bosc DE MONTANDRÉ). *Páris, Fr. Babuty*, 1714, in-12.

— Mépris (du) du monde et de la pureté de l'Église chrétienne, avec un discours sur l'Enfant Jésus, et une lettre qui contient l'éloge de la solitude; trad. du latin (par Cl. Du Bosc DE MONTANDRÉ). *Paris, Babuty*, 1713, in-12.

L'abbé Marsolier a travaillé à cette traduction, mais il n'en est pas l'auteur, comme l'ont prétendu l'abbé de Claustre et autres.

— Recueil de Prières, avec l'explication de l'Oraison dominicale; trad. du latin (par Cl. Du Bosc DE MONTANDRÉ). *Paris, de Nully*, 1712, in-12.

— Selectæ è novo Testamento historiæ ex Erasmi paraphrasi (curâ et studio P. A. ÁLLETZ). *Parisiis*, 1763, in-12.

Petit volume souvent réimprimé.

— Le même en français : Histoires choisies du Nouveau Testament (d'après le commentaire d'ÉRASME, et traduites en français par de WAILLY, avec le texte latin en regard). *Paris, Barbou*, 1774, petit in-12.

Aussi souvent réimprimé.

— Traité de la comparaison de la virginité et du martyre, trad. du latin (par Cl. Du Bosc DE MONTANDRÉ, conseiller d'état). *Paris, de Nully*, 1712, in-12.

ÉRASTRE (M.-S.-R.-N.). Prenons-y garde. *Paris, imp. de Lanoë*, 1820, in-8 de 8 pages.

ERBIGNY (Henri-Lambert D'), marq. de THIBOUVILLE.

— *Dangers (les) des passions, ou Anecdotes syriennes et égyptiennes, par l'auteur de «l'École de l'amitié». *Paris*, 1758, 2 vol. in-12.

— *École (l') de l'amitié. *Amsterdam*, 1758, 2 vol. in-12.

— *Réponse d'Abailard à Héloïse. *Paris*, 1758, in-12.

ERCILLA Y CUNIGA (don Alonzo d'), poëte espagnol du XVIᵉ siècle.

— Araucana (la). Nueva edic. *Leon y Paris, Cormon y Blanc*, 1821, 1824, 4 vol. in-18.

Les chants 36 et 37 ont été ajoutés à ce poëme, après la mort de l'auteur, par D. Diego de Santistevan.

ERDMANN ISERT (Paul). Voyages en Guinée et dans les îles Caraïbes en Amérique. Traduits de l'allem. *Paris*, 1793, in-8.

ERHARD (E.). Voyage dans la Suisse saxonne. *Dresde, Beyer*, 1811, in-12, 3 fr., pap. fin, 4 fr.

ERLACH (R.L. d'), né à Berne en 1749.

— Code du bonheur, renfermant des Maximes et des Règles relativement aux devoirs de l'homme envers lui-même, ses semblables et envers Dieu. *Genève, Paris et Strasbourg*, 1788, 6 vol. grand in-8.

— Moraliste (le) aimable. *Amsterdam*, 1788, 3 vol. in-12.

— Précis des devoirs des souverains. *Lausanne*, 1791, in-8.

ERLACH DE SPIETZ (Albr. d'), né à Berne en 1749, où il est mort vers 1786.

— *Mémoires historiques concernant M. le général J.-L. d'Erlach, gouverneur de Brisach, pour servir à l'histoire de la guerre de trente ans, et des règnes de Louis XIII et de Louis XIV. *Iverdun*, 1784, 4 vol. in-8.

Mémoires composés sur les papiers du général.

ERMAN (J.-P.), ministre et pasteur de la colonie française de Berlin; né dans cette ville en 1733, y est mort en 1814.

— Éloge historique de la reine de Prusse...

— *Mémoire historique sur la fondation de l'église française de Berlin, publié à l'occasion du jubilé qui sera célébré le 10 juin 1772. *Berlin, au profit des pauvres*, 1772, petit in-8 de 124 pag.

— Mémoire historique sur la fondation des colonies françaises dans les états du roi de Prusse, publ. à l'occasion du jubilé du 29 octobre 1785. *Berlin*, 1785, in-8.

Avec le pasteur Reclam.

— Mémoires pour servir à l'histoire des réfugiés français dans les états du roi (de Prusse). *Berlin*, 1790-99, 9 vol. in-8.

Avec le même.

Le recueil de l'Académie de Berlin renferme d'Erman, les Mémoires et Éloges suivants : Sur les bévues littéraires, et de leur influence sur la mythologie, l'histoire, la géographie, la biographie, la science étymologique, et sur les sciences exactes, et en particulier sur l'histoire naturelle, en une série de treize mémoires (1786—1803). — Éloge de M. Schultz (1794—95). — Sur la princesse Barbe de Brandebourg, fille du margrave Jean l'Alchimiste, et femme de Ludovic Gonzague, marquis de Mantoue (1803). — Mémoire historique sur la ville et le château de Coepenick (1804).

ERMAN (George), fils aîné du précédent.

— Mémoire historique sur la fondation de l'église française de Postdam. 1785.

Il est rempli de détails intéressants.   *Barb.*

ERMELER (C.-E.). Collection de 67 modèles d'écritures allemande, anglaise, française, russe et grecque moderne, avec tous les principes de l'art d'écrire, etc., gravé par Lale. *Paris*, 1820, in-fol. obl. 10 fr.

— Leçons de littérature allemande : Nouveau choix de morceaux en prose et en vers, extraits des meilleurs auteurs allemands. *Paris, Baudry*, 1825, in-12, 4 fr.

ERMENS (Jos.), imprimeur-libraire à Bruxelles, mort vers 1805.

On lui doit de nouvelles éditions, augm. de préfaces historiques et critiques, de l'Histoire de Marie de Bourgogne, par GAILLARD (1784), et de l'Histoire du cardinal de Granvelle, par de COURCHETET (1784), *voy. ces noms.*

ERNAULD.

Un *Mémoire sur les sourds-muets*, d'un écrivain portant ce nom, a été impr. dans le tom. V des Savants étrangers de l'Académie, 1768.

ERNEST, nom que plusieurs auteurs dramatiques ont adopté. Voy. BRISSET, CLONARD, DAMARIN et RENAUD.

ERNST, peintre. Papillons d'Europe, peints d'après nature, par ERNST, gravés sous sa direction (et sous celle de Gigot d'Orcy); décrits par ENGRAMELLE, (et ensuite CARANGEOT). *Paris*, 1779-93, 29 cah. grand in-4, ornés de 350 fig. color. 300 à 350 fr.

Ouvrage bien exécuté, et dont il y a quelques exemplaires tirés sur papier de Hollande, in-fol., et d'autres sur même pap., avec les planches impr. et peintes sur vélin; il y a aussi un exempl. in-4 avec les planches sur vélin.

L'édition ordinaire est quelquefois reliée en 4 volumes, mais le plus souvent en 8. Les planches, au nombre de 350, sont numérotées jusqu'à 342; les 8 autres, marquées 3e supplément n° 1 à 8, sont placées entre les n° 84 et 85.   *Brun.*

ERNST (Simon-Pierre), chanoine régulier et professeur en théologie de l'abbaye de Bolduc, membre de l'Institut royal des Pays-Bas, mort en 1818.

— *Apologie des ministres des cultes qui ont prêté la déclaration exigée par la loi du 7 vendémiaire an IV. (Maëstricht, Lekens), 1797, in-8 de 170 pag.

Brochure dirigée contre les critiques de MM. Dedoyar et Vanhoeren, les Motifs de Malines, et autres brochures.

— *Encore un mot sur le serment de haine à la royauté, etc. *Anvers (Maëstricht)*, an VIII (1800), in-8 de 56 pages.

— *Entretien d'un curé et d'un laïque sur la question : « Est-il permis d'assister aux messes des prêtres assermentés, etc.» *Maëstricht, Th. Neypels*, an V (1797), in-8 de 33 pag.

— *Examen de la seconde lettre du jurisconsulte français au ci-devant notaire des Pays-Bas sur la communication, en fait de religion, avec les prêtres qui ont prêté serment de haine, etc. *Maëstricht*, in-8 de 54 pag.

— *Examen impartial des observations sur la constitution primitive et originaire des trois états de Brabant, publ. par la Société des (soi-disant) Amis du bien public à

Bruxelles. *Maëstricht (Bruxelles)*, 1791, in-8 de 90 pag.

— Histoire abrégée du tiers-état de Brabant, ou Mémoire historique, dans lequel, après un coup-d'œil sur la constitution des villes en général au moyen âge, on voit l'origine des communes en Brabant, l'époque et les causes de l'intervention de leurs députés aux assemblées de la nation, et les occasions où elles se sont particulièrement distinguées, ainsi que le temps et les raisons de la retraite des petites villes et franchises des états. *Maëstricht, Lekens*, 1788, in-8 de 206 pag.

Il est bon de joindre à cet ouvrage un opuscule du même auteur, intitulé : *Ordines apud Brabantos ejusdem cum eorum principibus esse ætatis, etc.* Trajecti ad Mosam, Lekens, 1788, in-8 de 52 pag.

— *Lettres (trois) d'un homme à trois grands-vicaires, pour les prêtres nommés fidèles, relativement au serment de haine, etc. *Maëstricht, Nypels*, an VIII (1800), in-8 de 100 pag.

— *Masque (le) limbourgeois se lève. (*Liége*, 1791), in-4.

— *Mauvaise (la) foi dévoilée, ou Réponse aux brochures intitulées « Notice sur l'abbé Sicard, etc.», et « Défense légitime, relativement au serment de haine ». *Maëstricht, Nypels*, an IX (1800), in-8 de 76 pag.

— Mémoire sur la question : « Vers quel temps les ecclésiastiques commencèrent-ils à faire partie des états de Brabant? quels furent ces ecclésiastiques, et quelles ont été les causes de leur admission», qui a remporté le prix en 1783. *Bruxelles, impr. académ.*, 1783, in-4.

— *Observations historiques et critiques sur la prétendue époque de l'admission des ecclésiatiques aux états de Brabant, vers l'an 1383, par M***. *Maëstricht, Lekens*, 1787, in-4 de 72 pag.

— *Observations sur l'instruction en forme de catéchisme, publ. par le professeur Eulogius Schneider, à Bonn; par un ami de la vérité. (*Cologne*), 1791, in-8 de 98 pag.

— *Observations sur la déclaration exigée des ministres des cultes en vertu de la loi du 7 vendémiaire an IV. (*Maëstricht, Lekens*), 1797, in-8 de 44 pag.

— *Pensées diverses d'un bon et franc catholique, à l'occasion du bref de N. S. P. le pape, à l'archevêque de Malines, sur le serment de haine à la royauté. *Maëstricht, Nypels*, an VII (1799), in-8 de 78 pag.

— *Réflexions sur la lettre de M. l'archevêque de Malines, relativement au serment exigé des ecclésiastiques. *Liége*, 1797, in-12.

— * Réflexions sur le décret de Rome et la décision de quelques évêques, relativement au serment de haine. *Maëstricht*, Th. Nypels, an VII (1799), in-8 de 124 pag.

— * Réflexions pacifiques et catholiques sur l'instruction importante relativement au serment de haine, etc. *Maëstricht*, Th. Nypels, an VIII (1800), in-8 de 70 pag.

— * Serment (le) de haine et le schisme, considérés dans une lettre de M. le nonce de Cologne, du 2 janvier 1801, à quelques prêtres sermentés. *En Europe*, an IX (1801), in-8 de 38 pag.

— Tableau historique et chronologique des suffragans ou co-évêques de Liége, etc. *Liége*, 1806, in-8 de 410 pag.

— * Triomphe (le) de la vérité, ou le Serment de haine à la royauté justifié par un bref de N. S. P. le pape Pie VI et par le Corps législatif. *Bruxelles* (*Maëstricht*), an VIII (1800), in-8 de 56 pag.

Ernst avait composé un écrit apologétique du nouveau Catéchisme publ. par ordre de Bonaparte, intitulé: *Observations pacifiques sur quelques écrits anonymes dirigés contre le Catéchisme à l'usage de toutes les églises de l'Empire français;* M. Portalis, ministre des cultes, à qui il fut communiqué, étant mort peu après, Ernst n'a plus eu de nouvelles de son écrit. Il s'occupait, en 1808, d'une Histoire généalogique et critique des comtes d'Ardennes, et d'une Histoire des anciens ducs de Limbourg.

Ernst est encore éditeur de divers ouvrages en lat. ou en allem., dont on trouve la notice dans l'Examen impartial des Dict. histor., de Barbier.

ERNST (A.-N.-J. et J.-G.-P.), jurisconsultes. Voy. à la Table des anonymes : *Bibliothèque du Jurisconsulte.*

ERRARD (Charles), peintre et directeur de l'Académie de France à Rome; né à Nantes en 1606, mort à Rome en 1689.

— Parallèle d'architecture antique et moderne. Nouv. édit., augm. (par Ch.-Ant. JOMBERT). *Paris*, 1766, in-8.

Avec de Chambray.

On trouve dans ce recueil plusieurs fragments curieux d'Errard, qui s'était proposé de donner une suite à cet ouvrage.

ERSCH (J.-Sam.), laborieux bibliographe allemand; né à Glogaw, en Silésie, le 23 juin 1766, mort à Hambourg, en 1828.

— France (la) littéraire, contenant les auteurs français de 1771 à 1796. *Hambourg, B. G. Hoffmann*, 1797, 3 vol. — Suppléments (1 et 2e), contenant, outre les additions et corrections, les nouveaux articles jusqu'en 1805, avec deux tables des matières. *Hambourg, le même*, 1802-1806, 2 vol.; en tout 5 vol. in-8, 40 fr.

Voyez ce que nous avons dit de cet ouvrage, pag. xiv et xv de la préface du nôtre. Le Répertoire systématique de la littérature allemande, qu'a pu-

blié Ersch, est bien mieux fait que sa France littéraire, quoique ses compatriotes même lui aient reproché d'avoir adopté une classification trop savante qui ne permet pas toujours à l'homme du monde de trouver ce qu'il y cherche.

ERSKINE (lord Thom.), né en Écosse, en 1747, mort à Almondale, en Écosse, le 17 octobre 1823.

— Coup-d'œil sur les causes et les conséquences de la guerre actuelle avec la France, trad. de l'angl. (par M. DUVIQUET), sur la 23e édition. *Paris*, 1797, in-8.

— Essai sur la foi. *Paris, Servier*, 1826, in-12, 1 fr. 50 c.

— Lettre (sa) au comte de Liverpool, au sujet des Grecs; trad. de l'angl. *Paris, F. Didot*, 1822, in-8 de 40 pag., 2 fr.

— Réflexions sur l'évidence intrinsèque de la vérité du christianisme, traduit de l'angl., sur la 4e édit. *Paris, Treuttel et Würtz*, 1822, in-12, 2 fr.

La préface est de madame de BROGLIE; l'introduction a été traduite par elle; le reste l'a été par mademoiselle SOBRY.

ERTBORN (le baron Jos.-Ch.-Emman. Van), administrateur; né à Anvers, le 22 septembre 1778, mort à La Haye, le 1er sept. 1823.

— Observations de M. W. Ackersdyck sur la langue flamande, trad. du flamand. Voy. (au Supplément) ACKERSDYCK.

— Recherches historiques sur l'Académie d'Anvers, et sur les peintres, sculpteurs, graveurs et architectes qu'elle a produits (en franc.), suivies de l'Histoire des rhétoriques d'Anvers (en flamand). *Anvers*, 1806, in-8.

On a encore d'Ertborn un grand nombre de pièces fugitives et quelques Odes en vers français, imitées d'Horace, insérées dans les recueils littéraires d'Anvers, et plusieurs articles dans les prem. volumes de la Bibliographie universelle. *Mah.*

ESBECQ (Mme Van). Voy. GRANDMAISON DE V.

ESCALOPIER (l'). Voy. L'ESCALOPIER.

ESCHELSKROON. Voy. à la Table des anonymes : *Description du Pégu, etc.*

ESCHASSÉRIAUX l'aîné (Jos.), homme de loi et conventionnel ; né vers le milieu du XVIIIe siècle.

— Homme (l') d'état. *Paris*, 1803, in-8.

— Lettres sur le Valais, les mœurs de ses habitants, avec les tableaux les plus pittoresques de ce pays. *Paris, Maradan*, 1806, in-8.

— Opinion (son) sur les théâtres et l'encouragement de l'art dramatique, prononcée au corps législatif, conseil des cinq-cents, dans la séance du 3 floréal an VI. *Paris*, *de l'imp. nationale*, 6 flor. an vi (1798), in-8.

— Rapport fait au nom du Comité d'agriculture. *Paris*, an ii (1794), gr. in-8.

— Tableau politique de l'Europe au commencement du xixe siècle, et moyens d'assurer la paix générale. *Paris*, 1802, in-8, 1 fr. 50 c.

Cette notice, moins complète, a déjà été donnée, par erreur, pag. 6 de ce volume, au nom *Échassériaux*.

ESCHASSÉRIAUX jeune, de la Charente-Inférieure.

— Rapport sur l'organisation des haras, et les moyens propres à concourir au but de ces établissements. Séance du 28 fructidor an vi. *Paris, de l'imp. nation.*, vend. an vii (1799), in-4 de 59 pag.

A la suite du rapport on trouve des Observations de Bouchet-la-Gétière sur le même sujet.

ESCHENBOURG (J.-Joach.). Éléments (nouv.) de littérature, ou Analyse raisonnée des différents genres de compositions littéraires et des meilleurs ouvrages classiques anciens et modernes, français et étrangers. Ouvrage traduit en partie de l'allem., d'Eschenbourg, par J.-B.-J. BRETON. *Paris, D'Hautel*, 1811, 6 vol. in-18.

— Manuel de littérature classique ancienne, contenant l'archéologie, une notice des auteurs classiques, la mythologie, les antiquités grecques et romaines; trad. de l'allem., par Ch.-Fréd. CRAMER. *Paris, Cramer*, an x (1802), 2 vol. in-8, 9 fr.

Traduction défigurée par beaucoup de fautes.

— Principes généraux de belles-lettres, trad. de l'allem., par STORCH. *Saint-Pétersbourg*, 1789, in-8.

ESCHERNY (Fr.-L.), comte du Saint-Empire, ancien chambellan de S. M. le roi de Wurtemberg; né à Neufchâtel, en Suisse, en 1734, mort à Paris, le 15 juillet 1815.

— *Correspondance d'un habitant de Paris avec ses amis de Suisse et d'Angleterre, sur les événements de 1789, 1790 et jusqu'au 4 avril 1791. *Paris, Desenne*, 1791, in-8.

Réimprimé sous ce titre : *Tableau historique de la révolution, jusqu'à la fin de l'Assemblée constituante.* Seconde édition, rev., corr. et augm. d'un grand nombre de morceaux sur différents sujets. Paris, Treuttel et Würtz; Delaunay, 1815, 2 vol. in-8.

— * Égalité (de l'), ou Principes généraux sur les institutions civiles, politiques et religieuses, précédés de l'Éloge de J.-J. Rousseau. *Paris, Fuchs*, 1796, 2 v. in-8.

Deux ans plus tard cet ouvrage a été reproduit sous le titre suivant : *Philosophie de la politique, ou Principes généraux sur les institutions sociales*, où l'on examine les grandes questions de l'égalité, de la volonté générale, de la souveraineté du peuple, et l'abus qu'on a fait de la doctrine de J. J. Rousseau sur ces matières, précédée de l'Éloge de ce grand homme. Paris, 1798, 2 vol. in-8.

— Fragments sur la musique, extraits des « Mélanges de littérature, philosophie, politique, histoire et morale ». *Paris*, 1809, in-12, 75 c.

— * Lacunes (les) de la philosophie. *Amsterdam et Paris, Clousier*, 1783, in-12.

— Mélanges de littérature, d'histoire, de morale et de philosophie. *Paris*, 1809, 3 vol. in-12.

Reproduits avec quelques légers changements et additions, sous le titre d'*OEuvres philosophiques, littéraires, historiques et morales*. Sec. édit., augm. de quatre discours ou traités. Paris, Delaunay, 1815, 3 vol. in-12.

ESCHINE, le socratique. Axiochus, ou de la Mort, dialogue, texte grec, revu par C. N. *Paris, Delalain*, 1815, in-12.

ESCHINE, orateur grec, d'Athènes. Eschinis in. Ctesyphontem Orationem græcè evulgavit, notis, variis lectionibus, et indice locupletavit Floridus L'ECLUSE, in Acad. facultate græc. litterat. professor. *Parisiis, ex typis Delalain*, 1821, in-12.

— Discours contre Ctésiphon, en grec. Édition collationnée sur les textes les plus purs. Procédé stéréot. de MM. le marq. de Paroy et Durouchail. *Paris, Lesage*, 1823, in-12.

— Harangues sur la couronne, texte grec, revu et corrigé par C.-M. E***, ancien professeur. *Paris, Maire-Nyon*, 1827, in-12.

— Discours sur la couronne, texte grec, avec des notes et des analyses en français, par V. H. *Paris, Aug. Delalain*, 1828, in-12, 2 fr.

Voy. aussi DÉMOSTHÈNE.

ESCHYLE, célèbre poète tragique grec; né à Éleusis, la dernière année de la 63e olympiade, 525 avant J.-C., mort l'an 436 avant J.-C.

— Agamemnon, græcè, cum notis et variis lectionibus, curante Ed. PRIEUR. *Parisiis, Delalain*, 1822, in-12.

— Cœphori, græcè, in usum studiosæ juventutis, curante V. H. *Parisiis, Delalain*, 1825, in-12, 1 fr. 80 c.

— Oreste, ou les Cœphores, tragédie, traduction nouv., avec des notes. Par F.-J. Gabr. de LAPORTE-DUTHEIL. *Paris, Desaint*, 1770, in-8.

— Euménides (les), en grec. Nouv. édit., avec des arguments et des notes en français, par M. G. RHALLY. *Paris, Aug. Delalain*, 1828, in-12, 1 fr. 80 c.

— Perses (les), d'après l'édit. de M.-C.-J. Blomfield , membre du collège de la Trinité, à Cambridge, revue par C. N., texte grec. *Paris, Delalain*, 1815 , in-12 de 40 pag.

— Prométhée, tragédie, texte grec , rev. et corrigé. *Paris , Maire-Nyon* , 1828 , in-12.

— Septem ad Thebas, græcè, cum notis et variis lectionibus , curante Ed. PRIEUR. *Parisiis, Delalain*, 1822, in-12 de 60 pag.

— ÆSCHYLI tragœdiæ : Prometheus, Persæ, et Septem duces ad Thebas ; SOPHOCLIS Antigone ; EURIPIDIS Medea , gr. ex optim. exempl. emendatæ , stud. Ric. - F. - Ph. BRUNK. *Argentorati* , 1779, pet. in-8, 7 à 9 fr. ou tiré sur gr. papier, format in-4 , 30 à 36 fr.

— Théâtre d'Eschyle, traduit du grec en français, par Fr.-J.-Gab. de LAPORTE-DU-THEIL, avec le texte à côté. *Paris* , an III (1794), 2 vol. in-8, 12 fr.; pap. vél., 20 fr.
Le traducteur avoit promis des notes philol. qui n'ont pas été publiées.   *Brun.*

—Æschylus, græcè, curante Jo.-Fr. BOISSONADE. *Parisiis , Lefèbre (* A. André)*, 1825, 2 vol. in-32 , 10 fr.

Jolie édition, imprimée sur papier vélin et faisant partie des *Poetarum græcorum Sylloge* : elle contient sept pièces ; les Fragments d'Eschyle et des petites notes de l'éditeur sur chaque pièce et sur les fragments.

— Tragédies d'Eschyle, trad. en français (par LEFRANC DE POMPIGNAN). *Paris , Saillant et Nyon* , 1770, in-8,

ESCOFFIER (Ch.), prêtre. * Description des antiquités de la ville et cité d'Orange. *Orange , Marchy*, 1700, in-12.

ESCOIQUIZ (don Juan), ministre d'état espagnol; né dans la Navarre, en 1762 , mort à Ronda, en Andalousie, le 19 novembre 1820.

— Amigo (el) de los ninos, trad. dal francès (1825). Voy. SABATIER (l'abbé).

— Exposition sincère des raisons et des motifs qui engagèrent S. M. C. le roi Ferdinand VII à faire le voyage de Bayonne, en 1808; trad. en franç., par D.-J.-M. de CARNERERO. *Toulouse , de l'imp. de Douladoure*, 1814, in-8.

C'est un des témoignages les plus curieux sur l'histoire de notre temps, et qui a été trad. et impr. plusieurs fois dans toutes les langues.

— Le même ouvrage , sous ce titre : Exposé des motifs qui ont engagé , en 1808, S. M. Ferdinand VII à se rendre à Bayonne; présenté à l'Espagne et à l'Europe. Traduit librement de l'esp. (par Ant.-Jos. BRUAND), augmenté de Notices historiques sur D.-J.

Escoiquiz, etc. *Paris, L.-G. Michaud*, 1816 , in-8 , 2 fr. 50 c.

Cette édition a été reproduite en 1823 , sous le titre de Mémoires de Cevallos et d'Escoquiz, pour la Collection complémentaire des Mémoires relatifs à la révolution française.

— Paradiso perdido , traducido en verso castellano (1813). Voy. MILTON.

— Tratado de las obligaciones del hombre en la sociedad. *Burdeos , Baume*, 1826, in-18.

On a encore d'Escoiquiz une continuation des « Lecciones de aritmetica para uso de los ninos, etc. (1824), voy. MORENO.

ESCOULANT (le P.), jésuite. * Grammaire grecque, la plus courte et la plus aisée qui ait encore paru. *Paris, Thiboust* , 1736 , in-12.

ESCUYER (L'). Voy. L'ESCUYER.

ESMANGARD (Ch.). * Colonies (des) françaises, et en particulier de Saint-Domingue. *Paris , Agasse*, an X (1802), in-8.

— Marine (de la) française. *Paris , le même* , 1800, in-8.

ESMANGARD , membre de la Société roy. des Antiquaires de France.

On lui doit, comme éditeur, une édition de Rabelais (1823 et ann. suiv.).

ESMÉNARD (Jos.-Alph.), poète, membre de l'Institut; né à Pélissane , en Provence , en 1770 , mort le 25 juin 1811.

— Fernand Cortez, opéra en 3 actes, musique de Spontini. *Paris , Didot l'aîné*, 1809, in-8.

Avec Jouy.

— Intermède pour le retour de S. M. I. et R. *Paris , libr. stéréot.*, 1806, in-4.

— Navigation (la), poëme en VIII chants, avec des notes historiq. et géographiques. *Paris , Giguet et Michaud*, an XIII (1805), 2 vol. in-8, 9 fr.—Sec. édit. (réduite) en VI chants. *Paris , les mêmes*, 1806, in-8.

— Triomphe (le) de Trajan , tragédie lyrique en 3 actes, musique de Persuis et Lesueur. *Paris , Ballard* , 1807, in-8.

Cette pièce , qui contient plusieurs allusions flatteuses pour Napoléon , a été retouchée en 1814 par M. Vieillard , et est restée au théâtre.

— Recueil de Poésies, trad. de l'anglais (1808). Voy. WILLIAMS (Hél.-Mar.).

Esménard débuta dans la carrière littéraire en 1790 , par la rédaction de quelques journaux consacrés à la défense de la cause royale , ce qui n'a pas empêché que, sous le gouvernement impérial, jusqu'à sa mort , il n'ait cumulé diverses places qui lui donnaient un revenu de cent mille francs. On lui doit plusieurs pièces de vers de circonstance, insérées dans la « Couronne poétique de Napoléon »; les notes historiques et littéraires qui accompagnent la première édition du poème de l'Imagination , par l'abbé Delille. Il était un des rédacteurs de la Biographie universelle.

ESMÉNARD (Jean-Baptiste), frère du précédent ; né à Pelissane, en Provence.

Il a fourni divers articles sur l'Espagne à la Gazette de France ; il a travaillé au Mercure, et donné dans la Biogr. univ. des notices en général peu exactes sur des personnages espagnols.

Il a eu part aussi à la rédaction des *Annales des faits et des sciences militaires*, aux Constitutions des différents peuples, ou Texte de tous les actes constitutionnels en vigueur (1817), et à la traduction des Chefs-d'œuvre des théâtres étrangers (1821). *Voy. ces titres.*

ESMÉNARD (Mme A. d'), traductrice.

Elle a traduit de l'anglais en français : *Fragments patriotiques sur l'Irlande* (1817), voy. MORGAN, et les Voisins de campagne (1820), voy. BURNEY, et du franç. en espagnol : Ourika (1824), voy. DURAS (la duch. de).

ESMOND (d'). Aperçu sur les qualités et les connaissances que doit posséder l'officier d'infanterie. *Paris, Magimel,* 1821, in-8, 1 fr. 25 c.

ESNEAUX (Jos.), anc. officier; né à Paris, à la fin de 1788.

— Considérations sur les projets de l'aristocratie. *Paris, l'Auteur et les marchands de nouveautés*, 1820, in-8 de 80 pag., 2 fr.

— Histoire philosophique et politique de Russie, depuis les temps les plus reculés jusqu'à nos jours. Vol. I et II. *Paris, Corréard,* 1828, 2 vol. in-8, 15 fr.

Cet ouvrage doit, d'après son prospectus, avoir deux autres volumes.

— Journal militaire de la Révolution française, depuis 1792 jusqu'à 1815. (Préface et Introduction).*Paris, J. Esneaux,* 1822, in-8 de 20 pag.

Cet ouvrage a été annoncé comme devant former 8 vol. in-8, mais il n'a rien paru de plus que la *Préface et l'Introduction.*

— Mémoire de J. Esneaux, interjetant appel d'un jugement du tribunal de police correctionnelle, qui le condamne à 3 mois de prison, comme auteur d'une brochure intitulée : Réflexions sur le procès de M. A.-C. Schœffer. *Paris, Delaunay,* 1818, in-8 de 92 pag.

— Protestation de Jos. Esneaux contre le procès du maréchal Ney. *Paris,* 1815, in-8.

— Réflexions sur le procès de M. A.-C. Schœffer. *Paris,* 1818, in-8 de 16 pag.

Ces deux derniers écrits furent saisis sous presse, et l'auteur subit un emprisonnement pour les *Réflexions.*

M. Esneaux a entrepris, en 1818, la publication d'un ouvrage périodique, intitulé le Don Quichotte moral et politique, qui n'a eu qu'une courte existence.

ÉSOPE, Grec de la Phrygie, à qui l'on attribue les fables qui nous sont parvenues sous ce nom.

ÉDITIONS GRECQUES ET GRECQUES-LATINES.

— Æsopi Fabularum libri V, cum notis edid. Gab. BROTIER. *Parisiis,* 1783, in-12.

— Fables (les) d'Ésope, et des Fragments d'Archiloque, en grec, publ. par D. CORAY, avec des notes et les portraits d'Ésope et d'Archiloque. *Paris, Eberhart,* 1810, in-8, 14 fr., et plus en gr. pap.

Belle édition. C'est aussi la meilleure qu'on ait publiée de ces fables.

— Fables en grec, avec un dictionnaire de tous les mots, où l'on trouve les temps des verbes les plus difficiles; par M.J.-M.-E. (EBERHART père), professeur de l'Université. *Paris, Maire-Nyon,* 1825-26, in-12, 2 fr.

— Choix de Fables d'Ésope, en grec, avec la version latine et l'explication des notes en français, divisé en 3 parties, etc. Par LEROI. Nouv. édit., augm. d'une table des racines grecques, et enrichie de nombreuses corrections, par un professeur de l'Académie de Paris (JANET). *Paris, Delalain,* 1812, 1813, in-12 ; *Paris, Destrez,* 1823, petit in-8, 1 fr. 50 c.; *Paris, Nyon,* 1818, 1828, in-12, 1 fr. 50 cent.

Petite édition très-souvent réimprimée : celle de 1828 est la dixième.

— Choix de (XL) Fables, en grec, avec des racines des mots qui y sont contenus, suivis de leur table alphabétique, par M. BOULANGER. Nouv. édit., revue et corrigée par Ed. PRIEUR. *Paris, Aug. Delalain,* 1822, 1826, in-12, 1 fr.

— Fabulæ quadraginta Æsopi fabulis parallelæ. *Nannetis, Mellinet-Malassis,* 1822, in-12 de 12 pages.

— Choix (nouv.) de fables d'Ésope, en grec, divisé en trois livres, et accompagné d'un dictionnaire raisonné des mots qui s'y trouvent. Par E. LEFRANC. Nouv. édition, stéréot. de Paroy et Durouchail. *Paris, Lesage,* 1823, in-12, ou *Paris, Belin-Mandar et Devaux,* 1827-28, in-12, 1 fr. 80c.

— Fables choisies, en grec, expliquées en français, suivant la méthode des colléges, par deux traductions : l'une littérale et interlinéaire, avec la construction du grec dans l'ordre naturel des idées, et l'analyse grammaticale des mots grecs; l'autre, conforme au génie de la langue française, en regard du texte pur, d'après les principes de MM. de Port-Royal, Dumarsais, Beauzée, et des plus grands maîtres, avec des notes historiques, critiques et littéraires, et précédée de tableaux qui présentent succinctement ce qu'il y a de plus indispensable à connaître, dans les déclinaisons et les conjugaisons, sur la valeur des finales.

Par MM. Boulanger. *Paris, Aug. Dela-lain*, 1824, in-12, 3 fr. 75 c.

— Æsopi selectæ Fabulæ, græcè et latinè. *Avenione, F. Seguin*, 1825, in-12.

— Les mêmes, suivies d'un Lexique grec-français, disposé de manière à pouvoir les expliquer avec facilité. Nouv. édit., rev., corr. avec soin, et augmentée des racines des mots qui sont contenus dans ces fables et de leur table alphabétique. *Lons-le-Saulnier, Escalle*, 1827, in-18.

— Selectæ ex Æsopo fabulæ, ad optima-rum edd. fidem recensitæ; accedit voca-bularum lexicon, ad usum scholarum. *Parisiis, apud Hachette*, 1828, in-12, 1 fr. 25 c.

VERSION ANGLAISE.

— Select Fables, in prose, divided into three books. I Translated from Esop; II Fables translated from the modern fabu-lits; III Original fables by R. Dodsley, with french notes by G. Poppleton. *Paris, Louis*, 1816, in-12, 2 fr. 50.

VERSIONS FRANÇAISES.

— Ésope en belle humeur, ou dernière traduction et augmentation de ses Fables, en prose et en vers (par Bruslé de Mont-pleinchamp). Nouv. édition, augmentée. *Bruxelles, Foppens*, 1700, 2 vol. in-12 avec figures.

La prem. édit. est de 1693, 1 vol. in-12.
L'édition de 1700 est recherchée à cause des figures dont elle est ornée. On en trouve des exem-plaires dont les épreuves du tom. 1er ont été retou-chées, et portent le nom de Harrewyn, comme au tom. II : ces dernières sont bien mieux exécutées que les anciennes. *Brun.*

— Fables (les) d'Ésope, avec celles de Phi-lelphe, de Gabrias et d'Avienus, les Contes d'Ésope, etc. Traduction nouvelle. *Paris*, 1703, 2 vol. in-12, fig., 7 à 9 fr.

— Les mêmes, avec la Vie d'Esope, trad. du grec de Planude, par l'abbé Belle-garde. *Amsterdam*, 1708, 2 vol. petit in-8, figures; ou *Utrecht*, 1752, 2 vol. in-8, figures.

— Les mêmes, accompagnées du sens moral et des Réflexions du chev. Lestrange, trad. de l'angl. avec de jolies fig., par Fr. Barlow. *Amsterdam*, 1714, in-4.

— Étrennes d'Ésope, ou les Fables d'É-sope sur les airs les plus connus, par Douin. 1775, in-24.

— Ésope en belle humeur, ou Fables d'Ésope mises en vaudevilles sur des airs nouveaux et très-connus; par l'auteur de la « Constitution en vaudevilles ». *Paris, Batillot*, an IX (1801), in-24 avec 64 fig. en taille-douce.

— Fables d'Ésope, ornées de 108 figures d'après Barlow. Recueil de gravures pi-quantes et d'apologues ingénieux pour l'amusement et l'instruction des enfants, gravés sous la direction de MM. Legrand et Briand. *Paris, Gueffier*, an IX (1801), 2 vol. gr. in-8 oblong.

Il y a de cette édition deux sortes d'exemplaires : l'une avec les figures, imprimées derrière le texte, 9 fr.; l'autre sur une feuille à part, 12 fr., ou fig. color., 21 fr.

— Recueil de Fables d'Ésope. Ouvrage destiné à l'instruction et l'amusement de la jeunesse; orné d'une gravure à chaque fable, par Aug. Legrand. *Paris, Debray*, 1801, petit in-8 oblong de 98 pages, avec 51 gravures, 2 fr.

— Fables d'Ésope représentées en figures, avec les explications et les principaux traits de sa vie; gravées par les meilleurs artistes, pour servir à l'éducation des en-fants des deux sexes. *Paris, Remoissenet*, 1801, 2 part. in-4 de 128 grav.

Ce recueil est entièrement gravé. La vie d'Ésope ainsi que ses fables sont au bas de chaque planche.

— Les mêmes. *Paris, Saintin*, 1811, in-12, de 24 pages, 75 c.

— Les mêmes, mises en français avec le sens moral en quatre vers à chaque fable. Nouv. édition, adoptée par l'Université. *Paris, Belin-Leprieur*, 1812, 1821, 1827, avec 15 figures, 1 fr. 50 c.

Très-ancienne traduction qu'on reproduit chaque jour et partout, mais le plus ordinairement si mal, sous le rapport typographique, que nous nous dis-pensons de mentionner les nombreuses réimpressions.

— Choix de Fables d'Ésope, précédé d'une Notice sur sa vie et de Réflexions propres à instruire les enfants, de l'origine et de l'utilité de l'apologue. Par J.-C. Jumel. *Paris, A. Eymery*, 1813, 1817, 1820, 1825, in-18 avec 10 grav.

— Fables choisies d'Ésope, avec le sens moral en quatre vers, et les quatrains de Benserade. *Paris, Tardieu-Denesle*, 1818, ou *Paris, Boulland et Comp.*, 1825, in-8 oblong, avec 53 gravures en taille-douce, 8 fr., et fig. color., 10 fr.

— Fables (cent) choisies d'Ésope, suivies de la description de 90 animaux. *Paris, Tournachon-Molin*, 1827, in-18, 1 fr. 80 c. et avec 4 pl., 2 fr. 50 c.

VERSION ITALIENNE.

— Favole Esopium in versi, da L. Grello. *Parigi, Bailly*, 1789, in-18.

EN PLUSIEURS LANGUES.

— Ésope en trois langues, ou Concordance de ses fables avec celles de Phèdre, Faerne Desbillons, Lafontaine, Richer et autres fabulistes français (par Morin.) *Paris, Le-*

prieur, 1803, ou *Paris, Delalain*, 1816, in-12, 3 fr. 50 c.

—Fables d'Ésope, en allemand, en français, en italien et en latin, ornées de 92 gravures. *Vienne (en Autriche)*, 1814, 4 vol. in-8, 24 fr.

ESPAGNAC (Jean-Bap.-Jos. DAMARZIT DE SAHUGUET, baron d'), lieutenant-général, gouverneur des Invalides; né à Brives-la-Gaillarde, le 25 mars 1713, mort à Paris, le 28 février 1783.

—*Campagne de l'armée du Roi, en 1747. *La Haye, Scheurleer*, 1747, in-12.

—*Essai sur la science de la guerre. *Paris, Ganeau*, 1751, 3 vol. in-8.

—*Essai sur les grandes opérations de la guerre, pour servir de suite à « l'Essai sur la science de la guerre. » *Paris, le même*, 1755, 4 vol. in-8.

—Exposé des manœuvres de l'armée de Flandre pour l'investissement de Maëstricht.

Ouvrage très-estimé, qui est attribué à ce général.

—*Journal des campagnes du Roi, en 1744-47. *Liège*, 1748, in-12.

—*Journal historique de la dernière campagne de l'armée du Roi, en 1746; ouvrage enrichi de plans et d'une carte du Brabant, pour l'intelligence des positions. *La Haye, Scheurleer*, 1747, in-8, avec 2 pl., 6 fr.

—Histoire de Maurice, comte de Saxe. Nouv. édit., corrigée et augmentée. *Paris*, 1775, 3 vol. in-4, dont un composé de 45 pl., 45 fr., ou 2 vol. in-12, 6 fr.

—*Supplément aux Rêveries, ou Mémoire sur l'art de la guerre de Maurice, comte de Saxe. Par le baron D. P. H. *La Haye*, 1757, in-8.

ESPAGNAC (M.-R. SAHUGUET), fils du précédent, fournisseur des armées sous la république; né vers 1753, condamné à mort par le tribunal révolutionnaire, le 15 avril 1794.

—Éloge de Catinat. 1775, in-8.

—Réflexions sur l'abbé Suger et son siècle. *Londres*, 1780, in-8.

ESPAIGNET (d'), avocat. Volage (le) puni, coméd. en un act. et en vers. *Tarbes, imp. de Lavigne*, 1816, in-8.

ESPAIGNOL-LAFAYETTE (J.-N.-D.), géomètre de première classe, délimitateur spécial du cadastre du département du Cher.

—Considérations sur le cadastre de la France, et Vues sur les moyens de per-fectionnement et d'économie qu'on pourrait apporter en ce moment dans la partie topographique. *Paris, Petit*, 1814, in-8 de 56 pag., 1 fr.

ESPARRON (P.-J.-B.). Essai sur les âges de l'homme. *Paris, Crapelet*, 1803, in-8.

ESPEN (Zeger-Bern.-Van), célèbre jurisconsulte et savant casuiste hollandais; né à Louvain, en 1646, mort le 2 oct. 1728.

—Commentaire sur le nouveau droit canonique. Nouvelle édit. (publ. avec une savante Préface, par LEPLAT). *Louvain*, 1777, 2 vol. in-8.

—Juris utriusque doctoris Scripta omnia (edente Jos. BARBE). *Lovani (Parisiis)*, 1753, 4 vol. in-fol.

De toutes les éditions qui ont été faites de cette collection, la meilleure est celle de 1753. Outre le *Jus ecclesiasticum* avec d'excellentes observations de M. Gibert, on y trouve un savant Traité de l'auteur, intitulé : *Commentarius in canones juris veteri et novi.* L'abbé de Bellegarde a publié un *Supplementum ad varias collectiones operum Z. B. Van Espen.*, continens præclara juris·responsa, epistolas et varia opuscula nondum edita.* Bruxelles, 1708, in-fol., formant le cinquième tom. des OEuvres de Van Espen. *Biogr.univ.* Les cinq vol. ont été réimprimés en 1778; mais dans cette réimpression ne se trouvent pas les Mémoires qui remplissent les pages 416-84 du Supplément à l'édit. de Paris.

ESPER (J. - Fréd.), naturaliste allem. du XVIIIe siècle.

—Description des zoolithes, nouvellement découvertes, d'animaux quadrupèdes inconnus et des cavernes qui les renferment; trad. de l'all., par Jacq.-Fréd. ISENFLAMM. *Nuremberg*, 1774, in-fol., avec 14 figures color., 15 à 24 fr.

ESPEVILS (Cl.-Guill.-Robert). *Lettre de Louis XIV à Louis XV. 1733, in-4.

Cet écrit, où l'on donne une juste idée des jésuites, avait été faussement attribué aux Appelants; il a été condamné par arrêt du parlement de Paris.

ESPIARD (Fr.-Bern.), président à mortier au parlement de Besançon; né à Dijon, le 23 ou 24 septembre 1659, mort à Besançon, le 16 janvier 1743.

Espiard fut un magistrat fort distingué, et l'un des commissaires nommés par le roi pour la réformation de la coutume du comté de Bourgogne. Il a publié plusieurs ouvrages de jurisprudence, et fourni des notes à Taisand pour son *Commentaire sur la coutume de Bourgogne*, et à Raviot, pour ses Observations sur les arrêts du parlement de Dijon, recueillis par François Perrier.

Journal de la Côte-d'Or, rédigé par M. Amanton, du 24 septembre 1828.

ESPIARD (J.-Fr.), prédicateur; né à Besançon, en 1695, y mourut en 1778.

—Sermons. *Besançon*, 1776, in-8.

ESPIARD (l'abbé Fr. - Ign.), frère du précédent; né à Besançon, en 1707, mort à Dijon, en 1777.

— *Essais sur le génie et le caractère des nations. *Bruxelles, Léonard,* 1743, 3 part. in-12.

Réimprimé sous le titre d'*Esprit des nations.* La Haye, Beauregard, 1752, 2 vol. in-12, anon. aussi.

Castillon a refondu en partie cet ouvrage dans ses « Considérations sur les causes physiques et morales de la diversité des mœurs, etc. »

ESPIARD DE LA COUR (d'). Dissertation sur la décadence et la chute de l'empire romain. 1754.

— OEuvres mêlées, contenant des Pensées philologiques et quelques Poésies de M. D. D. L. C. *Amsterdam (Dijon)*, 1749, in-8.

ESPIC DE LIROU (le chev. J.-Fr.), ancien mousquetaire du roi; né en 1740, mort à Paris, en 1806.

— Diane et Endymion, opéra en 3 actes (et en vers). *Paris, Delormel,* 1784, in-4.

— Explication du système de l'harmonie, pour abréger l'étude de la composition et accorder la pratique avec la théorie. *Londres et Paris, Mérigot,* 1785, in-8. L. Fr. B.-A.

ESPIE (le comte Fél.-Fr. d'), gouverneur de la ville de Muret et du fort Saint-Lys; né à Lisbonne (Portugal), le 11 juin 1708.

— Manière de rendre toutes sortes d'édifices incombustibles. 1754, in-12.

— *Mémoires de la guerre d'Italie, depuis 1733 jusqu'en 1736, par un ancien militaire qui s'est trouvé à toutes les actions de ces trois fameuses campagnes. *Paris, Vᵉ Duchesne,* 1777, in-12 avec 2 pl., 3 fr.

— * Réflexions sur l'établissement de l'École militaire. *Paris,* 1756, in-12.

Le comte d'Espie a été le réviseur de l'ouvrage intitulé : « l'État actuel de l'art et de la science militaire à la Chine » (1774), voy. SAINT-MAURICE DE SAINT-LEU.

ESPINASSE (Mˡˡᵉ de L'). Voy. L'ESPINASSE.

ESPINASSY (Mˡˡᵉ d'). Abrégé (nouv.) de l'histoire de France, à l'usage des jeunes gens. *Paris (* Vᵉ Nyon)*, 1765-71, 7 vol. in-12.

— * Essai sur l'éducation des demoiselles. *Paris, Hóchereau,* 1764, in-12.

ESPINAY (G. d'). *Fausse (la) duègne, opéra-comique en 3 actes (et en prose). *Paris, Huet,* an XI (1803), in-8.

ESPINOSA (B.). Mémoire sur la fièvre jaune qui régna en 1810 et 1812 dans quelques points des îles Canaries, et particulièrement à Sainte-Croix de Ténériffe, présenté à l'Académie royale de médecine, le 24 janvier 1826. *Paris, Crevot,* 1826, in-8 de 40 pag.

ESPOY (le chev. d'). Voy. ARNAUDIN.

ESPRÉMENIL (Duv. d'). Voy. DUVAL D'ESPRÉMENIL.

ESPRIT (Jacq.). Art (l') de connaître les hommes. Par L. D. B. *Paris,* 1702, in-12; *Amst.,* 1708, in-12; 1711, in-8; *La Haye,* 1762, in-12.

Cet ouvrage est abrégé de celui intitulé : *Fausseté des vertus humaines.* Paris, 1678, 2 vol. in-12. L'abréviateur, Louis Des Bans, avocat, ayant voulu faire passer ce livre pour être de lui, mit sur le frontispice du livre les lettres initiales de son nom, ce qui le fit attribuer par les libraires de Hollande à l'abbé de Bellegarde, sous le nom duquel ils donnèrent successivement 3 ou 4 éditions. *Barb.*

— Fausseté (la) des vertus humaines. Nouv. édit. *Amsterdam,* 1716, in-8.

La première est de Paris, 1678, 2 vol. in-12.

ESPULLER (le bar. d'). Agrologie, ou Méthode nouvelle pour bien connaître la nature de chaque espèce de terres fertilisables. 1771, in-12.

C'est un petit Traité sur les engrais.

ESQUIEU (l'abbé), mort vers 1740.

— * Critique de la tragédie de Pyrrhus, en forme de lettre, adressée à M. de Crébillon. *Paris,* 1786, in-8 de 45 pag.

On a encore de lui une traduction en prose et en vers de l'Apothéose de l'empereur Claude, écrite en latin par Sénèque le philosophe, sous le titre d'Apocoloquintose, insérée dans les Mémoires de littérature et d'histoire du P. Desmolets. Tom. 1ᵉʳ, 2ᵉ partie, et dans les OEuvres de Sénèque, trad. par Lagrange. C'est à tort que cette traduction a été attribuée à l'abbé de la Bletterie.

ESQUIRE (T.-E.), pseudon. Voy. BARBIER (A. T.).

ESQUIROL (J.-Étienne-Dominique), docteur de la Faculté de médecine de Paris; né à Toulouse, le 4 janvier 1772.

— Établissements (des) des aliénés en France, et des moyens d'améliorer le sort de ces infortunés : mémoire présenté au ministre de l'intérieur, en septembre 1818. *Paris, Mᵐᵉ Huzard,* 1819, in-8.

C'est en quelque sorte le Prospectus d'un ouvrage important sur la folie et les hôpitaux d'aliénés que M. Esquirol se propose de publier. *Biogr. méd.*

— Divers articles sur l'aliénation mentale. *Paris, imp. de Panckouke,* 1814, in-8 de 48 pag.

Extrait du Dictionnaire des Sciences médicales.

— Note sur la monomanie homicide. *Paris, Baillière,* 1827, in-8 de 52 pages, 2 fr. 50 c.

— Passions (des) considérées comme causes, symptômes et moyens curatifs de l'aliénation mentale. *Paris,* 1805, in-4.

On doit encore à M. Esquirol un Mémoire sur la folie à la suite des couches, impr. dans l'Annuaire médico-chirurgical des hôpitaux; la rédaction d'une partie de la médecine clinique de Pinel ; plusieurs articles dans le Journal de MM. Corvisard, Leroux et Boyer, dans celui de M. Sedillot, dans la Revue médicale , et dans le Dictionnaire des sciences médicales ceux qui ont rapport à la folie.

M. Esquirol a fourni des notes à la traduction, de l'allem., de la « Médecine légale relative aux aliénés et aux sourds-muets (1827). Voy. Hoffbauer.

ESSEIVA (Pierre-Louis), anc. professeur de mathématiques, à Fribourg ; né au Cret, canton de Fribourg, en 1738.

— Rudiments (les) des langues française, allemande et latine. 1792, in-8.

— Traité d'algèbre. *Fribourg*, 1777, in-8.

— Traité d'architecture civile. *Fribourg*, 1783, in-8.

— Traité d'arithmétique, en français et en allem. *Fribourg*, 1777, 1788, in-8.

— Traité de la géométrie. *Fribourg*, 1781, in-8.

ESSLING. Voy. Masséna.

ESSUILE (d'). Voy. Dessuile.

ESTAING (le comte Ch.-B. d'), amiral et lieutenant - général sur mer et sur terre ; né à Ravel, en Auvergne, en 1729, mort à Paris, le 29 avril 1793, victime de la révolution.

— * Aperçu hasardé sur l'exportation dans les colonies ; dédié à feu Franklin. 1790, in-8.

— * Plaisir (le), rêve; poëme. *Paris*, 1755, in-8 et in-12 ; *Paris, Mercier*, 1796, in-18.

La dernière édition n'est point anonyme.

— * Signaux sans place fixe; Vocabulaire des termes de marine, et de ceux qui sont les plus usités dans la langue française. *Paris*, 1778, in-8.

— * Thermopyles (les), tragédie de circonstance (en 5 actes et en vers, avec un prologue en prose). *Paris , Didot jeune*, 1791, in-8.

ESTAMPES (le marq. Ch.-L. d'), né à Paris, le 4 décembre 1734, mort en la même ville, le 5 mai 1815.

— Poésies diverses extraites de mon portefeuille. *Paris*, 1811-13, 2 part. in-8.

La première partie a été publiée sans nom d'auteur : elle contient une imitation en vers libres des Odes d'Anacréon.

ESTANCELIN (L.), membre de la Société des Antiquaires de Normandie.

— Histoire des comtes d'Eu. *Rouen, de l'imp. de Mégard*, 1828, in-8 avec des vues lithogr., 6 fr. 50 c.

Avant la publication de cet ouvrage, M. Estancelin avait déja fait imprimer dans le recueil de la Société dont il est membre : Notice sur quelques

objets d'antiquité trouvés dans une fouille près de la mer, à Saucemare, commune de Saint-Aubin-sur-mer (Seine-Inférieure) (tom. 1er, 1825). — Mém. sur les antiquités de la ville d'Eu, et de son territoire (tom. II, 1825).

ESTARAC. (Aug. Fr.). Grammaire générale. *Paris , H. Nicolle*, 1811, 2 vol. in-8, 14 fr.

ESTAVAYE (le baron d'), du canton de Fribourg, en Suisse.

— Histoire généalogique des familles nobles de la Suisse, particulièrement des cantons de Berne, Fribourg et Soleure, rédigée d'après des pièces et documents authentiques. 1797, in-8 de 108 pag.

ESTERNO (le comte H. d'). Essais poétiques, par H. d'E. *Paris, de l'impr. de Moreau*, 1822, in-8.

Ce volume n'a pas été destiné au commerce.

ESTERNOD (d'). * Satires amoureuses et galantes, et l'Ambition de certains courtisans nouveau - venus, et gens de fortune, par le S. B***. *Amsterdam*, 1721, in-12.

On ne trouve pas, dans cette édition, la seizième satire, dont le sujet est l'apostasie d'un capucin nommé Guénard, qui s'était retiré à Genève.

ESTÈVE (le P.), mathurin. * Utilité (de l') de la foi, trad. en franç. (1741). Voy. Augustin (S.).

ESTÈVE (Pierre), membre de la Société royale des sciences de Montpellier; né dans cette ville au commencement du xviiie siècle, et mort en.....

— Découverte (nouv.) du principe de l'harmonie, avec un Examen de ce que M. Rameau a publié sous le titre de « Démonstration de ce principe ». *Paris , Séb. Jorry*, 1752, in-8.

Cet ouvrage, qui mériterait d'être plus connu, est un des meilleurs de cet écrivain.

— * Dialogues sur les arts. *Amsterdam* (*Paris*), 1756, in-12.

— * Esprit (l') des beaux-arts. *Paris, Bauche*, 1753, 2 vol. in-12.

— * Examen d'une brochure qui a pour titre : Caroli le Roy de aquarum mineralium naturâ et usu, Propositiones prælectionibus accomodatæ. *Montpellier , Martel*, 1758, in-8.

— Histoire générale et particulière de l'Astronomie. *Paris*, 1755, 3 vol. in-12.

— * Lettre à un ami, sur l'exposition des tableaux faite dans le grand salon du Louvre. 1753, in-12.

— Lettre à un partisan du bon goût...

— * Lettre de M. E***, docteur en médecine en l'Université de Montpellier, à MM. V*** (Venel), et le R*** (le Roy), médecins. *Avignon*, 1758, in-8.

— Mémoire contre M. de Causans , sur la quadrature du cercle....

— * Origine de l'Univers, expliquée par un principe de la matière. *Berlin*, 1748, in-12.

— * Toilette (la) du Philosophe, ou Ziri et Ziria. *Londres*, 1751, in-12.

— Traité de la diction. 1755, in-12.

On a encore d'Estève, dans le recueil des Savants étrangers de l'Académie : Recherches sur le meilleur système de musique harmonique, et sur son meilleur tempérament (tom. II , 1755). — Observation de l'éclipse totale de lune, du 19 juin 1750 , faite à Montpellier (*id., id.*). — Problème : La base d'une pyramide étant donnée avec les angles au sommet, déterminer les dimensions de la pyramide (*id., id.*).

Tous les ouvrages de P. Estève, à l'exception de ceux sur les arts, sont d'une médiocrité si grande, qu'ils sont tombés dans l'oubli.   *Biogr. univ.*

On lui attribue encore une brochure intitulée : *Lettre d'un Suisse aux étudiants en médecine de Peironellins (Montpellier)*. Glaris, 1775, in-12.

ESTÈVE (Louis), médecin à Montpellier, sa patrie.

— Quæstiones chymico-medicæ duodecim pro cathedrâ vacante per obitum D. Serane. *Monspeliensis*, 1759, in-4.

— Traité de l'ouïe, etc. *Avignon* , 1751, in-12.

— Vie (la) et les Principes de M. d'Ant. Fizès, pour servir à l'Histoire de la médecine de Montpellier. *Montpellier*, 1765, in-8.

ESTIENNE (H.), deuxième du nom, imprimeur et philologue français célèbre, du XVIᵉ siècle.

— Artis typographicæ Querimonia, poëme, avec une traduction, par un imprimeur de XVIIIᵉ siècle (Aug.-Mar. LOTTIN). *Paris* , *Lottin* , 1785 , in-8 , 1 fr. 50 c.

C'est une satire sur les imprimeurs ignorants, qui ont fait tomber la typographie dans le mépris.

— Apologie pour Hérodote, ou Traité de la conformité des merveilles anciennes avec les modernes. Nouv. édit., augm., avec des remarques de LE DUCHAT. *La Haye*, *Henri Scheurleer*, 1735, 3 vol. petit in-8 , 8 à 10 fr.

Cette édition, à cause des remarques qu'elle contient, est préférable à la première, qui fut publiée sous ce titre : *Introduction (l') au Traité de la conformité des Merveilles anciennes avec les modernes, ou Traité préparatif à l'Apologie pour Hérodote* (par H. Estienne). Imprimé en 1566, au mois de novembre, petit in-8 de 572 pag.

Dans l'édition ci-dessus, de 1735, le 21ᵉ chapitre, tronqué dans les éditions qui ont succédé à la première, est entier, mais on n'a pas mis les deux pièces de vers qui se trouvent à la suite de l'ouvrage , dans l'édition de Guil. Desmares, 1572, in-12, et dont l'une est intitulée : *Prosopopée de l'Idole aux pèlerins ;* et l'autre : *Huitain de S. B. aux Frères rasés.*

Aucun des autres ouvrages de Henri Estienne n'a

été réimprimé depuis le commencement du dix-huitième siècle.

ESTIENNE. Abrégé de la Vie des Saints. *Paris*, 1757, 3 vol. in-12.

ESTIENNE (Rob.), libraire ; né à Paris en 1723 , y est mort en 1794.

— * Étrennes de la vertu, contenant les actions de bienfaisance, de courage, d'humanité, qui se sont passées de 1781-93. *Paris* , *Savoye* , 1782-94, 12 vol. in-18.

— * Pélerinage (le) d'un nommé Chrétien , écrit sous l'allégorie d'un songe, traduit de l'angl. (1772). Voy. BUNYAN.

— * Remercîment à l'auteur de l'*Avis aux gens de lettres*. *Bouillon (Paris)*, 1770, in-8.

— Sermons pour les jeunes Dames et les jeunes Demoiselles, trad. de l'ang. (1778). Voy. FORDYCE.

Rob. Estienne est encore l'auteur de « l'Éloge de l'abbé Pluche », en tête de la Concorde de la Géographie des différents âges. Paris, 1763 ; et l'éditeur de « Causes amusantes et peu connues (1769-70) » , *voy. ce titre*, et des Opuscules de Rollin. Paris, 1771, 2 vol. in-12.

ESTIENNE (Ant.), né à Milhaud (Aveyron).

— Doléances des marchandes de poissons des halles et marchés. *Paris* , 1789 , in-8.

Réimpr. plusieurs fois.   *Barb.*

— * Journal de la Rapée, ou Ça ira, çà ira. (Vers 1771), 6 num. in-8.

ESTIENNE (E.). Table synoptique et graphique des huit départements qui composent la république batave. 1799, in-plano d'une feuille.

— Statistique de la Batavie. *Paris* , 1803, in-8.

— Recueil de Mémoires de médecine , de chirurgie et de pharmacie militaires, faisant suite au Journal qui paraissait sous ce titre. Vol. I-XXIV. *Paris* , *Mᵐᵉ Huzard*, 1823-28 , 24 vol. in-8.

Avec MM. Begin et Laubert.

ESTIUS(Guill.).Commentarian D.Paulii et aliorum apostolorum epistolas. *Parisiis*, 1679, seu *Rothomagi*, 1709,2vol.in-fol.

Ces Commentaires , pleins d'érudition, sont généralement estimés.

Ce savant théologien est encore auteur de plusieurs ouvrages estimés, qui ont été publiés au XVIIᵉ siècle et à l'étranger.

ESTIVAUX (d'). Voy. DESTIVAUX.

ESTOR (J.-L.-E.). Traité des plaies, etc. trad. de l'angl. (1825). Voy. BELL (John).

ESTOURMEL (le marq. L.-Mar. d'), lieutenant-général ; né en Picardie, le 14 mars 1744, mort à Paris, le 14 déc. 1823.

— Recueil des opinions émises à l'Assemblée constituante, et Comptes rendus à ses commettants. *Paris*, *Rougeron*, 1811, in-8.

ESTOURNELLES (d'). Économie (l') de la vie humaine, trad. de l'angl. (1812). Voy. Dodsley.

ESTOUTEVILLE (le duc d'). Voyez Colbert.

ESTRADES (le comte Godefroy d'), négociateur français et maréchal du xviie siècle.

— Lettres, Mémoires et Négociations, depuis 1663 jusqu'en 1668. Publ. par J. Aymon. Bruxelles (La Haye), 1709, 5 vol. in-12.

— Les mêmes, de 1663-77, publiés par Prosp. Marchand. Londres (La Haye), 1743, 9 vol. in-12.

L'édition publiée par J. Aymon est tronquée.

ESTRANGE (L'). Voy. L'Estrange.

ESTRÉES (le duc d'), maréchal de France du xviie siècle.

On a de lui des Mémoires de la régence de Marie de Médicis (Paris, 1666, in-12), qui ont été plusieurs fois réimpr. au xviie et au xviiie siècle dans un recueil intitulé: « Mémoires particuliers pour servir à l'histoire de France sous les règnes de Henri III, Henri IV, sous la régence de Marie de Médicis, et sous Louis XIII. Voy. ce titre, à la Table des Anonymes.

ESTRÉES (l'abbé d'). Voy. D'Estrées.

ESTRIVIER. Observations sur le projet de Code du commerce. Paris, 1802, in-8, 1 fr. 50 c.

ESTRIX (le P.). Voy. Rapin (le P.).

ESU (Séb.). Grammaire italienne pratique de Véneroni, réduite en xxv leçons. IIIe édit., contenant une méthode qui est rendue plus claire et plus à la portée de tous que les précédentes, etc. Genève, Paschoud, 1811, in-8, 5 fr.

La prem. édit. est de 1796.

ÉTALLEVILLE (le comte d'). Calotte (la) du régiment Royal-Lorrain, cavalerie, poëme en iii chants. Paris, Latour, 1820, in-18 de 72 pag.

— Diligence (la), poëme en iv chants. Paris, le même, 1813, in-18, 2 fr.

— Eaux (les) de Barrège, ou Remède à l'ennui, historiette rimée. Paris, Delaunay, 1814, in-18, 2 fr. 50 c.

— Épitre au comte de Saint-Clou, mon gendre. Paris, F. Didot, 1827, in-18 de 18 pag.

— Quelques choses et beaucoup de riens, ou mes Pensées. Paris, J. G. Dentu, 1822, in-18.

— Vie (la) de l'officier, poëme en iii chants. Paris, F. Didot; Dentu, 1821, in-18.

ÉTANG. Voy. Paccori (A.).

ETCHEVERRY (Mlle d'), première prieure (supérieure) de la maison de retraite d'Asparrein.

— Lettres et Vie, écrites à son directeur (publ. par l'abbé B. de La Tour). Avignon, Jean Niel, 1751, in-12.

ETHEVENY, directeur du séminaire de Besançon.

— * Tablettes chronologiques contenant les noms des principaux personnages de l'histoire sacrée ecclésiastique, de celle de l'église de Besançon en particulier, avec les noms des empereurs romains, des rois de France, etc. Besançon, 1785, in-16.

ÉTIENNE (l'abbé). * Abrégé de la Vie des Saints, avec des réflexions et de courtes prières. Nouv. édit. (revue par Rondet). 1757, 3 vol. in-12.

ÉTIENNE (Jean d'), officier de génie au service du comte de Schaumbourg-Lippe; né à Cernoy, en Normandie, le 25 mars 1725, mort le 22 juin 1798.

— Traité des mines à l'usage des jeunes militaires, etc. 1779, in-4.

— Mémoire sur la découverte d'un ciment impénétrable à l'eau. Paris, l'Auteur, 1782, in-4.

ÉTIENNE (....), chanoine de la cathédrale de Nantes, mort dans cette ville, en 1807.

— * Bonheur (le) rural. Paris, Buisson, 1789, 2 vol. in-8.

ÉTIENNE (Ch.-Guill.), poète dramatique, littérateur et publiciste; d'abord secr. intime du duc de Bassano, ministre et secrétaire d'état, ensuite censeur du Journal de l'Empire, depuis 1810; membre de l'Institut, en 1811, et dont il fut expulsé en 1815; aujourd'hui membre de la Chambre des députés, et l'un des quarante de l'Académie française, en remplacement de M. Auger; né à Chamouilly, près de Saint-Didier (Haute-Marne), le 5 janvier 1778.

— Aladin, ou la Lampe merveilleuse, opéra-féerie en 5 actes (en vers). Paris, Ponthieu, 1822, in-8, 2 fr.

Cette pièce a eu trois autres éditions la même année.

— Apollon (l') du Belvéder, ou l'Oracle, folie-vaudeville impromptu en un acte. Dédié à Grétry. Paris, Roux, an ix (1800), in-8, 1 fr. 20 c.

Avec Moras et Gaugiran-Nanteuil.

— Brueys et Palaprat, comédie en un acte et en vers. Paris, Mlle Huet; Barba, 1807, 1824, in-8, 1 fr. 50 c.

—— Carnaval (le) de Beaujency, ou Mascarade sur Mascarade, comédie en un acte et en prose. *Paris, Barba,* 1807, in-8.

Avec Gaugiran-Nanteuil.

—— Cendrillon, opéra-comique en 3 actes et en prose. *Paris, Vente,* 1810, in-8, 1 fr. 80 c.

Cette pièce a eu trois éditions la même année.

—— Choix (le) d'Alcide, ode. *Paris,* 1810, in-8.

Réimpr. dans l'Hymen et la Naissance.

—— Confession (la) du Vaudeville. *Paris, Roux,* 1801, in-8, 1 fr. 20 c.

Avec P. Mauras et Gaugiran-Nanteuil.

—— Deux (les) Gendres, comédie en 5 actes et en vers. *Paris, Barba,* 1810, in-8.

Cette pièce, qui fit élever tant de contestations, et dont nous rappellerons les auteurs dans notre Table, a eu une neuvième édition en 1822. Quelques-unes de ces réimpressions offrent quelques différences; par exemple la cinquième, publiée en 1812, est suivie du Discours de réception de l'auteur à l'Institut, qui n'est pas dans les précédentes; dans la sixième, publiée en 1815, l'auteur a supprimé sa préface.

—— Deux (les) Maris, opéra-comique en un acte. *Paris, Mlle Huet; Mlle Ladvocat,* 1816, in-8, 1 fr. 25 c.

—— Deux (les) Mères, comédie en un acte et en prose. *Paris, Barba,* an x (1802), in-8.

Avec Gaugiran-Nanteuil.

—— Dieux (les) à Tivoli, ou l'Ascension de l'Olympe, folie non fastueuse, arlequinade impromptu en un acte et en vaudeville. *Paris, Chollet,* an VIII, in-8, 1 f. 50 c.

Avec Morel, Servière et Francis (Allarde).

—— Discours prononcé dans la séance de sa réception à l'Institut, le 7 novembre 1811, et réponse de M. le comte de Fontanes. *Paris, F. Didot,* 1811, in-4 de 48 pag.

—— Discours prononcé le 2 mars 1821 dans le comité secret de la Chambre des députés, à l'occasion de l'adresse au Roi, pour communiquer à la chambre des renseignements sur les relations politiques de la France avec l'Europe. *Paris, Baudouin frères,* 1821, in-8 de 16 pag., 30 c.

—— Discours prononcé dans la séance du 19 janvier 1822, sur le projet de loi relatif aux délits de la presse. *Paris, Baudouin frères,* 1822, in-8 de 24 pag.

—— Discours prononcé dans la séance du 19 juillet 1822, sur le budget du ministère de la justice. *Paris, de l'imp. de Baudouin fils,* 1822, in-8 de 16 pag.

—— Fête (la) du village, divertissement pour la naissance du roi de Rome. 1811, in-8.

—— * Gulistan, ou le Hulla de Samarcande,

opéra-comique en 3 actes. *Paris,* 1805, 1817, in-8.

Avec La Chabeaussière.

—— Histoire du Théâtre-Français, depuis le commencement de la révolution jusqu'à la réunion générale. *Paris, Barba,* an x (1802), 4 vol. in-12, avec 4 portr. 6 fr.

Avec Martainville.

—— Intrigante (l'), ou l'École des familles, coméd. en 5 actes et en vers. *Paris, Le Normant; Barba,* 1813, in-8, 2 fr. 50 c.

Napoléon, devant qui cette pièce fut représentée, y trouva des allusions politiques qui lui déplurent beaucoup, fit défendre de la jouer davantage, et ordonna la saisie de tous les exemplaires imprimés.

—— Isabelle de Portugal, ou l'Héritage, comédie historique en un acte, en prose. *Paris, Mme Masson,* 1804, in-8, 1 fr. 20 c.

Avec Gaugiran-Nanteuil.

—— Jeannot et Colin, opéra-comique en 3 actes. *Paris, Barba,* 1814, in-8. 2 f.

—— Jeune (la) femme colère, comédie en un acte. *Paris, Huet; Barba,* 1804, 1828, in-8, 1 f. 50 c.

Cette pièce a récemment été arrangée en opéra et mise en musique par Boieldieu.

—— Joconde, ou le Coureur d'aventures, opéra-comique en 3 actes. *Paris, Le Normant,* 1814, in-8. — IXe édit. *Paris, le même,* 1821, in-8, 2 f.

—— Lettre (la) sans adresse, comédie en un acte et en prose, mêlée de vaudevilles. *Paris, au mag. de pièces de th.,* an IX (1801), in-8, 1 f. 20 c.

Avec Moras.

—— Lettres sur Paris, ou Correspondance pour servir à l'histoire de l'établissement du gouvernement représentatif en France. *Paris, Delaunay,* 1820, 2 vol. in-8.

Ces Lettres avaient déjà été impr. dans la Minerve française.

—— Maris (les) en bonne fortune, comédie en 3 actes, en prose. *Paris, Barba,* an XI (1803), in-8.

—— Nouveau réveil d'Épiménide, comédie-épisodique en un acte, en prose. *Paris, Mme Masson,* 1806, in-8.

Avec Gaugiran-Nanteuil.

—— Opinion (son) sur le projet de loi relatif aux six dixièmes (séance de la Chamb. des députés du 8 janvier 1821). *Paris, Bailleul,* 1821, in-8 de 16 pag.

—— Opinion sur le projet de loi tendant à modifier l'art. 35 du Code criminel (séance du 9 mai 1821). *Paris, le même,* 1821, in-8 de 8 pag.

—— Opinion sur l'emprunt de cent millions,

Paris, Baudouin frères, 1823, br. in-8.
Réimpr. la même année.

— Oriflamme (l'), opéra en un acte. *Paris, Roullet*, 1814, in-8, 1 f. 50 c.
Avec Baour-Lormian.

— Pacha (le) de Suresne, ou l'Amitié des femmes, comédie en un acte et en prose. *Paris, Barba*, 1802, in-8.
Avec Gaugiran-Nanteuil.

— Petite (la) École des pères, comédie en un acte et en prose. *Paris, Mme Masson*, 1803, in-8.
Avec le même.

— Plaideurs sans procès, coméd. en 3 actes et en vers. IIIe édit. *Paris, Amyot*, 1822, in-8, 2 f. 75 c.
La prem. édit. est de 1821.

— * Pygmalion à Saint-Maur, farce anecdotique en un acte et en vaudevilles, trouvée à Charenton. *Paris, André*, an VIII (1800), in-8.

— Racine et Cavois, comédie en 3 actes et en vers. *Paris, Le Normant; Barba*, 1815, in-8, 1 f. 80 c.

— Rembrandt, ou la Vente après décès, vaudeville anecdotique en un acte. *Paris, au mag. de pièces de th.*, 1801, in-8.
Avec Morel, Servières et Moras.

— Réponse à l'écrit du ministère sur la question du renouvellement intégral de la Chambre des députés. *Paris, Baudouin frères*, 1823, in-8 de 24 pag., 1 f.

— Rêve (le), opéra-comique en un acte et en prose. *Paris, Vente*, 1799, in-8.

— Ronde militaire, adressée à la garde impériale par la garde nationale de Paris, au banquet du 18 avril 1815. *Paris, imp. de Le Normant*, 1815, in-8 de 4 pag.

— Ronde militaire, adressée à la garde nationale le 18 avril 1815.

— Rossignol (le), opéra-comique en un acte (et en vers). *Paris, Roullet*, 1816, in-8, 1 f. 25 c.
Cette pièce a eu une seconde édition la même année.

— Un jour à Paris, ou la Leçon singulière, opéra-comique en 3 actes (et en prose). *Paris, Mme Masson*, 1808, in-8, 1 f. 80 c.

— Une heure de mariage, opéra en un acte, mêlé de chants. *Paris, la même*, 1804, in-8.

— Une (l') pour l'autre, opéra-comique en 3 actes. *Paris, Le Normant*, 1816, in-8, 1 f. 80 c.

— * Vie de Fr.-René Molé, comédien français et membre de l'Institut national de France. *Paris, Desenne*, an XI (1803), in-12.

Avec Gaugiran-Nanteuil.
Cette biographie a été réimpr. en tête des Mém. de cet artiste, qui font partie de la Collection des Mémoires relatifs à l'art dramatique, et forme 64 p.

— * Zéloïde, opéra en 2 actes (et en vers libres). *Paris, Roullet*, 1818, in-8.

M. Étienne est encore auteur, en société, de quatre autres pièces imprimées en 1801 : voy. les art. GAUGIRAN-NANTEUIL, GOSSE et VIAL.

Le théâtre choisi de M. Étienne devait faire partie de la «Bibliothèque dramatique» entreprise par madame Dabo, et qui n'a pas été continuée : deux volumes seulement du *Théâtre de M. Étienne* ont été imprimés; ils contiennent : Tom. Ier, une Notice sur l'auteur; son Discours de réception à l'Académie, le 7 novembre 1811; le Pacha de Suresne; la petite École des pères; une Heure de mariage, la Jeune femme colère; Bruys et Palaprat, et un Jour à Paris. Tom. II, Cendrillon; les deux Gendres; Joconde; le Rossignol, et les Plaideurs sans procès. Chaque pièce est accompagnée de son examen ou d'une Notice historique sur elle, et souvent de l'une et de l'autre. En tête du prem. vol. est un beau portrait de l'auteur.

On a encore de cet académicien, une Dissertation ou Notice sur le Tartufe, de Molière, impr. en tête de l'édition de cette pièce, publ. chez Panckoucke, en 1824, et réimpr. en 1828, en tête d'une édition des Œuvres de Molière, et une *Notice sur le général Foy*, en tête des Discours de cet orateur (1826), enfin une autre *Notice sur madame de Tencin*, impr. en tête d'une nouv. édit. des Œuvres de mesdames de La Fayette et Tencin (1826).

M. Étienne a participé à la rédaction du Journal de l'Empire, à celle de la Minerve : depuis nombre d'années il est l'un des rédacteurs en chef du Constitutionnel.

ÉTIENNE (J.-P.), horloger, membre de la Société royale de Nanci.
— Notions sur l'horlogerie. *Nanci*, 1810, in-12.

ÉTIENNE. Générosité (la) française, ou le Commis anglais à Paris, etc., drame en 2 actes. *Lille, imp. de Leleux*, 1816, in-12.

ÉTIENNE, vaudevilliste.
De 1825 à la fin de 1828, M. Étienne a coopéré à huit pièces imprimées : voy. les art. GABRIEL, LAFONTAINE, THÉAULON, et VAN DER BUCH.

ÉTIENNE (H.). Résumé de l'histoire de Lorraine. *Paris, Lecointe et Durey*, 1825, in-18, 2 fr. 50 c.

ÉTIENNE (L.). Introduction à l'étude du Droit romain, trad. de l'allem. (1825). Voy. MAKELDEY (Ferd.).

ÉTIENNE (Timothée). Mon petit Mot, satire. *Paris, march. de nouveautés*, 1825, in-8 de 16 pag., 1 fr.

ÉTIENNE DE GRANDMONT (Saint).
— Maximes de S. Étienne de Grandmont, en latin et en français, avec une préface (par A. Baillet). *Paris, Le Mercier*, 1704, in-12.

Des exemplaires, datés de 1707, portent le nom du traducteur; ce qui a fait dire faussement à Godescard que Baillet avait donné en 1707 une nouvelle traduction de ces Maximes. *Barb.*

ÉTOILE (P. de L'). Voy. L'Étoile.

ÉTON (W.). Empire (l') ottoman, ou Résultat de quinze années d'observations, sur l'étendue, les forces, etc., de cet empire avec les autres. Trad. de l'angl., par J. Castéra, avec des notes et un précis de l'histoire des Turcs. *Paris*, 1799, 2 vol. in-8.

— Le même ouvrage, sous ce titre : Tableau historique, politique et moderne de l'Empire ottoman ; trad. de l'angl. par Le Fébure. *Paris, Tavernier*, 1799, 2 vol. in-8, 6 fr.

ÉTOURNELLES (Mme L. d'), sœur de M. Benjamin Constant.

— * Alphonse et Mathilde. Par Mme L. d'É..... *Paris, Brissot-Thivars*, 1819, 2 vol. in-12, 6 fr.

— Pascaline. Par Mme L. d'É*** , auteur d'Alphonse et Mathilde. *Paris, Villet*, 1821, 2 vol. in-12, 5 fr.

ETTEILLA, pseudony. Voy. Alliette.

ETTEMARE (l'abbé d'). Voy. Le Scène des Menilles.

ETTMULLER. Traité du bon choix des médicaments, trad. du latin (1710). Voy. Ludovic.

ÉTUVIÈRE (de L'). Voy. L'Étuvière.

EUBOEUS (Tauriscus). Catalogue des estampes gravées d'après Raphaël. *Francfort-sur-le-Mein, Hermann*, 1819, in-8.

EUCHER (S.), évêque de Lyon, au ve siècle.

— Histoire des martyrs de la légion Thébaine, trad. du latin, par J.-Armand Dubourdieu. *Amsterdam*, 1705, in-12.

<small>Cette histoire est suivie d'une dissertation critique très vantée par Bayle, mais réfutée avec énergie par Dom. Joseph Delisle, bénédict., et par M. de Rivas. Un *Traité du mépris du monde* du même saint a été trad. par Arnaud d'Andilly (1672), et réimpr. dans le troisième volume des Vies des SS. PP. des déserts, de ce dernier (1733). Bien plus récemment, on a inséré dans les Opuscules des PP. de l'Église, faisant partie de la Bibliothèque des Dames chrétiennes, une *Lettre de S. Eucher à Valérien*, traduction nouvelle, par M. O. M. (1823).</small>

EUCLIDE, célèbre géomètre grec.

— Éléments de géométrie, traduits par le R. P. Deschales et Ozanam. Nouv. édit., publ. par Jacq. Audierne. 1778, in-12.

— Éléments de géométrie, ou les six premiers livres d'Euclide, avec le xie et le xiie. Traduction nouvelle, par Fréd. Castillon. *Berlin*, 1775, in-8. — *Leipzig, * Sommer*, 1777, in-8, 7 fr.

— Les mêmes, traduits littéralement et suivis d'un Traité du cercle, du cône et de la sphère, de la mesure des surfaces et des solides, avec des notes, par F. Peyrard.

Paris, Louis, 1804, in-8, avec des planch., 6 fr.

— OEuvres (ses), en grec, lat. et en franc., d'après un manuscrit ancien, qui était resté inconnu jusqu'à nos jours ; par F. Peyrard. *Paris (* Bachelier)*, 1814-18, 3 v. in-4, fig., 90 fr. ; papier vélin (tiré à 50 exemplaires), 180 fr. — Grand pap. fin (tiré à 25 exemplaires), 240 fr. ; et grand pap. vélin (tiré à 25 exemplaires).

EUDEL, ingénieur en chef de la Haute-Garonne.

— Notes et Observations sur le Canal de jonction de la Garonne à l'Adour, ou Canal des Pyrénées. *Paris, imp. de Lachevardière*, 1826, in-4 de 12 pag.

EUDES. Voy. Mézeray.

EUDES (le R.-P.-Jean), théologien français du xviie siècle ; frère aîné de l'historien Mézeray, et fondateur de la congrégation des *Eudistes*.

— Bon (le) confesseur. Nouv. édit. *Rouen*, 1732, 1733, in-12.

— Contrat de l'homme avec Dieu, par le baptême, 1743. — *Paris, Demonville*, 1823, in-12, 3 fr. 50 c.

— Extrait du Mémorial de la vie ecclésiastique. *Avignon, F. Séguin*, 1827, in-12 de 12 pag., 10 c.

EUDES (Fr.), juge au second tribunal criminel.

— Rapport du procès Solar. An ix (1801), in-8.

EUGÈNE, nom sous lequel plusieurs auteurs dramatiques ont publié de leurs pièces : Voy. La Merlière, Lebas, Mevil, Planard et Scribe.

EUGÈNE DE SAVOIE, pseudon. Voy. Ligne (de).

EULENBURG. * Description du cabinet royal de Dresde, touchant l'Hist. naturelle. *Dresde et Leipsig*, 1755, in-4.

EULER (Léon), célèbre géomètre allemand du xviiie siècle ; mort le 7 sept. 1783.

— Défense de la révélation contre les objections des esprits forts. Nouvelle édition, suivie des Pensées de cet auteur sur la religion, supprimées dans la dernière édition de ses «Lettres à une princesse d'Allemagne » (le tout publié par M. Émery). *Paris, Leclerc, an xiii (1805)*, in-8.

— La même. Nouv. édit. *Montpellier, A. Séguin*, 1825, in-12.

— Éléments d'algèbre, traduit de l'allem. (par J. Bernoulli). *Lyon*, 1770, 1774, in-8. — Nouv. édit., avec des notes et des additions (par LAGRANGE). *Lyon, Bruyset*, 1774, ou an III (1795), 2 vol. in-8.—Nouv. édit., augm. de notes par GARNIER et LA-GRANGE. *Paris, Bachelier*, 1807, 2 vol. in-8, 12 fr.

Les éditions de Lyon ont un prix moins élevé.

— Introduction à l'analyse infinitésimale, traduite du latin, avec des notes, par J.-B. LABEY. *Paris, Barrois l'aîné*, an IV (1796), 2 vol. in-4 fig.; 24 fr.

— * Lettres à une princesse d'Allemagne, sur plusieurs sujets de physique et de philosophie. *St.-Pétersbourg*, 1768-1772, 3 vol. in-8, fig.

Édition rare et qui se vendait jusqu'à 24 fr. avant la réimpression de Paris, 1812.

— *Les mêmes. *Berne*, 1778, 3 vol. in-8.

L'édition de Paris a fait tomber le prix de celle-ci.

— Les mêmes. Nouvelle édit.; avec des additions par CONDORCET et DE LACROIX. *Paris, Royez*, 1787-1789, 3 vol. in-8, 15 fr.

Édition qui devait être accompagnée d'un quatrième volume de notes de Condorcet, et dont on fait peu de cas, parce qu'elle n'est point belle et que Condorcet y a supprimé plusieurs passages favorables à la religion chrétienne.

— Les mêmes. Nouvelle édition, conforme à l'édition originale de Saint-Pétersbourg, revue et augmentée de l'Éloge d'Euler, par CONDORCET, et de diverses notes, par M. LABEY, docteur-ès-sciences de l'Université, instituteur à l'école Polytechnique. *Paris, Ve Courcier (*Bachelier*)*, 1812, 2 forts vol. in-8 de 1180 pag., sur caractère neuf et papier carré fin, avec le portrait de l'auteur; 15 fr. — Papier vélin dont on a tiré quelques exemplaires, 30 fr.

— Théorie complète de la construction et de la manœuvre des vaisseaux (retouchée, pour le style, par KÉRALIO). *Paris, Jombert (*Didot*)*, 1776, in-8, fig., 4 à 5 fr.

L'édition originale parut à Saint-Pétersbourg en 1773, in-8.

Aussi laborieux que savant, Euler n'a pas borné ses travaux à la publication des seuls ouvrages que nous venons de citer. Il a enrichi plusieurs recueils académiques d'une grande quantité de mémoires importants, dont l'indication chronologique ne sera point déplacée ici, puisque, à l'exception de quelques-uns couronnés par l'Académie des sciences de Paris, écrits en latin, tous sont en français: De la force de percussion et de sa véritable mesure, traduit du latin, avec une planch. (*Mém. de l'Acad. de Berlin*, ann. 1745). — Sur quelques propriétés des sections coniques, qui conviennent à une infinité d'autres lignes courbes, trad. du lat., avec 3 pl. (*id.*). — Recherches physiques sur la cause de la queue des comètes, de la lumière boréale, et de la lumière zodiacale, trad. du lat. (1746). — Mémoire sur l'effet de la propagation successive de la lumière dans l'apparition tant des planètes que des comètes, trad. du lat. (*id.*). — Mémoire sur la plus grande

équation des planètes, trad. du lat. (*id.*). — Recherches sur le mouvement des corps célestes en général (1747). — Méthode pour trouver les vrais moments tant des nouvelles que des pleines lunes (*id.*). — Méthode de trouver le vrai lieu géocentrique de la lune par l'observation de l'occultation d'une étoile fixe (*id.*). — Mémoire sur la force des rames (*id.*). — Réflexions sur la dernière éclipse du soleil, du 25 juillet 1748 (*id.*).—Sur la perfection des verres objectifs des lunettes, mém. avec 9 pl. (*id.*). — Sur la vibration des cordes, trad. du lat. (1748). — Sur l'accord des deux dernières éclipses du soleil et de la lune avec ses tables pour trouver les vrais moments des pleni-lunes et novi-lunes (*id.*). — Sur l'atmosphère de la lune prouvée par la dernière éclipse annulaire du soleil, trad. du lat. (*id.*). — Sur le frottement des corps solides (*id.*).—Sur la diminution de la résistance du frottement (*id.*). — Recherches sur les plus grands et les plus petits qui se trouvent dans les actions des forces (*id.*).— Réflexions sur quelques lois générales de la nature qui s'observent dans les effets des forces quelconques (*id.*). — Sur une contradiction apparente dans la doctrine des lignes courbes (*id.*). — Démonstration sur le nombre des points où deux lignes des ordres quelconques peuvent se couper (*id.*). — Réflexions sur l'espace et le temps (*id.*). — De la controverse entre MM. Leibnitz et Bernouilli sur les logarithmes des nombres négatifs et imaginaires (1749). — Sur le point de rebroussement de la seconde espèce de M. le marq. de L'Hôpital, avec une pl. (*id.*). — Recherches sur les racines imaginaires des équations, avec une pl. (*id.*). — Recherches sur la précession des équinoxes, et sur la nutation de l'axe de la terre (*id.*). — De la parallaxe de la lune tant par rapport à sa hauteur qu'à son azimut dans l'hypothèse de la terre sphéroïdale, avec une planch. (*id.*). — Découverte d'un nouveau principe de mécanique, avec 3 pl. (1750). — Réflexions sur les degrés de lumière du soleil et des autres corps célestes, avec une pl. (*id.*). — Recherches sur l'effet d'une machine hydraulique proposée par M. Segner, professeur à Gottingue, avec 5 planch. (*id.*). — Recherches sur l'origine des forces (*id.*). — Lettre à M. Mérian (*id.*).—Harmonie entre les principes généraux de repos et de mouvement de M. de Maupertuis, avec 2 pl. (1751). — Sur le principe de la moindre action, trad. du lat. (*id.*).—Examen de la dissertation de M. le prof. Kœnig, insérée dans les actes de Leipzig, pour le mois de mars 1751 (à l'occasion de la lettre prétendue de Leibnitz) (*id.*). — Essai d'une démonstration métaphysique du principe général de l'équilibre, avec 2 pl. (*id.*). — Calcul de la probabilité dans le jeu de rencontre (*id.*). — Application de la machine hydraulique de M. Segner à toutes sortes d'ouvrages, et de ses avantages sur les autres machines hydrauliques dont on se sert ordinairement, avec 2 pl. (*id.*). — Recherche sur une nouvelle manière d'élever de l'eau, proposée par M. de Mour, avec une planch. (*id.*). — Dissertatio de igne, in quâ ejus natura et proprietates explicantur: occasione quæstionis, cum præmio annexo, ab illustrissimâ Academiâ scientiarum regiâ parisinâ pro anno 1738 propositæ, ejusdem Academiæ judicio æquo submissa: cui præmium, in tres partes divisum, pro unâ ex illis addictum fuit (mém. de 22 pag., impr. dans le tom. IV des *Prix de l'Académie des sciences*, 1752). — Inquisitio physica in causam fluxus ac refluxus maris (mém. de 116 pag., avec 4 pl., impr. dans le *même vol.*). — Sur le mouvement de l'eau par des tuyaux de conduite, avec une pl. (*Mémoire de l'Académie de Berlin*, ann. 1752). — Discussion plus particulière de diverses manières d'élever de l'eau par le moyen des pompes avec le plus grand avantage, avec une pl. (*id.*). — Maximes pour arranger le plus avantageusement les machines destinées à élever de l'eau par le moyen des pompes (*id.*). — Essai d'une explication physique des couleurs engendrées sur des surfaces extrêmement minces (*id.*). — Recherches sur les irrégularités du mouvement de Jupiter et de Saturne ; pièce qui a remporté le prix proposé par l'Académie des sciences, pour l'année 1752. (Mém. de 84 pag.,impr. dans le sixième vol. des *Prix de l'Acad. des sciences*). —Remarques sur deux Mémoires de Dan. Bernouilli, sur les vibrations des cordes(*Mém. de l'Acad. de Berlin*, an 1753).— Principes de la trigonométrie sphérique tirés de la méthode des plus grands et des plus petits (*id.*). Examen d'une controverse sur la loi de réfraction des rayons de différentes couleurs par rapport à la diversité des milieux transparents par lesquels ils sont transmis (*id.*). — Recherches sur la véritable courbe que décrivent les corps jetés dans l'air, ou dans un autre fluide quelconque (*id.*). — De la réfraction de la lumière en passant par l'atmosphère, selon les divers degrés tant de chaleur que de l'élasticité de l'air (1754). — Réflexions sur un problème de géométrie traité par quelques géomètres, et qui est néanmoins impossible (*id.*). — Recherches physiques sur la diverse réfrangibilité des rayons de lumière (*id.*). — Théorie plus complète des machines qui sont mises en mouvement par la réaction de l'eau (*id.*). — De la variation de la latitude des étoiles fixes, et de l'obliquité de l'écliptique (*id.*). — Principes généraux de l'état de l'équilibre des fluides (1755). — Principes généraux du mouvement des fluides (*id.*). — Continuation des Recherches sur la théorie du mouvement des fluides (*id.*). — Recherches plus exactes sur l'effet des moulins à vent (1756). — Expériences pour déterminer la réfraction de toutes sortes de liqueurs transparentes (*id.*). — Sur l'action des scies (*id.*). — Exposition de quelques paradoxes dans le calcul intégral (*id.*). — Recherches sur la déclinaison de l'aiguille aimantée (1757). — Sur la force des colonnes (*id.*). —Règles générales pour la construction des télescopes et microscopes, de quelque nombre de verres qu'ils soient composés (*id.*). — Recherches sur les lunettes à trois verres, qui représentent les objets renversés (*id.*). — Recherches sur la connaissance mécanique des corps (1758). — Du mouvement de rotation des corps solides autour d'un axe variable (*id.*). — Remarques générales sur le mouvement diurne des planètes (*id.*). — De la propagation du son (1759). — Recherches sur le mouvement de rotation des corps célestes (*id.*). — Solution d'une question curieuse qui ne paraît soumise à aucune analyse (*id.*). — Recherches sur le mouvement de rivières (1760). — Recherches sur la courbure des surfaces (*id.*). — Recherches sur la mortalité et la multiplication du genre humain (*id.*). — Sur les rentes viagères (*id.*). — Du mouvement d'un corps solide quelconque lorsqu'il tourne autour d'un axe mobile (*id.*). — Problème : Un corps étant attiré en raison réciproque carrée des distances vers deux points fixes donnés, trouver le cas où la courbe décrite par ce corps sera algébrique (*id.*). — Lettre à M. Lagrange, contenant des recherches sur la propagation des ébranlements dans un milieu élastique (dans les *Mélanges de phil. et de math. de la Société roy. de Turin*, pour les ann. 1760—61).— Remarque sur un beau rapport entre les séries des puissances tant directes que réciproques (*Mém. de l'Acad. de Berlin*, ann. 1761). — Recherches sur la confusion des verres dioptriques causée par leur ouverture (*id.*). — Recherches sur les moyens de diminuer, ou de réduire même à rien, la confusion causée par l'ouverture des verres (*id.*). — Nouv. Manière de perfectionner les verres objectifs des lunettes (*id.*). — Des terminaisons du champ apparent que découvrent tant les télescopes que les microscopes (*id.*). — Règles générales pour la cons-

truction des télescopes et des microscopes (*id.*):— Sur la perfection des lunettes astronomiques qui représentent les objets renversés (*id.*). — Considérations sur les difficultés qu'on rencontre dans l'exécution des verres objectifs délivrés de toute confusion (1762). — Recherches sur les télescopes à réflexion et les moyens de les perfectionner (*id.*). — Recherches sur une autre construction des télescopes à réflexion (*id.*). — Sur la confusion que cause dans les instruments dioptriques la diverse réfrangibilité des rayons (*id.*). — Considérations sur les nouvelles lunettes d'Angleterre de M. Dollond, et sur le principe qui en est le fondement (*id.*). — Sur les avantages des verres objectifs composés de deux verres simples (*id.*). — Remarques sur l'effet du frottement dans l'équilibre (*id.*). — Nouvelle méthode de déterminer les dérangements dans les mouvements des corps célestes, causés par leur action mutuelle (1763). — Réflexions sur les diverses manières dont on peut représenter le mouvement de la lune (*id.*). — Considérations sur le problème des trois corps (*id.*). — Nouvelle manière de comparer les observations de la lune avec la théorie (*id.*). — Du mouvement des absides des satellites de Jupiter (*id.*). — Nouvelle Méthode d'éliminer les quantités inconnues des équations (1764). — Recherches sur les microscopes simples, et les moyens de les perfectionner (*id.*). — Recherches sur les microscopes à trois verres, et moyens de les perfectionner (*id.*). — Sur l'avantage du banquier au jeu de pharaon (*id.*). —Conjectures sur la raison de quelques dissonnances généralement reçues en musique (*id.*). — Du véritable caractère de la musique moderne (*id.*). — Des lunettes à trois verres qui représentent les objets debout (*id.*). — Sur le mouvement des cordes vibrantes (dans les *Mélanges de phil. et de math. de la Soc. roy. de Turin*, pour les années 1762—1765). — Sur le mouvement des cordes inégalement grosses (*id.*, *id.*). —Recherches sur l'intégration de l'équation

$$\left(\frac{d^2 z}{d t^2}\right) = a^2 \left(\frac{d^2 z}{d x^2}\right) + \frac{b}{x}\left(\frac{d z}{d x}\right) + \frac{c}{x^2} z.$$

(dans le même vol.).—Sur la construction de nouvelles lunettes à cinq et six verres, et de leur perfection ultérieure (*id.*, *id.*). — Sur la probabilité des séquences de la loterie de Gènes (*Mém. de l'Acad. de Berlin*, ann. 1765).— Sur le mouvement d'une corde qui au commencement n'a été ébranlée que dans une partie (*id.*). — Éclaircissements plus détaillés sur la génération et la propagation du son et sur la formation de l'écho (*id.*). — Précis d'une théorie générale de la dioptrique, avec une planch. (*Mém. de l'Acad. des sciences de Paris*, ann. 1765). — Construction des objectifs composés de deux différentes sortes de verres qui ne produisent aucune confusion, ni par leur ouverture, ni par la différente réfrangibilité des rayons, avec la manière la plus avantageuse d'en faire des lunettes (*Mém. de l'Acad. de Berlin*, ann. 1766).— Construction des objectifs composés propres à détruire la confusion dans les lunettes (*id.*). — Réflexions sur la manière d'examiner la réfraction des verres sur le moyen des prismes (*id.*). — Méthode pour porter les verres objectifs des lunettes à un plus haut degré de perfection (1767). — Solution d'une question très-difficile dans le calcul des probabilités (1769). — Investigatio perturbationum quibus planetarum motus ob actionem eorum mutuam afficiuntur (Mém. de 138 pag., impr. dans le 8° volume des *Prix de l'Académie*, 1771). — Examen des efforts qu'on doit à soutenir toutes les parties d'un vaisseau dans le roulis et le tangage, ou Recherches sur la diminution de ces mouvements. Pièce qui a remporté le prix de l'Académie des sciences, en 1759 (Mém. de 48 pag., avec 2 planch. (impr. *dans le même vol.*). — Avec

J. A. EULER, son fils : Nouv. Recherches sur le vrai mouvement de la lune, où l'on détermine toutes les inégalités auxquelles il est assujetti : réponse à la question proposée par l'Académie royale des Sc. de Paris, pour l'année 1772 (mém. de 38 pag., impr. dans le 9ᵉ vol. des *Prix de l'Académie* , 1777). — *Avec le même :* Théorie de la lune : réponse à la question proposée par l'Académie roy. des sciences, pour l'année 1770 (mém. de 94 pag., impr. *dans le même vol.*). — Essai d'une théorie de la résistance qu'éprouve la proue d'un vaisseau dans son mouvement (*Mém. de l'Académie des sciences de Paris*, ann. 1778). — Calculs sur les ballons aérostatiques faits par feu M. Léonard Euler, tels qu'on les a trouvés sur son ardoise, après sa mort arrivée le 7 septembre 1783 (1781). Enfin deux autres Mémoires ont été imprimés après sa mort, dans le recueil de l'Académie de Saint-Pétersbourg ; l'un intitulé : Recherches sur quelques intégrations remarquables dans l'analyse des fonctions à deux variables connues sous le nom de différentielles partielles (mém. de 28 pag., inséré dans le tom. XV de *Nova Acta Acad. scientiarum imper. Petropolitanæ*, 1806) ; et l'autre : Problême de géométrie résolu par l'analyse de Diophante (mém. de 9 pag., impr. dans le tom. VII des nouv. *Mém. de l'Acad. des Sc. de Saint-Pétersbourg* (1820).

EULER (J.-Alb.), fils du précédent, membre de l'Académie de Berlin.

Ainsi que son père, J. Alb. Euler a enrichi de mémoires importants le recueil de l'Académie dont il était membre : quelques autres présentés à notre Académie des sciences ont été couronnés par elle, et imprimés dans le recueil de ses prix ; nous donnerons ici l'indication chronologique des uns et des autres : Théorie de l'inclinaison de l'aiguille magnétique, confirmée par des expériences (*Mém. de l'Acad. de Berlin*, ann. 1755). — Des cerfs-volants (jeu d'enfants) (1756). — Recherches sur la cause physique de l'électricité (1757). — Recherches des mouvements d'un globe sur un plan horizontal, en 2 mémoires (1758 et 1760). — Recherches sur le dérangement du mouvement d'une planète, par l'action d'une autre planète, ou d'une comète (1759). — Sur le temps de la chute d'un corps attiré vers un centre de forces, en raison réciproque des distances (1760). — Mémoire sur l'arrimage des vaisseaux, et quelles bonnes qualités on peut procurer à un vaisseau : pièce qui a partagé le prix proposé par l'Académie roy. des sciences, pour 1761 (mém. de 56 pag., impr. dans le 7ᵉ vol. des *Prix de l'Académie*). — Recherches sur les lentilles objectives faites d'eau et de verre, qui représentent les objets distinctement et sans aucune confusion de couleurs (*Mém. de l'Acad. de Berlin*, ann. 1761). — Mémoire dans lequel on examine si les planètes se meuvent dans un milieu dont la résistance produise quelque effet sensible sur leur mouvement ; composé à l'occasion du prix de 1762 (mémoire de 50 pag., dans le 8ᵉ vol. des *Prix de l'Académie*). — Cinq Mémoires sur la réfraction des fluides (*Mém. de l'Acad. de Berlin*, ann. 1762). — Sur les diverses manières de faire avancer les vaisseaux, sans employer la force du vent (1764). — Recherches sur les forces dont les corps célestes sont sollicités en tant qu'ils ne sont pas sphériques (1765). Projet de quelques nouvelles expériences à faire, dont l'idée est venue en examinant les différents fourneaux qui ont été recommandés au grand directoire, comme les meilleurs relativement à l'épargne du bois (1766). — Réflexions sur la variation de la lune (*id.*). — Nouv. Recherches sur le vrai mouvement de la lune, et Théorie de la lune. Deux mémoires composés en société avec Léon Euler, son père (voy. l'art. précédent), et impr. dans le 9ᵉ vol. des *Prix de l'Académie des sciences.*

EULER (Charles), deuxième fils de Léonard.

Nous ne citons son nom ici qu'à cause d'un Mémoire de lui, écrit en latin, qui fait partie du 8ᵉ vol. des *Prix de l'Académie des sciences*, et qui est intitulé : De successivā mutatione motus medii planetarum. Meditationes in questionem : Utrum motus medius planetarum semper maneat æque velox, an successu temporis quampiam mutationem patiatur ? et quænam sit ejus causa. Mém. de 44 pag., avec une planche. Nous ne connaissons du reste aucun écrit de cet Euler, en français.

EUMATHE, grammairien grec du IVᵉ siècle.

— Amours (les) d'Ismène et d'Isménias, imité du grec (par P.-Fr. GODART DE BEAUCHAMPS). *Paris, Simart*, 1729, in-12. — Nouv. édit. *La Haye* (*Paris, Coustellier*), 1743, pet. in-8, 3 à 4 fr.; ou *Paris*, 1797, in-4, pap. fin, avec des figures coloriées, 10 fr.

Il passe pour certain que ce roman, dont les connaisseurs font peu de cas, n'est point d'Eustathe, célèbre scoliaste et commentateur d'Homère, dont il porte le nom, mais d'Eumathe, Égyptien du IVᵉ siècle. Voy. la préface de la nouvelle édit. des Éthiopiques d'Héliodore, en grec, avec des notes en grec littéraire, par M. Coray. Paris, 1806, 2 vol. in-8.

EURIPIDE, célèbre poète tragique grec; né à Salamine, la première année de la 75ᵉ olympiade, 480 ans avant J.-C.
— Alceste, tragédie en grec, d'après l'édit. de M. J.-H. MONK, professeur de littérature grecque à Cambridge; réimprimée par les soins de C.-N. *Paris, Delalain*, 1817; in-12.
— La même, texte grec. Nouv. édit, avec arguments et notes en français. *Paris, Aug. Delalain*, 1828, in-12, 1 f. 80 c.
— Andromache, græcè, in usum studiosæ juventutis; curante Edm. PRIEUR. *Parisiis, apud eumdem*, 1820, in-12.
— Cyclope (le), texte grec. Nouv. édit., avec arguments et notes en français, par M. G. RHALLY. *Paris, le même*, 1828, in-12, 1 f. 80 c.
— Electra, græcè, in usum studiosæ juventutis. *Paris., apud eumdem*, 1821, in-12.
— Électre, tragédie, trad. du grec (par LARCHER). *Paris, Cailleau*, 1750, in-12.
— Hecuba. *Parisiis, apud Aug. Delalain*, 1816, in-12.
— Hécube, tragédie, trad. du grec, par J.-Nic. BELIN DE BALLU, avec des remarques. *Paris, Knapen et fils*, 1783, in-8 de 70 pag.
— La même, en 3 actes et en vers, imitée du grec d'Euripide. *Paris, Cailleau*, an II (1793), in-8.
— Hippolytus, græcè, in usum studiosæ juventutis. *Paris., Delalain*, 1821, in-12.

—Ion, tragédie, texte grec. *Paris, le même*, 1826, in-12, 1 fr. 80 c.

—Iphigénie en Aulide, texte grec, revu et corr. *Paris, Mme Aumont, Ve Nyon.* 1822, in-12 de 72 pag.

—La même, édition collationnée sur les textes les plus purs. Procédé stéréotype de M. le marquis de Paroy et Durouchail. *Paris, Lesage*, 1823, in-12.

—La même, édition collationnée sur les textes les plus purs, avec des sommaires nouveaux, par Jos. PLANCHE. *Paris, Belin-Mandar et Devaux*, 1827, in-12.

—La même, texte grec, revu sur l'édition allemande de Matthiæ, avec des notes critiques, historiques, grammaticales et les imitations de Racine. *Paris, A. Delalain*, 1827, in-12, 1 fr. 80 c.

—Iphigenia in Tauris, græcè, in usum studiosæ juventutis. *Parisiis, A. Delalain*, 1824, in-12, seu *Parisiis, Maire - Nyon*, 1828, in-12.

—Medea, græcè, ad Brunckianam editionem potissimùm recensita et emendata, curante E.-P.-M. LONGUEVILLE. *Parisiis, apud Aug. Delalain*, 1820, in-12.

—Orestes, græcè, in usum studiosæ juventutis. *Paris, apud eumdem*, 1821, in-12.

—Phéniciennes (les), avec un choix de scholies grecques et de notes françaises, par Fr. THUROT. *Paris, F. Didot*, 1813, in-8, 5 fr. 50 c.

—Phœnissæ, græcè, in usum studiosæ juventutis, curante Edm. PRIEUR. *Parisiis, Aug. Delalain*, 1821, in-12.

—Euripidis tragœdiæ IV : Hecuba, Phœnissæ, Hippolytus et Bacchæ, gr., ex optimis exemplar. emendatæ (a Rich.-Fr.-Ph. BRUNCK). *Argentorati*, 1780, in-8, 8 à 10 fr.

Très-bonne édition. Il y a des exemplaires in-4. 18 à 24 fr.

—Euripidis tragœdiæ XIX (et fragmenta), curante J.-F. BOISSONADE. *Parisiis, Levèbvre (*A. André)*, 1825-26, 5 vol. in-32, 27 fr.

Jolie édition, faisant partie des *Poetarum græcorum Sylloge*. On trouve à la fin des Fragments et des Épitres. L'éditeur a joint de courtes notes sur le tout.

—Tragédies d'Euripide, trad. du gr., par P. PRÉVOST. Sec. édit. *Paris, Pissot*, 1796, 4 vol. in-12.

La première édition est de 1782. Ces quatre volumes ne contiennent que la traduction de douze pièces.

Dans le Théâtre des Grecs on trouve la traduction de quelques tragédies d'Euripide, trad. en totalité par le P. Brumoy, et d'autres par extraits seulement. La traduction complète de ce poète tragique, par Prévost, a été aussi insérée dans le Théâtre des Grecs, 13 vol. dont elle forme les tom. 4 à 9.

EUSÈBE PAMPHILE, évêque de Césarée, dans la Palestine, au IVe siècle.

—Eusebii Pamphili Cæsarensis episcopi Chronicon bipartitum græco-armeno-latinum. *Venetiæ et Parisiis, Allais*, 1819, 2 vol. in-fol., pap. vél., 125 fr.; ou 2 vol. in-4, 50 fr.; et pap. fin, 60 fr.

EUSTACE, confesseur des religieuses de Port-Royal.

—* Cas de conscience proposé par un confesseur de province, touchant un ecclésiastique qui est sous sa conduite, et résolu par plusieurs docteurs de la Faculté de théologie de Paris (dressé par M. Eustace). Juin 1703, in-12.

L'abbé Ledieu attribue cet ouvrage à l'abbé Goujet, et l'abbé Goujet à l'abbé Eustace. M. Barbier croit devoir adopter la dernière opinion.

EUSTACE (J.-S.). Traité de commerce et de navigation entre S. M. Britannique et les États-Unis d'Amérique, finalement ratifié par la législature américaine, suivi d'un projet fraternel adressé aux négociants français, pour effectuer la compensation des pertes occasionées par les lois américaines, pendant leur commerce dans les États-Unis. 1796, in-8.

EUSTACE (H.). Manuel français-hollandais, propre à faciliter le calcul par logarithmes et par les règles conjointes, tant des changes en général, que du commerce des matières, et d'espèces d'or et d'argent; précédé d'une instruction abrégée sur l'usage des logarithmes, accompagné de quelques opérations cambistes, pour démontrer leur utilité; suivi des Tables de logarithmes de F. REISHAMMER, et augm. d'une nouvelle, également applicable au calcul des opérations en marchandises; enfin, enrichi d'un appendice des nouveaux calculs de l'or et de l'argent, d'après le système métrique fixé par les arrêtés de S. M. (le roi des Pays-Bas), en date du 21 août 1816 et 20 décembre 1821, et maintenant établi sur la place d'Amsterdam. *Amsterdam, Schmidts*, 1823, in-8, 11 fr.

Avec C. L. Schmidts.

EUSTATHE. Voy. EUMATHE.

EUSTOCHIE (la M.), carmélite.

—* Principes et méthode du chrétien qui rend ses actions, même les plus communes, dignes d'une éternelle récompense. *Paris, Didot l'aîné*, 1761, in-12.

EUTCHER (le P.). Chronique de Beaujeu, trad. du lat. *Paris, imp. de Fain*, 1826, in-12.

EUTROPE (Flav.), historien latin ; né vers l'an 1063 de Rome (310 depuis J.-C.), mort vers l'an de Rome 1123.

—Eutropius Breviarum, historiæ romanæ notis et emendationibus illustr. Anna Ta-naq., FABRI filia, in usum Delphini. *Parisiis*, 1683, seu 1726, in-4, 6 à 9 fr.

— Idem, integritati suæ non restitutum modò, sed et notis gallicis illustratum in tyronum gratiam (a L.-A. de PRÉFONTAINE). *Parisiis, Brocas*, 1712, 1721, in-18.

Cette petite édition d'Eutrope est devenue classique : aussi la réimprime-t-on fort souvent. Une édit. récente, assez jolie, Paris, Delalain, 1817, in-24.

— Idem, accedunt selectæ lectiones dilucidando auctori appositæ (curante de LINE). *Parisiis, Mérigot*, 1746 ; ou avec un nouveau titre, *Paris, Barbou*, 1754, in-12, avec vignettes, 5 à 6 fr.

L'éditeur dit avoir suivi pour cette édition d'Eutrope, celle donnée à Oxford par Th. Hearne, en 1703, in-8. Les vignettes ne sont pas les mêmes dans tous les exemplaires.

— Idem, ex codd. manuscript. cum notis J.-El. BERTRAND. *Neufchâtel*, 1768, in-8.

— Entropii, Sexti Aurelii Victoris nec non Sexti Rufi historiæ romanæ Breviarium (curante Jos.-Aug. CAPPERONNIER). *Parisiis, Barbou*, 1793, in-12 ; seu *Parisiis, Ant. Aug. Renouard*, 1796, in-18, papier vél. ; seu 1798, in-12.

Il a été tiré de l'édition de 1796, dix-sept exempl. sur pap. de Hollande, et un sur vélin.

— Eutrope, ou Abrégé de l'histoire romaine, trad. nouvelle avec des remarques historiques par M. de P*** (de PRÉFONTAINE). *Paris, Brocas*, 1710, pet. in-12.

Traduction que la suivante a fait oublier.

—Le même, trad. par l'abbé LEZEAU, avec des notes et une Dissertation qui donne une idée générale du génie des Romains, et de leur empire..., depuis sa fondation par Romulus, jusqu'à sa division par le grand Théodose (avec le texte). *Paris, Barbou*, 1717, in-12.

— Le même. Nouv. édit. (de la traduction de l'abbé LEZEAU), revue et corr. (par de WAILLY), avec le texte à côté de la traduction. *Paris, le même*, 1783, 1804, petit in-12.

Dans l'édition de 1804, on a supprimé la plupart des notes de l'abbé Lezeau.

— Le même, trad. par l'abbé PAUL. *Lyon*, 1809, in-12.

Cette traduction est plus exacte que celle de l'abbé Lezeau.

EUVOY DE HAUTEVILLE, pseud. Voy. JOUVE (le P.).

EVANS (G.-W.). Voyage à la terre de Van Diemen, ou Description historique, géographique et topographique de cette île ; trad. de l'angl. *Paris, au bureau des Annales des Voyages*, 1822, in-8, avec une carte, et la vue d'Hobart-Town.

EVANS (Olivier), inventeur des machines à vapeur ; né à Philadelphie, en 1775.

— Manuel de l'ingénieur mécanicien constructeur de machines à vapeur ; traduit de l'angl., par I. DOOLITTE, citoyen des États-Unis, membre de la Société d'encouragement pour l'industrie nationale ; précédé d'une Notice sur l'auteur ; et suivi de notes par le traducteur. *Paris, Bachelier*, 1821, ou 1825, in-8, avec 7 pl., 5 fr.

EVE (Ant.-Franç.), dit DÉMAILLOT ; né à Dôle, en 1747, mort à Paris, le 18 juillet 1814.

— Tableau historique des prisons d'état en France, sous Bonaparte. *Paris, Delaunay*, 1814, in-8, 2 fr. 50 c.

ÉVEILLÉ (Stanislas), ingénieur en chef des ponts-et-chaussées.

— Études d'ombres, à l'usage des Écoles d'architecture. *Paris, Didot aîné ; Treuttel et Würtz*, 1812, in-4 de 52 pag.

Voy. aussi L'ÉVEILLÉ.

ÉVELINES (Mme Louise d'). Chant funèbre, regrets d'un vieillard grec, au tombeau de lord Byron. *Paris, Delaunay*, 1824, in-8, 75 c.

—Évariste de Mauley. *Paris, de l'impr. de Hocquet*, 1821, 3 vol. in-12, 7 fr. 50.

ÉVÈQUE (L'). Voy. L'ÉVÊQUE.

ÉVERAT (L.-N.), imprimeur-libraire, à Paris, et littérateur.

— Chant (le) d'amour et de fidélité de la garde nationale, à des militaires français de toutes armes. *Paris, imp. d'Everat*, 1816, in-8 de 8 pag.

—Haines (les) de famille, ou les Époux sans l'être. *Paris, Menard et Desenne*, 1817, 5 vol. in-12, 12 fr.

—Mémoires d'un jeune homme qui s'est retiré du monde. *Paris*, 1808, 6 vol. in-12.

On a encore du même l'*Empereur imprimeur*, couplets chantés dans un banquet. Paris, 1811, in-fol. et réimprimés dans les Hommages poétiques.

EVERETT (Alex.-H.), alors chargé d'affaires des États-Unis d'Amérique à la cour des Pays-Bas.

—Idées (nouv.) sur la population, avec des remarques sur les théories de Malthus et de Godwin. Ouvr. trad. sur l'édit. anglaise, publ. à Boston, en 1823, avec une nouvelle Préface de l'auteur. Par C.-J. FERRY. *Paris, Renouard; Sautelet*, 1826, in-8, 3 fr.

EVERS (Otton-Just.), médecin.
On a traduit de ce médecin, dans le journal de Desault, un *Mémoire sur la teigne*.
Ses autres ouvrages, écrits en allemand, n'ont pas été traduits.

EVERY-ONE, pseudon. Voy. COLSON.

ÉVRA. * Valet (le) à deux maîtres, ou le Mari à deux femmes, comédie en un acte et en prose. *Paris, Cailleau*, 1784, in-8.
—Veuve (la) comme il y en a peu, com. en un acte, en prose. *Paris, le même*, 1785, in-8.

EWALD (J.-L.). Ami (l') des jeunes demoiselles, ou Conseils aux jeunes personnes qui entrent dans le monde, sur les devoirs qu'elles auront à remplir dans le cours de la vie. Trad. de l'allem., par Ch.-B. (Ch. BING). *Paris, Blanchard*, 1816, 2 vol. in-12 avec fig., 5 fr.
— Conseils maternels, ou Manuel pour les jeunes filles, les épouses, les mères et les maîtresses de maison; extrait et traduction libre de l'ouvrage allemand, d'après la 4ᵉ édit. Par Mᵐᵉ GAUTERON. *Genève et Paris, Paschoud*, 1825, in-12, 1 fr. 80 c.
— Manuel des instituteurs primaires, traduit de l'allem. en holl., et du holl. (sur la sec. édit.) en franç. *Liége, Latour*, 1818, in-8, 1 fr. 50 c.

EXAUVILLEZ (P.-J.-B. d'), né à Amiens, en 1786.
— Abrégé du Mémorial sur la révolution française, ses causes, ses promesses et ses résultats, de M. T.-F. JOLLY. *Paris, Méquignon-Havard (*Poilleux)*, 1828, in-12.
— Bon (le) curé, ou Réponse aux objections populaires contre la religion, ouvrage qui a remporté le prix du concours proposé par la Propagation générale des bons livres. IIIᶜ édit. *Paris, Gaume frères*, 1828, in-18, 1 fr. 30 c.
La prem. édit. est de 1827.
— Bon (le) paysan, ou Thomas converti : Sec. partie du « Bon curé ». *Paris, les mêmes*, 1828, in-18, 1 fr. 25 c.
— Parfait (le) domestique. *Paris, Gaume frères*, 1829, in-18, 1 fr. 25 c.
— Préservatif contre l'incrédulité, ou Lettres d'un père à son fils sur la religion. *Paris, Méquignon - Havard (* Poilleux)*, 1826, 2 vol. in-12, ou 1829, 2 vol. in-18, 3 fr.
— Soirées (les) villageoises, ou Mélanges d'histoires et de conversations sur les principaux points de la morale chrétienne. *Paris, Gaume frères*, 1829, 2 vol. in-18, 2 fr. 50 c.

· Il y a un extrait de cet ouvrage, sous le titre de *Soirées politiques*, ou Simples conversations sur les principes libéraux (composées de trois soirées). *Paris, Gaume frères*, 1829, in-32, 50 c.

EXCELLIN (d'), avocat. Intérêts de la France, présentés aux électeurs et aux députés. *Paris, Delaunay*, 1817, br. in-8.

EXCHAQUET (Henri), architecte-ingén. et insp. des ponts-et-chaussées du canton du Léman; né dans le canton de Vaud.
— Dictionnaire des ponts-et-chaussées, contenant les règles de la construction, les usages, les ordonnances de police, qui concernent l'entretien des grands chemins, un tableau des chaussées que les Romains ont construites dans l'Helvétie, etc. *Lausanne*, 1787, in-8. — Figures et explications pour servir de supplément au Dictionnaire; écrites et dessinées par l'auteur. 1787, in-8.
— Essais sur les moyens de rectifier les jugements que nous portons sur les distances éloignées et sur leur grandeur, par des opérations trigonométriques d'une exécution facile pour acquérir le coup - d'œil juste. *Lausanne*, 1800, in-8, 1 fr.
On cite encore du même plusieurs mémoires de mathématiques, de physique et de chimie, qui paraissent avoir été impr. dans des recueils : nous en donnerons la liste dans notre Supplément, si nous pouvons indiquer où ils se trouvent.

EXETER (Mistr. Ellen). Famille (la) napolitaine, trad. de l'angl., par P. L. LEBAS. *Paris, Chaigneau aîné*, an IX (1801), 4 vol. in-18, avec 4 fig., 3 fr.

EXPILLY (l'abbé J.-Jos.), de la Soc. royale de Nanci, et des Académ. de Prusse, de Suède, de Dijon, etc.; né à Saint-Remi, en Provence, en 1719, mort en 1793.
— Casa (della) Milano, libri IV. 1753, in-4.
— Cosmographie divisée en cinq parties, qui comprennent l'Astronomie, la Géographie, l'Hydrographie, l'Histoire ecclésiastique et la Chronologie. 1749, in-8.
— Description historique des royaumes d'Angleterre, d'Écosse et d'Irlande. 1759, in-12.
— Dictionnaire géographique, historique et politique des Gaules et de la France. *Paris*, 1762-70, 6 vol. in-fol., 30 à 36 fr.
Ouvrage assez estimé, mais qui malheureusement est resté interrompu à la lettre S.   *Brun.*
— Géographe (le) manuel. Nouv. édition. *Paris*, 1782, in-18.
C'est au moins la huitième édition.
— Géographe (le) Manuel, rédigé d'après des vues nouvelles (par Vict. COMEIRAS). *Paris*, 1801, 1803, in-8.

— Mémoire au sujet d'une nouvelle carte de l'Europe. 1753, in-4.

— Polichorographie (la), en six parties, Astronomie, Géographie, Hydrographie, Histoire ecclésiastique, Histoire romaine et Chronologie. 1755, in-8.

— Population (de la) de la France. *Amsterdam*, 1765, in-fol.

— Topographie (la) de l'univers. 1757-1758, 2 vol. in-8, avec 24 cart.

Ces deux volumes ne comprennent qu'une portion de la Westphalie.

EXPILLY (d'), ancien recteur de Saint-Martin de Morlaix, député de Bretagne, à l'Assemblée nationale, etc.

— Rapport fait à l'Assemblée nationale, au nom du comité ecclésiastique sur le traitement du clergé actuel. 1790, in-8.

EYDOUS, chef de la division du commerce, au bureau des finances à Turin.

— Modérantisme (du) mal interprété, et de ses funestes effets : variétés politiques dédiées à la saine raison. *Paris, Dondey-Dupré; Delaunay*, 1815, in-8 de 48 pag.

EYMAR (Balthazar), archidiacre de la cathédrale de Marseille, vicaire-général et official du diocèse, de l'Académie de la même ville; mort le 5 juin 1759.

— Oraison funèbre de M. de Matignon, abbé de Saint-Victor de Marseille. 1727, in-4.

— Oraison funèbre de M. le maréchal de Villars. 1734, in-4.

EYMAR (l'abbé d'). Oraison funèbre de Mgr le Dauphin. 1766, in-4.

EYMAR (A. M. d'), député de Forcalquier à l'Assemblée nationale, plus tard préfet du Léman, associé honoraire de l'Athénée de Lyon, et de la Société des sciences et arts de Grenoble; mort le 11 janvier 1803.

— *Amusements de ma solitude, mélanges de poésie. *Paris, l'Auteur* (1802), 2 vol. in-12.

— Anecdotes sur Viotti. In-12.

— Notice historique sur la vie et les écrits de Dolomieu.....

— Opinion et motion sur les quatre premiers articles du Projet de décret relatif à la vente des biens ecclésiastiques. 1790, in-8.

— Opinion sur la question de la suppression des ordres religieux. 1790, in-8.

— Réflexions (quelques) sur la nouvelle division du royaume. 1790, in-8.

Eymar a encore donné une traduction de « El Delinquente honorado (1777). V. JOVELLANOS.

EYMAR (Claude), né à Marseille, en 1748, mort à Bellegarde, près de Nîmes, en 1822.

— Influence (de l') de la sévérité des peines, discours qui a remporté le prix à l'Académie de Marseille. 1787, in-8.

— Motion relative à Rousseau. 1790, in-8.

On trouve d'Eymar, dans le tom. IIᵉ des OEuvres inédites de Rousseau, pub. par M. Musset-Pathay, les opuscules suivants, qui sont tous relatifs à Rousseau : Mes visites à Rousseau. Examen de la lettre de J. J. Rousseau à d'Alembert. — Examen du jugement de M. de Servan sur les ouvrages de J. J. Rousseau.—Réponse aux critiques (concernant Rousseau) de MM. Senebier, Trembley et Prévost.— Question de droit politique : Rousseau pouvait-il renoncer à sa patrie? — Examen de la Nouvelle Héloïse. — Coup d'œil sur l'Émile. — Analyse du Contrat social.

La *Biographie des contemp.* cite encore plusieurs opuscules de Cl. Eymar : nous ignorons s'ils ont été imprimés.

EYMERIC (Nicol.), dominicain. Voy. EMERIC.

EYMERY (Alexis), libraire de Paris; né à Saintes (Charente-Inférieure), en 1774.

— Enfant (l') sauvage, mélodrame en 3 actes. *Paris, Fages*, an x, (1803), in-8.

Avec P. Blanchard.

— *Heureux (l') Parisien, ou Esquisses des mœurs du XVIIIᵉ siècle. *Paris, Maradan*, 1809, 4 vol. in-12.

Ce roman a été réimprimé sous le titre du *Parisien parvenu, ou Petit Tableau des mœurs*. Par ***. Paris, 4 vol. in-12, 10 fr.

— Petit (le) César, ou la Famille des Pyrénées, drame en 3 actes, en prose, à grand spectacle, etc. *Paris, Fages*, an ix (1801), in-8, 75 c.

— Urbino et Juliana, mélodrame en 3 actes (et en prose). *Paris, le même*, an x (1802), in-8.

EYNARD, doct. en médecine, de l'Académie de Lyon.

— * Manuel des contribuables à la taxe personnelle....

— Réponse à un écrit anonyme ayant pour titre : Réflexions sur un imprimé, etc., pour servir de suite au « Manuel des contribuables à la taxe personnelle ». *Lyon, J. B. Kindelem*, 1823, in-8.

EYRARD, prêtre de la congrégation de la Mission. — Observation sur l'éducation publique, pour servir de réponse aux questions proposées par MM. les agens généraux du clergé de France, etc. *Paris, Ch. P. Berton*, 1786, in-12.

EYRAUD (d'). * Administration (de l') de la justice, et de l'ordre judiciaire en

France. Par M. D. *Paris, Treuttel et Würtz;* 1824, 2 vol. in-8.— Sec. édit., entièrement complète. *Paris, Fanjat aîné,* 1825, 3 vol. in-8, 18 fr.

La première édition seulement est anonyme.

—* Ludovic, ou l'Homme de quarante ans, *Paris, Hesse et Cie.* 1824, 3 vol. in-12, 7 fr. 50 c.

— * Trois (les) époques des Temps modernes, ou les Révolutions religieuse, politique et commerciale. *Paris, A. Bossange; Fanjat,* 1826, in-8, 4 fr.

EYRIÈS (J.-B.-Ben.), littérateur et éditeur de voyages, membre de la société asiatique et de celle de géographie; né à Marseille, le 24 juin 1767.

— Abrégé des Voyages modernes, depuis 1780 jusqu'à nos jours. *Paris, Et. Ledoux,* 1822-24, 14 vol. in-8, avec grav., 100 fr.

On peut joindre à ces volumes l'atlas des Voyages de La Harpe, 30 fr.

— Afrique. Article extrait de l'Encyclopédie moderne. *Paris, de l'impr. de Lachevardière,* 1824, in-8 de 16 pages.

— Angleterre (l'), ou Costumes, mœurs et usages des Anglais. *Paris, Gide fils,* 1823, broch. in-18 ornée de 24 planch.

— Angleterre. Article extrait de l'Encyclopédie moderne. *Paris, de l'impr. de Moreau,* 1825, in-8 de 32 pag.

— Autriche (l'), ou Costumes, mœurs et usages des Autrichiens. *Paris, Gide fils,* 1823, in-18 de 22 planc. avec texte.

— Chine (la), ou Costumes, mœurs et usages des Chinois. *Paris, Gide fils,* 1823, broch. in-18 ornée de 24 planc. gravées.

— Chine. Article extrait de l'Encyclopédie moderne. *Paris, de l'imp. de Moreau,* 1825, in-8 de 52 pages.

— Costumes, mœurs et usages de tous les peuples ; suite de gravures coloriées, avec leurs explications. *Paris, Gide fils,* 1821-27, gr. in-8.

Cette collection se compose de plusieurs séries qu'on peut se procurer séparément, savoir :

1° Angleterre,	1 vol.	de 24 grav.	15 fr.	
2° Autriche,	1 vol.	de 24 grav.	15	
3° Chine,	1 vol.	de 24 grav.	15	
4° Espagne,	2 vol. ensemble	de 36 grav.	24	
5° France,	1 vol.	de 18 grav.	12	
6° Russie,	1 vol.	de 24 grav.	15	
7° Suisse,	3 vol. ensemble	de 63 grav.	45	
8° Turquie,	1 vol.	de 24 grav.	15	

La même collection, à l'exception de l'*Espagne* et de la *France*, existe aussi in-18 : c'est cette dernière que nous citons de cette notice, au nom particulier de chaque contrée.

— Russie (la), ou Costumes, mœurs et usages des Russes. *Paris, Gide fils,* 1823, in-18 de 24 pl., avec texte.

— Suisse (la), ou Costumes, mœurs et

usages des Suisses. *Paris, Gide fils,* 1824, in-18, avec planches.

— Turquie (la), ou Costumes, mœurs et usages des Turcs. *Paris, Gide fils,* sans date (1823), in-18 de 24 fig. et texte.

Profondément versé dans les langues anglaise et allemande, M. Eyriès nous a donné une série de traductions d'ouvrages de ces deux langues, qui toutes se recommandent et par leur fidélité et par leur élégance : 1° Voyage de découvertes dans la partie septentrionale de l'Océan pacifique, etc., trad. de l'angl. (1807), voy. BROUGHTON; 2° * Voyage en Pologne et en Allemagne, fait en 1793 par un Livonien; trad. de l'allem. (1807), voy. SCHULTZ; 3° Tableaux de la Nature, etc.; trad. de l'allem. (1808), voy. HUMBOLDT; 4° * Barneck et Saldorf, ou le Triomphe de l'amitié, trad. de l'allem. (1810), voy. LAFONTAINE; 5° * Fantasmagoriana, trad. de l'allem. (1812), voy. ce titre; 6° Nouv. Recueil de contes, trad. de l'allem., de FISCHER, LAFONTAINE et KOTZEBUE (1813), voy. ce titre; 7° * Voyage en Perse, en Arménie, en Asie et à Constantinople, en 1808 et 1809, trad. de l'angl. (1813), voyez MORIER; 1° Voyage en Norwège et en Laponie, pendant les années 1806—08, trad. de l'allem. (1816), voyez BUCH; 9° Voyage dans l'intérieur du Brésil, etc., fait en 1809 et 1810, etc.; trad. de l'angl. (1816), voy. MAWE; 10° Annales du règne de Georges III, trad. de l'angl. (1817), voy. AIKIN; 11° Voyage de Golownin, contenant le récit de sa captivité chez les Japonais de 1811-13, etc.; trad. sur la version allemande (1818), voy. GOLOWNIN; 12° Voyage dans le Beloutchistan et le Sindhy, etc.; trad. de l'angl. (1818), voy. POTTINGER; 13° Voyage au Brésil, en 1815, 1816 et 1817, trad. de l'allem. (1821—22), voy. MAXIMILIEN, prince de Wied-Neuwied; 14° Cinq années de séjour au Canada, trad. de l'angl. (1825), voy. (au Supplément) ALLEN-TALBOT; 15° Avec M. LA RENAUDIÈRE : Voyage dans le Timani, le Kouranko et le Soulimana, contrées de l'Afrique occidentale, fait en 1822 ; trad. de l'angl. (1826), voy. LAING (G.); 16° Avec le *même* : Voyage et découvertes dans le nord et les parties centrales de l'Afrique, etc., trad. de l'angl. (1826), voy. DENHAM; 17° Abrégé de géographie moderne, etc. (1827), voy. PINKERTON.

M. Eyriès a inséré plusieurs écrits dans les Annales des voyages de Malte-Brun, et est devenu, en 1819, son collaborateur aux Nouvelles Annales des Voyages, dont il est aujourd'hui le principal rédacteur, et où l'on remarque de lui un *Mémoire sur la découverte de la Nouvelle-Hollande.* L'un des rédacteurs de la Biographie universelle, M. Eyriès y a donné la plupart des articles des voyageurs et des géographes. M. Eyriès coopère aussi au Nouveau Dictionnaire géographique, et à la Continuation de l'Art de vérifier les dates, où il a donné la chronologie historique des rois d'Angleterre, de Suède, de Danemarck, et des empereurs de Russie, depuis 1770 jusqu'à nos jours. M. Eyriès est encore auteur d'un *Mémoire sur la découverte de M. Mollien, et des voyageurs qui l'ont précédé dans l'intérieur de l'Afrique,* imprimé dans l'édition de 1820 du Voyage dans l'intérieur de l'Afrique, de M. Mollien.

M. Eyriès a publié, comme éditeur, une édition de l'Histoire des naufrages, etc., de De Perthes, avec des additions (1818); une nouvelle édition de l'Abrégé de l'histoire générale des voyages, de LA HARPE (1820 et ann. suiv.); le Naufrage du brick français la Sophie, de M. Ch. COCHELET (1821), voy. ces noms. Enfin il a été réviseur du texte du Voyage pittoresque de CHORIS (1821-22), et celui de la partie géographique (temps modernes) du Livre-Carte de M. Bailleul; de la traduction du Voyage autour du monde, de 1803 à 1806, par

KRUSENSTERN, et de celle par M. Lecointe de Laveau, du Voyage à Pé-king , de TIMKOWSKY.

EYRING (El.-Mart.). Vie d'Ernest, duc de Saxe, traduction abrégée du latin, par Ant. TESSIER. *Berlin*, 1707, in-8.

EYRINI D'EYRINIS (M.-E.) , médecin du XVIIe siècle, né en Russie.

— Avis sus l'usage des asphaltes. Sans date, in-12.

— Description des lois des mines. *Besançon*, 1721, in-12.

Elle est écrite en français et en latin.

— Dissertation sur l'asphalte ou ciment naturel, avec la manière de l'employer, etc. *Paris*, *Lottin*, 1721, in-12.

— Réponse à un extrait du Journal des Savants, page 110, héhraïque, grecque, latine et française, Asphatasphalia prima,

etc. , ou véritable histoire de la découverte de la mine d'asphalte. Sans date (1722), in-12.

EYTELWEIN (J.-A.). Observations sur les effets et l'application avantageuse du bélier hydraulique , d'après une série d'expériences faites avec différentes dispositions de cette nouvelle machine à élever l'eau. Trad. de l'allem. *Paris*, *F. Didot*, 1822, in-4, avec 3 planches, 8 fr.

EZÉCHIEL. Ses Prophéties. Voyez à la Table des Anonymes, au mot *Bible*.

EZRA (Juan-Josaphat Ben-). Venida (la) del Mezias en gloria y magestad ; edicion emendada particularmente en cuanto à las citas; por P. de CHAMROBERT. *Paris*, *Parmentier*, 1826, 5 vol. in-12, 25 fr.

F

FABAS. Précis d'observations sur les principes minéraux des eaux Thermales des Hautes-Pyrénées et spécialement de celles de Saint-Sauveur ; suivi de quelques exemples des guérisons produites par ces dernières. *Tarbes et Paris*, 1798, in-8.

FABBRONI (Ang.), biographe et antiq. italien du XVIIIe siècle.

— Vie de Laurent de Médicis, dit le Magnifique, trad. du lat., par M. de SÉRIONNE. *Berlin*, 1791, in-8.

FABBRONI (Adam). Art (de l') de faire le vin. Trad. de l'ital., par F.-R. BAUD. *Paris*, *Marchant*, 1800, in-8., avec des tableaux et 13 fig., 2 fr. 50 c.

FABBRONI (Giov.), frère du précédent, savant et laborieux chimiste italien du XIXe siècle; né vers 1748, mort à Florence, en décembre 1822.

— Bacchanales (les) sacrées, spécialement connus sous le nom de *Fierucolone*, et de *Béfane*....

Mémoire traduit de l'ital. par extrait, par Moreau de Saint-Méry, et inséré dans le tom. 1er des Mémoires de la Société royale des Antiquaires (1817).

— Instruction élémentaire d'agriculture, trad. de l'ital., par Alex. VALLÉE. *Paris*, 1803, in-8; *Paris*, *Mme Huzard*, 1806, in-8; fig., 5 fr.; *Paris*, *Galland*, 1815, in-8, 4 fr.

— * Réflexions sur l'état actuel de l'agri-

culture, ou Exposition du véritable plan pour cultiver ses terres avec avantage, et pour se passer d'engrais. *Paris*, *Nyon l'aîné*, 1780, in-12.

FABER (Mme). Droit (le) de nature, poëme, imité de l'allemand (1777). Voyez LICHTWEHR.

FABER (Rod.). Clavis jurisprudentiæ, sive brevis ac methodica institutionum Justiniani explicatio , etc. *Gratianopoli*, *Rabanus*, 1780, in-4.

FABER. Essai sur le traitement des maladies vénériennes, au moyen de la limonade nitrique. 1804, in-8.

FABER (Théod.), conseiller d'état de Russie; né à Riga, en 1768.

— * Bagatelles; promenades d'un Désœuvré dans la ville de Saint-Pétersbourg (en 1811). *Paris*, *J. Klostermann*, 1812, 2 v. in-12.

— * Notices sur l'intérieur de la France, écrites en 1806. *Saint-Pétersbourg*, 1807, in-8.

La paix de Tilsitt arrêta la publication d'un second volume qui devait paraître. Le premier volume n'a été répandu dans le public que par une réimpression faite à Londres, dans le recueil intitulé «Offrandes à Bonaparte par trois étrangers.» 1810, in-8.

— * Observations sur l'armée française. *Saint-Pétersbourg*, 1818, in-8.

M. Faber fut, en 1813, chargé par le ministre des affaires étrangères de Russie, de la rédaction du *Conservateur impartial*, journal officiel.

Barb., *Dictionn. des ouvr. anon.*

FABER (H.). Recueil de Poésies. *Paris, Delaunay*, 1826, in-8.

— Vampire (le), nouvelle, traduite de l'angl. (1819). Voy. Byron.

FABERT (de). * Histoire véritable de Gillon de Trazegnies. *Bruxelles*, 1703, in-12.

FABERT, médecin à Luxeuil. * Essai historique sur les eaux de Luxeuil. *Paris; Vincent*, 1773, in-12.

FABIEN-PILLET. Voy. Pillet.

FABRE (J.). Fantômes (les) et le Jaloux, comédies, trad. de l'ital. (1732). Voy. Bentivoglio.

FABRE (le P. J.-Cl.), oratorien; né à Paris, le 15 avril 1668, mort à Montmorency, le 22 octobre 1753.

— Appendix de diis et heroïbus poeticis, ou Abrégé de l'histoire poétique qui traite des dieux et des héros de la Fable, avec des notes qui servent d'explication au texte latin et aux principales difficultés qui s'y trouvent, mises en français pour la facilité des commençants. *Paris*, 1726, in-12.

Ouvrage plus étendu que celui du P. Jouvency.

— * Entretiens de Christine et de Pélagie, maîtresse d'école, sur la lecture des épîtres et évangiles des dimanches et fêtes. *Sans indication de lieu (Douai)*, 1717, in-12.

— * Fables de Phèdre, traduction nouvelle, avec des notes (1728). Voy. Phèdre.

— * Generalis Dictionarii latino-gallici epitome. *Lugduni*, 1715, 1726, 1740, 1759, in-8.

— * Histoire ecclésiastique pour servir de continuation à celle de l'abbé Fleury (à commencer du 21e vol.). *Paris*, 1734, 16 vol. in-4 et in-12.

Deux volumes furent saisis et déposés à la Bastille; il fut défendu à l'auteur de continuer cet ouvrage.

L'abbé Goujet dit, dans son Catalogue manuscrit, qu'il a retouché le manuscrit du P. Fabre.

— OEuvres de Virgile, trad. en français, avec des notes critiques et historiques (1721). Voy. Virgile.

Le P. Fabre a eu part à la traduction de l'Histoire universelle de De Thou (1734) : il a été l'éditeur du Dictionnaire franç. de Richelet (1709) et du Dictionnaire des cas de conscience de Lamet et Fromageau (1733) : on lui doit aussi une édition estimée des Métamorphoses d'Ovide, en latin (1725), et une autre des Fables de Phèdre (1731). *Voy.* ces noms.

FABRE (le P. Ant.), carme, de Tarascon.

— Panégyrique de la ville d'Arles, avec des Remarques historiques pour servir à l'histoire de cette ville. *Arles,Gasp.Mesnier*, 1748, in-8.

FABRE (Pierre), professeur de pathologie externe, ancien prévôt du collége de Saint-Côme, conseiller du comité de l'Académie royale de chirurgie, membre de la Société académique des chirurgiens de Paris; né à Tarascon, en 1716, mort en....

— Essai sur différents points de physiologie, de pathologie et de thérapeutique. *Paris, Didot jeune*, 1770, in-8.

On y trouve des vues intéressantes, et qui pourraient encore offrir aujourd'hui le mérite de la nouveauté. Fabre fonde sur l'irritabilité, les lois d'une doctrine nouvelle, et cherche à expliquer, au moyen de cette propriété des tissus vivants, les principales fonctions de l'économie animale, et la manière d'agir des médicaments.

— Essai sur les facultés de l'ame considérées dans leurs rapports avec la sensibilité et l'irritabilité de nos organes. Nouv. édition. *Amsterdam et Paris, Mérigot jeune*, 1787, in-12.

La prem. édit. est de 1785.

— Lettre à M. D***, pour servir de supplément au Traité des maladies vénériennes (contre M. Peyrilhe). *Édimbourg et Paris*, 1786, in-8.

— Observations (nouv.) sur les maladies vénériennes, pour servir de supplément au Traité des maladies, etc. *Paris, Didot jeune*, 1779, in-8.

— Recherches sur différents points de physiologie, de pathologie et de thérapeutique, pour servir de base à un cours de pathologie. *Paris, Théoph. Barrois*, 1783, in-8.— Suite. *Avignon*, 1784, in-8.

— Recherches sur la nature de l'homme, considéré dans l'état de santé et dans l'état de maladie. *Paris, Delalain*, 1776, in-8.

— Recherches sur les vrais principes de l'art de guérir. *Paris, Méquignon*, 1790, in-8.

— Réflexions sur la chaleur animale, pour servir de supplément à la seconde partie des « Recherches sur différents points de physiologie». *Paris, Th. Barrois*, 1784, br. in-8.

— Réflexions sur les divers ouvrages de M. Mitté, touchant les maladies vénériennes; nouv. supplément au «Traité des maladies, etc.» *Paris, Didot jeune*, 1780, broch. in-8.

— Traité d'observations de chirurgie, qui conduit un praticien en certains cas, par des moyens nouveaux, dans l'art d'opérer et de panser méthodiquement les plaies et les ulcères, avec une dissertation et une conduite pour les femmes en couche, et un abrégé pour l'inoculation de la petite vérole. *Avignon et Paris, Nyon aîné,* 1778, in-12.

— Traité des maladies vénériennes. IVe édition, revue, corrigée et augmentée par l'auteur. *Paris, P.-Théoph. Barrois jeune,* 1783, in-8.

La prem. édit. fut publiée en 1758, sous le titre d'*Essai sur les maladies vénériennes,* où l'on expose la méthode de feu Petit, en un vol. in-12.

Cet ouvrage contient des observations recueillies avec soin et exposées avec clarté; il peut encore soutenir, avec quelque avantage, le parallèle avec les ouvrages le plus récemment écrits sur cette matière.

P. Fabre a inséré, dans le recueil des travaux de l'Académie royale de chirurgie, un Mémoire dans lequel il prouve qu'il ne se fait point de régénération des chairs dans les plaies et les ulcères avec perte de substances.   *Biogr. méd.*

FABRE (Dom Louis), religieux de la congrégation de Saint-Maur, et bibliographe; né à Roujan, le 16 mars 1710, mort à Orléans, le 11 février 1788.

— *Catalogue des livres de la bibliothèque publique fondée par M. Prousteau, composée en partie des livres et manuscrits de Henri de Valois; nouv. édit., avec des notes critiques et bibliographiques. *Orléans, Jacob; et Paris, P.-T. Barrois,* 1777, in-4.

La première édition parut sous le titre de *Bibliotheca Prustelliana,* par les soins de D. Billouet et de D. Méry. Orléans, 1721, in-4.

FABRE (J.-Ant.), ancien ingénieur-hydraulique de Provence, correspondant de l'Académie des sciences de Paris, de celles de Turin et de Stockholm, de la Société royale et centrale d'agriculture, associé de la Société de physique de Zurich, et des Académies de Florence, Upsal, Boston, Marseille, Dijon, Rouen, Aix et Toulon; né à Saint-André (Basses-Alpes), en 1749.

— Essai sur la théorie des torrens et des rivières, contenant les moyens les plus simples d'en empêcher les ravages, d'en rétrécir le lit et d'en faciliter le hallage et la flottaison. *Paris, Bidault,* an V (1797), gr. in-4, 14 fr.

M. Fabre travaille en ce moment à une seconde édition de cet ouvrage, qui sera considérablement augmentée.

— Essais sur la manière la plus avantageuse de construire les machines hydrauliques, et en particulier les moulins à blé; ouvrage entièrement fondé sur la théorie, modifiée par l'expérience, et terminé par un Traité pratique, où l'on a mis les principes de la construction à la portée des constructeurs, auxquels on ne suppose d'autres connaissances que celle de l'arithmétique ordinaire. *Paris, Jombert,* 1782, gr. in-4 avec pl., 15 fr.

— Mémoire sur l'irrigation artificielle de la Provence. *Aix,* 1791, in-4.

— Projet d'arrosement pour les vallées de l'Arc, Marignane et Marseille. *Aix,* 1791, in-4.

— Traité complet sur la théorie et la pratique du nivellement. *Draguignan, Fabre; et Paris, Ve Courcier,* 1812, in-4 avec 21 planch., 12 fr.

FABRE (l'abbé). Syntaxe française, ou nouvelle Grammaire simplifiée. IVe édit. *Paris, Aug. Delalain,* 1818, in-12.

La première édition parut au commencement de ce siècle.

FABRE (le comte J.-P.), pair de France; né à Carcassonne (Aude), le 9 décembre 1755.

— A mon fils, sur ma conduite politique, 1er mai 1816. *Paris, de l'imp. de Laurent aîné,* mai 1816, br. in-8.

— Opinion sur la compétence et la manière de procéder de la Chambre des Pairs. *Paris,* 1822, br. in-8.

— Recherches sur l'impôt du tabac, et moyens de l'améliorer. *Paris, Le Normant,* 1802, in-8, 1 fr.

— Réflexions philosophiques et morales, trad. de l'ital., par J.-P. Fabre, de l'Aude, avec des notes du traducteur, en italien et en français. *Paris,* 1817, in-12.

FABRE (Mar. J.-J.-Victorin), littérateur; né à Jaujac (Ardèche), en 1785.

— Discours en vers sur les voyages. *Paris,* 1807, in-8.

— Eloge de Boileau-Despréaux, suivi de notes. *Paris,* 1805, in-8, 2 fr.

— Éloge de P. Corneille, couronné par l'Institut. *Paris,* 1808, in-8.

— Éloge de Labruyère. *Paris,* 1810, in-8.

— Éloge de Michel Montaigne. *Paris, Maradan,* 1813, in-8, 1 fr. 80 c.

— Mort (la) de Henri IV, poëme, suivi de notes historiques. *Paris,* 1808, in-8.

— Opuscules en vers et en prose. *Paris, Panckoucke,* 1806, in-8.

— Tableau littéraire du XVIIIe siècle, suivi de l'Éloge de Labruyère. *Paris,* 1810, in-8, 5 fr.

Victor. Fabre est le rédacteur de l'article Corneille de la Biographie universelle.

FABRE (J.-Raym.-Aug.), frère du précédent; né à Jaujac, le 24 juin 1792.

— Calédonie (la), ou la Guerre natio=
nale, poëme en XII chants. *Paris, F. Didot ; Bossange père ; Delaunay*, 1824,
in-8, 7 fr.
— Histoire du siège de Missolonghi, suivie
de pièces justificatives. *Paris, Moutardier,*
1826, in-8, 6 fr.

FABRE, de l'Ain, pharmacien de l'É-
cole roy. vétérinaire.
— Royalisme (le) en action, suivi de
quelques Réflexions sur la brochure de M.
Gavaud, pour rappeler une vérité trop
méconnue. *Lyon, imp. de Boursy*, 1816,
in-8.

FABRE (Joseph et Prosper), fabricants
d'eau-de-vie.
— Méthode (nouvelle) de distillation à la
pierre. *Montpellier, Sevalle*, 1815; nouv.
édit. *Beziers, Pageot*, 1817, in-8, 75 c.

FABRE, notaire. Loi du 25 ventose,
au XI (16 mars 1803), sur le notariat,
annotée et conférée avec les lois antérieures
et postérieures. *Avignon, Guichard*, 1824,
in-8.

FABRE (J.-L.), de Terre-Neuve.
— Nouvelle (la) Agnodice, ou Précis de
médecine écrit dans un but d'utilité générale, et spécialement destiné aux chefs de
famille et d'institutions. *Paris, A. Dupont;
et Lyon, Chambet fils*, 1825, in-8.

FABRE (V.), de Narbonne, professeur
à l'institution de Sainte-Barbe.
— Satires de Juvénal, traduites en vers
français (1825). Voy. JUVÉNAL.

M. V. Fabre est encore auteur d'une *Vie de Fénélon*, formant le premier volume de l'édition des
OEuvres de ce prélat, publ. en 1826, 12 vol. in-8.

FABRE (Aug.). Compte rendu des travaux de la Société de statistique de Marseille, pendant l'année 1827. *Marseille,
de l'imp. d'Achard*, 1828, in-8 de 40 pag.
— Rapport sur les travaux de la Société
académique de médecine de Marseille, pendant les années 1823-25. *Marseille, de
l'imp. du même*, 1826, in-8 de 88 pag.

FABRE (P.). Moyens de remédier aux
abus de la presse, sans en restreindre la
liberté. *Paris, Ponthieu*, 1826, in-8 de
32 pag., 1 fr. 25 c.

FABRE DE CHARRIN. * Éloge de
René Descartes, proposé par l'Académie
française, avec cette épigraphe : « l'Éloge
d'un grand homme est mon premier ouvrage.» *Paris, Jorry*, 1765, br. in-8.
— * Tableau du ministère de Colbert.
Amsterdam et Paris, Le Jay, 1774, in-8.

FABRE D'ÉGLANTINE (Ph.-Fr.-Na-

zaire), auteur dramatique; né à Limoux,
le 28 décembre 1755, mort à Paris, en
avril 1794.
— Chefs-d'œuvre dramatiques. *Paris, Ladrange (* Werdet et Lequien)*, 1822, in-18,
2 fr. 25 c.
Faisant partie d'une édition du Répertoire du
Théâtre-Français, publ. chez le même libraire.
— Les mêmes, sous le titre « d'OEuvres. »
Paris, Gendron, 1826, 2 vol. in-32, 1 f.
50 c.
— OEuvres choisies. Édition stéréotype
d'Herhan. *Paris, Mme Dabo - Butschert*,
1825, in-18, 1 fr. 50 c.
— Les mêmes (avec une Notice, par M.
L. THIESSÉ, et des Examens). *Paris, la
même*, 1825, in-8 avec un portrait et un
fac-simile, 8 fr. 50 c.; pap. vél., 20 fr.
Ce volume fait partie d'une *Bibliothèque dramatique* : il contient trois pièces : le Philinte de Molière,
l'Intrigue épistolaire, et les Précepteurs.
— Collatéral (le), ou l'Amour et l'intérêt,
coméd. en 3 actes et en vers. *Paris, L.-F.
Prault*, 1791, in-8.
— Convalescent (le) de qualité, ou l'A-
ristocrate, coméd. en 2 actes et en vers.
Paris, Ve Duchesne et fils, 1791, in-8.
— Correspondance amoureuse de Fabre
d'Églantine, précédée d'un Précis historique de son existence morale, physique et
dramatique, et d'un fragment de sa vie
écrit par lui-même; suivie de la satire sur
les spectacles de Lyon, et d'autres pièces
fugitives (le tout publié par ROUSSEL).
Paris, Hacquart, 1796, 3 vol. in-12.
Réimpr. sous le titre de *Lettres familières et galantes
de Fabre d'Églantine*. Paris, Caille et Ravier, 1799,
3 vol. in-18, 2 fr. 25 c.
— * Étude (l') de la nature, épître à
Mme ..... pièce qui a concouru pour le
prix de l'Académie française, en 1771,
par M***. *Paris*, 1771, in-8.
Il est douteux que cette pièce soit de Fabre d'É-
glantine, malgré qu'elle lui soit attribuée.
                                        Barb.
— Gens (les) de lettres, ou le Poëte provincial à Paris, comédie en 5 actes et en
vers. .....
Imprimée pour la première fois dans l'*Écho du
Parnasse*, ou Choix des OEuvres inédites des auteurs
contemporains (1823, in-12). Voy. ce titre à la Table
des Anonymes.
— Intrigue (l') épistolaire, comédie en 5
actes et en vers. *Paris, de l'imp., du cercle
social*, 1792, in-8; *Paris, Moutardier*, vendém. an XI (1803), in-8; *Paris, galerie
Véro-Dodat*, 1827, in-32, 30 c.
— * Isabelle de Salisbury (paroles lyriques d'), comédie héroïque et lyrique en
3 actes (et en vers). (1791), in-8.

— Philinte (le) de Molière, ou la Suite du Misantrope, comédie en 5 actes et en vers. *Paris*, *Prault*, 1791, ou *Paris*, *Huet et Ravinet*, an x (1802), in-8; *Paris*, *galerie Véro-Dodat*, 1827, in-32, 30 c.

— Précepteurs (les), comédie en 5 actes et en vers. Ouvr. posth. *Paris*, *Belin*, an VII (1799), in-8, 1 fr. 50 c.

— Présomptueux (le), ou l'Heureux imaginaire, comédie en 5 actes et en vers. *Paris*, *Prault*, 1791, in-8.

— Réponse du pape à F.-G.-J.-S. Andrieux. 1791, in-8.

— Triomphe (le) de Grétry, poëme prononcé au théâtre de Liège, le 23 septembre 1780. (*Liège*), *J.-F. Bassompière* (1780), in-8.

Réimpr. dans les OEuvres mêlées de l'auteur.

— OEuvres mêlées et posthumes. *Paris*, *Ve Fabre d'Églantine*; *Moutardier* an XI (1803), 2 vol. in-12, 3 fr.; sur format in-8, pap. vélin, 10 fr.

Ces deux volumes sont ainsi composés : Tom. Ier, Fabre d'Églantine à ses concitoyens, à la Convention nationale, et aux Comités de salut public et de sûreté générale. Précis apologétique. Ode à la Lyre (1771); Châlon-sur-Saône, poëme (en IV chants) (1783); le Triomphe de Grétry, poëme; l'Histoire naturelle, et son étude dans le cours des saisons, poëme; suivi de deux Odes faites au Jardin des Plantes (1777); l'Amateur chagrin, satire (1784); Lettres et Épîtres (en vers). Tom. II : A un Poète comique, satire; Réponse du pape à F. G. J. S. Andrieux (1792); le Berger Martin, poëme sirvente (1776); le Quiproco, les Châteaux et le Frère Gigot, contes; deux Allégories; Romances et Chansons.

Outre ce qui a été cité, Fabre d'Églantine avait encore composé une pièce intitulée l'Orange de Malte, qui s'est perdue, et dont MM. Étienne et Nanteuil ont pris le sujet et l'idée pour leur comédie : l'Espoir de faveur. Fabre d'Églantine, qui avait embrassé le parti de la révolution, et qui finit par en mourir victime, était un des rédacteurs des «Révolutions de Paris », journal publié par Prud'homme.

Cet écrivain se nommait Fabre; ayant obtenu le prix de l'églantine aux jeux floraux de Toulouse, il ajouta à son nom celui de cette fleur. *Biog. univ.*

FABRE D'OLIVET (M.), littérateur; né à Ganges, dans le Bas-Languedoc, le 8 décembre 1768, mort à Paris, en avril 1825.

— Azalaïs et le gentil Aimar, histoire provençale; traduite d'un ancien manuscrit provençal. *Paris*, *Maradan*, an VII(1799), 3 vol. in-12, fig. et musique, 5 fr.

— Caïn, mystère dramatique en trois actes de lord BYRON, traduit en vers (blancs) français, et réfuté dans une suite de remarques philosophiques et critiques; précédé d'une Lettre adressée à lord Byron sur les motifs et le but de cet ouvrage. *Paris*, *Servier*, 1823, in-8, 5 fr.; pap. vél. 10 fr.

— État (de l') social de l'homme, ou Vues philosophiques sur l'histoire du genre humain ; précédées d'une dissertation introductive sur les motifs de cet ouvrage. *Paris*, *J. L. Brière*, 1822, 2 vol. in-8, 12 fr.

Cet ouvrage a été reproduit, en 1824, sous le titre d'*Histoire philosophique du genre humain*, ou l'Homme considéré sous ses rapports religieux et politiques dans l'état social, à toutes les époques, et chez les différents peuples de la terre. *Paris*, *Brière*.

Pour une critique de cet ouvrage, voyez. l'art. BOISQUET.

— Guérison de Rodolphe Grivel, sourd-muet de naissance. *Paris*, 1811, in-8.

En fouillant dans les antiquités orientales, Fabre d'Olivet crut avoir trouvé le moyen de faire parler les muets, d'après une méthode pratiquée par les prêtres Égyptiens. L'essai qu'il en fit sur le jeune Grivel lui suscita des démêlés dont on peut voir l'objet et le résultat dans cette brochure, et dans un rapport fait au ministre de l'intérieur par MM. l'abbé Sicard et Prony.

Cet écrit a été réimprimé sous le titre de *Notions sur le sens de l'ouïe en général*, et en particulier sur le développement de ce sens opéré chez Rodolphe Grivel, et chez plusieurs autres enfants sourds-muets de naissance. Sec. édit., augm. des éclaircissements nécessaires, des notes et des pièces justificatives. Montpellier, de l'impr. de la veuve Picot, 1819, in-8 de 152 pag.

— Langue (la) hébraïque restituée, et le véritable sens des mots hébreux rétabli et prouvé par l'analyse radicale; ouvrage dans lequel on trouve réunis : 1° une Dissertation introductive sur l'origine de la parole, l'étude des langues qui peuvent y conduire et le but que l'auteur s'est proposé; 2° une Grammaire hébraïque, fondée sur de nouveaux principes, et rendue utile à l'étude des langues en général ; 3° une Série de racines hébraïques, envisagées sous des rapports nouveaux, et destinées à faciliter l'intelligence du langage et celle de la science étymologique; 4° un Discours préliminaire; 5° une Traduction en français du *Spher*, contenant la cosmogonie de Moïse; cette traduction destinée à servir de preuve aux principes posés dans la Grammaire et le Dictionnaire; précédée d'une version littéraire, en français et en anglais, faite sur le texte hébreu, présenté en original; avec une transcription en caractères modernes, et accompagnée de notes grammaticales et critiques, où l'interprétation donnée à chaque mot est prouvée par son analyse radicale, et sa confrontation avec le mot analogue, samaritain, chaldaïque, syriaque, arabe ou grec. *Paris*, *Barrois l'aîné*, (* *Brière*), 1816, 2 part. in-4, 40 fr.

On remarque dans la traduction de la Cosmogonie de Moïse, une foule de différences avec les versions généralement adoptées; différences dont on pourra se former une idée, en se rappelant que les premiers chapitres de la Genèse n'avaient pour Favre d'Olivet qu'un sens allégorique, d'après lequel l'auteur sacré aurait voulu peindre la création du monde en général, et telle que la concevaient les prêtres Égyptiens, sous des noms que leurs racines véritables faisaient facilement comprendre de ceux qui étaient initiés aux sciences et à la philosophie de l'Égypte. Ainsi, Adam serait non pas un seul homme, mais le genre humain; Ève n'est plus qu'une faculté de l'homme; Noé, le repos universel, etc. Nous n'avons pas besoin de dire tout ce qu'un pareil système offre d'obscurités et de hardiesses : indépendamment de l'érudition et des vues ingénieuses dont l'auteur a pu l'étayer. Ce livre a été mis à l'*Index* à Rome, par décret du 26 mars 1825.

— Lettres à Sophie sur l'Histoire. *Paris, Lavillette,* 1801, 2 vol. in-8 avec fig. et carte, 7 fr.; pap. vélin, 14 fr.

—Quatorze (le) juillet 1789, fait historique en un acte et en vers. *Paris, Laurens junior,* (1790), in-8.

—Retour (le) aux beaux-arts, dithyrambe pour l'année 1824. *Paris, de l'imp. de Crapelet,* 1824, in-8 de 4 pag.

— Sage (le) de l'Indostan, drame philosophique en un acte et en vers, mêlé de chœurs de musique. *Paris, Dufay,* 1796, in-8.

— Toulon soumis, fait historique, opéra en un acte (et en vers libres). *Paris, P. Delormel,* an II (1794), in-8.

— Troubadour (le); poésies occitaniques du XIIIe siècle, trad. et publiées par Fabre d'Olivet. *Paris, Henrichs,* 1803, 2 vol. in-8, 7 fr. 30 c.

Traduction supposée.

— Vers (les) dorés de Pythagore, expliqués et traduits pour la première fois en vers eumolpiques français (1813). Voyez PYTHAGORE.

Fabre d'Olivet a été aussi collaborateur de la «Bibliothèque des romans». On a encore de lui des *Poésies* dans plusieurs journaux.

Biogr. des hommes viv., et *Ann. nécrolog.*

FABRE D'OLIVET (Mme). Conseils à mon amie, sur l'éducation physique et morale de ses enfants. *Paris, Delaunay; Eymery; Bossange,* 1820, 1822, in-12, 3 fr.

FABRETTI (Et.), jésuite italien.
— Abrégé de la Crusca, ou Dictionnaire portatif de la langue italienne. *Lyon, J.-M. Bruyset,* 1759, in-8.

— Lyrica et epistolæ carmine. *Lugduni,* 1747, in-8.

FABRI (Gabr.), théologien suisse du XVIIIe siècle.
—Recueil de tous les miracles contenus dans l'Ancien et le Nouveau Testament. *Genève,* 1704, in-8.

—Sermons. 1713, 2 vol. in-8.

FABRICIUS (J.-Alb.), savant bibliographe allemand du XVIIIe siècle.
—Théologie de l'eau, ou Essai sur la bonté de Dieu; trad. de l'allemand (par le docteur BURNAND). *La Haye, P. Paupie,* 1741; *Paris,* 1743, in-8.

FABRICIUS (Joh.-Christ.), célèbre entomologiste allemand des XVIIIe et XIXe siècles.
—Voyage en Norwège, avec des observations sur l'histoire naturelle et l'économie; trad. de l'allemand (par MILLIN et WINCKLER). *Paris, Levrault,* an x (1802), in-8.

FABRICIUS, docteur en médecine.
— Manuel du Baigneur aux eaux de Wisbade, ou Notice concernant les bains de cette ville. *Paris, Schœll,* 1812, in-12.

FABRICY (le P. Gabr.), dominicain et célèbre bibliographe; né à Saint-Maximin, en Provence, vers 1725, mort à Rome en 1800.
— * Lettre d'un Romain, en réponse aux observations touchant les « Titres primitifs de la révélation » (ouvrage de cet auteur). 1774, in-8.

— * Lettre d'un Romain à M. de Villefroy, en réponse aux observations de M. L. E. Rondet, sur l'ouvrage du P. Fabricy, sur les «Titres primitifs de la révélation.» *Rome,* 1774, in-8.

—Mémoire pour servir à l'histoire littéraire de la vie des deux PP. Ansaldi, des PP. Mamachi, Patuzzi, Richini et Rubeis.

Cité par le *Dict. hist.,* publ. sous le nom de M. Peignot.

— Recherches sur l'époque de l'équitation et de l'usage des chars équestres chez les Anciens, etc. *Marseille et Paris (Rome),* 1764-65, 2 part. in-8.

— Titres (des) primitifs de la révélation, ou Considérations critiques sur la pureté et l'intégrité du texte original des livres de l'Ancien Testament. *Rome et Paris,* 1773, 2 vol. in-8.

Ouvrage important, plus célèbre que tous les autres du même auteur.

On a encore de ce savant : Censoris theologi Diatribe quâ bibliographiæ antiquariæ et sacræ criticæ capita aliquot illustrantur. Romæ, 1782, in-8, imprimé à la suite du *Specimen variorum lectionum sacri textûs,* de J. B. Rossi; divers opuscules dans les V et VIe vol. du «Dictionnaire universel des Sc. ecclésiastiques», par le P. Richard, et une Lettre insérée dans le «Journal ecclésiastique» de l'abbé Dinouart (novembre 1708), sur l'ouvrage du P. Mamachi : *De animabus justorum in sinu Abrahæ ante Christi mortem expertibus beatæ visionis.*

Biogr. univ.

FABRONI. Voy. FABBRONI.

FABROT (le chev. de). Au Roi en son

Conseil d'état. *Paris, imp. de Migueret,* 1822, in-8 de 4 pages.

Tiré à 100 exemplaires.

— Genethliacum carmen in ortum principis regii, Burdigalæ ducis. *Parisiis, ex typ. Setier,* 1820, in-8 de 4 pag.

— Réfutation des rapports au roi, en date des 9 et 15 août 1815, attribués au ci-devant ministre de la police (Fouché). *Paris, Petit; Michaud,* 1815, in-8, 1 fr. 80 cent.

— Voies (les) du bonheur, poëme français et latin. *Paris, l'Auteur,* 1824, br. in-12.

— Zodiaque (le) du royaume, épître à Sa Majesté Louis XVIII, avec une autre épitre à la France, en français et en latin. III⁰ édit. *Paris, imp. de Boucher,* 1822, in-18 de 72 pag., 1 fr. 20 c.

FABRY (J.-B.-G.), littérat.; né à Cornus, dans le Languedoc, vers 1780, mort à Paris, le 4 janvier 1821.

— * Génie (le) de la Révolution française considéré dans l'éducation, ou Mémoires pour servir à l'histoire de l'instruction publique depuis 1788 jusqu'à nos jours, etc. *Paris, Le Normant,* 1817-18, 3 vol. in-8, 18 fr.

— * Itinéraire de Bonaparte, depuis son départ de Doulevent, le 28 mars, jusqu'à son embarquement à Fréjus, le 28 avril, avec quelques détails sur ses derniers moments à Fontainebleau, et sur sa nouvelle existence à Porto-Ferrajo, pour servir de suite à la « Régence à Blois ». III⁰ édit. *Paris, Le Normant,* 1815, in-8, 2 fr.

La prem. édit. est de 1814.

— * Itinéraire de Bonaparte, de l'île d'Elbe à l'île Sainte-Hélène, ou Mémoires pour servir à l'histoire des événemens de 1815, avec le recueil des principales pièces officielles de cette époque. *Paris, Le Normant,* 1816, in-8, 6 fr. — Sec. édit. *Paris, le même,* 1817, 2 vol. in-8, 12 fr.

— *Missionnaires (les) de 93, par l'auteur du « Génie de la révolution, considérée dans l'éducation ». Sec. édit., revue, corr., augm., et terminée par la liste des régicides, avec la distinction des morts et des vivants, bannis, rentrés, oubliés, et par le plaidoyer de Louvel. *Paris, Le Normant,* 1821, in-8. 7 fr.

La prem. édit. est de 1819.

— Monuments de la reconnaissance nationale votés en France au mérite éminent, depuis 1789 jusqu'à la loi du 2 février 1819 : relativement à M. le duc de Richelieu, etc. *Paris, Le Normant,* 1819, in-8.

— * Régence (la) à Blois, ou les Derniers moments du gouv. impérial. VI⁰ édition. *Paris, le même,* 1815, in-8, 1 fr. 50 c.

Les cinq premières éditions ont paru en 1814.

Les ouvrages de Fabry contre Napoléon renferment des détails curieux; ceux contre le parti de la Révolution sont marqués au coin de l'exagération.

Fabry a été l'éditeur du Spectateur français au xix⁰ siècle (1805—12, 12 vol. in-8), et des Chefs-d'œuvres d'éloquence chrétienne, etc. (1810). *Voy, ces titres.*

La Biographie des hommes vivants lui attribue encore le « Spectateur français » depuis la restauration, tom. I⁰ʳ; il paraît que c'est à tort, car Fabry désavouait ce volume.

FABRY fils. Voy. PERRAULT (le comte.)

FABRY D'AUTREY (le comte H.-J.-B.).

* Antiquité (l') justifiée, ou Réfutation d'un livre qui a pour titre : « l'Antiquité dévoilée par les usages (de Boulanger). *Paris, Vallat-la-Chapelle,* 1776, in-12.

— *Pyrrhonien (le) raisonnable, ou Méthode nouvelle proposée aux incrédules par l'abbé de***. *La Haye (Paris),* 1765, in-12.

— * Quakers (les) à leur frère V***, lettre plus philosophique que*** sur sa religion et ses livres. *Londres et Paris, Vallat-la-Chapelle,* 1768, in-8.

FABULET (Adolphe), chimiste; né à Saint-Lô, le 15 août 1782.

— Éléments (nouv.) de chimie théorique et pratique, ouvrage par demandes et par réponses. Sec. édition, entièrement refaite et augmentée du double, avec 14 planches. *Paris, Béchet,* 1813, 2 vol. in-8, 12 fr.

La première édition, publiée en 1803, ne formait qu'un volume.

On a encore du même plusieurs Mémoires sur la chirurgie et la pharmacie dans différents recueils.

FABVIER (Ch.-Nic.), colonel; né à Pont-à-Mousson, le 15 décembre 1783.

— Journal des opérations du sixième corps pendant la campagne de 1814 en France. *Paris, Carez et Thomines,* 1819, in-8, 1 fr. 50 c.

— Lyon en 1817. *Paris, Delaunay; Carez,* 1818, 2 part. in-8, 2 fr. 75 c.

La première partie a eu une seconde édit. la même année.

Le colonel Fabvier est l'un des signataires de la *Demande des restes de Napoléon Bonaparte à MM. les membres de la chambre des députés.* (Paris, 1812, in-8 de 8 pag.).

FABVRE (J.-M.). Dissertation intéressante sur le commerce français; causes qui le paralysent et qui énervent l'industrie; moyens d'y remédier; placement avantageux des capitaux et des économies sans usures et sans craindre les banqueroutes.

8

Paris, Carillan-Gœury; Delaunay; Sanson; Pélicier, 1825, in-8, 1 fr.

FACIO. Voy. ALLUT.

FACIOLLE, auteur dramatique. Voyez (au Supplément) BIZET.

FACON (J.). Tarif général de toutes les monnaies ayant cours en France, en monnaie décimale, argent courant et argent de change de Brabant. Nouv. édit., ornée d'empreintes, revue et considérablement augm. *Gand, Fernand*, 1812, in-8.

FADEVILLE (Théodore), anc. officier de marine.
— Benjamin-Constant jugé par ses discours et ses écrits. *Paris, impr. de J.-M. Chaigneau fils*, 1824, br. in-8

Cet écrit a eu une seconde édition la même année.

— Manuel jugé par ses actions et ses discours. *Paris, Ponthieu*, 1824, in-8.

FAERNE (Gabr.), fabuliste latin; né en Italie, au XVIe siècle.
— Faerni Cremonensis fabulæ centum, ex antiquis auctoribus collectæ, notis gallicis illustratæ, in gratiam tironum qui Phædri fabulas interpretaturi sunt; accomodatæ et pontifici maximo dicatæ; cui operi accesserunt : 1° Fabulæ quas in gallicum verterunt complures poetæ; historiæ sacræ compendium gallicum latinè vertendum, studio et operâ J.-S.-J.-F. BOINVILLIERS. Secunda editio. *Parisiis, Aug. Delalain*, 1820, in-12, 2 fr.
— Cent fables choisies des anciens auteurs, trad. du latin en vers français, par Ch. PERRAULT. Nouv. édit. *Amsterdam*, 1712, 1718, in-12 avec des grav. en bois. *Londres*, 1743, in-4 avec figures, 6 à 10 fr.

La prem. édit. de cette traduction parut à Paris en 1699, in-12.

— Les mêmes, publiées pour la première fois avec des figures en taille douce, dessinées et gravées par Simon Auguste, faisant suite aux fables d'Ésope, et destinées à l'éducation de la jeunesse. *Paris*, 1805, in-4.

Voy. aussi ÉSOPE.

FAESCH (J.-Rodolphe), offic. supérieur au service de Saxe.
— Instruction militaire du roi de Prusse, pour ses généraux, traduite de l'allemand (1761). Voy. ce titre.
— Journaux des sièges de la campagne de 1746 dans les Pays-Bas. *Amsterdam*, 1750, in-12, avec 7 pl., 5 fr.
— Règles et Principes de l'art de la guerre, des meilleurs auteurs qui ont écrit sur

cette science. *Leipzig, Weidmann*, 1771-74, 4 vol. in-8, 31 fr.
— Théâtre universel des machines, ou Recueil d'ouvrages construits dans l'eau, d'écluses, ponts-levis, ponts-tournants, etc. Trad. du holl., avec des planch., dessinées par Tieleman Vander Horst, gravées par J. Schenk. *Amsterdam*, 1737, in-8.

FAGAN (Christ.-Barth.), auteur dramatique; né à Paris, en 1702, y est mort, le 28 avril 1755.
— Amitié (l') rivale de l'Amour, coméd. en 5 actes et en vers. *Paris, Chaubert*, 1736, in-8.
— Caractères (les) de Thalie, comédie en 3 entrées, précédée d'un prologue et suivie de divertiss. *Paris, Prault fils*, 1737, in-8.

Les trois entrées qui composent les Caractères de Thalie, sont : l'Inquiet, l'Étourderie et les Originaux, chacune en un acte.

— Étourderie (l'), coméd. en un acte et en prose. *Paris, Duchesne*, 1761; *Paris, sans nom d'imp.*, 1789, in-12.

L'une des entrées des Caractères de la Folie.

— Grondeuse (la), comédie en un acte et en prose. *Paris, Duchesne*, 1758, in-12.
— Heureux (l') retour, comédie en un acte, en vers libres, mêlée de chants et de danses. *Paris, le même*, 1744, in-8.

Avec Panard.

— Ile (l') des talents, com. en un acte et en prose. *Paris, Briasson*, 1743, in-12.
— Jalousie (la) imprévue, com. en un acte et en prose. *Paris, Prault fils*, 1740, in-8.
— Joconde, com. en un act. et en prose. *Paris, le même*, 1741, in-8.
— Marié (le) sans le savoir, comédie en un acte et en prose. *Paris, le même*, 1740, in-8.
— Observations (nouv.) au sujet des condamnations prononcées contre les comédiens. *Paris*, 1751, in-12.

Il y a une réfutation de cet ouvrage sous le titre d'Essai sur la comédie moderne.

— Originaux (les), comédie en un acte et en prose. *Paris, Duchesne*, 1763, 1789, in-12.
— La même pièce, remise au théâtre et arrangée, avec 3 scènes nouv., par J.-B. DUGAZON. *Paris, Cocatrix*, an x (1802), in-8; *Paris, Vente*, 1816, in-8, 1 fr. 25 c.

L'une des trois entrées des Caractères de Thalie.

— Pupille (la), comédie en un acte et en prose, avec un divertissement. *Paris, Chaubert*, 1734, 1742, in-8; *Utrecht, Ét. Néaulme*, 1735; *Paris, Duchesne*, 1758, 1787, 1789, in-12.
— Rendez-vous (le), com. en un acte, en

vers. *Paris*, *Chaubert*, 1733, in-8; *Paris*, *Duchesne*, 1758, 1770, in-12.

Réimpr. à Utrecht, chez Ét. Néaulme, sous le titre du *Rendez-vous*, ou *l'Amour supposé*, 1735, et à Paris, sans nom d'impr., 1789, in-12.

— Théâtre et autres OEuvres du même auteur (publiés par PESSELIER, avec l'éloge historique de l'auteur et l'analyse de ses œuvres), *Paris*, *Duchesne*, 1760, 4 vol. in-12.

Collection ainsi distribuée : Tom. Ier, Éloge historique de Fagan. Analyse des œuvres de Fagan : le Rendez-vous, la Grondeuse, la Pupille, l'Amitié rivale, Joconde, le Musulman, com. en un acte et en prose. Tom. II : les Caractères de Thalie, le Marié sans le savoir, l'Heureux retour, le Marquis auteur, com. en un acte et en vers; l'Astre favorable, com. en un acte et en vers; nouv. Observations au sujet des condamnations prononcées contre les comédiens. Tom. III : la Jalousie imprévue, le Ridicule supposé, com. en un acte, avec un divertissement; l'Ile des talents, com. en un acte et en vers; la Fermière, com. en 3 actes et en vers; les Almanachs, com. en un acte, en prose et en vers; Philonomé, opéra en un acte et en vers. Tom. IV : le Sylphe supposé, opéra comique en un acte, par PANARD et FAGAN; le Temple du sommeil, opéra-comique en un acte; la Foire de Cythère, opéra-comique en un acte, par PANARD et FAGAN; l'Esclavage de Psyché, opéra-com. en 3 actes, par *les mêmes*; Isabelle et Arlequin, opéra-com. en un acte et en canevas, avec un divertissement, par *les mêmes*; Momus à Paris, opéra-comique en un acte, par *les mêmes*; Isabelle, parade.

Deux autres pièces de Fagan, composées en société avec Favart, n'ont pas été imprimées dans ces quatre vol., mais elles le sont dans le Théâtre de ce dernier : une troisième, intitulée *Isabelle*, *grosse par vertu*, parade en un acte, ne fait pas non plus partie de ce recueil : elle a été impr. dans le Théâtre des Boulevards, recueilli par Corbie (1756, 3 vol. in-12).

FAGEL. Voy. MONTAGUE.

FAGET (G. de). * Argus (l') de l'Europe, ouvrage historique, politique et critique, où l'on développe les intérêts et les maximes des souverains, etc. *Amsterdam*, 1743, in-8.

FAGET (J.), de Bordeaux, professeur de danse.

— Danse (de la), et particulièrement de la danse de société. *Paris*, *l'Auteur*, 1825, br. in-8, 1 fr.

— Danse (de la), considérée sous le rapport de l'éducation. *Bordeaux*, *de l'imp. de Laguillotière*, 1828, in-8 de 16 pag.

FAGET DE BAURE (J.-Jacq.), né à Orthez, le 30 octobre 1755, mort à Paris, le 30 décembre 1817.

— Essais historiques sur le Béarn. (Ouvr. posthume, publié par M. le comte DARU, beau-frère de l'auteur). *Paris*, *Denugon*, 1818, in-8, 5 fr.

— * Histoire du canal de Languedoc, rédigée sur les pièces authentiques conser-

vées à la Bibliothèque impériale, et aux archives du canal, par les descendants de P.-Paul Riquet de Bonrepos. *Paris*, *Déterville*, 1805, in-8, 5 fr.

Cet ouvrage lui est attribué.

Faget de Baure a publié quelques morceaux de littérature et des poésies estimées, entre autres, de très-beaux vers sur le Dante, dans le Spectateur du Nord. Hambourg, 1800; et dans quelques autres journaux des premières années de ce siècle. Toutes ces pièces sont anonymes.

Biogr. des hommes viv.

FAGNAN (Mme Mar.-Ant.), romancière française du XVIIIe siècle.

— Histoire et aventures de mylord Pet, par Mme F***. *La Haye* (*Paris*), 1755, in-12.

L'épître dédicatoire est signé *Jean-Pesse :* en plaçant cet ouvrage au nom de madame Fagnan, nous avons suivi l'opinion de plusieurs bibliographes et notamment de M. Barbier; pourtant la *France littéraire* de 1769 l'attribue au chevalier Duclos.

— * Kanor, conte trad. du sauvage. *Amsterdam* (*Paris*), 1750, in-12.

— * Minet bleu et Louvette, 1768, in-12.

Ce conte a été imprimé d'abord dans le Mercure de France, et réimprimé depuis dans la « Bibliothèque des fées et des génies », dans le «Cabinet des fées », tom. XXXV, et encore dans les « Contes merveilleux », 1814, 4 vol. in-12. *Biogr. univ.*

— * Miroir (le) des princesses orientales. *Paris*, 1755, in-12.

FAGON (Guy-Crescent), premier médecin de Louis XIV; né à Paris, le 11 mai 1638, où il est mort, le 11 mars 1718.

— Qualités (les) du quinquina, confirmées par plusieurs expériences, avec la manière de s'en servir dans toutes les fièvres pour toute sorte d'âges. *Paris*, 1703, br. in-12.

Un Mémoire de Fagon, *sur le blé cornu appelé ergot*, a été impr. dans le recueil de l'Académie des sciences, pour l'ann. 1710.

FAGON (Sim.). Voy. VALETTE.

FAIGUET DE VILLENEUVE (Joachim), économiste, trésorier de France au bureau de Châlons en Champagne; né à Moncontour, en Bretagne, le 16 d'octobre 1703, mort vers 1780.

— * Discours d'un bon citoyen, sur les moyens de multiplier les forces de l'état, et d'augmenter la population. *Bruxelles* (*Paris*), 1760, in-12.

— * Économe (l') politique, projet pour enrichir et pour perfectionner l'espèce humaine. *Paris*, *Moreau*, 1763, in-12.

Cet ouvrage a été reproduit sous le titre de l'*Ami des pauvres*, ou *l'Économe politique*..., avec deux Mémoires intéressans sur les maîtrises et sur les fêtes. *Paris*, 1766, in-12.

Cet ouvrage est intéressant, tant par son objet que par la manière dont il est écrit. Dans une des utiles dissertations qu'il renferme, l'auteur propose l'établissement d'une régie ou compagnie perpétuelle dans le royaume, pour recevoir les petites épargnes des artisans, des domestiques, etc. : c'est le but de la *Société des artisans*, fondée dans ces derniers temps. L'auteur a ajouté aux exemplaires qui portent pour titre l'*Ami des pauvres*, un Mémoire sur la diminution des fêtes, imprimé avec des signes ou caractères nouveaux qui le rendent fort difficile à lire. Cet écrivain pensait que notre ortographe devait être rapprochée de notre prononciation.

— Entretien (l') de nos troupes, à la décharge de l'état. 1769, in-12.

—*Légitimité de l'usure légale, où l'on prouve son utilité. *Amsterdam, Marc-Michel Rey*, 1770, in-12.

L'auteur discute dans ce volume les passages de l'Ancien et du Nouveau Testament, sur l'usure ; il y démontre clairement que les casuistes sont en contradiction avec eux-mêmes. On lit ces deux vers à la fin :

A cinquante ans, avocat de l'usure,
J'instruisais la Sorbonne et la Magistrature.

— * Mémoires politiques sur la conduite des finances et sur d'autres objets intéressants. *Amsterdam, M. M. Rey*, 1720 (1770), in-12.

L'auteur a inséré dans ce volume les moyens de subsistance pour nos troupes, à la décharge du roi et de l'état, impr. séparément en 1769.

— * Utile (l') emploi des religieux et des communautés, ou Mémoire politique à l'avantage des habitants de la campagne. *Amsterdam, M.-M. Rey*, 1770, in-8.

Faiguet se fit encore connaître par différents morceaux de prose et de vers insérés dans le Mercure et dans d'autres journaux : il a fait aussi plusieurs articles pour le Dictionnaire des sciences, arts et métiers.

Barb., *Exam. crit. des Dict. hist.*

FAIL (du). Voy. DUFAIL.

FAILLE (de la). Voy. LA FAILLE.

FAILLON (Fr.), ingénieur ; né à Florence, au xviiie siècle, mort à Toulouse, en 1819.

— Annuaire statistique du département de la Haute-Garonne. *Toulouse*, 1807, 1808, in-12.

— Cécile, drame en 3 actes et en prose. *Toulouse*, 1790, in-8.

FAIN (le baron Agathon-Jean-Fr.), ancien secrétaire intime de Napoléon ; né à Paris, le 11 janvier 1778.

— Manuscrit de l'an iii (1794-95), contenant les premières transactions de l'Europe avec la république française, et le tableau des derniers événements du régime conventionnel, pour servir à l'histoire du cabinet de cette époque. *Paris, Baudouin frères; Mongie aîné; A. Dupont*, 1828, in-8 avec fig., 7 fr.

— Manuscrit de MDCCCXII, contenant le précis des événements de cette année, pour servir à l'histoire de Napoléon. *Paris, Delaunay*, 1827, 2 vol. in-8, avec carte et plans, 15 fr.

— Manuscrit de MDCCCXIII, contenant le précis des événements de cette année, pour servir à l'histoire de l'empereur Napoléon. *Paris, Delaunay*, 1824, 1825, 2 vol. in-8, avec trois cartes et *fac-simile*, 15 fr.

Pour des réclamations contre cet ouvrage, voyez ODELEBEN.

— Manuscrit de MDCCCIV, trouvé dans les voitures impériales prises à Waterloo, contenant l'histoire des derniers six mois du règne de Napoléon. *Paris, Bossange frères*, 1823, 1824, 1825, in-8, avec un *fac-simile*, 7 fr.

« Ces trois derniers ouvrages sont sans contredit les plus véridiques et les plus intéressants de tous ceux qui ont été publiés sur cette époque mémorable. L'auteur, quoique très-attaché à Napoléon, n'a point cherché à déguiser la vérité. Il a voulu être et a été véritablement impartial. Son style est clair, naturel et remarquable par beaucoup d'élégance et de chaleur. »

FAIN (L.-Fr.), cousin-germain du précédent, professeur de langue anglaise ; né à Paris.

On lui doit de nouvelles éditions, augmentées, du Maître anglais, de W. Cobbett, des Éléments de conversation, de J. PERRIN, des Dictionnaires anglais-français et français-anglais de BOYER et de NUGENT. *Voy.* ces noms.

FAIPOUT (Guill.-Mar.), ancien préfet de l'Escaut, mort en octobre 1817.

— Essai sur les finances. An iii (1795), in-8, 5 fr.

FAIRFAX. Mémoires (ses).....

Impr. dans la *Collection des Mémoires relatifs à la révolution d'Angleterre.*

FAIVRE.*Placement d'argent à intérêt...

— Réponse de M. Faivre, aux lettres anonymes de M. V..., ou Supplément à l'ouvrage intitulé : Placement d'argent à intérêt. *Paris, Adrien Leclère*, 1821, in-8 de 48 pag., 1 fr. 25 c.

FAIVRE (Jos.-Aug.), ancien prêtre du diocèse de Saint-Claude.

— Principes de lecture. *Saint-Claude*, de l'imp. d'Euard, 1826, in-12 de 60 pag.

FALAISEAU. Voy. RAPIN-THOIRAS.

FALBAIRE. Voy. FENOUILLOT DE FALBAIRE.

FALBERG, auteur dramatique. Voyez DAVESNE.

FALCIMAGUE-VAILLANT (F...).

— Manuel pratique des hypothèques et des ventes forcées d'immenbles. 1799, in-8, 2 fr.

FALCKENSKIOLD (Sénèque - Othon de), officier supérieur au service de S. M. le roi de Danemarck, à l'époque du ministère et de la catastrophe du comte de Struensée.

—Mémoires (ses). Suivis de Considérations sur l'état militaire du Danemarck, avec une notice préliminaire sur la vie de l'auteur de ces Mémoires; par M. Phil. SECRETAN, vice-président de la cour des appellations suprêmes du canton de Vaud. *Paris, Treuttel et Würtz*, 1826, in-8, 7 fr.

FALCONER (Will.), médecin anglais.

— Influence (de l') des passions sur les maladies du corps humain; dissertation.... Trad. de l'angl., par de LA MONTAGNE, avec beaucoup de notes du traducteur. *Paris*, 1791, in-8.

FALCONET (Noël), médecin ; né à Lyon, le 16 novembre 1644, mort à Paris, le 14 mai 1734.

— Méthode (la) de M. de Lucques sur la maladie de Mme Dagné, femme de l'intendant de Lyon, réfutée. *Lyon*, 1675, in-4.

Diatribe contre un de ses confrères : il y a joint des remarques sur l'or potable.

— Système des fièvres et des crises selon la doctrine d'Hippocrate, des fébrifuges, des vapeurs, de la petite-vérole, de l'éducation des enfants, de l'abus de la bouillie. *Paris, Ant. Urb. Coustellier*, 1723, in-8.

C'est l'œuvre d'un admirateur enthousiaste d'Hippocrate.

FALCONET (Camille), fils du précédent, docteur en médecine, de la faculté de Paris, membre de l'Académie des inscriptions; né à Lyon, le 1er mars 1671, mort le 8 février 1762.

— Nouveau système des planètes, etc. traduit du latin (1707). Voyez VILLEMOT (Ph.).

— Si l'homme tire son origine d'un ver, thèse; trad. du lat. par ANDRY. 1705, in-12.

La Biographie médicale donne la liste de sept thèses latines, soutenues par Falconet, ou sous sa présidence.

Cam. Falconet a enrichi le recueil de l'Académie des inscript. de plusieurs Mém. curieux, qui sont : Dissertation historique et critique sur ce que les Anciens ont cru de l'aimant (tom. IV, 1723). — Dissertation sur les bactyles (tom. VI, 1729). — Sur nos premiers traducteurs français, avec un Essai de Bibliothèque française (tom. VII, 1733). — Dissertation sur les Assassins, peuple d'Asie, en deux parties (tom. XVII, 1751). — Dissertation

sur les principes de l'Étymologie par rapport à la langue française (tom. XX, 1753). — Remarques sur la signification du mot *Dunum* (id., id.); — Dissertation sur Jacques de Dondis, auteur d'une horloge singulière, et à cette occasion sur les anc. horloges (id.,id.). — Dissertation sur la pierre de la mère des dieux, considérée sous le point de vue d'histoire naturelle (tom. XXIII, 1756). — Une Notice sur Jacq. Dondis, par Cam. Falconet, et à l'occasion de laquelle il traite des horloges anciennes, a été impr. dans la partie historique de l'un des volumes du même recueil.

On doit encore à ce savant médecin de nouvelles éditions : 1° des Amours pastorales de Longus, traduction d'Amyot (1731); 2° du Cymbalium Mundi, de DES PERRIERS, avec des notes et des remarques (1732) ; 3° de l'Éloge de la folie, par ÉRASME, traduction de Gueudeville (1757); il a été l'éditeur de la Théorie des tourbillons, de Fontenelle (1752). *Voy. ces quatre noms.*

FALCONET (Et. - Maur.), statuaire célèbre et littérateur; né à Paris, en 1716, mort le 4 janvier 1791.

— Observations sur la statue de Marc-Aurèle et sur d'autres objets relatifs aux beaux-arts. 1771, in-8.

— Réflexions sur la sculpture, lues dans l'Académie de peinture et sculpture. 1761, in-8.

— Traduction des XXXIV—XXXVIe liv. de Pline. Sec. édit., à laquelle on a ajouté des Réflexions sur la peinture des Anciens, et des Observations de l'auteur sur la statue de Marc-Aurèle et une révision du même ouvrage. *La Haye*, 1773, 2 vol. in-8.

La traduction des 34e et 35e livres de l'Histoire naturelle de Pline, qui parut sous le nom de Falconet, n'est pas de lui. Voy. PLINE.

— OEuvres (ses), contenant plusieurs écrits relatifs aux beaux-arts. *Lausanne*, 1781-82, 6 vol. in-8. — Nouv. édit. *Paris*, 1787, 3 vol. in-8.

Pour une édit. plus récente, voy. au Supplément.

— OEuvres choisies. *Paris*, 1785, in-8.

Les articles *Draperies, Bas-Reliefs* et *Sculpture* de l'Encyclopédie sont de Falconet.

FALCONET (Ambr.), avocat. Barreau (le) français, contenant les plaidoyers des plus fameux avocats. 1806, 2 vol. in-4.

— * Début (le), ou premières Aventures du chevalier de***. *Londres et Paris, Rozet*, 1770, 2 vol. in-12.

— * Essai sur le barreau grec, romain et français. *Paris, Grangé*, 1773, in-8.

— * Mémoires du chevalier de Saint-Vincent. *Londres et Paris, Ve Duchesne*, 1770, in-12.

FALCONET DE LA BELLONIE.

— *Psycanthropie (la), ou nouvelle Théorie de l'homme. *Avignon*, 1748, 3 parties in-12.

Ce livre est non-seulement singulier par les idées,

mais encore par l'orthographe. L'auteur écrit tous les *e* muels par un *o*.

FALKNER (Th.) missionnaire et jésuite anglais du XVIIIe siècle.

— * Description des terres magellaniques et des pays adjacents, trad. de l'angl. (par BOURRIT). *Genève, Dufart*, 1787, 2 vol. in-16.

FALLAVEL (J.-M.). Jeu (le) du trictrac, ou les Principes de ce jeu, éclaircis par des exemples en faveur des commençants. *Paris, Nyon l'aîné*, 1776, in-8.

FALLE. Histoire détaillée des îles de Jersey et de Gernesey, trad. de l'angl. par G. L. LEROUGE. 1757, in-12.

FALLE (Mlle Estelle CHABRAND, dame); née à Saint - Gilles, près de Nîmes, le 2 mars 1806, morte à Calmont, le 2 mai 1826.

— * Abrégé (petit) de la vie et des dernières heures de Josephte Haulié, décédée à Calmont, le 26 août 1823. *Toulouse, de l'imp. de Corne*, 1825, in-12 de 24 pag.

— Miséricorde (la) de Dieu, manifestée en J.-C.; trad. de l'angl. (1828). *Voyez ce titre.*

FALLET (Nic.), poète; né à Langres, en 1753, mort le 22 décembre 1801.

— Aventures de Chœrée et de Callirhoé, traduit du grec (1775). Voy. CHARITON.

— Barnevelt, ou le Stathouderat aboli, tragédie en 3 actes (en vers). *Paris, Desenne*, an III (1795), in-8.

— Deux (les) tuteurs, coméd. en 2 actes en prose, mêlée d'ariettes. *Paris, Brunet*, 1784, in-8.

Cette pièce a été réimprimée à Toulouse, en 1785, in-8, sous le nom de La Chabeaussière.

— Fatalité (de la), épître; précédée d'un Discours sur quelques objets de littérature et de morale. 1779, in-8.

— * Matthieu, ou les deux Soupers, comédie en 3 act., en prose, mêlée d'ariettes. (*Paris*), *P. R, C. Ballard*, 1783, in-8.

Cette pièce, qui n'eut point de succès, fut remise au théâtre l'année suivante, en 2 actes; sous le titre des Deux Tuteurs. *Voy.* ci-dessus.

— * Mes Bagatelles, ou les Torts de ma jeunesse, contenant Phaéton, poëme héroï-comique, imité de l'allemand de ZACHARIE, par l'auteur des « Aventures de Chœrée et de Callirhoé ». *Londres et Paris, Costard*, 1776, in-8.

— Mes Prémices. (Recueil de poésies). 1773, in-8.

— Tibère, tragédie (en 5 actes, en vers). *Paris, Cailleau*, 1782, in-8.

Réimpr. l'année suivante à Toulouse, sous le titre de *Tibère et Sérénus*.

Fallet avait encore composé deux autres pièces : les Fausses nouvelles, opéra-com., et Alphée et Zarine, tragédie. Toutes les deux ont eu quelques représentations, mais sont restées manuscrites; il a travaillé pendant quelque temps à la Gazette de France, a fourni des articles au Journal de Paris, des Poésies à l'Almanach des Muses, et a coopéré au Dictionnaire universel, historique et critique des mœurs, etc.   *Biogr. univ.*

FALLETTE BAROL (Oct.-Alexandre).

— Éclaircissements sur plusieurs points concernant la théorie des opérations et des facultés intellectuelles. *Turin*, 1803, in-4.

Extrait du 13e vol. des Mém. de l'Académie de Turin.

— Lettre sur Alfieri.....

— Mémoires de métaphysique. 1804, in-8.

FALLETTI (F.-D.-A.), ci-devant professeur à l'Université de Turin.

— Vocabulaire encyclopédique de poche, français - italien, anglais, etc. *Montpellier, J.-E.-X. Julien*, 1822, in-8. — Sec. édit., corrigée et augm. *Paris, Onfroy*, 1826, in-16, 6 fr.

FALLOIS (J. de). École (l') de fortification, ou Éléments de la fortification permanente et régulière; pour servir de suite à la «Science des ingénieurs» de Bélidor. *Leipzig et Paris*, 1769, in-4.

— Traité de la castramétation et de la défense des places fortes. *Berlin, Decker*, 1771, in-8.

FALLOT (L.-F.). Innocence (l') opprimée, ou la Mort d'Iwan, empereur de Russie, tragédie (en 5 actes, en vers). *Sans nom de ville* (*en Allemagne*), *ni d'imp.*, 1765, in-8.

FALLOT. Mémoire sur quelques sujets intéressants d'anatomie et de physiologie, trad. du holl. (....). Voy. VROLIK (G.).

FALLOURS (Sam.). Histoire naturelle des plus rares curiosités de la mer des Indes, etc., peints au naturel. 1718, 2 tom. en un vol. in-fol.

FALRET (J.-P.). De l'hypocondrie et du suicide. Considérations sur les causes, sur le siége et le traitement de ces maladies, sur les moyens d'en arrêter les progrès et d'en prévenir le développement. *Paris, Croullebois*, 1822, in-8, 7 fr.

FALSAN (F.). * Quelques vues sur l'économie polit. et commerciale, ou Moyens d'éteindre avec facilité les dettes publiques, et particulières, par F.-F. *Paris, Renouard*, an VIII (1800), in-8.

FAMIN (A.), architecte, pensionnaire de l'Académie de France à Rome.

— Architecture Toscane, ou Palais, maisons et autres édifices de la Toscane, mesurés et dessinés, etc, *Paris*, *A. Famin*, 1806-15 , 18 livraisons gr. in-fol.

Avec A. Grandjean.

Prix de la livraison : papier de France, vélin gr. raisin, 4 fr ; pap. de Hollande, 8 fr.; lavé et colorié, 3o fr.

FAMIN (P.-N.), professeur de physique et littérateur; né à Paris, en 1741.

— Carmen pacis; le chant de la paix , odes latine et française , suivies d'autres traductions en vers français et italiens par différents auteurs , et précédées d'une anecdote en forme de préface. *Paris, Desenne,* 1801, in-8 de 16 pag.

— Considérations sur le danger des lumières trop vives pour l'organe de la vue et sur les moyens de s'en garantir. 1802 , in-8.

— Cours abrégé de physique expérimentale, mise à la portée de tout le monde. *Paris, Briand,* 1791 , in-8.

— * Divertissement pour fêter le jour de naissance de la princesse Louis de Rohan, princesse de Courlande, duchesse de Sagan, en un acte et en prose, mêlée de chants. *Paris, sans nom d'imp.,* 8 février 1802, in-8.

— École (l') de la médisance, comédie imitée de l'angl. (1807). Voy. SHÉRIDAN.

— Mariage (le) impromptu , petite pièce en un acte (en vaud.), faite à l'occasion du passage de Monsieur et de Madame, à Fontainebleau, à leur retour de Chambéry. *Paris (Ph. D. Pierres),* 1775, in-8.

— Mes opuscules et Amusements littéraires. *Paris, de l'impr. de Rignoux,* 1820, in-8.

Recueil de poésies fort agréables, et qui , pour la plupart , avaient été lues aux séances publiques de l'Athénée de Paris et de l'Athénée des arts, dont l'auteur est encore membre.

En tête du volume se trouve une comédie en un acte et en vers , intitulée : *la Roue de Fortune*, suivie de la réimpression du Mariage impromptu et du Divertissement que nous avons déjà cité.

— Obligeant (l') mal-adroit, coméd. en 3 actes et en vers. *Paris, Denné,* 1793 , in-8.

On a encore du même plusieurs *pièces fugitives* insérées dans les journaux.

FANGÉ (Dom Augustin), religieux bénédictin de la congrégation de S. Vannes; né à Hatton-Châtel, au commencement du XVIIIe siècle.

— * Mémoires pour servir à l'histoire de la barbe de l'homme. *Liége, Broncart,* 1775, in-8.

— * Vie du très-révérend P. dom Augustin Calmet , abbé de Senones , avec un Catalogue raisonné de tous ses ouvrages. *Senones, Parisot,* 1762, in-8.

Ce religieux est encore auteur d'un Traité (en latin) des sacrements en général et en particulier , ouvrage profond et estimé , d'*Iter Helveticum*; avec fig.; du deuxième volume de la Notice de Lorraine. Il acheva en outre l'Histoire universelle commencée par D. Calmet, son oncle , et fut l'éditeur des Œuvres posthumes de ce dernier. *Biogr. univ.*

FANGOUSE (l'abbé). * Analyse de l'histoire sacrée, depuis l'origine du monde, mêlée de réflexions. *Paris, Debure,* 1780, 1785 , in-12.

— * Incrédule (l') convaincu , suivi de l'Analyse de l'Histoire sacrée, par M. l'abbé ***. *Paris, Bastien,* 1782, in-12.

— * Religion (la) prouvée aux incrédules, avec une lettre à l'auteur du «Système de la nature», par un homme du monde. *Paris , Debure l'aîné,* 1780, in-12.

Reproduit quelques années plus tard sous le titre de *Réflexions importantes sur la religion*, suivies d'une Lettre à l'auteur du Système de la nature (signée R.) par M. L....F.... P. *Paris, Debure l'aîné,* 1785, in-12.

FANGUEUX, ingénieur des mines.

— Mémoire sur plusieurs indices et recherches de houille dans les départements de la Manche, du Calvados et de l'Orne. (Extr. du Journ. des mines). *Paris, Bossange, Masson et Besson,* 1806, in-8.

FANON, (C.R.). alors propriétaire à Crépy.

— Arbres (des) à fruit, et nouvelle méthode d'affruiter le pommier et le poirier. *Paris, A. J. Marchant,* 1807, in-12.

— Observateur (l') forestier, ou Observations sur l'ordonnance de 1669, comme cause principale du dépérissement des forêts, et sur les moyens pratiques de les améliorer; avec des réflexions sur les plantations particulières. *Paris, Michelet; Petit;* an XIII (1804), in-8.

Cette brochure a été reproduite en 1806 sous le titre *Des causes du dépérissement des forêts.*

— Observations (Suppl. aux) sur les causes du dépérissement des forêts et des moyens de les améliorer. *Paris, Marchant,* 1811 , in-8.

FANOST (L.-F.), ingénieur - vérific.

— Encore une réponse aux écrits de M. A. (Aubert) du Petit-Thouars, membre du conseil-général du département d'Indre-et-Loire, contre le cadastre. *Tours, impr. de Mame,* 1821, in-8 de 44 pag.

FANTIN-DES-ODOARS (Ant.-Ét.-Nic.), anc. vicaire-général d'Embrun, historien; né à Pont-de-Beauvoisin, en Dauphiné, en décembre 1738, mort à Paris, le 25 septembre 1820.

— Abrégé chronologique de l'Histoire de la révolution de France, à l'usage des écoles publiques. *Paris, Barba,* 1802, 3 vol. in-12.

— Abrégé (nouv.) chronologique de l'Histoire de France, depuis la mort de Louis XIV, jusqu'au retour de Louis XVIII (formant la suite de l'ouvrage du président Hénault). IIIe édition. *Paris,* 1807, 2 vol. in-8. — IVe édit., continuée jusqu'à la rentrée de Louis XVIII, en France. *Paris, l'Auteur,* 1820, in-4, 15 fr.

La première édition, qui parut en 1788 ne va que jusqu'au Traité de paix de 1783 ; les deuxième et troisième sont continuées seulement jusqu'au Traité de Campo-Formio.

— * Andercan, raja de Brampour, et Padmani, histoire orientale. *Paris,* 1783, 3 v. in-12.

— * Considérations sur le gouvernement qui convient à la France, etc. 1789, in-8.

Ouvrage rare.

— Dictionnaire raisonné du gouvernement, des lois, des usages et de la discipline de l'Église conciliés avec les libertés et les franchises de l'Église gallicane, lois du royaume et jurisprudence des tribunaux de France. *Paris, Moutard,* 1788, 6 vol. in-8.

— Heyder, Azéima, Tippo-Saeb, histoire orientale ; trad. de la langue malabare. *Paris,* 1802, 3 vol. in-12, 6 fr.

— Histoire d'Italie, depuis la chute de la république romaine, jusqu'aux premières années du xixe siècle. *Paris, Perlet (*Foucault*),* 1802-03, 9 vol. in-8, 45 fr.

— Histoire de France, depuis le règne de Charles Maximilien (Charles IX) et la naissance de Henri IV, jusqu'à la mort de Louis XVI, faisant suite à celle commencée par Velly, Villaret et Garnier. *Paris,* 1808-1810, 26 vol. in-12.

La vente du vingt-sixième volume a été long-temps prohibée. On a publié, en 1816, les deux premiers volumes d'une édition in-4. Les suivants, ainsi qu'un vol. d'introduction, en tout 5 volumes, ont été retrouvés parmi les manuscrits de Fantin. L'auteur en projettait une édition en 19 vol. in-8 (dont il a paru 7 vol.), qui auraient compris l'ouvrage de Velly, Villaret et Garnier, refait, réduit et corrigé par Fantin-Desodoards, avec sa continuation. Il se proposait aussi de donner une *Table générale* pour les trois formats.

— Histoire de France, depuis la mort de Louis XIV, jusqu'à la paix de Versailles, en 1783. *Paris, Moutard,* 1789, 8 vol. in-12.

— * Histoire de la République française, depuis la séparation de la Convention nationale, jusqu'à la conclusion de la paix entre la France et l'Empereur. *Paris, Dugour,* an vi (1798), 2 vol. in-8. — Histoire de la République française, depuis le traité de Campo-Formio jusqu'à l'acceptation de la Constitution de l'an xiii. *Paris, Maradan,* 1801, in-8 ; en tout 3 vol. in-8.

Les deux prem. vol. forment les cinquième et sixième de l'Histoire philosophique, etc. IVe édit.; et le troisième, le septième du même ouvrage.

— Histoire philosophique de la Révolution française, depuis la convocation des notables, par Louis XVI. V^e édit., continuée jusqu'à la paix de Presbourg, en 1806. *Paris,* 1807, 10 vol. in-8.

Le dixième volume est intitulé : Supplément à l'Histoire philosophique de la Révolution de France par Fantin Désodoards, dixième volume, depuis le traité de paix définitif d'Amiens, jusqu'à la paix de Presbourg avec l'Autriche, et à celle de Paris avec la Russie. Paris, Belin. Ce Supplément, qui contient 258 pag. in-8, et qui peut être considéré comme un Abrégé du règne de Bonaparte, depuis son consulat, jusqu'à la dernière guerre avec la Prusse et la Russie, c'est-à-dire jusqu'à la paix de Tilsit, a pour auteur M. André (des Vosges). Fantin Désodoards a successivement augmenté les quatre précédentes éditions. La première, qui parut en 1796, n'embrasse que jusqu'à la séparation de la convention nationale, et ne forme que 2 vol. in-8. La seconde, publ. en 1797, forme 4 volumes. La quatrième, seule conforme au manuscrit original, et continuée jusqu'à la fin de 1801, forme 9 volumes.

— Histoire philosophique de la Révolution de France, depuis la première assemblée des notables, en 1787, jusqu'à l'abdication de Napoléon-Bonaparte. VIe édition. *Paris, Barba,* 1817, 6 vol. in-8, 36 fr.

Cette édition n'est qu'un abrégé des précédentes. L'*Histoire de la Révolution*, de Fantin Désodoards, est écrite dans un esprit philosophique, et dans des vues généralement favorables à la révolution ; mais on peut reprocher à son auteur d'avoir modifié ses jugements suivant les circonstances, et de n'être pas toujours exact et judicieux ; son style est, d'ailleurs, habituellement tendu et déclamatoire.

— Institution (de l') des Sociétés, ou Théorie des gouvernements. *Paris, Léop. Collin,* 1807, in-8.

— Louis XV et Louis XVI. *Paris, Buisson,* an vi (1798), 5 vol. in-8, 21 fr.

— Observations sur la Constitution de l'an viii. *Paris, l'Auteur,* an ix (1801) ; in-8 de 48 pag.

Premier (et unique) numéro d'un journal entrepris par Fantin, sous le titre de l'*Ami du gouvernement.*

— Révolution de l'Inde, pendant le xviii siècle, ou Mémoires de Tippo-Saëb, sultan de Maïssour, écrits par lui-même, et traduits de la langue indostane. *Paris, Bridel,* 1796, 2 vol. in-8 ; 1797, 4 vol. in-8.

Fantin Désodoards a été le collabor. de Mercier, aux Annales patriotiques. On lui doit encore l'explication française des Monuments de l'antiquité expliqués (voy. WINKELMANN), et les cinq ouvrages suivants, inédits jusqu'à ce jour : 1° Histoire de France, depuis la mort de Louis XVI jusqu'au retour de Louis XVIII, 6 vol.; 2° Histoire d'Allemagne, 6 vol.; 3° Histoire d'Italie, 6 vol., qui paraissent être une réduction des 9 vol. publ. par l'auteur sur le même sujet; 4° Révolutions de l'Europe dans les gouvernements, depuis la chûte de la République romaine jusqu'à la naissance de la République française, 7 vol.; 5° Lexicographie, ou Dictionnaire des termes français relatifs aux arts et aux sciences, 1 vol.

FARCOT (Jos.-J.-Christ.), membre de plusieurs Sociétés savantes, et de plusieurs administrations municipales; né à Senlis, le 8 avril 1744, mort le 23 août 1815.

— Mémoires sur les moyens d'encourager les découvertes utiles. Ouvrage posthume, publié par J. FARCOT, fils de l'auteur. Paris, Delaunay, 1819, br. in-4, 1 fr.

— Questions constitutionnelles sur le commerce et l'industrie, et projet d'un impôt indirect. Paris, Leclère, 1790, in-8.

FARCY (François-Charles), imprimeur à Paris, membre de la Soc. royale académique des sciences, et de la Soc. royale des Antiquaires de France; né à Paris, le 30 août 1792.

— Aperçu philosophique des connaissances humaines au XIXe siècle. Paris, Baudouin; Farcy, 1827, in-18, 4 fr. 50 c.

— * Avis aux libéraux, par un libéral. Paris, A. Bobée, 1819, in-8 de 16 pag.

— * Cinq (le) mai, ou la Mort de Napoléon, stances élégiaques. (Extr. du Journ. des artistes). Paris, C. Farcy, 1827; in-8 de 4 pag.

— * Commis (les), ou l'Intérieur d'un bureau (scènes à tiroir, en prose). Paris, A. Bobée, 1818, in-8.

— Cours élémentaire de perspective, à l'usage des dames, avec des dessins lith. Paris, Bobée, 1823, in-8, ou Paris, Farcy; Bachelier, 1826, in-8 avec 10 pl., 6 fr.

— * Discours du nouveau bonhomme Richard à ses concitoyens. Paris, Delarue; C. Farcy, 1826, in-18 de 36 pag.

— Enthousiasme (l'), cantate. Paris, imp. de A. Bobée, 1821, in-4 de 8 pag.

— * Esprit (l') du ministère, depuis le commencement de la révolution, jusqu'à nos jours. Paris, A. Bobée, 1818, in-8 de 48 pag.

— * Esquisses bureaucratiques. Paris, C. Farcy, 1826, in-8, 2 fr.

C'est une sec. édit. des deux pièces intitulées : Les Commis et le Ministère chinois; réunies au moyen d'une couverture imprimée. Dans cette réimpression, l'une et l'autre pièce a sa pagination particulière.

L'auteur était employé au secrétariat du ministère de la guerre, lorsqu'il composa ces deux petites pièces.

— Essai sur le dessin et la peinture, relativement à l'enseignement. Paris, Bobée, 1819, 1820, in-8, avec 8 pl.

— État (de l') actuel des beaux - arts en Europe. Paris, Farcy, 1827, in-8 de 16 pag.

Ce sont deux articles extraits du Journal des Artistes; le prem. (de 8 pag.) est une introduction; le second traite des beaux arts en Grèce.

— Examen critique d'Olga, ou l'Orpheline moscovite, tragédie en 5 actes et en vers, et Résumé des débats entre le classique et le romantique. Paris, Lioré, 1828, in-8 de 48 pag., 1 fr. 50 c.

Cet écrit a eu une seconde édit. la même année.

— * Ministère (le) chinois, scènes (en prose) recueillies dans la salle des grands Mandarins, au Palais impérial de Pékin. Paris, A. Bobée, 1818, in-8.

— * Pedro, nouvelle espagnole, recueillie et publ. par C. F. Paris, C. Farcy, 1826, in-12.

— Pétition à la Chambre des pairs, contenant des observations neuves sur les articles 1, 2 et 14 du projet de loi sur la police de la presse, en ce qui concerne les journaux de sciences, de littérature et d'arts. Paris, Farcy, 1827, in-4 de 4 pag.

Le projet de loi fut retiré peu de jours après cette publication.

— Origine (de l') et des progrès de la philosophie en France. (Lu à la Société royale académ. des sciences). Paris, de l'imp. du même, 1826, in-4 de 12 pag.

— Recherches historiques sur l'aigle. (Lues à la Société royale académ. des sciences). Paris, le même, 1826, in-4 de 12 pag.

— Résumé et application des principes élémentaires de la perspective. IIIe édit. Paris, l'Auteur; Bachelier, 1826, 4 cah. in-4 oblong, avec 17 pl., 16 fr.

Lu prem. édit. a paru de 1822 à 1823.

M. Fr. Ch. Farcy a eu part à la traduction de la Collection des mémoires relatifs à la Révolution d'Angleterre, publ. par M. Guizot (le vol. de Warwick est de lui); à celle de la Statistique des États-Unis, par M. Warden. Il a été de 1822 à 1823, l'un des rédacteurs des Muses lyriques, journal de chant, dirigé par M. Lafont; plus tard, le premier janvier 1827, il a fondé le Journal des artistes et des amateurs, dont il est le rédacteur principal.

On doit encore à cet écrivain, comme éditeur, la publication de l'Esprit de la compagnie de Jésus (1826), voy. (au Supplément) BEAUMIER.

FARDEAU (l'abbé). Voy. à la Table des Anonymes : Lettre d'un cosmopolite.

FARDEAU (L.-Gabr.), procureur au Châtelet; né à Paris, en 1730, mort vers 1806.

— * Amusements (les) de la société, ou

Poésies diverses, par l'auteur du Triomphe de l'amitié. *Paris*, 1774, ou 1806, in-12.

La réimpression de 1806 est avec des augmentations.

— Cabaretier (le) jaloux, ou la Courtille, comédie en un acte et en prose. *Paris, Ve Duchesne*, 1780, in-8.

Avec Chamoux.

— Collection de Mémoires, en conformité desquels les affaires, dont ils traitent sont jugées. *Amsterdam et Paris*, 1778, in-12.

— Mariage (le) à la mode, drame en un acte et en vers. *Paris, l'Auteur*, 1774, in-8.

Pièce qui a eu au moins quinze éditions.

— Mérite (le) décrédité, ou le Temps présent, comédie en un acte et en vers. *Londres (Paris), Ve de Poilly*, 1784, in-8.

— Service (le) récompensé, comédie en un acte (en prose). Nouv. édition. *Paris, Cailleau*, 1778, in-8.

— Triomphe (le) de l'amitié, drame en un acte et en vers. *Amsterdam (Paris), Langlois*, 1773, in-8.

— Recueil de Poésies patriotiques et de Société. 1792, in-12.

Les pièces dramatiques de Fardeau n'ont jamais été représentées, et sont au-dessous du médiocre.

FARE (de la). Voy. LA FARE.

FARGEAUD (A.). Rapport sur les paragrèles, fait à la Société d'agriculture et des arts du département du Doubs, dans sa séance du 21 mai 1825. *Besançon, imp. de Ve Daclin*, 1825, in-8 de 24 pag.

FARGEON (D.-J.). * Art (l') du parfumeur, ou Traité complet de la préparation des parfums, cosmétiques, pommades, pastilles, odeurs, huiles antiques, essences, bains aromatiques et des gants de senteur, etc. Contenant plusieurs secrets nouveaux pour embellir et conserver le teint des dames, effacer les taches et les rides du visage, et teindre les cheveux. Ouvrage faisant suite à la Chimie du goût et de l'odorat. Par D.-J.-F...., ci-devant parfumeur de la Cour. *Paris, Delalain fils*, an IX (1801), in-8 de 448 et XIX pag., 6 fr.

Réimp. en 1807.

FARGES-MÉRICOURT (P.-J.) avocat.
— Annuaire historique et statistique du département du Bas-Rhin, pour les années 1804 à 1816. *Strasbourg, Levrault*, 1805-16, 11 vol. in-12.

Le vol. publ. en 1816 est pour les ann. 1814—16.

— Description de la ville de Strasbourg, contenant des notices topographiques et historiques sur l'état ancien et actuel de cette ville; suivi d'un Aperçu de statistique générale du département du Bas-Rhin. *Strasbourg et Paris, Levrault*, 1825, in-12 avec une planche. — Supplément, contenant l'indication des constructions et des embellissements qui ont eu lieu dans la ville, depuis 1825 jusqu'au 7 sept. 1828, jour de l'arrivée à Strasbourg, de Sa Majesté Charles X, etc. *Strasbourg, le même*, 1828, in-12 de 34 pag. avec 2 pl.

FARGUE (de la). Voy. LA FARGUE (de).

FARGUES (le comte de), maire de Lyon, député.
— Vérité (la) sur les événements de Lyon, en 1817: réponse au Mémoire de M. le colonel Fabvier. *Lyon et Paris, Delaunay*, 1818, in-8, 3 fr.

FARIA (l'abbé), Portugais-métis; né à Goa, dans les Indes orientales, mort en France.
— Cause (de la) du sommeil lucide, ou Étude de la nature de l'homme. Tom. Ier (et unique). *Paris, Mme Horiac*, 1819, in-8.

FARIN (Fr.). Histoire de la ville de Rouen. Nouv. édit., augm. (par J. LE LORRAIN). *Rouen*, 1710, 3 vol. in-12, ou 1738, 6 vol. in-12, et 2 vol. in-4.

La première édition, publiée par Farin, est de 1668.

FARIN DE HAUTEMER. Arlequin gouré, ou la Gageure, comédie en un acte et en prose. *La Haye, P. Josse jeune*, 1750, in-8.

— * Bigarrure (la), recueil de pièces fugitives, par M. D. H***. *Lausanne, Bousquet*, 1756, in-8.

— Boulevard (le), opéra-comique, ballet en un acte (et en prose, mêlé de vaudev.) *Paris, Duchesne*, 1753, in-8.

Avec Anseaume.

— Docteur (le) d'amour, comédie en un acte, en vers. *Paris*, 1749, in-8.

— Impromptu des harangères, opéra-comique, divertissement à l'occasion de la naissance de Mgr le duc de Berry (en un acte et en prose, mêlé de vaud.). *Paris, Duchesne*, 1754, in-8.

— Toilette (la), comédie en un acte, en vers. *Lille, P. S. Lalau*, 1749, in-8.

— * Troc (le), opéra-comique, parodie des « Trocqueurs » (en un acte, tout en ariettes et en vaud). *Paris, Duchesne*, 1756, in-8.

FARINES. Mémoire sur la chenille connue vulgairement sous le nom de *conque. Perpignan, impr. de Mlle Tastu*, 1824, broch. in-8.

FARJON (Jacq.), docteur en médecine.

—*Essai sur les eaux thermales de Balaruc, où l'on assigne leurs vertus; la manière dont on les emploie, les préparations nécessaires avant leur usage, et les maladies auxquelles elles sont utiles. *Montpellier, Rigaud et Pons*, 1773, in-8.

FARMAIN DE ROSOY. Voy. Durosoy.

FARMOND... Mémorial alphabét. des règlements de voierie. 1800, in-8, 75 c.

FARNAUD, secrétaire-général de la préfecture des Hautes-Alpes.

— Annuaire du département des Hautes-Alpes. *Gap*, 1806, in-12 de 263 pag.

M. Farnaud fait connaître, dans cet Annuaire, le patois du pays ainsi que son origine qu'il dit être dans la langue celtique; les mœurs et les usages des habitants, et leurs fêtes champêtres.

FARINO. Fables en anglais et en français. *Londres*.....in-8.

Cité par le London Catalogue.

FARQUHAR (Geo.), auteur dramatique anglais.

— Folles (les) raisonnables, comédie en 2 actes (en prose), imité de l'angl., par Dumaniant. *Paris, A. A. Renouard*, 1807, in-8.

Cette pièce fait partie du *Théâtre des Variétés étrangères*. La traduction d'une autre pièce de Farquhar, intitulé : l'*Officier de recrutement*, a été imprimé dans les « Chef-d'œuvres des théâtres étrangers ».

FARRILL (O.). Voy. Azanza.

FATIO (Alexandre), du canton de Vaud.

— Tables d'intérêts simples et composés à diverses dates, suivies de celles de Buffon et Halley, sur la mortalité dans les différents âges de la vie, de divers calculs relatifs aux annuités sur les vies, etc. *Vevey*, 1778, in fol.

FATOUVILLE (N. de), conseiller au parlement de Rouen, et auteur dramatique du XVIIe siècle.

Il a composé, pour l'ancien Théâtre-Italien, 15 pièces qui sont imprimées dans le Théâtre italien de Gherardi, Paris, 1700; Amsterdam, 1701, 6 vol. in-12. Il est désigné par la lettre initiale D***.

Ces pièces sont : Arlequin, chevalier du Soleil, Arlequin empereur dans la Lune; Arlequin Jason, ou la Toison d'or; Arlequin lingère du Palais, Arlequin Mercure galant, Arlequin Prothée; le Banqueroutier; Colombine avocat pour et contre; Colombine femme vengée; la Fille savante; Grapinian, ou Arlequin procureur; Isabelle médecin; le Marchand dupé; la Matrone d'Éphèse, et la Précaution inutile.

FAUBERT (J.-A.). Printemps (le) sacré de 1815, aux hommes libres. *Paris, les march. de nouv.*, mai 1815, in-8 de 32 pages.

— Mémoire instructif sur la manière de tailler les oliviers atteints par la gelée. *Marseille, impr. de Rouchon*, 1820, in-8 de 8 pag.

— Théorie (nouv.) du jaugeage des bâtiments de mer, d'après le système métrique. *Paris, l'Auteur*, 1814, 1817, in-4, avec 6 planch., 6 fr.

FAUCHARD (P.), chirurgien-dentiste; né en Bretagne, à la fin du XVIIe siècle, mort à Paris, le 22 mars 1761.

— Chirurgien-dentiste (le), ou Traité des dents, où l'on enseigne les moyens de les entretenir propres et saines, de les embellir, d'en réparer la perte, et de remédier à leurs maladies, à celles des gencives et aux accidents qui peuvent survenir aux parties voisines des dents. *Paris*, 1728, 1746, 1786, 2 vol. in-12, avec 42 pl.

J. Devaux a eu quelque part à cet ouvrage.

Cet ouvrage est une preuve incontestable de l'habileté de Fauchard, et même de ses connaissances profondes dans cette branche de la chirurgie, qui, malheureusement, semble être le partage exclusif d'une foule d'hommes étrangers aux premiers éléments de l'art de guérir, et que guide la plus aveugle routine. Ce travail a été regardé, jusque dans les derniers temps, et avec raison, comme le meilleur ouvrage que nous possédions sur cette matière. *Biogr. méd.*

FAUCHARD DE GRANDMÉNIL (J.-Bapt.), ancien comédien, membre de l'Institut; né le 19 mars 1737, mort à Paris, le 24 mai 1816.

— Savetier (le) joyeux, opéra-comique en un acte. *Paris, Prault*, 1759, in-8 de 47 pag.

Pièce qui n'a été mentionnée dans aucun des recueils qui ont rapport à l'art dramatique. *Bouch.*

FAUCHAT. Observations sur les ouvrages de M. de Pradt, intitulés : Des Colonies et de la révolution actuelle de l'Amérique, et des Trois derniers mois de l'Amérique méridionale. *Paris, Égron*, 1817, in-8, 1 fr. 80 c.

FAUCHE-BOREL (Louis), agent royaliste; né à Neufchâtel, en Suisse, le 12 avril 1762.

— Mémoire pour L. Fauche-Borel, contre Perlet, ancien journaliste. Sec. édit., rev., corr. et augm., par Lombard, de Langres, avocat, avec cette épigraphe : « Le jour vient révéler tous les crimes à la nuit ». *Paris*, 1816, in-4 et in-8. — Réponse de Fauche-Borel à M. Riffé, substitut de M. le procureur du roi, ayant porté la parole dans l'affaire contre Perlet; suivie du Jugement rendu contre ce dernier. *Paris*, 1816, in-8, avec le portrait de Vitel.

— Mémoires (ses). *Paris, Moutardier,* 1828, 4 vol. in-8, avec un port., 30 fr.

On joint à ces quatre volumes une collection de grav. (17 portraits et 19 fac-simile) au burin, 15 fr.

— Notices sur les généraux Pichegru et Moreau. *Londres,* 1807, in-8.

— Précis historique des différentes missions dans lesquelles M. L. Fauche-Borel a été employé pour la cause de la monarchie, suivi de Pièces justificatives. *Paris, imp. aux frais de l'auteur,* octobre, 1815, in-8.

Opuscule peu connu et très-rare. La plupart des exemplaires ont été cartonnés aux pag. 37—38, 96—97, 99—100. Mais il en est échappé quelques-uns qui n'ont pas subi de mutilation. *Beuch.*

FAUCHER (le P. Chr.) * Histoire de Photius, patriarche schismatique de Constantinople, par le P. Chr. F. *Paris, Edme,* 1772, in-12.

— Histoire du cardinal de Polignac, archevêque d'Auch, commandeur de l'ordre du Saint-Esprit, ambassadeur de France en Pologne, en Hollande et à Rome, des Académies des sciences, française, et de celle des belles-lettres. *Paris, d'Houry,* 1777, 2 vol. in-12.

FAUCHER (Edm.). Voyez SAVIGNY.

FAUCHET (Cl.), ecclésiastique; né à Dorne, en Nivernais, en 1744, mort à Paris, le 31 octobre 1793.

— Discours sur l'accord de la religion et de la liberté. 1791, in-8.

— Discours sur les mœurs rurales pour la fête de la Rosière, etc. *Paris,* 1788, in-8.

— Éloge civique de Benjamin Franklin. 1790, in-4.

— Opinion sur la question de savoir si Louis XVI est jugeable, prononcée à la Convention nationale. 1790, in-8.

— Oraison funèbre de l'abbé de l'Épée. 1790, in-4.

— Oraison funèbre du duc d'Orléans. 1786, in-4.

— Oraison funèbre de Phélipeaux, archevêque de Bourges. 1784, in-4.

— Panégyrique de saint Louis, prononcé en 1774 devant l'Académie. 1774, in-8.

— Religion (de la) nationale. *Paris, Bailly,* 1789, in-8.

Fauchet a fait une partie du texte des Tableaux de la révolution (1790 et 91), et a rédigé, de concert avec Bonneville, le journal intitulé « la Bouche de fer » (1790).

FAUCHET (le chev. de). * Vénus et Adonis, poëme sur l'origine, la cause, les symptômes et le traitement de la venusalgie, ou maladie de Vénus. 1791, in-8, ou *Bordeaux,* 1816, in-18.

FAUCHEUR (Le). Voy. LE FAUCHEUR.

FAUCILLON (J.-J.). Chants élégiaques. *Paris, Ladvocat,* 1820, in-8 de 28 pag.

— Premières (les) amours de Napoléon, poëme, suivi d'un Fragment épique sur l'Assemblée nationale, et de Chants élégiaques, 3e édit. *Paris, Guien,* 1822, in-8.

FAUCON (P.-J.). Éléments (premiers) de lecture et d'écriture, ou Nouvelle Méthode pour apprendre simultanément à lire et à écrire en peu de temps. *Marseille, l'Auteur,* 1814, in-8, 60 c.

FAUCON, avocat.

Il est l'un des rédacteurs des Arrêts de la Cour royale d'Agen (1824). Voy. ce titre à la Table des Anonymes.

FAUCONPRET (de). Voyez DEFAUCONPRET.

FAUDACQ (Charles-François), chirurgien hollandais du XVIIIe siècle.

— Réflexions sur les plaies, ou Méthode de procéder à leur curation. *Namur,* 1735, in-8.

— Traité sur les plaies d'armes à feu, avec des remarques et des observations. *Namur,* 1746, in-8.

FAUDET (l'abbé P.-A.). Heures des colléges. *Paris, Lesage(* Ch. Gosselin),* 1822, in-18, 2 fr. 75 c.

— Conférences sur la religion, à l'usage des colléges. *Paris, Belin et Mandar,* 1823, in-12, 3 fr.

L'abbé Faudet a eu part à la Biographie universelle classique, publ. par le général Beauvais.

FAUDOAS (de). Village(le) abandonné, trad. de l'angl. (1821). Voy. GOLDSMITH.

FAUJAS DE SAINT-FOND (Barthélemy), administrateur du Jardin du Roi, et géologue célèbre; né à Montélimart, en Dauphiné, le 17 mai 1741, mort le 18 juillet 1819.

— * Description des expériences de la machine aérostatique de MM. Montgolfier, et de celles auxquelles cette découverte a donné lieu; suivie de Recherches sur la hauteur à laquelle est parvenue le ballon du Champ-de-Mars; sur la route qu'il a tenue; sur les différents degrés de pesanteur de l'air dans les couches de l'atmosphère; d'un Mémoire sur le gaz inflammable, et sur celui qu'ont employé MM. Montgolfier; sur l'art de faire les machines aérostatiques, etc.; d'une Lettre sur les moyens de diriger ces machines, etc. *Paris, Cuchet,* 1783-84, 2 vol. in-8, avec planches.

Cet ouvrage est le plus complet que nous ayons sur cette matière.

— Dictionnaire des merveilles de la nature. *Paris*, 1802, 3 vol. in-8.

— Essai de géologie, ou Mémoires pour servir à l'histoire naturelle du globe. *Paris, Gabr. Dufour*, 1803-09, 2 vol. en 3 parties, in-8, ornés de 39 planches, dont 4 en couleur, 24 fr. ; pap. vélin, 48 fr.

La première partie traite des coquilles, des madrépores, des quadrupèdes fossiles, des bois siliceux, etc. ; la seconde est relative à tous les minéraux considérés géologiquement ; la troisième est consacrée à l'histoire naturelle des volcans, et forme à cet égard une minéralogie complète.

— Essai sur l'histoire naturelle des roches de Trapps, avec leurs analyses, et des recherches sur leurs caractères distinctifs. *Paris*, 1788, in-12.

Refondu entièrement, et réimpr. sous le titre d'*Histoire naturelle des roches de Trapps, considérées sous les rapports de la géologie et de la minéralogie*. Sec. édition. Paris, Gabr. Dufour, 1813, in-8 avec figures, 2 fr.

— Essai sur le goudron du charbon de terre, et sur la manière de l'employer pour caréner les vaisseaux. *Paris*, 1790, in-8.

— Histoire naturelle de la montagne de Saint-Pierre de Maëstricht. *Paris, Déterville* (*Simonet*), 1799, in-4 avec 54 planches 30 fr. ; in-folio, pap. vélin, dont il n'a été tiré que 100 exemplaires, 42 fr.

— Histoire naturelle de la province du Dauphiné, avec des gravures et une carte géographique et minéralogique de cette province. Tom. Ier (et unique). *Grenoble, Ve Giroud, et Paris, Nyon*, 1782, in-12.

— Mémoire sur la manière de reconnaître les différentes espèces de pouzzolane et de les employer dans les constructions sous l'eau et hors de l'eau. *Amsterdam (Paris)*, 1780, in-8.

— *Mémoire sur les bois de cerf fossiles trouvés en Dauphiné, à Grenoble. *Paris, Ruault*, 1776, 1779, in-4.

— Minéralogie des volcans, ou Description de toutes les substances produites ou rejetées par les feux souterrains. *Paris, Cuchet*, 1784, in-8.

— Recherches sur la pouzzolane, sur la théorie de la chaux et sur la dureté du mortier, avec la composition de différents ciments en pouzzolane, et la manière de les employer, tant pour les bassins, acqueducs, réservoirs, citernes, et autres ouvrages dans l'eau, que pour les terrasses, bétons, et autres constructions en plein air. *Grenoble, Cuchet, et Paris, Nyon aîné*, 1778, in-8.

— Recherches sur les volcans éteints du Vivarais et du Velay, avec un Discours sur les volcans brûlants, des mémoires analytiques sur les schorls, la zéolithe, les basaltes, etc. *Grenoble, Cuchet*, 1778, in-folio, avec 20 pl., 15 à 20 fr.

— Voyage en Angleterre, en Écosse et aux îles Hébrides, ayant pour objet les sciences, les arts, l'histoire naturelle et les mœurs ; avec la description minéralogique du pays de Newcastle, des montagnes du Derbyshyre, des environs d'Édimbourg, de Glasgow, de Perth, de Saint-Andrews, du duché d'Inverrary, et de la grotte de Fingal. *Paris, Jansen*, 1797, 2 vol. in-8, avec fig., 12 f. ; ou 2 vol. in-4, 24 fr.

L'un des profes. du jardin du Roi, Faujas de Saint-Fond, a beaucoup contribué aux deux recueils publiés par les professeurs de cet établissement, dans lesquels on trouve de lui tous les Mémoires suivants : Mémoire sur le Trass ou Tuffa volcanique des environs d'Andernach, avec une planch. (Ann. du Muséum d'hist. nat., tom. Ier, 1802.) — Description des carrières souterraines et volcaniques de Niedermennich, à trois lieues d'Andernach, d'où l'on tire des laves poreuses, propres à faire d'excellentes meules de moulins, avec 3 planch. (id., id.). — Mémoire sur le Caoutchouc, ou Bitume élastique fossile du Derbyshyre (id., id.). — Mémoire sur un poisson fossile trouvé dans une des carrières des environs de Nauterre près de Paris, avec une pl. (id., id.). — Description des mines de Tuffa des environs de Bruhl et de Liblar, connues sous la dénomination impropre de mine de terre d'ombre, ou terre brune de Cologne, avec 2 planch. (id., id.). — Mémoire sur une défense fossile d'éléphant trouvée à cinq pieds de profondeur dans un Tuffa volcanique, dans la commune d'Arbres (Ardèche), avec une planch. (tom. II, 1803). — Mémoire sur une grosse dent de requin, et sur un écusson fossile de tortue, trouvés dans les carrières des environs de Paris, avec une planch. (id., id.). — Mémoire sur deux espèces de bœufs dont on trouve les crânes fossiles en Allemagne, en France, en Angleterre, dans le nord de l'Amérique et dans d'autres contrées, avec 2 planch. (id., id.). — Notice sur des plantes fossiles de diverses espèces, qu'on trouve dans les couches fossiles d'un schiste marneux, recouvert des laves, dans les environs de Rochesauve (Ardèche), avec 2 planch. (id., id.). — Mémoire sur quelques fossiles rares de Vestena Nova dans le Véronais, qui n'ont pas été décrits, et que M. de Gazola a donnés au Muséum nation. d'hist. natur. en l'an xi, avec une planch. (tom. III, 1804). — Essai d'une classification des produits volcaniques, ou Prodrome de leur arrangement méthodique (id., id.). — Notice sur un essai de culture de la Patate rouge de Philadelphie, dans les environs de Paris (tom. V, 1804). — De la *Prehnite* désignée sous la dénomination de Zéolithe du duché des Deux-Ponts ; de la roche qui lui sert de gangue, et du lieu véritable où l'on peut la trouver (id., id.). — Voyage géologique depuis Mayence jusqu'à Oberstein, par Creutznach, Martenstein et Kirn (id., id.). — Classification des produits volcaniques (id., id.). — Voyage géologique à Oberstein, avec 2 pl. (tom. VI, 1805). — Voyage géologique au volcan éteint de Beaulieu (Bouches-du-Rhône) ; où l'on trouve de grandes quantités de laves compactes et de laves poreuses au milieu des dépôts calcaires, et dans le centre des pierres de cette nature (tom. VIII, 1806). — Notice sur le gisement des poissons fossiles et sur les empreintes de plantes d'une des carrières à plâtre des environs d'Aix (.Bouches-du-Rhône (*id.*, *id.*).—Voyage géologique sur le *Monte Ramazzo* dans les Apennins de la Ligurie. Description de cette montagne. Découverte de la véritable *variolite* en place; de son gisement; du *calcaire*; de l'*arragonite*; des *pyrites* martiales, magnétiques, cuivreuses, et arséniacales dans la roche stéatitique; fabrique de sulfate de magnésie (*id.*, *id.*). — Lettre adressée à M. de Lacépède, sur les poissons du golfe de la Spezzia et de la mer de Gênes (*id.*, *id.*). — Des Coquilles fossiles des environs de Mayence, avec une planch. (*id.*, *id.*). — Notice sur le *Madréporite* à odeur de truffes noires des environs de Monte-Viale dans le Vicentin (tom. IX, 1807). — Notice sur une portion de tronc de palmier, trouvée à soixante pieds de profondeur, au milieu d'un tuffa ou brèche volcanique de Montechio-Maggiore dans le Vicentin (*id.*, *id.*). — Description géologique des brèches coquillières et osseuses du rocher de Nice, de la montagne de Montalban, de celles de Cimies et de Villefranche, qui tiennent au même système de formation. Observations critiques au sujet du clou de cuivre que Sulzer dit avoir été trouvé dans l'intérieur d'un bloc de pierre calcaire dure de Nice, et que divers naturalistes ont cité comme un fait certain, d'après l'académicien de Berlin (tom. X, 1807). Notice communiquée à M. Vauquelin, sur la sarcolite de Montechio-Maggiore et de Castel (tom. XI, 1808). — Notice sur une espèce de charbon fossile nouvellement découverte dans le territoire de Naples (*id.*, *id.*). — Voyage géologique de Nice à Menton, à Vintimille, Port-Maurice, Noli, Savonne, Voltri et Gênes, par la route de la Corniche (*id.*, *id.*).— Mémoire sur un nouveau genre de coquille bivalve, avec une pl. (*id.*, *id.*). — Notice sur une mine de charbon fossile du département du Gard, dans laquelle on trouve du succin et des coquilles marines, avec une pl. (tom. XIV, 1809). — Notice sur le piquant ou l'aiguillon pétrifié d'un poisson du genre des raies, et sur l'os maxillaire d'un quadrupède trouvé dans une carrière des environs de Montpellier; précédée de quelques Observations sur les corps organisés, fossiles ou pétrifiés qu'on trouve dans les environs de cette ville, avec une planch. (*id.*, *id.*). — Addition au Mémoire sur les coquilles fossiles des carrières des environs de Mayence, avec une planch. (tom. XV, 1810). — Lettre à M. Thouin (sur la floraison du *Phormium tenax*, vulgairement appelé Lin de la Nouvelle Zélande (tom. XIX, 1812). — Mémoire sur le *Phormium tenax*, improprement appelé Lin de la Nouvelle Zélande, avec une planch. (*id.*, *id.*). — Mémoire sur les roches de Trapps, avec une pl. (*id.*, *id.*). — Histoire naturelle de diverses substances minérales siliceuses et porphyritiques passées à l'état de *Pechsteins*, ou *Pierre de poix*, par l'action des feux souterrains (Mém. du Muséum d'hist. natur., tom. II, 1815). — Nouvelle Notice sur les plantes fossiles, renfermées dans un schiste marneux des environs de Chaumerac et de Rochesauve (Ardèche), avec une pl. (*id.*, *id.*). — Des émaux, des verres et des pierres ponces des volcans brûlants et des volcans éteints (tom. III, 1817). — Notice sur quelques coquilles fossiles des environs de Bordeaux (*id.*, *id.*). — Notice sur quelques unes des plantes fossiles qu'on trouve dans les couches calcaires du Monte Boléa, dans le Véronais, et de Vestena Nova, dans le Vicentin, dans les mêmes gisements où sont les poissons fossiles, avec 3 planch. (tom. V, 1819).

Ce savant est encore l'éditeur des Œuvres de Bern. Palissi; il a fourni des notes à la traduction de MM. Amaury-Duval et Toscan, du Voyage dans les Deux-Siciles, de Spallanzani.

Il a laissé cinq manuscrits, sur le passage du Rhône et des Alpes par Annibal, sur la fontaine de Vaucluse, etc., etc., un ouvrage intitulé: *Quelques*

Réflexions bien imparfaites sur le génie, dont on trouve quelques fragments avec quelques morceaux inédits dans un «Essai sur la vie, les opinions et les ouvrages de Barth. Faujas de Saint-Fond», par M. de FREYCINET (1820). *Voy. ce nom.*

FAULCON (Félix), ancien conseiller au présidial de Poitiers, député aux États-généraux de 1789, membre du Conseil des cinq-cents, et plus tard du Corps législatif, président de la première chambre des Députés après la restauration; né à Poitiers, le 14 août 1758.

— Aux membres du conseil d'état; Précis-historique de l'établissement du divorce, suivi de Notes et Réflexions relatives au titre II du nouveau projet du Code civil. *Paris*, 1800, in-8.

— Extraits de mon Journal, dédiés aux mânes de Mirabeau. *Paris*, *Cussac*, 1791, in-8.

On y trouve un examen rapide des principales opérations de l'Assemblée constituante.

— Fruits de la solitude et du malheur. *Paris*, *Dupont*, 1796, in-8.

Cette production obtint dans sa primeur un succès de vogue.

— Matériaux pour servir à l'histoire de la révolution. *Paris*, *Knapen*, 1790, in-8. — Mélanges législatifs, historiques et politiques pendant la durée de la constitution de l'an III. *Paris*, *Henrichs*, 1801, 3 vol. in-8, 9 fr.

Ces trois volumes sont relatifs aux principaux événements qui eurent lieu pendant la durée entière du Conseil des cinq-cents.

— Voyages et Opuscules. *Paris*, *Debray*, 1805, in-8.

Nous n'indiquerons point ici, ni les pièces détachées que M. Faulcon a fait insérer dans plusieurs journaux, ni les diverses opinions qu'il a émises à la Tribune nationale, et parmi lesquelles nous nous bornerons à citer celle qu'il prononça le 17 brumaire de l'an huit, *contre la loi des otages et contre l'emprunt forcé*; cette date est d'autant plus remarquable qu'alors l'auteur n'avait pas la moindre notion des événements qui eurent lieu le lendemain et les jours suivants.

La Biographie des hommes vivants dit que l'on doit encore à M. Faulcon des vers au Héros d'Italie (dans le Journal de Paris, du 26 frimaire an VI), et quelques poésies dans l'Almanach des Muses. On a dit, ajoute la même Biographie, qu'il avait aussi composé un poème intitulé: le *Robespierrisme*.

FAULCONNIER (P.), de Dunkerque; mort dans cette ville, le 26 septemb. 1735.

— Description historique de Dunkerque. *Bruges*, 1730, 2 vol. in-folio, ornés de petites cartes et de planches.

FAULEAU. Métaphysique de la langue française. (Nouv. édit.). *Paris*, *Vente*, 1786, in-8.

La prem. édit. parut en 1781, sous le titre d'*Éléments de la langue française*.

FAUQUE (Mlle), romancière; née au commencement du XVIIIe siècle, dans le comtat d'Avignon, morte à Londres, où elle était connue sous le nom de Madame de Vaucluse, en.....

— * Abassaï, histoire orientale. *Paris, Bauche*, 1753, 3 vol. in-12.

— * Contes du sérail, traduits du turc. *La Haye*, 1753, in-12.

— * Dernière (la) guerre des bêtes, fable pour servir à l'histoire du dix-huitième siècle, par l'auteur d'Abassaï. *Londres, Seyffert*, 1758, in-12.

— Dialogues moraux et amusants, en angl. et en franç. *Londres, Dilly*, 1777, 1784, 2 vol. in-12.

— * Frédéric-le-Grand au temple de l'immortalité. *Londres*, 1758, in-8.

— * Histoire (l') de madame la marquise de Pompadour, traduite de l'anglais. *Londres, aux dépens de S. Hooper, à la tête de César (Hollande)*, 1759, 2 part. petit in-8 de 160 pag. — Autre édit., sous le même titre et avec la même date, pet. in-8 de 189 pag.

Traduction supposée. Ces deux éditions sont très-rares.

Il ne faut pas confondre cette *Histoire* avec les *Mémoires de la marquise de Pompadour*, traduits de l'anglais, Londres, Hooper, 1763, pet. in-8 de 128 pag., ni avec les Mémoires historiques de madame la marquise de Pompadour, Liège, 1766, 2 vol. pet. in-8. Ces derniers ont eu beaucoup d'éditions.

Le comte d'Affri, ministre de France en Hollande, fut chargé par le Roi d'acheter l'édition entière du livre de mademoiselle Fauque; mais il échappa un exemplaire à ses recherches, lequel a servi à en faire une traduction anglaise.

— Mémoire de Mme F. de la C. (Faulques de la Cépèdes, ou Mme de Vaucluse) contre M. C. (Celesia, ministre de la république de Gênes). *Londres*, 1758, in-8.

Tiré à un petit nombre d'exemplaires.

M. Mac-Carthy a possédé cet ouvrage, dont il est parlé dans les Œuvres posthumes du duc de Nivernois, publ. par M. François de Neufchâteau, Paris, 1807, tom. II, pag. 202.

— * Préjugés (les) trop bravés et trop suivis. *Londres*, 1755, 2 part. in-12.

Cet ouvrage a été réimprimé plus tard sous le titre du *Danger des préjugés*, ou les Mémoires de mademoiselle d'Oran. Paris, Bastien, 1774, 2 parties in-12.

— * Triomphe (le) de l'amitié, ouvrage trad. du grec. *Londres et Paris, Bauche*, 1751, in-12.

— Zélindiens (les). In-12.

Mademoiselle Fauque publia encore, en anglais, les Visirs, ou le Labyrinthe enchanté, et la Belle Assemblée anglaise.   *Biogr. univ.*

FAUR, anc. secrét. du duc de Fronsac.

— Amour (l') à l'épreuve, comédie en un acte, en vers. *Paris, Prault*, 1784, in-8.

— Confident (le) par hazard, com. en un acte et en vers. *Paris, Huet et Charron*, an IX (1801), in-8, 1 fr. 50 c.

— Fête (la) de la cinquantaine, opéra en 2 actes (en prose). *Paris, Huet*, 1796, in-8.

— * Isabelle et Fernand, ou l'Alcade de Zalaméa, com. en 3 actes, en vers (libres), mêlés d'ariettes. *Paris, Prault*, 1784, in-8.

— Montrose et Amélie, drame en 4 actes en prose. *Paris, Prault*, 1783, in-12.

Réimprimé l'année suivante à Toulouse, sous le titre d'*Amélie et Montrose*.

— * Rien pour lui, com.-féérie en 3 actes (en prose), sans interruption, par l'auteur de la « Lampe merveilleuse. » *Paris, Fages*, 1805, in-8.

— Sabot (le) de fidèle, mélodrame en 3 actes en prose, par l'auteur de la « Cinquantaine. » *Paris, Mme Masson*, an XIV (1805), in-8.

— Vie privée du maréchal de Richelieu. *Paris, Buisson*, 1790, 3 vol. in-8; 1792, 3 vol. in-12.

Faur n'est que le rédacteur des deux premiers volumes, mais on assure que le troisième, où se trouve l'aventure de madame Michelin, est entièrement de son invention.

FAURE (P.-Jos-Den.-Guill.), membre de la Convention; né au Hâvre, en 1726, mort en 1818.

— * Consultation sur une question importante, relative à l'article 1er du rapport du comité ecclésiastique. *Paris*, 1790, in-8 de 26 pag.

Maultort a adressé à Faure deux *lettres* sur cette consultation.

— Parallèle de la France et de l'Angleterre, à l'égard de la marine. 1779, in-8.

— * Réflexions d'un citoyen sur la marine. 1759, in-12.

Le duc de Choiseul, après avoir lu ces *Réflexions*, fit venir l'auteur en 1762, et le gratifia d'une somme de 1200 fr.

Une Épitre dédicatoire à M. Berryer a été supprimé dans presque tous les exemplaires. *Barb.*

On doit encore au même auteur l'art. *Marine* de l'Encyclopédie par ordre alphabétique.

FAURE (L.-E.), propriétaire cultivateur à Briançon.

— Berger (le) des Alpes, ou Mémoire sur la manière d'élever, de propager les bêtes à laine d'Espagne (mérinos), et la race indigène dans le département des Hautes-Alpes. *Paris, * Fantin*, 1807, in-12 de VIII et 104 pag., 1 fr.

— Mémoire sur les prairies artificielles. *Paris, Fantin; Mme Huzard*, 1814, in-8 de 32 pag.

FAURE aîné. Statistique rurale et industrielle de l'arrondissement de Briançon. *Gap, J. Allier*, 1823, in-8.

FAURE (N.-J.), * doct. en médecine de la faculté de Montpellier, oculiste de S. A. R. Madame, duchesse de Berri; né au Fournial (Dordogne), le 2 juillet 1782.
— Description graphique de plusieurs maladies des yeux....
— Encore du Bonaparte, ou le Champ de Mars à la distribution des aigles, le 14 frimaire an XII. *Paris, Delaunay*, 1816, in-8, 1 fr. 50 c.
— Observations sur l'iris, sur les pupilles artificielles, et sur la kératonyxis, ou nouvelle Manière d'opérer la cataracte; mémoire présenté à l'Institut. *Paris, l'Auteur; Delaunay; Gabon*, 1818 in-8 de 88 pag.
— Réponse aux Mémoires de madame Campestre. *Paris, Delaunay; l'Auteur*, 1828, in-8.
— Sur l'ophthalmie de l'armée des Pays-Bas. *Paris, de l'impr. de Cordier*, 1826, in-4 de 4 pag.

FAURE (Mlle H.), directrice d'une école d'enseignement mutuel.
— Études analytiques sur les diverses acceptions des mots français. *Paris, Roret*, 1828, in-12, 2 fr. 50 c.
— Synonymes (nouv.) français, à l'usage des jeunes demoiselles. *Paris, Mme Huzard* (*Roret); 1818, in-12, 3 fr.

Il y a des exemplaires avec un nouveau titre, portant le nom du libraire Roret, et la date de 1828.

FAURE (le doct.). Souvenirs du Nord, ou la Guerre, la Russie et les Russes, ou l'Esclavage. *Paris, Pélicier; Mongie*, 1821, in-8, 4 fr.

FAURE (Guill.-Stan.), imprimeur au Hâvre; né dans cette ville, le 1er mars 1765, mort le 30 mars 1826.
— Flambeau (nouv.) de la Mer, ou Description nautique des côtes d'Angleterre, d'Irlande, d'Écosse et de France depuis Calais jusqu'à Saint-Jean-de-Luz. Extrait et traduit des meilleurs ouvrages anglais et français. *Au Hâvre, Faure*, 1822, un vol. avec 7 planches. — Flambeau (nouveau) de la Mer, ou Description nautique des côtes d'Espagne et de Portugal et de celles de la Méditerranée et îles en dépendant; mer Noire, mer d'Azof, etc., avec une série de phrases françaises et un idiome arabe; des instructions pour les navigateurs qui se trouvent obli-

gés de relâcher sur les côtes de Barbarie, et des notes historiques; orné de cartes, plans et vues de côtes, extrait et traduit des meilleurs ouvrages français et anglais. *Au Hâvre, St. Faure, et Paris, Dezauche*, 1824, un vol.; en tout 2 vol. in-8 avec un atlas petit in-fol. oblong de 75 cartes.

L'atlas est intitulé : Plans et Vues du deuxième volume du Flambeau de la Mer : ensemble 34 fr.
Faure a pris, sur le frontispice de cet ouvrage, le titre d'anc. éditeur du *Petit Flambeau de la mer* : il était l'un des rédacteurs du « Recueil des décisions commerciales et maritimes (1825) ». Voy. ce titre à la Table des Anonymes.

FAURE-FINANT. Bazar parisien, ou Choix raisonné des produits de l'industrie parisienne, augmenté d'une liste alphabétique des banquiers et principaux négociants de la capitale, etc. *Paris, au bureau*, 1821—1825, 5 vol. in-8.

Avec M. Missolz.
La première année a paru sous le titre du Bazar parisien, ou Annuaire de l'industrie, etc. Prix de chaque année, 7 fr.

FAURIEL.

M. Fauriel a enrichi notre littérature de traductions d'ouvrages estimés, tels que la Parthénéide, ou Voyage aux Alpes (1810), voy. BAGGESEN ; le Comte de Carmagnola, et Adelphis, deux tragédies de MANZONI (1823), *voy. ce nom.*; les Chants populaires de la Grèce moderne (1824), *voy. ce titre*; Italie (l') avant la domination des Romains, trad. de l'ital. (1824), voy. MICALI. Il est l'un des rédacteurs de la Revue encyclopédique (1819), et du Journal asiatique.
M. Fauriel a aussi donné une édition des Poésies de Chaulieu et de Lafare, précédée d'une Notice sur les deux auteurs (1803).

FAURIS DE SAINT-VINCENS (Jules-Fr.-Paul), président au parlement d'Aix et antiquaire; associé régnicole de l'Académie des Inscriptions; né à Aix (Bouches-du-Rhône), en 1718, où il est mort, le 23 octobre 1798.
— Mémoire sur les monnaies et les monuments des anciens Marseillais. 1771, in-4, avec 3 planch.
— Tables des monnaies de Provence. 1770, in-4.

La Biographie universelle dit que deux Mémoires de cet antiquaire ont été impr. dans le recueil de l'Académie des Inscriptions ; mais c'est une erreur: Fauris peut bien les avoir lus au sein de cette Société savante, mais ils ne se trouvent pas insérés dans ses Mémoires. Un Mémoire de Fauris de Saint-Vincens *sur les monnaies qui eurent cours en Provence, depuis la fin de l'empire d'Occident jusqu'au seizième siècle*, avec des planches, a été inséré par Papon, dans les tom. II et III de son histoire de cette province. Quelques morceaux de lui, inédits, ont été impr. plus récemment, à la suite de la Notice biographique que lui a consacrée son fils. Voy. l'art. suivant.

FAURIS DE SAINT-VINCENS (Alex.-Jul.-Ant.), fils du précédent; président au parlement d'Aix, antiquaire, associé libre de l'Acad. des inscr. et bel.-let., correspondant de celles de Marseille, de Grenoble, du Var et de Vaucluse; l'un des membres fondateurs de la Société académique d'Aix; né à Aix, le 3 septembre 1750, mort dans cette ville, le 15 novembre 1819.

— Lettre à M. A.-L. Millin, accompagnée de Lettres de Peiresc et de Scaliger. *Paris, Sajou*, 1815, in-8.

Impr. d'abord dans le Magasin encyclopédique, en 1805. Les lettres de Peiresc sont écrites pendant son voyage en Italie: parmi ces lettres on en trouve une de Brutius, sur la table de Peutinger, et sur la colonne Trajane.

Fauris de Saint-Vincens a publié, en outre, quatre suites de Lettres inédites de Peiresc dans différents volumes du Magasin encyclopédique. Il a donné, dans les Annales encyclopédiques, une suite à cette collection : elles ont été réunies et réimpr. à Aix, en 1816. Voy. PEIRESC.

— Mémoire sur l'état des lettres et des arts, et sur les mœurs et usages suivis en Provence, dans le xve siècle. (Extr. du Magasin encycl.). *Paris, Sajou*, 1814, in-8.

— Mémoire sur la position de l'ancienne cité d'Aix. *Aix, Pontier*, 1816, in-8.

Imprimé d'abord dans le Magasin encyclop., en 1812.

— Mémoire sur les antiquités et curiosités de l'église cathédrale de Saint - Sauveur d'Aix, avec l'explication d'une curieuse inscription du xvie siècle. *Aix, Pontier*, 1818, in-8.

— Mémoire sur les antiquités et curiosités de la ville d'Aix. *Aix, Pontier*, 1818, in-8.

— Mémoire sur les bas-reliefs des murs et des portes extérieures de Notre-Dame de Paris, et sur les bas - reliefs extérieurs du chœur de la même église. (Extr. du Magazin encycl.). *Paris, Sajou*, 1816; *Aix, Pontier*, 1816, in-8, avec 2 pl. gravées.

— Mémoire sur une tapisserie du chœur de l'église Saint-Sauveur, cathédrale d'Aix, qui était autrefois dans l'église Saint-Paul de Londres. (Extr. du Magazin encycl.). *Paris, Sajou*, 1812, in-8.

— Mémoires d'antiquités, contenant les monnaies des comtes de Provence, les médailles et jetons frappés en Provence et les monnaies qui ont eu cours en Provence, sous les comtes. *Aix, Henricy*, an ix (1801), in-4.

— Mémoires et Notices relatifs à la Provence. *Aix, Pontier*, 1817, in-8.

— Notice des monuments antiques conservés dans le Muséum de Marseille. *Marseille, Achard*, 1805, in-8.

— * Notice sur Jul.-Fr.-Paul Fauris Saint-Vincens. *Aix, Henricy*, an viii (1800), in-4.

Cette notice a été impr. d'abord dans le Magasin encyclopédique, mais avec moins d'étendue. L'édition de 1804, dans laquelle l'auteur a donné plus de développements à l'analyse des ouvrages de son père, est enrichie de 12 planches, représentant des médailles et d'anciens monuments découverts en Provence, et augm. de divers morceaux inédits de Saint-Vincens le père, qui sont : 1° Inscription grecque, tirée de la maison qu'avait habité Peiresc, expliquée par Chardon, de la Rochette (voyez Mélanges de crit. et de littér., tom. Ier); 2° Médailles de Marseille; 3° Mémoire sur une urne sépulchrale, et sur une inscription en vers grecs, trouvés à Marseille, dans le mois de prairial an vii; 4° Notice sur quelques anciennes médailles du cabinet de feu J. F. P. Fauris de Saint-Vincens. Ces trois derniers morceaux ont chacun leur pagination particulière.

— Notice sur les lieux où les Cimbres et les Teutons ont été défaits par Marius, et sur le séjour et la domination des Goths en Provence. (Extr. du Magasin encycl.). *Paris, Sajou*, 1814, in-8.

— Notice sur un manuscrit de sa bibliothèque, contenant les sermons de Pierre de Marini, religieux augustin, évêque de Glandèves, confesseur du roi René. *Aix, Pontier*, 1816, in-8.

Impr. d'abord dans le Magasin encyclopédique.

On a encore du président Fauris de Saint-Vincens plusieurs autres mémoires, qui ainsi que les précédents ont été imprimés dans le Magasin encyclopédique et dans les Annales encyclopédiques, mais qui ne paraissent pas avoir été, comme eux, imprimés à part; ce sont: Description d'un trésor trouvé à Rome, au pied du mont Esquilin, lors des fouilles faites en 1794, dans le jardin des religieuses de Saint-François de Paule (Magasin encyclopédique, 1796, tom. I). — Mémoire sur une urne sépulcrale, et sur une inscription en vers grecs, trouvée à Marseille (idem, 1799, tom. III). Réimpr. à la suite des Mémoires sur les monnaies des comtes de Provence. — Notice sur quelques anciennes médailles de Vélia (Magas. encycl., 1799, tom. III). — Mémoire sur l'état du commerce en Provence, pendant le quinzième siècle (idem, 1801, tom. III). — Mémoire sur un buste de marbre trouvé à Marseille, et que l'on a prétendu représenter Agrippine (id., id., tom. IV). — Mémoire sur un monument votif de marbre blanc qu'on voyait à Aix, avant la révolution dans l'église de Saint-Sauveur (Mém. de l'Acad. de Marseille, tom. II, 1803). — Notice d'un monument consacré à la mémoire de Peiresc (Mag. encyclopéd., 1803, tom. VI). — Découverte d'antiquité à Conil, près d'Aix (id., 1806, tom. Ier). — Sur un bassin découvert dans les fouilles faites hors des murs d'Aix (id., 1808, tom. II). — Analyse d'un Mémoire sur l'état des lettres, de l'instruction et des arts en Provence dans le xve siècle (id., 1813, tom. VI). — Précis d'un Mémoire sur les monnaies, la valeur des denrées et des marchandises, les mœurs, les rits et les usages du xve siècle en Provence (id., 1814, tom. Ier). — Mémoire sur quelques découvertes d'antiquité faites auprès d'Aix en 1817 (id., 1817). Ce mémoire a été réimprimé en 1819, dans le recueil de la Société académique d'Aix. — Mémoire sur une plaque d'argent, trouvée à Cadenet, en Provence, à la fin de 1817 (id., 1818, tom. IV). — Mémoire sur un marbre qui sert de banquette dans le cloître de Saint-Sauveur, et qui porte une inscription du x ou xie siècle (Mém. de la Société académique d'Aix, 1819).

Le président Fauris de Saint-Vincens s'était beaucoup occupé d'une Histoire d'Aix, et d'une autre du roi René : l'une et l'autre sont restées non achevées.

Extrait de la Notice sur M. de Saint-Vincens, par M. Marc. de Fonscolombe.

FAUSSE-LENDRY (le marq. de). Mémoires (ses) sur les journées de septembre 1792......

Impr. dans un vol. de la *Collection des Mémoires relatifs à la Révolution française.*

FAUSTE (Jean). Histoire prodigieuse et lamentable de Jean Fauste, grand magicien et enchanteur, avec son testament et sa mort épouvantable. (Trad. de l'allem., par V. PALMA - CAYET). *Cologne*, 1712, pet. in-12, 3 à 5 fr.

Toutes les éditions de cette histoire ont quelque valeur.

FAUTRIÈRE (L.-Davy de), conseiller de la Chambre des enquêtes; né à Paris, en 1700, mort en 1756.

— Épître newtonienne (en vers) sur le genre de philosophie propre à rendre heureux. 1739, in-12.

— * Examen du vide, ou Espace newtonien, relativement à l'idée de Dieu. *Paris*, *Gissey*, 1739, in-12.

— Ode sur la convalescence de roi. 1744.

On a encore de Fautrière quelques pièces satiriques sur le système de Law, impr. dans le Ier vol. de Mélanges historiques de Bois-Jourdain. Paris, 1807.   *Paign.*

FAUVEAU (J.), avocat. * Pensées sur le mystère de la grâce. 1734, in-4.

FAUVEAU, négociant. * Réflexions sur les finances et le commerce, par M. F***. *Paris*, *Bailleul*, 1814, in-8 de 44 pag.

FAUVELET DE BOURIENNE (L.-Ant.), anc. secrétaire de Napoléon, aujourd'hui ministre d'état, membre du conseil privé de S. M.; né à Sens (Yonne), le 9 juillet 1769.

— Inconnu (l'), drame en 5 actes, trad. de l'allem. (1792). Voy. KOTZEBUE.

— Mémoires (ses), sur Napoléon, le directoire, le consulat, l'empire et la restauration. Vol. I.-IV. *Paris*, *Ladvocat*, 1829, 4 vol. in-8, 30 fr.

Six volumes restent à publier.

— * Recueil d'articles insérés dans le Correspondant de Hambourg, pendant les cent jours de l'usurpation , en allemand , avec le texte français. *Hambourg*, 1816 , in-8.

Ces articles qui ont paru successivement traduits en allemand dans le Correspondant de Hambourg , depuis le 8 avril jusqu'au 16 juin 1815, sont au nombre de 16, et accompagnés d'un avis de l'éditeur.

On a long-temps attribué à M. de Bourienne divers pamphlets publiés de 1814 à 1820, sur Napoléon, sa famille et sa cour, à la cause de l'inscription *par M. le bar. de B****, qu'on lit sur leurs frontispices : on sait aujourd'hui d'une manière bien positive qu'ils sont d'un agent de police , nommé Ch. DOXIS (*Voy. ce nom*).

FAVANNE DE MONTCERVELLE (de).

— * Catalogue systématique et raisonné , ou Description du magnifique cabinet appartenant ci - devant à M. le C. de *** (le comte de la Tour d'Auvergne); ouvrage intéressant pour les naturalistes. *Paris* , *Quillau* , 1784 , in-8.

FAVARD DE L'ANGLADE (le baron Guill.-J.), jurisconsulte, conseiller d'état, président de la Cour de cassation, membre du comité du contentieux du conseil d'état et du comité du contentieux de la maison du Roi; né à Saint-Floret, près d'Issoire (Puy-de-Dôme), le 20 avril 1762.

— Manuel pour l'ouverture et le partage des successions, avec l'Analyse des principes sur les donations entre-vifs, les testaments et les contrats de mariage. *Paris*, *Nève*, 1812, in-8, 7 fr.

Refondu dans le *Répertoire de la nouvelle législation.*

— Répertoire de la législation du notariat. *Paris*, *F. Didot*, 1807, in-4, 15 fr.

Une sec. édit., considérablement augm., et formant 2 vol. in-4, est actuellement sous presse ; elle paraîtra sous peu.

— Répertoire de la nouvelle législation civile, commerciale et administrative , ou Analyse raisonnée des principes consacrés par le Code civil , le Code de commerce et le Code de procédure, par les lois qui s'y rattachent, par la législation sur le contentieux de l'administration et par la jurisprudence. *Paris*, *F. Didot et fils*, 1823-24, 5 vol. in-4, 90 fr.

— Traité des priviléges et hypothèques, avec le rapprochement des lois, décrets impériaux, des avis du Conseil d'état , et des arrêts de la Cour de cassation , rendus sur cette matière, depuis la publication du Code Napoléon, jusqu'au mois de mai 1812. *Paris*, *F. Didot*; *Nève*, 1812, in-8.

Refondu aussi dans le *Répertoire de la nouvelle législation.*

Le baron Favard de l'Anglade a publié des édit. de nos cinq Codes, avec les exposés des motifs, etc. (voy. à la Table des Anonymes , au titre de chacun de ces Codes), ainsi qu'un «Recueil des ordonnances et réglements de Louis XVIII (1814) ». Voyez aussi ce titre.

FAVAREILLE - PLACIAL. Tableau des accidents les plus funestes qui résultent des mauvais traitements de la gale. *Paris*, *Allut*, 1808 , in-8.

FAVART (Ch.-Sim.), auteur dramatique; né à Paris, le 13 novembre 1710, mort le 12 mai 1792.

—Acajou, opéra-comique (en 3 actes en prose et en vers, et en vandev.). *Paris, Prault fils*, 1744, 1748, 1753, in-8.

—Amant (l') déguisé, ou le Jardinier supposé, com. en un acte (et en vers), mêlée d'ariettes. *Paris, Ve Duchesne*, 1769, 1772, in-8.

L'abbé Voisenon fit à cette pièce quelques légers changements.

—* Amants (les) inquiets, parodie de Thétis et Pélée (en un acte, toute en vaudev.). *Paris, Ve Delormel et fils*, 1751; *Paris, Prault fils*, 1751; *Paris, N. B. Duchesne*, 1760, in-8.

—* Amitié (l') à l'épreuve, com. en 2 actes et en vers (libres), mêlée d'ariettes. (*Paris*), *P. R. C. Ballard*, 1770, ou *Paris, Ve Simon et fils*, 1770, et *Paris, Ve Duchesne*, 1771, 1776, in-8.

Il y a une édition de Toulouse, 1788, sous le titre de la *Nouvelle Amitié à l'épreuve*, et une autre de Paris, Ballard, 1786, sous le titre des *Vrais Amis, ou l'Amitié à l'épreuve*.

— * Amour (l') au village, opéra-com. en un acte et en vaudev. *Paris, Ve Delormel et fils*, 1752, ou *Paris, Duchesne*, 1762, in-8.

—* Amour (l') impromptu, parodie de l'acte d'Églé, dans les «Talents lyriques» (en un acte, toute en vaudev.). *Paris, Duchesne*, 1756, 1767, in-8.

— Amours (les) champêtres, pastorale (en un acte, toute en vaudev.), parodie de l'acte des Sauvages, quatrième entrée des « Indes galantes ». *Paris, Ve Delormel et fils*, 1751, ou *Paris, N. B. Duchesne*, 1759, in-8.

Réimprimés à Amsterdam en 1751, et à La Haye, en 1754, in-8.

— Anglais (l') à Bordeaux, com. en un acte et en vers libres. *Paris, Duchesne*, 1763, in-8.

Réimpr. à Amsterdam dans la même année.

—* Baiocco et Serpilla, parodie française du Joueur, opéra-bouffon italien en 3 intermèdes (toute en couplets). *Paris, Ve Delormel et fils*, 1753, ou *Paris, N. B. Duchesne*, 1760, in-8.

Réimpr. à La Haye, en 1753, sous le nom de Sody, qui est le compositeur, et la même année à Bordeaux, sous le titre de *Baiocco*.

— Bal (le) bourgeois, opéra-comique en un acte (et en prose), mêlé d'ariettes. *Paris, * Duchesne*, 1762, in-8.

— Bal (le) de Strasbourg, divertissement allemand, au sujet de la convalescence du roi, opéra-comique ballet (en un acte, tout en vaudevilles). Par MM. F...D, L. G...

et L. S... *Paris, Prault fils*, 1744, in-8.

Avec de Lagarde et Laujon.

— * Bateliers (les) de Saint-Cloud, opéra-comique de M. F*** (en un acte et en prose, mêlé de vaud.). *Paris, Prault fils*, 1744, ou *Paris, * Duchesne*, 1766, in-8.

— * Belle (la) Arsène, com.-féerie en 3 actes (en vers), mêlée d'ariettes. (*Paris*), *P. R. C. Ballard*, 1773, in-8.

— La même pièce, en 4 actes. *Sans nom de ville, ni d'impr.*, 1776, in-12, ou *Parme, de l'imp. roy.*, 1789, in-8.

— Bohémienne (la), comédie en 2 actes, en vers (libres), mêlée d'ariettes, traduite de la Zingara, intermède italien. *Paris, Ve Delormel et fils*, 1755, ou *Paris, N. B. Duchesne*, 1759, in-8.

Réimpr. à La Haye en 1755, in-8, et à Liége, en 1770, in-12.

— Caprice (le) amoureux, ou Ninette à la Cour, com. en 3 actes (et en vers libres), mêlée d'ariettes parodiées de Bertholde à la Cour. *Paris, Ve Delormel et fils*, 1755, in-8.

Réimpr. à La Haye, chez H. Constapel, en 1758, in-8.

— La même pièce, remise en 2 actes (et en vers libres). *Paris, N. B. Duchesne*, 1759, in-8.

Réimpr. à La Haye, chez H. Constapel, en 1767, in-12.

— La même pièce, sous le titre de «Ninette à la Cour», opéra-comique en 2 actes et en vers, remis avec des changements au théâtre de l'Opéra-Comique. *Paris, Vente*, 1812, in-8, 1 fr. 50 c.

— Ninette à la Cour, comédie en vers libres, de Favart, mise en un acte et en vaudeville; précédée d'un prologue par MM. DUPIN et T. SAUVAGE. *Paris, Duvernois*, 1822, in-8, 1 fr.

— La même, remise (au théâtre) avec des changements, par MM. OURRY et DARTOIS. *Paris, Mme Huet; Barba*, 1822, in-8, 1 fr. 50 c.

— Ninette, ou la petite Fille d'honneur, com. en 2 actes, mêlée de couplets, imitée de Favart; par MM. BRAZIER, CARMOUCHE et JOUSLIN. *Paris, Mme Huet*, 1823, in-8, 1 fr. 50 c.

— Chercheuse (la) d'esprit, opéra-com. (en un acte et en prose, mêlé de vaudev.). *Paris, Ve Allouel*, 1741, ou *Paris, Prault fils*, 1750, in-8.

— La même pièce, mise en vaudeville par MM. GERSIN et GABRIEL. *Paris, Barba*, 1822, in-8, 1 fr. 50 c.

— La même, remise au théâtre avec des

changements, par MM. Du Mersan et Lafontaine. *Paris, Mme Huet*, 1822, in-8,
1 fr. 5o c.

— * Chinois (les), comédie en un acte, en
vers (libres), mêlée d'ariettes, parodie de
« Cinese ». *Paris, Ve Delormel et fils*, 1756,
ou *Paris, N. B. Duchesne*, 1759, in-8.

Avec Naigeon, qui est le seul nommé sur la
pièce.

— Coq (le) de village, opéra-comique (en
un acte et en prose, mêlé de vaudev.). *Paris, Prault fils*, 1743, 1752, in-8.

Avec Parmentier.

— Coq (le) de village, tableau-vaudeville
en un acte, remis au théâtre avec des changements de MM. Décour et Ch. Hubert.
Paris, Duvernois, 1822, in-8, 1 fr.

— La même pièce, remise au théâtre avec
des changements par MM. Décour, Ch.
Hubert et Théod. Anne. *Paris, Duvernois,
Mme Sédille*, 1822, in-8, 1 fr. 5o c.

— La même, avec des changements par
MM. Carmouche et de Courcy. *Paris,
Pollet*, 1822, in-8, 1 fr.

— La même, arrangée en opéra-comique,
par Ach. Dartois. *Paris, Mme Huet*, 1823,
in-8, 1 fr. 80 c.

— Coquette (la) sans le savoir, opéra-com.
en un acte. *Paris, Prault fils*, 1744, ou
Paris, Duchesne, 1759, in-8.

Avec P. Rousseau, de Toulouse.

— Coquette (la) trompée, com. en musique (en un acte et en vers libres). (*Paris*),
Ballard, 1753, in-4.

— Cythère assiégée, opéra-comique en un
acte (tout en vaud.). *Sans nom de ville, ni
d'impr.*, 1748, ou *Paris, Duchesne*, 1760,
in-8, ou *Paris, Delormel*, 1775, in-4.

Avec Fagan.

— * Départ (le) de l'Opéra-Comique, compliment en un acte (et en prose, mêlé de
vaud.). *Paris, Duchesne*, 1759, in-8.

— Don Quichotte chez la Duchesse, ballet-
comique en 3 actes (et en vers libres).
Nouv. édit. *Paris, N. B. Duchesne*, 1760,
in-8.

— École (l') des amours grivois, opéra-
comique ballet, divertissement flamand en
un acte (tout en vaud.). Par F. D, L. G.
et L. S**. *Paris, Prault fils*, 1744, ou *Paris, P. G. Lemercier*, 1753, in-8.

Avec La Garde et Le Sueur.

Il y a une édition de cette pièce sous le titre des
Amours grivois, etc. Dern. édit. *Sans nom de ville, ni
d'impr.*, 1751, in-8.

— Fanfale, parodie d'Omphale, avec des
divertissements (en 5 actes, et toute en
vaudev.). *Paris, Ve Delormel et fils*, 1752,

ou *Paris, N. B. Duchesne*, 1759, in-8.

— Fausse (la) Duègne, ou le Jaloux corrigé par force, opéra-com. en 2 actes (et
en prose), mêlé d'ariettes. *Sans nom de
ville, ni d'impr.*, 1756, in-8.

Pièce rare qui ne se trouve point dans le recueil
des œuvres de l'auteur.

— Fée (la) Urgèle, com. en 4 actes (et en
vers libres), mêlée d'ariettes. (*Paris*),
Christ. Ballard, 1765, ou *Paris, Duchesne*,
1765, in-8.

L'abbé de Voisenon a eu part à cette pièce. La sec.
édit. porte pour second titre : *Ou ce qui plaît aux
Dames*.

— Fête (la) du château, divertissement
(en un acte et prose), mêlé de vaudev. et
de petits airs. *Paris Ve Duchesne*, 1766,
in-8; 1770, in-12.

— Fêtes (les) de la paix, divertissement
en un acte (en vers libres et ariettes).
Paris, Duchesne, 1763, in-8.

— Hippolyte et Aricie, parodie nouvelle
(de l'opéra du même nom, de l'abbé Pellegrin), (en un acte, toute en vaudevilles).
Paris, Ve Delormel, 1742, ou *Paris, Prault
fils*, 1744, et *Paris, N. B. Duchesne*, 1759,
in-8.

— * Impromptu (l') de la cour de marbre,
divertissement comique, à l'occasion de la
naissance de Mgr le duc de Bourgogne (en
un acte et en vaudev.). *Sans nom de ville,
ni d'impr.*, 1752, in-8.

Avec de La Garde.

— * Indes (les) dansantes, parodie des
« Indes galantes (de Fuzelier) », (en trois
entrées, et toute en vaudev.). *Paris, Ve Delormel et fils*, 1751, in-8. — IVe édition.
Paris, N. B. Duchesne, 1759, in-8.

Les trois entrées sont : le Turc généreux, les Incas du Pérou, les Fleurs : à la suite est un divertissement intitulé : *la Fête des Fleurs*.

Cette pièce a été réimpr. à La Haye, en 1754.

— Isabelle et Gertrude, ou les Sylphes
supposés, com. en un acte (et en prose),
mêlée d'ariettes. *Paris, Ve Duchesne*, 1765,
in-8, et 1770, in-12.

— La même pièce, avec des changements,
par Carmouche, de Courcy et Vander-
Buch. *Paris, Mme Huet*, 1822, in-8.

— * Jeunes (les) mariés, opéra-comique
en un acte (et en prose, mêlé de vaud.).
La Haye (Paris), P. Gosse junior, 1755,
ou *Paris, Duchesne*, 1757, in-8.

Avec Parmentier.

— Mariage (le) par escalade, opéra-com.
(en un acte, tout en vaudevilles). *Paris,
Ve Delormel*, 1756, ou *Paris, Duchesne*,
1757, in-8.

— * Matinée (la), la soirée et la nuit des boulevards; ambigu de scènes épisodiques, mêlé de chants et de danses, divisé en 4 part. (en prose et en vaud.). *Paris, Cailleau,* 1776, in-8.

— Mémoires et Correspondance littéraire, dramatique et anecdotique (publiés par A. P. C. FAVART, petit-fils de l'auteur, et H. F. DUMOLARD). *Paris, Léop. Collin,* 1808, 3 vol. in-8.

— Moissonneurs (les), com. en 3 actes et en vers (libres), mêlée d'ariettes. *Paris, Vᵉ Duchesne,* 1768, in-8 gravé.

— Moulinet premier, parodie de Mahomet second (trag. de Lanoue), (en un acte, en prose et en vers, mêlée de vaudev.). *Paris, Vᵉ Allouel,* 1739, in-8.

Réimpr. à La Haye en 1739, in-8. Il y a une édition de la même année, intitulée Moulinet premier, parodie de Moulinet second. Paris, Prault fils, in-8.

— Ninette à la Cour....

Voy. plus haut : *Le Caprice amoureux.*

— * Noce (la) interrompue, parodie d'Alceste (opéra de Quinault), (en 3 actes et en prose, mêlée de vaud.). *Paris, Vᵉ Delormel et fils,* 1758, ou *Paris, Duchesne,* 1760, in-8.

— Nymphes (les) de Diane, opéra-com. (en un acte et en vers libres, mêlé de vaudevilles). *Sans nom de ville, ni d'impr.,* 1748, ou *Paris, Duchesne,* 1755, in-8.

— * Parodie (la) au Parnasse, opéra-comique en un acte (et en prose, mêlé de vaud.). *Paris, Duchesne,* 1759, in-8.

— * Pétrine, parodie de Proserpine (opéra de Quinault), (en un acte et en prose, mêlée de vaudevilles et d'ariettes). *Paris, N. B. Duchesne,* 1759, in-8.

Sédaine a fait plusieurs couplets de cette parodie.

— Prix (le) de Cythère, opéra-com. (en un acte et en prose, mêlé de vaud., avec un Prologue en vers libres). *Paris, Prault fils,* 1742, ou *Paris, P. Clément,* 1742, et *Paris, Duchesne,* 1761, in-8.

Avec le marq. de Paulmy.

— * Procès (le) des ariettes et des vaudevilles, pièce en un acte (en prose, mêlée d'ariettes). *Paris, Duchesne,* 1760, in-8.

Avec Anseaume.

— Raton et Rosette, ou la Vengeance inutile, parodie de Titon et de l'Aurore (opéra de l'abbé de La Marre), (en un acte et en vaudev.). *Paris, Vᵉ Delormel et fils,* 1753, 1754, ou *Paris, N. B. Duchesne,* 1759, in-8.

— Recueil de parodies. 1751, in-8.

— * Répétition (la) interrompue, ou le Petit-Maître malgré lui, opéra-com. (en un acte, avec un Prologue; le tout en prose

et en vaud.). *Paris, N. B. Duchesne,* 1758, in-8.

— * Ressource (la) des théâtres, pièce en un acte (et en prose, mêlée de vaudev.), par C***. *Paris, Duchesne,* 1760, in-8.

— * Retour (le) de l'Opéra-Comique, en un acte (et en prose, mêlé de vaudev.), par M***. *Paris, Duchesne,* 1759, in-8.

— Rêveries (les) renouvelées des Grecs, parodie d'Iphigénie en Tauride (opéra de Guillard), en 3 actes et en vers, mêlée de vaud.). *Paris, P. Delormel,* 1779, in-8.

— La même pièce, sous le titre d'Oreste et Pilade, parodie renouvelée de Favart, à propos de Clytemnestre; par MM. Francis (ALLARDE) et Armand (DARTOIS). *Paris, J. N. Barba,* 1822, 1 fr. 50 c.

— Rose (la), etc. (1754). Voy. PIRON.

— Rosière (la) de Salenci, com. en 3 actes (et en prose), mêlée d'ariettes. (*Paris*), *P. R. C. Ballard,* 1769, ou *Paris, Vᵉ Duchesne,* 1770, in-8.

— * Servante (la) justifiée, opéra-com. (en un acte et en prose, mêlé de vaud.), de MM. F*** et F***. *Paris, Prault fils,* 1744, ou (*Paris*), *P. R. C. Ballard,* 1773, in-8.

Avec Fagan.

— Soirée (la) des Boulevards, ambigu (en un acte et en prose), mêlé de scènes, de chants et de danses. *Paris, N. B. Duchesne,* 1759. — Sec. édit. *Paris, le même,* 1759, in-8. — Supplément de la Soirée des Boulevards, opéra-com. (en un acte, en prose, mêlé d'ariettes). *Paris, Duchesne,* 1760, in-8.

— Soliman second, com. en 3 actes, en vers (libres). *Paris, Duchesne,* 1762, ou *Paris, Vᵉ Duchesne,* 1766, in-8.

— La même, sous le titre de Soliman second, ou les Sultanes, etc. *Paris, Cailleau,* 1776, et *Paris, Vᵉ Duchesne,* 1776, in-8.

— La même. Nouvelle édition, conforme à la représentation (sous le titre des Trois Sultanes). *Paris, Barba; Hubert,* 1817, in-8, 1 fr. 50 c.

— La même (sous le même titre), mise en un acte et en vaudev. (par MM. DUPIN et SAUVAGES). *Paris, Barba; Bezou,* 1826, in-8.

— * Thésée, parodie nouvelle de Thésée (opéra de Quinault), (en un acte, toute en vaudev.). Par MM. F... P... L... *Paris, Prault fils,* 1745, in-8.

Avec Parvi et Laujon.

— Tyrcis et Doristée, pastorale (en un acte, toute en vaudev.), parodie d'Acis et Galathée (opéra de Campistron). *Paris,*

Ve Delormel et fils, 1752, ou Paris, N. B. Duchesne, 1759, in-8.

— * Zéphire et Fleurette, parodie de Zélindor (opéra de Montcrif), en un acte (et toute en vaudevilles). Par MM***. Paris, Ve Delormel et fils, 1754, in-8.

Avec Laujon et Panard.
Cette pièce a été réimpr. la même année à La Haye.

— Théâtre (son). Paris, 1763—72, 10 vol. in-8, fig., 24 à 30 fr.

Il faut s'assurer si la Belle Arsenne se trouve à la fin du tom. X. Cette collection n'est que la réunion de pièces déja imprimées, pour lesquelles on a fait des titres.

— Théâtre choisi. Paris, Léop. Collin, 1810, 3 vol. in-8, pap. ord. et pap. vélin.

Même choix que le suivant : on y trouve de plus, la Parodie d'Annette et Lubin, par Favart lui-même, impr. là pour la première fois.

— Le même, sous le titre d'OEuvres choisies (précédées d'une Notice sur la vie et les ouvrages de l'auteur, par M. AUGER). Paris, F. Didot (* Hect. Bossange), 1813, 3 vol. in-18, pap. ord., 3 fr. ; pap. fin, 3 fr. 75 c. ; pap. vélin, 9 fr. ; gr. pap. vél., 13 fr. 50 c.

Ces trois volumes sont ainsi composés. Tom. Ier : la Notice de M. Auger, les Trois Sultanes, l'Anglais à Bordeaux, la Chercheuse d'esprit, le Coq de village, les Amours de Bastien et Bastienne (de madame FAVART). Tom. II : Ninette à la Cour, Annette et Lubin (de madame FAVART), Isabelle et Gertrude, la Fée Urgèle, les Moissonneurs. Tom. III : la Rosière de Salency, l'Amitié à l'épreuve, la Belle Arsenne, les Rêveries renouvelées des Grecs, et des vaudevilles et chansons diverses.

Le Théâtre de Favart devait être imprimé dans la Bibliothèque dram.; le prem. vol. a même paru, mais il n'a pas été plus achevé que la collection dont il faisait partie. Ce premier volume contient une Notice sur Favart, par L. Castel, la Chercheuse d'esprit, le Coq de village, Bastien et Bastienne, Ninette à la cour, les Trois Sultanes, avec des détails historiques, et Notices et Examens.

FAVART (Mar.-Justine-Benoite de Ronceray, dame), épouse du précédent.

— Amours (les) de Bastien et Bastienne, parodie du Devin de village (en un acte, toute en vaudevilles). Paris, Ve Delormel et fils, 1753, ou Paris, Duchesne, 1759, 1766, in-8.

Avec Harny.
Impr. aussi à La Haye, en 1760, et à Besançon, en 1765.

— Annette et Lubin, comédie en un acte, en vers (libres), mêlée d'ariettes et de vaudevilles. (Paris, Chr. Ballard), 1762, ou Paris, Duchesne, 1762, 1763, in-8.

Réimpr. à Copenhague, en 1766, in-8.
Cette jolie pièce fut composée en société avec Lourdet de Santerre.

— Ensorcelés (les), ou Jeannot et Jeannette, parodie des « Surprises de l'amour » (opéra de Gentil Bernard), (en un acte, en prose et en vaudevilles). Paris, V^e De-

lormel et fils, 1758, ou Paris, N. B. Duchesne, 1758, 1766, in-8.

Avec Guérin et Harny.

— La même pièce, sous le titre des Ensorcelés, ou les Amants ignorants, vaud. en un acte, avec des changements, par MM. DUPIN et T. SAUVAGE. Paris, Pollet, 1822, in-8.

— Fête (la) d'amour, ou Lucas et Colinette, petite pièce en vers (libres), en un acte (mêlée d'ariettes; avec un prologue en vers libres). Paris, Ve Delormel et fils, 1754, in-8.

Avec Chevalier.

— Fille (la) mal gardée, ou le Pédant amoureux, parodie de la Provençale (de Lafont),(en un acte et en prose, mêlée d'ariettes). Paris, N. B. Duchesne, 1758,in-8.

Avec l'abbé de L***.

— Fortune (la) au village, parodie de l'acte d'Églé (de Laujon), (en un acte, en prose, mêlée de couplets). Paris, Duchesne, 1761, in-8.

Avec Bert***.
Madame Favart passe pour être auteur de plusieurs pièces publiées sous le nom de son mari; on a même mis son nom au frontispice du 5e volume des OEuvres de Favart; mais comme Voisenon, elle n'a seulement fourni que quelques idées à notre auteur dramatique. M. Fabien Pillet dit, dans la Biographie universelle, que selon toute apparence, la conception, les caractères, le style et le fonds du dialogue des pièces où madame Favart ou Voisenon ont pris part, sont de Favart; les saillies de gaîté, les traits naïfs et délicats sont de sa femme, et qu'on ne peut guère reconnaître là part de l'abbé Voisenon qu'à la recherche des jeux de mots et au clinquant du bel-esprit.

FAVART (Ch.-Nic.-Jos.-Justin), fils des précédents, auteur et artiste dramatique; né en 1749, mort le 1er février 1806.

— Compliment de cloture, pour le théâtre italien, le 1er avril 1786 (tout en vaudevilles). Paris, Vente, 1786, in-8.

— Déménagement (le) d'Arlequin, marchand de tableaux, compliment de clôture du théâtre Italien, en prose et en vaudeville, le samedi 5 avril 1783. Paris, Ve Duchesne, 1783, in-8.

— * Départ (le) du Seigneur, compliment de clôture du Théâtre italien, en un acte (en prose), mêlé de vaudev., le 11 mars 1780. Paris, Ve Ballard et fils, 1780, in-8.

— Diable (le) boiteux, ou la Chose impossible, divertissement en un acte (en prose), mêlé de vaudev. Paris, Ve Duchesne, 1782, in-8.

— Famille (la) réunie, comédie en 2 actes, en prose, mêlée d'ariettes. Paris, Brunet, 1790, in-8.

— * Joseph, ou la Fin tragique de Mâme

Angot, bagatelle morale (en un acte et en prose), mêlée de chant. Par les auteurs de la « Sagesse humaine, ou Arlequin Memnon». *Paris, Gueffier jeune*, sans date,in-8.

Avec l'abbé P. Valent. Mullot.

— Mariage (le) singulier, comédie en un acte, en prose, mêlée de vaudev. *Paris, Cailleau*, 1787, in-8.

—* Sagesse (la) humaine, ou Arlequin Memnon, comédie en 2 actes en prose, mêlée de chant. *Paris, Gueffier jeune*, an vi (1798), in-8.

Avec l'abbé P. Valent. Mullot.

— Trois (les) Folies, opéra-tragi-comique, en un acte, en vaudev. *Paris, Ve Duchesne*, 1786, in-8.

FAVART (A.-P.-C.), fils du précédent.

Il est auteur, en société, de quatre pièces imprimées, voyez les articles DUMOLARD, DUPIN et GENTIL, et le co-édit. des Mémoires et Correspondance de son grand-père (1808).

FAVART (J.-P.), médecin à Marseille; né à Sérignan (Hérault), le 28 juin 1777.
— Dissertation sur le Scorbut. *Montpellier*, an vi (1798), in-4.

— Essai sur l'entendement médical, suiv. d'une nouvelle Méthode pour apprendre la médecine. *Marseille, imp. d'Achard*, 1822, in-4, 9 fr.

— Mémoire, qui a remporté le premier prix, au jugement de la Société de médecine pratique de Montpellier, sur la question proposée en ces termes : Déterminer, d'après l'observation, si les fièvres catarrhales graves diffèrent essentiellement des fièvres remittentes, et indiquer spécialement avec le traitement qui leur convient, quelle est l'utilité du quinquina dans les unes et dans les autres. Sec. édit. *Marseille, l'Auteur*, 1814 , in-8.

Mémoire imprimé d'abord dans les Annales cliniques de Montpellier.

— Rapport fait à la Société royale de médecine , sur l'épidémie qui a régné à Marseille, en 1826. *Marseille, de l'imp. d'Achard*, 1828, in-8 de 24 pag.

On doit encore au docteur Favart une *Dissertation sur la fièvre en général*, publ. sous le nom de Chabanon, d'Uzès : il a coopéré à la rédaction de l'Asclépiade et de l'Observateur des Sciences médicales.

FAVART D'HERBIGNY (l'abbé Christ. Élis.), chanoine de Reims, mort le 4 septembre 1793.
— Dictionnaire d'histoire naturelle, qui concerne les testacées et coquillages de mer , de terre et d'eau douce. *Paris*, 1775, 3 vol. pet. in-8.

Cet ouvrage a été plusieurs fois attribué au frère de cet ecclésiastique, le général Nic. Favart, mais la Biographie universelle assure que c'est à tort.

FAVEAUX, substitut de procureur.

M. Faveaux est l'un des rédacteurs du Recueil des arrêts notables de la Cour imp.de Liège (1811).

FAVÈDE DE MONTEILI (l'abbé), précenteur de Saint-Julien; né à Alais, le 18 mai 1728.
— Dissertation theologico-mathematica de veritate religionis christianæ. 1756.
— Dissertation touchant la diminution des eaux de la mer. 1756.
— Précis de l'histoire de France. 1760.
— Précis de la Vie des Saints. 1764, in-24.

FAVEREAU (l'abbé), docteur en théologie.
— Oraison funèbre de Mgr le Dauphin. 1766, in-4.

FAVEROLLES, l'un des pseudonymes sous lequel Mme Guénard a publié plusieurs romans. Voy. GUÉNARD.

FAVEY (Geo.). Abrégé de l'histoire des Helvétiens, connu aussi sous le nom des Suisses. *Lausanne*, 1802, in-8; ou 1818, in-12.

FAVIER , célèbre publiciste ; né à Toulouse , vers le commencement du xviiie siècle , mort à Paris , le 2 avril 1784.
— Doutes et Questions sur le traité de Versailles, entre le roi de France et l'impératrice reine de Hongrie. Sec. édition. *Londres*, 1791, in-8.

La prem. édit., qui parut en 1778, in-8, est anonyme.

—*Essai historique et politique sur le gouvernement présent de la Hollande. *Londres* (Paris), 1748, 2 vol. in-12.
— Mémoires secrets de milord Bolingbrocke, trad. de l'angl. (1754). Voy. BOLINGBROCKE.
— Observations sur la maison d'Autriche et particulièrement sur le traité de Versailles, du 1er mai 1756. Nouv. édit. *Paris*, 1792, in-8.
— * Poète (le) réformé, ou Apologie pour la Sémiramis de Voltaire. *Amsterd.*, 1748, in-8.
— * Politique de tous les cabinets de l'Europe, pendant les règnes de Louis XV et de Louis XVI, contenant des pièces authentiques sur la correspondance du comte de Broglie; un ouvrage sur la situation de toutes les puissances, dirigé par lui et exécuté par M. Favier; les Doutes sur le traité de 1756 (entre la France et l'Autriche), par le même; plusieurs Mémoires du comte de Vergennes, de M. Turgot, etc. manuscrits trouvés dans le cabinet de Louis XVI. (Publ. par ROUSSEL, avocat). *Paris, Buisson*, 1793, 2 vol. in-8.

— Le même ouvrage. Sec. édit., considérablement augmentée de notes et de commentaires, et d'un Mémoire sur le Pacte de famille, par L.-P. Ségur l'aîné, ex-ambassadeur. *Paris, le même*, 1801, 3 vol. in-8, 12 fr.

On trouve dans cet ouvrage les Conjectures raisonnées sur la situation actuelle de la France dans le système politique de l'Europe, etc., ouvrage dirigé par le comte de Broglie, exécuté par Favier et remis à Louis XV dans les derniers mois de son règne (16 avril 1773). Ce travail a terminé la fameuse correspondance secrète de Louis XV ; c'est le seul monument qui en reste avec les Pièces authentiques imprimées dans la même collection.

La *Politique de tous les cabinets de l'Europe* a été réimpr. dans les *OEuvres de M. de Ségur*.

— *Spectateur (le) littéraire sur quelques ouvrages nouveaux. *Paris*, 1746, in-12.

Favier a encore concouru, avec Fréron, J. J. Rousseau, l'abbé Arnaud, M. Suard et autres, à la rédaction du « Journal étranger » (1754-62).
Biogr. univ.

Favier est l'un des auteurs à qui l'on a attribué une « Complainte sur le départ de mademoiselle Rosette Baptiste » (1767). Voy. ce titre à la Table des Anonymes.

FAVIER fils. Pizarre aux Indes, ou la Conquête du Pérou, grand ballet-pantom. (*Lyon*, 1788), in-8.

FAVIER. Nouvelles recherches sur le perfectionnement de l'art de la teinture et de différents procédés. *Paris, Lerouge*, 1806, in-12.

FAVIER, ingénieur en chef des ponts-et-chaussées.

— Examen des conditions du mode d'adjudication des travaux publics ; suivi de considérations sur l'emploi de ce mode, et de celui de régie. *Paris, Bachelier*, 1824, in-8, 2 fr.

FAVIER DU BOULAY (l'abbé Henri), né à Paris, en 1670, mort en la même ville, le 31 août 1753.

— *Épîtres en vers, à l'auteur du poëme sur la Grâce (Racine fils). *Paris, Garnier*, 1724, in-8.

La Biographie universelle ne cite qu'une édition de 1730, dont le titre diffère de quelque chose.

— Histoire universelle, traduite du latin (1737). Voy. JUSTIN.

— *Lettre d'un abbé à un académicien, sur le discours de M. de Fontenelle, au sujet de la question de la prééminence entre les anciens et les modernes. Sec. édit. *Rouen, Hérault*, 1703, in-12.

La première édition est de Rouen, 1699.

— Lettres (trois) des choses surprenantes arrivées à Saint-Médard, en la personne de l'abbé Bescherand. 1731, in-4.

— Oraison funèbre du duc de Berri. *Paris*, 1714, in-4.

— Oraison funèbre de Louis XIV. *Metz*, 1715, in-4.

Réimpr. dans le Recueil des Oraisons funèbres de ce prince. Paris, 1716, 2 vol. in-12.

FAVIÈRES (Edm.-Guill.-Fr. de), anc. conseiller du parlement de Paris, auteur dramatique ; né vers 1760.

— Élisca, ou l'Amour maternel, drame lyrique, en 3 actes en prose, mêlée d'ariettes. *Paris, Cailleau*, an VII (1799), in-8.

Avec Grétry neveu.

— Élisca, ou l'Habitante de Madagascar, drame lyr. en 3 actes. *Paris, Mme Masson*, 1812, in-8.

— Espiègleries (les) de garnison, coméd. en 3 actes (en prose), mêlée d'ariettes. *Paris, Brunet*, 1791, in-8.

— Fanny Morna, drame lyrique en 3 act., en prose, mêlée d'ariettes. *Paris, Cailleau*, an VIII (1800), in-8.

— Grand-père (le), ou les Deux âges, comédie en un acte (et en prose), mêlée d'ariet. *Paris, Mme Masson*, an XIV (1806), in-8.

— Herman et Verner, ou les Militaires, fait historique en 3 actes et en prose. *Paris, Huet ; Charon*, 1803, in-8.

— Jean et Geneviève, opéra-comique en un acte et en prose, mêlé d'ariettes. *Paris, Vente*, 1810, in-8, 1 fr. 25 c.

Représenté dès 1792.

— Lisbeth, drame lyrique en 3 actes et en prose, mêlé de musique. *Paris, Vente ; Duchesne*, 1797, in-8.

— *Mauvaise tête et bon cœur, comédie en 3 actes et en prose. *Paris, Cailleau et fils*, 1790, in-8.

— Paul et Virginie, comédie en 3 actes et en prose, mêlée d'ariettes. *Paris, Brunet*, 1791. — Nouv. édit. *Paris, Bezou*, 1824, in-8.

La prem. édit. est anonyme.

— Trois (les) Hussards, comédie lyrique en 2 actes en prose. *Paris, Mme Masson*, 1804, in-8, 1 fr. 20 c.

M. Favières est encore auteur, en société, de quatre autres pièces imprimées de 1803 à 1825. Voyez les articles CREUZÉ DE LESSER, MARSOLLIER, MÉLESVILLE, et VIAL.

On lui doit aussi plusieurs pièces de poésies latines : elles sont imprimées dans le 14e volume des « Amusements du cœur et de l'esprit ». La plus importante est intitulée : l'*Éloge du printemps*.

FAVRAS (le marq. Thom. MAHY DE) ; né à Blois, en 1745, mort à Paris, le 19 février 1790.

— Correspondance (sa) et celle de sa femme, pendant leur détention. 1790, in-8.

— Déficit (le) des finances de France, vaincu par un mode de réconstructions annuitaires, etc. 1789, in-4.

— Testament de mort. 1790, in-8.

Il existe de lui des Mémoires relatifs aux troubles de la Hollande, dit la Biographie universelle et portative des Contemporains.

FAVRAT (Fr.-André de), général au service de Prusse, mort en 1804.

— *Mémoires pour servir à l'histoire de la guerre de la Révolution de Pologne, depuis 1794 jusqu'en 1796. *Berlin*, 1799, in-8.

FAVRE. Histoire des guerres d'Italie, trad. de l'ital. (1738). Voy. GUICHARDIN.

FAVRE (P.-Fr.), prêtre; né à Bretigny, canton de Fribourg.

— Lettres édifiantes et curieuses sur la visite apostolique de M. de la Beaume, évêque d'Halicarnasse, à la Cochinchine. *Venise*, 1746, in-4; ou 1753, 3 vol. in-12.

— Mémoire (prem.) apologétique, etc. *Avignon*, 1753, in-12.

FAVRE (Fr.), chanoine d'Annecy.

— *Controverse pacifique sur l'autorité de l'Église, ou Lettres du M. D. C. (du ministre des Certolz), à l'évêque du Puy (M. de Pompignan), avec les réponses de ce prélat. *Montauban*, 1757; *Paris*, 1758, pet. in-12.

FAVRE (Jean-Baptiste), prieur de Cellanova; né au village de Pondres, près Soummières, suivant les uns, et selon d'autres à Nimes, dans la paroisse de Saint-Castor, en 1728, mort le 6 mars 1783.

— Siege (lou) de Caderoussa, pouema patois en tres cans. *A Monpeyé*, G. Izard, 1797, in-12.

— Recul d'uvras patoisas. *Montpellier*, J.-G. Tournel, 1815, 2 vol. pet. in-12.

Le premier volume contient les ouvrages déjà imprimés de feu M. Fabre, et, entre autres, une comédie intitulée : lou Trésor de Substancioun (Substantion, ancienne ville du Languedoc dont il ne reste aucun vestige), ou l'Opéra de Castelnaou. Le second vol. contient quelques-unes de ses œuvres inédites, savoir : 1° l'opéra d'Aoubais, pieça patoisa, en un acte; 2° la Fain d'Érizictourn, imité d'Ovide (Métamorph., liv. VIII); 3° Traductioun de la VIII° satira d'Horaça; 4° Traductioun de quaouquas épigrames de Martial (au nombre de 7); 5° Fragments de l'Odyssée d'Homère, travestie en vers patois (des cinq premiers livres). La préface est signée L. J. Brunier, avocat, éditeur (du sec. volume).

FAVRE (l'abbé de), de la Société littéraire de Metz.

— Daphnis et Chloé, conte allégorique, présenté à S. A. S. Madame la duchesse de Chartres, sur la maladie de M. le duc de Chartres. 1777, in-8.

— Quatre (les) heures de la toilette des dames, poëme érot. en IV chants. *Paris, Bastien*, 1779, in-8, ou *Paris, Nyon*, 1783, in-12.

FAVRE (A.-P.), pharmacien. Instructions sur les moyens à employer pour rappeler à la vie les personnes asphyxiées par les vapeurs meurtrières du charbon. *Paris*, 1805, in-12.

— Sophistication (de la) des substances médicamenteuses, et des moyens de la reconnaître. *Paris, Colas; l'Auteur*, 1812, in-8, 4 fr. 50 c.

FAVRE (H.), de Wufflens (canton de Vaud), memb. du Conseil acad. de Lausanne.

— *Escher de la Linth, ou le Véritable Patriote, par l'auteur de Fontenelle et la marquise de G*** dans les mondes. *Genève et Paris, Paschoud*, 1826, in-8, p. vél., 2 fr.

— Fontenelle et la marquise de G***, dans les mondes. *Paris et Genève, le même* 1821, in-12, 2 fr. 50 c.

— *Galerie des antiquités grecques, trad. de l'allem. (1824). Voy. HORNER.

— Mémoire sur la construction des fourneaux russes.....

— Rives (les) du Léman, ou Épître à un Suisse, sur l'amour de la patrie. par H. F. *Lausanne, Blanchard*, 1814, in-8 de 51 pag.

FAVRE (J.-C.), d'Evires. Considération sur la tonte des gros animaux domestiques, et examen de l'opinion du médecin vétérinaire Noyez. *Genève, Paschoud*, 1819, in-8 de 44 pag., 1 fr. 50 c.

— Observations et conseils pratiques sur l'engraissement des veaux, des vaches et des bœufs, dans le canton de Genève. Mémoire couronné, etc. *Genève et Paris, le même*, 1824, in-8, 1 fr.

FAVRE, de Constance, de l'Académie des bêtes.

— Police moderne (de la). *Paris, Corréard*, 1820, in-8 de 16 pag.

FAVRE (Augustin). Quelques observations sur les circonstances présentes. *Marseille, imp. de Dubié*, 1823, in-8 de 24 p.

FAYDIT (l'abbé P.-Val.), écrivain satyrique français, mort en 1709.

— *Apologie du système des Saints Pères sur la Trinité. *Nanci*, 1702, in-12.

L'auteur a été enfermé à Saint-Lazarre pour cet ouvrage.

— Remarques sur Virgile, sur Homère, et sur le style poétique de l'Écriture-Sainte. *Paris, Cot*, 1705-1710, 2 vol. in-12.

C'est le moins mauvais ouvrage de l'auteur.

— *Supplément des Essais de littérature,

pour la connaissance des livres. *Paris, Pierre Ribou*, 1703 et 1704, 6 part. en 2 vol. in-12.

L'auteur a mis son nom à la 4ᵉ partie et aux suivantes, qui sont très-rares.

— * Télémacomanie (la), ou la Censure et critique du roman intitulé : « les Aventures de Télémaque ». *Eleutherople, Pierre Philalèthe*, 1700, in-12.

Satire dégoutante du chef-d'œuvre de Fénélon.

— Vie de saint Amable, trad. du lat. Voy. (. . . .) JUSTE.

Pour l'indication des autres ouvrages de l'abbé Faydit, dont la publication est antérieure à 1700, voy. la Biographie universelle.

Le mauvais goût et la mauvaise foi qui règnent dans les ouvrages de cet écrivain lui valurent plusieurs ennemis.

FAY (Étienne), compositeur dramatique, et ancien acteur de l'Opéra-comique ; né à Tours en 1770.

— Plan d'une organisation générale de tous les théâtres de l'empire (français), précédé de Réflexions sur la nécessité de fixer l'état moral et physique des comédiens pour l'ordre social, pour les mœurs, pour le plus grand intérêt de l'art dramatique. *Paris, Ant. Bailleul, et Delaunay*, 1813, in-8, 1 fr. 50 c.

FAY (du). Voy. DUFAY.

FAYE (P. Polyc.), doct. en médecine.

— Essai sur les eaux minérales de la ville de Bourbon - l'Archambault. *Moulins, Faure*, 1778, in-8.

— Essai (nouv.) sur les eaux thermales et minérales de Bourbon-l'Archambault, département de l'Allier, ou Histoire physique, chimique et médicale des eaux : 1° thermales, gazeuzes et composées de Bourbon ; 2° ferrugineuses, salines et gazeuzes de la fontaine de Jonas ; 3° acidules, ferrugineuses de Saint-Pardoux. *Paris, Croullebois*, 1804, in-8 avec pl., 3 fr. 60 c.

— Lettre (sa) au médecin**, son ami (conc. ses bains). *Paris, de l'impr. de Didot jeune*, 1800, in-8 de 21 pag.

FAYE (la). Voy. LA FAYE.

FAYETTE (la). Voy. LA FAYETTE.

FAYEULLE (L.), menuisier à Boulogne. M. de Cornichon, ou le Prétendu dupé, comédie-vaud. en 3 actes. *Boulogne-sur-Mer, de l'impr. de Vᵉ Olivier-Dolet*, 1817, in-8.

FAYOLLE (Fr.-Jos.-Mar.), littérateur ; né à Paris, le 15 août 1774.

— Acanthologie, ou Dictionnaire épigrammatique, recueil par ordre alphabétique. *Paris*, 1817, in-12.

— Adresse à la Chambre des Députés, sur le rappel des bannis, l'organisation des vétérans et le renvoi des Suisses. *Paris, Ladvocat*, 1819, in-8 de 16 pages.

— Cours de littérature en exemples, ou Morceaux choisis des meilleurs écrivains, précédés d'instructions sur les différents genres de style. Sec. édit., augm. *Paris, Ménard et Desenne*, 1822, 2 vol. in-12, 6 fr.

La prem. édit est de 1817.

— * Dialogue des morts, Racine et Mᵐᵉ de Sévigné, sur l'opinion. *Paris, de l'imp. de Sajou*, 1814, in-8 de 8 pag.

— Dictionnaire histor. des musiciens, etc. (1810-12). Voy. CHORON.

— Discours en vers sur la littérature et les littérateurs. *Paris, de l'impr. de Moller*, 1801, in-8.—*Paris, de l'impr. de Sajou*, 1814, in-8 de 8 pag.

— Élégie sur un cimetière de campagne, trad. de l'angl. (1812). Voy. GRAY (Th.).

— Énéide, viᵉ livre, trad. du latin. (1808). Voy. VIRGILE.

— * Esprit de Rivarol. *Paris, Béchet*, 1808, in-12.

— * Esprit de Sophie Arnould. *Paris, F. Louis*, 1813, in-8.

— Génie (le), ode. *Paris, de l'impr. de Sajou*, 1814, in-8 de 8 pag.

Tiré à 100 exemplaires qui n'ont pas été destinés au commerce.

— Goût (le), ode. *Paris*, 1814, in-8.

— Journée du Mont-Saint-Jean. *Paris, Mᵐᵉ Ladvocat*, 1818, in-8 de 40 pag.

Publ. sous le pseudon. de Paul.

— Lettre d'un Français au Roi, par M. P. A. F***. *Paris, les march. de nouv.*, 1815, in-8 de 12 pag.

— Notices sur Corelli, Tartini, Gaviniès, Pugnani et Viotti. *Paris*, 1810, in-8.

Outre un grand nombre de fragments traduits et de morceaux insérés dans plusieurs journaux littéraires de ce siècle, ainsi que dans des Almanachs, M. Fayolle a encore été l'éditeur de quelques recueils poétiques ; il a aussi donné de nouvelles éditions de quelques auteurs, lesquelles sont pour la plupart précédées de Notices de lui. Nous citerons : 1° le Petit Magasin des Dames (1802—09), *voy. ce titre;* 2° Œuvres complètes de Bernard (1803), voy. BERNARD ; 3° les Quatre Saisons du Parnasse, etc. (1805-09), *voy. ce titre;* 4° les Éléments du calcul des probabilités, de Condorcet (1805), *Voy. ce nom;* 5° une nouvelle édition de la Chandelle d'Arras (1807), voy. DULAURENS; 6° Œuvres de Gresset (1806); 7° Œuvres choisies de BERNARD (1811); 8° Œuvres diverses de LAFONTAINE (1814); 9° Œuvres choisies de CHATEAUBRUN et de GUIMOND DE LA TOUCHE (1814), *voy. ces noms;* 10° Mélanges littéraires, composés de morceaux inédits, etc. (1816); 11° Pour et contre Delille, ou Recueil de divers jugements, etc. (1816), *voy. ces titres;* 12° Œuvres choisies de Collé (1819). *Voy. ce nom.*

Il a eu part aussi à la publication de l'édit. des Œuvres de J. J. Rousseau, 1801, 20 vol. in-8.

FAYOT (Alfred). * Conjuration de quatre-vingt-seize gentilshommes polonais, écossais, suédois et français, contre le gouvernement russe, et massacrés dans les ruines du château de Macijowicke ; ouvrage trad. de l'angl., par Alf. F***. *Paris, Gueffier*, 1821, in-8.

Traduction supposée. Cet ouvrage a été réimpr., avec le nom de l'auteur, sous le titre suivant : *Conjuration de Macijowike*. Ouvrage traduit de l'angl., par Alfred Fayot. Sec. édit., rev. et augm. Paris, Simonet, 1822, in-8 de 52 pag., 2 fr.

—*Essai historique sur Thadée Kosciuzko. *Paris, Poulet*, 1820, broch. in-8.

Cet essai a été aussi réimpr. avec le nom de l'auteur, sous le titre de *Notice sur la vie de Thadéus Kosciuszko*. Paris, Hérhan, Pélicier, 1824, in-8, 2 fr. M. Alfr. Fayot a été l'éditeur de la Relation d'un voyage de Paris à Gand, en 1815, par Fontanes de Saint-Marcellin, à laquelle il a joint une Notice (1823).

FAZEUILLE (Henri). Bains (des) dans l'état de santé, de leur emploi, et des règles que nécessite leur usage. *Paris, l'Auteur; Béchet jeune*, 1819, in-8 de 40 p.

FAZY (Jean-James), écrivain politique ; né à Genève, d'une famille française de protestants exilés par la révocation de l'édit de Nantes, le 12 mai 1796.
— Gérontocratie (de la), ou Abus de la sagesse des vieillards dans le gouvernement de la France. *Paris, Delaforest; Ponthieu*, etc., 1828, in-8 de 36 pag.
— Homme (l') aux portions, ou Conversations philosophiques et politiques. *Paris, Delaunay*, 1821, in-12.

Espèce de commentaire critique, sous la forme d'un conte, de l'état industriel de la France.

—Mort (la) de Levrier, tragédie nationale génevoise, en 3 actes et en vers. *Genève, Barbezat et Delarue*, 1826, in-8.
— Observations sur les fortifications de Genève. *Genève, Cherbuliez*, 1821, br. in-8.
— Opuscules financiers sur l'effet des priviléges, des emprunts publics et des conversions sur le crédit et l'industrie en France. *Genève et Paris, Barbezat*, 1826, in-8, 5 fr.
—Privilége (du) de la Banque de France, considéré comme nuisible aux transactions commerciales. *Paris, Delaunay*, 1819, in-8 de 76 pag.
— * Voyages (les) d'Ertélib, conte politique sur la sainte alliance. *Genève, Cherbuliez*, 1822, in-12.

M. Fazy est l'un des fondateurs du «Journal de Genève» en 1826 : il a coopéré à sa rédaction pendant la première année : plus tard il a été l'un des rédacteurs de la «France chrétienne», journal politique de l'opposition libérale, depuis sa création en janvier 1827, jusqu'à sa suspension par la censure : il se consacra principalement aux articles d'économie politique ; enfin M. Fazy est depuis nov. 1827, l'un des rédacteurs du «Mercure de France au XIXe siècle» : il est auteur dans ce dernier recueil des *Lettres d'un américain sur la situation continentale de la France*, des articles d'économie politique, et de la plupart de ceux sur les sciences morales.

Ce jeune écrivain nous promet la publication prochaine de trois nouveaux ouvrages : De l'émancipation industrielle de la France. — Des Forces apostoliques et libérales en l'Europe. — Inductions pour servir à un système d'organisation sociale.

FAZY-CAZAL. Voyage dans les petits Cantons et dans les Alpes Rhétiennes, trad. de l'allem. (1828). Voy. KASTHOFFER.

FAZY-PASTEUR, membre du conseil souverain de Genève; né à Genève, vers 1778.
— Opinion énoncée dans le conseil représentatif de Genève sur les fortifications de la ville de Genève. *Genève, Sestié*, 1822, in-8 de 68 pag.
— Quelques considérations au sujet des lois présentées à Genève contre la presse. *Genève, Paschoud*, 1827, in-8 de 38 pag.
—Sur la troupe soldée, dite garnison du canton de Genève, et sur les dépenses militaires de ce canton. *Genève et Paris, Paschoud*, 1821, in-8, 2 fr.

M. Fazy-Pasteur a inséré une foule d'articles remarquables dans le Journal de Genève, années 1826—28.

FÉ DE BARQUEVILLE (P.) Belle (la) au bois dormant, poëme ; suivi d'Élégies. *Paris, Urb. Canel*, 1826, in-18, 3 fr.

FEATHERSTONHAUGT (W.). Description d'un nouveau mécanisme pour contrebalancer les câbles et les chaines employés dans les puits des mines.

Impr. dans le tom. XV du Journal des Mines, 1803.

FÉAU (Jules-Vict.), notaire. Systasishéroïde, ou mes Regrets, et Ode sur la mort de Louis XVIII. *Paris, de l'imp. de Hocquet*, 1824, in-8 de 24 pag.

FEBRONIUS (Justin), pseudon. Voyez HONTHEIM.

FÉBURIER, membre de la Société d'agriculture du département de Seine-et-Oise, correspondant de celle de Paris.
— Essai sur les phénomènes de la végétation, expliqués par les mouvements des sèves ascendantes et descendantes. *Paris, Mme Huzard*, 1812, in-8, 2 fr. 50 c.
—Histoire naturelle des abeilles ; suivie de la Manipulation et de l'emploi du miel et de la cire, pour servir de complément à la méthode de soigner les abeilles. *Paris, Audot*, 1828, in-18, 1 fr.

Faisant partie de l'*Encyclopédie populaire*.

— Instruction sur les paragrêles et sur les moyens de les établir. *Versailles, de l'imp. de Daumont*, 1826, in-8 de 4 pag.

— Méthode certaine et simplifiée de soigner les abeilles pour les conserver et en tirer un bénéfice assuré. *Paris, Audot*, 1828, in-18, avec une pl., 1 fr.

Faisant partie de l'*Encyclopédie populaire*.

— Observations sur la végétation de la tulipe. 1809, in-8.

— Traité complet, théorique et pratique sur les abeilles. *Paris*, 1810, in-8, avec figures.

M. Féburier a eu part à la rédaction du « Nouveau Cours d'agriculture », et à celle du « Bon Jardinier ». *Voy. ces titres.*

FEBURIER. Avis sur les instruments de chirurgie en gomme élastique, accompagnés de planches sur leurs usages. *Paris, imp. de Crapelet*, 1816, in-4, avec 7 pl.

Ne se vend pas.

FÉBURIER (Théoph.), officier de cavalerie.

— Aux mânes du général Foy, chant funèbre. *Paris, de l'imp. d'Éverat*, 1825, in-8 de 16 pag.

— Inhumation (l'), chant funèbre sur la mort de S. M. Louis XVIII. *Paris, imp. de Marchand-Dubreuil*, 1824, in-8 de 16 pag.

— Naissance (la) de S. A. R. Mgr le duc de Bordeaux, dithyrambe. *Paris, Delaunay*, 1822, in-4 de 36 pag., avec une pl. lithographiée.

FECH (du). Voy. LOZERAN DU FECH.

FÉDÉ (René). Voy. DESCARTES.

FÉE (Antoine-Laurent-Apollinaire), pharmacien et botaniste distingué, professeur à l'hôpital militaire d'instruction de Lille, membre de l'Académie royale de médecine, de la Société de pharmacie de Paris, dont il a été secrétaire; du jury médical du département du Nord, et des Académies de Nanci, Orléans, etc.; correspondant de la Société linnéenne de Lyon, et de celle du Calvados, et depuis 1827, membre honoraire de la Société de minéralogie de Iéna et de l'Académie royale des beaux-arts de Gand; né à Issoudun (Indre), le 7 novembre 1789.

— Cours d'histoire naturelle pharmaceutique, ou Histoire des substances usitées dans la thérapeutique, les arts et l'économie domestique. *Paris, Corby*, 1828, 2 forts vol. in-8, 18 fr.

— Éloge de Pline le Naturaliste, lu à la Société de pharmacie, dans sa séance du 13 mars 1821. *Paris, impr. de Dondey-*

Dupré, 1821, in-8 de 32 pag. — Sec. édit. *Lille*, 1827, in-8.

— Essai sur la phytonomie, ou Nomenclature végétale. *Lille*, 1827, br. in-8.

— Essai sur les cryptogames des écorces exotiques officinales, précédé d'une Méthode lichénographique et d'un *genera*, avec des considérations sur la reproduction des agames. *Paris, F. Didot*, 1825-27, in-4, avec 34 planches coloriées, donnant plus de 130 fig. de plantes cryptogames nouvelles, 42 fr.; p. vél., avec fig. doubles, 84 fr.

— Flore de Virgile, ou Nomenclature méthodique et critique des plantes, fruits et produits végétaux mentionnés dans les ouvrages du prince des poètes latins. *Paris, P. Didot*, 1823, in-8.

Ce volume accompagne l'édition de Virgile de la Collection des Classiques latins, publ. par Lemaire.

— Maçonnerie (la), ode. *Paris, de l'imp. de Dondey-Dupré*, 1819, in-8 de 8 pag.

Ne se vend pas.

— Méthode lichénographique et Genera. *Paris, F. Didot*, 1825, in-4, orné de 4 planches, dont 3 coloriées, donnant les caractères des genres qui composent la famille des lichens, avec leurs détails grossis, 12 fr.

— Observations sur le projet de loi relatif à la création des écoles de médecine secondaires, la création des conseils de discipline....

— * Pélage, tragédie en 5 actes; par A. L. A. F. *Paris, Delaunay*, 1818, in-8, 2 fr.

On a encore de M. Fée plusieurs autres écrits ayant pour but l'amélioration de la pharmacie en France.

Il a donné, avec des augmentations, la seconde édition de la traduction du Code pharmaceutique (1826).

FEHR. Mémoire sur l'emploi des vases clos portatifs pour la fabrication du charbon végétal, minéral et animal. *Paris, de l'imp. de Boucher*, 1826, in-4 de 16 pag.

FEILLÉE. Voy. LA FEILLÉE.

FEIJOO. Voy. FEYJOO.

FEITH (Ever.). Antiquitatum homericarum lib. IV; edit. nova, notis aucta. *Argentorati*, 1743, petit in-8, fig., 4 à 6 f.

L'édition de Leyde, 1677, in-12, est moins complète.

FEITH (Rhynvis), de la famille du précédent, l'un des meilleurs poètes qu'ait produit la Hollande, membre de l'Institut des Pays-Bas; né à Zwolle, province d'Over-Issel, le 7 février 1753, mort vers la fin de 1824.

— Tombeau (le), poëme en IV chants,

trad. du hollandais par Aug. CLAVAREAU ;
suivi de Poésies diverses. *Bruxelles*, *Galaud et compag.*, 1827, gr. in-18.

L'original parut en 1762. La traduction de M. Clavareau a donné lieu à plusieurs critiques, mais à
plus grand nombre d'éloges encore : elle a été épui-
sée dans la première quinzaine de sa publication.

FÉKÉTI (le comte), chambellan de
l'empereur d'Autriche.

— * Mes rapsodies , ou Recueil de différents essais de vers et de prose du comte
de ****. *Genève* (*Bude ou Presbourg*),1781,
2 vol. in-12.

Dans le sec. vol. se trouvent sept lettres et quelques vers de Voltaire.

FÉLETZ(l'abbé Ch.-Mar.DORIMONT DE),
écrivain critique, conservateur de la Bibliothèque Mazarine, inspecteur de l'Académie
de Paris, membre de l'Académie française.

— Discours prononcés dans la séance publique tenue par l'Académie française ,
pour la réception de M. de Féletz, le 17
avril 1827. *Paris, de l'imp. de F. Didot*,
1827, in-4 de 36 pag. — Autre édit. *Paris, de l'imp. de Béthune*, 1827, br. in-8.

— Funérailles de M. le comte François
de Neufchâteau ; Discours de M. de Feletz.
Paris, de l'imp. de F. Didot, 1828, in-4
de 4 pag.

— Mélanges de philosophie, d'histoire et
de littérature. *Paris, Grimbert*, 1828, 4 vol.
in-8 , 30 f. , et sur pap. vél. (tiré à 5 exemplaires seulement), 60 f.

M. de Féletz a fourni au Journal des Débats un
grand nombre d'articles de critique, signés A. Plus
tard , comme co-rédacteur, il en a fourni d'autres
au Mercure (1807 à 1810), et aux Lettres champenoises (1820) : C'est un choix de ces divers articles
qui composent les *Mélanges de philosophie*, etc.
Cet Aristarque a contribué à la Biographie universelle : il est l'un des annotateurs de l'édition de
1816 de l'*Imagination* de Delille : une Notice abrégée
de la vie de Fénélon , de lui, a été imprimée en tête
d'une édition de Télémaque (1810).

FELHÉMÉSI , pseudon. Voy. MÉHÉE
(fils).

FÉLIBIEN (André), architecte du XVIIe
siècle, l'un des huit qui formèrent l'Académie des inscriptions.

— Conférence de l'Académie de peinture.
Nouv. édit. *Amsterdam*, 1706, in-12.

La prem. édit. est de Paris , 1669, in-8.

— Description de la chapelle du château
de Versailles. *Paris*, 1711, in-12.

— Description sommaire du château de
Versailles. Nouv. édit. *Amsterdam*, 1603
(1703), in-12.

La prem. édit. est de Paris, 1674.

— Entretiens sur les vies et les ouvrages
des plus excellents peintres anciens et mo-

dernes, avec la vie des architectes. Nouv.
édit. *Amsterdam*, 1706, 5 vol. in-12. —
Trévoux, 1725, 5 vol. in-12.

C'est le plus connu et le plus estimé des ouvrages
de Félibien. La première édition parut à Paris en
1666, in-4. L'édition d'Amsterdam, qui est au
moins la troisième, contient en outre les Conférences de l'Académie de peinture, l'Idée du peintre
parfait , et divers traités des dessins, estampes, de
la connaissance des tableaux et du goût des nations.
On y a joint les Vies des architectes, et la Description des maisons de Pline, qui sont de la composition de son fils Jean-François. La Description des
Invalides par ce dernier est surajoutée à l'édition
de 1725.
Une *Description de l'abbaye de la Trappe*, par Félibien , impr. pour la première fois en 1671, a été
réimpr. en 1718, à la suite des Réglements de cette
abbaye (par l'abbé de Rancé). *Voy. ce nom.*
Félibien a composé ou traduit beaucoup d'autres
ouvrages , que nous nous dispensons de citer, parce
qu'ils appartiennent au dix-septième siècle.
Biogr. univ.

FÉLIBIEN (Jacq.), chanoine de Chartres,
frère d'André, mort en 1716.

— Instructions morales.....

—Pentateuchus historicus. *Parisiis*, 1704,
in-4.

Ce livre a été supprimé ; il faut que les cartons
retranchés se trouvent à la fin pour avoir quelque
valeur. *Peign.*

FÉLIBIEN (J.-F.), fils aîné d'André ,
membre de l'Académie des inscriptions ;
né en 1658, mort à Paris, le 23 juin 1733.

— * Description de l'église des Invalides ,
avec un plan de l'ancienne et de la nouvelle. *Paris*, 1702, 1706, in-12.—1706,
in-fol, fig. avec celle du dôme, 30 fr.

— Description de Versailles , ancien et
nouveau. In-12.

— Plans et Descriptions de deux maisons
de campagne de Pline (le Laurentin et la
maison de Toscane), avec des Remarques
et une Dissertation touchant l'architecture
antique et gothique. (Nouv. édit.) *Londres*,
1707, in-8.

La prem. édit. est de Paris, 1699, in-12.
Une nouvelle édition de cet ouvrage a été publiée
sous le titre de *Délices des maisons de campagne*, appelées le Laurentin et la maison de Toscane. Amsterdam (Paris), 1736, in-12. Cette réimpression est
attribuée à Parfaict.

— Requête au roi, pour demander d'être
remis sur la liste des académiciens , et de
conserver son rang dans l'Acad. 1722,in-12.

Félibien avait quitté l'Académie des inscriptions
en 1716, par suite de tracasseries qu'on lui avait
suscitées. Il fut déchargé en 1722 des accusations
portées contre lui, mais il ne rentra pas dans ce
corps. *Biogr. univ.*

FÉLIBIEN (dom Michel), frère du précédent, religieux de la congrégation de Saint-
Maur et historien ; né à Chartres, le 14
septembre 1666, mort à Paris, le 25 septembre 1719.

— Histoire de l'abbaye royale de Saint-Denis en France, avec les preuves. *Paris*, 1706, in-fol., fig., 12 à 15 fr.

— Histoire de la ville de Paris, avec les preuves, augm. et mise au jour par D.-A. LOBINEAU. *Paris*, 1725, 5 vol. in-fol., fig.

La mort surprit D. Félibien avant qu'il ait pu terminer cette grande entreprise.

—Le même ouvrage, abrégé. *Paris*, 1735, 5 vol. in-12.

— Lettre circulaire sur la mort de Mme d'Harcourt, abbesse de Montmartre. *Paris*, 1699, in-12.

— Projet d'une Histoire de la ville de Paris. 1713, in-4.

— Vie d'Anne - Louise de Brigueul, fille du maréchal d'Humières, abbesse de Mouchy. *Paris*, 1711, in-8.

Outre les ouvrages ci-dessus, ce laborieux savant a publié, en Italie, plusieurs ouvrages en latin et en italien; il a rédigé, de 1758 à 1766, un journal dans cette dernière langue, intitulé « l'Estratto della litteratura Europea »; plus tard il publia le Tableau raisonné de l'histoire littéraire du xviiie siècle, autre ouvrage périodique, qui parut à Verdun, pendant les années 1779, 1782—83, in-8. On lui doit des Remarques à la suite du livre intitulé : Des lois civiles relativement à la propriété des biens, trad. de l'ital, par M. S. D. C. *Voy. ce titre.* Il a laissé quelques manuscrits intéressants, dans le nombre desquels on distingue des Leçons de métaphysique.
Biogr. univ.

FÉLICE (Fortuné-Barthélemy de), philosophe et mathématicien; né à Rome, le 24 août 1723, mort le 7 février 1789.

—· Code de l'humanité, ou Législation universelle, naturelle, civile et politique, par une Société de gens de lettres, mis en ordre alphabétique par de Félice. *Yverdun*, 1778, 13 vol. in-4, 100 à 120 fr.

Ouvrage moins recherché en France qu'à l'étranger. Il forme une partie de l'Encyclopédie publiée par Félice, mais augmentée de beaucoup.

— * Développement de la raison. (Ouvrage posthume). *Yverdun*, 1789, 3 vol. in-8.

— Dictionnaire géographique, historique et politique de la Suisse. *Neufchâtel*, 1775; *Lausanne*, 1776, 2 vol. in-8.

Autre ouvrage extrait de l'Encyclopédie publiée par l'auteur, mais augmenté.

— Discours sur la manière de former l'esprit et le cœur. *Yverdun*, 1763, in-8.

— Dissertatio de Newtoniana attractione unicâ cohœrentiæ naturalis causâ adversùs Cl. Hambergerum. *Bernœ*, 1757, in-4.

— * Éléments de la police d'un état. *Yverdun*, 1781, 2 vol. in-12.

— Leçons de droit de la nature et des gens. *Yverdun et Paris*, 1769-70, 4 tom. en 2 vol. in-12; ou *Paris, Aillaud*, 1817, 4 t. en 2 vol. in-12.

— Leçons de logique. *Yverdun et Paris*, 1770, 2 vol. in-8.

— Tableau philosophique de la religion chrétienne. *Yverdun*, 1779, 4 vol. in-12.

— Vies des hommes et femmes illustres d'Italie, depuis le rétablissement des sciences et des beaux-arts, par une Société de gens de lettres. *Paris (Yverdun)*, 1767-68, 2 vol. in-12.

Félice a donné une édition des Principes du droit de la nature et des gens, de Burlamaqui, avec une suite du Droit de la nature, du même, qui n'avait point encore paru, et des augmentations et des notes de l'éditeur (1767—69). Voy. BURLAMAQUI. Il a été l'un des éditeurs de l'Encyclopédie d'Yverdun (1770—80).

FÉLICE (G. de), théologien protestant.

— Calvin et l'Église, trad. de l'allemand. (1822). Voy. BRETSCHNEIDER.

— Dithyrambe sur les Grecs. *Strasbourg, Heitz, et Alexandre*, 1822, in-8 de 12 pag.

—Essai sur l'esprit et le but de l'institution biblique. Ouvrage couronné par le comité de la Société biblique protestante de Paris. *Paris et Londres, Treuttel et Würtz*, 1824, in-8, 6 fr.; pap. vél. superf. satiné, 12 fr.

Cet ouvrage n'est pas un simple mémoire académique; c'est un travail complet et très-remarquable sur la grande et importante question des Sociétés Bibliques. Après avoir, dans un style simple, sévère et élégant, exposé l'influence salutaire des saintes Écritures sur la *foi*, sur l'*intelligence*, sur les *mœurs*, sur l'*ordre sociale*, sur la paix et le bonheur *domestiques*, l'auteur considère les Sociétés Bibliques qui tendent à propager la connaissance des livres saints, comme l'institution philanthropique la plus essentielle aux sociétés, dont elle cimente la base ébranlée par l'incrédulité et l'indifférence. Il termine son ouvrage par l'énumération des immenses services que l'Institution Biblique a déja rendus à la religion, à la morale et aux lumières.

FÉLINSKI (Aloïse), un des poètes les plus distingués de la Pologne, du xviiie siècle.

Les Chefs-d'œuvre des Théâtres étrangers renferment la traduction, en prose, d'une tragédie de lui, tirée de l'histoire de Pologne, qui est un chef-d'œuvre de ce genre; elle est intitulée : *Barbe Radziwil.*

FÉLIX. *Point (le) d'honneur, nouvelle anglaise. *Paris*, 1770, 3 vol. in-12.

FÉLIX. Quelques observations sur le projet de loi de haute police. *Paris, Lelong*, 1815, in-8 de 8 pag., 50 c.

FÉLIX, nom sous lequel plusieurs auteurs dramat. ont publié de leurs pièces. Voy. BLANCHARD, CROISY et SCRIBE.

FELLENBERG (Philippe-Emmanuel de), célèbre agronome et instituteur suisse, du xviiie siècle.

—Vues relatives à l'agriculture de la Suisse, et aux moyens de la perfectionner : trad. de l'allem. par Ch. Pictet. *Genève*, 1808, in-8, 1 fr. 80 c.

FELLENS (J.-B.). Éléments (nouv.) de grammaire française. *Paris*, *Th. Leclerc*; *Maire-Nyon*, 1824, in-12, 1 fr. 50 c.; ou *Paris*, *Roret*; *Thomines*, 1828, in-12, 1 fr. 25 c.

— Manuel de météorologie, ou Explication théorique et démonstrative des phénomènes connus le nom de météores. *Paris*, *l'Auteur*, 1828, in-18, avec des planches, 3 fr. 50 c.

FELLER (Franç.-Xavier de), jésuite; né à Bruxelles, le 18 août 1735, mort à Ratisbonne, le 23 mai 1802.

— Catéchisme philosophique, ou Recueil d'observations propres à défendre la religion chrétienne contre ses ennemis. *Liége*, 1773, ou *Paris*, *Berton*, 1777, in-8, et *Liége*, 1777, 3 vol. in-12.

Publ. sous le pseudon. de Fléxier de Reval. Les trois éditions que nous venons de citer ont été publiées du vivant de l'auteur. Ce Catéchisme a été souvent réimprimé depuis sa mort, et l'est encore chaque jour.

Nous citerons entre autres réimpressions celles de *Clermont*, *Landriot*, 1805, ou 1825, 3 vol. in-12, 9 fr.; de *Lyon*, *Guyot frères*, 1819, 2 vol. in-8, 10 fr.; celle publiée sous le titre de Catéchisme critique et moral, édition avec préface, des notes par madame de Genlis, et un discours préliminaire par M. Grégoire. *Paris*, *Demonville*, 1820, 2 vol. in-12, 7 fr.; celle, considérablement augmentée d'après les manuscrits de l'auteur, *Lille*, *Lefort*, 1825, 3 vol. in-12; enfin, celle corrigée et augmentée sur les manuscrits de l'auteur, par l'abbé Paul Dupont, et précédée d'une Notice sur l'auteur. *Paris*, *au bur. de la Bibl. catholique*, 1825, 3 vol. in-12.

— * Coup - d'œil sur le congrès d'Ems. 1788, in-12.

— Cours de morale chrétienne et de littérature religieuse. *Paris*, *A. Coste*, 1824, 5 vol. in-8, 30 fr.; pap. vél. 60 fr.

— Défense des Réflexions sur les 73 articles du P. M. *Ratisbonne*, 1789, in-8.

— Dictionnaire historique, ou Histoire abrégée des hommes qui se sont faits un nom par le génie, les talents, les vertus, les erreurs, depuis le commencement du monde jusqu'à nos jours. Nouv. (4e) édit. *Paris*, *Méquignon fils aîné*, 1818, 8 vol.

— Supplément (par MM. Bocous, et les abbés L'Écuy et Ganilh). *Paris*, *le même*, 1819, 4 vol.; en tout 12 vol. in-8.

La prem. édition de cet ouvrage fut publiée par Feller, à Liége, en 1781. La troisième, publiée en 1809, sous la date de 1767, est posthume.

Le Dictionnaire de l'abbé Chaudon, rédigé d'après un plan uniforme et dans des principes de modération qui honoreront toujours son nom aux yeux des personnes impartiales, obtenait un succès mérité. Le fougueux jésuite Feller seul fut indigné de ce qui eût dû obtenir son approbation, de la modération dont s'honorait l'abbé Chaudon : « Il

s'empara de son livre, dit A. A. Barbier, pour le défigurer par gr. nombre d'articles qui respirent la haine aveugle que cet auteur semblait avoir conçue pour les principes du XVIIIe siècle, et même pour ceux que l'Église gallicane s'est toujours honorée de professer. S'il a amélioré quelques articles de théologiens et de littérateurs, il a substitué. presque partout les préjugés aux principes, le mensonge à la vérité; d'ailleurs il a fréquemment reproduit les méprises de son modèle. Un tel ouvrage ne devait pas avoir de partisans en France; il en a trouvé dans une portion du clergé, que la révolution française a rendu l'ennemi ouvert ou déguisé de la puissance civile (laquelle portion loin de décroître fait chaque jour de nouveaux prosélytes). Les imprudents éloges prodigués à cette compilation passionnée ont occasioné l'édition qui a été imprimée à Paris en 1818. Il est du devoir d'un bon Français de signaler aujourd'hui les avantages et les défauts de cet ouvrage.

Depuis la publication du Supplément à l'édition de 1818, de nouvelles additions à ce Dictionnaire ont été faites : elles sont tellement nombreuses, qu'au lieu de 8 volumes, l'ouvrage en forme aujourd'hui 17. Il est alors improprement nommé *Dictionnaire de Feller*. Voy. notre Table des Anonymes, pour les éditions de ce livre postérieures à 1818.

— Dictionnaire géographique. *Liége*, 1788, 1792, 2 vol. in-8.

— Discours sur divers sujets de religion et de morale. *Luxembourg*, 1777; *Paris*, *Berton*, 1778, 2 vol. in-12.

Publ. sous le pseudon. de Flexier de Reval.

— Dissertatio de Deo unico, s. an Dei unitas rite demonstrari possit. *Luxemburgo*, 1780, in-8.

— Entretien entre Voltaire et un docteur de Sorbonne sur la nécessité de la foi catholique au salut. *Liége*, 1771, in-8.

— Examen impartial des Époques de la nature, de M. le comte de Buffon; par l'abbé F. X. D. F. *Luxembourg*, *Chevalier*, 1780, in-12.

Réimprimé plusieurs fois. La seconde édition fut donnée par l'abbé Rossignol, ami de l'auteur, qui corrigea des erreurs de Feller en matière de physique et d'astronomie.   *Barb.*

— Itinéraire, ou Voyages de M. l'abbé Feller en diverses parties de l'Europe, en Hongrie, en Transylvanie, en Esclavonie, en Bohême, en Pologne, en Italie, en Suisse, en Allemagne, en France, en Hollande, aux Pays-Bas, au pays de Liége, etc.: ouvrage posthume, dans lequel se trouvent beaucoup d'observations et de réflexions intéressantes. *Liége*, *Lemarié*, 1820, 1823, 2 vol. in-8, 8 fr.

— * Journal historique et littéraire. *Luxembourg*, 1774—88, puis à *Liége* (*Maëstricht*), 1789—94, 60 vol. in-8.

Collection qui eut beaucoup de vogue dans son temps, et qui est devenue assez rare.

— * Jugement d'un écrivain protestant touchant le livre de Fébronius (intitulé: « De statu Ecclesiæ et de legitima potestate romani Pontificis)». *Leipzig (Luxembourg)*, 1770, ou *Liége*, 1771, in-12.

L'auteur du livre critiqué, qui s'est caché sous le nom de Just. Fébronius, est J. Nic. de Hontheim, évêque de Myriophite et suffragant de Trèves.

— Lettre critique sur l'Histoire naturelle de Buffon. *Luxembourg*, 1773, in-8.

— Lettre de M. l'abbé F. X. D. F., touchant la soumission exigée des ministres du culte, adressée à un religieux du diocèse de Liége. 15 juin 1797, in-8 de 12 p.

— Mélanges de politique, de morale et de littérature, extraits de journaux rédigés par l'abbé de Feller. *Louvain, Vanlinthout et Vandenzande*, 1822-23, 4 vol. in-8, 20 fr.

— Musæ leodienses. *Lovani*, 1761-62, 2 vol. in-8.

Ce recueil contient les ouvrages des élèves de l'abbé Feller.

— * Observations philosophiques sur le système de Newton, de Copernic, etc, le mouvement de la terre, la pluralité des mondes, avec une Dissertation sur les tremblements de terre, les épidémies, les orages, les inondations. *Liége, Bassompière*, 1771.

— Sec. édit., augm. *Liége*, 1778, in-12.

La prem. édit. est anonyme, et la seconde porte le nom de Flexier de Reval.

— * Observations sur la juridiction attribuée aux hérétiques, la communion *in sanctis*, et autres articles de ce genre. *Dusseldorf (Liége)*, 1794, in-12.

— Observations sur les rapports physiques de l'huile avec les flots de la mer, etc. *Paris*, 1778, in-8.

— Opuscules théologico-philosophiques. *Malines, Hanicq*, 1824, in-12, 2 fr.

— * Recueil des représentations, protestations et réclamations faites à S. M. I. par les représentants et états des dix-sept provinces des Pays-Bas autrichiens. *De l'impr. des Nations*, 1787-1790, 16 vol. in-8.

— * Réflexions sur les 73 articles du premier mémoire présenté à la diète de l'Empire, touchant les nonciatures de la part de l'archevêque-électeur de Cologne. *Ratisbonne*, 1788, in-8.

— * Réflexions sur l'instruction de Mgr l'évêque de Boulogne (Asseline), touchant la déclaration exigée des ministres du culte catholique. Par Fr. Xav. de F. *Liége*, 1800, in-8.

Ce petit écrit est en faveur de la *Déclaration*.

— Sermons, Panégyriques et Discours de religion et de morale. Nouv. édit., revue et corrigée. *Lyon, Guyot frères*, 1819, 2 vol. in-8; 10 fr.

— * Véritable état du différend élevé entre le nonce apostolique de Cologne et les trois électeurs ecclésiastiques. *Dusseldorf*, 1787, in-12.

L'auteur donna un Supplément la même année.

Le P. Feller a été l'éditeur du «Traité sur la mendicité» (1775). *Voy. ce titre*: des Observations de lui, sur l'Examen de l'évidence intrinsèque du Christianisme, de S. Jenyns, ont été ajoutées à la seconde édition de la traduction de cet ouvrage (1779). Voy. JENYNS. Il a fait des additions à l'Abrégé d'un ouvrage, etc., de H. SPELMAN (1787), *voy. ce nom*, et enfin, a donné une édition, souvent réimprimée, de la Vie de saint François-Xavier, du P. Bouhours, augm. de quelques opuscules de piété et de littérature (1788). Voy. BOUHOURS.

FELLON (Thom.-Bern.), jésuite; né à Avignon, le 12 juillet 1672, mort le 25 mars 1759.

— Heures chrétiennes. *Lyon*, 1740, in-12.

— Oraison funèbre de Louis XIV. 1716.

Cette Oraison a été réimpr. la même année dans le recueil des Oraisons de ce roi, 2 vol. in-12.

— Oraison funèbre du duc de Bourgogne. 1712.

— Paraphrase des Psaumes de David et des Cantiques de l'Église. 1731, in-12.

— Traité de l'Amour de Dieu, selon la doctrine de saint François de Sales. *Lyon, Jacquenod*, 1738, 3 vol. in-12, ou *Paris, Guérin*, 1747, 4 vol. in-12.

On a encore deux petits poëmes latins du P. Fellon; l'un intitulé : *Faba Arabica* (1696), et l'autre *Magnes* (1696): ils ont été réimpr. avec les «Poemata Didascalica». *France littér. de 1769.*

FELTZ (Jo.-Henr.). Dissertatio excerpta controversiorum illustrium de lege Rhodia de jactu. *Argentorati*, 1715, in-4.

— Excerpta controversiorum illustrium de cambio. *Argentorati*, 1707, in-4.

— Excerpta controversiorum illustrium de prælectionis creditorum jure. *Argentorati*, 1719, in-4.

— Fœnore (de) nautico. *Argentorati*, 1701, in-4.

FENEL (Jean-Basile-Pascal), chanoine de Sens, membre de l'Académie des inscriptions; né à Paris, le 8 juillet 1695, mort le 19 décembre 1753.

— Dissertation sur la conquête de la Bourgogne par les fils de Clovis Ier, couronnée par l'Académie de Soissons en 1743. *Paris*, 1744, in-12.

Fenel a lu, en 1744, à l'Académie des Inscriptions, un *Mémoire sur l'état des sciences en France*, depuis la mort de Philippe-le-Bel jusqu'à celle de Charles V, qui, quoique couronné, est resté inédit.

Le tom. V des «Prix de l'Académie des sciences», renferme un Mémoire de l'abbé Fenel, intitulé : *Recueil de différentes expériences, essais et raisonnements sur la meilleure construction du cabestan, par rapport aux usages auxquels on l'applique dans un vaisseau*: pièce qui a concouru par l'Académie roy. des sciences, mémoire de 64 pag., avec 13 planch. Le recueil de l'Académie des Inscriptions renferme aussi de l'abbé Fenel un premier *Mémoire sur ce que les Anciens ont pensé de la résurrection* (tom. XIX, 1753), et des *Remarques sur la signification du mot Dunum* (Tom. XX, 1753).

FÉNÉLON (Franç. de Salignac de Lamotte), archevêque de Cambrai, membre de l'Acad. franç., l'un des plus beaux génies de la France; né en Périgord, au château de Fénélon, le 6 août 1651, mort le 7 janvier 1715.

ABRÉGÉ DES VIES DES ANC. PHILOSOPHES.

— Abrégé des vies des anc. philosophes. Par M. D. F. *Paris, Estienne,* 1726, in-12.

Cet ouvrage est contesté à Fénélon. Il en aurait tout au plus laissé le canevas. L'opinion de plusieurs personnes est que le P. Cerceau rédigea l'ouvrage, et y ajouta les vies de Socrate et de Platon.
Il a été souvent réimpr. depuis 1726; dans ce siècle-ci entre autre à Paris, en 1802; à Lyon, chez la veuve Buynand, en 1812 et 1816; à Paris, chez Payen, en 1823, in-18 avec 26 fig., et chez Éberhart, en 1824, avec 27 fig.; à Lyon, chez les frères Périsse, 1826. Les autres réimpressions étant trop communes, nous nous dispensons de les citer.

— Le même. Nouv. édit., rev. avec soin, augmentée d'une Lettre adressée par l'auteur à un membre de l'Académie, en 1714, sur les anciens et les modernes; ornée d'un portrait de Fénélon et de 26 portraits des philosophes. *Paris, A. Delalain,* 1822, in-12.
— Le même, auquel on a ajouté un Abrégé de la vie des femmes philosophes de l'antiquité, orné de 28 portraits, d'après les pierres gravées antiques. Par F. A. DAVID. Nouv. édit. *Paris, David, grav.,* 1823, in-8.

Tiré à 600 exemplaires, plus 25 sur pap. vélin.

Le même en espagnol : Compendio de las vidas de los filosofos antiguos escrito en francès, y traducida al castellano, por J.-J. de MORA. *Lyon, Cormon e Blanc,* 1825, in-12.

AVENTURES DE TÉLÉMAQUE.

En langue originale (1700-1828).

— Aventures de Télémaque, fils d'Ulysse. Nouv. édit., augm. et corr. d'une infinité de fautes qui s'étaient glissées dans les autres. *Bruxelles, Fr. Foppens (en France),* 1700, 2 vol. in-12 de 278 et 290 pag.

Cette édition est divisée en seize livres, avec un sommaire à chacun. Le papier est bon, et l'impression soignée et correcte; ce qui peut faire penser qu'elle ne vient pas de Rouen, comme on l'a avancé. Le titre est en rouge et noir.
Il existe une autre édition sous la même rubrique, et portant la même date, en 2 vol. aussi, qui est également divisée en seize livres. Il n'y a point de lettres rouges au frontispice comme à l'autre.

— Les mêmes. Nouv. édit., augmentée de l'histoire d'Aristonoüs et de Sophronime. *Bruxelles, le même,* 1700, 2 vol. in-12.

L'ouvrage est divisé en dix livres. Dans l'Avis au lecteur, on parle d'une impression en seize livres, quoiqu'il n'y ait pas un seul mot d'augmentation.
Les Aventures d'Aristonoüs se trouvent à la fin du second tome, et les chiffres recommencent. Le caractère est plus gros que celui qui a été employé dans l'édition suivante, et le titre est en rouge.
Foppens avait déjà imprimé, à ce qu'il paraît, l'année auparavant une édition ainsi divisée.

— Les mêmes. Nouv. édition, la première correcte (publiée par l'abbé DE SAINT-REMY, auteur de la préface). *La Haye, Adrian Moetjens,* 1701, in-12 de 448 pag.

Cette édition est encore divisée en dix livres; le privilége des États est du 3 décembre 1699. Le libraire annonce que cette édition a été faite d'après la révision de l'auteur, et il assure que pour cet effet, il était allé lui-même à Cambrai, sans doute pour en conférer avec Fénélon, ce qui paraît dénué de toute vraisemblance. On trouve au frontispice le nom et les titres de l'archevêque de Cambrai. La Préface est de l'abbé de la Landelle DE SAINT-REMY, qui se trouvait alors en Hollande, et qui paraît avoir eu la plus grande part à cette édition. Dans sa préface, l'abbé de Saint-Remy, à l'occasion du *Rapport* fait par Bossuet l'année précédente, à l'Assemblée du clergé de France, sur l'affaire du quiétisme, rappelle hors de propos les controverses des deux prélats. En témoignant son admiration pour la soumission sans réserve de Fénélon au jugement du Saint-Siége, qui avait condamné son livre, il s'élève contre Bossuet. L'abbé de Saint-Remy emploie le reste de sa *Préface* à répondre aux critiques qui avaient paru contre le Télémaque; il la termine par deux fables, le Serpent et la Lime, de La Fontaine; l'autre assez mal écrite, intitulée : le Cigne et les Oisons, et deux épigrammes.
Moetjens réimprima le Télémaque, absolument conforme à cette édition, en 1703, et plusieurs fois depuis, toujours avec la même Préface. Les autres éditions, publ. depuis cette époque jusqu'en 1717, sont copiées sur quelques-unes des précédentes, et divisées les unes en dix, les autres en seize livres : ce sont celles 1° de La Haye, Moetjens, 1705, 2 vol. in-12 avec fig., divisée en 16 livres, et suivie, outre les Aventures d'Aristonoüs, de trois Dialogues des morts. «J'ai vu deux éditions de cette même année, dit M. Adry, toutes deux avec le nom de *Moetjens*. Une des deux n'a point de figures, et on lit au frontispice *Adrien* au lieu d'*Adrian*, et le premier vol. est de 272 pag.; tandis que dans l'autre édition, il y a 271 pages. Cette édition, dont le prem. vol. a 272 pag., une contrefaçon faite à Rouen.» 2° Celles de La Haye, le même, 1706, 1708, 1710, un vol.; 1712, 1715, 2 vol.; 1716, un vol.

— Les mêmes. *Bruxelles, Fr. Foppens (* ou plutôt *Rouen),* 1706, 3 vol. pet. in-12.

Le troisième volume, de 262 pages, est fort mal imprimé. Voici le titre : *Suite et fin des aventures de Télémaque,* etc. La dédicace au duc de Nivernois est signée NAULT (auteur de *Bibracté* et d'*Ambiorixine,* et juge de Lucy en Nivernois). Il parle de son ouvrage comme d'une traduction, et il prie son protecteur de présenter son *Télémaque* à Louis XIV. Cette suite du Télémaque, assez mal écrite, est divisée en trois livres, intitulés : *Livres onzième, douzième et treizième.* Il y a un sommaire aux deux derniers.

— Les mêmes; première édition conforme au manuscrit original. *Paris, Jacques Es-*

tienne; ou *Florentin Delaune*, 1717, 2 v. in-12 avec fig.

De toutes les anciennes éditions du Télémaque, imprimées à Paris, celle-ci, impr. en caractère *Saint-Augustin*, est la plus belle, et celle qui mérite le plus de fixer l'attention des curieux.

L'Épître adressée au roi (Louis XV), est signée *Fénélon* (le marquis de FÉNÉLON, petit-neveu de M. de Cambrai), qui en est l'éditeur. Le Discours sur la poésie épique, impr. en tête, est de M. DE RAMSAY. L'approbation est datée du premier juin 1716, et signée *de Sacy*. Le privilége est accordé au marquis de Fénélon, et on y lit : « Voulant favorablement traiter ledit sieur marquis de Fénélon, et lui donner des marques de notre reconnaissance de son zèle à procurer au public des éditions exactes des ouvr. dudit sieur archevêque de Cambrai, etc. » Et on lit plus haut : « Mais comme le nom de l'auteur et ses ouvrages ont acquis une grande réputation dans le public, etc. »; privilége qui rappelle celui que Louis XIV donna en 1677, pour les Fables de La Fontaine, (dont la jeunesse, dit ce prince, a reçu beaucoup de fruit en son instruction, etc.». Et il ajoute : « Voulant faire connaître audit sieur de La Fontaine l'estime que nous faisons de sa personne et de son mérite, etc.»

Dans un *Avertissement*, l'éditeur annonce que cette édition a été faite sur un manuscrit original qui s'est trouvé dans les papiers de M. de Cambrai, après sa mort, et qui est partagé en vingt-quatre livres, etc., que toutes les éditions qu'on a vues jusqu'à présent ont été très-défectueuses et faites sans l'aveu de l'auteur, etc.; qu'on a cru ne devoir pas laisser plus long-temps à la tête de cet ouvrage une préface (de Saint-Remy), qui a paru, et que l'auteur du Télémaque n'a jamais approuvée. Ce manuscrit original, dont parle l'éditeur, n'est point le premier manuscrit de Fénélon, mais une (seconde) copie sur laquelle il avait fait des corrections et un grand nombre d'additions, qui forment à peu près un quart de l'ouvrage. Cette édition a servi de base à toutes les éditions suivantes. Les sommaires sont imprimés de suite, et non à la tête de chaque livre, comme dans les éditions données depuis.

Les libraires publièrent en même temps le *Télémaque* en un seul volume, caractère *Petit-Romain*, sans gravures. Le texte n'est pas imprimé si correctement que dans l'édition en deux volumes.

Le respect que le marquis de Fénélon avait pour la mémoire de son grand-oncle, lui a fait conserver une ode assez faible que celui-ci avait composée dans sa première jeunesse. On la trouve à la fin, mais on l'a supprimée dans la plupart des éditions suivantes. Il n'y mit point les *Aventures d'Aristonoüs*, cette fable, ainsi qu'il le dit lui-même, n'ayant aucun rapport au poëme épique de Télémaque.

Le manuscrit original dont l'Avertissement fait mention, est une seconde copie, faite à la hâte, et dans laquelle deux copistes qui en furent chargés ont tantôt omis des mots, et même des lignes entières, tantôt renversé l'ordre des périodes, et quelquefois substitué des termes à peu près équivalents. Il est aisé, disent MM. Gosselin et Caron, de se convaincre, par la confrontation, qu'on n'a guère eu recours qu'à celle-là. Encore, ajoutent-ils, si on l'eût suivie exactement, on aurait évité un grand nombre de fautes qui déparent cette édition. En effet, il est presque impossible d'expliquer comment certaines fautes, qui ne sont pas dans les manuscrits, se sont introduites dans l'édition de 1717, d'où elles ont passé dans les suivantes; à moins qu'on ne veuille convenir qu'on s'est servi pour l'impression, en 1717, d'une des édit. antérieures, d'où ces leçons sont tirées, et qu'alors, au lieu de faire copier entièrement le manuscrit, on s'est borné à en extraire, pour joindre à l'imprimé qui servait

de copie, les additions que l'auteur avait faites à son livre depuis les premières éditions.

— **Les mêmes. Nouv. édit., augm. et corr.** sur le manuscrit original de l'auteur, avec des remarques (satiriques) pour l'intelligence de ce poëme allégorique (par Henri-Phil. DE LIMIERS). *Amsterdam, Wetstein,* ou *Rotterdam, Hofhout,* 1719, 1725, in-12 de 525 pag., avec 24 fig. de D. Coster.

Après le privilége des États, on trouve une Épître dédicatoire au prince d'Orange, signée *Jean Hofhout.* Suit un Avertissement des libraires sur cette nouv. édition. Ils prétendent que l'édition donnée par la famille de Fénélon n'est pas exempte de fautes, ni d'omissions considérables. Ils suppriment la préface de l'abbé de Saint-Remy; et à l'occasion de ce que dit M. de Ramsay (dans son Discours qui se trouve aussi dans cette édition), que les ennemis de M. de Cambrai ont voulu trouver dans son Télémaque certaines allégories odieuses, et changer ses desseins les plus modérés en des satires outrageantes, ils cherchent à justifier les *Remarques* qui accompagnent leur édition.

Ces deux éditions qui ont quelque réputation parmi les amateurs, sont d'une exécution assez médiocre tant pour l'impression que pour les figures, et quoique l'éditeur les donne pour plus correctes que celle de Paris (1717), on y a remarqué un très-grand nombre de fautes; ce ne serait donc que les notes contenant, dit-on, la clef des personnages de la cour de Louis XIV, que l'auteur avait en vue dans les différentes allégories de son ouvrage, qui pourraient les faire rechercher des curieux, si ces notes n'avaient pas été réimprimées plusieurs fois depuis dans d'autres éditions. Celle de 1719 est préférable à la seconde pour les épreuves des gravures, et cette dernière est un peu moins incorrecte que la première, 8 à 12 fr.

Cette édition a servi de modèle à plusieurs réimpressions, à celles, entre autres, de Londres (Liège, Bassompière), 1757, 2 vol. pet. in-8, fig. avec la la carte de Rousset; à celle de Leyde, 1773, in-12, fig.; ou 1778, 2 vol. in-12, fig.

— **Les mêmes, avec des remarques pour l'intelligence de ce poëme allégor.** (celles de Henri LIMIERS), et de plus, une Dédicace à Frédéric, petit-fils de George Ier, alors régnant (par J.-Arm. DU BOURDIEU). *Londres,* 1719; ou avec un nouveau Frontispice, *Londres,* 1732, in-12 avec fig.

Édition excessivement rare. Un exemplaire de cette dern. édition a été trouvé à Cantorbéry, en 1821, par M. Charles Nodier, qui en a fait faire l'acquisition à M. de Cailleux, son compagnon de voyage, aujourd'hui secrétaire-général du Musée.

« Les Notes de *Limiers* ont été réimprimées fort souvent; cependant Fénélon n'a jamais voulu faire de portraits satiriques dans Télémaque. Voy. l'*Histoire de Fénélon, par M. de Bausset,* t. II, pag. 183 et 184. »

— **Les mêmes, avec des notes.** *Paris, Jacq. Estienne,* ou *Ve Delaulne,* 1730, in-4, fig. de Lebas, 6 à 9 fr. Vendu en gr. pap., m. r. 48 fr.

Antérieurement à cette édition, Estienne en avait déjà publié une en 1720, et l'autre en 1727; l'une et l'autre conformes à l'édition du marq. de Fénélon, de 1717; depuis 1730, il en a publié trois autres, savoir en 1734, 1740, 1755. Ces cinq éditions sont en 2 vol. in-12.

Cette édition n'a d'autre mérite qu'un beau papier et un gros caractère, du reste, nulle correction, gravures médiocres, et même le portrait de Fénélon, gravé par Tardieu, n'a aucune ressemblance. Les notes qu'on a jointes à cette édition sont en partie historiques et mythologiques, et en partie morales, mais dépourvues d'intérêt; on voit qu'elles avaient été faites sur une édition antérieure à 1717, puisque, à l'occasion des armes de Télémaque, on y parle de l'histoire d'OEdipe gravée sur ces armes, tandis que cette histoire ne se trouve plus dans le texte de 1717. Aussi le marq. de Fénélon obligea-t-il les libraires à déclarer, par un avis particulier, que la famille n'avait aucune part à ces notes. On exigea même deux ou trois cartons. Ce qu'on lit dans l'Histoire de Fénélon (Pièces justif. du livre xv, tom. III, pag. 464), que cette édition reproduit « ces mêmes notes et ces allusions qui déshonoraient les éditions de Hollande», n'est point exact. On n'eût point souffert en France la réimpression de ces notes.

— Les mêmes, édition enrichie des imitations des anciens poètes, de nouvelles notes et de la vie de l'auteur. *Hambourg*, *Abraham Van-den-Hoeck*, 1731, 2 vol. in-12, avec fig.

Cette édition, dont les figures sont assez médiocres, reparut après avec un titre nouveau portant la date de 1732.

David Durand, ministre de la religion réformée, dans une lettre datée de janvier 1742, et qui se trouve dans la *Bibliothèque britannique*, dit qu'il a fourni pour cette édition de 1731, la Vie de Fénélon et les passages imités des poètes latins, et que le célèbre bibliographe Jean-Albert Fabricius fournit les imitations grecques et de bonnes remarques géographiques. On donne, dans cette édition de 1731, la liste des lacunes de l'édition du *Wetstein* de 1719 et de celle de *Paris* de 1730. Dans la Préface, on reproche vivement aux libraires de Hollande leur négligence et l'incorrection des ouvrages qu'ils publient. La Vie de Fénélon est tirée en partie de Ramsay. Il est absurde qu'on ait recueilli, dans une liste particulière, un grand nombre de vers prosaïques tirés du *Télémaque*, pour prouver, disent les éditeurs, que Fénélon était né poète. L'orthographe et la ponctuation ne sont pas plus exactes que dans l'édition de 1725. Le choix des variantes est fait avec assez de goût, et on ne peut reprocher aux éditeurs que d'avoir suivi trop scrupuleusement le premier manuscrit de Fénélon, que celui-ci avait abandonné.

M. Hardouin a inséré les imitations des poètes grecs et latins, tirées de l'édition de Hambourg, 1731, dans l'édition qu'il a publiée de *Télémaque*, avec une imitation de ce poème en vers français, *Paris*, *Didot aîné*, 1792, 6 vol. in-12.

— Les mêmes, édition conforme au manuscrit original de l'auteur, et enrichie de figures gravées en taille-douce, sous la direction de Bern. Picart, par les plus habiles maîtres. *Amsterdam*, *J. Westein*, *et Smith*, 1734, in-fol., (ou plutôt, dit M. Brunet, in-4 sur nom de Jésus), de 395 pages, et in-4 de 424 pag.

Dès 1730, le marq. de Fénélon, qui était alors ambassadeur de France en Hollande, mécontent de l'édition publiée à Paris la même année, songea à en donner une qui pût satisfaire les amateurs du luxe typographique, qui parut en 1734. Il n'eu fut tiré que 150 exemplaires de format in-fol., mais on l'imprima en même temps in-4 à un plus grand nombre. L'in-folio est sur un papier fort et très-blanc; on

y joignit les premières épreuves des gravures, qui sont un des plus beaux ornements de cette édition; elle est aussi bien exécutée sous le rapport de l'art qu'on pouvait le faire à cette époque. Un très-beau portrait de Fénélon, gravé par Drevet, d'après Vien, précède le titre : les autres gravures, au nombre de vingt-cinq, furent dessinées et gravées par d'habiles artistes français et hollandais, entre lesquels il faut compter B. Picart. Le commencement de chaque livre et la fin de la plupart sont ornés de vignettes et de culs-de-lampes en taille-douce, exécutés avec le même soin : quelques-uns de ces ornements sont répétés à plusieurs livres, et les planches par conséquent en furent plus usées que celles dont on ne se servit qu'une fois. Il suit de là que l'in-folio est le seul format où l'on puisse être assuré d'avoir de bonnes épreuves. L'in-4 a été imprimé sur papier dit grand-raisin, mais d'une qualité bien inférieure à celui de l'in-fol. Les pages en sont encadrées. La différence de leur longueur a été cause qu'il n'est pas toujours resté, à certains livres, assez de blanc pour y mettre un cul-de-lampe, tant dans l'un que dans l'autre format; de sorte que quelquefois ces ornements ne sont pas les mêmes aux mêmes livres.

Mais outre ces avantages extérieurs, il en est d'autres qui distinguent cette édition. Le texte fut revu sur les manuscrits, et on en fit disparaître une partie des fautes qui y étaient restées en 1717. Il est fâcheux qu'en même temps les éditeurs se soient permis de corriger le texte avec trop de hardiesse, et de leur seule autorité. Au très-mauvais commentaire de Limiers sur cet excellent poème épique, le marquis de Fénélon a substitué des notes également justes et instructives. Il appartenait au neveu du célèbre archevêque de Cambrai de purger de ces notes satiriques un si bel ouvrage, et qu'il se donnât la peine de leur en substituer d'autres qui fussent plus conformes aux vues de l'Homère français. L'Épître dédicatoire au roi Louis XV a été retranchée. Le livre contient d'abord un *Avertissement de libraires*, où ils s'élèvent fortement contre les notes de l'édition de Paris, 1730, in-4, et surtout contre celles des éditions faites en Hollande en 1719 et en 1725, si injurieuses à la mémoire de Louis XIV ; puis l'*Approbation* de M. de Sacy ; enfin le *Discours sur la Poésie épique*, du chevalier de Ramsay, qui venait d'y faire des corrections et additions considérables. Le vol. est terminé par l'Ode à l'abbé Langeron sur la solitude de Carenac.

On avait encore imprimé, pour être jointes à cette édition, les pièces suivantes : 1° Examen de conscience pour un roi, 40 pag. ; 2° Récit abrégé de la vie de M. de Fénélon, 43 pag. ; 3° Généalogie de M. de Fénélon, avec la liste de ses ouvrages; 4° Mémoire concernant la personne, la vie et les écrits de madame Guyon, 3 pag. en petits caractères et à deux colonnes : les trois dernières sont du marq. de Fénélon. Personne n'a remarqué jusqu'ici, qu'au verso de la page 395 des exemplaires in-fol. on distingue encore les vestiges des lettres *Exa-*, réclame qui indique que l'*Examen de conscience* devait suivre : on a tâché de faire disparaître ces lettres en les grattant dans presque tous les exemplaires. (Il en existe un à la bibliothèque de Monsieur, à l'Arsenal où elles subsistent encore). L'in-4 ne présente pas de semblables traces. Debure, dans sa Bibliographie, dit «qu'on croit que la famille de l'auteur obtint la suppression de ces pièces pour des raisons particulières»; mais ce n'est maintenant que ce fut le ministère français qui exigea impérieusement du marquis de Fénélon cette suppression. (Voy. les Pièces justificatives de l'Hist. de Fénélon, liv. xv, tom. III, pag. 467 et suiv.) Il échappa pourtant quelques exemplaires de ces pièces; le marquis en réserva deux pour la famille de Fénélon; et M. de Chauvelin, ministre des affaires étrangères en demanda un. On se servit de quelqu'un d'eux pour réimprimer les mêmes pièces à Londres en 1747, en un vol. in-12 . en retranchant néanmoins e *Mémoire sur madame Guyon.*

Cette édition du Télémaque, format in-fol., valait autrefois de 350 à 500 fr. ; mais elle est moins chère aujourd'hui : 200 à 250 fr.

— Les mêmes. *Londres, R. Dodsley,* 1738, 2 vol. in-8 , fig., 36 à 48 fr.

Cette édition est , pour le texte , d'une exécution très-médiocre, et les gravures sont réduites sur celles de 1734 : cependant les beaux exemplaires en sont rares, et ils étaient extrêmement recherchés des curieux avant que les éditions de luxe de cet excellent ouvrage se fussent multipliées.

— Les mêmes. *Londres, Nourse et Vaillant,* 1742, in-12.

Édition recommandable. C'est la première où l'on ait proposé de mettre *un jeune Crétois,* au lieu d'*un jeune Lydien ;* mais il paraît qu'on doit lire *Lyctien.* On trouve à la fin un petit Dictionnaire mythologique, etc. On a suivi l'édition de 1731, à peu de chose près. L'orthographe et la ponctuation sont très-exactes , et l'édition est plus correcte que toutes celles qui avaient paru jusqu'alors.

— Les mêmes , édition enrichie des imitations des Anciens, de la Vie de l'auteur, et d'un petit Dictionnaire mythologique et géographique (par David DURAND). *Londres, Watts,* 1745 , pet. in-8.

Édition faite sur celle donnée par David DURAND et Jean-Albert FABRICIUS, en 1731. Elle est estimée et recherchée des curieux, et peu commune en France; vend. 20 fr. *m. r.* d'Hangard , mais susceptible d'un plus haut prix. Elle a été réimprimée , pour le même libraire, en 1750, format in-12 , avec figures.

— Les mêmes. *Amsterdam,* 1761, in-fol. et in-4, avec les figures de Bern. Picard.

Cette édition est faite à l'instar de celle de 1734, et avec les mêmes gravures. Elle est sur beau papier : mais le caractère est maigre et plus serré ; les planches, déjà usées, n'ont donné que de très-médiocres épreuves. On a mis quelques vignettes nouvelles qui , étant plus nettes, font contraster davantage les anciennes. Cette édition contient , à la tête , une *Épître dédicatoire* à Guillaume V, prince d'Orange; un *Avertissement* différent de celui de 1734 ; et la Généalogie de Fénélon : on a inséré au bas des pages un petit nombre de notes géographiques, historiques et mythologiques; et à la fin l'*Examen de conscience* pour un Roi ; mais on a retranché l'Ode à l'abbé de Langeron.

Cette édition n'est pas commune en France , et elle y est peu recherchée : 12 à 15 fr. in-4 , et 20 à 30 fr. in-fol.

— Les mêmes. *Paris, P. D. Brocas et Humblot , et Barbou,* 1762 , 2 vol. in-12.

— Les mêmes , avec les Remarques (de H.-P. DE LIMIERS). *Venise, Guillaume Zerletti,* 1768, 2 vol. gr. in-8.

Belle édition , avec vignettes à chaque livre , et un beau frontispice, gravé par *Volpato.*

— Les même. *Paris, Barbou,* 1768, 2 vol. in-12 , avec fig.

Belle édition : elle a été réimprimée en 1775 et en 1785.

— Les mêmes. *Genève (Paris),* 1777, 2 vol.

in-18, avec un joli portrait de Fénélon, gravé en 1761, par N. de Launay.

Cette édition fait suite aux éditions de *Cazin.*

— Les mêmes. *Londres,* 1780, 2 vol. in-18.

— Les mêmes. *Paris, impr. de Didot l'aîné,* 1781 , 4 vol. in-18, 30 à 36 fr.

Cette édition fait partie de la collection d'Artois; mais on en a tiré séparément 60 exemplaires en pap. fin , sans les armes du comte d'Artois sur le titre.

— Les mêmes. Édition imprimée par ordre du Roi pour l'éducation du Dauphin. *Paris, de. l'impr. de Ambr.-F. Didot l'aîné,* 1783, 2 vol. gr. in-4, sur pap. gr. raisin vélin d'Annonay de 11-312 et 613 pag. 80 à 100 fr., et plus avec les figures de Tillard.

Cette édition in-4 n'a été imprimée qu'au nombre de 200 exemplaires : elle forme le commencement de la Collection des auteurs classiques, français et latins, impr. pour l'éducation du Dauphin, en ce format. Le même Didot a donné deux autres éditions du *Télémaque,* qui font partie l'une et l'autre de ladite collection : la première, en 1783 , 4 vol. in-18, tirée sur pap. vél. , au nombre de 450 exemplaires , 40 à 48 fr.; la seconde, 1784, 2 vol. in-8, tirée sur pap. vél. , au nombre de 450 exemplaires, 30 à 42 fr.

Non-seulement ces deux dernières éditions sont faites sur celle de 1781, mais encore toutes celles imprimées postérieurement par MM. Didot : or, lisons ce qui , d'après M. Caron, caractérise ces diverses éditions.

Lorsque , vers 1780, on s'occupait à préparer une édition complète des *OEuvres de Fénélon,* qui commença à paraître chez Fr. Ambr. Didot quelques années après; ce même imprimeur, ayant les manuscrits à sa disposition , fit revoir le *Télémaque,* et publia en 1781 sa nouvelle édition, qu'il a reproduite dans celles qu'il imprima par ordre du Roi pour l'éducation du Dauphin, et dans le tom, V des OEuvres de l'archevêque de Cambrai, in-4. On lit en tête cet avis : « Cette édition , dont on certifie la fidélité , a été collationnée sur trois manuscrits précieux.... Ces trois manuscrits ont été comparés entre eux avec les éditions anciennes et modernes , par l'imprimeur, sous les yeux de M. l'abbé Gallard , docteur de la maison et société de Sorbonne , vicaire-général de Senlis, dépositaire de tous les manuscrits de cet auteur célèbre , dont il prépare une édition complète » (Voy. notre note , après l'indication de l'édition des OEuvres de Fénélon).

Qui ne croirait , en lisant cet avis, qu'on n'a épargné aucun soin pour donner le texte le plus pur et le plus correct? Et cependant , tout en corrigeant une multitude de fautes qu'y avaient laissées les éditeurs de 1717 et 1734, on s'est permis de changer beaucoup de locutions autorisées par l'usage du temps où l'auteur écrivait , et qu'il emploie constamment dans ses écrits; parce qu'on ne les trouvait pas strictement conformes aux règles actuelles de la grammaire. Mais puisque l'imprimeur certifiait la fidélité de son édition , il devait suivre rigoureusement les manuscrits qu'il avait sous les yeux; ou du moins ne pas taire qu'il avait pris en certains endroits , la liberté de faire des corrections, afin qu'on n'attribuât pas à Fénélon les fautes de son éditeur.

Les éditions de Didot ont servi de modèle à un grand nombre d'autres.

— Les mêmes. *Maestricht,* 1782 , in-8 ,

avec 24 fig. et une carte géographique, ou 1793, 2 vol. in-8.

— Les mêmes. *Paris , de l'impr. de Monsieur ,* 1785 , 2 vol in-4. pap. vél. 24 à 30 fr. et avec une collection de fig. grav. par Tilliard, d'après les dessins de Mounet, 60 à 66 fr.; fig. avant la lettre, 150 à 180 fr.

Bonne édition; les dessins de Monnet seulement sont très-médiocres. On peut se procurer séparément les fig. , 30 à 40 fr. , selon la beauté des épreuves.

Il a été tiré quatre exemplaires de cette édition sur vélin, avec les fig. color. , 1200 à 1500 fr. ; vendu jusqu'à 2000 fr.

— Les mêmes. *Paris , de l'impr. de Monsieur ,* 1790 , 2 vol. gr. in-8. sur pap. vél. d'Annonay, 18 à 24 fr. , et avec les 24 figures de Marillier , 45 fr.

Cette édition , imprimée avec caractères *St.-Augustin* de la fonderie de *P. Fr. Didot jeune*, était destinée à faire partie d'une *Collection des Poëtes épiques*, *anciens et modernes*, dans leur langue originale , avec la traduction française la plus estimée , de ceux qui ont écrit dans une autre langue que la nôtre. Cette collection devait contenir, outre le *Télémaque*, Homère , Virgile et Lucain , le Camoens , le Tasse et l'Arioste, Milton, la Henriade , et peut-être quelques autres, dit l'éditeur. Tous ces ouvrages devaient être impr. sur le même papier et avec les mêmes caractères.

Cette édition du *Télémaque* devait être ornée de 25 figures dessinées par MM. Cochin et Moreau le jeune; elles devaient paraître en 4 livraisons, mais la première seule a paru ; elle est composée d'un frontispice allégorique à la gloire de Henri IV et de Louis XVI , et de six figures pour les six premiers livres de Télémaque. Les figures qui composent cette livraison , avaient été faites pour une édition dont le texte devait être gravé en taille-douce. Cette entreprise n'ayant point réussi, M. P. Fr. Didot jeune fit l'acquisition des dessins et des planches qui n'avaient jamais paru.

— Les mêmes. Édition augmentée et corrigée sur le manuscrit original de l'auteur. Avec des remarques pour l'intelligence de ce poëme allégorique, (par H. P. de LIMIERS). *Londres* , (édition de *Cazin*), 1790 , 3 vol. petit in-12.

— Les mêmes. *Dijon, de l'impr. de P. Causse. Paris ,* * Renouard , 1791 , 2 vol. in-8 de 417 et 402 pag. — 1795, 2 vol. in-4, pap. vél. avec le portrait de Fénélon, par Gaucher, en médaillon sur le titre, 42 fr.; sur un pap. supérieur , dont il n'a été tiré que quatre exemplaires , 72 fr.

La dernière édition n'a été tirée qu'à 270 exemplaires.

— Les mêmes. *Paris , Maradan ,* an III (1795), 4 vol. in-18,, avec le portrait de Fénélon peint par Vivien et gravé par Trière.

Édition sortie des presses de Crapelet.

— Les mêmes. *Paris , Deterville ,* 1796 , 2 vol. in-8. sur pap. vél., ornés de 24 figures de Marillier et un portrait , 30 à 36 fr. , et en gr. pap. fig. avant la lettre, 48 à 60

fr. , ou 2 vol. in-12, pap. ord. avec 24 fig., et un portr. 5 fr.

Édition sortie aussi des presses de Crapelet : elle contient l'Éloge de Fénélon , par La Harpe, les Notes allégoriques (de Limiers), et une Table des matières.

— Les mêmes. Édition ornée de gravures. *Paris , Bleuet, (de l'impr. de P. Didot l'aîné),* 1796 , 4 vol. in-18 de 240 , 292 , 248 et 260 pages, avec 24 gravures d'après les dessins de Queverdo, et le portr. de Fénélon, gravé par C. S. Gaucher, d'après J. Vivien , 12 fr. ; pap. vél. d'Annonay, 24 fr. ; papier gr. raisin velin superfin double , figures avant la lettre , 48 fr.

Cette édition fait partie de la « Collection choisie (dite Bleuet jeune) de romans et autres ouvrages de littérature », imprimés par Didot aîné , format in-18. Les prix indiqués sont ceux de publication : ils ne se soutiennent pas dans les ventes.

— Les mêmes. Avec des notes et vingt-cinq figures en taille-douce. *Paris , Ancelle,* 1798 , 2 vol. in-8, 12 fr. ; pap. vél. 27 fr. et sur format in-4, pap. vél., 40 fr.

— Les mêmes. Nouvelle édition , ornée de figures , augmentée et corrigée sur le manuscrit original de l'auteur, avec des notes et des remarques pour l'intelligence de la mythologie et de ce poëme. *Dijon, de l'impr. de L. N. Frantin. Paris, Bossange, Masson et Besson ,* an VII (1799), in-12.

Édition remarquable pour l'époque : elle n'est divisée qu'en dix livres.

— Les mêmes. Édition précédée du Discours sur la poésie épique et sur l'excellence du poëme de Télémaque; augmentée de l'Éloge de Fénélon, par LA HARPE, de son portrait, et d'une Table raisonnée et historique; ornée de deux jolies figures en taille-douce. *Paris,* * Laurens jeune , an VII (1799), 2 vol. in-12, avec 2 fig., 3 fr. 50 c.

— Les mêmes. Édition ornée de figures, et augm. de l'Éloge de Fénélon, par LA HARPE, et d'une Table sommaire et raisonnée. *Paris, Dufart,* 1799, 1812 , 2 vol. in-12, 6 fr.; pap. vél., 12 fr.

— Les mêmes. Nouvelle édition, enrichie de variantes, de notes critiques, de plusieurs fragments extraits de la copie originale et de l'histoire de diverses éditions de ce livre (par BOSQUILLON). *Paris, Th. Barrois,* an VII (1799) 2 vol. pet. in-12, 5 fr.; pap. vél., 12 fr. et sur gr. raisin, pâte de vélin , 48 fr.

Édition due aux presses de Crapelet : elle n'a été tirée qu'à 490 exemplaires, dont 200 sur papier ordinaire , 200 sur papier vélin de La Garde, 80 sur papier gr. raisin , pâte de vélin; 5 sur pap. vélin rose satiné, fabriqué exprès par La Garde, et 5 sur papier vélin bleu grand raisin. Par *variantes*, l'éditeur entend les diverses leçons qu'il a recueillies soit dans le manuscrit original, le seul qui existait à la Bibliothèque lorsqu'il fit son travail, et le seul qu'il ait connu; soit dans quelques-unes des premières éditions, et les principales qui ont été faites depuis 1717. Ces *variantes* sont incomplètes : d'ailleurs il les a placées à la fin de chaque volume, avec un renvoi à la page et à la ligne auxquelles elles se rapportent; ce qui est si incommode, que la plupart des lecteurs ne prennent pas la peine de les consulter. Son texte est celui de Didot, auquel il a fait un petit nombre de corrections. Il reproche aussi à cet imprimeur *d'avoir changé, des manières de parler propres à Fénélon, et qui indiquent le temps où il a écrit.* Souvent dans ces *variantes*, il propose d'adopter des leçons tirées du manuscrit original, mais que l'auteur a changées dans les copies qu'il a revues, et c'est à quoi se bornent ses notes critiques. Les *fragments* tirés de l'original se réduisent à l'histoire d'Œdipe gravée sur les armes de Télémaque, et supprimée depuis; et à quelques passages effacés par l'auteur lui-même dans ce manuscrit. M. Bosquillon a cru devoir les conserver comme un échantillon de la manière dont Fénélon travaillait à perfectionner son ouvrage en le limant sans cesse. Il n'y a rien de neuf dans ce qu'a écrit cet éditeur touchant l'*histoire des diverses éditions du Télémaque*, et il a pris pour la première édition celle qui n'est évidemment qu'une réimpression, du moins pour les 208 pag. de Barbin.

— Les mêmes. Édition stéréot., d'après le procédé de F. Didot. *Paris*, *F. Didot*, (* *Hect. Bossange*), an VIII (1800), 2 vol. in-18, 2 fr. pap. fin. 2 fr. 50 c.; pap. vél. 5 fr, et gr. pap. vél. 7 fr.

Il en a été tiré quelques exemplaires sur vélin.

— Les mêmes (précédées de l'Éloge de Fénélon, par LA HARPE). *Riom, de l'imp. de J. C. Salles ; et Paris, Fuchs et Bleuet*, an X (1802), 2 vol. in-12.

Les libraires de Paris, chargés dans le temps de la vente de cette édition, y avaient ajouté les 25 gravures de *Delaunay*, d'après les dessins de *Queverdo*, qui ornent l'édition de *Bleuet*, 1796, en 4 volumes.

— Les mêmes, suivies des Aventures d'Aristonoüs. *Dijon de l'impr. de L. N. Frantin. Paris, * Antoine Aug. Renouard*, an X (1802), 2 vol. in-18, 2 fr. 50 c.; pap. fin, 3 fr. ; et sur format in-12, papier vélin, avec le portrait de Fénélon, br., 10 fr.

On peut ajouter aux exemplaires de cette édition, 26 figures, gravées par Simonet, Coiny, etc., d'après les dessins de Le Febvre. Prix d'un exempl. avec ces 26 fig., en 2 vol. in-18, pap. ordin., 6 fr.; pap. fin, 8 fr.; et format in-12, pap. vélin, 20 fr. Ces figures peuvent s'adapter également à toute autre édition de Télémaque, in-18, in-12, ou in-8. Elles coûtent alors, prises séparément, tirées sur papier vélin, 10 fr.; et avant la lettre, 24 fr.

L'éditeur, M. Renouard, a fait tirer de cette édition de Télémaque, de format in-12, trois exempl. sur papier rose, et deux sur vélin, dont l'un est enrichi des dessins originaux, et l'autre des figures tirées sur papier de la Chine.

Un exemplaire de cette édition, sur vélin, format in-12, avec 26 fig., est porté 500 fr. sur le Catalogue de M. Renouard.

— Les mêmes. Édit. augmentée d'un Discours sur la poésie épique (de RAMSAY), et

de notes pour l'intelligence de la mythologie (par COSTE). Ornée de 12 grav. *Paris*, * *Bossange, Masson et Besson*, an XII (1804), ou 1807, in-12, avec 12 fig., 3 fr.

Bonnes éditions.

— Les mêmes. Édition corrigée d'après les éditions originales, et ornée de 25 figures. *Paris, * Le Prieur*, 1805, 2 vol. in-12, fig., 6 fr.; ou 1809, in-12 avec 24 vign., dont 2 sur chaque pl., 3 fr.

Édition ordinaire. Les gravures et vignettes sont au dessous de la critique.

— Les mêmes. Édition très-correcte, à laquelle on a joint un Dictionnaire de géographie ancienne et de mythologie, (celui de Dav. DURAND); ornées du portrait de Fénélon, de 24 belles figures et d'une grande carte des voyages de Télémaque. *Liége*, 1806, 2 vol. in-8, 7 fr.; ou 2 vol. in-12 avec les mêmes figures et la carte, 5 fr.

Les figures sont celles de l'édition de Bleuet, 1796.

— Les mêmes, suivies de celles d'Aristonoüs. Nouv. édit. classique, augmentée d'un Discours sur la poésie épique, et de notes pour l'intelligence de la mythologie. *Paris, Barbou*, 1806, in-12 de XXXVI et 419 pag., avec fig.

Édit. réimpr. par M. Delalain, en 1815, in-12.

— Les mêmes, avec les notes mythologiques de Fr. NOEL, inspecteur-général de l'instruction publique (c'est-à-dire avec des notes fort courtes et en petit nombre, tirées du Dictionnaire de la fable, de M. NOEL). Nouv. édit., orn. de 25 grav., et de la carte des voyages de Télémaque. *Paris*, * Dentu*, 1808, ou *Paris, Mame*, 1813, 4 v. in-18, avec 24 fig. dess. par Queverdo, et gravées par Delignon, le portrait de Fénélon peint par J. Vivien, et gravé par C. E. Gaucher, et la carte dressée par P. Lapie, et gravée par B. Tardieu jeune, 10 fr.; pap. vél. superfin d'Annonay, 20 f.

Il a été tiré de cet ouvrage un petit nombre d'exemplaires, de l'édition de 1810, avec les *notes critiques et historiques*, publiées à Rotterdam, en 1719, par *Hofhout*. Prix, papier fin, 12 fr.; sur pap. vél., 24 fr.

Les figures sont celles de l'édit. de Bleuet, 1796, 4 vol. in-18.

— Les mêmes (suivies des Aventures d'Aristonoüs). Édit. stéréot. d'Herhan. *Paris*, 1810, 1811, 2 vol. in-12, 3 fr.; pap. vél. 6 fr.; ou 1810, 1811, 1813, 1819, 2 vol. in-18, 2 fr. 50 c.; et pap. vél., 5 fr.

— Les mêmes. Nouv. édit., enrichie d'une Notice abrégée de la vie de l'auteur (par M. FELETZ, l'un des conservateurs de la bibliothèque Mazarine), de Réflexions sur

Télémaque, d'une carte nouvelle de ses Voyages (nouvellement dressée par M. BARBIÉ DU BOCAGE), des principales variantes tirées des manuscrits et des éditions précédentes (extraites de celle dont M. Bosquillon a enrichi l'édition qu'il donna en l'an VII, en 2 vol. petit in-12), et de 72 estampes gravées, d'après les dessins de Ch. Monnet, par J.-B. Tilliard. *Paris, de l'imp. de J. M. Éberhart*, 1810, 2 vol. in-4, sur papier carré fin, avec le portrait de Fénélon, gravé par Aug. Saint-Aubin, d'après Vivien, 60 fr.; et sur grand raisin fin double, 75 fr.

Il a été tiré quelques exemplaires sur papier grand-raisin vélin satiné, auxquels sont jointes des figures de conservation, premières épreuves, du plus beau choix. Le prix de ces exemplaires est plus élevé.

Les gravures qui ornent cette édition sont celles que nous avons indiquées ci-dessus, avec l'édition de l'*imprimerie de Monsieur*, 1785, en 2 vol. in-4. Elles ont toutes été revues avec le plus grand soin, et rafraîchies dans tous les endroits qui pouvaient présenter quelqu'altération de ton et de vivacité.

— Les mêmes. Nouv. édit., collationnée sur les manuscrits et les imprimés, augmentée d'un Précis de la vie de Fénélon et des principales variantes; d'une liste raisonnée des éditions qui ont paru jusqu'à ce jour, et d'une table des matières; par J.-F. ADRY. *Paris, *Louis, Duprat-Duverger*, 1811, 2 vol. in-8 de cxx-288 et 296 pag., avec 24 fig. gr. par Robert Delaunay, d'après Ch. Monnet et le portr. de Fénélon, 18 fr.

Il a été tiré des exempl. sur papier vél., fig. avant la lettre.

Cette édition est ainsi composée : Tom. Ier. Précis de la vie de Fénélon, pag. x—42; Ouvrages de Fénélon, tant imprimés que manuscrits, pag. 43—59; Avertissement sur cette nouvelle édition du *Télémaque*, pag. 60—64; Liste des principales éditions du *Télémaque*; des Traductions qui ont été faites de cet ouvrage; des Critiques, Vies de l'auteur, etc., pag. 65—120; Livres I—XII des Aventures de Télémaque, pag. x—288. Tom. II : Livres XIII — XXIV des Aventures de Télémaque, pag. x—273; Tables des matières, pag. 275 — 288; Liste des principales variantes du *Télémaque*, pag. 289—396.

Le même libraire en a publié concurremment une édition classique en 2 part. in-12, c'est-à-dire, la même non interlignée, avec les 25 grav. et la Table des matières seulement : elle porte pour titre : *les Aventures de Télémaque*, etc. Nouv. édit., collationnée sur les manuscrits et les imprimés, ornée de 25 fig., 6 fr.

Dans son *Avertissement*, Adry s'élève avec raison contre la témérité des éditeurs modernes qui ont osé corriger le style de Fénélon. Il a pris pour base de son édition le texte de Didot; mais il la conféré avec le manuscrit original, et avec les principales éditions qui ont été données depuis 1717; il a choisi, *après un mûr examen*, parmi les variantes que présentent ces diverses éditions, *celles qui devaient être admises dans le texte préférablement aux autres*. On peut conclure de là qu'il n'y a eu aucune règle fixe: aussi lui a-t-on reproché d'avoir introduit dans le Télémaque au moins mille fautes; et, en effet, on trouve dans son édition des leçons arbitraires, ou changées

par l'auteur, et jusqu'à des lignes entières omises. *La liste des diverses éditions* est curieuse; mais elle est grossie inutilement de toutes celles que publiaient successivement les libraires de Paris, et qui sont de pures réimpressions, sans aucun égard à la correction du texte. Comme Adry n'a connu d'autre manuscrit que l'original, ses *variantes* sont aussi insignifiantes et moins complètes que celles de Bosquillon. Elles sont même à peu près inutiles; parce qu'il n'a mis aucun renvoi pour indiquer les pages auxquelles elles se rapportent.

— Les mêmes. *Parme, de l'imp. de Bodoni*, 1812, 2 vol. gr. in-fol., pap. vél.

Cette édition magnifique, tirée à 150 exemplaires seulement, est le commencement d'une collection de classiques français que Joachim Murat, alors roi de Naples, a fait imprimer pour l'éducation de son fils aîné : faite sur l'édition précédente, elle a les mêmes défauts.

— Les mêmes (avec des notes allemandes où l'on explique les mots difficiles, les phrases, la construction, les gallicismes, les antiquités, la mythologie, etc.). *Cologne, imp. de J. G. Schmitz*, 1812, in-12, 3 fr. 60 c.

— Les mêmes. *Paris, P. Didot* (*Werdet et Lequien*), 1814, 2 vol. in-8, 7 fr. 50 c.; pap. fin, 11 fr.; et pap. vél., 20 fr.

Autre édition copiée sur celle d'Adry. Elle forme les volumes XVI et XVII de la *Collection dédiée aux amateurs de l'art typographique*. MM. Werdet et Lequien en devenant, en 1828, propriétaires des exemplaires qui restaient, ont ajouté à ceux sur papier vélin une suite de 24 vignettes et un portrait, premières épreuves, 30 fr., appartenant à l'édition publiée par M. Lequien, en 1819.

— Les mêmes. *Lyon*, 1815, 3 vol. in-8.

Les imitations des anciens, tirées de l'édition de David Durand, ont été reproduites dans cette édition. L'éditeur y a joint les passages de l'Écriture sainte qu'il a recueillis, et les pièces suivantes : la *Préface* de St.-Remi; le *Discours* de Ramsai *sur la poésie*, selon l'édition de 1717 et sans les additions; les notes de l'édition de Londres, 1745; les Remarques (de Limiers) de celle d'Amsterdam, 1719; les variantes qu'il a prises, sans doute, dans les éditions de MM. Bosquillon et Adry; les six livres (v—x) de l'Odyssée d'Homère que Fénélon a traduits, avec le précis des autres, traduction qui n'avait jamais été imprimée dans les OEuvres de l'auteur antérieures à 1815; enfin, un catalogue de tous les ouvrages de l'archevêque de Cambrai.

Quoique imprimé depuis près de quinze ans, cette édition n'a pas encore été livrée au commerce.

— Les mêmes. *Paris, Plancher*, 1817, 2 vol. in-36, 2 fr. 50 c.

— Les mêmes. Édition collationnée sur les trois manuscrits connus à Paris. *Paris, A. Lequien*, 1819, 2 vol. in-8 avec portr., 12 fr.; pap. vél., 24 fr.; pap. fin avec 24 fig. et port., 40 fr.; et grand pap. vél., avec les premières épreuves des figures, 60 fr.

On peut se procurer séparément les 24 figures et le portrait, 15 fr.; et gr. pap. vélin, 25 fr.

C'est la prem. édit. du Télémaque qu'on puisse dire généralement conforme au texte original. M. Lequien l'annonce comme ayant été collationnée sur les trois manuscrits connus, qui sont les mêmes dont se sont servis les éditeurs du Fénélon de Lebel. Par l'examen approfondi, disent ces messieurs, dans leur Notice sur les éditions de ce livre, que nous avons fait de ces manuscrits, nous nous sommes assurés des soins et de la diligence que cet éditeur a mis dans son travail. Cependant, comme il était obligé de collationner chaque manuscrit séparément, et souvent à mesure que l'on imprimait, il n'est pas étonnant qu'il lui soit échappé des fautes. Nous en avons remarqué une centaine, ajoutent-ils, la plupart d'omissions, parmi lesquelles il y en a quelques-unes assez considérables : mais nous ne comptons pas dans ce nombre plusieurs corrections de la seconde copie, qu'il a adoptées avec trop de confiance, comme venant de l'auteur.

— Les mêmes. *Paris, Ménard et Desenne*, 1822, 2 vol. in-18, ornés de 7 figures et d'un portr., 5 fr.; pap. vél., figures avant la lettre, 10 fr.; on tiré sur format in-12, 6 fr.; pap. vél., figures avant la lettre, 12 fr.

Edition faisant partie d'une petite *Bibliothèque française*.

— Les mêmes. Édition collationnée sur les trois manuscrits connus à Paris. *Paris, L. Debure*, 1823, 2 vol. in-32, 6 fr.

— Les mêmes. Édition collationnée sur trois manuscrits connus à Paris. *Paris, Saintin*, 1824, 2 vol. in-32, avec figures,

— Les mêmes. *Paris, Lefebvre (* A. André)*, 1824, 2 vol. in-32 avec 13 fig., 5 fr.

Jolie édition, faisant partie de la *Collection des Classiques français*, dirigée par L. S. Auger, et impr. par Jules Didot.

Ces trois éditions ont été copiées sur celle de M. Lequien (1819), sans nouvelle révision de la part de leurs éditeurs.

— Les mêmes, suivies des Aventures d'Aristonoüs; précédées d'une Notice biographique et littéraire, par M. VILLEMAIN. *Paris, Malepeyre; Aimé-André (* Furne)*, 1824, 2 vol. in-8 avec un portrait, 12 fr.

— Les mêmes. Édition rétablie sur le manuscrit original, et sur deux copies auxquelles l'auteur a fait plus de 700 corrections et additions, accompagnée des principales variantes, et suivie de l'Examen de conscience d'un roi, pour la première fois conforme au manuscrit autographe. *Paris, Ferra jeune*, 1824, 2 vol. in-8 ornés de 24 fig. d'après les dessins de Marillier, 20 fr.

Extr. des OEuvres complètes de Fénélon. Il n'en a été tiré à part que 500 exemplaires.

Edition faite après une collation sévère des trois manuscrits connus, et dans laquelle les éditeurs ont respecté religieusement le texte de Fénélon, défigurée dans tant d'éditions publiées avant la leur. Les Aventures de Télémaque sont ici pour la première fois en xviii livres, conformément à la division que Fénélon avait établie lui-même sur une des deux copies de son livre.

Cette édition, devant servir de type à toutes les réimpressions à venir du Télémaque, nous distinguerons, parmi celles faites depuis cette époque, les diverses éditions pour lesquelles les éditeurs ont déja suivi ce texte.

— Les mêmes, avec des notes critiques et géographiques, et les passages grecs et latins que Fénélon a traduits ou imités. *Paris, Lefebvre et Brière (* A. André)*, 1824, 2 vol. in-8 avec un portr. gravé par Tardieu, et une belle carte dessinée par P. Tardieu l'aîné, 15 fr.

Belle édition, faisant partie d'une *Collection des Classiques français* : elle a été imprimée sur celle de Lebel.

— Les mêmes (en 24 liv.). *Paris, Mame et Delaunay-Vallée*, 1825, 2 vol. in-48, avec 6 grav., 6 fr.

Edition faisant partie de la collection intitulée : *Chefs-d'œuvre de la littérature française, etc.*

— Les mêmes (en 24 liv.). Nouv. édit. *Paris, Aimé-André*, 1825, 2 vol. in-12, avec 13 fig., 6 fr.

— Les mêmes (en 24 liv.), suiv. des Aventures d'Aristonoüs, précédées de l'Éloge de Fénélon par LA HARPE, et du Discours sur la poésie épique par RAMSAI. *Paris, Peytieux*, 1825, 2 vol. in-8 10 fr.; avec 25 planches 20 fr.

On peut se procurer séparément les 25 pl. de cette édition.

— Les mêmes (en 18 liv.). *Paris, Lefebvre*, 1827, 2 vol. in-8 ornés de figures, 7 fr.

— Les mêmes (en 24 liv.). *Paris, Dufour et Comp.*, 1827, 2 vol. in-48 avec portr., 4 fr.

Petite édition due aux presses de Didot aîné, et qui fait partie d'une Collection de *Classiques en miniature*.

— Les mêmes (en 24 liv.). *Paris, Froment*, 1828, 2 vol. in-8 avec portr. 12 fr., et avec 24 fig., 18 fr.

— Les mêmes (en 18 liv.), suivies des Aventures d'Aristonoüs et de l'Examen de conscience sur les devoirs de la royauté; précédées de l'Éloge de Fénélon par LA HARPE. *Paris, Baudouin frères*, 1828, 2 vol. in-8, 8 fr.

Faisant partie d'une *Collection des meilleurs ouvrages de la langue française*.

— Les mêmes. Édition collationnée sur les trois manuscrits connus à Paris. *Paris, Guillaume*, 1828, in-8, 3 fr., ou in-18 1 fr.

Le caractère vif et spirituel du duc de Bourgogne, son goût passionné pour les belles-lettres, et en particulier pour tout ce qui avait rapport à l'histoire fabuleuse des héros de l'antiquité, parurent à Fénélon un puissant moyen de lui faire goûter les plus importantes instructions : « C'est par cet endroit, disent les rédacteurs de la *Bibliothèque britannique* (tom. XIX, pag. 54), que l'habile directeur sut prendre son élève pour réprimer l'impétuosité naturelle de son tempérament, et pour jeter dans son cœur les semences de toutes les vertus dont il devait un jour avoir tant de besoin. » Voilà l'origine du *Télémaque*, où l'on trouve en effet la meilleure partie de la Fable, mais adoucie et rectifiée par les idées de la morale la plus pure, et de la politique la plus saine.

Cet ouvrage, auquel Fénélon doit sans contredit la plus grande partie de sa réputation littéraire, est effectivement une des productions excellentes qui suffisent à elles seules pour immortaliser un écrivain.

La première édition parut en 1699, sous le titre de *Suite de l'Odyssée d'Homère, ou les Aventures de Télémaque, fils d'Ulysse.* Voy. pour des détails précis sur cette édition et sur celles qui ont été faites la même année, aussi bien que pour un historique des mutilations successives que les éditeurs, depuis le marquis de Fénélon (1717) jusqu'à M. Lequien (1819), ont fait aux réimpressions, l'excellente *Notice* de MM. Gosselin et Caron *sur les manuscrits et les éditions de Télémaque,* en tête de l'édition de ce livre qui fait partie des Œuvres compl. de Fénélon.

VERSIONS POÉTIQUES.

— Aventures (les) de Télémaque, fils d'Ulysse, mises en vers franç. par M. PEL-LETIER. Livres I et VII. *Paris,* 1777-78, 2 part. in-8.

Le prem. livre a été le dernier publié.

— Les mêmes, et Télémaque, poëme (par J. E. HARDOUIN). *Paris, de l'impr. de P. Didot l'aîné,* 1792, 6 vol. in-12.

Le texte en prose est en regard de l'imitation en vers.

M. Hardouin, outre son imitation de ce poëme en vers français, a inséré, dans cette édition du *Télémaque,* les imitations des poètes grecs et latins, tirées de l'édition de *Hambourg* de 1731. Quant au texte du *Télémaque,* M. Hardouin a suivi également cette édition.

—Les mêmes, mises en vers par Nic. BU-GNET. 1797, 2 tom. en un vol. in-4.

—Télémaquéïde (la), ou les Aventures de Télémaque; traduites en vers français, par M. BOURIAUD aîné, ancien professeur aux écoles centrales. Livres I-III. *Paris, Ponthieu; Delaunay, et Limoges, Ardent,* 1823, in-8 de 128 pag.

M. Bouriaud avait déja publié, en 1814, la traduction du premier livre, suivi d'Épigrammes choisies de Martial, même traduction, avec le latin en regard. Limoges, Bargeas, in-8.

— Aventures (les) de Télémaque, fils d'Ulysse, mises en vers par P. N. LEMAR-CHANT. *Paris, Bouquin de la Souche,* 1825, 2 vol. in-8, 10 fr.

TRADUCTIONS.

1° En allemand.

— Aventures (les) de Télémaque, franç. et allem. *Ulm, Chrétien-Ulric Wagner,* 1771, 2 vol. in-8, avec ou sans fig.

La Préface est savante, et on y donne des échantillons d'imitations en vers allemands, ainsi que d'une traduction en prose latine, et d'une traduction en grec littéral.

— Les mêmes, en français et en allemand. *Vienne,* 1814, 2 vol. in-8.

2° En anglais.

—Adventures (the) of Telemachus, the son of Ulysses, translated into english by DESMAIZEAUX; a new edition, revised and corrected: to which is added a Discurse on epic poetry, and on the excellence of the poem of Telemachus. *Paris, * Th. Barrois junior,* 1806, in-12 de IV et 338 pag., 3 fr.—English and french. *Paris, the same,* 1806, 2 vol. in-12, 6 fr.

La première édition de cette traduction parut à Londres en 1719, in-4: elle a été réimprimée en 1755 avec le texte. L'édition de 1806 que nous citons est au moins la huitième faite en France.

— The same, transl. by J. HAWKESWORTH. A new edit. (with the original.) *Paris, Bossange, Masson and Besson,* 1804, 2 vol. in-12. — (Without the original.) *Paris, Barrois the son,* 1819, in-12, 4 fr.

Il existe, de l'édition de 1804, des exemplaires où l'on a substitué une version espagnole à l'original: 6 fr.

3° En espagnol.

— Aventuras de Telemaco, traducidas del original frances al castellano. *En Paris, Witte,* 1733. — *En Amberes (Leone, de Tournes),* 1756, 2 vol. in-12; (vers 1780), 2 vol. in-8; *En Paris, Bossange, Masson y Besson,* 1804, in-12, 3 fr.; *En Burdeos, Lavalle,* 1825, in-12.

Traduction estimée: elle est précédée d'un Discours préliminaire très-bien fait, et où le *Télémaque* est dignement apprécié.

— Las mismas, trad. al castellano, por D. Nic. de REBOLLEDA. Nueva edic., aumentada con notas sobre la mitologia, la geografia y la historia. *Perpinan; de la empr. de Alzine,* 1822, in-12.—Va puesto el texto frances en frente del castellano. *Perpinan, de la empr. del mismo,* 1822, 2 vol. in-12.

4° En italien.

— Aventure di Telemaco, di FÉNÉLON. *Parigi, Molini,* 1767, 2 vol. in-12, overo *Parigi, il medesimo,* 1785, 2 vol. petit in-12; *Lione,* 1790, 2 vol. in-12, o col testo a fronte, 4 vol. in-12; (Italiano et francese). *Brusselle, B. Le Francq,* 1798, 4 vol. in-12; (Italiano et francese). *Parigi, Delalain figlio,* 1801, 2 vol. in-12.

— Le medesime. Nuova ediz., corretta dall'avvocato Sinc. RASTELLI, ed accresciuta d'annotazioni geografiche e mitologiche. (Col testo a fronte). *Marsiglia, Giov. Mossy,* 1803, 4 vol. in-12, 6 fr.

— Le medesime, precedute d'un Discorso della poesia epica, ad arrichite d'annotazioni. Traduzione dal francese: in questa nuova edizione, si sono accentate tutte le voci, per facilitar agli stranieri il modo

d'imparare la prosodia della lingua italiana.
Avignone, V_a Seguin, 1804, 2 vol. in-12, 5 f.
— Le medesime. Nuova edizione. Con
annotazioni per intelligenza della mitologia, ed arrichita d'un Discorso sulla
poesia epica. *Parigi, Bossange, Masson
e Besson,* 1807, in-12, 3 fr.; e col testo a
fronte, 2 vol. in-12, 6 fr.
— Le medesime, traduzione nuova; col
testo a fronte. *Roma, L. P. Salvioni,* 1811,
4 vol. in-12.
— Le medesime, preceduta d'un Discorso
dell' epica poesia : traduzione dal francese,
riveduta da VALENTI, professore. *Parigi,
P. Dupont,* 1825, in-12, 5 fr.

5° En latin.

— Telemachiados libros XXIV, è gallico
sermone in latinum carmen transtulit Ste-
phanus - Alexander VIEL, presbyter in
Academia Juliacensi studiorum olim mo-
derator. *Lutetiæ-Parisiorum, ex typis P.
Didot, natu majoris,* 1808, in-12.—Secunda
editio, emendata et accurata. *Parisiis, apud
Delalain,* 1814, in-12, 5 fr.

Les journaux ont parlé avec éloge de cette traduction qui fut bien accueillie des gens de lettres.
La première fut imprimée par les soins des élèves
du P. Viel, qui, lors de sa publication, se trouvait
à la Louisiane. L'avertissement est signé *Eusèbe
Salverte.* Le P. Viel étant revenu en France, s'occupa
de revoir sa traduction, et donna ses soins à la seconde édition.

— Les mêmes, traduites en latin, par L.
N. T. D. B. (DE BUSSY), anc. instituteur,
avec le texte français en regard. *Paris,
Aug. Delalain,* 1819, 2 vol. in-12.
— Télémaque (livre premier du), trad. en
vers latins, par J. M. J. BOUDDELT. *Toulouse, impr. de Bénichet cadet,* 1824,
in-12 de 24 pag.

Fleischer donne, dans le premier volume de sa
Bibliographie française, publiée en 1812, la liste
de 140 éditions françaises, ou au moins accompagnés du texte du Télémaque, et de 87 éditions en
diverses langues étrang. Nous n'avons pas cru devoir
l'imiter : nous nous sommes bornés à citer les édit.
qui, sous le rapport de la rareté, du mérite littéraire, et de l'exécution typographique, méritent
une mention : en accueillant la liste de Fleischer,
il eût fallu, pour que nous soyons bien complets,
la grossir d'une centaine de réimpressions faites
depuis l'époque où s'arrête son travail. Si l'on
devait nous faire des reproches sur le nombre des
éditions du Télémaque que nous avons citées, no
serait-ce pas plutôt sur le trop, que sur le trop peu?

CONTES.

— Contes. *Paris, Caillot,* 1821, 1823,
1827, in-18 avec fig., 50 c.
— Contes et Fables, avec la traduction
russe (par PROTOPOPOFF) en regard. *Saint-
Pétersbourg,* 1815, 2 vol. in-18, 4 fr.

DÉMONSTRATION SUR L'EXISTENCE DE DIEU.

— Démonstration de l'existence de Dieu,
tirée de la connaissance de la nature, et
proportionnée à la faible intelligence des
plus simples. (Publ. avec une Préface du
P. TOURNEMINE.) 1713, in-12.—Nouv. édit.,
augm. 1718, in-12.

La préface du P. Tournemine fut désavouée par
Fénélon.

— Le même ouvrage (sous ce titre : De
l'Existence de Dieu démontrée par les merveilles de la nature.) Édition augmentée
des principales découvertes de la physique,
et de plusieurs observations sur les har-
monies de la nature, par L. A. MARTIN.
Paris, Demonville, 1810, in-12, 3 fr., et
in-8, 6 fr.

Cette édition a été réimprimée à Avignon, chez
Chambeau, en 1820, in-12.

— Le même ouvrage. *Lyon et Paris, Périsse frères,* 1821, 1827, in-12 avec portrait, 1 fr. 50 c.
— Le même ouvrage (sous ce titre : Démonstration de l'existence de Dieu, tirée
de l'Art de la nature, des preuves intellectuelles, et de l'idée de l'infini même); suivies des Lettres sur la religion. *Paris, L.
Tenré; Boiste fils aîné,* 1822, in-12, 2 f. 50.
— Le même ouvrage. *Au Mans, Dureau
fils aîné,* 1827, in-18, 1 fr.

DIALOGUES DES MORTS.

— Dialogues des morts, composés pour
l'éducation d'un prince. 1712, in-12.

Cette édition ne contient que 45 dialogues.

— Dialogues des morts anciens et modernes. (Nouv. édit., publiée par de RAMSAY).
Paris, Delaulne, 1718, 2 vol. in-12.

Édition plus ample que la précédente, mais qui
ne contient pourtant pas les *Dialogues de Parrhasius
et du Poussin, et de Léonard de Vinci et du Poussin,*
impr. pour la première fois à la suite de la Vie de
Mignard, par l'abbé de Monville, 1730, in-12, et
furent imprimés séparément la même année; ni
quatre autres dialogues, intitulés : *Confucius et Socrate, Dion et Gelon, Henri VII et Henri VIII,* rois
d'Angleterre; *Marie de Médicis et le cardinal de Richelieu,* qui n'ont été publiés qu'en 1787, d'après
les manuscrits de l'auteur, dans l'édition in-4 des
OEuvres, ce qui porte à 72 le nombre des dialogues
des morts qu'on a de Fénélon.

— Les mêmes, avec quelques Fables, composées pour l'éducation d'un prince. *Poitiers, de l'imp. de Catineau,* 1814, 2 vol.
in-18; *Paris, Aug. Delalain,* 1820, in-12.
— Les mêmes, en français et en allemand.
Mayence, 1815, in-12.
— Les mêmes. *Paris, P. Didot (* Werdet
et Lequien),* 1819, in-8, 3 fr. 75 c.; pap.
fin, 5 fr. 50 c.; pap. vélin, 10 fr.

DIALOGUES SUR L'ÉLOQUENCE.

— Dialogues sur l'éloquence en général, et sur celle de la chaire en particulier, avec une Lettre sur les travaux de l'Académie française. (Le tout précédé d'une Préface par de RAMSAY). *Paris*, 1718, in-12.

Première édition d'un livre très-souvent réimprimé.

— Les mêmes. Édition stéréot. d'Herhan. *Paris*, *Nicolle*, 1811, ou *Paris*, *Mme Dabo*, 1828, in-12.

DISCOURS.

— Discours prononcé par Fénélon, le jour de la bénédiction de M. Dambrines, abbé du Saint-Sépulcre, à Cambrai. (Publ. par M. LEGLAY). *Paris*, *L. Janet*, 1828, in-8 de 18 pag., 3 fr.

Tiré à 102 exempl.

ÉDUCATION DES FILLES.

— Éducation (de l') des filles. Nouv. édit. (augm. d'un Avertissement par l'abbé BASILE). *Paris*, *Hérissant*, 1763, in-12.

— Le même ouvrage. Nouv. édit., augm. d'une Lettre du même auteur, à une dame de qualité, sur l'éducation de sa fille, et d'un Discours préliminaire sur quelques changements introduits dans l'éducation, par S. J. B. V. (l'abbé BOURLET DE VAUXCELLES). *Paris*, *Lamy*, 1800, in-12, avec le portr. de Fénélon, 1 fr. 80 c.

— Le même. *Paris*, *Renouard*, 1807, in-12 portr.

Édition la meilleure de cet excellent traité. Il y en a des exemplaires en papier vélin, plusieurs en papier rose, et deux seulement sur vélin : ces derniers sont cotés 150 fr. sur le catalogue de l'édit.

— Le même. Nouv. édition, augm. d'une Lettre du même auteur, à une dame de qualité, sur l'éducation de M. . . . sa fille unique. *Lyon*, *de l'imp. de Mme Buynand*, *née Bruyset*, 1811; *Lyon et Paris*, *Périsse frères*, 1821; *Paris*, *Villet*, 1821; *Avallon*, *Comynet*, 1822, in-18.

— Le même, sous ce titre : De l'Éducation et de l'Instruction des filles, par FÉNÉLON; écrit dans le style de ce siècle, par BAILLOT DE SAINT-MARTIN. *Paris*, 1823, in-8.

Idée maladroite de M. Baillot, et dont on s'est ri à juste titre.

— Le même. Nouv. édit., seule conforme aux éditions originales. *Versailles*, *Lebel* (*Paris*, * *Ferra jeune*), 1824, in-12, pet. pap., 1 fr. 50 c.

— Le même. Édition impr. sous la direction de M. l'abbé de Ranzan. *Paris*, *Mme Lévi*, 1824, in-18 pap. vél., 1 fr. 50 c.; pap. superf., 2 fr. 50 c.

Édition faisant partie d'une petite *Bibliothèque du chrétien*.

— Le même. *Paris*, *Payen*, 1827, in-18, avec un portr., 1 fr. 50 c.

— Éducation (de l') des filles. Par FÉNÉLON et l'abbé GÉRARD. Ouvrage précédé de Considérations sur l'éducation des femmes et de deux Notices historiques, par M. HENRION. *Paris*, *J.-J. Blaise aîné*, 1828, in-18, 2 fr. 25 c.

Édition faisant partie d'une *Bibliothèque des familles chrétiennes*.

— Tratado de la Educacio de las hijas, trad. al castellano, por don Remigio ASENSIO. *Burdeos*, *de la impr. de Beaume*, 1828, in-12.

La prem. édit. de l'*Education des filles* est de 1687, in-12.

EXAMEN DE CONSCIENCE.

— Examen de conscience pour un roi, par Fénélon; suivi d'une Vie abrégé de Fénélon, de la Généalogie de Fénélon et du Catalogue de tous ses ouvrages imprimés (par le marquis de Fénélon, petit-neveu de l'archevêque de Cambrai). *Londres*, 1747, in-12.

C'est la réunion des morceaux qui devaient être impr. à la suite de Télémaque, édit. de 1734. Voy. notre Note sur ladite édition.

— Le même, sous le titre de : Directions pour la conscience d'un roi, pour l'instruction du duc de Bourgogne, (publiées avec un Avertissement, par Prosp. MARCHAND, sous le nom de Félix de Saint-Germain). *La Haye*, *J. Néaulme*, 1747, in-8, in-12.

Dans son Avertissement, daté du 11 mars 1747, Prosp. Marchand annonce qu'il publie l'ouvrage sur une copie faite *sur une* autre que sortait de l'hôtel de Beauvilliers, et qu'il *la donne avec la plus scrupuleuse exactitude*. Il n'avait alors aucune connaissance de l'édition jointe au Télémaque de 1734, et il ne connut celle de Londres, qui l'a reproduite, que quand la sienne eut vu le jour.

— Le même. *La Haye* (*Paris*), 1747, 1748, in-8 et in-12.

Éditions faites sur la précédente, et qui ne sont pas plus recommandables qu'elle; car quoi qu'en ait dit Prosp. Marchand, sa copie était fort défectueuse : on trouve dans son édition, outre beaucoup de mots omis ou changés, des lignes entières sautées. C'est pourtant ce texte qu'on a suivi en 1775, et dans l'édition de Didot, 1787, in-4.

— Le même. Nouv. édit. (précédée d'un Avertissement, par les frères ÉTIENNE). *Paris*, 1775, in-8.

Dans l'Avertissement en tête de cette édition, il est dit qu'elle a été faite du consentement exprès du Roi (Louis XVI, qui venait de monter sur le trône).

— Le même, précédé d'une Notice sur Fénélon, par L. S. AUGER. *Léop. Collin*, 1805, petit in-12, 1 fr. 25 c.

— Le même. *Avignon*, *Séguin aîné*, 1814,

in-8 , ou *Paris, Lebègue*, 1821, in-12, 2 f.
Editions communes.
Ces six dernières éditions portent pour titre : *Directions pour la conscience d'un Roi.*

— Le même, sous ce titre : Directions pour la conscience d'un roi, ou Examen de conscience sur les devoirs de la royauté. Trois lettres du même, à Louis XIV, à Mme de Maintenon et à M. de Louville. *Paris, A. A. Renouard*, 1825, in 18 avec 3 portraits et un *fac-simile*, 4 fr. 50 c.; pap. vél., 9 fr. ; papier de paille, 12 fr.

L'Avertissement est signé *Ant. Aug. Renouard*, et à la suite de Nouveaux Eclaircissements par M. *Tabaraud*, sur la lettre de M. de Fénélon à Louis XIV. Cette lettre a été impr. à part (voy. plus bas) : les 3 portraits sont ceux de Louis XIV, Fénélon, et madame de Maintenon.

Il a été tiré de ce volume quelques exemplaires sur vélin, cotés 140 fr. sur le catalogue de l'éditeur.

Cet ouvrage a été réimprimé des Œuvres de Fénélon , édition de MM. Gosselin et Caron, sous le titre d'*Examen de conscience sur les devoirs de la royauté,* titre que Fénélon indique lui-même dans le préambule de cet écrit.

La liberté qu'ont eu MM. Gosselin et Caron d'examiner à loisir le manuscrit original de l'*Examen de conscience*, aujourd'hui déposé à la Bibliothèque du Roi, les a mis dans le cas de pouvoir corriger en plusieurs endroits le texte des éditions précédentes. On remarquera, parmi les corrections, la division de l'ouvrage en trois articles principaux, et une addition assez considérable du § xxxii, sur la fidélité avec laquelle le prince doit exécuter les traités de paix.

EXPLICATION DES MAXIMES DES SAINTS.

— Explication des maximes des Saints sur la vie intérieure. *Bruxelles*, 1698, in-12.

La publication de cet ouvrage donna lieu à Bossuet de faire éclater son animosité contre son auteur. Cet ouvrage est un de ceux qui n'ont pas été reproduits dans les collections des Œuvres de Fénélon, sans en excepter l'édition de 1824.

FABLES.

— Fables, précédées d'une Notice sur la vie de Fénélon, par J.-C. JUMEL. IIIe édit. *Paris, Eymery*, 1823, in-18 orné de 10 gravures, 1 fr. 50 c.

La prem. édit. est de 1813.

—Les mêmes. *Paris, Aug. Delalain*, 1818, in-18, 1 fr. 75 c.; *Avignon, Fischer*, 1826, in-18; *Paris, Rapilly*, 1826, in-8, sur pap. vél., 7 fr. 50 c.

La dern. édit. est due aux presses de Jules Didot.

— Felenonii fabulæ, quas ille scripsit ad usum Burgundiæ ducis, à duobus professoribus Academiæ Parisiensis (de BUSSY et FRÉMONT) latinè expressæ. *Parisiis, Delalain*, 1818, in-12, 2 fr. 50 c.

INSTRUCTIONS PASTORALES.
(1704-1713).

—Ordonnance et Instruction pastorale de M. de Cambrai , portant condamnation d'un imprimé, intitulé : « Cas de conscience, proposé par un confesseur de province. *Paris*, 1704, in-12 de 254 pag.

—Instruction (seconde) pastorale.... pour éclaircir les difficultés proposées par divers écrits, contre la première Instruction pastorale de l'auteur, du 4 février 1704. *Valenciennes*, 1705, in-12 de 416 pag.

—Instruction (3e) pastorale, contenant les preuves de la tradition sur l'infaillibilité de l'Église, touchant les textes orthodoxes ou hérétiques. *Valenciennes*, 1705, in-12 de 740 pag.

— Instruction (4e) pastorale, où l'on prouve que c'est l'Église qui exige la signature du Formulaire. *Valenciennes*, 1705, in-12 de 348 pag.

—Lettre de M. de Cambrai , à un théologien, au sujet de ses Instructions pastorales. 1706, in-12 de 50 pag.

— Instruction pastorale sur le livre intitulé : « Justification du silence religieux. *Valenciennes*, 1708, in-12 de 471 pag.

—Instruction pastorale, en forme de dialogues (sur les matières de la Grâce). *Cambrai*, 1714, in-12. — Sec. édit. (précédée d'une Préface , par l'abbé STIEVENARD). *Cambrai*, 1715, in-12.

— Ordonnance et Instruction pastorale pour la publication de la Constitution *Vineam Domini sabaoth*, du 17 juillet 1705. *Paris*, 1737, in-12 de 141 pag.

— Mandement et Instruction pastorale pour la réception de la constitution *Unigenitus*, du 8 septembre 1713, qui condamne le livre du P. Quesnel. *Paris*, 1733, in-12 de 82 pag.

LETTRES.
1° Partielles.

— Lettre à M. l'évêque d'Arras, sur la lecture de l'Écriture-Sainte en langue vulgaire (Nouv. édit.); suivie de la lettre encyclique de S. S. Léon XII, à tous les évêques. *Louvain, Vanlinthout et Vandenzande*, 1824, br. in-8.

— Lettre à Louis XIV. *Paris, A. A. Renouard*, 1825, in-8 de 40 pag., avec un *fac-simile* et 2 portraits, 5 fr.; ou in-8 de 28 pag., avec un *fac-simile*, 1 fr. 25 c.

Édition faite sur un manuscrit de Fénélon. M. Renouard a donné cette lettre comme inédite, mais elle avait déjà été publ. dans le 3e vol. de l'Histoire des membres de l'Académie franç. de d'Alembert, et depuis dans les div. édit. des Œuvres de ce dernier.

— Lettres de Fénélon, à l'abbé Dubois. (Publiées par M. le marquis H. DE CHATEAUGIRON). *Paris, de l'imp. de F. Didot*, 1827, in-8 de 8 pag.

Ces lettres, au nombre de deux, dont l'une est datée du 31 mars 1691 et l'autre du 4 octobre 1706, font partie des *Mélanges publiés par la société des Bibliophiles*, et n'ont pas été, plus que le recueil auquel elles appartiennent, destinées au commerce.

— Lettres (deux) au P. Quesnel. 1711, in-12.

— Lettre sur l'infaillibilité de l'Église, touchant les textes dogmatiques, où il (Fénélon) répond aux principales objections. *Paris*, 1728, in-12 de 133 pag.

2° Recueils.

— Lettres spirituelles sur divers sujets, concernant la religion et la métaphysique. *Paris*, 1716, 1718, in-12.

Ces lettres sont au nombre de cinq. La prem. édit. est anonyme.

— Lettres inédites de Fénélon, pour servir à deux passages de son Histoire, écrite par M. le cardinal de Bausset. Publiées d'après les mss. de la bibliothèque de Grenoble, par M. J.-J. Champollion-Figeac. *Paris, Goujon*, 1817, in-8 de 48 pag., 1 fr. 50 c.

— Lettres inédites, extraites des archives de Rome, avec deux Mémoires, l'un en latin, l'autre en français, en partie inédits. Publiées par M. l'abbé Laboudenie. *Paris, Th. Leclère*, 1823, in-8 de 160 p., 2 f. 50.

— Correspondance (sa), publiée pour la première fois, sur les manuscrits originaux, et la plupart inédits. *Paris, Ferra jeune; Adr. Leclère*, 1827, 11 vol. in-8, 66 fr.; pap. vél., 132 fr.

MANDEMENTS.

— Recueil de mandements de M. de Fénélon, à l'occasion des jubilés, du carême et des prières publiques, depuis le 15 novembre 1702, jusqu'au 23 février 1713. In-12 de 184 pag.

Ce recueil contient 22 mandements.

MAXIMES.

— Maximes morales et politiques, tirées de Télémaque, imprimées par Louis Aug. Dauphin. *Versailles, de l'imp. de Mgr le Dauphin, dirigée par A.-M. Lottin*, 1766, petit in-8 de 36 pag., 30 à 36 fr.

On prétend que cette édition a été imprimée par Louis XVI, dans son enfance, et tirée seulement à 25 exempl.

— Les mêmes. Nouv. édit. *Paris, P. Didot*, 1815, in-18 avec deux portraits et un *fac-simile*, 5 fr.

On en a tiré plusieurs exemplaires sur vélin, sur pap. rose, sur soie blanche, et sur papier vélin rose.

— Les mêmes, sous le titre de Pensées et

Maximes, recueillies par M. Duval. *Paris, Roret et Roussel*, 1821, 2 vol. in-18, 3 fr.

OPUSCULES.

— Recueil de quelques Opuscules sur différentes matières très-importantes. (Ouvrage posth.). Nouv. édit. 1722, in-8.

La prem. édit. fut publ. (en 1720) quelques années après la mort de l'auteur.

Ce vol. est très-rare: on y trouve un catalogue précieux de tous les ouvrages imprimés de Fénélon, lequel catalogue a été réimprimé, à quelques différences près, à la suite de l'édition de l'*Examen de conscience*, de Londres, 1747, in-12.

———

— *Réflexions sur la poétique et sur la rhétorique. *Amsterdam, J. Fréd. Bernard*, 1717, in-12.

On trouve, à la fin de ce volume, la *Lettre* à M. D***, que Barbier croit être de Voltaire.

— Réponse de l'archevêque de Cambrai, au Mémoire qui lui a été envoyé sur le droit de joyeux avénement. (Publiée par M. Leglay). *Cambrai, de l'imp. de Berthoud*, 1825, in-8.

Opuscule tiré à petit nombre.

— *Sentiments de piété, où il est traité de la nécessité de connaître et d'aimer Dieu. *Paris, Babuty*, 1719, in-12.

Réimprimés depuis avec le nom de l'auteur.

SERMONS.

— *Recueil de Sermons choisis sur différents sujets. *Paris, Cusson*, 1706, in-12.

Cette édition a été faite sans la participation de l'auteur. Elle ne contient que six Sermons, qui forment le tom. premier et unique d'un *Journal des prédicateurs*, entrepris par l'abbé Du Jarry, ainsi qu'on le lit sur le faux-titre du volume.

— Les mêmes. 1710, 1727, 1744, in-12.

Les sermons contenus dans ce volume ne sont pas tous de Fénélon.

— Les mêmes (publ. par de Ramsay). *Paris*, 1718, in-12.

La meilleure édition: elle renferme dix sermons.

— Les mêmes, précédés de ses Dialogues sur l'éloquence. *Paris, Société typographique*, 1803, in-12.

On n'y trouve que le Sermon pour le jour des Rois, et le Discours pour le sacre de l'électeur de Cologne, le seul que Fénélon ait écrit.

———

— *Sophronime, ou les Aventures d'Aristonoüs, par l'auteur de « Télémaque ». 1700, in-8.

Presque toujours réimprimé depuis à la suite de « Télémaque. »

— Traité du ministère des Pasteurs. 1697, in-12.

ŒUVRES COMPLÈTES.

—ŒUvres(ses)(publ. par l'abbé QUERBŒUF, avec une Vie de l'auteur très-détaillée, par le même). *Paris, Didot aîné,* 1787-92, 9 vol. in-4.

Belle édition faisant partie de la *Collection des classiques français et latins pour l'éducation du Dauphin.* On doit trouver en tête le portrait de Fénelon et celui du duc de Bourgogne.

Il en a été tiré cent exempl. sur gr. pap., format in-folio.

Cette édit. est ainsi distribuée : Tom. Ier, Vie de Fénélon. Tom. IIe , Traité de l'existence de Dieu. Lettres sur divers sujets de métaphysique et de religion. Traité du ministère des pasteurs. Tom. IIIe, De l'éducation des filles. Dialogues sur l'éloquence. Lettres sur les anciens et les modernes. Discours de réception à l'Académie française. Réponse de M. Bergeret au discours. Mémoire sur les occupations de l'Académie. Direction pour la conscience d'un Roi. Mémoires sur la guerre de la succession d'Espagne. Remarques sur ces mémoires. Mémoire sur la paix. Mémoire sur la souveraineté de Cambrai. Portrait de l'électeur de Bavière. Deux Lettres à l'électeur de Cologne. Discours sur le sacre de l'électeur de Cologne. Tom. IV , Dialogues des morts. Recueil des fables. Tom. V , Aventures de Télémaque, avec le Discours sur la poésie épique. Tom. VI , l'Odyssée d'Homère. Lettres diverses. Tom. VII , huit Lettres sur l'autorité de l'Eglise. Lettre à M. l'évêque d'Arras sur la lecture de l'Ecriture sainte en langue vulgaire. Lettre sur la fréquente communion. Sermons sur divers sujets. Entretiens sur divers sujets de piété. Avis sur la prière et sur les principaux exercices de piété. Prières du matin et du soir. Réflexions pour tous les jours du mois. Courtes méditations sur divers sujets de l'Ecriture-Sainte. Courtes Méditations pour un malade. Tom. VIII , ŒUvres et Lettres spirituelles. Tom. IX , Suite des Lettres spirituelles.

Voy. ce que nous avons dit précédemment sur le *Télémaque* et l'*Examen de Conscience*, qui font partie de cette édition.

— Les mêmes (précédées de la Vie de Fénélon, par QUERBŒUF). *Toulouse, Bénichet*, 1809-11, 19 vol. in-12.

Edition faite sur la précédente : elle contient pourtant de plus, quatre Instructions pastorales et l'Abrégé des vies des anciens philosophes. --

— Les mêmes. Nouvelle édit., mise dans un nouvel ordre, revue et corr. avec soin ; précédée d'un Essai sur la personne et les écrits de Fénelon (abrégé de QUERBŒUF par CHAS), et suivie de son éloge historique par LA HARPE. *Paris*, 1810, 10 vol. in-8, ou 10 vol. in-12.

Cette édition n'est pas belle, et quoique annoncée comme complète, elle ne l'est pas plus que la précédente sur laquelle elle a été faite : on ne trouve ni dans l'une, ni dans l'autre, les ouvrages qui ont rapport au quiétisme, ni les écrits sur le jansénisme, ni plusieurs mandements sur différents sujets, tous ouvrages déjà imprimés séparément
Brun.

— Les mêmes , publiées d'après les manuscrits originaux et les éditions les plus correctes, avec un grand nombre de pièces inédites. (par MM. GOSSELIN et CARON).

Versailles, Lebel (*Paris , Ferra jeune*), 1820 et ann. suiv., 22 vol. in-8, 121 fr.

La seule édition complète de cet illustre prélat, et d'autant plus précieuse qu'on y a rétabli le texte de plusieurs de ses ouvrages qui avaient été altérés : elle est ainsi divisée : Tom. Ier : Traité de l'existence et des attributs de Dieu. Lettres sur divers sujets de métaphysique et de religion. Tom. II : Traité du ministère des pasteurs. Lettres sur l'autorité de l'Eglise. *De summi pontificis auctoritate Dissertatio.* Tom. III : Réfutation du système du P. Mallebranche sur la nature et la grâce. Lettres au P. Lamy, bénédictin , sur la grâce. Lettre à monseigneur l'évêque d'Arras. Opuscules théologiques. Tom. IV : Analyse raisonnée de la controverse du quiétisme. Diverses pièces relatives aux conférences d'Issy. Instruction pastorale de monseigneur l'archevêque de Cambrai sur le livre intitulé : Explication des maximes des Saints. Réponse de M. de Cambrai à la déclaration des trois prélats. Réponse à l'ouvr. de M. de Meaux : *Summæ Doctrinæ.* Tom. V : Dissert. sur les véritables oppositions entre la doctrine de M. de Meaux et celle de M. de Cambrai. Instruction pastor. de M. l'archev. de Paris sur la perfection chrét. et sur la vie intérieure. Lettre de M. de Cambrai à M. de Paris. Réponse de M. de Paris aux quatre lettres de M. de Cambrai. *Responsio D. archiepiscopi Cameracensis ad epistolam. D. Parisiensis archiepiscopi.* Tom. VI : Lettres de M. de Cambrai à M. de Meaux , en réponse aux divers écrits ou mémoires sur le livre des Maximes. Lettre de M. de Cambrai pour servir de réponse à celle de M. de Meaux. Réponse de M. de Cambrai à l'écrit de M. de Meaux , intitulé : Relation sur le quiétisme. Tom. VII : Réponse de M. l'archevêque de Cambrai aux remarques de M. de Meaux , sur la réponse à la relation sur le quiétisme. Lettre pastorale de M. l'évêque de Chartres sur le livre des Maximes des saints. Réponse à M. l'évêque de Chartres par M. de Cambrai. Lettres de M. l'archevêque de Cambrai pour servir de réponse à la lettre pastorale de M. l'évêque de Chartres sur le livre des Maximes des saints. Lettres de M. l'archevêque de Cambrai à M. l'évêque de Chartres, en réponse à la lettre d'un théologien. Tom. VIII : Lettres de M. de Meaux pour répondre à son ouvr. intitulé : *De novâ questione tractatus tres.* Les principales propositions du livre des Maximes des saints justifiées, etc. Lettres de M. de Cambrai à M. de Meaux , en réponse à l'écrit intitulé : Passages éclaircis. Préjugés décisifs pour M. de Cambrai. Lettre de M. de Cambrai sur la réponse de M. de Meaux aux Préjugés décisifs. Tom. IX : Lettre de M. de Cambrai à M. de Meaux sur la charité. Lettres de M. de Cambrai à M. de Meaux, sur douze propositions. Pièces relatives à la condamnation du livre des Maximes des saints. *Dissertatio de amore puro. Epistolæ ad SS. DD. NN. Clementem papam de eâdem controversiâ.* Tom. X : Ouvrages sur le jansénisme. Ordonnance et instruction pastorale portant condamnation au Cas de conscience. Seconde instruction pastorale. Tom. XI : Troisième instruction pastorale concernant l'infaillibilité de l'Eglise , Tom. XII : Quatrième instruction pastorale, où l'on prouve que c'est l'Eglise qui exige la signature du Formulaire. Réponse de M. de Cambrai à un évêque , sur plusieurs difficultés qu'il lui a proposées au sujet de ses instructions pastorales. Réponse à une seconde lettre de M. l'évêque de.... Lettre de M. de Cambrai à un théologien , au sujet de ses instructions pastorales. Réponse de M. de Cambrai à deux lettres de M. l'évêque de Saint-Pons. Mémoire sur l'état du diocèse de Cambrai , par rapport au jansénisme, etc. *Memoriale sanctissimo D. N. legendum.* Tom. XIII : Lettres sur l'ordonnance du cardinal de Noailles contre le Cas de conscience. Seconde lettre au cardinal Gabrielli. Examen et réfutation des raisons alléguées contre la réception du bref du 12 février 1703. *Mémoriale de apostolico decreto contra casum conscientiæ mox edendo.* Ordonnance et instruction pastorale pour la publication de la constitution (*Vineam Domini*). Lettre à un évêque sur le mandement de M. de Saint-Pons. Première lettre au P. Quesnel, touchant l'écrit intitulé : Dénonciation solennelle de la bulle *Vineam Domini.* Autre lettre au P. Quesnel, touchant la relation du cardinal Rospigliosi. Lettres contre un nouveau système sur le silence respectueux. Tom. XIV : Instruction pastorale sur le livre intitulé : Justification du silence respectueux. Lettre sur l'infaillibilité de l'Église touchant les textes dogmatiques. Mandements pour l'acceptation de la constitution *Unigenitus* (premier et second). Tom. XV : *Dissertationes ad jansenismi controversiam spectantes.* Instruction pastorale en forme de dialogues sur le système de Jansénius (1re et 2e partie). Tom. XVI : Instruction pastorale en forme de dialogues sur le système de Jansénius. 3e partie. Ordonnance et instruction pastorale portant condamnation d'un livre intitulé : *Theologia dogmatica et moralis, ad usum seminarii catalaunensis.* Tom. XVII : De l'éducation des filles, Sermons et Entretiens sur divers sujets. Plans de sermons sur divers sujets. Lettres sur divers points de spiritualité. Tom. XVIII : Manuel de piété. Réflexions saintes pour tous les jours du mois. Méditations sur divers sujets tirés de l'Écriture-Sainte. Entretiens affectifs pour les principales fêtes de l'année. Exhortations et Avis pour l'administration des sacrements. Instructions et avis sur divers points de la morale et de la perfection chrétienne. Mandements (au nombre de 23). Tom. XIX. Fables, Dialogues des morts. Opuscules divers, français et latins. Fabulosæ narrationes. *Historiæ.* Tom. XX : Discours de la Poésie épique et de l'excellence du poëme de Télémaque, par le chevalier de Ramsai. Les Aventures de Télémaque. Tom. XXI : Dialogues sur l'éloquence en général et sur celle de la chaire en particulier. Divers opuscules littéraires. Correspondance littéraire de Fénélon avec Houdart de la Mothe, de l'Académie française. Poésies. L'Odyssée d'Homère. Tom. XX : Abrégé de la vie des anciens philosophes. Examen de conscience sur les devoirs de la royauté. Essai philosophique sur le gouvernement civil. Divers Mémoires concernant la guerre de la succession d'Espagne. Plans de gouvernement concertés avec le duc de Chevreuse, etc. Mém. sur les précautions et les mesures à prendre après la mort du duc de Bourgogne.

Pour compléter cette collection, il faut y ajouter la Correspondance que nous avons mentionnée plus haut, et l'Histoire de Fénélon, par le cardinal de Bausset, 3e édition, 4 vol. in-8.

— Les mêmes, précédées d'une Notice sur la vie et les écrits de Fénélon (par FABRE; de Narbonne).*Paris, Dufour et comp.*, 1826, 12 vol. in-8, avec un portr., 72 fr.

Édition due aux presses de M. Crapelet.

Quoique loin d'être aussi complète que la précédente, elle l'est pourtant plus que celle in-4. On y trouve de plus, 1° une Vie de Fénélon, par M. Fabre, formant le premier volume; 2° Entretien de Fénélon et de M. de Ramsai sur la vérité de la religion, tiré de l'histoire de la vie et des ouvrages de Fénélon, par M. de Ramsai; 3° De summi pontificis auctoritate Dissertatio, cum Appendix (tom. II). Entretiens affectifs pour les principales fêtes de l'année. Exhortations et Avis pour l'administration des sacrements. Instructions et Avis sur divers points de la morale et de la perfection chrétienne (tom. IV). Des Plans de Sermons; 23 Mandements de 1701 à 1713; Examen sur les devoirs de la royauté, composé pour l'instruction du duc de Bourgogne (tom. VII). Essai philosophique sur le gouvernement civil; Lettre à l'Académie française sur l'élo-

quence, la poésie, l'histoire, etc. Correspondance littéraire de Fénélon, avec Houdart de la Motte; Jugement de Fénélon sur un poète de son temps (tom. X). Lettre de Fénélon au duc de Beauvilliers; Plans de gouvernement concertés avec le duc de Chevreuse; Mémoires sur les précautions et les mesures à prendre après la mort du duc de Bourgogne; Avis de Fénélon à une dame de qualité sur l'éducation de mademoiselle sa fille. Poésies. Opuscules divers, *Fabulosæ narrationes; Historiæ;* Traduction des livres vi—x de l'Odyssée d'Homère, avec le précis de 18 autres; Abrégé des vies des plus anciens philosophes.

Cette édition a encore le mérite sur l'édition in-4 d'avoir été faite sur celle de MM. Gosselin et Caron. Le Télémaque y est divisé en XVIII livres.

OEUVRES CHOISIES.

— OEuvres (ses) choisies (publ. avec une Vie de Fénélon par JAUFFRET, évêque de Metz). *Paris, Leclerc,* an VII (1799), 6 vol. in-12, 15 fr.

Choix fait avec goût, et qui est ainsi composé : Tom. 1er : Vie de Fénélon, par l'éditeur. Traité de l'existence et des attributs de Dieu. Tom. II : Dialogues des morts. Contes et Fables. Mélanges de littérature et de morale. Tom. III : Discours sur la poésie épique et l'excellence du poëme de Télémaque. Les Aventures de Télémaque, livr. 1 à XII. Tom. IV : Télémaque, livr. XIII — XXIV. Tom. V : Dialogues sur l'éloquence en général, et sur celle de la chaire en particulier. Lettre écrite à l'Académie française, sur l'éloquence, la poésie, l'histoire, etc. Lettre sur les anciens et modernes. Mém. sur les occupations de l'Académie française. Conduite de Fénélon dans l'éducation du duc de Bourgogne, père de Louis XV, son élève. Tom. VI : De l'éducation des filles. Lettres familières.

— Les mêmes. *Paris, Delestre-Boulage,* 1821, 6 vol. in-8, 30 fr.; pap. vélin d'Annonay, satiné, 60 fr.

Choix différent du précédent, et qui contient les ouvrages suivants : Tom. 1er : Éloge de Fénélon, par La Harpe. Traité de l'existence et des attributs de Dieu. Tom. II : Dialogues sur l'éloquence. Mémoires sur la guerre de la succession d'Espagne. Portrait de l'électeur de Saxe. Écrits divers (Mélanges de littér. et de mor.). Tom. III : Dialogues des morts. Fables. Tom. IV : De l'éducation des filles. Avis de Fénélon à une dame de qualité, sur l'éducation de Mlle sa fille. Direction pour la conscience d'un roi. Deux Lettres à l'électeur de Cologne. Discours pour le sacre de l'électeur de Cologne. Sermon pour la fête de l'Épiphanie, prêché aux Missions étrangères, en 1685. Lettres sur divers sujets de métaphysique et de religion. Tom. V, et VI : Aventures de Télémaque, précédées de la Notice abrégée sur la vie de Fénélon, par M. de Féletz, et suiv. des Aventures d'Aristonoüs, et d'une variante, contenant l'histoire d'OEdipe.

— Les mêmes. *Paris, Guibert,* 1825, 6 vol. in-8, avec portrait, 33 fr.

— OEuvres diverses. *Paris, Lefèvre,* 1824, in-8, 8 f. 50 c.; et en très-gr. pap. vél., 21 f.

Faisant partie de la *Collection des classiques franç.*

Ce volume contient : 1° les Dialogues sur l'éloquence; 2° le Discours pour le sacre de l'électeur de Cologne, et le Sermon pour la fête de l'Épiphanie; 3° l'Examen de conscience sur les devoirs de la Royauté; 4° la Lettre à l'Académie française; 5° les Aventures d'Aristonoüs, etc., etc.

OEUVRES SPIRITUELLES.

— OEuvres spirituelles. *Rotterdam,* 1738,

2 vol. in-4, 9 à 12 fr. — 2 vol. in-fol., 20 à 30 fr.

Les exemplaires de ce dernier format sont rares.

— Les mêmes. Nouv. édit., revue et considérablement enrichie (avec un avis sous le nom de l'imprimeur, composé par le card. de FLEURY, et un avertissement de 120 pag., par l'abbé de LA VILLE, ex-jésuite).(*Paris, fr. Guérin*),1740,4 vol.in-12.

— Les mêmes. (édition publiée par M. A. JAUFFRET, évêque de Metz). *Paris, Leclerc*, 1802, 4 vol. in-12, 12 fr.

Cette édition, donnée par M. Jauffret pour faire suite à celle des OEuvres choisies qu'il avait déjà publiée, est ainsi composée. Tom. Ier : Lettres sur la Religion et la métaphysique. Entretien de M. de Fénélon avec le chevalier de Ramsai sur la Religion. Lettres sur l'autorité de l'Église. Direction pour la conscience d'un Roi. Tom. II : Lettre à M. l'électeur de Cologne, et qui peut servir d'introduction au discours suivant : Discours pour le sacre de l'électeur de Cologne. Sermons sur divers sujets, au nombre de six. Entretiens sur divers sujets de piété. Réflexions pour tous les jours du mois. Courtes Méditations sur différents sujets tirés de l'Écriture-Sainte. Méditations pour un malade. Tom. III : Divers Sentiments et Avis chrétiens. Entretiens affectifs pour de saints temps de l'année. Lettres spirituelles, 1—107. Tom. IV: Lettres spirituelles, 108—245. Lettre écrite deux jours avant sa dernière maladie (le 30 décembre 1714). (VIII) Lettres au P. Lamy, Lettre sur la direction. Lettre sur la confession et la communion. (VIII) Lettres à une religieuse carmélite.

— Les mêmes. Nouv. édit., à laquelle on a joint le Traité de l'existence de Dieu et les Lettres sur la religion. *Paris, Briand*, 1801; *Paris, Tenré*, 1822; *Paris, Dufour et comp.*, 1827, 4 vol. in-12, 12 fr.

Si l'on trouve dans cette édition plus que dans la précédente le *Traité de l'existence de Dieu* (les Lettres sur la religion dont on l'a dit augmentée se trouvant déjà dans celle donnée par M. Jauffret), on y trouve en moins : l'Entretien de M. de Fénélon avec le chevalier de Ramsai, les Directions pour la conscience d'un Roi, la lettre à l'électeur de Cologne, et le Discours à l'occasion du sacre de ce dernier.

— Les mêmes. Nouv. édit., publiée d'après l'édition de ses OEuvres complètes, mise dans un ordre nouveau, et augmentée d'une Notice sur l'illustre auteur. *Paris, au bureau de la Bibliothèque catholique*, 1825, 2 vol. in-12, 4 fr.

MORCEAUX CHOISIS.

— Morceaux choisis de Fénélon, ou Recueil de ce qu'il y a de meilleur sous le rapport du style et de la morale. VIe édit. *Paris, Belin-Léprieur*, 1823, in-18, portr.
— Morceaux choisis de Fénélon, etc., par l'abbé ROLLAND. Précédés de l'Éloge de Fénélon, par LA HARPE et du jugement du cardinal de BAUSSET, sur Fénélon, considéré comme écrivain. *Paris, Boiste fils*,

1822, in-18, portr. 2 fr.
— Choix des meilleurs morceaux de Fénélon. *Lille, Castiaux, et Paris, Delarue*, 1827, in-18, 40 c.

FÉNÉLON (Fr.-L. de Salignac, marquis de La Mothe), petit-neveu du précédent, ambassadeur de France en Hollande; mort à Raucoux, près de Liége, en 1746.
— Histoire (nouv.) de messire F. de Salignac de La Mothe-Fénélon, archevêque-duc de Cambrai; publiée par ordre du marquis de FÉNÉLON, son neveu, sur l'édition procurée à Londres (en 1747, chez Davies), par Mil. G. (mylord Granville), par Prosp. Marchand). *La Haye, J. Néaulme*, 1747, in-8.

C'est une nouvelle édit. du *Récit abrégé de la Vie de Fénélon*, qui devait être impr. avec trois autres pièces à la suite de l'édition de 1734 de *Télémaque*, et qui a été réimpr. en 1747, à la suite de l'*Examen de conscience*. Voyez à l'article précédent les notes qui suivent ces deux titres.

FÉNET (P. - Ant.), avocat à la Cour royale de Paris ; né à Cérisiers (Yonne), le 15 fév. 1799.
— Pothier analysé dans ses rapports avec le Code civil, et mis en ordre sous chacun des articles de ce Code, ou les législations ancienne et nouvelle comparées. *Paris, l'Auteur; Gobelet*, 1826, 1829, in-8, 9 fr.
— Recueil complet de travaux préparatoires du Code civil, comprenant, sans morcellement, 1° le texte des divers projets ; 2° celui des observations du tribunal de Cassation et des tribunaux d'appel; 3° toutes les discussions puisées littéralement, tant dans les procès-verbaux du conseil d'état que dans ceux du tribunat; et 4° les exposés de motifs, rapports, discours et opinions, tels qu'ils ont été prononcés au corps législatif et au tribunat; précédés d'un précis historique, et suivis d'une édition de ce Code, à laquelle sont ajoutés les lois, décrets et ordonnances formant le complément de la législation civile de la France, et où se trouvent indiqués, sous chaque article séparément, tous les passages de l'ouvrage qui s'y rattachent. *Paris, l'Auteur;* 1829, 16 vol. in-8, 144 fr.

M. Fenet a entrepris en janv. 1829 la publication d'un recueil périodique, intitulé : *le Courrier des communes.*

FÉNIMORE COOPER (James), romancier américain.
— Last (the) of the Mohicans. By the author of the « Spy», the «Pilot», etc. *Paris, Hect. Bossange; Bobée; Baudry*, 1827, 3 vol. in-12, 13 fr.
— Dernier (le) des Mohicans, histoire de

1757; trad. de l'angl., par M. Defauconpret. *Paris, Ch. Gosselin; Mame et Delaunay-Vallée*, 1826, 1828, 4 vol. in-12, 12 fr.

— Lettres sur les mœurs et les institutions des États-Unis de l'Amérique septentrionale ; traduites par Mlle H. Preble. *Paris, Kilian*, 1828, 4 vol. in-12, 12 fr.

— Lyonel Lincoln, or, the Leaguer of Boston. By the author of the « Spy, » « Pilot, » « Pioneers ». *Paris, A and W. Galignani*, 1825, 3 vol. in-12, 13 fr.

— Légendes des treize républiques (Lionel Lincoln, ou le Siége de Boston); trad. de l'angl., par M. Defauconpret, traducteur de tous les romans historiques de Walter-Scott. *Paris, Ch. Gosselin; Mame et Delaunay-Vallée*, 1825, 4 vol. in-12, 12 fr.

— Pilot (the), a Tale of the sea, by the author of « the Spy ». *Paris, Baudry*, 1824, 3 vol. in-12, 13 fr.

— Pilote (le), roman américain; trad. de l'angl., par le traducteur des romans historiques de Walter Scott (M. Defauconpret). *Paris, Ch. Gosselin; L. Mame-Delaunay*, 1824, 1826, 4 vol. in-12, 12 fr.

— Pionneers (the), or, the Sources of the Susquehanna, a descriptive Tale. By the author of « the Spy, » « the Pilot ». *Paris, Baudry*, 1825, 3 vol. in-12, 13 fr.

— Sources (les) du Susquehanna, ou les Pionniers, roman descriptif; trad. de l'anglais, par M. Defauconpret. Sec. édition, revue, corrigée et conforme à l'original. *Paris, Ch. Gosselin, Mame et Delaunay-Vallée*, 1825, 4 vol. in-12, 12 fr.

La prem. édit., publiée en 1823, ne formait que 3 volumes.

— Prairie (the), a Tale. By the author of « the Spy, » etc. *Paris, Hect. Bossange; Bobée; Baudry*, 1827, 3 vol. in-12, 13 fr.

— Prairie (la), roman américain; traduit de l'anglais, par A. J. B. Defauconpret *Paris, Ch. Gosselin; Mame et Delaunay-Vallée*, 1827, 1828, 4 vol. in-12, 12 fr.

— Précaution, ou le Choix d'un mari, traduit de l'anglais, par M. Defauconpret. *Paris, les mêmes*, 1825, 1827, 4 vol. in-12, 12 fr.

— Red Rover (the), a Tale. By the author of « the Spy, » etc. *Paris, Hect. Bossange ; Bobée ; Baudry*, 1827, 3 vol. in-12, 13 fr.

— Corsaire (le) rouge, roman américain; trad. de l'angl., par A. J. B. Defauconpret. *Paris, Ch. Gosselin; Mame et Delaunay-Vallée*, 1827, 4 vol. in-12, 12 fr.

— Spy (the): tale of the neutral Ground, referring to some particular occurences du-

ring the american War ; also pourtraying american scenery and manners. *Paris, Baudry*, 1825, 3 vol. in-12, 13 fr.

— *Espion (l'), roman nouveau; contenant des détails sur la guerre de l'Amérique, et décrivant les sites et mœurs de cette contrée; trad. de l'angl., par le traduct. des romans de Walter-Scott (M. Defauconpret). *Paris, Ch. Gosselin*, 1822, 3 vol. in-12, 7 fr. 50 c. — Sec. édition, revue, corrigée et conforme à l'original. *Paris, Ch. Gosselin; Mame - Delaunay*, 1824, 4 vol. in-12, 12 fr.

Réimpr. de nouveau en 1828.

— OEuvres (ses) complètes (de la traduction de M. Defauconpret), précédées d'une Notice historique et littéraire sur les États-Unis d'Amérique. *Paris, les mêmes; Sautelet*, 1827, 24 vol. pet. in-12, sur pap. vél. ornés de 30 titres gravés, de 30 vignettes et de 10 cartes, etc. 96 fr.

MM. Boulland et Tardieu ont publié, sous le nom de cet écrivain, un roman intitulé *Redwood*, dont le véritable auteur est miss Sedgewicke.

FENOUILLOT (Fr.), de Lavans, conseiller à la Cour royale de Besançon.

— Cri (le) de la vérité sur les causes de la révolution de 1815. *Besançon, de l'imp. de Couché*, 1815, in-8 de 96 pag.

— Moyens proposés pour rétablir les finances de l'état, en réunissant d'une manière avantageuse les intérêts des familles à ceux du gouvernement. *Besançon, Pollet*, 1815, in-8 de 76 pag.

FENOUILLOT DE FALBAIRE (Charl. Georg.), auteur dramatique; né à Salins, le 16 juillet 1727, mort à Sainte - Ménéhould, le 28 octobre 1800.

— Deux (les) Avares, comédie en 2 act. en prose, mêlée d'ariettes. *Paris, P. R. C. Ballard*, 1770, in-8, ou *Paris, Delalain*, 1770, in-8, avec fig.

— *Avis aux gens de lettres, contre les prétentions des libraires. *Liége (Paris)*, 1770, in-8.

— École (l') des mœurs, ou les Suites du libertinage, drame en 5 actes et en vers. *Paris, Ve Duchesne*, 1776, in-12.

— Fabricant (le) de Londres, drame en 5 actes et en prose. *Paris, Delalain*, 1771, in-8, avec fig.

— Honnête (l') criminel, ou l'Innocence reconnue, drame en 5 actes et en vers. *Amsterdam (Paris), Merlin*, 1767, ou 1778, in-8.

La seconde édition porte pour second titre ou *l'Amour filial*. Une autre, publiée à Bordeaux, chez Philippot, en 1779, in-8, porte pour titre *la Piété filiale*. Cette pièce a encore eu deux autres réim-pressions; la première, à Paris, chez Brunet, en 1790, sous le titre de « l'Honnête criminel, ou l'In-cence reconnue; et la seconde, en 1818, à Paris, chez Barba, portant pour second titre, *ou l'Amour filial* (l'une et l'autre sont in-8), et plus récemment encore, en 1820, à Toulouse, chez Devers, in 8.

— * Jammabos (les), ou les Moines ja-ponnais, tragédie (en 5 actes et en vers). 1779, in-8.

Il y a deux éditions de cette pièce, l'une sans nom de ville, et l'autre sous la rubrique de Londres et sans date.

— Mémoire adressé au roi et à l'Assem-blée nationale sur quelques abus. *Paris*, 1790, in-8.

— Sémire et Mélide, ou le Navigateur; pastorale lyrique en 2 actes. 1773, in-8.

— Nouv. édit., sous le titre de Mélide, ou le Navigateur, augmentée d'un 3e act. 1799, in-8.

Cette pièce a paru sous le nom d'Anseaume.

Réimpr. dans les OEuvres de l'auteur, sous le titre du *Premier Navigateur*, pastorale lyrique.

— OEuvres (dramatiques). *Paris*, *Ve Du-chesne*, 1787, 3 vol. in-8, pap. fin, ornés du port. de l'auteur et de jolies gravures.

Outre le théâtre de Falbaire, on trouve encore dans ces deux volumes, des Poésies très médiocres; deux morceaux intitulés l'Insensibilité, et la Des-cription des salines de Franche-Comté, qui avaient déjà paru dans l'Encyclopédie. Le troisième volume contient les Jammabos; impr. sous la rubrique de Londres.

FENTON (Élias), poète angl. du XVIIIe siècle.

— Poésies (en anglais). A new edition. *Paris*.... in-12.

L'édition originale fut publiée en Angleterre en 1707.

FEO CARDOZO DE CASTELLOBRAN-CO E TORRES (J.-C.).

— Memorias contendo a biographia do vice almirante Luiz de Motta Feo e Torres, a historia dos governadores e capitaens gene-raes de Angola, desde 1575 ate 1825, a descripçao geographica e politica dos rei-nos de Angola a de Bengualla. *Paris*, *Fan-tin*, 1825, in-8.

FERANDIÈRE (la). Voyez LA FÉRAN-DIÈRE.

FÉRANVILLE. Voyez LE RONDELLE DE F.

FÉRAPIED. Voyez DUFIEU.

FÉRAUD (l'abbé J.-Fr.), grammai-rien; né à Marseille, le 17 avril 1725; mort dans la même ville, le 8 févr. 1807.

— Dictionnaire critique de la langue fran-çaise. *Marseille*, 1787-88, 3 vol. in-4, 18 à 24 fr.; et en grand pap., 21 à 30 fr.

Ouvrage qui n'est pas sans mérite.

— Dictionnaire (nouv.) des sciences et arts, traduit de l'anglais (1753). Voyez DYTCHE (Th.).

— Dictionnaire grammatical de la langue française. *Paris*, *Vincent*, 1768, 2 v. in-8.

— Nouv. (4e) édition. *Paris*, 1786, 2 v. in-8. — Ve édition. 1791, 2 vol. in-8.

La prem. édit. parut à Avignon, 1761, in-8.

L'abbé Féraud a publié une édition du Dictionn. français-anglais, etc. de Boyer (1756).

FÉRAUDY (Joseph - Barthélemi de), colonel au corps royal du génie, en retraite; né à Marseille, le 22 décembre 1762.

— Mémoire sommaire sur le canal de jonc-tion de la Sambre à l'Oise, et sur l'amélio-ration de la navigation de la Basse-Sambre. 1802, br. in-4.

Avec Récicourt, autre officier de génie.

— Notice sur l'antiquité et la gloire des lis. *Paris*, *de l'imp. de Patris*, 1815, in-8 de 24 pag.

— Quelques fables, ou mes Loisirs. Nouv. édition. *Paris*, *J. G. Dentu*, *et Blois*, *Au-cher-Éloi*, 1823, in-12.

FERBER (J.-Jacq.), conseiller supérieur des mines au service de Prusse, membre de l'Académie de Berlin, et de plusieurs autres; né à Carlscroon, en Suède, le 9 septembre 1743, vieux style, mort à Berne, le 12 avril 1790.

— Lettres de M. Ferber, à M. le chevalier de Born, sur l'Histoire naturelle de l'Italie, traduites de l'allemand, par le baron DIÉ-TRICH, enrichies d'un grand nombre de nou-velles observations et notes sur l'ouvrage, par le même traducteur. *Strasbourg et Pa-ris*, *Durand*, 1776, in-8.

Un *Essai d'une Oriktographie du Derbyshire en An-gleterre*, de Ferber, a été traduit en français, et inséré dans la traduction du Voyage à la côte sep-tentrionale du comté d'Antrim, par Hamilton ». *Pa-ris*, 1790, in-8. Des Observations sur les corps pé-trifiés qu'on trouve dans l'intérieur de quelques montagnes et couches terreuses, en franç., ont été impr. en franç., dans les Mém. de l'Académie de Berlin, ann. 1790—91. Enfin un extrait des Notices et Dissertations de quelques produits chimiques de ce savant, a été impr. dans le Bulletin de la Société d'encouragement.

FERCOQ (G.-A.). Synonymie, ou Con-cordance de la nomenclature de la Noso-graphie de Pinel, avec les anciennes no-sologies, *et vice versâ*, par ordre alpha-bétique. *Paris*, *Gabon*, 1812, in-8, 3 fr.

FERDINAND, nom que quelques au-teurs dramatiques ont adopté. Voy. CHA-ZEL, DUPEUTY, LALOUE, LANGLÉ, et VIL-LENEUVE.

FERDOUSSY, poète arabe. Voyez LAN-GLÈS.

FERET (P.-Jacq.), de la Société des Antiquaires de Normandie.

— De MM. Senneville, Fabvier et Canuel. *Paris, Lhuillier*, 1818, br. in-8.

Le second vol. de Mémoires de la Société des Antiquaires de Normandie, renferme, de M. Feret, des *Recherches sur le camp de César, ou Cité de Limes*, monument voisin de la ville de Dieppe, d'après sa position, son mode de défense et les fouilles qu'on y a pratiquées. (Mémoires de 101 pag.).

FERGUSSON (Adam), célèbre philosophe et historien anglais, professeur de philosophie au collège d'Édimbourg; né en Écosse, en 1723, y est mort en 1816.

— Essai sur l'histoire de la Société civile, traduit de l'anglais, par BERGIER (et MEUNIER). *Paris*, 1783, 2 vol. in-12; ou 1796, in-8.

— Histoire des progrès et de la chute de la République romaine, trad. de l'anglais (par DEMEUNIER et M. GIBELIN, D. M.). *Paris, Nyon*, 1784, 7 vol. in-8 et in-12; ou 1791, 7 vol. in-12.

Demeunier abandonna cette traduction à la moitié du quatrième volume. M. Gibelin donna les vol. 4. à 7, à plusieurs personnes, dont il revit et corrigea le travail.

— La même, trad. par J.-B. BRETON. *Paris*, *Gabr. Dufour*, 1803, 10 vol. in-18, 18 fr.

Traduction faisant partie de la Bibliothèque historique à l'usage des jeunes gens.

— Institutes of moral philosophy. A new edit., enlarged. *Basil (Strasbourg, * Levrault)*, 1800, in-8 de XII et 242 pag., 3 fr.

— Institutions de philosophie morale, traduites de l'anglais (par REVERDIL). *Genève*, 1775, in-12.

— Principes de la science morale et politique, ou Résumé des leçons données au collège d'Édimbourg; traduits de l'anglais, par A. D. *Paris, Kleffer*, 1821, 2 vol. in-8, 12 fr.

FERID EDDYN. Voy. FERYD.

FERIÈRE (A.). Clef de la langue française, ou Entretiens philosophiques et littéraires, propres à développer les principes de cette langue, et en faire connaître le génie. *Leipzig, l'Auteur; Grieshammer*, 1812, 3 vol. in-8, 18 fr.

FÉRIOL (le comte Aug. de), ambassadeur de France, près la Porte; mort à Paris, le 25 octobre 1722.

— Recueil de cent estampes représentant les différentes modes des nations du Levant, avec les explications historiques. *Paris*, 1714, in-fol.

Ces estampes, gravées par Le Hay, sont fort belles. On y ajouta l'année suivante deux nouvelles plan-

ches, avec un texte explicatif imprimé et une pl. de musique.

Voy. aussi FERRIOL.

FERLET (Edme), d'abord professeur de belles-lettres à l'Université de Nanci, puis chanoine de Saint-Louis, au Louvre, enfin, secrétaire en second de l'archevêché de Paris, mort à Paris, le 24 novembre 1821.

— Abus (de l') de la philosophie, par rapport à la littérature. *Nanci*, 1773, in-8.

— Éloge de M. le chevalier de Solignac, secrétaire du cabinet du feu roi de Pologne. *Londres et Paris*, 1774, in-8.

— Observations littéraires, critiques, politiques, militaires, géographiques, etc., sur les histoires de Tacite, avec le texte latin corrigé : ouvrage enrichi de 6 cartes géographiques, gravées par P. F. Tardieu, et d'un Tableau du mouvement des légions romaines, pour servir à l'intelligence des opérations militaires. *Paris, Levrault frères*, 1801, 2 vol. in-8, 12 fr.; ou un vol. in-4, 24 fr.

Pour une critique de cet ouvrage, voyez à la Table des Anonymes: *Avis au lecteur sans partialité*.

— Oraison funèbre de M. de Beaumont, archevêque de Paris. 1784, in-8.

— * Réflexions sur une lettre adressée à M. l'évêque de Senez, au sujet de son oraison funèbre de Louis XV. *Louvain (Paris)*, 1776, in-8.

Écrit attribué à Ferlet, sans assez de certitude.

— Réponse à un écrit anonyme intitulé : *Avis aux lecteurs sans partialité* (sur les Observations sur les histoires de Tacite). *Paris, Levrault frères*, 1801, in-8 de 14 p.

Ferlet est encore auteur d'une pièce intitulée : *Sur le bien et le mal que le commerce des femmes a fait à la littérature*; ouvrage couronné par l'Acad. de Nanci, 1792, in-8. (Imprimée à la suite d'un Discours du chevalier de Solignac, prononcé au nom de l'Académie). *Mah.*

FERLUS (Fr.), ci-devant bénédictin, correspondant de l'Institut, et ancien directeur de l'école de Sorrèze; né en 1742, mort à Sorrèze, en 1812.

— Cassено et Zamé, ou l'Affranchissement des nègres, drame en 3 actes et en prose. *Revel, Brunas*, sans date, in-8.

— Projet d'éducation nationale, présenté à l'Assemblée nationale, le 10 juin 1791, et agréé par elle. 1791, in-8.

FERLUS (L.-D.), membre de plusieurs Sociétés savantes.

— Explication du zodiaque de Denderah (Tentyris); observations curieuses sur ce monument précieux, et sur sa haute antiquité. Sec. édition, augmentée de l'explication de la précision des équinoxes, et des différences qui existent entre les zodiaques grecs et le zodiaque de Denderah. *Paris*, *Martinet*, 1822 , in-8 de 16 pag.

— Explication du zodiaque circulaire de Denderah ; parallèle entre les zodiaques égyptiens et ceux des Grecs, des Romains, des Indiens, des Arabes et ceux que l'on remarque dans quelques églises gothiques de France. IVe édition, augmentée d'une Notice sur l'antiquité du zodiaque de Denderah, dans laquelle on fait connaître l'opinion de MM. Dupuis, Visconti, etc. *Paris*, *Martinet*, 1822, in-8 de 16 pag.

— Ode sur l'harmonie, dédiée à M. R. D. Ferlus, directeur-propriétaire du collège de Sorrèze. *Paris*, *Martinet*, 1822, in-8 de 8 pag.

FERMELHUIS (Jean-Bapt.), médecin français du xviiie siècle.

— Éloge funèbre d'Élisabeth-Sophie Chéron, de l'Académie de peinture. *Paris*, 1712, in-12.

— Éloge funèbre d'Antoine Coysevox, sculpteur du roi. *Paris*, 1721, in-8.

FERMELHUIS, fils du précédent. Pyrrhus, tragédie lyrique (en 5 actes, et un prologue : le tout en vers. (*Paris*), *J. B. C. Ballard*, 1730, in-8.

FERMIÈRE (la). Voy. LA FERMIÈRE.

FERMIN (Philippe), médecin et voyageur hollandais du xviiie siècle.

— Description générale, historique, géographique et physique de la colonie de Surinam. *Amsterdam*, 1769, 2 vol. in-8, avec figures et une carte topographique du pays.

Nouvelle édition avec d'importantes augmentations, de l'Histoire naturelle de la Hollande équinoxiale. Un des meilleurs ouvrages sur les colonies, malgré que les descriptions locales, dont l'auteur avait chargé un ami, ne soient pas très-exactes.

— Dissertation sur la question s'il est permis d'avoir des esclaves en sa possession. *Maëstricht*, 1770, in-8.

C'est un apologie de l'esclavage.

— Histoire naturelle de la Hollande équinoxiale ou de Surinam. *Amsterdam*, 1765, in-8.

— Instructions importantes au peuple sur les maladies chroniques, pour faire suite à l'Avis de Tissot sur les maladies aigues. *Paris*, *Desaint*, 1768, 2 vol. in-12.

— Tableau historique et politique de l'état ancien et actuel de la colonie de Surinam, et des causes de sa décadence. *Maëstricht*, 1778, in-8.

Ce tableau peut servir de suite ou de supplément

à la Description, qu'il rectifie en plusieurs endroits.

— Traité des maladies fréquentes à Surinam, etc., avec une Dissertation sur le fameux crapaud de Surinam, nommé Pipa, etc. *Maëstricht*, 1764, in-8; *Amsterdam*, 1765, in-8.

FERNAND (Bérenger), jurisconsulte français du xvie siècle.

— Berengarii Fernandi, opera juridica. *Tolosæ*, 1728, in-fol.

FERNEX (de), pasteur. Discours prononcé au consistoire de l'église de Genève, le 14 janvier 1819. *Genève*, *Paschoud*, 1819, in-8, 50 c.

FERNUNSTBERG, pseudon. Voy. MERAY (de).

FERODAK. Voyez (au Supplément) CADORET.

FÉROT (le R. P. Fulgence), récollet.

— Abrégé historique de la vie des Saints et Saintes, bienheureux et bienheureuses, et autres pieux et célèbres personnages, des trois ordres de Saint-François. *Paris*, *Bastien*, 1779, 3 vol. in-12.

FÉROUX (Christophe-Léon), bernardin, docteur de Sorbonne ; né en 1730, mort en 1803.

— * Institution (nouv.) nationale. *Paris*, *Clousier*, 1788, 2 vol, in-12.

— * Vues d'un solitaire patriote. *La Haye et Paris*, 1784, 2 vol. in-12.

— Vues politiques sur la division légale des grandes propriétés. 1793.....

FERRAN. Medecina (la) curativa, trad. del francés (1822). Voy. LEROY.

FERRAND (Louis), avocat et controversiste religieux du xviie siècle.

— Connaissance (de la) de Dieu. Ouvrage posthume. *Paris*, 1706, in-12.

— Dissertationes criticæ de hebræâ linguâ, Origene, Hieronymo, scriptarum divinitate. *Parisiis*, 1701, in-12.

Cet ouvrage avait déjà été imprimé à Paris en 1690, sous le titre de *Summa biblica*, *seu Dissertationes prolegomenicæ de sacrâ scripturâ*. In-12.

— Pseaumes (le livre des), avec arguments, paraphrases et annotations; traduits du latin, par l'abbé MACÉ. *Paris*, 1706, in-12.

L'original de cet ouvrage, qui n'est point estimé, paraît en 1683, in-4.

— Réflexions sur la religion chrétienne, contenant les prophéties de Jacob et de Daniel, sur la venue du Messie. Nouvelle édition. *Paris*, 1701, 2 vol. in-12.

La première édition de cet ouvrage, qui mérita à l'auteur une pension du clergé, parut en 1679.

Indépendamment des ouvrages cités et de ceux qui ont été omis, étant antérieurs au dix-huitième siècle, ce fécond écrivain, à qui l'on a reproché de soigner peu son style et de n'être pas toujours grand dialecticien, a laissé plus de 40 vol. in-4.

Biogr. univ.

FERRAND (Henri) frère du précédent.
— Inscriptiones ad res notabiles spectantes, ab anno 1707 ad 1726. *Avenione*, 1726, br. in-4.

FERRAND (Jacq.-Ph.), peintre français du xviiie siècle, mort à Paris, en 1732.
— Art (l') du feu ou de peindre en émail, dans lequel on découvre les plus beaux secrets de cette science. Avec des instructions pour peindre, et apprêter les couleurs de miniature dans leur perfection. *Paris*, *de l'imp. de J. Collombat*, 1721, in-12, de xiv et 236 pages, avec table.—Autre édit., avec un petit Traité de miniature. *Paris*, 1732, in-12.

FERRAND (le président Ant.), jurisconsulte français, mort à Paris, sa patrie, en 1719, âgé de 41 ans.
— Pièces libres, et Poésies de quelques auteurs sur divers sujets. *Londres*, 1738, 1744, 1747, 1760 et 1762, in-8.

Ce qui appartient à Ferrand dans ce recueil, ne va pas au-delà de la page 20. Parmi les pièces libres du président Ferrand, il y a des épigrammes, dit l'abbé de Saint-Léger, dignes de J. B. Rousseau.

Le président Hénault, dans une note de ses OEuvres inédites, lui attribue l'opéra des «Caractères de l'amour», donné sous le nom de l'abbé Pellegrin, et prétend qu'il eut part, avec La Chapelle, à la composition des romans de la comtesse de Savoie et d'Aménophis de madame de Fontaine.

Biogr. univ.

L'épouse de ce président, née de BELIZANI, morte en 1740, est aussi auteur d'une *Histoire des Amours de Cléante et de Bélise*. Leyde, 1691, in-12. Cet ouvrage n'a point été réimprimé depuis le commencement du xviiie siècle.

FERRAND (J.-B.-Guill.), chirurgien; né à Rouen, en 1735, mort à Paris, le 10 février 1785.
— Labio (de) leporino. 1771, in-4.
— Lettre à M. Lumi, sur la sensibilité du corps animal. 1760, in-8.

On a encore du même plusieurs mémoires insérés dans le recueil de l'Académie de chirurgie. Il a donné une édition des *Aphorismes de chirurgie*, commentés par Van Swieten, 1768, in-12. *Peign.*

FERRAND (le chev. de). * Mémoire raisonné sur l'avantage de semer du trèfle en prairies ambulantes. *Paris, Fétil*, 1769, in-12.

FERRAND, chirurgien-major de la marine.
— Observations sur différentes méthodes

de traiter les maladies vénériennes. *Narbonne*, 1770, br. in-4.

FERRAND (le comte Ant. de), ministre d'état, pair de France, membre de l'Académie française; né à Paris, en 1751, mort dans la même ville, le 17 janvier 1825.
— * Accord des principes et des lois sur les évocations, commissions et cassations. *Sans indication de lieu et sans date* (1786), in-12. — Sec. édit., augm. (*Paris*), 1789, in-12.
— Adresse d'un citoyen très-actif aux questions présentées aux États-Généraux du manége, vulgairement appelés Assemblée nationale. Février 1790, in-8.
— * Considérations sur la révolution sociale. *Neufchâtel et Londres*, 1794, in-8.
— * Conspirateurs (les) démasqués, par l'auteur de « Nullité et Despotisme, etc.» *Turin*, 1790, in-8.

Attribué à M. de Ferrand. *Barb.*

— Dernier (le) coup de la ligue. Octobre 1790, in-8.
— Développements d'une proposition faite à la Chambre des pairs, par M. le comte de Ferrand, et relative à la compétence judiciaire de la Chambre des pairs. *Paris*, 27 novembre 1821, in-8 de 19 pag.
— Développements d'une proposition faite à la Chambre des pairs, par M. le comte Ferrand, et relative aux formes de procédure de la Cour des pairs. *Paris*, 18 décembre 1821, in-8 de 17 pag.
— Développements d'une proposition faite à la Chambre, par M. le comte de Ferrand, et relative aux communautés religieuses des femmes. *Paris*, 19 février 1823, in-8.
— Développements d'une proposition faite à la Chambre, par M. le comte de Ferrand, et relative à la juridiction et aux formes de procéder de la Cour des pairs. *Paris*, 23 février 1823, in-8 de 4 pag.
— * Éloge funèbre d'Élisabeth-Philippine-Marie-Hélène, sœur de Louis XVI, ci-devant roi des Français (corrigé et augm. d'après l'édit. publiée en Allemagne, par M. A. GUILLON). *Paris, marchands de nouv.*, sans date (*Lyon* 1795,), br. in-8.

Ce livre a été composé sur des notes communiquées à l'auteur par madame de Bombelles, et a été impr. pour la première fois à Ratisbonne, en 1795.

— Éloge historique de Mme Élisabeth de France, suivie de plusieurs Lettres de cette princesse. *Paris, Ve Desenne*, 1814, in-8.

L'auteur avait préparé pour cette édition, dès 1804, beaucoup de changements et d'augmentations qui la font devenir un ouvrage nouveau. Préparé dès 1804, il n'est pas surprenant que cet éloge se trouvât prêt à être publié à Paris, peu de jours après la restauration.

— Esprit (l') de l'Histoire, ou Lettres politiques et morales d'un père à son fils, sur la manière d'étudier l'Histoire en général et particulièrement l'Histoire de France. VI⁰ édit., revue, corrigée, précédée d'une Notice biographique (par M. Héricart de Thury, neveu de M. de Ferrand), et augm. d'une Table alphabétique et raisonnée des matières. *Paris, Tenon*, 1826, 4 v. in-8, 25 fr.; et 5 vol. in-12, 15 fr.

La Notice biographique est suivie d'une Notice bibliographique signée Héricart de Thury.

La prem. édit. parut en 1802. Ce livre commencé dans l'émigration, pour l'instruction d'un fils unique, que M. de Ferrand perdit à Ratisbonne, fut accueilli avec faveur par l'esprit de réaction à la Révolution, qui entraînait l'opinion publique, et que le gouvernement de Napoléon favorisait d'ailleurs assez ouvertement. L'*Esprit de l'histoire* est d'un bout à l'autre un plaidoyer systématique en faveur du pouvoir contre la liberté. L'auteur y plie les événements à ses vues qui sont rétrécies ou inexactes : sans parler des erreurs positives qu'il laisse échapper, et qu'il faut attribuer aux négligences de la rédaction. Le style correct et même élégant manque pourtant de chaleur et de vie. Enfin, l'ensemble de l'ouvrage offre une lecture difficile et peu attrayante. Malgré l'esprit dans lequel il est conçu, la censure ombrageuse du gouvernement impérial s'effaroucha d'un discours adressé par le général Viomandus à Childéric, légitime roi des Français qu'il ramène sur le trône; elle vit un conseil indirect adressé à Bonaparte : des cartons furent exigés pour ce passage et pour deux autres (tom. II, pag. 123—124, 127—130 et 143—44), ce qui fit rechercher avec empressement les exemplaires intacts. Du reste, les chefs de l'Université, profondément imbus dès lors de toutes doctrines illibérales, favorisèrent la circulation de l'*Esprit de l'histoire* dans les établissements publics d'instruction, ou plus d'une fois il fut donné en prix aux écoliers. En 1814, on a rétabli, pour la cinquième édition de cet ouvrage, publ. en 1809, les bons cartons.

— * Essai d'un citoyen. *Sans indication de lieu, ni date (Paris*, 1789), in-8.

— *État actuel de la France, par l'auteur de « Nullité, etc. ». *Paris*, janvier 1790, in-8.

Imprimé à l'étranger quoique portant la rubrique de Paris.

— Français (les) à l'Assemblée nationale, ou Réponse au pamphlet de « l'Assemblée nationale aux Français ». 1790, in-8.

— * Histoire des trois démembrements de la Pologne; pour faire suite à l'Histoire de l'anarchie de Pologne, par Rulhière. Par l'auteur de «l'Esprit de l'Histoire » et de la Théorie des révolutions ». *Paris, Demonville*, 1820, 3 vol. in-8, 21 fr.

Cette histoire était terminée douze ans avant la restauration. Avant sa publication le comte Ferrand s'était chargé d'achever les livres 12 et 13ᵉ de l'Histoire de l'anarchie de Pologne, par Rulhière, laissés incomplets par ce dernier, mais les circonstances ne lui permirent pas de publier son travail. Voy. Rulhière.

— Lettres (douze) d'un commerçant à un cultivateur, sur les affaires du temps. *Nice (Paris)*, 1790, in-8.

— Lettres d'un ministre d'une Cour étrangère, sur l'état actuel de la France. 1793, in-8.

— Nullité et despotisme de l'Assemblée prétendue nationale. *Paris*, décemb. 1789, in-8.

Cet écrit a eu trois éditions.

— Observations sur le Projet de résolution relatif à la compétence et au mode de procéder de la Cour des pairs. *Paris*, 26 mars 1822, in-8 de 7 pag.

— * OEuvres dramatiques de M. A. F***. *Paris, de l'imp. royale*, 1817, in-8.

Ce volume contient : 1° le *Siège de Rhodes*, trag. en 5 actes, 1784; 2° *Zoaré*, trag. en 5 actes, 1779; 3° *Philoctète*, 1780; 4° *Alfred*, trag. en 5 actes, 1785.

— Opinion sur le projet de loi relatif à la liberté individuelle. *Paris*, 6 février 1817, in-8 de 13 pag.

— * Philoctète, tragédie en 3 actes et en vers, imitée de Sophocle. *Paris, Desauges*, 1786; in-8.

— Rapport fait à la Chambre des pairs, par M. le comte de Ferrand, au nom d'une commission chargée de l'examen du projet de loi sur l'établissement des Cours prévôtales. *Paris*, 15 décembre 1815, in-8 de 25 pag.

— Rapport fait à la Chambre, au nom d'une Commission spéciale chargée de l'examen de deux propositions de M. le comte de Ferrand, relatives à la compétence de la Chambre des pairs et aux formes de procéder. *Paris*, 26 janvier 1822, in-8 de 66 pag.

— Rapport fait à la Chambre par M. le comte de Ferrand, au nom d'une Commission spéciale chargée de l'examen de la proposition relative à la compétence et aux formes de procéder de la Cour des pairs. *Paris*, 26 mars 1823, in-8 de 36 pag.

— Rapport fait à la Chambre des pairs, par M. le comte de Ferrand, au nom d'une Commission chargée de l'examen du projet de loi relatif aux communautés religieuses de femmes. *Paris*, 6 juillet 1824, in-8 de 21 pag.

— Réflexions sur la question du renouvellement intégral de la Chambre des députés. *Paris, Trouvé*, 1823, in-8 de 24 p., 75 c.

— Réponse au Post-Scriptum de M. de Lally-Tollendal, à M. Burke. 1791, ou 1793, in-8.

— Résumé de M. le comte de Ferrand, rapporteur de la Commission spéciale chargée de l'examen du projet de loi relatif aux communautés religieuses de femmes. *Paris*, 13 juillet 1824, in-8 de 12 pag.

— * Rétablissement (le) de la Monarchie française. *Nice*, septembre 1793, in-8. — Sec. édit., avec des notes. *Liége*, 1794, in-8.

<small>On trouve une analyse de cet ouvrage dans le Journal littéraire de Lausanne.</small>

— * Révolution (de la) sociale. 1793, in-8.

— * Théorie des révolutions rapprochée des principaux événemens qui en ont été l'origine, le développement ou la suite, avec une table générale et analytique. Par l'auteur de « l'Esprit de l'Histoire ». *Paris, de l'impr. roy.* (* L. G. Michaud), 1817, 4 vol. in-8, 24 fr.

<small>Cet ouvrage était terminé depuis 1812.</small>

— * Vues d'un pair de France, sur la session de 1821. *Paris, de l'imp. de Dentu*, 1821, in-8 de 16 pag.

FERRAND, auteur dramat., de Rouen.
— Barbier (le) de campagne, comédie en un acte, en prose, mêlée de vaudevilles. *Rouen, Berthelot* (vers 1801), in-8.
— Brigands (les) de la Vendée, ou les Malheurs du Calvados, drame en vers et en prose, en 3 actes, fait historique arrivé à Passy-sur-Eure, près Évreux. *Rouen, Berthelot, an 1er de l'Empire français*, in-8.
— Diligence (la) du Hâvre à Rouen, ou le Conscrit déserteur, comédie en vers libres et en prose, vaudeville en 2 actes. *Rouen, le même, an xi (1803), in-8.*
— Faux (le) jardinier, ou les Intrigues d'amour, opéra-comique en un acte (en prose), mêlé de vaud., imité des auteurs Piis et Barré. *Rouen, le même, an 1er de l'Emp. franç.*, in-8.
— Inconnu (l') généreux, ou les Malheurs du Houlme, mélodrame et fait historique en un acte (en prose), mêlé de vaudevilles. *Rouen, le même, an 1er de l'Empire franç.*, in-8.
— Prise (la) de Vienne, ou l'Écrivain public, impromptu en vers libres et en prose, avec plusieurs vaudevilles et calembourgs très-intéressants, à l'occasion de la prise de Vienne. *Paris, le même, an 2 de l'Empire franç.*, in-8.
— Revue (la) de l'an xi, par le premier consul, à Rouen et au Hâvre, opéra-vaudeville, en 2 actes (en prose). *Rouen, le même, an xi (1803), in-8.*
— Savetier (le) de Péronne, comédie-vaudeville, en vers et en prose en un act. *Rouen, le même, an ix (1801), in-8.*

— Sophie et Dorval, ou la Comtesse trompée, comédie-vaudeville, en 2 actes (et en prose). *Rouen, le même, an ix (1801), in-8.*
— Triomphe (le) de la vertu, ou l'Innocence opprimée, coméd. nouvelle en prose, en 2 actes fait historique. *Rouen, le même, an xii (1804), in-8.*
— Vélocifères (les), ou la Manie du jour, impromptu en vers libres, et en prose, en un acte, mêlé de vaudevilles et de calembourgs. *Rouen, le même, an xii (1804), in-8.*

FERRAND (J.-A. Becays).Voy. BECAYS-FERRAND.

FERRAND (l'abbé Bertr.), prêtre de Comminges.
— Vie de saint Bertrand, évêque de Comminges. *Toulouse, Manavit*, 1812, in-12.

FERRAND (Mme). Palmire, ou le Triomphe de l'amour conjugal. *Paris, Delacour*, 1813, 4 vol. in-12, 6 fr.

FERRAND DE MONTHELON, ancien professeur de l'Académie de Saint-Luc, à Paris, ensuite professeur de dessin à Reims; né à Paris, mort le 20 mars 1752.
— Mémoire sur l'établissement de l'École des arts à Reims. 1748, in-4.

FERRAND-DUPUY. Essai chronologique, historique et politique sur l'île de Corse, avec des Notes importantes sur les droits de la France, relativement à cette possession presque aussi ancienne que la monarchie; ensemble l'origine de ces peuples, leurs mœurs, leurs caractères; la description de son sol, et ses différentes révolutions jusqu'à sa réduction aux armes du Roi. *Paris, Bastien*, 1776, in-12.

FERRAR. Traité d'anatomie pathologique du corps humain, traduit de l'anglais (1803). Voy. BAILLIE.

FERRARA (Alph.). Coup-d'œil sur les maladies les plus importantes qui règnent dans une des îles les plus célèbres de la Grèce, ou Topographie médicale de Leucade ou Sainte-Maure. *Paris, Croullebois*, 1826, in-8 de 72 pag.

FERRARE DU TOT. * Réflexions politiques sur les finances et le commerce. *La Haye, frères Vaillant*, 1738, 2 vol. in-12.

FERRARIO (Jules). Costume (le) ancien et moderne, ou Histoire du gouvernement, de la milice, de la religion, des arts, sciences et usages de tous les peuples anciens et modernes, d'après les monuments de l'antiquité, et accompagné des dessins analogues au sujet. *Milan, imp. de l'Éditeur, 1815 et ann. suiv.*, in-fol., avec fig. en couleur.

Ouvrage publié par livraisons, à raison de 12 fr., et gr. pap. vélin, 16 fr. : il paraît en même temps une édition en italien, et une autre en français. Il formera 14 ou 15 vol. Les parties qui ont paru jusqu'à ce jour sont : l'Asie, 4 vol. — l'Afrique, 2 vol. — l'Amérique, 2 vol. — l'Europe, divisée en trois parties. La première contenant la Grèce, 2 vol., a paru; la seconde contenant la Turquie, 1 vol., n'est pas encore terminée; la troisième partie contenant toutes les autres parties de l'Europe, et formant 3 vol., n'est pas entièrement achevée. Cent quinze livraisons paraissaient en juin 1826.

FERRARY (J.-J.-M.), de Toulouse. — Childéric, ou la Chute du tyran, trag. lyrique en 3 actes. *Toulouse, de l'imp. de Vieusseux*, 1815, in-8.

FERRATON (Jean-Jacques). Bibliothèque nécessaire, ou Répertoire de tout ce que le système métrique offre de plus intéressant. *Dijon, Noëllat*, 1822, in-18.

FERREIN (Ant.), médecin-anatomiste distingué, membre de l'Acad. des sciences; né à Frespech, en Agénois, le 25 octobre 1693, mort à Paris, le 28 février 1769. — Cours de médecine pratique, rédigé d'après les principes de M. Ferrein, par ARNAULT DE NOBLEVILLE. *Paris, Debure aîné*, 1769, 1781, 3 vol. in-12. — Éléments de chirurgie pratique, faisant partie des œuvres de M. Ferrein, rédigés par Hugh GAUTHIER. Tom. Ier (et unique). 1771, in-12. — Introduction à la matière médicale, en forme de thérapeutique (pub. par DIÉNERT). *Paris*, 1753, et 1765, in-12.

Ferrein revendiqua avec raison cet ouvrage qui n'était qu'un abrégé de son Cours de matière médicale.

— Lettre sur un nouveau système de la voix, publ. par Jos.-Ex. BERTIN. 1745, in-8.

Impr. d'abord dans l'hist. de l'Acad. des sciences.

—Questiones medicæ duodecim propositæ in aulâ episcopali cathedrâ vacante per abdicationem Joannis Astruc, etc. *Monspelliensis*, 1732, in-4.

Ferrein est encore auteur d'une thèse soutenue à la Faculté de Paris, le 13 novembre 1738, et insérée dans la collection de Haller, sous ce titre : *An actio mechanica pulmonum in fluida tempore expirationis ?*

Trois de ces ouvrages ont été rédigés d'après la méthode suivie par Ferrein dans les cours qu'il donna au Jardin du Roi. Tous les ouvrages qu'il a publiés lui-même ne se trouvent que dans l'histoire de l'Académie des sciences. Ces ouvrages sont : Recherches sur les vaisseaux névro-lymphatiques (1738). — Observations sur les nouvelles artères et veines lymphatiques (1741). —De la formation de la voix de l'homme (*id.*). — Sur les mouvements de la mâchoire inférieure (1743). — Sur le mouvement des deux mâchoires par l'ouverture de la bouche; et sur les causes de leurs mouvements (1744). — Sur la structure des viscères nommés glanduleux, et particulièrement sur celle des reins et du foie (1749). — Mémoire sur l'inflammation des viscères du bas ventre, particulièrement sur celle du foie, toujours suivie d'une mauvaise santé, et qui produit une bonne partie des douleurs qu'on attribue faussement à l'estomac sous le nom de cardialgie ou autre (1766). — Mémoire sur le véritable sexe de ceux qu'on appelle Hermaphrodites (1767). — Sur les moyens de rétablir la déglutition dans un cas où la cause qui l'arrête n'est marquée par aucun signe (1768).

FERRÉOL-PERRARD (J.). Introduction à la philosophie. Nouv. édit., rev. et considérablement augm. *Paris, F. Berquet*, 1822, in-8, 5 fr. 50 c. —Thèses de rhétorique, ou Réponses à chacune des questions de rhétorique contenues dans le «Manuel pour le Baccalauréat ès-lettres». *Paris, Berquet*, 1824, in-12, 3 fr.

FERRER (P.), traducteur espagnol. Voy. GENLIS.-ROSNY.

FERRER MALDONADO (Laurent.). — Voyage de la mer Atlantique à la mer Pacifique par le nord-ouest, dans la mer Glaciale, l'an 1588; trad. d'un manuscrit espagnol, et suivi d'un Discours qui en démontre l'authenticité et la véracité, par CH. AMORETTI. *Plaisance, de l'impr. de Maur del Majno*, 1812, in-4 avec 3 pl., 3 fr.

FERRERAS (D. Juan de), célèbre historien espagnol du XVIIe siècle. — Histoire générale d'Espagne (jusqu'en 1598), traduite de l'espagnol, avec des notes historiques et critiques, par D. VAQUETTE D'HERMILLY. *Paris*, 1751, 10 vol. in-4, 25 à 36 fr.

Excellente traduction. Son prix d'origine était de 100 fr.

FERRÈRE (Ph.), homme de loi; né à Tarbes, le 4 octobre 1767. —Cri (le) de la patrie au parlement de Bordeaux. 1785, in-8. — Dunciade (la) bordelaise. *Bordeaux*, 1786, in-12. — Navigation (la) aërienne, ode. *Bordeaux*, 1784, in-4. — Sentiments d'un gascon, sur le globe de M. Cazèles. *Ballopolis*, 1784, in-12.

Ph. Ferrère a eu part au *Courrier bordelais*. On lui doit aussi plusieurs *Mémoires et Plaidoyers*.

FERRÈRE (J.), curé de Tarbes. Oraison funèbre de Louis XVI, roi de France et de Navarre, prononcée à Tarbes, dans l'église de Saint-Jean, le 21 janvier 1815. *Tarbes, de l'imp. de Roque-Maurel*, 1815, in-8 de 40 pag., ou *Bordeaux, de l'impr. de Pinard*, 1815, in-8 de 54 pag.

FERRERO (l'abbé). Jurisprudence (la) du mariage sous le rapport moral.1808,in-8.

FERRET (Laurent), médecin et chanoine de Cambrai, du xviiie siècle; né à Paris, mort à Cambrai.

— An chirurgia recens instrumentalis antiquâ profectur? *Parisiis*, 1764, in-4.

— An dolor à solutâ unitate, morbus? *Parisiis*, 1741, in-4.

— An in acutis diœta è solis vegetantibus? *Parisiis*, 1741, in-4.

— An Clivi Mendonici situs, ut amœnus, sic salubris? *Parisiis*, 1751, in-4.—Trad. en français. *Paris*, 1751, in-4.

— An senium à fibrarum rigiditate? *Parisiis*, 1739, in-4.

— Moyens (les) de former les parfaits chirurgiens. 1743, in-4.

— Oratio super restitutâ serenissimi Delphini valetudine. *Parisiis*, 1752, in-4.

FERRET (Phil.), avocat au parlement, prêtre et sous-chantre de l'église de la Rochelle.

— Réfutation d'une Dissertation anonyme, sur la légitimité des intérêts d'argent qui ont cours dans le commerce, impr. à La Haye,en 1757.*La Rochelle*,1757, in-12.

— Tableau de l'Écriture sainte. 1758, 2 v. in-12.

FERRET (P.-J.). Notice sur Dieppe, Arques et quelques monuments circonvoisins. *Paris, Béchet aîné*, 1824, in-8 avec pl.

FERRI DE SAINT-CONSTANT. Voy. FERRY.

FERRIAR (Miss), romancière anglaise.

— Héritage (l'), traduit de l'anglais, par le traducteur des romans historiques de Walter-Scott (DEFAUCONPRET). *Paris, Lecointe et Durey*, 1824, 5 vol. in-12, 15 f.

— * Mariage, par l'auteur de l'Héritage; traduit de l'anglais, par Mme BLANCHE-NAYE-VERNES. *Paris, les mêmes*, 1825, 4 vol. in-12, 12 fr.

— Le même, sous ce titre: * Mariage, ou les Femmes anglaises et écossaises; par l'auteur de l'Héritage. Traduit de l'anglais, sur la seconde édit., par MM. T.. C.. et Nels. DELORD. *Paris, Bouquin de la Souche; Pigoreau, etc.*, 1825, 4 vol. in-12, 10 fr.

FERRIER (Saint-Vincent), théologien espagnol du xive siècle.

— Traité de la vie spirituelle, traduit du latin. Nouv. édit. *Avignon, Séguin aîné*, 1823, broch. in-18.

FERRIER (Fr.-L.-Aug.). Essai sur les ports francs. *Bayonne, Bordeaux et Paris*, 1804, in-8, 1 fr. 80 c.

— Gouvernement (du) considéré dans ses rapports avec le commerce, ou de l'Administration commerciale opposée aux économistes du xixe siècle. IIIe édition.*Paris, Pélicier*, 1822, in-8, 7 fr.

La prem. édit. parut en 1804.

— Mémoire sur la demande d'un entrepôt de denrées coloniales à Paris. *Paris, Pélicier*, 1819, in-8 de 40 pag. — De l'Entrepôt de Paris. Second Mémoire. *Paris, le même*, 1828, in-8 de 48 pag.

— Mémoire sur le crédit. *Lille, de l'impr. de L. Daniel*, 1817, in-8 de 48 pag.

FERRIER. * Notice biographique sur le docteur Jacq. Leroy. *Paris, Égron*, 1812, in-8.

Cet opuscule n'a pas été destiné au commerce; il a eu pourtant une seconde édition la même année.

FERRIER (André), vérificateur-adjoint à l'inspection des poids.

— Tableau des mesures légales établies par décret du 1er août 1793; les lois des 18 germinal an III, 1er vendémiaire an IV, et 9 frimaire an VIII, et leur conversion en mesures usuelles, conformément au décret du 12 février 1812, maintenu par décision du roi, sous la date du 4 juillet 1814, et arrêté de S. Ex. le ministre-secrétaire d'état au département de l'intérieur, du 21 février 1816; et Tableaux du rapport des poids et mesures usuelles et décimales, avec les anciens poids et mesures de la ville de Marseille. *Marseille, imp. de Carnaud*, 1816, in-12.

FERRIER DE LA MARTINIÈRE (L.), né à Arles, en 1650, mort en 1721.

— Adraste, tragédie (en 5 actes, en vers). Nouvelle édition. *Amsterdam, R. Schelte*, 1705, ou *Amsterdam, Steenhouver et Uytwerf*, 1718, in-8.

La première édition est de 1680.

— * Histoire universelle, etc., trad. du latin (1693). Voy. JUSTIN.

FERRIÈRE (Claude de), jurisconsulte né à Paris, en 1639, mort à Reims, le 11 mai 1714.

— Commentaire sur la Coutume de Paris, avec des notes de SAUVAN d'ARAMOND; nouv. édit. *Paris*, 1770, 1788, 2 vol. in-12, 5 fr.

— Coutume de Paris, avec les Observations de LE CAMUS.*Paris*,1714,4 vol. in-fol.

— Institution (nouv.) coutumière. Nouv. édit. 1702, 3 vol. in-12.

L'ouvrage de Loisel, sur le même sujet, quoique plus ancien, est bien mieux traité que celui de Ferrière, qui n'était pas assez versé dans l'étude du droit français, pour faire un semblable travail.

— Traité des fiefs. 1700, in-4.

FERRIÈRE (Cl.-Jos. de), jurisconsulte, fils du précédent.

— Dictionnaire de droit et de pratique. IIIe édit., revue et augm. (par BOUCHER d'ARGIS). *Paris, Brunet*, 1749, 1762, 1771; *Toulouse*, 1779, et 1787 2 vol. in-4, 20 fr.

Ouvrage du père de l'auteur, qui parut sous le titre d'Introduction à la Pratique, en 1 vol. in-12. Cet ouvrage a perdu de son mérite en augmentant de volume. La première édition du Dictionnaire de droit donné par Cl. Jos. de Ferrières, est de 1740, 2 vol. in-4.

Cet ouvrage a été refait de nouveau par MM. Dagar et Delaporte qui l'ont publié sous le titre du *Nouveau Ferrière*. Voy. DAGAR.

— Histoire du droit romain, 1718, in-12.
— Sec. édit. (augm. de plus d'un tiers). *Paris*, 1726, in-12.

Il y a des exemplaires de la seconde édition qui portent la date de 1734 : c'est sur cette seconde édition qu'ont été faites les postérieures.

— Institutes de Justinien. *Paris*, 1721-1760, 7 vol. in-12.

C'est la traduction faite par Ferrière le père, qui de deux volumes a été portée par le fils à 7 vol. au moyen de notes contenant l'application du Droit français au Droit romain, et d'une histoire de Droit romain, formant le 7e vol. Les six premiers vol. avaient paru dès 1719, en lat. et en français.

— Introduction de la pratique. 1758, 2 v. in-12.
— Nova et Methodica juris civilis tractatio. *Parisiis*, 1734, 2 vol. in-12.
— Science parfaite des notaires, ou le Parfait notaire. Nouv. édit. (publ. avec des annotations par F.-B. DEVISMES). *Paris, Humblot*, 1771, 2 vol. in-4.

C'est encore un ouvrage augmenté de Cl. de Ferrière qui parut en 1684 en un seul vol. in-4. M. Massé l'a reproduit avec de nouvelles augmentations. Voy. MASSÉ.

Ferrière a donné une nouvelle édition, augmentée, des Vies de jurisconsultes anciens et modernes, de Cl. TAISAND (1737, in-8).

FERRIÈRE (le brigadier). Voy. (Tom. II et au Suppl.) à COSTIGAN.

FERRIÈRE (Alexandre de). Amour et Loyauté, ou le Mariage militaire, comédie-vaudeville en un acte. *Paris, Fages*, 1812, in-8, 1 fr. 25 c.

Avec Richard.

— Analyse de la statistique de la France, départements de la Moselle, de l'Indre, du Rhin-et-Moselle, de la Lys, du Doubs. 1803-4, 7 livraisons in-fol.
— Archives statistiques de la France. (Ouvrage périodique). 1805, 2 vol. in-8.

— Arlequin décorateur, vaud. (1798). Voy. ANNÉE.
— Comtesse (la) de Tarascon, ou Dix années d'absence, anecdote du XIIe siècle. *Paris, rue Sainte-Croix-de-la-Bretonnerie*, n° 5, 1825, 2 vol. in-12.
— Deux (les) Baillis, ou le Mariage par procuration, comédie en un acte. *Paris, Quoy*, 1823, in-8, 1 fr.
— Favart à Bruxelles, comédie-vaudeville en un acte (en prose). *Paris, Mme Masson*, 1811, in-8.
— Un conte des Mille et une Nuits, opéra-comique en un acte (et en prose). *La Haye, Vosmaer et fils*, 1807, in-8.

On a encore du même des Mémoires dans les Annales de la Statistique de Ballois. *Ersch.*

Voy. aussi LE BLANC DE FERRIÈRE.

FERRIÈRES (de). Souliers (les) mors dorés, ou la Cordonnière allemande, comédie lyrique, en 2 actes (en prose). *Paris, Vente*, 1776, in-8.

FERRIÈRES (le marq. Ch.-Élie de), membre de l'Assemblée constituante; né à Poitiers, le 27 janvier 1741, mort le 30 juillet 1804, au château de Marsay, près de Mirebeau.

— Compte rendu à mes commettants. 1791, in-8.
— Constitution (de la) qui convient aux Français. 1789, in-8.
— État (de l') des lettres dans le Poitou, depuis l'an 300 de l'ère chrétienne, jusqu'à l'année 1789. 1800, in-8.
— * Femme (la) et les Vœux, par M***. *Amsterdam et Paris, Poinçot*, 1788, 2 part. in-12.
— Mélanges de littérature et de morale. *Poitiers, Catineau*, an VI (1798), in-8 de 80 pag.

Ce volume renferme 1° un Discours sur le goût ; 2° l'Éloge de M. de Bréquigny; 3° Lydia, conte imité du grec de Parthénius de Nicée. L'auteur ajouta en 1800, à ces trois opuscules, sa Dissertation sur l'état des lettres dans le Poitou.

— Mémoires pour servir à l'histoire de l'Assemblée constituante et de 1789, par le cit. C. E. F. *Paris, Morin*, 1798, 3 vol. in-8. — Nouv. édit., avec une Notice sur la vie du marq. de Ferrières, des notes et des éclaircissements historiques, par MM. BERVILLE et BARRIÈRE. *Paris, Baudouin frères*, 1822, 3 vol. in-8, 18 fr.

Un quatrième volume, qui finit à la mort du Roi, est resté manuscrit entre les mains de madame la marquise de la Messelière, fille de l'auteur.

La dernière édition fait partie de la *Collection des Mémoires relatifs à la Révolution française*.

— Opinion contre l'arrestation du roi à Varennes. 1791, in-8.

— Plan de finances pour l'établissement d'une caisse territoriale. 1790, in-8.

— Saint-Flour et Justine, ou Histoire d'une jeune Française du XVIIIe siècle, avec un Dialogue sur le caractère moral des femmes. Par M. de F***. Paris, Huet, 1792, 2 vol. in-12, 4 fr.

— Théisme (le), ou Recherches sur la nature de l'homme et sur ses rapports dans l'ordre moral et l'ordre politique, avec les autres hommes. Sec. édit. Paris, 1791, in-8.

La première édition est anonyme : elle parut en 1785, sous le titre du Théisme, ou Introduction générale à l'étude de la religion, en 2 vol. in-12.

FERRIÈRES. * Un Voyage à Versailles. Paris, an XI (1803), in-18.

FERRIÈRES (Mme Hyac. de). Abbaye (l') de Nothanger, trad. de l'angl. (1824). Voy. AUSTEN (J.).

— Jeune (le) Williams, ou l'Observateur anglais. Paris, 1808, 2 vol. in-12.

FERRIÈRES-SAUVEBOEUF (le comte).
— Mémoires historiques et politiques de ses Voyages, faits depuis 1782 jusqu'en 1789, en Turquie, en Perse et en Arabie, mêlés d'observations sur le gouvernement, les mœurs, la religion et le commerce de tous les peuples de ces différents pays, avec les relations exactes de tous les événements qui ont eu lieu dans l'empire Ottoman, depuis 1774 jusqu'à la rupture des Turcs, avec les deux Cours impériales; suivis de tous les détails de ce qui s'est passé de remarquable entre les deux armées de ces trois puissances belligérantes, et d'un calcul raisonné des avantages que les Cours de Vienne et de Saint-Pétersbourg, peuvent retirer de leurs victoires sur les Ottomans. Maëstricht et Paris, 1790, 2 vol. in-8.

Réimprimé en 1807, sous le titre de Voyages faits en Turquie, en Perse et en Arabie, etc. Paris, 2 vol. in-8.

— Précis des lettres écrites par le cit. F.-S. pendant sa détention au Temple, au cit. Merlin, alors président du Directoire. 1799, in-8.

FERRIS (Rich.). État actuel des établissements et Colléges britanniques conservés en France et dans les Pays-Bas autrichiens. Paris, de l'imp. de P. Didot aîné, 1814, in-4 de 36 pages.

FERRIOL (Ant. de), comte de PONT-DE-VESLE, gouverneur de la ville de Pont-de-Vesle, en Bresse, intendant-gén. des classes de la marine, et anc. lecteur du Roi; né à Metz, en 1697, mort à Paris, le 3 sept. 1774.

— Complaisant (le), comédie en 5 actes (en prose). Paris, Fr. et Nic. Lebreton, 1733, in-12, ou Paris, 1764, in-8.

Réimprimé à Utrecht, en 1733, in-12, et à Copenhague, en 1772, in-8. Cette pièce est attribuée aussi à Delaunay; elle a même été impr. dans le théâtre de ce dernier.

— Fat (le) puni, comédie (en un acte et en prose), avec un divertissement. Paris, Prault et fils, 1738, in-8, ou Paris, libr. associés, 1758, in-8.

Réimpr. à La Haye, en 1739, in-8.

— Somnambule (le), comédie (en un acte, en prose). Paris, Prault fils, 1739, ou Paris, Ve Duchesne, 1768, 1783, in-8.

Réimpr. à Vienne, en Autriche (1756, in-8). On a encore de Pont-de-Vesle un grand nombre de chansons, d'ouvrages de société et de pièces fugitives : il a eu part à trois ouvr. de madame de TENCIN, sa tante : Voy. ce nom.

FERROUSSAT DE CASTELBON, architecte.

— Réflexions sur la mauvaise qualité du plâtre, et sur sa cause; et moyens pour parvenir à une meilleure fabrication. Paris, Lottin aîné, 1776, in-8.

FERRUS, médecin. Notice historique sur J.-N. Corvisart. Paris, Béchet jeune, 1821, in-8 de 32 pag.

— Notice sur le docteur Esparron. Paris, imp. de P.-N. Rougeron, 1818, br. in-8.

M. Ferrus a eu part à la rédaction du Dictionnaire de médecine, publ. chez Béchet jeuné.

FERRY (G.-B.-T.), professeur; né à Marseille, en 1763.

— Diverses (les) périodes des sciences, des lettres et des arts; Ode précédée d'un Discours prononcé par l'auteur, à son Cours de physique-mathématique expérimentale. Paris, Belin; l'Auteur, 1800, in-8 de 20 pag.

— France (la) triomphant de ses ennemis, ode à la nation. 1792, in-8.

— Poètes (les) lyriques, ode. 1802, in-8.

FERRY (Mme). Voy. à la Table des Anonymes : Bibliothèque de famille.

FERRY (C.-J.), ancien professeur aux Écoles d'artillerie et du génie.

Nous connaissons de M. Ferry deux traductions de l'anglais : Notice sur l'organisation, l'administration et l'état présent des colonies militaires de la Russie (1825). Voy. LYALL. — Nouv. Idées sur la population, avec des remarques sur les théories de Malthus et de Godwin (1826), voy. ÉVERETT.
M. Ferry participe à la rédaction de la Revue encyclopédique (1819).

FERRY DE SAINT-CONSTANT (J.-L.), littérateur italien du XIXe siècle.

— Considérations sur les révolutions des Provinces-Unies. Paris, 1788, in-8.

Publié sous le pseudon. de Van Den Yzer.

— Éloquence (de l') et des orateurs anciens et modernes. *Paris, Mérigot jeune,* 1789, 1805, in-8.

—* Génie (le) de Buffon (avec un Discours préliminaire). *Paris, Panckoucke,* 1778, in-12.

— Londres et les Anglais. *Paris, 1804,* 4 vol. in-8.

Ouvrage intéressant et assez bien écrit.

— Portraits (les), caractères et mœurs du xviiᵉ siècle. *Amst. et Paris,* 1780, in-12.

— Rudiments (les) de la traduction, ou l'Art de traduire le latin en français. 1808, in-12.—Sec. édit. (suivie d'une Notice des traductions des auteurs latins). *Angers, et Paris, A. Bertrand,* 1811, 2 vol. in-12.

Ferry de Saint-Constant a été proviseur du lycée d'Angers de 1807 à 1811, époque à laquelle le gouvernement français l'envoya à Rome pour y organiser l'instruction publique : après la chute de Napoléon, il se fixa en Italie, abandonnant alors la littérature française pour ne s'occuper que de l'italienne. Il a publié dans cette dernière langue plusieurs ouvrages, entre autres, le *Spetattore italiano.* Milano, 1822, 4 vol. in-8 : ouvrage estimé.

FERTEL (M. Dom.), imprimeur français, au xviiiᵉ siècle, mort à Saint-Omer, en 1752.

— Science (la) pratique de l'imprimerie. *Saint-Omer,* 1723, in-4, fig., 5 à 7 fr.

— La même. Nouv. édit., refondue, corr. et augm. de différents procédés nouveaux et utiles, par ANNOY-VANDEVYVER. *Bruxelles, Delemer frères,* 1822, in-4, avec fig., 24 fr.; et en pap. vél., 48 fr.

FÉRUSSAC (le baron). Voy. DAUDEBARD.

FERVILLE (V. C. de). Voy. MALHERBE.

FERY (le P. André), minime, de l'Académie d'Amiens; né à Reims, en 1714, mort en septembre 1773.

—* Dissertation sur le projet qu'on forme de donner des eaux à la ville de Reims. *Paris,* 1747, in-4.

—* Mémoire sur l'établissement des fontaines publiques d'Amiens. 1749, in-4.

— Mémoire sur l'établissement des fontaines publiques de Dôle. 1750, in-4.

— Plan des Écoles des mathématiques pratiques de la ville de Reims. 1748, in-8.

— Poëme latin à la louange du cardinal de Tencin. In-4.

FÉRYD EDDIN ATTHAR, poète persan célèbre du xiiiᵉ siècle.

— Pend-Namêh, ou le Livre des conseils, en persan et en français, traduit et publié par M. le baron Silvestre de SACY. *Paris, de l'impr. royale (* Debure frères),* 1819, in-8, 20 fr.; pap. vél., 30 fr.

Ouvrage qui n'a pas moins de célébrité en Orient

que n'en ont parmi nous les Maximes de La Rochefoucault, et dont M. le baron Sylvestre de Sacy avait déjà donné une traduction, avec des notes dans le tom. II des « Mines de l'Orient ».

Ce livre est imprimé avec beaucoup de soin. Les sommaires des chapitres sont imprimés en rouge, et tout le texte persan est orné d'un cadre rouge.

Il n'en a été imprimé que 300 exemplaires, dont 250 sur pap. fin, et 50 sur pap. vélin.

FESCOURT. Histoire de la double conspiration de 1800, contre le gouvernement consulaire, et de la déportation qui eut lieu dans la deuxième année du consulat; contenant des détails authentiques et curieux sur la machine infernale et les déportés, avec une carte géographique des îles Séchelles et deux plans. *Paris, Guillaume et compag.,* 1818, in-8, 6 fr.

— Lorenzo de Valvelhas, histoire de deux Amants portugais, suivie de notes historiques et géographiques. *Paris, Pigoreau,* 1815, 2 vol. in-12, 4 fr.

FESQUET (J.-L.). * Voyage de Paris, à Strasbourg, et principalement dans tout le Bas-Rhin, par J. - L. F. *Nanci,* an IX (1801), in-8.

FÉTIL (P.), de Nantes. Art (l') de mesurer le temps avec précision, ou la Théorie de l'horlogerie, réduite en tableaux. *Paris,* 1803, in-8, avec les tableaux in-fol., 7 fr. 50 c.

— Précis sur l'acier. 1803, in-8, 1 fr. 25 c.

FÉTIS (François-Joseph), compositeur et musicien érudit, et littérateur distingué; professeur de composition, et bibliothécaire au Conservatoire royal de musique; né à Mons, le 25 mars 1784.

— Galerie des musiciens célèbres, composée de portraits lithographiés, de notices biographiques et critiques, et de fac-simile. *Paris, l'Auteur,* 1827, in-fol.

Cet ouvrage se publie par livraisons dont le nombre n'est pas déterminé : trois paraissaient à la fin de juin 1829. Prix de chaque livr. avec 4 port., 12 fr.

— Musique (la) mise à la portée de tout le monde. *Paris, A. Mesnier,* 1829, in-8.

— Principes élémentaires de musique, suivis de solféges progressifs, avec accompagnement de piano. *Paris, Pleyel,* 1827, in-4 gravé, 24 fr.

— Traité de l'accompagnement de la partition. *Paris, Pleyel,* 1829, pet. in-fol. gravé, 12 fr.

— Traité du contrepoint et de la fugue, depuis deux jusqu'à huit part. réelles. *Paris, Janet et Cotelle,* 1825, 2 part. in-fol. gravées.

— Traité élémentaire d'harmonie et d'accompagnement. *Paris, Petit,* 1824, 1828, in-4 gravé, 15 fr.

Ce livre est le manuel des professeurs et le guide des élèves.

M. Fétis est le rédacteur de la Revue musicale, journal hebdomadaire (février 1827).

Outre les ouvrages déja cités, M. Fétis en a quatre qui vont bientôt être mis sous presse : 1° Dictionnaire historique des musiciens de tous les temps, qui formera environ 4 vol. in-8; c'est le fruit de vingt ans de recherches; 2° Traité de composition dans le style moderne, pour faire suite au Traité de contrepoint et de la fugue; 3° l'Art de préluder sur l'orgue et le piano; 4° Manuel de l'organiste catholique et lathérien, ouvrage immense et curieux, dit-on.

Cet artiste s'occupe aussi d'une Histoire générale de la musique chez tous les peuples et dans tous les temps; d'un Dictionnaire chronologique de la musique. Enfin il compte publier : Scriptores ecclesiastici de musicâ sacrâ potissimùm, cum annotationibus et commentariis historicis, tom. IV et V, pour faire suite à la Collection de l'abbé Gerbert, en 3 volumes.

FÉTU DE LA S.... (le P.). *Poésies. Rouen, 1787, in-12.

FEUCHER (le chevalier de), pseudon. Voy. Artaize.

FEUDRIX DE BRÉQUIGNY. Voy. Bréquigny.

FEUILLADE (P.), ancien vicaire de Privas; né à Villeneuve-de-Berg (Ardèche), le 17 mars 1761.

— Calcul des chances et des probabilités qu'offre le jeu de la loterie royale de France, à la suite duquel est indiquée une méthode à suivre qui paraît être la seule avantageuse aux joueurs. Paris, de l'impr. de Feugueray, 1825, in-8 de 16 pag.

— Épitre aux ministres de diverses communions chrétiennes établies et reconnues en France. Paris, Delaunay; Ponthieu, etc. 1828, in-8.

— Examen critique du judaïsme et du mahométisme. Paris, l'Auteur; Goulet, 1821, in-8.

— Instruction sur l'art de conserver le vin, sans la moindre altération. Paris, impr. de Feugueray, 1821, in-8 de 4 pag.

— Projet de réunion de tous les cultes, ou le Christianisme rendu à son institution primitive. Lyon, de l'impr. de L. Cutty, 1815, 3 vol. in-8.

En 1823 on a imprimé un chapitre intitulé : Des Cultes protestants, pour remplacer les pages 413—452 de cet ouvrage.   Beuch.

— * Qu'est-ce que l'abbé de la Mennais ? Paris, Feugueray, 1826, in-8 de 40 pag.

— Réfutation de l'ouvrage anonyme intitulé « Le bon sens, ou Idées naturelles opposées aux idées surnaturelles ». Paris, l'Auteur, 1821, in-8.

— * Vices (les) communs à tous les concordats. Paris, 1818, in-8.

FEUILLANT (Étienne), avocat et plus tard journaliste, membre de la Chambre des députés, en 1815; né à Brossac, en Auvergne.

— * Lois (des) fondamentales, considérées dans leurs rapports politiques. Paris, Le-Normant, 1818, in-8, 2 fr. 50 c.

M. Feuillant s'associa, en 1789, à Beaulieu pour la rédaction du « Journal du soir » : en 1790 il en créa, seul, un nouveau sous le titre de « Journal du soir sans réflexions »; enfin en 1814, il fonda le « Journal général de France ».

FEUILLE (LA). Voy. La Feuille.

FEUILLÉE (Louis), religieux-minime, astronome et botaniste; né à Mane, près de Forcalquier, en 1660, mort en 1732.

— Journal des observations physiques, mathématiques et botaniques, faites sur les côtes orientales de l'Amérique méridionale et dans les Indes. Paris, 1714-25, 3 vol. in-4 fig., 15 à 20 fr.

Le troisième volume, contenant l'Histoire des plantes médicinales en usage au Pérou et au Chili, avec 100 planch., manque souvent; ce qui réduit alors le prix des exemplaires.   Brun.

Cette relation, quoique écrite d'une manière peu agréable, est cependant fort intéressante, et peut être citée comme modèle aux voyageurs, sous le rapport des descriptions des plantes, et du dessin délicat de ces dernières.

FEUILLET (Laur.-Fr.), bibliothécaire de l'Institut; né à Versailles, en 1768.

— Amours (les) de Psyché et de Cupidon, trad. du lat. (1809). Voy. Apulée.

— Antiquités d'Athènes, trad. de l'angl. (1808). Voy. Stuart.

— Mémoire couronné par l'Institut national sur cette question : L'Émulation est-elle un bon moyen d'éducation ? Paris, Renouard, an ix (1801), in-8, 1 fr. 80 c.

L'article Descartes, de la Biographie universelle, a été rédigé par MM. Feuillet et Biot.

FEUQUIÈRES (Isaac Manassès de Pas, marquis de), général et négociateur français du xviie siècle.

— Lettres et Négociations du marquis de Feuquières, ambassadeur du roi en Allemagne, en 1633 et 1634 (publ. par l'abbé Pérau, avec la vie de l'auteur). Amsterdam (Paris, Desaint), 1753, 3 vol. in-12, 10 à 12 fr.

FEUQUIÈRES (Ant. de Pas, marquis de), fils du précédent, général français; mort en 1711.

— Mémoires de M. le marquis de Feuquières, contenant ses maximes sur la guerre. Nouv. édit., avec la Vie de l'auteur, donnée par le comte de Feuquières, son frère (ou plutôt écrite sur ses Mémoires, par Gillet de Moyvre, et un avertissement

rédigé par Lefèvre de S.-Marc). *Londres*
(*Paris*), 1736, in-4, 18 fr.; 1740, 1775,
4 vol. in-12, 18 fr.
— Les mêmes. IVe édit. (publiée par le
neveu, et sur le manuscrit de Feuquières,
et précédées de la Vie de l'auteur, écrite
par son frère). *Paris*, 1770, 4 vol. in-4,
avec cartes et plans, ou 4 vol. in-12.

Seule édition complète. La première édit. parut
à Amsterdam en 1731; les deux autres faites après
ne sont ni plus exactes ni plus complètes.
Biogr. univ.

FEUQUIÈRES (le marquis de). * Phan-
tasiologie, ou Lettres philosophiques à
Mme de ***, sur la faculté imaginative.
Oxford et Paris, Cuissart, 1760, in-16.

FEUTRIER (l'abbé Fr.-J.-Hyac.), d'a-
bord curé de la paroisse de la Madelaine
à Paris, ensuite évêque de Beauvais, ministre secrétaire d'état aux affaires ecclésiastiques.
— Éloge historique et religieux de Jeanne-
d'Arc, pour l'anniversaire de la délivrance
d'Orléans, le 8 mai 1429, prononcé dans
la cathédrale de cette ville, le 8 mai 1821,
et le 8 mai 1823. *Orléans, de l'impr. de
Rouzeau-Montant*, 1823, br. in-8.
— Oraison funèbre de S. A. R. Mgr le
Duc de Berri....
— Oraison funèbre de S. A. S. Mad. la
duchesse douairière d'Orléans. Sec. édit.
Paris, Leclerc, 1821, in-8, 1 fr.

FEUTRY (Amé-Ambr.-Jos.), littérateur; né à Lille, en 1720, mort à Douai,
le 28 mars 1789.
— Choix d'histoires, tirées de BANDEL,
BELLEFOREST, de BOISTUAU, dit LAUNAY
et de plusieurs autres. *Paris*, 1779, 1783,
2 vol. in-12.
— * Commandements (les) de l'honnête
homme, par M. F.... *Paris, d'Houry*,
1776, in-8.

Feutry a fait réimprimer ce petit ouvrage dans
une nouvelle édition qu'il a donnée en 1781, du
« Livre des enfants ». Voy. ce titre à la Table des
Anonymes.

— Épître d'Héloïse à Abailard, en vers,
imitation de Pope. 1751, broch. in-8.
— Essai sur la construction des voitures
à transporter les lourds fardeaux dans Paris. 1781, in-8.
— Manuel tironien, ou Recueil d'observations faciles et intelligibles de la plus
grande partie des mots de la langue française. 1775, in-8.
— Mémoires de la cour d'Auguste, trad.
de l'angl. (1768). Voy. BLACKWELL (Th.).

— Opuscules poétiques et philologiques.
La Haye et Paris, Delalain, 1771, in-8.

On trouve rassemblé dans ce volume quelques
pièces déjà publiées séparément : l'Épître d'Héloïse
à Abailard, le Temple de la mort, l'Ode aux nations, les Tombeaux, poëme ; les Jeux d'enfants,
poëme, trad. du holl. de CATS, et Dieu, ode. Le
volume est terminé par d'autres qui n'avaient pas
encore paru, telles qu'un ballet et une tragédie
en prose, trad. de l'esp. de D. Aug. Montiano, et
intitulée : *Ataülphe, prem. roi des Goths.*

— Opuscules (nouv.). *Dijon*, 1779, in-8.
— Supplément. 1779, in-8.

Dans la première partie se trouve un Traité de
l'Origine de la poésie castillane et des Recherches
sur la poésie toscane; c'est ce qu'il y a de plus curieux dans cette partie.

— Recueil de poésies fugitives. 1760, in-12.
— Robinson Crusoé, etc. trad. de l'angl.
(1766). Voy. FOÉ.

Feutry a encore publié quelques poésies dans des
recueils du temps, particulièrement dans l'Almanach des Muses.   *Biogr. univ.*

On a publié, sous son nom, une prétendue traduction d'un Supplément à l'Art du serrurier, de
Bottermann, qui passe pour être original et écrit
par Louis XVI.
Feutry a aussi donné une nouv. édit. des Discours
philosophiques sur l'homme, etc., du card. GERDIL
(1782).

FÈVRE (J.-Fr.), médecin ; né à Pontarlier, vers 1680, mort à Besançon, en
1739.
— Opera medica. *Besançon* (*Vesoul*),
1737, 2 vol. in-4.

FÈVRE (le). Voy. LE FÈVRE.

FÈVRE DE GRANDVAUX, du Jura.
— Émile (l') réalisé....
— Mélanges. Sec. édit., 3e pour l'Émile
réalisé. 1802, in-8, 1 fr. 20 c.
— Nouvelle organisation des sociétés,
pour faire suite à l'Émile réalisé, ou Plan
d'éducation générale. 1799, in-8. — IIIe
édit. 1802, in-8, 1 fr. 25 c.
— Nota, suivi d'un opuscule connu depuis
plusieurs années, ayant pour titre : Règlement de l'école primaire. Seconde édit.,
avec quelques lettres adressées à deux hommes d'état. *Paris, l'Auteur*, 1818, in-8 de
48 pag.

FEVRET (Ch.), jurisconsulte français
du XVIIe siècle.
— Traité des abus. Nouv. édit. avec des
notes de GIBERT et de BRUNET, et l'éloge
de l'auteur, par PAPILLON. *Lyon*, 1736,
2 vol. in-12.
Dernière édition d'un excellent ouvrage.

FEVRET (Claudine), abbesse de Notre-
Dame du Tort, de Dijon.
— Journal des saints de l'ordre de Cî-
teaux. 1706, in-8.

FEVRET DE FONTETTE (Ch. Mar.), bibliographe célèbre, fils du jurisconsulte Ch. Fevret; né à Dijon, le 14 avril 1710, où il mourut le 16 février 1772.

— Recherches (nouvelles) de la France. 1766, 2 vol. in-12.

Ce qui a valu à Fevret le titre de bibliographe que nous lui donnons, c'est d'avoir eu part aux additions de la Bibliothèque historique de la France du P. Lelong (voy. ce nom) : il a eu part aussi aux Comptes rendus des établissements de l'Institut et de la Doctrine des soi-disant Jésuites (1763). Voy. ce titre à la Table des Anonymes.

FEYDEL (Gabr.). Essai historique sur Robert d'Arbrissel, fondateur de l'ordre de Fontevrault. Londres, 1788, in-8.

— * Essai sur l'art de nager, par l'auteur des préceptes publiés, en 1783, sous le nom de Nic. Roger, plongeur de profession, et insérés depuis dans l'Encyclopédie. Londres (Paris), 1787, broch. in-8.

— Méthode sûre pour apprendre à nager en peu de jours. Paris, Legras, 1783, in-16.

Publ. sous le pseudon. de Roger (Nic.).

— * Mœurs et coutumes des Corses ; mémoire tiré en partie d'un grand ouvrage sur la politique, la législation et la morale de diverses nations de l'Europe. Paris, Garnery, an VII (1799), in-8.

— * Observations d'un dialecticien sur les 91 questions de mathématiques, de physique, de morale, de politique, de littérature et de beaux-arts, adressées par l'Institut national de France à l'Institut d'Égypte. Paris, Garnery, an VII (1799), in-4 de 60 pag.

— Observations philosophiques sur le Dictionnaire philosophique de Voltaire. Ire livraison (et unique). Paris, Delaunay; Latour, 1821, in-12, 1 fr.

— * Observations politiques, morales et surtout financières, sur l'origine de la perruque des dames. Paris, an X (1802), in-8.

— * Remarques morales, philosophiques et grammaticales sur le Dictionnaire de l'Académie française. Paris, Renouard, 1807, in-8.

— Un Cahier d'histoire littéraire. Paris, Delaunay, 1818, in-8 de 64 pag., 1 fr. 50 c.

FEYJOO Y MONTENEGRO (le P. Fr.-Ben.-Jér.), célèbre critique espagnol du XVIIIe siècle.

— Théâtre critique et moral, trad. de l'espagn. (par Vaquette d'Hermilly). Paris, Clément, 1742-45, 4 vol. in-12.

Traduction qui n'a pas été achevée. L'original de cet ouvrage, de la dernière édition, 1777, forme 8 volumes.

FEYZEAU. Suzette, ou le Préjugé vaincu, comédie en 3 actes (et en prose), mêlée d'ariettes. Bordeaux, Mich. Racle, 1782, in-8.

FIARD (l'abbé J.-Bapt.), né à Dijon, le 28 novembre 1736, mort le 30 septembre 1818.

— France (la) trompée par les magiciens et les démonolâtres du XVIIIe siècle; faits démontrés par des faits. Paris, Grégoire, 1803, in-8 de 204 pag., 1 fr. 80 c.

— Lettres philosophiques sur la magie. Sec. édit. Paris, Richard, Caille et Ravier, an IX (1801), in-12, 1 fr. — Édition corrigée et augm. Paris, Grégoire et Thouvenin, an XI (1803), in-8.

La première édition, est de 1781 : elle parut sous le titre de Lettres magiques, ou Lettres sur le diable; elle ne contenait que cinq lettres, tandis que celles-ci en contiennent cinq et une Requête.

— * Mystère (le) des magnétiseurs et des somnambules dévoilé, par un homme du monde. Paris, Legrand, 1815, in-8 de 56 pag.

Attribué à l'abbé Fiard.

— * Secret (le) de l'état, ou le dernier cri du vrai patriote. 1796. — Nouv. édit. Paris, 1815, in-8.

La dernière édition de cet opuscule, qui est anonyme, n'a été tirée qu'à cent exemplaires.

FICHET DE FLÉCHY (Phil.), médecin français du XVIIIe siècle.

— Observations sur différents cas singuliers relatifs à la médecine pratique, à la chirurgie, aux accouchements et aux maladies vénériennes. Paris, 1761, in-12.

FICIN (Marcille). Voy. Platon.

FIDÈLE (le P.) capucin de Pau. *Caractères ou Religion de ce siècle. Bordeaux, 1768, in-12.

— * Chrétien (le) par sentiment. Paris, Lambert, 1764, 3 vol. in-12.

— * Homme (l') enrichi du trésor de la vérité, par l'auteur du « Chrétien par sentiment. » Bordeaux, Ve Calamy, 1778, 2 vol. in-12.

— * Philosophe (le) dithyrambique. Paris, 1765, in-12.

Il y a des exemplaires qui portent le nom de l'auteur.

FIDÈLE. De l'espèce de gouvernement qui convient à la France, suivi de Réflexions sur l'acte additionnel aux constitutions du 22 avril 1815, et de quelques observations sur le gouvernement républicain. Paris, d'Hautel, 1815, in-8.

FIEFFÉ - LACROIX, de Neuf-Château (Vosges).

— Clef (la) des lois romaines, ou Dictionnaire analytique et raisonné de toutes les matières contenues dans le corps de droit. *Metz, Lamort*, 1809-10, 2 vol. in-4.

— Éléments (les) de la jurisprudence, suivis du détail des matières contenues dans le Digeste, le Code et les Novelles; de la signification des termes et des règles du droit ancien, qui, avec les notes analytiques dont ils sont enrichis, contiennent en général toutes les matières renfermées dans le Corps de droit, et la conférence du code Justinien avec le code civil. Traduits en français, avec le texte à côté. *Metz, C. M. B. Antoine*, 1807, in-8.

Ces deux ouvrages se joignent à la «Collection des lois romaines», dont la traduct a été commencée par Hulot. Voy. ce titre à la Table des Anonymes.

— * Éléments de nouvelle tactique, ou nouvel Art de la guerre, avec des notes étymologiques et historiques. *Metz, Antoine, et Paris, Magimel*, 1803, in-8.

FIELDING (Henri), célèbre romancier anglais du XVIIIe siècle.

— * Amélie, histoire anglaise; trad. libre de l'angl. (par Ph. Fl. de PUISIEUX). *Paris, Durand*, 1762, 4 vol. in-12.

— Le même ouvrage, trad. de l'angl. par Mme Mar. J. RICCOBONI. Nouv. édit. 1790, 2 vol. in-12.

Madame Riccoboni a fait disparaître, dans sa traduction, des longueurs qui dans l'original nuisent au sujet.

— Aventures (les) de Joseph Andrews et du ministre Abraham Adams, traduites en français (par l'abbé DESFONTAINES). *Londres*, 1743, 2 vol. in-12; *Amsterdam*, 1744, 2 vol. pet. in-8; *Londres, Miller*, 1750, 2 vol. in-12, avec fig.; *Amsterdam*, 1775, pet. in-8; *Reims* (édit. de Cazin), 1784, 3 vol. in-18.

— Les mêmes, sous le titre d'Histoire et Aventures de Joseph Andrews, etc. *Genève*, 1782, 2 vol. in-12.

— Les mêmes, sous le titre d'Histoire de Joseph Andrews, trad. de l'angl. par LUNIER. *Paris, Le Normant*, 1807, 4 vol. in-12.

Traduction la plus fidèle.

— Histoire de Jonathan Wild, trad. de l'angl. (par Christ. PICQUET). *Paris, Duchesne*, 1763, 2 vol. in-12.

— History of Tom-Jones, a Foundling. *Paris, Didot l'aîné*, 1780, 4 vol. in-8.

Édition correcte et recherchée: il y a des exempl. sur grand pap.

— Histoire de Tom Jones, ou l'Enfant trouvé, traduction de l'angl., par M. D. L. P. (de LA PLACE). *Londres* (*Paris*), 1750, 1767, 4 vol. in-12.

Traduction abrégée; elle a été réimprimée en 1801, Paris, Imbert, 4 vol. in-18, fig., 3 fr., et trois fois en 1823, sous le titre de *Tom Jones, ou l'Enfant trouvé*, Paris, Lebègue, et Pigoreau, 4 vol. in-12, 8 fr., édit. ordinaire. Paris, Parmentier, 4 vol. in-12, ornés de 12 grav., 12 fr.; pap. fin, 16 fr., ou 4 vol. in-18, 9 fr., bonne édition; Paris, Salmon, 4 vol. in-12, ornés de 4 grav, 4 fr.

— Le même, sous ce titre : Tom Jones ou l'Enfant trouvé; trad. nouv. par DAVAUX. *Paris*, 1796, 1798, 4 vol. in-8.

— Le même, sous ce titre : Tom Jones, ou Histoire de l'Enfant trouvé; trad. de l'angl. par L. C. CHÉRON. *Paris*, 1804, 6 vol. in-12, 14 fr.

Traduction la plus exacte que nous ayons de ce roman.

— Julien l'Apostat, ou Voyage dans l'autre monde; trad. de l'angl. par KAUFFMAN. *Amsterdam et Paris*, 1768, in-12.

— OEuvres complètes (traduites de l'anglais en français, par de LAPLACE, DESFONTAINES, PICQUET et autres). *Paris, Perlet*, 1797, 23 vol. in-18.

Cette collection contient Tom Jones, 5 vol. — Amélie, 5 vol. — Roderick Randon (qui est de Tob. SMOLLETT), 4 vol. — David Simple (qui est de Sara FIELDING, sœur de Henri), 3 vol. — Joseph Andrews, 3 vol. — Jonathan Wild, 2 vol. — Julien l'Apostat, 1 vol.

Un littérateur obtient-il quelque succès, bientôt des industriels littéraires exploitent son nom à leur profit par des publications apocryphes; cela s'est vu trop souvent pour que Fielding fût assez heureux d'échapper aux spéculateurs d'impostures : trois romans ont été publiés sous son nom : 1° les Malheurs du sentiment, etc. (*voy. ce titre*); 2° les Mémoires du chevalier de Kilpar, de la composition de MONTAGNAC (1768), *voy. ce nom*; 3° la Roue de fortune, enfin, que M. Ch. Def... (Defauconpret), nous a offerte, en 1819 (*voy. ce titre*), comme la traduction d'un ouvrage de Fielding.

FIELDING (Miss Sarah), sœur du précédent.

— * Orpheline (l') anglaise, ou Histoire de Charlotte Summers, imitée de l'angl. de M. N***, par de LA PLACE. *Londres*, 1781, 4 vol. in-18.

— Véritable (le) ami, ou la Vie de David Simple; trad. de l'angl. (par de LA PLACE). *Amsterdam* (*Paris*), 1749; *Genève*, 1782, 2 vol. in-12.

Réimpr. dans les OEuvres du précédent et sous son nom.

FIÉRARD (A.-A.) Révélations scandaleuses. *Paris, Michaud*, 1815, in-8 de 48 pag. 1 fr.

FIÉVÉE (J.), écrivain politique et littérateur; né à Paris, vers 1770.

— Ce que tout le monde pense, ce que

personne ne dit. *Paris, Le Normant*, 1821, in-8, 2 fr.

Cet écrit a eu deux autres éditions la même année.

— Correspondance politique et administrative, commencée au mois de mai 1814. *Paris, Le Normant*, 1815-19, 15 part. in-8.

Chacune des parties de cette Correspondance a été réimprimé : plusieurs jusqu'à quatre fois.

— Correspondance (nouv.), politique et administrative. I-III parties. *Paris, Sautelet*, 1828, 3 part. in-8, 7 fr. 50 c.

— Dix-huit (le) brumaire opposé au système de la terreur. *Paris, Maradan*, 1802, in-8 de 50 pag., 75 c.

— Dot (la) de Suzette, ou Histoire de Mᵐᵉ de Senneterre, racontée par elle-même. *Paris, Maradan*, 1798, 1821, in-12, 2 fr. 50 c.; ou *Paris, Werdet et Lequien*, 1826, in-32, avec une fig., 3 fr. 50 c.

La prem. édit. est anonyme.

— Le même ouvrage en espagnol : El Dote de Paqnita, o Historia de Mᵐᵃ de Senneterre, contada por ella misma. Traduccion castellana. *Paris, Smith*, 1827, 2 vol. in-18, 6 fr.

— Le même, en portugais : o Dote de Suzaninha, o Historia de madama de Senneterre, contada por ella mesma. *Paris, Smith*, 1826, 2 vol. in-18, 6 fr.

— Espagne (de l') et des conséquences de l'intervention armée. IVᵉ édit., avec un avertissement nouveau, et des notes sur les résultats connus jusqu'à ce jour. *Paris, Baudouin frères; Le Normant père; Ponthieu*, 1824, in-8.

Les trois premières édit. furent publiées en 1823.

— Examen des discussions relatives à la loi des élections pendant la session de 1819. *Paris, Le Normant*, 1820, in-8, 3 fr.

Réimprimé la même année.

— Examen du rapport pour l'organisation municipale. *Paris, Le Normant*, 1821, in-8, 1 fr, 50 c.

— *Frédéric, par J. F., auteur de la « Dot de Suzette ». *Paris, Plassan*, 1799, 3 vol. in-12, 5 fr.; ou *Paris, Maradan*, 1800, 3 vol. in-18, 3 fr.

— Histoire de la session de 1815. *Paris, Le Normant*, 1816, in-8, 6 fr.

Réimpr. la même année et en 1818.

— Histoire de la session de 1816. *Paris, le même*, 1817, in-8, 6 fr.

— Histoire de la session de 1817. *Paris, le même*, 1818, in-8, 5 fr.

— Histoire de la session de 1820. *Paris, le même*, 1821, in-8, 5 fr.

— Lettres sur l'Angleterre, et Réflexions sur la philosophie du XVIIIᵉ siècle. *Paris, Perlet*, 1802, in-8, 3 fr.

Cet ouvrage a d'abord paru par fragments dans quelques journaux.

— Lettres sur le projet d'organisation municipale, présenté à la Chambre des députés, le 21 février 1821. *Paris, Le Normant*, 1821, in-8, 1 fr. 50 c.

— * Observations et Projet de décret sur l'imprimerie et la librairie. *Paris, de l'impr. impér.*, 1809, in-4 de 20 pag.

— Opinions (des) et des intérêts pendant la révolution. *Paris, Le Normant*, 1815, in-8.

— Quelques réflexions sur les trois premiers mois de 1820. *Paris, Le Normant*, 1820, in-8, 2 fr. 50 c.

Réimprimé la même année.

— Résumé de la conviction publique sur notre situation financière, et moyen pour en diminuer les dangers. *Paris, Baudouin frères*, 1825, in-8, 2 fr.

— Rigueurs (les) du cloître, com. en 2 actes et en prose, mêlée d'ariettes. *Paris, Lepetit, et Mongie*, 1792, in-8.

— Six nouvelles : la jalousie, l'égoïsme, l'innocence, le divorce, le faux révolutionnaire et l'héroïsme des femmes. *Paris*, 1803, 2 vol. in-12, 4 fr.

— Sur la nécessité d'une religion. *Paris*, 1795, br. in-8.

M. Fiévée travailla à plusieurs journaux, entre autres, à la «Chronique de Paris (avec Millin); à la «Gazette de France», au «Journal de l'empire», au «Mercure», et au «Journal des Débats», etc. Il a été éditeur, conjointement avec M. Petitot, du Répertoire du Théâtre-Français, 23 vol. in-8. Il a coopéré à la Bibliothèque des Romans (1799); enfin il a fourni à la Biographie universelle de fort bons articles sur quelques personnages de la France.

FIÉVÉE (Fulg.), médecin. Considérations sur la rage, suivie d'une observation clinique. *Paris, Crevot*, 1824, broch. in-8.

— Pharmacologie magistrale, avec des considérations thérapeutiques, pathologiques et physiologiques. *Paris, Méquignon-Marvis*, 1822, in-8, 7 fr. 50 c.

FIGELAS. Apologie des médecins contre les chirurgiens. *Bergame*, 1740, in-12.

FIGON (Louis), de la congrégation des missions, dite de l'Oratoire, et curé d'Aubagne; né aux Pennes, près de Marseille, le 9 février 1745, mort à Aubagne, le 9 juillet 1824.

— * Encyclique (l') de Benoît XIV, *Vix pervenit*, expliquée par les tribunaux de Rome. Par un curé, ancien professeur de théologie. *Marseille, Camoin, et Paris, Adr. Leclère*, 1822, in-8 de 40 pag.

C'est un extrait des cahiers de théologie de l'auteur; il y démontre que l'Encyclique n'est point contraire au prêt à intérêt.

FILANGIERI (Gaétan), célèbre publiciste italien du XVIIIe siècle.

— Science (la) de la législation, ouvrage traduit de l'italien d'après l'édition de Naples de 1784 (par J. Ant. Gauvain GALLOIS). Sec. édit., rev. et corr. *Paris, Dufart*, au VII (1799), 7 vol. in-8.

La prem. édit. parut de 1786 à 1791.

— Le même ouvrage (de la même traduction), sous le titre d'OEuvres de Filangieri. Nouv. édit., accompagnée d'un Commentaire de Benjamin CONSTANT, et de l'Éloge de Filangieri, par SALFI. *Paris, P. Dufart*, 1822, 6 vol. in-8, 36 fr.

FILASSIER (Marin), prêtre français, mort en 1733.

— *Sentimens chrétiens propres aux personnes malades et infirmes, pour se sanctifier dans les maux et se préparer à une bonne mort. Par M. F. *Paris, Vatel*, 1723.

— VIe édit. *Paris, Boudet*, 1749, in-12.

FILASSIER (J.-Jacq.), agronome, membre de plusieurs académies; né à Warwick-Sud, dans la Flandre, vers 1736, mort à Clamart, en 1806.

— Culture de la grosse asperge, dite de Hollande, la plus précoce, la plus hative, la plus féconde et la plus durable que l'on connaisse. *Paris*, 1783. — Nouv. édition. *Paris, Méquignon aîné père*, 1809, in-12, 1 fr. 50 c.

Traité aussi complet que possible.

— Dictionnaire du jardinier français. *Paris, Méquignon aîné*, 1790, 2 vol. in-8, 10 fr.

Ouvrage estimé.

— Dictionnaire historique d'éducation. *Paris, Vincent*, 1771, ou *Paris, Méquignon aîné*, 1784, 2 vol. in-8, 11 fr., ou *Lyonet Paris, Costes*, 1818, 3 vol. in-8, 15 fr.

La prem. édition est anonyme.

— Le même, abrégé par J. G. MASSELIN. *Paris, Delalain*, 1823, 2 vol. in-12, 6 fr.

— Le même, rendu portatif en le réduisant aux articles les plus intéressants. *Paris, Thiérot et Belin*, 1825, in-18, fig., 2 fr. 50 c.

— *Éloge de Monseigneur le Dauphin, père de Louis XVI. *Paris*, 1779, in-8.

— Éraste, ou l'Ami de la jeunesse. V[e] édit. *Paris, Méquignon aîné*, 1803, 2 vol. in-8, 6 fr.

— Le même. Nouv. édit., revue, corr. et continuée, pour la partie géographique et l'histoire de France, jusqu'en 1815. *Avignon, Aubanel*, 1818, 2 vol. in-8 avec cartes géogr. et figures. — Autre édition, continuée jusqu'en 1825. *Paris, Boiste fils aîné*, 1823, 1828, 2 vol. in-8 avec 2 cartes et 16 planches, 15 fr.

— Le même, abrégé par J. G. MASSELIN. *Paris, Delalain*, 1821, in-12 avec fig. et cartes, 3 fr. 50 c.

La prem. édit. d'Éraste parut à Paris en 1773. Un ancien magistrat nommé Rose, a pris part à sa composition.

FILHIOL, peintre. Cours historique et élémentaire de peinture, ou Galerie complète du Musée Napoléon, gravée par Filhiol (avec un texte rédigé pour les neuf premières livraisons, par CARAFFE, et, pour les suivantes, par J. LAVALLÉE et son fils). *Paris, Filhiol (* Bossange père*), an XI (1803)—1814, 120 livraisons de chacune 6 planches, formant ensemble 10 vol. gr. in-8, 960 fr.; papier vélin, avec la lettre grise, 1440 fr.; et format in-4, avant la lettre, 2880 fr.

Ouvrage assez bien exécuté et très-recherché. Les premières livraisons n'ayant point été tirées in-4, on est obligé de les encadrer pour les rendre aussi grandes que les autres. *Brun.*

En 1816, MM. Filhiol et Grandsire ont publié une Table générale de cette collection, in-8.

Voyez aussi à la Table des Anonymes : *Concours décennal.*

FILIPPI (D.-A.). Grammaire pour servir à la pratique et à la théorie de la langue italienne. *Nuremberg, Grattnauer (* Leipzig, Lauffer*), 1801, in-8, 5 fr.

— Maître (le nouveau) italien. *Vienne, Casima (* Volke*), 1805 in-8, 8 fr.

FILIPPI. Pathologie élémentaire. *Paris*, 1806, in-8, 2 fr. 50 c.

FILLASTRE (And.). Virginie; trag. en 3 actes. *Toulouse, imp. de Bénichet aîné*, 1823, in-8.

FILLEAU DE LA CHAISE. Voy. PASCAL.

FILLEAU DE SAINT-MARTIN. Histoire de l'admirable Don Quichotte de la Manche, trad. de l'esp. (1677-79). Voyez CERVANTES.

FILLETTE-LORAUX. Voy. LORAUX.

FILLEUL-BEUGÉ, adjudant du château royal de Fontainebleau, et ex-directeur en chef des services réunis de l'armée d'Espagne.

— Lettre à M. le marquis de Bonnay, pair de France, ministre d'état, lieutenant-général des armées du Roi, gouverneur du château royal de Fontainebleau, sur le rapport présenté au Roi par la commission d'enquête, nommée le 3o juin 1824. *Paris, imp. de Tilliard*, 1825, in-8 de 12 pag.

FILLON DE CHAVIGNEUX. * Journal de ce qui s'est passé à l'arrivée et pendant le séjour de Mesdames de France Adélaïde et Victoire, à Lunéville et au château de la Malgrange. *Nanci, Le Seure*, 1761, in-8.

— * Relation du second voyage de Mesdames de France en Lorraine, en 1762. *Nanci, Hœner*, 1762, in-8.

FILON (A.), professeur suppléant des classes supérieures au collége royal de Bourbon.

— Éléments de rhétorique française, précédés d'une Introduction sur l'origine et les progrès du langage et de l'écriture, sur la grammaire générale, et sur les principales règles de la langue française. *Paris, Brédif (* L. Hachette*), 1826, in-12, 2 fr. 50.

— Narrations (nouvelles) françaises, avec les arguments. *Paris, L. Hachette*, 1828, in-12, 2 fr. 50 c.

FILSON. Histoire de Kentuckey, colonie à l'ouest de la Virginie, pour servir de suite au « Lettres d'un Cultivateur américain ». Trad de l'angl. par J. P. PARRAUD, *Paris, Buisson*, 1789, in-8.

FINE (G.), chirurgien. Submersion (de la), ou Recherches sur l'asphyxie des noyés, et sur la meilleure méthode de les secourir. *Paris, Croullebois*, 1802, in-8 de 164 pag., 1 fr. 50 c.

FINKE. Histoire de l'épidémie bilieuse qui eut lieu dans le comté de Tecklembourg, depuis l'année 1776 jusqu'en 1780; trad. du lat. par J. G. A. LUGOL. *Paris, Croullebois*, 1814, in-8, 5 fr.

FINOT (J.), de Dijon. Oiseaux (les), fable allégorique. An IX (1801), in-12.

FINOT. * Traité sur la nature et le traitement de la goutte, etc.; trad. de l'angl. (1819). Voy. SCUDAMORE.

FINSTERAARBRUGH (Walther). Effusion (l') du sang humain arrêtée en un instant dans toute l'Europe. *Paris, Pélicier*, 1815, in-8 de 16 pag., 50 c.

FINWICK (E.). Contes enfantins, en mots d'une, deux et trois syllabes. *Paris, Masson et Yonet*, 1826, in-18, 1 fr. 50 c.

FIORELLI. Italian (the) language taught in ten lessons, for the use of the english. *Paris and Leipzig, Bossange brothers*, 1825, in-12, 1 fr. 50 c.

FIRBACH, avocat à la Cour royale de Paris. Voy. POTHIER.

FIRENZUOLA. Tesoretto della lingua toscana, ossia la Trinuzia, commedia del FIRENZUOLA; opera corredata di note grammaticali, analitiche e letterarie, e d'una scelta di più vaghi modi del parlar toscano, da G. BIAGOLI. *Parigi, Fayolle*, 1816, in-8, 8 fr.

FIRMAS-PERIÈS (le comte de), maréchal des camps et armées du roi de France, etc., grand maître, conseiller intime privé actuel, et chambellan de S. M. le roi de Wurtemberg, etc.; né en Languedoc.

— Bigamie de Napoléon Buonaparte. *Paris, Égron*, 1815, in-8 de 80 pages, 1 fr. 50 c.

— Examen impartial du projet de constitution pour le royaume de Wurtemberg, ou Réflexions sur ce projet tel que S. M. le Roi l'a présenté à l'Assemblée des États, le 3 mars 1817. *Paris, Strasb. et Londres, Treuttel et Würtz*, 1817, in-8, 3 fr.

Impr. aussi la même année à Stuttgard.

— Jeu (le) de stratégie, ou les Échecs militaires. *Paris, Égron*, 1816, in-8 avec 2 pl., 2 fr. 50 c.

— Notice historique sur Louis-Antoine-Henri de Bourbon-Condé, duc d'Enghien, prince du sang royal, suivie de son Oraison funèbre, prononcée dans la chapelle catholique de Saint-Patrice à Londres, etc.; par l'abbé de BOUVENS. *Paris, Michaud frères*, 1814, in-8 de 40 pag., 1 fr. 25 c.

Cet ouvrage a eu deux éditions.

— Pasitélégraphie. *Stuttgard*, 1811, in-8.

C'est la Pasigraphie de M. de Maimieux, refondue (de concert avec l'inventeur), et adaptée au Système des signaux.

— * Réflexions politiques sur le projet d'une constitution pour le royaume de Wurtemberg. *Paris*, 1815, in-8 de 50 pag.

FIRMIGIER (Aug.). * Code des successions (1803). Voy. LANOY.

FIRMIN aîné. Parallèle entre Talma et Lékain, esquisse; suivi de quelques Réflexions sur l'art dramatique. *Paris, Hautecœur; Ponthieu; Delaunay*, 1826, in-8 de 48 pag.

FISCHER (Joh.-Bern.). Essai d'une architecture historique, ou Recueil de bâtiments antiques, avec des explications en allemand et en français. *Leipzig*, 1725, in-fol. obl., avec fig., 12 à 20 fr.

Ce Traité, assez mal exécuté, doit être composé de cinq livres.

FISCHER. Recherches historiques sur les principales nations établies en Sibérie, et dans les pays adjacents, lors de la conquête des Russes; ouvrage traduit du russe, par M. Stollenwerck, ancien officier au service de Russie. *Paris, Laran,* 1801, in-8; 3 fr.

FISCHER (E.-G.). Physique mécanique, traduite de l'allem. (par Mme Biot), avec des notes et un appendice sur les anneaux colorés, sur la double refraction et sur la polarisation de la lumière. Par M. Biot. IVe édit. *Paris, Bachelier,* 1829, in-8 avec 10 pl., 6 fr.

La première édition de cette traduction est de 1806.

FISCHER (Chr.-Aug.). Description de Valence, ou Tableau de cette province, de ses productions, de ses habitants, de leurs mœurs, de leurs usages, etc. Par C.-A. F. (traduit de l'allem., par Ch.-Fr. Cramer). *Paris,* 1804, ou avec un nouveau titre, *Paris, Bossange père,* 1823, in-8 orné d'une carte gravée par Tardieu, 5 fr.

— Guide le plus récent pour le voyage du Rhin, depuis Mayence jusqu'à Cologne. Traduit par J. Lendroy. *Francfort, Fr. Wilmans,* 1828, in-16, 5 fr., et avec 80 gravures, 36 fr.; fig. color., 72 fr.

— Voyage en Espagne, dans les années 1797 et 1798, faisant suite au « Voyage en Espagne », de Bourgoing. Traduit de l'allemand, par C.-F. Cramer. *Paris, Duchesne; Leriche,* 1801, 2 vol. in-8, 6 fr.

Fischer a eu part aux *Archives littéraires de l'Europe* : il a été l'éditeur d'une Collection générale et complète des lettres, proclamations, etc., de Napoléon (1808—13). Voy. Bonaparte.

FISCHER (Gotthelf), naturaliste distingué, conseiller d'État, vice-président de l'Académie de chirurgie et professeur de l'Université de Moscou ; membre de l'Académie impériale des sciences de Saint-Pétersbourg, fondateur et directeur de la Société impériale des naturalistes de Moscou, etc., etc. ; né à Waldheim, en Saxe, en 1771.

— Description du Muséum d'histoire naturelle de Moscou. *Moscou,* 1805, in4.

— Entomographia imperii Russici et genera Insectorum systematice exposita et analysi iconograph. instructa. Auctoritate Societ. Caes. Mosquensis naturæ scrutatorum collecta et in lucem edita. Latinè et Gallicè. Vol. I et II. *Mosquæ, ex typ. Aug. Simen,* 1820—24, 2 vol. in-4, cum 68 tabulis æneis et color., 192 fr.

Dans la première partie de ce volume, contenant

l'Entomologie, les descriptions sont imprimées alternativement en français et en latin sur la même feuille; mais la seconde, contenant les genres des insectes, est imprimée sur deux colonnes, dont chacune est particulière à une de ces deux langues.

— Essai sur la *Pellegrina,* ou la Perle incomparable des frères Zozima. *Moscou,* 1818, in-8.

— Essai sur la Turquoise et sur la Calaïte. *Moscou,* 1816, 1818, in-8.

— Essai sur les monuments typographiques de J. Guttemberg, Mayençais. *Mayence,* 1802, in-4 fig., 10 à 12 fr.

Ouvrage curieux, auquel il faut joindre : *Notice du premier monument typographique en caractères mobiles, avec date, connu jusqu'à ce jour, découvert par Fischer.* Mayence, 1804, in-4 de 8 pag., avec une planche.

M. Fischer a aussi publié un ouvrage allemand qui renferme plusieurs éclaircissements sur le même sujet: il est intitulé : *Description de raretés bibliographiques et de manuscrits remarquables, avec un Appendice pour servir à l'histoire de la découverte de l'imprimerie.* Nuremberg, 1801—05, 6 cah. in-4.

— Lettre à la classe des sciences physiques et mathématiques de l'Institut national de France, sur une nouvelle espèce de *Tarsier. Mayence,* 1803, pet. in-4 de 16 pag. avec 2 pl.

— Lettre à M. Geoffroy, sur une nouvelle espèce de *Loris,* accompagnée de la Description d'un Craniomètre de nouvelle invention. *Mayence,* 1804, pet. in-4 de 12 pag. avec 3 pl.

— Lettre à S. Ex. M. le comte de Strogonoff, etc., sur le *Trogontherium,* animal fossile et inconnu de son cabinet. *Moscou,* 1809, in-4.

— Mémoire pour servir d'introduction à un ouvrage contenant la respiration des animaux, contenant la bibliographie; suivie de quelques remarques sur les milieux des vers intestins, et en particulier sur le *Cystidicola farionis. Paris,* 1798, in-8, 3 fr.

— Mémoires de la Société impériale des naturalistes de Moscou (publ. par G. Fischer). Tom. I à V. *Moscou, de l'impr. de l'Université impériale,* 1808-17, 5 vol. in-4 avec planches.

— Muséum d'histoire naturelle de l'Université de Moscou, mis en ordre et décrit par G. Fischer. Tome Ier. Mammifères. *Moscou,* 1811-1817, in-4, 16 fr.

— Muséum Demidoff, ou Catalogue systématique et raisonné, des curiosités de la nature et de l'art données à l'Université impériale de Moscou, par M. Paul Demidoff. *Moscou,* 1817, 3 vol. in-4, 40 fr.

— Notice des monuments typographiques qui se trouvent dans la bibliothèque de S. Ex. M. le comte Alex. Razoumowski. *Moscou,* 1810, in-8.

— Notices des fossiles du gouvernement de Moscou. *Moscou*, 1809-11, 2 part. in-4.

La première partie contient des *Recherches sur les Hydnophores*, et la seconde des *Recherches sur les Encrinites*, *les Polycères*, *les Ombellulaires*, etc.

— Onomasticon du système d'Oryctognosie, servant de bases à l'arrangement des minéraux du Muséum de l'Université imp. de Moscou, 1811, in-4.

La même année l'auteur fit des augmentations considérables à cet ouvrage, et le traduisit en russe.

— Plantes recueillies pendant le voyage des Russes autour du monde. (1810). Voy. LANGSDORFF.

— Programme d'invitation à la séance publique de la Société impériale des naturalistes (de Moscou), contenant la Notice d'un animal fossile de Sibérie, inconnu aux naturalistes. *Moscou*, 1817, br. pet. in-4, 2 fr. 50 c.

M. Fischer a publié, en 1825, un nouveau *Programme*, contenant la Notice de la *Choristite*, genre de coquilles fossiles du gouvernement de Moscou. Moscou, de l'impr. de l'Université, pet. in-4 de 11 pages, avec une planche.

— Tableaux synoptiques de zoognosie, publié à l'usage des élèves de la Société impériale des naturalistes de Moscou. *Moscou*, 1808, in-4.

M. Fischer est encore auteur de plusieurs ouvrages estimés, écrits en allemand ou en latin, entre autres de *Fragments d'Histoire naturelle*, d'une *Histoire du Muséum de Paris*, (l'un et l'autre en allemand), et de *Tabulæ synopticæ zoognosiæ*. Ce dernier a eu plusieurs éditions.

L'incendie qui embrasa Moscou, en consuma non-seulement le Muséum, qui était devenu, par les soins que M. Fischer avait apporté pendant de longues années, l'un des plus riches de l'Europe, mais encore les propres collections de ce savant, des matériaux pour une continuation de l'histoire des Makis, ainsi qu'une riche collection de crânes, qui était disposée pour une *Anatomie des crânes d'animaux*, qu'il était à la veille de livrer à l'impression.

FISCHER (Adalb.). Aperçu, ou Pensées détachées sur la musique. *Moscou*, 1816, in-8, 4 fr.

FISCHER (Henri), du canton de Vaud.

Il est le rédacteur du journal intitulé : le Nouvelliste vaudois (1824—28). Voy. ce titre à la Table des Anonymes.

FITS PATRICH. Voy. ALÈS DE CORBET.

FITZ-ADAM (Adam), pseudon. Voy. MOORE.

FITZ-GÉRALD (Gérard), docteur de la Faculté de médecine de Montpellier; né à Lemmerich, en Irlande, mort en 1748.

— Tractatus pathologicus de affectibus fœminarum præternaturalibus. *Parisiis*, 1754, in-12.

— Traité des maladies des femmes, traduit du lat. *Paris* (*Avignon*), 1758, in-12.

FITZ-JAMES (François duc de), évêque de Soissons; né à Saint-Germain-en-Laye, le 9 juin 1709, mort le 19 juillet 1764.

— Rituel à l'usage du diocèse de Soissons, avec des instructions. 2 et 3 vol. in-12.

Voy. aussi GOURLIN.

FITZ-WILLIAM. *Lettres d'Atticus, traduites de l'angl. *Londres*, 1802, in-12.

— Nouv. édit., publiée par l'abbé VINSON. *Londres*, 1814, in-12.

— *Pensées d'Atticus....

Les Pensées parurent peu après les lettres : elles se trouvent réunies ensemble dans l'édition de l'abbé Vinson.   *Barb.*

FIZEAU. Recherches et Observations pour servir à l'histoire des fièvres intermittentes. 1803, in-8.

FIZÈS (Ant.), célèbre médecin; né à Montpellier, en 1690, où il mourut le 14 août 1765.

— *Leçons de chimie de l'Université de Montpellier. *Paris*, 1750, in-12.

— Tractatus de febribus. 1742, 1749 et 1753, in-12. — Le même ouvrage, trad. en franç. 1757, in-12.

Le Tractatus de febribus est extrait des Opera medica.

— Tractatus de physiologiâ. 1750, in-12.

— Opera medica. *Monspeliensis*, 1742, in-4.

Fizès a beaucoup écrit, mais ses ouvrages, dont on peut voir la liste dans Éloy, sont tombés dans un discrédit presque total. Les principaux ont été recueillis dans le vol. ci-dessus « Opera medica ».   *Biogr. univ.*

Un Mémoire de ce médecin, sur la *Manière de préparer, de dépurer et de blanchir le cristal de tartre*, a été imprimé dans le recueil de l'Académie des sciences, ann. 1725.

FLACCUS. Voy. VALERIUS.

FLACHAT, de Saint-Sauveur, pseudon. Voy. TRICAUD (l'abbé).

FLACHAT (J.-Cl.), négociant et voyageur français du XVIIIᵉ siècle.

— Observations sur le commerce et les arts d'une partie de l'Europe, de l'Asie, de l'Afrique. *Lyon et Paris*, 1766, 2 vol. in-12.

FLACHERON (Louis), architecte de la mairie de Lyon.

— Éloge historique de Philibert de l'Orme, architecte lyonnais. *Lyon, imp. de Barret*, in-8 de 32 pag.

FLACON-ROCHELLE. Voy. ROCHELLE.

FLAD (J.-Dan.), savant allemand du XVIIIᵉ siècle.

— Pensées sur une monnaie d'argent des anciens Allemands. *Heidelberg*, 1753, in-8.

FLAGEL (Mme L.-Ch.-V.). Tirza et les deux sœurs, drame en 3 actes, en prose, mêlé de chants. *Clermont, Landriot*, 1808, in-8.

On trouve à la suite *l'Écolière maîtresse*, comédie en un acte et en prose.

FLAGET (J.). Extrait des écrits de J. Sniadecki, etc.; trad. du lat. (1823). Voy. SNIADECKI.

FLAHAUT (Mad. de). Voy. SOUZA.

FLAMAND, anc. chef au Trésor-royal.
— Épître à M. D....., maître des requêtes, administrateur des droits-réunis. *Paris, de l'imp. de Hocquet*, 1820, in-8 de 16 pag.

FLAMAND-GRÉTRY (Louis-Victor), capitaine de la garde nationale; né à Fère (Aisne), le 25 novembre 1764.
— A MM. les conseillers-d'état. *Paris, impr. de Béthune*, 1826, in-4 de 8 pag.
— Baptême (le) du duc de Bordeaux, dithyrambe. 1821, br. in-8.
— Bouquet à Charles X, poëme, dans lequel on démontre la fausseté des prédictions des anarchistes, déposé aux pieds de S. M., et présenté à la famille Royale. *Paris, Arthus-Bertrand*, 1825, in-8, 1 fr. 25 c. — Second bouquet à Charles X, poëme. *Paris*, 1827, br. in-8. — Troisième Bouquet à Charles X, poëme présenté au Roi et à la famille Royale, à l'occasion de la fête de S. M. et de son voyage à Saint-Omer. *Paris, à l'Hermitage, chez l'Auteur, et chez A. Bertrand*, 1827, in-8 de 8 pag.
— Cantate à l'occasion de l'inauguration et du couronnement du buste de S. A. R. Madame, duchesse de Berri, à l'Hermitage d'Enghien, musique de Mlle Herminie-d'Aubonne. *Paris, impr. de Chaigneau*, 1823, in-8, 75 c.
— Cause célèbre relative à la consécration du cœur de Grétry, ou Précis historique des faits énoncés dans le procès intenté à son neveu Flamand-Grétry, par la ville de Liége, auquel sont jointes toutes les pièces justificatives, etc. *Paris, imp. de Chaigneau fils aîné*, 1825, in-8, avec 5 pl. et 2 fac-simile.
— Dithyrambe sur le baptême de S. A. R. Mgr le duc de Bordeaux. *Paris, Pichard*, 1821, in-8 de 8 pag.
— Hermitage (l') de J.-J. Rousseau et de Grétry, poëme en VIII chants, avec un prologue, notes historiques, et orné de portraits, vues et *fac-simile*. *Paris, Gueffier*, 1820, in-8.

— Hommage à Charles X et aux augustes descendants du grand Henri. *Paris, Pichard; Delaunay*, 1824, in-8 de 12 pag.
— Hommage à Charles X, à l'occasion de la mort de Louis XVIII, et de son avénement au trône, dithyr. *Paris*, 1824, in-8.
— Hymne à l'occasion de l'ouverture du Temple expiatoire érigée à la mémoire des augustes victimes, musique du célèbre Grétry, entre-acte de Lisbeth. 1824, in-8.
— Itinéraire historique, biographique et topographique de la vallée d'Enghien-Montmorenci, précédé des Mémoires de l'auteur, et de l'histoire complète du procès relatif au cœur de Grétry, le tout orné d'un grand nombre de portraits, plans, vues, *fac-simile*, et cartes géographiques. *Paris, Arth.-Bertrand*, 1827, 3 vol. in-8, 30 fr.

Le premier volume, publié en janvier 1827, et un premier Supplément à la seconde partie qui commence à la douzième section (in-8 de 76 pag.), publ. en mars, 1828, est tout ce qui a paru jusqu'à ce jour (15 juin 1829) de cet ouvrage.

— Mort (la) du duc de Berri, ode. *Paris, Beaucé*, 1820, in-8, de 8 pag.
— Naissance (la) du duc de Bordeaux, ode. *Paris, Gueffier*, 1820, br. in-8.
— Ode présentée à S. A. R. Madame, duchesse de Berri, à l'occasion de l'inauguration du cœur de son auguste époux à Rosny. 1824, in-8.
— Passage (le) de la Bidassoa, hommage poétique à Mgr le Dauphin, à l'occasion de sa fête. 1825, in-8.
— Réfutation de la requête présentée au Roi, par trois membres de la famille Grétry, adressée à MM. les conseillers-d'état. *Paris, imp. de Béthune*, 1827, br. in-8.
— Retour (le) de S. A. R. Mgr le duc d'Angoulême, poëme héroïque. *Paris, Martinet; Delaunay; Pichard; Igonette; Dentu*, 1823, in-8 de 16 pag., 1 fr.
— Sacre de Charles X, ode. 1825, in-8.
— Vingt-un (le) janvier, poëme élégiaque, dédié aux mânes de Louis XVI. *Paris*, 1818, in-8 de 16 pag., 75 c.

On a encore de M. Flamand-Grétry plusieurs Mémoires et brochures relatives au procès du cœur de Grétry.

FLAMANT (R.-P.), professeur de clinique externe et d'accouchement à la Faculté de médecine de l'Académie de Strasbourg.
— Mémoire pratique sur le Forceps. *Strasbourg*, 1816, in-8.

Il a coopéré au Dictionnaire des Sciences médicales (1812).

FLAMANT (Bin.-Jos.), licencié en droit,

avoué près le tribunal de première instance séant à Quimper.

—Observations sur la loi du 27 avril 1825, relative à l'indemnité due par l'État aux émigrés, déportés et condamnés révolutionnairement, et sur l'ordonnance d'exécution de ladite loi, en date du 1er mai. *Brest, Ve Michel*, 1825, in-8 de 44 pag.

FLAMANVILLE (Mme de), ancienne institutrice de la princesse Gagarin, née princesse de Menschikoff.

— Château (le) de Juvizy. *Paris, Lerouge*, 1818, 3 vol. in-12, 6 fr.

— Eugénie, ou le Calendrier de la jeunesse, contenant 12 contes pour les 12 mois de l'année. *Paris, P. Blanchard*, 1818, 1820, 1824, in-12 avec fig., 2 fr. 50 c.

— Koraïme, ou l'Illustre infortunée; suivie d'Aventures françaises, indiennes et grecques. 1805, 2 vol. in-12.

— Naufrage (le) d'Azéma, suivi de Mélanges littéraires, pour servir à l'amusement de la jeunesse. *Paris, Dujardin*, 1805, in-18.

On trouve dans ce volume quatre *fables* en vers, un mélodrame en 3 actes, intitulé : le *Masque de fer*, ou la Vengeance du roi de Castille; des anecdotes, etc.

FLAMARE (l'abbé). *Conformité de la créance de l'Église catholique avec la créance de l'Église primitive; et Différence de la créance de l'Église protestante d'avec l'une et l'autre. *Rouen*, 1701, 2 vol. in-12.

Avec Basnage.

FLAMARION (Isid.), artiste dramat. Essais poétiques. *Paris, Bobée*, 1823, in-18 de 108 pag.

FLAMEL (Nic.). Grand (le) Éclaircissement de la pierre philosophale, pour la transmutation des métaux; mis au jour avec une préface, par P. BÉRAUD. Nouv. édit. *Amsterdam (Paris, Lamy)*, 1782, in-12.

Livre de peu de valeur, mais dont il a été tiré plusieurs exemplaires sur vélin, vendu 60 fr. Quoique portant le nom de Flamel; il est très-douteux que ce livre soit de cet écrivain : la première édition est de Paris, 1628, in-8.

FLAMEN D'ASSIGNY. Agriculture (de l') considérée dans ses rapports avec l'économie politique. 1804, in-8, 75 c.

FLAMERAND (la comt. de). Pseudon.

— Abélina, ou la Bonne Sœur, histoire morale et amusante. *Paris, Masson*, 1825, in-18 avec fig. 1 fr. 50 c.

— Alfred, ou le Bon ami, histoire morale et amusante, à l'usage des enfants. *Paris, Masson et Yonet*, 1825, 1828, in-18, 1 fr. 50 c.

— Clémence, ou la première Communion, histoire morale. *Paris, le même*, 1825, 1828, in-18 avec un frontispice gravé et des planches, 1 fr. 50 c.

— Influence (de l') des Femmes dans la société, et de l'importance de leur éducation. *Paris, Boulland*, 1825, in-12, ou *Paris, Guérin*, 1826, in-12, 3 fr.

— Frédéric, ou le bon Fils, histoire propre à instruire la jeunesse en l'amusant. *Paris, Masson; Dabo jeune*, 1824, 1827, in-18 avec 5 fig., 1 fr. 50 c.

— Marie, ou la Bonne petite fille, suivie de Félicie et Catherine : historiettes et contes, propres à bien diriger l'esprit des enfants. *Paris, Masson*, 1825, 1828, in-18 avec 4 planches, 1 fr. 50 c.

— Paul l'orgueilleux, suivi du Petit menteur, d'Adalbert, et de Théodore. *Paris, Masson et Yonet*, 1825, 1828, in-18 avec figures, 1 fr. 50 c.

— Petit (le) Sauson, suivi des petits Indépendants; historiettes et contes, propres à bien diriger l'esprit des enfants. *Paris, Masson*, 1825, 1828, in-18 avec 4 fig., 1 fr. 50. c.

— Victor, ou le Bon frère, histoire morale et amusante. *Paris, Masson; Dabo jeune*, 1824, 1828, in-18, fig., 1 fr. 50 c.

— Voyages (les) du petit Tobie, histoire morale et amusante. *Paris, Masson*, 1824, 2 vol. in-18 ornés de fig., 3 fr.

La même personne a encore publié sous un second pseudon. plusieurs autres ouvrages d'éducation, ainsi que des romans. Voy. FIESSELLES (mad. de).

FLAMICHON, ingénieur géographe. Théorie de la terre, déduite de l'organisation des Pyrénées et pays adjacents. Rédigée sur les manuscrits de l'auteur, par J. LATAPIE: *Pau, imp. de Tonnet*, in-8.

FLAMING DE LA JUTAIS. Moyens de multiplier abondamment les grains, les fruits, les fleurs, et tous les végétaux. Sec. édit. 1808, in-12.

FLAMSTEED (J.), célèbre astronome anglais du xviiie siècle.

— Atlas céleste de Flamsteed, approuvé à l'Académie royale des Sciences (revu par Pierre-Charles LE MONNIER, augmenté d'observations par Franc. PASUMOT, et d'un Planisphère austral, de l'abbé de LA CAILLE). Sec. édit., publ. par FORTIN. *Paris, Deschamps*, 1776, in-4.

— Le même. IIIe édit., revue, corrigée et augmentée par LALANDE et MÉCHAIN; contenant 30 cartes, avec un texte impr. *Paris, * Delamarche*, 1795, in-4, 9 à 12 f.

On a augmenté cette édition d'un grand nombre d'étoiles et de plusieurs constellations, telles que le Messier, le grand et le petit Télescopes d'Erschel, le Mural ou quart de cercle Mural. Dans cet *Atlas*, la position des étoiles est réduite au 1er janv. 1800, par M. Duc de la Chapelle, astronome de Montauban.

Cette réduction, faite par Fortin, presque aussi utile, est beaucoup plus commode. Les 3o cartes qui composent cet atlas sont fort bien gravées.

FLANDIN (J.-B.), commis. des guerres.
— Direction (la) générale des subsistances militaires considérée dans ses rapports avec le corps des intendants militaires. *Paris, Magimel*, 1820, in-8, 6 fr.
— Examen d'un Mémoire sur les bases de l'administration militaires. *Paris, Magimel*, 1815, in-4, 5 fr.
— Lettre au rédacteur du Constitutionnel, sur des points d'organisation militaire, en réponse à un article inséré dans son numéro du 17 septembre 1819. *Paris, Baudouin; Magimel; Delaunay*, 1819, in-8 de 44 pag., 1 fr. 5o c.
— Mes crimes politiques et administratifs, ou Démenti donné aux gens du ministère de la guerre, par la publication de lettres et actes ministériels. *Paris, imp. d'Éverat*, 1827, in-8.
— Organisation (de l') du corps royal d'état-major, et de celui des intendants militaires; nécessité d'augmenter le cadre du premier, et de procéder à une nouvelle organisation du second. *Paris, Anselin et Pochard*, 1819, in-8, 2 fr.
— Réponse à un écrit de M. le comte Dejean, pair de France, directeur-général des subsistances militaires. *Paris, Corréard*, 1820, in-8 de 20 pag., 1 fr.
— Révélations sur la fin du ministère de M. le comte de Villèle, ou Détails d'une négociation pour former au nom du Roi, un ministère constitutionnel; ouvrage contenant les entretiens du négociateur avec l'ex-président du conseil, MM. Laffitte, Cas. Périer, Royer-Collard, etc.; et appuyé de notes et de pièces justificatives. *Paris, Moutardier*, 1829, in-8, 6 fr.

Réimpr. la même année.

FLANDRIN (P.), vétérinaire et anatomiste, et correspondant de l'Académie des Sciences; né à Lyon, le 12 septembre 1752, mort en juin 1796.
— Mémoire sur la possibilité d'améliorer les chevaux en France, et Plan d'association ayant cette amélioration pour objet. *Paris, de l'imp. royale*, 1790, in-8 de 66 pag.
— Pratique (de la) de l'éducation des moutons, et des moyens d'en perfectionner les laines. *Paris, Mme Huzard*, 1793, in-8.

M. Huzard, de l'Institut, a ajouté depuis à ce vol. une *Notice des principaux ouvrages écrits ou traduits en français sur les bêtes à laines.*
— Précis de l'anatomie du cheval. *Paris*, 1787, in-8.
— Précis de la connaissance extérieure du cheval. *Paris*, 1787, in-8.

Ces trois derniers ouvrages ont été tirés de ceux de Bourgelat.
— Précis splhauchnologique, ou Traité des viscères du cheval. *Paris*, 1787, in-8.
— Prospectus d'une association qui aura pour objet l'amélioration et la multiplication des chevaux en France. Publ. avec approbation du Gouv. (*Paris, de l'imp. royale*, 1791), in-8 de 11 pag.

Flandrin est l'un des auteurs de « l'Almanach vétérinaire. On a encore de lui un grand nombre de lettres et de dissertations dans le Journal de médecine, la Feuille du cultivateur, le Mercure, le Journal de Paris et autres ouvrages périodiques, et dans les Instructions et Observations sur les maladies des animaux domestiques, etc. (voy. Chabert).

FLASSAN (Gaëtan de Raxis de), historiographe du ministère des affaires étrangères; né dans le Comtat-Vénaissin.
— *Apologie de l'Histoire de la diplomatie française, ou Réfutation de cent faux littéraires et erreurs en tout genre, contenu dans trois articles de la Gazette de France, et un article du Journal de l'Empire; discussion littéraire, historique et politique. Par l'auteur de l'Histoire de la diplomatie. *Paris, Debray*, 1812, in-8, 2 fr. 5o c.

L'auteur la fait réimprimer dans la deuxième édition de son histoire.

— *Bourbons (des) de Naples, par M. de F......... *Paris, Nicolle; L. Beaupré*, 1814, in-8 de 24 pag.
— Colonisation (de la) de Saint-Domingue. 1804, in-8.
— Histoire générale et raisonnée de la Diplomatie française, ou de la politique de la France, depuis la fondation de la monarchie jusqu'à la fin du règne de Louis XVI, avec des tables chronologiques de tous les traités conclus de la France. Sec. édition, corrigée et augmentée. *Paris*, 1811, 7 vol. in-8, 45 fr.; pap. vél., 90 fr.

La première édition, qui parut en 1808, n'a que 6 volumes.

— Lettre de S. Exc. Mgr le ministre de l'intérieur, du 28 juin 1823, à S. G. Mgr le garde des sceaux, en justification de l'ordonnance du 20 novembre 1822, concernant la tontine du pacte social et l'intervention du gouvernement, dans les tontines. *Paris, Boucher*, 1824, in-4 de 20 pag.
— Mémoire pour la majorité de la société, ou Tontine assignats du pacte social, ou

pour les actionnaires dits échangistes, contre la minorité de la même société, ou les sieurs West et consorts. *Paris, impr. de Boucher,* 1824, in-4.

— * Pacification (la) de l'Europe, fondée sur le principe des indemnités. 1800, in-8.

— Réfutation sommaire des moyens allégués pour la fraction-assignats de la tontine du pacte social, dans la plaidoirie du 22 juillet dernier, contre la majorité de ladite tontine, dite Classe des échangistes. *Paris, Boucher,* 1824, br. in-8 de 16 pag.

—Restauration (de la) politique de l'Europe et de la France. *Paris, Dentu,* 1814, in-8.

M. de Flassan a été l'éditeur d'un ouvrage d'un curé de Saint-Amand, intitulé : *la Question du Divorce discutée sous les rapports du droit naturel, de la religion, de la morale et de l'ordre social.* Paris, Leclerc, 1791 (Prévost, 1790), in-8.

Barbier attribue à tort, dit la Biographie des hommes vivants, à cet écrivain : *De la Servitude des noirs, et d'une colonisation militaire à Saint-Domingue.* 1802, in-8.

Cet historien a écrit pendant le temps qu'il passa à Vienne auprès de la diplomatie française une Histoire du congrès tenu dans cette ville, et a continué l'Histoire de la diplomatie française jusqu'à ce jour : ces deux ouvrages sont inédits.

FLAUGERGUES (Honoré), astronome, associé de l'Institut; né le 16 mai 1755.

M. Flaugergues est auteur d'un Mémoire sur la théorie des machines simples ; l'Académie de Paris en a fait une mention honorable en 1779 et 1781. Il a remporté des prix à Lyon, sur la différente réfrangibilité des rayons, et sur la figure de la terre; à Montpellier, sur l'arc-en-ciel; à Toulouse, sur les trombes. Mais M. Flaugergues travaillant plus pour la science que pour la gloire, n'a publié aucune de ses observations. Le premier volume de l'ancien recueil de l'Institut (section des sciences mathématiques et physiques) renferme les deux seules pièces imprimées que nous connaissions de ce savant ; c'est 1° un Mémoire sur le lieu du nœud de l'anneau de Saturne, en 1790 ; 2° des Observations astronomiques faites à Viviers, département de l'Ardèche (1798). Nommé directeur de l'Observatoire royal de Toulon , M. Flaugergues ne voulut point accepter cette place, qui eût enlevé à ses études favorites de précieux instants.

FLAUGERGUES (P.-Fr.), successivement avocat, sous-préfet de Villefranche, et maître des requêtes ; né à Rhodez, en 1769.

— Application à la crise du moment des principes exposés dans la brochure intitulée : De la Représentation nationale. *Paris, Baudouin,* 1820, in-8 de 48 pag., 1 fr.

— Représentation (de la) nationale, et Principes sur la matière des élections. *Paris, Barrois aîné,* 1820, in-8, 2 fr.

FLAUST (J.-Bapt.), avocat au parlement de Rouen, mort près de Vire, le 21 mai 1783.

— Explication de la jurisprudence et de la coutume de Normandie, dans un ordre simple et facile. *Rouen,* 1781, 2 vol. in-fol.

FLAVIEN, évêque d'Antioche. Discours de Flavien, évêque, à l'empereur Théodose, tiré de la vingt-unième homélie de saint Jean Chrisostôme au peuple d'Antioche. Texte grec, conforme à l'édition de dom Bernard de Montfaucon ; précédé d'un sommaire, divisé par chapitres, conformément à l'analyse de Rollin ; accompagné de notes, et revu avec soin. *Paris, Delalain,* 1828, in-12 de 36 pag., 1 fr.

— Le même, avec des sommaires, etc., par E. Lefranc. *Paris, Belin-Mandar et Devaux,* 1828, in-12 de 26 pag., 1 fr.

FLAVIGNY (le comte César-Franç.), maréchal de camp; né à Craonne en Laonnois, vers 1740, mort près de La Fère, le 11 décembre 1803.

—Correspondance de Fernand Cortez avec l'empereur Charles-Quint, sur la conquête du Mexique. *Paris, Geliot et Jombert,* 1778, in-12 ; *en Suisse,* 1779, in-8.

— * Réflexions sur la désertion et sur la peine des déserteurs, en forme de lettres au duc de Choiseul. *En France,* 1768, in-8.

On doit encore à cet écrivain des traductions de l'Examen de la poudre (1773), et des Principes fondamentaux de la construction des places (1775), deux ouvrages traduits de l'ital. d'Antoni (voy. ce nom), ainsi qu'une traduction de l'Introduction à l'histoire naturelle et à la géographie de l'Espagne (1776), voy. Bowles.

Le comte Flavigny a laissé en manuscrit des « Réflexions sur l'Art militaire », et sur ses voyages en Italie, en Angleterre et en Espagne.

FLAVIUS JOSÈPHE. Voy. Josèphe.

FLAYOL (V.-Alphonse), avocat à la Cour royale de Paris.

— Communion (la) de la reine Marie-Antoinette à la Conciergerie. *Paris, Dentu,* 1825, in-8 de 16 pag.

Cette pièce a remporté le prix de poésie proposé par la Société d'études littéraires.

—Éloge du duc d'Enghien, discours qui a obtenu une mention honorable à la Société royale des bonnes-lettres. *Paris, A. Désauges ; Ladvocat ; Dentu, etc.,* 1827, in-8 de 52 pag., 2 fr.

— Grèce (la) et l'Europe à M. Lacretelle, éloquent défenseur des Hellènes. *Paris, A. Désauges,* 1827, in-8 de 16 pag.

— Hommage à la mémoire de M. Victor Ogerdias, lu à l'assemblée générale de la Société des bonnes-études, le 9 février 1826. *Paris, Crapelet,* 1826, in-8 de 8 p.

—Peste (la) de Barcelone, ou le Dévouement des médecins français et des sœurs de Sainte-Camille. *Paris, Dentu,* 1822, in-8 de 12 pag.

Les Mémoires de la Société libre d'émulation de Cambrai, année 1823, renferment une autre pièce de M. Flayol, *sur l'entrée de S. A. R. le duc d'Angoulême en Espagne.*

FLÉCHÉ (J.-B.). Douze (les) Contes, ou la Morale en estampes. *Paris, Imbert,* 1825, in-8 avec des planches.

— Encyclopédie (petite) portative, ou Théorie complète et raisonnée de toutes les connaissances indispensables aux jeunes gens des deux sexes ; divisée en 30 leçons. *Paris, le même,* 1825, in-12, avec une pl.

— Enfant (l') dès tours de Notre-Dame (1825). Voy. IMBERT.

— Enfant (l') du Carême. *Paris, Rilliot,* 1804, 2 vol. in-12, ornés de grav., 3 f. 60.

Avec Bernard.

— Petit (le) Berquin en miniature, théâtre d'éducation pour le premier âge. (1825). Voy. IMBERT.

— Vicissitudes (les), ou Eugène et Aurélie, ouvrage dédié à la jeunesse, avec un grand nombre de notes pour son instruction. *Paris, le même,* 1825, 2 vol. in-12 avec 2 fig.

M. J. B. Fléché est encore auteur, en société, de deux pièces imprimées, *l'Auteur tout seul,* et le *Mari complaisant.* Voy. BERNARD.

FLÉCHEUX. Loxocosme, ou Démonstrateur du mouvement annuel, tropique et diurne de la terre autour du soleil, et Causes des phénomènes des saisons, de l'inégalité des jours, du lever et du coucher du soleil par toute la terre, du cours de la lune et des planètes, etc., avec des Réflexions sur le système de Copernic. *Paris, l'Auteur; Belin,* 1784, in-4 de 35 pag. avec figures.

— Planétaire ou Planisphère nouveau rendu aisé et mis à la portée de la jeunesse. *Paris, l'Auteur,* 1780, br. in-4.

FLÉCHIER (Esprit), évêque de Nîmes et membre de l'Académie française; né dans le diocèse de Carpentras, le 10 juin 1632, mort à Montpellier, le 16 février 1710.

— Différents sujets de méditation, pour tous les fidèles, et spécialement pour les ecclésiastiques; précédés d'une Notice sur la vie de cet illustre évêque, par M. SIMIL. *Nîmes, Gaude,* 1823, in-12.

— Histoire de Théodose-le-Grand, pour Mgr le Dauphin. Nouv. édit. *Paris, Didot,* 1749, ou *Paris, Savoye,* 1776, in-12. — Autres éditions. *Paris, Bossange et Masson,* 1812, in-12, 3 fr.; *Paris, Aug. Delalain,* 1824, in-12, 2 fr. 25 c.; *Paris, Denn,* 1825, in-12, 2 fr. 50 c.; *Paris; Dufour; Boiste fils aîné,* 1826, in-12 avec fig., 3 fr. 50 c.;

Lyon et Paris, Périsse frères, 1826, in-12, 1 fr. 50 c.

La première édition de cet ouvrage parut en 1679, in-4.

— Lettres choisies sur divers sujets. *Paris,* 1711, ou 1715, 2 vol. in-12.

On trouve dans cette collection des Mémoires et une Relation des troubles des Cévennes.

— Mandements et Lettres pastorales, avec son Oraison funèbre, par l'abbé DU JARRY. *Paris,* 1712, in-12.

— Oraisons funèbres (recueil d'). *Paris, Dupuis,* 1705, 1716, ou *Paris, Desaint,* 1734, 1741, 1744, 1760, 1768, 1774, in-12.

Les Oraisons funèbres de Fléchier sont au nombre de huit, savoir : 1° de la duchesse de Montausier ; 2° de la duchesse d'Aiguillon ; 3° de Turenne ; 4° du président Lamoignon ; 5° de Marie-Thérèse, reine de France ; 6° du chancelier Le Tellier ; 7° de madame la Dauphine ; 8° du duc de Montausier.

— Les mêmes, suivies de trois de ses meilleurs Panégyriques, avec la Vie de l'auteur, des Notices sur les personnages (qui sont les objets de ces oraisons), et le morceau de THOMAS sur cet orateur. *Paris, A.-Aug. Renouard,* 1802, 2 vol. in-18, 2 fr. 25 c.; ou sur format in-12, avec un portrait gravé par Saint-Aubin, 6 fr. 40; et en pap. vél., 9 fr. 40.

— Les mêmes. *Paris, Bossange et Masson,* 1810, in-12, 3 fr.

Bonne édition.

— Les mêmes, suivies de celles de Turenne, par MASCARON; du prince de Condé, par BOURDALOUE; et de Louis XIV, par MASSILLON. Édition stéréotype, d'après le procédé d'Herhan. *Paris, Nicolle et Renouard,* 1812, 2 vol. in-18, ou *Paris, Ve Dabo,* 1819, 1824, 1825, 2 vol in-18, 3 fr.

— Oraisons funèbres de Fléchier (seules). *Paris, Delalain,* 1818, 1825, in-18, 1 fr. 30 c.

— Les mêmes, suivies de celles de Turenne, par MASCARON; du prince de Condé, par BOURDALOUE, et de Louis XIV, par MASSILLON. *Paris, Aug. Delalain,* 1825, in-18, 1 fr. 80 c.

— Oraisons funèbres de Fléchier (seules). *Paris, Ménard et Desenne,* 1822, 2 vol. in-18, 4 fr., pap. vél., 8 fr.; ou sur format in-12, 5 fr., et pap. vél., 10 fr.

Édition faisant partie d'une *Bibliothèque française.*

— Les mêmes, suivies de celles de Turenne, par MASCARON, du prince de Condé, par BOURDALOUE, et de Louis XIV, par MASSILLON. *Poitiers, Catineau,* 1823, 2 vol. in-18, 2 fr.

— Oraisons funèbres de Fléchier (seules);

précédées d'une Notice sur Fléchier (par DUSSAULT). *Paris*, P. Didot aîné (*.*Werdet et Lequien*), 1824, in-8, 3 fr. 75 c.; pap. fin, 5 fr. 50 c.; pap. vélin, 10 fr.

Édition faisant partie de la *Collection des meilleurs ouvrages de la langue française.*

—Choix d'oraisons funèbres de FLÉCHIER, MASCARON, MASSILLON, BOURDALOUE et LARUE. *Paris, Debure*, 1825, in-32, 3 fr.

Édition faisant partie d'une petite collection intitulée : *Classiques français, etc.*

— Oraisons funèbres de Fléchier, suivies des Oraisons funèbres de Turenne par MASCARON; du prince de Condé, par BOURDALOUE. *Paris, Lefèvre* (*.*A. André*), 1826, in-8, avec un beau portrait, 23 f.

Cette édition est sur très-grand papier vélin, broché en carton, épreuves sur papier de Chine : elle fait partie de la *Collection des Classiques français*, dirigée par L. S. Anger.

— Les mêmes. *Paris, Lefèvre et Brière*, 1826, in-32, 3 fr.

Édition faisant partie d'une autre *Collection des Classiques français*, dirigée par L. S. Auger.

— Les mêmes, suivies de celles de Turenne, par MASCARON; du prince de Condé, par BOURDALOUE, et de Louis XIV, par MASSILLON. *Paris, Dufour et comp.*, 1827-1828, 2 vol. in-48, 4 fr.

Édition faisant partie des *Classiques en miniature*.
Les Oraisons funèbres de Fléchier ont été aussi souvent réimprimées à la suite de celles de Bossuet (*voy. ce nom.*), et tout récemment dans un *Recueil d'Oraisons funèbres* de divers auteurs, publ. par Dussault. Voy. ce titre à la Table des Anonymes.

—Oraisons funèbres, Panégyriques, Lettres, Sermons. 1774, 5 vol. in-12.

— Panégyriques des Saints. (Nouv. édit.). *Paris*, 1739, 3 vol. in-12.

La prem. édit. parut en 1690, in-4.

—Sermons de morale prêchés devant le roi, avec des Discours synodaux et les Sermons prêchés par Fléchier aux États de Languedoc et dans sa cathédrale. *Paris, Cavelier*, 1713, 3 vol. in-12.

— Vie du cardinal Commendon, trad. du lat. (1671). Voy. GRATIANI.

— OEuvres complètes, avec des observations et des notes (par l'abbé DUCREUX). *Nîmes*, P. Beaume, 1782, 5 tom. en 10 vol. in-8, avec port., 30 à 40 fr.

· Cette édition est ainsi distribuée : Tom. 1er : Préface générale. Discours sur la personne et les écrits de Fléchier. Portrait ou Caractère de Fléchier écrit par lui-même; précédé d'un Avertissement de l'éditeur. Éloges de Fléchier recueillis de divers auteurs (au nombre de sept). Histoire de Théodose-le-Grand. Tom. II : Histoire du cardinal Commendon (trad. du lat. de GRATIANI). Tom. III : Histoire du cardinal Ximénes. Tom. IV : (Huit) Oraisons funèbres, précédées des Notices historiques de la vie des personnes illustres qui ont été l'objet des Oraisons funèbres prononcées par Fléchier, et suivies des Ana-

lyses de ces mêmes oraisons. Tom. V : Panégyriques. Tom. VI et VII : Sermons de morale et Discours de piété. Tom. VIII : Mandements. Lettres pastorales. Considérations et Pensées diverses sur plusieurs sujets de morale et de piété. Oraison funèbre de Fléchier, par l'abbé DU JARRY. Tom. IX : Discours académiques (au nombre de douze). (Quatre) Harangues prononcées en diverses occasions. Discours faits partie en 1692, partie en 1699, pendant les états de Languedoc, au nombre de 23. Poésies latines. Poésies françaises, parmi lesquelles on trouve un poème chrétien sur la béatitude, contre les illusions du Quiétisme, et quatre Discours sur le Quiétisme. Réflexions sur les différents caractères des hommes. Récit fidèle de ce qui s'est passé dans les assemblées des fanatiques du Vivarais, avec l'Histoire de leurs prophètes et prophétesses, au commencement de l'année 1689. L'Art de se choisir un patron, trad. de l'ital. du cardin. COMMENDON. Le Caractère de l'homme prudent. Relation des Observances et de la manière de vie des religieuses de Sainte-Claire, adressée à Fléchier, avant son épiscopat, par sa sœur, religieuse de Sainte-Claire dans le monastère de Béziers. Tom. X : Lettres anciennes, au nombre de 422, et Lettres nouvellement recouvrées, au nombre de 37. Dissertation historique sur la ville de Nîmes et ses antiquités. Extrait de la relation des grands jours d'Auvergne, tenus en 1665, précédé d'un Mémoire sur les grands jours. Antérieurement à la publication de cette édition, un monsieur Ménard, compatriote de Fléchier, avait entrepris une édit. in-4 des OEuvres complètes de cet écrivain, mais le prem. vol. est le seul qui ait, en 1763, vu le jour.

—Les mêmes, avec une Notice ou Discours préliminaire sur la vie et les ouvrages de ce célèbre orateur, par A.-V. FABRE, de Narbonne. *Paris, Boiste fils aîné; Berquet; Dufour et comp.*, 1825, 10 vol. in-8, avec port., 60 fr.

Édition supérieure à la précédente sous le rapport typographique, mais qui est loin d'être aussi complète. M. Fabre a adopté un autre ordre que celui de l'abbé Ducreux. Dans cette dernière édition, les Oraisons funèbres forment le premier vol.; les Notices historiques de la vie des personnes illustres qui ont été l'objet des Oraisons funèbres, ainsi que les Analyses desdites Oraisons, ont été remplacées par une Notice sur Fléchier, par l'éditeur, qui occupe les 180 premières pages. Les Harangues et Discours prononcés en diverses occasions, qui sont au nombre de 27 dans l'édition précédente, ont été réduits à 14 dans celle-ci. Les 422 Lettres anciennes de Fléchier ont été réduites à 263, et les 37 nouvellement recouvrées à 29. Enfin, quelques écrits ont été tout-à-fait supprimés, tels que les Pièces préliminaires qui se trouvent en tête de l'Histoire de Théodose, de l'édition de l'abbé Ducreux; la traduction de l'Art de se choisir un patron, la Relation des observances et de la manière de vie des religieuses, etc.

—OEuvres (ses) posthumes, contenant ses harangues, compliments, discours, poésies latines, poésies françaises. *Paris*, 1712, in-12.

On n'a point inséré dans cette collection une petite pièce de l'auteur, intitulée : « Relation d'un voyage en Auvergne. On la trouve dans une Collection des Voyages, en vers et en prose. *Paris*, 1808, in-18.
Ce volume, ainsi que la Relation, ont été réimpr. dans les éditions des OEuvres de l'auteur, 1782 et 1824.

Fléchier appartenant au dix-septième siècle, nous n'avons pas cité de lui ceux de ses ouvrages qui n'ont pas été réimprimés séparément au dix-huitième. Ils sont au nombre de trois ou quatre.

— Morceaux choisis de Fléchier, par l'auteur des Morceaux choisis de Bourdaloue, Bossuet, etc.; précédés d'une Notice sur Fléchier, par l'abbé Feller. *Paris, Boiste fils aîné*, 1825, in-18, 2 fr.

La notice est extraite du Dictionnaire historique de Feller.

FLEISCHER (Guill.), bibliographe; né en Allemagne, mort à Paris, le 1er juin 1820.

— Annuaire de la librairie, ou Répertoire systématique de la littérature de France de l'an ix de la république française (23 septembre 1800-22 sept. 1801, vieux style), première (et seule) année. *Paris, Levrault*, an x (1802), 2 part. en un vol. in-8.

— Dictionnaire de Bibliographie française. Vol. I et II. *Paris*, 1812, 2 vol. in-8.

Ouvrage classé par ordre alphabétique de titres d'ouvrages : il n'a point été continué. Le second volume finit à la syllabe *Bha*. Voy. ce que nous en avons dit dans notre *Avertissement*.

FLERS (l'abbé de). * Éloge de Fontenelle. 1784, in-8.

FLESSELLES (la comt. de). Pseudonyme.

— Adolphe, ou Mémoires d'un illuminé, écrits par sa femme. *Paris, Tenon*, 1824, 3 vol. in-12, fig., 7 fr. 50 c.

— Brigands (les) espagnols. *Paris, le même*, 1824, 4 vol. in-12, fig., 10 fr.

— Contes des Soirées d'hiver. *Paris, Boulland*, 1824, 4 vol. in-12 avec 4 fig., 10 fr.

— Émilie, ou la petite fille bien élevée, histoire morale et amusante. *Paris, Masson*, 1826, in-18, 1 fr. 50 c.

— Enfants (les) bien élevés, histoires amusantes, où l'on trouve des règles de la politesse ou de la bienséance. *Paris, le même*, 1824, in-18 avec figures, 1 fr. 50 c.

— Fanny, ou l'Institutrice de onze ans, anecdoté propre à amuser les enfants en les instruisant. *Paris, Masson et Yonet*, 1826, in-18, 1 fr. 50 c.

— Fifre (le) et le Tambour. *Paris, Hautecœur*, 1824, 3 vol. in-12, 7 fr. 50 c.

— Gabriel et Pauline, ou les Suites et les Dangers de l'étourderie, histoire morale. *Paris, Masson*, 1826, in-18, 1 fr. 50 c.

— Imprudence et Sévérité. *Paris, Tenon*, 1825, 4 vol. in-12, fig., 10 fr.

— Jeunes (les) voyageurs en France; histoire amusante, destinée à l'instruction de la jeunesse. *Paris, P. Blanchard*, 1823, 4 vol. in-18, 6 fr.

— Ludsac, ou le Monastère de Saint-Bazile. *Paris, Hautecœur*, 1824, 4 vol. in-12, 10 fr.

— Merveilles (les) de la création, mises à la portée de la jeunesse. *Paris, Masson*, 1825, 1828, 2 vol. in-18 avec figures, 3 fr.

— Merveilles (les) de l'industrie, mises à la portée de la jeunesse. *Paris, le même*, 1825, 2 vol. in-18 avec frontispices gravés et pl., 3 fr.

— Orpheline (l'), ou Bienfait et reconnaissance. *Paris, Bouquin de la Souche*, 1824, 4 vol. in-12, 10 fr.

— Petit (le) Auguste, ou les Inconvénients d'un mauvais caractère, etc. *Paris, Masson et Yonet*, 1828, in-18 avec 4 gravures.

— Petit (le) Isaac, ou l'Enfant soumis; histoire morale. *Paris, Masson*, 1824, 1828, in-18 avec figures, 1 fr. 50 c.

— Petit (le) Sancho et la Lanterne magique; histoires morales et amusantes. *Paris, le même*, 1824, 1828, in-18, 1 fr. 50 c.

— Petit Théâtre de famille, ou Scènes propres à être jouées par des enfants en différentes circonstances. *Paris, P. Blanchard*, 1823, in-12, orné de 2 figures, 2 fr.

Ce volume contient dix-sept petites pièces.

— Petits (les) Aventuriers, ou la Présomption punie. *Paris, Masson et Yonet*, 1828, in-18 avec 4 gravures, 1 fr. 50 c.

— Sollicitude (la) maternelle, trad. de l'angl. par Mme de Flesselles. *Paris, Tenon*, 1826, 2 vol. in-18, 3 fr.

— Théophile, ou les Erreurs de l'orgueil. *Paris, Bouquin de la Souche; Lugan*, 1825, 4 vol. in-12, 10 fr.

— Trois Journées de congé, ou les Souvenirs des pensionnaires; histoire morale et amusante pour les enfants. *Paris, Masson*, 1826, in-18, 1 fr. 50.

— Vacances (les) utiles, ou l'Art d'accorder le devoir et le plaisir; contes récréatifs et moraux d'une mère à ses enfants sur les défauts et qualités du jeune âge. *Paris, Thiériot et Belin*, 1824, in-18, fig., 1 fr. 50 c.

On a encore de cette dame une Nouvelle intitulée: le *Courage de l'amour conjugal*, à la suite d'Augustin et ses deux pères, par Legay.

La personne, auteur des ouvrages publiés sous le pseud. de la comtesse de *Flesselles*, ainsi que de ceux publiés sous celui de la comtesse de *Flamerand* (voy. ci-devant, pag. 127), était sœur d'un ambassadeur près d'une cour du Nord, sous le gouvernement impérial. Une faute grave, commise par cette personne, et qui lui valut une correction judiciaire, mit sa famille dans la nécessité de la contraindre à changer de nom. Cette dame est morte institutrice à Melun, en 1828.

FLETCHER, auteur dramatique anglais.

Trois pièces de Fletcher ont été traduites en français et imprimées dans trois recueils différents, sa-

comique, foire St.-Germain, en conséquence de son rétablissement le 3 février
1752. Le compliment pour la clôture du
théâtre, même foire. Le Temple de Momus,
prologue nouveau (en un acte), représenté
à l'ouverture du théâtre de la foire St-
Laurent, le 30 juin 1752, et le Compliment de la clôture. (Le tout en vaudevilles).
Paris, Duchesne, 1755, in-8.

Dans le tom. III du « Nouv. Théâtre de la Foire »,
on trouve deux Compliments de clôture de Fleury,
et *le Miroir magique*, opéra-comique en un acte
(de Lesage et d'Orneval), retouché par lui.

FLEURY (Fr.-Mich.), curé de Linière-
la-Quarelle, près d'Alençon.
— * Réponse de la Messe par les femmes,
ou Réponse à une lettre anonyme. *Alençon,* 1778, in-8.

FLEURY. Amours (les) de Félix et de
Rosine, pantomime en 2 actes; rédigée par
M. BORDIER. *Paris,* 1784, in-8.

FLEURY (le comte de). * Voyage de
Constantinople à Bassora, etc., trad. de
l'ital. (1798). Voy. SESTINI.

FLEURY (Mme), romancière. Athaella,
ou Voyage d'une jeune Française en Afri-
que. *Paris,* 1809, 2 vol. in-12, fig.
— Caroline de Bellefonds. *Paris,* 1808, 2
vol. in-12.
— Épouse (l') soupçonnée, ou le Procès
scandaleux. *Paris,* 1808, 3 vol. in-12.
— Herbert et Virginia, ou le Château de
Montclar. *Paris, Borniche,* 1800, 2 vol.
in-12, fig., 3 fr.
— * Montalaïs et Héléna, ou le Choix de
ma tante, avec romances. Par Mme F.... *Pa-
ris, Lemarchand,* 1801, 2 vol. in-12, 3 fr.
— Petite (la) maison du Rhône. *Paris,
Marchand,* 1803, 2 vol. in-12, 4 fr.
— Philippe et Clémencia, ou les Crimes
de la jalousie. *Paris, Cordier et Legras,*
1802, 2 vol. in-18, 1 fr. 50 c.
— Suicide (le), ou Charles et Cécilia.
Paris, 1806, 2 vol. in-12.

FLEURY (F.-A.). Essai sur la dyssenterie, avec quelques considérations générales
sur sa fréquence à bord des navires. 1803,
in-8, 1 fr.

FLEURY. Tarif relatif à la composition
suivant le système métrique, des rations
de vivres en usage à bord des bâtiments
en France. *Toulon, Curet,* 1812, in-4, 4 f.

otaire à Paris.

t. *Paris,*

qu'on impute à Louis XVIII, des inten-
tions qu'on lui suppose, et Réfutation des
reproches qui lui sont adressés. *Paris, de
l'imp. de Patris,* 1815, in-12 de 24 pag.
— Réponse au Mémoire de Carnot. *Paris,
de l'imp. du même,* 1815, in-8 de 24 pag.

FLEURY (F.-P.), ex-conservateur des
forêts à Rouen.
— Considérations sur l'intérêt qu'a le gouvernement à maintenir en France une administration forestière spéciale. *Paris,
Mme Ladvocat,* 1818, in-8 de 52 pag.
avec un tableau; 1 fr. 50 c.

FLEURY (la duchesse Aimée de), née
comtesse de Coigny, morte le 19 janvier
1820.
— * Alvar. *Paris, F. Didot,* 1818, 2 vol.
in-12.

Ce roman n'a été tiré qu'à 25 exemplaires.
La duchesse de Fleury a laissé en manuscrit :
1° des Mémoires sur nos temps; 2° une Collection
de portraits sur nos contemporains. *Beuch.*

FLEURY (Jacques-Pierre), curé de la
paroisse Notre-Dame de Vieuvy (Bas-
Maine).
— Controverse entre la petite et la grande
église sur les droits sacrés de Dieu, de la
sainte église et du roi légitime. *Au Mans,
et Paris, Corbet,* 1822, in-8.
— Nouveau (le) Pensez-y bien, ou Réflexions d'un curé non assermenté, adressées
à M. le supérieur du nouveau séminaire du
Mans, sur les discussions qu'ils ont eues
ensemble. *Paris, Corbet,* 1822, in-8, 3 fr.
— * Profession de foi de MM. les curés et
prêtres, prem. directeur du grand séminaire
de Rodez, soussignés, adressée aux fidèles
(rédigée par l'abbé Fleury, l'un des signataires). *Au Mans,* 1819, in-8 de 23 pag.

FLEURY (Mlle), artiste du théâtre de
l'Odéon.
— Aglaure d'Almont, ou Amour et Devoir. *Paris, Hubert,* 1820, 2 vol. in-12,
5 fr.
— Léontine et la religieuse, ou les Passions
du duc de Malster. *Paris, Hubert,* 1822,
4 vol. in-12, 10 fr.
— Zéliska, ou le Crime d'Edmond. *Paris,
Corbet aîné,* 1824, 3 vol. in-12, 7 fr. 50 c.

FLEURY. De l'Administration de la police pendant la terreur de 1815, ou la
Vérité sur M. Anglès. *Paris, Peytieux,*
1821, in-8 de 48 pag. 1 fr. 25 c.

FLEURY (L.). Saint Ernulphe, ou les
Proscriptions. *Paris, Sanson; Audin,* 1821,
vol. in-12, 4 fr.

— Medicina (la) sin medico, etc. trad. dal francès. (1824). Voy. AUDIN-ROUVIÈRE.

— Théorie des Cortès, etc., trad. de l'espagnol. (1822). Voy. MARINA.

FLEURY (P.-Hon.). Tentamen poeticum: Hortus virginum de domo agresti. *Paris.*, *V^a Nyon*, 1822, in-12, 2 fr.

FLEURY (C.***). Siége (le) de Missolonghi, chant funèbre. *Paris, impr. de Gauthier-Laguionie*, 1826, in-8 de 8 pag.

FLEURY (Hippolyte). Encore une Jésuitique, ou mon Dernier mot sur les révérends Pères, satire. *Paris, Setier*, 1827, in-8 de 32 pag.

— Jésuites (les) vengés, satire en vers français. *Paris, Ponthieu*, 1826, br. in-8.

Ces deux écrits ont été réunis en 1827, sous le titre de Deux Jésuitiques. 2 fr. 50 c.

— *Tartufes (les) politiques. Par un ami du Roi, des Bourbons et de la Charte. (En vers). *Paris, Égron*, 1820, in-8 de 40 p.

FLEURY DE CHABOULON (le baron de), ancien secrétaire de Napoléon.

— Mémoires pour servir à l'histoire de la vie privée, du retour et du règne de Napoléon en 1815. *Londres, Murray*, 1819, 2 vol. in-8, (24 sh.).

Ce livre a été réimprimé trois fois en 1820 : à Leipzig, chez Brockaus, sous la rubrique de Londres et le nom de Murray, 2 vol. in-8 ; à Hambourg, chez Hoffmann et comp., 4 vol. in-8 ; et à Bruxelles, chez Lacrosse, 2 vol. in-8.

C'est encore une grande partie de ce livre que M. Delbarre a donnée au public sous le titre de *Conspiration du 20 mars, nouveaux Éclaircissemens sur l'histoire des Cent jours*, tirés des Mémoires d'un secrétaire de Bonaparte. Paris, Gide fils, 1820, 2 vol. in-8, 12 fr.

Pour une suite à cet ouvrage, voy. à la Table des Anonymes : Mémoires pour servir à l'histoire de Napoléon, etc.

FLEURY-FLOUCH. Sélim, tragédie en 5 actes. *Bordeaux, Tescheney*, 1819, in-8.

FLEURY TERNAL (Ch.), jésuite; né à Tain en Dauphiné, le 29 janvier 1692, mort vers 1750.

— Histoire du cardinal de Tournon, ministre de France sous quatre de nos rois. *Paris, d'Houry*, 1728, in-8 et in-4.

— Vie de saint Bernard, archevêque de Vienne, etc. *Paris*, 1722, 1728, 1731 et 1748, in-12.

FLEXIER DE REVAL, pseud. Voy. FELLER.

FLINES (L.). Alliance de la maison royale des Pays-Bas. *Bruxelles, Delemer frères*, 1821, in-4, 3 fr.

nuelles et chronolog. de l'histoire anc. et moderne pour 1789. *Paris*, 1789, in-12.

FLINS DES OLIVIERS (Cl.-Mar.-L.-Emm. CARBON DE), littérateur; né à Reims, en 1757, mort en 1806.

— Amours (les), élégies en III livres, avec un Essai sur la poésie érotique. *Londres, et Paris, Ve Duchesne*, 1780, in-8.

— *Dialogue entre l'Auteur et le Frondeur. Vers 1789, in-8 de 32 pag.

— Fragmens d'un poëme sur l'affranchissement des serfs, qui ont été lus à la séance publique de l'Académie. 1781, in-8.

— Jeune (la) hôtesse, comédie en 3 actes et en vers. *Paris, Barba*, 1792, ou 1802, in-8.

Imitée de la « Locandiera » de Goldoni.

— Mari (le) directeur, ou le Déménagement du couvent, comédie en un acte, en vers libres. *Paris, Brunet*, 1791, ou *Paris, Prault*, 1791, in-8.

Sujet emprunté du « Mari confesseur, » conte de J. Lafontaine.

— * Plan d'un Cours de littérature, présenté à monseigneur le Dauphin. Vers 1784, in-12.

— Poëmes et Discours en vers, etc. *Paris, Valleyre*, 1782, in-8.

— Réveil (le) d'Épiménide à Paris, ou les Étrennes de la liberté, com. en un acte et en vers. *Paris, Maradan*, 1790, in-8.

Imprimé aussi à Beaucaire et à Toulouse, en 1790.

— Voltaire, poëme, lu à la fête académique de la loge des Neuf-Sœurs. 1779, in-8. — Sec. édit. *Ferney et Paris*, 1779, in-8.

— Voyages (les) de l'opinion dans les quatre parties du monde. *Paris, Lagrange*, 1789, in-8.

C'est un journal très-piquant dont il a paru cinq numéros : il a été publié sous le pseudon. de Louis Emmanuel.

Flins a été l'un des collaborateurs du « Modérateur », journal à la rédaction duquel présidait de Fontanes. Il a été l'éditeur des « OEuvres du chevalier de Bertin ». L'Almanach des Muses, la Décade, tom. VIII, pag. 72, et le Mercure du 1er frimaire an IX, contiennent quelques fragmens d'un poëme en v chants, qu'il avait entrepris, intitulé *Ismaël.*   *Biogr. univ.*

FLINVILLE (Mme Éléon. de). Curé (le) anglais, ou la Famille de Primerose; trad. de l'angl. (1799). Voy. GOLDSMITH.

FLISON (I.). Décorations pour parcs et jardins, ou Dessins pour portes de jardins et portiques, niches, sié es maisons d'après T. Flison, architecte du prince de Walis. *Leipzig, Baumgariner*, sans date, in-8, avec 55 planches, 12 fr.

FLOCON (Ferd.). Ballades allemandes, tirées de BURGER, KOERNER, et KOSEGARTEN, et publiées par Ferd. FLOCON. (En prose). *Paris, Henry; Tétot*, 1827, in-18.
— Dictionnaire de morale jésuitique. *Paris, chez les march. de nouv. (A. Leroux)*, 1824, in-18.

Avec A. Beckaus.

— Ned Wilmore, roman de mœurs. *Paris, Aug. Udron*, 1827, 3 vol. in-12, 7 fr. 50.
— Salon de 1824. *Paris, Alph. Leroux*, 1824, in-8.

Avec Mar. Aycard. Il n'a paru de ce Salon que deux livraisons formant ensemble 64 pag., avec 2 fil. M. Flocon a été, comme sténographe, chargé des discussions de la Chambre des députés pour le « Pilote » : il a fourni une série d'articles au « Panorama des nouveautés parisiennes ».

FLOCQUET. Voy. FLOQUET.

FLOEGEL. Manuel ou Guide des négociants dans la combinaison des changes, dans la solution des arbitrages, etc., traduit d'après la 10ᵉ édit. allem., par C.-P. ECKARD. *Paris, Théophile Barrois*, 1799, in-8 de 112 pag., 1 fr. 25 c.

FLONCEL. * Lettre à M. Muratori, etc., trad. de l'ital. (1737). Voy. RICCOBONI.

FLOQUET ou FLOCQUET (J.-And.), ingénieur français du XVIIIᵉ siècle.
— Canal de Provence, son utilité, sa possibilité, sa nature. *Paris*, 1750, in-8.
— Canal de Richelien, en Provence. 1752, in-8.
— Devis des ouvrages à faire pour la construction du canal de Provence. *Marseille*, 1746, in-4.
— Explication des moyens proposés pour faciliter la construction du canal de Provence. *Aix, Jos. David*, 1742, in-8.
— Traité, ou Analyse du canal projeté pour dériver une partie des eaux de la Durance, pour Aix, Marseille et Tarascon. *Marseille*, 1741, in-8.

FLOQUET (Michel). Voy. GOYARD.

FLORENS (J.-A.), oratorien. Constitution (la) française expliquée pour les habitants de la campagne, ou Entretiens familiers sur les principaux articles de la Constitution française, avec cette épigraphe : « L'ignorance du pauvre est le patrimoine du riche. MIRABEAU ». *Paris, Froullé*, 1792, br. in-8.

FLORES (J.), médecin. Spécifique simple pour l'entière guérison du mal horrible

du cancer, etc., traduit par GRASSOT. *Lausanne*, 1784, in-8.
— Le même ouvrage, sous ce titre : Spécifique nouvellement découvert à Guatimala, qui guérit le cancer et autres maux plus fréquents; traduit de l'espagnol, par DEZOLLIER. *Bordeaux*, 1784, in-12.

FLORES ESTRADA (Don Alvaro).
— Réflexions sur la détresse commerciale qu'éprouve aujourd'hui la Grande-Bretagne, et qui se fait plus ou moins ressentir dans les autres états de l'Europe, publiées à Londres; traduites par F. C. *Paris, Ponthieu; Charles-Béchet; Sautelet*, 1826, in-8 de 48 pag.

Cette brochure, composée en espagnol, a été traduite en anglais et publiée à Londres. La traduction française est faite sur l'original espagnol.

FLORIAN (J.-P. CLARIS DE), littérateur, membre de plusieurs Académies, et de l'Académie française; né au château de Florian, près de Sauve, dans les Basses-Cévennes, le 6 mars 1755, mort le 13 septembre 1794.
— Baiser (le), ou la Bonne fée, comédie en 3 actes et en vers (libres). Nouv. édit. *Paris, Brunet*, 1782, in-8.

Remise en 1782 en 2 actes et impr. ainsi (Paris, sans nom d'impr., in-8), et réimpr. en 1786, en un acte dans le Théâtre de l'auteur.

— * Blanche et Vermeille, pastorale en 2 actes, en prose, mêlée de musique. *Paris, Th. Brunet*, 1781, in-8.

Cette pièce a été impr. dans le Théâtre de l'auteur, mais refaite en vers. Les Œuvres inédites de Florian contiennent une troisième version de cette pièce, en 3 actes et en prose, mêlée de vaudevilles.

— Bon (le) ménage, ou la Suite des « Deux billets », com. en un acte et en prose. *Paris, le même*, 1783, in-8.
— Bon (le) père, coméd. en un acte, arrangée en vaudev., par MM. (Arm.) DARTOIS, Achille (DARTOIS), et Ferdinand (LALOUE). *Paris, Barba*, 1827, in-8.
— Bonne (la) mère, com. en un acte et en prose. *Paris, Didot aîné*, 1785, in-8.
— * Deux (les) billets, com. en un acte et en prose. *Paris, Duchesne*, 1780, in-8.

Desfontaines fit, en 1805, des couplets pour cette pièce : ils furent imprimés et joints à l'édition de 1780, avec des renvois aux endroits où ils doivent être placés. Les exempl. avec cette addition portent la date de 1805.

— Discours prononcés dans l'Acad. franç., le 24 mai 1788, à la réception de M. de Florian. *Paris, Demonville*, 1778, in-4.

Réimpr. dans la *Jeunesse de Florian*.

— Don Quichotte de la Manche, traduit de l'espagnol (1799). Voy. CERVANTES.
— Éliézer et Nephtali, poëme traduit de

l'hébreu, suivi d'un Dialogue entre deux chiens, imité de Cervantes. *Paris*, an x (1802), in-8.

— Éloge de Louis XII, roi de France. *Paris, Didot l'aîné*, 1785, in-8.

Réimpr. parmi les *Mélanges* de l'auteur.

— Estelle, pastorale. Nouv. édition. *Paris, Dauthereau*, 1827, in-32.

Édition faisant partie d'une petite Collection des meilleurs romans français.

La prem. édit. d'Estelle parut en 1788.

— Le même ouvrage, en espagnol : Estela, pastoral en prosa y verso, trad. por D. Vicente Rodrig de ARELLANO Y EL ARCO. *Perpiñan, Alzine*, 1817, y *Burdeos, Lawalle*, 1824, in-18.

— Le même, en italien : Estelle, romanzo pastorale, traduzione nuova in prosa, et poesie, e seguita da un professore di lingua italiana; nella quale si e aggiunto, il Saggio sopra la Poesia pastorale. *Parigi, Samson*, 1815, in-18.

— Fables, suivies du poëme de Tobie. *Paris, Didot l'aîné*, 1792, in-18.

Il y a un seul exemplaire sur vélin, avec les dessins originaux.

— Les mêmes, avec une traduction allemande, par P. H. CATEL. *Berlin*, 1796, in-16 avec fig.

— Les mêmes (texte seul), avec 100 estampes. *Paris, Rousseau*, 1809, 2 part. in-4.

— Les mêmes, avec des gravures en relief. *Paris, A. A. Renouard*, 1811, in-18, 3 fr.

— Les mêmes. *Paris, Belin-Leprieur*, 1811, 1817, 1825, 1827, in-18, avec fig., 1 f. 50.

— Les mêmes, sous le titre du « Petit Florian lyrique, » ou Fables de cet aimable fabuliste, mises en chansons. *Paris, Duchesne*, 1812, in-18, 1 fr. 50 c.

— Les mêmes. *Paris, Locard et Davy*, 1813, in-8 avec 102 grav., 10 fr.

— Les mêmes, précédées d'une Notice sur la vie de l'auteur, par J. C. JUMEL. *Paris, A. Eymery*, 1813. — IVe édit. *Paris, le même*, 1824, in-18 avec 10 gr., 1 f. 50.

— Les mêmes, suivies de Tobie et de Ruth. *Paris, Thiériot et Belin*, 1820, 1824, in-18 avec fig., ou 1824, in-32, avec fig., 2 fr.

— Les mêmes, avec 18 gravures d'après des dessins d'un nouveau genre. *Paris, Nepveu*, 1820, in-18, 5 fr.

Le même libraire en a donné une autre édit. la même année, sous le titre de *Fables de Florian mises en action*, avec fig. color. et découpées, 6 fr.

— Les mêmes, ornées de 110 fig. et d'un portrait. *Paris, Boiste*, 1822, in-12, 3 fr. 50.

— Les mêmes, augm. de plusieurs fables inéd. *Paris, Lelong*, 1822, in-18 avec fig.

Les *Fables inédites* sont au nombre de deux; elles sont intitulées : les Deux sœurs, ou la Gloire et la Vertu, l'Aigle et la Fourmi.

— Les mêmes. Édit. stéréot. d'Herhan. *Paris, Mme Dabo*, 1824, in-18, 1 fr. 50 c.

— Les mêmes. Nouv. édition, rev. et corr., et suivie de Tobie et de Ruth, poëmes tirés de l'Ecriture-Sainte. *Paris, Ledentu*, 1824, in-18 avec fig., 1 fr. 50 c.

— Les mêmes, augmentées de fables inédites. *Paris, Castel de Courval*, 1824, in-18, pap. vél., 5 fr., ou in-32, 3 fr.

— Les mêmes, précédées d'une Notice sur la vie de Florian et ses ouvrages. Nouv. édit., augm. de fables inédites. *Paris, Ponthieu*, 1825, in-8, 7 fr. 50 c.

— Les mêmes, revues, corrigées avec soin, augmentées de Tobie et de Ruth, poëmes tirés de l'Écriture - Sainte. *Paris, A. Delalain*, 1825, in-18 avec fig.

— Les mêmes, édition augmentée de fables inédites. *Paris, Gayet*, 1828, in-18 avec 6 planches.

— Les mêmes, précédées d'une Notice sur la vie de Florian et ses ouvr., et augm. de fables inédites. *Paris, Ch. Froment*, 1828, in-8 avec port., 6 fr., et gr. pap., 8 fr.

Les deux Fables inédites ont été réimpr. aussi dans le 4e volume des Œuvres inédites de l'auteur.

Parmi les nombreuses réimpressions qui ont été faites de ces Fables, nous citerons encore les suivantes, toutes du format in-18 : Paris, Hausmann, 1812; Paris, Chaumerot, 1813; Paris, Saintin, 1817; Paris, Briand, 1817. Édit. augm. des poëmes de Tobie et de Ruth. Lyon et Paris, Périsse frères, 1822, ou 1827. Paris, Lecointe et Durey, 1826; Paris, Lefébure, 1828; Paris, Masson et Yonet, 1828, avec 4 fig.

Voy. aussi ÉSOPE.

— Galatée, roman pastoral, imité de Cervantes. *Paris, de l'impr. de Didot l'aîné*, 1783, in-18, orné de 7 grav., ou 1784, in-8, et 1788, in-18.

Il a été tiré quelques exemplaires de l'in-8 sur vél.

— Le même ouvrage. *Paris, Defer de Maisonneuve*, 1793, grand in-4, orné de fig. en couleur, 6 à 12 fr.; et papier vélin, 12 à 18 fr.

Les trois premiers livres de Galatée sont une imitation embellie de Cervantes : le quatrième est d'invention.

— La même, en italien : la Galathea, romanzo pastorale, etc. *Parigi, Debure*, 1788, in-12.

— Galatea (la) de Miguel de Cervantes, imitada, compendiada, concluida; trad. del francés por Casiano PELLIGIER. *Perpiñan, Alzine*, 1817, 1824; y *Burdeos, Lawalle jeune*, 1824, in-18, 1 fr. 25 c.

— Gonzalve de Cordoue, ou Grenade reconquise; précédé d'un Précis historique sur les Maures. *Paris, Girod et Tessier*, 1791, 2 vol. in-8, 6 fr.; papier vélin,

12 fr. — Sec. édition. *Paris, les mêmes,* 1791, 3 vol. in-18; avec 14 grav., papier ordin., 3 fr. 60 c.; pap. fin, 6 fr.

— Le même. *Paris, Masson,* 1823, 3 vol. in-18, 3 fr.

— Le même, en espagnol : Gonzalo di Cordoba, o la Conquista di Grenada; publicada en espanol, por Don J.-L. de Penalver. *Perpiñan, Alzine,* 1812; y *Burdeos, Lawalle,* 1825, 2 vol. in-18, 3 fr. 50 c.

— Guillermo Tell, ou la Suiza libre. — Eliezer y Nephtaly. Trad. del franc. al castellano por J-Ant. J****. *Paris, Masson y Hijo,* 1822, in-18, 3 fr.

Guillaume Tell, ouvrage posthume de Florian, fut publié pour la première fois dans un vol. d'OEuvres posthumes, en 1802 (voy. ci-dessous). Les éditeurs des OEuvres complètes de l'Auteur en ont fait depuis un ouvrage séparé.

— Henriette Stuart, ou le Danger du désir de plaire, trad. de l'angl. *Lausanne,* 1795, 2 vol. in-12.

Traduction que Ersch attribue à Florian, mais qui n'a été réimprimée dans aucune édition de cet écrivain.

— *Jeannot et Colin, comédie en 3 act. et en prose. *Paris, Ve Duchesne,* 1780; in-8.

La pièce de M. Etienne, portant le même titre, a été faite d'après celle-ci.

— Jeunesse de Florian, ou Mémoires d'un jeune Espagnol. Ouvr. posth., suivi de Pièces fugitives, et de Lettres à Florian, et de réponses de ce dernier. (Publ. par J. B. Pujoulx. *Paris, 1807, in-18.

— * Jumeaux (les) de Bergame, comédie en un acte en prose. *Paris, Brunet,* 1782, 1788, in-8.

— Lettres à M. Boissy d'Anglas (précédées d'une Notice sur Florian). *Paris, A. A. Renouard,* 1820, in-18 de 68 pag.

Ajoutée la même année aux *Mélanges* de l'auteur.

— Mélanges de poésie et de littérature. *Paris, Didot ainé,* 1787, in-16.

Ce vol. contient : l'Eloge de Louis XII, Voltaire et le Serf du Mont Jura, quatre Contes en vers, un Episode d'Inès de Castro, trad. de la Lusiade, de Camoëns, avec le texte en regard, des Romances, diverses Poésies fugitives, et une Nouvelle intitulée *Léocadie.*

— Nouv. Mélanges de poésie et de littérature. Ouvr. posthume (publ. par J.-B. Pujoulx). *Paris,* 1806, in-18.

Ce volume contient 1° trois pièces de théâtre : l'Enfant d'Arlequin perdu et retrouvé, com. en 3 actes et en prose, imitée de l'ital.; Arlequin maître de maison, com. épisodique en un acte (en prose); le duc d'Ormond, com. en un acte (en prose). 2° Mes Idées sur nos auteurs comiques. 3° Dialogue entre deux chiens, imité de Mich. Cervantes. 4° Plan d'un petit roman arabe, intitulé *Kédar et Améla.*

— Nouvelles (six), avec cette épigraphe : «L'ennui naquit un jour de l'uniformité. Lamothe. » *Paris, impr. de Didot l'aîné,* 1784, in-18, 3 fr.; pap. vél. 5 fr. — IIIe édit. *Paris, Dufart,* 1790, in-12, 2 f. 50.

Ces six nouvelles sont : Bliombéris, nouv. française; Pierre, nouv. allemande; Célestine, nouv. espagnole; Sophronyme, nouv. grecque; Sanche, nouv. portugaise; et Bathmendi, nouv. persane.

— Nouvelles nouvelles, avec cette épigraphe : «Non potes in nugas dicere plura meas, ipse ego quam dixi ».*Paris, Girod et Tessier,* 1792, petit in-12, 3 fr. 50 c., et avec fig., 4 fr.

Ce volume renferme six autres nouvelles, qui sont : Selmours, nouv. anglaise; Sélico, nouv. africaine; Claudine, nouv. savoyarde; Zulbar, nouv. indienne; Caméré, nouv. américaine; Valérie, nouvelle italienne.

— Les mêmes, en espagnol : Novelas nuevas, traducidas librem. del francès et illustradas con notas, por G. de Zavala. *Perpiñan, Alzine,* 1800, 1819; *Avignon, y Paris, T. Barrois,* 1819, in-18, 1 fr. 75.

Les deux recueils de nouvelles de Florian ont été réunis par les éditeurs du dix-neuvième siècle en un seul.

— Numa Pompilius, second roi de Rome. *Paris, Didot l'aîné,* 1786, in-8, ou 2 vol. in-18 avec fig. — IIIe édit. *Paris, Debure fils aîné,* 1787, in-8.

Bonnes éditions. Réimpr. séparément des OEuvres, à Paris, chez Dabo, 1817; chez Chassaignon, 1819; chez Masson, 1823; chez Delalain, 1825, 2 vol. in-18. Toutes ces réimpressions sont communes.

— Le même, en espagnol : Numa Pompilio. *Perpiñan, Alzine,* 1809, 2 vol. in-18, 3 fr. 50 c.

— OEuvres posthumes, contenant Rosalba, nouvelle sicilienne, plusieurs fables inédites, et le poëme de Guillaume Tell; (publ. avec la Vie de l'auteur, par L.-F. Jauffret). *Paris, libr. économique,* an x (1802), in-18 avec une gravure, 1 fr.; pap. d'Angoulême avec 5 fig. 3 fr.; et plus en pap. vél. avec les 5 fig. avant la lettre.

D'après M. Brunet, il aurait été donné, la même année, une édition in-8 de ce volume.

— Ruth, églogue sainte, qui a remporté le prix de poésie à l'Académie française, en 1784. *Paris, Demonville,* 1784, br. in-8.

Réimpr. avec Tobie, autre poëme, à la suite des *Fables* de l'auteur.

— Théâtre (son). *Paris, Didot ainé,* 1784, 1786, ou 1789, 3 vol. in-18, avec 11 jolies grav.

Cette édition du Théâtre de Florian contient onze pièces, savoir : Tom. Ier : les Deux billets, le Bon Ménage, le Bon Père. Tom. II : la Bonne Mère, le Bon Fils, com. en 3 actes et en prose; Myrtil et Chloé, pastorale. Tom. III : Jeannot et Colin, les Jumeaux de Bergame, Héro et Léandre, monologue lyrique, le Baiser, com. en un acte et en vers, Blanche et Vermeille, pastorale en 2 actes, en vers.

L'édition de 1784 porte pour titre *Théâtre italien.*

— Voltaire et le Serf du Mont Jura; discours en vers libres, cour. par l'Académie française, en 1782. *Paris, Demonville,* 1782, in-8 de 14 pag.

Réimpr. parmi les *Mélanges* de l'auteur.

— OEuvres (ses) complètes. *Paris, impr. de Didot l'aîné,* 1784-1807, 24 vol. in-18 ornés de 125 figures, papier ordin., et papier vélin.

Cette collection est composée des ouvrages suivants, qui ont paru successivement, savoir : Estelle, 1 vol. — Galatée, 1 vol. — Numa, 2 vol. — Gonzalve de Cordoue, 3 vol. — Théâtre, 3 vol. — Six Nouvelles, 1 vol. — Nouvelles nouvelles, 1 vol. — Mélanges, 1 vol. — Fables, 1 vol. — Don Quichotte, 6 vol. — Guillaume Tell, 1 vol. — Éliézer et Nephtali, 1 vol. — Nouveaux Mélanges, 1 vol. — La jeunesse de Florian, 1 vol.

Les divers ouvrages de Florian, de cette édition, ont été réimprimés plusieurs fois, mais on préfère les premières éditions, parce qu'elles sont mieux exécutées que les autres, et qu'elles contiennent les premières épreuves. (Les quatre derniers vol. ne sont pas sortis des presses de Didot).

— Les mêmes. *Paris, impr. de Didot l'aîné,* 1784-99, 11 vol. in-8, pap. ord. et pap. vél.

Bonne édition, à laquelle on peut joindre la vie de Florian, et son Guillaume Tell, ainsi qu'Éliézer et Nephtali, impr. également in-8 en l'an x (1802).

— Les mêmes. *Paris, Lepetit,* 1795, 12 vol. in-12.

— Les mêmes. Nouvelle édition, augmentée de la Vie de l'auteur, de Guillaume Tell, et autres ouvrages inédits, ornée de 44 figures dessinées par Queverdo, Le Barbier jeune, Marillier et Monnet, gravées par les plus habiles graveurs de Paris. *Paris, Dufart,* 1805, 8 vol. in-8, br. 50 fr., et pap. vél., 100 fr.

Édition plus complète que la précédente; mais il y manque toujours les nouveaux Mélanges et la Jeunesse de Florian.

On peut y joindre aussi le Don Quichotte in-8.

— Les mêmes. *Paris, Briand,* 1810, 24 vol. in-18.

— Les mêmes. *Paris, Guillaume,* 24 vol. in-18.

Édition la plus inférieure des éditions existantes des ouvrages de Florian.

On a suivi pour ces deux éditions la distribution de celle de Didot, 1784-1807.

Chaque ouvrage de l'une et l'autre s'étant vendu séparément, on a dû les faire réimprimer, en sorte qu'il serait très-difficile d'en trouver un exemplaire avec une date uniforme.

— Les mêmes (édit. stéréot.). *Paris, Ant. Aug. Renouard* (* *A. André*), 1811, ou 1820, 16 vol. — OEuvres inéd., publ. par R.-C.-GUILBERT DE PIXÉRICOURT. *Paris, Boulland et comp.* (* *A. André*), 1824, 4 vol.; en tout 20 vol. in-18, ornés de 31

grav. 30 fr.; et avec 80 nouvelles gravures d'après Moreau et Desenne, 54 fr.; ou sur format in-12, pap. fin satiné avec les 80 grav. des premières épreuves, 72 fr., pap. vélin, fig. avant la lettre 100 fr.

Jolie édition, correcte et la plus complète, dans laquelle se trouve un recueil de lettres inédites de Florian, adressées à M. Boissy-d'Anglas, qui n'est dans aucune des autres éditions. On peut se procurer chaque ouvrage séparément, avec ou sans gravures, savoir :

OEuvres primitives : Estelle. — Galatée, un vol, figures, 1 fr. 50 c.; pap. satiné, avec 8 nouvelles grav., 4 fr.; sur format in-12, 6 fr., et pap. vél., 8 fr.

Numa, un volume avec 2 fig., 1 fr. 50 c.; papier fin satiné, avec 8 nouv. grav., 4 fr.; sur format in-12, pap. fin satiné, 6 fr., et pap. vélin, 8 fr.

Gonzalve de Cordoue, 2 vol. avec 3 fig., 3 fr.; pap. fin satiné, avec 8 nouv. grav., 6 fr.; format in-12, 8 fr., et pap. vélin, 12 fr.

Nouvelles, un vol. avec 2 fig., 1 fr. 50 c.; pap. sat., avec 8 nouv. grav., 4 fr.; format in-12, 6 fr., et pap. vél., 8 fr.

Fables, avec Tobie et Ruth, un vol., 1 fr. 50 c.; pap. sat., avec 8 nouv. grav., 4 fr.; sur format in-12, 6 fr., et pap. vélin, 8 fr.

Théâtre, 2 vol. avec 4 grav., 4 fr.; pap. fin sat., avec 8 nouv. gravures, 6 fr.; sur format in-12, 8 fr., et papier vélin, 12 fr.

Mélanges, 1 vol., fig., 1 fr. 50 c.; pap. fin sat., avec 8 nouv. grav., 3 fr.; sur format in-12, 4 fr., et pap. vél., 6 fr.

OEuvres posthumes : Guillaume Tell et Éliézer, 1 vol. avec 2 fig., 1 fr. 50 c.; pap. fin sat. avec 4 nouv. grav., 3 fr.; sur format in-12, 4 fr., et papier vél., 6 fr.

Don Quichotte, 4 vol. in-18 avec 6 fig., 6 fr.; pap. fin sat., avec 16 nouv. grav., 12 fr.; sur format in-12, 16 fr., et pap. vélin, 24 fr.

Nouveaux Mélanges, 1 vol., fig., 1 fr. 50 c.; pap. fin satiné, avec 4 nouv. grav., 3 fr.; sur format in-12, 4 fr., et pap. vél., 6 fr.

Jeunesse de Florian, 1 vol., fig., 1 fr. 50 c.; pap. fin satiné, avec 4 nouv. grav., 3 fr.; sur format in-12, 4 fr., et pap. vél., 6 fr.

OEuvres inédites, recueillies par M. Guilbert de Pixéricourt, 4 volumes in-18, 5 fr.; pap. fin, 6 fr.; sur format in-12, 12 fr., et sur pap. vél., 24 fr.

Ces quatre volumes sont ainsi composés : tom. 1er : *Théâtre* (L'Adroite suivante, com. en 3 actes et en prose; Arlequin, roi, dame et valet, com. en 3 actes et en prose; et Blanche et Vermeille, com. en 3 actes et en prose, mêlée d'ariettes). Tom. II : *Romans.* (Belton, ou l'Epoux infidèle, et Moclader, ou le Tisserand et le Visir, conte oriental. Tom III et IV. *Mélanges* (en prose et en vers).

Plusieurs volumes de cette édition ont eu un nouveau tirage en 1825 et 1826, sous la date de 1820.

— Les mêmes. Nouv. édit. *Paris, P. C. Briand,* 1823, 13 tom. en 12 vol. in-8, ornés d'un portr. et de 24 grav., 104 fr; grand-raisin vélin superfin avec figures, lettres grises sur pap. de Chine, 312 fr.

— OEuvres inédites, OEuvres diverses et Correspondance. *Paris, le même,* 1824, in-8, avec un *fac-simile,* 8 fr., gr.-raisin vélin superfin, 24 fr.

Le dernier volume est en grande partie la réimpression des OEuvres inédites publiées par R. C. Guilbert de Pixéricourt.

— Les mêmes. *Paris*, *Castel de Courval*, 1825, in-32.

Estelle et Galatée sont les deux seuls ouvrages qui aient été publiés de cette édition.

Collection de quatre-vingts nouvelles gravures pour les Œuvres de Florian (exécutée aux frais de M. Renouard), d'après les dessins de Desenne, Moreau, et autres, format in-18, 42 fr.; format in-12, 60 fr.; in-8, 84 fr. ; sur pap. de Chine (tiré à petit nombre), 120 fr.; et sur même papier, avec les eaux-fortes , 200 fr.
Très-jolie suite de gravures qui peut s'adapter à toutes les éditions de Florian.

FLORIOT (P.), prêtre français du XVIIe siècle.
— Morale (la) chrétienne rapportée aux instructions que J.-C. nous a données dans l'Oraison dominicale. Nouv. édit. *Rouen*, 1709, ou 1741, 5 vol. in-12.

La première édition est de Rouen, 1672, un volume in-4.
L'abbé Floriot est auteur de quelques autres ouvrages qui n'ont pas été, comme le précédent, réimpr. depuis le commencement du siècle dernier.

FLORIS (l'abbé). Droits (les) de la vraie religion , soutenus contre les maximes de la nouvelle philosophie. *Paris*, *Berton*, 1774, 2 vol. in-12.

FLORUS (Lucius-Annæus), historien latin ; né vers 813 de Rome (60 ans depuis J.-C.), mort l'an de Rome 863.
— Epitome historiæ romanæ; interpretatione et notis illustravit Anna Tanaq. Fabri filia, in usum Delphini. *Parisiis*, 1674, ou 1726, in-4, 6 à 9 fr.

Édition commune.

—Idem, ad usum scholarum , ou Abrégé de l'Histoire romaine de L. Annæus Florus, édition latine, à l'usage des classes, revue, corrigée avec soin, et augmentée de sommaires et de notes, et suivie d'un index des noms propres d'hommes, de pays, de villes , de fleuves, etc., qui s'y trouvent contenus. Par E. P. ALLAIS. *Paris*, *Delalain* , 1826, in-18, 2 fr.
— Floriepitome rerum romanarum : item, Lucii AMPELII liber memorialis, quibus selectas variorum notas, indicem FREINSHEMIANUM et novam passim interpretationem subjunxit N. E. LEMAIRE. *Parisiis*, *Lemaire*, 1827, in-8.

Édition faisant partie de la Bibliothèque classique latine, publ. par l'éditeur.
Pour une autre édition latine de cet auteur, voy. PATERCULUS.

—Abrégé de l'Histoire romaine, texte latin, avec des notes et une traduction française, par Den. GAULLYER. *Paris*, *Brocas*, 1733, 2 vol. in-12.
— Le même , trad. en français , avec le texte à côté et des notes, par l'abbé PAUL. *Paris*, *J. Barbou*, 1771, 1774, in-12, 3 fr.
— Le même, trad. par V. LELÉAL. *Paris*, *Mérigot*, 1776, in-12.
— Le même. Traduction nouv. , par Cam. PAGANEL , avec le texte en regard. *Paris*, *Verdière*, 1823, in-8, 6 fr.
— Le même, traduction de F. RAGON, avec une Notice, par M. VILLEMAIN, de l'Académie française. *Paris*, *Panckoucke*, 1826, in-8, 7 fr. 50 c.

Édition faisant partie de la « Collection des classiques latins, avec traductions », publiée chez le même libraire.

FLORUS SÉNÈQUE. Voy. ANACRÉON.

FLORY. Mémoires sur la Fièvre jaune, recueillis et publiés par A. Flory et Sigaud. *Paris*, *Gabon*, 1822, in-8, 10 fr.

FLOTTE (l'abbé J.-S.), professeur de philosophie.
—Leçons élémentaires de philosophie. IVe édit. *Paris*, *Brunot-Labbe*, 1826, 3 vol. in-12, 10 fr.

La prem. édit. est de 1812.

— M. l'abbé F. de La Mennais réfuté par les autorités mêmes qu'il invoque, ou Observations critiques sur la Défense de cet illustre écrivain. *Paris*, *A. Séguin*, 1824, br. in-8, 1 fr.
—M. l'abbé F. de La Mennais réfuté par les autorités mêmes qu'il invoque, ou Observations critiques sur le 3e et le 4e volume de l'Essai pour faire suite aux Observations critiques sur la Défense. *Paris*, *Gauthier* ; *Dentu; Pichard; et Montpellier, Séguin*, 1825, in-8 de 160 pag.
— M. l'abbé F. de La Mennais réfuté par M. le comte J. de Maistre, ou Supplément aux Observations critiques sur la Défense et sur les 3e et 4e volumes de l'Essai. *Paris*, *N. Gauthier; Pichard*, 1826, in-8 de 44 p.
Voy. aussi LA FLOTTE.

FLOURENS (P.). Expériences sur le système nerveux, faisant suite aux Recherches expérimentales sur les propriétés et les fonctions du système nerveux dans les animaux vertébrés , du même auteur. *Paris*, *Crevot*, 1825, br. in-8.
— Note sur la délimitation de l'effet croisé dans le système nerveux. *Paris*, *Migneret*, 1823, in-8 de 8 pag.
— Recherches expérimentales sur les propriétés et les fonctions du système nerveux dans les animaux vertébrés. *Paris*, *Crevot*, 1824, in-8, 6 fr.

M. Flourens a eu part à la Revue encyclopédique (1819), et au Dictionnaire classique d'histoire naturelle (1822).

FLOURNOIS (Gédéon), écrivain du xviiie siècle.

— *Entretiens (les) des voyageurs sur la Mer. Nouv. édition. *Amsterdam, Roger,* 1704, 2 vol. in-12. — Nouv. édit., augm. par un anonyme. *Cologne*, 1715, ou *Amsterdam*, 1740, 4 vol. in-12.

La première édition est de Cologne, 1683, 2 vol. in-12. Un anonyme corrigea le style de cet ouvr., l'augmenta de moitié, et le fit imprimer en 1704. Les éditions postérieures ont été faites sur cette dernière. Flourens est auteur d'autres ouvrages qui n'ont pas été réimpr. depuis le commencement du siècle dernier.

FLOYER (John), médecin anglais du xviiie siècle.

— Traité sur l'asthme, trad. de l'angl. (par JAULT). *Paris*, 1761, 1785, in-12.

FLUGGE, naturaliste.

On trouve de lui, dans les Ann. du Mus. d'hist. naturelle, Description d'une nouv. espèce de Primevère, avec une planch. (tom. XII, 1808). — Description d'une nouvelle espèce d'aubépine, avec une planch. (*id., id.*).

FODERA (l'abbé Gerlando). Utile piacevoli avvertimenti. *Parigi, Lefevre,* 1821, in-12 de 76 pag.

FODÉRA (Michel), docteur en médecine et en philosophie, correspondant de l'Institut.

— *Discours sur la Biologie, ou science de la vie, suivi d'un Tableau des connaissances naturelles envisagées d'après leur nature et leur filiation. Par M***. *Paris, J. B. Baillière*, 1826, in-8, 2 fr. 50 c.

— Examen des Observations critiques du docteur Broussais sur les doctrines médicales analogues à la sienne. *Paris, J. B. Baillière*, 1822, in-8, 1 fr. 20 c.

— Histoire de quelques doctrines médicales comparées à celles du docteur Broussais. *Paris, le même*, 1821, in-8, 3 fr. 50 c.

— Recherches sur les sympathies et sur d'autres phénomènes qui sont ordinairement attribués, comme exclusifs, au système nerveux. *Paris, le même*, 1822, in-8 de 24 pag., 1 fr. 25 c.

— Recherches expérimentales sur l'absorption et l'exhalation; mémoire couronné par l'Institut. *Paris, le même*, 1824, in-8 avec une pl., 2 fr. 50 c.

FODÉRÉ (Fr.-Emm.), docteur en médecine; né à Saint-Jean de Maurienne en Savoie, le 8 janvier 1764.

— Analyse des eaux thermales et minérales du Plan de Saly, sous Montlion. *Embrun*, an III (1795), in-8.

— De apoplexiâ disquisitio theorico-pratica. *Avenione*, 1808, in-8, 3 fr. 60 c.

— De infanticidio. *Argentorati*, 1814, in-8.

Cette Dissertation, que M. Fodéré fit lors du concours pour la place de professeur à Strasbourg, est une de ses meilleures productions.

— Essai de Physiologie positive, appliquée spécialement à la médecine pratique. *Avignon*, 1806, 3 vol. in-8, 12 fr.

— Essai sur la Phthisie pulmonaire, relativement au choix à donner au régime tonique ou relâchant. *Marseille*, an IV (1796), in-8.

— Essai historique et moral sur la pauvreté des nations, la population, la mendicité, les hôpitaux et les enfants-trouvés. *Paris, Mme Huzard*, 1825, in-8, 8 fr.

— Leçons sur les épidémies et l'hygiène publique, faites à la Faculté de médecine de Strasbourg. *Strasbourg, Levrault*, 1822-24, 4 vol. in-8, 30 fr.

— Manuel des garde-malades, des gardes des femmes en couche, sages-femmes, bonnes d'enfants et des mères de famille en général. Sec. édit., revue, corrigée et augmentée de plusieurs chapitres et de deux sections, concernant les morts apparentes et les accidents imprévus. *Paris, et Strasbourg, Levrault*, 1827, in-18, 2 fr.

La prem. édit. a paru en 1815.

— Mémoire sur la petite vérole vraie et fausse, et sur la vaccine, ou faits et preuves servant à démontrer que la vaccine régulière n'a nullement besoin d'être renouvelée, et qu'elle est aussi bien préservatrice que l'inoculation et la petite vérole naturelle elle-même. *Strasbourg, Heitz, et Paris, Servier*, 1826, in-8, 2 fr. 25 c.

— Mémoire sur une affection de la bouche et des gencives endémiques à l'armée des Alpes. *Embrun*, 1795, in-8.

— Mémoires de médecine pratique sur le climat et les maladies du Mantouan; sur le quinquina, sur la cause fréquente des diarrhées chroniques des jeunes soldats, et sur l'épidémie actuelle de Nice. *Paris*, 1800, in-8, 2 fr.

— Opuscules de médecine philosophique et de chimie. *Turin*, 1789, in-8.

— Recherches expérimentales sur les succédanés de quinquina, et sur les propriétés de l'arséniate de soude. *Marseille*, 1810, in-8, 2 fr.

— Recherches et Observations critiques sur l'éruption et la fièvre connues sous le nom de miliaires; suivies de quelques Considérations sur des épidémies varioleuses de l'année actuelle 1828, et sur quelques opinions relatives à la vaccine. *Paris, et Strasbourg, Levrault*, 1828, in-8, 2 fr. 50 c.

— Traité de médecine légale et d'hygiène publique ou de police de santé, adapté aux codes de l'Empire français et aux connaissances actuelles ; à l'usage des gens de l'art, du barreau et des administrateurs de la santé publique, civils, militaires et de marine. (Sec. édit.). *Bourg, Janinet, et Paris, Méquignon-Marvis,* 1813, 6 vol. in-8 , 42 fr.

Cet ouvrage est le seul traité à peu près complet de médecine légale que nous possédions en français ; il est infiniment supérieur au maigre traité de Mahon et à l'ébauche de Belloc. La prem. édit. est moins complète : elle parut l'an vi (1798), sous le titre de *Lois éclairées par les sciences physiques, ou Traité de médecine légale, etc.* Paris, Croullebois, 3 volumes in-8.

— Traité du délire appliqué à la médecine, à la morale, et à la législation. *Paris, Croullebois,* 1817, 2 vol. in-8, 14 fr.

Cette production est remplie de recherches très-intéressantes et de philantropie.

— Traité du goitre et du crétinisme. (Nouv. édit.). *Paris, Bernard,* 1800, in-8, 4 fr.

Cet ouvrage renferme une théorie lumineuse et profonde des causes de ces fléaux de l'espèce humaine, et des moyens d'y remédier. La prem. édit. fait partie des *Opuscules de médecine philosophique* de l'auteur.

— Voyages aux Alpes maritimes, ou Histoire naturelle, agraire, civile et médicale du comté de Nice et pays limitrophes. *Strasbourg et Paris, Levrault,* 1821, 2 vol. in-8, 10 fr.

Cet ouvrage, qu'on ne peut lire sans éprouver un vif sentiment d'estime pour l'auteur, mérite de servir de modèle aux médecins dans leurs voyages.

Ce savant médecin a encore publié en 1807, dans le recueil de l'Académie royale des sciences de Turin, dont il est associé correspondant, deux Mémoires sur les acides : il est auteur de nombreux articles dans le Dictionnaire des sciences médicales et dans le Journal complémentaire de ce même Dictionnaire.

FOÉ (Dan. de), écrivain anglais du xviiie siècle.

— *Histoire du diable, trad. de l'angl. *Amsterdam,* 1729, 1730, 2 vol. in-12.

— Life (the) and surprising adventures of Robinson Crusoe, etc. (A new edit.). *Paris, Bachelier,* 1825, 2 vol. in-12, 6 fr.

— Vie et Aventures surprenantes de Robinson Crusoé, trad. de l'angl. (par SAINT-HYACINTHE et VAN-EFFEN). *Amsterdam,* 1720-21, 3 vol. in-12, ornés de fig. de B. Picart.

Cette édition a été long-temps celle que les curieux préféraient ; elle n'a cependant rien de remarquable.

— Les mêmes (de la même traduct.), sous le titre d'Aventures de Robinson Crusoé. *Paris, Cailleau,* 1761, 1782, 3 vol. in-12.

— Les mêmes, sous le titre d'Aventures surprenantes de Robinson Crusoé, trad. de l'angl. Nouvelle édition, contenant son retour dans son île, ses autres nouveaux Voyages, et ses Réflexions (par SAINT-HYACINTHE et VAN-EFFEN). Avec grav. *Paris, * Louis,* 1796, 4 vol. in-18, fig., 6 f.

— Les mêmes, sous le titre de la Vie et les Aventures de Robinson Crusoé, anc. traduction (par VAN-EFFEN et SAINT-HYACINTHE), corrigée sur la belle édit. donnée par Stockdale en 1790, augmentée de la Vie de l'auteur qui n'avait pas encore paru (par GRIFFET-LABAUME, avec une Préface par l'abbé de MONTLINOT). *Paris, Mme Panckoucke,* an vii (1799), 3 vol. in-8, ornés de 16 grav. , 18 fr. ; pap. vél., 36 fr. ; et plus avec les fig. avant la lettre.

Édition la plus belle que nous ayons de la traduction française de cet ingénieux roman. En 1816, on y a ajouté trois nouvelles gravures.

— Les mêmes (de la même traduction). Nouv. édit., rev., corr. avec soin, augm., pour la première fois, de notes relatives à la géographie, à l'histoire naturelle, et de l'explication des termes de marine ; ornée de 16 figures en taille-douce, gravées avec soin sur des dessins nouveaux de M. Monnet. *Paris, * L. Duprat-Duverger,* 1810, 2 vol. in-12, ou *Paris, Delacour,* sans date (1810), 4 vol. in-18 , avec 4 titres gravés et 4 fig., 4 fr.

— Les mêmes (de la même traduction). *Paris, Verdière (* d'Hautel),* 1821, 2 vol. in-8 avec 19 grav. , et une carte, 12 fr.

Édition conforme à celle de Madame Panckoucke, 1799.

— Les mêmes (de la même traduction). *Paris, Chassaignon,* 1822, 4 vol. in-18 , avec 20 fig., 3 fr. 50 c.

— Les mêmes (de la même traduction). Nouv. édit., revue, corr. avec soin, augmentée pour la première fois de notes relatives à la géographie, à l'histoire natur., et de l'explication des termes de marine. (Édit. stéréot.). *Paris, Ve Dabo,* 1825, 4 vol. in-18, avec 4 fig., 5 fr.

Ces notes se trouvent déjà dans l'édition de Duprat, 1807, et celle de Delacour, 1810.

— Les mêmes (de la même traduction). *Paris, Lugan,* 1826, 2 vol. in-18, 3 fr. ; ou 1827, 4 part. en 2 vol. in-32, 6 fr.

— Les mêmes (de la même traduction). *Paris, Froment,* 1826, 1828, 2 vol. in-32, avec gravures, 6 fr.

— Les mêmes (de la même traduction). *Paris, Dauthereau,* 1827, 4 vol. in-32, 5 fr.

Édition faisant partie d'une « Collection des meilleurs romans français et étrangers. »

— Aventures de Robinson Crusoé, nouvelle imitation de l'anglais, par A.-A.-Jos.
FEUTRY. *Paris*, 1766, 2 vol. in-12.—V^e édit.
1788, 3 vol. gr. in-12.— *Paris, de l'imp.
d'Orizet*, 1807, 2 vol. in-18, avec fig.,
1 fr.; pap. fin, 2 fr. 50 c.; papier vélin,
4 fr.

Il y a des exemplaires de la dernière édition sur
papier ordinaire, avec un frontispice rajeuni, portant : *Paris, Pillot*, 1808.

Feutry en publiant cette traduction a retranché
les inutilités fastidieuses de l'original.

— Les mêmes (de la même traduction),
et le Nouveau Robinson, ou Chevalier de
Kilpar (par de MONTAGNAC). *Francfort*,
1769, 4 vol. in-8 avec figures.

L'ouvrage de Montagnac, imprimé à la suite de
cette édit., a été publ. à Paris en 1768, sous ce titre :
*Mémoires du chevalier de Kilpar, traduits ou imités de
l'angl.*, de Fielding, 2 vol. in-12.

— Les mêmes, en anglais, avec la traduction française interlinéaire. *A. Dampierre*,
par G. E. J. M. L. (Mme MONTMORENCY-
LAVAL), 1797, 2 vol. in-8.

Cette édition, tirée à petit nombre, n'a pas été
mise dans le commerce.

— Les mêmes (sous le titre de Robinson
Crusoé), traduction de l'anglais entièrement revue et corrigée (par le docteur
BOISSEAU). *Paris, Crevot*, 1825, 2 vol.
in-12 avec titres gravés et figures, 10 f.;
papier vélin, figures avant la lettre,
16 fr.; ou 2 vol. in-8, papier grand-raisin,
18 fr., papier grand-raisin vélin superfin, figures avant la lettre et eaux fortes,
in-4 sur papier de Chine, 60 fr.

— Robinson Crusoé, traduit en latin par
F. J. GOFFAUX, avec une version française,
par E. P. ALLAIS. *Paris, Delalain*, 1825,
2 vol. in-18.

Cette édition est intitulée mal à propos *Robinson
Crusoé, traduit du latin, de M. F. J. Goffaux, par
E. P. Allais ; latin-français*.

« Le véritable auteur de ces *Aventures* est Alexandre SELKIRCH, qui en a été le héros. Son manuscrit
lui fut dérobé par l'éditeur, qui le fit imprimer après
l'avoir vraisemblablement ajusté à sa manière. Selkirch réclama et ne put jamais avoir justice. Voy.
l'*Histoire des Naufrages*; le tom. X de *Collection of
Voyages, by Barrow* (trad. en français par Targe,
sous ce titre : *Abrégé chronologique, ou Histoire des
Découvertes, etc.*); et le *Journal des Sciences et des
Beaux-Arts*, 1756, tom. II. »

« Daniel de Foé, littérateur anglais, publia donc
en anglais, vers 1716, les *Aventures de Robinson
Crusoé*, en 3 vol. in-8. Dès 1720, les deux premiers
volumes de cet ouvrage furent traduits en français
par un anonyme. Le troisième fut traduit en 1721.
Ils furent publiés tous trois à Amsterdam, par les
libraires l'Honoré et Chastelain. (Voy. cette édition
à ces mots : *Vie (la) et les Aventures surprenantes
de Robinson Crusoé, etc.*). »

« Lenglet Dufresnoy, dans son ouvrage : *De l'U-
sage des Romans*, 1734, attribua cette traduction à
Saint-Hyacinthe ».

« L'auteur de l'Éloge historique de Juste Van-

Effen, inséré en 1737 dans la première partie de
la *Bibliothèque française*, ou *Histoire littéraire de la
France*, met au rang des ouvrages de Van-Effen la
traduction de Robinson Crusoé, à commencer de la
moitié du premier volume. Il ne parle point de cette
traduction dans le corps de l'Eloge ».

« Les auteurs du *Nouveau Dictionnaire historique*
attribuent à Van-Effen seulement la traduction de
Robinson Crusoé. M. Garnier, éditeur des *Voyages
imaginaires*, est de l'avis des Bibliographes qui la
donnent à Saint-Hyacinthe. Il a été suivi par feu
M. La Baume, qui a dirigé la belle édition de Robinson, publiée par madame Panckoucke.

« D'après ces détails, Saint-Hyacinthe peut tout
au plus avoir traduit la première moitié du prem.
volume des Aventures de Robinson Crusoé, puisque la traduction du reste est attribuée à Van-Effen, par un auteur qui est censé l'avoir connu particulièrement lui-même, ou avoir eu des notes pré-
cises sur ses ouvrages. »

Les Aventures de Robinson Crusoé ont fait naître
dans tous les pays une multitude de productions
analogues dont il serait inutile de faire mention ici,
attendu que tout ce qui existe en ce genre, en français, lorsqu'il n'a pas échappé à nos recherches, se
trouve placé dans ce Dictionnaire au nom de chaque
imitateur. Nous observerons seulement que le *Robinson* de M. Campe, dont l'original allemand porte
le titre de *Robinson der Jüngere*, etc., est celle de ces
productions qui a eu le succès le plus durable et le
mieux mérité ; aussi a-t-on traduit ce Robinson en
presque toutes les langues de l'Europe. Voyez les
traductions qu'on a faites en franç., au nom CAMPE.

FOERE (L. de). Spectateur (le) belge.
Voy. ce titre à la Table des Anonymes.

FOGEL (J.-P.). Abrégé des principes
de la langue française, selon le style le
plus moderne. *Mayence, Kupferberg*, 1814,
in-8, 1 fr.

FOGGINI (P.-Fr.). Patrum Ecclesiæ de
paucitate adultorum salvandorum consen-
tio (edente Cl. LEQUEUX). *Parisiis*, 1759,
in-12.

FOIGNET. Alla maesta del re di Francia
e dei sovrani Alleati. *Parigi, dai torchi
di Dondey-Dupré*, 1818, in-4 de 16 pag.

Cette brochure est relative à des biens nationaux
en Italie.

FOIGNY (Gabriel), cordelier du XVIIIe
siècle.

— * Aventures (les) de Jacques Sadeur,
dans la découverte et le voyage de la terre
Australe. Nouv. édit. *Paris, Cavalier*, 1705,
in-12.

Ouvrage singulier qui a eu plusieurs éditions, et
dont la première est de Genève, 1676, in-8, sous
le titre de la *Terre Australe connue*, etc. Il a été inséré dans le 24e vol. de la collection des « Voyages
imaginaires ».

FOINARD (Fréd.-Maur.), savant ecclésiastique; né à Conches, au diocèse d'É-
vreux, vers la fin du XVIIe siècle, mort à
Paris, le 29 mars 1743.

— Analyse du Bréviaire ecclésiastique,
dans laquelle on donne une idée précise

et juste de cet ouvrage. *Paris*, 1726, in-12.

— Breviarium ecclesiasticum editi jam prospectus executionem exhibens, in graciam ecclesiarum in quibus nova facienda erit breviariorum editio. *Embricæ, sumptibus Arnoldi Nicolai (scilicet , Arnoldi Dubois et Phil.-Nicolai Lottin)*, 1726, 2 vol. in-12.

— * Clef (la) des Psaumes, où l'Occasion précise à laquelle ils ont été composés. *Paris, Lamesle*, 1740, in-12. — Nouv. édit., corrigée et augmentée (par D. CARRÉ). *Paris, Vᵉ Lamesle*, 1755, in-12.

— * Genèse (la), en latin et en français, avec une explication (1732). Voyez à la Table des Anonymes, au mot *Bible*.

— * Projet d'un nouveau Bréviaire, avec des Observations sur les anciens et les nouveaux Bréviaires. *Paris, Lottin*, 1720, in-12.

— * Psaumes dans l'ordre historique, nouvellement trad. sur l'hébreu (1742). Voy. à la Table des Anonymes, au mot *Bible*.

FOIRESTIER (J.-M.). Ancienne (l') seigneurie, ou le Château de Rennsy. Ouvrage dédié aux âmes sensibles. *Beauvais, Moisand, et Paris, march. de nouv*, 1824, in-12.

FOISSAC (P.). Mémoire sur le magnétisme animal, adressé à MM. les membres de l'Académie des sciences et de l'Académie royale de médecine. *Paris, impr. de Didot jeune*, 1825, in-8.

— Mémoire (second) sur le magnétisme animal; Observations particulières sur une somnambule, présentées à la commission nommée par l'Académie royale de médecine pour l'examen du magnétisme animal. *Paris, Mᵐᵉ Lévi*, 1826, in-8 de 40 pag. 1 fr. 50 c.

FOISSAC-LATOUR (F.-P.), général de division de l'armée d'Italie.

— * Examen détaillé de l'importante question de l'utilité des places fortes et retranchements. *Strasbourg*, 1789, in-8.

— Précis, ou Journal historique et raisonné des opérations militaires et administratives qui ont eu lieu dans la place de Mantoue, depuis le 9 germinal jusqu'au 10 thermidor de l'an VII de la république française, sous le commandement de F. P. Foissac-Latour, général de division; accompagné de deux cartes, sur lesquelles sont tracées toutes les opérations du siége; d'un tableau de la distribution des postes, de celui des approvisionnements, et de quatre

autres relatifs aux finances et à leur administration; ouvrage dans lequel on trouvera, parmi près de 500 pièces qui justifient la conduite de l'auteur des reproches qui lui ont été faits, des lumières puisées dans l'art de la guerre, dans les règles de l'administration, dans l'expérience, qui pourront être utiles aux militaires dans la défense des postes et des places fortes, dont le commandement pourrait leur être confié. Écrit par lui-même. *Paris, Magimel*, an IX (1801), in-4, avec 6 tableaux et 2 plans, 9 fr. 50 c.

La même année il a été publié une brochure intitulée : *Foissac-Latour dévoilé, ou Notice sur la conduite de cet ex-général dans le conseil de défense, et de l'administration militaire de la place de Mantoue.* Paris, Desenne, in-8 de 36 pag.

— Traité théorico-pratique et élémentaire de la guerre des retranchements. *Strasbourg*, 1790, 2 vol. in-8.

FOISSET (Jean-Louis-Séverin), biographe; né à Bligny-sous-Beaune (Côte-d'Or), le 4 février 1796, mort dans la même ville, le 22 octobre 1822.

Foisset a fourni à la Biographie universelle, Vol. 25, 27—32, 33 et 34, cent vingt-six notices qui attestent à la fois la facilité de l'écrivain et la variété de ses connaissances : il avait aussi composé des Éloges du maréchal d'Ornano, anc. gouverneur de la Guienne ; d'Ausonne; et du président Jeannin : ni l'un ni l'autre ne paraissent avoir été impr.

FOISSET (Jh.-Théophile), de Bligny-sous-Beaune.

— Éloge historique de S. A. S. Louis-Joseph de Bourbon, prince de Condé; discours couronné à la séance publique de l'Académie des sciences, arts et belles-lettres de Dijon, le 22 avril 1819. *Dijon, Frantin*, 1819, in-8 de 64 pag.

FOISSEY (Hyac.). Caractère et vertus de Henri IV, roi de France et de Navarre. *Paris, Mᵐᵉ Peronneau*, 1817, in-8, 2 fr.

— Sec. édit. *Paris, Delaunay*, 1818, in-8 3 fr. 50 c.

FOISSY (de), mort âgé de 28 ans.

— * Polythéisme (le), analysé et ramené à ses types, ou Prolégomènes sabéiques, pour servir d'introduction à la mythologie des Grecs. *Paris, Crapart*, an IV (1796), in-8.

Tiré à 150 exemplaires.

FOISY DE TREMONT. * Instructions et pouvoirs à donner par les villes, bourgs, paroisses et communautés des pays d'élection, à leurs députés aux assemblées des bailliages principaux, par M. F. D. T. 1789, in-8.

FOLARD (le chev. J.-Ch. de), tacticien militaire; né à Avignon, le 13 fév. 1669, où il mourut, le 23 mars 1752.

— Découvertes (nouvelles) sur la guerre, dans une dissertation sur Polybe. *Paris*, 1724, in-12.

— Fonctions et devoirs d'un officier de cavalerie. *Paris*, 1733, in-12.

Folard a publié une édition de l'Histoire de Polybe, trad. du grec (par dom Thuillier), à laquelle il a ajouté un Commentaire estimé (1727—30). Voy. POLYBE.

FOLARD (le P. Fr.-Melch.), jésuite, frère du précédent, poète dramatique; né à Avignon, en 1683, mort à Lyon, en 1739.

— Agrippa, tragédie....

Cette pièce a été impr., d'après Léris, en 1720.

— * Lettre critique sur la nouvelle tragédie d'OEdipe (de Voltaire). *Paris, Maugé*, 1719, in-8.

On donne aussi cette lettre au P. Arthuis, jésuite.

— OEdipe, tragédie (en 5 actes et en vers), par le P. F. *Paris, Josse le fils*, 1722, in-8, ou *Paris, Ribou*, 1722, in-12.

Réimprimé à Utrecht, chez Et. Néaulme, 1734, in-12.

— Oraison funèbre du maréchal de Villars.

— * Thémistocle, tragédie (en 5 actes et en vers), par L. P. F. J. *Lyon, L, Declaustre*, 1729, in-8, ou *Paris, Josse fils*, 1729, in-8. — Nouv. édition (avec une Lettre à M. Dulien, chevalier d'honneur, etc.). *La Haye, Van Dole*, 1733, in-8.

— La même, retouchée par SOBRY, (avec une dédicace à Bonaparte). *Paris, J.-F. Sobry*, an v (1797), in-8.

FOLENGO (Th.). Histoire maccaronique de Merlin Cocaie, prototype de Rabelais; plus, l'horrible bataille advenue entre les mouches et les fourmis. (*Paris*), 1734, 2 vol. petit in-12.

Edition peu commune, dont une partie porte la date de 1606; il y a des exemplaires sur vélin en 6 volumes, qui sont recherchés. *Man. du libr.*

FOLIE (La). Voy. LA FOLIE.

FOLLIE (L.-Guill. de), amateur distingué de chimie; né à Rouen, en 1733, où il mourut en 1780.

— * Philosophe (le) sans prétention, ou l'Homme rare, ouvrage physique, chimique, politique et moral, dédié aux savants, par M. D. L. F. *Paris, Clousier*, 1775, in-8.

Ce livre, écrit avec chaleur, est une espèce de roman qu'on lirait avec plaisir, si l'auteur s'y était montré plus simple, s'il n'avait pas souvent affecté une sorte d'emphase et de boursouflure qui ne s'accordent point avec le caractère grave et mesuré d'une science positive.

Follie a fourni plus de vingt Mémoires à l'Académie de Rouen, dont il était membre, et quelques autres dans les 4e et 5e vol. du «Journal de physique.»   *Biogr. univ.*

FOLLIE (·), voyageur; né à Paris, en 1761, mort en....

— Mémoires d'un Français qui sort de l'esclavage. *Amsterdam et Paris*, 1785, in-8.

— Voyage dans le désert de Sahara. *Paris*, 1792, in-8.

FONBONNE, prêtre et chanoine. Avis à MM. les religionnaires de France : ouvrage propre à leur instruction, etc., et Dissertation sur le péché originel, à l'usage de MM. les auteurs anglais, et des traducteurs de leur Histoire universelle. *Paris, Debure l'aîné*, 1762, in-12.

FONCEMAGNE (Ét.-LAURÉAULT DE), membre de l'Académie des inscriptions; né le 23 mai 1694, mort le 26 septembre 1779.

— * Lettre sur le Testament politique du cardinal de Richelieu. 1750, in-12. — Nouv. édit., augm. *Paris*, 1764, in-8.

Réimprimée dans le tom. second de l'édition du Testament du cardinal de Richelieu, qui parut cette année.

Nous ne connaissons pas d'autre ouvrage de cet académicien, mais il a enrichi le recueil de l'Académie des Inscriptions, ainsi que le Journal des savants, d'un assez grand nombre de Mémoires sur diverses époques de notre histoire : nous citerons ceux qui font partie de ces recueils : De la déesse Laverne (tom. V, 1729). — Mémoire pour établir que le royaume de France a été successivement héréditaire dans la première race, en 2 parties (tom. VI et VIII, 1729 et 1733); — Que saint Grégoire de Tours n'est pas auteur de la Vie de saint Yrier (tom. VII, 1733). — Observations critiques sur deux endroits de la Notice des Gaules de M. de Valois (*id.*, *id.*). — Examen de l'opinion de M. Maittaire, touchant l'époque de l'établissement de l'imprimerie en France (*id.*, *id.*). — Mémoire historique sur le partage du royaume par la première race (tom. VIII, 1733). — Mémoire historique dans lequel on examine si les filles ont été exclues de la succession du royaume, en vertu d'une disposition de la loi salique (*id.*, *id.*). — Mémoire sur l'étendue du royaume de France dans la prem. race (*id.*, *id.*). — Examen critique d'une opinion de M. le comte de Boulainvilliers sur l'ancien gouvernement de la France (tom. X, 1736). — Eclaircissements historiques sur quelques circonstances du voyage de Charles VIII en Italie, et particulièrement sur la cession que lui fit André Paléologue, du droit qu'il avait à l'empire de Constantinople (tom. XVII, 1751). — Observations sur deux ouvrages histor. concernant le règne de Charles VIII (*id.*, *id.*). — Observations critiques sur les actes des évêques du Mans (tom. XX, 1753). — Examen sommaire des différentes opinions qui ont été proposées sur l'origine de la maison de France (*id.*, *id.*). — De l'origine des armoiries en général, et en particulier de celles de nos rois (*id.*, *id.*).

On attribue à Foncemagne, sans certitude, une *Dissertation sur la cuisine moderne*, imprimée dans la «Science du Maître d'hôtel cuisinier, etc.» Voyez MENON.

FONDEVILLE, de Lescar. Pastorale

(la) deu paysaa qui cèrque mestiée à son hilh, chèns ni trouba a son grat; pèsse divertissente et connégude en Bearn; en quoate actes (en vers). *Pau, Is.-Ch. Desbaratz, et Lescar, J.-B. Bergé*, 1763, in-12 ; ou *Pau, Vignancour*, sans date (1827), in-8.

FONDEVILLE (de)', membre du conseil général du département des Hautes-Pyrénées.

— Essais de politique et de morale. *Paris et Tarbes*, 1815, in-8.

Ces Essais sont au nombre de quatre, qui ont paru successivement, et sous des titres différents, savoir : 1° *Des Principes du gouvernement monarchique.* Paris, de l'impr. de Charles, 1815, de 36 pag. — 2° Suite. Paris, de l'impr. du même, 1815, de 32 pag. — Troisième Discours politique : *d'un Danger particulier et des élections.* Tarbes, de l'impr. de R. Lagarrigue, 1816, de 24 pag. — *Des Assemblées provinciales, ou Conseils généraux de département*; § 2 du III° Discours. Tarbes, de l'impr. du même, 1816, de 12 pag. — 5° IV° Essai : *Des causes des révolutions.* Tarbes, de l'impr. du même, 1818, de 72 pages.

FONGERAY (J.-Fr.), pseudon. Voy. (au Supplément) CAVÉ.

FONPRÉ DE FRACANSALLE. Amours (les) de Montmartre, com. en un acte et en vers. *Londres (Paris), Cailleau*, 1782, 1786, in-8.

— Bataille (la) d'Antioche, ou Gargamèle vaincu, tragédie burlesque en un acte en vers. *Amsterdam (Paris)*, 1782, in-8.

— Jacquot parvenu, comédie en un acte et en prose. *Paris, Cailleau*, 1783, in-8.

— * Mort (la) de mardi-gras, tragi-comédie, où comédie faite pour pleurer, ou tragédie pour rire, en un acte et en vers, par des membres de l'Académie de Cocagne. *Paris, Carnavallo*, 1804, in-8.

FONROUGE (J.). Précis de l'Épizootie, ou Fièvre muqueuse symptomatique qui règne sur les chevaux d'un grand nombre de départements de la France, son traitement, ses causes, etc. *Nevers, Bonnot*, 1825, br. in-8.

FONSCOLOMBE (E.-H.-BOYER DE), de la Société académique d'Aix.

On trouve de lui, dans le tom. I° des Mémoires de la Société d'Aix (1819), 1° un Mémoire sur la destruction et le rétablissement des bois dans les départements qui composaient la Provence; 2° une Notice sur l'abbé Audibert-Ramatuelle.

FONSCOLOMBE (Marcellin BOYER DE), fils du précédent, membre de la Société académique d'Aix.

Ainsi que son père, M. Marc. de Fonscolombe a fourni plusieurs mémoires au recueil de l'Académie dont il est membre; nous citerons, entre autres, une Notice sur M. Fauris de Saint-Vincens, prési-

dent de la cour royale d'Aix, associé régnicole de l'Académie des inscript. et belles-lettres (tom. II, 1820). Il a été tiré de cette Notice à part (Aix, Pontier, 1820, in-8 de 37 pag.). — Recherches sur une inscription romaine mutilée, qui se trouve dans le cabinet de M. Sallier, à Aix, rétablie par M. Marc. de Fonscolombe, avec une pl. (tom. III, 1827).

FONT (D. Narciso), notaire espagnol. — Memoria sobre la nobleza, importancia y excelencia de los escribanos y notarios, con indication de sus abusos y defectos, y de la reforma necessaria para su perfeccion; illustrada con una noticia del origen de los notarios. *Perpinan, de la empr. de Tastu*, 1816, in-4.

FONT (La). Voy. LA FONT.

FONTAINE (La). Voy. LAFONTAINE.

FONTAINE (Nic.), fécond écrivain du XVII° siècle, mort en 1709.

— * Abrégé de saint Jean - Chrysostôme, sur l'Ancien Testament. Nouv. édit. *Paris, J. Barbou*, 1757, in-12 :

Cet ouvrage parut en 1688 : il n'en existe réellement qu'une édition. Les exemplaires de la prétendue nouvelle édition diffèrent de ceux qui portent la date primitive par 1° la réimpression du frontispice avec une nouv. date; 2° la suppression de l'avertissement et de l'approbation des docteurs, 4 pag.; 3° la réimpression de la dernière pag. Le verso de cette dernière page contient, dans les exemplaires originaux, l'extrait du privilége du roi, dans lequel le sieur Fontaine est nommé comme auteur de l'ouvrage : la suppression de ce pivilége rend les exemplaires entièrement anonymes.

— * Dictionnaire chrétien. Nouv. édition. *Paris, G. Cavelier*, 1712, in-4.

La prem. édit. est de 1690.

— Histoire (l') du Vieux et du Nouveau Testament, représentée avec des figures et des explications tirées des saints Pères. (Nouv. édit.). *Paris, P. de Bats*, 1723, in-fol.

Publiée sous le nom de Lemaistre de Sacy. Il paraît certain que Fontaine est le principal auteur de cet ouvr.; mais comme il le composa étant à la Bastille, où il avait été mis avec Lemaistre de Sacy, celui-ci l'aida dans son travail, et voilà sans doute ce qui porta le libraire de Bats à mettre l'ouvrage entier sous le nom de Sacy. *Barb.*

— La même, sous ce titre : Histoire de l'Ancien et du Nouveau Testament, avec des explications édifiantes tirées des saints Pères, pour régler les mœurs de toutes sortes de conditions. *Paris, Blaise*, 1811; in-4 avec 270 fig. en taille-douce, 27 fr. et gr. pap., 36 fr.

— La même. Édit. stéréot. d'Herhan. *Paris, Mame frères*, 1812, in-12 avec fig. en bois, 2 fr. 50 c.

Livre très-souvent réimpr. depuis la première édit. qui fut publiée en 1670.

— Mémoires pour servir à l'histoire de Port-Royal. *Cologne (Utrecht,)* 1736, 2 vol. in-12.

— *Paradis (le) de l'ame chrétienne, etc., traduit du latin (1685). Voy. HORSTIUS.

— * Vies des saints de l'Ancien Testament, divisées en quatre tomes. *Paris,* 1704, 1730, 1733, 4 vol. in-8.

Les deux premiers volumes au moins sont de Fontaine. Un père de l'Oratoire est auteur des deux derniers.

Nic. Fontaine est auteur ou traducteur de plusieurs ouvrages dont la publication est antérieure au dix-huitième siècle, et qui n'ont pas été réimprimés.

FONTAINE (l'abbé), curé de Tril-Bardoul.

— * Almanach historique du diocèse de Meaux, pour les années 1773—1789. *Paris, Lambert, et Meaux, Ve Charles et fils,* 1773 et ann. suiv., 17 vol. in-18.

FONTAINE (l'abbé). Plan (nouv.) de mathématiques. *Anneci,* 1779, in-8.

FONTAINE (C.-F.-Jos.), professeur de langue française.

— Vocabulaire orthographique, par ordre de sons. *Paris, Calliste Voland,* 1795, in-8, 1 fr. 50 c.

FONTAINE (P.-F.-L.), célèbre architecte de Paris, du XIXe siècle.

— Choix des plus célèbres maisons de plaisance de Rome et de ses environs. *Paris, Didot,* 1810—1813, 13 livraisons formant un vol. in-fol., 130 fr.

Avec Percier.

— Description des cérémonies et des fêtes qui ont eu lieu pour le mariage de S. M. l'empereur Napoléon avec l'archiduchesse Marie-Louise. *Paris,* 1810, grand in-fol.

Avec le même. M. Fontaine est aussi l'un des dessinateurs du « Sacre de Napoléon » (1804, in-fol.).

— * Palais, maisons et autres édifices modernes, dessinés à Rome, et publiés à Paris. *Paris, Ducamp,* an VI (1798), in-fol.

Avec Percier et Bernier.

— Recueil de décorations intérieures, comprenant tout ce qui a rapport à l'ameublement, comme vases, trépieds, candelabres, cassolettes, lustres, girandoles, lampes, chandeliers, cheminées, feux, poêles, pendules, tables, secrétaires, lits, canapés, fauteuils, chaises, tabourets, miroirs, écrans, etc. *Paris, Didot, et les Auteurs,* 1812, 12 livraisons in-fol. de 12 feuilles, plus 72 pl. au trait, 48 fr.; pap. de Hollande, 360 fr.

FONTAINE. Cours encyclopédique et Éléments de mathématiques et de physique. *Vienne (Autriche),* 1800, 9 vol. gr. in-8.

FONTAINE (L.-Octave), alors adjudant-commandant, chef d'état-major.

— Notice historique sur la descente des Français en Irlande, au mois de thermidor en VI, sous les ordres du général Humbert. *Paris, Moutardier,* an IX (1801) in-8 de IV et 53 pag., 75 c.

Cette Notice a eu une seconde édition.

FONTAINE (Ch.). Méthode comparative pour le français et le latin, pour faciliter la pratique des thèmes et des versions. 1806, in-12.

FONTAINE DE SAINT-FRÉVILLE.

— Réflexions sur les Éloges, suivies d'un Éloge historique du nombre trois. In-8.

Publiées sous le pseudon. de Ellivref Tnias ed Eniatnof.

FONTAINE DE LA ROCHE (Jacq.), prêtre; né à Fontenai-le-Comte, en Poitou, le 5 mai 1688, mort le 26 mai 1761.

— * Critique de l'Esprit des lois (de Montesquieu). *Genève,* 1753, in-8.

— *Discours sur les Nouvelles ecclésiastiques. 1748.—(Nouv. édit., augm.) depuis leur origine jusqu'à présent. 1759, in-12.

Le premier Discours est de l'abbé LE GROS; les autres sont de l'abbé FONTAINE.

Cet ecclésiastique a eu part à la rédaction des « Nouvelles ecclésiastiques. »

FONTAINE DES CRUTES. * Traité complet sur l'aberration des étoiles fixes, avec un Discours sur l'histoire de l'astronomie, et une Méthode pour les éclipses (par Pierre-Charles LEMONNIER). *Paris,* 1744, in-8.

FONTAINE-MALHERBE (J.), né dans le diocèse de Coutances, vers 1740, mort en 1780.

— Argillan, ou le Fanatisme des Croisades, tragédie en 5 actes, en vers. *Paris,* 1769, in-8, avec fig.

— Calipso à Télémaque, héroïde. 1761. in-8.

— * Discours sur la Philosophie, qui a concouru pour le prix de l'Académie française. *Paris,* 1766, in-8.

— * Éloge de Charles Vanloo. 1767, in-12.

Cet éloge avait été imprimé l'année précédente dans le Nécrologe.

— * Éloge historique de M. Deshayes. 1767, in-12.

Réimpr. dans le Nécrologe des hommes célèbres de la France.

— Épître aux pauvres, pièce qui a eu l'accessit de l'Académie française. 1768, in-8.

— Fables et Contes moraux. *Londres et Paris, Ve Duchesne,* 1769, in-12.

— Noces (les) d'un fils de roi, ou le Gouverneur, drame en 3 actes et en prose. *Amsterdam (Paris), Lejay,* 1770, in-8.

— Rapidité (la) de la vie, poëme qui a remporté l'accessit de l'Académie française. 1766, in-8.

Fontaine-Malherbe a inséré beaucoup de pièces dans l'Almanach des Muses. Il a eu part aussi, au moins pour les deux premiers volumes, avec Catuelan et Letourneur, à la traduction de Shakespeare. *Ersch.*

FONTAINES (Mar.-Louise.-Ch. de Gɪ-vʀʏ, comtesse de), romancière, morte en 1730.

— * Histoire d'Aménophis, prince de Lydie. *Paris,* 1728 , in-12.

— Histoire d'Aménophis, prince de Lydie, et de la comtesse de Vergy (par le comte de Vɪɢɴᴀɴᴄoᴜʀᴛ). *La Haye,* 1725, pet.in-12.

L'éditeur de la *Comtesse de Vergy,* en 1766, a retranché plusieurs morceaux de l'ouvrage de Vignancourt, et en a changé plusieurs autres , sans discernement. *Barb.*

— * Histoire de la comtesse de Savoie. 1726 , in-12.

— OEuvres (ses) (contenant la Comtesse de Savoie, et Histoire d'Aménophis), précédées d'une Notice littéraire. *Paris, d'Hautel,* 1812 , in-18, 1 fr. 80 c.

Les romans de la comtesse de Fontaines ont aussi été souvent réimprimés à la suite de ceux de mesdames Lafayette et de Tencin. Voy. Lᴀғᴀʏᴇᴛᴛᴇ.

Le prés. Hénault, dans une note de ses OEuvres inédites, attribue les deux romans de cette dame à Chapelle et Ferrand.

FONTAINES (Alexis), célèbre géomètre, membre de l'Académie des sciences; né à Claveison, en Dauphiné, vers 1705 , mort le 21 août 1771.

— Mémoires (ses) (de mathématiques), recueillis et publiés avec quelques pièces inédites. *Paris,* 1764, in-4.

Ces Mémoires font aussi partie de ceux de l'Académie des Sciences, dit la Biographie universelle, ce qui ne nous paraît pas exact, car on trouve de Fontaines dans le recueil de l'Académie des sciences, des mémoires qui n'ont été impr. qu'en 1767 et 1768.

Les mémoires fournis par Fontaines au recueil de l'Académie dont il était membre, sont : Solutions de divers problèmes (1732). — Sur les courbes tautochrones (1734). — Problème de géométrie : une courbe étant donnée, trouver celle qui serait décrite par le sommet d'un angle dont les côtés toucheraient continuellement la courbe donnée ; et réciproquement la courbe qui doit être décrite par le sommet de l'angle, étant donnée, trouver celle qui sera touchée par les côtés (*id.*). — Réponse aux remarques de M. Clairaut sur la solution du problème ci-dessus (*id.*). — Sur la résolution des équations (1747). — Mémoire sur le mouvement des apsides de la lune (1767). — Addition à la méthode pour la solution des problèmes de maximis et minimis (1767). — Addition au Mémoire imprimé en 1734 sur les courbes tautochrones (1768).

FONTAINES (P.-Fr. Gᴜʏoᴛ Dᴇs). Voy. Dᴇsғoɴᴛᴀɪɴᴇs.

FONTAINES (Ch.-Louis), archidiacre de Lausanne.

— Accord de la liberté de l'Être moral avec l'empire absolu , les décrets immuables et l'action irrésistible de l'Être Suprême. *Lausanne,* 1790, 2 vol. in-8.

— Bréviaire (le) à l'usage du diocèse de Lausanne, en latin. *Fribourg,* 1787, 4 v. in-8.

— Dissertation historique et critique pour fixer l'époque de l'entrevue du pape Grégoire X et de l'empereur Rodolphe de Habsbourg, à Lausanne. *Fribourg,* 1791, in-8.

— * Éloge du bienheureux Laurent de Brindes; discours prononcé lors de la solennité de sa béatification. *Fribourg,* 1784, petit in-8.

— Oraison (l') dominicale , paraphrasée , et expliquée à l'usage des enfants. 1792 , in-12.

— Réflexions sur les afflictions. *Fribourg,* 1790, in-8.

— Un mot sur la tolérance religieuse d'après les lumières de la raison. *Fribourg,* 1800, in-8.

FONTAINES DE CRAMAYEL (Nic.), né vers 1750, mort en 1826.

— Champagnac et Suzette (1800). Voyez Cʜᴀᴢᴇᴛ.

— * Recueil d'opuscules en vers et en prose. *Paris, Didot l'aîné,* an xɪɪ (1804), in-16.

FONTALLARD (J.-Fr. de). * Manuel grammatical, ou Abrégé des éléments de la langue allemande, par M. de F.... *Metz, J.-B. Colignon,* 1778, in-12.

On doit à de Fontallard la traduction de divers ouvrages allemands, et des suivants entre autres : 1° Nouv. Lettres sur les montagnes (1787), voyez Voɪɢᴛ; 2° Essai d'un art de fusion, etc. (1787), voy. Eʙʀᴍᴀɴɴ; 3° Oraison funèbre du pape Clément XIV ( ), voy. Mᴀᴛᴢᴇʟʟ (1775); 4° Principes raisonnés d'agriculture (1795), voy. Vᴀʟᴋᴇɴɪᴜs; 5° Molkau et Julie (1802), voy. Lᴀғoɴᴛᴀɪɴᴇ; 6° Abbaye de Netley (1802), voy. Tɪᴇᴄᴋ; 7° Ildefonse (1802), voy. ce titre à la Table des Anon.

FONTAN (L.-M.), poète et auteur dramatique.

— Aigle (l') et le Proscrit, ode. *Paris, imp. de Béraud,* 1823, in-8 de 4 pag.

— Homme (l') entre deux âges, comédie en un acte, mêlée de couplets. *Paris, Barba,* 1828, in-8.

Avec Ch. Desnoyers.

— Odes et Épîtres. *Paris, A. Imbert,* 1825, 1827, in-12, 4 fr.

— Perkins Warbec, drame historique en 5 actes et en vers. *Paris, Barba,* 1828, in-8.

— Translation (de la) de M. Magallon à

Poissy., et de la suppression de l'Album (1823). Voy. BOUSQUET-DESCHAMPS.

M. Fontan est encore auteur, en société, de trois autres pièces imprimées. Voy. ADER et HALEVY.

FONTANA (Fél.), savant physicien et naturaliste italien, mort en 1812.

— Observations physiques et chimiques, trad. de l'ital. par GIBELIN. *Paris*, 1784, in-8, 3 fr.

— Recherches physiques sur la nature de l'air déphlogistiqué et de l'air nitreux. *Paris*, 1776, in-8.

C'est l'exposition des observations et des expériences qui l'ont conduit à l'invention d'un eudiomètre qui porte son nom, et qu'emploient encore aujourd'hui quelques physiciens.

— Traité sur le venin de la vipère, et sur les poisons américains, sur le laurier cerise, et sur quelques autres poisons végétaux. On y a joint des observations sur la structure primitive du corps animal, différentes expériences sur la reproduction des nerfs et la description d'un nouveau canal de l'œil. *Florence*, 1781, 2 vol. in-4 avec figures, 24 fr.

Cette production a mis le sceau à la réputation de Fontana.

Nous connaissons encore de Fontana, en français, trois mémoires qui sont imprimés dans le recueil de l'Académie des sciences de Turin; ils sont intitulés : 1° Analyse des eaux thermales de Vinay, avec des observations sur les insectes microscopiques qui y sont contenus ainsi que dans leurs mousses (tom. VII, 1786). — 2° Méthode très-sûre de préparer un excellent kermès minéral (tom. VIII, 1788). — 3° Expériences chimiques sur la bile de bœuf (*id.*, *id.*).— Expériences analytiques sur l'*Osmonda regalis* (tom. X, 1791).

FONTANA (le cardinal Fr.-L.), pieux et savant prélat italien, mort en 1822.

— Éloge funèbre du cardinal de Gerdil, trad. de l'ital. par l'abbé HESMIVY d'AURIBEAU, et accompagné de notes sur Gerdil, revues par Fontana. *Rome*, 1802, in-8 de 170 pag.

FONTANA (Nicolas), méd. de Crémone.

— Maladies (des) qui attaquent les Européens dans les pays chauds et dans les longues navigations, traduit de l'italien par M. VENISSAT; revu et publ. par M. KERAUDREN. *Paris*, *Méquignon-Marvis*, 1818, in-8, 2 fr. 50 c.

FONTANEILLES (E.-P.-H. de), doct. en médecine.

— Description de la varicelle, qui a régné épidémiquement, et conjointement avec la variole, dans la ville de Milhau (Aveyron), en 1817. *Montpellier*, *J. Martel aîné*, 1818, in-8, 2 fr. 50 c.

— Lettre à M. Strambio fils, doct. en médecine à Milan. (Extrait des Annales de

la médecine physiologique, n° de janvier 1824). *Paris*, *de l'imp. de Lachevardière*, 1824, in-8 de 12 pag.

— Nécrologie de Henri Acerbi, docteur en médecine. *Paris*, *Gueffier*, 1828, in-8 de 8 pag.

On doit encore au docteur Fontaneilles la traduction de l'italien des ouvrages suivants : 1° l'Art d'élever les vers à soie, etc. (1819), voy. DANDOLO; 2° Histoire de la fièvre pétéchiale de Gênes, etc. (1822), voy. RASORI; 3° les Derniers moments de la vie du Tasse (1823), voy. ce titre à la Table des Anonymes; 4° l'Art de cultiver les mûriers (1826), voy. VERRI.

FONTANELLE. Voy. DUBOIS et JULIA-FONTANELLE.

FONTANES (le comte L. de), membre de l'Institut, grand-maître de l'Université et pair de France; né à Niort, en 1761, mort à Paris, le 17 mars 1821.

— Collection complète de Discours (publiée par Alfred FAYOT). *Paris*, *Domère*, 1821, in-8. — Ou avec un titre de seconde édit. et augmenté de quelques feuillets à la fin du volume. *Paris*, *Mme Seignot*, 1821, in-8, 5 fr.

Cette collection est loin d'être complète comme le promet le titre. On n'y trouve ni le discours du 29 février 1804, à l'occasion de la conspiration de Georges et Pichegru; ni celui prononcé aux funérailles de La Harpe, ni celui adressé à Napoléon le 26 décembre 1812, ni celui adressé au collège électoral des Deux-Sèvres le 22 août 1815, ni enfin tous les discours prononcés à la Chambre des pairs, depuis la restauration.

— Éloge de Washington (en prose), prononcé dans le temple de Mars (l'hôtel des Invalides), le 20 pluviose an VIII. *Paris*, 1800, in-8.

Réimprimé dans la Collection complète de Discours.

— Essai sur l'homme, traduction nouvelle, en vers. (1783). Voy. POPE.

— Extraits critiques du « Génie du christianisme (de M. de Châteaubriand) ». *Paris*, 1802, in-8.

— Jour (le) des morts dans une campagne. (Nouv. édit.). *Paris*, *de l'impr. de Chassaignon*, 1823, in-8 de 8 pag.

C'est un fragment d'un poëme qui porte ce titre. Il fut imprimé d'abord dans le Magasin encyclopédique de 1796, et depuis plusieurs fois réimprimé en divers recueils. Ce poëme a été traduit en latin par un professeur de l'Université, sous le titre suivant: Selecta è recentioribus poetis carmina, quorum unum typis, prima vice, mandatum, cui titulus, *le Jour des morts*, latino redditum carmine è gallico egregioque domini de Fontanes adjuncto poemate, cum notis gallicis et cum vocabulario latino-gallico, ad studiosæ juventutis documentum, ab uno ex professoribus in regia galliarum universitate. Parisiis, Crapart, 1815, in-18.

— Poëme séculaire, ou Chant pour la Fédération du 14 juillet 1790. In-8.

— Poëme sur l'édit en faveur des non-ca_

tholiques, qui a remporté le prix de l'Académie française, en 1789. *Paris, Demonville*, 1789, in-8.

— * Tombeaux (les) de Saint-Denis, ou le Retour de l'exilé, ode. *Paris, Le Normant*, 1817, in-4 et in-18.

— Verger (le), poëme. *Paris, Prault*, 1788, in-8.

L. de Fontanes a coopéré : 1° en 1790, au *Modérateur*; 2° en 1796, au *Mémorial*; 3° en 1800, au *Mercure*; 4° au *Journal des amis de la constitution monarchique*, d'après le dire de M. Ersch; 5° à la *Clef du cabinet des souverains*; 6° au *Journal littéraire*, de Clément (de Dijon), d'après le dire de M. Barbier. On a de lui un fragment d'un poème intitulé : *la Grèce délivrée*, dans les Mémoires de l'Institut, puis dans le nouvel Almanach des Muses de 1810, et reproduit dans les Leçons françaises de littérature et de morale, par MM. Noël et Laplace, et dans lequel ouvrage on trouve aussi divers autres fragments du même. L'Almanach des Muses et le Mercure contiennent encore des poésies de lui.

L. de Fontanes a laissé après lui beaucoup de choses inédites, dont M. de Villemain est le possesseur. On cite, entre autres, le poème épique intitulé : *la Grèce délivrée*, dont nous avons déjà parlé, et qui, sans avoir paru, jouit d'une sorte de célébrité; un *Essai sur l'astronomie*, poème dont M. Alfred Fayot a reproduit un fragment de 298 vers, aussi bien qu'une pièce intitulée : *la Chartreuse de Paris*, à la suite de la Relation d'un voyage de Paris à Gand, en 1815, de Fontanes Saint-Marcellin, dont il a été l'éditeur (voy. l'art. suivant). — Une traduction en vers français du sixième livre du poème de Lucrèce: De Naturâ rerum. — Des Mém. sur les premières années du gouvernement de Napoléon et du dix-neuvième siècle. — Un Poëme dans le genre gracieux dont on ignore le titre, et une soixantaine d'odes.

De Fontanes est l'un des annotateurs des cinquième et sixième livres de l'Énéide de Virgile, traduite par Delille (1805) : il a donné une édition du poème de Malfilâtre, intitulé « Narcisse dans l'île de Vénus, » avec une notice sur l'auteur (1790). Voyez MALFILATRE.

FONTANES DE SAINT-MARCELLIN

(J.-Vict.), officier supérieur; né à Paris, le 11 mai 1791, mort le 3 février 1819.

— Arrêts (les), comédie-vaudeville en un acte. *Paris, Vente*, 1818, in-8.

Publ. sous le nom de Victor.

— Bal à la mode, à propos épisodique en un acte et en prose. *Paris, Mlle Huet-Masson*, 1818, in-8.

— Relation d'un voyage de Paris à Gand, en 1815; précédée d'une Notice de M. de Châteaubriand, et suivie de quelques poésies de M. Fontanes. Publiée par Alfred F*** (FAYOT). *Paris, Mme Seignot*, 1823, in-8 de 114 pag.

Les Poésies de M. de Fontanes qui font partie de ce volume, sont : *le Jour des morts*; l'*Essai sur l'Astronomie*, et *la Chartreuse de Paris*.

— * Wallace, ou le Ménestrel écossais, opéra en 3 actes, par M***. *Paris, Mme Benoist*, 1818, 1 fr. 50 c.

Ce jeune écrivain fournit des articles au Conser-

vateur : ce furent ces articles qui lui suscitèrent une affaire d'honneur dont il est mort la victime.

Fontanes de Saint-Marcellin a laissé en portefeuille une comédie en 3 actes et en vers, intitulée : *la Mouche du coche*, et deux opéras comiques qu'on espérait voir jouer à Feydeau.

Fils naturel du précédent, le jeune littérateur qui fait l'objet de cette notice n'était connu dans le monde que sous le nom de Saint-Marcellin, et le grand maître de l'Université ne lui donnait que le titre de neveu.

FONTANGE (le marquis de).

Mode (du) des élections comparé avec celui qui est en usage en Angleterre. *Paris, de l'imp. de Le Normant*, 1820, in-8 de 32 pag. 75 c.

FONTANIER.

Clé (la) des étymologies pour toutes les langues en général, et pour la langue française en particulier. *Paris, Brunot-Labbe*, 1824, in-12, 3 fr.

— Figures (des) du discours autres que les tropes ; ouvrage qui, avec le Manuel des tropes, déja adopté pour les colléges, formera un traité général et complet des figures du discours. *Paris, Maire-Nyon*, 1827, in-12, 3 fr.

— Discours sur la paix générale, suivi d'un Hymne sur le même sujet. *Valence*, 1802, in-8.

— Études de la langue française sur Racine, ou Commentaire général et comparatif sur la diction et le style de ce grand classique, d'après l'abbé d'Olivet, l'abbé Desfontaines, Louis Racine, Voltaire, l'Académie, Luneau de Boisjermain, La Harpe et Geoffroy ; pour servir comme de cours pratique de langue française, et suppléer à l'insuffisance des grammaires, surtout en ce qui concerne l'application des principes. *Paris, Belin-Leprieur*, 1818, in-8, 10 fr.

— Manuel classique pour l'étude des tropes, ou Éléments de la science du sens des mots ; ouvrage adopté par l'Université pour la seconde des colléges. IIIe édit., plus soignée et plus complète que les deux précédentes. *Paris, Maire-Nyon*, 1825, in-12, 2 fr.

La prem. édit. est de 1822.

— Notice historique sur la Henriade, pour une édit. de ce poëme, avec un commentaire raisonné et suivi. *Rouen, Périaux père*, 1822, in-8 de 16 pag.

M. Fontanier a en outre publié, 1° les Tropes de Du MARSAIS, avec un Commentaire raisonné (1818), voy. Du MARSAIS; 2° la Henriade, avec un Comment. classique (1823), voy. VOLTAIRE; 3° la Religion, poëme de Racine, avec un Appendice, etc. (1824), voy. RACINE; 4° un Boileau des colléges, ou Boileau réduit à ce qu'il peut avoir de plus utile pour les jeunes étudiants, et accompagné d'un Commentaire (1825), voy. BOILEAU.

FONTANIER (Jean-Isaac), ancien juge.

— Dissertation sur les brûleries ou fabriques d'eaux-de-vie, établies dans les départements du Gard et de l'Hérault, adressée aux propriétaires de ces ateliers. *Montpellier, Mme veuve Picot, née Fontenay*, 1820, in-8 de 32 pag.

FONTANIEU (Gasp.-Moïse de)* Rosalinde (la), imitée de l'italien. *La Haye (Paris), Guérin*, 1732, 2 vol. in-12.

L'original italien, dont celui-ci n'est en effet qu'une imitation, a été donné sous le nom du chevalier Bernard Morando. Fontanieu soupçonne que c'est un moine masqué.

(*Catalogue manuscrit de Goujet*).

Il existe une édition in-4 imprimée à Grenoble en 1730, et dont on n'a tiré que 15 exemplaires ; le manuscrit fut volé à l'auteur par un valet, et imprimé furtivement.

(*Note manuscrite de l'abbé Lenglet*).

Fontanieu a fait un recueil de titres, composé de 841 portefeuilles in-4 que l'on conserve à la Bibliothèque du Roi. Il a aussi laissé en manuscrit plusieurs grands ouvrages.

FONTANIEU (P.-Éliz.), membre de l'Académie des sciences ; mort en 1784. — Art (l') de faire les cristaux colorés imitant les pierres précieuses. *Paris, de l'impr. de Monsieur*, 1778, 1786, in-8, avec une pl.

FONTANILLES (Privat de), né à Tarascon. — Malte, ou l'Ile-Adam, poëme en x chants. *Paris, Huart et Moreau*, 1749, in-8 de 199 pag.

FONTANOY (le P.). * Relation de ce qui s'est passé à la Chine en 1697, 1698 et 1699. *Liége*, 1700, in-12.

Ouvrage attribué à ce jésuite.

FONTAYNE, agent forestier. * Mémoire sur l'administration des forêts. *Paris, Knapen*, an IX (1801), in-8, 1 fr. 20 c.

FONTENAI (Cl. DE NONNEY DE), mort en 1714. — * Lettres sur l'éducation des princes, avec une Préface et la traduction d'une Lettre de Milton, où il propose une nouvelle manière d'élever la jeunesse (par l'abbé LEBLANC). *Edimbourg, John True Man (Paris, Barrois)*, 1746, in-12.

FONTENAI. État de l'homme dans le péché originel, trad. du lat. (1714). Voy. BEVERLAND.

FONTENAY (L.-Abel de BONAFONS, plus connu sous le nom de l'abbé de). — Abrégé de la Vie des peintres, et Descriptions historiques de chaque tableau gravé par Coupé. *Paris*, 1786, in-fol. — * Ame (l') des Bourbons, ou Tableau historique des princes de l'auguste maison des Bourbons. *Paris*, 1783-90, 4 vol. in-12.

Misérable, basse et fade compilation, qui n'eut aucun succès, et qu'on reproduisit avec un nouv. frontispice ainsi conçu : l'*Illustre destinée des Bourbons*, ou Anecdotes intéressantes des princes de l'auguste maison des Bourbons en France, en Espagne et en Italie, depuis l'année 1256 jusqu'à nos jours. Paris, Defer de Maisonneuve, 1790, 4 vol. in-12.

—*Antilogies et Fragments philosophiques, ou Collection méthodique des morceaux les plus curieux et les plus intéressants sur la religion, la philosophie, les sciences et les arts, extraits des écrits de la philosophie moderne. *Paris, Vincent*, 1774, 4 v. in-12.

Cet ouvrage a été reproduit trois ans plus tard, sous le titre d'*Esprit des livres défendus*.

— Dictionnaire des artistes. *Paris, Knapen*, 1777, 2 vol. petit in-8.

Compilation utile quoique incomplète. M. Sue le jeune a donné un mince supplément à cet ouvrage dans son *Précis historique sur la vie et les ouvrages de Passemant*, 1778, in-8.
Beauvais-Despréaux a publié aussi dans le Journal encyclopédique des Lettres pour servir de supplément à cet ouvrage.

— * Rétablissement (du) des Jésuites et de l'éducation publique. Nouv. édit., rev. et corr. *Emmerick, J. L. Romen*, 1800, in-8.

On a prétendu que cette brochure était de l'abbé Proyart.
L'abbé Fontenay, outre ces ouvrages, travailla, en 1776, aux « Affiches de Paris, et à celles de Province », et ensuite au « Journal général de France », qu'il rédigea depuis le 1er mai 1776 (n° 18), jusqu'au 10 août 1792. Il a publié les « Tables de l'Histoire universelle », trad. de l'angl., formant le 46e volume in-4; la plus grande partie du texte de la « Galerie du Palais-Royal », 1786-1808, 59 livraisons in-fol.; la suite du «Voyageur français ». On lui doit aussi une nouvelle édition du Dictionnaire géographique de Vosgien, 1803, in-8; et une autre de la Géographie moderne de N. Lacroix, 1805, 2 vol. in-12.

Biogr. univ.

Clément de Boissy a publié deux de ses ouvrages sous le nom de l'abbé Fontenay.

FONTENAY (Mlle de). Voyez RUOLZ (Mme de).

FONTENAY. Belle-mère (la) et les deux Orphelins, mélodrame (1808). Voyez CAIGNIEZ.

FONTENELLE (Bernard LE BOUYER DE), secrét. perpétuel de l'Acad. des sciences, et membre de l'Acad. française; né à Rouen, le 11 février 1657, mort à Paris, le 9 janvier 1757. — * Bellérophon, tragédie (lyrique, en 5 actes et un prologue; le tout en vers libres). Nouv. édit. *Amsterdam, H. Schelte*, 1702, in-12; *Paris, Ballard*, 1705, 1728, 1773, in-4; ou *Paris, P. Ribou*, 1718, in-4.

Avec Th. Corneille. La première édition est de 1679.

Cette pièce a été réimprimée dans les Œuvres de Fontenelle, mais non dans celles de Th. Corneille.

— Bonheur (du). *Paris, Cocheris*, 1806, in-16.

Petit écrit qui avait été déja impr. dans les Œuvres de l'auteur.

— Brutus, tragédie (en 5 actes et en vers). Nouv. édit. *Paris, Ve Ribou*, 1730, in-12.

Publ. sous le nom de mademoiselle Bernard. La première édition est de 1691.

— Dialogues des morts. Nouvelle édition. *Paris, Mich. Brunet*, 1700, 1711, in-12.

L'édition de 1700 est la cinquième.

— Les mêmes, avec les Entretiens sur la pluralité des mondes, et l'Histoire des Oracles. *P. et Is. Vaillant*, 1702, in-12.

— *Éléments de géométrie de l'infini. Paris, de l'imp. roy.*, 1727, in-4.

Cet ouvrage avait été imprimé huit ou dix ans auparavant dans les Mémoires de l'Académie des sciences.

— Éloges historiques des académiciens morts depuis le renouvellement de l'Académie des sciences, avec l'Histoire de ce renouvellement, et un Discours préliminaire sur l'utilité des mathématiques et de la physique, et sur les travaux de l'Académie des sciences. *Paris, Brunet*, 1719, 3 vol. in-12.— Nouv. édit. (continuée jusqu'en 1739). *Paris, libr. associés*, 1742, ou 1766, 2 vol. in-12.

La prem. édit., la moins ample, parut en 1708; elle ne forme qu'un volume.

— Éloges (choix d') français les plus estimés, contenant : les Éloges de Newton, de Tournefort, de Vauban, de Leibnitz, de d'Argenson, et du czar Pierre Ier. *Paris, D'Hautel*, 1812, in-18, 1 fr. 50 c.; pap. fin, 2 fr.

Extrait des deux volumes précédents.

— Endymion, pastorale héroïque (en 5 actes et en vers libres). (*Paris*), *J.-B.-C. Ballard*, 1731, in-4.

Représentée de nouveau à Babiole (le mardi 29 avril) 1755, et réimpr. la même année, in-4.

— Énée et Lavinie, tragédie en musique (en 5 actes et un prologue; le tout en vers libres). Nouv. édit. *Amsterdam, H. Schelte*, 1702, in-12, fig.; *Paris, Ve Delormel*, 1758 ou 1768.

— Entretiens sur la pluralité des mondes. Nouv. édit. *Paris, Mich. Brunet*, 1703, 1708, 1714, in-12.

L'édition de 1703 est la cinquième. En 1719 on a publié à Amsterdam, chez Roger, une nouv. édit.

de cet ouvrage. format in-12, augm. d'un septième entretien qui n'est pas de Fontenelle.

— Les mêmes. *Dijon, P. Causse*, an 11 (1793), pet. in-8, pap. vél., 6 fr.

Édition dont il a été tiré plusieurs exemplaires sur vélin.

— Les mêmes. *Paris, Didot jeune*, 1796, gr. in-4, fig., 30 fr.

— Les mêmes, avec des notes, par Jér. de LALANDE. *Paris, de Lalande*, 1800, in-18, 1 fr. 50 c.

— Les mêmes, augmentés des Dialogues des morts. *Paris, Brunet*, 1724, in-12, ou *Paris, Ve Brunet*, 1762, in-12.

— Les mêmes, augm. des Dialogues des morts. *Paris, Bossange et fils*, 1812, in-12; 2 fr. 50 c.; ou *Paris, Bossange père*, 1821, in-18, fig., 2 fr. 50 c.

— Les mêmes, avec les Dialogues des morts. *Paris, Caille et Ravier*, 1818, 2 v. in-18, 2 fr. 50 c.

— Les mêmes, avec les notes de LALANDE, et les Dialogues des morts. *Paris, Ménard et Desenne*, 1818, 1828, 2 vol. in-18 avec port., 4 fr., pap. vél., 8 fr.; et sur format in-12, 5 fr., et pap. vél., 10 fr.

Cette édition fait partie d'une *Bibliothèque franç.*

— Les mêmes, avec les Dialogues des morts. *Paris, Aug. Delalain*, 1819, in-12 figures, 2 fr. 50 c.

— Entretiens sur la pluralité des mondes, précédés de l'Astronomie des Dames, par Jér. de LALANDE. *Paris, Janet et Cotelle*, 1820, 1825, in-8 avec 2 fig., 6 fr.

L'édit. de 1825 est augmentée de Notices biographiques sur les deux auteurs.

— Les mêmes. *Paris, Froment*, 1824, in-32, fig., 3 fr. 50 c.

— Les mêmes, avec les Dialogues des morts. *Paris, Dentu*, 1824, in-18.

La première édit. de ces Entretiens est de 1686, in-12, anonyme.

— Histoire de l'Académie roy. des sciences, années 1699 et suivantes. *Paris, Boudot*, 1702, in-4, ou *Paris*, 1717 et ann. suiv., 3 vol. in-12.

— Histoire des Oracles. Nouvelle édition. *Paris, Brunet*, 1701, 1707, 1713, in-12.

La première édition fut publiée en 1687, sous le voile de l'anonyme.

— Jugement de Pluton sur les Dialogues des morts. Nouv. édit. *Paris, Mich. Brunet*, 1704, in-12.

La prem. édit. est de 1684.

— Poésies pastorales, avec un Traité sur la nature de l'Églogue, et une Digression sur les anciens et les modernes. Nouv. édit. *Paris, Mich. Brunet,* 1708, 1715, in-12.

La prem. édit. est de 1688.

— Psyché, tragédie en musique, (opéra en 5 actes, en vers libres). Nouvelle édit. *Amsterdam, H. Schelte,* 1702, in-12, ou *Paris, Chr. Ballard,* 1703 ou 1713, in-4.

Avec Th. Corneille. La prem. édit. est de 1678.

Cette pièce a été réimprimée dans les OEuvres de Fontenelle, mais elle ne l'a pas été dans celles de son collaborateur.

— * Relation de l'île de Bornéo (avec des additions et la clef). *En Europe (Paris, de l'imp. de Didot l'aîné*), 1807, br. in-12 de 47 pag. sur pap. vél.

Cet opuscule a été imprimé d'abord dans le mois de janvier 1686 des Nouvelles de la République des Lettres par Bayle, pag. 82—92.

Cette relation, qui ne contient que quatre pages, est écrite avec beaucoup de talent et de finesse: elle renferme l'Histoire allégorique et critique des églises de Rome et de Genève : l'église de Rome y est désignée sous le nom de Mreo; celle de Genève, sous celui d'Eenegu. On l'a attribuée pendant long-temps à mademoiselle Bernard, mais on regarde aujourd'hui comme certain qu'elle est de Fontenelle.

La réimpression dont M. Pillot de D... est l'éditeur, dit M. Peignot, et qui, selon d'autres, est due à M. Peignot lui-même, n'a été tirée qu'à 94 exemplaires, plus 2 sur pap. rose, 2 sur pap. bleu, et 3 sur vélin. L'éditeur y a fait des additions, et ajouté la clef. Il a ajouté aussi à 60 exempl., une Lettre de Fontenelle au marq. de La Fare, sur la résurrection. Cette lettre n'avait point encore été imprimée dans les OEuvres de l'auteur.

— République (la) des philosophes. Ouvrage posthume, avec une Lettre sur la nudité des Sauvages. *Genève,* 1768, in-12.

Ouvrage publié sous le nom de Fontenelle, mais qui n'est pas de lui, bien certainement : il n'a pas été non plus réimprimé dans ses OEuvres.

— Théorie des tourbillons cartésiens (publiée avec une préface, par Camille FALCONET). *Paris, Guérin,* 1752, in-12.

— Thétis et Pelée, tragédie en musique (en 5 actes et un prologue : tout en vers libres). Nouv. édit. *Amsterdam, H. Schelte,* 1702, in-12 ; *Paris, Ballard,* 1708, 1712, 1736, 1754, 1765, in-4; *Paris, P. Ribou,* 1723, et *Vᵉ Delormel,* 1750, in-4.

— OEuvres diverses, ornées de figures et culs-de-lampes de Beru. Picart. *La Haye, Gosse,* 1728-29, 3 vol. in-fol., 20 à 30 f.; et en gr. pap. (dont les exemplaires sont rares et recherchés des curieux), 300 à 400 fr. — 3 vol. in-4, avec les mêmes gravures, 12 à 20 fr.

Cette édition incomplète n'est guère recherchée qu'à cause des belles gravures dont elle est ornée. Il existe deux autres éditions, sous le même titre, moins complètes encore : la première, de Londres, Vaillant, 1716, 2 vol. in-12 ; et la sec., de Paris, Brunet, 1724, 3 vol. in-12.

— OEuvres complètes. *Paris, B. Brunet,* 1758 66, ou avec un nouveau titre, *Paris,*

Desaint , 1767, 11 volumes in-12, 30 fr.

Jolie édition , plus complète qu'une autre, publ. chez le même libraire, en 1742, 8 vol. in-12. Cette dernière édition est ainsi divisée : Tom Iᵉʳ : Dialogues des morts, anciens et modernes (au nombre de 36). Jugement de Pluton sur les deux parties des nouveaux Dialogues des morts. Lettres galantes, en deux parties. Tom. II : Entretiens sur la pluralité des mondes. Histoire des Oracles, en deux dissertations. Tom. III : Vie de Corneille, avec l'Histoire du Théâtre français jusqu'à lui, et Réflexions sur la Poétique. Discours sur la patience, qui a remporté le prix d'éloquence par le jugement de l'Académie française, en l'année 1688. De l'Existence de Dieu. Du Bonheur. De l'Origine des Fables. OEuvres mêlées et Discours à l'Académie française (recueil de compliments aux récipiendaires, etc.). Tom. IV : Poésies pastorales (contenant onze églogues), Endymion , pastorale en 5 actes , suivie du Prologue d'Endymion. Discours sur la nature de l'Églogue. Digression sur les anciens et les modernes. Thétis et Pelée, trag. lyr. en 5 actes, précédée d'un prologue (1689). Enée et Lavinie , trag. lyrique en 5 actes , préc. d'un prologue. Lettres à l'imitation des Héroïdes d'Ovide. Diverses petites pièces de poésie. Tom. V et VI : Éloges des académiciens de l'Académie royale des sciences , morts depuis l'an 1699 (jusqu'en 1739), précédés d'une preface sur l'utilité des mathématiques et de la physique, et sur les travaux de l'Académie des sciences , et de l'Histoire du renouvellement de l'Académie royale des sciences en 1699. Les éloges contenus dans ces deux volumes sont ceux de : Cl. Bourdelin, Dan. Tauvry, Adr. Tuillier, Vinc. Viviani, le marquis de l'Hospital, Jacq. Bernouilly, Guill. Amontons, J. B. Du Hamel, P. Sylv. Regis, le maréchal de Vauban, l'abbé J. Gallois, Den. Dodart, Jos. Pitton de Tournefort, Enf. W. de Tschirnhaus, Fr. Poupart, J. Math. de Chazelles, Dom. Guglielmini, L. Carré, Cl. Bourdelin, Cl. Berger, J. Dom. Cassini, P. Blendiu, Mart. Poli, L. Morin, Nic. Lemery, Guill. Homberg, le P. Nic. Malebranche, Jos. Sauveur, Ant. Parent, God. Guill. Leibnitz , Jacq. Ozanam (tom. V), Ph. de La Hire, de la Faye, Guy Cresc. de Fagon, l'abbé de Louvois, P. Rem. de Montfort, Mich. Rolle, Bern. Renau d'Éliçagaray, le marq. Dangeau, Gil. Filleau des Billettes, le marq. d'Argenson, Cl. Ant. Couplet, J. Méry, P. Varignon , le czar Pierre Iᵉʳ, Alex. Littre, H. Hartsoeker, Guill. Delisle, Nic. de Malezieu , Is. Newton, le P. Ch. Reyneau, le maréchal de Tallard, le P. Séb. Truchet, Fr. Bianchini, Jacq. Ph. Maraldi , J. B. H. Du Trousset de Valincourt, Guich. Jos. Duvérney, le comte Marsigli, Ét. Fr. Geoffroy, Fr. Ruysch, le prés. de Maisons, P. Chirac, le chev. de Louville, Th. Fantet de Lagny, J. B. Deschiens de Ressons, Jos. Sanrin, Herm. Boerhaave , Eust. Manfredi, Ch. Fr. de Cisternay du Fay (tom. VI). Tom. VII : Préface générale de la tragédie et des comédies de l'auteur. Idalie, trag. en 5 actes et en prose. Macate, com en 5 actes et en prose (1722). Le Tyran, com. en 5 actes et en prose (1724). Abdolonime, roi de Sidon, com. en 5 actes et en prose (1725). Tom. VIII : le Testament, com. en 5 actes (1731). Henriette, com. en 5 actes et en prose (1740). Lysianasse, com. en 5 actes et en prose (1741). Sur la Poésie en général. Discours p. dans l'Assemblée publique du 25 août 1749. Réponse de M. de Fontenelle au Discours prononcé par M. l'évêque de Rennes. Histoire de Romieu de Provence. Poésies. Tom. IX : Éloge de Fontenelle , suivi de quelques pièces en vers et en prose, relatives à Fontenelle. Doutes sur le système physique des causes occasionelles. Lettres sur la pluralité des mondes. Théorie des tourbillons cartésiens , avec des Réflexions sur l'attraction (et une préface de Cam. Falconet, éditeur de cet ouvrage). Fragments d'un Traité de la raison humaine. De la Connaissance de l'esprit humain. Fragment sur l'instinct et sur l'histoire. Fragment de ce que Fontenelle appelait sa République. Éloge de Cl. Perrault. Éloge de la marq. de Lambert. Description de l'empire de la Poésie, tiré du Mercure de janv. 1678. Parallèle de Corneille et de Racine (1693). Remarques sur les comédies d'Aristophane, sur le Théâtre grec, etc. Tom. X : Préface de l'histoire de l'Académie des sciences, depuis 1666 jusqu'en 1699. Préface de l'Analyse des infiniment petits, du marq. de l'Hospital. Préface des Éléments de géométrie de l'infini. Avertissements de divers ouvr. de l'auteur. Psyché, tragédie (lyrique) en 5 actes et en vers (1678). Bellérophon, tragédie (lyrique) en 5 actes et en vers (1679). Le Retour de Climène, pastorale, en un acte et en vers. Énone, pastorale en 3 actes et en vers. Prologue de Pygmalion, prince de Tyr, comédie (en vers). La Comète, com. en un acte et en prose. Brutus, tragédie en 5 actes et en vers (1690). Poëmes divers, franç. et latins, et Poésies diverses. Tom. XI : Pièces relatives à Fontenelle, en tête desquelles se trouve son éloge, par Le Beau. Lettres (à diverses personnes). Lettres de Fontenelle au P. Castel, et du P. Castel à Fontenelle. Lettres de Fontenelle au cardinal de Fleury, avec les réponses. Lettres de Fontenelle à mademoiselle de Raymond de Farceaux, depuis madame de Forgeville. Huit Lettres (galantes) du chevalier d'Her (de Fontenelle), supprimées dans les dernières éditions. Poésies diverses, tirées pour la plupart des anciens Mercures.

— Les mêmes. *Amsterdam*, 1764, 12 vol. in-8.

Deux volumes renferment les Mémoires prolixes de l'abbé Trublet, rédigés sans goût et sans ordre.

— Les mêmes. *Paris, Bastien*, 1790, 8 v. in-8, 60 fr.

— Les mêmes (publ. avec une Notice sur Fontenelle, par M. DEPPING). Édition compacte. *Paris, Belin*, 1818, 3 vol. in-8, 22 fr., et papier vélin, 44 fr.

Dans cette édition on trouve, de plus, des Lettres inédites, un fac-simile de l'écriture de Fontenelle, la Relation de l'île de Bornéo, et d'autres petits écrits philosophiques attribués à cet auteur. Division de cette édition : Tom. Ier : Notice sur la vie et les ouvrages de Fontenelle. Histoire de l'Académie des sciences. Eloges des Académiciens. — Théorie des tourbillons. — Doutes sur le système physique des causes occasionelles. — Tom. II : Entretiens sur la pluralité des mondes. — Histoire des Oracles. — Dialogues des morts. — Histoire du Théâtre français. — Vie de Corneille. — Ecrits divers sur la philosophie et l'histoire. — Lettres galantes. — Correspondance. — Ecrits attribués à Fontenelle, et qui sont : 1° la Relation de l'île de Bornéo; 2° le Traité de la liberté; 3° Réflexions sur l'argument de M. Pascal et de M. Locke, concernant la possibilité d'une autre vie : deux morceaux imprimés d'abord dans les « Nouvelles Libertés de penser » (voy. ce titre à la Table des Anonymes), et puis corrigés ensuite par les soins de Naigeon, dans le « Dictionnaire de la philosophie ancienne et moderne» faisant partie de l'Encyclopédie méthodique ; 4° Lettre sur la résurrection des corps, impr. d'abord dans la Correspondance de Grimm, puis en 1807, à la suite de la réimpression de la Relation de l'île de Bornéo. Aucun de ces ouvrages n'avait été imprimé auparavant dans les Œuvres de Fontenelle. Tom. III : Réflexions sur la Poétique, sur l'Eglogue, Poésies pastorales, Héroïdes, etc. — Tragédies et Comédies. — Tables des matières.

On trouve dans ces éditions les préfaces et les éloges qui font partie de l'histoire de l'Académie des sciences; mais il n'y a ni les analyses, ni la Géométrie de l'Infini.

— Les mêmes, précédées d'une Notice historique sur la vie et les ouvrages de l'auteur (par J. B. J. CHAMPAGNAC). *Paris, Salmon ; Peytieux (*Et. Ledoux)*, 1825, 5 vol. in-8, 30 fr.

Distribution de cette édition. Tom. Ier et II : Eloges. Tom. III : les Mondes ; Histoire des Oracles, Dialogues des morts. Tom. IV : Mélanges. Tom. V : Poésies.

On formerait deux autres volumes de tous les ouvrages de Fontenelle qui ont été omis dans cette édition : on y chercherait en vain la Correspondance de Fontenelle, ses Comédies en prose, la tragédie de Brutus, les Réponses de Fontenelle aux élus de l'Académie ; les écrits qui lui sont attribués, et qui se trouvent dans l'édition précédente de ses Œuvres. Plusieurs petits écrits philosophiques manquent aussi, et on n'a donné qu'un choix des Poésies de l'auteur.

Voyez aussi LA FONTENELLE.

FONTENEUILLE (H. de). Réponse aux observations de M. le marquis de Lally-Tolendal, sur la déclaration de 52 pairs de France. *Paris, Le Normant*, 1821, in-8 de 16 pag.

FONTENILLE (l'abbé Ant.), professeur de mathématiques, à Toulouse.

— Traités élémentaires de mathématiques, à l'usage des commençants. *Paris, Bastien*, 1779, in-8.

FONTENILLE, aut. dramat., pseudon. Voy. (au Supplément) ADVENIER.

FONTENILLES (le marq. de), maréchal-de-camp.

— Observations sur l'opinion de M. Fiévée, relativement au crédit public, et sur les ressources de nos finances (histoire de la session de 1816). *Paris, Delaunay*, 1816, in-8 de 24 pag.

FONTENU (L.-F. de), docteur en théologie, membre de l'Académie des inscriptions ; né en Gâtinais, le 16 octobre 1667, mort le 3 septembre 1759.

— Amours de Théagènes, etc. trad. du grec (1727). Voy. HÉLIODORE.

Nous ne connaissons pas d'autre ouvrage de cet académicien, mais on a de lui les divers mémoires suivants, impr. dans le recueil de l'Académie dont il était membre : De l'Habillement des héros, et de quelques divinités égyptiennes, avec 2 pl. (tom. III, 1723). — Des Autels consacrés au vrai Dieu depuis la création du monde jusqu'à la naissance de Jésus-Christ, en deux part. (tom. V et VII, 1729 et 1733). — Sur une médaille de Minerve Iliade, avec une vign. (tom. V, 1729). — Sur une médaille de Philippe le Tétrarque, avec une vign. (*id.*, *id.*). — Diverses conjectures sur le culte d'Isis en Germanie, à l'occasion de ces paroles de Corneille-Tacite : Pars Suevorum et Isidi sacrificat. (*id.*, *id.*). — Discours sur Isis adorée chez les Suèves sous la figure d'un navire, avec quelques remarques sur les navires sacrés des Anciens (*id.*, *id.*). — Dissertation sur l'Hercule Musagète (tom. VII, 1733). — Dissertations sur quelques camps connus en France sous le nom de Camps de César, première partie; sur le camp qui est près de Dieppe. Seconde partie : sur le nom que porte le camp de Dieppe, appelé la Cité de Lime, et sur le camp de Saint-Leu d'Esseran, avec une carte. Troisième partie : Du camp de Péquigny sur la Somme, avec une planche (tom. X, 1736). — Dissertation sur une médaille de Gordien Pie et sur l'histoire de la ville de Synope où cette médaille a été frappée, avec une vignette (*id.*, *id.*). — Suite des Dissertations sur quelques camps connus en France sous le nom de Camps de César, quatrième et cinquième parties, avec planches (tom. XIII, 1740); Extrait de son Mémoire sur les accroissements et décroissements alternatifs du corps humain (1725).

FONTETTE. Voyez FEVRET DE FON-TETTE.

FONTETTE DE SOMMERY (Mlle). — * Doutes sur différentes opinions reçues dans la société. *Amsterdam et Paris, Cailleau*, 1782, petit in-12.—Nouv. édition. *Paris, Barrois l'aîné*, 1784, 2 vol. pet. in-12.

— Lettre à Deslon, magnétiseur. *Glascow et Paris*, 1784, in-8.

—* Lettres de Mme la comtesse de L*** au comte de R***. *Paris, Barrois l'aîné*, 1785, 1786, in-12.

—* Lettres de Mlle de Tourville à Mme la comtesse de Lenoncourt. *Paris, Barrois l'aîné*, 1788, in-12.

— * Oreille (l'), conte. *Paris, le même*, 1789, 3 vol. in-12.

— * Rosier (le) et le Brouillard, par l'auteur de « l'Oreille ». *Paris, Cailleau*, 1791, in-8.

FONVENT (C. de). Mythologie grecque, latine et slavoune; suivie d'un Traité sur le chamanisme, le lamanisme et l'ancienne religion des différents peuples soumis à la Russie. *Brunswick, Pluchart*, 1817, in-8.

— Précis de l'histoire de Russie, depuis Rurick jusqu'à la mort de l'impératrice Catherine II. *Saint-Pétersbourg*, 1814, in-8.

FONVIELLE (le chev. B.-F.-A.), écrivain politique et poète dramatique ; né à Toulouse en 1759.

— Ali, ou les Karégites, tragédie en 5 actes. *Paris, l'Auteur*, 1811, in-8 de 130 pages, 2 fr. 50 c.

Pièce que l'auteur n'a pas reproduite dans ses *OEuvres dramatiques*.

— Annibal, tragédie en 5 actes et en vers. *Paris, Le Normant*, 1821, in-8, 2 fr. 50 c.

— Arthur, tragédie en 5 actes et en vers. *Paris, Boucher*, 1821, in-8, 3 fr. 50 c.

— Collot dans Lyon, tragédie en vers, en 5 actes. *Sans nom de ville, ni d'imp.*, an III (1795), in-8.

Autre pièce qui ne fait partie des *OEuvres dramatiques* de l'auteur.

— Condé mourant, hommage à la mémoire du prince de Condé. *Paris, de l'imp. de Didot aîné*, 1818, in-8 de 8 pag.

Ce sont des stances; elles n'ont pas été mises dans le commerce.

— Considérations sur la situation commerciale de la France au dénoûment de sa révolution, sur les conséquences de la commotion qu'elle a éprouvée pendant 25 ans; sur les effets du rétablissement de la contrainte par corps pour dettes; et sur la nécessité urgente d'en suspendre l'action dans les circonstances actuelles. *Paris, Delaunay*, 1814, in-8 de 24 pag.

— Coup-d'œil sur le budget, sur nos besoins, sur le projet d'emprunt, sur la théorie moderne du grand-livre, sur nos ressources, sur nos vaccillations politiques ; et projet d'un emprunt pour acquitter notre contribution de guerre. *Paris, l'Auteur*, 1817, in-8.

— Diomédon, ou le Pouvoir des lois, tragédie en 5 actes et en vers. *Paris, Le Normant*, 1820, in-8, 2 fr. 50 c.

— Essai sur l'état actuel de la France au 1er mai 1796. *Paris*, 1796, in-8, 4 fr.

— Essais de Poésies. *Paris, l'Auteur; Dentu*, 1800, un vol. in-8; ou 2 vol. in-12, et 2 vol. in-18.

— Essais historiques, critiques, apologétiques et économico-politiques sur l'état de la France au 14 juillet 1804. *Paris*, 1804, in-8, 5 fr.

—* Examen critique et impartial du tableau de M. Girodet (Pygmalion et Galathée), ou Lettre d'un amateur à un journaliste. *Paris, Boucher*, 1819, br. in-8.

— Fonvielle à J.-M. Chénier, membre de l'Inst. nation. de France, législateur, philosophe, orateur, poète avec privilége. *Paris*, 1796, in-8 de 16 pag.

— * Guerre (la) d'Espagne, poëme en stances régulières, etc. *Paris, Boucher*, 1824, in-8, 2 fr.

— Hélène, tragédie-lyrique en 3 actes. *Paris, l'Auteur*, 1819, in-8, 2 fr. 50 c.

— Loi sur la réduction des rentes, croquis d'un projet de rapport à faire à la Chambre des pairs, au nom de la Commission chargée de l'examen de la loi de réduction des rentes. *Paris*, 1824, in-8.

— Louis XVI, ou l'École des peuples; tragédie en 5 actes et en vers, dédiée en

1794, au roi Louis XVIII, alors régent de France, à Véronne, sous le titre d'Islou. *Paris, Le Normant; Ponthieu; Petit; Pélicier, et l'Auteur*, 1820, in-8, 4 fr. 50 c.

Cette tragédie avait déja été imprimée dans divers cahiers des Mémoires de l'Académie des ignorants sous le titre d'Islou (anagramme de Louis).

— Lucifer, ou la Contre-révolution; extraits des mémoires et des portefeuilles de l'Académie des Ignorants. *Paris, Delaforest; Boucher; Fayolle, et l'Auteur*, 1828, in-8, 3 fr. 50 c.

— Mauvais (le) joueur, comédie en 3 actes et en vers. *Paris, Delaunay; Pélicier, et l'Auteur*, 1822, in-8, 4 fr.

— Mémoires (ses) historiques. *Paris, Ponthieu; l'Auteur; Boucher*, 1824, 4 vol. in-8, 30 fr.

— Mœurs (les) d'hier, satire, avec cette épigraphe : Facit indignatio versus. *Paris, l'Auteur*, 1799, in-8 de 24 pag., 60 c.

— Note entièrement confidentielle, dictée par la confiance la plus absolue dans le bon esprit, la sagesse, l'équité et la bienfaisance de M. Doudeauville, et destinée s'il y a lieu, contre toute espérance, à servir comme document historique du règne de S. M. Charles X, à justifier, quand le temps en sera venu, M. le chevalier de Fonvielle des injustes et outrageants dédains dont sa fidélité immaculée continuerait de se voir abreuvée. *Paris, de l'imp. de Setier*, 1825, in-8 de 4 pag.

— Ode à la Patrie. *Paris, Delaunay*, 1817, br. in-8, 1 fr.

— Ode à Louis XVI, martyr, présentée au Roi à Véronne, en 1795. *Paris, Dentu*, 1816, in-8.

— OEuvres (ses) dramatiques.....

Sous ce titre l'auteur a rassemblé, sans réimpr., les pièces citées dans cette notice, à l'exception d'*Ali* et de *Collot*.

— Poëme sur la guerre d'Espagne. *Paris, Boucher*, 1823, br. in-8, 1 fr. 25.

— Recueil de Fables, dédié au Roi. *Paris, l'Auteur*, 1818, in-8, 5 fr. 50 c.

Depuis la publication de ce volume, l'auteur a donné quatre suites qui ont paru sous les titres suivants :

1° *Trois Fables* extraites du portefeuille de l'Académie des ignorants. Paris, Boucher; l'Auteur, 1825, in-8 de 40 pag., 1 fr.

2° *Encore trois Fables* extraites du portefeuille de l'Académie des ignorants. Seconde édition, augm. de plusieurs autres Fables prises à la même source. Paris, Boucher; Delaforest; l'Auteur, 1827, in-8 de 80 pag., 2 fr. 50 c. Cette brochure renferme quinze fables. La prem. édit., qui a paru la même année, sous le même titre, n'en contenait que cinq.

3° *Quelques Fables de plus*, pour servir à l'histoire de la restauration, extraites du portefeuille de l'Académie des ignorants. Paris, les mêmes, 1828, in-8 de 80 pag., 2 fr. 50 c.

4° *Petit Supplément à Quelques Fables de plus*, pour servir à l'histoire, etc., extraites du portefeuille, etc. Paris, l'Auteur; Delaforest, 1828, in-8 de 40 pag., 1 fr. 50 c.

— Résultats possibles de la journée du 18 brumaire an VIII, ou Continuation des «Essais sur l'état actuel de la France». *Paris, Moller*, 1799, in-8, 3 fr.

— Sapho, ou le Saut de Leucade ; tragédie-lyrique en 3 actes et en vers. *Paris, Boucher*, 1821, in-8, 1 fr. 50 c.

— Situation de la France et de l'Angleterre à la fin du XVIIIᵉ siècle, ou Conseils au gouvernement de la France, et Réfutation de l'Essai sur les finances de la Grande-Bretagne, par F. Gentz. *Paris, Fuchs*, 1800, 2 vol. in-8, 7 fr.

— Sur la Congrégation des sœurs de Saint-André ; extrait du Mercure royal. *Paris, Boucher*, 1820, in-8.

— Théodebert, ou la Régence de Brunehaut, tragédie en 5 actes et en vers. *Paris, l'Auteur*, 1821, in-8, 3 fr. 50 c.

— Théorie (la) des factieux dévoilée, et jugée par ses résultats, ou Essai sur l'état actuel de la France. *Paris, Dentu*, 1815, in-8.

— Très-humble pétition à messieurs les très-honorables membres de la Chambre des députés. *Paris, Boucher*, 1828, in-8 de 16 pag.

— Trois (les) Fonvielle ramenés à leur honorable et invariable unité, ou Justification éclatante du chevalier Fonvielle, affermi pour jamais dans ses incontestables droits aux bontés du roi, à l'intérêt des ministres de S. M., à l'estime des honnêtes gens. *Paris, Boucher*, 1825, in-8 de 16 pag.

— Voyage en Espagne, en 1798, par M. le chev. de F***. *Paris, le même*, 1822, in-8, 5 fr. 50 c.

M. Fonvielle a été le rédacteur du Parachute monarchique, ou Mémoires de l'Académie des ignorants (1823 et ann. suiv.).

FONVIELLE (Mᵐᵉ), épouse du précédent.

— Dernier cri d'une famille royaliste, ruinée par la restauration. *Paris, de l'imp. de Setier*, 1825, in-8 de 32 pag.

FON-VIZINE, auteur dramatique russe.

On trouve dans un volume de la « Collection des Chefs-d'œuvre des Théâtres étrangers » la traduction d'une pièce de cet écrivain, intitulée *le Dadais, ou l'Enfant gâté*.

FOOTE (Sam.). Anglais (l') à Paris, comédie (en 2 actes et en prose). *Londres, J. Nourse*, 1767, in-12.

On trouve dans le Journal étranger des extraits

de deux autres pièces de Foote, *l'Anglais revenu de Paris*, et *l'Auteur.*

FOPPENS (Fr. et P.). Voy. CHRISTYN.

FORBES (Dunc.), jurisconsulte anglais et écrivain théologique du xviiie siècle.

— OEuvres (ses), contenant ses Pensées sur la religion naturelle et révélée; ses Lettres à un évêque, et ses Réflexions sur l'incrédulité; traduit de l'ang., par Chr. Fr. HOUBIGANT. 1768, 1775, in-8.

— Réflexions sur les causes de l'incrédulité par rapport à la religion, traduit de l'anglais (par EIDOUS). *Paris, Pillot,* 1768, in-12.

FORBIN (le comte Claude), chef d'escadre des armées navales de France, sous Louis XIV.

— Mémoires (ses), publiés par REBOULET. *Amsterdam,* 1730, ou 1740, 2 vol. in-12, 6 fr.

FORBIN (Gasp.-Fr.-Anne de), chevalier de Malte; né à Aix, en 1718, mort à la fin du xviiie siècle.

— * Accord de la Foi avec la Raison, dans la manière de présenter le système physique du monde, et d'expliquer les mystères de la religion. *Cologne,* 1757, 1768, 2 v. in-12.

— Accord, ou Traité dans lequel on établit que les voies de rigueur en matière de religion, blessent les droits de l'humanité. 1753, 2 vol. in-12.

— Éléments des forces centrales, ou Observations sur les lois que suivent les corps mus autour de leur centre de pesanteur, suivis d'un jugement de l'Académie roy. des sciences, sur plusieurs de ces observations, et d'un Examen critique de ce même jugement, à quoi on a joint un théorème général et fondamental sur la mesure des surfaces et des solides, et quelques observations sur la nature des courbes quarrables et rectifiables. *Paris, Vve Desaint,* 1774, in-8.

— * Exposition géométrique des principales erreurs newtoniennes, sur la génération du cercle et de l'ellipse. *Paris,* 1760, in-12.

Il a laissé un manuscrit qui a pour titre : Exposition des droits de la puissance temporelle en matière de religion. Ce manuscrit n'a point été impr.

FORBIN (le chev. de), officier de marine, cru frère du précédent.

— * Système d'imposition pour la libération des dettes de l'État, par le chevalier de F...., 1763, in-12.

FORBIN (le comte Louis - Nic. - Phil.-

Auguste de), directeur-général des Musées de France, membre de l'Académie royale des beaux-arts; né à la Roque (Bouches-du-Rhône), en 1779.

— Charles Barimore, roman sentimental. *Paris, Maradan,* 1817, in-8, 5 fr. — IVe édit. *Paris, Masson fils aîné (*J.-J. Naudin),* 1823, 2 vol. in-12, fig.

La prem. édit. parut en 1810, in-8; elle est anonyme ainsi que les deux qui l'ont suivie.

— Carlos Barimore; novella escritas en francés, traducido al castellano, por D.-J.-C. PAGÈS, interprete real. *Paris, Va Wincop,* 1825, in-18, 3 fr.

— Historia de Ismail y Mariam, novela oriental; traducida al castellano. *Paris, la misma,* 1828, in-18.

Épisode tiré des «Souvenirs de la Sicile».

— Souvenirs de la Sicile. *Paris, de l'Impr. roy. (*Delaunay);* 1823, in-8 orné d'une fig. 6 fr.; pap. vél., 12 fr.

— Sterne, ou le Voyageur sentimental, comédie (1800). Voy. REVOIL.

— Un mois à Venise, ou Recueil de vues pittoresques, dessinées par M. le comte Forbin et M. Dejuinne, peintre d'histoire. (Avec texte). *Paris, Engelmann,* 1824-25, in-fol. de 15 pl. sur pap. de Chine, avec un frontispice gravé, 60 fr.

Ce vol. a été publ. en 3 livraisons.

— Voyage dans le Levant (en 1817 et 1818). *Paris, Impr. royale,* 1819, 1 vol. in-fol., format atlantique, orné de 80 planches lithogr. en grande partie, 200 fr.

On a tiré seulement 325 exempl. de ce magnifique ouvrage.

— Le même ouvrage. *Paris, de l'Impr. royale (*Delaunay),* 1819, in-8 avec une planche, 7 fr.

On peut ajouter à cette édition les planches de la précédente, que l'on vend séparément, 90 fr.

FORBONNAIS (Fr. VÉRON DE), inspecteur général des monnaies, membre de l'Institut; né au Mans, en 1722, mort à Paris, en 1800.

— Analyse des principes sur la circulation des denrées et l'influence du numéraire sur cette circulation. *Paris,* 1800, pet. in-12.

— * Considérations sur les finances d'Espagne, relativement à celles de France. *Dresde (Paris), frères Estienne,* 1753, 1755, pet. in-12.

— Éléments du commerce. *Leyde et Paris,* 1754. — Nouv. édit., augmentée. *Paris, Chaigneau aîné,* an IV (1796), 2 vol. in-12.

Cette édition est la quatrième. La première parut en 1754.

— * Essai sur l'admission des navires neutres dans nos colonies. *Paris,* 1759, in-12.

— Essai sur la partie politique du commerce de terre et de mer, de l'agriculture et des finances. 1751, in-12.

— * Examen des avantages et des désavantages de la prohibition des toiles peintes. *Marseille*, 1755, in-12.

— * Extrait du livre de l'Esprit des lois, chapitre par chapitre, avec des observations. 1753, in-12.

Imprimé aussi la même année dans les Opuscules de Fréron.

— * Lettre à M***, négociant de Lyon, sur l'usage du trait faux-filé sur soie dans les étoffes. 1759, in-12.

— * Lettre à M. F...., ou Examen politique des prétendus incouvénients de la faculté de commerce en gros, sans déroger à sa noblesse. (1756), in-12.

— * Lettre de M. du T., à M. Rissch, sur les bijoux d'or et d'argent. 1756, in-12.

— * Lettre d'un banquier à son correspondant. 1759, in-4.

— Lettre sur les bijoux garnis. 1756, in-12.

— * Lettre sur les observations du parlement de Grenoble. *Paris, Duchesne*, 1756, in-12.

— Mémoires sur la manufacture des glaces. *Paris*, 1756, in-12.

Publ. sous le pseudon. de Leclerc.

— Mémoires (divers) sur le commerce, etc. *Paris*, 1756, in-12.

— Négociant (le) anglais. *Dresde (Paris)*, 1753, 2 vol. in-12.

Traduction abrégée d'un ouvrage qui parut à Londres en 1713, sous le titre de British Merchant. Cet abrégé n'est pas sans mérite.

— * Observations succinctes sur l'émission de deux milliards d'assignats. 1790, in-12.

— * Principes et Observations économiques, avec cette épigraphe : *Est modus in rebus. Amsterdam, Marc - Michel Rey*, 1767, 2 vol. in-8.

— * Prospectus sur les finances, dédié aux bons Français. 1789, in-12.

— * Questions sur le commerce des Français au Levant. *Marseille, Carapatria (Paris)*, 1755, in-12.

— * Recherches et Considérations sur les finances de France, depuis 1595 jusqu'en 1721. *Bâle*, 1758, 2 vol. in-4.—Sec. édit. *Liége*, 1758, 6 vol. in-12.

— Supplément au Journal d'août 1768, ou Examen du livre intitulé : « Principes sur la liberté du commerce des grains (d'Abeille)». 1768, in-12.

— Théorie et pratique du commerce et de la marine; traduit de l'esp. (1753). Voyez USTARIZ (D. H.).

Forbonnais a publié en outre quelques Poésies légères, et beaucoup de notes insérées, sous le nom du Vieillard de la Sarthe, dans le Journal de Dupont, de Nemours, et a fourni plusieurs articles à l'Encyclopédie. *Biogr. univ.*

Le tom. III de l'ancien recueil de l'Institut (section des sciences morales et politiques) contient de Forbonnais, des *Mémoires sur le genre des questions dont la science de l'économie politique comporte la solution exacte* (1801).

FORCADE, de Marseille. Quelle influence devait naturellement exercer sur la vie, les mœurs, la santé des Marseillais, leur changement d'habitation, en abandonnant l'ancienne ville, pour s'établir dans les nouveaux quartiers ; Mémoire qui a été couronné par la Société académique de médecine de Marseille, dans sa séance publique du 1er août 1819, etc.; augmenté du plan d'une topographie médicale de la ville de Marseille. *Marseille, imp. d'Achard*, 1819, in-8 de 48 pag.

M. Forcade a été l'un des rédacteurs de l'Observateur provençal des sciences médicales (1819).

FORCE (Caumont de la). Voyez CAUMONT DE LA F.

FORCEVILLE (de).* Mémoires du comte de Baneston. *La Haye, et Paris*, 1755, 2 vol. in-12.

FORDYCE (Dav.). Éléments de philosophie morale, trad. de l'angl., par Élie de JONCOURT. 1756, in-8.

FORDYCE (James). Sermons pour les jeunes dames et les jeunes demoiselles, trad. de l'angl. (par Robert ESTIENNE). *Paris, frères Estienne*, 1778, in-12.

L'année suivante, le libraire Dufour de Maëstricht publia une édition de ces sermons en deux volumes, dans laquelle un anonyme (le professeur Roux) a rétabli les passages omis par le traducteur de Paris. *Barb.*

FORER. Nouvelle Méthode de traiter les goîtres. 1786, in-8.

FOREST (l'abbé), de Toulouse. * Almanach historique et chronologique du Languedoc. 1752, in-8.

— * Mémoires contenant l'histoire des Jeux Floraux et celle de Clémence Isaure. *Toulouse, Robert*, 1775, in-4.

FOREST (Jean-Brunot), ancien militaire.

— Abrégé de la vie de Jean-Jacques Rousseau, citoyen de Genève, tiré de ses «Confessions» et de ses autres ouvrages. *Paris, libr. assoc.*, 1808, in-8 de 218 pag.

— Éloge histor. et funèbre de Louis XVI, roi de France, prononcé dans une ville de province, le jour de l'anniversaire de sa mort, arrivée le 21 janvier 1793. *Tou-*

louse, *imp. de Bénichet cadet*, 1813, in-8 de 24 pages.

— Entretiens familiers de Napoléon avec un religieux, pour servir à l'histoire des persécutions de l'Église, et des trahisons faites à N. S. P. le Pape. *Toulouse, Manavit*, 1819, in-8 de 16 pag.

— Nouvelle (la) Héloïse de J.-J. Rousseau, citoyen de Genève, mise en scènes pour former un drame en 5 actes. *Paris, les libr. assoc.*, 1808, in-8.

Cette pièce se trouve ordinairement brochée ou reliée à la suite de l'Abrégé de la vie de J.-J. Rousseau.

FOREST, procureur général en la Cour royale de Bourges.

— Restauration (la) judiciaire, ou Essai sur la réorganisation complète des cours et des tribunaux, d'après les principes de la Charte. *Paris, Hocquet*, 1816, in-8, 1 f.

FOREST DE LA CROIX. Cours abrégé d'accouchement, par demandes et par réponses, en faveur des sages-femmes de la campagne. 1782, in-12.

Voy. aussi LA FOREST.

FORESTA (le marquis de), président de la société des Amis des sciences, des lettres, de l'agriculture et des arts, établie à Aix.

— Discours prononcé par M. le marquis de Foresta, président, etc., à l'ouverture de la séance publique annuelle tenue le 2 mai 1818. *Paris, Boucher*, 1818, in-8 de 16 pag.

— Lettres sur la Sicile, écrites pendant l'été de 1805. *Paris, Pillet*, 1821, 2 vol. in-8, 10 fr.

FORESTIER (P.), prêtre; né à Avallon, le 16 décembre 1654, où il mourut le 30 novembre 1723.

— Explication littérale des Évangiles des dimanches et fêtes de l'Avent et du Carême. *Paris*, 1701, in-12.

— * Histoire des indulgences et des jubilés. *Paris, Auboyn*, 1700, in-12.

Ouvrage estimé, et qui passe pour être le meilleur de l'auteur.

— Homélies, ou Instructions familières pour les vêtures ou professions religieuses. *Paris*, 1690, 2 vol. in-12.

— * Vies (les) des saints patrons, martyrs et évêques d'Autun. *Paris, Robustel*, 1713, 2 part. in-12.

FORESTIER (J.-F.), anc. inspecteur des forêts de l'arrondissement de Dreux, et secrétaire de la Société d'agriculture.

— Code des eaux-et-forêts, extrait d'une

analyse critique de l'ordonnance de 1669 et de tous les projets présentés aux législateurs, précédé d'observations sur le danger d'aliéner les forêts. *Chartres, Durand-Letellier, et Paris, Dentu*, an ix (1801), br. in-12, 1 fr.

— Cours d'agriculture du département d'Eure-et-Loir. (Nos I à IV). *Paris, Mme Huzard*, 1821, in-8 avec pl., 6 fr.

FORESTIER (J.-B.-C.-G.), ancien chirurgien de l'Hôtel-Dieu.

— Considérations (nouv.) sur l'état actuel de l'art de guérir. *Paris, Chaigneau jeune; l'Auteur*, 1823, in-8.

— Examen impartial de l'opinion de M. Portal, sur l'enseignement de la médecine et de la chirurgie dans les nouvelles Écoles du royaume, et sur les avantages qu'on peut retirer des réunions médicales et chirurgicales académiques, à Paris et dans les départements. *Paris, Pillet aîné*, 1820, in-8 de 16 pag.

— Lettre à M. Lejumeau de Kergaradec, docteur en médecine de la Faculté de Paris, etc., en réponse à son mémoire sur l'auscultation appliquée à l'étude de la grossesse. *Paris, Chaigneau jeune*, 1823, in-8 de 16 pag.

— Oraison funèbre de M. Jean-Charles-Félix Caron, chirurgien en chef de l'hospice Cochin. *Paris, impr. d'Éberhart*, 1824, in-8 de 8 pag.

— Très-humble supplique au Roi, en faveur de la médecine et de la chirurgie. *Paris, imp. de Chaigneau jeune*, 1827, in-8 de 12 pag.

Ne s'est pas vendu.

— Un mot sur les deux procès-verbaux dressés après la mort de S. A. R. Mgr le duc de Berri, et conséquences à tirer par rapport au Gouvernement et à la Société. *Paris, imp. du même*, 1821, in-8 de 32 pag.

FORESTIER (le vicomte Alc. de), capitaine.

Nous connaissons de lui deux traductions de l'allemand, publiées en 1824; l'une est Agathe, ou la Voûte du tombeau, rom. d'Aug. LAFONTAINE (*voy. ce nom*); l'autre, un Traité sur le service de l'infanterie légère en campagne. (Voy. ce titre à la Table des Anonymes).

FORFAIT (Alex.-Laur.), ingénieur-constructeur, puis ministre de la marine; né à Rouen, en 1752, mort le 8 novembre 1807.

— * Lettres d'un observateur de la marine. *Paris*, an x (1802), in-8.

— * Observations sur l'établissement des milices bourgeoises et de la milice nationale ou de l'armée. 1789, in-8.

— Traité élémentaire de la màture des vaisseaux. *Paris*, 1788, in-4.

— Le même ouvrage. Sec. édit., revue et considérabl. augm. par Ét. WUILLAUMEZ, suivi d'un Mémoire sur le système de construction des mâts d'assemblage, etc., par ROLLAND. *Paris*, *Bachelier*, 1815, in-4 avec 25 pl., 18 fr.

Cette nouvelle édition du Traité de la màture des vaisseaux ne diffère de la première que parce que l'on y a ajouté les calculs d'après les mesures nouvelles.

On doit encore à Forfait : un « Mémoire (en latin) sur les canaux navigables », couronné par l'Académie de Mantoue, en 1773 ; un grand nombre de Mémoires envoyés à l'Académie des sciences, dont il était correspondant, et d'excellents articles dans le Dictionnaire de marine, de l'Encyclopédie méthodique ; ainsi qu'un Mémoire sur l'art de faire les peignes, dans la Collection des arts et métiers, et la relation des Expériences faites par ordre du gouvernement sur la navigation de la Seine, avec une carte, impr. dans l'ancien recueil de l'Institut (sect. des sciences math. et phys., tom. Ier, 1798).

FORGEAUX (Const.). Voy. GUESDON.

FORGEOT (Nic.-Jul.), auteur dramat. ; né à Paris, en juillet 1758, où il mourut le 4 avril 1798.

— * Amour (l') conjugal, ou l'Heureuse crédulité, comédie en un acte (et en prose). *Paris*, *Ve Duchesne*, 1781, in-8.

— Dettes (les), comédie en 2 actes et en prose, mêlée d'ariettes. *Paris*, *Prault*, 1787, in-8.

C'est la meilleure pièce de Forgeot.

— * Deux (les) oncles, comédie en un acte, en vers. *Paris*, *Ve Duchesne*, 1780, in-8.

— Double divorce, ou le Bienfait de la loi, comédie en un acte et en vers. *Paris*, *Prault*, an III (1795), in-8.

— Épreuves (les), comédie en un acte et en vers. *Paris*, *Prault*, 1785, 1786, in-8.

— * Lucette et Lucas, comédie en un acte et en prose. *Paris*, *Ve Duchesne*, 1781, in-8.

Réimpr. à Amsterdam en 1787.

— Mensonge (le) officieux, comédie en un acte et en prose. *Paris*, *Huet*, an V (1796), in-8.

— * Pommiers (les) et le Moulin, comédie-lyrique en un acte (en vers libres). *Paris*, *Delormel*, 1791, in-4., ou *Amsterdam*, *Gabr. Dufour*, 1791, in-8.

— Ressemblance (la), comédie en 3 actes et en vers (libres). *Paris*, *Forget*, 1796, in-8.

— Rival (le) confident, opéra-comique en 2 actes et en prose, mêlé d'ariettes. *Paris*, *Prault*, 1788, in-8.

— Rivaux (les) amis, comédie en un acte et en vers. *Paris*, *Prault*, 1782, in-8.

— Rupture (la) inutile, comédie en un acte et en vers. *Paris*, *Huet*, 1797, in-8.

FORGES (le chev. de). * Alphabet raisonné, suivant le système nouveau, pour apprendre par principes à bien lire en français et en latin. *Rennes*, 1746, in-12.

FORGES (le comte de). * Ami (l') de l'état, ou Réflexions politiques. *Trévoux*, 1761, in-12.

— * Véritables (des) intérêts de la patrie. *Rotterdam*, 1764, in-12.

FORGES D'AVANZATI (de) * Vie d'André Serrao, évêque de Potenza, dans le royaume de Naples, ou Histoire de son temps, par M. D. F. D. *Paris*, *Stone*, 1806, in-12.

FORIR (H.). Essai d'un cours de mathématiques, à l'usage des élèves du collége royal de Liége. Arithmétique. *Liége*, *P. J. Collardin*, 1823, in-12, 1 fr.

FORIS (de). Voy. DEFORIS.

FORLANI (G.). Battaglia (la) di Waterloo, odi. *Parigi*, *dai torchi di Hocquet*, 1815, in-4 de 16 pag.

FORLENZE (J.). Considérations sur l'opération de la pupille artificielle, suivies de plusieurs Observations relatives à quelques maladies graves de l'œil. 1805, in-4.

FORMAGE (J.-Ch.-Cés.), fabuliste ; né à Coupesarte, près de Lisieux, le 16 septembre 1749, mort à Rouen, le 11 septembre 1808.

— Fables choisies mises en vers. *Rouen*, *l'Auteur*, 1800, 2 vol. in-12, 3 fr.

On a encore du même plusieurs opuscules, imprimés dans le recueil de l'Académie de Rouen, tels que des *Stances sur la guerre présente* (d'Amérique), un *Discours sur la réunion de la Normandie à la couronne de France par Philippe-Auguste* ; etc.

Biogr. univ.

Formage a laissé, en manuscrit, une traduction des Métamorphoses d'Ovide.

FORMAGE, professeur. Voy. GRESSET.

FORMALEONI. Essai sur la marine ancienne des Vénitiens, trad. de l'ital. *Venise*, 1788, in-8.

— Histoire du commerce, de la navigation et des colonies des anciens dans la mer Noire ; trad. de l'ital. par le chev. D'HENIN. *Venise*, 1789, 2 vol. pet. in-8.

FORMANOIR DE PALTEAU (Guill. L.), premier commis du bureau des vivres de la généralité de Metz, de la Société d'agriculture de Paris, de l'Académie d'Auxerre ; né au château de Palteau, diocèse de Sens, en 1712.

— Observations et Expériences sur diverses parties d'agriculture. *La Haye*, 1768, in-8.

FORMÉ. Tableau du système administratif et financier de 1789 et de 1817. *Paris*, *Delaunay*, 1817, in-4.

FORMEY (J.-H.-Sam.), ministre de l'Évangile, professeur de philosophie, secrétaire-perpétuel de l'Académie des sciences et belles-lettres de Berlin; né à Berlin, le 31 mai 1711, où il mourut, le 8 mars 1797.

— Abrégé de l'Histoire ecclésiastique. *Amsterdam*, 1763, 2 vol. in-12.

— Abrégé de physique. *Berlin (Potsdam, Horvath)*, 1770-1772, 2 parties in-8.

— Abrégé de toutes les sciences à l'usage des enfants. *Berlin*, 1757, 1779, in-16.

— Anti-Émile. *Berlin, Joach.-Pauli*, 1762, 1764, in-8.

— Anti-Saint-Pierre (l'). 1742, in-8.

— Avantages (les) de la vieillesse. *Berlin, J. Jasperd*, 1759, in-8.

— Balance (la) de l'Europe, trad. du lat. (1744). Voyez ce titre à la Table des Anonymes.

— * Belle (la) Wolfienne, avec deux Lettres philosophiques, l'une sur l'immortalité de l'ame, et l'autre sur l'harmonie préétablie. *La Haye*, 1752-60, 6 vol. in-8.

D'après M. Barbier, Chambrier aurait eu part à la rédaction de cet ouvrage.

— * Bibliothèque critique, ou Mémoires pour servir à l'histoire littéraire ancienne et moderne. *Berlin, Formey*, 1746, 3 parties in-12.

— * Bibliothèque impartiale, depuis janvier 1750 jusqu'à 1758. *Leyde*, 1750-58, 18 vol. in-8.

— * Catalogue raisonné de la librairie d'Étienne de Bourdeaux. *Berlin*, 1754-1772, 8 vol. in-8.

— * Choix des Mémoires et Abrégés de l'histoire de l'Académie de Berlin. *Berlin, Haude*, 1761, 4 vol. in-12.

— Christianisme (le) raisonnable.....

Ouvrage en plusieurs volumes, mentionné par Denina dans sa « Prusse littéraire ».

— Comtesse (la) suédoise, trad. de l'all. (1754). Voy. GELLERT.

— * Conseils pour former une bibliothèque peu nombreuse, mais choisie. *Berlin*, 1746, 1750, 1754, in-8. — Nouv. édit., avec l'Introduction à l'étude des sciences et belles-lettres (par BRUZEN DE LA MARTINIÈRE). 1756, 1764, 1775, in-8.

Chaque fois que ce livre a été réimprimé, il l'a été avec des corrections, soit de Formey, soit des éditeurs. L'édition donnée à Paris en 1756, sous la rubrique de Berlin, contient de grandes différences d'avec les éditions prussiennes, l'éditeur nouveau ayant retranché quelques ouvrages français impr. à l'étranger, dont Formey conseille la lecture, et ayant admis en revanche des ouvrages imprimés en France, et inconnus à Formey, ou dédaignés par lui.

L'abbé Trublet a fourni quelques notes à l'édition de 1756, surtout pour l'ouvrage de la Martinière.

— Consolations pour les personnes valétudinaires. 1758, in-8.

— Correspondance entre deux amis sur la succession de Bergues et de Juliers. 1738, in-4.

— Czarewitz Chlore, conte moral, trad. de l'allem. (1782). Voy. CATHERINE II.

— Discours moraux pour servir de suite au « Philosophe chrétien ». 1765, 2 vol. in-12.

— Discours philosophiques, trad. du grec. (1764) Voy. MAXIME, de Tyr.

— Discours préliminaire à l'Essai sur le Beau, du P. André, avec des Réflexions sur le goût. *Amsterdam*, 1759, in-8.

— Discours sur la paix. *Leyde*, 1767, in-8.

— Discours sur le jubilé. 1785, in-8.

— Dissertation sur les raisons d'établir ou d'abroger les lois; à laquelle on a joint l'Examen de l'usure suivant les principes du droit naturel. *Utrecht, Sorly*, 1751, in-12.

— Diversités historiques, trad. du grec (1764). Voy. ÉLIEN.

— * Ducatiana, ou Remarques de Le Duchat, sur divers sujets d'histoire et de littérature, publ. par M. F. *Amsterdam, Humbert*, 1738, 2 vol. in-12.

— Elementa philosophiæ seu Medulla Wolfiana. 1746, in-8.

— Éloge de M. Eller. 1762, in-8.

— Éloge de Mme Gottsched, suivi du « Triomphe de la philosophie », par cette dame. 1767, in-8.

— Éloge de Maupertuis. 1760, in-8.

— Éloge de M. le professeur Meckel. 1774, in-8.

— Éloge de M. Sack. 1786, in-8.

— Éloge de M. Uden. 1783, in-8.

— Éloges de MM. les comtes Podewils et de Gotter, et de MM. Jacobi, Sprœgel, Becman et Humbert. 1763, in-8.

— Éloges de MM. les maréchaux Schwerin et de Keith, et de M. de Viereck. 1760, in-8.

Aucun de ces éloges ne fait partie du recueil suivant, qui a été publié antérieurement.

— Éloges des académiciens de Berlin, et de divers autres savants. *Paris, Et. de Bourdeaux*, 1757, 2 vol. in-12.

Ces Éloges sont au nombre de quarante-six; ils

sont historiques, et donnent des détails sur les personnages auxquels ils sont consacrés.

Les Éloges contenus dans ces deux volumes sont ceux des personnages suivants. Tom. Ier : d'Alph. Des Vignolles, de Jacq. Fréd. Lamprecht, de Ph. Naudé, de Ch. Ét. Jordan, de J. Guill. Wagner, de Duhan de Jandun, de J. Bernouilli, d'Aug. Grichow, de Jacq. Elsner, d'Alb. Christ. Dhona, d'Aug. Buddeus, de Ch. L. de Beausobre, de J. Geo. Wenc. Knobelsdorff, du comte Munchow, de Geo. Dietl. d'Arnim, de J. Gottb. Vockerodt, de P. Carita, de Keith, d'Andr. Althamer, de Jér. Wolfius, de Seckendorf, du bar. de Krosigh, de Dav. Ancillon, de Naudé, de d'Uffembach, de Geo. Ern. Stahl. Tom. II : de Jac. Le Duchat, de Ph. Forneret, de J. Alb. Fabricius, de Neumann, d'Is. de Beausobre, de Math. Veyssière de la Croze, de J. Gust. Reinbeek, de J. Gottl. Heineccius, de Paul Ém. de Mauclerc, de Sam. Werenfels, de Keysler, d'Abr. Vater, de Jacq. Benzelius, de Just. Hen. Bohmer, de J. Gabr. Doppelmaier, d'Isr. Gottl. Canz', de J. Jacq. Westein, de Christ. Wolf, de Geo. Wolfg. Krafft, de J. Jacq. Marinoni.

Un autre Eloge de Formey, celui de Beguelin, de l'Académie de Berlin, n'a été impr. que dans les Mémoires de cette Académie.

— Émile chrétien, consacré à l'utilité publique. *Berlin* (*Amsterdam*, *Néaulme*), 1764, 2 vol. in-8.

Le libraire Néaulme ayant donné, en 1762, une belle édition de « l'Émile de J.-J. Rousseau », les états de Hollande la désapprouvèrent. Néaulme fut sur le point d'être condamné à une amende; il n'obtint grâce qu'à condition de donner une édition purgée : ce fut l'origine de l'Émile chrétien, où, entre autres changements, la confession du vicaire savoyard est remplacée par un morceau où la doctrine contraire est exposée. Ce procédé étrange, de tronquer ainsi un auteur de son vivant, attira à Formey une sortie de MM. Rey dans le « Journal des Savants », et des notes que Rousseau mit à une édition d'Émile, faite à Deux-Ponts.

— * Encyclopédie portative, ou Science universelle à la portée de tout le monde, par un citoyen prussien. *Berlin*, 1768, in-12.

Malgré que cet ouvrage soit généralement attribué à S. Formey, il est douteux qu'il soit de lui.

Barb.

— Epistola ad Em. card. Quirinum. 1749, in-4.

— Épître à M. le comte de Manteuffel, sur son agrégation à la Société roy. de Londres. 1748, in-8.

— Esprit (l') de Julie, ou Extrait de la Nouvelle Héloïse; ouvrage utile à la société, et particulièrement à la jeunesse. *Berlin*, *J. Jasperd*, 1763, in-12.

— Essai sur la nécessité de la révélation. 1747, in-8.

— Essai sur la perfection, pour servir au « Système du vrai bonheur ». *Utrecht*, *Sorli*, 1751, in-8.

— Examen de l'usure. 1751, in-8.

— * Examen philosophique de la liaison réelle qu'il y a entre les sciences et les mœurs. *Avignon*, 1755, in-12.

— Exposition abrégée du plan du roi de Prusse, pour la réformation de la justice. 1748, in-8.

— Fidèle (le) fortifié par la grace. 1736, in-4.

— France (la) littéraire, ou Dictionnaire des auteurs français vivants, corrigé et augmenté. *Berlin*, 1757, in-8.

Réimpression de l'ouvrage publié en France en 1757, mais dans laquelle Formey a ajouté la liste des ouvrages français imprimés en Prusse et en Hollande, particularité qui fait encore rechercher ce livre.

— Histoire abrégée de la philosophie. 1760, in-8.

— Histoire de l'Académie roy. des Sc. de Berlin. 1750, in-4.

— Histoire de la succession de Bergues et de Juliers. 1739, in-12.

— Histoire des protestants, trad. de l'all. (1762) Voy. Hansen.

— Idée (l'), la règle et le modèle de la perfection; Sermons. 1748, in-8.

— Journal épistolaire. 1755, in-8.

— Lettre à M. Maty, au sujet du Mémoire de M. Eller sur l'usage du cuivre. 1756, in-12.

— Lettre de M. Gervaise Holmes à l'auteur de la « Lettre sur les aveugles ». 1750, in-8.

— Lettres sur l'état présent des sciences et des mœurs. 1759, in-8.

— Lettres sur la prédication. 1753, in-8.

— Logique (la) des vraisemblances. 1747, in-8.

— Magasin des arts, des sciences et des beaux-arts, à l'usage des adolescents. Tom. Ier. *Amsterdam*, *M. Magerus*, 1768, in-18.

— Mélanges philosophiques. *Leyde*, *de l'imp. d'Elie Luzac*, 1754, 2 vol. in-12.

Recueil des pièces de l'auteur, dont quelques-unes avaient été impr. séparément.

Les morceaux qu'on trouve dans ces deux vol. sont : Tom. Ier, 1° l'Exposition abrégée du Plan du Roi pour la réformation de la justice; 2° le Système du vrai bonheur; 3° l'Essai sur la perfection; 4° de la Conscience; 5° De l'Obligation de se procurer toutes les commodités de la vie, considérée comme un devoir de la morale; 6° la Logique des vraisemblances; 7° Deux Lettres sur l'éternité des peines; 8° Essai sur la nécessité de la révélation; 9° Lettre à MM. les auteurs de la nouvelle Bibliothèque germanique, sur la nécessité de la révélation; 10° Essai sur l'aménité dans les écrits; 11° Essais de physique appliquée à la morale (trad. de l'allem. de Sulzer). Tom. II : 12° Preuves de l'existence de Dieu, ramenées aux notions communes; 13° Examen de la preuve qu'on tire des fins de la nature, pour établir l'existence de Dieu; 14° Réflexions sur la liberté; 15° Essai sur le sommeil; 16° Essai sur les songes; 17° Dissertation sur le meurtre volontaire de soi-même; 18° Examen de l'usure, suivant les principes du droit naturel; 19° Recherches sur les éléments de la matière; 20° Considérations sur les éléments des corps, traduites de l'allem., avec les Observations de divers auteurs; suivies d'une Lettre du chanc. d'Aguesseau sur cet ouvrage et de la réponse de Formey.

— Mémoire concernant la conduite de la maison d'Autriche, à l'égard des protestants, trad. de l'allem. ( ). Voyez ce titre à la Table des Anonymes.

— Mémoire pour l'établissement d'une École de charité. 1747, in-8.

— Mémoires pour servir à l'Histoire et au Droit public de Pologne, trad. du lat. (1741). Voy. LENGUISCH.

— * Mercure et Minerve, ou Choix des nouvelles politiques et littéraires les plus intéressantes pour l'année 1738. Berlin, 1738, in-8.

Les quatre derniers numéros de cet ouvrage, qui paraissait périodiquement, portent le titre d'Amusements littéraires, moraux et politiques.

— Monument à la mémoire de la fille la plus chérie. 1759, in-4.

— Mort (de la). 1759, in-8.

— * Panégyrique de Frédéric II, trad. de l'allem. (1781). Voy. ENGEL.

— * Pensées raisonnables, opposées aux Pensées philosophiques, avec un Essai de critique sur le livre des « Mœurs » (de Toussaint). Berlin (Amsterdam), 1749, 1756, in-8.

— Philosophe (le) chrétien. Leyde, 1750-1756, 4 vol. in-12.

C'est le recueil des sermons de l'auteur.

— Philosophe (le) payen, ou Pensées de Pline, avec un commentaire littéral et moral. Leyde, 1759, in-12.

On trouve à la suite une réimpression de la traduction de Salluste, le Philosophe, et un Traité (anonyme) des sources de la morale.

— Preuves (les) de l'existence de Dieu, ramenées aux notions communes. 1758, in-8.

Impr. d'abord dans les Mémoires de l'Académie de Berlin, vol. de 1747.

— Principes de morale, appliqués aux déterminations de la volonté. Leyde (Paris), Durand, 1765, 2 vol. in-12.

— Principes de morale déduits de l'usage des facultés de l'entendement humain. Paris, Durand, 1762-65, 2 vol. in-12.

— Principes du droit de la nature et des gens, extraits de WOLF. Amsterdam, MM. Rey, 1757, in-4, ou 3 vol. in-8.

— Principes élémentaires de belles-lettres. Berlin, 1758, in-8; 1763, in-12.

— Projet d'un établissement en faveur des pauvres. 1746, in-4.

— * Recherches sur les éléments de la matière. 1747, in-12.

— Recueil de pièces sur les affaires de l'élection du roi de Pologne. 1732, in-4.

— Réflexions philosophiques sur l'immortalité de l'ame; trad. de l'allem. (1744). Voyez ce titre à la Table des Anonymes.

— Relations de l'École de charité. 1748-1756, in-8.

— Remarques de grammaire sur Racine, pour servir de suite à celles de M. l'abbé d'Olivet, avec des remarques détachées sur quelques autres écrivains du premier ordre. Berlin, Haude et Spener, 1766, in-12.

Publ. sous le pseudon. de Yemrof.

Le commencement de la Henriade, l'Art de peindre, de Watelet; quelques chapitres sur l'Essai sur l'histoire générale, de Voltaire; les Mondes, de Fontenelle, sont l'objet des remarques détachées, que suit une addition sur Boileau. *Bach.*

— Remarques historiques sur les médailles, trad. de l'allemand (1740). Voy. KOEHLER.

— Sermon à l'occasion de la mort du prince de Prusse. 1767, in-8.

— Sermon à l'occasion de la victoire de Prague. 1757, in-8.

— Sermon sur la paix. 1742, in-8.

— Sermon sur les gratuités de l'Éternel. 1746, in-8.

— Sermons de Reinbeck, trad. de l'allem. (1738). Voy. REINBECK.

— Sermons pour la dédicace de l'École de charité. 1747, in-4.

— Sermons prononcés dans quelques circonstances extraordinaires. 1755, in-8.

— Sermons sur divers textes de l'Écriture Sainte. 1739, in-8, ou Leyde, 1772, 2 vol. in-8.

— Sermons sur la prophétie de Jonas. 1760, in-8.

— Souvenirs d'un citoyen, 1789, 2 vol. in-8. — Sec. édit., 1797, 2 vol. in-8.

Ouvrage qui contient des détails sur plusieurs des contemporains de l'auteur, dont quelques-uns avaient déjà place dans ses « Éloges ».

J. Ch. Lavaux a publié une critique de cet ouvrage sous le titre de Frédéric-le-Grand, Voltaire, J. J. Rousseau, d'Alembert, etc., vengés contre le secrétaire perpét. de l'Acad. de Berlin. 1789, pet. in-8.

— Système du vrai bonheur. Utrecht, Sorli, 1750, 1751, in-12.

— Tableau du bonheur domestique. Leyde, 1766, in-12.

— Théorie de la fortune. 1751, in-8.

— Traité d'éducation morale sur cette question : Comment on doit gouverner l'esprit et le cœur d'un enfant pour le rendre heureux et utile. Liége, J. F. Desoer, 1773, in-8.

— Traité des dieux et du monde, trad. du grec. (1748). Voy. SALLUSTE le Philosophe.

— Triomphe (le) de l'évidence. 1756, 2 vol. in-8.

—Vie de M.-J.-Ph.-Baratier. *Utrecht*, 1741, in-8.; *Brunswick*, 1755, in-8.

— Vindiciæ reformatorum. 1750, in-8.

— Vrais (les) intérêts de l'Allemagne, traduit du latin (1762). Voy. CHEMNITZ.

Formey a fourni au rec. de l'Acad. de Berlin, une suite de Mém. dont nous donnerons ici l'énum.: Essai sur les songes (1746). — Les Preuves de l'existence de Dieu , ramenées aux notions communes (1747). — Examen de la preuve qu'on tire des fins de la nature pour établir l'existence de Dieu (*id.*). — Réflexions sur la liberté (1748). — Dissertation sur les raisons d'établir ou d'abroger les loix (1749) — Examen de l'Usure suivant les principes du droit naturel (*id.*).—De l'obligation de se procurer toutes les commodités de la vie, considérée comme un devoir de morale (1750). — De la Conscience (1751). — Examen philosophique de la liaison réelle qu'il y a entre les sciences et les mœurs (1753). — De l'étendue de l'Imagination (1754). — Réflexions sur les allégories philosophiques (1755). — Discours pour l'anniversaire de la naissance du Roi (1758).—Discours sur le véritable principe de grandeur d'âme (*id.*). — Réunion des principaux moyens employés pour découvrir l'origine du langage, des idées et des connaissances des hommes (1759). — Ébauche du système de la compensation (*id.*). — Analyse de la notion du goût (1760). — Réflexions sur les spectacles (1761). — Nouvelles considérations sur l'union des deux substances dans l'homme, ou sur le commerce de l'âme et du corps (1764). — Discours sur ces questions : Quel est le degré de certitude dont sont susceptibles les preuves tirées de la considération de cet univers pour démontrer l'existence d'une Divinité ? et quelle est la meilleure manière de faire usage de ces arguments *à posteriori*, pour établir cette importante vérité ? (1765) — Considérations sur ce qu'on peut regarder aujourd'hui comme le but principal des Académies, et comme leur effet le plus avantageux, en deux parties (1767 et 1768). — Sur la culture de l'entendement (1769). — Discours sur la question : Pourquoi tant de personnes ont si peu de goût, où même un si grand éloignement pour tout ce qui demande l'exercice des facultés intellectuelles et une certaine contention d'esprit ? et comment on pourrait rectifier leurs idées à cet égard ? (1772). — Essai sur les récréations (1773). — Sur la Paralysie tant musculaire que nerveuse , et sur la manière d'y remédier. Traduction libre du Mémoire de M. PERELCOM.(1774). — Les Physionomies appréciées (1775). — Arsalun-Bakshi et Suwadangina , romance tunguse (*id.*). — Examen de la question : Si toutes les vérités sont bonnes à dire? (1777).—Recherches sur les anc. procédures contre les prétendus sorciers (1778). — Essai sur la morale des auteurs (1782). — Considérations philosophiques sur les Tusculanes (de Cicéron). Introduction (1783). — Considérations sur la première Tusculane : De la Mort (1784).—Considérations sur la seconde Tusculane : De la Douleur (1785).—Considérations sur la troisième Tusculane: Des Afflictions (1786). — Sur le respect dû aux Souverains (*id.*).—Traité de morale élémentaire (1786— 1787).— Sur les rapports entre le savoir, l'esprit , le génie et le goût (1788—89). Considérations sur le fanatisme (1792—93).

Outre les ouvrages et mémoires que nous venons de citer, et une douzaine d'autres écrits en allemand et cités par Meusel et Heinsius, ce laborieux écrivain a encore contribué à plusieurs journaux , tels que la Bibliothèque germanique (1720—46), la Nouvelle Bibliothèque germanique (1746—60), la Bibliothèque centrale (1750—58), la Bibliothèque des sciences et des beaux-arts, les Nouvelles littéraires, le Journal encyclopédique. Il fournit aussi des articles à l'Encyclopédie d'Yverdun, dit Meusel, mais

Bruzen de la Martinière assure que c'est à l'édition de Paris. On doit aussi à Formey quelques nouvelles éditions , telles que des OEuvres de VILLON, avec des notes (1742); des TROPES de DUMARSAIS ; de l'Abrégé de l'histoire univ., de LA CROZE(1754); de l'Essai sur le beau, du P. André (1758), *voy. ces noms*; et du Journal de Pierre-le-Grand (1774), *voy. ce titre :* il a encore publié , comme éditeur, une compilation sous le titre d'Abeille du Parnasse (voyez ce titre à la Table des Anonymes); le second volume de l'Histoire critique de Manichée (1739), voy. BEAUSOBRE ; les Sermons de FORNE-RET (1739). *Voy. ce nom* ; enfin les OEuvres philosophiques de Hume, trad. par de Mérian (1758) ; pour laquelle traduction Formey a fourni la préface et des notes.

FORMY DE LA BLANCHETÉE. Essai sur une école de tirailleurs. *Metz, Collignon, et Paris, Anselin et Pochard*, 1821 , in-8. 2 fr. 50 c.

FORNAÏNI (D. Louis), abbé de Vallombreuse.

— Dissertation sur la culture des sapins, traduite de l'italien par M. DES ACRES-FLEURANGE. *Paris*, P. Didot, et *M. de Sourdon*, 1813 , in-8 de 48 pag.

FORNASARI (A.J.). Grammaire (nouv.), ou Cours théorique et pratique de la langue italienne , simplifiée, et réduite à ses vrais principes ; suivi d'un Traité de la poésie italienne. *Vienne, Volke*, 1820, 1826 ; 2 part. in-8 , 8 fr.

FORNERET (Ph.), prédicateur français du XVIIIe siècle.

— Sermons (ses) (publ. par J.-H.-Sam. FORMEY). 1738 , in-8.

FORNERY (Joseph). A son Excellence Mgr le vicomte de Châteaubriand, pair de France, ancien ministre des affaires étrangères. *Avignon, de l'imp. de Bonnet*, 1824, in-4 de 4 pag.

Il y a plusieurs morceaux en prose, et deux pièces en vers.

— Aux enfants de France : A Son Altesse royale M le Duc de Bordeaux. Recueil de pièces de vers. *Avignon, de l'imp. d'Aubanel*, 1826, in-8 de 16 pag.

— Aux pères de famille sur l'enseignement mutuel. *Lyon, de l'imp. de Boursy*, 1819, in-8 de 16 pag.

Le commencement est en prose, et la fin en vers.

— Harpe (la) de David, poëme en v chants avec le texte en regard. *Carpentras, Proyet père* , 1820, in-8.

FORNIER (H.). Voy. à la Table des Anonymes : *Coutumes des duché, bailliage et prévôté d'Orléans, etc.*

FORNIER (Jean), né à Montauban, au seizième siècle.

Il a donné une traduction française du roman

grec de Parthénius de Nicée, qui a été réimpr. à Paris, chez Guillaume. 1797, in-8 et in-18.

FOROBERT (H.). Aperçu historique sur les divers genres de lampes usitées en France depuis la fin du xviiie siècle jusqu'à ce jour; accompagné de quelques instructions relatives à leurs usages. *Toulouse, imp. de Vieusseux*, 1824, in-8 de 12 pag.

FORREST. Voyage aux Moluques et à la Nouvelle - Guinée, fait en 1774, 1775, et 1776 ; trad. de l'angl. (par DEMEUNIER). *Paris (Panckoucke)*, 1780, in-4, 6 à 10 fr.

FORSSE (J.-B.), alors étudiant en droit. — Hommage à la mémoire de madame la baronne de Staël, en forme de réflexions générales sur ses écrits. *Paris, Delaunay*, 1818, in-8 de 20 pag.

FORSTER (Joh. Reinhold), voyageur et savant naturaliste allem. du xviiie siècle. — Histoire des découvertes et des voyages faits dans le Nord, trad. sur la version anglaise, par J.-L.-V. BROUSSONET. *Paris*, 1788, 2 vol. in-8 avec cartes.

L'original est écrit en allemand.

— Manuel pour servir à l'histoire naturelle des oiseaux, des poissons, des insectes et des plantes, etc., trad. du lat. par J.-B.-F. LÉVEILLÉ. *Paris*, *Villier*, an vii (1799), in-8, 5 fr.

On a expliqué dans ce *Manuel* les termes employés dans leurs descriptions, en suivant la méthode de Linné. Il est augmenté d'un Mémoire de MURRAY, sur la conchyliologie, traduit de la même langue, et de plusieurs additions considérables, extraites des ouvrages de MM. Lacépède, Lamarck, Cuvier et autres.

Nous avons encore en français, de Forster, 1° des *Observations faites dans un voyage autour du monde*, sur la géographie physique, l'histoire naturelle et la philosophie morale ; trad. de l'angl. par PINGERON, et impr. à la suite du cinquième volume de l'édition française in-4 du second Voyage de Cook ; 2° un *Mémoire sur l'Albatros*, avec 3 pl., impr. dans le tom. X du recueil des Savants étrangers de l'Académie des sciences ; 3° un autre *Mémoire sur le Badjav-cit*, ou le *Vadjra-cita*, espèce des quadrupèdes couverts d'écailles, avec 2 pl., impr. dans le recueil de l'Académie de Berlin, ann. 1788-89.

FORSTER (Joh.-Geo.-Adam.), fils du précédent, célèbre voyageur allemand du xviiie siècle. — Histoire et description de l'arbre à pain de l'île des Amis, ornée de deux planches.

Cet ouvrage a été aussi imprimé dans quelques recueils littéraires.

— Voyage philosophique et pittoresque en Angleterre et en France ; suivi d'un Essai sur l'histoire des arts de la Grande-Bretagne. Trad. de l'allemand, par Ch.-Jos. POUGENS; *Paris, an iv (1796)*, in-8, avec cartes et fig.

— Voyage philosophique et pittoresque sur les rives du Rhin, à Liège, dans la Flandre, le Brabant, la Hollande, etc., fait en 1790, par George Forster; traduit de l'allemand. Avec des notes critiques sur la physique, la politique et les arts, par Ch. POUGENS. *Paris*, an iii (1794), 2 vol. in-8.

Ces deux Voyages se trouvent ordinairement réunis : le Voyage en Angleterre forme le 3e volume de celui sur les rives du Rhin.

FORSTER (Geo.), voyageur anglais du xviiie siècle.

— Voyage du Bengale en Angleterre, trad. de l'angl. 1796, in-8, 5 fr.

Ce n'est que la traduction du premier volume du Voyage que Forster publia à Calcutta en 1790; mais le deuxième volume, qui parut en 1798, après la mort de l'auteur, n'a pas été donné par le traducteur anonyme. La traduction suivante est complète.

— Voyage du Bengale à Pétersbourg, à travers les provinces septentrionales de l'Inde, le Kachmyr, la Perse, sur la mer Caspienne, etc., suivi de l'Histoire des Rohillahs et de celle des Seykes; trad. de l'angl. sur l'édit. de Calcutta, avec des additions considérables et une notice chronologique des Khâns de Crimée, d'après les écrivains turks, persans, etc., par L.-M. LANGLÈS. *Paris, Delance*, 1802, 3 vol. in-8 avec 2 cartes, 15 fr., et sur gr. raisin double, 24 fr.

Parmi les importantes additions du savant traducteur, on distingue une « Notice chronologique des Khâns de Crimée », depuis Djenguyz-Khân jusqu'à l'extinction de cet empire, composée d'après les auteurs arabes, turks et persans, et d'après les correspondances diplomatiques, etc.; elle termine le troisième volume ; plus une carte du pays de Kachmyr.

FORSYTH (W.), savant jardinier et agronome anglais ; mort au commencement de ce siècle.

— Traité de la culture des arbres fruitiers, trad. de l'angl. par PICTET-MALLET, avec des notes. *Paris, Bossange, Masson et Besson*, 1803, ou 1805, in-8, 7 fr. 50 c.

FORT aîné, de St. Pons (Hérault). — Tables de comparaison entre les anciens poids et mesures du département de l'Hérault et les nouv. poids et mesures ; précédées d'une Instruction pour en faciliter l'intelligence, etc. etc. *Montpellier, A. Ricard*, an xiii (1805), in-8.

FORT (Le). Voy. LEFORT.

FORTAIR (de). Discours sur la vie et les œuvres de Jean-Marie Morel, architecte, auteur de la « Théorie des jardins ». *Paris, Colas*, 1813, in-8 de 16 pag.

FORTANER (Jos.). Notice ecclésiastique sur le Roussillon, suivie du Catalogue des évêques d'Elne. Par un prêtre de Perpignan. *Perpignan, Tastu*, 1824, in-8.

FORTIA DE PILES (le comte Alph.-T.-Jos.-And.-Mar.-Marseille de), ancien officier au régiment du roi, gouverneur de Marseille, en survivance de son père et de son aïeul ; né à Marseille, le 18 août 1758, mort à Sistéron, le 18 février 1826.

— A bas les masques! ou Réplique amicale à quelques journalistes, déguisés en lettres de l'alphabet. *Paris, Delaunay*, 1813, in-8, 1 fr. 25 c.

Cette brochure fait suite à «Quelques Réflexions d'un homme du monde, etc. »

— * Conversations (quatre) entre le Gobe-mouche Tant-Pis et le Gobe-mouche Tant-Mieux. *Paris, Eymery*, 1814-15, 4 part. in-8. — Nouv. édit. *Paris*, 1816, in-12.

— Correspondance philosophique de Caillot-Duval, rédigée d'après les pièces originales, et publiée par une société de littérateurs lorrains. *Nanci et Paris*, 1795, in-8.

Ouvrage composé par M. de Fortia de Piles.

— * Coup-d'œil rapide sur l'état présent des puissances européennes, considérées dans leurs rapports entre elles; précédé d'Observations critiques sur deux ouvrages politiques, publ. en l'an v (par MM. Pommereul et Gingueué). Par un Français. *Paris*, 1815, in-8.

Cet ouvrage était imprimé dès 1805 , mais il n'a été mis en circulation qu'en 1815.

— Curieux (le) puni, comédie en un acte et en prose. *Paris, Porthmann*, 1813, in-8.

Avec Guys de Saint-Charles. Cette pièce a été publiée sous les noms de MM. *André et Austin.*

— * Dictionnaire (nouv.) français. Par F. P. auteur de « l'Examen des trois ouvrages sur la Russie », des « Conversations entre deux Gobe-mouches». *Paris, Pélicier; Dentu*, 1818, in-8, 12 fr.

Ce Dictionnaire a été publ. en douze livraisons.

— Examen de trois ouvrages sur la Russie (savoir : le Voyage de Chantreau, la Révolution de 1762, par Rulhière, et les Mémoires secrets par Massón). Sec. édit., augm. d'un Coup-d'œil sur l'empire de Russie, depuis Pierre-le-Grand jusqu'en 1817. *Paris, Pélicier*, 1817, in-8, 3 fr. 50 c.

La prem. édit., qui parut en 1802, en un volume in-12, est anonyme.

— * Hermite (l') du faubourg St.-Honoré à l'Hermite de la Chaussée-d'Antin. *Paris, Porthmann*, 1814, in-8, 1 fr. 50 c.

On avait annoncé que cet ouvrage aurait une suite.

— * Lettres (six) à S.-L. Mercier, de l'Institut national de France, sur les six tomes de son «Nouveau Paris». Par un Français, avec cette épigraphe :

Quid Romæ faciam ? Mentiri nescio : librum,
Si malus est, nequeo laudare. JUVÉNAL, Sat. 3.

Paris, Batillot père, an IX (1801), in-12 de 350 pag., 2 fr.

— Omniana, ou Extrait des archives de la société universelle des Gobe-mouches. *Paris, Maradan*, 1808, in-12, 3 fr.

Avec Guys de Saint-Charles. Ce volume a été publié sous le pseudon. de *C. A. Moucheron.*

— Préservatif contre la «Biographie nouvelle desContemporains».*Paris,Porthmann; Pélicier; Pichard*, 1822-25, 6 parties formant 2 vol. in-8, 15 fr.

La fin est restée manuscrite.

— Quelques erreurs de la «Géographie universelle» de M. Guthrie» et du « Cours de cosmographie de M. Mentelle, etc ». *Paris*, 1804, in-8, 1 fr.

— * Quelques mots à M. Masson, auteur des «Mémoires secrets sur la Russie.» *Paris, Batillot*, an XI (1803), in-8.

— * Quelques réflexions d'un homme du monde sur les spectacles, la musique, le jeu et le duel.*Paris, Porthmann*, 1812, in-8.

— * Souvenirs de deux anciens militaires, ou Recueil d'anecdotes inédites et peu connues. *Paris, Eymery*, 1813, 1817, in-12, 2 fr. 50 c. — Nouveau Recueil d'anecdotes inédites, ou Suite des «Souvenirs de deux anciens militaires», des mêmes auteurs. *Paris, Porthmann ; Delaunay, et l'Auteur*, 1813, in-12, 2 fr.

Avec Guys de Saint-Charles.

— Un mot sur la noblesse et sur les pairs. *Paris, Dentu ; Pélicier ; Delaunay*, 1820, in-8 de 20 pag., 50 c.

— Voyage de deux Français en Allemagne, Danemarck, Suède, Russie et Pologne, fait en 1790, 1791 et 1792. *Paris, Desenne*, 1796, 5 vol. in-8.

Le compagnon de l'auteur était le chevalier de Boisgelin de Kerdu.

Le comte Fortia de Piles a été l'éditeur de «Malte ancienne et moderne », par L. de Boisgelin, édit. française(1805),voy.BOISGELIN, et le co-éditeur de «la Correspondance de Mesmer. »

FORTIA D'URBAN (le marquis Agricol. Jos.-Fr.-Xav.-P.-Espr.-Sim.-Paul-Ant. de) membre de plusieurs académies de France, d'Italie et d'Allemagne ; né à Avignon, le 18 février 1756.

—Amusements littér. *Yverdun*,1784,in-12.

— Antiquités et Monuments du dép. de Vaucluse. *Paris, Xhrouet; Déterville*, 1808, 2 part. in-12, ensemble de 500 pag., avec une pl., 5 fr.

La première partie contient l'Histoire des Cavares et du Passage d'Annibal par le département de Vaucluse, de XII et 240 pag., et la seconde, l'Histoire de la conquête de la Gaule méridionale par les Romains; l'Explication de médailles celtiques nouvellement découvertes, et l'Histoire de l'ancienne

Atlantide, pag. 241—483, VIII pag. de préface et une planche.

— Catalogue de la bibliothèque de la ville d'Avignon ; livres in-fol. *Avignon*, 1804, in-8 de 137 pag.

— Discours prononcé à la séance de la Société asiatique, le 3 sept. 1827. *Paris, imp. de Trouvé*, 1827, in-8 de 12 pag.

— Discours sur les murs saturniens ou cyclopéens, lu à Rome. *Rome, de l'imp. de Romanis*, 1813, in-8, orné de 3 grav.

— Discours sur les nombres polygones, figurés et pyramidaux, de tous les ordres. *Paris*, 1795, in-8.

— Dissertation sur la femme de Molière. *Paris, de l'imp. de Lebègue*, 1824, br. in-8.

— Dissertation sur le passage du Rhône et des Alpes par Annibal, l'an 218 avant notre ère. IIIᵉ édit., accomp. d'une carte, suivie de nouvelles dissertations. *Paris, Treuttel et Würtz*, 1821, in-8, 3 fr.

La première édition parut dans les Antiquités et Monuments du département de Vaucluse.

— * Hipparque, ou de l'Amour du gain, dialogue, etc.; trad. du grec (1819). Voy. PLATON.

— Histoire d'Aristarque de Samos, suivie de la traduction de son ouvrage sur les distances du soleil et de la lune. Par M. de F****. *Paris, Vᵉ Duminil-Lesueur*, 1810, in-8, 6 fr.

— Histoire de la maison de Fortia, originaire de Catalogne. *Paris, Xhrouet*, 1808, in-12.

— Histoire de la marquise de Gange. *Paris, Levrault*, 1810, in-12, 3 fr.

— Histoire générale du Portugal, depuis l'origine des Lusitaniens, jusqu'à la régence de don Miguel. *Paris, Gauthier frères*, 1828, 10 vol. in-8, avec cartes et portr. 90 fr.

Avec M. Mielle, officier de l'Université de France. Les huit premiers volumes se composent de l'Histoire du Portugal, par LA CLÈDE, mais rajeunie quant au style, et rectifiée quant aux faits. Le prem. vol. de La Clède est l'œuvre de la plus complète ignorance des annales lusitaniennes, disent les éditeurs, aussi a-t-il été entièrement refait par M. le marq. de Fortia. Les tomes IX et X, qui embrassent les événements qui se sont succédé depuis le règne de Pierre III, en 1667, jusqu'à la régence de don Miguel, en 1828, sont de MM. de Fortia et Mielle.

— Histoire du Hainault, traduite du latin, (1826). Voyez GUYSE (Jacq. de).

— Introduction à l'histoire de la ville d'Avignon. Tom. Iᵉʳ (et unique). 1805, in-8.

— Mélanges de géographie, d'histoire et de chronologie ancienne, avec 2 cartes et un Mémoire de M. Barbié du Bocage, destinés à servir de supplément à l'histoire et

aux œuvres de Xénophon, et principalement à l'histoire de la retraite des dix mille. *Paris*, 1805, in-8, 5 fr.

— Mélanges de géographie et d'histoire, ou Plan d'un Atlas historique portatif, suivi d'une liste des écrivains et artistes célèbres jusqu'au IIIᵉ siècle avant J.-C. *Paris*, 1809, in-12, 3 fr.

— * Mémoire sur une question proposée par l'Académie des inscriptions et belles-lettres ; suivi d'un opuscule de HÉRON de Byzance, sur les mesures, traduit du grec pour la première fois, et de quelques observations sur les mesures itinéraires des anciens. *Paris, F. Didot et fils*, 1823, in-8, 3 fr.

— Mémoires de l'Athénée de Vaucluse. *Avignon*, 1802-1806, 5 pièces in-8.

— Mémoires pour servir à l'histoire ancienne du globe terrestre. *Paris, Xhrouet*, 1805-1809, 10 vol. in-12, 27 fr.

Cet ouvrage contient : Vol. I : Histoire ancienne des Saliens, nations liguriennes ou celtique ; des Saliens, prêtres de Mars ; précédée de l'histoire des Liguriens, et de Mémoires sur l'origine de l'Académie celtique. Vol. II : Considérations sur l'origine et l'histoire ancienne du globe, ou Introduction à l'histoire ancienne de l'Europe. Vol. III : Mémoire et Plan de travail sur l'histoire des Celtes ou des Gaulois, c'est-à-dire sur l'histoire de France avant Clovis, suivi d'additions et de tables pour les deux volumes précédents. Vol. IV et V : Histoire de la Chine avant le déluge d'Ogygès. Vol. VI : Essai sur l'origine des anciens peuples, suivi d'une théorie élémentaire des comètes, appliquée à la comète de 1807. Vol. VII : Bérose et Annius de Viterbe, ou les Antiquités chaldéennes. Vol. VIII : Essai sur quelques-uns des plus anciens monuments de la géographie, terminé par les preuves de l'identité des déluges d'Yao, de Noé, d'Ogygès et de l'Atlantide, et l'explication physique de ce déluge. Vol. IX : Histoire et théorie du déluge d'Ogygès et de Noé, et de la submersion de l'Atlantide. Vol. X : Nouveau système préadamite, ou Conciliation de la Genèse avec l'antiquité de l'histoire ; précédé de nouvelles observations sur l'antiquité de la Chine.

On trouve souvent dans le commerce des parties séparées de ces *Mémoires*.

— Mémoires pour servir à l'histoire des propriétés territoriales dans le département de Vaucluse, et huit autres pièces du même genre. *Avignon, Séguin, et Paris, Xhrouet*, 1808, in-8, et in-12.

— * Mémoires pour servir à l'Histoire romaine pendant les 126 ans qui ont précédé l'ère chrétienne. Extraits du 5ᵉ vol. de « l'Art de vérifier les dates». *Paris, imp. de Moreau*, 1821, in-8.

— Plan d'un Atlas historique portatif (de 216 cartes, en 6 vol. in-12), avec un Catalogue raisonné des géographes grecs, ouvrage inédit de Luc-Holsténius. *Paris, Xhrouet*, 1809, in-12.

— Principes des Sciences mathématiques,

contenant des éléments d'arithmétique,
d'algèbre, de géométrie et de mécanique;
suivis d'une Notice historique sur quinze
mathématiciens célèbres, nommés dans cet
ouvrage. *Paris, d'Hautel*, 1811, in-12 avec
3 pl. grav. en taille-douce, 3 fr. 50 c.

— Principes et Questions de morale naturelle. IIIᵉ édit. *Avignon*, 1803, petit in-12,
ou *Paris*, 1804, in-12.

La première édition parut à Yverdun en 1784.
L'édition d'Avignon contient des additions importantes.

— Projet d'une nouvelle Histoire romaine
lu à Rome, etc. *Rome, de l'imp. de Romanis*,
1813, in-8, orné de 6 planches gravées.

— Supplément au Tite-Live, inséré dans
la «Collection des Auteurs classiques» de
M. Lemaire. *Paris, imp. de Lebègue*, 1823,
in-8 de 12 pag.

C'est un Examen de la Dissertation de M. Ph. de
Larenaudière, intitulée : *Dissertatio de Alpibus ab
Annibale superatis*, qui a été ajoutée au Tite-Live.

— * Système général de Bibliographie alphabétique, appliqué au tableau encyclopédique des connaissances humaines, et
en particulier à la philologie. *Paris, le
même*, 1819, in-12.

Cet ouvrage a été réimprimé sous le titre de *Nouveau Système de bibliographie alphabétique*. Sec. édit.,
précédée de Considérations sur l'orthographe française, divisée en 3 part. Paris, Treuttel et Würtz,
1822, in-12 avec 2 portraits, 4 fr. 50 c.

— Tableau chronologique des événements
rapportés par Tacite, et antérieurs à l'a-
vénement de l'empereur Tibère. *Paris,
imp. de Moreau*, 1827, in-8.—Chronologie
de la vie de Jésus-christ, faisant suite au
tableau précédent. *Paris, de l'imp. de Fournier*, 1827, in-8 de 4 pag.

— Tableau historique et généalogique de
la maison de Bourbon, depuis son origine
jusqu'à nos jours, suivi de l'état actuel des
diverses branches de cette illustre maison.
Avignon, Séguin aîné, 1816, in-8.

Cet ouvrage, qui devait avoir une suite, a été
refait entièrement, et impr. en tête du premier volume de l'Histoire généalogique du chev. de Courcelles, 9 vol. in-4.

— Tableau historique et géographique du
monde, depuis son origine jusqu'au siècle
d'Alexandre. *Paris, Déterville*, 1810, 4 vol.
in-12, 12 fr.

— Traité d'arithmétique. IIIᵉ édit. *Avignon*,
1794, in-8, 2 fr. 50 c.

La prem. édit. parut en 1781.

— Traité des progressions par addition,
précédé d'un Discours sur la nécessité d'un
système d'arithmétique, terminé par de
nouvelles vues sur la quadrature du cercle.
IIIᵉ édit. 1795, in-8.

— Traité sur les distances du soleil et de la
lune; trad. du grec (1823). Voy. Aristarque, de Samos.

— Vie de Louis des Balbes de Berton de
Crillon, surnommé le brave Crillon (par
l'abbé de Crillon), suivie de notes historiques et critiques, par le marq. de Fortia
d'Urban. *Paris, A. Dupont; F. Didot*,
1826, 3 vol. in-8, 18 fr.

Les notes de M. Fortia d'Urban remplissent plus de
deux volumes.

Le volume de l'abbé de Crillon, avec quelques additions, a été tiré à part, format in-12 : en tête
on trouve une préface de l'éditeur.

— Vie de Pétrarque, publiée par l'Athénée
de Vaucluse, augmentée de la première
traduction qui ait paru en français, de la
lettre adressée à la postérité par ce poète
célèbre. *Paris*, 1804, in-16 avec fig., 2 fr.

— * Vie de Xénophon, suivie d'un extrait
historique et raisonné de ses ouvrages, où
se trouve la traduction de plusieurs opuscules de cet auteur, qui n'ont point encore
paru en français, tels que l'Apologie de
Socrate, etc. *Paris*, 1795, in-8, 7 fr. 50 c.

L'ouvrage est terminé par le Banquet de Xénophon, traduit en français par P. de La Montagne.

Le marq. de Fortia d'Urban est encore auteur de
l'*Histoire de l'Optique*, dans la nouvelle édition de
l'Histoire des mathématiques de Montucla : il a inséré plusieurs articles dans le Magasin encyclopédique et autres journaux littéraires. Reviseur de la
Biographie universelle depuis le premier jusqu'au
dernier volume, il y a fourni aussi plusieurs notices.
Enfin, le marq. de Fortia d'Urban est l'un des éditeurs de l'Art de vérifier les dates avant J.-C., et
l'un des continuateurs de cet ouvrage, c'est-à-dire
des sec. et troisième parties, embrassant depuis
J.-C. jusqu'à nos jours.

Cet écrivain a donné de nouvelles éditions des
Maximes et OEuvres (morales) de Larochefoucault,
des OEuvres complètes de Vauvenargues (*voy. ces
noms*), et d'un Poëme sur la journée de Guinegate
(1825), *voy. ce titre*. On lui doit aussi la publication
des Méditations de Madame Deldir, sultane indienne
(1828); de l'Histoire des révolutions de la ville de
Naples, par le comte de Modène (1828); de l'édit.
in-12 des OEuvres de M. de Châteaubriand, et de
plusieurs Opuscules rares ou inédits qui font partie
des Mélanges de la Société des Bibliophiles.

FORTIÈRE. *Pizarre, mélodrame en 3
actes, en prose. *Paris, Barba*, an XI
(1803), in-8.

FORTIGUERRA ou Forteguerri (Nic.),
poète facétieux italien du XVIIIᵉ siècle.

— Ricciardetto (Il). Nuova ediz. *Parigi,
Prault*, 1767, 3 vol. pet. in-12.

La prem. édit. parut à Venise en 1738, in-4, sous
la rubrique de Paris.

— Richardet, poëme en XII chants, imité
de l'italien (par Anne-Fr.-Dupperier Dumouriez, père du général). *Liége, Plomteux*, 1766, 2 part. in-8, et 2 vol. pet. in-12.

L'original italien a trente chants. Dumouriez avait
déjà publié, en 1764, les six premiers chants sous le

titre de Richardet, poëme, dans le genre burlesque imité de l'italien. In-8.

— Le même, traduit en vers français (par Mancini-Nivernais). *Paris, Didot jeune,* 1796, 2 vol. in-8.

FORTIN, ingénieur - mécanicien. Machine géocyclique, ou Machine avec horizon mobile, qui présente et démontre le mouvement de la terre autour du soleil. 1784.

— Usage du planétaire, ou Sphère mouvante de Copernic (inventée en 1770, par Pasumot), construite par Fortin. *Paris, Vᵉ Thiboust,* 1773, in-12 de 33 pag.

FORTIN (Jean-Louis). Projet d'un établissement de salubrité, pour délivrer Paris des dangers de la voirie de Montfaucon, de l'infection de l'équarrissage et de la boyauderie, et pour perfectionner les vidanges des fosses d'aisance. *Paris, imp. de Brasseur aîné,* 1812, in-4 de 12 pages.

FORTIN (P.). Utilité (de l') des marmites, casseroles et cafetières érusineptiques. *Nantes, de l'impr. de Victor Mangin fils,* 1822, in-8 de 16 pag.

FORTIN. Essai sur Ch.-Fr. d'Avian Dubois de Sauzai, archevêque de Bordeaux. *Bordeaux, Vᵉ Cavazza,* 1826, br. in-8.

FORTIN. Bonté (la) adressée à tous les hommes. *Paris, Selligue,* 1828, in-4 de 8 pag.

— Un bon père, et les enfants comme il y en a peu: pensées morales adressées aux principaux habitants de la ville de Paris. *Paris, imp. de Renouard,* 1826, in-4 de 8 pag.

FORTIS (l'abbé J.-Bapt., dit Albert), littérateur italien, l'un des quarante de la Société italienne, membre pensionnaire de l'Académie des sciences de Padoue, de la Société royale de Londres, etc., etc., mort au commencement du xixᵉ siècle.

— Mémoires pour servir à l'Histoire naturelle, et principalement à l'oryctographie de l'Italie et des pays adjacents. *Paris, Fuchs,* an x (1802), 2 vol. in-8, 12 fr.

Ouvrage écrit en français par l'auteur.

Après avoir rendu compte des écrivains qui ont parlé des discolythes lenticulaires et numismales, depuis Strabon jusqu'à nos jours, l'auteur s'arrête principalement à ceux qui ont proposé une opinion quelconque. Il discute avec impartialité les opinions des plus célèbres d'entre eux, soit qu'ils aient fini leur carrière, soit qu'ils vivent encore.

— Voyage en Dalmatie, trad. de l'italien. *Berne,* 1778, 2 vol. in-8, fig., 8 à 10 fr.

Édition très-mauvaise d'un ouvrage peu exact.

FORTIS (F.-M.). Voyage pittoresque et historique à Lyon, aux environs et sur les rives de la Saône et du Rhône. *Paris, Bossange frères,* 1821, 2 vol.in-8, 12 fr., et avec

Atlas in-fol. max., de 20 pl. grav. par Piringer, 264 fr., et papier vélin, 528 fr.

On peut se procurer l'Atlas séparément.

FORTUNATUS, évêque de Poitiers. Venantii Honorii Fortunati Pictaviensis episcopi Opera. *Cameraco, Hurez,* 1822, in-12.

Faisant partie d'une collection intitulée : *Poetæ ecclesiastici.*

FORTUNE (Nic. -Célestin). Floricour ou l'Homme à la mode. *Paris, J. Dentu,* 1811, 2 vol. in-12.

— Léon Desarcis, ou le Danger des femmes. *Paris, Dentu,* 1813, in-12, 3 fr.

— Réflexions sur le bonheur. *Paris, Demonville,* 1811, in-8.

FOSCOLO (Ugo), poëte italien du xixᵉ siècle.

— Ultime Lettere di Jacopo Ortis tratte dagli autografi. *Parigi, Teof. Barrois figlio,* 1815, 1824, in-12; overo *Parigi, Dufour e comp.; Baudry,* 1825, in-12 con rame, 3 fr.

— Lettres de Jacopo Ortis, traduites de l'italien sur la sec. édition, par M. de S*** (de Senonnes). *Paris, Pillet,* 1814, 2 v. in-12, 4 fr.

Cette traduction a été reproduite la même année sous le titre du *Proscrit, ou Lettres de Jacopo Ortis.* Paris, Lefèvre; et en 1820, sous celui d'*Amour et Suicide, ou le Werther de Venise.* Paris, Dentu.

— Les mêmes, sous le titre de Dernières Lettres de Jacopo Ortis (trad. par M. Truchon). *Paris, Delestre-Boulage,* 1819, in-8, 5 fr.

— Les mêmes (-autre traduction). *Lyon, Kindelem,* 1823, in-12.

La Collection des chefs-d'œuvre des Théâtres étrangers renferme la traduction d'une tragédie de Foscolo, intitulée *Ricciarda.*

FOSSARD, chanoine archidiacre de l'église métropolitaine de Rouen, abbé de Marcheroux, prédicateur ordinaire du roi.

— Sermons. *Rouen, et Paris, Durand neveu,* 1786, 3 vol. in-12.

FOSSATI (Géo.), architecte, graveur et imprimeur italien du xviiiᵉ siècle.

— Recueil de diverses Fables dessinées et gravées par lui, en italien et en français. *Venise,* 1744, 6 part. en 3 vol. pet. in-fol., figures en couleur, 30 à 40 fr.

FOSSATI (le doct.). Influence (de l') de la physiologie intellectuelle sur les sciences, la littérature et les arts : Discours pour l'ouverture d'un cours de phrénologie, suivi d'un rapport sur la phrénologie en Italie, fait à la Société phrénologique d'Édimbourg, avec des notes. *Paris, Béchet jeune; Sautelet,* 1828, br. in-8, 1 fr. 50 c.

— Nécessité (de la) d'étudier une nouvelle doctrine avant de la juger, application de ce principe à la physiologie intellectuelle : Discours prononcé, le 14 janvier 1827, pour l'ouverture d'un cours de phrénologie, donné chez M. le docteur Gall, avec des notes. *Paris, Béchet jeune; Compère*, 1827, in-8 de 32 pag., 1 fr. 25 c.

FOSSE (La). Voy. LAFOSSE.

FOSSÉ, offic. supér. et mathématicien.
— Cheminée économique, à laquelle on a adapté la mécanique de Franklin. *Paris, Jombert*, 1786, in-8.
— Idées d'un militaire pour la disposition des troupes confiées aux jeunes officiers pour la défense et l'attaque des postes. *Paris, Didot l'aîné*, 1783, gr. in-4, avec fig. color., 18 à 20 fr., et pap. fin d'Annonay, 40 fr.

Ouvrage estimé.

— Précis sur la défense relative au service de campagne, à l'usage de l'officier d'infanterie. *Paris, Treuttel et Würtz*, 1802, in-12, 75 c.

FOSTER (James), théologien anglais du XVIIIe siècle.
— *Mémoires de la vie du lord Lovat. Relation de la conduite du comte de Kilmarnoch, après sa sentence prononcée. *Amsterdam*, 1747, in-12.
— Sermons sur divers sujets, traduits de l'anglais, sur la 3e édition (par J.-N.-S. ALLAMAND). Tom. Ier (et unique). *Leyde, C. J. Luzac*, 1739, in-8.

Ce volume ne contient que la traduction d'une partie des sermons de ce théologien.

FOTHERGILL (John), célèbre médecin anglais du XVIIIe siècle.
— Conseils aux femmes de 45 à 50 ans, ou Conduite à tenir lors de la cessation des règles; trad. de l'anglais, et augmentés de notes, par PETIT-RADEL. IIIe édit. *Paris, Méquignon-Marvis*, 1812, in-12, 1 fr. 25 c.

La première édit. de cette traduction est de 1800.

— Les mêmes, traduits par GIRAUDY, avec des notes. *Paris*, 1805, in-12, 1 fr. 25 c.
— Description du mal de gorge accompagné d'ulcères, qui a régné en Angleterre; trad. de l'anglais, par l'abbé de LARIVIÈRE. *Paris*, 1749, in-12, 2 fr. 50 c.

La Biographie universelle présente de La Chapelle comme traducteur de cet ouvrage.

— Remarques sur l'hydrocéphale interne, ou hydropisie des ventricules du cerveau; traduit de l'anglais, par BIDAULT DE VILLIERS. *Paris*, 1807, in-8, 1 fr.

FOUCARD (J.-B.-D.-M.-P.), médecin du bureau de charité du XIe arrondissement de Paris.

— Observations et Réflexions sur l'emploi de la diète lactée. *Paris, imp. de Lachevardière*, 1826, in-8 de 24 pag.

FOUCAUD (l'abbé de). * Notice sur la Sorbonne. *Paris, impr. de Le Normant*, 1818, in-8 de 64 pag.

FOUCAULT (le P.), jésuite. * Essor (l'), poëme dédié à MM. les abbés du séminaire de Saint-Sulpice, prenant l'essor à Issy pendant les vacances. 1736, in-12.

FOUCAULT (le comte de). * Moyens d'entretenir d'hommes les troupes provinciales, et de délivrer le peuple des maux que cet impôt cause par la forme actuelle de tirer au sort. 1789, in-8.

FOUCHÉ (Joseph), duc d'Otrante, ministre de la police générale sous Napoléon.
— Portefeuille de Fouché. Lettre de Fouché à Napoléon. *Paris, Dentu*, 1821, in-8 de 20 pages, 75 c.

Les Mémoires publiés sous le nom de Fouché sont apocryphes : ils ont été rédigés par M. Alph. de Beauchamp sur des notes de M. Jullian.

FOUCHECOUR (la comtesse de), née GRANT.
— Saisons (les) pour l'enfance et la première jeunesse, ou Dialogues amusants, moraux et instructifs, entre une mère et ses enfants. *Paris, Cordier*, 1826, in-12, fig. 2 fr.

FOUCHER (Paul), prêtre de l'Oratoire, membre de l'Académie des inscriptions, et censeur royal; né à Tours, le 4 avril 1704, mort le 4 mai 1778.
— * Géométrie métaphysique, ou Essai d'analyse sur les éléments de l'étendue bornée. *Paris*, 1758, in-8.

Les volumes 25 à 39 des Mémoires de l'Académie des Inscriptions renferment, de l'abbé Foucher, un *Traité historique de la religion des Perses*, en neuf mémoires et un Suppl., et les volumes 34 à 39, des *Recherches sur l'origine et la nature de l'hellénisme, ou de la religion de la Grèce*, en huit mémoires.
L'auteur de l'Éloge de cet écrivain, impr. dans le recueil de l'Académie des Inscriptions, dit qu'on doit encore à cet académicien des *Entretiens sur la religion*, des traductions d'ouvrages anglais, et une *Histoire de la maison de La Trémouille*, ouvrages qui sont restés inédits à ce qu'il paraît.

FOUCHER, docteur en médecine de l'Académie de Caen.
— Analogie visible entre les vertus civiles et les talents littéraires. 1765, in-8.
— * Lettre à une dame de province, sur l'article « de l'Amitié » inséré dans l'Année littéraire. 1762, in-12.

FOUCHER (Victor), substitut du procureur du roi, à Alençon.
— Acte du parlement d'Angleterre, du 22

juin 1825, etc., traduit de l'anglais (1827). Voy. ce titre à la Table des Anonymes.

— Administration (de l') de la justice militaire en France et en Angleterre. *Paris, Anselin et Pochard*, 1825, in-8, 2 fr.

FOUCHER D'OBSONVILLE (.....), voyageur et naturaliste français; né en 1734, mort le 14 janvier 1802.

— * Essais philosophiques sur les mœurs de divers animaux, avec des Observations relatives aux principes et usages de plusieurs peuples, ou Extraits des voyages de M. D. en Asie. *Paris, Couturier fils*, 1783, in-8, 5 fr., et in-12, 3 fr.

— * Éveil du patriotisme sur la révolution, par un citoyen de Paris. *Paris*, 1791, in-8.

— * Français (le) philantrope, ou Considérations patriotiques, relatives à une ancienne et nouvelle aristocratie. *Paris*, 1789, in-8.

— * Lettre d'un voyageur, à M. le baron de L***, sur la guerre des Turcs. *Paris, V.e Tillard*, 1788, in-8.

— * Supplément au Voyage de M. Sonnerat, par un ancien marin. *Amsterdam et Paris*, 1785, in-8.

Foucher d'Obsonville a été l'éditeur du Bagavadam, etc. (1788). Voyez ce titre à la Table des Anonymes.

FOUCHY (J.-Paul GRAND-JEAN DE), secrétaire perpétuel de l'Académie des sciences; né à Paris, en 1707, mort le 15 avril 1788.

— Éloge des académiciens de l'Académie royale des sciences morts depuis 1744. Tom. I.er (et unique). *Paris, V.e Brunet*, 1761, in-12.

Le fils de l'auteur s'était proposé de publier la suite, mais elle n'a jamais paru.

On a encore de ce savant plusieurs Observations et Mémoires imprimés dans le recueil de l'Académie des Inscriptions, et qui sont : une série d'Observations météorologiques faites à l'Observatoire royal, pendant les années 1744 à 1753, imprimées dans les vol. pour les années 1744 à 1754. — Observations de l'éclipse totale de lune, du 25 février 1747, faite à l'Observatoire roy. de Paris (1747).— Observation sur l'éclipse partielle du soleil, du 25 juillet 1748, faite à l'Observatoire de Paris (1748). *Idem* de l'éclipse partielle de lune, du 8 août 1748, faite au même lieu (1748). — Observation de l'éclipse de lune du 23 déc. 1749, faite au même lieu (1749).— Observation de l'éclipse totale de lune, du 19 juin 1750, faite à l'Observatoire royal en 1750 (1750). — Éloges de l'abbé de Bragelogne (1744); — du marquis de Torcy (1746); — de M. Peyronnie (1747); — de Jean Bernouilli (1748); — de Amelot (1749); — du duc d'Aiguillon, de M. de Crouzas, de M. Petit, de l'abbé Terrasson (1750). — Éloge de M. Fólkes (1754). — Observation de l'éclipse partiale de lune, du 2 décembre 1751, faite à l'Observatoire (1751). — Observation de l'éclipse de lune, du 27 mars 1755, faite à la Mormaire, près Montfort-l'Amaury (1755). — Observation du passage de Vénus sur le soleil, faite à la Muette, au cabinet de physique du roi (1761). — Observation de l'éclipse totale de lune du 18 mai 1761, faite à la Mormaire près Montfort-l'Amaury (1761). — Observation de quelques phases de l'éclipse de soleil du 17 octobre 1762, faite à la Mormaire près Montfort-l'Amaury (1764). — Observation de l'éclipse partiale du soleil du 5 août 1766 (1766). — Observation de quelques phases de l'éclipse de lune du 23 décembre 1768 (1769). — Observation du passage de Vénus sur le soleil, le 3 juin 1769, et de l'éclipse de soleil du 4 juin de la même année (1769). — Éloges de Mairan, de M. Morgagni, de M. Pitot (1771). — Éloges du baron Van-Swieten, de M. Buache (1772); de M. Morand, et de M. Hérissant (1773). — Observation de l'éclipse de lune, arrivée la nuit du 30 au 31 juillet 1776, faite à l'hôtel de Chaulnes (1776). — Description d'un instrument propre à mesurer la pesanteur de chaque couche de l'atmosphère (1780). — Mémoire sur une nouvelle construction de niveau absolument exempt de vérification (1781). — Moyen de convertir facilement et avec assez peu de frais un quart de cercle à pied en un instrument azimutal, ou du moins de lui en faire faire toutes les fonctions (*idem*). — Observation anatomique (1784). — Recherche sur la date des applications des lunettes aux instruments, etc. (1787). Enfin on a de Fouchy la description de quelques instruments de son invention, insérée dans le «Recueil des machines» de l'Académie, tom. V, VI et VII.

FOUCHY (A.-J.). * Adèle et Ferdinand, ou le Pêcheur de la Loire. *Paris, Dabo; Gueffier jeune*, 1816, 2 vol. in-12, 5 fr.

— Enfants (les) de la Nuit, ou les Aventures d'un Parisien. *Paris, Lerouge*, 1822, 3 vol. in-12, 6 fr.

FOUDRAS (Alex.). Campagne de Bonaparte en Italie, en l'an VIII, rédigée sur les Mémoires d'un officier de l'état-major de l'armée de réserve. *Paris*, 1800, in-8, 1 fr. 50 c.

— Mémoire d'Azanza et d'O-Faril, trad. de l'espagn. (1815). Voy. AZANZA.

FOUGAS. Grétry chez M.me Dubocage, vaudeville en un acte. *Paris, Martinet*, 1815, in-8.

Avec M***.

FOUGERAY (F.). Ali-Pacha, ou Jérôme l'Enflé au Panorama dramatique; pot-pourri. *Paris, Lejay*, 1822, in-18 de 36 pages.

FOUGERET DE MONTBRON. * Canapé (le) couleur de feu, par M. D..... *Amsterdam*, 1741, in-12.

— * Capitale (la) des Gaules, ou la Nouvelle Babylone. *La Haye*, 1759, 2 parties in-12.

— Chronique des rois d'Angleterre, etc.; trad. de l'angl. (1750). Voy. DODSLEY.

— * Citoyen (le) du monde. *Sans nom de ville*, 1752, in-12.

— * Cosmopolite (le), ou le Citoyen du monde. 1750, in-12.

— * Henriade (la) travestie, en vers bur-
lesques avec des notes critiques. *Berlin*
(*Paris*), 1745, in-12.

Cette parodie de la Henriade ne parut que vingt-
deux ans après le poëme de Voltaire : elle a été
souvent réimprimée, et récemment à Paris, chez
Plancher, 1817, in-12, 2 fr., et dans la même ville,
chez Théoph. Berquet, en 1825, in-32, 3 fr. 50 c.

— * Margot la ravaudeuse. *Hambourg*,
1750, in-12. — Nouvelle édition. 1793,
in-18.

—*Préservatif contre l'anglomanie. 1757,
in-8.

— * Voix (la) des persécutés. Cantate,
précédée d'un discours aux protecteurs de
l'innocence. *Amsterdam*, 1753, in-8.

FOUGERON (J.-B.), pharmacien, membre de la Société des sciences d'Orléans.

— Nouvelle Synonymie chimique, contenant tous les changements produits par les
dernières découvertes dans la nomenclature. *Paris, Méquignon-Marvis*, 1820, in-8
de 72 pag.

La prem. édit. a paru en 1815.

FOUGEROUX D'ANGERVILLE. Art
(l') du criblier. Suite du parcheminier
(de Lalande). *Paris*, 1772, in-fol. avec
2 pl., 2 fr.

Cet art fait partie de l'édition in-fol. des *Descriptions des arts et métiers, faites ou approuvées par messieurs de l'Académie royale des Sciences* ; et du tom. xiv
de la nouvelle édition in-4, faite à Neufchâtel, avec
des observations et des augmentations par J. E.
Bertrand.

FOUGEROUX DE BONDAROY (Aug.
Den.), neveu du célèbre Duhamel; mem-
bre de l'Académie des sciences; né à
Paris, en 1732, mort en 1789.

— Art de tirer des carrières la pierre d'ardoise, de la fendre et de la tailler. *Paris*,
1762, in-fol., avec 4 pl., 4 fr.

L'auteur s'attache particulièrement au travail
suivi dans les carrières d'Angers. Il avoue qu'il doit
un grand nombre d'observations à M. Sartre, entrepreneur d'ardoisières à Angers.

Cet Art fait partie de l'édition in-fol. des *Descriptions des arts et métiers, faites ou approuvées par messieurs de l'Académie royale des sciences*, et du tom. iv
de la nouvelle édition in-4, faite à Neufchâtel, avec
des observations et des augmentations par J. E.
Bertrand.

— Art de travailler les cuirs dorés ou ar-
gentés. *Paris*, 1762, in-fol., avec 2 pl.,
2 fr. 50 c.

Faisant partie de la même collection, et du tom. iii
de la nouvelle édition in-4.

— Art (l') du coutelier en ouvrages communs. *Paris*, 1772, in-fol., avec 7 planches, 3 fr. 75 c.

Faisant partie de la même collection, et du tom. xiv
de la nouvelle édition in-4.

— Art du tonnelier. *Paris*, 1763, in-fol.
avec 6 planches, 5 fr.

Faisant partie de la même collection, et du tom. vii
de la nouv. édit. in-4.

— Mémoire sur la formation des os. *Paris,
Guérin et Delatour*, 1763, in-8.

— Observations faites sur les côtes de
Normandie. 1773, in-4.

— Recherches sur les ruines d'Herculanum,
et sur les lumières qui peuvent en résulter,
relativement à l'état présent des sciences et
des arts, avec un traité sur la fabrication
des mosaïques. *Paris, Desaint*, 1769, in-12.

On doit encore à Fougeroux de Bondaroy tous
les mém. suiv., impr. de 1759 à 1788, dans le recueil
de l'Acad. des Sc. : Mém. sur les bois pétrifiés (1759)-
— Mémoire sur l'alun (1759). — Mémoire sur les os
(1760). — Mémoires sur les objectifs (1764). — Observations sur le lieu appelé Solfatare, situé proche
la ville de Naples (1765). — Observations sur une
mine de charbon de terre, qui brûle depuis long-
temps (1765). — Mémoire sur les aluminières, alu-
mières ou alunières de la Tolfa, aux environs de
Civita-Vecchia (1766). — Mémoire sur le Vésuve
(idem). — Mémoire sur Giallolino, ou Jaune de
Naples (idem).—Mémoire sur un insecte de Cayenne,
appelé maréchal, et sur la lumière qu'il donne
(idem). — Mémoire sur la lumière que donne l'eau
de la mer, principalement dans les lagunes de Venise (1767). — Mémoire sur la pierre appelée Tripoli (1769). — Mémoire sur des insectes sur lesquels on trouve des plantes (1769). — Mémoire sur
le coquillage appelé Datte en Provence (Savants
étrang., tom. V, 1768). — Mémoire sur les solfa-
tures des environs de Rome (Mém. de l'Académie
des Sc., ann. 1770). — Premier Mémoire sur le
Pétrole de Parme (1770). — Second mémoire sur le
Pétrole et sur des vapeurs inflammables communes
dans quelques parties de l'Italie (1770). — Mémoire
sur la nature du terrain de la montagne de Saint-
Germain-en-Laye, et Comparaison d'un morceau de
bois fossile qui a été trouvé avec le jayet (1770).
— Description d'un insecte de l'Amérique (1771).
— Observations faites par ordre du roi sur les côtes
de Normandie, au sujet des effets pernicieux qui
sont attribués, dans le pays de Caux, à la fumée
du varech, lorsqu'on brûle cette plante pour la réduire en soude (1771). — Sur un insecte qui s'attache à la chevrette (1772). — Second Mémoire
sur le varech, fait avec M. Tillet (1772), 2.e part.
— Mémoire sur le changement qu'éprouve l'os
de la partie des pieds de certains quadrupèdes appelé
le canon, (1772, sec. part.).—Prem.Mém. sur des dessins trouvés sur l'écorce et dans l'intérieur d'un
gros hêtre qu'on débitait en fente, avec deux planch.
(1777). — Second Mémoire sur des dessins trouvés
dans des bûches de chêne sciées transversalement,
où ces dessins sont concentriques, avec 3 planch.
(idem). — Nouvelles Observations sur le soufre
(1780). — Mémoire sur le bois du châtaignier et
sur celui du chêne ; comparaison de ces deux bois
(1781). — Mémoire sur un moyen proposé pour
détruire le méphitisme des fosses d'aisance (1782).
— Premier Mémoire sur le safran (1782). — Second
Mémoire sur la maladie du safran connue sous le
nom de Tacon (idem). — Mémoire sur une excroissance de l'épine blanche (idem). — Observation sur
le seigle ergoté (1783). — Mémoire sur une plante
du Pérou, appelée tourretia ou quinoa, nouvellement
connue en France (1784). — Mémoire sur l'abrico-
tier de Sibérie (idem). — Mémoire sur une nouvelle
espèce d'orme (idem). — Description d'un poisson
du genre des silures, appelé shaïd ou shaïden par

les Allemands (*idem*). — Mémoire sur l'emploi de l'écorce du platane pour tanner les cuirs (1785). — Mémoire sur l'usage qu'on pourrait faire des peaux de vache marine (1785). — Description d'un nouveau genre de plantes (1786). — Sur les étuves propres à la conservation des grains (*idem*).—Sur la formation des couches ligneuses (1787). — Mém. sur la fusion de différentes substances vitrifiables, et particulièrement sur un verre connu sous la dénomination de miroir de Virgile (1787). — Mémoire sur une détonation produite par une substance connue sous le nom de sel de verre, lorsque étant en fusion on le jette dans de l'eau (1788).

Cet académicien a eu part, avec Teissier et Thouin, à la partie de l'Agriculture de l'Encyclopédie, et aux Mémoires de la Société d'agriculture.

FOUILLOU (l'abbé Jacq.). * Mémoires sur la destruction de l'abbaye de Port-Royal des Champs. 1711, in-12.

L'abbé Fouillou est auteur de quelques ouvrages dont la publication est antérieure au XVIIIe siècle : il a été l'éditeur des Lettres d'Ant. Arnauld (1727). *Voy. ce nom.*

FOUILLOUX (Ant.), prêtre et avocat. — Réflexions sur les dispenses que quelques évêques accordent, concernant des prétendus empêchements de mariage entre parents et alliés. *Agen, imp. de Noubel*, 1826, in-4 de 20 pag.

FOUJOLS. Avis au peuple sur les hernies ou descentes. *Paris*, 1781, in-12.

FOULAINES (F.-N. de). * Anti-Machiavel (l'), ou Examen du «Prince» de Machiavel. *Paris, Treuttel et Würtz*, 1789, in-8, 2 fr. 25 c.

— Armée royale du Maine (commandant, le maréchal-de-camp comte d'Ambrugeac, 1 mai — 28 juillet 1815). — Campagnes des armées de Condé et de Bourbon, suivies de celles de 1814 et 1815. Extrait du Nain-Rose, 25 avril 1816. *Paris, de l'imp. de Gœtschy*, 1821, in-8 de 16 pag.

— Doutes soumis à M. L. G. Legal (de Morville), sur son Projet d'organisation maritime. *Paris, de l'impr. de Gueffier*, 1820, in-8 de 4 pag.

— Éducation (de l'.) selon l'Évangile, la Charte et le siècle. *Paris, de l'imp. du même*, 1820, in-8 de 40 pag.

— * Harmonie des cultes catholique, protestant et mosaïque, avec nos constitutions. Par l'auteur de « l'Anti-Machiavel. » *Paris*, 1809, in-8.

— Institutions en 1821. *Paris, Gœtschy*, 1821, in-8 de 48 pag.

Cet ouvrage devait former 2 volumes, mais il n'en a pas paru davantage que la première livraison.

— Lettre à M. Marchand, chevalier de l'ordre royal de la Légion-d'honneur. *Paris, de l'imp. de Moreau*, 1819, br. in-8.

— Réflexions d'un publiciste, sur l'ordre d'arrêter Mgr L. A. H. de Bourbon-Condé,

duc d'Enghien, et sur celui de traduire S. A. S., devant une commission militaire spéciale. *Paris, de l'imp. de Boucher*, 1819, in-8 de 48 pag.

FOULAN (Julhe de), avocat à la Cour royale.

Il est le rédacteur d'un Journal spécial des justices de paix, qui a commencé à paraître en 1821. Voy. ce titre à la Table des Anonymes.

FOULLÉ. Mémoire sur la question : Quels sont les moyens de perfectionner, dans les provinces Belgiques, la laine des moutons? qui a remporté le prix en 1776. *Bruxelles, de Boubers*, 1777, in-4 de 52 pages.

— Mémoire sur les meilleurs moyens de cultiver et de perfectionner les terres trop humides, marécageuses et souvent inondées, qui se trouvent en différentes parties de nos provinces, et particulièrement en Flandre ; qui a remporté le prix en 1777. *Bruxelles, Imp. académ.*, 1778, in-4 de 32 pag.

FOULLIÈRE (Ch.). Sur la peine de mort. *Paris, Janet père*, 1817, br. in-8.

FOULON (Dom), religieux, mort à Paris, le 15 juillet 1813.

— * Prières particulières en forme d'office ecclésiastique, pour demander à Dieu la conversion des Juifs et le renouvellement de l'Église (publiées par les soins de Dom Poisson). *En France, (Orléans, Rouzeau Montault)*, 1778, in-12.

Dom Foulon avait préparé pour cet Office une préface liturgique. L'éditeur y a substitué celle qui est en tête du volume.

— * Vie de saint Robert, abbé de Molème, instituteur de l'ordre de Cîteaux, avec un Office propre pour le jour et l'octave de sa fête. *Troyes*, 1776, in-8.

FOULON (N.), alors officier du sénat-conservateur.

— Histoire élémentaire, philosophique et politique de l'ancienne Grèce, depuis l'établissement des colonies jusqu'à la réduction de la Grèce en province romaine, par demandes et par réponses, dont l'une abrégée et l'autre explicative, formant un corps d'histoire, de morale et de politique. *Paris, Bernard; Fuchs, etc.*, 1801, 2 vol. in-8, avec des cartes géogr., 7 fr.

FOULON. Essai sur les fièvres adynamiques en général, notamment sur celle qui règne épidémiquement aux Indes-Occidentales, et sur ses rapports avec les maladies qu'on observe aujourd'hui en Europe. *Paris, Méquignon l'aîné*, 1816, in-8, 5 fr.

FOULON (J.-B.). Manuel chorographique de Paris et du département de la Seine, etc., publié par autorisation de M. le comte Chabrol de Volvic, préfet du département de la Seine. *Paris, Laurensainé; et l'Auteur,* 1815, in-8, 6 fr.

FOULQUIER. Traité sur le commerce de la république de Zurich. *Zurich,* 1753, in-4.

FOUQUE, d'Arles. Discours en vers sur ces mots : Dieu protége la France. *Paris, de l'imp. de Moreau,* 1825, br, in-8.

FOUQUÉ (Lamotte). Voyez LAMOTTE-FOUQUÉ.

FOUQUEAU DE PUSSY. Idées sur l'administration de la justice dans les petites villes et bourgs de France. *Paris, Godefroy,* 1789, in-8.

Les Mémoires de la Société d'émulation de Cambrai (vol. de 1817) renferment de M. Fouqueau de Pussy, *Aglaure, épisode d'un poëme ayant pour titre : Praxitèle,* ou la Statue de Vénus.

FOUQUET (Henri), célèbre professeur de médecine à l'Université de Montpellier; né en cette ville, en 1727, où il est mort, le 10 octobre 1806.

— Corpore (de) cribroso Hippocratis, seu de textu mucoso Bordevii. *Monspeliensis,* 1774, in-4.

— Discours sur la clinique. *Montpellier,* 1803, in-4.

— Dissertatio medica de diabete. *Monspeliensis,* 1783, in-4.

— Dissertation sur la théorie du pouls, trad. du lat. (1767). Voy. (au Supplém.) FLEMING.

— Essai sur le pouls par rapport aux affections des principaux organes, avec des figures, etc. Nouv. édit., augm. de l'article *Sensibilité,* inséré dans l'Encyclopédie, par le même; et précédée d'une Notice biographique sur l'auteur, par M. T. *Montpellier, Aug. Séguin,* 1818, in-8.

La première édition parut en 1767.

— Essai sur les vésicatoires (Nouv. édit.). *Montpellier, Aug. Séguin,* 1818, in-8.

C'est la réimpression de l'art. *Vésicatoire,* fourni par Fouquet au Dictionnaire de médecine de l'Encyclopédie.

— Fibræ (de) naturâ, viribus et morbis in corpore animali. *Monspeliensis,* 1759, in-4.

— Mémoires sur les fièvres et sur la contagion, trad. de l'angl. (1781). Voy. LIND.

— Nonnullis (de) morbis convulsivis œsophagii. *Monspeliensis,* 1778, in-4.

— Observations sur la constitution des six premiers mois de l'an v, à Montpellier, et sur les principales maladies qui ont régné

pendant ce semestre dans cette commune et dans les environs. *Montpellier,* 1798, in-8.

— Prælectiones medicæ decem, habitæ in Ludovicæo medico Monspeliensi, etc., *Monspeliensis,* 1777, in-12.

— Quæstiones medicæ XII. *Monspeliensis,* 1777, in-4.

— Sur le climat et les maladies de Montpellier. *Montpellier,* 1772, in-4.

— Traitement de la petite-vérole des enfants, à l'usage des habitants de la campagne et du peuple, dans les provinces méridionales; auquel on a joint (la traduction de) la Méthode actuelle d'inoculer la petite-vérole (de DIMSDALE). *Amsterdam et Montpellier,* 1772, 2 vol. in-12.

Ce savant a encore fourni, au Dictionnaire de médecine de l'Encyclopédie méthod., les articles Sécrétion, Sensibilité, Ustion, Ventouse, Vésicatoire.

FOUQUET, avocat à la Cour royale de Paris.

On lui doit un Tableau des ouvrages qui ont été publiés sur le notariat (1815), impr. dans un ouvrage de M. Rolland de Villargues, *voy. ce nom.* M. Fouquet est l'un des rédacteurs des « Annales de législation et de jurisprudence du notariat. »

FOUQUIER, professeur à la Faculté de médecine, médecin de l'hôpital de la Charité, membre titulaire de l'Académie roy. de médecine.

On doit au professeur Fouquier la traduction des Éléments de médecine de BROWN (1805); et, en société avec M. RATTIER, une édition latine ainsi qu'une traduction française du Traité de médecine de CELSE (1823). Voy. BROWN, et CELSE.

FOUQUIER-CHOLET, procureur du roi près le tribunal de première instance de Saint-Quentin.

— Mœurs (des), des opinions, des habitudes et des usages dans la ville de Saint-Quentin, depuis le VIIe siècle jusqu'à nos jours. *Saint-Quentin, de l'impr. de Tilloy,* 1823, in-8.

— Précis historique des occupations militaires de la ville de Saint-Quentin, en 1814 et 1815. *Saint-Quentin, de l'imp. du même,* 1824, in-8.

— Saint-Quentin ancien et moderne, ou Notice historique sur la ville de Saint-Quentin. *Saint-Quentin, de l'imp. du même,* 1822, in-8.

— Société actuelle, ou Observations sur nos mœurs, nos goûts et notre esprit. *Saint-Quentin, de l'imp. du même,* 1827, in-8.

FOUQUIER DE MAISSEMY. Avantages d'une constitution faible; aperçu médical. *Paris, Gabon,* 1802, in-8, 1 fr.

FOURCADE , juge de paix, à Cruzy (Yonne).

— * Vérité (la) toute nue, ou Réponse par les faits à tous les mensonges imprimés et manuscrits de Jacques Cherest , contre les Tonnerrois. *Paris*, an v (1797), in-8.

FOURCADE PRUNET (J.-G.), docteur en médecine de la Faculté de Paris, médecin du ministère des finances, médecin du bureau de Charité du 1er arrondissement, membre de plusieurs Sociétés savantes.

— Dissertation sur l'oxide blanc d'arsenic considéré sous le rapport physiologique, médico-légal et thérapeutique, *Paris, de l'imp. de Didot jeune*, 1821, in-4 de 29 p.

Thèse de l'auteur.

— Maladies nerveuses des auteurs, rapportées à l'irritation de l'encéphale, des nerfs cérébro-rachidiens et splanchniques, avec ou sans inflammation. *Paris, Mlle Delaunay*, 1826, in-8, 5 fr. 50 c.

On a encore de ce médecin un *Mémoire sur la phthisie pulmonaire*, impr. dans les Annales de la médecine physiologique, ann. 1822.

FOURCROY (l'abbé de), né à Orléans, suivant l'abbé de Claustre, et à St-Germain-en-Laye, d'après une note manuscrite.

Cet ecclésiastique est auteur de quelques ouvrages dont la publication est antérieure au XVIIIe siècle : des *Sentimens de Charles II, roi de la Grande-Bretagne, etc.*, dont il est l'éditeur, appartiennent seuls à ce siècle. Voy. ce titre à la Table des Anonymes.

FOURCROY (le comte Ant.-Fr. de), conseiller-d'état, membre de l'Institut et de la plupart des Académies et Sociétés savantes de l'Europe, professeur de chimie au Muséum d'histoire naturelle , à la Faculté de médecine et à l'École Polytechnique ; né à Paris, le 15 juin 1755, mort dans la même ville, le 16 décembre 1809.

— Analyse de l'eau sulfureuse d'Enghien, pour servir aux eaux sulfureuses en général. *Paris*, 1788, in-8.

Avec de Laporte.

— Art (l') de connaître et d'employer les médicaments dans les maladies qui attaquent le corps humain. *Paris*, 1785, 2 v. in-12 de 450 et 390 pag.

— Discours sur l'union de la chimie et de la pharmacie, prononcé à la Société libre des pharmaciens. *Paris*, 1798, in-8.

— Entomologia parisiensis , sive Catalogus insectorum quæ in agro Parisiensi reperiuntur, secundùm methodum Geoffræanam in sectiones, genera et species distributus. *Parisiis*, 1785, 2 vol. in-12.

C'est une nouvelle édition de l'Entomologie du célèbre Geoffroy, augmentée d'un grand nombre d'espèces qu'il n'avait pas décrites.

— Essai sur les maladies des artisans, trad. de l'italien. (1777). Voy. RAMAZZINI.

— Éléments d'histoire naturelle et de chimie. VIe édit. *Paris*, 1798, 6 vol. in-8.

La première édition, qui parut en 1781, sous le titre de *Leçons d'histoire naturelle*, ne forme que deux volumes : celles qui l'ont suivie ont toujours été beaucoup augmentées. Fourcroy ayant fait, depuis 1798, de nouvelles augmentations considérables à son ouvrage , le publia sous le titre de *Système des connaissances chimiques*, etc. Voy. plus bas.

— Médecine (la) éclairée par les sciences physiques. *Paris, Buisson*, 1791, 4 vol. in-8.

Ouvrage périodique qu'avait entrepris Fourcroy.

— Mémoires et Observations, pour servir de suite aux « Éléments de chimie ». *Paris*, 1784, in-8.

— Philosophie chimique, ou Vérités fondamentales de la chimie moderne, destinées à servir d'éléments pour l'étude de cette science. IIIe édit. *Paris, Gabr. Dufour*, 1806, in-12, 4 fr. ; in-8, grand pap. vél., 7 fr.

La prem. édit. parut en 1792.

— Principes de chimie, à l'usage de l'École vétérinaire. *Paris*, 1788, 2 vol. in-18.

— Procédé pour extraire la soude du sel marin. 1795, in-4.

— Rapport sur le Mémoire de M. Brongniart (. . . .). Voy. VAUQUELIN.

— Système des connaissances chimiques et de leur application aux phénomènes de la nature. *Paris*, an IX-X (1801), 6 vol. in-4, y compris la table, 60 fr. ; et plus en papier vélin ; ou 11 vol. grand in-8, y compris la table, 50 à 60 fr.

La Table alphabétique et analytique, formant le onzième vol. de l'édit. in-8, et le sixième de celle in-4, a été rédigée par madame DUFIERY.

Cet ouvrage a été imprimé pour la première fois en 1761, en 2 vol. in-8, sous le titre de *Leçons d'histoire naturelle et de chimie*.

— Tableau pour servir de résumés aux leçons de chimie à l'École de médecine de Paris pendant l'an VIII. *Paris*, 1799, in-8, 75 c.

— Tableaux synoptiques de chimie. *Paris*, Ve Courcier, 1800, 1805, pet. in-fol. 7 fr. 50 c.

Fourcroy a eu part à la *Méthode de nomenclature chimique* (1787), voy. ce titre, et aux annotations de la traduction de l'Essai sur le phlogistique et sur la construction des acides, par KIRVAN (1788), voy. ce nom.

Aussi laborieux que savant, Fourcroy ne se borna pas à la publication des seuls ouvrages que nous venons d'indiquer : les volumes de l'Académie des Sciences, de l'Institut, des Sociétés de médecine et d'agriculture, la grande collection des Annales de chimie, celles du Journal de physique, et du Journal des mines, du Bulletin de la Société philomatique, la Décade philosophique, etc., etc., renferment un grand nombre de mémoires de lui. Il avait entrepris lui-même un recueil périodique sur les applications de la chimie à la médecine; il a dirigé pendant trois ans la rédaction du Journal des pharmaciens, et les Annales du Muséum d'hist. naturelle, dont il a conçu la prem. idée, contiennent beaucoup de ses articles. L'Encyclopédie, ainsi que les premiers volumes du Dictionnaire des sciences naturelles, renferment encore un grand nombre d'articles de chimie. L'indication exacte de tous les mémoires et articles d'un savant aussi distingué que Fourcroy serait aussi intéressante qu'utile; mais il serait presque impossible de la donner exacte, en raison du grand nombre de recueils où ils sont disséminés: nous nous bornerons à indiquer ses principaux, qui se trouvent consignés dans quatre recueils, savoir : dans les *Mémoires de l'Académie des Sc.* : Mémoire pour servir à l'histoire anatomique des tendons, en six parties (1785 - 87). — Expérience sur une huile de vitriol fumante de Saxe, et sur le sel volatil concret qu'on en retire par la distillation (1785). — Mémoire sur la formation et les propriétés du gaz hépatique (1787). — Observations sur un nouveau moyen de se procurer facilement l'espèce de fluide élastique, connue sous le nom de mofette atmosphérique, et sur la production de ce gaz dans les animaux (*idem*). — Mémoire sur la nature du vin lithargiré ou altéré par le plomb, et sur quelques moyens nouveaux d'y reconnaître la présence de ce dangereux métal (1787). — Mémoire sur la combustion de plusieurs corps dans le gaz acide muriatique oxigéné (1788). — Mém. sur les phénomènes qui ont lieu dans la précipitation des dissolutions métalliques par l'ammoniaque (alcali volatil) (*idem*). — Nouvelles Expériences sur les matières animales, faites dans le laboratoire du Lycée (1785). — Observations sur un changement singulier, opéré dans un foie humain par la putréfaction (*idem*). — Mémoire sur la coloration des matières végétales par l'air vital, et sur une nouvelle préparation des couleurs solides pour la peinture (*id.*). — Description et Analyse chimique d'une mine de plomb verte du hameau des Roziers, près Pont-Gibaud, en Auvergne, lue à l'Académie le 18 mai 1789 (1789). — Mémoire sur les différents états du sulfate de mercure, sur la précipitation de ce sel par l'ammoniaque, et sur les propriétés d'un nouv. sel triple, ou du sulfate ammoniaco-mercuriel (1790). — Observation sur la formation de l'acide nitrique qui a lieu pendant la décomposition réciproque de l'oxide de mercure et de l'ammoniaque (1790). — Mémoire sur la combustion du gaz hydrogène dans des vaisseaux clos, en commun avec MM. Vauquelin et Séguin (1790). 2° Dans le *Journal de l'École Polytechnique* : des Propriétés de l'acide sulfureux et de ses combinaisons avec les bases terreuses et alcalines (tom. Ier, 1794). — Sur l'esprit recteur de Boerhaave, l'arome des chimistes français, ou le principe de l'odeur des végétaux (tom. II, 1798). — Cours de chimie des substances salines (*id., id.*).—Discours sur les avantages de l'étude de la chimie, et sur la manière dont elle est enseignée à l'École Polytechnique (tom. III, 1799). — Avec M. Thénard : Recherches sur les oxides et sur les sels de mercure (tom. VI, 1806). 3° Dans les *Mémoires de l'Institut*, section des sciences mathématiques et physiques : avec Vauquelin : Expériences sur les détonations par le choc (tom. II, 1799). Avec *le même* : Mémoire sur les propriétés de la barite pure, et sur ses analogies avec la strontiane (*id., id.*). — Avec *le même* : Mémoire sur la comparaison et la différence de la strontiane et de la barite (*id., id.*). — Expériences sur les deux états du phosphate de chaux, sur l'analyse de la base des os, et sur la préparation du phosphore (*id., id.*). — Avec Vauquelin : Mémoire sur l'urine de cheval

comparée à l'urine de l'homme, et sur plusieurs points de physique animale (*id., id.*).—Avec *le même* : Mémoire sur l'analyse des calculs urinaires humains, et sur les divers matériaux qui les forment (tom. IV, 1803). — Avec *le même* : Mémoires (deux) pour servir à l'histoire naturelle, chimique et médicale de l'urine humaine, contenant quelques faits nouveaux sur son analyse et son altération spontanée (*id., id.*). — Avec MM. Vauquelin et Thénard : Mémoire sur la nature comparée du gaz oxide d'azote et de l'oxide nitreux de M. Davy, et du gaz nitreux (tom. VI, 1806). — Avec M. Vauquelin : Nouv. Expériences sur le lait de vache (*id., id.*). — Avec *le même* : Mémoire sur le guano, ou sur l'engrais naturel des îlots de la mer du Sud, près des côtes du Pérou (*id., id.*). — Avec *le même* : Analyse du tabasheer (*id., id.*). — Avec *le même* : Mémoire sur la nature chimique du blé carié (*id., id.*). — Avec *le même* : Mémoire sur la découverte d'une nouvelle matière inflammable et détonnante, formée par l'action de l'acide nitrique sur l'indigo et les matières animales (*id., id.*). — Avec *le même* : Mémoire sur les phénomènes et les produits que donnent les matières animales traitées par l'acide nitrique (*id., id.*). — Avec *le même* : Mémoires (deux) sur le platine brut, sur l'existence de plusieurs métaux, et d'une espèce nouvelle de métal dans cette mine (*id., id.*). — Avec *le même* : Expériences sur l'analyse des graines céréales et légumineuses, pour servir à l'histoire de la germination et de la fermentation (tom. VII, 1806). — Avec *le même* : Expériences sur la nature comparée de l'ivoire frais, de l'ivoire fossile et de l'émail des dents (*id., id.*). — Avec *le même* : Expériences chimiques pour servir à l'histoire de la laite des poissons (tom. VIII, 1807). — Avec Desmarest : Rapports sur les draps fabriqués à la manufacture de Montolieu, aux environs de Carcassonne (*id., id.*). — Avec Vauquelin : Essai sur les propriétés et les usages du mucus animal (tom. IX, 1809). — 4° Dans les *Annales du Muséum d'histoire naturelle* : Analyse de l'alumine de Hall en Saxe (tom. I, 1802). — Mémoire sur le nombre, la nature et les caractères distinctifs des différents matériaux qui forment les calculs, les bézoards et les diverses concrétions des animaux, avec une pl., (*id., id.*). — Mémoire sur la nature chimique des fourmis, et sur l'existence simultanée de deux acides végétaux dans ces insectes (*id., id.*). — Recherches chimiques sur le pollen, sur la poussière fécondante du dattier d'Egypte, *Phœnix dactylifera* (*id., id.*). — Observations sur les calculs des animaux, comparés à ceux de l'homme (tom. II, 1803). — Analyse de l'eau du grand puits du Jardin des Plantes, situé entre la serre tempérée et les galeries d'anatomie (*id., id.*). — Mémoire sur les pierres tombées de l'atmosphère, et spécialement sur celles tombées auprès de l'Aigle, le 6 floréal an XI ; lu à l'Institut le 28 fructidor de la même année (tom. III, 1804). — Premier Résultat des nouvelles recherches sur le platine brut, et Annonce d'un nouveau métal qui accompagne cette espèce de mine (*id., id.*). — Analyse des calculs de la vessie urinaire d'une chienne (*id., id.*). — Mémoire sur un nouveau minéral de l'Ile-de-France, reconnu par l'analyse pour un véritable phosphate de fer pur, et cristallisé (*id., id.*). — Notice d'une suite de recherches sur le nouv. métal qui existe dans le platine brut; extrait de deux mém. lus à l'Institut, le 23 pluviose an XII (tom. IV, 1804). — Avec M. Vauquelin : Mémoire sur la nature chimique et la classification des calculs ou concrétions qui naissent dans les animaux, et que l'on connaît sous le nom de Bézoards (*id., id.*). — Avec *le même* : Expériences comparées sur l'arragonite d'Auvergne, et le carbonate de chaux d'Islande (*id., id.*). — Avec *le même* : Analyse de l'ichtyophtalmite (tom. V, 1804). — De la Nature chimique du blé carié. Extrait d'un Mémoire lu le 30 vendémiaire an XII, à l'Institut, par MM. FOURCROY et VAUQUELIN (tom. VI, 1805). — Notice sur l'existence du phosphate de magnésie dans les os (id., id.). — Avec M. VAUQUELIN : Mémoire pour servir à l'histoire chimique de la germination des plantes et de la fermentation des graines et des farines (tom. VII, 1806). — Avec le même : Notice sur les propriétés comparées de quatre métaux nouvellement découverts dans le platine brut ; lu à l'Institut le 17 mars 1806 (id., id.). — Avec le même : Analyse du suc de bananier (tom. IX, 1807). — Avec le même : Expériences sur l'acide tartareux, et particulièrement sur l'acide qu'il fournit par la distillation sèche (id., id.). — Avec le même : Expériences faites sur des os retirés d'un tombeau du XIᵉ siècle, trouvé dans le sol de l'ancienne église de Sainte-Geneviève de Paris (tom. X, 1807). — Avec le même : Extrait d'un Mémoire ayant pour titre : Expériences chimiques pour servir à l'histoire de la laite des poissons (id., id.). — Avec le même : Description et Analyse d'une concrétion calculeuse tirée d'un poisson, avec une pl. (id., id.). — Avec le même : Extrait d'un Mémoire sur l'analyse chimique de l'oignon (Allium cepa) ; lu à l'Institut, le 9 nov. 1807 (id., id.). — Avec le même : Extrait d'un Mémoire lu le 7 mars 1808, à la première classe de l'Institut, et ayant pour titre : Nouvelles expériences sur l'Urée (tom. XI, 1808). — Extrait d'un Mémoire de MM. FOURCROY et VAUQUELIN sur les propriétés et les usages du mucus animal, lu à l'Institut, le 4 janv. 1808 (tom. XII, 1808). — Avec M. VAUQUELIN : Mémoire sur l'existence du fer et du manganèse dans les os (id., id.). — Mémoire sur l'existence de l'oxalate calcaire dans les végétaux, et sur l'état où se trouve la chaux dans les plantes (tom. XIII, 1809). — Avec M. VAUQUELIN : Expériences sur les os humains, pour faire suite au Mémoire sur les os de bœuf (id., id.). — Avec le même : Mémoire sur l'existence d'une combinaison de tannin et d'une matière animale dans quelques végétaux (tom. XV, 1810). — Avec le même : Analyse de l'urine d'autruche, et Expériences sur les excréments de quelques autres familles d'oiseaux (tom. XVI, 1810). — Avec le même : Analyse d'une espèce de madrépore pêché à la sonde à 35 brasses de profondeur, aux environs du cap Leuwin, et rapporté par M. Péron (tome XVIII, 1811).

FOURCROY DE GUILLERVILLE (J. L.-de), conseiller au bailliage de Clermont en Beauvoisis; né à Paris, en 1717, mort à Clermont, en 1799.

— Enfants (les) élevés dans l'ordre de la nature, ou Abrégé d'histoire naturelle des enfants du premier âge, etc. Nouv. édit. Paris, 1783, in-12.

Ouvrage estimable, dont la première édit. parut en 1774.

— Lettres sur l'éducation physique des enfants du premier âge. Paris, 1770, in-8.

FOURCROY DE RAMECOURT (Ch.-Ric.), frère du chimiste, directeur-général du génie; né à Paris, le 19 janvier 1715, où il est mort, le 12 janvier 1791.

— Art du chaufournier. Paris, 1766, in-fol. avec 15 pl.

Cet Art fait partie de l'édition in-fol. des Descriptions des arts et métiers, faites ou approuvées par Messieurs de l'Académie royale des sciences ; et du tom. IV de la nouvelle édition in-4, faite à

Neufchâtel, avec des observations et des augmentations, par J.-E. BERTRAND.

— Art (l') du tuilier et du briquetier (1760). Voy. DUHAMEL.

— * Mémoires sur la fortification perpendiculaire, par plusieurs officiers du génie. Paris, Nyon aîné, 1786, in-4 avec pl.

— Plan de communication entre l'Escaut, la Sambre, l'Oise, la Meuse, la Moselle et le Rhin, pour réunir toutes les parties intérieures de la France....

On a encore du même des Observations sur les marées, à la côte de Flandre, ou Recherches sur la hauteur convenable aux digues, quais, écluses, batardeaux, et autres ouvrages contre la mer, avec une planche, impr. dans le VIIIᵉ volume du recueil des Savants étrangers, 1780, et des Observations sur une illusion d'optique, impr. parmi les Mém. de l'Académie des sciences, ann. 1784. Il a fourni des Observations microscopiques au « Traité du cœur », de Sénac; et des Remarques et descriptions au « Traité des pêches », de Duhamel.

Biogr. univ.

FOURCY. Analyse des eaux alcalino-martiales de Trye-le-Château. 1779, in-12.

FOUREAU DE BEAUREGARD, doct. en médecine.

— Vues prophylactiques et curatives sur la fièvre jaune, extraites d'un Mémoire en date du 31 décembre 1823, intitulé : Topographie physique et médicale de Florence, et d'une partie de la Toscane; présentées à l'Académie royale de médecine et à l'Académie royale des sciences de l'Institut de France. Paris, imp. de Guiraudet, 1826, in-8 de 24 pag.

FOURIER (le bar. J.-B.-Jos.), géomètre-mécanicien, secrétaire de l'Académie royale des sciences (section de mathématiques), et membre de l'Académie française; né à Auxerre, le 21 mars 1768.

— Discours prononcé dans la séance publique tenue par l'Académie française pour la réception de M. le baron Fourier, le 17 avril 1827. Paris, F. Didot, 1827, in-4 de 32 pag.

— Rapport sur les établissements appelés Tontines. Paris, 1821, in-4.

— Théorie analytique de la chaleur. Paris, F. Didot, 1822, in-4 avec 2 pl., 25 fr.

On doit encore à cet académicien un Mémoire sur la statique, contenant la démonstration du principe des vitesses virtuelles, et la théorie des moments, impr. dans le tom. II du Journal de l'École Polytechnique (1798); le Discours préliminaire, servant de Préface historique à la Description de l'Égypte (1810), chef-d'œuvre de style, et qui est devenu le titre d'admission de l'auteur à l'Académie française. Depuis lors les travaux de M. le baron Fourier font tous partie des Mémoires de l'Académie des sciences, où l'on trouve : Éloge de M. Delambre (tom. IV, 1824). — Théorie du mouvement de la chaleur dans les corps solides (tom. IV, 1824).

Analyse des travaux de l'Acad. roy. des sciences , pendant l'année 1822, section de mathématiques (tom. V, 1826). — Suite du Mém. intitulé : Théorie du mouvement de la chaleur, etc. (*id.*, *id.*). — Analyse des travaux de l'Académie pendant l'année 1823.—Eloge historique de Sir W. Herschell (tom. VI, 1827). — Analyse des travaux de l'Académie pendant l'année 1824.—Eloge de M. Bréguet (tom. VII, 1827). — Mémoire sur les températures du globe terrestre et les espaces planétaires (*id.*, *id.*). — Mémoire sur la distinction des racines imaginaires, et sur l'application des théorèmes d'analyse algébrique aux équations transcendantes qui dépendent de la théorie de la chaleur (*id.*, *id.*).—Analyse des travaux de l'Acad. roy. des sciences pendant 1825, partie mathém.—Eloge historique de M. Charles.—Mémoire sur la théorie analytique de la chaleur. (Tom. VIII, 1829).

On attribue au baron Fourier les *Recherches statistiques sur la ville de Paris*, publ. d'après les ordres de M. Chabrol de Volvic, préfet de la Seine (voy. ce dernier nom).

Cet académicien est l'un des rédacteurs de la Revue encyclopédique (1819).

FOURIER (Ch.) de Lyon. Sommaire de la htéorie d'association agricole, ou Attraction industrielle. *Besançon*, 1823, in-8.

— * Théorie des quatre mouvements et des destinées générales. Prospectus et Annonce de la découverte. *Leipzig* (*en France*), 1808, in-8 de 425 pag., non compr. la Table, avec 6 fig.

— Traité de l'association domestique agricole. Vol. I et II. *Besançon, et Paris, Bossange père*, 1822, 2 vol. in-8, 15 fr.

FOURMONT (Ét.), laborieux érudit, professeur de langue arabe et membre de l'Académie des inscriptions ; né près Saint-Denis, le 23 juin 1683, mort le 18 décembre 1745.

— Catalogue des ouvrages de M. Fourmont (rédigé par lui-même). *Amsterdam* (*Paris*), 1731, in-8.

Ce catalogue présente une liste de cent vingt-deux ouvrages dans lesquels sont compris ceux que l'auteur n'avait qu'ébauchés ou dont seulement il n'avait tracé que la première page. Il est précédé de trois lettres sans des noms empruntés , dans lesquelles il se prodigue à lui-même de magnifiques éloges, se fait des objections et y répond avec une naïveté vraiment singulière.

— Lettre de R. Ismael Ben Abraham , juif converti, à M. l'abbé Houteville, sur son livre intitulé : « la Religion chrétienne prouvée par les faits ». *Paris, Thiboust*, 1722, in-12.

— Linguæ Sinarum mandarinicæ hieroglyphicæ Grammatica duplex, latine , et cum characteribus Sinensium. *Parisiis*, 1742, in-fol., 12 à 20 fr.

On trouve à la suite de cette grammaire un Catalogue des livres chinois de la Bibliothèque royale.

— Meditationes sinicæ, complectentes artem legendi linguæ sinicæ characteres. *Parisiis*, 1737, in-fol., 9 à 15 fr.

— Monâàcah , ceinture de douleurs, ou Réfutation du livre intitulé : « Règles pour l'intelligence des Saintes - Écritures (de Duguet); composée par Rabbi-Ismaël-Ben Abraham. *Paris, Thiboust*, 1723 , in-12.

Composé par Fourmont.

— * Racines (les) de la langue latine, mises en vers franç. *Paris, Lemercier*, 1706, in-12.

Cet ouvrage a été copié mot à mot, et réimpr. en 1789, sous le nom de l'abbé de Sucre du Plan, in-12.

— Réflexions sur l'origine, l'histoire et la succession des anciens peuples Chaldéens , Hébreux, Phéniciens, Égyptiens, Grecs, jusqu'au temps de Cyrus; augmentées de la Vie de l'auteur (par A.-A. Leroux de Hauterayes et de Guignes), et du Catalogue de ses ouvrages. *Paris*, 1747, 2 vol. in-4, 12 à 15 fr.

Même édition que celle de 1735, à laquelle on a mis de nouveaux frontispices et ajouté la vie de l'auteur , et le catalogue des ouvrages de l'auteur que les éditeurs ont réduit à une plus juste mesure.

Outre les ouvrages ci-dessus, on a encore de Fourmont les mémoires suivants , impr. dans le recueil de l'Académie des inscriptions : De l'Enfer poétique (tom. III, 1723). — Des Juifs hellénistes (*id.*, *id.*). — Dissertation sur l'Art poétique et sur les vers des anciens Hébreux (tom. IV, 1723). — Examen du sentiment ordinaire sur la durée du siége de Troie (tom. V , 1729). — Des Règles de critique qu'on doit observer dans le rétablissement des textes altérés; avec quelques exemples qui en découvrent l'usage (*id.*, *id.*). — Des Citations (*id.*, *id.*). — De quelle manière on doit entendre une strophe de l'ode xxxii du 1er livre d'Horace (*id.*, *id.*). — Réflexions sur la signification du mot Ἔγχος (tom. VII, 1733). — Sur l'utilité des langues orientales, pour la connaissance de l'histoire ancienne de la Grèce (*id.*, *id.*). — Mémoire historique sur le Sabiisme , ou la religion des anciens Sabiens, appelés aujourd'hui Sabis, Sabaïtes, Mandaïtes , ou les Chrétiens de Saint-Jean (tom. XII, 1740) — Dissertation critique sur l'époque de la ponctuation hébraïque de la Massore, .telle qu'elle est aujourd'hui, dont l'auteur, jusqu'ici inconnu, est désigné par un manuscrit de la Bibliothèque du Roi (tom. XIII, 1740). — Dissertation sur les Annales chinoises, où l'on examine leur époque et la croyance qu'elles méritent (*id.* ; *id.*). — Dissertation sur l'ouvrage d'Évhémère, intitulé ΙΕΡᾺ ΑΝΑΓΡΑΦΉ : sur la Panchaïe, dont il parlait, et sur la relation qu'il en avait faite, en deux parties. Dans la première , on examine si son Voyage peut passer pour un voyage de pure invention; dans la seconde on prouve que les lieux dont il a parlé ne sont point inconnus, et que les récits qu'il en faisait n'étaient pas sans fondement (tom. XV, 1740). — Dissertation sur les manuscrits hébreux ponctués, et les anciennes éditions de la Bible (tom. XIX, 1743).

Fourmont a été l'éditeur du second Voyage de Paul Lucas dans la Grèce (1712).

FOURMONT (Michel), frère du précédent, professeur de langue syriaque , membre de l'Académie des inscriptions; né le 28 septembre 1690, mort le 5 février 1745.

Nous ne connaissons de Mich. Fourmont que les Mémoires suivants, qui sont imprimés parmi ceux de l'Académie des inscriptions : Relation abrégée du Voyage littéraire que M. l'abbé Fourmont a fait dans le Levant par ordre du Roi, dans les années 1729 et 1730 (tom. VII, 1733). — Histoire d'une révolution arrivée en Perse dans le sixième siècle (*id.*, *id.*). — Dissertation où l'on montre qu'il n'y a jamais eu qu'un Mercure (*id.*, *id.*). — Dissertation sur les Vénus des anciens, dans laquelle on fait voir qu'il n'y en a jamais eu qu'une (*id.*, *id.*). — Explication de la fable d'Orion, dans laquelle on la rapporte à l'histoire sainte, et où l'on prouve que ce qu'en disaient les Grecs, ils ne l'avaient tiré que d'auteurs phéniciens (tom. XIV, 1743). — Remarques sur trois inscriptions trouvées dans la Grèce (tom. XV, 1743).

FOURMONT (Cl.-L.), fils du précéd., orientaliste; né à Cormeilles, en 1713, mort le 4 juin 1780.
— * Description historique et géographique des plaines d'Héliopolis et de Memphis. *Paris, Briasson; Duchesne*, 1755, petit in-12, avec 3 pl.

FOURMY, fabricant d'hygiocérames et autres produits céramiques.
— Essai sur les chaux à bâtir et sur les mortiers calcaires. *Paris, Janet et Cotelle*, 1827, in-8 de 48 pag. 1 fr. 25 c.
— Mémoire sur les hygiocérames. *Paris*, 1804, in-8.
— Mémoire sur les ouvrages de terres cuites, et particulièrement sur les poteries. *Paris, Villier*, 1802, in-8, 1 fr. 50 c.
— Recueil de Mémoires relatifs à l'art céramique. *Paris*, 1805, in-8, 2 fr.

On trouve du même dans le Journal des Mines les divers mémoires suivants : Mémoire sur cette question : Indiquer les substances terreuses et les procédés propres à fabriquer une poterie résistant aux passages subits du chaud et du froid, et qui soit à portée de toutes les citoyens; cour. par l'Institut (tom. XIV, 1803). — Sur les thermomètres en terre cuite, appelés en France pyromètres, en deux mém. (tom. XIV et XXVIII). — Mém. sur l'opacification des corps vitreux (tom. XXX, 1811).

FOURNEAU, chanoine de l'église de Laon; né à Reims, le 27 mai 1726.
— Narrations (les) et autres Poésies. *Amsterdam, et Paris, Vᵉ Duchesne*, 1772, in-12.

Réimpr. en 1789, sous ce titre : les Faits mémorables, ou Narrations héroïques, suivies d'épîtres, odes et poésies fugitives; nouv. édit., corrigée et augmentée. *Paris*, veuve Duchesne, 2 part in-12.

FOURNEAU (Nic.), maître charpentier à Rouen, mort au commencement du xixᵉ siècle.
— Art (l') du trait de charpenterie. *Paris, Didot fils*, 1786, ou 1802, 4 part. en un vol. in-fol. fig., 42 fr.

Cet ouvrage, dont les parties ont paru pour la première fois à Rouen, chez Laurent Dumesnil, de 1767 à 1772, se vend par parties séparées, qui ont été réimprimées plusieurs fois à Paris au fur et à mesure qu'elles ont manqué, et sans indication de

1ʳᵉ, 2ᵉ et 3ᵉ édition, le texte étant toujours le même. Voici le détail de l'ouvrage tel qu'on le trouve maintenant chez Firmin Didot.
Première Partie. *Paris*, * Firmin Didot, an x (1802), in-fol. de IV et 53 p., avec 20 pl., 10 fr.50 c.
Avertissement de l'édition de 1786 : « On sera « peut-être surpris que cet ouvrage n'aille pas de « suite; la raison est que plusieurs personnes ont « envie de quelques pièces différentes; les unes des « nolets, les autres du pavillon, et d'autres des- « escaliers. C'est pourquoi j'ai pris du commence- « ment, du milieu et des trois-quarts, afin de sa- « tisfaire les personnes qui me le demandent jour- « nellement, etc. »
Seconde Partie, revue et corrigée par l'auteur en 1791, où l'on a joint des Observations générales et particulières sur la pratique du Trait, ainsi qu'un Dictionnaire de tous les termes de charpente. *Paris*, * Firmin Didot, 1791, ou 1825, in-fol. de XXI et 67 pag., avec 20 planch., 10 fr. 50 c.
Dans cette seconde partie, l'auteur explique les différentes pièces de Trait qui composent l'Art de la charpenterie.
Troisième Partie. *Paris*, * Firmin Didot, an x (1802), ou 1823, in-fol. de IV et 119 pages, avec 25 planch., 13 fr. 50 c.
Avertissement de l'édition de 1770. « Dans cette « 3ᵉ partie, je traite des doubles à doubles cour- « bures et des empanons, communément nommés « coupes tournisses, etc. ».
Essais pratiques de Géométrie, et suite de l'Art du Trait, ouvrage utile et nécessaire à toutes les personnes qui font usage de la règle et du compas, comme facteurs d'instruments de mathématiques, machinistes, ébénistes, jaugeurs, marbriers, arpenteurs, tailleurs de pierre, charpentiers, menuisiers, serruriers, etc. Quatrième partie, ornée de 23 planches en taille-douce. *Paris*, * Firmin Didot; Jombert jeune, 1807, in-fol. de XVIII et 89 pag., avec 23 planches, 13 fr.50 c.
On joint quelquefois cet ouvrage à la Collection des Arts et Métiers.

FOURNEAUX (l'abbé de). Voy. Des-
FOURNEAUX.

FOURNEL (Nic.). * Aveugle (l') par crédulité, comédie en un acte et en prose. *Paris*, * Duchesne, 1778, in-8.

On doit encore à Nic. Fournel Zémire mourante à sa famille, héroïde.

FOURNEL (J.-F.), jurisconsulte, ancien bâtonnier de l'ordre des avocats; né en 1745, mort à Paris, le 21 juillet 1820.
— A MM. les conseillers et maîtres des requêtes. *Paris*, 1817, in-4.
— * Analyse critique du projet du Code civil. Première partie, contenant le Discours préliminaire, le premier livre préliminaire et les deux premiers titres du prem. livre. *Paris, Garnery*, an IX (1801), in-8.
— Code des transactions, avec des explications. *Paris*, an V (1797). in-8.

Avec Vermeil.

— Code de commerce, accompagné de notes et observations. *Paris*, 1807, in-8.
— Dictionnaire raisonné, ou Exposition, par ordre alphabétique, des lois concer-

nant les transactions entre particuliers. *Paris, Rondonneau,* an VI (1798), in-8.

— * Essai sur les probabilités du somnambulisme magnétique, pour servir à l'histoire du magnétisme animal, par M. F***. *Amsterdam et Paris,* 1785, in-8.

— * État de la Gaule au Ve siècle, à l'époque de la conquête des Francs, extraits des Mémoires d'URIBALD, ouvrage inédit et contenant des détails sur l'entrée des Francs dans la Gaule. *Paris, Rondonneau,* an XIV (1805), 2 vol. in-12.

— Explication de la loi du 19 floréal, sur l'action en rescision pour cause de lésion. An IV (1796), in-8.

— Formules des actes et opérations relatifs aux faillites, cessions et réhabilitations, conformément au Code de commerce. *Paris,* 1808, in-8.

— Histoire des avocats au parlement, et du barreau de Paris, depuis saint Louis jusqu'au 15 octobre 1790. *Paris, Maradan,* 1813, 2 vol. in-8, 12 fr. — Histoire du barreau de Paris dans le cours de la révolution. *Paris, le même,* 1816, in-8, 6 fr.

— * Lettre sur le projet du Code civil. *Paris,* an IX (1801). — Seconde lettre. *Paris,* an IX (1801), in-8.

— Lois rurales de la France, rangées dans leur ordre naturel. IIIe édit. *Paris, Bossange père et fils,* 1822, 2 vol. in-12, 9 fr. — Ve édit., revue, corrigée et augmentée d'après les notes posthumes de M. Fournel, par L. RONDONNEAU. *Paris, Bossange père,* 1823, 2 vol. in-12, 9 fr.

Les deux premières éditions de cet ouvrage, qui parut pour la première fois en 1819, sont in-8 : la quatrième, publiée en 1822, était déjà augmentée par M. Rondonneau, et ainsi que celle qui l'a suivie, en 2 vol. in-12.

— Recueil des lois, ordonnances, règlements, arrêts et décisions cités dans les « Lois rurales ». *Paris, Nève,* 1820, 1821,

Ce volume forme le 3e volume, et est le complément des « Lois rurales de la France ».

— Traité de la contrainte par corps considérée dans tous ses rapports avec les lois nouvelles. *Paris, Rondonneau,* an VI (1798), in-8.

ou 1801, in-12, 3 fr.

— Traité de l'adultère considéré dans l'ordre judiciaire. *Paris, Bastien,* 1778, 1783, in-12.

— Traité de la séduction considérée dans l'ordre judiciaire. *Paris, Demonville,* 1781, in-12.

— Traité des injures dans l'ordre judiciaire, ouvrage qui renferme particulière-

ment la jurisprudence du petit criminel, par M. DAREAU; nouvelle édition, avec des augmentations, par M. FOURNEL, avocat. *Paris, Nyon l'aîné,* 1785, 2 vol. in-12.

La première édition de l'ouvrage de Dareau est de 1773, et n'a qu'un volume. Les notes et additions de M. Fournel forment les deux tiers de la nouvelle édition; d'après cela, on a dû compter le Traité des injures au nombre des ouvrages de ce dernier.

— Traité du voisinage considéré dans ses rapports avec l'ordre judiciaire. IIIe édit. *Paris, Warée oncle,* 1812, 2 vol. in-8, 11 fr.

— Le même. IVe édit., corrigée et considérablement augmentée par M. TARDIF, avocat à la Cour royale de Paris. *Paris, Warée oncle,* 1827, 2 vol. in-8, 15 fr.

La prem. édit., qui parut en 1799, ne forme qu'un vol. in-12.

On a encore de ce jurisconsulte beaucoup de mémoires dans des affaires particulières.

FOURNEL (J.-N.). Abrégé de la nature, en vers et en prose. *Montpellier, Tournel,* 1821, in-8.

FOURNERA SAINT-FRANC. Génie (le) français, ou Amour et Reconnaissance, impromptu épisodique en un acte (et en prose), mêlé de vaudev. *Liége; J. A. Latour,* an XI (1803), in-8.

Avec Moliny.

FOURNERY D'UTHEIL. Ma philosophie. 1803, in-8.

Recueil de poésies.

FOURNET BROCHAYE, de Lisieux.

— Tarif à l'usage des marchands d'étoffes en gros et autres. *Au Mans, Fleuriot,* 1821, in-8.

FOURNIER (Dom Dominique). * Description des saintes grottes de l'église de l'Abbaye de Saint-Germain d'Auxerre. *Auxerre, J.-B. Troche,* 1714, in-8.

FOURNIER (P.-Sim.), graveur et fondeur de caractères; né à Paris, le 15 septembre 1712, mort le 8 octobre 1768.

— Dissertation sur l'origine et le progrès de l'art de graver en bois. *Paris,* 1758, pet. in-8.

— Épreuves de deux petits caractères nouvellement gravés et exécutés dans toutes les parties typographiques. *Paris,* 1757, in-18 de 4 feuillets, 3 à 4 fr.

Petite pièce rare.

— Lettre à Fréron. *Paris,* 1763, in-8.

— Manuel typographique. *Paris,* 1764-66, 2 vol. petit in-8, fig., 15 à 18 fr.

Le premier volume de cet ouvrage intéressant traite de la gravure et de la fonderie des caractères d'imprimerie; le second contient les épreuves des différentes sortes de caractères. Ces deux volumes devaient être suivis de deux autres, dont l'un aurait traité de l'art de l'imprimerie, et l'autre de l'histoire des typographes célèbres; mais la mort de l'auteur nous a privés de cette suite. On doit trouver 16 planches à la fin du premier volume. Il y a des exemplaires dont les feuilles ont été cylindrées, et que l'on a mal à propos annoncés comme tirés sur papier de Hollande. *Brun.*

— Modèles des caractères de l'imprimerie, avec un abrégé historique des principaux graveurs français. 1742, in-4.

— Observations sur l'ouvrage (de Schœpflin) intitulé : *Vindiciæ typographicæ*. *Paris*, 1760, in-8.

Fr. Ch. Baer publia une broch. en réponse à cet ouvrage, intitulée : Lettre sur l'origine de l'imprimerie, servant de réponse aux Observations, etc., 1761, in-8.

— Origine (de l') et des productions de l'imprimerie primitive en taille de bois. *Paris*, 1759, in-8.

— Remarques sur l'ouvrage intitulé: «Lettre sur l'origine de l'imprimerie (de Fr. Ch. Baër)». *Paris*, 1761, in-8.

— Table des proportions qu'il faut observer entre les caractères. 1737.

— Traité historique et critique sur l'origine et les progrès des caractères de fonte pour l'impression de la musique, avec des épreuves de nouveaux caractères de musique. 1765, in-4 de 50 pag.

On trouve quelquefois réunis, sous le titre de « Traité historique et critique sur l'origine et les progrès de l'imprimerie », Paris, Barbou, sans date, et avec un titre daté de 1764, les quatre Traités sur l'origine de l'imprimerie, et la Lettre à Fréron. Ce volume ainsi composé vaut 9 à 15 fr.

On peut y joindre : Lettre sur l'origine de l'imprimerie, servant de réponse aux Observations publiées par Fournier, sur l'ouvrage de Schoepflin, intitulé : *Vindiciæ typographicæ* (par Fréd. Ch. Baer). Strasbourg (Paris), 1761, in-8. *Brun.*

FOURNIER (Jean), docteur en médecine de la Faculté de Montpellier, membre de l'Académie de Dijon.

— Analyse des eaux de l'Ouche et de la fontaine de l'Aigle à Beaune....

— Dissertatio de carie ossium. *Monspoliensis*, 1742, in-4.

— Histoire d'une fièvre maligne qui a régné à Mâcon en 1758....

— Histoire d'une péripneumonie putride qui a régné à Dijon en 1753....

— Mémoire sur les véritables symptômes de la petite-vérole. 1757, in-4.

— Observations et Expériences sur le charbon malin, avec une méthode assurée de le guérir. *Lyon*, 1779, in-8.

— Observations sur la nature, les causes et le traitement de la maladie épidémique des chiens. *Dijon*, 1776, in-8.

— Observations sur la nature, les causes et le traitement de la fièvre lente ou hectique. 1781, in-8.

— Observations sur les fièvres putrides et malignes, avec des Réflexions sur la nature et la cause immédiate de la fièvre. *Dijon*, 1775, in-8.

FOURNIER (Dom Achilles). * Histoire de l'homme considéré dans ses mœurs, dans ses usages et dans sa vie privée. *Paris*, Leclerc, 1779, 3 vol. in-12. — Édit. améliorée. *Yverdun*, 1781, 3 vol. in-12.

FOURNIER (Dom), bénédictin de Molesme.

— Idée abrégée du nouveau bréviaire de Saint-Maur, ou Plan intéressant de la Religion chrétienne.... (trad. en franç. du Synopsis breviarii congregationis Sancti-Mauri, avec le texte latin en regard). 1786, in-12 de 95 pag.

FOURNIER (Fr.-Ign.), libraire et bibliographe; né à Paris, vers 1777.

— Dictionnaire portatif de Bibliographie. Sec. édit., revue et considérablement augmentée. *Paris*, *Fournier*, 1809, in-8, 12 fr., et sur gr. pap., format in-4, 24 fr.

La prem. édit. parut en 1805.

Peu volumineux, et par conséquent commode, le Dictionnaire de bibliographie qui porte le nom de Fournier, a obtenu du succès : s'il n'a pas eu de troisième édition jusqu'à ce jour, c'est que la mort de M. Jardet, son véritable auteur, y a mis empêchement : on nous assure que M. L. Dubois, de Lizieux, ancien bibliothécaire d'Alençon, s'est chargé de revoir ce livre, pour une nouvelle édition.

— * Essai portatif de Bibliographie, rédigé et imprimé par un imprimeur-libraire de dix-huit ans. *Paris*, *de l'imp. de Didot jeune*, 1795, in-8.

Ce volume a été tiré à 25 exempl. seulement, dont deux ou trois au plus sont sortis des mains du rédacteur. *Brun.*

FOURNIER, profess. de langues française, latine, anglaise, allemande et italienne.

— Langue (la) française et l'orthographe enseignées par principes et en vingt-quatre leçons, ou Grammaire française à l'aide de laquelle on peut, seul et sans le secours d'aucun maître, apprendre à parler et à écrire correctement cette langue. XXXVe édition, revue et augmentée d'un Traité de syntaxe et de logique, d'un Recueil de locutions vicieuses, et d'une Cacographie. *Paris*, *Germain-Mathiot*, 1828, in-12, 1 fr. 25 c.

La prem. édit. parut en 1801.

FOURNIER, auteur dramat.; mort le 17 août 1817.

— Famille (la) d'Anglade, ou le Vol, mélodrame en 3 actes, tiré des Causes célèbres. *Paris, Barba*, 1816, in-8.

Avec Frédéric (Dupetit-Méré).

— Français (les) à Java, ou Bantam sauvé, mélodrame héroïque en 3 actes (en prose). *Paris, Basset et Martin*, an XIII (1805), in-8.

FOURNIER (le comte Fr.), lieutenant-général. Considérations sur la législation militaire. *Paris, de l'imp. de Mme Agasse*, 1815, in-4.

Ce vol. n'a pas été destiné au commerce.

FOURNIER (le bar. Alph.), colonel du 5e régiment de hussards.

— Amour (l') du bien, l'intérêt de tous. *Paris, de l'imp. de Fain*, 1815, in-8 de 48 pag.

— Invocation à l'occasion du retour de S. M. Napoléon, empereur des Français. *Paris, de l'imp. de Fain*, 1815, in-4 de 4 pag.

— Propositions dans l'intérêt de l'armée, soumises à M. le maréchal Gouvion-Saint-Cyr, ministre de la guerre. *Paris, Magimel, Anselin et Pochard*, 1818, in-8 de 64 pag., 1 fr. 50 c.

FOURNIER (L.), ancien élève à l'hôpital des vénériens et à la maison de santé du faubourg Saint-Jacques.

— Manuel de syphilixie, ou Notice sur le virus, les effets, la contagion, le traitement, le préservatif et les erreurs populaires de la maladie vénérienne, enrichie de tableaux. *Paris, Guitel; Méquignon-Marvis, et l'Auteur*, 1817, in-8, 3 f.

FOURNIER (C.-J.-N.). Indicateur (nouv.) des monuments et curiosités de Lyon. *Lyon, Mistral*, 1818, in-18.

FOURNIER (J.-B.), architecte pour les constructions pyrotechniques.

— Essai sur la préparation, la conservation, la désinfection des substances alimentaires, et sur la construction des fourneaux économiques. *Paris, Chaigneau aîné; Delaunay; Guilleminet; l'Auteur*, 1818, in-8, 7 fr. 50 c.

Avec L. Séb. Lenormand.

FOURNIER (Claude-François), propriétaire, premier adjoint à la mairie de Trévoux, et juge suppléant dudit tribunal.

— Premier cri (le) contre la nomination de M. Chuinague à la place de président du tribunal de Trévoux. *Lyon, Brunet*, 1820, in-4 de 20 pag.

FOURNIER, jurisconsulte belge. Voy. à la Table des Anonymes : *Recueil des dé-*

cisions notables de la cour de Bruxelles, etc.

FOURNIER (Henri), imprim. Traité de la Typographie. *Paris, Fournier, et Sautelet et Comp.*, 1825, in-8, 7 fr.

FOURNIER, avocat stagiaire près la Cour royale de Paris.

— Plaidoyer pour Henriette Cornier, femme Berton, accusée d'assassinat, prononcé à l'audience de la cour d'assises de Paris, le 24 juin 1826. *Paris, Sautelet*, 1826, in-8 de 52 pag.

FOURNIER (C.-F.), examinateur de la marine.

— Traité de Navigation, précédé des deux trigonométries. *Saint-Malo, Hovius*, 1826, gr. in-8, 12 fr.

FOURNIER CHOISY, alors médecin à Montclar, en Agénois.

— Mémoire sur les maladies épidémiques qu'occasionne ordinairement le desséchement des marais. 1775, in-4.

FOURNIER DE TONY. Marsile et Antéros, ou les Nymphes de Dictyme; précédé d'une Dissertation sur les «Aventures de Télémaque». IIIe édition. 1795, in-8.

La prem. édit. est de 1790.

FOURNIER DESGRANGES. Essai d'expériences sur la démonstration ou la manière de carder le coton et de le filer, le fabriquer en bonneterie, la construction des machines nécessaires pour chaque art mathématiquement faites, avec des Observations sur la marche que doivent prendre les personnes qui se destinent au commerce, etc. *Paris*, 1785, in-8 de 16 pag.

FOURNIER-DESORMES. Épître à Hubert Robert, ancien membre de l'Académie royale de peinture; avec des notes historiques et critiques. *Paris, de l'imp. de Debusscher*, 1822, br. in-18.

FOURNIER-GORRE, profess. de musique vocale et instrumentale.

— Méthode (nouv.) de musique élémentaire, avec de nouveaux procédés, etc. *Paris, Jouve; Mme Dulian; Pillot*, 1822, in-12 avec 6 pl. de musique, 4 fr.

FOURNIER-L'HÉRITIER (Cl.), surnommé l'Américain, ex-propriétaire de St-Domingue; né en Auvergne, en 1745, mort en 1823.

— Aux honorables membres de la chambre des députés, pour la présente session. Mémoire, etc. *Paris, de l'imp. de Cosson*, 1822, in-8 de 24 pag.

— Extrait d'un Mémoire contenant les

services de la compagnie de M. Fournier, l'un des commandants du district de Saint-Eustache, depuis le 13 juillet 1789, époque de la révolution....

— Fournier, dit l'Américain, à Barras, ex-directeur, à Gros-Bois, 28 nivose an 8.

— Massacre des prisonniers d'Orléans....

FOURNIER-PESCAY (François), anc. chirurgien major des armées, professeur de pathologie à l'École secondaire de médecine de Bruxelles, puis secrétaire du conseil de santé des armées, et enfin directeur du lycée de Haïty, et inspecteur général du service de santé de cette république; actuellement de retour en France, et retiré à Pau, départ. des Basses-Pyrénées; né à Bordeaux, le 7 septembre 1771.

— * Encore un mot sur Conaxa ou les Deux Gendres, ou Lettre d'un habitant de Versailles à l'auteur de la Réponse à M. Hoffman, etc. Paris, 1811, br. in-8.

— Essai historique et pratique sur l'inoculation de la vaccine. Bruxelles, 1801, in-8.

Cet ouvrage a eu plusieurs éditions, dont la quatrième est enrichie de figures.

— * Étrennes (les), ou Entretiens des morts sur les nouveautés littéraires, l'Académie franç., etc. Paris, Dentu, 1813, in-8.

— Lettre adressée à S. Exc. le maréchal duc de Raguse. Paris, imp. de Rougeron, 1821, in-8 de 16 pag.

— Notice biographique sur François-Pescay, cultivateur à Saint-Domingue. Paris, 1822, in-8.

Ouvrage couronné par la Société royale d'agriculture.

— * Projet (nouveau) de réorganisation de la médecine, de la chirurgie et de la pharmacie en France. Paris, Méquignon-Marvis, 1817, in-8.

— * Prophétie de Merlin l'enchanteur, écrivain du ve siècle, recueillie par l'historien Turpin, moine de Saint-Denis, mort vers l'an 800. In-8.

— Propositions médicales sur les scrofules, suiv. de quelques Observations sur les bons effets du muriate de baryte dans les affections scrofuleuses. (Thèse). Strasbourg, 1803, in-4.

— Tétanos (du) traumatique. Bruxelles, 1803, 1805, in-8, 1 fr. 80 c.

— Traité des principales maladies des yeux, traduit de l'italien (1821). Voyez SCARPA.

— Vieux (le) Troubadour, ou les Amours, poëme en v chants, de Hugues de Xentralès; traduit de la langue romane, sur un manuscrit du xie siècle, trouvé dans la

bibliothèque des bénédictins d'Avignon. Paris, Le Normant, 1812, in-12, 1 fr. 50 c.

Ouvrage composé par M. Fournier-Pescay.

M. Fournier-Pescay a rédigé pendant long-temps le nouvel Esprit des journaux, qu'il avait fondé à Bruxelles; comme secrétaire de la Société de médecine de cette ville, il a publié plusieurs volumes de ses actes; il fut d'abord de concert avec Biron, puis seul, rédacteur des Mémoires de médecine militaire, dont il a ainsi publié les 12 premiers volumes. Il a fourni des articles à la Biographie universelle, au Dictionnaire des sciences médicales, à un grand nombre de journaux de médecine, et aux Annales des faits et des sciences militaires.

FOURNIER-PESCAY, fils du précédent, mort le 8 février 1818.

— * Éloge de saint Jérôme. Paris, Delaunay, 1817, in-12.

FOURNIER-VERNEUIL, anc. notaire.

— Curiosité et Indiscrétion. Paris, Ponthieu, 1824, 1825, in-8, 6 fr.

— Huron (le) de Montrouge. Paris, chez les march. de nouv., 1824, in-8.

Ce livre a été reproduit en 1826, sous le titre des Revenants, au moyen d'un frontispice et d'une nouvelle préface.

— Mémoire à l'appui du livre intitulé: « Tableau moral et philosophique de Paris. » Paris, imp. de Setier, 1826, in-4 de 32 pag.

— Mémoire de M. Fournier-Verneuil en Cour royale. Paris, de l'imp. du même, 1826, in-4 de 6 pag.

— Paris, tableau moral et philosophique. Paris, chez les principaux libraires, 1826, in-8, 8 fr.

Ouvrage saisi à la requête du ministère public.

FOURNY-DULYS (A.). Progrès (des) de l'industrie. Paris, 1817, br. in-8.

— Un mot sur la Constitution. Paris, de l'imp. de Tastu, 1815, in-8 de 8 pag.

FOURQUET. Petit (le) Arithméticien, ou Éléments d'arithmétique à l'usage des écoles primaires. Lons-le-Saulnier, l'Auteur, 1823, in-12, 2 fr.

FOURQUET D'HACHETTE (J. P.), né à Nîmes (Gard), le 14 novembre 1790.

— Colas et Colette, ou les Heureuses victimes. Paris, Pollet, 1824, 2 vol. in-12.

— Famille (la) de l'émigré, ou le Tribunal de sang, épisode de la révolution française. Paris, rue Neuve-Saint-Augustin, n° 6. 1825, 3 vol. in-12 avec 3 pl., 7 fr. 50 c.

M. Fourquet d'Hachette est encore auteur, seul ou en société, de quelques pièces de théâtre qui ne portent pas son nom: il a été le directeur et le rédacteur principal du journal littéraire intitulé: « l'Observateur », et a participé à la rédaction du « Nain ».

FOURQUEUX (de). * Zély, ou la Difficulté d'être heureux (par de Fourqueux) ; suivi de Zima, et des Amours de Philogène et Victorine (par l'abbé de Voisenon. Le tout publ. par Dantu). *Amsterdam et Paris, Vᵉ Duchesne, 1775*, in-8.

FOURQUEUX. (Mᵐᵉ de). * Amélie de Tréville, ou la Solitaire, par madame***, auteur de Julie de Saint-Olmont. (Publ. par Mᵐᵉ Gallon). *Paris, Dentu, 1806*, 3 vol. in-12, 7 fr. 50 c.

—Julie de Saint-Olmont, ou les Premières illusions de l'amour. (Publ. par Mᵐᵉ Gallon). *Paris, Dentu, 1805*, 3 vol. in-12, 7 fr. 50 c.

FOURQUEVAUX. (l'abbé J.-Bapt.-Raimond Pavie de), né à Toulouse, en 1693, mort au château de Fourquevaux, le 2. août 1768.

— *Catéchisme historique et dogmatique sur les contestations qui divisent l'Église. *La Haye, 1729*, 2 vol. in-12. — Nouv. édit., revue, corr. et augm. (Par L. Paris Vaquier), *Nanci (Utrecht)*, 1736, 2 vol. in-12. — Suite. *Nanci (Toulouse)*, 1768, 3 vol. in-12.—Nouv. édit. (du tout). *Paris*, 1766, 5 vol. in-12.

Toutes les éditions qui ont été publiées depuis la première en 1729, l'ont été avec des additions. La meilleure édition, dans laquelle on trouve les suites, est celle de Paris, 1766.

L'abbé de Troya d'Assigny a aussi donné une suite aux deux premiers volumes de ce Catéchisme. Utrecht, 1751, 2 vol. in-12.

— Éclaircissements sur les difficultés qu'on oppose aux appelants. . . .

— * Essai sur la vérité et la sincérité par rapport aux affaires présentes de l'Église. *Sans indication de lieu, 1754*, in-12 de 248 pag.

— Exposition de la doctrine du «Traité de la confiance ». In-4 de 50 pag.

— * Idée de la Babylone spirituelle, pour servir d'éclaircissement au livre des «Réflexions sur la captivité de Babylone ». *Utrecht, 1733*, in-12.

— Introduction abrégée à l'histoire des prophètes, par l'épître de saint Paul aux Romains. 1730, in-12.

— Lettre d'un prieur à un de ses amis, au sujet de la nouvelle réfutation du livre des « Règles pour l'intelligence des saintes écritures» (de Duguet). *Paris, Valleyre*, 1727, in-12.

— Lettres (deux) à un ami; sur les difficultés qu'on oppose aux appelants. . . .

— * Lettres (nouvelles) d'un prieur à un de ses amis, pour la défense du livre des «Règles pour l'intelligence des saintes écritures ». *Paris, J. Estienne, 1729*, in-12.

— Lettres sur le « Traité de la confiance.»

— Principes propres à affermir dans les épreuves présentes. . . .

— Réflexions sur la captivité de Babylone. 1721.

— Traité de la confiance chrétienne, ou de l'Usage légitime des vérités de la Grace. 1728, 1731, in-12.

L'abbé Fourqueveaux a eu part aux Cantiques spirituels, imprimés à Paris, chez Lottin, en 1727, in-12.

FOURRÉ (Ch.). * Abrégé des vies des poètes, historiens et orateurs grecs et latins qu'on voit ordinairement dans les colléges. *Paris, Bernard, 1707*, in-8.

FOURRÉ. Coutumes générales du pays et comté de Blois. *Blois et Paris, 1778*, 2 vol. in-4.

FOURRIER DE MONTAINCOURT.

— Esprit de la congrégation de Notre-Dame, trad. par l'abbé Camuset. *Paris, Guillot, 1786*, in-12.

— Exercices de la Journée chrétienne. *Reims, Régnier, 1817, 1820, 1822, 1825, 1828*, in-18.

FOVILLE. Recherches sur le siége spécial de différentes fonctions du système nerveux. *Paris, imp. de Bobée, 1823*, br. in-8.

Avec Pinel de Grandchamp.

FOURTEAU. * Premières notions d'Arithmétique. *Meaux, 1819*, in-12.

FOX. Agathina, ou la Grossesse mystérieuse, trad. de l'angl. (Par J.-B.-J. Breton). *Paris, Gueffier, 1800*, 2 vol. in-12, 3 fr.

FOX. (Jam. Ch.), célèbre orateur anglais, et homme d'état, mort en 1806.

— Histoire des deux derniers rois de la maison de Stuart; ouvrage trad. de l'angl. avec une Notice sur la vie de l'auteur (par l'abbé d'Andrezel). *Paris, Michaud, 1809*, 2 vol. in-8, 10 fr.

« Cette traduction est curieuse par les suppressions et mutilations que la censure impériale lui a fait subir, et dont l'indication remonte, dit-on, à Napoléon lui-même. On trouve le signalement de quelques-unes de ces altérations dans l'Annual Register de 1809 (Account of Books, pag. 915). »
Ann. nécrol., ann. 1826.

— Recueil de Discours prononcés au Parlement d'Angleterre, par J.-C. Fox et W. Pitt; trad. de l'angl. et publ. par MM. H. de J. (Janvry) et L.-P. de Jussieu. *Paris, Le Normant; Maginel, 1819-20*, 12 vol. in-8 avec portr. — Sec. édit., avec une Table indicative des matières par ordre alphabétique. *Paris, Anselin et Pochard, 1822*, 12 vol. in-8, 72 fr.

FOX (Jos.), Histoire naturelle et Maladies des dents de l'espèce humaine, trad. de l'angl. par Jos. LEMAIRE. *Paris, Lemaire; Béchet jeune*, 1821, in-4 avec pl., 20 fr.

FOY (L.-Ét. de), prêtre du diocèse de Bourges, écrivain diplomate, mort en 1778.

— Lettres du baron de Rusbeck, trad. du latin. (1748). Voy. RUSBECK.

— Notice des diplômes, des chartes et des actes relatifs à l'histoire de France. Tom. 1er (depuis l'an 23 de J.-C. jusqu'en 841). *Paris*, 1765, in-fol.

—Prospectus d'une Description historique, géographique et diplomatique de la France. 1757, in-4.

— Traité des deux puissances, ou Maximes sur l'abus. *Paris*, 1752, in-12.

FOY (Maximilien-Sébastien), l'un des plus vaillants généraux des armées de Napoléon, et depuis, l'un des plus brillants orateurs de la Chambre des députés; né à Ham, en Picardie, le 3 février 1775, mort à Paris, le 28 novembre 1825.

— Discours (ses) (recueillis par M. ÉTIENNE fils), précédés d'une Notice biographique par M. P. F. TISSOT, d'un Éloge par M. ÉTIENNE, et d'un Essai sur l'éloquence politique, par M. JAY. *Paris, Moutardier*, 1826, 2 vol. in-8 avec portr. et 2 fac-simile, 12 fr.; pap. vél., 24 fr.

Les principaux Discours du général Foy avaient été imprimés à part, à l'époque où ils furent prononcés ou recueillis dans diverses collections.

— Histoire de la guerre de la Péninsule, sous Napoléon, précédée d'un Tableau politique et militaire des puissances belligérantes. Publiée par madame la comtesse Foy. *Paris, Baudouin frères*, 1827, 4 vol. in-8 avec un atlas, un portr. et six cartes de diverses dimensions, 32 fr. 50 c.

Cet ouvrage a eu une troisième édition en 1828.

— La même, en espagnol, sous ce titre: Napoleon en España, o Historia de la guerra de la Peninsula, por el general Foy; precedida de un Estado politico y militar de la Francia, Inglaterra, Portugal y España. *Paris, Wincopp*, 1827, 8 vol. in-18, 18 fr.

— Lettre du général Foy, membre de la Chambre des députés, à M. Carrion-Nisas. *Carcassonne, de l'imp. de Polère*, 1820, in-8 de 4 pag.

— Pensées du général Foy, tirées de ses discours prononcés à la tribune législative pendant les sessions de 1819 et de 1820; précédées d'une Notice sur la vie militaire

de ce général (par M. René PERRIN). *Paris, Painparé*, 1821, in-18, avec portr.

FOY (La). Voy. LAFOY.

FOY DE LA NEUVILLE. * Relation curieuse et nouvelle de Moscovie. *La Haye*, 1709, in-12.

La prem. édit. est de 1698.

Cet ouvrage a été quelquefois attribué à Adrien Baillet, qui a publié un de ses ouvrages sous le pseudonyme d'Hezeneil de la Neuville. L'auteur de celui-ci était envoyé du roi de Pologne au czar Pierre Ier. *Barb.*

FOY-VAILLANT (Jean), docteur en médecine, et célèbre numismate, membre de l'Académie des inscriptions et belles-lettres; né à Beauvais, le 24 mai 1632, mort à Paris, le 23 octobre 1706.

— Arsacidarum Imperium, sive regum Parthorum Historia ad fidem numismatum accomodata; Achaeminadarum Imperium, sive regum Ponti, Bosphori et Bithyniæ Historia ad fidem numismatum. (Opus post., edente Car. de VALOIS). *Paris*, 1725, 2 vol. in-4.

— Epistola ad totius Europæ antiquarios, utrum laurea Eumenio pacato concedenda. *Parisiis*, 1662, in-4.

Critique du P. Hardouin.

— Historia Ptolemæorum Ægypt. regum, ad fidem numismatum accomodata. *Amstelodami*, 1701, in-fol.

— Numisma ærea imperatorum, Augustorum et Cæsarum, in coloniis, municipiis et urbibus jure latino donatis, ex omni modulo percussa. *Parisiis*, 1688, seu 1697, in-8.

— Numismata imperatorum, Augustorum et Cæsarum, à populis romanæ dictionis græcè loquentibus ex omni modulo percussa. *Parisiis*, 1695, in-4; *Amst.*, 1700, in-fol.

— Numismata imperatorum romanorum præstantiora, à Julio Cæsare ad Posthumum et Tyrannos. *Parisiis*, 1674, in-4; 1694, 2 vol. in-4.

— Nummi antiqui familiarum Romanorum, perpetuis interpretationibus illustrati. *Amstelodami*, 1703, 2 parties in-fol.

— Seleucidarum Imperium, sive Historia regum Syriæ ad fidem numismatum accomodata. *Parisiis*, 1681, in-4; *Hagæ-Comitis*, 1732, in-fol.

On doit encore à Foy-Vaillant l'*Explication* du choix des Médaillons en gros bronze du cabinet de l'abbé Camps, et une édition du *Choix des médailles antiques* du cabinet de Pierre Séguin, avec des Explications. Paris, 1684, in-4. On a inséré de lui, dans les Mémoires de l'Académie des inscriptions, tom. III, des *Dissertations* sur l'année de la naissance de Jésus-Christ, découverte par les médailles antiques; sur le titre de *Newcore*, dans les médailles grecques frappées sous les empereurs romains; sur la médaille de la reine *Zénobie*, trouvée dans les ruines de Palmyre; et enfin sur les médailles de *Vahalatus.* Il avait entrepris, sur les caugiaires marqués sur les médailles des empereurs romains , un ouvrage dont il communiqua plusieurs morceaux à l'Académie des inscriptions dans les deux dernières années de sa vie; mais il n'eut pas le loisir de le terminer, non plus que l'*histoire* qu'il avait annoncée de tous les princes dont on a des médailles.

C. N. A—ɴ.

FOY-VAILLANT (J.-Fr.), fils du précédent; docteur en médecine, et membre de l'Académie des inscriptions et belles-lettres; né à Rome, le 17 février 1665 , mort à Paris, le 17 novembre 1708.

On a de lui : une Dissertation sur une médaille qui représente Acheus, roi de Syrie, imprimée dans les Mémoires de Trévoux, janvier 1703; et une autre Dissertation sur une médaille de Septime-Sévère, imprimée dans le même recueil , février 1705.

On cite de lui deux autres dissertations ; l'une contenant l'explication des mots *Conob* et *Comob* , qu'on lit fréquemment dans l'Exergue des médailles du Bas-Empire. Il avait composé un *Traité sur la nature et l'usage du café*, qui n'a jamais vu le jour.

C. N. A—ɴ.

FOYNARD. Voy. FOINARD.

FOYS DE VALOIS. Arithmétique (l') rendue sensible. 1748, in-8.

FRACHET (Louis). Quelques réflexions sur l'état actuel des choses. *Paris*, *Ladvocat*, 1819, in-8 de 36 pag.

FRACASTOR (Ger.), médecin et poète italien du xvɪᵉ siècle.

— Syphilis ou le mal vénérien , poëme latin (en ɪɪɪ chants) , avec la traduction en français et des notes (par Macquer et Lacombe). *Paris*, *Quillau*, 1753, in-8; ou *Paris*, *Huet*, 1796, in-18.

FRAGOSO DE SIGUEÏRA (J.-P.), de l'Académie roy. des sciences de Lisbonne.

— Description abrégée de tous les travaux, tant d'amalgamation que de fonderies qui sont actuellement en usage dans les ateliers d'amalgamation et de fonderies de Halsbrück, près de Freyberg ; pour servir de guide aux étrangers qui voudront visiter ces établissements, et aux jeunes gens qui voudront étudier cette partie à Freyberg. (En franç. et en allem.). *Dresde*, 1800, in-4 de 103 pag., avec 2 pl.

FRAGUIER (Cl.-Fr.), philologue, membre de l'Académie des inscriptions et de l'Académie française; né à Paris, le 28 août 1666, mort le 31 mai 1728.

— Discours de réception à l'Académie française. 1708, in-4.

— Mopsus , seu Schola platonica de hominis perfectione. *Parisiis*, 1721, in-12.

Poëme élégiaque d'environ 700 vers, sur la morale païenne, plein de grace , d'harmonie, et

d'une onction persuasive que l'on ne rencontre pas toujours dans les écrits même de Platon.

— Poésies latines , recueillies et publiées par l'abbé d'Olivet; auxquelles on a ajouté trois Dissertations, par Fraguier. *Paris* , 1729, in-12.

Les trois dissertations qui font partie de ce vol. , ont été imprimées d'abord dans les Mémoires de l'Académie des inscriptions; l'une est sur l'ironic de Socrate ; l'autre sur son démon familier , et la troisième sur ses mœurs , relativement à l'accusation de pédérastie.

L'abbé d'Olivet a encore reproduit les poésies de Fraguier, dans le volume intitulé : *Poetarum ex Academiâ gallicâ latinè aut græcè scripserunt Carmina.* Voy. ce titre à la Table des Anonymes.

On a encore de Fraguier tous les mémoires suivants , impr. de 1717 à 1729, dans le recueil de l'Académie des inscriptions : Sentiments de Platon sur la Poésie (tom. I, 1717). — Dissertation sur l'usage que Platon fait des Poètes (tom. II, 1717). — Considérations sur l'Énéide de Virgile (tom. I, 1717).—Explication d'un médaillon d'or d'Henri IV, avec vignette (*id.*, *id.*). — Le Caractère de Pindare (tom. II , 1717). — Dissertation sur la Cyropédie de Xénophon (*id.*, *id.*). — Dissertation sur l'Eglogue (*id.*, *id.*). — Discours sur la manière dont Virgile a imité Homère (*id.*, *id.*). — Sur un passage de Cicéron, où il est parlé du tombeau d'Archimède et de sa personne (*id.*, *id.*). — L'Ancienneté des Symboles et des Devises établie sur l'autorité d'Eschyle et d'Euripide, avec quelques remarques sur les passages de ces deux poètes (*id.*, *id.*). — Examen d'un passage de Platon sur la musique (tom. III , 1723). — Réflexions sur les Dieux d'Homère (*id.*, *id.*). — Dissertation sur l'ironie, de Socrate, sur son prétendu démon familier, et sur ses mœurs (tom. IV, 1723). — Recherches sur la vie de Q. Roscius le comédien (*id.*, *id.*). — Mémoire sur la vie orphique (tom. V, 1729). — Qu'il ne peut y avoir de poëmes en prose (tom. VI , 1729). — Mémoire sur l'Élégie grecque et latine (*id.*, *id.*). — Dissertation sur la Galerie de Verrès (*id.*, *id.*).

Cet académicien a encore participé , de 1706 jusqu'en 1710, au Journal des Savants : on lui doit aussi un Eloge de Roger de Piles , en tête d'une nouvelle édition de l'Abrégé de la Vie des peintres, de ce dernier (1715).

FRAIN (Jean), seigneur du Tremblai , littérateur, né à Angers, en 1641, où il est mort, le 24 août 1724.

— * Critique de l'Histoire du concile de Trente, de Fra-Paolo Sarpi , des Lettres et Mémoires de Vargas. *Rouen*, *Guillaume Béhourt*, 1719, in-4.

— Discours sur l'origine de la poésie , sur son âge, sur le bon goût, etc. *Paris* , 1713, in-12.

Ouvrage dont le style ne répond pas au sujet.

— Essai sur l'idée du parfait magistrat, où l'on fait voir une partie des obligations des juges, par le sieur F.-D.-F.-D.-L.-R.-D. *Paris*, *P. Émery*, 1701, in-12.

Barbier attribue cet ouvrage à une autre personne du nom de Frain du Tremblay de la Roche-Dosseau, ainsi que semblent l'indiquer les lettres initiales qu'on lit sur le frontispice.

— Lettre sur la phantasmatologie. 1713.

— Traité de la conscience. (Ouvrage post-hume). *Paris*, 1712, in-12.

Ouvrage très-mutilé, et dont l'impression avait été commencée vingt ans auparavant.

— Traité de la vocation chrétienne des enfants. *Paris*, 1683, in-12.

Cet ouvrage n'eut pas de succès. Le libraire voulant se débarrasser des exemplaires qui restaient dans son magasin, fit faire, en 1754, un nouveau titre à ce volume, et le donna comme un livre posthume de l'archevêque de Cambrai.

— Traité des langues. *Paris*, 1703, ou *Amsterdam*, 1709, in-12.

Livre utile, quoique peu profond.

Deux autres ouvrages de Frain du Tremblay appartiennent au xvii⁰ siècle, et n'ont pas été réimpr. : l'un est des *Conversations morales sur les jeux et les divertissements* (Paris, 1685); l'autre de *Nouveaux Essais de morale* (Paris, 1691), ouvrage dont Mabillon faisait grand cas.

On a encore de cet écrivain, dans le *Journal de Trévoux* : une Lettre sur le *Parrhasiana* de Leclerc; une autre aux Journalistes de Trévoux, sur le Traité du jeu de Barbeyrac, et une réponse à la lettre de Barbeyrac.   *Biogr. univ.*

FRAISSE. Livres de dessins chinois, tirés d'après des originaux de Perse, des Indes, de la Chine, etc., dess. et grav. par Fraisse. *Paris*, 1735, in-fol. 30 à 36 fr.

FRAISSE (l'abbé). Conférences sur les dispositions pour recevoir le sacrement de pénitence. *Toulouse, et Paris*, 1789, 3 vol. in-12.

— Méditations sur les principaux dogmes et mystères de la religion. *Toulouse et Paris, Prévost jeune*, 1789, 2 vol. in-12.

FRAISSINET (le P.), prêtre de la doctrine chrétienne, et professeur de philosophie au collége de Carcassonne.

— Enseignement (l') des belles-lettres, et la manière de former les mœurs de la jeunesse. *Paris*, 1768, 2 vol. in-12.

FRAISSINET (Charles), pasteur de l'église de Sauve.

— Notice historique sur la vie et les travaux de M. J. Périer, pasteur de l'église de Lasalle, décédé le 10 septembre 1825. *Nîmes, Durand-Belle*, 1826, in-8 de 20 pag.

FRAMBOISIER DE BOMARY, alors directeur du bureau des nourrices.

— * Détail de la nouvelle direction du bureau de Paris. *Paris*, 1777, in-8.

Avec Gardane.

FRAMERY (Nic. Ét.), littérateur, auteur dramatique et compositeur de musique; né à Rouen le 25 mars 1745, mort le 26 novembre 1810.

— Avis aux poètes lyriques, ou de la Nécessité du rhythme et de la césure dans les hymnes, etc. 1796, in-8.

— Barbier (le) de Séville, opéra-comique, en 4 actes, mis en musique sur la traduction italienne, par le célèbre Pasiello, et remis en franç. (en prose), d'après la pièce de Beaumarchais, et parodié sur la musique. *Amsterdam, Cés.-Noël Guérin*, 1786, in-8.

— Colonie (la), comédie en 2 actes (en prose), mêlée d'ariettes, imitée de l'ital., et parodiée sur la musique de Sacchini. *Paris, Vᵉ Duchesne*, 1775, in-8, ou *Parme, de l'impr. roy.*, 1784, in-8.

— Deux (les) Comtesses, opéra-bouffon en deux actes (et en prose), imité de l'ital., et parodié sur la musique du célèbre signor Pasiello. *Amsterdam, Cés.-Noël Guérin*, 1785, in-8.

— Discours sur cette question : « Analyser les rapports qui existent entre la musique et la déclamation ; déterminer les moyens d'appliquer la déclamation à la musique sans nuire à la mélodie. » *Paris*, 1802, in-8, 1 fr. 20 c.

Ce Discours a été couronné par l'Institut.

— * Indienne (l'), com. en un acte (en prose), mêlée d'ariettes. *Paris, Vᵉ Duchesne*, 1770, in-8.

— Infante (l') de Zamora, com. en 3 act. (en prose), mêlée d'ariettes. *La Haye (Avignon, Jacq. Garrignan)*, 1783, in-8.

Sujet tiré du « Diable amoureux de Cazotte ».

— * Mémoire sur le Conservatoire de musique et les écoles de chant. *Paris*, 1775, in-12.

— * Mémoires de M. le marq. de Saint-Forlaix, trad. de l'angl. (1770). Voy. BROOKE.

— Musicien-pratique (le), trad. de l'ital. (1786). Voy. AZOPARDI.

— Nanette et Lucas, ou la Paysanne curieuse, com. en prose, mêlée d'ariettes, en un acte. *Paris, Cl. Hérissant*, 1754, 1764, 1770 ; *La Haye*, 1764, in-8.

— Notice sur Joseph Haydn. 1810, in-8.

— Olympiade (l'), ou le Triomphe de l'amitié, drame héroïque en 3 actes, tiré de Métastase. *Paris, Ballard*, 1776, in-8.

Framery a retouché la pièce de Vadé, intitulée *Nicaise* (1767). Il a fait des traductions de divers opéras italiens, imprimées en regard de l'original de ces mêmes opéras, tels que le *Jaloux à l'épreuve* (1779); la *Paysanne de Frascati*.

— * Organisation (de l') des spectacles de Paris. *Paris, Buisson*, 1790, in-8.

— * Passé (le), le présent et l'avenir, conte. 1766, in-12.

— Pureté (la) de l'ame, ode couronnée à Rouen. 1770, in-8.

— * Réponse de Valcour à Zéila. 1764, in-8.

— Roland furieux, trad. de l'ital. (1787). Voy. ARIOSTE.

— Trois (les) nations, recueil de contes. *Paris*, 1765, 2 vol. in-12.

Framery a eu part aux traductions littérales en prose de la Jérusalem délivrée, et de Roland le furieux, par Panckoucke; il a rédigé le Journal de musique en 1770 et 1771; a travaillé au Mercure, et a rédigé, de concert avec Ginguené, la première partie du tom. 1er du Dictionnaire de musique de l'Encyclopédie méthodique. Il est l'auteur de la partie musique de beaucoup de ses pièces.
Biogr. univ.

Le Moniteur, n° 112, de 1807, contient, de Framery, une *Lettre sur la Médée de Glower*.

Il a laissé plusieurs ouvrages manuscrits sur la musique et les musiciens, entre autres des Notices détaillées sur Della-Maria, Gaviniés, etc.

FRANC (Le). Voy. LEFRANC.

FRANÇAIS (J.-F.), alors professeur à l'École impériale de l'artillerie et du génie.

— Mémoire sur les mouvements de rotation d'un corps solide libre autour de son centre de masse. *Paris, Ve Courcier*, 1813, in-8, 2 fr.

Le tom. VII du Journal de l'Ecole Polytechnique renferme un autre Mémoire de M. Français, *sur la transformation des coordonnées* (1808).

FRANÇAIS DE NANTES (le comte Antoine), législateur, conseiller d'état, directeur-général des droits réunis, etc, etc. né à Valence en Dauphiné, le 17 janvier 1756.

— * Manuscrit (le) de feu M. Jérôme, contenant son OEuvre inédite, une Notice biographique sur sa personne, un *facsimile* de son écriture, et le portrait de cet illustre contemporain. *Paris et Leipzig*, *Bossange frères*, 1825, in-8, 7 fr.

— * Recueil de fadaises, composé sur la montagne, à l'usage des habitants de la plaine. Par M. Jérôme (en son vivant), littérateur distingué, et consommateur accrédité dans le faubourg Saint-Marceau. *Paris, Bossange frères*, 1826, 2 vol. in-8. 10 fr.

— Opinion pour l'ouverture de la discussion sur la loi des dépenses de l'état, 13 juin 1820. *Paris, de l'imp. de Smith*, 1820, in-8 de 8 pag.

— Tableaux de la vie rurale, ou l'Agriculture enseignée d'une manière dramatique. *Paris, A. Bossange*, 1829, 3 vol. in-8, 21 fr.

Publ. sous le nom de feu Désormeaux, fils naturel de M. Jérôme.

— Voyage dans la vallée des originaux.

Paris, Baudouin frères, 1828, 3 vol. in-12, 12 fr.

Publ. sous le pseudon. de feu M. Du Coudrier.

Le comte Français de Nantes est encore auteur de *discours, rapports et écrits politiques*.

FRANCE (P.-M.). Desserts (les) de Momus, chansonnier dédié aux enfants de Silène. *Paris, l'Auteur ; Lecouvey*, 1823, in-18, fig., 2 fr. — Sec. édit., corr. et augm. d'un grand nombre de chansons nouvelles. *Paris, l'Auteur; Hardy; Mongie aîné*, 1825, in-18, fig., 2 fr.

FRANCE DE VAUGENCY (And.-Guill.-Nic.), de la Société d'agriculture de Paris, de la Société littéraire de Châlons-sur-Marne.

— Mémoire sur la culture du sainfoin et ses avantages dans la haute Champagne, par M***. *Amsterdam*, 1764, in-12.

FRANCES (Sophie). Voy. FRANCIS.

FRANCÈS aîné. Art (l') de la stercoration, ou les Loisirs d'un agriculteur praticien retiré à la campagne : méthode pour fabriquer une quantité immense de fumiers ou engrais qui dureront huit ans, tandis que les fumiers ordinaires sont évaporés dans deux années. *Toulouse, de l'imp. de J.-M. Douladoure*, 1822, in-8 de 48 pag.

— Découvertes (nouv.) sur les vignes et les engrais généralisée pour tous les pays, et méthode d'après l'expérience, avec les certificats authentiques, etc. IVe édition, revue et augmentée de plusieurs procédés nouveaux. *Toulouse, de l'imp. de Bellegarigue*, 1826, in-8, 3 fr.

— Élégie sur les misères humaines. *Toulouse, de l'imp. de Corne*, 1827, in-12 de 8 pag.

— Opuscules sur deux objets très-intéressants touchant l'agriculture. *Toulouse, de l'imp. du même*, 1827, in-4 de 12 pag. 1 fr.

— Traité des fumiers ou engrais, d'après plusieurs expériences, et composé par un agriculteur praticien. IVe édit. *Toulouse, Douladoure*, 1823, br. in-8, 1 fr. 50 c.

FRANCESCHETTI (Dominique-César), ex-général; né à Bastia, en Corse, en 1776.

— Mémoires sur les événements qui ont précédé la mort de Joachim Ier, roi des Deux-Siciles, suivis de la correspondance privée de ce général avec la reine, comtesse de Lipano. *Paris, Baudouin frères*, 1826, in-8, 4 fr. — Supplément; etc, ou Réponse à M. Napoléon-Louis Bonaparte. *Paris, les mêmes*, 1829, in-8, 2 fr. 50 c.

FRANCESCHINI. Conversations d'une mère avec sa fille, trad. du franç. (1804). Voy. CAMPAN (Mme).

FRANCESON (C.-F.). Essais sur la question, si Homère a écrit ses ouvrages et si les deux grands poëmes de l'Iliade et de l'Odyssée, qu'on lui attribue vulgairement, sont en entier de lui seul. *Berlin, Nauck*, 1818, in-12, 3 fr.

FRANCHEVILLE (Dufr. de). Voyez DUFRESNE DE FR.

FRANCILLON (Jacq). Histoire de la Passion de N. S. J.-C., ouvrage de littérature sacrée et de dévotion. *Genève*, 1779, in-8.
— Sermon sur l'amour de la patrie. 1766, in-8.

· FRANCILLON (Thim.), du canton de Vaud.
— Traduction abrégée de la Storia pittorica della Italia (1823). Voy. LANZI.

FRANCINI (J.-N.). Voy. à la Table des Anonymes : *Recueil général des opéras*, etc.

FRANCIS, auteur dramatique. Voyez ALLARDE.

FRANCIS (miss Soph.-L.), romancière anglaise du XIXe siècle.
— Angelo Guicciardini, ou le Bandit des Alpes ; trad. de l'angl. par R.-J. DURDENT. *Paris, Dentu*, 1817, 5 vol. in-12, 15 fr.
— Constance de Lindinsdorff, ou la Tour de Wolfenstadt ; trad. de l'angl. par Mme P*** (PERIN). *Paris, Dentu*, 1807, 4 vol. in-12, 10 fr.
— Inconnu (l'), ou la Galerie mystérieuse ; trad. de l'angl. Par Mme VITERNE. *Paris, Dentu*, 1810, 5 vol. in-12, 12 fr. 50 c.
— Sœur (la) de la miséricorde, ou la Veille de la Toussaint ; trad. de l'angl. par Mme VITERNE. *Paris, Dentu*, 1809, 4 vol. in-12, 10 fr.
— Vivonio, ou l'Heure de la rétribution ; trad. de l'angl. *Paris, Dentu*, 1820, 5 vol. in-12, 15 fr.

C'est à tort que sur les titres de la plupart de ces traductions le nom de cette dame est écrit *Frances :* le *Dictionary of the living authors of the Great-Britain* la nomme *Francis.*

FRANCISQUE. * Une Promenade à Vaucluse (1821). Voy. BAYARD.

FRANCK (Will.). Traité sur les vins du Médoc et les autres vins rouges du départ. de la Gironde. *Bordeaux, de l'imp. de Laguillotière*, 1824, in-8.

FRANCKENSTEIN (C.-G.). *Mémoires

des intrigues politiques et galantes de la reine Christine de Suède et de sa cour. *Liége*, 1710, 2 vol. in-12.

FRANCLIEU(L.-H.-C. PASQUIER, comte de), écrivain politique.
— A M. Canning, ministre de l'Angleterre. *Paris, de l'imp. de Tilliard*, 1825, in-8 de 8 pag.
— A MM. les électeurs des départements de la Meurthe et de la Somme. *Paris, de l'imp. du même*, 1824, in-8 de 4 pag.
— A Sa Majesté Charles X, roi de France ; adresse : Vœux sur notre patrie. *Senlis, de l'imp. de Tremblay*, 1824, in-8 de 24 pag.
— A Sa Majesté Nicolas, empereur de toutes les Russies. *Paris, de l'imp. de Gauthier-Laguionnie*, 1826, in-4 de 4 pag.
— Adresse au peuple espagnol. Esquisse rapide d'un contrat social. Vœux sur la paix. *Paris, de l'imp. de Tilliard*, 1823, in-8 de 40 pag.
— Cantate sur les Grecs : Considérations sur le droit politique et proposition d'une croisade en faveur des Grecs. *Paris, Delaunay*, 1824, in-8 de 24 pag.; 1 fr.
— * Considérations critiques et politiques sur les Réflexions politiques de M. de Châteaubriand (et autres ouvrages). *Paris, mai* 1815, in-8.
— Considérations politiques et critiques sur le concordat, sur l'armée, etc. *Paris, Dentu; Alex. Eymery; Mongie aîné*, 1819, in-8 de 104 pag.
— Considérations relatives au concordat : à MM. les membres des deux Chambres ; de l'importance, de la nécessité d'une religion de l'état, et de ce qu'elle doit être. *Paris, de l'imp. de Renaudière*, 1818, in-8 de 32 pag.
— Défense du projet de classement par âges de générations nouvelles ; véritable armée permanente non soldée ; de son éducation successive, civile et militaire ; devant bientôt entraîner la cessation des armées soldées, offrir au cas de guerre et subitement la réunion, le ralliement instruit de sept millions de soldats. *Paris, Anselin et Pochard*, etc., 1821, in-8.
— Lettre à Son Excellence Monseigneur le maréchal de Gouvion-Saint-Cyr, ministre de la guerre, et réimpression d'un projet de distribution et d'emploi de la force publique, conforme aux excellens principes de M. le lieutenant-général Tarayre, etc. *Senlis, de l'imp. de Tremblay*, 1819, in-8.
Le *Projet de distribution* a été impr. la même année.

—— Mémoire à Sa Majesté, à la Chambre des pairs, à celle des députés, au peuple français, contre la septennalité de la Chambre des députés. *Paris, de l'imp. de Tilliard*, 1824, in-8 de 12 pag.

— Opinion et projet de loi sur la liberté de la presse. *Paris, Dentu; Mongie*, 1817, in-8 de 52 pag.

— Opinion sur la charte qui nous est annoncée. *Paris, Delaunay*, avril 1815, in-8 de 16 pag.

— Pétition à la Chambre des députés. Session de 1821. Projet de loi sur la liberté de la presse. *Senlis, de l'imp. de Tremblay*, 1821, in-8 de 32 pag.

— Principe (du) des gouvernements. Des progrès de l'esprit humain dans l'énoncé de ce principe, depuis les temps anciens, ceux de Cicéron, et ceux récents de Montesquieu. *Paris, de l'imp. de Tilliard*, 1824, in-8. de 40 pag.

— Quelques observations sur les élections : Oise. *Paris, imp. de la Renaudière*, 1817, in-8 de 20 pag.

FRANCO (Nic.), poëte italien satirique et licencieux du XVIᵉ siècle.

—Priapea (la). Nuova ediz (publ. dal abbato de SAINT LÉGER, con un aviso del editore). Pekin, regnante Kien Long. (*Parigi, Molini*), nel XVIII secolo (1790), in-8.

Poëme écrit dans un style dont l'Arétin lui-même aurait en peine à égaler la virulence et l'obscénité.

FRANCOEUR (L.-Jos.), compositeur de musique, né à Paris, le 8 octobre 1738, mort dans la même ville, le 10 mars 1804.

—- Diapason général de tous les instruments à vent, avec des observations sur chacun d'eux. *Paris*, 1772, in-fol.

FRANCOEUR (Louis-Benjamin), fils du précédent, géomètre, mathématicien, professeur de la faculté des sciences de Paris, et du collége de Charlemagne; né à Paris, le 16 août 1773.

—Cours complet de Mathématiques pures; ouvrage destiné aux élèves des écoles normale et polytechnique, etc. Troisième édit., revue et augmentée. *Paris, Bachelier*, 1827, 2 vol. in-8, 15 fr.

La prem. édit. parut en 1809.

— Dessin (le) linéaire, d'après la méthode de l'enseignement mutuel; dédié à la Société d'instruction élémentaire. *Paris, L. Colas*, 1819, in-8 avec 6 planch., 3 fr. 50 c.

Réimpr. pour le même libraire en 1827, sous ce titre: Enseignement du dessin linéaire, d'après une

méthode applicable à toutes les écoles primaires, quel que soit le mode d'instruction qu'on y suit. Seconde édition. In-8, 6 fr. 50 c.

— Éléments de Statique. *Paris,* * *Bachelier*, 1810, in-8 avec 3 pl., 3 fr.

— * Flore parisienne, par L.-B.-F. *Paris*, 1801, in-18.

Les plantes, dans cet ouvrage, sont classées conformément à la méthode suivie au Jardin du Roi.

—Goniométrie, ou l'Art de tracer sur le papier des angles dont la graduation est connue, et d'évaluer le nombre de degrés d'un angle déja traité, accompagné d'une table des cordes de 1 à 10,000. *Paris, de l'imp. de Huzard-Courcier*, 1820, in-8 de 4 pag., 1 fr. 25 c.

— Notice sur la ville d'Aix en Savoie, et sur ses eaux thermales. *Paris, imp. de Rignoux*, 1825, broch. in-8.

Extrait de la Revue encyclopédique.

— Traité de Mécanique élémentaire. Vᵉ édit. *Paris, Bachelier*, 1825, in-8 avec 9 planch., 7 fr. 50 c.

La prem. édit. parut en 1800.

—Uranographie, ou Traité élémentaire d'astronomie, à l'usage des personnes peu versées dans les mathématiques. IVᵉ édit., augm. *Paris, Bachelier*, 1828, in-8, 9 fr.

La prem. édit. parut en 1812.

« Dans cet excellent Traité d'astronomie, l'auteur a adopté, relativement à l'antiquité du monde, et même de l'homme civilisé, celui des deux systèmes de Dupuis (Origine de tous les cultes) qui s'éloigne le moins des traditions historiques, c'est-à-dire qu'il fait remonter l'antiquité de la civilisation à trois ou quatre mille ans avant notre ère, opinion toutefois qui ne saurait s'accorder avec le fait du déluge universel. M. Francœur ne rejette cependant pas l'autre système de Dupuis, qui accorderait quinze mille ans d'antiquité à la civilisation égyptienne. On assure, à ce sujet, qu'il a eu occasion de se refuser à la suppression des passages de ce Traité d'astronomie qui déplaisaient à quelques personnes pour lesquelles il est important que toutes les lignes de la Genèse soient également vraies et sacrées. »

Ce savant mathématicien a coopéré et coopère encore à la Revue encyclopédique, au Dictionnaire technologique et à l'Encyclopédie moderne : il a présenté et lu plusieurs Mémoires à l'Académie des sciences, mais qui ne paraissent pas avoir été imprimés.

FRANÇOIS (GENTIL, connu sous le nom de frère), chartreux.

— * Jardinier (le) solitaire, ou Dialogues contenant la méthode de cultiver un jardin fruitier et potager. *Paris, Rigaud*, 1705, in-12.

Réimpr. en 1770, in-8.

FRANÇOIS (l'abbé Laur.), né à Arinthod, en Franche-Comté, le 2 novembre 1698, mort à Paris, le 24 février 1782.

— Défense de la religion chrétienne. *Paris*, 1755, 2 vol. in-12.

Ouvrage formant une suite des « Preuves de la religion chrétienne », etc.

— Examen des faits qui servent de fondement à la religion chrétienne ; précédé d'un court Traité contre les athées, les matérialistes et les fatalistes. *Paris, Lacombe*, 1767, 3 vol. in-12.

— *Examen du Catéchisme de l'honnête homme, ou Dialogue entre un caloyer et un homme de bien. *Bruxelles et Paris, Babuty*, 1764, in-12.

— Lettre sur le pouvoir des démons. in-4.

Citée dans la France littéraire d'Hébrail.

— Observations sur la « Philosophie de l'histoire » et sur le « Dictionnaire philosophique » (deux ouvr. de Voltaire), avec des réponses à plusieurs difficultés. *Paris*, 1770, 2 vol, in-8.

— * Preuves (les) de la religion de Jésus-Christ, contre les spinosistes et les déistes, par M. L. F. *Paris, Estienne*, 1751, 4 vol. in-12.

— Réponse aux difficultés proposées contre la religion chrétienne, par J. J. Rousseau, dans « l'Émile », la « Confession du vicaire savoyard », et le « Contrat social ». *Paris*, 1765, in-12.

Tous les ouvrages de cet ecclésiastique, aussi modeste que savant et laborieux, sont anonymes. Il a encore laissé en manuscrit une « Réfutation du Système de la nature », et une autre du « Livre des trois imposteurs ». C'est à lui que l'on doit la Géographie connue sous le nom de Crozat.

FRANÇOIS (P.), médecin. Specimen inaugurale medicum de circumstantiis generalibus quatenùs sanitati adversantur. *Burdigalensis*, 1761, in-4.

FRANÇOIS (dom Jean), savant bénédictin de la congrégation de Saint-Vannes; né à Acremont, le 26 janvier 1726, où il est mort, le 22 avril 1791.

— * Bibliothèque générale des écrivains de Saint-Benoît, patriarche des moines d'Occident, contenant une notice exacte des ouvrages de tout genre, composés par les religieux des diverses branches, filiations et réformes. Par un bénédictin de la congrégation de Saint-Vannes. *Bouillon*, 1777, 4 vol. in-4.

— Dictionnaire roman, wallon, celtique et tudesque, pour servir à l'intelligence des anciennes lois et contrats, etc. Par un religieux de la congrégation de Saint-Vannes. *Bouillon*, 1777, in-4.

— Histoire de la ville de Metz, avec les preuves. *Metz*, 1769 et ann. suiv. 4 vol. in-4.

Dom Tabouillot a eu part à cet ouvrage.

— Vocabulaire austrasien, etc. *Metz*, 1773, in-8.

Ouvrage rare.

Ce savant religieux avait entrepris plusieurs ouvrages importants, que la mort lui a empêché de terminer.

FRANÇOIS (l'abbé), lazariste, mort en 1792.

— * Défense de mon apologie. *Paris, Crapart*, 1791, in-8.

Cet écrit a eu sept éditions : celle de 1791 est la dernière.

— Discours pour la fête séculaire célébrée à Saint-Cyr. 1786, in-8.

— * Examen de l'instruction de l'Assemblée nationale sur la constitution du clergé. Sans date, in-8 de 38 pag.

— Mon apologie (d'après le refus du serment civique). 1791, in-8.

— * Oraison funèbre de la princesse Louise Marie de France, religieuse carmélite. *Paris*, 1788, in-8.

— * Point de démission. 1791, in-8.

FRANÇOIS. Essais systématiques sur les planètes, les comètes, le soleil. 1790, in-12.

FRANÇOIS (Sam.). Discours académiq. sur différents sujets de physique et d'histoire naturelle. *Lausanne*, 1797, in-8.

FRANÇOIS (H.-J.), peintre. Aux Français, sur la paix de Tilsitt, ode. *Paris*, * Brasseur aîné, in-4 de 16 pag., 1 fr. ; papier vélin, 2 fr.

— Poésies diverses. *Paris, Colnet ; Martinet*, 1814, in-8, 2 fr. 50 c.

FRANÇOIS, médecin. Histoire médicale de la fièvre jaune, etc. (1823). Voy. BALLY.

— Notice sur l'épidémie régnant à Paris, depuis le mois de juin 1828. *Paris, de l'imp. de Crapelet*, 1828, in-8 de 8 pag.

— Observations sur l'emploi de l'extrait de laitue, faites à l'hôpital de la Pitié par le docteur François, et recueillies par le docteur Meyranx, ancien chef de clinique. *Paris, de l'imp. de Lachevardière*, 1825, in-8 de 16 pag.

Extrait des Annales de la médecine physiologique.

Voyez aussi DES FRANÇOIS et LE FRANÇOIS.

FRANÇOIS-AUGUSTE, duc de Brunswick-Œls.

— Discours sur les grands hommes. Sec. édit. *Weimar*, 1815, in-8.

La première édition, qui parut à Berlin en 1768, portait seulement les lettres initiales du nom de l'auteur F. A. Pr. de Br. et L. *Barb.*

FRANÇOIS DE NEUFCHATEAU (le

comte Nic.-L.) successivement procureur-
général du roi au Cap, ministre de l'intérieur sous Napoléon, membre de l'Académie française; né au bourg de Lifol-le-
Grand, en Lorraine, le 7 octobre 1752,
mort le 10 janvier 1828.

— Améliorations (des) dont la paix doit
être l'époque. 1797, in-8.

— Anthologie morale, ou Choix de quatrains et de distiques , pour exercer la mémoire, pour orner l'esprit et former le cœur
des jeunes gens. *Paris*, 1784, 1798, in-12.

— Art (l') de multiplier les grains, ou
Tableau des expériences qui ont eu pour
objet d'améliorer la culture des plantes céréales, d'en choisir les espèces, et d'en
augmenter le produit. (*Épernai*) *Paris* ,
* Mme Huzard, 1809, 2 part. in-12 de VIII-
435 et 437 pag., 6 fr.

Le faux titre porte: *OEuvres de M. François de
Neufchâteau. Agriculture. Art de multiplier les grains.*
Ces deux volumes sont les deux premiers de ceux
qui devaient former la collection des *OEuvres* de cet
auteur.

— Conservateur (le), ou Recueil de morceaux d'histoire, de politique, de littérature et de philosophie, dont la plupart
sont publiés pour la première fois. *Paris*,
de l'imp. de Crapelet, 1800, 2 vol. in-8,
10 fr.

Ouvrages inédits de nos grands hommes; morceaux peu connus de littérature étrangère; renseignements précieux d'économie politique; pièces
originales pour servir à l'histoire: tels sont les matériaux de cet intéressant recueil; des lettres remarquables de Buffon et de J.-J. Rousseau; des écrits
piquants de Voltaire et d'Helvétius; de charmantes
poésies de Gresset et de beaucoup d'autres; un Mémoire de Vauban sur les armements en course, extrêmement important dans les circonstances présentes, quoique composé dans le dernier siècle;
des traductions singulières de Virgile, par Turgot;
des pièces tirées de la Bastille; des fragments d'histoire naturelle par Bexon, coopérateur de Buffon;
des Mémoires curieux sur l'industrie des Pays-Bas,
sur la chambre des blés à Genève, sur l'imprimerie à Mayence, sur la philosophie de Kant, qui
fait tant de bruit en Allemagne, etc., etc.; des morceaux de Dupaty, de Thouret, de Bailly, de Rober-
jot, et de beaucoup d'hommes célèbres; un poème
des Repas, comparable aux plus agréables ouvrages
de ce genre; une variété très-grande dans les matières, et un choix sévère dans les objets, pour la
nouveauté, l'instruction et l'amusement: telle est
l'idée qu'on peut donner de ces deux volumes.

— Contes (nouveaux) moraux en vers.
Berlin, 1781, in-12.

Publ. sous le pseudonyme de Vadé.

— Corps (le) de l'âme, pièce de vers ,
extraite du « Mercure du XIXe siècle », 87^e
livraison. *Paris, de l'imp. de Tastu*, 1824,
in-8 de 16 pag.

— Désintéressement (le) de Phocion, dialogue en vers. *Nanci, C. L. Lamort*, 1778,
in-8.

— Discours prononcé à la Convention
nationale législative, le 21 sept. 1792. In-8.

— Discours sur la manière de lire les
vers. IVe édition. *Paris , Maradan*, an VII
(1799), in-8 de 20 pag., 75 c.

La prem. édit. parut en 1775.

— Dix épis de blé au lieu d'un, ou la
Pierre philosophale de la république française. 1795, in-8.

— Épître à M. le comte Amédée de Rochefort d'Ally, à sa campagne de Vandœu-
vre, en lui adressant l'Épître à M. Viennet
sur l'avenir de l'agriculture en France. *Paris, de l'imp. de Boucher*, 1821, br. in-8.

— Épître à M. Viennet, sur l'avenir de
l'agriculture en France.

— Épître du citoyen Fr. de N., au ci-devant
C..., député, sur son voyage de Paris
à Neufchâtel. *Par.; nivose an IV (1796)*, in-8.

— Esprit du grand Corneille, ou Extrait
raisonné de ceux des ouvrages de Corneille
qui ne font pas partie du Recueil de ses
chefs-d'œuvre, pour servir de supplément à
ce Recueil et au Commentaire de Voltaire;
suivi des Chefs-d'œuvre de Th. Corneille.
Paris, P. Didot (* *Werdet et Lequien*),
1819, 2 vol. in-8, 7 fr. 50 c.; papier fin,
11 fr.; et pap. vél., 20 fr.

Faisant partie de la *Collection des meilleurs ouvrages
de la langue française.*

— Essai sur la nécessité et les moyens de
faire entrer dans l'instruction publique l'enseignement de l'agriculture. 1802, in-8.

— Études (les) du magistrat; Discours
prononcé à la rentrée du Conseil supérieur
du Cap, le jeudi 5 octobre 1786; suivi
d'un morceau de l'histoire critique de la
vie civile, trad. de l'ital. *Au Cap-Français,
Nanci et Paris*, 1787, br. in-8.

— Fables et Contes en vers, suivis des
poëmes de la Lupiade et de la Vulpéide,
dédiés à Ésope. *Paris, P. Didot*, 1814,
2 vol. in-12 , avec portrait, 8 fr.

— François de Neufchâteau, auteur de
Paméla, à la Convention nationale. (*Paris,
C. F. Patris*, 1793), in-8.

— Histoire de l'occupation de la Bavière,
par les Autrichiens, en 1778 et 1779,
contenant les détails de la guerre et des
négociations que ce différend occasiona,
et qui furent terminés en 1779, par la
paix de Teschen. *Paris*, 1805, in-8, 4 fr.

— Institution (l') des enfants, ou Conseils d'un père à son fils, imités des vers
que Muret a écrits en latin , pour l'usage
de son neveu, et qui peuvent servir à tous
les jeunes écoliers, avec une traduction
allemande. *Paris, Treuttel et Würtz*, 1798,

1801, 1827, in-12 de 24 pag., ou *Parme, Bodoni*, 1801, in-8.

— Jubilé (le) académique, ou la Cinquantième année d'une association littéraire : épître à M. Dumas, secrétaire de l'Académie royale des sciences, belles-lettres et arts de Lyon; lue à la séance extraordinaire de l'Académie française, du mardi 3 février 1818. *Lyon, imp. de Roger*, 1818, in-8 de 16 pag.

— Lectures (les) du citoyen, ou Suite de mémoires sur des objets de bien public, adressés à MM. les administrateurs des départements, etc. *Toul*, 1790, in-8.

— Lettre à M. Suard, sur la nouvelle édition de sa traduction de l'histoire de Charles-Quint, et sur quelques oublis de Robertson. *Paris, de l'imp. de Le Normant*, 1819, in-8 de 40 pag.

Tiré à cent exemplaires. Cette lettre a d'abord paru dans les Annales encyclopédiques.

— Lettre à M. G. Joyant, collaborateur de M. Maugard. *Paris, de l'impr. de Béraud*, 1818, in-8 de 8 pag.

— Lettre sur le Robinier, ou faux Acacia. *Paris, Marchant*, 1803, in-12 avec pl., 2 fr. 50 c.

— Mémoire sur la manière d'étudier et d'enseigner l'agriculture, et sur les diverses propositions qui ont été faites pour établir en France une grande école d'économie rurale; lu à la Société d'agriculture du département de la Seine, en 1801. *Blois, Aucher-Éloy*, 1827, in-8 de 112 pag.

Impr. aussi la même année en forme d'Introduction au Dictionnaire d'agriculture pratique.

— Méthode pratique de lecture. *Paris, Didot l'aîné*, 1799, in-8, 1 fr.

— Mois (le) d'Auguste, épître à Voltaire, et ode sur le prix de l'Académie de Marseille. *Paris, Valade*, 1774, in-8.

— Ode sur les parlements. 1771, in-8.

— Origine (l') ancienne des principes modernes, ou les décrets constitutionnels conférés avec les maximes des sages de l'antiquité. 1791, in-8.

— Paméla, comédie en 5 actes et en vers. *Paris, Barba*, an III (1795), ou an V (1796), et *Paris, André*, an 1800, in-8.

— Pièces fugitives. *Neufchâteau*, 1766, in-12.

— Poésies diverses. 1765, in-12.

— Rapport sur le perfectionnement des charrues, fait à la Société libre d'agriculture du département de la Seine. *Paris, Mme Huzard*, 1801, in-8, 1 fr.

— Rapport fait à la Société royale et centrale d'agriculture, sur l'agriculture et la

civilisation du ban de la Roche; suivi de pièces justificatives. Séance publique du 29 mars 1818. *Paris, la même*, 1818, in-8 de 48 pag., plus une planche représentant en profil au trait, M. J. Fr. Oberlin, ministre à Waldbach, au ban de la Roche.

— Recueil authentique des anciennes ordonnances de Lorraine. *Nanci*, 1784, 2 vol. in-8.

— Recueil des lettres, circulaires, instructions, programmes, discours et autres actes publics, émanés du citoyen François de Neufchâteau, pendant ses deux exercices du ministère de l'intérieur. 1800, 7 vol. in-4; 15 fr.

— Supplément au Mémoire de M. Parmentier sur le maïs. *Paris, Mme Huzard*, 1817, in-8, 6 fr.

— Tableau des vues que se propose la politique anglaise dans toutes les parties du monde, suivi d'un Coup-d'œil historique sur les résultats des principaux traités entre la France et l'Angleterre, avant le traité d'Amiens. *Paris, Baudouin*, 1804, in-8 de 130 pag., 2 fr.

— Trois (les) nuits d'un goutteux, poëme en III chants, dédié à M. Circaud, médecin à la Clayette (Saône et Loire), etc. *Paris, Lefèvre; Delaunay*, 1819, in-8 de 20 pag., 1 fr.

— Tropes (les), ou les Figures des mots; poëme en IV chants, avec des notes, un extrait de Denys d'Halicarnasse sur les tropes d'Homère, et des Recherches sur les sources et l'influence du langage métaphorique; dédié à la jeunesse studieuse. *Paris, Delaunay*, 1817, in-12.

— Vosges (les), poëme. 1796, 1797, in-8.

— Voyage agronomique dans la sénatorerie de Dijon. *Paris, Mme Huzard*, 1806, in-8, 6 fr.

Le comte François de Neufchâteau a coopéré au Nécrologe des hommes célèbres de France (1767—82), au Journal littéraire de Nanci (1780—87), aux Annales de l'Agriculture française ( ), et au Dictionnaire d'agriculture pratique (1827), *voy. ces titres*. Le tom. V des anc. Mémoires de l'Institut, section de littérature et de morale (1804), contient de François de Neufchâteau, un *Discours en vers sur la mort*, et la traduction en vers du premier livre de l'*Expédition des Argonautes* de Valérius Flaccus.

On lui doit encore, comme éditeur, la publication de divers ouvrages, dont quelques-uns sont enrichis de morceaux de cet académicien : nous citerons, entre autres, 1° Didon, poëme de Virgile (trad. par Turgot, 1778), *voy.* VIRGILE; 2° les OEuvres posthumes de Nivernais (1807), *voy. ce nom*; 3° une nouvelle édition de Gilblas, avec un *Examen préliminaire* (de la question de savoir si Lesage est l'auteur de Gilblas, ou s'il l'a pris de l'espagnol, etc.), *de nouveaux sommaires des chapitres, et des notes historiques et littéraires* (1820), *voy.* LESAGE; 4° une nouvelle édition des Lettres provinciales et Pensées de Pascal, à laquelle il a ajouté un *Examen des Lettres provinciales et des sources de la perfection du style de Pascal*, ainsi qu'une Introduction aux Pensées (1822); 5° une nouvelle édition des Lettres écrites à un Provincial par Pascal, précédées d'un Essai sur les Provinciales et sur le style de Pascal (1826), voy. PASCAL.

FRANÇOIS DE SALES (Saint), évêque et prince de Genève, instituteur de l'ordre de la Visitation.

— Conduite pour la confession et la communion, pour les ames soigneuses de leur salut. Édit. stéréot. d'Herhan. *Paris, Nicolle*, ... in-12, 2 fr. 50 c.

— La même. *Toulouse, Douladoure*, 1813, in-12, 1 fr. 50 c.; ou *Au Mans, Ve Dureau*, 1823, in-18; et *Paris, Denn*, 1824, in-18, 1 fr. 50 c.

— La même. Nouvelle édition, fidèlement extraite des écrits de ce saint, et augmentée de prières choisies, avec une table très-utile aux confesseurs et aux pénitents. *Lyon, Périsse frères; et Paris, Méquignon junior*, 1824, in-18, 60 c.

— Conduite (la véritable) de saint François de Sales, pour la confession et la communion, fidèlement extraite de ses écrits et faisant partie de ses œuvres. Nouv. édit., augmentée d'un nouvel Examen de conscience. *Lyon et Paris, Rusand*, 1825, in-18, 90 c.

— Directeur (le) spirituel des ames dévotes et religieuses, tiré des écrits de saint François de Sales. *Lyon*, 1805; *Lyon, Rusand*, 1824, in-18, 50 c.

— Introduction à la vie dévote. Nouvelle édition, revue et mise en meilleur français (par P. J. BRIGNON). *Paris, de Nully*, 1709, in-12.

La même. *Lille, Lefort*, 1816, 1826; *Lyon, Bourry; Bettend*, 1816, in-12.

— La même. *Paris, J.-J. Blaise*, 1823, in-8, orné du portrait de l'auteur et d'un modèle de son écriture, 6 fr.; pap. vélin, 12 fr.

Belle édition, due aux presses de P. Didot.

La même. *Paris, Méquignon junior*, 1824, in-18; *Paris, Potey*, 1824, pet. in-12; *Lyon et Paris, Rusand*, 1824, in-24; *Lyon et Paris, Périsse frères*, 1825, in-12.

— La même. Nouv. édit., à l'usage de la jeunesse. *Paris, au Bureau de la Biblioth. catholique*, 1826, in-18.

— La même; édit. augm. d'une Notice historique et bibliographique, par A. PIHAN DELAFOREST, et d'un Vocabulaire des mots qui ont vieilli. *Paris, A. Pihan Delaforest*, 1827, in-18, 2 fr. 50 c.; pap. vél., 5 fr.

— La même. *Paris, J.-J. Blaise*, 1828, in-18, avec un *fac-simile*, 3 fr. 50 c.

Jolie édition, faisant partie d'une Bibliothèque chrétienne.

— La même, trad. en bas-breton, par un prêtre du diocèse de Léon (LE BRITZ). *Morlaix*, 1710, in-8.

— Lettres de saint François de Sales, adressées aux gens du monde (publ. par l'abbé CLAUSEL DE COUSSERGUES). *Paris, Société typogr.* 1812, in-12, 3 fr.

Jolie édition.

— Les mêmes. *Paris, J.-J. Blaise*, 1823, in-8 avec un port. et un *fac-simile*, 6 fr.; papier vélin, 12 fr.

Dans cette édition les lettres ont été rangées par ordre chronologique, plusieurs dates ont été restituées; on a ajouté des sommaires à un grand nombre qui en manquaient : un autre mérite bien plus précieux, est d'avoir terminé l'ouvrage par plusieurs lettres inédites du saint.

Autres éditions : *Paris, Méquignon fils aîné*, 1820, in-12 avec portrait. — Augm. de la *Vie du comte L. de Sales*, frère du saint. *Lyon, Rusand*, 1822, 2 vol. in-12, 3 fr. 50 c. — *Lyon et Paris, Périsse frères*, 1825, in-12. Éditions ordinaires.

— Lettres (ses), augmentées de lettres inédites. *Paris, J.-J. Blaise*, 1817, 3 vol. in-8 ornés d'un portrait et d'un *fac-simile*, 18 fr.; pap. fin, 24 fr.; et pap. vél., 36 fr.

— Maximes et pratiques. *Bruxelles, Ve Lemaire*, 1813, in-8 de 16 pag.

— Pratique de la vie dévote, extraite des divers ouvrages de ce saint prélat. *Dôle, Joly*, 1825, br. in-18.

— Règle du tiers-ordre de la pénitence, institué pour les personnes séculières. Traduite et expliquée par le P. Cl. FRASSEN. *Saint-Brieuc, Prudhomme*, 1820, in-12.

— Traité de l'amour de Dieu. Nouv. édit., rev. et légèrement retouchée par l'abbé BONVALLET DES BROSSES. *Paris*, 1747, 4 vol. in-12, ou *Paris, Saint-Michel*, 1813; ou *Lyon (et Paris, Périsse frères)*, 1823, 2 vol. in-12, 3 fr. 50 c.; et *Avignon, Fischer*, 1826, 2 vol. in-12, 5 fr.

— Le même, abrégé (par l'abbé TRICALET). *Paris, Guérin et Delatour*, 1756, in-12.

— Vrais entretiens spirituels, etc. Nouv. édit., augm. des Exercices spirituels de saint François de Sales, et d'une Considération sur le symbole des apôtres. *Paris, Méquignon fils aîné*, 1821, in-12.

— Œuvres (ses) complètes, publ. d'après les éditions les plus correctes, ornées de son portrait et d'un *fac-simile*. *Paris, J.-J. Blaise*, 1821 et ann. suiv., 16 vol. in-8, 96 fr.; pap. vélin, 192 fr.

Cette édition est ainsi classée : Vie de saint François de Sales, par l'abbé de MARSOLLIER, 2 vol. — Esprit de saint François de Sales, extrait des divers ouvrages de J. P. Camus, par P. C. (COLLOT), 1 vol. — Introduction à la vie dévote, 1 vol. — Sermons, 3 vol. — Traité de l'amour de Dieu, 2 vol. —

Lettres, 4 vol. — Controverses., 1 vol. — Entretiens spirituels, 1 vol. — Opuscules, 1 vol.

FRANÇOIS - XAVIER (Saint). Lettres (ses), etc., traduites sur l'édition latine de Boulogne, en 1795, précédées d'une Notice historique sur sa vie, et sur l'établissement de la compagnie de Jésus, par A. M. F***. *Lyon et Paris, Périsse frères,* 1828, 2 vol. in-8, 8 fr.; pap. vélin, 16 fr.

FRANÇOIS-XAVIER (le P.), religieux de l'ordre des capucins, bibliothécaire du monastère de Rouen.

— Essai pratique de Grammaire raisonnée, contenant la Grammaire générale, la Grammaire française et la Grammaire latine; avec un Discours préliminaire et des notes critiques. *Paris, Guillot,* 1780, in-12.

— Grammaire française raisonnée. *Paris, Barrois l'aîné,* 1789, in-12.

— Méthode française pour composer le latin. 1786, in-12.

FRANCONI jeune (H.), écuyer distingué et mimique, né à Rouen, en ....

—Arsène, ou le Génie maure, pantomime en trois actes. *Paris, Barba,* 1813, in-8, 1 fr.

Avec Madame Bellemeut.

— Caïn, ou le Premier crime, pantomime en 3 actes. *Paris, Fages,* 1817, in-8, 75 c.

— Chevaux (les) vengés, ou Parodie de la parodie de Fernand-Cortez, folie de carnaval (pantomime en un acte). *Paris, Barba,* 1810, in-8.

— Dame (la) du lac, ou l'Inconnue, pantomime en 3 actes. *Paris, Barba,* 1813, in-8, 40 c.

—Diane et les Satyres, ou une Vengeance de l'Amour, pantomime en deux actes, avec un prologue, etc. *Paris, Barba,* 1815, in-8.

— Famille (la) Darmincourt, ou les Voleurs, tableaux de Bouilly mis en action; pantomime eu deux actes. *Paris, Barba,* 1813, in-8, 40 c.

Avec Camel.

— Ferme (la) des carrières, fait historique en 2 actes. *Paris, Fages,* 1818, in-8.

Avec Villiers.

— Geneviève, ou la Confiance trahie, pantomime en 3 actes. *Paris, Barba,* 1812, in-8.

— Hospitalité (l'), ou la Chaumière hongroise, aneed. milit. en un acte. *Paris, Barba,* 1821, in-8.

Avec Carmouche.

— Maréchal (le) de Villars, ou la Bataille de Denain; action historique et militaire. *Paris, Barba,* 1814, in-8, 40 c.

— Mine (la) Beaujonc, ou le Dévouement

sublime, fait historique en deux actes. *Paris, Barba,* 1811, in-8.

— Mort (la) du capitaine Cook, ou les Insulaires d'O-why-e, pantomime en deux actes. *Paris, Barba,* 1814, in-8.

—Orsino, pantomime dialoguée en 3 actes (et en prose), trad. de l'angl. *Paris, J.-N. Barba,* 1815, in-8.

— Poniatowski, ou le Passage de l'Elster; mimo-drame milit. en 3 actes. *Paris, Fages,* 1819, in-8.

Avec P. Villiers.

— Prise (la) de la Corogne, ou les Anglais en Espagne, scènes équestres, militaires et historiques, en deux parties. *Paris, Barba,* 1809, in-8.

— Robert-le-Diable, ou le Criminel repentant, pantomime en 3 actes. *Paris, Barba,* 1815, 1818, in-8.

— Soldat (le) fermier, ou le Bon seigneur, mimo-drame en un acte. *Paris, Martinet,* 1821, in-8, 40 c.

Avec L. Ponet.

— Soldat (le) laboureur, mimo-drame en un acte (et en prose). Sec. édit. *Paris, Fages,* 1819, in-8.

M. Franconi a en part à dix-neuf autres pièces imprimées jusqu'à la fin de 1826. Voy. les articles Fél. BLANCHARD (au Suppl.), Ch. MAURICE, MOUSSARD, L. PONET, L. RABEE, SAINT-GEORGES, SAINT-LÉON et VILAIN-SAINT-HILAIRE.

FRANCONI (Adolphe). Chien (le) du régiment (1825). Voy. SAINT-LÉON.

FRANCUS. Voy. ANDRY.

FRANK (Jean), célèbre médecin allemand du XVIIIe siècle.

—Traité du Castor, traduit du latin par EIDOUS, avec de nouvelles Observations. *Paris,* 1746, in-12.

Le Traité du Castor fut composé originairement par J. Marius Mayer; mais il a été considérablement augmenté par Frank.

— Veronica theezans, id est Collatio veronicæ europeæ cum theâ Chinensium; trad. en franç. *Paris,* 1704, ou *Reims,* 1707, in-12, fig.

FRANK (J. P.), célèbre médecin allemand du XIXe siècle (mort en avril 1821).

—Manuel de toxicologie, ou Doctrine des poisons et de leur antidote; trad. de l'allem. et augm. de notes par VRANCKEN. *Anvers,* 1803, gr. in-8.

— Plan d'école clinique, ou Méthode d'enseigner la pratique de la médecine dans un hôpital académique. *Vienne,* 1790, in-8.

—Traité de médecine pratique, traduit du latin, et terminé par J. M. C. Gou-

DAREAU. *Paris, Migneret; Gabon; Béchet jeune*, 1820-28, 6 vol. in-8, 31 fr.

L'ouvrage original est intitulé : *De curandis homi- num morbis Epitome, prælectionibus academicis dicata.* Le prem. vol. de cette traduction a été publié à Avignon, dès 1817.

— Traité sur la manière d'élever saine- ment les enfants, fondé sur les principes de la médecine et de la physique; trad. de l'allemand par Mich. BOEHM. 1799, in-8, 1 fr. 80 c.

Frank est auteur d'une vingtaine d'autres ouvr. estimés, écrits soit en latin, soit en allemand, ou soit en italien : on en trouve la liste dans la Biogra- phie médicale.

FRANK. (Louis). Collection d'Opus- cules de médecine-pratique, avec un Mé- moire sur le commerce des nègres au Kaire. *Paris, Gabon*, 1812, in-8, 3 f. 50 c.

— Mémoire sur le commerce des nègres au Kaire, et sur les maladies auxquelles ils sont sujets en y arrivant. *Paris*, 1802, in-8, 1 fr.

FRANKLIN (Benjamin), célèbre Amé- ricain, imprimeur, savant, doct. en droit, membre de la Société royale de Londres, et de l'Académie des sciences de Paris, ministre plénipotentiaire des États-Unis d'Amérique à la cour de France, prési- dent du conseil des États-Unis, etc.

— Conseils pour faire fortune, précé- dés, etc.; suivis de l'ordonn. de Louis XVIII sur la caisse d'épargnes et de prévoyance. *Paris, Renouard*, 1825, in-18 de 36 pag., 25 c.

— Correspondance choisie, trad. de l'an- glais (par M. de LA MARDELLE) d'après l'édition publiée par W. T. Franklin, son petit-fils, Tom. Ier (et unique). *Paris, Treuttel et Würtz*, 1817, in-8, 6 fr.

— Correspondance inédite et secrète, de- puis l'année 1753 jusqu'en 1790, publiée pour la première fois en France avec des notes et additions (par Ch. MALO). *Paris, Janet*, 1817, 2 vol. in-8, avec le portr. de Franklin, et un *fac-simile*, 15 fr.

— Expériences et Observations sur l'élec- tricité, trad. de l'angl. (par F. T. DALI- BARD). *Paris, Durand*, 1752, in-12, ou 1756, 2 vol. in-12.

— Mélanges de morale, d'économie et de politique, extraits des ouvrages de Benjamin Franklin, et précédés d'une No- tice sur sa vie. Par A. Ch. RENOUARD. *Paris, A. A. Renouard*, 1824 ou 1826, 2 vol. in-18, avec un port. et un *fac-simile*, 4 fr.

— Les mêmes, en espagnol : Miscelanea de economia politica y moral, extractada

de las obras de Benjamin Franklin : y pre- cedida de una noticia sobre su vida; tra- ducida del francès por R. MANGINO, natu- ral de Mejico; la dedica a sus concindada- nos. *Paris, Bossange padre*, 1825, 2 vol. in-18, 8 fr.

— Mémoires de la vie privée de Benjamin Franklin, écrits par lui-même, et adressés à son fils (suivis de la Science du bon- homme Richard); trad. de l'angl. (par M. GIBELIN). *Paris, Buisson*, 1791, in-8.

— Les mêmes, sous ce titre : Vie de Ben- jamin Franklin, écrite par lui-même, sui- vie de ses OEuvres morales, politiques et littéraires, dont la plus grande partie n'a- vait pas encore été publiée. Trad. de l'an- glais par J. CASTÉRA. *Paris, Buisson*, an VI (1798), 2 vol. in-8, avec un portr., 8 fr. 50 c., et pap. vél., 17 fr.

— Mémoires sur la vie et les écrits de Benjamin Franklin, etc., publiés sur le manuscrit original rédigé par lui-même en grande partie, et continués jusqu'à sa mort par William Temple FRANKLIN, son petit- fils. *Paris, Treuttel et Würtz*, 1818, 2 vol. in-8 avec 2 planches, 12 fr.

— Les mêmes, traduction nouvelle (par M. A.-Ch. RENOUARD). *Paris, J. Renouard*, 1828, 2 vol. in-18 avec les portr. de Was- hington et de Franklin, 6 fr.

— Opuscules (ses) conten. the Way to wealth or poor Richard improved — la Science du bonhomme Richard. — Lettres de Franklin. — Dialogue entre la goutte et Franklin. — Quelques mots sur l'Amé- rique. — Observations sur les sauvages du nord de l'Amérique. *Paris*, 1795, in-12.

— * Science (la) du bonhomme Richard, ou Moyen facile de payer les impôts, trad. de l'angl. (par QUÉTANT et M. LECUY). *Paris, Ruault*, 1778, in-12. — Là même, avec un Abrégé de la vie de l'auteur (par M. J. B. SAY). *Paris*, an 11 (1794), in-12.

La traduction de l'interrogatoire de Franklin est, pour la plus grande partie, de Dupont de Nemours.

— La même, en anglais et en franç. (avec les Lettres et autres Opuscules du même). *Dijon, Causse*, 1795, in-8, pap. vél.

On a tiré de cette édition 6 exemplaires en grand papier et huit exemplaires sur vélin, y compris deux gr. in-8.

— La même, suivie du Testament de For- tuné Richard, maître d'arithmétique, par MATHON DE LA COUR. *Paris, Kleffer*, 1822, in-18, 1 fr.

— La même, suivie d'Extraits de ses OEu- vres. Précédée de l'Éloge funèbre de Fran- klin, par MIRABEAU. *Paris, Ant. Bailleul* (* *Renard*), 1822, in-18, 50 c.

— La même. *Paris, Ant. Aug. Renouard*, 1825, 1826, in-18, 25 c.

— La même, et Conseils pour faire fortune, avec une Notice sur Benjam. Franklin et l'Ordonnance de Louis XVIII sur la caisse d'épargnes et de prévoyance. *Dijon, Lagier*, 1827, in-18, 30 c.

— La même, suivie de la Véritable Poule noire, ou la Connaissance des trésors. *Paris, Sanson*, 1825, in-24, ou 1828, in-32, 10 c.

Le même libraire avait déja donné deux édit. de cet opuscule, mais moins amples, en 1824, in-32, et au commencement de 1825, in-24.

Cet opuscule célèbre a aussi été réimprimé dans plusieurs ouvrages, tels que les Principes élémentaires de morale, par M. Peignot, les Etrennes constitutionnelles, etc., etc.

— La même, en grec moderne. *Paris, F. Didot*, 1823, in-18, 1 fr.

— La même, en portugais : A Sciencia da Bom homem Ricardo, ou Meios de fazer fortuna. *Pariz, Renouard*, 1828, in-32 de 8 pag.

— OEuvres (ses), trad. de l'angl. sur la 4ᵉ édit., (par M. LECUY, abbé de Prémontré; rev., corr. et (publ. par BARBEU-DUBOURG. Avec des additions nouvelles. *Paris, Quillau*, 1773, 2 vol. in-4, avec un portr. et 12 pl., 8 à 10 fr.

Cette édition des OEuvres complètes de Franklin est plus complète, sous le rapport de la partie physique, que l'édition anglaise antécédente : elle renferme le recueil de lettres adressées par Franklin au traducteur.

Les sujets traités dans ces deux volumes sont : l'Électricité, sujet qui remplit le prem. volume ; les Météores, une Description des nouveaux chauffoirs de la Pensylvanie, l'Accroissement de l'espèce humaine, la Population des pays, etc. ; l'Inoculation de la petite-vérole ; la Lumière de l'eau ; la Politique ; l'Économie (la Science du bonhomme Richard) ; le Froid produit par l'évaporation ; l'Usage des cheminées ; la Salure de la mer ; la Musique ; la Propagation du son ; les Ondulations singulières ; les Canaux navigables ; l'Art de nager ; les Carrés magiques : le second vol. est terminé par huit Lettres à miss Stevenson, depuis milady Hewson, et par des Extraits de quelques lettres scientifiques.

Franklin est l'un des auteurs des « Affaires de l'Angleterre et de l'Amérique », ouvrage périodique. Voy. ce titre à la Table des Anonymes.

FRANKLIN (J.-D.). Lettres d'un voyageur américain, ou Observations morales, politiques et littéraires sur l'état de la France et de quelques autres contrées de l'Europe en 1815, 1816, 1817 et 1818. Trad. de l'angl. (par Phil. CHASLES), et accomp. d'additions et de notes. *Paris, Pillet aîné*, 1824, 2 vol. in-12, fig., 6 fr.

FRANKOUAL (Auguste), officier d'infanterie.

— Couplets dédiés à S. Exc. le maréchal prince d'Eckmühl, ministre de la guerre.

Paris, imp. de Le Normant, 1815, in-8 de 4 pag.

— Opinion (l') de l'armée. *Paris, le même*, 1815, in-8 de 16 pag.

— Partisan (le) des Pyrénées, etc., trad. de l'espagnol (1823). Voy. ce titre à la Table des Anonymes.

FRANQUEN (C. de), cons. à la Cour supérieure de justice de Bruxelles.

— Recueil historique, généalogique, chronologique et nobiliaire des maisons et familles illustres et nobles du royaume (des Pays-Bas), précédé de la généalogie historique de la maison royale des Pays-Bas, Nassau-Orange. Tom. Iᵉʳ. *Bruxelles, Vᵉ Stapleaux*, 1826, gr. in-4 avec 23 armoiries et 15 tableaux, 20 fr. ; avec les armoiries coloriées, 30 fr.

Cet ouvrage formera 3 ou 4 vol.

FRANSOY (Ch.-Ag.), jurisconsulte et paroissien de Saint-Symphorien.

— Discours historique sur la mission d'Avignon en 1819. *Avignon, Alphonse Béringuier*, 1819, in-8 de 24 pag.

— Fragment historique sur l'église métropolitaine d'Avignon. *Avignon, J.-A. Béringuier*, 1819, in-8 de 40 pag., 50 c.

FRANTIN (Jean-Mar.-Félicité), receveur particulier des contributions directes de la ville de Dijon, membre de l'Académie de la même ville ; né à Dijon, le 10 juillet 1778.

— * Annales du moyen âge, comprenant l'histoire des temps qui se sont écoulés depuis la décadence de l'empire romain jusqu'à la mort de Charlemagne. *Dijon, Vict. Lagier*, 1825 et ann. suiv., 8 vol. in-8, 52 fr.

L'auteur s'occupe d'une continuation à cet ouvrage, depuis Charlemagne.

— * Réponse à un article inséré dans le journal le Globe (17 août 1826), sous ce titre : Annales du moyen âge. *Dijon, de l'imp. de Frantin*, 1826, in-8 de 13 pag.

FRA-PAOLO. Voy. SARPI.

FRASANS (le chev. Hipp. de), jurisconsulte et littérateur ; né en 1768.

— Considérations sur les causes auxquelles il faut attribuer l'état de dépérissement où se trouvent nos colonies des Antilles, et sur les moyens d'y remédier. *Paris, Dentu*, 1822, in-8, 1 fr. 25 c.

— * Mémoire pour le chef de brigade Magloire Pélage, et pour les habitants de la Guadeloupe. *Paris, Desenne*, 1803, 2 vol. in-8.

M. Langlois, ancien avocat, ami de l'auteur, a eu part à cet ouvrage.

— Saint-Domingue et Santhonax, article extrait des Annales universelles du 6 juin 1797 (18 prairial an v). *Paris, de l'imp. de Dentu*, 1822, in-8 de 16 pag.

Cet écrit n'a pas été destiné au commerce.

— Vingt-neuf (le) septembre 1820, fête patronale de Saint-Michel et des Saints-Anges. Stances sur la naissance de S. A. R. Mgr le duc de Bordeaux, suivies d'autres stances et couplets. *Paris, imp. de Le Normant*, 1820, in-8 de 8 pag.

— Voyage dans l'intérieur de l'Afrique, trad. de l'angl. (1817). Voy. ADAM (Rob.)

FRAY (J.-B.), commissaire-ordonnateur des guerres.

— Essai sur l'origine des corps organisés et inorganisés, et sur quelques phénomènes de physiologie animale et végétale. Sec. édit. *Paris, Ve Courcier*, 1821, in-8, 5 fr.

La prem. édit. parut en 1817.

— Expériences (nouv.), extraites de l'Essai sur l'origine des substances organisées et inorganisées. In-8.

FRAYSSINOUS (S. Ém. Mgr. Denis de), prédicateur célèbre, depuis évêque d'Hermopolis, et grand-maître de l'Université, ministre-secrétaire d'état aux affaires ecclésiastiques, membre de l'Académie franç., aujourd'hui premier aumônier du Roi; né à Curières, dans le diocèse de Rhodez, le 9 mai 1765.

— Défense du christianisme, ou Conférences sur la religion. *Paris, Adr. Leclère*, 1825, 3 vol. in-8, 21 fr., et pap. vélin, 36 fr. — Sec. édit. *Paris, le même*, 1825, 4 vol. in-12, 10 fr. — IIIe édit. *Paris, le même*, 1826, 3 vol. in-12, 7 fr. 50 c.

— Discours prononcé aux obsèques de très-haut et puissant prince Louis-Joseph de Bourbon, prince de Condé, dans l'église de Saint-Denis, le 26 mai 1818. *Paris, Le Normant; Leclère; Rey et Gravier*, 1818, in-8 de 36 pag.

— Discours prononcé dans la séance publique tenue par l'Académie française, pour sa réception, le 28 novembre 1822. *Paris, F. Didot*, 1822, in-4 de 20 pag.

La réponse à ce Discours a été prononcée par M. Bigot de Préameneu.

— Discours sur le prix de vertu, prononcé dans la séance publique du 25 août 1823, jour de la Saint-Louis. *Paris, le même*, 1823, in-4 de 12 pag.

— Discours prononcé dans les séances des 25 et 26 mai 1826, à l'occasion du budjet de son ministère. *Paris, Adr. Leclère*, 1826, in-8 de 48 pag., 60 c.

— Discours sur les livres irréligieux, extrait des Conférences de M. de Frayssinous, prononcé dans l'église de Saint-Sulpice. *Paris, impr. de Gueffier*, 1826, br. in-18.

Ce Discours s'est distribué.

— Discours sur l'existence de la congrégation et des jésuites en France, suivi de la réfutation de M. Casimir Perrier. *Paris, Sanson*, 1826, br. in-32, 50 c.

— Discours prononcé à la Chambre des députés dans la séance du 27 mai 1826, en réponse à un discours de M. Cas. Perrier. *Nantes, de l'impr. de Mellinet-Malassis*, 1826, in-8 de 4 pag.

— Discours prononcé à la Chambre des députés, dans la séance du 25 mai 1826. *Nantes, de l'imp. du même*, 1826, br. in-8.

— Oraison funèbre de S. Exc. Mgr le cardinal de Talleyrand de Périgord. *Paris, Adr. Leclère*, 1821, in-8, 1 fr.

— Oraison funèbre de très-haut, très-puissant et très-excellent prince Louis XVIII, roi de France et de Navarre, prononcé dans l'église royale de Saint-Denis, le 25 octobre 1824. *Paris, le même*, 1824, in-8.

— Vrais (les) principes de l'Église gallicane, sur le gouvernement ecclésiastique, la papauté, les libertés gallicanes, la promotion des évêques, les trois concordats, et les appels comme d'abus; suivis de Réflexions sur un écrit de M. Fiévée. *Paris, le même*, 1818, in-8, 2 fr. 50 c.

Réimprimés la même année, et en 1826.
C'est sous la direction de M. de Frayssinous qu'a été fait, par M. Clausel de Coussergues, l'abrégé du Génie du Christianisme de M. de Chateaubriand (1809, 2 vol. in-12).

FRÉARD DE CHAMBRAY. Architecture (les quatre livres d') d'André Palladio, mis en français (1650). Voyez PALLADIO.

— * Parallèle de l'architecture antique et de la moderne, avec un Recueil des principaux auteurs qui ont écrit des cinq ordres, savoir Palladio et Scamozzi, Serlio et Vignole, D. Barbaro et Catanéo, L. B. Alberti et Viola, Bullant et de Lorme, comparés entre eux. *Paris*, 1702, in-fol., 12 à 18 fr.

La prem. édit. est de 1650; celle de 1702, in-fol., est plus complète, mais elle l'est moins que la suivante.

— Le même. *Paris, Jombert*, 1766, gr. in-8, 6 à 7 fr.

Cette édit. forme le 4e volume de la *Bibliothèque portative d'architecture*.

FRÉARD DU CASTEL. * École du jardinier-fleuriste. 1764, in-12.

FRÉCOT SAINT-EDME, juge au tribunal de première instance à Alençon.
— Énéide (l') de Virgile, trad. en vers français (1803). Voy. VIRGILE.

FRÉDÉRIC Ier, roi de Prusse. * Pensées diverses sur les principes. Lausanne, 1776, in-8.

FRÉDÉRIC II, surnommé le Grand, roi de Prusse, écrivain philosophe du dix-huitième siècle.
— * Analyse de la bulle de Clément XIV, sur l'extinction des Jésuites, par main de maître. Berlin, 1774, in-8.
Non réimpr. dans les OEuvres de l'auteur.

— * Anti-Machiavel, ou Essai de critique sur le Prince, de Machiavel (publ. par VOLTAIRE). La Haye, aux dépens de l'éditeur (chez P. Paupie), 1740, in-8.
— * Le même, sous ce titre : Examen du Prince, de Machiavel, avec des notes historiques et politiques (par AMELOT DE LA HOUSSAYE). La Haye, Van Duren, 1741, in-8. — IIIe édition, augmentée de plusieurs pièces (et surtout de la correspondance de Voltaire avec le libraire). La Haye, Van Duren, 1741, 2 vol. in-8.
La traduction du Prince et les notes historiques et politiques sont d'Amelot de la Houssaye. L'Examen seul est du roi de Prusse, dont Bruzen de la Martinière a revu le manuscrit. Cet Examen forme le sixième vol. de la traduction des OEuvres de Machiavel par Tétard, impr. à Amsterdam en 1748. On trouve dans cette réimpression les diverses leçons de toutes les éditions qui avaient paru précédemment, avec un grand nombre de différences quant aux matières. Barb.

— * Art (l') de la guerre, poëme en VI chants, de main de maître. Francfort, Esslinger, 1760, in-8.
— Campagne de 1744....
Imprimée à la suite de l'Histoire de la guerre d'Allemagne en 1756, de LLYOYD. Voy. ce nom.
— Caractère des personnages les plus marquants dans les différentes cours de l'Europe, extrait des OEuvres de Frédéric-le-Grand. (Par J. A. BORELLI). Paris, Léop. Collin, 1808, 2 vol. in-8.
— * Commentaires apostoliques et théologiques sur les saintes prophéties de l'auteur sacré de Barbe-Bleue. Cologne, P. Marteau (Sans-Souci), sans date, in-8 de 60 pag.
Facétie publiée sous le nom de Dom Calmet : elle n'a pas été réimpr. dans les OEuvres primitives de Frédéric, édit. de Berlin, 1788, mais elle se trouve dans celle d'Amsterdam, 1790.

— Conseils (les) du trône, donnés par Frédéric II, dit le Grand, aux rois et aux peuples de l'Europe, etc. Publiés par P.

R. AUGUIS. Paris, Béchet aîné, 1823, in-8, 7 fr.
— Correspondance familière et amicale avec de Suhm, conseiller intime, etc. Genève, Borde, 1787, 2 vol., ou Bâle et Leipzig, 1787, 2 tom. en un vol. in-12.
Réimpr. seulement dans le 9e vol. des OEuvres posth. de Frédéric, édit. d'Amsterdam, 1789.

— * Dialogue de morale à l'usage de la jeune noblesse. Berlin, Decker, 1774, in-12.
— * Dissertation sur l'ennui. Berlin, Decker, 1768, in-8.
— * Dissertation sur les raisons d'établir ou d'abroger les lois. Utrecht, Sorli (Paris), 1751, in-12.
— * Éloge du sieur de La Mettrie, médecin de la faculté de Paris, avec un catalogue de ses ouvrages. La Haye, P. Gosse, 1752, in-12.
— * Éloge du prince Henri de Prusse, par main de maître. La Haye, Gibert, 1768, in-8.
— * Éloge de Voltaire, lu à l'Académie de Berlin, le 26 novembre 1778. Berlin, Decker, 1778, in-8.
— * Esprit du chevalier Folard, tiré de ses Commentaires sur Polybe, pour l'usage d'un officier; de main de maître. Paris (Berlin), 1760; Leipzig, 1761, in-8. — Nouv. édit., corr., et plus ample d'un tiers que toutes celles qui ont paru jusqu'à présent. Berlin, Voss, et Lyon, Bruyset, 1761, in-8.
Réimpr. sous le titre de Principes de l'Art militaire, extraits des meilleurs ouvrages des auteurs modernes; par main de maître. Berlin (Lyon), 1763, in-8 (Anon.).
Non réimpr. dans les OEuvres de l'auteur.

— * Essai sur l'amour-propre envisagé comme principe de morale. Berlin, Voss, 1770, in-8.
— * Examen de l'Essai sur les Préjugés (publ. par l'abbé BASTIANI). Londres (Berlin), 1770, in-12.
— * Extrait du Dictionnaire historique et critique de Bayle, divisé en deux volumes avec une préface. (Publ. par les soins de THIÉBAULT). Berlin, Ch. Fréd. Voss, 1767, 2 vol. in-8. — Nouv. édit., augm. Amsterdam, 1780, 2 vol. in-8.
Réimprimé dans le Supplément aux OEuvres posth. de l'abréviateur.

— Instruction destinée aux troupes légères et aux officiers qui servent dans les avant-postes. VIIe édition. Paris, Anselin et Pochard, 1821, in-12, 1 fr. 25 c.
Très-souvent réimprimée.

— Instruction militaire du roi de Prusse

pour ses généraux, trad. de l'allem. par FAESCH, avec des réflexions et des notes (par le marq. de CHASTELLUX). 1761, in-12.

Souvent réimprimée : la dernière édit. est de *Paris, Anselin et Pochard*, 1821, in-12 avec 13 pl., 1 fr. 5o c.

— Instruction secrète dérobée à Frédéric II, roi de Prusse, contenant les ordres secrets expédiés aux officiers de son armée, particulièrement à ceux de sa cavalerie, pour se conduire dans la guerre. Trad. de l'original allem. par le prince DE LIGNE. Nouv. édit. *Paris, et Strasbourg, Levrault*, 1823, in-12, 1 fr. 5o c.

— Instructions secrètes et stratégiques de Frédéric II à ses inspecteurs-généraux. *Leipzig, Comptoir d'industrie*, sans date, in-4. obl. avec 31 planch. enlum., 32 fr.

— * Lettre au public, par main de maître. 1753, in-12.

Il y a deux autres lettres.

— Lettres inédites, ou Correspondance de Frédéric avec M. et Mme de Camas. *Berlin*, 1792, in-12, ou *Berlin et Paris, Kœnig*, in-12, 2 fr.

Non réimpr. dans les Œuvres de l'auteur.

— Lettres (recueil de) pour servir à l'histoire de la dernière guerre. *Leipzig*, 1772, in-12.

— * Lettres sur l'amour de la patrie, ou Correspondance d'Anapistémon et de Philopatros. *Berlin, Decker*, 1779, in-8 ; *La Haye*, 1779, in-8 de 92 pag. — (Nouv. édit.), publ. par C. GARDETON. *Paris*, 1820, in-8, 1 fr. 25 c.

La dernière édit. n'est point anonyme.

— * Lettre sur l'éducation. *Berlin*, 1770, in-8.

— * Littérature (de la) allemande, des défauts qu'on peut lui reprocher, quelles en sont les causes, et par quels moyens on peut les corriger. *Berlin, Decker*, 1780; *Hambourg*, 1781, in-12.

— Mandement de Mgr l'évêque d'Aix, portant condamnation contre les ouvrages impies du nommé marquis d'Argens, et concluant à sa proscription du royaume, en date du 15 mars 1766. (*Berlin*), in-8.

Publié sous le pseudonyme de Brancas (Ant. J.-B.). Cette pièce a été insérée dans le 3e vol. du Supplément aux Œuvres posthumes de Frédéric II, Cologne, 1789 : on en trouve l'histoire dans les Souvenirs de Thiébaud.

— Matinées (les) du roi de Prusse, écrites par lui-même. *Berlin*, 1766, in-12.—Autre édit., sous ce titre : les Matinées royales, sans date, in-18. — Autre édit., sous ce titre : les six Matinées du roi de Prusse, à

son neveu, en mil sept cent soixante et huit (avec un Avis de l'éditeur, signé SPIESS). *Paris, Dentu*, an v de la république française (1797), in-8. — Autre édition, sous ce titre : Matinées du roi de Prusse Frédéric II. *Paris, Lefebvre*, 1801, in-8 de 99 pag., 1 fr. 5o c.

Ce petit ouvrage ne se trouve pas dans la Collection des Œuvres de Frédéric II, ce qui fait croire qu'il n'est pas de lui. Les uns l'ont attribué à Voltaire; les autres au baron Patono, ancien officier piémontais. Bachaumont assure, dans ses Mémoires secrets, que les Matinées sont l'extension d'un petit ouvrage imprimé long-temps auparavant, et ayant pour titre : Idée de la personne et de la manière de vivre du roi de Prusse.

— Mémoires historiques et critiques sur la civilisation de l'Europe aux xviie et xviiie siècles. (Publ. par J.-A. BORELLI). *Paris, Léop. Colin*, 1807, in-8.

Par la date de publication de ce volume, on voit qu'il ne peut faire partie d'aucune édit. des Œuvres de Frédéric.

— * Mémoires pour servir à l'histoire de la maison de Brandebourg. *Berlin et La Haye, Jean Neaulme*, 1751, in-4.

Réimpr. plusieurs fois in-12.

— Panégyrique de Jacques Mathieu Reinhart, maître cordonnier, prononcé dans la ville de l'Imagination, 1759. *Avignon (Paris)*, 1760, in-12.

Publ. sous le pseudon. de P. Mortier, diacre de la cathédrale.
Réimpr. dans le Supplément aux Œuvres posth. de Frédéric.

— * Poésies diverses. *Berlin, Ch. Fréd. Voss*, 1760, in-4.

— Les mêmes, sous le titre d'Œuvres du philosophe de Sans-Souci. *Postdam, et Amsterdam, J.-H. Schneider*, 1760, in-12 de 308 pag.

— Les mêmes. *Postdam* (*Paris*), 1760, in-12 de 299 pag.

Ce volume contient des épîtres philosophiques, des odes, des épîtres familières, l'Art de la guerre, poème en vi chants, et des poésies diverses.

— * Réflexions sur les talents militaires et sur le caractère de Charles XII; de main de maître. Vers 1760, in-8; 1787, in-12.

D'après une lettre de Frédéric, l'édition originale (1760) n'a été tirée qu'à douze exemplaires.
Ces Réflexions ont été insérées dans le troisième volume des Œuvres de Frédéric II, publiées du vivant de l'auteur. *Berlin*, 1789, 4 vol. in-8.

— * Relation de Phihihu, émissaire de l'empereur de la Chine en Europe, trad. du chinois. *Cologne, P. Marteau*, in-12 de 29 pag.

«Phihihu voyage à Constantinople et à Rome. Il écrit de là six lettres à l'empereur de la Chine, où il critique les mœurs des Turcs : il s'y élève avec une violence extrême contre l'Église rom., qui croit la Trinité, l'Incarnation, la Transsubstantiation, etc. Il se moque de tout le cérémonial des papes, et s'irrite de la protection que le souverain pontife accorde aux jésuites portugais, qui sont, dit-il, les assassins du roi de Portugal. Le roi de Prusse, Frédéric II, auteur de cette brochure mal faite et impie, en a fait tirer fort peu d'exemplaires. »

(*Note du P. Brotier*).

Cette *Relation* a été insérée dans le Supplément aux OEuvres posth. de Frédéric II.

— * Sur les libelles. *Paris (Berlin*), 1759, in-12.

— * Sylla, pièce dramatique (en 3 actes et en prose). *Berlin, Et. de Bourdeaux*, 1753, in-12 de 45 pag.

Il y a deux autres édit. d'Ét. de Bourdeaux, de la même année ; l'une portant pour nom d'auteur : *de main de maître*, in-8 de 48 pag.; et l'autre, *par main de maître*, également in-8 de 48 pag.

Cette pièce n'a été impr. dans aucune édit. des OEuvres du roi de Prusse.

— OEuvres diverses du philosophe de Sans-Souci. *Berlin*, 1762, in-18.

Ce volume ne contient que quelques pièces de vers, les trois Lettres au public, et des Lettres en prose.

— Les mêmes, sous le titre d'OEuvres diverses. *Berlin (Paris, Cazin)*, 1762, 2 vol. in-18.

— * OEuvres du philosophe de Sans-Souci. *Au donjon du château*, 1760, 2 vol. *Berlin*, 1763, 3 vol. in-12.

Éditions citées par Barbier.

— Les mêmes. *Au donjon du château*, 1760, 3 vol. in-8. — Supplément. *Berlin*, 1772, in-8 de 136 pag.

Cette édition est ainsi composée. Tom. Ier : Mémoires pour servir à l'histoire de la maison de Brandebourg. Éloges de Jordan et de Goltze. Tom. II : Poésies. Tom. III : Poésies : les trois Lettres au public. Lettres en prose de divers personnages au roi, avec ses réponses. Supplément : Odes, Épîtres et Poésies diverses. Dissertation sur l'innocence des erreurs de l'esprit. Éloge de Gasp. Guill. de Borck.

— Les mêmes. *Au donjon du château*, 1770-71, 3 vol. in-4, grand pap. de Hollande.

Belle édition, publ. par Frédéric lui-même, et tirée à petit nombre pour être donnée en présent : elle est ornée de beaux portraits, et de vignettes d'après les dessins de G. F. Schmidt, et d'une carte géographique. Sa composition est différente de la précédente édition ; elle contient : Tom. Ier : Mémoires pour servir à l'histoire de la maison de Brandebourg. De la Superstition et de la Religion. Des Mœurs, des Coutumes, de l'Industrie, des Progrès de l'esprit humain dans les arts et dans les sciences. — Du Gouvernement ancien et moderne du Brandebourg. Du Militaire, depuis son institution jusqu'à la fin du règne de Frédéric-Guillaume.Tom.II. Poésies (huit Odes et 16 Épîtres).Tom. III : Épîtres familières. Pièces diverses. Onze Lettres en vers et en prose, dont une adressée à Jordan et dix à Voltaire. Pièces académiques (Éloges de Jordan, de Goltze, et Dissertation sur les raisons d'établir ou d'abroger les lois).

— OEuvres (ses) complètes. (Publiées du vivant de l'auteur). *Berlin*, 1788, 4 vol. in-8.

— Les mêmes. Sec. édit. originale. *Berlin, Voss et fils ; Decker et fils (Strasbourg, Treuttel)*, 1789, 4 vol. in-8.

L'édition de 1789 a été faite sur celle de 1788. L'une et l'autre contiennent : Tom. Ier : Mémoires pour servir à l'histoire de la maison de Brandebourg. Tom. II : Anti-Machiavel, ou Examen du Prince, de Machiavel.—Mélanges philosophiques et littéraires (contenant : Dissertations sur les raisons d'établir ou d'abroger les lois. — Discours sur les satiriques. — Discours sur les libelles. — Discours sur la guerre. — Essai sur l'amour-propre envisagé comme principe de morale.—Examen de l'Essai sur les préjugés. — Sur l'Education : Lettre d'un Genevois à M. Burlamaqui. — Dialogue de morale à l'usage de la jeune noblesse.—De l'Utilité des sciences et des arts dans un Etat). Tom. III : Lettres sur l'amour de la patrie. De la Littérature allemande.— Eloges de Jordan, du baron de Goltze, du baron de Knobelsdorf, de La Mettrie, du général Still ; du prince Henri de Prusse, et de Voltaire. — Instruction militaire du roi de Prusse pour ses généraux.— Réflexions sur les talents militaires et sur le caractère de Charles XII, roi de Suède. — Des Marches d'armées et de ce qu'il faut observer à cet égard. — Instruction pour la direction de l'Académie des nobles à Berlin. Tom. IV : Poésies.

— Les mêmes, ou Collection des ouvrages publiés par le roi de Prusse, pendant son règne. *Amsterdam (Liége)*, 1790, 4 vol. in-8.

Cette édition ne contient pas les éloges de Jordan et de Knobelsdorf qui se trouvent dans la précédente ; mais aussi on y trouve de plus : 1° la Correspondance amicale de Frédéric avec le baron Lamotte-Fouqué, précédée d'une Notice sur la vie de ce général ; 2° les trois Lettres au public ; 3° une Lettre sur la Littérature allemande, adressée à S. A. R. madame la duchesse douairière de Brunswick Wolfenbutel, en 1781, par Jérusalem; 4° la Préface du Discours sur l'hist. ecclésiastique ; 5° enfin le Commentaire théologique de dom Calmet (le roi de Prusse) sur Barbe-Bleue, précédé d'un Avant-Propos de l'évêque Dupuy.

— OEuvres posthumes (publ. par M. J. Ch. Laveaux). *Berlin, Voss et Decker*, 1788, 15 vol. in-8.

Tom. I et II : Histoire de mon temps. Tom III et IV : Histoire de la guerre de sept ans. Tom. V : Mémoires depuis la paix de Hubertsbourg (1763), jusqu'à la fin du partage de la Pologne (1775). — Correspondance de l'Empereur et de l'Impératrice au sujet de la succession de Bavière. Tom. VI : Considérations sur l'état présent des corps politiques de l'Europe. Essai sur les formes de gouvernements, et sur les devoirs des souverains. Dialogue des morts entre le prince Eugène, Malborough, et le prince Lichtenstein. Dialogue des morts entre le duc de Choiseul, le comte de Struenzée et Socrate. Examen critique du Système de la nature. Avant-Propos sur la Henriade de M. de Voltaire. Dissertation sur l'innocence des erreurs de l'Esprit. Tom. VII : Poésies. Tom. VIII—XII : Poésies. Correspondance : Lettres à M. Jordan, à Voltaire, à la marq. du Châtelet, au marq. d'Argens, à d'Alembert. Tom. XIII—XV : Lettres de M. Jordan à la marq. du Châtelet, du marq. d'Argens et de d'Alembert au roi de Prusse.

On a publié, pour faire suite à ces quinze volumes, six autres volumes intitulés : *Supplément aux OEuvres posthumes de Frédéric II, roi de Prusse, pour faire suite à l'édition de Berlin; contenant plusieurs pièces attribuées à cet illustre auteur.* Cologne, 1789. Ces six volumes sont composés des ouvrages suivants :

Tom. Ier : le Paladion, poëme grave en vi chants (en vers), précédé d'une petite pièce en vers, intitulée la Palinodie, à Darget. — La Guerre des Confédérés, poëme en vi chants (en vers). — Poésies diverses : Épître à milord Baltimore sur la liberté; Vers d'un poète natif de Taillenbostel; Sur l'invasion des Français; Aux Écraseurs; Congé de l'armée des cercles et des tonneliers; Au marq. d'Argens; la Choiseullade, facétie; Louis XV aux Champs-Élysées, drame en vers; Six épigrammes; Épitaphe de Voltaire. — Tantale en procès, com. en un acte et en prose, précédée d'un Factum servant de prologue. (D'après une note manuscrite de Mercier, abbé de Saint-Léger, cette pièce est d'un M. Portiex). — Portrait de Voltaire (1756). — L'École du monde, com. en 3 actes, en prose, faite par M. Satiricus, pour être jouée incognito. — Commentaire théologique de dom Calmet sur Barbe-Bleue. Tom. II : Pensées sur la religion, qui, d'après A. A. Barbier, sont de DE LA SERRE (*Voy. ce nom*). — Lettres à Voltaire, du 8 août 1736 au 26 septembre 1770. — Lettres à Darget. Tom. III : Lettres du roi de Prusse à Jordan, à d'Argens, au comte de Manteuffel, à Achard, à Rollin, à madame de Rocoulle, au comte Algarotti, à Maupertuis, au duc Ch. Eugène de Wurtemberg, à de Catt, à la comtesse de Camas, à Steinhart, au comte de Hertzberg (à l'occasion de l'écrit sur la Littérature allemande, etc.), à la duchesse de Brunswick. — Lettres de d'Alembert, de Darget et de Grimm au roi. — Lettre d'un académicien de Berlin à un académicien de Paris. — Facéties, parmi lesquelles on en trouve plusieurs qui avaient été déjà impr., telles que les Lettres au public, le Panégyrique de Jacq. Math. Reinhart, la Relation de Phihihu, le Mandement de M. l'évêque d'Aix. — Poésies. Tom. IV et V : Extrait du Dictionnaire de Bayle. Tom. VI : Abrégé de l'Histoire ecclésiastique de Fleury (de l'abbé de PRADES, avec un Avant-propos, seulement, de FRÉDÉRIC II).

— OEuvres posthumes. Sec. édit. originale. *Berlin, Voss et fils ; Decker et fils (Strasbourg, Treuttel)*, 1788, 16 vol. in-8.

La composition des quinze premiers volumes est la même que dans l'édit. précédente. Le 16ᵉ vol. est la réimpression du 1ᵉʳ vol. du Supplément, qui n'a pas été achevé : dans ce vol. on a omis le Commentaire sur Barbe-Bleue.

On joint à ces seize volumes les quatre d'OEuvres primitives, en tout 20 vol. in-8, avec portr., 60 fr.; et sur gr. pap. vél. anglais, 150 fr.

« Il faut se garder, dit l'éditeur, dans son Catalogue , de confondre cette édition originale qui « ne laisse rien à désirer, tant pour la modicité du « prix que pour l'authenticité du contenu, avec « les contrefaçons plus ou moins infidèles de Suisse, « de Liége, d'Amsterdam, etc., où l'on insulte à « la mémoire de Frédéric, en lui attribuant et des « lettres qu'il n'a jamais écrites, et des ouvrages « qui ne lui appartiennent pas ».

Les lettres qui sont considérées comme n'ayant jamais été écrites par le roi de Prusse, et qui ont été omises dans cette édition, sont celles avec le baron H. Aug. de Lamotte-Fouqué, avec les réponses (précédées d'une Vie de ce général); 2° les Correspondances de Frédéric avec Darget, avec Fontenelle, Rollin, Condorcet, le bar. Grimm, le comte Algarotti. Si les réponses de Voltaire au roi de Prusse ne se trouvent pas dans cette édition, ce n'est pas pour cause de non authenticité, mais parce que ces réponses se trouvaient déjà imprimées dans

la Correspondance de ce grand homme, et qu'on n'a pas jugé à propos de les reproduire ici. Les *Pensées sur la religion* ont été omises dans cette édition.

M. Brunet dit que cette édition est la plus belle, ce qui n'est pas exact quant au papier ordinaire : la suivante est supérieure; quoique déjà incomplète, elle a été cartonnée : on recherche les exemplaires sans cartons.

L'éditeur sépare, des OEuvres complètes de Frédéric, la partie des *OEuvres historiques* (contenant les Mémoires de Brandebourg, l'Histoire de mon temps, 1740 à 1745, l'Histoire de la guerre de sept ans, et les Mémoires de 1763 à 1775), 6 vol. in-8, 24 fr.

— Les mêmes. *Sans lieu d'impression (Bâle)*, 1789, 13 tom. en 12 vol. in-8.

Edition plus complète pour la Correspondance que la précédente, et dans laquelle on trouve les *Pensées sur la religion.* Dans cette édition, les réponses aux lettres de Frédéric sont placées après chacune de ces lettres.

Il se trouve deux tom. V dans cette édition, l'un portant le millésime de 1768, et contenant la Correspondance avec le baron de Lamotte-Fouqué, et le second servant de premier volume à celle avec Voltaire.

— Les mêmes. *Amsterdam*, 1789, ou avec un nouv. titre, *Potsdam*, 1805, 19 vol. in-8.

Édition dans un meilleur ordre, et plus complète que les précédentes. Un des Éloges omis dans les *OEuvres primitives* (édition d'Amsterdam, 1790), celui de Jordan, a été reproduit ici en tête de sa Correspondance avec le roi. La Correspondance, beaucoup plus ample, forme onze vol. dans cette dernière édit., et on y a inséré celle avec de Suhm, qui a été omise dans les précédents : les Lettres de Voltaire et du roi de Prusse remplissent à elles seules cinq vol., et celles de d'Alembert et du roi, trois autres.

Il existe une autre édition des OEuvres posthl. de Frédéric, 15 vol. in-12, que M. Beuchot, à qui nous avons l'obligation de plusieurs communications pour cette notice, a vue à Paris, mais que nous n'avons pu retrouver : nous ne pouvons signaler alors ce qui la distingue des autres.

Il résulte des différences que nous venons de signaler dans les diverses éditions des OEuvres de Frédéric, qu'il faut, pour avoir les OEuvres complètes du philosophe de Sans-Souci, aussi complètes qu'elles existent recueillies, se composer ainsi un exemplaire : 1° OEuvres primitives, édit. d'Amsterdam, 1790, 4 vol ; 2° OEuvres posthumes, Amsterdam, 1789, 19 vol.; 3° Supplément aux OEuvres posthumes, Cologne, 1789, 6 vol.; 4° Vie de Frédéric, par Denina, 1 vol. : en tout 30 vol. in-8.

— OEuvres complètes. *Potsdam*, 1805, 24 vol. in-8.

Cette collection comprend les OEuvres primitives, 4 vol., — les OEuvres posthumes, 19 vol., — et la Vie de Frédéric, par M. Denina, 1 vol. On ajoute le Supplément aux OEuvres posth. 6 vol.; en tout 30 vol.

Rospini, libraire de Saint-Pétersbourg, dans un catalogue bien rédigé qu'il a publié en 1804 (in-8 de 442 pag.), attribue au roi de Prusse, nous ne savons d'après quelle autorité, un vol. in-8 ainsi intitulé : *Dictionnaire politique, ou Glossaire alphabétique de J. Volkna.* — *Alphabet politique.* — *Glossaire en vers français sur l'héroïsme.* — *Anti-Volkna, ou Notes d'un publiciste sur le système politique et militaire de la Prusse.* Londres, 1762.

FRÉDÉRIC (le col.), fils de Théodore, roi de Corse, mort en 1797.

— Description de la Corse. 1798, in-8.

— * Mémoires pour servir à l'histoire de Corse. *Londres*, 1768, in-8.

Des exempl., avec la date de 1767, portent le nom de l'auteur.

FRÉDÉRIC, auteur dramat. Voy. Du-PETIT-MÉRÉ (Fréd.).

FRÉDÉRIC (Prosper). Sept quarts d'heure dramatiques , ou les Étrennes et le Carnaval des jeunes gens ; dédié aux amateurs, ses très-chers camarades. Brochure composée de deux petites pièces de circonstance ; l'une ayant pour titre : Malinot et Fricotin, pièce burlesque en un acte et en vers; l'autre, le Jardinier, ou Cécile et Urbin, com.-vaud. histor. en un acte ; précédé d'une Préface et d'une Oraison , ou Sourde prière aux journalistes, par le même auteur. *Paris , Delavigne ; l'Auteur*, 1825, in-8, 2 fr.

Ces deux pièces se trouvent aussi impr. séparément sous la date de 1826.

FRÉDÉRIC (J.-M. de), ex-lieutenant de gendarmerie.

— A S. Exc. le ministre de la guerre. *Paris , imp. de Le Normant*, 1819, br. in-4.

— Au Roi. *Paris , impr. de Demonville*, 1820, in-4 de 4 pag.

— Élections (des). Ce qu'il faut faire, ou ce qui nous menace. *Paris , Hardy ; Terry*, 1821 , in-8 de 52 pag.

FRÉDÉRICK (Edward), capitaine. État comparatif de Babylone anc. et moderne. *Paris , imp. de Goetschy*, 1820, br. in-8.

Extrait du Journal des Voyages, publié par M. Verneur.

FREDIN. Tableau analytique de la loterie nationale de Paris, dite de France, et des autres loteries y annexées. 1803, gr. in-8 , 2 fr.

FREEMAN. Voy. JAX.

FREHERI (Marquardi). Rerum germanicarum Scriptores aliquot insignes, cum notis Burc. Gotth. STRUVII. *Argentorati*, 1717, 3 vol. in-fol.; 15 à 24 fr. ; et beaucoup plus cher autrefois.

FREIESLEBEN (Godef. Chr.). Amour (l') jaloux de son cadet. *Leipzig*, 1770, in-8.

— Maximes de morale tirées des poésies d'Horace. *Gotha*, 1759, in-8.

FREIND (John), célèbre médecin anglais du XVIIIe siècle.

— Conduite (la) du comte de Péterborough en Espagne, surtout depuis la levée du siége de Barcelonne, en 1706, avec la Campagne de Valence. *Paris*, 1730, in-8.

— Emmenologia, in quâ fluxûs mulieri-

bus phænomena, periodi, vitia , cum medendi methodo, ad rationes mechanicas redigentur. (Editio nova). *Parisiis*, 1727, in-12.

L'édition originale est d'Oxford, 1703, in-8.

— Emmenologie (l'), ou Traité de l'évacuation ordinaire des femmes; trad. par J. DEVAUX. *Paris*, 1730, in-12.

— Histoire de la médecine, depuis Galien jusqu'au XVIe siècle, trad. de l'angl. par Ét. COULET. *Leyde*, 1727, in-4, ou 3 vol. in-12, 6 à 9 fr.

Cette version française , revue par Freind, qui y a ajouté même quelques observations , est extrêmement défectueuse, tant à cause des nombreuses fautes de langue qu'à cause de l'orthographe baroque adoptée par le traducteur ; ce qui en rend la lecture fatigante.

— La même, trad. de l'angl. (par M. de B***, revue et publiée par SENAC, qui y a ajouté un Discours sur l'histoire de la médecine). *Paris , Vincent*, 1728, in-4.

Traduction qui a été quelquefois attribuée à tort à Noguez.

— Prælectiones chemicæ (Editio nova). *Parisiis*, 1727, in-12.

L'édition originale est d'Oxford, 1709, in-8.

— Opera omnia medica. (Editio nova). *Parisiis*, 1735, in-4 , 8 à 10 fr.

L'édition originale est de Londres, 1733 , in-fol.

FREIRE DE ANDRADA. Voy. ANDRADA (Freire de).

FREMADEURE , pseudonyme. Voyez DUDREZÈNE.

FREINSHEMIUS. Voy. CURTIUS (Q.).

— TACITUS.

FREMIET (H.), officier. Moyens de diminuer le ver appelé vulgairement *mazard*, et d'augmenter la récolte des fruits. *Dijon, Vict. Lagier*, 1824, br. in-8.

— Ruche des bois, ou Moyens d'augmenter les abeilles et de mettre tout le monde dans la possibilité de tenir des ruches. *Dijon, Lagier, et Paris, Mme Huzard*, 1827, in-8, 3 fr.

FREMIET-MONNIER. Éloge de M. Devosge , peintre, fondateur et professeur de l'École de dessin, peinture et sculpture de Dijon. *Dijon , imp. de Frantin*, 1813, in-8.

FRÉMIN DE BEAUMONT (Nic.). Saisons (les), poëme, trad. de l'angl. Voyez THOMSON.

FRÉMINVILLE (le chev. de), lieutenant des vaisseaux du roi , membre de la Soc. roy. des Antiquaires de France.

— Antiquités de la Bretagne. *Brest , Le-*

fournier et Desperriers, 1827-28, in-8, avec planches.

Il ne paraissait encore de cet ouvrage, à la fin de décembre 1828, que les trois premiers cahiers, avec 12 planches, qui ont pour objet les *Monuments du Morbihan*.

Le chevalier de Fréminville a inséré, dans les Mémoires de l'Académie celtique, une Notice sur les monuments islandais des environs de la baie de Patrixford (tom. VI, 1812), et les suivants, dans ceux de la Société des Antiquaires : Notice sur le géant d'Anvers et le rapport de cette tradition avec le nom de cette ville (tom. Ier, 1817). — Mémoire sur les monuments druidiques du pays Chartrain, avec 3 planch. (tom. II, 1820). — Notice sur divers monuments d'antiquités celtiques et françaises, observés en 1815, dans le département des Côtes-du-Nord (*id.*, *id.*). — Notice sur les premiers monuments chrétiens de l'Armorique, avec une pl. (*id.*, *id.*). — Mémoire sur les monuments du moyen âge du pays Chartrain (tom. IV, 1823). — Mémoire sur les monuments druidiques du départ. du Morbihan, avec 3 pl. (tom. VIII, 1829).

On doit aussi à M. de Fréminville une édition du Combat des trente, poëme du xive siècle, accompagné de notes historiques (1819).

Voy. aussi LA POIX DE FRÉMINVILLE.

FRÉMION (C.-A.-F.). Discours adressé aux jeunes gens sur l'utilité qu'ils peuvent retirer de la lecture des livres payens ; trad. du grec (1819). Voy. BASILE (S.).
— Leçons théoriques et pratiques de la langue grecque, adoptées par l'Université. IVe Édit. *Paris, Brunot-Labbe*, 1827, in-12, 2 fr. 50 c.

La prem. édit. est de 1816.

— Valère-Maxime, traduct. nouv. (1827). Voy. VALÈRE-MAXIME.

M. Frémion a aussi publié des Extraits des Vies de PLUTARQUE (1817). *Voy. ce nom.*

FREMIOT (J.-Fr.). Voy. CHANTAL.

FRÉMOLLE (J.), cordonnier. Loisirs (les) d'un artisan, mélanges en vers et en prose. *Bruxelles, Hublon*, 1823, in-12, 3 fr.

FRÉMONT (E.-L.). Application du procédé de l'enseignement mutuel à l'étude des langues anciennes, etc. *Paris, Aug. Delalain*, 1818, in-12.

M. Frémont a, en société, traduit en latin les Fables de Fénélon (1818) : seul ou en société, il a publié des traductions d'auteurs classiques à l'usage des collèges, de VIRGILIUS et de CURTIUS entre autres. *Voy. ces noms.*

FRÉMONT D'ABLANCOURT (Nic.), neveu de Perrot d'Ablancourt, envoyé de France en Portugal.
— Mémoires (ses) concernant l'histoire de Portugal, depuis le traité des Pyrénées (1659) jusqu'en 1668, avec les révolutions arrivées pendant ce temps-là à la cour de Lisbonne. *Paris*, 1701, in-12. — *En Hollande*, 1701, in-12.

Frémont d'Ablancourt est auteur de quelques autres ouvrages dont la publication est antérieure à 1700.

FRÉMONT-GARNIER. Lettres sur la vallée de Barcelonette, adressées à Mad.*** *Digne, Guichard*, 1822, in-8.

FRÉMY (J.-M.-N.), peintre. Croquis de personnages remarquables dans tous les genres, dessinés et gravés d'après les tableaux exposés aux salons (précédés d'un Discours préliminaire, par M. FRÉMY, et) accompagnés d'une Notice sur chaque portrait. *Paris, Frémy*, 1815, 2 vol. in-12, renfermant 172 portr., 24 fr., et pap. vél., 36 fr.

Le premier volume porte pour titre : *Croquis de portraits*, etc.

— Statues du pont Louis XVI, avec le plan et la coupe de ce monument, etc. *Paris, l'Auteur ; Renouard*, 1828, in-8 de 60 pag. avec 13 planches, 5 fr.

FRÉMY, membre de l'Académie de médecine.
— Analyse des deux sources de la pêcherie à Enghien-Montmorency. (Extraite du Journal de pharmacie). *Paris, de l'impr. de Fain*, 1825, in-8 de 12 pag.

FRÉNAIS (Jos.-P.), littérateur franç. ; né à Fréteval près de Vendôme, mort au commencement du xixe siècle.
— *Histoire d'Agathe de Saint-Bohaire. Lille, Henri*, 1769, 2 vol. in-12.

C'est surtout comme traducteur que Frénais s'est fait un nom dans les lettres : nous connaissons de lui dix ouvrages traduits soit de l'allem., soit de l'anglais, par lui, et dont huit au moins sont anonymes, ce sont : Chrysal, ou les Aventures d'une guinée (1768), voy. JOHNSTON ; Coup-d'œil rapide sur les progrès et la décadence du commerce et des forces de l'Angleterre (1768), voy. GEE ; Histoire d'Agathon (1768), voy. VIELAND ; l'Abbaye, ou le Château de Barford (1769), voy. MIMIFIC ; Histoire d'Émilie Montague (1770), voy. BROOKE ; le Guide du fermier (1770), voy. Arth. YOUNG ; Voyage sentimental (1782), et la Vie et les Opinions de Tristram Shandy (1785), deux ouvrages de STERNE, *voyez ce nom* ; la Sympathie des âmes (1800), et le Tonneau de Diogène (1802), deux ouvrages de WIÉLAND, *voy. ce nom*.

FRÉNAIS DE BEAUMONT. Essais pour concilier les avantages de l'exportation des grains avec la subsistance facile et la sécurité des sujets. *Paris, Morin*, 1779, in-8.
— Noblesse (la) cultivatrice, ou Moyens d'élever en France la culture de toutes les denrées que son sol comporte, au plus haut degré de production, et de l'y fixer irrévocablement sans que l'état soit assujetti à aucunes dépenses nouv. ; ces moyens portant sur le mobile de l'amour-propre. *Paris, Morin*, 1778, br. in-8.

FRÊNE (Théoph.-Rodolphe). Mémoire sur les moyens les plus propres à tirer le parti le plus avantageux des montagnes du Jura. *Bienne*, 1768, in-8.

FRÉNILLY (le marq. A. F. de), d'abord député de la Loire-Inférieure, aujourd'hui conseiller-d'état, pair de France.

— * Assemblées (des) représentatives, par l'auteur des « Considérations sur une année de l'histoire de France ». *Paris, L. G. Michaud*, novembre 1816, in-8, 3 fr.

— * Considérations ou Observations sur l'Espagne.... *Paris, Boucher*, 1822, in-8.

— Considérations sur une année de l'histoire de France. Par M. de F... *Londres* (*et Paris, Delaunay*), octobre 1815, gr. in-8, pap. vél., de VIII et 168 pag., 3 fr.

Réimpr. à Paris, conforme à l'édition originale, en novembre de la même année. Paris, Chaumerot, 1815, in-8, 3 fr.

— Développement de l'amendement sur l'article 4 du projet de loi relatif aux indemnités à accorder aux émigrés. *Paris, imp. de Boucher*, 1825, in-8 de 16 pag.

— Discours sur l'article 16 du projet de loi sur la presse, prononcé dans la séance du 5 mars 1827. *Paris, impr. du même*, 1827, in-8 de 24 pag.

— Fin du poëme de la révolution franç. *Paris, Delaunay*, 1814, in-8 de 64 pag.

— * Lettre à un membre de la Chambre des députés ; 25 octobre 1816. *Paris, L. G. Michaud*, 1816, in-8 de 80 pag., 1 fr. 50 c.

— Lettre à M. le vicomte de Bonald sur le dernier ouvrage de M. La Mennais. *Paris, Blaise aîné*, 1829, in-8 de 64 pag., 1 fr. 50 c.

— Notice sur l'arrondissement de Savenay, au mois de septembre 1822. *Paris, de l'imp. de Boucher*, 1823, in-8 de 108 pag.

— Opinion sur l'amendement de l'article 2 de la loi sur la répression des délits de la presse. *Paris, de l'imp. du même*, 1822, in-8 de 20 pag.

— Opinion relative à la loi réglant la police de la presse, prononcée dans la séance du 15 février 1827. *Paris, de l'impr. du même*, 1827, in-8 de 24 pag.

— Opinion sur le projet de loi présenté le 8 décembre 1821. *Paris, imp. du même*, 1822, in-8 de 24 pag.

— Opinions prononcées dans la discussion du projet de loi relatif à l'indemnité des colons de Saint-Domingue, dans la séance du 7 mars 1820. *Paris, de l'imp. du même*, 1826, in-8 de 48 pag.

— Opinions sur le projet de loi concernant la police des journaux, prononcées dans les séances des 7 et 12 février 1822. *Paris, de l'impr. du même*, 1822, in-8 de 44 pag.

On doit encore à M. de Frénilly plusieurs autres Discours parlementaires, soit à la Chambre des députés, soit à la Chambre des pairs, qui ont été impr. par ordre de l'une et l'autre de ces chambres : à la première, *sur le budjet*, en 1823 et 1824 ; à la seconde, en 1828, *sur la loi des élections et sur l'interprétation des lois.*

— * Poésies. *Paris, Nicolle; Le Normant; Desenne*, 1807, gr. in-8 de 230 pag.

— Questions à résoudre. *Paris, impr. de Trouvé*, 1822, in-8 de 32 pag.

— Sur le mode et la durée du renouvellement de la Chambre des députés. *Paris, Delaunay*, 1824, in-8.

On a beaucoup attribué au marquis de Frénilly une satire en vers intitulée : *Une séance du conseil des ministres* (1821, in-8), mais il paraît que c'est à tort. Le noble pair a fourni plusieurs articles au *Conservateur.*

Un ouvrage important de M. le marq. de Frénilly doit paraître au commencement de 1830 ; c'est une *Histoire parlementaire de l'Angleterre*, qui formera 6 vol. in-8. Nous savons aussi qu'il a terminé depuis long-temps une traduction en vers de l'*Orlando furioso* de l'Arioste, en 4 vol. in-8. Les Poésies spirituelles et remplies de graces que nous avons de M. de Frénilly, doivent faire désirer ardemment que cette traduction voie bientôt le jour.

FRENNELET. Projet d'organisation générale de la régie des voitures de place de Paris, présenté à S. Exc. le ministre d'état, préfet de police. *Paris, impr. de Dondey-Dupré*, 1816, in-4 de 16 pag.

— Projet et Mémoire présentés à S. Exc. Mgr le préfet de police, dans le but de faire cesser les désordres du service des voitures de stationnement établis sur la voie publique de la ville de Paris. *Paris, impr. de Bailleul*, 1819, in-4 de 16 pag.—Observations relatives à la lettre de S. Exc. M. le préfet de police, écrite le 7 avril 1819, au sieur Frennelet, auteur d'un projet concernant les voitures de place. *Paris, impr. du même*, 1819, in-4 de 12 pag.

FRÈRE (B.), romancier anglais du XIXe siècle.

— Aventurier (l') grand seigneur, ou les Embarras de la vie ; trad. de l'angl., *Paris, Vauquelin*, 1821, 4 vol. in-12, 10 fr.

— * Comédien (le) ambulant, ou les Égyptiens du Nord ; trad. de l'angl. par le traducteur des Œuvres de Sir W. Scott (M. DE-FAUCONPRET). *Paris, Lecointe et Durey; Ch. Gosselin*, 1823, 4 vol. in-12, 12 fr.

FRÈRE DE MONTIZON. * Esprit (l') des langues. *Paris, Lambert*, 1761, in-8.

FRÉRET (Nic.), historien et philosophe, secrétaire-perpétuel de l'Académie des inscriptions et belles-lettres ; né à Paris , le 15 février 1688, où il est mort, le 8 mars 1749.

—* Abrégé de la Chronologie de M. le chevalier Isaac Newton, trad. de l'anglais (1725). Voy. NEWTON.

— Défense de la Chronologie fondée sur les monuments de l'histoire ancienne , contre le système chronologique de Newton (publiée avec une Préface par Bougainville). Paris , Durand, 1758 , in-4.

—* Lettre de Thrasybule à Leucippe, ouvrage posthume de M. F. Londres, sans date (vers 1768), in-12.

De tous les ouvrages philosophiques qui ont été attribués à Fréret, celui-ci, d'après l'aveu fait par Foncemagne au baron de Sainte-Croix , est le seul dont il soit véritablement l'auteur. Les autres, qui portent son nom, ne sont pas de lui.

Cette Lettre , revue, corrigée et refaite en plusieurs endroits par Naigeon, a été réimp. dans le « Dictionnaire de la philosophie ancienne et moderne », faisant partie de «l'Encyclopédie méthodique», article Fréret.   Barb.

— * Mérope, tragédie, traduite de l'italien (1718). Voy. MAFFEY.

— * Sanson, tragi - comédie, traduite de l'ital. (1717). Voy. RICCOBONI.

— OEuvres philosophiques. Londres, 1776, 3 part. in-8. — Autre édit, 5 vol. in-8.

— OEuvres (philosophiques). Paris , Servière et Bastien, 1792, 4 vol. in-8.

La plus grande partie des ouvrages qui forment cette collection ne sont pas de l'auteur dont ils portent le nom. Le premier volume contient les Lettres à Eugénie (par le baron d'Holbach). Le second : Lettre de Thrasybule.—La Moysiade.—Examen critique du Nouveau-Testament, avec le Supplément (par un anonyme). Le troisième : Observations sur les oracles. — Réflexions sur les prodiges, — sur l'usage des sacrifices humains, — sur la nature et les dogmes de la religion gauloise, — sur l'étymologie du nom des druides. — Examen critique des apologistes de la religion chrétienne (par Burigny). — L'origine du jeu des échecs. Le quatrième : Recherches sur les miracles (par un anonyme). — La Religion chrétienne analysée, avec les notes et les preuves.

— OEuvres (ses) complètes. Nouv. édit. , considérablement augmentée de plusieurs ouvrages inédits, et préc. de l'Éloge de Fréret (par Le Clerc de Septchénes, et après sa mort, par M....) Paris, Moutardier, an VII (1799), 20 vol. petit in-12, 30 fr.

Édition autrement composée que les précédentes OEuvres de Fréret. On y trouve tous les Mémoires que l'auteur a fournis au recueil de l'Académie des inscriptions (voy. la note plus bas), soit qu'ils aient été impr. en entier, soit qu'ils ne l'aient été que par extraits dans la partie historique du même recueil. Cette collection est ainsi divisée : Histoire, 6 vol. — Chronologie de Newton , 4 vol. — Chronologie des Chinois, 4 vol. — Géographie, 2 vol. — Sciences et Arts, 1 vol. — Mythologie, 1 vol. — Philosophie (Examen des Apologistes de la Religion chrétienne

de Burigny, la Lettre de Thrasybule, et la Moysiade), 2 vol.

Mais cette édit., si fastueusement intitulée, ne renferme pas même tous les mémoires de Fréret imprimés à cette époque; plusieurs morceaux publiés dans les journaux littéraires du temps y ont été oubliés. Enfin l'éditeur n'a fait aucun usage des ouvrages importants, surtout pour l'histoire de France, qui étaient alors inédits, et qui se trouvaient entre les mains de Sainte-Croix. Elle ne renferme de neuf, que la Mémoire sur l'Origine des Francs et de leur établissement dans les Gaules , qui n'avait pas encore été publié.

—Les mêmes, mises dans un nouvel ordre, augmentées de plusieurs Mémoires inédits et accompagnées de notes et d'éclaircissements historiques. Publ. par M. J.-Jos. CHAMPOLLION - FIGEAC. Paris, F. Didot, 1825 et ann. suiv., 8 vol. in-8, 60 fr.

Prem. édit. véritablement complète des OEuvres de ce savant écrivain (dont il ne paraît encore, en août 1829 , que le prem. vol.), et dans laquelle on trouvera réuni à ce qui avait déja été imprimé de Fréret, ce qui est resté inédit jusqu'à ce jour ; toutes les sources ont été consultées, et tous les manuscrits de Fréret mis à la disposition du nouvel éditeur. Les divisions principales , qui contiendront tous les ouvrages authentiques de Fréret, portent pour titre : Histoire générale , Asie (Histoire sainte, Inde, Chine, Perse, Ninive et Babylone, etc.); Égypte, Grèce (Chronologie, Histoire, Religion, etc.); Rome (Chronologie, Histoire et Géographie); divers Peuples anciens de l'Europe (Italiotes, Sinoséiriens, Hyperboréens, etc.); Gaule (Géographie, Religion, etc.); France (Origines, Etats généraux, Finances, etc.); Philosophie (Philosophie des anciens , Socrate, Protagoras, etc.); Mélanges (Éloges, et pièces diverses). Chacune de ces divisions sera enrichie de quelques mémoires omis dans l'édition de 1799, ou encore inédits ; et parmi ces derniers, nous ne citerons que les Recherches relatives à la chronologie romaine ; le Mém. sur l'origine des Francs et leur établissement dans les Gaules , conforme aux deux manuscrits originaux ; le Traité sur les états-généraux et sur les finances, leur origine et leur administration en France.

Quelquefois un ouvrage de Fréret se rapporte à celui d'un autre écrivain dont il rectifie ou développe les opinions ; ce qui a obligé l'éditeur d'y joindre alors des avertissements et quelques notes dans le courant du texte, pour suppléer à leur intelligence. Enfin , si d'autres recherches ou d'autres monuments publiés depuis la mort de Fréret (et cela est arrivé surtout pour l'Asie et pour l'Égypte) ont modifié ses propres opinions , des Éclaircissements historiques mis à la suite de son Mémoire en avertiront le lecteur , qui aura ainsi sous les yeux , avec les travaux complets de l'illustre académicien, l'analyse de ceux qui, venus après les siens, peuvent les mettre au niveau actuel des connaissances historiques.

Des cartes seront jointes aux Mémoires qui en exigent ; l'indication des auteurs originaux, supprimée ou habituellement inexacte dans l'édition de 1799, la date de chaque ouvrage généralement omise, les textes et les nombres quelquefois altérés, seront soigneusement rétablis dans la nouvelle édition : elle sera précédée d'une notice sur la vie et les ouvrages de Fréret. Une Table générale, par ordre alphabétique, terminera l'ouvrage et indiquera, avec toute l'exactitude possible , les passages relatifs au même fait historique ou au même personnage.

M. Abel de Rémusat, membre de l'Institut (Académie des inscriptions et belles-lettres), qui le premier a enfin soumis à l'analyse et à la pratique les plus lumineuses la langue, les écritures et l'histoire de la Chine, a bien voulu se charger d'ajouter quelques notes et quelques éclaircissements aux travaux de Fréret relatifs à ce peuple célèbre.

Tous les ouvr. de Fréret ont été, à l'exception de la « Défense de la Chronologie », et de la « Lettre de Thrasybule », impr. dans le *Recueil de l'Acad. des inscrip.*; plusieurs ne l'ont été qu'après sa mort. Nous en donnerons ici l'indication chronologique : 1° Recherches sur le dieu Endovellicus (tom. III, 1723); 2° Réflexions sur les prodiges rapportés dans les anciens (tom. IV, 1723); 3° Observations sur la Cyropédie de Xénophon, principalement par rapport à la géographie, en deux part. (tom. IV et VII, 1723 et 1733); 4° Recherches sur la chronologie de l'histoire de Lydie (tom. V, 1729); 5° Essai sur l'histoire et la chronologie des Assyriens de Ninive (*id.*, *id.*); 6° Réflexions sur les principes généraux de l'art d'écrire, et en particulier sur les fondements de l'écriture chinoise (tom. VI, 1727); 7° Réflexions sur l'étude des anciennes histoires et sur le degré de certitude de leurs preuves (*id.*, *id.*); 8° Remarques sur la bataille donnée à Tymbrée, entre les armées de Cyrus et de Crésus (*id.*, *id.*); 9° Remarques sur la manière de l'expliquer (tom. VII, 1733); 10° Observations sur le temps auquel a vécu Bellérophon (*id.*, *id.*); 11° Recherches sur l'ancienneté et sur l'origine de l'art de l'équitation dans la Grèce (*id.*, *id.*); 12° Réflexions sur un ancien phénomène céleste observé au temps d'Ogygès (tom. X, 1736); 13° De l'antiquité et de la certitude de la chronologie chinoise, en 3 mém., dont le second contient des Éclaircissements sur le premier, et le troisième une suite (tom. X, XV et XVIII, 1736, 1743, 1753); 14° Observations sur la généalogie de Pythagore, et sur l'usage chronologique que l'on en a tiré pour déterminer l'époque de la prise de Troie (tom. XIV, 1743); 15° Recherches sur le temps auquel le philosophe Pythagore, fondateur de la secte italique, a vécu (*id.*, *id.*); 16° Éloges de La Bastie, du P. Banduri, du cardinal de Fleury, de l'abbé Bignon, de M. de Chambors (tom. XVI, 1751); 17° Observations sur les années employées à Babylone, avant et depuis la conquête de cette ville par Alexandre (tom. XVI, 1751); 18° De l'ancienne année des Perses; de l'intercalation qui leur est propre, et de l'usage qu'on en peut faire pour confirmer, ou pour déterminer quelques dates de leur histoire (*id.*, *id.*); 19° Observations sur les fêtes religieuses de l'année persane, et en particulier sur celle de Mithra, tant chez les Persans que chez les Romains (*id.*, *id.*); 20° De l'Ère des Grecs de Syrie, nommée plus ordinairement Ère des Séleucides (*id.*, *id.*); 21° Réflexions sur l'opinion dans laquelle on prétend que Jules-César, lors de la réformation de l'année romaine, n'a fait autre chose qu'adapter à cette année, la forme de celle qui était employée depuis 280 ans, dans l'usage civil, par les Grecs d'Alexandrie (tom. XVI, 1751); 22° De l'Accroissement ou élévation du sol de l'Égypte par le débordement du Nil (*id.*, *id.*); 23° Éloges de l'abbé Rothelin, de l'abbé Gédoyn, du marq. de Caumont, de Fourmont l'aîné, de Fourmont jeune, de l'abbé Mongault, de l'abbé Souchet (tom. XVIII, 1753); 24° Observations générales sur l'étude de la philosophie ancienne (*id.*, *id.*); 25° De l'Année vague cappadocienne, en deux part. (tom. XIX, 1753); 26° De l'Année arménienne, ou Suite des Observations sur l'année vague des Perses (*id.*, *id.*); 27° Observations sur le nom des Mérovingiens (tom. XX, 1753); 28° Éloges de Burette, de Valois, de Danchet, de Mandajors (tom. XXI, 1754); 29° Observations sur l'histoire des Amazones (*id.*, *id.*); 30° Observations sur l'époque d'une ancienne inscription grecque, apportée de Tripoli d'Afrique en Provence, et placée dans le cabinet de M. le Bret, avec un Supplément (*id.*,

id.); 31° Éclaircissement sur l'année et sur le temps précis de la mort d'Hérode le Grand, roi de Judée (*id.*, *id.*); 32° Observations sur les deux déluges ou inondations d'Ogygès et de Deucalion (tom. XXIII, 1756); 33° Observations sur les oracles rendus par les âmes des morts (*id.*, *id.*); 34° Observations sur les recueils de prédictions écrites qui portaient le nom de Musée, de Bacis et de la Sibylle (*id.*, *id.*); 35° Recherches sur le culte de Bacchus parmi les Grecs (*id.*, *id.*); 36° Observations sur la religion des Gaulois, et sur celle des Germains (tom. XXIV); 37° Essai sur les mesures longues des anciens (*id.*, *id.*); 38° Observations sur le rapport des mesures grecques et des mesures romaines (*id.*, *id.*); 39° Observations sur plusieurs époques de la chronique de Paros (tom. XXVI, 1759); 40° Éclaircissement sur la nature des années employées par l'auteur de la Chronique de Paros (*id.*, *id.*); 41° Remarques sur le canon astronomique qui se trouve dans les manuscrits de Théon d'Alexandrie, et dans lequel la suite des rois de Babylone, de Perse et d'Égypte, et celle des empereurs romains sont marquées par les années égyptiennes de l'ère de Nabonassar (tom. XXVII, 1761); 42° Observations générales sur l'origine et sur l'ancienne histoire des premiers habitants de la Grèce, avec une carte (tom. XLVII, 1809); 43° Observations sur les causes et sur quelques circonstances de la condamnation de Socrate (*id.*, *id.*); 44° Observations sur la situation de quelques peuples de la Belgique, et sur la position de quelques places de ce pays lors de sa conquête par les Romains (*id.*, *id.*). Plusieurs autres mémoires ont été impr. par extraits dans la partie historique du recueil de l'Académie des Inscriptions.

Indépendamment de ces nombreux Mémoires, Fréret en a laissé une grande quantité d'autres, dont le bar. de Sainte-Croix a donné la liste dans le Magasin encyclopédique, 2ᵉ année, tom. V.

FRÉRON (Élie-Cath.), fameux critique du xviiiᵉ siècle; né à Quimper, en 1719, mort à Paris, le 10 mars 1776.

— Description du catafalque exécuté pour le service de la feue reine d'Espagne. 1761, in-4.

— Description du mausolée érigé dans l'église de Saint-Denis, pour les obsèques de Mgr le duc de Bourgogne. 1761, in-12.

— Histoire de l'empire d'Allemagne, et principalement de ses révolutions, depuis son établissement par Charlemagne jusqu'à nos jours. (Abrégée de celle du P. BARRE). *Paris, Hérissant,* 1771, 8 vol. in-12.

Ouvrage peu estimé.

— *Histoire (l') de Marie-Stuart, reine d'Écosse et de France. Londres (Paris), 1742, 2 vol. in-12.

Avec l'abbé de Marsy.

On y joint quelquefois un vol. de lettres écrites par Marie Stuart, qui forme le troisième vol. des Mém. de Melvil, trad. de l'angl. par l'abbé de Marsy.

— Lettre à M. l'abbé Guyot-Desfontaines sur son ode intitulée : La convalescence du roi. *Paris,* 1744, in-4.

— Lettre de l'abbé Cottin à Moncrif. In-4.

Satire contre l'Acad. franç.: elle a été réimprimée dans le tom. Iᵉʳ des Opuscules de l'auteur.

— Lettres de Mᵐᵉ la comtesse de ***, sur

quelques écrits modernes. *Genève* (*Paris*), 1746, in-12.

Ouvrage périodique dans lequel Fréron déchirait les auteurs les plus célèbres , et qui fut supprimé. Ces Lettres ont été réimprimées dans le second vol. des Opuscules de l'auteur.

— * Lettres sur quelques écrits de ce temps (servant d'introduction à l'Année littéraire). *Londres et Paris, Duchesne,* 1752—1754, 13 vol. in-12.

Ouvrage périodique auquel l'abbé de Laporte a eu part.

— Ode sur la bataille de Fontenoi. 1745, in-4.

— * Opuscules de M. F***, contenant des critiques de quelques ouvrages littéraires. *Amsterdam* (*Paris*), 1753, 3 vol. in-12.

On y trouve le parallèle de la Henriade et du Lutrin, qui est de l'abbé Batteux, et l'Extrait de l'Esprit des lois, chapitre par chapitre, qui est de Forbonnais.

— * Plan et statuts d'une nouvelle Académie , avec des éclaircissements. In-4.

— * Réponse du public à l'auteur d'*Acajou*. *Londres* (*Paris*), 1751, in-12.

— * Vrais (les) plaisirs, ou les Amours de Vénus et d'Adonis, trad. de l'ital. (1748). Voy. MARIN.

Fréron a très-activement contribué à quatre recueils littéraires du temps : 1° Observations sur les écrits modernes (1735 et ann. suiv.) ; 2° Jugements sur quelques ouvrages nouveaux (1745—46) ; 3° le Journal étranger (1754 et ann. suiv.) ; 4° enfin l'Année littéraire (1754—76).

On doit encore à Fréron une *Vie de Lafontaine*, impr. en tête d'une édition qu'il a donnée des Contes de ce poète (1757), et une *Histoire de Louis IX*, impr. dans l'Histoire des Dauphins , de Lequien de la Neufville (1760) : il a été l'éditeur de la traduction , par Royer, des Lettres du comte de Tessin (1755), et du Commentaire sur la Henriade, par La Beaumelle (1775).

FRÉRON (L.-Stan.), fils du précédent ; né à Paris, mort à Saint-Domingue, au commencement du XIXᵉ siècle.

— Mémoire historique sur la réaction roy. et sur les massacres du Midi , avec des pièces justificatives, Iʳᵉ partie (et unique). 1796 , in-8. — Nouv. édit. *Paris , Baudouin frères* , 1824, in-8.

La réimpression fait partie de la *Collection des Mémoires relatifs à la Révolution française*.

Fréron le fils a eu part à la rédaction de l'Année littéraire (1776-90) ; il fonda , en 1789, un autre journal intitulé l'Orateur du peuple.

Sous le titre d'Éloge historique de Louis XIV, Fréron le fils a donné une nouvelle édition de la « Campagne de Louis XIV » (publiée sous le nom de Pélisson , mais qui est de Racine et de Boileau.)

FRERSON. * Réflexions sur les hôpitaux, et particulièrement sur ceux de Paris, et l'établissement d'un Mont-de-Piété , par un employé du ministère de l'intérieur. *Paris, Prault,* 1800 ; in-12.

FRESCARODE (Mˡˡᵉ). Voy. (Tom. II et au Supplément) CRO (Mᵐᵉ).

FRESCHOT (Cas.), bénédictin de la congrégation de Saint-Vannes, ensuite du Mont-Cassin ; laborieux écrivain , traducteur et compilateur ; né à Morteau, en Franche-Comté, vers 1640, mort à l'abbaye de Luxeuil, le 20 octobre 1720.

— Actes, Mémoires et autres Pièces authentiques concernant la paix d'Utrecht , depuis l'ann. 1706 jusqu'à présent. *Utrecht, Guill. Van de Water,* 1714-16, 6 vol. in-12.

Ouvrage attribué à Freschot.

Cet ouvrage est suivi d'un 7ᵉ vol. intitulé : Histoire du congrès et de la paix d'Utrecht , comme aussi de celle de Rastadt et de Bade.

— * Entretiens sur les affaires du temps , avec des considérations sur leurs principales circonstances, depuis la fin de 1706 jusqu'au mois d'août 1707. *Cologne (Amsterdam)* , *J. Henry,* 1707 ; 2 vol. in-12.

— * État ancien et moderne des duchés de Florence, Modène, Mantoue et Parme, etc. *Utrecht, Guill. Brædelet,* 1711 , in-8 de 570 pages y compris la table.

— * État (l') du siége de Rome , dès le commencement du siècle jusqu'à présent.... avec une idée du gouvernement, des manières et des maximes politiques de la cour de Rome. *Cologne, P. Marteau* (1707), 3 part. in-12.

Cet ouvrage est l'un des meilleurs de l'auteur : il a été réimprimé sans date et en petits caractères.

— * État (l') présent de l'Europe , ou Introduction aux « Entretiens sur les affaires du temps ». *Cologne,* 1707, in-12.

— Histoire abrégée de la ville et de la province d'Utrecht. *Utrecht,* 1713, in-8.

— * Histoire amoureuse et badine du congrès et de la ville d'Utrecht , en plusieurs lettres écrites par le domestique d'un des plénipotentiaires à un de ses amis. *Liége , Jacq. Ledoux (Utrecht),* sans date (1715), pet. in-12, de 295 pag.

On trouve à la fin de cet ouvrage une clef datée de Cologne, 1714, et qui forme 11 pages de plus.

— * Histoire - anecdote de la Cour de Rome ; la part qu'elle a eue dans l'affaire de la succession d'Espagne ; la situation des autres cours d'Italie, etc. *Cologne (Amsterd.),* 1704, in-8 , de 288 pag. — Nouv. édition. *Cologne,* 1706, in-12.

— * Histoire du congrès et de la paix d'Utrecht, comme aussi de celle de Rastadt et de Bade. *Utrecht, Guill. Van Poolsum,* 1716, in-12.

Formant le 7ᵉ vol. des *Actes , Mémoires et autres Pièces authent.* , mentionnés plus haut.

— * Intrigues (les) secrètes du duc de Savoie, avec une relation fidèle des mauvais traitements qu'en a reçus M. de Philipeaux, ambassadeur de France, contre le droit des gens. *Venise (Utrecht)*, 1703, in-12.

Réimprimées à la suite des *Mémoires de la cour de Vienne*, du même.

Cet ouvrage n'est, pour ainsi dire, qu'une réimpression du Mémoire publié la même année, d'après un manuscrit de Philippeaux lui-même sous la rubrique de Bâle. *Barb.*

— * Mémoires de la cour de Vienne, contenant les remarques d'un voyageur curieux sur l'état présent de cette cour et sur ses intérêts. *Cologne*, 1705. — Sec. édit., augmentée. 1705, in-12.—Autre édit., divisée en 7 parties. *Cologne*, 1706, in-12.

— Relation (nouv). de la ville et république de Venise. *Utrecht, Guill. Van Poolsum*, 1709, 3 part. en un vol. in-12 de 684 pag.

La première partie contient l'histoire générale de Venise ; la seconde traite du gouvernement et des mœurs de la nation ; la troisième donne connaissance de toutes les familles de patrices employées dans le gouvernement.

— * Remarques historiques et critiques faites dans un voyage d'Italie en Hollande, en 1704. *Cologne, Jacques-le-Sincère*, 1705, 2 vol. in-8.

— * Réponse au manifeste qui court sous le nom de S. A. E. de Bavière, ou Réflexions sur les raisons qui y sont déduites pour la justification de ses armes. *Pampelune, Jacques l'Enclume (Utrecht)*, 1705, in-12 de 239 pag.

La plupart des ouvrages de Freschot sont anon. ; quelques-uns ont une dédicace signée N. N. ; d'autres portent le nom de D. Cas. Freschot, B. B., ce qui les a fait attribuer à dom Cas. Fraichot, bénédictin.

Cas. Freschot est encore auteur ou traducteur de plusieurs ouvrages publiés en latin, en français ou en italien, mais imprimés antérieurement au XVIIIe siècle : on en trouve la liste exacte dans l'Examen des Dictionnaires historiques de A. A. Barbier.

Barbier attribue encore à cet écrivain un livre imprimé depuis 1700, et qui est intitulé : *Relation historique de l'amour de l'empereur de Maroc* pour madame la princesse douairière de Conti, écrite en forme de Lettres, à une personne de qualité, par M. le comte D***. Cologne, P. Marteau, 1707, petit in-12 de 139 pag.

FRESNEL (Aug.-Jean), physicien célèbre ; né à Broglie (Eure), le 10 mai 1788, mort à Ville-d'Avray, le 14 juillet 1827.

Il a composé des mémoires scientifiques, épars dans les Annales de physique et de chimie, années 1816 à 1825, le Bulletin de la Société philomat., années 1822—24, le Supplément à la traduction de la Chimie de Thompson, par Riffault, et les Mémoires de l'Académie des sciences, tom. V et VII : c'est dans ces deux dern. vol. cités qu'on trouve un *Mémoire sur la diffraction de la lumière* (tom. V, 1826), et un autre *sur la double réfraction* (tom. VII, 1827).

FRESNEL (Fr.). Emploi (de l') du chalumeau dans les analyses chimiques, etc., trad. du suédois (1821). Voy. BERZELIUS.

FRESNOY (de). * Édelzinde, fille d'Amalzonte, reine des Goths. *Strasbourg, frères Gay ; et Paris, Durand*, 1780, 2 part. in-12.

FRESNOY (du). Voy. DUFRESNOY.

FRESNY (du). Voy. DUFRESNY.

FRESSINET (le bar. Philibert), lieutenant-général ; né à Marcigny (Saône-et-Loire), le 21 juillet 1769, mort à Paris, le 10 août 1821.

— * Appel aux générations présentes et futures, sur la convention de Paris, faite le 3 juillet 1815. Par un officier-général, témoin des événements. *Genève (Belgique)*, 1817, in-12 de 84 pag.

Cet écrit a été réimprimé clandestinement en France en 1820, sans date, in-8 de VIII et 81 pag.

FRÉTEAU (J.-Mar.-Nic.), médecin ; né à Messai dans le diocèse de Rennes, en 1765, mort à Nantes, le 9 avril 1823.

— Considérations pratiques sur le traitement de la gonorrhée virulente, et sur celui de la vérole : ouvrage mentionné honorablement par la Société de médecine de Paris et de Besançon, dans lequel on prononce l'identité de nature entre le virus blennorhagique et le virus syphilitique. *Paris, Le Normant*, 1813, in-8 de 300 pag., 5 fr.

— Considérations sur l'asphyxie de l'enfant nouveau-né. 1816.

C'est une réponse à un écrit dirigé contre la théorie de l'auteur en cette matière.

— Essai sur l'asphyxie de l'enfant nouveau-né. *Paris, de l'imp. d'Égron*, an XII (1804), in-4 de 48 pag.

Thèse de l'auteur.

— Mémoire sur les moyens de guérir facilement et sans danger les vieux ulcères des jambes, même chez les vieillards. *Paris, Louis*, 1803, in-8.

— Traité élémentaire sur l'emploi légitime et méthodique des émissions sanguines dans l'art de guérir ; avec application à chaque maladie : ouvrage couronné par la Société de médecine de Paris, dans sa séance du 5 juillet 1814. *Paris, Thomine ; Gabon*, 1816, in-8, 5 fr.

On a encore du docteur Fréteau plusieurs Mém. et Discours, insérés dans les Mémoires de l'Académie de Nantes, et quatorze Mémoires insérés dans le recueil de la Société de médecine de Paris, dans le Journal général de médecine de Sédillot, et qui sont : 1° Observations sur la section du cordon ombilical, dans le cas d'asphyxie de l'enfant nouveau-né (*Journal génér. de médecine de Sédillot*, tom. Ier, 1799) ; 2° Réflexions sur une petite vérole volante, qui a présenté quelques phénomènes extraordinaires (*Journal de méd. de MM. Corvisart , Boyer et Leroux*, tom. II); 3° Tumeur sarcomateuse du nez (*Bull. de la Soc. médic. d'émulation*, tom. VI, 1810); 4° Hydrothorax survenu spontanément 12 heures après un accouchement (*Journ. gén. de Sédillot*, tom. XLII); 5° Conformation vicieuse des organes de la génération de la femme (*id.*, tom. XLIII); 6° Opération de l'empyème, suivie de la sortie de cinq cents hydatides (*id.*, *id.*); 7° Observations qui constatent les heureux effets de l'allaitement artificiel (*id.*, *id.*); 7° bis Preuves d'identité de la nature entre le virus de la gonorrhée virulente et celui de la petite vérole (*id.* Tom XLIV); 8° Mémoire sur une opération d'empyème de pus, pratiquée avec succès au côté gauche de la poitrine, dans le lieu d'élection (*id.*, tom. XLVII); 9° Extirpation d'une tumeur volumineuse aux parties génitales d'une fille (*id.*, *id.*); 10° Ligature d'un polype utérin (*id.*, tom. XLVIII); 11° Quelques Rapprochem. sur la circulation du sang de la mère et de l'enfant (*id.*, tom. LI); 12° Quelques Considérations sur une hémorragie très-sérieuse, dont la cause a été long-temps méconnue (*id.*, *id.*); 13° Quelques Considérations sur la doctrine des nécroses, suivie d'une Observation de nécrose du tibia (*id.*, tom. LIII); 14° Observation sur une intumescence de la langue, avec prolongement hors de la bouche (*id.*, tom. LVII). Enfin, on doit encore à Fréteau divers articles sur l'agriculture, le magnétisme, etc., imprimés dans la « Feuille nantaise ».

FREU (J.-B). Analyse (nouv.) grammaticale française, divisée en 72 leçons d'une difficulté progressive. *Paris, Dauthereau*, 1825, in-12, 2 fr.

Avec J. F. Lecomte.

— Leçons latines d'analyse grammaticale, à l'usage des maîtres et des élèves. *Paris, le même*, 1825, in-12, 2 fr. 50 c.

Avec le même.

— Manuel des verbes irréguliers français conjugués, avec des remarques sur leur orthographe, leur prononciation, etc. *Paris, le même*, 1826, in-18, 3 fr.

— Tableau des principaux faits de l'histoire ancienne et moderne, ou Thèses historiques pour préparer les jeunes gens à l'examen de bachelier ès-lettres, etc. *Paris, le même*, 1824, in-12, 4 fr.

FREUDENBERGER (Uriel), pasteur à Gleresse, canton de Berne, mort en 1768.
— Guillaume Tell, fable danoise (publ. par de HALLER fils). *Berne*, 1760, in-8.

FRÉVAL (Cl.-Fr.-Guill. de), jurisconsulte français du XVIII° siècle.
— Essais métaphysico-mathématiques sur la solution de quelques problèmes importants. Tom. Ier (et unique). *En Hollande*, 1764, in-8.
— * Histoire raisonnée des discours de Cicéron, avec des notes critiques, historiques, etc. (publ. avec une Table par GOULIN). *Paris*, 1765, in-12.

Ouvrage justement estimé.

FRÉVIER (le P. Ch.-Jos.), jésuite français du XVIII° siècle.

— * Vulgate (la) authentique dans tout son texte; plus authentique que le texte hébreu, que le texte grec qui nous restent; la Théologie de Bellarmin, son Apologie contre l'écrit annoncé dans le «Journal de Trévoux», article 85, juillet 1750. *Rome (Rouen)*, 1753, in-12.

Contre le P. Berthier.

FRÉVILLE (A.-F.-J.), traducteur et auteur d'ouvrages d'éducation.
— Abécédaire historique. *Paris, Duprat-Duverger*, 1813, in-18, 1 fr. 50 c.
— Agenda (l') des enfants. *Paris, A. Eymery*, 1815, in-18 avec fig., 1 fr. 25 c.
— Alphabet personnifié, ou les Lettres rendues sensibles par des figures d'enfants qui les portent. *Paris, Lepetit*, 1801, in-36 gr. raisin fig., 75 c.
— Beaux exemples de piété filiale et de concorde fraternelle. V° édit., augm. *Paris, F. Louis*, 1817, in-12, 3 fr.

La prem. édit. est de 1803.

-- Beaux Traits du jeune âge, suivis de l'Histoire de Jeanne-d'Arc et du Panthéon des enfants. IV° édit. *Paris, Parmentier*, 1824, in-12 orné de 5 fig., 3 fr.

La prem. édit. a paru en 1813.

— Chiens (les) célèbres. III° édit., augm. *Paris, F. Louis*, 1819, in-12, 3 fr.

La prem. édit. parut en 1796, sous le titre d'Histoire des chiens célèbres, etc., 2 vol. in-18 ; 2° édit. *Paris*, 1808, 2 vol. in-12.

— Contes (les) jaunes, ou le Livre de l'enfance, propre à familiariser l'âge le plus tendre avec la lecture et les premières notions de la morale. V° édit. *Paris, Fr. Louis*, 1808, in-18, fig., 1 fr.

La prem. édit. est de 1796, in-16.

— Correspondance de milady Cécile avec ses enfants, ou Recueil de lettres relatives aux mœurs et aux jeux de la jeunesse des deux sexes. *Paris*, 1795, in-8 ; *Paris, Genets*, 1802, 1806, in-12.

— Correspondance grammaticale, ou Lettres familières pour exercer les élèves à l'orthographe des participes et au style épistolaire, etc., avec une Grammaire en exemples. *Paris, L. Janet*, 1820, in-12, figures, 3 fr.

— Courrier (le) alphabétique, premier jeu élémentaire du jeune âge; suivi du Courrier des devises. *Paris*, 1804, in-12, 1 fr. 80 c.

— Courrier (le) encyclopédique, ou le petit Jeu de tout un peu. *Paris*, 1804, in-12, 1 fr. 80 c.

— Courrier (le) grammairien, second jeu

élémentaire du jeune âge. *Paris*, 1804, in-12, 1 fr. 80 c.

— Domino (le) des enfants et les petits Contes, suivis de la Lanterne magique, rédigés par petites phrases graduées, etc. V^e édit., augm. *Paris, Depélafol*, 1822, in-12 orné de 4 grav., 2 fr.

— Domino (le) mentor, ou Moyen d'enseigner par l'attrait du jeu, à plusieurs disciples à la fois, les lettres, les chiffres, les nombres et la lecture. IVe édit. *Paris, Genets jeune*, 1813, in-12, 1 fr. 20 c.

La prem. édit. parut en 1795.

— Droits (les) de la Grande-Bretagne établis contre les prétentions des Américains, trad. de l'angl. (1776). Voy. ce titre à la Table des Anonymes.

— Encyclopédie grammaticale. *Paris, Lepetit*, 1810, in-12, fig., 4 fr.

—* Éphémérides de l'humanité, ou Bibliothèque raisonnée des sciences morales. *Sans nom de ville*, 1789, 2 vol. in-8.

— Essais (nouv.) d'éducation, ou Choix des plus beaux traits de l'histoire ancienne et moderne. 1789, 3 vol. in-18, 6 fr.

— Feux (les) couverts, contenant: 1° l'Invention d'une table d'hiver et d'étude d'une chaleur salutaire et très-favorable au travail; 2° la Chaufferette des ménages, nouveau calorifère à cinq cases, et formant au besoin un petit poêle de bureau, etc. *Paris, Dondey-Dupré*, 1828, in-18, 1 fr.

— Grammaire (la) notée, ou les Parties du discours démontrées par des signes analytiques qui ne laissent aucun doute sur le principe, la syntaxe et l'orthographe des participes français; suivie de Remarques sur l'enseignement grammatical et sur l'orthographe de Voltaire. *Paris, Guilleminet*, 1803, in-12, 1 fr. 20 c.

— Hydrographie de la mer du Sud, ou Histoire de nouvelles découvertes faites dans la mer du Sud, rédigée d'après les diverses relations anglaises et françaises, avec une carte dressée par Vaugondy. *Paris, Dehansy*, 1774, 2 vol. in-8, 12 fr.

— Jeux (les), les Fables et les Maximes, pour enseigner la lecture et la morale aux enfants avec une pirouette. *Paris, Gueffier jeune*, 1799, in-8, 2 fr.

— Journal du second voyage du capitaine Cook, trad. de l'angl. (1777). Voy. Cook.

— Journal d'un voyage autour du monde, fait par les Anglais, trad. de l'angl. (1772). Voy. ce titre à la Table des Anonymes.

— Lectures par images. *Paris*, 1806, 2 vol. in-16 avec 50 fig.

— Lectures poétiques, morales et descriptives. *Paris, Genets jeune*, 1810, 1813, in-12, 3 fr.

— Manuel des frileux, ou Moyens simples de se chauffer parfaitement sans fumée, sans danger quelconque, et à peu de frais. *Paris, Égron; Foucault; Janet et Cotelle*, 1813, in-18, 1 fr. 50 c.

— Merveilles de l'instinct et de la nature. IIIe édit.; précédées d'un Discours sur la puissance morale. *Paris, L. Janet*, 1820, in-12, 3 fr. 50 c.

— Morale (la) des enfants, choix des Fables d'Ésope à la portée du jeune âge. *Paris*, 1804, in-12, 1 fr. 60 c.

—* Nœud (le) gordien. *Paris*, 1770, 4 vol. in-12.

Publié avec permission tacite.

— Orthographe des participes réduits à deux règles basées sur leur invariabilité et leur variabilité, etc. *Paris, Foucault*, 1814; br. in-12.

— Passe-temps instructifs, ou Recueil d'apologues et de contes renfermant un cours de lectures amusantes et de petites compositions françaises. *Paris, Depélafol*, 1822, in-12 avec 4 figures, 3 fr.

— Petite Grammaire à l'usage des commençants, suivie de la manière la plus simple d'apprendre l'orthographe franç. *Paris*, 1805, in-12, 1 fr.

— Pirouette instructive, ou Jeu d'alphabets de symboles joint au Livre des fables et des jeux. 1800, in-8, 2 fr.

— Principes élémentaires d'orthographe française, suivis de jeux de fiches orthographiques. *Paris, Genets*, 1800, in-8, 3 f.

— Réponse à la déclaration du congrès américain, trad. de l'angl. (1778). Voyez Linde.

— Syllabaire grammatical. Sec. édit. *Paris, F. Louis*, 1808, in-12 avec 25 fig., 1 fr.

— Temple (le) de la morale. Sec. éd. In-12.

— Traité d'Analyse grammaticale. *Paris, L. Janet*, 1823, in-12, 2 fr.

— Vers (les) homonymes, suivis des Homographes. *Paris, Le Normant*, 1804, in-12, 2 fr. 50 c.

— Vie des enfants célèbres, ou Modèles du jeune âge. VIe édit., augm. de notices inédites. *Paris, Parmentier*, 1824, 2 vol. in-12 ornés de fig., 6 fr.

La prem. édit. parut en 1798.

— Vies des hommes célèbres d'Angleterre, etc., trad. de l'angl. (1771). Voy. Mortimer (Thomas).

— Voyage agronomique, etc., trad. de l'angl. (1774). Voy. Young (Arthur).

— Voyage dans la mer du Sud par les Espagnols, etc., trad. de l'angl. (1774). Voy. DALRYMPLE.

FREY, beau-frère de Chabot, le conventionnel.

— *Aventures (les) politiques du P. Nicaise, fédéraliste. *Paris, Girardin*, 1793, in-18.

— * Philosophie sociale, dédiée au peuple français ; par un citoyen de la section de la République française, ci-devant du Roule. *Paris*, 1793, in-8.

Le titre a été rafraîchi en 1797.

FREY (A.). Principes de ponctuation, fondés sur la nature du langage écrit. *Paris, Tourneux*, 1824, in-12, 2 fr.

Réimpr. en 1825 et en 1827.

FREY DE NEUVILLE (le P. Charles).
— Sermons (ses) (publ. par les abbés QUERBEUF et MAY). *Paris, Mérigot jeune*, 1776, 8 vol. in-12.

— Sermons (ses) dédiés au Roi (par les abbés de QUERBEUF et MAY, ex-jésuites). *Paris, Moutard*, 1778, 2 vol. in-12.

FREY DES LANDRES (J.-Rodolphe), littérateur français ; né à Bâle en Suisse.

— Essai lyrique sur la Religion. *Francfort*, 1753, in-8.

— Lettre à M. l'abbé Raynal, sur la vie de M. Pierre Roque. *Bâle*, 1784, in-8.

Frey des Landres a traduit de l'allemand les divers ouvrages suiv. : 1° le Socrate rustique (1763), voy. HIRZEL ; 2° l'Instruction donnée par Catherine II (1769), voy. CATHERINE (1773) ; 3° Voyage en Sicile et en Grèce (1773), voy. RIEDESEL ; 4° une Histoire des Découvertes faites par divers savants dans plusieurs contrées de la Russie et de la Perse) 1781—1787), voy. ce titre à la Table des Anonymes ; 5° Instruction pour un voyageur qui se propose de parcourir la Suisse (1795), voy. EBEL ; 6° enfin, les Récréations tirées de l'histoire naturelle (1799), voy. WILHELM.

FREYCINET (Louis DE), né à Lyon, en 1751, mort à Freycinet, près Loriol (Drôme), en 1827.

— Essai sur la vie, les opinions et les ouvrages de B. Faujas de St-Fond. *Valence, de l'imp. de Jacq. Montal*, 1820, in-4.

On trouve à la suite quelques Opuscules de Faujas.

FREYCINET (Louis-Claude DESAULSES DE), fils du précédent, capitaine de vaisseau, membre de l'Institut ; né à Montélimar, le 7 août 1779.

— Mémoire sur la géographie, et de la navigation de l'île de France. *Paris, Le Normant*, 1812, in-4.

Extrait du Voyage pittoresque à l'île de France, etc., de J. MILBERT (1812), tiré in-4 à douze exemplaires au plus, pour les amis de l'auteur.

— Voyage autour du monde, fait par ordre du Roi, sur les corvettes de S. M., l'Uranie et la Physicienne, pendant les ann. 1817 à 1820. *Paris, Pillet aîné*, 1824 et ann. suiv., 13 part. formant 7 vol. in-4 avec 3 atlas in-fol., contenant en tout 328 dont 117 coloriées. Prix de souscription: 662 fr. ; pap. vél., 1344 fr. ; pap. vél., avec les planches sur pap. de Chine, 1680 fr. — Hydrographie (formant le complément de l'ouvrage), un vol. in-4 avec 22 planches in-fol., 72 fr. ; gr. raisin vélin, 144 fr.

Ce Voyage contient les sections suivantes, qu'on peut aussi se procurer séparément :
1° *Histoire du Voyage*. 2 vol. en quatre part., et atlas de 112 pl. in-fol., 336 fr., papier vélin, 672 fr., et pap. vél., avec les pl. sur pap. de Chine, 864 fr.
2° *Recherches sur les langues*. 1 vol. en deux part. (Il n'y a encore rien paru de cette section). Ces deux sections ne se sépareront pas,
3° *Zoologie*. 1 vol. en deux part. et atlas de 96 pl. in-fol., 224 fr., pap. vélin, 488 fr., et pap. vél. avec les fig. sur papier de Chine, 576 fr.
4° *Botanique*. 1 vol. et atlas de 120 pl. in-fol., 148 fr., pap. vél., 296 fr., et pap. vél. avec les fig. sur pap. de Chine 412 fr.
5° *Observations du pendule*. 1 demi-volume, 14 fr., pap. vél., 28 fr.
6° *Observations magnétiques*. 1 demi-volume, 14 fr., pap. vél., 28 fr.
7° *Météorologie*. 1 vol. en deux part., 28 fr. pap. vél., 56 fr.
8° *Hydrographie*. 1 vol. en deux part. et atlas de 22 pl., gr. in-fol., 60 fr., et gr. pap. vél., 120 fr.
Il ne reste plus à publier que 17 livraisons pour compléter cette importante publication : elles paraîtront d'ici à la fin de 1830.

— Voyage de découvertes aux terres australes, exécuté par ordre du gouvernement (navigation et géographie), publ. par M. L. de Freycinet. *Paris, de l'imp. roy.*, 1815, gr. in-4 et atlas gr. in-fol. de 32 cartes, 75 fr.

Cet ouv. fait suite à celui de Péron. Voy. PÉRON.
M. de Freycinet a publié aussi le sec. vol. de la « Relation historique du voyage aux terres australes (1816), » dont le prem. a été donné par Péron.

FREYDIER, avocat à Nîmes. Plaidoyer contre l'introduction des cadenas, ou ceintures de chasteté. *Montpellier*, 1750, in-8, avec fig., 7 à 9 fr.

Les fig. manquent dans beaucoup d'exemplaires.

FREYGAND (Mme Fréd. de), née Kudrjaftsky, femme auteur russe.

— *Lettres sur le Caucase et la Géorgie, suivies d'une Relation d'un voyage en Perse en 1812. *Hambourg, Perthes et Besser*, 1816, in-8, 10 fr.

FREYTAG (G. W.). Voy. HALEBI.

FREYTAG (J.-D.), général, ancien commandant de Sinnamary et de Conamana, dans la Guyane française.

— Mémoires (ses), contenant des détails

sur les déportés du 18 fructidor à la
Guyane française; la relation des principaux événements qui se sont passés dans
cette colonie pendant la révolution, et un
Précis de la retraite effectuée par l'arrière-
garde de l'armée française en Russie ; ses
voyages dans les diverses parties de l'Amérique; l'Histoire de son séjour parmi les
Indiens de ce continent; accompagnés de
notes historiques, topographiques et critiques, par M. C. de B. (COUVRAY DE
BEAUREGARD, anc. censeur). *Paris*, *Nepveu*,
1824, 2 vol. in-8, 12 fr.

M. Couvray de Beauregard n'est-il bien que
l'annotateur de ces Mémoires ?

FREZIER (Améd.-Fr.), ingénieur et
voyageur; né à Chambéri en 1682, mort
à Brest, le 26 octobre 1773.

— Dissertation histor. et crit. sur les ordres d'architecture. *Strasbourg*, 1738, ou
Paris, 1769, in-4, 4 fr.

— Éléments de stéréotomie à l'usage de
l'architecture, pour la coupe des pierres.
Paris, 1759, 1760, 2 vol. in-8 fig.

Abrégé du *Traité de stéréotomie*, cité plus bas.

— Relation d'un Voyage de la mer du Sud
aux côtes du Chili et du Pérou, fait pendant les années 1712, 1714 et 1716. *Paris*, 1716, in-4 avec cartes et fig. — Sec.
édit., augm. *Paris*, 1732, in-4; *Amsterdam*, 1717, 2 vol. in-12.

A la suite de la sec.édit.de cette Relation on a réimpr.
la Réponse de l'auteur au P. Feuillée, qui avait voulu
le faire passer pour un malhonnête homme et un
menteur.

— Réponse à la préface critique du livre
intitulé : Journal des observations physiques, etc., du P. Feuillée, contre la Relation du voyage de la mer du Sud. *Paris*,
Ravenel, 1727, in-4.

— Traité de stéréotomie, ou la Théorie et
la Pratique de la coupe des pierres et des
bois, pour la construction des voûtes, et
autres parties des bâtiments civils et militaires. *Strasbourg*, 1738, ou *Paris*, 1754,
1769, 3 vol. in-4, avec 114 planches,
36 à 45 fr.

Ouvrage fort estimé. On a réimprimé, à la suite,
la «Dissertation sur les ordres d'architecture». On
préfère la réimpr. de Paris à la première édit., qui
a été imprimée loin de l'auteur, et offre beaucoup de
fautes typographiques.

— Traité des feux d'artifice pour les spectacles. *Paris*, *Dan. Jollet*, 1706, in-12
fig.; *La Haye*, 1741, in-8. — Autre
Édit., augm. *Paris*, 1747, in-8 fig.

On a encore du même : une «Lettre concernant
l'histoire des tremblements de terre de Lima», et
quelques autres morceaux insérés dans le Journal
de Verdun ; des Remarques sur le «Traité d'architecture de Cordemoy», dans les Mémoires de Tré-

voux; une «Lettre concernant les Observations de
M. Leblanc, sur l'architecture des églises anciennes
et modernes», et autres morceaux imprimés dans
le Mercure de France, en 1734, 1750 et 1754.

Biogr. univ.

FRIANT (le P.), mort vers 1730.

— *Vie, ou Éloge historique du bienheureux P. Fourier, dit vulgairement le P. de
Mattaincourt, etc. *Nanci*, 1746, in-12.

FRICHE (du). Voy. DUFRICHE.

FRICK (D.). Milvia, ou l'Héroïne de
la Catalogne. Nouv. historique, prise dans
les événements de la guerre de 1823. *Paris*, 1824, in-12.

Il y a des exemplaires qui portent sur le titre
seconde édition, mais ce n'est que par une réimpr.
du titre.

M. D. Frick est l'un des redacteurs du Journal des
Voyages. Voy. ce titre à la Table des Anonymes.

FRICTOT (E.). Principes de grammaire,
à l'usage des jeunes demoiselles. *Nantes*,
1810, in-8.

FRIEDEL. (Adr. - Chr.), traducteur;
né à Berlin, en 1753, mort à Paris en
1786.

Seul il a donné des traductions de quatre pièces
dramatiques allemandes, et, en société avec Bonneville, il a publié, sous le titre de «Nouveau
Théâtre allemand» (1782 et ann. suiv.), un recueil
de pièces de divers auteurs, traduit de la même
langue.

— Tables pour faciliter l'étude de la langue
allemande.....

Cité par Friedel dans le tom. XII, pag. 4 du
Théâtre allemand.

FRIEDEL (Louise-Beate-Aug. UTECHT,
dame), née à Golnow en Poméranie, morte
à Carcassonne, le 18 février 1818.

— Art (l') du confiseur. *Paris*, *Servière*,
1802, in-12. — IIIᵉ édition, sous le titre
du Confiseur impérial, ou l'Art du Confiseur dévoilé aux gourmands». *Paris*, *Tardieu*, 1811, in-12. — IVᵉ édit., sous le
titre de Confiseur royal. *Paris*, 1816,
in-12.

— Nouv. édit. *Paris*, *Tardieu*, 1818, 1821,
in-12, 3 fr.

— Lettres à Sophie sur la morale. Nouv.
édit., rév. et corr. par E. M. MASSE; publ.
et augm. d'une Notice biographique sur
l'auteur, par L. FRIEDEL. *Paris*, *Friedel et
Gasc*, 1821, 1823, in-18.

— Lettres à Sophie, ou les Derniers accents de la tendresse maternelle. Nouv.
édit., rév., corr., par E. M. M*** (MASSE),
auteur de «Rose», hist. provençale, etc.
Publ. et augm. d'une Notice biographique
sur l'auteur, par L. FRIEDEL. *Paris*, *Friedel
et Gasc*; *Martinet*, 1823, 1828, in-18.

— Mémoire d'une mère de famille. Nouv.

(14ᵉ) édit., corrigée et augmentée d'une Notice biographique sur l'auteur, par L. FRIEDEL. *Bordeaux*, L. *Friedel*, 1819, in-18.

— Petite (la) Cuisinière habile, ou l'Art d'apprêter les aliments, etc. Nouv. édit., corr. et augm. par L. FRIEDEL et B. GASC. *Paris*, *Friedel et Gasc*, 1823, in-18.

Réimpr. en 1827 et 1828.
Madame Friedel rédigea pendant quelque temps un journal littéraire à Strasbourg.   *Beuch.*

FRIEDEL (Louis), fils de la précédente.

— Joseph, ou la Vertu récompensée ; histoire tirée de l'Écriture - Sainte. *Paris*, *Friedel et Gasc*, 1821, 1822, in-18.

M. Friedel a donné des nouvelles édit. des ouvr. de sa mère. *Voy. l'art. précédent.*

FRIEDLANDER, médecin ; né à Kœnigsberg, en Prusse, en 1769, mort à Paris, en 1824.

— Bibliographie méthodique des ouvrages publiés en Allemagne sur les pauvres, etc. *Paris*, * *Baillière*, 1822, in-8, 2 fr. 50 c.

— Éducation (de l') physique de l'homme. *Paris, Treuttel et Würtz*, 1815, in-8, 6 fr., et pap. vél., 12 fr.

Cet ouvrage a d'abord paru par fragments dans les *Annales d'éducation* publiées par F. Guizot.

Le docteur Friedlander est auteur d'une *Lettre critique sur l'état actuel du magnétisme en Allemagne*, imprimée dans la Gazette de santé (1817, nº 1ᵉʳ) : il a coopéré au Dictionnaire des sciences médicales, au Journal d'éducation publié par M. et Madame Guizot : on lui doit aussi plusieurs articles insérés dans la *Revue encyclopédique*, et une Biographie de Moses Mendelsohn, son compatriote et co-religionnaire, dans la Biographie universelle.

FRIEND. * Conduite (la) du comte de Peterborow en Espagne, surtout depuis la levée du siége de Barcelone en 1706 ; traduit de l'anglais. *Londres*, 1708, in-8.

FRIER, docteur en médecine à Grenoble, sa patrie.

— Guide pour la conservation de l'homme. *Grenoble*, 1789, in-12.

— Le même. Nouv. édit., corr. et augm. d'un Traité des maladies vénériennes et scorbutiques. *Grenoble*, *J.-L.-A. Giraud*, 1801, in-12.

— Guide pour la conservation de l'homme, contenant des observations sur les causes de la révolution opérée dans nos climats et dans nos tempéraments, etc. *Grenoble*, *imp. d'Allier*, 1803-17, 2 vol. in-8.

— Mémoire, ou Précis-pratique sur l'efficacité des eaux minérales et salines de la Motte, de Balaruc, de Bourbonne, et autres à peu près de la même nature, conte-

nant l'indication, la contre-indication, et le régime convenable à chaque cas. *Grenoble*, *David*, 1815, in-8 de 24 pag.

— Observations sur les causes, les symptômes et les moyens propres à prévenir et à guérir les maladies épidémiques qui ont régné dans les communes de Saint-Georges-de-Comiers, de St-Pierre, de Fontaine, etc. *Grenoble, impr. d'Allier*, 1819, brochure in-8.

— Recueil de lettres adressées à M. le docteur Marie de Saint-Ursin sur les erreurs destructives de l'espèce humaine. *Grenoble*, *J. P. Peyronard*, 1811, in-8. — Quatrième Lettre adressée à M. le docteur Marie de Saint-Ursin, rédacteur de la Gazette de santé, sur les moyens d'augmenter la quantité et les propriétés du miel. *Grenoble*, *Peyronard*, 1811, in-8 de 24 pag.

FRIESSEMAN. * Description historique et géographique de l'Archipel ; rédigée d'après de nouvelles observations, et particulièrement utile aux négociants et aux navigateurs. *Neuwied*, *Soc. typogr.*, 1789, in-8 de 144 pag.

FRIESSE (Jean). Essai d'une astronomie simplifiée, trad. de l'allem. *Strasbourg*, an VII (1799), in-12.

— Geschichte der stadt Strasburg's. Zweyte Aufl. *Strasburg*, 1792, 5 vol. in-8. — Anhang. *Strasburg*, 1795, in-8.

— Geschichte (neue) der stadt Strasburg's. 1791-1801, 5 vol. in-8.

FRIÉVILLE (le doct.). Géographie (nouv). élémentaire des cinq parties du monde, précédée d'une Exposition des principes de la géographie mathématique, physique et politique, avec 6 cartes, dressées par M. Hérisson, savoir : Mappemonde, — Europe, — France, — Asie, — Amérique. — Afrique. *Paris, Déterville ; Delaunay ; Tiger*, 1817, in-12, 2 fr. 50 c.

Le docteur Friéville est l'un des rédacteurs du Journal des Voyages (1818) : on lui doit une traduction des Contes à mon fils, de KOTZEBUE (1818), *voy. ce nom* : il est l'un des éditeurs du Dictionnaire géographique portatif de MALTE-BRUN (1827).

FRIKE (P. J.). Art (l') de moduler en musique, rédigé en douze tables, montrant la manière la plus courte et la plus aisée de moduler dans tous les tons en 3 et en quatre parties. *Paris*, * *Imbault*, sans date, in-4 obl., 35 feuillets gravés par Richomme, 7 fr. 50 c.

FRIRION (le bar.), lieutenant-général.

— Essai sur les moyens de faciliter l'étude du grec et du latin, d'après un procédé nouveau. *Paris, Anselin et Pochard; Maire-Nyon*, 1826, in-8 de 44 pag., 1 fr. 25 c.

Réimprimé la même année avec quelques changements.

FRISEL. * Constitution (de la) de l'Angleterre, et des changements principaux qu'elle a éprouvés, etc. Par un Anglais. *Paris, Le Normant*, 1820, 1821, in-8.

— * Observations sur le renouvellement intégral et la septennalité. *Paris*, 1823, in-8.

FRISI (l'abbé Paul), célèbre mathématicien et physicien italien du XVIIIe siècle.

— Dissertation sur le mouvement diurne de la terre, qui a remporté le prix de l'Académie de Berlin en 1754. In-4.

— Éloge historique de Mar. Gaëtan Agnési, trad. de l'ital. (par BOULARD). *Paris, Garnery*, 1807, in-8.

— Essai sur la vie et les découvertes de Galileo Galilei, trad. de l'ital., par Alb.-Jér. FLONCEL. *Paris*, 1767, in-12.

Cet ouvrage se trouve aussi dans le « Journal de Trévoux », avril 1767, et a été réimpr. dans « l'Encyclopédie méthod.». (Histoire, tom. II, p. 668-73).

— Lettre du P. Frizi à M. d'Alembert. *Paris*, 1767, in-8.

— Traité des rivières et des torrents, augm. du Traité des canaux navigables; trad. de l'ital., par DESERREY. *Paris, de l'imp. royale*, 1774, in-4, avec fig., 18 fr.

FRISSARD (P.-F.), ingénieur des ponts-et-chaussées, anc. élève de l'École polytechnique.

— Résumé des événements les plus remarquables de l'histoire de France, de 1788 à 1818, précédé d'un Coup-d'œil rapide sur l'origine des impôts, la création des rentes sur l'État, et de la fondation du crédit public; accompagné de trois tableaux graphiques, représentant pour chaque jour la valeur des papiers-monnaies établis pendant la révolution, et du tiers consolidé, depuis son établissement jusqu'au 1er janvier 1818. *Paris, Anselin et Pochard*, 1824, in-8 et atlas de 3 tableaux, 9 fr.

— Théâtre de Dieppe. *Paris, Carilian, et Dieppe, Marais fils*, 1827, in-fol. de 32 pag. avec 20 planch., 15 fr.

FRITOT (Albert), élève du collège de Vendôme, avocat à la Cour royale de Paris; né à Châteauneuf en Thimerais (Eure-et-Loir), le 28 juin 1783.

— * Constitution réformée et proposée à l'acceptation du peuple français et du souverain, ou Nécessité et principes élémentaires d'une organisation nationale, démontrés et mis à la portée de tous les ci-

toyens, par un homme dégagé de tout intérêt personnel. *Paris*, 1815, in-8 de 34 p.

— Cours de droit naturel, public, politique et constitutionnel. *Paris, Aillaud*, 1827, 4 vol. in-18.

— Esprit du droit et ses applications à la politique et à l'organisation de la monarchie constitutionnelle. *Paris, l'Auteur; Bossange père, Corby*, 1824 ou 1827, in-8, 9 fr.

C'est un résumé de la «Science du publiciste».

— Espiritu del derecho y sus applicaciones à la politica y organizacion de la monarquia constitutional. Trad. al castellano por D.-J.-C. PAGÈS, interprete real. *Paris, Parmentier*, 1825, 3 vol. in-12, 15 fr.

— * Observations d'un publiciste sur le projet de loi relatif à l'indemnité des émigrés. *Paris, B. Warée fils*, 1825, in-8 de 32 pag., 1 fr.

— Projet d'acte social, extrait de l'Esprit du droit et de la science du publiciste. *Paris, l'Auteur*, 1827, in-plano d'une feuille.

— * Projet de constitution rédigé d'après les principes du gouvernement monarchique. *Paris*, 1815, in-8.

— Science (la) du publiciste, ou Traité des principes élémentaires du droit considéré dans ses principales divisions, avec notes et citations tirées des auteurs les plus célèbres. *Paris, Bossange père*, 1820-1823, 11 vol. in-8, 77 fr.

Les trois prem. vol. renferment des principes du droit naturel, du droit public, du droit civil et pénal, du droit politique et du droit des gens : les vol. IV et V contiennent l'Examen critique des diverses formes de gouvernements mixtes et de gouvernements mixtes ou composés : les volumes VI et VII sont relatifs à l'organisation du pouvoir législatif dans une monarchie constitutionnelle, à la composition et aux attributions des chambres représentatives, au système municipal et au système électoral : les tom. VIII et IX concernent le pouvoir exécutif, l'inviolabilité du prince, la responsabilité ministérielle, la composition et les attributions du Conseil-d'État et du ministère, des préfectures, sous-préfectures et mairies; et les Xe et XIe volumes traitent du pouvoir judiciaire, de la Cour de cassation ou Cour suprême judiciaire, des autres cours et tribunaux, de l'interprétation des lois, de l'uniformité de la jurisprudence, de l'indépendance de la magistrature, de la publicité et de la liberté de la défense, etc.

M. Fritot a prononcé, dans des réunions de jurisconsultes et d'avocats, plusieurs discours sur différ. sujets de droit public, entre autres : 1° sur la division des propriétés, le droit d'aînesse, et les garanties véritables de la royauté dans une monarchie constit.; 2° Sur la propriété littéraire et sur les moyens de la faire respecter sans nuire aux avantages qu'elle procure au corps social; 3° Sur la liberté de la défense en matière civile et criminelle, et sur les moyens de la faire respecter dans l'état présent des institutions; 4° Sur le besoin de l'union pour le triomphe du système constitutionnel et sur les moyens de rendre cette union efficace et d'en écarter les dangers, etc., etc. Ces discours n'ont pas été imprimés. L'auteur se propose de les placer au nombre des notes qui formeront un Appendice à la Science du Publiciste, et dont plusieurs sont indiquées dans le texte même de l'ouvrage.

M. Fritot a en outre revu et annoté la traduction de l'Économie politique de SMALZ, par H. Jouffroy (1826).

FRITZ (Ch.-Max.), théologien protestant; né en Alsace, le 7 octobre 1758, mort à Strasbourg, le 14 janvier 1821.

—Animadversiones ad nonnulla Voltarii, circà religionis christianæ origines, asserta. 1786.

—Leben D. Johann Lorenz Blessig's. *Strasburg, Kœnig*, 1818, 2 stucke in-8 mit bildn.

— Rede bey dem Leichebegaugnisse herrn Johann Lorenz Blessig's, etc. *Strasburg, Kœnig*, 1816, in-8 de 4 pag.

— Tentamen pædagogicum. 1782.

Cette thèse fut soutenue sous la présidence du savant J.-J. Oberlin.

FRIZAC (P.). Rapprochements historiques sur l'hospitalité des anciens; sur la formation de nos hôpitaux, la nature de leurs revenus, et les divers systèmes qui se sont succédé dans leur administration. Par un conseiller de préfecture. *Toulouse, Douladoure*, 1820, in-8 de 140 pag.

FRIZON (le P. Nic.), jésuite français du XVIIIe siècle.

— Histoire d'Éléonore d'Autriche, mère du duc Léopold Ier, et épouse du duc Charles V. *Nanci*, 1725, in-8.

— * Vie (la) de Jean Berchmans, de la compagnie de Jésus, par le P. N. F. *Nanci, Barbier*, 1706, in-8; *Paris, Marc Bordelet*, 1739, 1755, in-12.

Souvent réimprimée au XIXe siècle, entre autres : *Paris, Boiste fils aîné*, 1823, in-18, portr. — *Lille, Lefort*, 1825, in-12, portr. — *Avignon, Séguin aîné*, 1828, in-18.

—*Vie de la mère Élisabeth de Ramfaing, institutrice des religieuses du refuge de Nanci. *Avignon*, 1735, in-8.

Les éditeurs de la nouvelle édition de la Bibliothèque historique de la France ont confondu cette nouvelle Vie de la fondatrice du refuge avec l'ancienne, qui est de Bourdon.

— Vie (la) de Sigisbert, roi d'Austrasie. *Nanci*, 1725, in-8.

— Vie du cardinal Bellarmin, de la compagnie de Jésus. *Nanci, Paul Barbier*, 1708, in-4.

Réimpr. à Avignon, chez Séguin, en 1827, 2 vol. in-12, 5 fr.

Le P. Frizon a donné une édition abrégée des Méditations sur les mystères de la foi, du P. DUPONT (1712) : il a été l'éditeur des Voyages d'un missionnaire de la compagnie de Jésus (le P. VILLOTTE) (1730). *Voy. ces noms.*

FROBISHER (Mart.). Trois navigations pour chercher un passage à la Chine et au Japon par la mer Glaciale en 1576-78,

sous la conduite de Mart. Frosbisher. Par Geo. BEST. Trad. de l'angl. Nouv. édit. *Amsterdam, Bernard*, 1720, in-12.

L'original parut à Londres, en 1578 : la première édition de cette traduction est de la même époque.

FROGER (Fr.), ingénieur français du XVIIIe siècle.

— Relation d'un voyage fait en 1695-97 aux côtes d'Afrique, détroit de Magellan, Brésil, Cayenne et îles Antilles, par une escadre des vaisseaux du roi, commandée par M. de Genues. (Nouv. édit.). *Paris*, 1700; *Amsterdam*, 1702, 1715, un vol. in-12 avec cartes et figures.

La prem. édit. est de 1698.

FROGIER, curé de Mayet, diocèse du Mans, de la Société d'agriculture de Tours.

— * Instructions de morale, d'agriculture et d'économie; pour les habitants de la campagne. *Le Mans et Paris, Lacombe*, 1769, in-12.

FROHBERG (Ant.-F.), de Lichtenberg, dans le duché de Saxe-Cobourg.

— Considérations sur quelques points de physiologie, concernant la nutrition, etc. *Strasbourg, Levrault*, 1817, in-4 de 28 p.

FROIDEAU (Thomas de). Mémoire sur l'Académie d'architecture, sa suppression et la nécessité de son rétablissement. *Paris, impr. de Fain*, 1814, in-4 de 8 pag.

FROIDURE DE NEZELLER (Mlle). * Histoire de Pierre-le-Cruel, roi de Castille et de Léon; trad. de l'angl. (1790). Voy. DILLON (T.).

FROISSARD (Jean), de Valenciennes, en Hainaut, historien français du XIVe siècle; trésorier et chanoine de Chimay.

— Chroniques (ses). Nouv. édit., avec des notes et des éclaircissements. Par J. A. BUCHON. *Paris, Verdière; Carez*, 1824, 15 vol. in-8, 90 fr.; pap. sat., 97 fr. 50 c.

Édition faisant partie de la Collection des « Chroniques nationales », publ. par le même éditeur.

FROISSENT. Weissenfelt, ou les Amours de deux jeunes Polonais. *Paris, Pigoreau*, 1822, 2 vol. in-12, 5 fr.

FROLAND (L.), avocat au parlement de Rouen, mort en 1746.

— Mémoire sur la nature et la qualité des statuts. *Paris*, 1729, 2 vol. in-4.

— Mémoires concernant la nature et la qualité des statuts; diverses questions mixtes de droit et de communes, et la plupart des arrêts qui les ont décidées. *Paris, Le Mercier*, 1729, 2 vol. in-4.

— Mémoires concernant le comté-pairie d'Eu, et ses usages prétendus locaux. *Paris, Ve Charpentier,* 1722, in-4.

— Mémoires concernant le droit de tiers et danger sur les bois de la province de Normandie (1737). Voy. GRÉARD.

— Mémoires sur la prohibition d'évoquer les décrets d'immeubles situés en Normandie. *Paris, Mich. Brunet,* 1722, 1729, in-4.

— Mémoires sur le sénatus-consulte Velléien dans la Normandie, et diverses questions mixtes sur la même matière. *Paris, M. Brunet,* 1722, in-4.

— Recueil d'arrêts de réglement, et autres arrêts notables du parlement de Normandie. *Paris,* 1722, 1729, in-4.

FROMAGE DE FEUGRÉ (Ch.-Mich.-Fr.), chirurgien-vétérinaire, prof. de l'école d'Alfort et agriculteur; né à Viette, près de Lizieux, le 31 décembre 1770, mort en 1812.

— Altération (d'une) du lait de vache, etc. (1805). Voy. CHABERT.

— Correspondance sur la conservation et l'amélioration des animaux domestiques, ou Observations nouvelles sur les moyens les plus avantageux de les employer, etc. *Paris, Buisson,* 1810-11, 4 vol. in-12, avec fig.

— Garantie (de la) dans le commerce des animaux. *Paris,* 1805, in-8.

Avec Chabert.

— Importance de l'amélioration et de la multiplication des chevaux en France. *Paris,* 1805, in-8.

Avec le même.

— Lois (des) sur la garantie des animaux (1804). Voy. CHABERT.

— Mémoire sur l'avantage et les moyens de disposer d'une manière salubre les bâtiments, les fumiers, les égouts et l'abreuvoir d'une ferme. *Paris, imp. de la Ve Delaguette,* 1811, in-8 de 8 pag.

— Moyen de rendre l'art vétérinaire plus utile (1804). Voy. CHABERT.

— Tableau synoptique et physiologique de la vie considérée dans l'homme et dans les animaux domestiques. *Paris, Mme Huzard,* 1801, in-8, 75 c.

— Traité élémentaire et pratique sur l'engraissement des animaux domestiques (1805). Voy. CHABERT.

Fromage de Feugré a fourni une foule d'excellents articles à la « Continuation du Cours complet d'agriculture » de Rozier, 2 vol. in-8, et à la nouvelle édition de «l'Abrégé de ce Cours », 6 vol. in-8; quelques articles plus ou moins étendus à différents journaux ou recueils périodiques. *Biogr. univ.*

FROMAGEAU (l'abbé Germ.). Voyez LAMET (de).

FROMAGEOT (J.-Bapt.), avocat au parlement de Dijon, et secrétaire-perpétuel de l'Académie des sciences et belles-lettres de la même ville; né à Dijon, le 10 septembre 1724, mort à Besançon, le 14 août 1753.

— * Consultation pour M. l'abbé de ***, vice-gérant de l'officialité de ***, sur le Traité de la dissolution du mariage pour cause d'impuissance, imprimé à Luxembourg en 1735. *Dijon,* 1739, in-12.

— Discours qui a remporté le prix d'éloquence, proposé par l'Académie des belles-lettres de Montauban, en l'année 1753. *Montauban,* 1753, in-12.

— * Éponge des notes, pour servir de réponse aux remarques d'un anonyme, mises en marge d'une consultation sur le Traité de l'impuissance (du président Bouhier). *Luxembourg,* sans date (1739), in-12.

— * Essai de réformation d'un jugement rendu par un avocat au parlement de Paris, sur une dispute littéraire entre deux avocats au parlement de Dijon. *Dijon,* 1730, in-12.

— Essai de réplique à la « Lettre d'un avocat au parlement de Paris (du prés. Bouhier)», à un de ses amis. *Dijon,* 1731, in-8.

Le président Bouhier fit une réponse à cette réplique, mais qu'il ne voulut pas faire imprimer, *pour ne pas perpétuer cette querelle avec un pédant tel que Fromageot,* a-t-il écrit en marge du manuscrit.

Barb.

— * Essai de réponse aux réflexions ou notes de Me ***, avocat à la Cour, sur les six lettres de N. pour servir d'éclaircissement à la question du testament des fils de famille en Bourgogne, etc., par Me ***. 1729, in-12.

— * Jurisprudence (la) du regrès bénéficial justifiée contre l'ouvrage du président Bouhier. *Dijon,* 1726, in-12.

— * Lois (les) ecclésiastiques tirées des seuls livres saints. *Paris, Desaint et Saillant,* 1753, in-12 ; *Metz, Lamort,* 1811, in-12.

Avec Morin.

Ce n'est que le commencement d'un plus grand ouvrage dont la mort de Fromageot a arrêté l'exécution.

Feutry a reproduit cet ouvrage comme étant d'un docteur de Sorbonne, à la suite de Discours philosophiques sur l'homme (du card. de GERDIL).

— Observations adressées à l'auteur des Remarques sur les livres de Cicéron, de la Nature des dieux, Tusculanes et autres, où l'on examine particulièrement la religion de Cicéron ; avec quelques points de la doctrine académique. *Dijon*, 1738, in-12.

Le président Bouhier répondit à ces observations par une brochure intitulée : Lettre de maître ***, bedeau en l'Université de *** à M***, docteur régent en la même université. Sans date, ni lieu.

FROMAGEOT (l'abbé), prieur-commandataire de Goudargues.
— Annales du règne de Marie - Thérèse, impératrice douairière, reine de Hongrie, etc. *Paris, Lacombe*, 1775, gr. in-8 orné de 7 grav.

Ce vol. a été reproduit en 1777, sous le titre d'*Anecdotes de la bienfaisance*, et ensuite réimpr. avec des augmentations, sous celni d'*Histoire de Marie-Thérèse*, précédée de Tables généalogiques et chronologiques ; nouv. édit., corr. et augm. (par l'abbé Mann). Bruxelles, 1781, 1786, in-12.

— Cours d'études de jeunes demoiselles ; ouvrage non moins utile aux jeunes gens de l'autre sexe, et pouvant servir de complément aux élèves des collèges. *Paris, Vincent*, 1772-75, 8 vol. in-12.

FROMAGER. Voy. Rassicod.

FROMAGET (Nic.), romancier du xviiie siècle, mort en 1759.
— * Cousin (le) de Mahomet. *Constantinople (Liège)*, 1751, 2 vol. in-12.

Ouvrage licencieux, qui a été souvent réimprimé.

— * Kara Mustapha et Basch-Lavi. *Amsterdam (Paris)*, 1750, in-12.
— * Mirima, impératrice du Japon, par l'auteur du «Cousin de Mahomet.» *La Haye (Paris)*, 1745, in-12.
— * Promenade (la) de Saint-Cloud, ou la Confidence réciproque. *Paris, Dupuis*, 1736 et 1737, 3 vol. in-12 ; *Paris, Brocas*, 1757, 3 vol. in-12.

FROMANT, chanoine, principal de Vernon, de l'Académie de Rouen.
— Réflexions sur les fondements de l'art de parler. *Paris, Prault*, 1769, in-12.
— Réponse à la Lettre quatrième de l'Année littéraire. 1756, in-12.

On doit à cet ecclésiastique la troisième édit. de la Grammaire générale et raisonnée de Port-Royal (1768).

FROMANT (L.-P.). Barreau français, xixe siècle. (Portraits). *Paris, Martinet*, 1822, in-4.

Ce recueil a 5 ou 6 livr. de chacune 3 portraits : prix de la livraison, 3 fr.

FROMENT (le bar. Fr.-Mar. de), secrétaire du cabinet du roi ; né à Nîmes, le 9 juillet 1756, mort le 22 septembre 1825.
— Idées militaires sur la composition des régiments d'infanterie et sur la formation des bataillons. 1790, in-8.

— Lettre à M. le marq. de Foucault, colonel de génie, secrétaire rapporteur de la commission des anciens officiers. *Paris*, 1817, in-8.
— Mémoire historique et politique, contenant la relation du massacre des catholiques de Nîmes, en juin 1790, et des Réflexions sur les événements qui l'ont amené.....

Mémoire curieux et devenu fort rare, qui a été impr. à Lyon, à Nîmes et à l'étranger.

— Procès de M. Froment contre S. A. R. Monsieur, frère du Roi, relativement aux missions politiques données par ce prince pendant son émigration ; avec les pièces officielles. *Paris, de l'imp. de Dondey-Dupré*, 1823, in-8.
— Recueil de divers écrits relatifs à la révolution. *Paris*, 1816, in-8.
— Réponse à des lettres, des 15 avril et 6 août 1817, de M. le maréchal duc de Feltre. *Paris, de l'imp. de Dondey-Dupré*, 1819, in-8 de 68 pag.

N'a pas été destinée au commerce.

FROMENT. Mémoires sur les maladies des troupes en Italie, etc. *Paris*, 1798, in-8.

FROMENT (Dominique). Commerce (du) des Européens avec les Indes. *Paris, Dugour et Durand*, an VII (1799), in-8 de 240 pag. avec une gr. carte, 2 fr. 50 c.

On trouve dans cet ouvrage le tableau du commerce annuel de l'Égypte avec les places de Marseille, Londres, Venise, Livourne, Trieste, Constantinople, Smyrne et autres places de la Turquie et de l'Asie ; la valeur des différentes monnaies d'Égypte, comparées à celles de la France ; les poids et mesures qui y sont usités, les établissements qu'il serait facile aux négociants d'y former, etc. etc.

FROMENT (Ch.). Poésies (ses). *Bruxelles*, 1826, 2 vol. in-18, fig. 6 fr.

FROMENT-CHAMPLAGARDE. Aperçu moral, politique et critique de l'Espagne, trad. de l'espagn. (1808). Voyez Cadalso (J.).

FROMENTHAL (Gabr. Berthon de) juge-mage du Puy-en-Velay ; mort vers 1762.
— Décision de droit civil, canonique et français. 1740, in-fol.

FROMENTIN. Aminte de Torquato Tasso, trad. de l'ital. (1823). Voy. Tasso.

FRONDEVILLE (le marq.). De la conspiration qui a obligé Louis XVIII de quitter son royaume, et publication d'une pièce inédite découverte en 1787, dans une loge de francs-maçons à Venise. *Paris, Ponthieu ; Goujon*, 1820, in-8 de 68 pag.

FRONT , D.-M.-P. , Annuaire médical pour l'année 1825. *Paris , Front , 1825, in-12.*

FRONTEAU (Marie-Anne-Élisabeth), connue aussi sous le nom de sœur HOLDA.

— * Recueil de prédictions intéressantes faites en 1733 par diverses personnes sur plusieurs événemens importants (principalement par la sœur Holda). (*Lyon*, probablement), 1792, 2 vol. in-8.

Ces volumes ne contiennent que des extraits des prédictions de la sœur Holda. Cinq volumes in-12, tirés de ses manuscrits, ont été imprimés à Paris, chez Doublet, en 1821, et publ. en 1822. Le nouvel éditeur a mis, à la fin du cinquième volume, une introduction de 92 pages, contenant une Notice sur la vie de madame Fronteau. *Barb.*

FRONTIN (Sextus-Julius), écrivain latin , militaire et polygraphe , né en 800 de Rome (47 ans depuis J.-C.), mort l'an de Rome 859.

— Commentaire sur les aquéducs de Rome. Trad. du lat., avec le texte en regard ; préc. d'une Notice sur Frontin, etc., par J. RONDELET. *Paris , Rondelet , 1820, in-4* et atlas in-fol. — Addition au Commentaire de S.-J. Frontin sur les aquéducs de Rome. Par RONDELET. *Paris , le même ,* 1821, in-4, avec 2 pl. : ensemble 30 fr.

— Strategmaticon lib. III, Strategicon lib. unus, emendavit et rec. Jos. VALART. *Lutetiæ - Parisiorum ,* 1763, in-12 , 3 à 4 fr.; sur pap. de Hollande, 4 à 6 fr.

— Stratagèmes (les), ou Ruses de guerre, trad. du lat. par PERROT D'ABLANCOURT. Nouv. édit. 1739 , in-12, ou *Paris , Ve David,* 1770, in-12.

La prem. édit. de cette traduction est de Paris, 1684, in-4.

— Les mêmes , trad. en franç. par un anc. officier, avec le texte latin et des Recherches sur Frontin. *Paris, Didot aîné ,* 1772, in-8.

— Frontini Opera, ad optimas editiones collata ; præmittitur notitia litteraria studiis Societatis Bipontinæ. Editio accurata. *Biponti* (*Argentorati, * Treuttel et Würtz*), 1788, in-8, 1 fr. 80 c. pap. collé, 2 fr. 25 c.

FROSSARD (B.-S.), ministre du saint Évangile ; né au pays de Vaud.

— Cause (la) des esclaves nègres et des habitans de la Guinée portée au tribunal de la justice , de la religion et de la politique. *Paris, Gattey,* 1788 , 2 vol. in-8.

— Observations sur l'éloquence de la chaire. *Lyon ,* 1787, in-8.

— Sermons, trad. de l'angl. (1782) Voy. BLAIR.

FROSSARD (P.-É.), ministre du saint Évangile, l'un des premiers fondateurs de l'enseignement mutuel en France , membre de plusieurs sociétés philanthropiques.

— Discours prononcé à l'occasion de l'ouverture de l'école d'enseignement mutuel de Bruxelles, à l'assemblée générale et solennelle du 8 mai 1820, contenant un abrégé de ce système. etc. *Paris, imp. de Dupont ,* 1820 , in-8 de 40 pag.

FROSSARD , docteur en théologie dans l'Université royale de France.

— Christianisme (le) des gens du monde, mis en opposition avec le véritable christianisme , trad. de l'angl. (1821). Voyez WILBERFORCE.

FROSSARD (E.-B.-D.), pasteur.

— Tableau des diverses religions professées de nos jours, rédigé d'après les observations les plus récentes. *Nîmes , Gaude ,* 1827, broch. in-12.

FROTIER DE MONT-ROUI. Mémoire sur la possibilité de faire exécuter très-promptement , très-économiquement et de la seule manière qui soit perpétuelle, les deux cadastres des personnes et des propriétés foncières du royaume de France , présenté au Roi; suivi, etc. *Paris, Laurens jeune; Janet et Cotelle ,* 1814 , br. in-8.

FROULLÉ, imprimeur. — * Liste comparative des cinq appels nominaux; ouvrage dans lequel se trouve la relation des vingt-quatre heures d'angoisses qui ont précédé la mort de Louis XVI. 1793, in-8.

Avec Thom. Levigneur, autre imprimeur.

FROUST (J.-Marie), de Nantes. Développement des motifs d'un travail sur les finances, etc. *Paris , Gueffier,* 1816, in-8 de 16 pag.

— Emprunts (les) causent la ruine des états. *Paris, Gueffier ; Favre,* 1816, in-8 de 16 pag.

— Idées sur la mobilisation des propriétés en France, et Réflexions sur le budjet en 1814; extrait de son travail sur les finances. Troisième communication. *Paris, Gueffier; Saint-Michel ,* 1816, in-4 de 24 pag.

— Mode (nouv.) pour le remboursement effectif, en 30 ans, du capital de cent quarante millions de rentes de la dette publique; adressé à MM. les membres de la Chambre des députés , le 18 avril 1824. *Paris, Égron,* 1824, in-8 de 28 pag., plus un tableau, 1 fr. 50 c.

— Moyen (nouv.) d'utiliser le capital de la dette d'un état au profit des créanciers de cette même dette. *Paris, imp. de Béraud,* 1819, in-8 de 16 pag.

— Système général des finances, suivi d'un mode d'application rédigé en projet de loi. *Paris*, * *Chimot*, 1817, in-8, 1 fr. 50 c.

On trouve dans ce volume une seconde édition de la brochure intitulée : *les Emprunts sont la ruine des États.*

FRUCHET (le P.). Voy. BONHOMME.

FRUDLER (Miss). Montrose, ou le jeune Écossais; trad. de l'angl. *Paris*, *Délacour*, 1811, 2 vol. in-12, fig. 3 fr. 60 c.

FUCHS (L.), traducteur.

On lui doit la traduction, de l'allemand, de deux romans d'Aug. Lafontaine : la Nouvelle Arcadie (1809), et le Testament (1816). Voy. LAFONTAINE.

FUCUS (Léonard). Histoire générale des plantes et herbes, avec leurs propriétés. *Lons-le-Saulnier, Escalle et comp.*, 1825, in-18 avec fig.

FUERRONI (Giuseppe). Novelle galanti, in ottava rima, ora per la prima volta stampate. *Parigi, Molini*, 1802, in-12, 2 fr.

FUESLIN * Réglements de S. M. I. Catherine II, etc., trad. de l'allem. (1777). Voy. CATHERINE II.

FUESLY (J.-Gasp.) Archives de l'histoire des insectes, publ. en allem., trad. en français. *Winterthour, Ziegler, et Zurich*, 1794, in-4 avec 54 pl. coloriées, 24 à 36 fr.

L'édition avec le texte allemand, contenant le même nombre de planches, a paru de 1781 à 1786, en 8 fascicules, in-4, sous ce titre : *Archiv der Insektengeschichte.* L'auteur étant mort, en 1786, avant d'avoir pu terminer cet ouvrage, ce fut M. Jean-Frédéric-Guillaume HERBST, ministre protestant à Berlin, qui se chargea de la rédaction des 7e et 8e fascicules.

Il y a une double traduction anglaise et française de cet ouvrage, qui a paru à Londres en 1795, in-4 avec 51 pl. color.

FUESLY (H.), peintre suisse. Collection de (xxiv) vues suisses, remarquables par rapport à l'histoire, dessinées d'après nature, par H. Fuesly, et accompagnées d'une description historique. *Zurich*, 1802, 2 vol. pet. in-fol. obl. fig. color.

— Righiberg (der). Description du Mont Righi, dessiné par H. Fuesly et H. Keller. *Zurich*, 1807, gr. in-fol. grav. coloriées.

FUET (Louis), l'un des meilleurs canonistes du XVIIIe siècle; né à Orléans, en 1681, mort le 4 septembre 1739.

— Mémoire sur l'injustice de l'excommunication dont on menace les appelants. *Paris*, 1712, 1719.

— Mémoires et consultations relatifs aux dignités collégiales de Saint-Pierre de l'Isle. 1726.

— Recueil de Jurisprudence canonique et bénéficiale, par ordre alphabétique, dressé sur les Mémoires de l'auteur par M. Guy DU ROUSSEAU DE LA COMBE. *Paris, Dumesnil*, 1748, ou 1755, in-fol.

— * Traité des matières bénéficiales. *Paris, Hochereau*, 1721, 1723, in-4.

FUGÈRE (de). Voy. GOGUET.

FULCHIRON (J.-C.). Quatre (les) Nouvelles. Sec. édit. *Paris*, *Capelle*, 1802, in-12, 1 fr. 50 c.

La prem. édit. est de 1800.

FULCRAND-POUZIN, docteur médecin de Montpellier.

— Insalubrité (de l') des étangs, et des moyens d'y remédier. *Montpellier, André Tournel*, 1813, in-8.

Cet ouvrage n'a pas été destiné au commerce.

FULEMAN. Traité sur les lettres de change. *Paris, Hourdel*, 1739, in-12.

FULGENCE, pseudonyme. Voy. BURY (Fulgence de).

FULLARTON (Will.), commandant anglais de l'armée méridionale sur la côte du Coromandel.

— Exposé des intérêts des Anglais dans l'Inde, suivi du tableau des opérations militaires dans la partie méridionale de la péninsule pendant les campagnes de 1782-1784, et de deux lettres adressées au lord Macartney et au comité du fort Saint-Georges. Trad. de l'angl. par M. SOULÈS, et revu sur la sec. édit., par M. R.... *Paris, Lagrange*, 1788, in-8 de 224 pag.

FULLER (Thomas). Pharmacopæia extemporanea, seu præscriptorum Sylloge, in quâ remediorum elegantium et efficacium paradigmata ad omnes ferè medendi intentiones accomodata candidè proponuntur, unà cum veribus, operandi ratione, dosibus in indicibus annexis. Editio castigatior. *Parisiis*, 1768, in-4.

Édition donnée par Baron d'Hénouville, plus soignée, et augm. de notes.

FULLER (Anne), romancière anglaise.

— * Alan Fitz'-Osborne, roman historique trad. de l'angl. *Paris*, 1789, 2 vol. in-12.

— * Couvent (le), ou Histoire de Sophie Nelson; trad. de l'angl. (par P. Cés. BRIAND, anc. libraire). *Paris*, 1788, 3 vol. in-12.

— Fils (le) d'Ethelwolf, conte historique; trad. de l'angl. (par LEBAS). *Paris*, 1789, 2 vol. in-12.

Reproduit en 1792, sous le titre de l'*Adversité, ou l'École des rois.*

FULLERTON-WESTON (Ferdinand), gentilhomme anglais.

— Matinées (les) du Sultan , contes arabes. *Paris, Pigoreau*, 1821, 3 vol. in-12, 7 fr. 50 c.

— Stances sur le sacre de S. M. Charles X. *Paris, Petit ; Delaunay ; Dentu ;* 1825, in-8 de 8 pag.

Sir Fullerton-Weston est encore auteur de la traduction en vers anglais de l'Ode sur le Baptême de S. A. R. Monseign. le duc de Bordeaux , par le chevalier de Loizerolles, et de plusieurs poëmes en anglais et en français.

FULSONOT. Voy. BIZET.

FULTON (Rob.), célèbre mécanicien américain du XVIII⁰ siècle.

— Machine (de la) infernale maritime, ou de la Tactique offensive et défensive de la torpille ; description de cette machine, et expériences faites, en Angleterre et aux États-Unis, sur la manière d'en faire usage ; trad. de l'angl. par M. E. NUNEZ DE TABOADA. *Paris, Deimonville ; Magimel*, 1811, in-8 de 104 pag., 3 fr.

— Recherches sur les moyens de perfectionner les canaux de navigation, et sur les nombreux avantages des petits canaux, etc., trad. de l'angl. (par de RÉCICOURT). *Paris, Bernard*, an VII (1799), 1806, in-8 avec le Supplément ; 7 fr. 50 c.

FULVY (Philibert-Louis-ORRY, marquis DE), poète ; né le 4 février 1736, mort à Londres, le 18 janvier 1823.

— Fables. *Madrid, de l'impr. de Sancha*, 1798, in-12.

Le seul exemplaire de ce volume, qui peut-être existe en France, se trouve à la Bibliothèque du Roi.

— Louis XVIII, sa vie, ses derniers moments et sa mort ; suivis du détail de ses funérailles, d'un recueil d'anecdotes sur ce prince, rédigées d'après les documents authentiques et inédits, d'un choix de ses lettres, et de quelques-unes de ses poésies. Par M. E. M. de Saint H. *Paris, Peytieux*, 1824, 1825, in-12 avec un frontispice gravé.

Le marquis de Fulvy est aussi auteur de poésies imprimées en tête et à la suite d'une édition de la Relation d'un voyage de Paris à Bruxelles et à Coblentz, en 1791 , par LOUIS XVIII. *Voy. ce nom.*

FUMARS (Étienne), littérateur ; né auprès de Marseille, le 22 octobre 1743, mort à Copenhague, le 30 novembre 1806.

— Fables. *Paris*, 1807, in-8 et in-12.

FUMEL (J.-Fél.-Henri de), évêque et comte de Lodève ; né à Toulouse en 1717, mort le 26 janvier 1790.

— Culte (le) de l'amour divin, ou la Dévotion au sacré cœur de Jésus. Nouv. édit. *Montpellier, A. Virenque*, 1827, 2 vol. in-12 , 4 fr.

La première édition est de 1777 : cet ouvrage a été souvent réimpr. dans l'intervalle de 1777 à 1827.

— Instruction pastorale sur les sources de l'incrédulité du siècle. *Paris*, 1765, in-12.

— Oraison funèbre de Louis XV. 1775, in-4.

— Oraison funèbre de Marie, princesse de Pologne, reine de France. 1769, in-4.

— Pratiques chrétiennes pour se sanctifier dans le monde . . . .

Réimprimées aussi en tête des Heures à l'usage de l'Église , selon le rit lodevois. Nouv. édit., mise dans un meilleur ordre. *Lodève, A. Virenque*, 1818, in-18, 2 fr. 50 c.

FUMELH (Mᵐᵉ de). Discours à la nation française. 1789, in-8.

— Miss Anysie, ou le Triomphe des mœurs et des vertus. *Bruxelles et Paris*, 1788, in-12.

— OEuvres (ses) diverses. *Genève*, 1790, in-12.

FUNCHAL (le comte de), ambassadeur de Portugal à Rome.

— Carta a el rey N. S. escripta pelo conde de Funchal, quando foi nomeado um dos governadores do Reino, en 1819. *Pariz, F. Didot*, 1824, in-8 de 64 pag.

— * Guerre (la) de la Péninsule sous son véritable point de vue, ou Lettre à M. l'abbé F*** sur l'histoire de la dernière guerre, publiée dernièrement à Florence ; traduite de l'original italien, impr. en 1816, *Bruxelles*, 1819, in-8.

FUNCK. * Plans et Journaux des siéges de la dernière guerre de Flandre. *Strasbourg, Pauschniger*, 1750, in-4.

Avec d'Illens.

FURCY (B.). Hommage à S. A. R. Mᵍʳ le duc de Berri, sur son mariage avec S. A. R. la princesse Marie Caroline des Deux-Siciles. *Paris, Rosa*, 1816, in-8 de 8 p.

— Paris au 8 juillet 1815, jour de la rentrée de S. M. Louis XVIII dans sa capitale. *Paris, le même*, 1815, in-8 de 12 p.

— Tableaux critiques en vers : chapitre Iᵉʳ. *Paris, le même*, 1817, in-8 de 32 pag., 75 c.

L'Écho du Parnasse (1823) contient des poésies de divers auteurs, et de M. Furcy, entre autres.

FURETIÈRE (Ant.), écrivain franç. du XVIIᵉ siècle, et membre de l'Acad. franç.

— Dictionnaire universel, français et latin. IIIᵉ édit., revue, corr. et augm. par BASNAGE DE BEAUVAL. 1701 ; 3 vol. in-fol. ; ou *Trévoux*, 1704, 3 vol. in-fol.

Ouvrage généralement estimé et qui sera toujours recherché. Les deux premières éditions furent publ. à Amsterdam, chez Renier Leers, en 1690, l'une en 2 vol. in-fol , et l'autre en 3 vol. in-4.

Ce Dictionnaire a été réimprimé plusieurs fois depuis 1704, et toujours avec de nouvelles additions; ensorte qu'on a fini par ne plus le considérer comme l'ouvrage de Furetière. Pour un historique sur les diverses réimpressions de ce livre, voy. à la Table des Anon., au mot *Dictionnaire universel.*

— Nouvelle allégorique, ou Histoire des derniers troubles arrivés au royaume d'Éloquence. Nouv. édit. *Amst.*, 1702, in-12.

Plaisanterie qui a perdu tout son sel.

— Roman (le) bourgeois. (Nouv. édit.). *Amsterdam*, 1704, in-12. — Autre édit. (publ. par J.-B. Cusson). *Nanci, Cusson*, 1713, in-12.

Ce livre, dédié au bourreau, ne contient guère que de la satire personnelle. La première édit. parut à Paris, en 1666.

Ces trois ouvrages sont les seuls de Furetière qui aient été réimprimés depuis le commencement du XVIIIe siècle.

FURGAULT (Nic.), professeur de l'Université; né à Saint-Urbain, près de Châlons-sur-Marne, en 1706, mort le 21 décembre 1795.

— Abrégé (nouv) de la grammaire grecque. *Paris*, 1746, in-8.

— Le même. Nouv. édit., revue, corr. et considérablement augm. par M. JANET. *Paris, Mme Nyon*, 1813, 1815, 1819, in-8, 2 fr. 50 c.

Cette Grammaire a été réimprimée plusieurs fois de 1746 à 1789, époque où M. Janet la retoucha. L'édition de 1819 est la douzième, d'après la révision de cet éditeur.

— Le même, édition revue, corr. et augm. par un professeur de l'Académie de Paris. *Paris, Delalain*, 1814, in-8, 2 fr.

— Abrégé de la quantité, ou Mesure des syllabes latines, avec les règles, pour apprendre à former les pieds des vers hexamètres et pentamètres, etc. IXe édit., revue, corr. et augm. d'un Choix de distiques moraux, par JANET. *Paris, Nyon le jeune*, 1807, in-8, 1 fr. 25 c.

La prem. édit., publiée par Furgault lui-même, est de 1769.

— Dictionnaire géographique, historique et mythologique portatif, qui contient la description des empires, des royaumes et des pays du monde connu des anciens, etc.; avec un Précis de la vie des hommes illustres de l'antiquité, enfin les Fables des Dieux et des Héros du paganisme, etc. *Paris, Moutard* (* *Maire-Nyon*), 1776, pet. in-8, 5 fr.

— Ellipses (les) de la langue latine, précédées d'une courte analogie des différents mots appelés parties d'oraison. *Paris, Ve Nyon*, 1780, in-12, 2 fr. 25 c.

— Observations sur la langue latine. *Paris, Aumont*, 1765, in-8.

Attribuées à Furgault: on les trouve souvent reliées à la suite de ses autres ouvrages.

— Principaux (les) idiotismes de la langue grecque, avec les ellipses qu'ils renferment. *Paris* (* *Maire-Nyon*), 1784, in-8, 2 fr. 25 c.

Faisant suite à la Grammaire grecque du même.

— Recueil (nouv.) historique d'Antiquités grecques et romaines, en forme de Dictionnaire, pour faciliter l'intelligence des auteurs grecs et latins. *Paris, Nyon*, 1768, 1782, in-12.

— Le même. IIIe édit., revue, corr. et augm. par JANET. *Paris, le même*, 1809, ou 1824, in-8, 6 fr.

— Le même (sous le titre de Dictionnaire des Antiquités grecques et romaines). Nouvelle édition, revue, corr. et augm. de 900 articles, et enrichie des étymologies, soit grecques, soit latines, par BOINVILLIERS. *Paris, Aug. Delalain*, 1824, in-8, 6 fr.

FURGOLE (J.-Bapt.), célèbre jurisconsulte; né à Castelferrus, diocèse de Montauban, le 24 octobre 1690, mort en mai 1761.

— Commentaire du mois d'août 1747, sur les substitutions. (Ouvrage posthume, publié par les soins de PONCET DE LA GRAVE). *Paris, Hérissant*, 1767, in-4.

— Ordonnance de Louis XV, pour fixer la jurisprudence sur la nature, la forme, les charges et les conditions des donations de février 1731; avec des observations autorisées par les ordonnances, le droit romain et les arrêts du parlement. *Toulouse*, 1733, 1 vol. in-fol. — Sec. édit., avec des additions considérables. *Toulouse*, 1761, 2 vol. in-4.

— Recueil des questions de jurisprudence, proposées par M. d'Aguesseau, chancelier de France, ou tous les parlements du royaume, concernant les donations, les testaments, les substitutions, etc., avec les réponses du parlement de Toulouse sur ces mêmes questions. Nouv. édit., exactement revue, corrigée, et considérablement augmentée, par M***, avocat au parlement de Toulouse. *Toulouse, Girard*, 1749, in-4.

— Traité de la seigneurie féodale universelle, et du franc-aleu naturel. Ouvrage posthume. *Paris*, 1767, in-12.

— Traité des curés primitifs, où l'on examine leur origine, les différentes causes qui y ont donné lieu, leurs droits, etc. *Toulouse, Casenove*, 1766, in-4.

— Traité des testaments-codiciles, donations à cause de mort, etc. *Paris, De Nully*, 1745 et ann. suiv. 4 vol. in-4. — Nouv. édit. *Paris*, 1779, 3 vol. in-4.

La dernière est beaucoup plus complète que la première, quoi qu'elle n'ait que trois volumes. Il a été fait deux contrefaçons de cet ouvrage: l'une à Lyon, l'autre à Nîmes.

— OEuvres (ses) complètes. *Paris*, 1775 et 1776, 8 vol. in-8.

Édition peu correcte : on doit lui préférer chacun des traités séparés.

FURIANI (Noël), médecin. Monsieur Guasco, professeur en chirurgie, et chirurgien-surnuméraire de la Elemosineria apostolica, réfuté par lui-même; ou Réponse à la brochure qu'il a publiée à Rome. *Bastia, imp. de Batini*, 1825, in-8 de 20 pag.

FURNES (Bouduinus de). Mémoire sur la vie de Jésus-Christ, trad. du lat. par l'abbé Jos. MÉRY DE LA CANORGUE. *Paris, Rozet*, 1764, in-12.

FURSI LAISNÉ MICLAUSKO.
— Bibliothèque russe. Première année. Tom. Ier (et unique). *Meulan*, 1821, in-18, 5 fr.

FURSMAN (Geo.). Voy. HOLBERG.

FUSCHS. * Méthode abrégée d'étudier la religion par principes, et d'en démontrer la vérité. *Strasbourg, Levrault*, 1783, in-12.

FUSÉE. Voy. AUBLET.

FUSIL (madame). Incendie (l') de Moscou, la Petite orpheline de Wilna, Passage de la Bérésina, et retraite de Napoléon jusqu'à Wilna. Ces mémoires sont suivis d'un Voyage aux confins de l'Asie russe, sur les bords du Wolga; de Notes sur la Russie, le Kremlin, Petroski, et les principaux édifices qui ont été la proie des flammes. *Londres, de l'imp. de Schulze et Dean*, 1818 (1817), in-8 de 96 pag. — Seconde édit., rev., corr. et augm. *Paris, Pillet; l'Auteur*, 1817, in-8 de 120 pag., 3 fr.

FUSS (Nicolas), mathématicien, secrétaire perpétuel de l'Académie des sciences de Saint-Pétersbourg.
— Éloge de Léonard Euler, avec une Liste complète de ses ouvrages. *Saint-Pétersbourg*, 1789, in-4.

Comme secrétaire-perpétuel de l'Académie des sciences de Saint-Pétersbourg, M. Fuss a rédigé la partie historique des Mémoires que cette Académie publie, et où l'on trouve aussi de lui en français, les divers Mémoires suivants : 1° Solution d'un problème de mécanique relatif au vol des oiseaux (Mém. de 29 pages, inséré dans le tom. XV des Nova Acta Acad. scientiarum imper. Petropolitanæ,

1806); 2° De la Division d'un rhomboïde en quatre parties égales, par deux lignes droites qui se coupent à angle droit (Mém. de 10 pag.); 3° Éclaircissements sur l'intégration de l'équation différentielle $y\,dy + P\,y\,dx + Q\,dx = ($ Mém. de 16 p.); 4° Solution de quelques problèmes relatifs au developpement des lignes courbes à double courbure (Mém. de 17 pag.), insérés les uns et les autres dans le tom. III du recueil de l'Acad. impér. de Saint-Pétersbourg. 1811); 5° Recherches sur deux séries dont la sommation a été proposée par la Soc. roy. des sciences de Copenhague (Mém. de 19 pag., inséré dans le tom VII du même recueil, 1820).

FUSILIER. *Retour (le) de tendresse, ou la Feinte véritable, com. (en un acte et en prose). *Paris, Briasson*, 1732, in-12.

FUZELIER (L.), auteur dramatique; né à Paris vers 1672, mort le 19 septembre 1752.
— * Ages (les), ballet (en 3 entrées et un prologue : le tout en vers libres). *Paris, Pierre Ribou*, 1718, ou 1724, in-8.

Les trois entrées sont : la Jeunesse, ou l'Amour ingénu; l'Age viril, ou l'Amour coquet, la Vieillesse, ou l'Amour joué.

— * Amours (les) déguisés, ballet (en 3 actes et un prologue : le tout en vers libres). *Paris, le même*, 1713, 1714, 1726, in-4.

Les trois entrées sont : la Haine, l'Amitié et l'Estime.
Une autre pièce de Fuzelier portant le même titre, mais en un acte en prose, mêlée de vaud., fait partie du nouv. Théâtre de la Foire.

— * Amours (les) des Déesses, ballet-héroïque (en 3 entrées et un prologue : le tout en vers). *Paris, J. B. C. Ballard*, 1729, in-4.

Les trois entrées sont : Vénus et Adonis, Diane et Endimion, et Melpomène et Linus.

— * Amours (les) des Dieux, ballet-héroïque (en quatre entrées et un prologue : le tout en vers libres). *Paris, Ve P. Ribou*, 1727; (*Paris*), J. B. C. Ballard, 1737, in-4.

Les quatre entrées sont : Neptune et Amynone; Jupiter, Niobé et Calisto; Apollon et Calisto, et Bacchus et Ariane.
Fuzelier supprima plus tard l'entrée de Jupiter, Niobé et Calisto, et son ballet fut réimpr. en 3 entrées. (Paris), aux dépens de l'Académie, 1746, et Paris, Ve Delormel et fils, 1757, in-4.

— * Arion, tragédie (lyrique, en 5 actes et un prologue : le tout en vers). *Paris, P. Ribou*, 1714, in-4.

— Arlequin baron allemand, ou le Triomphe de la folie (programme d'une com. intitulée :) en 3 actes; précédé du Retour d'Arlequin à la Foire, divertissement à la muette. *Paris*, 1712, in-12.

— Arlequin Énée, ou la Prise de Troyes, com. en trois actes et un prologue (le tout par écriteaux). (*Paris*), *sans nom d'imp.*, 1711, in-12.

— * Arlequin et Scaramouche vendangeurs, divertissement ; précédé d'un prologue , et suivi de Pierrot Sancho Pansa , gouverneur de l'île Barataria (Paris), sans nom d'impr., 1710, in-12.

— Caprice (le) d'Érato ; divertissement (en un acte et en vers libres), donné à l'occasion de la naissance de Mgr le Dauphin , ajouté à l'opéra d'Alcione. Paris , J. B. C. Ballard , 1730 , in-4.

— * Carnaval (le) du Parnasse, ballet-héroïque (en trois actes et un prologue : le tout en vers libres). (Paris), aux dépens de l'Académie , 1749 ; Paris , Ve Delormel, 1759, 1767, in-4.

— * Cornélie vestale, tragédie en 5 actes. Strawberry-Hill (de l'imp. d'Hor. Walpole), 1768, in-8, ou sans nom de ville, ni d'imp., 1769, in-8.

Avec le président Hénault.

Cette tragédie est très-rare , même en Angleterre ; mais elle a été réimpr. parmi les « Pièces de théâtre en vers et en prose, du prés. Hénault (1772). »

— * Discours à l'occasion d'un Discours de M. D. L. M. (De La Motte) sur les parodies. Paris, Briasson, 1731 , in-12.

— * École (l') des amants , ballet (en 3 leçons et un prologue : le tout en vers libres). Paris , J. B. C. Ballard, 1745, in-4.

Les trois leçons sont : La Constance couronnée ; la Grandeur sacrifiée ; l'Absence surmontée.

Fuzelier ajouta l'année suivante une quatrième leçon à ce ballet intitulée : les Sujets indociles : il fut impr. ainsi la même année. (Paris), J. B. C. Ballard, 1745 , in-4.

Une autre pièce de Fuzelier portant le même titre, mais en prose, mêlée de vaud., fait partie du Nouveau Théâtre de la Foire.

— * Festes (les) grecques et romaines , ballet-héroïque (en 3 entrées et un prologue : le tout en vers libres). Paris , Ve P. Ribou , 1723 , in-4.

Les trois entrées sont : les Jeux olympiques , les Bacchanales et les Saturnales. Cette pièce a été souvent réimprimée, notamment en 1733, 1734, 1753 , 1762, 1770 , in-4.

L'auteur composa en 1748 un Prologue pour cette pièce (en un acte et en vers libres) , impr. la même année. Sans nom de ville ni d'impr., in-8, et (Paris), Chr. Ballard , 1764, in-8.

— Fêtes (Écriteaux des) parisiennes (en 4 actes). Sans nom de ville, ni d'impr., 1711, in-12.

— * Indes (les) galantes, ballet-héroïque (en 3 actes et un prologue : le tout en vers libres). Paris , J. B. C. Ballard , 1735, in-4.

Les trois entrées sont : le Turc généreux ; les Incas du Pérou, les Fleurs, fête persane.

Cette pièce a été réimpr. en 1735 , en trois entrées ; en 1736 et 1745 , avec l'addition d'une quatrième entrée, intitulée : les Sauvages, et en 1751 et 1761 in 3 entrées.

— Momus fabuliste , ou les Noces de Vulcain , com. (en un acte et en prose, avec les Fables en vers libres). Paris, P. Simon, 1719 , in-8 , ou Paris, Ve Ribou , 1720 , in-12.

Réimpr. à La Haye, en 1720, in-8.

— Procès (le) des sens, com. (en un acte et en vers libres). Paris , Prault , 1732, in-8.

— * Quatre (les) Mariannes , opéra-comique (en un acte, en prose, mêlé de vaudevilles). Paris , Fr. Flahaut , 1725 , in-12.

— * Ravissement (le) d'Hélène , le siège et l'embrâsement de Troye, grande pièce (en 3 actes et en prose). Paris, Ant. Chrétien , 1705, in-8.

— * Reine (la) des Péris , comédie persane (en 5 actes et un prologue : le tout en vers libres). Paris , Ve Pierre Ribou , 1725 , in-4.

— * Scaramouche pédant, divertissement (en un acte et un prologue : le tout en vaudev.). Sans nom de ville, ni d'impr., 1711, in-12.

— Serdeau (le) des théâtres, com. (en un acte). Paris , Guillaume Cavelier , 1723 , in-8.

Impr. aussi dans les Parodies du théâtre italien.

— Vacances (les) du théâtre, opéra-com. (en un acte et en prose, mêlé de vaudev.). Paris, Guill. Cavelier , 1724 , in-8.

Fuzelier est encore auteur d'un grand nombre de pièces, composées tantôt seul, tantôt en société, avec Lesage, d'Orneval et autres , et jouées sur différents théâtres : une partie se trouve imprimée dans divers recueils : 1° dans le Théâtre de la Foire; 2° dans les Parodies du Nouveau Théâtre italien (1738 , 4 vol. in-12) ; 3° dans le Théâtre des petits appartements (1749 , 4 vol. in-8) ; où l'on a de lui : Jupiter et Europe, opéra en un acte. Fuzelier fut rédacteur du Mercure, conjointement avec Labruère, autre faiseur d'opéras, depuis le mois de novembre 1744 , jusqu'au 15 septembre 1752.

FUZIER (J.-J.). Abrégé de l'histoire de la jurisprudence romaine. (. . . .). Voyez TERRASSON (A.).

FYOT Fr.-Mar.), anc. professeur de mathématiques.

— Mémoire des avantages que procurera la géométrie sublime étant démontrée dans tout son jour. Orléans , 1770 , in-12.

FYOT DE LA MARCHE (Cl.). baron de Montpont; né à Dijon, le 1er décembre 1669 , mort à Paris, le 4 juillet 1716.

— * Éloge (l') et les devoirs de la profession d'avocat. Paris, Nicolas Mazuel, 1713, in-12.

— * Qualités (les) nécessaires à un juge, avec la résolution des questions les plus importantes sur les devoirs de sa profession. Nouv. édit. *Paris*, *Emery*, 1700, 1706, in-12.

La première édit. est de 1699.

— * Sénat (le) romain. *Paris*, *Émery*, 1702, in-12.

Cet ouvrage a eu une seconde édition, augm., sous le titre de *Tableau de l'ancien Sénat romain*. Paris, Mazuel, 1713, in-12. (Anon.)

FYOT DE LA MARCHE, premier président au parlement de Dijon.

— * Mémoires de M. de Berval. *Amsterdam (Paris)*, 1752. — Nouv. édit. *Paris*, 1784, in-12.

FYOT DE VAUGIMOIS (Cl.), supérieur du séminaire de Saint-Irénée de Lyon.

— * Entretiens abrégés avec N. S. Jesus-Christ, avant et après la messe. *Lyon*, 1721, in-12 ; *Lyon*, 1729, 4 vol. in-12.

Le Moreri de 1759 a confondu l'auteur de cet ouvrage avec Fyot de la Marche.   *Barb.*

G

GABANON, pseudon. Voy. TRAVENOL.

GABE. Grammaire portugaise. *Hambourg*, (* *Hoffmann et Campe*), 1812, in-8, 2 fr. 50 c.

GABET (G.), avocat, membre du conseil électoral du départ. de la Côte-d'Or.

— * Avis aux femmes enceintes, et Éducation physique des enfants, extraits des ouvrages de MM. Tissot, Nicolas, Fourcroy et Salmade, s'accordant avec le système d'éducation proposé par M. de Buffon. *Paris*, *Levrault frères*, 1802, pet. in-12 de 72 pag.

— Motif de mes votes en 1822. *Dijon*, imp. de Carion, 1822, in-8 de 8 pag.

— Projet d'un pacte social pour la France. *Paris*, *Brunot-Labbe*; et *Dijon*, *You*, 1815, in-8 de 44 pag., 75 c.

— Révision (de la) de la Charte. *Dijon*, imp. de Carion, 1819, in-8 de 4 pag.

Cet avocat a publié, en 1791, un recueil des Procès-verbaux de l'Assemblée nationale, mis par ordre de matières, 3 vol. in-4.

GABILLON (Fréd.-Aug.), d'abord religieux de l'ordre des théatins, ensuite protestant; compilateur du xviie siècle, né à Paris.

— Justification de feu M. Coccaius et de sa doctrine, contre le ministre Joncourt. 1708, in-12.

— Lettre (sa) à tous les religieux de la communauté des théatins (par laquelle, en parcourant les erreurs et les superstitions de l'église romaine, il les exhorte à y renoncer, pour professer à son exemple la vérité de la religion). *La Haye*, J. Kitto, 1704, in-8 de 48 pag.

— Oraison funèbre de Guillaume III, roi d'Angleterre, prononcé à Leyde, dans l'église française, le 18 mai 1702. *Leipzig*, 1703, in-8.

Impr. aussi en 1702.

— Vérité (la) de la religion réformée, prouvée par l'Écriture-Sainte et par l'antiquité, pour servir de réponse à la Lettre pastorale de Mgr l'archevêque de Paris (aux nouveaux convertis). *La Haye*, 1701, in-12.

GABIOT (Jean-Louis), auteur dramatique ; né à Salins, en Franche-Comté, en 1759, mort le 12 sept. 1811.

— Auto-dafé (l'), ou le Tribunal de l'inquisition, pièce à spectacle, en 3 actes, en prose. *Paris*, *à l'Ambigu-Comique*, 1790, in-8.

— Aveu (l') délicat, fait historique en un acte et en prose. *Paris*, *Delormel*, 1787, in-8.

— *Baron (le) de Trenck, ou le Prisonnier prussien, fait historique en un acte et en vers (libres). *Paris*, *Cailleau*, 1788, in-8.

— Deux (les) neveux, com. en 2 actes. *Paris*, *Gabiot*, 1788, in-8.

Cette pièce est imitée de l'École de la médisance, de Shéridan.

— Enfant (l') du bonheur, mélodrame-féerie en 4 actes. *Paris*, *Fages*, an xiii (1805), in-8.

Avec Ribié.

— Ésope aux boulevards, pièce épisodique en un acte et en vers. *Paris*, *Belin*, 1784, in-8.

— Estelle et Némorin, mélodrame pastoral en 2 actes, en prose. *Paris*, *Cailleau*, 1788, in-8.

— Duel (le), poëme, suivi de l'Origine de la gaze et des bouffantes. *Paris*, 1777, in-8.

— Fin (la) couronne l'œuvre, ou les Adieux, proverbe à scènes épisodiques, en un acte, en prose, mêlé de vers. *Paris, P. Delormel*, 1785, in-8.

— Goûter (le), ou Un bienfait n'est jamais perdu; proverbe en un acte et en prose. *Paris, Belin*, 1784, in-8.

— Jardins (les), poëme en IV chants, trad. du latin (1782). Voy. RAPIN (le P.).

— Métromane, ou Essais d'un jeune philosophe. *Amsterdam, et Paris*, 1779, in-8 de 95 pag.

On trouve dans ce volume une pièce intitulée : *le Stratagème amoureux, ou l'Époux ridicule*, com. en 3 actes et en vers.

— Mort (la) d'Hercule, pantomime en 3 actes. (*Paris*), *imp. de la rue Meslée*, an IV (1796), in-8.

— Orgueilleuse (l'), com. en un acte et en prose. *Paris, Belin et Brunet*, 1787, in-12.

Faisant partie de la « Petite Bibliothèque des théâtres. »

— Paris sauvé, ou la Conspiration manquée, drame national en 3 actes et en prose. *Paris, Cailleau et fils*, 1790, in-8.

C'est le même sujet que la tragédie en prose de Maillard, par Sedaine.

— Vestale (la) aux boulevards, ou la Lecture au foyer; pièce critique de la Vestale, en un acte en prose. *Paris, P. Delormel*, 1786, in-8.

Gabiot est encore auteur de plusieurs pièces de théâtre : celles que nous venons de citer sont les seules qui paraissent avoir été imprimées.

GABIOU, propriétaire cultivateur, à la Plesse; membre de la Société d'agriculture du département de la Seine.

— Faits et Observations sur la question de l'exportation des mérinos et de leur laine hors du territoire français. *Paris, Mme Huzard*, 1814, in-8, 3 fr.

Avec M. Yvart et Tessier.

— Lettre à M. le directeur-général de l'agriculture, du commerce et des manufactures, sur la nécessité de permettre l'exportation des laines de mérinos français. *Paris, Mme Huzard; P. Didot aîné*, 1814, in-8 de 52 pag., 1 fr. 25 c. — Deuxième Lettre. *Paris, Mme Huzard*, 1824, in-8 de 40 pag., 1 fr. 25 c.

— Mémoire sur les rapports des propriétaires et des fermiers entre eux, ou Observations sur les baux à longs termes, lues à la Société d'agriculture du départem. de la Seine. *Paris, Mme Huzard*, 1812, in-8 de 32 pag.

— Modèle d'un registre à l'usage des cultivateurs; ouvrage qui a remporté le prix

décerné par la Société d'agriculture de Paris, dans sa séance publique du 25 avril 1813. *Paris, Mme Huzard*, 1813, 1820, br. in-8, 1 fr. 50 c.

— Sur le vice radical de la loi de finance appelée budjet, et sur la fausse application de la Charte à cette loi. *Paris, Delaunay*, 1819, in-8.

— Système (nouveau) de finance et Projet de liquidation générale, fondés sur la Charte, etc. *Paris, Pillet*, 1816, in-8, 5 fr.

GABORY. * Manuel utile et curieux sur la mesure du temps, contenant des méthodes très-faciles pour pouvoir, par soi-même 1° Régler parfaitement les montres et les pendules, et les entretenir en cet état; 2° Trouver avec précision l'heure du soleil sur un cadran ordinaire, au clair de lune, etc. *Angers, Parisot, et Paris, Guillyn*, 1770, in-12.

GABRIAC (le marq. de), colonel.

On trouve de lui, dans le 10e vol. des Mémoires du Muséum d'histoire naturelle, une Notice sur la ponte à Paris par des perruches de l'Amérique méridionale, de l'espèce dite *Pavouane*, dans les mois de juillet et d'août 1822; avec une addition par M. Geoffroy de Saint-Hilaire (1823).

GABRIEL, avocat de Metz. Essai sur la nature, les différentes espèces et les divers degrés de force des preuves. Nouv. édit., revue, augm. et mise en harmonie avec les nouveaux codes; précédée d'un Essai historique sur les divers genres de preuves en usage depuis les premiers siècles jusqu'à nos jours. Par SOLON. *Toulouse*, 1824, in-8.

— Observations détachées sur les coutumes et les usages anciens et modernes du ressort du parlement de Metz. *Bouillon*, 1787-88, 2 vol. in-4.

— Recueil d'autorités et réflexions sommaires sur les faux et vrais principes de la jurisprudence en matière des dîmes, et sur leur conséquence. *Bouillon*, 1786, in-12.

GABRIEL (Jules-Jos.), auteur dramatique; né à Paris, le 11 février 1792.

— Alfred et Félicie, com.-vaudev. en un acte (et en prose). *Paris, J.-N. Barba*, 1819, in-8.

Avec Eugène Mévil.

— Alsaciennes (les), ou les Marchandes de balais, folie-vaudev. en un acte. *Paris, Hautecœur-Martinet*, 1826, in-8, 1 fr. 50 c.

Avec Brazier.

— Baron (le) allemand, ou le Blocus de la salle à manger, com.-vaud. en un acte. *Paris, Duvernois*, 1826, in-8, 1 fr. 50 c.

Avec Armand (Dartois).

— Blouses (les), ou la Soirée à la mode,

com.-vaud. en un acte.*Paris, Barba*, 1822, in-8, 1 fr. 50 c.

Avec Armand (Dartois, et Théaulon).

— Bolivars (les) et les Morillos, caricatures en action, en un acte , mêlées de vaud. *Paris, Huet-Masson*, 1820, in-8 ,1 fr. 25 c.

Avec Armand (Dartois).

— Dames (les) peintres , ou l'Atelier à la mode , tableau en un acte, mêlé de couplets. *Paris, Duvernois*, 1828, in-8, 1 f. 50.

Avec Saint-Laurent.

—Déjeuner (le) d'employé, com.-vaud. en un acte.*Paris,Mme Huet ; Barba*, 1823,in-8.

Avec Edmond (H. Dupin).

— Docteur (le) Quinquina , ou le Poirier ensorcelé, folie-vaudev. en un acte. *Paris, Barba*, 1820, in-8, 1 fr. 25 c.

Avec Philibert (Rozet).

— Encore une folie ! ou la Veille du mariage, com.-vaudev. en un acte. *Paris , le même*, 1815 , in-8 , 1 fr. 25 c.

Avec Capelle.

— Féerie (la) des arts , ou le Sultan de Cachemire, folie-féerie , vaud. en un acte. *Paris, Huet-Masson*, 1819, in-8, 1 f. 50 c.

Avec Armand (Théaulon).

— Gascon (le) à trois visages, fol.-parade mêlée de vaudev. *Paris, Mme Huet ; Barba*, 1824 , in-8, 50 c.

Avec Honoré.

— Haydn , ou le Menuet , com.-anecdot. en un acte (en prose), mêlée de vaudev. *Paris, Barba*, 1812, in-8.

Avec Wafflard.

— Hussard (le), ou le Sabre magique , vaudev. en un acte (et en prose). *Paris, Mlle Huet-Masson*, 1818, in-8.

— Imprimeur (l') sans caractère , ou le Classique et le Romantique , com.-vaudev. en un acte. *Paris , Barba*, 1824, in-8 , 1 fr. 50 c.

Avec (Arm.) Dartois et Francis (Allarde).

— * Innocente (l') et le mirliton , vaudev. grivois en un acte (et en prose). *Paris, Mme Huet(* G. Brunet)*,1818,in-8, 1 f.25 c.

Avec *** (Moreau et Carmouche).

— Jean de Calais , com. en 2 actes (et en prose), mêlée de couplets. *Paris, Duvernois*, 1827, in-8 , 1 fr. 50 c.

Avec Émile Wanderburch et Étienne.

— Jocko , ou le Singe du Brésil, drame en 2 actes, à grand spectacle , mêlé de musique , de danses et de pantomime. *Paris, Quoy*, 1825, in-8, 1 fr. 25 c.

Avec Rochefort (et Merle).

Cette pièce a en trois autres édit. la même année.

— Paméla, ou la Fille du portier, vaud.

en un acte. *Paris , Duvernois*, 1826, in-8, 1 fr. 50 c.

Avec Rougemont.

— Pâris (le) de Surêne , ou la Clause du testament, vaud. en un acte. *Paris, Quoy*, 1821, in-8, 1 fr. 25 c.

Avec Philibert (Rozet).

— Portrait (le) d'un ami, com. en un acte, en prose. *Paris, de l'imp. de Coniam*, 1827, in-8.

Joué au Théâtre-Français.

—Tailleurs (les) de Windsor, ou l'Auteur en voyage , com.-vaud. en un acte.*Paris , Quoy*, 1822 , in-8.

Avec Philibert (Rozet).

— Tambour (le) et la Vivandière , ou la Capitulation, vaud. historique en un acte (et en prose). *Paris, Mme Huet-Masson*, 1816, in-8, 1 fr. 50 c.

Avec Febvé.

M. Gabriel a eu part, soit pour moitié , soit pour tiers, à trente-trois autres pièces impr. de 1812 à la fin de 1828. Voy. les art. ALLARDE, BRAZIER, Arm. DARTOIS, DÉSAUGIERS, DU MERSAN, GERSIN, MÉLESVILLE, MOREAU, ROUGEMONT et VIAL : il a aussi , en société , remis au théâtre, avec des changements, 1° la Chercheuse d'esprit, de FAVART; 2° la Nuit d'un joueur, d'AUDE (*voy. ces deux noms*).

GABRIEL. Lettres sur les établissements de prévoyance, et particulièrement sur l'agence générale des placements d'économie , etc.; précédées d'un Coup-d'œil rapide sur la caisse d'épargne et de prévoyance, la tontine perpétuelle d'amortissement, la caisse de survivance, etc., par GASTINEL, ancien administrateur. *Paris, impr. de Goetschy*, 1822, in-8 de 56 pag., 1 fr. 25 c.

GABRIEL DE SAINTE-CLAIR (VIEILH, plus connu sous le nom du P.), de Toulon.
— *Critique de «l'Apologie d'Érasme» de l'abbé Marsollier. *Paris, Jombert*, 1719, 1720, in-12.

— *Dévot (le) Fiacre (Denis Antheaume), augustin déchaussé. *Avignon* , 1711, in-12.

Suivant le nouveau Le Long , c'est le même livre qui a été réimprimé à Paris , en 1722 , in-12 , sous le titre de *Vie du vénérable frère Fiacre*, dont il y a aussi un Abrégé (par M. l'abbé Guiot, anc. victorin), Paris , Égron , 1805, in-8 de 80 pag., fig.

GABRIEL-HECTOR. Pari (le) royaliste, proverbe impromptu à l'occasion de la naissance de S. A. R. Mgr le duc de Bordeaux. *Melun , imp. de Lefèvre-Compigny*, 1820 , in-12 de 24 pag.

GABRIELLY (le vicomte de). * France (la) chevaleresque et chapitrale, ou Précis de tous les ordres existants de chevalerie, etc., par M. le vicomte de G***. *Paris, Leroy*, 1785, in-12.

GACH, alors président du tribunal de première instance de Figeac.

— Vices (des) de l'institution du jury en France. 1804, in-8, 1 fr. 50 c.

GACHE (Geo.), d'Aix-les-Bains (en Savoie).

— Essai lyrique. *Paris, Delaunay*, 1824, in-8 de 80 pag., 3 fr.

GACHET (Louis). Observations sur les spectacles en général, et en particulier sur le Colysée. 1773, in-12.

GACHET, docteur en médecine.

— Manuel des goutteux et des rhumatistes, ou l'Art de se traiter soi-même de la goutte, du rhumatisme et de leur complication, avec la manière de s'en préserver, de s'en guérir, et d'en éviter la récidive. *Paris, Gachet fils*, 1785, 2 vol. in-12.

— Problème médico-politique pour et contre les arcanes ou remèdes secrets. 1791, in-8.

— Tableau historique des événements présents, relatifs à leur influence sur la santé, aux maux qui en sont ou peuvent en être la suite, et aux moyens propres à les combattre. *Paris, Gachet*, 1789, in-12.

Avec M. Maison, docteur en médecine.

GACON (Franç.), surnommé le poète sans fard, prêtre de la congrégation de l'Oratoire; né à Lyon, en 1667, mort à Baillon, près de Beaumont-sur-Oise, le 15 novembre 1717.

— Anti-Rousseau (l'), par le poète sans fard. *Rotterdam, Fritsch et Bohm*, 1712, in-12.

— Emblèmes et Devises chrétiennes. 1714 et 1718, in-12.

— Fables (les) de La Motte, traduites en vers français, par le P. S. F. (le poète sans fard). *Asinus ad lyram, et se-vend au café du Mont-Parnasse*, in-12.

— Histoire satirique de la vie et des ouvrages de M. Rousseau, en vers ainsi qu'en prose. *Paris, Ribou*, 1716, in-12.

— * Homère vengé, par le poète sans fard. *Paris*, 1715, in-12.

— Journal satirique intercepté, ou Apologie de Voltaire et La Motte, 1719, in-8.

Publ. sous le nom de Bourguignon.

— Odes d'Anacréon, traduites en vers français (1712). Voy. ANACRÉON.

— Poète (le) sans fard, ou Discours satiriques sur toutes sortes de sujets. Sec. édit. *Paris*, 1701, in-12.

La prem. édit. est de 1696.

— * Secrétaire (le) du Parnasse, au sujet

de la tragédie d'Inès de Castro, par le P. S. F. (le poète sans fard). *Paris*, 1723, in-8. — Suite. *Paris, Fr. Fournier*, 1724, in-8.

On doit encore à Gacon plusieurs *Brevets de la calotte* (voy. les Mém. pour servir à l'histoire de la Calotte), et plus de deux cents Inscriptions en vers pour les portraits gravés par Durocher.

GACON (Mlle Mar.-Arm.-Jean.), nièce du précédent. Voy. DUFOUR (Mme).

GACON, du Jura. Voyage en Suisse, et Pièces diverses en vers et en prose. *Lons-le-Saulnier, J.-E. Gauthier*, 1798, in-8, 2. fr. 50 c.

GACON DE LOUANCY. * Lettres de deux curés des Cévennes, sur la validité des mariages des protestants et sur leur existence légale en France. *Londres (Hollande)*, 1769, in-12.

GADBLED ou GATBLED (Christ.), chanoine de la collégiale du Saint-Sépulcre de Caen, professeur de philosophie et de mathématiques; né à Saint-Martin-le-Bouillant, diocèse d'Avranches, vers 1734, mort le 11 octobre 1782.

— Exercice sur la théorie de la navigation. *Caen*, 1779, in-4.

— * Exposé de quelques-unes des vérités rigoureusement démontrées par les géomètres, et rejetées par l'auteur du «Compendium de physique», impr. à Caen, en 1775, pet. in-12, destiné à l'instruction de la jeunesse. *Amsterdam (Caen)*, 1779, in-8 de 39 pag.

GADOLLE. Conseils sur l'éducation de la jeunesse. *Paris*, an IX (1801), in-8.

GADOT (Ch.). Considérations philosophiques et morales sur le magnétisme animal, ses principes et ses rapports avec le fluide nerveux, les esprits animaux, le galvanisme et l'électricité. *Brunswick*, 1817, br. in-8, 2 fr.

GADOWSKI (Laur.-Just.). Carmen ad Ludovicum XVIII, Galliæ et Navarræ regem, triumphalem reditum ab expeditione hispanicâ Ludovici ducis Engulismæ congratulans. *Parisiis, ex typogr. Everat*, 1824, in-4 de 12 pag.

— In laudes Ludovici XVIII et succedentis Caroli X, Galliæ et Navarræ regum. *Parisiis, ex typogr. Everat*, 1824, in-4 de 12 pag.

GADY (Aug.), correspondant des Sociétés d'agriculture, sciences et arts d'Évreux, etc.

— Précis de la vie de M. Liendé, baron

de Sepmanville, ancien contre-amiral, avec des détails sur Henri IV, etc. *Versailles*, *Jacob*, 1817, in-8, 1 fr. 50 c.

M. Gady est l'éditeur de l'ouvrage (de M. Teyssèdre) intitulé : De la Religion dans l'instruction publique (1822). Voy. TEYSSÈDRE.

GAEDE (H.-M.). Discours sur le véritable but des différentes branches appartenant à l'histoire naturelle. *Liége*, *Collardin*, 1821, in-8, 75 c.

GAERTNER (Fréd.). Vues des principaux monuments grecs de la Sicile (10 vues et 6 dimensions) dessinées d'après nature et lithographiées. Texte allem. et franç. *Munich*, *J. G. Zeller*, 1821, gr. in-fol. obl., 120 fr.

GAETAN (Saint), instituteur de l'ordre des théatins au XVIᵉ siècle.

— Lettres ascétiques de saint Gaetan de Thienne, trad. du lat., par l'abbé BARRAL DE BESSODES, précédées de l'Éloge du saint fondateur, prononcé dans l'église des théatins, en 1780. *Paris*, *l'Auteur*, 1785, in-8.

Les Lettres de saint Gaétan sont au nombre de seize : elles sont très-édifiantes, et remplies d'une solide dévotion.

GAETAN (Fréd.). Voy. DUVAL (Geo.).

GAETAN (Mˡˡᵉ Ange-Rose), pseudon. Voy. MÉNÉGAUD.

GAETAN (Rossi). Compas (le) de proportion, essai critico-mathématique. 1802, in-8 fig.

GAETANI (le P.). Abrégé utile et très-facile pour apprendre en peu de temps la langue ital. *Brunswick*, *libr. des écoles*, 1786, ou *Nuremberg*, 1807, in-fol.

GAETE (le duc de). Voy. GAUDIN.

GAFFET, parfumeur distillateur de Paris.

— Parfumeur (le) royal. *Paris*, *Moronval*, 1818, in-18, 2 fr.

GAFFET (Ant.), sieur de LA BRIFARDIÈRE. Traité (nouv.) de la vénerie, contenant la chasse du cerf, celle du chevreuil, etc.; par un gentilhomme de la vénerie du roi. *Paris*, *Nyon*, 1750, in-8.

GAGE (Thom.), voyageur irlandais du XVIIᵉ siècle.

— Relation (nouv.) contenant les voyages de Thomas Gage dans la Nouvelle-Espagne, ses diverses aventures, et son retour par la province de Nicaragua jusqu'à la Havane, etc.; traduite de l'angl. par M. de BEAULIEU, ou HUES O-NEIL. Nouv. édit. *Amsterdam*, *Paul Marret*, 1720, 2 vol. in-12, ou 1721, 4 part. in-12.

La prem. édition de cette traduction, qui fut faite par ordre de Colbert, est de Paris 1676.

GAGNE (Gabriel). Repentirs (les) d'un Français déloyal. *Nevers*, *imp. de Lefèvre le jeune*, 1824, in-8 de 8 pag.

Élégie en vers.

GAGNEUR, député du Jura. Réflexion (une) sur le titre 6 de la loi du recrutement. *Paris*, *Le Normant*, 1818, in-8 de 4 pag.

GAGNIER (J.), célèbre orientaliste, d'abord prêtre et chanoine régulier de l'abbaye royale de Sainte-Geneviève-du-Mont, à Paris; ensuite ministre de l'église anglicane, et maître-ès-arts en l'université de Cambridge; né à Paris, vers l'an 1670, mort en Angleterre, le 2 mars 1740.

— Église (l') romaine convaincue de dépravation, d'idolâtrie et d'anti-christianisme, en forme de lettres adressées à Germ. Gagnier. *La Haye*, *J. Kitto*, 1706, in-12 de 256 pag.

— Vie de Mahomet, traduite et compilée de l'Alcoran, des traductions authentiques, de la Sonna, et des meilleurs auteurs arabes. (Publ. par Sam. LECLERC). *Amsterdam*, 1732, 2 vol. in-12.

Il en a été fait une réimpression en 3 vol. in-12, sous la rubrique d'Amsterdam, 1748, mais qui n'est point estimée.

Gagnier avait publié à Oxford, dès 1723, en un vol. in-fol., une traduction latine de la Vie de Mahomet, d'Aboul-Féda : il composa celle de 1732 pour les personnes qui ne pouvaient pas lire la première.

Cet écrivain a donné en Angleterre diverses éditions d'ouvrages en langues orientales (voy. la Biographie universelle). On a encore en français, de lui, une *Lettre sur les médailles samaritaines*, impr. dans les « Nouvelles de la République des Lettres », et dans le « Journal de Trévoux », 1705.

La Biographie universelle attribue à J. Gagnier des *Instructions sur les Nicodémites* (1687). Barbier, dans son Exam. des Dictionn. hist., assure qu'elles sont de GRAVEROL.

GAGNIÈRE (Joachim). Principes (les) de physique (poëme). *Avignon*, 1773, in-8.

GAICHIÈS (Jean), prêtre de l'Oratoire; né à Condom en 1647, mort à Paris, le 5 mai 1731.

— *Art (l') de la prédication, ou Maximes sur le ministère de la chaire, par M***, P. D. l'O. (prêtre de l'Oratoire). *Paris*, *Le Breton*, 1711, in-12.

Une seconde édition de cet ouvrage fut publiée à Toulouse en 1711, sous le nom du P. Massillon, parce qu'on avait cru y reconnaître l'empreinte de son génie. Le célèbre orateur désavoua ce chef-d'œuvre, en disant : « Je voudrais l'avoir fait ». La troisième édition a été publiée à Paris en 1739, par l'abbé de Lavarde, sur le manuscrit de l'auteur, retouché par lui-même, et dans lequel il a ajouté quelques nouvelles maximes. Cette dernière édition est enrichie de divers Discours académiques, la plupart sur des sujets très-piquants; il y a de plus un Éloge latin de l'auteur, en style lapidaire. Quant aux pièces de vers latins et français qui accompagnent quelques-uns des discours à l'occasion desquels elles ont été faites, Gaichiès ne les a pas adoptées sans doute, à raison de leur mérite, mais par un sentiment de reconnaissance. *Biogr. univ.*

Ce livre a été réimpr. en 1743 (*Paris*, *V. Estienne*), et plus récemment encore, *Besançon et Paris*, *Gauthier frères*, 1822, in-12, 1 fr. 50 c.

Le P. Gaichiès a été l'éditeur des Sermons du P. Terrasson (1726).

GAIGNAT DE L'AULNAYS (C.-F.), de Nantes.

— Arithmétique (l') démontrée, opérée et expliquée. *Paris*, *Despilly*, 1770, in-8.

Cet ouvrage a été réimpr. en 1792, comme un ouvrage posthume de Léonard Euler, trad. par Bernouilli, sous le titre de l'*Arithmétique raisonnée et démontrée*, augm. par J. L. La Grange. Berlin, in-8.

— Guide du commerce. *Paris*, 1791, 4 part. en un vol. in-fol.

GAIGNE (Alex.-Touss. de), homme de lettres et officier du génie, mort le 12 mars 1817, dans un âge avancé.

— Guide militaire. *Paris*, *Feugueray*, 1812, in-8.

Il n'a paru de cet ouvrage que deux premières livraisons, formant ensemble dix feuilles d'impression.

— Dictionnaire (nouv.) militaire à l'usage de toutes les armes qui composent les armées de terre; le plus historique et le plus complet qui ait paru en ce genre. *Paris*, *Levacher* (* *Anselin et Pochard*), 1802, in-8, 6 fr.

— Entretien entre un partisan de la loterie connue et l'inventeur d'une nouvelle loterie proposée pour la construction d'un canal de Paris à Dieppe. *Paris*, *de l'impr. de Ballard*, 1816, in-4 de 40 pag.

Tiré à 100 exemplaires.

— Manuel, ou Journée militaire. *Paris*, 1776, 1780, 1791, in-12.

— * Mon histoire au trente-un, et celle de tous ceux qui le jouent. Sec. édit. *Londres*, *Bell* (*Paris*), 1799, in-12.

— * On m'y a forcé. *Paris* (*Deroy*), 1801, in-8 de 84 pag., 1 fr. 20 c.

C'est un projet d'organisation de la loterie.

— * Partie (la) de chasse des écoliers, com. en un acte (et en prose). *Paris*, *Desray*, 1800, in-8.

Gaigne a été l'éditeur d'une Encyclopédie poétique (1778-83, 18 vol. in-8). Voy. ce titre à la Table des Anonymes.

GAIGNEUR. Pilote (le) instruit, ou Nouvelles Leçons de navigation sans maître, à l'usage des navigations de commerce. *Nantes*, 1781, in-4.

GAIL (J.-B.), membre de l'Institut de France, conservateur de la Bibliothèque royale, professeur de littérature grecque au Collège royal de France, membre de l'Académie de Gœttingue, et de plusieurs sociétés savantes; né à Paris, le 4 juillet 1755, mort le 5 février 1829.

— Anthologie poétique grecque, ou Extraits de différents auteurs, avec la traduction interlinéaire latine et française, avec des notes grammaticales et critiques. Première partie de l'Anthologie poétique, et cinquième du Cours grec. — 9ᵉ vol. de la collection in-8. *Paris*, *Delalain*, an IX (1801), in-8 de XVI et 134 pag., 4 fr.

— Cours de langue grecque, ou Extraits de différents auteurs, avec traduction interlinéaire en latin et en français. *Paris*, 1797, 2 vol. in-8, 18 fr.

— Dissertation contenant des observations 1° sur le duel des Grecs; 2° sur les seconds aoristes et les seconds futurs; etc. *Paris*, *Delalain*, 1814, in-12 de 64 pag., 2 f. 50 c.

Cette Dissertation a été imprimée aussi in-8 de 50 pag., à 120 exemplaires : à la suite de ces derniers exemplaires l'auteur a joint un autre de ses écrits intitulé : *J. B. Gail à M. Bast*, de 152 pag., tiré à 260 exempl.

— Essai sur l'effet, le sens, la valeur des désinences grecques, latines-françaises, et sur divers points de grammaire. 1808, in-8. 3 fr. 50 c.

— Essai sur les prépositions grecques considérées surtout géographiquement, ou Nouveau Supplément à la grammaire grecque. *Paris*, *Gail neveu*, 1821, 1823, in-8. 3 fr. 50 c.

Ce volume fait aussi partie du deuxième volume de la Géographie d'Hérodote : il a été reproduit dans le Philologue, dont il forme la huitième volume.

— Examen du Philoctète de La Harpe rapproché du texte de Sophocle. *Paris*, *Delalain*, 1813, in-8, 1 fr. 50 c.

— Géographie d'Hérodote prise dans les textes de l'auteur, et appuyée sur un examen grammatical et critique, avec atlas contenant la géographie des trois grands historiens de l'antiquité et les plans des batailles qu'ils ont décrites, et avec trois index. *Paris*, imp. roy. (*chez Treuttel et Würtz*), 1823, 2 vol. in-8, et atlas in-4. 60 fr.

— Grammaire grecque. IXᵉ édit. *Paris*, *Delalain*, 1818, in-8, 3 fr. — Supplément à la « Grammaire grecque », ou Idiotismes de la langue grecque; suivis d'Observations adressées à M. Hermann. *Paris*, *Delalain*, 1812, in-8, 3 fr. 50 c.

La prem. édit. de cette grammaire fut publ. en 1799. M. Gail relève dans le Supplément les contresens, les solécismes et les barbarismes qui fourmillaient dans un ouvrage qui avait paru antérieurement sous le même titre.

— Grammaire grecque (abrégé de la). *Paris, le même*, 1813, in-12, 1 fr. 25 c.
Réimpr. en 1814, 1820, 1822.

— Histoire grecque de Thucydide, trad. du grec (1814). Voy. THUCYDIDE.

— Idylles et autres pièces de Théocrite, trad. du grec (1792). Voy. THÉOCRITE.

— Idylles de Bion et de Moschus, trad. du grec (1795). Voy. BION.

— Introduction au Cours grec, ou nouv. Choix de fables d'Ésope, divisées en quatre parties, accompagnées de notes grammaticales, où souvent l'on compare, entre elles, les langues grecque, française et latine, et suivies, 1° d'un Recueil de mots français dérivés du grec et des fables d'Ésope, imitées par Phèdre et La Fontaine; 2° d'un Index des notes les plus utiles. IIIe édit. *Paris, Delalain*, 1812, 1822, in-12, 1 fr. 80 c.

— Notes sur Isocrate à Démonique, dans lesquelles on a de fréquentes occasions de remarquer le danger des corrections arbitraires. *Paris, le même*, 1813, in-12 de 12 pag., 1 fr.

— Observations historiques et critiques sur le Traité de la chasse, de Xénophon. *Paris*, 1809, in-8, 1 fr. 50 c.

— Observations sur Théocrite et Virgile, etc. *Paris, Ch. Gail, neveu....*, in-12, 2 fr. 50 c.

— Odes d'Anacréon, trad. du grec (1794). Voy. ANACRÉON.

— OEuvres complètes de Xénophon, traduite en français (1814). Voyez XÉNOPHON.

— Philoctète, tragédie de Sophocle, trad. du grec (1813). Voy. SOPHOCLE.

— Philologue (le), ou Recherches historiques, militaires, géographiques, grammaticales, lexicologiques et philologiques, d'après Hérodote, Thucydide, Xénophon, Polybe, Strabon, etc., pour servir à l'étude de l'histoire ancienne. *Paris, Ch. Gail*, 1814-1828, 22 vol. in-8, dont un d'atlas de 107 planches in-4.

Ce livre pourrait être intitulé tout autrement que le *Philologus*: c'est, à proprement le prendre, le ramassis d'une grande partie des écrits de l'helléniste dont le spirituel et mordant Courier a fait une si plaisante apologie dans sa Lettre à l'Académie. On y trouve en effet: 1° les articles fournis par l'auteur aux journaux; 2° les Dissertations lues à l'Académie, et que cette dernière n'a pas toujours jugées dignes de l'impression; 3° plusieurs ouvrages qui, n'ayant pas obtenu de succès, ont été, plutôt pour le bon plaisir des amateurs de l'hellénisme que pour s'en débarrasser, croyez-le bien, reproduits par l'auteur, sans connexion aucune, dans ce recueil indigeste. Voilà pourquoi M. Gail s'est cru obligé de donner aux souscripteurs du Philologue, ou Recherches, etc., spécialement d'après Hérodote, Thucydide et Xénophon, les divers ouvrages suivants, qui ont autant

de rapport avec le plan primitif, que la France et la Chine en ont entre elles: *Lettres inéd. de Henri II, etc.; Tableaux chronologiques des principaux faits de l'histoire avant et depuis l'ère vulgaire; Observations sur les quatre dernières fables de La Fontaine; Promenades des Tuileries; Fables d'Ésope, de Phèdre et de La Fontaine*, de l'édit. de 1796, sans réimpression, etc., etc.

M. Beuchot, dont le tact heureux en bibliographie est connu, en annonçant chaque nouv. livraison du *Philologue*, avouait ne pouvoir pas s'y reconnaître; ou le concevra facilement lorsqu'on remarquera que 1° la plupart des titres de chaque livraison sont accolés là sans coïncider avec ce qu'elle renferme; 2° que plusieurs des volumes rien n'indique s'ils sont achevés ou non; 3° que les tables ne correspondent qu'en partie au contenu des volumes. Du reste, nous avons lieu de croire qu'il eût été difficile à l'auteur lui-même de mettre de l'ordre dans cette érudite confusion: ce qui le prouve, c'est que nous avons sous les yeux un exemplaire relié de cet ouvrage qui appartient à la Bibliothèque royale, et pour lequel M. Gail aura bien certainement donné un avis au relieur; nonobstant cela il n'est pas en ordre. Ce n'est que par une scrupuleuse collation de ce livre, page par page, que nous nous trouvons dans la possibilité de le décrire avec exactitude. On y trouve: Tom. Ier: Observations sur la primitive Athènes, et sur Athènes considérée après la retraite des Mèdes (sujet qui se trouve traité de nouveau dans le 3e volume). — Observations sur la bataille de Mantinée, dont nul écrivain moderne ne fait la moindre mention; d'après le texte de Thucydide. — Observations sur les principaux événements des Olympiades 96 2/3 et 98 2/3 (360—368 ans avant J.-C.; et particulièrement sur la bataille de Némée, etc. — Observations philologiques sur l'hiéron et le dème de Colone et de ses environs; suivies de la traduction, avec notes, de l'intermède où le chœur fait à OEdipe la description de Colone. — Rapport de l'Institut sur la Géographie ancienne de M. Gail, considérée par époques. — Conjectures sur ce qu'on appelle les temples des anciens, et sur la véritable signification des termes grecs Ἱερὸν, Ναὸς, Τέμενος (Hiéron, Naos, Téménos), et autres semblables. — Observations philologiques sur la course des chars, décrite par Sophocle. — Recherches sur Apollon λύκειος, λυκοκτόνος, λυκηγενής, λοξίας, τέλειος, etc., et sur divers points de grammaire.—Excursion sur le γνώμη, attribuée à tort à Hérodote par deux savants illustres, MM. Larcher et Wyttenbach. — Notice sur les lieux de Provence où les Cimbres, les Ambrons et les Teutons ont été vaincus par Marius, dans le IIe siècle, etc. Par FAURIS DE SAINT-VINCENS. — Revue des précédents articles. — Revue de divers passages de Xénophon.—Explication des plans de bataille de Mantinée et de Némée (1814, de 403 p.).

Tom. II: Mots omis ou inexactement expliqués par H. Estienne, en xx sections. Dans plusieurs sections M. Gail est sorti de son sujet; ainsi, la cinquième section est intitulée: Examen d'un passage de Pausanias, ou Réponse à une objection contre mon Mémoire sur cette question: Thucydide avait-il composé la totalité de la guerre du Péloponèse? avec un Tableau synoptique et chronologique de la vie de Thucydide. Plusieurs autres sections renferment, à propos de définitions de mots, des dissertations sur Théocrite, Xénophon, Hérodote, afin qu'elles puissent souvent de recommander les éditions données par l'éditeur du *Philologue* de ces même auteurs (1817, de 332 pag.).

Tom. III: Sur Hérodote. — Sur l'OEdipe, tragédie de Sophocle. — Nouvelles Recherches sur Théocrite, surtout d'après des variantes et scholies inédites, etc. — Sur la Géographie de Théocrite: extrait d'un Mémoire lu à l'Institut. — Sur la prétendue ville d'Olympie. — Sur Théocrite. — Examen du passage de Plutarque, parlant des yeux d'Alexandre. — Notules sur Hérodote. — Notules sur la bataille de Platée. — Encore un mot sur les prépositions. — Observations géographiques sur la retraite des dix mille de Xénophon. — Désinence ἀς, αᵒ̃υς. — Ἄπεφθος χρυσὸς. Examen de divers passages de Pausanias. — Lettre au savant M. Poppo, auteur de l'ouvrage intitulé : Observationes criticæ in Thucydidem.—Question importante en chronologie, en grammaire : l'Automne faisait-il partie de l'été de six mois de Thucydide. — Sur Pausanias ; 3ᵉ article et Recherches sur l'hiéron de Jupiter olymp., de Pausanias. —Καθεσηκυῖα ἡλικία de Thucydide et de Platon.—Dans le καθεςηκυῖα τιμη de Démosthènes, l'idée de taxe est-elle admissible ? Sur le terme Palimpseste, inexactement expliqué par H. Estienne, Schellers et autres. — Observations grammaticales, historiques, géographiques et militaires, d'après Thucydide : deuxième Lettre à M. Poppo. — Pausanias mal ponctué, mal expliqué (à l'occasion de la dimension et de la matière de la statue de Jupiter olympien à Athènes), et à tort corrigé.— Sur l'île Atalante, d'après Thucydide. — Nouvelles Observations sur le prétendu fleuve Moloëis, d'après Hérodote. — Observations sur deux idiotismes, mal interprétés par M. Gail, en suivant la doctrine scolastique. — Mémoire sur la double question : Le huitième livre de la guerre du Péloponèse appartient-il à Thucydide ? Est-il digne de cet écrivain. (On trouve dans le même volume un second mémoire sur la même question). — Observations sur la primitive Athènes, et sur Athènes considérée après la retraite des Mèdes. (Même mémoire, à quelques différences près, que celui qui se trouve déjà imprimé dans le premier volume de ce recueil). — Observations sur la première bataille de Mantinée, dont nul écrivain, parmi les modernes qui ont écrit sur l'histoire ancienne, n'a fait la moindre mention, d'après Thucydide. (Même mémoire que celui impr. dans le prem. vol.). — Mémoire sur cette question : Thucydide avait-il composé la totalité de l'Histoire de la guerre du Péloponèse (faisant suite à celui sur la même question, impr. dans le même vol.). — Recherches grammaticales, logiques et historiques, sur les colonies grecques du littoral de la Thrace, d'après Thucydide, Xénophon et autres. — Expédition des Athéniens à Drabesque, non indiquée dans la Chronologie d'Hérodote, par Larcher. — Mémoire historique et géographique sur Sitalces, sur la Thrace odrysienne, à l'époque où régna ce prince, l'Épaminondas de la Thrace ; et sur plusieurs des princes qui furent rois ou gouverneurs dans cette partie de la Thrace.—Mém. sur la prétendue ville d'Olympie (1818, de 432 p.).

Tom. IV : Articles de grammaire grecque, de lexicologie ; désinences, géographie. — J.-B. Gail à M. E. H. Barcker. — Explicit liber. — Nouv. Examen d'un passage d'Homère. — Notice et Spécimen du manuscrit 2652 d'Ammonius. — Observations sur un manuscrit (d'Aristote), venu du mont Athos à la Bibliothèque du roi, avec spécimen ; manuscrit coté 161 ; xivᵉ siècle. — Sur un fragment d'Euripide conservé dans le manuscrit n° 107 de la Bibliothèque du roi. — Notice d'un manuscrit de la Bibliothèque du roi, écrit en lettres onciales, nouvellement acquis, et contenant : 1° l'Ouvrage de saint Isidore de Séville, de Ordine creaturarum ; 2° le Liber pastoralis de saint Grégoire-le-Grand, et jusqu'à présent inconnu dans le monde littéraire, selon des savants de l'Académie royale de Madrid. — Manuscrit latin, 3881 de la Bibliothèque du roi. — Bataille navale des Sybothes, entre Corcyre et Corinthe, d'après Thucydide. — Sur le Passage du Rhône par Annibal. — Examen d'un passage de Polybe, re-

latif à la géographie de la Triphylie, pays dont le nom ne se trouve pas une fois dans Thucydide et autres. — Excursion sur la deuxième bataille de Mantinée, livrée la 2ᵉ année de la 4ᵉ olympiade, 362 ans avant J.-C. — Articles de lexicologie. — Manuscrit vélin 242, autrefois 299, du xᵉ siècle. — La Fête des bibliomanes, ou Banquet donné à Paris le 17 juin 1818. — Sur la topographie des Mendéens, de Pausanias. — Manuscrit grec-latin, 1265. — Articles de grammaire grecque et de lexicologie. — Bataille de Platée, d'après Hérodote et Plutarque (texte grec collationné sur les manuscrits de la Bibliothèque du roi), suivie d'une Dissertation (lisez de notes) avec cartes, et précédé de l'art. Lexicologie, où l'on explique diverses locutions du texte de cette bataille (1818 de 428 pag.).

Tom. V : Lettres inédites de Henri II, Diane de Poitiers, Marie Stuart, François, roi dauphin, etc., adressées au connétable Anne de Montmorency, ou Correspondance secrète de la cour de Henri II, avec estampe et fac-simile de l'écriture des principaux personnages ; d'après un manuscrit inédit de la Bibliothèque du roi (1818, de 62 pag.). — Mémoire de géographie physique. — Examen de diverses difficultés d'Homère. — Bataille de Cannes, d'après Polybe, livre III, texte grec de nouveau collationné, avec version latine et française, et un plan ; suivie de variantes, de notes grammaticales, et d'observations militaires et géographiques. — Examen de divers points de la géographie de Strabon. — Nouv. Recherches sur la bataille de Platée, avec un plan de cette bataille, et deux cartes de Platée et des environs, d'après Hérodote, liv. ix, et d'après Plutarque, en deux sections, l'une contenant la version du texte d'Hérodote, et l'autre le récit de Plutarque ; suivie d'observations militaires. — Recherches historiques et critiques sur la conduite politique et militaire de Mardonius.—Détails philolog. et géogr. sur Platée et ses environs (1819, de 328 pag.).

Tom. VI : Tableaux chronologiques des principaux faits de l'histoire depuis l'ère vulgaire. — Lettres inédites. Supplément et Addition aux Lettres de Henri II, etc. — Explication des emblèmes d'une colonne de Catherine de Médicis. — Lettres de Henri, roi de Navarre, d'Anne de Montmorenci, etc. Fac-Simile des écritures de quatre rois. Lettres de Corneille et de Boileau, avec spécimen de leurs écritures. Observations inédites de Racine sur les trois tragiques grecs, avec fac-simile de son écriture. Manuscrits grecs. Spécimen de leurs écritures. — Traité de la chasse, de Xénophon, texte grec, avec des notes critiques. — Observations sur les Cynégétiques, ou Traité de la chasse. Quoique la pagination des deux premiers ouvrages se suit, il est évident qu'ils ont été raccordés pour faire un volume : le Traité de Xénophon, à sa pagination particulière, a été impr. à l'imprimerie royale, tandis que les deux premiers sont sortis d'autres presses (1819, de 148 et 205 pag.).

Tom. VII : Notes sur le texte de l'Anabase, ou Retraite des dix milles. Observations géographiques et philologiques sur le texte de l'Anabase. — Description du manuscrit F, 1302, d'où l'on a tiré des morceaux inédits, qui ne seront pas perdus pour l'histoire. — Variantes inédites de Xénophon, Thucydide, etc. — Bataille de Cunaxa, d'après Xénophon. — Combat de Mnasippe au siége de Corcyre, d'après Xénophon. — Mouvements d'Agésilas devant Mantinée, d'après Xénophon, avec des notes grammaticales et littéraires. — Mots ou omis ou inexactement expliqués par l'illustre H. Estienne. — Mélanges. — Descriptions de manuscrits (1820 , de 308 pag.).

Tom. VIII : Essais sur les prépositions , considérées surtout géographiquement, ou nouv. Supplément à la Grammaire grecque ; ouvrage dans lequel on explique souvent les textes grecs à l'aide de cartes géograp., et où , parfois, à l'aide des textes , l'on corrige les anc. cartes (1821, de 334 p.)

Tom. IX : Observations sur les quatre dernières fables de La Fontaine, restées jusqu'ici sans commentaire ; par MM. Sélis, Delille et La Harpe ; recueillies par J.-B. Gail ; avec des spécimens des écritures de La Fontaine et de ses commentateurs , Delille , Sélis , Chamfort et La Harpe (1821 , de 199 pag.). Ce qui dans cet ouvrage appartient à Gail, d'après son aveu , ce sont et quelques notes éparses et la traduction avec notes de divers morceaux d'Ovide imités par La Fontaine. — Promenades des Tuileries, ou Notice historique et critique des monuments du jardin des Tuileries, dans laquelle sont relevées les erreurs commises dans les précédentes descriptions ; suivie d'une Notice sur le Louvre et autres monuments. Nouv. édit., avec estampes et spécimen (1821 , de 132 pag.).

Tom. X : Histoire d'Hérodote, d'Halicarnasse ; deuxième livre , intitulé Euterpe, en grec. — Description du monument d'Osymandias, d'après Diodore de Sicile, en grec (1821, de 184 pag.).

Tom. XI et XII : Géographie d'Hérodote , prise dans les textes grecs de l'auteur, et appuyée sur un Examen grammatical et critique.

Tom. XIII : Tableaux chronologiques des principaux faits de l'histoire avant l'ère vulgaire , etc. (1822, de 292 pag.).

Tom. XIV : Recherches sur les hiérons de l'Égypte , les temples grecs, et le monument d'Osymandias, décrit par Diodore, etc. — Examen crit. de divers termes techniques, d'architecture surtout, en grande partie, employés dans les deux mémoires sur les hiérons égyptiens et sur le monument d'Osymandyas ; suivi de la définition des temples grecs décrits par Vitruve : avec les dessins qui les représentent (1823, de 254 pag.).

Tom. XV : Table générale des matières des quatorze premiers volumes du Philologue (1824 , de 340 pag.).

Tom. XVI : Description de la Chersonèse tauriquescythique, ou Crimée, de Strabon , en grec, avec double traduction comparée, l'une de M. Coray, l'autre de Gail, suivie de notes grammaticales, historiques, géographiques , relatives au texte grec (1824, de 216 pag. , avec 3 cartes).

Tom. XVII : Observations sur l'Atlas et sur la Géographie d'Hérodote et autres (chiffrées I à XXXI et détachées de quelques ouvrages de Gail). — J. B. Gail à MM. les professeurs et instituteurs de l'université royale de France. (Nº 1) : Articles de grammaire, de lexicologie grecque, etc. (sans date, de 20 pag.). — Dissertation sur le Périple de Seylax, et sur l'époque présumée de sa rédaction. Par J.-F. Gail fils (1825, de 100 pag.). — J.-B. Gail à MM. les professeurs, etc. (Nº II) : Observations grammaticales, lexicologiques, géographiques, etc.; où l'on est loin d'oublier les prépositions considérées surtout géographiquement ; et où l'on interroge souvent les lexicographes les plus célèbres et les grammaires justement accréditées (sans date , de 60 pag.).

Tom. XVIII : Atlas, contenant un grand nombre de spécimens de manuscrits d'Hérodote, Thucydide, Xénophon, de Sophocle, d'Aristote, de Polybe, etc.; 3 planches pour les Promenades des Tuileries; fac simile de l'écriture de divers personnages français ; des alphabets syriaque, copte, japonais, géorgien, russe, islandais, anglo-saxons et mœso-gothique ; 13 planches de médailles, etc.

Tom. XIX à XXII : Fables d'Ésope, en trois langues : grecque, latine et française. Fables de Phèdre. — Fables de La Fontaine, avec les notes de Chamfort. Ces trois volumes sont la reproduction des trois publiés dès 1796, sous le titre des Trois Fabulistes. Gail a seulement ajouté, en tête des

fables de Phèdre, les trois morceaux suivants : 1º une Préface latine ; 2º des Observations historiques et géographiques sur deux fables de Phèdre ; 3º une Dissertation sur ΘΗΡ, super, sur, etc., considérés surtout géographiquement.

— Promenade des Tuileries, ou Notice historique et critique des monuments du jardin des Tuileries, dans laquelle sont relevées les erreurs commises dans les précédentes descriptions ; suivie d'une Notice sur le Louvre et autres monuments. Nouv. édit., avec estampes et spécimen des écritures de Henri IV et de S. A. R. Mgr le duc de Berri. Paris, Ch. Gail neveu, 1821, in-8 de 132 pag.

La première édition parut en 1798, sous le titre de Promenade savante des Tuileries. La dernière édit. fait aussi partie du Philologue. et se trouve dans le IXᵉ volume.

— Recherches sur Apollon et sur divers points de grammaire. Paris, Delalain, 1814, in-8 de 32 pag., 1 fr.

— Recherches sur les hiérons de l'Égypte, les temples grecs, et le monument d'Osymandyas , décrit par Diodore ; avec Examen des opinions de divers savants : pour servir de suite à la « Description de l'Égypte ». Paris, Ch. Gail neveu, 1823, in-8 avec planches.

Reproduites dans le 14ᵉ vol. du Philologue.

— Réclamation contre la décision du Jury et Observations sur l'opinion en vertu de laquelle le jury, institué par S. M. l'empereur et roi, propose de décerner un prix à M. Coray, à l'exclusion de la Chasse, de Xénophon, du Thucydide grec-lat.-franç., et des Observations littéraires sur Théocrite et Virgile. Paris , 1810, in-4. — J.-B. Gail , etc., en réponse à dix chefs d'accusation. Paris , 1810, in-4.

— Réponse à la critique de sa traduction du Traité de la chasse, de Xénophon, par E. Clavier. Paris, 1801, in-18, 50 c.

— Repos et Délassements de J. B. Gail, après cinquante années de travaux, opuscule accompagné de fac-simile. Paris, Delalain ; Würtz ; Dufart ; Gail neveu, 1827, in-8 de 92 pag.

Cet opuscule, qui contient plusieurs circonstances de la vie de l'auteur, est adressé aux habitants de Bourg-en-Bresse, et aux instituteurs de l'université de France ; il est écrit avec modération, quoique sous l'influence d'un mécontentement bien excusable après la perte d'un procès.

— République de Sparte et d'Athènes, trad. de Xénophon (1795). Voyez XÉNOPHON.

— Tableaux chronologiques des principaux faits de l'histoire ancienne avant l'ère vulgaire, suivi d'un Tableau synoptique, etc., et d'un *excursus* où l'on donne, d'après Hérodote, Thucydide et Xénophon, la division de l'année et l'explication de diverses locutions chronologiques. *Paris, Ch. Gail neveu*, 1822, in-8, 5 fr.

— Tableaux chronologiques des principaux faits de l'histoire depuis l'ère vulgaire. *Paris, le même*, 1822, in-8, 3 fr.

Ces deux vol. ont encore été reproduits dans le *Philologue* : le premier en forme le tom. XIII, et le second le commencement du tom. VI.

— Traité de la chasse, de Xénophon, trad. en français, etc. (1801). Voy. XÉNOPHON.

M. Gail a fourni des articles au Mercure, des Mémoires aux V et VIe vol. du recueil de l'Académie des inscriptions, et des articles aux Annales des faits et des sciences militaires : les uns et les autres ont été reproduits dans le Philologue, ainsi que nous l'avons déjà fait remarquer.

Comme éditeur, cet académicien a donné un grand nombre d'ouvrages, qui peuvent se diviser en deux classes ; les uns destinés à l'Europe savante, et sur lesquels est fondée sa réputation ; les autres composés dans l'unique but d'être utile, et pour être mis à la portée des élèves : nous citerons de la première classe : 1° Extraits de Lucien et de Xénophon, avec des notes (1786, 2 vol. in-12) ; 2° Discours grecs choisis de divers orateurs (1788, in-12) ; 3° Théocrite, Bion, Moschus, Anacréon, en grec (1788, in-12) : le Théocrite a été réimpr. en 1818 ; 4° les trois Fabulistes (Ésope, Phèdre et La Fontaine, 1796, 3 vol. in-8) ; 5° Thucydide, grec, latin-français, avec des Observations historiques et critiques, et variantes de 13 manuscrits et figures (179 ; 8 vol. in-4 ou 10 vol. in-8) ; 6° les Cynégétiques, ou Traité de la chasse, de Xénophon, en grec, avec des notes et des Observations (1801, in-12) ; 7° Homère, grec-latin-français, avec la Clef d'Homère (1801, 7 vol. in-8 et in-12) ; 8° Mythologie dramatique de Lucien (1798, 3 vol. in-18, ou 1818, un vol. in-4) ; 9° une édition, augm., du Jardin des racines grecques, de Lancelot, plusieurs fois réimprimée ; 10° Extraits d'Homère et de Sophocle (1815) ; 11° Lettres inédites de Henri II, Diane de Poitiers, Marie Stuart, etc. (1818, in-8) : réimpr. avec des additions en 1827 (voy. ce titre à la Table des Anonymes) ; 12° Héro et Léandre, poème de Musée, grec-latin et fr. (1796, in-4) ; 13° Hérodote, texte grec, avec des notes historiques et critiques (1823, 2 vol. in-8, ou 2 vol. in-4 et atlas) ; 14° Fables de Phèdre, cum notis variorum, faisant partie de la Bibliothèque classique latine de M. Lemaire (1826).

La deuxième classe des ouvrages *édités* par Gail se compose d'opuscules grecs, auxquels il a presque toujours ajouté soit des sommaires, soit des notes, soit enfin des *index*. Ces divers opuscules sont des extraits du Nouveau Testament (voy. ce titre à la Table des Anon.), et des ouvrages de DÉMOSTHÈNES, HÉRODOTE, HOMÈRE, ISOCRATE, LUCIEN, PLATON, PLUTARQUE, THUCYDIDE et XÉNOPHON (voy. ces noms).

GAIL (J.-Fr.), fils du précédent, doct. ès-lettres, ex-professeur d'histoire à l'École militaire de Saint-Cyr et au collège de St-Louis ; né à Paris, le 28 oct. 1795.

— Dissertation sur le Périple de Scylax et sur l'époque présumée de sa rédaction. *Paris, l'Auteur ; Treuttel et Würtz*, févr. 1825, in-8, 2 fr. 50 c.

— Recherches sur la nature du culte de Bacchus en Grèce, et sur l'origine de la diversité des rites. *Paris, Gail neveu*, 1821, in-8, 5 fr.

Ouvrage qui a remporté le prix proposé par l'Académie des Inscriptions.

— Thèse sur Hérodote....

M. Gail a entrepris, en 1826, de donner une édit. des *Geographici græci minores*, dont il parait déjà 2 vol.

GAILLARD (Gabr.-Henri), membre de l'Académie des inscriptions et de l'Académie Française ; né dans le petit village d'Ostel, près de Soissons (Aisne), le 26 mars 1726, mort à Paris, le 13 février 1806.

— Avantages (les) de la Paix, discours qui a remporté le second prix au jugement de l'Académie française. *Paris, Regnard*, 1767, in-8 de 47 pag.

La pièce couronnée est de M. de La Harpe.

Ce Discours a été réimpr. dans les *Mélanges* de l'aut.

— *Dictionnaire historique (faisant partie de l'Encyclopédie méthodique). Paris, Mme Agasse*, 1789-1804, 6 vol. in-4, dont un de suppl., 96 fr., et avec 33 planch. de blasons, 108 fr.

C'est un Dictionnaire des personnes et des choses. En tête du premier vol. est un Dict. complet du blason, avec 33 pl. Le dernier vol. contient une Chronologie séparée des différents états, des ordres de la chevalerie, des rois, des reines, etc.

Les trois quarts de ce Dictionnaire sont de Gaillard : le surplus a été rédigé par MM. de Sacy, de Montigny, Turpin, Grunswald et autres.

— Discours prononcé à sa réception à l'Académie Française, le 21 mars 1771. *Paris*, 1771, in-4.

— *Éloge de Charles V, roi de France*, discours qui a concouru pour le prix de l'Académie Française en 1767, avec cette épigraphe : «Unus qui nobis cunctando restituit rem ». Ennius. *Paris*, 1767, in-8.

Réimpr. dans les *Mélanges* de l'auteur.

— Éloge de P. Corneille, proposé pour matière de composition par l'Académie des sciences et des arts de Rouen, qui a remporté le prix. *Rouen, Machuel, et Paris, Saillant*, 1768, in-8.

— Éloge de René Descartes, discours qui a remporté le prix de l'Académie des inscriptions et belles-lettres, avec cette épigraphe : « Felix qui potuit rerum cognoscere causas ! *Paris, Regnard*, 1765, in-8.

Le prix fut partagé entre Gaillard et Thomas.

— Éloge de Henri IV, qui a remporté le prix de l'Académie royale de La Rochelle. *La Rochelle, et Paris, Mérigot*, 1769, in-8.

— *Éloge (troisième) de La Fontaine*, discours qui a eu l'accessit à l'Académie des belles-lettres, sciences et arts de Marseille. *Paris, Durand*, 1775, in-8.

Impr. aussi dans le recueil de l'Académie de Marseille, et depuis dans les Études sur La Fontaine.

— *Épître aux malheureux, pièce qui a eu l'accessit du prix de l'Académie Française en 1766, par M***. *Paris*, 1766, in-8.

.Réimpr. dans les *Mélanges* de l'auteur.

— Histoire de Charlemagne, précédée de Considérations sur la première race, et suivie de Considérations sur la seconde race. *Paris, Moutard*, 1782, 4 vol. in-12.

On trouve dans cette édition l'*Éloge du prem. président Malesherbes.*

— La même. Nouvelle édition, augm. de la Vie de Witikind-le-Grand, par DREUX-DU-RADIER. *Paris, Foucault (* Rapilly*)*, 1818, 2 vol. in-8, 9 fr., et pap. vél., 18 fr.

— La même, suivie de l'Histoire de Marie de Bourgogne. *Paris, J. J. Blaise*, 1819, 2 vol. in-8, 12 fr., et pap. vél., 24 fr.

— Histoire de François Ier, roi de France, dit le grand roi et le père des lettres. *Paris*, 1766-69, 7 vol. in-12, ou 1769, 8 vol. in-12.

— Nouv. édit. *Paris, Foucault (* Rapilly*)*, 1818, 5 vol. in-8 portr., 25 fr., et pap. vél., 50 fr., ou *Paris, J.-J. Blaise*, 1819, 4 vol. in-8, 24 fr., et pap. vél., 48 fr.

— Histoire de la rivalité de la France et de l'Angleterre. *Paris, Saillant et Nyon*, 1771-77, 11 vol. in-12. — Nouv. édit. *Paris, Foucault (* Rapilly*)*, 1818, ou *Paris, J. J. Blaise*, 1819, 6 vol. in-8, 36 fr., et pap. vél., 72 fr.

La plus célèbre et la meilleure des productions historiques de Gaillard.

Cet ouvrage est composé de trois parties, qui ont été publiées successivement sous les titres suivants : 1° Histoire de la rivalité de la France et de l'Angleterre, 1771, 3 vol.; réimpr. en 1774; 2° Histoire de la querelle de Philippe de Valois et d'Édouard III, continuée sous leurs successeurs, 1784, 4 vol.; 3° Supplément à l'Histoire de la rivalité, etc. 1777, 4 vol.

— Histoire de la rivalité de la France et de l'Espagne, contenant l'histoire de la rivalité des maisons de France et d'Aragon, des maisons de France et d'Autriche. *Paris, Lavillette*, 1801, 8 vol. in-12, 20 fr. — Sec. édit., précédée d'une Notice biographique et littéraire sur l'auteur, par L.-S. AUGER. *Paris, Duverger*, 1807, 8 vol. in-12.

— * Histoire de Marie de Bourgogne, fille de Charles-le-Téméraire, femme de Maximilien, premier archiduc d'Autriche, depuis empereur. *Paris, Leclerc*, 1757, in-12.

— Nouv. édit., augm. d'une Préface historique et critique (par Joseph ERMENS). *Bruxelles, Ermens*, 1784, in-12.

— Histoire des grandes querelles entre l'empereur Charles V et François Ier, roi de France. 1777, 2 vol. in-8.

Citée par Ersch.

— Mélanges académiques, poétiques, lit-

téraires, philolog., crit. et histor. *Paris, H. Agasse*, 1806, 4 vol. in-8, 20 fr.

Publiés peu de temps après la mort de l'auteur.

— *Mélanges littéraires. *Paris*, 1756, in-12.

On distingue, dans ce recueil, la Lettre sur l'épopée française, et une Vie de Gaston de Foix, qui était comme le prélude des grands travaux historiques auxquels l'auteur allait se livrer.

— * Nécessité (la) d'aimer, poëme qui a concouru pour le prix de l'Académie Française en 1764. *Paris*, 1764, in-8.

— Observations sur l'histoire de France, de Velly, Villaret et Garnier. *Paris, Xhrouet*, 1806, 4 vol. in-12, 12 fr.

— *Parallèle des quatre Électres de Sophocle, d'Euripide, de M. de Crébillon et de M. de Voltaire. *La Haye, J. Néaulme*, 1750, in-12.

— *Poétique française, à l'usage des dames. *Paris, Leclerc*, 1749, 2 vol. in-12.

— Rhétorique française, à l'usage des jeunes demoiselles; avec des exemples tirés, pour la plupart, des meilleurs orateurs et poètes modernes. Nouv. édit. *Paris, Depelafol*, 1822, in-12, 3 fr. — Autre édit., augm. d'un Précis de la vie de l'aut. *Paris, Aug. Delalain*, 1823, in-12, 2 fr. 50 c. — Autre édit. *Paris, Mme Dabo*, 1825, in-12.

La prem. édit., qui parut en 1745 sous le titre « d'Essai de rhétorique française, à l'usage des jeunes demoiselles », était anonyme. Cette Rhétorique a eu un grand nombre d'éditions depuis 1745.

— Vie, ou Éloge historique de M. de Malesherbes, suivie de la Vie du premier président de Lamoignon, son bisaïeul, écrites d'après les mémoires du temps et papiers de famille. *Par., Xhrouet*, 1805, in-8.

Le recueil de l'Académie des inscriptions renferme de Gaillard les divers Mémoires suivants : Mémoire sur Frédégonde et sur Brunehaut, contenant la réfutation de l'Apologie de Brunehaut, entreprise par quelques auteurs (tom. XXX, 1764). Mémoires (trois) historiques et critiques sur les Lombards (XXXII, XXXIII et XLIII, 1768—86). — Observations sur une bulle de Boniface VIII, en date du 27 juin 1298 (tom. XXXIX, 1777). — Des Causes de la haine personnelle qu'on a cru remarquer entre Louis-le-Gros, roi de France, et Henri Ier, roi d'Angleterre. Examen de la conduite des templiers au sujet des places du Vexin Normand, en 1160. — Notice d'un registre (218) du trésor des chartes (tom. XLIII, 1786). — Horace considéré comme fabuliste. Observations sur les métamorphoses d'Ovide (tom. XLIX, 1808).

Cet académicien a eu part au Journal des Savants, depuis 1752 jusqu'en 1792, et a fourni beaucoup d'articles au Mercure, depuis 1780 jusqu'en 1789; un choix des articles qu'il a fournis à ces deux recueils a été inséré dans les Mélanges publ. en 1806; de plus il en a fourni beaucoup d'autres aux Notices des manuscrits de la Bibliothèque du Roi.

Comme éditeur, il a donné une édition des Œuvres de Belloi, son ami, accompagnée d'une Vie de l'auteur, de dissertations et de remarques sur chaque tragédie (1779, 6 vol. in-8).

GAILLARD, mort à Honfleur vers 1810.

— *Grand (le) tout, ou le Monde-Dieu, par un citoyen d'Honfleur. 1788, in-8.

GAILLARD (Cl.). Dissertation sur les éléments de la langue française. *Paris, Goujon*, 1805, in-8, 1 fr. 25 c.

GAILLARD (F.). Premiers éléments de la langue française, à l'usage des jeunes gens qui apprennent l'orthographe. *Paris, Paschoud*, 1810, in-12.

— Recueil de mots extraits du vocabulaire de la langue française, adopté pour servir à la classe d'orthographe de Genève. Sec. édit. *Genève et Paris, Paschoud*, 1812, in-8 de 80 pag., 60 c.

Réimprimé la même année.

GAILLARD (A.-Th.). Trois dialogues de l'orateur, traduction nouvelle (1822). Voy. CICÉRON.

GAILLARD (Emm.). *Seine-Inférieure (la) avant et depuis la restauration, ou Réflexions sur le nouvel Annuaire statistique, soumises aux électeurs, par un maire du canton de Boos. *Rouen, de l'imp. de M. Périaux*, 1824, in-8 de 34 pag.

GAILLARD COURTOIS (Honoré), expert dentiste.

— Dentiste (le) observateur, ou Recueil abrégé d'observations, tant sur les maladies qui attaquent les gencives et les dents, que sur les moyens de les guérir, dans lequel on trouve un Précis de la structure, de la formation et de la connexion des dents, avec une réfutation de l'efficacité prétendue des essences et élixirs, et la description d'un nouveau pélican, imaginé pour l'extraction des doubles dents. *Paris, Lacombe*, 1775, in-12.

GAILLARD DE LA BATAILLE, trésorier de France.

— Jeannette seconde, ou la nouvelle Paysanne parvenue. 1744, 3 part. in-12.

— *Mémoires ou Aventures du comte de Kermalec, par M. G. D. L. B. *La Haye (Paris)*, 1740 et 1741, 2 vol. in-12.

— *Mémoires de mademoiselle Frétillon (Mlle Clairon). 1740, in-12.

Réimpr. sous le titre d'*Histoire de mademoiselle Cronel, dite Frétillon*. La Haye (Paris), 1743, 2 parties in-12.

Il existe plusieurs autres édit. de cet ouvrage.

GAILLEMAIN (C.-J.). Tarif pour la réduction des bois équarris et ronds en pieds cubes. Sec. édit. *Dôle, Prudont*, 1826, in-18 de 112 pag.

GAILLOIS, chanoine de Blois. *Orai-

son funèbre de S. A. R. Mg^r le duc de Berri. *Blois*, 1820, in-8.

GAILLON (Gabr. de). Mort (la) d'Abel, poëme trad. de l'allem. (1809). Voyez GESSNER.

— Règne et chute de Bonaparte, fragment épique. *Paris, Moronval; Delaunay*, 1814, in-8 de 16 pag.

GAILLON (Benjamin), membre correspondant de la Société d'émulation de Rouen.

— Aperçu microscopique et physiologique de la fructification des thalassiophytes symphysistées. *Rouen, imp. de Baudry*, 1821, in-8 de 16 pag.

— Essai sur les causes de la couleur verte que prennent les huîtres des parcs à certaines époques de l'année. *Rouen, imp. de Périaux père*, 1821, in-8 de 16 pag.

— Résumé méthodique des classifications des thalassiophytes. *Strasbourg, Levrault*, 1828, in-8 de 60 pag., avec un tableau.

Extrait du 53e volume du Dictionn. des sciences naturelles.

GAIN DE MONTAGNAC (L.-Laur.-Jos.), ancien capitaine au régiment de Riom ; né à Lisbonne, le 16 mai 1731.

— Amusements philosophiques. *La Haye, (Paris), Lesclapart*, 1764, 2 vol. in-12.

On trouve, à la fin de ce volume, une comédie en trois actes et en vers, intitulée : *la Fille de seize ans, ou la Capricieuse.*

— *Éloge historique de Gaspard-François Belon de Fontenay, etc., par l'auteur des «Mémoires du chevalier de Kilpar ». *Nevers et Paris, Durand neveu*, 1770, in-8.

— *Esprit de madame de Maintenon, avec des notes, par l'auteur des «Mémoires du chevalier de Kilpar ». *Paris, Durand*, 1771, pet. in-12.

— Esprit du comte Bussy Rabutin....

— *Mémoires de milady de Varmonti, comtesse de Barneshau, par M. le comte de M.... *Londres (Paris)*, 1778, 2 vol. in-12.

— Mémoires du chevalier de Kilpar, traduits ou imités de l'angl. de Fielding. *Paris, Duchesne*, 1768, 2 part. in-12.

Traduction supposée.

GAIN-MONTAIGNAC (le comte J.-R. de), gouverneur du château royal de Pau ; né en janvier 1778, mort dans les prem. jours de 1819.

— Journal d'un Français depuis le 9 mars jusqu'au 13 avril 1814. *Paris, Potey*, 1816, in-8, 3 fr.

— Théâtre (son). *Paris, Pillet*, 1820, in-8, 6 fr.

Ce vol. contient : 1° *Charles-Quint à Saint-Just* ; 2° la *Conjuration des adolescents* ; 3° *Charles Ier* : ces trois pièces sont en cinq actes et en prose.

Le comte de Gain-Montaigne a publ. des *Mémoires de Louis XIV* (1806). Voy. LOUIS XIV.

GAIROIRD (F.), prêtre-vicaire de la paroisse Saint-François de Paule, de Toulon.

— *Retraite de trois jours pour la première communion*, contenant des prières et des cantiques relatifs à la retraite et à la prem. communion des enfants. *Toulon*, *impr. de Aurel*, 1815, in-12.

GAIUS, jurisconsulte latin.

— *Institutes de Gaïus récemment découvertes dans un palimpseste de la bibliothèque du chapitre de Vérone*, et traduites pour la première fois en français, par J. B. E. BOULET, avocat à la Cour royale de Paris, avec des notes destinées à faciliter l'intelligence du texte. *Paris*, *rue de l'École de médecine*, n° 4 bis, 1826, 4 parties (4 commentaires) en un vol. in-8, 7 fr. 50 c.

Voy. aussi *Trésor de l'ancienne jurisprudence*, et *Juris civilis Eclogæ*, etc., à la Table des Anonymes.

GALAIS (J.), membre résidant de la Société départementale d'Évreux.

— *Mémoire sur un moyen prompt pour atteindre, sans frais, la proportion de l'une à l'autre*, la plus exacte qui soit moralement possible, dans le répartiment d'un impôt foncier entre les différentes communes d'un état, si étendu qu'il soit ; et connaître, etc. *Évreux*, *Ancelle fils*, 1814, in-8 de 60 pag.

GALAIS (G.). *Rudiment raisonné pour la portée des enfants qui commencent le latin*. *Paris*, *imp. de Huzard-Courcier*, 1825, in-12.

— *Syntaxe latine en ordre logique*. *Paris*, *Rougeron*, 1822, in-12.

— *Système social entre communes deux à deux, par sociétés entrelacées l'une dans l'autre, propre à résoudre promptement, et sans frais, le grand problème dont la solution est cherchée par le cadastre*. *Paris*, *imp. du même*, 1821, in-8 de 8 pag.

GALARD (Gustave de), dessinateur.

— Album bordelais, ou Caprices (avec un texte par M. S.-E. GÉRAUD). *Bordeaux*, *l'Auteur*, 1823-25, in-fol. de 28 pl., 35 fr.

Ce volume a été publié en 7 livraisons.

— Recueil de divers costumes des habitants de Bordeaux et des environs, dessinés d'après nature, et précédés de notices rédigées par M. S.-E. GÉRAUD. *Bordeaux*, *l'Auteur*, 1818-19, in-fol. de 28 pl., 35 fr.

Ce vol. a été aussi publ. en 7 livraisons.

GALARD-TARRAUBE (le vicomte de), député du Gers.

— Opinion sur le crédit supplémentaire de 1823. *Paris*, *imp. d'Égron*, 1823, in-8 de 16 pag.

— *Tableau de Cayenne, ou de la Guiane française*. *Paris*, *Ve Tillard*, an VII (1799), in-8.

GALART DE MONTJOIE. *Lettres sur le magnétisme animal*, où l'on examine la conformité des opinions des peuples anc. et modernes, des savants, et notamment de M. Bailly, avec celle de M. Mesmer. 1784, in-8.

— *Principes (des) de la monarchie française*. 1789, 2 vol. in-8.

GALAUD (A.). *M. Bizarville, ou les Travers de l'esprit*. *Paris*, 1821, 3 vol. in-12, 7 fr. 50 c.

GALAUP DE CHASTEUIL (P.), mort en juillet 1727, âgé de 84 ans.

— *Apologie des anciens historiens et des troubadours ou poètes provençaux*, servant de réponse aux dissertations de Pierre Joseph (de Haitze) sur divers points de l'histoire de Provence. *Avignon*, 1704, in-8.

— *Discours sur les arcs triomphaux dressés en la ville d'Aix, à l'heureuse arrivée du duc de Bourgogne et du duc de Berri*. *Aix*, 1701, in-fol.

Galaup de Chasteuil a laissé une *Histoire des troubadours et des poètes provençaux*, composée sur les anciens manuscrits et sur des mémoires particuliers.

GALBERT - SALVAGE. *Anatomie du gladiateur combattant, relativement à l'imitation et à la médecine*. 5 livr. in-fol.

GALDI (Matteo). *Discours sur les rapports politiques et économiques de l'Italie libre avec la France et les autres états de l'Europe* ; trad. de l'ital. par L. P. COURET DE VILLENEUVE. *Paris*, *Baudouin*, 1798, in-8 de 30 pag.

GALÈS (J.-C.). *Essai sur le diagnostic de la gale, sur ses causes et sur les conséquences médicales-pratiques à déduire sur les vraies notions de cette maladie*. *Paris*, *Méquignon aîné père*, 1812, in-4, 2 fr. 50 c.

— *Mémoire, rapports et observations sur les fumigations sulfureuses*. Sec. édition, considérablement augmentée, entièrement refondue et ornée de vingt figures color. *Paris*, *l'Auteur*, 1824, in-8, 12 fr.

La prem. édit. est de 1816.

GALET (Jacq.), supérieur du séminaire

de Saint-Louis à Paris, et ensuite curé de Compans, dans le diocèse de Meaux ; né à Lamballe (Côtes-du-Nord), mort en 1726.

— * Dissertation dogmatique et morale sur la doctrine des indulgences, sur la foi des miracles et sur la pratique du rosaire. *Paris, Le Mercier,* 1724, in-12.

— Recueil des principales vertus de M. de Fénelon. *Nanci, Cusson, et Paris, Le Mercier,* 1725, in-12.

Ouvrage intéressant, et qui est excessivement rare.

L'abbé Galet, écrivain moins élégant que profond et érudit, s'est beaucoup occupé de l'histoire des premiers rois de la Bretagne ; mais la mort ne lui permit pas de publier ses recherches. L'abbé Desfontaines en publia une partie en 1739, dans les vol. V et VI de son Histoire des ducs de Bretagne ; plus tard, Dom Maurice en publia une nouv. édit. beaucoup plus exacte, et revue sur le manuscrit original : elle se trouve à la fin du premier volume de l'Hist. de Bretagne, de ce dernier.

Barbier a cru reconnaître cet abbé dans la *Lettre d'un anonyme* à feu M. de Beausobre, que présente la « Bibliothèque germanique », tom. 46, pag. 60. L'auteur, qui a eu le bonheur de passer plusieurs années dans l'intimité de Fénelon, le justifie très-bien au sujet d'une accusation de fanatisme intentée fort légèrement contre lui par M. de Beausobre.

GALIANI (l'abbé Ferdinand), littérateur et économiste italien du XVIIIe siècle.

— Art (l') de conserver les grains, par Barthélemy INTHIERI ; ouvrage traduit de l'ital. (par L. J. BELLEPIERRE DE NEUVE-ÉGLISE). *Paris,* 1770, in-8, fig.

Voici une anecdote curieuse sur ce livre, qui fournit à l'abbé Galiani l'occasion d'accuser de plagiat M. Duhamel-du-Monceau. Il écrivit à madame d'Épinay cette lettre rapportée par M. Barbier, n° 360 de son *Dictionnaire des ouvrages anon.*, prem. édit., et qui va mettre le lecteur au fait. « J'ai vu avec un grand étonnement sur la Gazette de France, du 9 nov. (1770), qu'on a publié à Paris un ouvrage de moi, écrit en italien en 1754, et traduit en français ; et je gage que je n'y suis pas même nommé, et que vous n'en savez rien, vous la première. Voici le fait : En 1726, avant que je vinsse au monde, Barthélemy Intieri, Toscan, homme de lettres et géomètre, et mécanicien du premier ordre, inventa une étuve à blé. En 1754, il était vieux de quatre-vingt-deux ans, et presqu'aveugle. Je souhaitais que le monde connût cette machine utile. J'écrivis donc un petit livre intitulé : *Della perfetta conservazione del grano* ; et comme je n'ai jamais voulu mettre mon nom sur aucun de mes ouvrages, je voulus qu'il portât le nom de l'inventeur de la machine. Mais tout le monde sait qu'il est à moi, et je crois que Grimm, Diderot, le Baron (d'Holbach), et peut-être d'autres, l'ont à Paris, et savent cette histoire aussi bien que l'abbé Morellet. Je suis enchanté à présent qu'il soit traduit en français, d'autant plus qu'il servira à découvrir un plagiat affreux et malhonnête que fit M. Duhamel, qui s'attribua l'invention de cette machine, pendant qu'il ne fit que regraver les dessins qu'en avait faits mon frère, et qu'il lui avait envoyés. Le nom de mon frère est encore au bas des planches de l'édition italienne. Il y laissa même des fautes dans le dessin, et certaines variations qui avaient été ajoutées dans les dessins par M. Intieri, et qui se trouvèrent ensuite impraticables. M. Duhamel voulut les faire passer pour des additions et

des corrections qu'il avait faites. Or, ma belle dame, j'ai tout l'intérêt possible que toute la France sache, au moyen des folliculaires, que cet ouvrage m'appartient, chose qui ne m'a jamais été contestée ; et cela prouvera qu'au vrai je suis l'aîné de tous les économistes, puisqu'en 1749 j'écrivis mon livre de la Monnaie, et en 1754 celui des Grains. La secte économique n'était pas encore née dans ce temps-là ».

— Correspondance inédite de l'abbé Galiani, conseiller du roi pendant les années 1765 à 1783, avec Mme d'Épinay, le bar. d'Holbach, le bar. de Grimm, Diderot, et autres personnages de ce temps ; augm. de plusieurs Lettres à Mgr San-Severino, archevêque de Palerme ; à M. le marquis de Carraccioli, ambassadeur de Naples près la cour de France ; à Voltaire, d'Alembert, Raynal, Marmontel, Thomas, Lebatteux, madame du Bocage ; précédée d'une Notice historique sur l'abbé Galiani, par B. MERCIER DE SAINT-LÉGER, bibliothécaire de Sainte-Geneviève ; à laquelle il a été ajouté diverses particularités inédites concernant la vie privée, les bons mots, le caractère original de l'auteur. Par M. C*** de Saint-M*** (SERIEYS), membre de plusieurs académies. *Paris, Dentu,* 1818, 2 vol. in-8, 12 fr.

Édit. faite sur une copie plus complète que l'édit. suiv., faite sur les autographes et publiée par A. A. Barbier, mais qui y a fait des suppressions à son gré. L'édition de Serieys a des défauts d'une autre espèce ; les noms y sont souvent défigurés.

Pour une discussion au sujet de ces deux éditions, voy. SERIEYS (Ant.) : Lettre de l'éditeur de la Correspondance complète de l'abbé Galiani, etc.

— La même, sous ce titre : Correspondance inédite de l'abbé Ferdinand Galiani, conseiller du roi de Naples, avec Mme d'Épinay, le bar. d'Holbach, le bar. Grimm, et autres personnages célèbres du dix-huitième siècle. Édition impr. sur le manuscrit autographe de l'auteur, rev. et accompagnée de notes, par M*** (A. A. BARBIER), membre de plusieurs académies ; précédée d'une Notice historique sur la vie et les ouvrages de l'auteur, par feu GINGUENÉ, avec des notes par M. SALFI, et du Dialogue de l'abbé Galiani sur les femmes. *Paris, Strasbourg et Londres, Treuttel et Würtz,* 1819, 2 vol. in-8, 12 fr.

Le Dialogue sur les Femmes, qui se trouve dans cette édition, a été écrit par l'auteur en français, et impr. à Naples en cette langue : il avait été déjà réimprimé en France, 1° dans les Tablettes d'un curieux (1789, 2 vol. in-12) ; 2° dans les Opuscules philosophiques et littéraires, la plupart posthumes ou inédits (1796, in-8 et in-12).

— * Dialogues sur le commerce des blés (revu pour le style, et corr. par GRIMM et DIDEROT). *Londres (Paris, Merlin),* 1770, in-8, 7 fr.

Ouvrage rare.

Un *Commentaire sur Horace*, de l'abbé Galiani, commentaire savant et original comme tout ce qui sortait de sa plume, et qui, d'après Ginguené, ressemble si peu au travail des autres Commentateurs, ainsi qu'une Vie d'Horace, tirée de ses Poésies, ont été impr. pour la première fois en 1821, avec la traduction d'Horace, par MM. Campenon et Desprez. Voy. HORACE.

L'abbé Galiani est auteur de plusieurs autres écrits en italien, qui n'ont pas été traduits en français : il a laissé divers ouvrages dont la publication est désirée depuis long-temps.

GALIEN (Cl.), le plus grand médecin de l'antiquité après Hippocrate.

—Claudii Galeni Pergameni Opera selecta. Nova editio. Tomus primus. *Parisiis, Compère junior*, 1826, in-8, 6 fr. 50 c.

Deux écrits en grec, de Galien, ont été réimpr. récemment à Paris, par les soins de M. D. Coray, l'un *sur la nourriture des aquatiques*, à la suite d'un traité de Xénocrates sur le même sujet (1815) ; voy. XÉNOCRATES ; l'autre, intitulé : *qu'un médecin doit étre. philosophe*, à la suite du Traité d'Hippocrate sur les airs, les eaux et les lieux (1816) ; voyez HIPPOCRATE.

GALIEN (Mme), de Château - Thierry, morte en 1756.

— * Apologie des dames, appuyée sur l'histoire. *Paris, Didot*, 1737, 1748, in-12.

GALIEN (le P. Jos.), dominicain, ancien professeur de philosophie et de théologie en l'Université d'Avignon; né au Puy en Velay, mort en 175:.

—Art (l') de naviguer dans les airs. 1757, in-12.

La prém. édit. de cet ouvrage fut publ. sous ce titre : *Mémoire touchant la nature et la formation de la grèle*, par le P. Galien. 1755, in-12. Anon.

— Lettres théologiques touchant l'état de pure nature. 1745, in-12.

GALIEN, de Salmoreng. Bréviaire (le) des politiques. *Londres*, 1769, in-8.

— Rhétorique (la) d'un homme d'esprit. *Leyde*, 1792, in-8.

— Spectacle (le) de la nature, poëme didactique en iv chants. *Liège*, 1770, in-8.

GALIGNANI, anc. libraire à Paris, né à Brescia (en Italie), en 1757, mort à Paris, en 1821.

— Modern (the) Spectator, or English Hermit, consisting of moral and instructive Essays. Vol. I. *Paris, Galignani*, 1815, in-12, 3 fr. 50 c.

Compilation qui n'a pas été continuée.

—Picture of Paris. The sixth. edit. *Paris, the same*, 1818, in-18, with a plan, 10 f.

— Traveller's guide through France, containing a geographical, historical and picturesque description of every remarkable place in that kingdom. VIIth edit. *Paris, A. and W. Galignani*, 1825, in-18, 10 f.

— Traveller's guide through Holland and

Belgium. *Paris, the same*, 1818, in-18, 7 fr.

— Traveller's guide through Switzerland. *Paris, the same*, 1818, in-18, 10 fr.

Galignani a fondé à Paris divers journaux anglais, soit politiques, soit littéraires, qui sont extraits des journaux les plus estimés en Angleterre dans ces deux genres ; nous citerons : the Repertory of english litterature (1807) the Messenger, Journal quotidien (1814), the Literary Gazette, qui a pris en 1818 le titre de Weckly Repertory, or Litterary Gazette; the Monthly review and Magazine, et enfin, the Paris and London observer, paraissant les dimanches. Voy. ces titres à la Table des Anonymes, au nom GALIGNANI.

GALIMARD. Voy. GALLIMARD.

GALIN (P.), inventeur du méloplaste; né à Bordeaux en 1786, mort à Paris, le 31 août 1821.

—Exposition d'une nouvelle méthode pour l'enseignement de la musique. *Bordeaux et Paris, Rey et Gravier*, 1818, in-8, 4 fr.

— Méthode du méloplaste pour l'enseignement de la musique, publiée en 1818. *Paris*, 1824, in-8 avec une pl. grav., 7 fr.

GALISSET (C.-M.), avocat. Voy. à la Table des Anonymes : *Corps de Droit français*.

GALITZIN (Dimitri III, prince de), ambassadeur de Russie près la cour de France (en 1765), et plus tard (vers 1773) en Hollande, membre des académies de Pétersbourg, Stockolm, Berlin et Bruxelles, et président de la Société minéralogique de Jéna; né en Russie, vers 1730, mort à Brunswick, le 17 mars 1803.

— * Description physique de la Tauride (la Crimée), relativement aux trois règnes de la nature; trad. du russe en franç. *La Haye, Van Cleef*, 1788, in-8.

— * Esprit (de l') des économistes, ou les Économistes justifiés d'avoir posé, par leurs principes, les bases de la révolution française. *Brunswick*, 1796, 2 vol. in-8.

—Lettre à M. Crell, ou Observations sur le « Catalogue méthodique de la collection des fossiles de Mlle Raab par M. de Born.» *Brunswick*, 1797, in-8. — Seconde Lettre à M. Crell, ou Réflexions sur la minéralogie moderne. 1799, in-4.

—Lettre sur les volcans, à M. Zimmermann. *Brunswick*, 1797, in-8. — Seconde Lettre à M. le professeur Zimmermann, ou Observations sur le « Voyage de l'abbé Spallanzani dans les Deux-Siciles. » 1797, in-8.

—Recueil de noms, par ordre alphabétique, appropriés en minéralogie, aux terres et pierres, aux métaux et demi-métaux, et aux bitumes, avec un Précis de leur histoire naturelle et leurs synonymes, en lat., allem. et angl.; suivi d'un Tableau lithologique tracé d'après les analyses chimiques. *Brunswick*, 1801, in-4.

Une sec. édit. est citée par les Mémoires de l'Acad. de Saint-Pétersbourg.

— Traité de minéralogie, ou Description abrégée et méthodique des minéraux. *Maëstricht*, 1792, in-4.

L'auteur avait présenté cet ouvr. à l'Académie de Bruxelles, qui lui en témoigna sa satisfaction en lui demandant à le publier dans ses recueils.

Cet ouvrage a été réimpr. deux fois du vivant de l'auteur : la première avec des augmentations, à Helmstadt, 1796, in-4, et la seconde, à Dresde, en 1801, in-4 de VI et 248 pag., 6 fr.; et deux autres fois depuis sa mort : Mayence, 1808, ou Leipzig, Sommer, 1815, in-4, 4 fr.

On a encore du prince Galitzin des *Notes et Observations* sur l'histoire de la guerre entre la Russie et la Turquie par Kéralio, dont il a été l'éditeur (1773), un *Essai sur le quatrième livre de Végèce* (pour ce qui regarde les fortifications permanentes élevées au-dessus du terrein), inséré dans le Journal des Savants, août 1790, et plusieurs *Mémoires* dans les recueils de Sociétés savantes; un, entre autres, *sur les volcans éteints de l'Allemagne*, impr. dans le 5ᵉ vol. des Mémoires de l'Académie de Bruxelles, ancienne série.

Le prince de Galitzin a aussi publié : de l'Homme, de ses facultés intellectuelles et de son éducation, etc., dont il avait acquis le manuscrit (1773). Voy. HEL-VÉTIUS.

GALITZIN (le prince Boris). Contes moraux, trad. de l'angl. (1804). Voyez GOLDSMITH.

— Notes sur Esther. *Paris, J.-B.-N. Crapart*, 1790, in-12.

Le prince Boris de Galitzin a cultivé la poésie française, et a donné *Diogène et Glycère*, et d'autres morceaux du même genre dans «l'Almanach littéraire», pour 1788.

GALITZIN (la princ. Mich.), née comtesse Schouvaloff.

M. Ém. Dupré de Saint-Maur, dans son Anthologie russe, dit que l'on doit à cette princesse quelques ouvrages écrits en français : nous avouons n'en connaître aucun.

GALL (Jean-Joseph), médecin anatomiste allemand; né à Tiesenbrunn, dans le Wurtemberg, en 1738, mort à Mont-Rouge, le 22 août 1828.

— Anatomie et Physiologie du système nerveux en général, et du cerveau en particulier, avec des observations sur la possibilité de reconnaître plusieurs dispositions intellectuelles et morales de l'homme et des animaux, par la configuration de leurs têtes. *Paris, Schœll (* Maze)*, 1810-20, 4 vol. in-4 et atlas in-fol. de cent planch., 480 fr., ou texte tiré sur format in-fol., et atlas, 960 fr.

Avec Spurtzheim.

Il en a été imprimé concurremment une édition allemande, in-8, avec atlas in-fol.

Le doct. Adelon a publié, en 1818, une Analyse de cet ouvrage. Voy. ADELON.

— Le même ouv. (sec. édit.), sous ce titre : Sur les fonctions du cerveau, et sur celles de chacune de ses parties, avec des Observations sur la possibilité de reconnaître les instincts, les penchants, les talents, ou les dispositions morales et intellectuelles des hommes et des animaux par la configuration de leur cerveau et de leur tête. *Paris, l'Auteur (* Baillière)*, 1822-1825, 6 vol. in-8, 42 fr.

Une réclamation du libraire Baillière, acquéreur de cette dernière édition, insérée dans le Nº du Journal de librairie, ann. 1829, signale la différence qui existe entre ces deux éditions : si la première a de plus des planches qui ne font pas partie de la seconde, le dernier volume de la seconde contient 309 pag. qui n'ont été impr. que pour elle.

La sec. édit. de cet ouv. est divisée en quatre part., qui ont chacune un titre particulier, quoique ne se séparant pas : la prem. est intitulée : de l'Origine des qualités morales et des facultés intellectuelles de l'homme, et sur les conditions de leur manifestation, 2 vol. La seconde : De l'influence du cerveau sur la forme du crâne; difficultés et moyens de déterminer les qualités et les facultés fondamentales, et de découvrir le siége de leurs organes, un vol. — La troisième : Organologie, ou Exposition des instincts, des penchants, des sentiments et des talents, ou des qualités morales et des facultés intellectuelles fondamentales de l'homme et des animaux, et du siège de leurs organes, 2 vol. Enfin la quatrième est intitulée : Revue critique de quelques ouvrages anatomico-physiologiques, et Exposition d'une nouvelle philosophie des qualités morales et des facultés intellectuelles, un vol.

— Crânologie, ou Découvertes nouvelles concernant le cerveau, le crâne et les organes. *Paris.... in-8, 5 fr.

— Dispositions (des) innées de l'âme et de l'esprit, du matérialisme, du fanatisme et de la liberté morale. *Paris, Schœll*, 1812, in-8, 6 fr.

Avec Spurtzheim.

Ce volume est l'impression séparée des trois premières sections du second vol. du grand ouvrage intitulé : *Anatomie et physiologie du système nerveux en général*, etc.

— Introduction au Cours de physiologie du cerveau, ou Discours prononcé à la séance d'ouverture du cours public de l'auteur. *Paris*, 1808, in-8.

— Recherches sur le système nerveux en général, et sur celui du cerveau en particulier; mémoire présenté à l'Institut de France, le 14 mars 1808, suivi d'Observations sur le rapport qui en a été fait à cette compagnie par ses commissaires. *Paris, Haussmann*, 1809, in-4 avec planch. 15 fr., et pap. vél., 20 fr.

Avec Spurtzheim.

Le doct. Gall a participé au Dictionnaire des Sciences médicales : il a fourni quelques observ. sur les crânes au Voyage de CHOIS. *Voy. ce nom.*

Madame Gall songeait à vendre la propriété des

divers ouvrages in-4 et in-8 de son mari, afin qu'il pût être publié une édit. de ses OEuvres complètes : mais, si nous en jugeons d'après la réclamation du libraire Baillière, dont nous avons fait mention plus haut, cette édit. ne paraîtra pas de sitôt, un titre de propriété de la seconde édit. de l'ouvrage le plus important de ce savant docteur, s'opposant à la réimpression de cet ouvr. avant que la seconde soit entièrement écoulée.

GALLAIS (Jean-Pierre), historien; né à Doué (Maine-et-Loire), le 18 janvier 1756, mort à Paris, le 26 oct. 1820.

—Appel à la postérité sur le jugement du Roi. 18 janvier 1793, in-8. — IV.ᵉ édit. *Paris, Dentu*, 1814, in-8.

La prem. édit. est anonyme.

Cet écrit eut trois éditions consécutives. Le libraire qui le vendait (Weber) fut arrêté et guillotiné pour n'avoir pas voulu nommer l'auteur.

— Catastrophe du club infernal. 1793, in-8.

— Démocrite voyageur. *Paris*, 1791, in-8.

— Dialogues des morts. 1793, in-8.

Ces dialogues sont signés Pilpay.

— * Dix-huit (le) fructidor, ses causes et ses effets. *Sans nom de lieu, ni de libr.* (Hambourg), 1799, 2 vol. in-8.

Cet ouvrage a été publié pendant que l'auteur était déporté ou censé déporté à Cayenne.

— * Extrait d'un Dictionnaire inutile, composé par une société en commandite, et rédigé par un homme seul. *A 500 lieues de l'Assemblée nationale*, 1790, in-8.

— Histoire persane. *Paris*, 1789, in-8.

— Histoire de France, depuis la mort de Louis XVI jusqu'au traité de paix du 20 novembre 1815, pour servir de suite à «l'Histoire de France d'Anquetil». *Paris, Janet et Cotelle*, 1820, 2 v. in-8, 13 fr., ou 3 v. in-12.—Sec. édit. 1821, 3 v. in-12, 12 f.

L'Histoire de France de Gallais forme les vol. X et XI de celle d'Anquetil, dans le format in-8.

— Histoire du 18 brumaire et de Buonaparte. *Paris, L.-G. Michaud*, 1814-15, 4 part. in-8. — Histoire de la révolution du 20 mars, ou cinquième et dernière partie de l'Histoire du 18 brumaire et de Buonaparte. *Paris, Chanson*, 1815, in-8 : en tout 5 part. in-8.

La première partie de cet ouvrage a eu trois éditions en 1814. La quatrième n'est pas de Gallais.

La première partie d'une traduction allemande a été publiée à Strasbourg, chez Leroux, en 1814 : elle ne paraît pas avoir été continuée.

— Mœurs et caractères du XIXᵉ siècle. *Paris, Belin-Leprieur*, 1817, 2 vol. in-8, 13 fr.

— Tableau historique et chronologique des principaux événements de l'histoire du monde, depuis sa création jusqu'au 1ᵉʳ octobre 1820. *Paris, Maurice Schlesinger, éditeur; Alphonse Giroux; Jules Bossange*, 1820, bande de 10 mètres sur un rouleau, 6 fr.

Tableau composé pour l'instruction des enfants de l'auteur.

Gallais a fourni des articles à la *Biographie universelle*; il a rédigé la Table méthodique et analytique de la traduction de Tite-Live, par MM. Dureau de la Malle et Fr. Noël (1812), a donné trois éditions du Cours de littérature, etc. de Levisac et Moysant, et a revu les Essais de littérature française de Crawfurd. 1815, 3 vol. in-8. Gallais a travaillé aux journaux ci-après : 1° au *Journal général*, dirigé par l'abbé de Fontenai ; 2° au *Censeur des journaux* (du 20 août 1795 au 18 fructidor an v); 3° au *Nécessaire*, ou Courrier du Corps législatif (du 12 messidor an 17 fructid an vii); 4° à l'*Indispensable* (du 18 fructid. an vii au 2 brum. an viii); 5° au *Bulletin politique* (du 16 frimaire an iv au 28 nivose an viii); 6ᵇ au *Publiciste* (du 1ᵉʳ fructid. an viii au 5ᵉ jour complém. de l'an ix); 6° au *Journal de Paris* (du 1ᵉʳ fructid. an ix à la fin de juin 1811), et depuis la restauration, il a travaillé pendant quelque temps à la *Quotidienne*.

Il a laissé en manuscrit une seconde édit., augm., du *Dix-huit fructidor*, ses causes et ses effets, 2 vol. in-8 ; et des *Considérations sur les choses et sur les hommes de la révolution*. Ce dernier est inédit.　　*Mah.*

GALLAND (Aug.), conseiller d'état; né vers 1570, mort vers 1645.

— Traité historique et très-curieux des anciennes enseignes et étendarts de France, par Aug. GALLAND; ouvrage suivi d'une Dissertation importante sur le même sujet, par M. P*** (PONCELIN). *Paris, Lamy*, 1782, in-16.

L'édition originale de l'ouvr. de Galland est de Paris, 1637, in-4.

Avant cette réimpression, Sauval avait déjà inséré cet ouvrage dans le tom. II des Antiquités de Paris.

Galland est auteur de plusieurs autres ouvrages, mais qui n'ont pas été réimprimés depuis le commencement du xviiiᵉ siècle.

GALLAND (Antoine), orientaliste et numismate, membre de l'Académie des inscriptions, professeur d'arabe au collège royal de France; né à Rollot, près Montdidier en 1646, mort le 17 février 1715.

— Contes et Fables indiennes de Bidpai et de Lockman, trad. du turc (1724). Voy. VICHNOU-SARMÁ.

— * Histoire de la sultane de Perse, trad. de l'arabe (1707). Voy. CHECZADÉ.

— Mille (les) et une Nuits, contes arabes, trad. en franç. (1704-08). Voy. ce titre à la Table des Anonymes.

— * Observations sur quelques médailles de Tétricus le père, et d'autres tirées du cabinet de M. Ballonseaux. *Caen*, 1701, in-8.

— Paroles remarquables, bons mots et maximes des Orientaux, traduits de leurs ouvrages arabes, persans et turcs, avec des remarques. Nouv. édit. *Paris*, 1708, 1730, in-12.

Il y a des exemplaires de la dernière édition qui portent le titre d'*Orientaliana*.

La première édition de ce volume est de Paris, 1694.

Sous le titre de *Paroles remarquables*, cet ouvrage a été aussi réimprimé à la suite de la « Bibliothèque orientale », édit. de 1776, in-fol., et de 1777, in-4.

— Relation de l'esclavage d'un marchand français de la ville de Cassis, à Tunis. (Ouvr. posth. Nouv. édit., publ. par M. Jourdain). *Paris, Ferra*, 1808, in-12.

Cet ouvrage a été impr. d'abord par les soins de M. Langlès dans le Magasin encyclopédique de 1809, tom. Ier et tom. II.

Galland est auteur de plusieurs autres ouvrages, mais leur impression est antérieure au XVIIIe siècle, et leur indication sort du plan que nous nous sommes tracé : on en trouve du reste la liste dans la Biographie universelle. Nous terminerons par indiquer quelques écrits de Galland, impr. dans des recueils et qui appartiennent encore au dix-huitième siècle : 1° le *Journal de Trévoux* contient de lui : Lettres sur deux médailles de Gratien, juillet 1701 ; Observations sur l'explication d'une médaille grecque de Caracalla, sept. 1701 ; Lettres concernant la découverte d'une médaille antique du tyran Amandus, et la description de quelques autres médailles curieuses, nov. 1701; Lettre à M. Morel, à l'occasion de sa Lettre latine touchant les médailles consulaires : ces lettres ont été traduites en latin, et insérées avec quelques autres antérieures de Galland, dans la *Bibliotheca nummaria*, de Banduri, de l'édit. de J. A. Fabricius, Hambourg, 1719 in-4. 2° les *Mémoires de l'Académie des inscriptions*, vol. I à III, renferment dans leur part. histor. l'analyse de neuf dissertations, et les Mém. un *Discours sur quelques anciens poètes français et quelques romans gaulois peu connus* (tom. III, 1717); enfin une Dissertation sur une médaille grecque de l'empereur Diaduménien, frappée à Éphèse, impr. dans le Mercure de mai 1739. Galland a laissé quinze ouvrages inédits dont la Biographie universelle donne la liste.

Cet académicien a eu beaucoup de part au Ménagiana, ainsi qu'à la Bibliothèque orientale de d'Herbelot, qui mourut avant que l'ouvrage fût entièrement imprimé. La préface de ce dernier ouvrage est de Galland.

GALLAND (Julien-Claude), neveu du précédent.

— Recueil des rites et cérémonies du pélerinage de la Mecque, auquel on a joint divers écrits relatifs aux sciences et aux mœurs des Turcs. *Paris*, 1754, in-12.

— Relation de l'ambassade de Méhémet-Effendi à la cour de France, trad. en franç. (1757). Voyez ce titre à la Table des Anonymes.

On a encore du même auteur le récit de la prise de Constantinople par les Turcs, trad. d'un écrivain grec, et qui est resté manuscrit.

GALLAND (A.), membre de la Commission des sciences et arts d'Égypte.

— *Antonio, ou les Tourments de l'amour et ses douces illusions dans un cœur sensible, par A. G....n. *Paris, Favre*, 1797, in-8 et in-12.

— Bataille (la) d'Austerlitz, ou la Mémorable journée des trois empereurs, à-propos en 2 actes, à grand spectacle et en prose, mêlé de vaud. *Lyon, F. Matheron*, 1806, in-8.

— Extrait de mes opinions politiques pendant la révolution. *Paris, Michaud*, 1815, in-8 de 16 pag.

— Réflexions politiques et philosophiques, ou Coup-d'œil impartial sur la révolution de France, et sa constitution de 1795, etc. 1796, br. in-8.

— Retour (du) des Bourbons en France, et du gouvernement patern. de Louis XVIII. *Paris, l'Auteur*, 1815, in-8 de 32 pag.

— * Sort (le) des femmes, suivi des Infortunes de deux jeunes amants. *Paris, Conort*, 1797, in-12.

Réimpr. avec le nom de l'auteur, sous ce titre : *le Sort des femmes, ou le Club d'amour, suivi des Infortunes de deux amants*. Nouv. édit. Paris, Galland, 1809, in-12, fig.

— Tableau de l'Égypte pendant le séjour de l'armée française en Orient ; suivi d'une Notice sur l'économie politique de ce pays. Par A. G....n. *Paris, Cérioux*, 1803, 1804, 2 vol. in-8.

Sous le nom de A. Galland de la Tour, cet écrivain a donné une nouvelle édition, augmentée du Dictionnaire des particules de Pomey (1821). Voy. Pomey.

GALLAND (Zacharie), de Poitiers.

— Conservation (de la) du numéraire en France. *Paris, Laurent-Beaupré*, 1816, in-8 de 16 pag.

— Vœu d'un Français pour parvenir à payer la dette arriérée de l'état, sans augmentation d'impôts. *Paris, le même ; Chassaigneau aîné*, 1814, in-8 de 24 pag.

GALLAND (P.-J.). Cours complet d'instruction, à l'usage des jeunes demoiselles, et convenable aux jeunes gens qui n'ont pas été à portée de suivre les études de collége, ou qui les ont suivies imparfaitement. Sec. édit., rev., corr. et considérablement augm. *Paris, A. Eymery ; l'Auteur*, 1826, 6 vol. in-12, avec 32 pl., 24 fr.

La prem. édit., publ. en 1817, sous le titre de Cours pratique d'éducation, ne forme que 3 vol. avec 29 planches.

— Cours élémentaire d'instruction pour l'enfance, extrait du grand Cours, etc., avec les changements convenables à cet âge. Sec. édit. *Paris, Eymery*, 1826, 2 vol. in-12, 6 fr.

La prem. édit. de cet abrégé, publiée aussi en 1817, sous le titre d'Éducation complète de l'enfance, ne forme qu'un volume.

— Principes élémentaires de lecture, d'écriture, de musique et de dessin, extraits du Cours pratique d'éducation. *Paris, A. Eymery*, 1817, in-12, 2 fr.

GALLAND (A.), pasteur. Passion (la),

32

ou Discours évangéliques, prononcés dans l'église française de Berne, dans les années 1817, 1818 et ann. suivantes. *Paris, Servier; l'Auteur*, 1825, in-8, 5 fr.

GALLANDAT (A. Van). Précis de la doctrine de M. A. Van Solingen, docteur en philosophie et en médecine, par laquelle le mécanisme de l'accouchement est réduit à un seul principe général. *Bruxelles, Demat*, 1823, in-8.

GALLARD (l'abbé). Éloge de messire J. B. Charles-Marie de Beauvais, par l'éditeur de ses sermons. *Paris, Ange Clo*, 1817, in-12 de 60 pag.

Ce n'est que la moitié de l'Éloge. L'auteur est mort avant d'en avoir publié la fin. *Barb.*

GALLATIN (J.-L.), médecin de la Faculté de Montpellier; né à Genève en 1751, mort en 1783.
— Dissertatio de aquâ. In-4.
— Observations sur les fièvres aiguës. 1781, in-8.

GALLATIN (Abraham-Albert-Alphonse de), ministre des finances de l'Union, ancien ambassadeur des États-Unis en France, et depuis ambassadeur à Londres (en 1826); né à Genève, le 28 janvier 1761.
— Discours prononcé à Union-Town, au nom des habitants du comté Lafayette, le 25 mai 1825. *Paris, imp. de Rignoux*, 1826, in-8 de 16 pag.

Extrait de la « Revue encyclopédique ».

— Esquisse des finances des États-Unis. *New-Yorck*, 1796, in-8.
— Histoire de la navigation intérieure, et particulièrement de celle des États-Unis de l'Amérique, trad. par J. CORDIER. *Paris, F. Didot*, 1820, in-8, 7 fr. 50 c.

Cet ouvrage fait suite à celui de Philips sur le même sujet. Voy. PHILIPS.

GALLAY (l'abbé), professeur de philosophie au collége de Perpignan.
— Discours sur la naissance de S. A. R. Mgr le duc de Bordeaux, prononcé le 6 mai 1821 dans l'église de Notre-Dame de la Réal. *Perpignan, J. Alzine*, 1821, in-8 de 16 pag.

GALLAY-BRIÈRE (J.). Recherches sur la cause extraordinaire des chaleurs de l'année 1822. *Lyon, Laurent*, 1822, in-8 de 16 pag.

GALLÉ (François), médecin de l'état civil et du bureau de charité du XIe arrondissement.
— Observation clinique, précédée et suivie de quelques Réflexions sur la véritable situation de la médecine, ou nouvel Examen des doctrines médicales. *Paris, Pillet aîné; l'Auteur*, 1826, in-8 de 28 pag.

GALLEREUX, médecin à Tonnerre.
— Avis au peuple sur la cataracte. *Paris, imp. de Migneret*, 1826, in-8 de 24 pag.
— Mémoire sur les soins à donner aux personnes qui ont été opérées de la cataracte. *Paris, imp. de Mme Ve Jeunehomme*, 1816, in-8 de 24 pag.

GALLESIO (Georges), auditeur au Conseil-d'état, etc.
— Traité du citrus. *Paris, Louis Fantin*, 1811, in-8, 6 fr.

GALLET (.........), chansonnier et aut. dram.; né vers 1700, mort à Paris en juin 1757.
— * Voltaire âne, jadis poète. *En Sybérie, de l'imp. volontaire*, 1750, in-12 de 39 p.

On trouve dans cette brochure une pièce en un acte et en prose, intitulée *la Pétarade, ou Polichinel auteur*, pièce qui n'a point encore paru en foire, et qui n'y paraîtra peut-être jamais : cette pièce a été imprimée aussi séparément la même année, in-8.
C'est la seule pièce de Gallet qui ait été imprimée.
Les Chansons et couplets de Gallet n'ont jamais été réunis, mais on les trouve dans différents recueils, notamment dans ceux de Pirou et de Collé. *Voy. ces noms.*

GALLET (Séb.), maître de ballets.
— Acis et Galathée, ballet héroïque en 3 actes. *Bordeaux, Ph. Philippot*, an VIII (1800), in-8.
— Bacchus et Ariane, ballet héroïque (en un acte). *Paris, de l'impr. civique*, 1791, ou *Bordeaux, Racle et Barrée*, an IV (1796), in-8.

Réimpr. à Vienne en Autriche en 1806, avec une traduction allemande en regard, in-8.

— Journée (la) de l'amour, divertissement anacréontique. *Sans nom de ville, ni d'imp., et sans date*, in-8.

Ce n'est qu'une lettre de l'auteur contenant le programme très-succinct de ce ballet.

— Pizzaro, ossia la Conquista del Peru, ballo tragico (in cinque atti). *Milano, Bianchi*, 1786, in-12.

On lui doit encore *Il ratto delle Sabine*, autre ballet, impr. dans un opéra impr. en Italie.

GALLET (P.). A l'Europe et au gouvernement anglais, ou Aperçu sur les causes de la guerre, et les résultats pour la puissance agressive. *Paris*, 1803, in-8.
— Bythis, ou l'Esclave africain. *Paris*, 1803, in-12.
— Choix des meilleurs morceaux de la littérature russe, trad. en franç. (1801). Voy. ce titre à la Table des Anonymes.

— Commentaire politique du poëme de la Piété (de Jacq. Delille), suivi de l'Analyse morale et littéraire du poëme. *Paris*, 1803, in-8, 1 fr. 50 c.

— Dieu, poëme épique en VIII chants. *Paris, Artaud*, 1799, in-8 de 250 pag., 3 fr.

— Épître à Bonaparte. *Paris*, 1800, in-8.

— Examen analytique et raisonné de la déclaration du roi d'Angleterre, avec les développements relatifs à la justification de la France. *Paris*, 1803, in-8.

— Galerie politique, ou Tableau historique, philosophique et critique de la politique étrangère, où se trouvent l'Aperçu des événements qui ont contribué à l'élévation, à la gloire et à l'abaissement de chaque état; ses rapports politiques; l'analyse de divers traités, et les portraits des monarques, ministres, généraux, etc., qui ont influé sur le sort et la politique de l'Europe depuis 1780. *Paris, Buisson*, 1805, 2 vol. in-8, 9 fr.

— Lérixa, chef de voleurs, victime de l'ambition fraternelle, chez les solitaires des Apennins. *Paris*, 1803, 2 vol. in-12, 3 fr.

— Précis sur la paix, contenant le tableau de la situation politique de la France envers les puissances armées, et les moyens propres à accélérer l'œuvre de la pacification. *Paris, Lefort*, 1799, in-8 de 28 pag.

— * Première promenade d'un solitaire provincial depuis le faubourg Saint-Honoré jusqu'au palais du Tribunat. *Paris, Fuchs*, an x (1802), in-12, 1 fr. 25 c.

— Puissances (les) de l'Europe au tribunal de la vérité, poëme en III chants. *Paris*, 1799, in-8.

— Thaïra et Fernando, ou les Amours d'une Péruvienne et d'un Espagnol. *Paris, Fuchs*, an x (1802), in-12, fig., 2 fr.

— Véritable (le) Évangile. *Paris*, 1793, in-8.

— Voyage d'un habitant de la lune à Paris, sur la fin du XVIII° siècle. *Paris*, 1803, in-12, 2 fr.

— Voyage sentimental de Paris à Berne. *Paris, Pilardeau ; Pigoreau ; Fuchs*, an IX (1801), 2 tom. in-12, fig., 3 fr.

— Zéir et Zulica, histoire indienne. *Paris, Fuchs*, 1801, 2 vol. in-12, 3 fr.

GALLET (Félix), de Châteauneuf-sur-Loire.

— Grammaire (la) française, par tableaux analytiques et raisonnés, soumis à l'examen de l'Institut national. *Paris, Fuchs*, an IX (1801), gr. in-4 de VI et 84 pag., 3 fr.

GALLET. Catéchisme politique fondé sur les maximes des législateurs anc. et modernes. *Patris, imp. de C. F. Trouvé*, 1822, in-8 de 60 pag.

GALLIA (J.-M. Aris....d'). Pseud. Voy. DEMONVEL.

GALLIEN (Mlle J.). Voy. WYTTENBACH.

GALLIEN. Escamoteur (l') habile, ou l'Art d'amuser agréablement une soirée, etc.; contenant les tours de cartes et de passe-passe les plus nouveaux, l'art de faire des chansons impromptues, les principes du jeu des gobelets, etc. *Francfort, Andréa*, 1816, in-18 avec 72 fig. en bois.

GALLIFFET (le P. Jos. de), jésuite.

— * Excellence de la dévotion au cœur adorable de Jésus-Christ. *Nanci, Vᵉ Balthasar*, 1745, in-4.

L'ouvrage a été composé en latin et publié à Rome par le P. J. Galliffet, ensuite trad. en franç. avec des additions par l'auteur.   *Barb.*

— Le même ouvrage. VIᵉ édit., revue et augm. (par l'abbé de LA NEUVILLE). *Paris, Rusand*, 1819, 2 vol. in-12, 7 fr. 50 c.

— Exercices des principales vertus de la religion chrétienne. *Lyon, Vᵉ de la Roche*, 1741, in-12.

— Psautier de la sainte Vierge, trad. du lat. (....). Voy. BONAVENTURE (S.).

GALLIMARD (Jean-Edme), mathématicien médiocre; né à Paris en 1685, où il mourut le 12 juin 1771.

— Algèbre (l'), ou l'Arithmétique littéraire démontrée. *Paris*, 1740, in-8.

Ce sont deux tables, chacune en une feuille.

— Alphabet raisonné pour la prompte et facile instruction des enfants. 1757, in-12.

— * Arithmétique (l') démonstrative, ou la Science des nombres rendue sensible. *Paris*, 1740, in-12.

— * Arithmétique des musiciens. *Paris*, 1754, in-8.

— Géométrie élémentaire d'Euclide, avec des Suppléments. *Paris*, 1736, 1749, in-12.

— Méthode théorique et pratique d'arithmétique, d'algèbre et de géométrie, mise à la portée de tout le monde. 1753, in-16.

— Pont (le) aux ânes méthodique, ou nouveau Barème pour les comptes-faits. *Paris*, 1757, in-8.

— Science (la) du calcul numérique, ou Arithmétique raisonnée. *Paris*, 1750, 2 vol. in-12.

— Sections (les) coniques, et autres courbes, traitées profondément. *Paris*, 1752, in-8.

—Théorie des sons applicable à la musique. *Paris*, 1754, in-8.

GALLIMARD (P.-J.), fils du précédent, professeur de grammaire française, d'écriture et de calcul.

— Architecture des jardins. *Paris*, *Mondhare*, sans date, in-fol., 66 pl., non compris le frontispice gravé, sans texte.

— Arithmétique des dames et des demoiselles, ou les Éléments du calcul rendus plus faciles et plus simples; ouvrage faisant suite au « Vélocifère grammatical » (de Mlle. Stéph. Warchouf), méthode unique en son genre pour apprendre la langue française et l'orthographe en chantant. IVe édit. *Paris*, * *Le Normant; Martinet; l'Auteur*, sans date (1808), in-12 de 60 p., 1 fr.

— Catéchisme grammatical, ou Méthode simple et facile, à l'usage des enfants du premier âge, contenant une explication précise de toutes les parties du discours, réduites en vingt leçons; suivi d'un petit Traité de calcul. *Paris, l'Auteur; Delacour*, 1811, in-12, 1 fr.

— Éléments de la langue française par demandes et par réponses. *Paris*, *Picard*, 1800, in-12.

— Grammaire, ou Méthode pour apprendre en trois mois les vrais principes de la langue française. Sec. édit. *Paris*, *Poignée*, 1801, in-12, 1 fr. 25 c.

— Guide (le) de l'enfance, ou l'Aimable précepteur. *Paris, Gagnard*, 1805, in-12.

— Guide (le) des instituteurs et institutrices. *Paris*, *Laurence*, 1810, in-8.

— Jeu analytique grammatical pour apprendre la langue française. *Paris*, an XI (1803), in-8.

— Préceptes abrégés et élémentaires de rhétorique. *Paris, Le Normant*, 1803, in-12.

— Rudiment des dames. XIIe édit. *Paris*, *Le Normant*, 1809, in-12.

GAILLOT (Ch.), génovéfain. * Dissertation sur le dieu Sérapis, ou l'on examine l'origine, les attributs de cette divinité. *Paris*, 1760, in-8 de 78 pag.

Il a été tiré quatre exempl. de cette Dissertation, de format in-4.   *Barb.*

GALLISTINES (Auguste), docteur en droit, membre des Athénées de Paris, de Vaucluse, etc.

— * Amour (l') et le mariage, épître à Hortense. *Paris, impr. de Leblanc*, 1815, in-18 de 18 pag.

— * Bonaparte à Bethléem, noël chanté pour la première fois dans un réveillon, etc.;

suivi de quelques autres opuscules. *Paris*, imp. du même, 1815, in-8 de 24 pag.

— *Diable (le) boiteux à Paris, com. épisodique en un acte et en prose. *Paris*, *Delaunay*, 1814, in-8.

— Poésies fugitives, érotiques et philosophiques. *Paris, imp. de Leblanc*, 1815, br. in-18.

GALLITZIN. Voy. Galitzin.

GALLIX (J.-C.-B.). Géographie, avec un Abrégé de la sphère, ainsi que les limites de l'Europe, par demandes et réponses. *Valence, Montal*, 1817, in-12, 2 fr.

GALLOIS (J.-Ant.-Gauvain), ancien tribun, correspondant de l'Institut.

— Retour (le) de l'âge d'or, ou le Règne de Louis XVI, poème. 1774, in-12.

— Science (la) de la législation, trad. de l'ital. (1786). Voy. Filangieri.

M. Gallois a fourni des notes à la traduction de l'Examen du gouvernement d'Angleterre, etc., de Livingston (1789). *Voy. ce dernier nom.*

GALLOIS, ingénieur en chef des mines.

Le *Journal des mines* renferme de lui les trois Mémoires suivants : Sur les mesures à observer dans la disposition des foyers de forge, et sur les instruments qui servent aux ouvriers pour la détermination de ces mesures (tom. XXIV, 1808). — Nécessaire du métallurgiste composé d'instruments propres à déterminer, d'une manière prompte et facile, les diverses dispositions des foyers de forges et fourneaux (id., id.). — Mémoire sur les mines de houille du département de Montenotte, et en particulier sur celle de Cadibona (tom. XXV, 1809).

GALLOIS (Léon.-Ch.-And.-Gust.).

— Almanach des électeurs de Paris et des départements. *Paris*, *de l'imp. de Guiraudet*, 1824, in-18 de 108 pag.

Réimpr. la même année.

— Biographie de tous les ministres, depuis la constitution de 1791 jusqu'à nos jours. *Paris*, *marchands de nouveautés* (A. Leroux), 1825, in-8, avec un frontispice gravé, 8 fr.

Réimpr. la même année. Cette dernière édit. a été reproduite sous le titre de *Dictionnaire historique de tous les ministres depuis la révolution.* Paris, Charles-Béchet, 1827, in-8.

— Biographie des contemporains. Par Napoléon. *Paris*, *Ponthieu*, 1824, in-8, 6 fr.

On a réuni, sous ce titre, les divers jugements prononcés par Napoléon sur ses contemporains, qui se trouvent dans les ouvrages de MM. O'Méara, Las-Cases, Gourgaud et Montholon et autres. L'éditeur de ce volume a ajouté, en tête de chaque jugement, une courte Notice biographique sur chaque personnage dont il est fait mention.

— Caravane (la) dramatique, ou les Virtuoses aventuriers. *Paris*, *Charles-Béchet; Corbet aîné; Pigoreau*, 1827, 3 vol. in-12, 9 fr.

—Carbonaro (le), nouvelle historique,

recueillie par un voyageur, et publ. par Léon. Gallois. *Paris, J. Brianchon ; Ponthieu*, 1825, 2 vol. in-12, 5 fr.

— * Cinq jours de l'histoire de Naples, trad. de l'ital. (1820). Voy. COLLETTA.

— Citateur (le) dramatique, ou Choix de maximes, sentences, axiomes, apophtegmes et proverbes en vers, contenus dans tout le Répertoire du Théâtre-Franç. *Paris, Barba ; Delaunay, etc.* 1822, in-18, 3 fr.

Ce volume a été reproduit en 1823, 1825 et 1827.

— * Couronne poétique offerte à l'auteur de l'Épître à Zelmire. *Paris, de l'imp. de Stahl*, 1827, in-8 de 54 pag.

— * Éloge funèbre de Napoléon, prononcé sur sa tombe, le 9 mai 1821, par le grand-maréchal Bertrand. *Paris, de l'imp. de Doublet*, 1821, in-8 de 16 pag.

Cet éloge a eu trois autres éditions.

— * Grandes (les) marionnettes. *Paris,...* br. in-8, 1 fr.

— Histoire abrégée de l'inquisition d'Espagne (de Llorente). *Paris, Chassériau*, 1823. — VIe édit., précédée d'une Notice sur la vie et les écrits de Llorente, et augm. d'une Lettre de M. Grégoire, anc. évêque de Blois, à dom Ramond Joseph de Arce, grand-inquisiteur général de l'Espagne. *Paris, Brissot-Thivars*, 1828, in-18, 3 fr. 50 c.

— Histoire abrégée de Paris, d'après Grégoire de Tours, Sauval, Saint-Foix, Mercier, Jouy, Dulaure et plusieurs autres. *Paris*, 1824, 2 vol. in-18.

Avec E. de Monglave.

— Histoire de Joachim Murat. *Paris, de l'imp. de Barthélemy*, 1828, in-8, 7 fr.

— Histoire de Napoléon, d'après lui-même. *Paris, Charles-Béchet; Ponthieu*, 1825, in-8, avec 2 portr., 8 fr.

Réimpr. en 1825, en 1827 et en 1828.

— La même en espagnol : Historia de Napoleon, segum el mismo, y traducida en espanol, por J. VALARINO. *Paris, Mame y Delaunay-Vallée*, 1825, 3 vol. in-18, 13 fr. 50 c.

— Histoire des six derniers mois de la vie de Joachim Murat, traduite de l'italien; (1821). Voy. COLLETTA.

— * Histoire du singe de Napoléon. *Paris, de l'imp. de Guiraudet*, 1821, 1822, in-8 de 16 pag.

— Louise, ou l'Élève du Conservatoire. *Paris, Ponthieu*, 1827, in-12, 3 fr.

— * Parapluie (le) patrimonial. *Paris, de l'imp. de Hardy*, 1822, in-8 de 16 pag.

L'auteur de cet écrit ayant été reconnu coupable du délit d'offense envers l'un des membres de la fa-

mille royale, a été condamné par arrêt de la Cour royale, du 11 novembre 1822, à trois mois d'emprisonnement et à 500 fr. d'amende.   *Barb.*

— * Pétards (les) et cætera ; par celui qui va écouter aux portes. *Paris, de l'imp. de Guiraudet*, 1821, in-8 de 8 pag.

Cette petite brochure fut saisie le lendemain de sa publication. L'auteur ne fut point mis en jugement, parce qu'il consentit que la saisie de tous les exemplaires fût définitive.   *Barb.*

— Promenade à Sainte-Pélagie, ou Petit Manuel à l'usage des journalistes, des hommes de lettres, de tous ceux qui ont des dettes, etc. *Paris, A. Leroux*, 1823, br. in-18, 1 fr. 25 c.

— * Qu'en dis-tu, citoyen ?.... *Paris, de l'imp. de Hardy*, 1822, in-8 de 24 p.

Cet écrit a eu deux autres éditions.

— Six mois en Espagne, etc., traduit de l'ital. (1822). Voy. PECCHIO (Joseph).

— Suicide (le). *Paris, marchands de nouveautés*, 1824, in-12, 3 fr.

— Sur la catastrophe de l'ex-roi de Naples Joachim Murat, etc., trad. de l'ital. (1823). Voy. COLLETTA.

— Trois actes d'un grand drame (scènes historiques). *Paris, Brissot-Thivars*, 1828, in-8, 7 fr.

Les trois actes sont : le Dix-huit brumaire, l'Abdication à Fontainebleau, et le Vingt mars.

— Trois mois en Portugal, en 1822, etc, traduit de l'ital. (1822). Voy. PECCHIO.

— Vérité au Roi, quand même !... *Paris, Ponthieu*, 1824, in-8.

On doit aussi à M. Léon Gallois une édit. de l'histoire de France d'Auquetil, avec une nouv. continuation depuis la mort de Louis XVI jusqu'au sacre de Charles X. (1829, 9 vol. in-8).

GALLOIS-MAILLY (Th.). Mort (la) de Duguesclin, poëme. *Paris, Dentu*, 1812, in-8 de 40 pag.

Voy. aussi LEGALLOIS.

GALLOIX (J.-Jacq.). Alzeda, tragédie en 3 actes et en prose, fait historique tiré des anecdotes de la cour de Perse. *Avignon, Bérenguier*, 1813, in-8.

— Bon (le) mari, comédie en 3 actes. *Genève*, 1778, in-8.

— Discours sur l'éducation d'un jeune homme. *Berlin*, 1773, in-8.

GALLON (Mme). Voy. FOURQUEUX (Mme).

GALLON DE LA BASTIDE. Éloge de Corneille. 1808, in-8.

— Œuvres complètes de Tacite (traduction nouvelle des) (1812). Voy. TACITE.

— Tableau littéraire de la France au XVIIIe siècle. 1808, in-8.

Gallon de la Bastide a traduit plusieurs ouvrages de Cicéron. Voy. CICÉRON.

GALLOPHILE, pseudonyme. Voy. Bri-
zard (G.).

GALLOT (J.-Gabr.), médecin de Montpellier, député du départ. de la Vendée,
secrétaire du comité de salubrité de l'Assemblée nationale.
— Observations sur le projet d'instruction
publique, lu par M. Talleyrand-Périgord,
au nom du comité de constitution, et sur
le projet de décret sur l'enseignement et
l'exercice de l'art de guérir, présenté par
le comité de salubrité. 1791, in-8.
— Recueil d'observations, ou Mémoire sur
l'épidémie qui a régné en 1784 et 1785
dans la Chataigneraye en Bas-Poitou; suivi
d'un Supplément sur les maladies régnantes
pendant l'année 1786. Poitiers, Barbier,
1787, in-4.
— Vues générales sur la restauration de
l'art de guérir, lues à la séance publique
de la Société de médecine de Paris, le 31
août 1790, et présentées au comité de salubrité de l'Assemblée nationale, le 9 octobre;
suivies d'un Plan d'hospices ruraux, pour
le soulagement des campagnes. 1790,
in-8.

GALLOT (L.-D.-S.), médecin, membre
de la Société médicale d'émulation de Paris.
— Recherches sur la teigne, suivies des
moyens curatifs nouvellement employés
pour la guérison de cette maladie. 1803,
in-8, 2 fr.

GALLUS (Cneus, ou Publius Cornelius),
l'un des plus célèbres élégiaques romains.
Les divers fragments attribués à cet ami de Virgile qui nous sont parvenus, ont été souvent impr.
à la suite des Poésies de Catulle, Tibulle et Properce. Voy. Catulle.

GALLUS, pseudon. Voy. Harmensen.

GALLY (P.), de Gaujac. Relation des
sociétés établies en Angleterre et en Irlande, pour la réformation des mœurs,
trad. de l'angl. (1701). Voy. ce titre à la
Table des Anonymes.

GALLYOT (le P.) génovéfain. * Instructions chrétiennes sur la prière, traduites
du latin en français, d'après le catéchisme
de Montpellier, en 2 vol. in-fol. Paris, Simart, 1728, 2 vol. in-12.

GALOIS (Gabriel), président du bureau
de charité et maire de la commune du
Bourg-la-Reine; mort à Paris, en août
1827.
— Éloge funèbre de Barthélemy Carlu,
ancien manufacturier, adjoint du maire,

prononcé sur sa tombe le 11 août 1823.
Paris, Mongie aîné, 1823, in-4 de 8 pag.,
50 c.
— Pierrot, ou tout le monde paie, prolo-
gue-parade, représenté pour la prem. fois,
au Bourg-la-Reine, le 22 avril 1819, etc.
Paris, Pillet aîné, 1819, in-8 de 20 pag.

GALON. * Conférence de l'ordonnance
sur les eaux et forêts. Paris, 1725, 1752,
2 vol. in-4.

GALON, colonel d'infanterie, ingénieur
en chef au Havre, correspondant de l'A-
cadémie des sciences.
— Art (l') de convertir le cuivre rouge ou
cuivre de rosette en laiton ou cuivre jaune.
Paris, 1764, in-fol. avec 18 pl., 8 fr.
Cet Art fait partie de l'édition in-fol. des Descrip-
tions des arts et métiers, faites ou approuvées par
Messieurs de l'Acad. roy. des sciences, et du tom VII
de la nouvelle édition in-4, faite à Neuchâtel, avec
des observations et des augmentations par J. E.
Bertrand.
— Art (l') du tuilier et briquetier (1760).
Voy. Duhamel.

GALOTTI. Sicut erat in principio et
nunc et semper. Paris, impr. de Lanoé,
1820, in-8 de 8 pag.
Cette brochure est en français.

GALPIN (le P.). * Exercice de dévotion
à saint Louis de Gonzague, trad. de l'ital.
par P. Jos. Picot de Clorivière. Paris,
Lesclapart, 1785, in-12.

GALT (John), romancier écossais du
XIXᵉ siècle.
— Chroniques (les) écossaises, contenant
les Annales de la paroisse, et le Prévôt;
trad. de l'angl. par le trad. des romans
de W. Scott (M. Defauconpret). Paris,
Lecointe et Durey, 1824, 3 vol. in-12,
9 fr.
Les Annales de la paroisse, ainsi que le Prévôt,
ont été publiés séparément en anglais par l'auteur.
— Lairds (les) de Grippy, ou le Domaine
substitué; trad. de l'angl. par le traducteur
des romans de sir W. Scott (Defauicon-
pret). Paris, Lecointe et Durey; Ch. Gosselin, 1823, 4 vol. in-12, 10 fr.
— Rothelan, roman historique; trad. de
l'anglais par Defauconpret. Paris, Ch.
Gosselin; Mame-Delaunay et Vallée, 1825,
3 vol. in-12, 7 fr. 50 c.
Faisant partie de la Bibliothèque des romans anglais et américains.
— * Sir André Wylie, roman écossais;
trad. de l'angl. par le traducteur de « Pe-
veril du Pic (M. Defauconpret)». Paris,
Lecointe et Durey; Ch. Gosselin, 1823,
4 vol. in-12, 10 fr.

Nous connaissons encore de John Galt divers ouvrages qui n'ont pas été traduits en français.

GALTIER (J.-Louis, et, suivant d'autres, J. Fréd.), avocat au parlement de Paris; né à Saint-Symphorien, mort le 17 octobre 1782.

— * Céramiques (les), ou les Aventures de Nicias et d'Antiope. *Londres (Paris),* 1760, 2 vol. in-12.

— * Confessions (les) de mademoiselle de Mainville à son amie. *Paris, Dufour,* 1768, 3 vol. in-12.

— * Monde (le), trad. de l'angl. (1756). Voy. MOORE.

GALTIER (Pierre-Julien). Valets (les) confidents, com.-vaud. en un acte. *Neufchâteau, impr. de Beaucalin-Robin,* 1822, in-8.

GALTIER neveu. Essai sur l'éducation publique. *Toulouse, imp. de Bellegarigue,* 1825, in-8 de 36 pag.

GALUZZI (Riguccio). Histoire du grand duché de Toscane sous le gouvernement des Médicis, trad. de l'italien en franç. (par LEFÈVRE DE VILLEBRUNE et Mlle de KÉRALIO). *Paris,* 1782-1783, 9 vol. in-12.

GAMA, chirurgien en chef, prem. professeur de l'hôpital militaire de Strasbourg.

— Discours prononcé à l'hôpital militaire d'instruction de Strasbourg, le 12 nov. 1822, dans la séance publique destinée à la distribution des prix. *Strasbourg, Levrault,* 1823, in-8 de 32 pag.

GAMACHES (Étienne-Simon de), chanoine régulier de Sainte-Croix de la Bretonnerie, membre de l'Académie des Sc.; né à Meulan, dans l'Ile-de-France, en 1672, mort à Paris, le 7 février 1756.

— * Agréments (les) du langage réduits à leurs principes. *Paris, J. Cavelier,* 1718, in-12.

C'est, au jugement de l'abbé Sabathier, de tous les ouvrages de Gamaches celui qui fait le plus d'honneur à sa sagacité et à son goût. L'abbé Goujet lui reproche d'avoir manqué de méthode, de s'être appesanti sur des objets minutieux, et d'en avoir négligé d'autres plus intéressants. Un homme d'esprit a appelé ce livre le *livre des pensées fines,* parce qu'il en contient beaucoup, et même en trop grand nombre.

Cet ouvrage ne se trouve que par extraits dans les Dissertations philosophiques et littéraires du même auteur, Paris, 1755, in-12, quoique quelques exemplaires de celles-ci portent le titre d'*Agréments du langage,* nouv. édit.

Gamaches ayant publié en 1704 le *Système du cœur* sous le pseudonyme de Clarigny, Mylius, dans sa Bibliothèque des anonymes, a attribué les Agréments du langage à cet auteur supposé. · Barb.

— Astronomie physique, ou Principes généraux de la nature appliqués au méca-

nisme astronomique, et comparés aux principes de la philosophie de Newton. *Paris, Ch.-Ant. Jombert,* 1740, in-4 avec 22 planches.

L'ouvrage (*Hist. de l'Acad. des sciences*) tient encore plus que le titre ne promet. L'auteur s'y propose de concilier les tourbillons de Descartes avec les nouvelles découvertes du philosophe anglais. Il avait, dit Lalande, calculé des tables des planètes par mouvements anomalistiques et passages par l'apside, d'après La Hire; mais elles sont restées manuscrites.

— Dissertations littéraires et philosophiques. *Paris,* 1755, in-12.

Ce volume n'est composé que de morceaux extraits des autres ouvrages de l'auteur : les Agréments du langage, par extraits, font le sujet de la première dissertation, et ce titre, mis en tête de plusieurs exemplaires, a fait croire que cet ouvrage avait eu deux éditions.

— * Système du cœur, ou la Connaissance du cœur humain. *Paris,* 1704, 1708, in-12.

Publ. sous le pseudon. de Clarigny.

Cet ouvrage, dit Sabathier, peu connu aujourd'hui, et cependant très-digne de l'être, est divisé en trois discours remplis d'une métaphysique profonde, de raisonnements solides et écrits d'un style noble et nombreux : il a été utile à plusieurs écrivains qui ne se sont pas vantés de l'avoir lu.

— Système (nouv.) du mouvement. *Paris,* 1721, in-12.

— * Système du philosophe chrétien. *Paris,* 1746, in-8.   *Biogr. univ.*

GAMAS. * Gange, ou le Commissionnaire de Lazarre, fait historique en un acte et en prose. *Paris, Mme Toubon,* an III (1795), in-8.

— Émigrés (les) aux terres australes, ou le Dernier chapitre d'une grande révolution, com. en un acte et en prose. *Paris, la même,* 1794, in-8.

— Michel Cervantes, opéra-comique en 3 actes et en prose. *Paris, Toubon,* 1794, in-8.

— Plan (le) d'opéra, com. en un acte et en prose. *Paris, le même,* an III (1795), in-8.

GAMBA (le comte P.). Narrative (a) of lord Byron's last Journey to Greece; extracted from the journal of count Peter Gamba, who attented his lordship on that expedition. *Paris, A. and W. Galignany,* 1825, in-12, 6 fr,

— Relation de l'expédition de lord Byron en Grèce, trad. de l'angl. par J. T. PARISOT. *Paris, Peytieux,* 1825, in-8, 6 fr.

Le comte Gamba est frère d'une anc. maîtresse de Byron.

GAMBA (le chevalier), consul de France à Tiflis.

— Voyage dans la Russie méridionale, et

particulièrement dans les provinces situées au-delà du Caucase, fait depuis 1820 jusqu'en 1824. *Paris, Trouvé*, 1826, 2 vol. in-8 avec 4 gr. cartes, 18 fr.—Atlas, composé de 60 cartes ou planches, dont deux doubles et une quadruple, 42 fr.

Ce Voyage a eu une seconde édition la même année.

GAMBÈS. Gilles, toujours Gilles, imitation de La Fontaine, en deux actes et en vaudevilles. *Paris, Chemin*, 1793, in-8.

Avec Gassier de Saint-Amand.

GAMBIER, récollet. * Essai historique sur la rentrée des biens, tant à l'église qu'à la nation ; avec des Réflexions sur la nature de ces biens. *Sans lieu d'impression*, 1789, in-8.

GAMBLE (John). Sarsfield, ou Égarements de jeunesse, trad. de l'angl. par M. Henri V.... (Vilmain). *Paris, Dentu*, 1816, 3 vol. in-12, 5 fr.

Nous connaissons de Gamble trois autres ouvrages qui n'ont pas été traduits en français.

GAMB (Ch.-C.). Predigten. *Strasburg, gedr. bey Dannbach*, 1817, in-8 de 16 p.

GAMBOA (Ant.-Teixera). Essai sur les moyens de rétablir les sciences et les lettres en Portugal, contenant un nouveau Plan d'étude. Sec. édit. *Lisbonne (Paris, Robin)*, 1765, in-12.

GAMET (J.-M.), de Lyon, anc. professeur d'anatomie comparée et chirurgien à Paris.

— Lettre à M. Roux, avec des observations sur les effets d'un remède contre les maladies cancéreuses. *Paris*, 1767, in-12.

— Mémoire contre les prévôts du collége de chirurgie à Paris. 1771, in-8.

— Théorie nouvelle sur les maladies cancéreuses, nerveuses, et autres affections du même genre, avec des observations pratiques sur les effets de leur remède approprié par M. J. Gamet. *Paris, Ruault*, 1772, 2 vol. in-8.

— Traité des affections cancéreuses, pour servir de suite à la Théorie nouvelle sur les maladies du même genre. *Paris, Ruault*, 1777, in-8.

GAMICHON, médecin. * Observations sur la guérison d'une maladie ancienne, traitée inutilement pendant sept ans, suivies de quelques réflexions sur les erreurs en médecine. *Bar-sur-Seine*, 1813, in-8 de 40 pag.

GAMNIRIDE. Inconstant (l') fixé, comédie en 3 actes (et en prose), mêlée

d'ariettes. *Paris, Cl. Hérissant*, 1764, in-8.

GAMON (Franç.-Joseph), jurisconsulte, président d'une des chambres de la Cour impériale de Nîmes ; né à Entraigues dans le Vivarais, vers 1765.

— Beaurepaire, ou la Prise de Verdun par le roi de Prusse à la fin de 1792, trag. en 3 actes et en vers. *Paris, Bacot*, 1806, in-8.

— Cléopâtre, tragédie en 5 actes et en vers. *Amsterdam, sans nom d'impr.*, 1788, in-8.

—Exposé de ma conduite politique depuis le 20 mars jusqu'au 7 juillet 1815, etc. *Paris, Dentu*, 1815, in-8 de 8 pag.

— Poésies. *Privas*, 1803, in-8.

M. Gamon a mis en vers le Télémaque de Fénélon, et s'est assez bien tiré de cette périlleuse entreprise. Nous n'avons pas connaissance que sa version ait été imprimée.

GAMON-MONVAL. * Coup-d'œil rapide sur les causes qui amènent le ravage des torrents et rivières, et sur la manière simple et peu dispendieuse de s'en garantir, par G.... M.... *Paris, Magimel*, an x (1802), in-8.

GAMOT, ancien préfet de l'Yonne.

—*Élisabeth de France, sœur de Louis XVI, trag. en 3 actes et en vers. *Paris, Robert*, 1797, in-18 fig. — Nouv. édit. *Paris, Lebègue*, 1814, in-8.

— Réfutation en ce qui concerne le maréchal Ney, de l'ouvrage ayant pour titre : Campagne de 1815, ou Relation des opérations militaires qui ont eu lieu pendant les cent jours, par le général Gourgaud, écrite à Sainte-Hélène. *Paris, Bailleul*, 1818, in-8 de 52 pag.

GAND (de), d'Alost. * Coup-d'œil sur une brochure ayant pour titre «l'Évidence de la vérité». *Gand, Ch. Goesin*, 1798, br. in-8.

—*Observations d'un laïc sur les réflexions manuscrites de M. de la Séponse, vicaire général, relatives au serment. Par l'auteur de la « Question du Serment ». *Liége, Bourguignon*, an vii (1799), in-8 de 48 pag.

—*Question (la) du serment traitée mathématiquement, ou Démonstration mathématique de la licéité du serment. Par l'auteur du « Coup-d'œil sur l'évidence de la vérité». *Gand, Ch. de Goesin*, messidor an v (1798), in-8 de 40 pag.

— * Recueil de pièces justificatives du sens doctrinal du serment, pour servir de suite à la « Question du serment, traitée méthodiquement.» *Gand, le même*, prairial an vii (1799), in-8 de 40 pag.

—— * Réflexions sur la promesse de fidélité à la constitution, exigée des ministres du culte par la loi du 21 pluviose an VIII; par l'auteur de la « Question du serment, traitée mathématiquement ». *Bruges, impr. typogr.*, an VIII (1800), in-8 de 40 pag.

—— *Trois mots de réponse aux douze questions proposées au citoyen Huleu, par un ci-devant notaire des Pays-Bas. *Gand,* vendém. an VII (1798), in-8 de 24 pag.

—— * Véritable (le) sens du serment de haine à la royauté, irrévocablement fixé par le législateur lui-même, pour servir de suite à la « Question du serment, mathématiquement démontrée», et au «Recueil de pièces justificatives. » *Gand, de Goesin,* brumaire an VIII (1800), in-8 de 22 pag.

GANDAIS. Don Quichotte (le) romantique, trad. de l'anglais. (1821). Voy. ce titre à la Table des Anon.

GANDELOT (L.), prêtre; né à Nolay en Bourgogne, vers 1720, mort à Beaune, le 2 avril 1785.

—— Histoire de la ville de Beaune et de ses antiquités. *Dijon,* 1772, in-4, fig., 6 fr.

L'auteur y combat l'opinion de ceux qui ont voulu placer à Beaune l'ancienne *Bibracte,* et rapporte l'origine de cette ville à un de ces camps établis par César, lorsque les Gaulois passèrent sous la domination romaine. L'ouvrage est précédé d'un Discours sur les mœurs des Gaulois, leurs usages, leur politique, leur religion et leur gouvernement. Ce morceau seul prouve des connaissances aussi étendues que solides, et beaucoup de sagacité.
Biogr. univ.

GANDINI (Fr.). Itinéraire de l'Europe, soigneusement revu, corr. et considérablement augmenté sur le «Guide des Voyageurs en Europe, » de M. Reichard. Sec. édit. *Milan,* 1819, in-12.

GANDO (Nic.), habile fondeur en caractères; né à Genève, vers le commenc. du XVIIIe siècle, mort à Paris, vers 1767.

—— Lettre de Franc. Gando le jeune, graveur et fondeur de caractères d'imprimerie. (*Paris,* 1758), in-12 de 11 pag.

Elle est dirigée contre Fournier le jeune, et avait déjà paru, à quelques changements près, dans le Mercure de juillet de la même année, pag. 175.

—— Observations sur le «Traité historique de M. Fournier le jeune», sur l'origine et les progrès des caractères de fonte pour l'impression de la musique. *Berne et Paris,* 1766, in-4 de 27 pag.

Avec P. Fr. Gando fils.

On y trouve six morceaux d'ancienne musique provenant du fonds de Ballard, et un motet impr. à la manière de Gando, avec une presse dont il se dit l'inventeur, où les lignes et les notes s'impriment ensemble avec une grande précision (Journal des sa-

vants, oct. 1766). Fournier répliqua quelque temps après, et sa *Réponse* s'ajoute au tom. II de son *Manuel typographique,* dont elle forme les pages 289-306. Il y a accusé fortement les Gando de plagiat, et critique vivement leur musique imprimée.

Gando père et fils ont publié, en 1745, des spécimens des caractères de leur fonderie.

GANDOGER DE FOIGNY (P.-Louis), professeur d'anatomie, de chirurgie et de botanique; né à Lyon, le 6 août 1732, mort à Malzeville, le 5 août 1770.

——Traité pratique de l'inoculation. *Nanci, H. Leclerc,* 1768, in-8.

Cet opuscule est le plus considérable d'entre plusieurs autres que Gandoyer a publiés.

Gandoyer a donné une nouvelle édit. du Traité des vertus des plantes, d'Ant. de Jussieu, augm. de notes (1772).

GANDOUARD DE MONTAURÉ. Éloge de Malesherbes, suivi de notes historiques. *Paris, Pillet aîné,* 1821, in-8 de 40 pag., 1 fr. 50 c.

GANEAU (P.), de Paris, receveur des tailles à Bar-sur-Aube, de la Société littéraire de Châlons-sur-Marne.

—— *Contes (nouv.) en vers, et Épigrammes. *Genève (Paris),* 1765, in-12.

—— *Étrennes pour les enfants, à l'usage des grandes personnes qui voudront bien s'en amuser (ou douze fables en vers). *Paris, Ganeau,* 1758, in-12.

—— Fables nouvelles divisées en cinq livres. *Ganeau,* 1760, ou *Paris,* 1761, in-8.

—— Honnêtes (les) gens, drame en un acte, en vers (libres). *Paris, Ganeau,* 1769, in-8.

GANGANELLI, pseudon. Voy. BASTON.
—CARACCIOLI.

GANIFEY. * Mémoires du chevalier d'Erban. *Paris,* 1755, in-12.

GANILH (Ch.), célèbre économiste, ancien tribun, membre de la Chambre des députés; né en Auvergne, en 1760.

—— Considérations générales sur la situation financière de la France en 1815, *Paris,* 1815, in-8.

—— Considérations générales sur la situation financière de la France en 1816. *Paris, Déterville,* 1816, in-8, 1 fr. 80 c.

—— Contre-Révolution (de la) en France, ou de la Restauration de l'ancienne noblesse et des anciennes supériorités sociales dans la France nouvelle. *Paris, Béchet aîné,* 1823, in-8, 4 fr. 50 c.

—— Dictionnaire analytique d'économie politique. *Paris, Ladvocat,* 1826, in-8, 9 f.

—— Le même, en espagnol : Diccionario analitico de economia politica, trad. al

castellano con notas, por D. Mariano
José SICILIA. *Paris, Wincopp*, 1826, 3
vol. in-12, 10 fr.

— Discours sur la liberté de la presse,
prononcé à la Chambre des députés, dans
la séance du 11 décembre 1817. *Paris,
de l'imp. de Leblanc*, 1817, in-8 de 16 pag.

— Droits (des) constitutionnels de la
Chambre des députés en matière de finan-
ces, ou Réfutation des doctrines du comte
Garnier, dans son rapport à la Chambre
des pairs sur le budjet de 1815. *Paris,
Déterville*, 1816, in-8, 1 fr. 80 c.

— Essai politique sur le revenu public des
peuples de l'antiquité, du moyen âge, des
siècles modernes, et spécialement de la
France et de l'Angleterre, depuis le milieu
du xv° siècle jusqu'en 1823. Sec. édit.,
considérablement augm. *Paris, Treuttel
et Würtz*, 1823, 2 vol. in-8.
La prem. édit. est de 1806.

— Législation (de la) de l'administration,
et de la comptabilité des finances de la
France, depuis la restauration. *Paris, Déterville*, 1817, in-8, 3 fr.

— Opinion sur le budjet de 1816, prononcée à la séance du 15 mai 1816. *Paris, Déterville*, 1816, in-8 de 59 pag. — Amende-
ments de M. Ganilh, 8 pag.

— Pouvoir (du) et de l'opposition dans
la société civile. *Paris, Bossange père ;
Bossange frères*, 1824, in-8, 6 fr.

— Réduction (de la) de la rente en 1824.
Paris, Bossange père ; Bossange frères,
1824, in-8, 1 fr. 50 c.

— Réflexions sur le budjet de 1814. *Paris,
Déterville*, 1814, in-8 de 48 pag., 1 fr. 50 c.

— Réfutation de deux écrits anonymes sur
les finances : l'un sous le titre « d'Éclaircissement sur les lois, les budjets et les
comptes des finances » ; et l'autre « d'Errata
sur quelques brochures de finances. » *Paris,
Déterville*, 1817, in-8, 1 fr. 80 c.

— Science (de la) des finances, et du ministère de M. le comte de Villèle. *Paris,
Trouvé*, 1825, in-8, 5 fr.

— Systèmes (des) d'économie politique,
de la valeur comparative de leurs doctrines, et de celle qui paraît la plus favorable
aux progrès de la richesse. Sec. édit., avec
de nombreuses additions relatives aux controverses récentes de MM. Malthus, Bu-
chanan, Ricardo, sur les points les plus
importants de l'économie politique. *Paris,
Treuttel et Würtz*, 1821, 2 vol. in-8, 12 fr.
La prem. édit. est de 1809.

— Théorie de l'économie politique, fondée sur les faits recueillis en France et en

Angleterre, sur l'expérience de tous les
peuples célèbres par leurs richesses, et sur
leurs lumières de la raison. Sec. édit., entièrement rev., corr. et augm. *Paris, les
mêmes*, 1822, 2 vol. in-8, 12 fr.
La prem. édit. est de 1815.

GANLUNEI (Edw.), chimiste.

— Dents (des) et des gencives, et des diverses affections dont elles sont susceptibles.
Paris, de l'impr. de F. Didot, 1825, in-8
de 16 pag.

GANNE (Ambr.). Homme (l') physique
et moral, ou Recherches sur les moyens
de rendre l'homme plus sage, et de le garantir des diverses maladies qui l'affligent
dans ses différents âges. *Strasbourg, Treuttel*, 1791, in-8.

GANS (Jos.). Ipsiboé, trad. en allem.
(1823). Voy. ARLINCOURT (d').

GANTÈS (le chev. de). Découverte
de la longitude incontestée. *Paris, impr.
de Le Normant*, 1819, in-8 de 28 pag.

— Discours sur la longitude, la latitude,
les marées et autres sujets intéressants pour
les navigateurs. *Paris, de l'imp. du même*,
1819, in-8 de 16 pag.

GARABY (l'abbé de), professeur de
rhétorique.

— Cantiques nouveaux. *Morlaix, impr.
de Ledan*, 1826, in-16 de 36 pag.

— Chants (les) de la piété, précédés de
l'ordinaire de la messe, vêpres, etc. *Paris,
Adrien Leclère*, 1827, in-18.
Ce livre ne s'est pas vendu.

GARAMBOURG (l'abbé).
Il a été l'éditeur des Mémoires historiques de H.
de Campion, et des Entretiens sur divers sujets, etc.
de l'abbé Nic. Campion, frère de ce dernier.

GARANGEOT. Voy. GARENGEOT.

GARASSE (le P. J.). Voy. à la *Table
des Anonymes*, Histoire de Jean Conaxa.

GARAT (Dom. Jos.), anc. avocat au
parlement, successivement député aux
états-généraux, ministre et sénateur,
aujourd'hui membre de l'Institut; né à
Ustariz, dans le pays des Basques, vers
1760.

— Considérations sur la révolution française, et sur la conjuration des puissances
de l'Europe contre la liberté et les droits
des hommes; ou Examen de la proclama-
tion des Pays-Bas. *Paris*, 1792, in-8.

— Courte Réponse à M. Gemond, sur les
motifs et les conclusions de son appel à la
Cour royale. *Paris, de l'imp. de Béraud*,
1822, in-8 de 16 pag.

— Éloge de Bernard de Fontenelle ; discours qui a remporté le prix de l'Académ. Française en 1784. *Paris*, *Demonville*, 1784, in-8.

— Éloge de Mich. de L'Hôpital, chancelier de France. *Bruxelles*, *et Paris*, *Demonville*, 1778, in-8 de 94 pag.

— Éloge de Charles de Sainte-Maure, duc de Montausier, pair de France, gouv. du Dauphin, fils de Louis XIV : discours qui a remporté le prix de l'Académie Française en 1781. *Paris*, *Demonville*, 1781, in-8.

— Éloge de Suger, abbé de Saint-Denis, ministre d'état et régent du royaume sous le règne de Louis-le-Jéune : discours qui a remporté le prix au jugement de l'Académie Française, en 1779. *Paris*, *Demonville*, 1779, in-8.

Les Éloges de Fontenelle, de Montausier et de Suger, ont été réimpr. en 1812, dans un « Choix d'éloges couronnés par l'Acad. franç. ». Voy. ce titre à la Table des Anonymes.

— Éloge funèbre de Joubert. *Paris*, 1799, in-8.

— Éloge funèbre des généraux Kléber et Desaix, prononcé le prem. vendém an IX, à la place des Victoires. *Paris*, *de l'impr. de la Républ.*, 1801, in-8 de 107 pag.

— Garat (D.-J.) à M. de Condorcet. *Paris*, 1791, in-8.

— * Journal politique et philosophique : discours préliminaire. *Paris*, *J.-J. Smits*, an III (1794), in-8.

Ce journal n'a pas eu d'exécution.

— Mémoire sur la Hollande, sa population, son commerce et son esprit public. *Paris*, 1805, in-8.

Attribué à cet académicien.

— Mémoires historiques sur M. Suard, sur ses écrits, et sur le dix-huitième siècle. *Paris*, *Belin*, 1820, 2 vol. in-8, 13 fr.

Reproduits la même année avec de nouveaux frontispices portant : *Mémoires historiques sur le XVIIIe siècle et sur M. Suard.* Sec. édition. C'est encore la même édition qui porte pour nom de libraire, Prud-homme, et la date de 1828.

— Mémoires sur la révolution, ou Exposé de ma conduite dans les affaires et dans les fonctions publiques. *Paris*, 1794, in-8.

— Moreau (de). *Paris*, *F. Didot*, 1814, in-12, 2 fr.

— Opinion contre les plans présentés par MM. Duport et Sieyès pour l'organisation judiciaire. *Paris*, 1790, in-8.

— * Précis historique de la vie de M. de Bonnard. *Paris*, *Didot jeune*, 1787, in-18 de 100 pag.

Ce petit volume, imprimé seulement pour l'auteur et ses amis, n'est pas commun : 3 à 4 fr. *Brun.*

Il en existe une contrefaçon de la même année, in-8 de 139 pag., dit M. Peignot, à laquelle on a

ajouté un Supplément aux notes, contenant des traits satiriques contre madame de Genlis,

On doit encore à M. Garat le Discours préliminaire de la cinquième édition du Dictionnaire de l'Académie (1789); une Notice sur la vie et les écrits de Ginguené, impr. en tête du Catalogue de la bibliothèque de ce dernier (1817); un Jugement sur Mirabeau, impr. en tête des Discours et Opinions de ce célèbre orateur (1820); une Notice sur la vie et les ouvrages de Thomas, impr. en tête d'une édition des Œuvres de ce dernier (1821).

Cet académicien a coopéré à la rédaction de plusieurs journaux, tels que l'ancien Mercure, la Clef du cabinet des souverains, journal du soir et du matin, historique, politique et moral, qui commença à paraître en 1797, et auquel travaillaient Fontanes, Pommereul, Gérard de Rayneval, Montlinot et Peuchet; le Journal de Paris, de 1789 à 1793, pour lequel il a rédigé le récit des séances de l'Assemblée constituante; enfin les Archives littéraires de l'Europe.

GARÇAO-STOCKLER (Fr. de Borja).
— Ensaio historico sobre a origen e progressos das mathematicas em Portugal. *Pariz*, *Rougeron*, 1819, in-8.

GARCIA-SUELTO (D. M. P.). Elementos del derecho natural, trad. del latin, etc. (1825). Voy. BURLAMAQUI.

GARCIAS-LASO (ou GARCILASO) DE LA VÉGA, célèbre poète espagnol du XVIe siècle.

— Obras (suas). *Leone*, *Cormon y Blanc*, 1821, in-18.

— Las mismas, con notas. Nueva edic., notablemente corregida. *Paris*, *Teof. Barrois*, 1821, in-18, 3 fr.

— Las mismas, illustradas con notas. *Paris*, *en la emprenta de P. Didot*, 1828, in-32, avec portr., 6 fr.

Jolie édit. exécutée aux frais de M. de Ferrer.

GARCIAS-LASO (ou GARCILASO) DE LA VEGA, surnommé l'INCA, historien espagnol du XVIe siècle.

— Histoire de la Floride, ou Relation de ce qui s'est passé au voyage de Ferdinand de Soto, pour la conquête de ce pays; trad. de l'espag., par P. RICHELET (et publ. avec une préface, par l'abbé LENGLET-DU-FRESNOY). Nouv. édit. *Paris*, *Nyon*, 1709, 1712, 2 vol. in-12; *Leyde*, 1731, 2 vol. in-8; ou *La Haye*, 1735, 2 tom. en un pet. in-8.

La prem. édit. de cette traduction parut en 1670. Dès l'année 1667, un privilége avait été obtenu par le P. Nicolas Le Comte, célestin, pour traduire cet ouvrage.

— Histoire des guerres civiles des Espagnols dans les Indes, causées par les soulèvements de Pizarre et des Almagres au Pérou; trad. de l'espag. par J. Pradelle Baudouin. Nouv. édit. *Paris*, 1706, 2 vol. in-12.

C'est la traduction de la seconde partie de l'ouvrage publié par Garcias-Laso en 1616, sous le titre de *Seconde partie des Incas*, etc. La première édition de cette traduction est de Paris, 1646, in-4.

—Histoire des Incas, rois du Pérou, (traduction de J. Pradelle BAUDOUIN, rev. et corr.). On a joint à cette édition l'Histoire de la conquête de la Floride, par le même de la Vega (traduite par le P. RICHELET; et la Découverte d'un pays plus grand que l'Europe, situé dans l'Amérique, par le P. HENNEQUIN): avec fig. de B. Picard. *Amsterdam, J. F. Bernard,* 1737, 2 vol. in-4.

On a tiré 50 exemplaires de cet ouvrage sur gr. pap.; ils sont rares et recherchés.

Cette édition, recherchée à cause des figures gravées par Bern. Picart, ne contient que la première partie de l'ouvrage de Garcias-Laso, intitulée : *Seconde partie des Incas, ou Histoire générale du Pérou,* dont l'original fut publié pour la première fois à Cordoue en 1616, in-fol. La prem. édition de cette traduction est de Paris, 1633, in-4.

—La même, nouvellement traduite de l'espagnol en français, et mise dans un meilleur ordre, avec des notes et des additions sur l'histoire naturelle de ce pays (par DALIBARD). *Paris, Prault fils,* 1744, 2 vol. in-12.

C'est la traduction de la «Première partie des Commentaires royaux qui traitent de l'origine des Incas, de leurs lois et de leur gouvernement», dont l'original fut publié à Lisbonne pour la première fois en 1609, in-fol.

GARCIN (Laurent), né à Neufchâtel, vers 1734.

— Odes sacrées, ou les Psaumes de David en vers français, traduction nouvelle. (1764). Voy. à la Table des Anonymes, au mot *Bible.*

— * Ruillière (la), épître à M***. *Paris, Lambert,* 1760, in-12 de 32 pag.

— Traité du mélodrame, ou Réflexions sur la musique dramatique. *Paris, de l'imp. de Vallat-la-Chapelle,* 1772, in-8.

Garcin débuta dans la littérature par la publication d'un poëme d'environ cent vingt vers hexamètres, *sur le pouvoir de l'éloquence.* Fréron l'a inséré avec une lettre que lui adressait l'auteur, dans l'Année littéraire, 1759, tom. IV, pag. 63 et suiv. Plus tard Garcin traduisit, du latin du P. Porée, les *Discours sur les romans* et sur *le choix des amis.* Ces deux traductions se trouvent dans le « Choix littéraire » de Vernes, et dans le « Choix des Mercures ».

GARCIN (J.). Vrai (le) patineur, ou Principes sur l'art de patiner avec grace, etc. *Paris, Delespinasse; Delaunay; Nepveu; l'Auteur,* 1813, in-12, 1 fr. 50 c.

GARCIN DE TASSY (Joseph-Héliodore), orientaliste, professeur d'hindoustani à l'École roy. et spéciale des langues orientales vivantes, membre des Sociétés asiatiques de Paris, de Londres et de Calcutta, etc.; né à Marseille, le 20 janvier 1794.

—Rudiments de la langue hindoustani, à l'usage des élèves de l'École roy. et spé-

ciale des langues orientales vivantes. *Paris, Debure frères,* 1829, in-4, 9 fr.

On doit à M. Garcin de Tassy : 1° les Oiseaux et les Fleurs, en arabe, avec une trad. franç. de l'édit. (1821), voy. AZZ-EDDIN ELMOCADESSI (1821); 2° un *Coup-d'œil sur la littérature orientale,* imprimé dans le Mémorial univ. de mars 1822. C'est le Discours prononcé par l'auteur le 1ᵉʳ mars 1822, pour l'ouverture d'un Cours de littérature orientale qu'il a fait au Cercle des arts, et dans lequel il considère cette littérature comme un genre distinct du classique et du romantique; 3° une traduction, du turc, de l'Exposition de la foi musulmane, avec des notes (1822), voy. MOHAMMED-BENFIR-ALI-ELBERKEVI; 4° la traduction, du persan, du Pend-Nameh, poëme de SAADI (1822); *voy. ce nom;* 5° la traduction, du turc, d'une Relation de la prise de Constantinople par Mahomet II (1826), voy. SAAD-EDDIN-EFENDI; 6° une autre traduct., de l'hindoustani, des Conseils aux mauvais poëtes (1826), voy. MIR-TAXI; 7° la traduction, de l'arabe, de la « Doctrine et devoirs de la religion musulmane, etc. (1827), voy. ce titre à la Table des Anonymes.

M. Garcin de Tassy a fourni à plusieurs recueils littéraires, et plus particulièrement au Journal asiatique de Paris, un grand nombre d'extraits des meilleurs ouvrages orientaux.

Cet orientaliste a en portefeuille une traduction franç. des Séances de Hariri, et une Grammaire franç. en arabe.

GARDANE (Jos.-Jacq.), docteur en médecine de l'université de Montpellier, censeur royal, docteur-régent de la Faculté de médecine de Paris, membre des Académies de Montpellier, de Nanci, de Marseille et de Dijon; né à la Ciotat, en Provence, en .... mort en .....

—Almanach de santé. *Paris, Ruault,* 1774, pet. in-12.

— Avis au peuple sur les asphyxies ou morts apparentes et subites, contenant les moyens de les prévenir et d'y remédier, avec la description d'une nouvelle boîte fumigatoire portative. *Paris,* 1774, in-12.

— Catéchisme sur les morts apparentes ou asphyxies. *Paris,* 1781, in-8.

Cet ouvrage n'est autre chose que l'*Avis au peuple* sur le même sujet, publié en 1774, mais étendu, simplifié, dégagé de toute espèce de théorie, et rédigé par demandes et réponses, pour être à la portée de tout le monde.

— Conjectures sur l'électricité médicale. *Paris,* 1768, in-12.

A la suite de ce mémoire, où l'on trouve plusieurs observations de maladies nerveuses guéries par l'électricité, l'auteur a fait imprimer des *Recherches sur la colique métallique;* production remarquable par la comparaison de la méthode adoucissante recommandée par Dehaen contre cette maladie, et du traitement empirique de la Charité.

—Détail de la nouv. direction du bureau des nourrices de Paris. *Paris,* 1777, in-12.

Avec Framboisier de Bomary.

Gardane était membre du bureau des nourrices lorsqu'il publia cet écrit.

— Éloge historique de Bordeu. *Paris, Ruault,* 1777, in-8.

— Essais sur la putréfaction des humeurs

animales, sur la suppuration et sur la croûte inflammatoire; trad. du latin, de différents auteurs (tels que Becker, Pringle et autres); auxquels on a réuni toutes les expériences détachées relatives à cette question. *Paris, V^e d'Houry*, 1769, in-12.

— Maladies (des) des Créoles en Europe, avec la manière de les traiter, et des Observations sur celles de gens de mer, et sur quelques autres plus fréquemment observées dans les climats chauds. *Paris*, 1784, in-8.

— Manière sûre et facile de traiter les maladies vénériennes. *Paris*, 1773, in-12.

Réimprimé avec des changements et des additions, par les soins de GARDANE-DUPORT. Voy. l'art. suivant.

— Mémoire concernant une espèce de colique observée sur les vaisseaux. *Paris*, 1783, in-8.

— Mémoire dans lequel on prouve la possibilité d'anéantir la petite-vérole. *Paris*, 1768, in-12.

— Mémoire sur l'insuffisance et le danger des lavements antivénériens, pour servir de suite aux «Recherches pratiques, etc.,» *Paris*, 1771, in-8.

— Moyens certains et peu coûteux de détruire le mal vénérien. *Paris*, 1772, in-8.

— Observations sur la meilleure manière d'inoculer la petite-vérole. *Paris*, 1767, in-12.

— Recherches pratiques sur les différentes manières de traiter les maladies vénériennes. *Paris, Didot*, 1770, in-8.

— Secret (le) de Sutton dévoilé, ou l'Inoculation mise à la portée de tout le monde. *Paris, Ruault*, 1774, br. in-12.

— Traité des mauvais effets de la fumée de la litharge, trad. du lat. (1776). Voy. STOCKUSEN.

Les ouvrages publiés par Gardane sont peu dignes sans doute de figurer parmi ces brillantes productions du génie qui assurent l'immortalité; mais ils renferment souvent des vues utiles, des faits exacts et bien observés. Ils donnent la preuve du noble désintéressement de l'auteur, de ses sentiments élevés, de son bon esprit et de ses lumières. Ils présentent constamment, en outre, un but d'utilité générale, qui les rend plus ou moins recommandables.

Ce docteur a été le rédacteur de la Gazette de santé, de 1773 à 1776.   *Biogr. univ.*

GARDANE (Paul-Ange.-Louis de), ex-secrétaire d'ambassade en Perse; né à Marseille, le 2 mars 1765, y est mort le 8 janvier 1822.

— Journal d'un voyage dans la Turquie d'Asie et la Perse fait en 1808 (suivi d'un Vocabulaire italien, persan et turc,

par le prince TIMURAT MIRZA). *Marseille, Mossy*, 1808, in-8.

— Notes sur la civilisation. *Marseille*, 1813, in-8.

Cette brochure contient des rapprochements curieux entre l'état de la civilisation actuelle en Orient et l'état de barbarie des peuples de l'Occident aux deux premiers siècles.

Gardane a donné quelques articles à la Ruche provençale : il a laissé aussi quelques manuscrits.
                                                  Malt.

GARDANE-DUPORT (Ch.), docteur médecin; né à Toulon, le 12 novembre 1746, mort à Paris, le 3 avril 1815.

— Jugulo (de) luxato. *Parisiis*, 1782, in-4.

Thèse de l'auteur.

— Méthode sûre de guérir les maladies vénériennes par le traitement mixte. *Paris*, 1787, in-8. — Sec. édit., rev. et augm. d'un Mémoire sur la salivation, et de plusieurs Observations pratiques. *Paris*, 1803, in-8.

Cette méthode est absolument la même qui fut exposée en 1773, par J. Jos. Gardane, sous le titre de *Manière sûre, etc.* L'auteur avoue même que son ouvrage peut être regardé comme une nouvelle édition de celui de son homonyme, dont il se dit le parent. Toutefois il a modifié l'ordre des matières, et a donné plus de développement à certains objets, qui ne sont, en quelque sorte, qu'indiqués dans le livre du précédent. Il a traité surtout de la gonorrhée avec beaucoup plus de détail.   *Biogr. univ.*

GARDANNE (Charles-Pierre-Louis de), docteur en médecine de la Faculté de Paris, et membre de l'Académie de médecine de la même ville; né à Paris, le 12 novembre 1788.

— Avis aux femmes qui entrent dans l'âge critique. *Paris, Gabon*, 1816, in-8, 5 fr. 50 c.

D'après la Biographie médicale, l'auteur avait déjà publié, en 1812, une brochure in-4 sous le même titre : cet ouvrage en est le développement. L'*Avis aux femmes* a eu une seconde édition sous ce titre : *De la Ménopause*, ou de l'âge critique des femmes. *Paris, Méquignon-Marvis*, 1821, in-8, 6 fr.

Cet ouvrage, qui contient une foule de hors-d'œuvres, ne renferme pas tout ce qu'il devait contenir sur le sujet que l'auteur avait en vue, et ce sujet est encore à traiter.

— Réflexions philosophiques sur les médecins et la médecine. *Paris, Gabon; Delaunay*, 1818, in-18, 2 fr., 50 c.

                                                  Biogr. méd.

GARDAZ (Fr.-Mar.), né à Oyonnax, départ. de l'Ain, vers 1777, mort à Lyon, le 27 sept. 1815.

— *Essai sur la vie et les ouvrages de Linguet, où ses démêlés avec l'ordre des avocats sont éclaircis, et où l'on trouve des notes et des réflexions, dont la plupart sont relatives à cet ordre et à l'éloquence du barreau. *Paris, Brunot-Labbe, et Lyon, Yvernault et Cabin*, 1809, in-8.

Cet ouvrage est un tissu de plagiats, dit M. Beuchot, dans la Biographie universelle : par exemple, le parallèle entre J. J. Rousseau et Montesquieu (pag. 47 et 48) est tiré mot pour mot de la « Dissertation sur les monuments antiques », par Cérutti.

— Vœux prophétiques et réalisés à l'occasion de l'heureux rétablissement des successeurs de S. Louis sur le trône de France, par M. l'abbé Delille, suivis de quelques Considérations sur les effets du fatalisme et de l'irréligion. *Lyon*, avril 1814, in-8.

On doit encore à Gardaz quelques articles dans les journaux, entre autres, dans le Journal de Lyon, l'analyse de l'ouvrage de M. Billion, intitulé : Observations sur les justices de paix. (Voy. Billion).

GARDE (Étienne), médecin et accoucheur à Bordeaux, ci-devant pharmacien de l'hôpital militaire d'Orléans.

— Triomphe (le) de la vertu et de la sagesse sur la mort, ou le Correcteur de la sensualité déréglée qui conduit l'homme au tombeau. *Bordeaux, Lawalle jeune*, 1818, in-8 de 24 pag. — Livre second : Traité de l'âge viril. *Bordeaux, le même*, 1818, in-8 de 36 pag.

Voy. aussi Lagarde.

GARDEIL, professeur de médecine et de mathématiques, membre de l'Académie des sciences, inscriptions et belles-lettres de Toulouse, mort le 19 avril 1808.

— *OEuvres médicales d'Hippocrate, trad. du grec (1801). Voy. Hippocrate.

Gardeil est également auteur d'une Lettre à Bern. Jussieu sur le tripuli, insérée dans le Recueil de l'Académie des sciences.

GARDEIN (de). Voy. Degardein.

GARDEL aîné. Avènement de Titus à l'empire, ballet allégor. au sujet du couronnement du roi (en 5 actes). *Paris, Musier fils*, 1775, in-8.

— Chercheuse (la) d'esprit, ballet-pantomime (en un acte). *Paris, les march. de pièces de Théâtre*, 1777, in-8; ou *Paris, Delormel*, 1778, in-8.

— Déserteur (le), ballet d'action en 3 act. (*Paris*), *P.-R.-C. Ballard*, 1786, in-8.

— Graces (les), ballet en action (en un acte), tiré de la pièce de M. de Sainte-Foix. (*Paris*), *le même*, 1779, in-8.

— Jeune (la) française au sérail, ballet d'action (en un acte). (*Paris*), *le même*, 1782, in-8.

— Mirsa, ballet en action (en 3 actes). *Paris, les march. de pièces de théâtres*, 1779, in-8.

Deux ans plus tard ce ballet a été remis en quatre actes, et réimpr. sous le titre de la Feste de Mirsa. Paris, P. Delormel, in-8.

— Ninette à la cour, ballet en action (en 3 actes). (*Paris*), *P.-R.-C. Ballard*, 1777, in-8.

Réimpr. en 1802, sous le titre de Ninette, ou le Caprice amoureux. Paris, Ballard, in-8.

— Premier (le) navigateur, ou le Pouvoir de l'amour ; ballet d'action en 3 actes. *Paris, P. Delormel*, 1785, in-8.

— Rosière (la), ballet d'action, en 2 actes. *Paris, à la salle de l'Opéra*, 1783, in-8.

GARDEL (Pierre-Gabriel), frère du précédent, maître des ballets de l'Opéra ; né à Nanci, le 4 février 1758.

— Achille à Scyros, ballet-pantomime en 3 actes. *Paris, Ballard*, 1804, in-8.

— Bienfaisance (la), ou les Jeunes pensionnaires, ballet en un acte. *Paris, le même*, 1817, in-8.

— Dansomanie (la), folie-pantomime en 2 actes. *Paris, le même*, 1800. — III édit. *Paris, le même*, 1802, in-8.

Ce ballet a été mis au théâtre avec des changements de M. Blache, et impr. sous le titre de la Dansomanie, ou la Fête de M. Ballonné. Lyon, Pelzin et Durand, 1801, in-8.

— Daphnis et Pandrose, ou la Vengeance de l'amour, ballet-pantomime en 2 actes. *Paris, Ballard*, 1803, in-8.

— Enfant (l') prodigue, ballet-pantomime en 3 actes. *Paris, Bacot*, 1812, in-8, 1 fr.

— Fête (la) de Mars, divertissement-pantomime en un acte. *Paris, le même*, 1809, in-8.

— Fiancés (les) de Caserte, ou l'Échange des roses, ballet en un acte. *Paris, impr. de Dondey-Dupré, et rue Neuve-S.-Marc*, 1817, in-12 de 36 pag., 75 c.

Avec Milon. Ce ballet existe aussi sous le titre des Mariages de Caserte, ou l'Échange, etc., 1817, in-8.

— Heureux (l') retour (1815). Voy. Milon.

— Jugement (le) de Pâris, ballet-pantomime en 3 actes. *Paris, Ballard*, 1806, in-8.

— Paul et Virginie, ballet-pantomime en 3 actes. (*Paris*), *le même*, 1806, in-8.

— Persée et Andromède, ballet-pantomime en 3 actes. *Paris, Bacot*, 1810, in-8.

— Proserpine, ballet-pantomime en 3 actes. *Paris, Roullet*, 1818, in-8.

— Psyché, ballet-pantomime en 3 actes. *Paris, Delormel*, 1795, in-8.

— Télémaque dans l'île de Calypso, ballet-héroïque en 3 actes. *Paris, Delormel*, 1790, in-8, ou *Paris, Ballard*, 1804, in-8.

— Une demi-heure de caprice, ou Melzi et Zénor, ballet en un acte pour S. Cloud. *Paris*, 1804, in-8.

— Vallée (la) de Tempé, ou le Retour de Zéphyre, divertissement en un acte. *Paris, Ballard*, an x (1802), in-8.

— Vénus et Adonis, ballet en un acte. (*Paris*), *le même*, 1808, in-8.

— Vertumne et Pomone, ballet-pantomime en un acte. *Paris, Fain*, 1810, in-8.

GARDENOR (J.). Voyage pittoresque par Manheim, Mayence, Aix-la-Chapelle, Bruxelles, etc.; trad. de l'angl. par J. COUDROY. 1761, in-4 avec 32 gravures.

GARDES (Alphonse), garde-du-corps du roi.
— Ode sur la révolution d'Espagne. *Paris, impr. d'Égron*, 1822, in-8 de 8 pag.

GARDES (J.-J.), pasteur de Nîmes.
— Défense de la religion réformée, offerte aux chrétiens évangéliques. (Prem. livr.). *Nîmes, imp. de Gaude*, 1825, in-8.
Réimpr. à Uzès en 1826.

GARDET aîné. Voy. CATTET.

GARDETON (César). Annales de la musique, ou Almanach musical de Paris, des départements et de l'étranger, pour l'an 1819. *Paris, l'Éditeur; Pacini*, 1818, un vol. — Sec. année, suivie d'une Esquisse de l'état actuel de la musique à Londres, de notices sur la musique et les artistes, etc., etc. *Paris, les mêmes*, 1819, un vol.: en tout 2 vol. in-18, 10 fr.
— Bienfaisances (les) royales, ou Exemples d'humanité, de clémence, de générosité, de grandeur d'ame, d'amour pour le peuple et pour la patrie, donnés par des souverains de tous les siècles et de tous les pays, etc. *Paris, Thiériot et Belin*, 1824, ou 1828, in-12 avec 4 fig. et un portrait d'Henri IV, 3 fr.
Il y a des exempl. qui portent pour titre : *Beaux exemples d'humanité, de clémence, etc.*
— Dictionnaire de la beauté, ou la Toilette sans danger. *Paris, L. Cordier*, 1825, in-18, 5 fr.
— Droits (les) des femmes et l'injustice des hommes, trad. de l'angl. etc. (1826). Voy. GODWIN (Mistriss).
— Gastronomie (la) pour rire, ou Anecdotes, réflexions, maximes et folies gourmandes sur la bonne chère, etc., suivie etc. *Paris, impr. de Dentu*, 1827, in-18 avec une fig. 1 fr. 50 c.
M. Gardeton a donné une nouv. édit. des Lettres sur l'amour de la patrie, de FRÉDÉRIC II (1820). *Voy.* ce nom.

GARDEUR (J.-N.) de Jouaville (Moselle).
— Observations et Réflexions sur la fièvre double tierce des pays chauds, et la fièvre jaune, vues à Saint-Domingue, etc. *Strasbourg, Levrault*, 1816, in-4 de 22 pag.

GARDEUR LE BRUN (Ch.), professeur de mathématiques du corps royal d'artillerie, inspecteur des études à l'École polytechnique; né à Metz (Moselle), en 1744, mort à Paris, le 25 août 1801.
Voyez à la Table des Anonymes : Mémoires concernant la navigation des rivières de la province des Trois-Évêchés, etc.

GARDIEN (Claude - Martin), docteur en médecine de la faculté de Paris; né à Target, dans le Berry, le 14 juillet 1767.
— Examen des effets que produisent sur l'économie animale les qualités physiques de l'air, soit essentielles, soit accidentelles et variables. *Paris*, an VII (1799), in-8.
C'est la thèse que l'auteur soutint pour sa réception au doctorat.
— Toucher (du). *Paris*, 1811, in-4.
Thèse que soutint M. Gardien pour le concours à la chaire de Baudelocque.
— Traité complet d'accouchements et des maladies des filles, des femmes et des enfants. IIIe édit., rev. corr. et augm. *Paris, Crochard; Gabon et Comp.*, 1823, 4 vol. in-8 avec 7 pl. et un tableau, 25 fr.
La prem. édit. est de 1807, 4 vol. in-8.
Dans cet ouvrage, qui est complet, et qui peut tenir lieu de tout ce qui a été écrit sur le même sujet, au moins pour les élèves, se trouvent entièrement fondus divers Mémoires sur quelques points de l'art des accouchements qui avaient fait l'objet des recherches de l'auteur.
M. Gardien a coopéré au Dictionnaire des Sciences médicales.   *Biogr. méd.*

GARDIN-DUMESNIL (J.-B.), d'abord professeur au collège de Lisieux, ensuite professeur de rhétorique au collège d'Harcourt, enfin principal du collège de Louis-le-Grand; né au village de Saint-Cyr, près de Valogne, en 1720, mort dans sa patrie en 1802.
— * Préceptes de rhétorique tirés de Quintilien. *Paris, Brocas*, 1762; *Paris, Barbou*, 1803, in-12, 1 fr. 25 c.
Il existe beaucoup d'autres édit. de ce pet. volume.
— Synonymes latins et leurs différentes significations, avec des exemples tirés des meilleurs auteurs, à l'imitation des Synonymes français de l'abbé Girard. *Paris*, 1777, in-12. — Sec. édit., rev., corr. et considérablement augm. *Paris*, 1788, in-8.
— Les mêmes, rev., corr. et augm. par JANET. *Paris, Ve Nyon*, 1813, 1827, in-8, 7 fr.

Sans dénaturer l'ouvrage, Janet a cherché à faire disparaître quelques inexactitudes échappées à l'auteur : il a supprimé les étymologies hasardées ou tirées.de trop loin; il y a ajouté un grand nombre d'exemples, qui forment un bon quart de l'ouvrage; enfin il a vérifié et rétabli un très-grand nombre de citations, d'après les *index* imprimés à la fin des bons auteurs classiques, et d'après les meilleurs dictionnaires, etc.

— Les mêmes, rev., corr. sur l'édition originale, et augmentés de plus de quatre cents synonymes, avec explication, par N.-L. AGHAINTRE. *Paris, Aug. Delalain,* 1815, 1821, in-8, 7 fr. 50 c.

GARDINER. Tables des logarithmes, contenant les logarithmes des nombres, depuis 1 jusqu'à 102,100, etc. (extrait du Manuel de MOUTON, et publ. par les PP. PÉZENAS, DUMAS et BLANCHARD). *Avignon, Aubert,* 1770, in-fol.

Dans la Connaissance des temps pour l'année 1775, calculée par de Lalande, on trouve un *errata* des Tables de Logarithmes de Gardiner, édit. d'Avignon 1770 : on y a ajouté l'*errata* de l'édition de Londres de 1743, ainsi qu'un supplément à l'*errata* des grandes Tables d'Ulacq. C'est à MM. Courtaut et L'Émery que le public est redevable de cet *errata*. (Note tirée du Catalogue de la Bibliothèque publique d'Orléans ; 1777, in-4).
Le P. Blanchard a traduit la Préface de ces Tables.

— Les mêmes, publ. par CALLET. Édit. stéréot. *Paris, F. Didot,* 1795, in-8, gr. pap., 15 fr.

L'édition de ces Tables, par Callet, donne les logarithmes des nombres jusqu'à 108,000, des sinus et tangentes, de seconde en seconde, pour les cinq premiers degrés, et de dix en dix secondes pour tous les degrés, avec la division centésimale, etc. : elles sont à sept figures.

— Les mêmes (de la même édit.), avec le Précis élémentaire sur l'explication des logarithmes, trad. en anglais. *Paris, les mêmes,* 1795, in-8, gr. pap., 15 fr.

GARDNER (P.), instituteur à Amersfoort.
— Aperçu de l'histoire des divers peuples du monde, tant anciens que modernes, avec l'explication des principales phrases et mots. Ouvrage destiné à faciliter aux jeunes gens l'étude de l'histoire. *Amsterdam, Schalecamp, van de Grampel et Hanssen,* 1824, in-8, 1 fr. 25 c.

GARDON. Antipathie des 90 nombres, probabilités et observations sur les loteries de France et de Bruxelles. *Paris,* 1801, ou *Paris, Desenne,* 1826, in-8 de 36 pag., 75 c.
— Guide théorique et pratique d'un actionnaire de la loterie, rédigé d'après les principes de plusieurs célèbres géomètres et les meilleurs auteurs qui ont traité cette partie. *Paris,* 1802, in-8 ; 3 fr.

GARDY (J.-A.), gendre du libraire Vente, et libraire lui-même, aujourd'hui crieur de programmes de spectacles au Théâtre-Français ; auteur dramatique et romancier.
— Arlequin tout seul, folie-vaudeville en un acte. *Paris, Fages,* 1801, in-8.
— Célesta, ou le Frère dénaturé. *Paris, Pigoreau,* an VII (1799), in-18, 75 c.
— Célestine, ou la Fille alcade, pièce en 2 actes en prose. *Paris, Fages,* an VII (1799), in-8.
— Cerano, ou l'Enfant de l'amour. *Paris, Pigoreau,* 1799, in-18, fig., 75 c.
— Chérubin tout seul, ou un Tour de page, vaud. en un acte (en prose). *Paris, Fages,* 1804, in-8.
— Élisca, ou les Malheurs de la vertu. IVe édit. *Paris, Tiger,* 1818, in-18, 50 c.
La prem. édit. est de 1800.
— Euphrasie et Cyprino, ou Tout pour l'amour. *Paris,* 1802, ou *Paris, Tiger,* 1813, in-18, 50 c.
— Floris, ou la Vengeance. *Paris, Fages,* 1801, ou *Paris, Tiger,* 1813, in-18, 50 c.
— Gilles bon ami, ou la Maison des fous, vaud. en un acte (en prose). *Paris, Fages,* 1801, in-8.
— Gilles tout seul, coméd.-vaudeville en un acte (et en prose). *Paris, le même,* 1806, in-8.
— Matilde, ou la Forêt périlleuse. *Paris, Lemarchant,* an VII (1799), in-18, 75 c.
— Mistouflet, ou le Jaloux de Charenton, tragédie burlesque en un acte, en vers. *Paris, Fages,* 1802, in-8.
— Palma, ou l'Ile de la montagne noire. *Paris, Ancelle,* an IX (1801), in-18, 1 fr.
— Scapin tout seul, com.-vaud. en un acte (en prose). *Paris, Fages,* an VII (1799) in-8.

GARENCIÈRE (René de). * Libéral (le) et l'ultra, histoire véritable, publ. par René de G.... *Paris, Pillet aîné,* 1820, in-8, 3 fr.

Voy. aussi LA GARENCIÈRE.

GARENGEOT (René-Jacq.-CROISSANT DE), chirurgien, membre de la Société royale de Londres, démonstrateur royal aux écoles de chirurgie de Paris, et membre de l'Académie royale de chirurgie; né à Vitré, en Bretagne, en 1688, mort à Cologne, le 10 décembre 1759.
— Myotomie humaine et canine, ou la Manière de disséquer les hommes et les chiens, suivie d'une Myologie, ou Histoire

abrégée des muscles. *Paris*, 1724, 1728, 1750, 2 vol. in-12.

Au jugement de Haller, c'est le plus mauvais des ouvrages de Garengeot.

— Opération (de l') de la taille par l'appareil latéral, ou la Méthode de frère Jacques corrigée de tous ses défauts. *Paris*, 1730, in-12.

Cette mince production ne renferme aucune idée propre à l'auteur ; elle est destinée à rappeler l'histoire de la méthode latéralisée.

— Splanchnologie, ou Traité d'anatomie, concernant les viscères. *Paris*, 1728, 1739, in-12 ; *Paris*, 1742, 2 vol. in-12, avec de mauvaises figures.

C'est, de toutes les productions de l'auteur, celle qui a été le plus critiquée ; on y trouve quelques faits, nouveaux alors, sur les artères intercostales, sur le sinus de la dure-mère, et beaucoup de choses empruntées à Morgagni et à Winslow. A la fin de ce traité est une *Dissertation sur l'origine de la chirurgie et de la médecine, sur l'union de la médecine à la chirurgie, et sur le partage de ces deux sciences.* L'auteur s'efforce de prouver que la chirurgie fut inventée la première, et qu'à l'époque de leur séparation, la chirurgie ne fut jamais subordonnée à la médecine. Garengeot ne défend pas très-habilement la cause qu'il a embrassée.

— Traité des instruments de chirurgie les plus utiles. *Paris, et La Haye*, 1723, 1727, 1729 ; *Paris, Momoro*, 1789, 2 vol. in-12.

Cet ouvrage, qui est accompagné de figures très-défectueuses, passe pour l'un des meilleurs de Garengeot : il fut néanmoins vivement critiqué ; Vignerou, habile fabricant d'instruments de chirurgie, se plaignit de ce que l'auteur s'était approprié plusieurs de ses découvertes, et força Garengeot d'avouer ses torts.

— Traité des opérations de chirurgie. *Paris*, 1720, 1731 et 1749, 3 vol. in-12.

Cet ouvrage renferme la doctrine des plus habiles chirurgiens du temps, Arnaud, Thibaut, Petit, Ledran, Lapeyronie, Guérin père, etc. La première édition, publiée avant que Garengeot eût obtenu la maîtrise, présente les noms de ces praticiens aux différents articles qui leur appartiennent : dans les éditions subséquentes, leurs noms se trouvent supprimés en beaucoup d'endroits.

Indépendamment de ces ouvrages, Garengeot publia plusieurs Mémoires et Observations dans les Mémoires de l'Académie royale de chirurgie.

Biogr. univ.

GARIDEL (P.-Jos.), professeur de botanique à l'Université d'Aix ; né à Manosque, le 1er août 1659, mort en 1737.

— Histoire des plantes qui naissent aux environs d'Aix et dans plusieurs autres endroits de la Provence. *Aix*, 1715, ou avec un nouv. titre, *Paris*, 1723, in-fol. avec 100 planches, 12 à 20 fr.

GARIEL (N.-M.-A.), médecin. Essai sur la médecine et son utilité sociale. *Paris*, 1805, in-4, 1 fr. 50 c.

GARILLON. Voy CHATELAIN.

GARINET (Jules), avocat à la Cour royale de Paris, membre de l'Académie de Châlons-sur-Marne ; né dans cette dernière ville, en 1797.

— Histoire de la magie en France, depuis le commencement de la monarchie jusqu'à nos jours. *Paris, Foulon et comp.*, 1818, in-8 avec une planche, 6 fr.

— Puissance (de la) temporelle des papes, et du concordat de 1817. *Paris, F. Béchet*, 1818, in-8 de 80 pag., 1 fr. 50 c.

M. Garinet a donné, en société avec M. Collin, de Plancy, une nouvelle édition des «Taxes des parties casuelles de la boutique du Pape, etc. (1819). Voy. ce titre à la Table des Anonymes.

GARIOT (J.-B.), dentiste. Traité des maladies de la bouche d'après l'état actuel des connaissances en médecine et en chirurgie, etc. *Paris*, 1805, in-8, 6 fr.

GARLON (Isaac), chirurgien de Bordeaux, mort en 1759.

— * Essais physico-pathologiques sur la nature, la qualité et les effets des bains des boues de Barbotan. Par J. G***. *Bordeaux*, 1756, in-12.

— * Traité de thérapeutique, ou la Méthode de guérir, pour l'instruction des élèves en chirurgie, par J.-G. *Bordeaux*, 1755 ; *Toulouse*, 1757, in-12.

Cet ouvrage fut supprimé par arrêt du parlement de Bordeaux, du 27 mars 1756, comme étant une infidèle traduction de la Thérapeutique d'Astruc.

GARNER. Discours sur l'éducation. *Paris*, 1805, in-8, 1 fr. 50 c.

Voy. aussi BOYER (A.).

GARNERAY (Louis-Ambroise), peintre ; né à Paris, en 1755.

— Vues des côtes de France, dans l'Océan et dans la Méditerranée, peintes et gravées par M. Louis GARNEREY, décrites par M. E. JOUY, de l'Académie française. *Paris, A.-A. Renouard ; Bossange frères ; l'Auteur*, in-fol.

Cet ouvrage se compose de dix livraisons de 4 pl., avec texte : prix de chacune, 15 fr.

Voy. aussi (au Suppl.) CROMEL : Mémoires du sergent Flavigny.

GARNERIN jeune (André-Jacques), physicien et célèbre aéronaute, ex-commissaire de la république française ; né en 1770, mort à Paris, le 18 août 1823.

— Usurpation d'état et de réputation par un frère au préjudice de son frère, etc. *Paris, impr. de Setier*, 1815, in-4 de 4 pag.

— Voyage et captivité du citoyen Garnerin, prisonnier d'état en Autriche. *Paris,* 1797, in-8.

Réimpr. la même année.

GARNIER (Sébastian), procureur du roi Henri IV au comté et bailliage de Blois. — Henriade (la) et la Loyssée. Sec. édit., sur la copie impr. à Blois chez la Vᵉ Gomet, en 1594 et 1595. *Paris, J.-B.-G. Musier fils,* 1770, in-8 de 332 pag.

Ces deux ouvrages, échappés même aux recherches si minutieuses de l'abbé Goujet, paraissaient condamnés à une obscurité éternelle, lorsqu'on en publia une nouvelle édition en 1770, dans le dessein, dit-on, d'humilier Voltaire. S'il était possible de le croire, dit la Biographie universelle, à qui nous empruntons cette note, jamais la haine n'aurait été plus aveugle : car comment établir la supériorité d'ébauches informes et grossières sur l'un des chefs-d'œuvre d'un de nos plus grands poètes ? La *Henriade* de Garnier est divisée en seize livres : les deux premiers furent imprimés en 1594; les huit derniers l'avaient été l'année précédente chez le même imprimeur, in-4 : les six autres n'existent en manuscrit dans aucune de nos grandes bibliothèques, et on présume qu'ils sont perdus. Le sec. poème, la *Loyssée* (ou la Conquête de l'Égypte par saint Louis), est également incomplet; on n'a que les trois prem. livres, qui furent imprimés aussi à Blois en 1593, pour la première fois. Ces deux poèmes sont entremêlés de quelques autres poésies : dans une élégie adressée au Roi, l'auteur, par un mélange tout-à-fait remarquable d'orgueil et de bassesse, se compare à Virgile, et sollicite une pension, promettant, s'il l'obtient, de composer des ouvrages qui effaceront ceux de l'antiquité. Dans d'autres pièces où l'auteur se donne à lui-même de grandes louanges, il déclare à ses détracteurs qu'il les tient pleins d'ignorance, s'ils se montrent leur esprit par des productions supérieures aux siennes, ce qu'il croyait naïvement impossible.

Le poème de la Henriade commence avec le siége de Paris, et finit à la destruction de la ligue. La marche des événements est la même que dans l'histoire. Le style est rude, grossier, inégal et plein de fautes de versification : il y a cependant des morceaux écrits avec chaleur, et d'autres qui supposent que l'auteur avait lu les anciens.

GARNIER (Dom Jul.). Voy. BASILE (S.).

GARNIER (P.), docteur en médecine de la Faculté de Montpellier; né à Lyon, mort en 1710.
— Formules des médicaments à l'usage de l'Hôtel-Dieu de Lyon. Nouv. édit., avec des augmentations. *Lyon,* 1726, 1730; *Paris,* 1764, 1785, in-12.

La prem. édit. fut publiée par l'auteur à la fin du XVIIᵉ siècle.

Garnier est auteur de quelques autres ouvrages dont la publication est antérieure à notre époque et qui n'ont pas été réimpr. depuis 1700.

GARNIER (Ant.), de Langres, mort en 1710.
— * Rudiments (les) de la langue latine, avec des règles pour apprendre facilement et en peu de temps à lire, décliner et conjuguer, par Gr. *Langres,* vers 1710,

in-8. — Nouv. édit., corr. et augm. de trois degrés de comparaison. Sur l'imprimé à Langres. *Metz, Vᵉ de J. Collignon,* 1737, in-8.

Une sixième édition de ces Rudiments, considérablement augmentée par Fr. Bistac, disciple et successeur de Garnier, a été impr. à Langres, en 1745, in-8 : cette édition a été réimpr. dans plusieurs villes de France, notamment à Chaumont, à Lyon, à Avignon, à Auxerre, etc., sous le seul nom de Bistac (voy. ce nom). Bistac avait déjà fait des corrections à une édition de Langres, 1717.

GARNIER (Laur.), médecin, mort à Paris, le 29 août 1784.
— Observations pratiques sur les fièvres intermittentes. *Lyon,* 1745, in-4.

GARNIER (Jean-Jacques), historiographe, professeur d'hébreu au collège de France, membre de l'Académie des inscriptions et belles-lettres et de l'Institut; né à Goron, bourg du pays du Maine, le 18 mars 1729, mort le 21 février 1805.
— * Bâtard (le) légitime, ou le Triomphe du comique larmoyant. *Amsterdam,* 1757, in-12.
— *Commerce (le) remis à sa place. *Paris, Duchesne,* 1756, in-12.
— * Éclaircissements sur le collège de France. (1789), in-12.

Cette brochure commence par ces mots : Les professeurs royaux avertis, etc.   Barb.

— Homme (l') de lettres, où l'on traite de la nature de l'homme de lettres, du principe fondamental de toutes les sciences, de la culture des esprits, de l'utilité des gens de lettres, etc. *Paris, P.-A. Leprieur,* 1764, 2 vol. in-12.

C'est le tableau du caractère de Garnier et de ses mœurs, tracé par lui-même.

— Éducation (de l') civile. *Paris, Vente,* 1765, in-12.
— Traité de l'origine du gouvernement français. *Paris, Vente,* 1765, in-18.

L'abbé Garnier a enrichi de nombreux et excellents Mémoires le recueil de l'Académie des inscriptions et belles-lettres. La plupart roulent sur les lois de la stratégie chez les Grecs, et sur la philosophie platonicienne; nous en donnons ici la liste: Mémoires (deux) sur Platon, dont le premier traite du Caractère de la philosophie socratique, et le second, de l'usage que Platon a fait des fables. Dissertation sur le Cratyle de Platon (tom. XXXII, 1768). — Mémoires sur les paradoxes philosophiques (tom. XXXIII, 1770). — Éloge de Le Beau, le cadet (tom. XXXIV, 1770). — Éclaircissements sur le traité de Dijon (tom. XLI, 1780). — Mém. sur la ligue entre la France et le pape Paul IV de la maison de Caraffe. Observations critiques sur les Mémoires de la vie de François de Scepeaux, maréchal de Vieilleville, par Vinc. Carloix, son secrétaire (tom. XLIII, 1786). — Dissertation sur le caractère de la Satire de Perse (Histoire, tom. XLV, 1793). — Recherches sur les lois militaires des

Grecs (Mém., tom. XLV, 1793). — Mémoire sur les ouvrages d'Épictète. Dissertation sur le tableau de Cébès (tom. XLVIII, 1808). — Mémoire sur une prétendue conspiration contre Jeanne d'Albret, reine de Navarre, et ses enfants (tom. L., 1808), et plusieurs autres impr. par extraits dans la partie historique du même recueil.

Il a continué l'Histoire de France de Velly et Villaret, depuis le règne de Louis XI jusqu'au commencement de celui de Charles IX ; la dernière partie de ce dernier règne était aussi terminée, mais Garnier ne voulut pas mettre sous les yeux du peuple les sanglants tableaux de ce règne, et il détruisit cette partie de son manuscrit.

GARNIER (le P. P. Ignace), jésuite ; né à Lyon, le 7 septembre 1692, mort à Avignon, en 1763.

— * Pensées du marquis de *** sur la Religion et l'Église. Paris, Le Mercier, 1759, in-12.

GARNIER (Ch.-Geo.-Thom.), ancien avocat ; né à Auxerre, le 21 sept. 1746, mort en février 1795.

— * Adélaïde, ou la Force du sang, anecdote. 1771, in-8.

— * Adélaïde, ou le Combat de l'amour et du préjugé, drame de société. Paris, 1771, in-8.

— * Alcipe, imitation libre de l'Astrée. Paris, 1773, in-8.

Tiré du « Mercure de France ».

— Code du divorce, des naissances, mariages et décès. Paris, 1792, in-12.

— Destruction (de la) du régime féodal, ou Commentaire sur les nouvelles lois concernant les droits féodaux et censuels, leurs rachat et liquidation. Paris, 1791, in-8.

— Proverbes (nouv.) dramatiques, ou Recueil de comédies de société, pour servir de suite aux Théâtres de société et d'éducation, par M. G***. Paris, Cailleau, 1784 ; ou Liége, Desoer, 1785, in-8.

Insérés depuis dans diverses collections.

L'auteur, dès 1770, avait commencé à publier ces proverbes dans le Mercure de France, sous le pseudonyme de mademoiselle Raigner de Malfontaine.

— Traité du rachat des rentes foncières d'après les nouvelles lois. Paris, 1791, in-8.

— * Zéphirine, ou l'Époux libertin, anecdote volée par l'auteur « d'Adélaïde ». Amsterdam, et Paris, Costard, 1771, in-8.

Garnier a été l'éditeur des divers ouvrages suiv., qui presque tous appartiennent à la littérature comique : le Cabinet des fées (1785, 41 vol.) ; les Voyages imaginaires, etc. (1787, 39 vol. in-8) ; les Œuvres badines du comte de Caylus (1787, 12 vol. in-8) ; les Œuvres complètes du comte de Tressan (1787, 12 vol. in-8) ; Ana, ou Collection de bons-mots ; etc. (1789, 10 vol. in-8) ; une édition des Œuvres de Regnard, avec des remarques de l'éditeur sur chaque pièce (1789, 6 vol. in-8), réimpr. plusieurs fois.

GARNIER (le comte Germ.), frère du précédent, ministre d'état et pair de France ; né à Auxerre, le 8 nov. 1754, mort à Paris, le 4 octobre 1821.

— * Abrégé élémentaire des principes de l'économie politique. Paris, Agasse, 1796, in-12, 1 fr. 80 c.

— * Appel à tous les propriétaires en Europe, ou Manifeste de la Société contre les partis qui la tourmentent, par un ami de l'ordre. Paris, L. Colas, sans date (1818), in-8 de 88 pag.

— Aventures (les) de Caleb Williams, etc., trad. de l'angl. (1794). Voy. GODWIN.

— Description géographique, physique et politique du départ. de Seine-et-Oise. 1802, in-8.

— * Girandoles (les), comédie-proverbe. Paris, Cailleau, 1781, in-8.

Suivant une note de l'auteur, l'édition de cette pièce a été détruite, à la réserve de deux exemplaires.   Barb.

— Histoire de la monnaie, depuis les temps de la plus haute antiquité jusqu'au règne de Charlemagne. Paris, Mme Ve Agasse, 1819, 2 vol. in-8, 12 f.

Cet ouvrage n'est guère que la reproduction, avec quelques modifications, des deux Mémoires et des Observations ci-dessous.

— Mémoires (deux) sur la valeur des monnaies de compte chez les peuples de l'antiquité. Paris, Mme Agasse, 1817, 2 br. in-4, 2 fr. 50 c.

M. Letronne a réfuté ces Mémoires dans son ouvrage intitulé : Considérations générales sur l'évaluation des monnaies grecques et romaines, etc.

— Observations en réponse aux Considérations générales, etc. (de M. Letronne). Paris, Ve Agasse, 1818, in-4.

— * Propriété (de la), dans ses rapports avec le droit politique. Paris, G. Clavelin, 1792, in-18.

— Rapport (son) au nom de la Commission spéciale de sept membres, chargés par la Chambre des pairs de l'examen du projet de loi sur les finances. Paris, Chaumerot jeune, 1816, br. in-8.

Ce rapport eut trois éditions dans la même année. M. de Bourienne y répondit par un écrit intitulé : Observations sur le budjet de 1816, etc. Voyez BOURIENNE.

— Recherches sur la nature et les causes de la richesse des nations ; trad. de l'angl. (1802). Voy. SMITH (Ad.).

— * Théorie des banques d'escompte. Paris, 1806, in-8.

— Visions (les) du château des Pyrénées, par Anne Radcliffe ; trad. sur l'édition imprimée à Londres en 1803. Paris, Renard, 1809, 4 vol. in-12.

Mademoiselle Zimmermann a eu part à ce roman

qui , selon M. Barbier, doit grossir la liste de ceux qu'on a faussement attribués à Madame Radcliffe.

On a encore du comte Garnier plusieurs pièces de poésie insérées dans divers recueils, entre autres, dans les « Contes théologiques, suivis des Litanies des catholiques du 18e siècle et de Poésies érotico-philosophiques, ou Recueil presque édifiant », Paris, 1783, in-8 ; une traduction en prose des « Poésies de milady Montague », dans la deuxième édition de la traduction des Lettres de cette dame , publiée par M. Anson. (Paris, 1805, 2 vol. in-12.) C'est à lui qu'appartient la chanson : J'ai vu Lise, etc., qu'on a long-temps attribuée à Louis XVIII. Comme éditeur, il a donné une édition des OEuvres complètes de Racine , avec le Commentaire de La Harpe (Paris, 1807, 7 vol. in-8).

On a encore du comte Germ. Garnier, dans le sec. vol. du nouveau recueil de l'Académie des inscriptions (1815), les deux mémoires suivants : Mémoire sur l'art oratoire de Corax. — Observations sur quelques ouvrages du stoïcien Panétius.

GARNIER (Jos.-Bl.), maître-maçon à Marseille.

— Gnomonique (la) mise à la portée de tout le monde. Marseille et Paris, 1773, in-8.

GARNIER, Calcul pour les années et portions de temps de toute nature, et pour les intérêts à tous deniers, avec le Tarif des différents paiements en chaque espèce de monnaie ayant cours dans les caisses. Paris, Musier père , 1774, in-8.

GARNIER , de Saint-Julien. Mémoire , ou Réponse à deux questions sur l'art nautique proposées par la Société zélandaise des sciences, etc., qui a remporté le prix en 1783. Flessingue, 1785, in-8.

GARNIER (J.-G.), anc. professeur à l'École polytechnique, docteur ès - sciences et instituteur à Paris.

— Analyse algébrique, faisant suite à la 1re section de l'algèbre. Sec. édit. Paris, Ve Courcier, 1814, in-8, 16 fr.

La prem. édit. parut en 1802, sous le titre de Cours d'analyse algébrique , etc.

— Correspondance mathématique et physique. Tom. I et II. Gand , H. Vanderkerchhove, 1825-26 , 2 vol. in-8 avec pl. Avec le prof. Quételet.

— Discussion des racines déterminées du premier degré à plusieurs inconnues, etc. Sec. édit. Paris, Mme Ve Courcier, 1813 , in-8, 1 fr. 80 c.

— Éléments d'algèbre à l'usage des aspirants à l'École polytechnique. Première section. Troisième édition, avec une pl. Paris, la même, 1811, in-8.

— Éléments d'algèbre. IVe édit., entièrement refondue. Bruxelles, P. J. Demat, 1820, 2 vol. in-8 avec planch. , 8 fr.

— Éléments de géométrie, comprenant les deux trigonométries, une Introduction à la géométrie descriptive , les Éléments de la polygonométrie , et quelques Notions sur le levé des plans, et l'Introduction à la géométrie descriptive. Paris , Béchet, 1812 , in-8, 5 fr. ; pap. vél. , 10 fr.

— Géométrie analytique, ou Application de l'algèbre à la géométrie. Sec. édit. Paris, Ve Courcier, 1813, in-8, 5 fr. 50 c.

— Leçons de calcul différentiel. IIIe édit. Paris, Béchet (* Bachelier), 1811, in-8, 7 fr.

— Leçons de calcul intégral. IIIe édition. Paris, les mêmes, 1812 , in-8, 7 fr.

— Leçons de statique à l'usage des aspirants à l'École polytechn. Paris, Ve Courcier, 1811 , in-8, avec 12 planch., 5 fr.

— Notes sur le calcul différentiel, et sur le calcul intégral, faisant suite à la Mécanique de Bezout. Paris, Courcier, an IX (1801), in-8 avec 2 planch., 6 fr.

Ces notes ayant été disposées pour être brochées à la suite des deux volumes de la Mécanique de Bezout, celles sur le calcul différentiel devaient faire suite à la quatrième partie, qui est le premier volume de la Mécanique, et sont paginées 367-501; celles sur le calcul intégral à la 5e, sont paginées 403-662.

— Réciproques (les) de la géométrie, suivis d'un Recueil de problèmes et de théorèmes. Paris, 1807, in-8.

— Traité d'arithmétique à l'usage des élèves de tous âges. Seconde édit. Paris, 1808 , in-8.

La prem. édit. fut publiée en 1803, sous le titre de Traité élémentaire, etc.

M. Garnier est encore auteur d'un Mémoire sur les machines, inséré dans les Nouv. Mémoires de l'Académie de Bruxelles, tom. 1er 1820 : on lui doit une édition, augmentée , de la Mécanique de Bezout.

GARNIER. Grammaire française élémentaire, à l'usage des jeunes filles du pensionnat établi à Strasbourg par Mme Delahaye. Les étrangers y trouveront des remarques qui leur feront éviter les fautes de traduction littérale. On y a relevé avec soin toutes celles qui se font le plus habituellement. Strasbourg et Paris, Levrault, an IX (1801), in-12, 1 fr. 80 c.

GARNIER (Gilbert). Félicité (la) conjugale, essai d'un poète de 40 ans. Paris, 1802 , in-8.

GARNIER (F.-M.). Almanach des bâtiments, pour les années 1808 à 1827. Paris, l'Auteur, 1808-28, 21 vol. in-18.

— Chateau (le) incendié, conte qui n'est pas bleu. Paris, imp. de Lottin, 1816, in-8 de 16 pag.

— Leçons-pratiques et familières pour les propriétaires de maisons, les artistes et ouvriers s'occupant de la construction et réparation des bâtiments, etc. *Paris, F. M. Garnier; Dehansy,* 1812, in-18, 2 f. 25 c.

Appendice à l'Almanach des bâtiments pour l'année 1812.

— Manuel de l'entrepreneur, du propriétaire et des gens d'affaires, etc. *Paris, Martinet,* 1816, in-8 de 24 pag. avec 4 pl., 2 fr.

— Origine (de l') et des devoirs des différentes professions relatives aux bâtiments imaginés dans l'intérêt des sociétés, etc. *Paris, l'Auteur,* 1827, in-18 de 126 pag.

C'est un Appendice à l'Almanach des bâtiments pour l'année 1827.

— Tarif comprenant les prix de la couverture en tuile, en ardoise; du pavage et de la terrasse. *Paris, l'Auteur,* 1815, in-4 de 12 pag., 1 fr. 75 c.

— Tarif des ouvrages de la peinture d'impression, à l'huile et à la colle. *Paris, l'Auteur,* 1815, in-8 de 12 pag., 1 fr. 75 c.

— Tarif des prix de la charpenterie, du carrelage, de la serrurerie et de la quincaillerie, publié pour les six derniers mois de l'année 1814. *Paris, l'Auteur,* 1815, in-4 de 12 pag., 1 fr. 75 c.

— Tarif des prix de la maçonnerie. *Paris, l'Auteur,* 1814, 1816, in-4 de 12 pag., 1 fr. 75 c.

— Tarif des prix de la menuiserie pour l'année 1814. *Paris, l'Auteur,* 1815, in-4, 3 fr. 50 c.

GARNIER. Manuel chrétien de la jeunesse, ou Recueil de prières, d'exercices de piété et d'instructions pour l'usage de la jeunesse. Sec. édit. *Mayence, Kupferberg, Wirth, et Paris, à la Société typogr.,* 1813, in-12, 2 fr. 40 c.; papier collé, 3 fr.

GARNIER (Adrien). Un mot sur la garde nationale et sur la décoration du lys. *Paris, impr. de Chaigneau jeune,* 1814, in-8.

GARNIER (le chev. J.), de Saintes, ancien avocat, président du tribunal criminel de Saintes, mort en Amérique en 1815.

— Dette (la) d'un exilé, ou Plan nouv. d'éducation nationale basé sur les principes de Socrate, qui sont joints ci-après, et extrait de l'ouvrage de Criton, l'un de ses disciples, aux générations. *Bruxelles,* 1816, in-8, 2 fr.

— Retour (le) de la vérité en France. *Paris, A. Eymery,* 1815, in-8 de 48 pag., 1 fr.

GARNIER (Nic. - Mammès), instituteur, membre de l'Athénée des arts, etc.; né à Saint - Maurice - lès - Langres, le 23 août 1761.

— Angelus (l') de l'ermitage de Choisy-le-Roi; chansonnette pour le jour de la Saint-Charles, 4 novembre 1823, époque de la paix d'Espagne. *Paris, imp. de Sétier,* 1823, in-8 de 8 pag.

— Éléments de la tenue des livres en partie simple et en parties doubles, ou Méthode théorique et pratique pour apprendre cette science. *Paris, Brunot-Labbe; l'Auteur,* 1815, in-8, 3 fr. 50 c.

— Gradus ad Parnassum, ou Dictionnaire prosodique et poétique grec et franç., avec la quantité sur chaque syllabe, etc. *Paris, Delalain,* 1822, in-12, 6 fr.

— Prosodie grecque. *Paris, l'Auteur,* 1820, in-12 de 48 pag.

— Traité des changes arbitrages, etc. (....). Voy. SOULET.

— Traité théori-pratique des livres auxiliaires les plus usités dans le commerce, la banque et la finance, etc. *Paris, Artaud,* 1817, in-8, 5 fr.

GARNIER (L.). Leçons de langue hébraïque. In-8.

— Conjuration des Espagnols contre Venise, trad. en lat. (1819). Voyez SAINT-RÉAL.

GARNIER (Ath.). * Appréciateur (l') du mobilier, ou Moyen de savoir faire l'estimation et la vérification du mobilier le plus étendu, etc. Par A. G. *Paris, Chaumerot jeune,* 1821, 1822, in-8, 7 fr.

— Lucile, ou les Archives d'une jolie femme. *Paris, Hesse et comp.,* 1825, 2 vol. in-12, 5 fr.

Publ. sous le pseudon. d'Athier.

— Vingt ans de folie. *Paris, imp. d'Herhan,* 1823, 3 vol. in-12, 7 fr. 50 c.

Publ. sous le même pseudon.

GARNIER (H.), de Toulon.

— Ode sur la guerre d'Espagne, dédiée au Roi. *Paris, Dentu,* 1823, in-8 de 8 pag., 60 c.

— Opuscules poétiques. *Marseille, Camoin, et Toulon,* 1821, in-8 de 24 pag., 75 c.

GARNIER (F.), ancien élève de l'École polytechnique, ingénieur au corps royal des mines.

— Art (de l') du fontainier-sondeur et des puits artésiens, ou Mémoires sur les différentes espèces de terrains dans lesquels on doit rechercher les eaux souterraines, et sur les moyens qu'il faut employer pour ramener une partie de ces eaux à la surface du sol, etc. *Paris, Mᵐᵉ Huzard*, 1822, in-4 avec 19 planch. gr.

Réimprimé sous ce titre : *Traité sur les puits artésiens ou sur les différentes espèces de terrains dans lesquels on doit rechercher des eaux souterraines : ouvrage contenant la description des procédés, etc.* Sec. édit., revue et augmentée. Paris, Bachelier, 1826, in-4, 16 fr.

— Mémoire géologique sur les terrains du Bas-Boulonnais, et particulièrement sur les calcaires compactes ou grenus qu'il renferme. *Boulogne-sur-Mer, Hesse*, 1823, in-4 avec 2 planches.

GARNIER (F.-X.-P.), avocat aux Conseils du roi et à la Cour de cassation; né à Brest (Finistère), le 12 septembre 1793.

— Explication de la loi du 28 juillet 1824 sur les chemins vicinaux (précédée de l'instruction du mois d'octobre 1824). *Paris, l'Auteur*, 1824, in-12, 3 fr.

— Précédent (du) ministère, du ministère actuel, et de la nécessité de réviser nos institutions, notamment la législation relative à la Cour de cassation, aux juges auditeurs, etc. *Paris, Pillet aîné*, 1828, in-8 de 60 pag., 2 fr. 50 c.

— Régime, ou Traité des rivières et cours d'eau de toute espèce, salines et manufactures insalubres ; des obligations, droits et actions qui en résultent pour l'état et pour les particuliers, et de la compétence des autorités administratives et judiciaires, même des juges de paix, en matière possessoire, suivant la jurisprudence du Conseil d'état et de la Cour de cassation. Sec. édit. *Paris, l'Auteur*, 1825, 2 part. in-8, 10 fr.

La prem. édit. a paru en 1822, sous ce titre : Régime des eaux ou des rivières navigables, flottables ou non, et de tous les autres cours d'eau, des obligations, droits et actions qui en résultent pour l'état et pour les particuliers, etc.

— Traité de l'usure dans les transactions civiles et commerciales. *Paris, quai Saint-Michel*, n° 25, 1826, in-12 de 144 pag., 2 fr. 50 c.

— Traité des chemins de toute espèce, comprenant, etc., ouvrage destiné à faire suite au « Régime des eaux »; suivi d'un Appendice au régime des eaux, IIIᵉ édit. *Paris, quai Saint-Michel*, n° 25, 1826, in-8, 8 fr.

Cette troisième édit. n'est par le fait que la seconde, car la première, publiée en 1823, a été reproduite en 1824, avec 8 pag. d'additions comme une sec. édition.

De concert avec M. Roger, autre avocat, M. Gar-

nier a fondé, en 1824, des Annales universelles de législation et de jurisprudence commerciale.

GARNIER (Adolphe), avocat à la Cour royale de Paris.

— Observations sur le beau. *Paris, imp. de Rignoux*, 1826, in-8 de 32 pag.

Insérées en partie dans la Revue encyclopédique.

— Peine (de la) de mort, mémoire qui a obtenu la médaille d'argent décernée par la Société de la morale chrétienne, dans sa séance du 27 avril 1827. *Paris, impr. de Guiraudet*, 1827, in-8 de 104 pag.

GARNIER DE LA BAREYRE (Alex.-Laur.). *Exposé succinct des événements qui ont eu lieu dans le département de la Drôme, depuis l'invasion de Bonaparte jusqu'au 7 avril. *Paris*, 1815, in-8.

GARNIER DESCHESNES (Em.-Hil.), anc. notaire à Paris, l'un des administrateurs de l'enregistrement et des domaines, membre de la Société d'agriculture du département de la Seine; né à Montpellier, le 1ᵉʳ mars 1727, mort le 6 janvier 1812.

— Coutume (la) de Paris en vers franç. (de huit syllabes), avec le texte à côté. *Paris, Saugrain*, 1769, pet. in-12 ; *Paris, Le Boucher*, 1784, in-12. — IIIᵉ édition, sans texte. *Paris, Didot jeune*, 1787, pet. in-12.

— Formulaire d'actes à joindre au Traité élémentaire du notariat. *Paris, Doublet*, 1812, in-4 de 56 pag.

— Observations sur le projet de Code civil, présenté par la commission nommée par le gouvernement, le 24 thermidor an VIII, et publ. en l'an IX. *Paris, Mᵐᵉ Huzard; Desenne*, etc., an IX (1801), in-8, 1 fr. 80 c.

— *Recherches sur l'origine du calcul duodécimal. *Paris, F. Didot*, 1800, in-12, 75 c.

— *Traité élémentaire de géographie astronomique, naturelle et politique : ouvrage approuvé par la Convention nationale. *Paris, Bailleul*, an VI (1798), in-8.

— Traité élémentaire du notariat. *Paris, de l'impr. de la compagnie des notaires*, 1807, in-8, 8 fr. et in-4, 15 fr.

Garnier-Deschesnes est encore auteur de divers *Mémoires* d'agriculture, imprimés parmi ceux de la Société d'agriculture de Paris.

GARNIER DUBOURGNEUF (J.-A.), procureur du roi.

— Code de la presse, ou Recueil complet des lois, décrets, ordonnances et réglements actuellement en vigueur sur cette matière, avec des notes et explications. *Paris, Nève*, 1822, in-8, 3 fr.

Reproduit en 1824, sous le titre de *nouveau Code de la presse*, etc. Paris, Bavoux.

— Commentaire sur le Code forestier, suivi de l'ordonnance d'exécution. *Paris, Dufour et comp.*, 1828, in-12, 4 fr.

Avec J. S. Chanoine.

— Lois d'instruction criminelle et pénales, ou Appendice aux codes criminels. *Paris, Tournachon-Molin*, 1826, 3 vol. in-8, 24 fr. — Supplément. *Paris, le même*, 1828, in-8 de 64 pag., 2 fr.

Avec le même.
L'ouvrage est suivi de deux tables : 1° une Table chronologique générale, contenant l'indication des lois, arrêtés, décrets, ordonnances et avis du Conseil d'état rapportés dans le texte ou dans les notes ; 2° une Table des matières par ordre alphabétique, à l'aide de laquelle on trouvera sur-le-champ toutes les dispositions de détail.
On n'a suivi qu'une seule pagination, en sorte que les trois volumes peuvent être réunis en un seul.

— Manuel (nouveau) des officiers de l'état civil. Sec. édit., augm. de notes et d'un appendice. *Paris, le même*, 1827, in-12, 3 f. 50.

La prem. édit. est de 1825.

— Manuel des frais de justice en matière criminelle, correctionnelle et de simple police. *Paris, Hocquet; B. Warée fils*, 1823, in-8, 3 fr. 50 c.

Avec M. Dufresneau.

GARNOT. Baillif (le), ou l'Orgueil confondu, farce-parade en prose, en un acte. *Paris, Cl. Hérissant*, 1772, in-12.

Garnot est auteur de quelques autres pièces qui ne paraissent pas avoir été imprimées.

GARON (Antoine). Aux médecins et chirurgiens en chef des armées (en vers). *Strasbourg, Levrault*, 1817, in-8 de 4 p.

— Dissertation sur l'émétique ou tartrate antimonié de potasse, etc. *Sans nom de ville (Strasbourg), imp. de Levrault*, 1817, in-4 de 16 pag.

GARONNE (...), ancien député de la ville et du commerce de Côte près l'Assemblée constituante, de la Société royale de littérature et des beaux-arts de Gand.

— Considérations politiques sur l'état actuel de l'Europe, sur la nécessité de changer le système de nos relations commerciales en Asie, et les moyens d'y parvenir, ou Mémoire sur l'île de Madagascar. *Paris, Bailleul*, 1814, in-8, 2 fr. 50 c.

— Entrepôts (des) de denrées coloniales, et d'un nouveau mode de législation commerciale, etc. *Paris, Pichard*, 1828, in-8 de 72 pag., 2 fr.

— Histoire de la ville de Montpellier sous la domination de ses premiers seigneurs, sous celle des rois d'Aragon, et sous celle des rois de Mayorque. *Paris, Pichard; Pélicier*, 1828, in-8, 5 fr. 50 c.

— Mémoire historique et politique sur le commerce de l'Inde. *Paris, Mongie aîné*, 1802, in-4 de 56 pag., 1 fr. 50 c.

— Mémoire sur la demande que fait la ville de Paris d'un entrepôt colonial. *Paris, Ant. Bailleul*, 1820, in-8 de 24 p., 60 c.

— Notice sur Auvers. *Paris, l'Auteur*, 1824, in-8 de 104 pag.

— *Petite (la) lanterne magique de 1824, par l'auteur de celle de 1814, et compte-courant entre le monopole des tabacs et la France. Par l'aut. de la «Notice sur Anvers.» *Paris, l'Auteur*, 1824, br. in-8.

— Réflexions sur le commerce de France, sur nos manufactures, sur les douanes, sur le traité de commerce fait avec l'Angleterre en 1786, sur les franchises de port, sur la possibilité de former à Paris un entrepôt qui offrirait de grands avantages et beaucoup de facilité au commerce de cette ville. *Paris, Mongie*, 1804, in-8, 1 fr. 80 c.

— Réflexions sur le commerce de France : deuxième suite. *Paris, Ant. Bailleul; P. Mongie*, 1814, in-8 de 44 pag., 1 fr. 25 c.

GAROUVILLE. Amant (l') oisif, contenant cinquante nouvelles espagnoles. *Bruxelles*, 1711, 3 vol. in-12.

GARRAN-COULON (Jean-Philippe), publiciste, député à l'Assemblée législative, membre de la Convention nationale, du Conseil des cinq-cents, du Sénat et de l'Institut; né à Saint-Maixen (Deux-Sèvres), le 19 avril 1749, mort le 19 décembre 1816.

— Notice sur le citoyen Creuzé-Latouche. 1801, in-8.

— Rapport fait au Comité des recherches des représentants de la commune sur la conspiration des mois de mai, juin et juillet dernier. 1789, in-8.

— Rapport sur l'insurrection des nègres de Saint-Domingue. 1791, in-8.

— Rapports sur les troubles de Saint-Domingue. *Paris*, an VI et an VII (1798-99), 4 vol. in-8.

— Recherches historiques sur l'état ancien et moderne de la Pologne, appliquées à la dernière révolution. 1795, in-8.

Garran-Coulon est auteur de plusieurs autres Rapports aux différentes assemblées dont il était membre.
Ce publiciste a eu part au Répertoire de jurisprudence de Guyot.

GARREAU. Description du gouvernement de Bourgogne, suivant les principales divisions temporelles, civiles et militaires. *Paris, Defay*, 1717, in-8.

Réimpr. en 1734, in-8.

GARREAU (J.-Cl.). ex-jésuite; né à Saint-Pourçain, le 26 juillet 1715, mort en ....

— * Manuel ecclésiastique de discipline et de droit, ou Sommaire des Mémoires du clergé, rédigé par ordre alphabétique, contenant tout ce qui concerne la discipline et le régime actuel de l'Église de France, ses libertés, ses droits et ses privilèges, et ceux de ses membres. *Paris, Desprez*, 1778, in-8.

— * Vie de madame la duchesse de Montmorency, supérieure de la Visitation de Sainte-Marie de Moulins. *Clermont-Ferrand, et Paris*, 1769, 2 vol. in-12.

— Vie de messire J. B. de Lasalle, prêtre, 1750, in-12. — Nouv. édit. *Paris, Méquignon junior*, 1825, 2 vol. in-12 avec un portr., 4 fr.

GARRECK (H.-T.). Adolphe, ou le Mariage forcé. *Paris, Pigoreau*, 1823, 2 vol. in-12, fig., 5 fr.

GARREN, avocat au parlement. Pédantisme (le), ou le Fléau de la Société, comédie (en 3 actes et en prose). *Bordeaux, frères Labottière*, 1764, in-8.

GARREZ (P.-A.), avocat. Code des enfants naturels, ou Recueil complet des lois qui fixent leur état et leurs droits; précédé d'un Traité analytique de ces mêmes lois, et suivi des formules d'actes de reconnaissance. *Paris, Garnery*, 1804, 1808, in-12, 2 fr.

— Traité de l'adoption, avec le Recueil complet des lois et arrêtés qui ont organisé cette institution et celle de la tutelle officieuse; suivi de formules d'actes d'adoption. *Paris, le même*, 1804, in-12, 1 fr.

GARRICK (Dav.), célèbre auteur et artiste dramatique anglais du xviiie siècle.
— * A quoi cela tient, com. en 2 actes, imité de l'angl. *Paris, A.-A. Renouard*, 1807, in-8.

Cette pièce fait partie du « Théâtre des variétés étrangères ».

— Clandestine (the) marriage, a comedy in five acts, etc. *Paris, Théophile Barrois*, 1804, 1817, in-18 de 124 pag., 1 f. 20 c.

Avec Colman.

— Mariage (le) clandestin, com. en 5 actes, trad. de l'angl. (par Mme Riccoboni). *Paris et Amsterdam*, 1768, in-8.

— Dehors (les) d'un mariage, comédie en 2 actes, trad. de l'angl. par A. H. Chateauneuf. *Paris, imp. de Coniam*, 1827, in-8 de 16 pag.

— Fille (la) de quinze ans, coméd. en 2 actes, trad. de l'angl. *Paris, A.-A. Renouard*, 1807, in-8.

— Mœurs (les) de Londres, ou le bon Ton anglais, coméd. en 2 actes, trad. de l'angl. *Paris, le même*, 1807, in-8.

— Schall (le), ou le Cachemire, com. en 2 actes, imitée de l'angl. *Paris, Renouard*, 1807, in-8.

La traduction de ces trois dernières pièces fait encore partie du *Théâtre des variétés étrangères*.

— OEuvres (ses) (trad. de l'angl. par la baronne de Vasse). *Paris*, 1784, 2 vol. in-8 avec portr.

Ces deux volumes ne contiennent que la traduction (en prose) d'une partie des pièces de Garrick; on y trouve : Tom. Ier : Vie de Garrick. Cymon, pastorale dramatique en 5 actes. — Le bon Ton, ou les Mœurs du jour, com. en 2 actes. — La Fille de quinze ans, com. en 2 actes. Tom. II : Lilliput, divertissement dramatique. — Les Valets singes de leurs maîtres, com. en 2 actes. — Le Mariage clandestin, com. en 5 actes, de Garrick et Geo. Coleman. Chaque pièce a sa pagination particulière et son titre : la date, le plus souvent, est antérieure à 1784.

Une autre pièce de Garrick, intitulée *le Tuteur*, com. en 2 actes (1759), a encore été traduite en français et imprimée dans le Répertoire des Théâtres étrangers, in-18, publ. chez Brissot-Thivars.

GARRIGUE. * Ébauche de la religion naturelle, etc., trad. de l'angl. (1726). Voy. Wollaston.

GARRIGUES (A.-J.-M.), élève de l'École normale.
— Cours de philosophie. *Paris, Le Normant*, 1821, in-8, 3 fr.
— Dithyrambe sur les événements présents. *Paris, le même*, 1814, in-8 de 8 pag.
— Leçons de morale. *Paris, le même*, 1822, in-8.
— Religion (la) expliquée par la raison, suivie de la morale de la religion. *Paris, N. Pichard*, 1827, in-8 de 92 pag., 2 fr. 50 c.
— Théorie du bonheur. *Paris, Le Normant*, 1819, in-8, 2 fr. 50 c.

GARRIGUES DE FROMENT (l'abbé).
— Abrégé (nouv.) chronologique de l'histoire d'Angleterre, trad. de l'angl. (1751). Voy. Salmon.
— Eloge historique du Journal encyclopédique, et de P. Rousseau, son imprimeur. *Paris, chez l'imprimeur, rue de la Huchette, au perroquet*, 1760, in-8 de iv et 103 pag.
— Journal militaire et politique. 1758.

— * Sentiments d'un amateur sur l'exposition des tableaux du Louvre, et la critique qui en a été faite. 1753, in-12.

L'abbé Garrigues de Froment est encore connu par quelques libelles contre l'état et contre les particuliers. Le ministère de France l'a tenu sept années dans les cachots. Depuis il a fait le métier d'espion dans quelques villes d'Allemagne, qu'il quittait successivement quand il se voyait reconnu.
Journ. encycl. du mois de févr. 1761, pag. 40.

GARROS (P.-Ascension), ingénieur et mécanicien; mort à Paris, le 24 janvier 1823.

— * A MM. les députés des départements. (Lettre sur la liberté de la presse). *Paris*, août 1814, in-8.

Signé G.

— Discours à MM. les membres du conseil de perfectionnement, formant le jury d'instruction pour l'enseignement des apprentis pauvres et orphelins. *Paris, imp. de Bailleul*, 1820, in-4 de 14 pag.

— Esprit de la morale universelle, trad. de l'angl. (1821). Voy. DODSLEY.

— * Ponts en fer indestructibles et inamovibles, jetés en deux minutes : découverte du citoyen M.-J.-G.R. 1799, in-8.

— Projet de constitution : Bases fondamentales de la constitution française. *Paris, Delaunay*, 1814, broch. in-8.

— Sauvegarde (de la) des peuples contre les abus du pouvoir, fondée sur les règles de la procuration établies dans le code civil des Français, applicables à la formation d'une constitution stable et libérale, avec une nouvelle division des pouvoirs, un nouveau système électoral, hors de portée de l'intrigue, une nouvelle organisation du pouvoir législatif, et un nouveau plan d'organisation de la garde nationale, offrant les moyens de prévenir et d'arrêter l'invasion de l'ennemi. *Paris, Mᵐᵉ Goullet*, 1815, in-8.

— Le même, en espagnol : Salvaguardia de los pueblos, contra los abusos del poder, etc. Trad. al castel. Por un amigo de la libertad. *Burdeos, de la empr. de Pinard*, 1822, in-12.

GARSAULT (Fr.-Alex.), capitaine des haras de France, membre de l'Académie des sciences; né en 1693, mort en 1778.

— Anatomie (l') du cheval, trad. de l'angl. (1733). Voy. SNAP.

— Art (l') de la lingère. *Paris*, 1771, in-fol., avec 4 pl.

Cet art fait partie de l'édition in-fol. des *Descriptions des arts et métiers*, faites et approuvées par Messieurs de l'Académie royale des sciences; et du tom. XIV de la nouvelle édition in-4, faite à Neuf-

châtel, avec des observations et des augmentations par J.-E. BERTRAND.

— Art (l') du bourrelier et du sellier. *Paris*, 1774, in-fol. avec 15 planch.

Faisant partie de la même collection et du tom. XIV de la nouv. édit. in-4.

— Art (l') du cordonnier. *Paris*, 1767, in-fol. avec 5 planch.

Faisant partie de la même collection et du tom. III de la nouv. édit.

— Art (l') du paumier-raquetier et de la paume. *Paris*, 1767, in-fol. avec 5 planch.

Faisant partie de la même collection et du t. III de la nouv. édit.

— Art (l') du perruquier et du baigneur-étuviste. *Paris*, 1767, in-fol. avec 5 planch.

— Art (l') du tailleur, contenant le tailleur d'habits d'hommes, le tailleur de corps de femmes et d'enfants, la couturière et la marchande de modes. *Paris*, 1769, in-fol. avec 16 planch.

Ces deux dern. arts font encore partie de la même collection et du tom. XIV de la nouv. édit.

— Éléments de géographie historique, à l'usage des lycées et des collèges, tirés du notionnaire de M. Garsault; ouvr. corrigé et considérablement augm. par M. MOUSTALON, auteur du « Lycée de la jeunesse.» *Paris, Genets*, 1803, in-8 ; ou *Paris, Lebel et Guitel*, 1811, in-12, 1 fr. 80 c.

— * Faits des causes célèbres et intéressantes, augmentés de quelques causes. *Amsterdam, Chatelain (Paris)*, 1757, in-12.

Cet ouvrage, remarquable par les détails qu'il renferme sur les supplices, est abrégé de la volumineuse compilation de Gayot; le style en est plus agréable.

— Figures de plantes et animaux d'usage en médecine. *Paris*, 1764, in-8 de 730 pl. dessinées par Garsault.

Publiées d'abord sans aucun texte, elles parurent l'année suivante sous ce titre : *Description abrégée de 719 plantes et 134 animaux*, en 730 pl. gravées sur les dessins de Garsault, suivant l'ordre de la matière médicale de Geoffroy. *Paris*, 1767, 6 vol. in-8, 24 à 36 fr. On a adapté les mêmes pl. au Diction. raisonné universel de matière médicale par Delabeyrie et Goulin. *Paris*, 1783, 4 tom. en 8 vol. in-8; reproduit sous le titre de Dictionnaire des plantes usuelles. *Paris, Lamy*, 1796, 8 vol. in-8 avec 764 planches.

Ce sont encore les mêmes planches que le libraire Lamy a reproduites en 1817, sous ce titre : *Collection de plantes, arbres, arbustes et animaux utiles à l'homme*; dessinée sous la direction du célèbre de Jussieu, par Fr. A. de Garsault; destinée à accompagner et à compléter les 250 pl. qui ornent la sec. édit. du Dictionnaire d'histoire naturelle, publ. par M. Déterville; vingt-neuf livraisons de 25 pl. Prix de chaque : en noir, 5 fr.; color. sur pap. de Holl. ou pap. vélin collé, 10 fr.

Ces planches, dessinées, souvent d'après nature, avec beaucoup de soin et de pureté, et en général très-bien gravées, laissent, dit la Biographie univ., peu de choses à désirer sous le rapport de la conformation extérieure, du port et de l'aspect général

-des plantes ; mais elles manquent souvent de détails nécessaires sur les organes sexuels ; et sur les parties de la fructification. Depuis la publ. de ces planch., deux autres recueils du même genre, la Flore médicale et la Faune médicale de M. Hipp. Cloquet, publ. récemment, ont diminué de beaucoup l'importance du recueil de Garsault.

— Guide (le) du cavalier. *Paris*, 1769, in-12.

— Notionnaire, (le) ou Mémorial raisonné de ce qu'il y a d'utile et d'intéressant dans toutes les connaissances acquises depuis la création du monde. *Paris*, 1761, in-8.

Cette compilation, aujourd'hui surannée et condamnée à un juste oubli, a été refondue et considérablement augmentée en 1805 par M. Moustalon, auteur du « Lycée de la jeunesse » : elle forme aujourd'hui 2 vol. in-8 (voy. MOUSTALON).

— Parfait (le nouv.) maréchal, ou Connaissance générale et universelle du cheval. *La Haye*, 1741; ou *Paris*, 1770, 1797, 1805.—VII.e édit. *Lyon*, *Am. Léroy*, 1811, in-4, 12 fr.

— Traité des voitures. *Paris, Damonneville*, 1756, in-4.

On y trouve la description d'une voiture qui n'est pas susceptible de verser, et dont l'auteur se servait lui-même.

Les productions de Garsault ne sont pas toujours des chefs-d'œuvre, ni des modèles de goût ; mais elles ont toutes un but d'utilité qui les rend plus ou moins recommandables.

GARVE (Christ.), philosophe allemand du XVIII.e siècle.

— Sur l'accord de la morale avec la politique, ou Quelques considérations sur la question : Jusqu'à quel point est-il possible de réaliser la morale de la vie privée dans un état ? trad. de l'allem. (par le comte de SINZENDORF, ambassadeur de Saxe à Berlin). *Berlin*, *de l'impr. roy.*, 1789, in-8.

Chr. Garve a beaucoup écrit (voy. la Biographie univ.), mais nous ne connaissons pas d'autre ouvrage de lui, traduit en français, que celui que nous venons de citer.

Deux opuscules de lui ont pourtant encore été traduits en français, 1° des *Remarques sur la morale, les écrits et le caractère de Gellert*, impr. dans la traduction des ouvrages de Gellert par L. Ch. Pajon, 1772; 2° un *Discours sur l'utilité des Académies*, imprimé dans les Mémoires de Berlin, pour les années 1788-89.

GARY (Ch.-Alph.), anc. officier de l'état-major des armées françaises ; anc. trésorier et secrétaire-général adjoint du Sénat.

— Appel à la raison sur la question de la liberté de la presse. *Paris*, *G. Warée*, 1817, in-8 de 80 pag., 1 fr. 50 c.

— Considérations politiques sur la guerre actuelle de la France avec l'Angleterre, et moyens de guerre entre ces deux puissances. *Paris*, 1804, in-8, 1 fr. 20 c.

— Coup-d'œil d'un Français sur le nou-

veau royaume d'Italie. 1805, in-8, 75 c.

— Essai sur le nouvel équilibre de l'Europe (rédigé par M. CORNET). *Paris*, 1806, in-8.

GARY, ancien principal du collège de Carcassonne.

— Eudore et Cymodocée, tragédie en cinq actes et en vers. *Paris*, *Barba*, 1824, in-8 de 88 pag., 4 fr.

GARZEND (J.). Conteur (le) joyeux et galant, ou Recueil de nouvelles divertissantes, etc. *Paris*, *Tiger*, 1815, in-18 de 108 pag.

GASC (J.-Charles) d'abord médecin des armées, aujourd'hui médecin ordinaire de l'hôpital militaire du Gros-Caillou, à Paris; né à Cahors.

— Dissertation sur la maladie des femmes à la suite des couches, connue sous le nom de fièvre puerpérale. *Paris*, *Croullebois*, 1801, in-8, 1 fr. 50 c.

Cette dissertation, dans laquelle l'auteur démontre la véritable nature de cette prétendue fièvre, mérite d'être lue.

— Matériaux pour servir à une doctrine générale sur les épidémies et les contagions, trad. de l'allem., etc. (1815). Voy. SCHNURRER. (F.).

— Recueil de plusieurs Mémoires et Observations sur divers points de doctrine de l'art et de la science des accouchements. *Paris*, *Croullebois*, 1810, in-8.

— Typhus (du) contagieux, trad. de l'allem. (1811). Voy. HILDENBRAND.

On a encore de M. Gasc, outre de nombreux articles dans les Annales cliniques de Montpellier, dans le Journal général de médecine et dans la Bibliothèque médicale, un *Mémoire sur la plique polonaise*, impr. dans le prem. vol. des nouv. Mémoires de la Société de médecine de Paris, 1816.

GASC (J.-P.), prof. Discours sur l'éducation des femmes et Plan d'éducation pour une jeune princesse. *Paris*, *Lebel*, 1810, in-12.

— Mémoire sur l'influence de l'électricité dans la fécondation des plantes et des animaux, et Considérations rapides sur la prétendue génération spontanée. *Paris*, *Tastu*, 1823, in-8.

— Réflexions générales sur la vie et sur le système des molécules organiques, ou Examen philosophique des principes fondamentaux de la physiologie. *Paris, impr. de d'Hautel*, 1822, in-8.

M. Gasc est l'un des rédacteurs de la Revue médicale, historique et philosophique.

GASC (B.). * Trésor (le) des ménages, recueil des expériences intéressantes et utiles, relatives à l'économie rurale et domestique, au jardinage, à la destruction des insectes et aux animaux nuisibles, à la basse-cour, tant sous le rapport de la nourriture et de l'engraissement que de la santé; avec de nouvelles recettes sur l'art vétérinaire, et pour tout ce qui peut contribuer aux avantages et aux agréments de la vie, à la ville et à la campagne. *Paris, Friedel et Gasc*, 1822, in-18 de 144 pag.

M. Gasc a eu part aux additions de la nouvelle édition de la « Petite Cuisinière habile », de madame FRIÉDEL (1823). *Voy. ce nom.*

GASCHON (J.-B.), avocat à la Cour royale de Paris.

— Code diplomatique des aubains, ou du droit conventionnel entre la France et les autres puissances, relativement à la capacité réciproque d'acquérir ou de transmettre les biens meubles ou immeubles par actes entre vifs, etc. *Paris, Foucault*, 1818, in-8.

GASNIARD. * Histoire de M. de Vaubrun, écrite par lui-même, recueillie et mise en ordre par M. G. 1772, in-12.

GASNIER DU FOUGERAY, curé de Bouvaincourt, diocèse d'Amiens.

— * Tables sacrées, ou nouvelle Méthode pour lire avec fruit toute l'Écriture-Sainte dans le courant d'une année, en y employant un quart d'heure par jour. *Paris, Lottin*, 1761, in-8.

GASPARD (le chev.). Caisse des veuves et des orphelins : aux mânes du grand Frédéric. *Paris, imp. de Renaudière*, 1821, in-8 de 28 pag.

GASPARD aîné. Histoire de la ville d'Orange et de ses antiquités. *Orange, Bouchony*, 1815, in-12, 3 fr.

GASPARIN (Adrien de), ancien officier de cavalerie, prop. à Orange (Vaucluse), membre de plusieurs Sociétés savantes.

— Guide des propriétaires de biens ruraux affermés. Ouvrage couronné par la Société royale et centrale d'Agriculture, en 1828. *Paris, Mme Huzard*, 1829, in-8, 6 fr.

— Maladies (des) contagieuses des bêtes à laine, ouvrage qui a remporté le prix proposé par la société royale d'agriculture, histoire naturelle et arts utiles, de Lyon; précédé du rapport fait à la Société. *Paris, Mme Huzard*, 1821, in-8, 3 fr. 50.

— Manuel de l'art vétérinaire, à l'usage des officiers de cavalerie, des agriculteurs et des artistes vétérinaires. *Genève et Paris, Paschoud*, 1817, in-8 de 586 pag., 7 fr. 50 c.

— Mémoire sur l'éducation des mérinos,

comparée à celle des autres races de bêtes à laine, dans les diverses situations pastorales et agricoles. *Paris, Mme Huzard*, 1823, in-8, 7 fr. 50 c.

— Petites (des) propriétés, considérées dans leurs rapports avec le sort des ouvriers, etc. *Paris, Mongie aîné*, 1820, in-8 de 60 pag., 2 fr.

On a encore de M. de Gasparin plusieurs *Mémoires* dans les recueils des Sociétés d'agriculture de Paris, de Toulouse, etc., etc.

GASPARINY, comédien à Mons. Vérité (la) fleuriste; com. nouv. en un acte et en vers. *Mons, H. Bottin*, 1762, in-8.

GASQUET (Hyac. de), capucin. Usure (l') démasquée, ouvrage polémique et moral. *Avignon*, 1766, ou 1788, 2 vol. in-12.

GASQUET (de), membre du conseil général du département du Var, et député de ce département.

— Observations du conseil-général du département du Var, sur la nouvelle fixation du revenu territorial, et la répartition du dégrévement établie par la loi des finances de 1821, etc. *Paris, imp. d'Égron*, 1822, in-8 de 80 pag.

— Opinion dans la question du dégrévement sur la contribution foncière. *Paris, imp. du même*, 1821, in-8 de 32 pag.

— Opinion sur les pétitions des propriétaires d'oliviers, en décharge d'impositions. *Paris, imp. du même*, 1821, in-8 de 8 p.

GASSAUD (Prosper), docteur en médecine de la faculté de Paris.

— Considérations médicales sur les corsets dont les femmes font usage. *Paris, l'Auteur*, 1821, in-8 de 40 pag., 1 fr.

GASSEAU. Considérations sur quelques points d'économie publique et politique, d'après les Mémoires inédits de feu M. Gasseau, mis en ordre et publ. par Vict. SIMON. *Paris, Pillet aîné*, 1824, br. in-8 de 36 pag., 1 fr.

GASSENDI (le comte J.-Jacq.-Basilien de), de la famille du célèbre philosophe P. Gassendi, lieutenant-général d'artillerie, pair de France; né en Provence, le 18 décembre 1748, mort à Nuits (Côte-d'Or), le 14 décembre 1828.

— * Aide-Mémoire, à l'usage des officiers d'artillerie de France, attachés au service de terre. Ve édit., revue et augm. *Paris, Anselin et Pochard*, 1819, 2 vol. in-8, 16 à 20 fr.

La première édition est de Metz, 1789, un seul vol. in-8.

— *Mes Loisirs, par M. de G., anc. offic. au régiment de La Fère, artillerie. *Dijon, de l'imp. de Frantin*, 1820, in-18 de 725 p.

Ce volume, qui n'a pas été destiné au commerce, n'a été tiré qu'à cent exemplaires seulement, tous sur papier vélin. En tête de ce recueil de poésies on trouve la traduction, en vers français, des chants I, II, III, IV, VII, XII et XVI de la *Jérusalem délivrée*, dont trois (les IVe VIIe et XVIe) avaient déjà été imprimés antérieurement dans les « Étrennes du Parnasse» de 1778 à 1780.

GASSIER (J.-M.), aujourd'hui sous-préfet dans un de nos départements.

— Ami (l') du peuple, ou la Mort de Marat, fait historique en un acte (et en prose); suivi de sa pompe funèbre. *Paris, M*[me]* Toubon*, 1794, in-8.

— Antigone (l') française, ou Mémoires historiques sur Marie-Thérèse - Charlotte de France, fille de Louis XVI, duchesse d'Angoulême, etc. *Paris, Aubry ; Petit*, 1814, in-18 de 108 pag.

— Bourbons (les), ou Recueil historique de traits de bonté, de générosité, d'humanité et de bienfaisance des princes de cette maison, depuis Henri IV jusqu'à Louis XVIII. *Paris, Imbert fils*, 1814, in-18.

— Gilles toujours Gilles (1793). Voyez GAMBÈS.

— Héros (les) chrétiens, ou les Martyrs du sacerdoce, recueil de traits sublimes et de dévouement des ministres du culte catholique, qui préfèrent la mort plutôt que de trahir leur serment; avec les détails de ce qu'ils ont souffert dans les cachots révolutionnaires, dans leurs déportations et à leurs glorieux supplices. Sec. édit. (augm.). *Paris, Germ. Mathiot*, 1826, 2 vol. in-12, avec figures, 6 fr.

Publié comme un ouvrage recueilli par l'abbé Dubois. La prem. édit., qui parut en 1817, ne formait qu'un volume.

C'est à la publication de ce livre que l'auteur doit la sous-préfecture qu'il occupe.

— Histoire de la chevalerie française, ou Recherches historiques sur la chevalerie, depuis la fondation de la monarchie jusqu'à Napoléon. *Paris, Germain-Mathiot*, 1814, in-8, 6 fr.

— Joseph, drame en 5 actes (et en prose), mêlé de pantomime, chants et danses. *Paris, Fages*, an VIII (1800), in-8.

Avec H. Lemaire.

— Liberté (la) des nègres, pantomime patriotique (en un acte). *Paris, M*[me]* Toubon*, 1794, in-8.

— *Magicien (le) de société, ou le Diable couleur de rose; recueil amusant de tours de chimie, de physique, mathématiques, d'arithmétique, et de plusieurs tours de cartes auxquels on a joint quelques jeux de société très-divertissants, le tout d'une exécution facile et pouvant servir à s'amuser entre amis. Sec. édit. ; revue, corr. et augmentée d'après les séances données par M. Comte. *Paris, Germ. Mathiot*, 1824, in-12 avec une planch., 2 fr. 50 c.

La prem. édition est de 1811 : elle n'est point anonyme.

— Marie-Caroline des Deux-Siciles, duchesse de Berri, ou Précis historique sur cette princesse, depuis sa naissance, etc., suivi de la Description des fêtes, etc. *Paris, Eymery ; Delaunay ; Plancher*, 1816, in-8 de 64 pag., 1 fr. 50 c.

— Rival (le) inattendu, ou la Ruse villageoise, com.-parade en un acte (en prose). *Paris, M*[me]* Toubon*, 1794, in-8.

— Vertus (les) du christianisme, ou Recueil de traits sublimes de générosité, de bonté, de bienfaisance, de fermeté, d'humanité et de grandeur d'âme, inspirés par la religion, etc. IVe édit. *Paris, Ledentu*, 1826, in-12 avec 4 fig., 3 fr.

— Vie de G. Cadoudal. *Paris, Montaudon*, 1814, in-18, 75 c.

— Vie de Louis XVI, roi de France et de Navarre. *Paris, Montaudon*, 1814, in-18 de 108 pag., 75 c.

— Vie de madame la princesse de Lamballe, avec plusieurs anecdotes relatives à la famille de Penthièvre, etc. *Paris, le même*, 1814, 1815, in-18 de 108 pag.

— Vie du général Pichegru. *Paris, Aubry*, 1814, in-18 de 108 pag.

Cet écrivain a publié deux de ses pièces sous le nom de *Gassier Saint-Amand.*

GASSION, créole américain. * Recueil de pièces fugitives. *Londres*, 1784, in-12.

GAST (John), historien anglais du XVIIIe siècle.

— Histoire de la Grèce, depuis l'invasion des Gaulois en Macédoine jusqu'à la conquête de toute la Grèce par les Romains; trad. par J. B. J. BRETON. *Paris*, in-18.

Faisant partie de la *Bibliothèque historique à l'usage de la jeunesse.*

Une autre traduction de cette histoire (par madame de Villeroy) a été insérée par Leuliette dans le deuxième vol. de son « Histoire de la Grèce », trad. de plusieurs auteurs anglais (1807, 2 vol.in-8).

GASTALDI (J.-B.), professeur de médecine à Avignon ; né à Sisteron en 1674, mort à Avignon en 1747.

— An alimentorum coctio sive digestio è fermentatione vel tritu fiat? *Avenione*, 1713, in-12.

— An calculosis conveniat semen paliuri? *Avenione*, 1720, in-12.

— An cataracta à vitio humoris aquei vel crystallini oriatur, an à glaucomate differat, et aliter quàm operatione chirurgica curari possit? *Parisiis*, 1719, in-8.

— An cataracta vitio lentis? *Avenione*, 1718, in-8.

— An dolori nephritico balneum? *Avenione*, 1715, in-12.

— An emphysemati diaphoretica? *Avenione*, 1718, in-8.

— An febribus intermittentibus china china, et quo pacto in earum curatione operatur? *Avenione*, 1717, in-8.

— An venena inter se essentialiter differant, et aliquot detur remedium omnibus venenis indistinctum conveniens? *Avenione*, 1715, in-12.

— Dissertatio de somnambulis. *Avenione*, 1713, in-12.

— Institutiones medicinæ physico-anatomicæ. *Avenione*, 1713, in-12.

La théorie que Gastaldi développe dans cette production est établie sur les principes de la philosophie de Descartes.

Malgré les éloges prodigués à Gastaldy dans le temps par le Journal de Trévoux, ses ouvrages ne renferment qu'hypothèses vagues, idées fausses et opinions surannées : on ne doit guère distinguer que ceux dans lesquels il traite de l'emploi des bains froids pour la guérison des rhumatismes, et où il rapporte plusieurs cas dans lesquels ce mode de traitement fut couronné du succès.

GASTÉ (M. de), ancien émigré.

— Mémoire présenté au roi contre le projet de loi relatif à l'indemnité en faveur des émigrés. *Paris, imp. de Boucher*, 1825, in-8 de 52 pag.

— Pétition aux chambres, tendant à demander le renvoi à la session prochaine de la discussion sur le projet de loi de l'indemnité. *Paris, imp. du même*, 1825, in-8 de 24 pag.

GASTEL (Dom Thimothée), bénédictin, mort le 9 janv. 1764.

— *Traité, ou Dissertation sur les eaux minérales et thermales de Luxeuil. *Besançon, Charmet*, 1761. in-12.

GASTELIER (René-Geo.), médecin; né à Ferrières en Gatinais, le 1er oct. 1741, mort à Paris, le 20 nov. 1821.

— A mes concitoyens. *Paris, imp. de Migneret*, 1816, br. in-4.

— Avis à mes concitoyens, ou Essai sur la fièvre miliaire, avec quelques observations. *Paris, Gogué*, 1773, in-8.

— Controverses médicales. *Paris, Croullebois*, 1817, in-8, 1 fr. 50 c.

— Dissertation sur le supplice de la guillotine. *Sens*, an IV (1796), in-8.

Ouvrage remarquable par la circonstance qui l'a produit; l'auteur était en prison, et devait subir le supplice le 15 thermidor, sans la mort de Robespierre arrivée le 9.

— Exposé fidèle des petites-véroles survenues après la vaccination ; suivi d'Observations sur la petite-vérole naturelle, sur la petite-vérole artificielle et sur la vaccine. *Paris, Croullebois*, 1819, in-8.

— Histoire d'une épidémie du genre des catharreuses putrides, des plus graves et des plus contagieuses ; mémoire couronné par la Soc. roy. de médec. (1785). *Orléans*, 1787, in-8.

Impr. aussi dans les Mémoires de la Société royale de médecine pour 1785.

— Maladies (des) aiguës des femmes en couche. *Paris, Crapart, et Le Normant*, 1812, in-8, 5 fr.

Quoique cet ouvrage ne soit pas en harmonie avec les idées actuelles, il n'est pas pour cela sans mérite, sous le rapport des observations pratiques qui s'y trouvent consignées.

— Notice chronologique de mes ouvrages (depuis 1771 jusqu'à ce jour). *Paris, imp. de Renaudière*, 1816, br. in-4.

— Principes de médecine, trad. du latin. 1772. Voyez HOME.

— Traité de la fièvre miliaire des femmes en couches, couronné à Paris. (Sec. édit.). *Montargis*, 1779, in-8, 3 f.—IIIe édit., sous le titre de Traité de la fièvre miliaire épidémique. 1784, in-8, 2 fr.

La première édition parut à Montargis en 1773, sous le titre d'*Avis à mes concitoyens, ou Essai sur la fièvre miliaire essentielle.* Montargis, 1773, in-12.

— Traité des spécifiques en médecine, dédié au célèbre Franklin. *Paris*, 1783, in-8.

Cet ouvrage, dans lequel l'auteur soutient qu'il n'existe point de spécifiques, fut envoyé au concours pour le prix qui devait être accordé par l'Académie de Dijon sur cette question : *Y a-t-il des spécifiques en médecine ?* Pour avoir résolu la question par la négative, Gastellier n'eut pas le prix; sans doute il l'aurait aujourd'hui, ajoute la Biographie médic.

Gastelier a publié plusieurs mémoires, ou articles, dans divers recueils scientifiques, entre autres, les Mémoires suiv. : Histoire d'un enfant monstrueux en tout genre, par laquelle il est physiquement démontré que l'enfant peut se nourrir et croître dans le sein de sa mère sans le secours du cordon ombilical (Journ. de méd., tom. XXXIX, 1773). Observations sur la végétation d'une espèce de corne de bélier qui avait pris naissance à la partie inférieure du temporal gauche d'une femme octogénaire (Mém. de la Soc. royale de médecine, ann. 1776). Mémoire sur les maladies auxquelles les bestiaux sont sujets dans le Gatinais; couronné par la Soc. roy. de médecine, et inséré dans les Mém. de cette compagnie, en 1780. — Mémoire contenant une série d'observations météorologiques, nosologiques, etc., ainsi qu'un Précis historique des épidémies qui ont régné pendant douze ans dans le Gatinais, couronné par la même Société, et impr. dans ses Mémoires, en 1783. — Annus physicus, annus medicus, mém. couronné par la même Société, et impr. aussi dans ses Mémoires pour 1783.

GASTELLIER DE LA TOUR (Denis-Fr.), généalogiste ; né à Montpellier le 30 mai 1709, mort à Paris en 1781.

— Armorial des états de Languedoc. *Paris*, 1767, in-4, avec fig.

— * Armorial des principales maisons et familles du royaume. *Paris*, 1757, 2 v. in-12. Avec Dubuisson.

— * Description de la ville de Montpellier, par l'auteur du « Nobiliaire historique du Languedoc ». *Montpellier*, 1764, in-4.

— Dictionnaire étymologique des termes d'architecture. *Paris*, 1753, in-12.

— * Dictionnaire héraldique, contenant tout ce qui a rapport à la science du blason, par G. D. L. T. *Paris*, 1774, in-8.

— Généalogie de la maison de Châteauneuf. *Paris*, 1760, in-4.

— Généalogie de la maison de Foy. *Paris*, 1762, in-4.

— Généalogie de la maison de Pressac-Deseliguac. *Paris*, 1770, in-4.

— Généalogie de la maison de Varagne de Gardone. *Paris*, 1769, in-4.

Gastelier de la Tour a laissé en manuscrit une *Description géographique et historique du Languedoc*, qui devait avoir plusieurs volumes in-fol. : Chaudon a présenté cet ouvrage comme ayant été impr. en 3 vol. in-4.

GASTEY, de Granville, ex-chirurgien aide-major, etc.

— Dissertation sur la fièvre inflammatoire considérée dans son état de simplicité, etc. *Strasbourg*, *Levrault*, 1815, in-4 de 28 p.

GASTIER (A.-F.), docteur en médecine de la Faculté de Paris ; né à Thoissey (Ain), en 1787.

— Essai sur la nature et le caractère essentiel des maladies en général, et sur le mode d'action des médicaments. *Paris*, *Méquignon-Marvis*, 1816, in-8.

Ouvrage profond, bien écrit, rempli de vérités utiles et où respire partout un amour sincère de la vérité.

— Réflexions sur la doctrine des tempéraments. *Paris*, *de l'imp. de Didot jeune*, 1816, in-4.

Thèse de l'auteur.

GASTINE (Civique de), né vers 1793 ou 1794, mort à Port-au-Prince, le 12 juin 1822.

— Exposé d'une décision extraordinaire de la régie des droits-réunis, qui exile un Français pour un écrit prétendu séditieux. *Paris*, *Hardy*, 1822, in-8 de 64 pag.

Barbier attribue cette brochure à M. Toulotte, qui passe pour avoir revu la plupart des ouvrages du même auteur.

— Histoire de la république d'Haïti, ou Saint-Domingue ; l'esclavage et le colon. *Paris*, *Plancher*, 1819, in-8.

— Lettre au pape, sur les prétentions du sacerdoce et les dangers de revoir le diadème soumis à la tiare. *Londres (Paris)*, *de l'imp. de Lanoë*, 1821, in-8 de 104 pag.

— Lettre au Roi, sur l'indépendance de la république d'Haïti et l'abolition de l'esclavage dans les colonies françaises. *Paris*, *imp. de Renaudière*, 1821, in-8 de 84 p.

— Liberté (de la) des peuples et des droits des monarques appelés à gouverner, dédié à Eugène Vail, citoyen des États-Unis d'Amérique, et ex-secrétaire d'ambassade près le gouvernement français. *Paris*, *Poullet*, 1818, in-8, 2 fr. 50 c.

— Pétition à MM. les députés des départements, relative à l'abolition de l'esclavage dans les colonies françaises. *Paris*, *de l'imp. de Renaudière*, 1820, in-8 de 16 pag. — Seconde Pétition sur le même sujet. *Paris*, *de l'impr. de Hardy*, 1822, in-8 de 32 pag.

— Pétition à MM. les députés des départements, sur la nécessité où se trouve la France de faire un traité de commerce avec la république d'Haïti, et sur les avantages qu'en retireraient les deux nations. *Paris*, *Hardy*, 1821, in-8 de 16 pag.

GASTINEL (J.-B.), anc. commissaire des guerres.

— Coup-d'œil rapide sur la caisse d'épargne et de prévoyance, etc. (1822). Voyez GABRIEL.

— Épître (en vers) à S. M. l'empereur des Français, etc. *Paris*, *Moreau*, 1812, in-4 de 8 pag.

— Esprit (l') et les mœurs du XIXe siècle, satire. *Paris*, *Delaunay*; *Pélicier*, 1819, in-8 de 32 pag., 1 fr. 50 c.

— Influence (de l') de la religion sur la durée des états, ode. 1802, in-8.

— Vers adressés à S. M. Louis XVIII, roi de France et de Navarre, sur l'anniversaire de sa naissance. *Paris, impr. de Leblanc*, 1816, in-8 de 4 pag.

GASTON (l'abbé de), chanoine de la cathédrale d'Arras, de l'Académie de la même ville.

— Oraison funèbre de Mgr le dauphin. 1766, in-4.

— Point (le) du jour, poëme. 1765, in-8.

GASTON (Marie-Joseph-Hyacinthe de), poète français ; né à Rhodez, en 1767, mort à Paris, le 14 décembre 1808.

— Déclaration des Français restés fidèles au Roi. *Francfort*, 1793, in-8.

— Énéide (l') de Virgile, traduite en vers français (1803-07). Voy. VIRGILE.

— Ode sur le rétablissement du culte, suivie d'un dithyrambe. 1802, in-8, 60 c.

Gaston a composé deux tragédies, l'une représentée sur le théâtre de Saint-Pétersbourg, et l'autre qui devait l'être aux Français, et dont le sujet, emprunté de Métastase, était Artaxerce. Ses autres ouvrages sont des poésies fugitives éparses dans divers recueils.

Il avait commencé un poème sur les quatre âges de la femme, auquel il n'eut pas le temps de mettre la dernière main, et dont on connaît divers fragments.

GASTON DE GAMBIOS (J.-B.-J.), baron d'Audiran.

— Quelques données et documents sur les assurances (qui ont pour bases les probabilités de la durée de la vie humaine) : écrit suggéré par la lettre de M. Nicollet, etc., à M. Outrequin, banquier. Paris, Me Cussac, 1822, in-8 de 36 pag.

GASTUMEAU (J.-B.), procureur du Roi aux Traites, secrétaire-perpétuel de l'Académie de La Rochelle, sa patrie.

— * Dissertation sur la légitimité des intérêts d'argent qui ont cours dans le commerce. La Haye, 1756, in-12.

— Mémoire pour la ville de La Rochelle, servant de réponse à celui de S. Malo, au sujet de la franchise de son port. In-4.

— Mémoire pour le corps de ville de La Rochelle sur la fabrication et le commerce des eaux-de-vie de sirops. 1751, in-4.

GATBLED. Voy. GADBLED.

GATREY, avocat. * Philosophie (le) par amour, ou Lettres de deux amants. Paris, 1765, 2 vol. in-12.

Van Thol attribue cet ouvrage à cet avocat, tandis que la France littéraire de 1769 l'attribue à un nommé Lombard.

GATTEL (Cl.-Mar.), professeur de philosophie au séminaire de Lyon, puis à celui de Grenoble, et enfin profess. de grammaire générale à l'École centrale du département de l'Isère; né à Lyon le 20 avril 1743, mort à Grenoble, le 17 juin 1812.

— Dictionnaire de poche anglais-espagnol et espagnol-angl. Paris, Bossange, 1803, 2 vol. in-16, 7 fr. 50 c.

— Dictionnaire (nouv.) de poche franç.-espagnol et espagnol-français, rédigé d'après les meilleurs lexicographes des deux nations. Sec. édit., enrichie des termes de commerce et de marine. Paris, Bossange, 1806, 2 vol. in-16, 7 fr. 50 c.

La prem. édit. est de 1803.

— Dictionnaire (nouv.) espagnol-franç. et franç.-espagnol, avec l'interprétation latine. Lyon, 1790, 3 vol. in-8, ou Lyon, Bruyset aîné, 1801, 1803, 2 vol. in-4.

— Dictionnaire universel portatif de la langue française, avec la prononciation figurée et l'étymologie de chaque mot. Nouvelle édition. Lyon, 1813, 2 vol. in-8; ou Lyon, Ve Buynand, 1819, 2 vol. in-4, 36 fr., et 2 vol. in-8, 24 fr., et Lyon, Cellard et Comp., 1827, 2 vol. gr. in-8, 24 fr.

Très-bon manuel. La prem. édit. est de 1797, 2 vol. in-8; celle de 1827 est la quatrième. Le Dictionnaire français de Gattel a été réimprimé en 1803, à l'insu de l'auteur, avec des notes qu'il n'approuvait pas; c'est pourquoi il ne donna le titre que de seconde édition à celle qu'il allait faire paraître quand la mort l'enleva. Cette édition est celle de 1813.

— Inscriptions en vers, mises au-dessus des hommes illustres du Dauphiné, à la fête du 14 juillet 1802, in-8.

— * Mémoires du marquis de Pombal, trad. de l'ital. (1785). Voy. GUSTA.

Gattel a donné une édition de la Grammaire italienne de Veneroni, refondue et augmentée (1801).

GATTEY (Fr.). Avis instructif sur l'usage des nouveaux poids, publ. avec l'approbation du ministre de l'intérieur. 1803, in-8.

— Éléments du nouveau système métrique, suivis de Tables des rapports des anciennes mesures agraires avec les nouvelles. Paris, Bailly, 1801, in-8, 2 fr. 25 c.

— Tables des rapports des anciennes mesures agraires avec les nouvelles. IIIe édit., augm. Paris, Michaud, 1812, in-8, 5 fr.

— Usage des aréomètres à capsule. Paris, Michaud, 1813, in-16.

— Usage du calculateur, instrument portatif au moyen duquel on peut, en un instant et sans être obligé d'écrire aucun chiffre, se procurer les résultats de toutes sortes de calculs. Paris, Michaud, et l'Auteur, 1819, in-8 de 44 pag. — Explication sommaire des usages du calculateur. Paris, de l'imp. d'Éverat, 1819, in-8 de 8 p.

GATTI, professeur de médecine à l'université de Pise, plus tard médecin consultant du roi de France.

— Éclaircissement sur l'inoculation de la petite-vérole, pour servir de réponse à un écrit de M. Rast. Bruges et Paris, 1764, in-12.

— Lettre (sa) à M. Roux, sur l'inoculation de la petite-vérole. 1763, in-12.

— * Réflexions sur les préjugés qui s'opposent au progrès et à la perfection de l'inoculation en France (rédigées sous la dictée de GATTI, par l'abbé MORELLET). Bruxelles et Paris, Musier fils, 1764, in-12.

— Réflexions (nouv.) sur la pratique de

l'inoculation. *Bruxelles* (*Paris, Musier*), 1767, in-12.

— Réponse à une des principales objections qu'on oppose maintenant aux partisans de l'inoculation de la petite-vérole , 1763, in-12.

GATTINARA (Dom.), de Rome. Grammaire italienne. *Brunswick* , 1762, 1768, in-12.

GAU (F. - C.), architecte et voyageur ; élève de l'Académie de France, né à Cologne, le 15 juin 1790, naturalisé français en 1825.

— Antiquités de la Nubie, ou Monuments inédits des bords du Nil, situés entre la première et la seconde cataracte, dessinés et mesurés en 1819. *Paris, l'Auteur; Debure frères,* 1821-27, in-fol. atlantique de 93 pl.

Cet ouvrage a été publ. en 13 livr. à 18 fr. sur pap. ordin., et 36 fr. sur pap. vélin.

GAUBERT (l'abbé). Pseudon. Voyez SERIEYS.

GAUBERT (P.-M.), doct. en médecine.
— Réponse à une lettre intitulée : Louis-Jacques Begin à Fr.-Jos.-Vict. Broussais. *Paris, Mlle Delaunay,* 1825, in-8 de 64 pag. 1 fr. 25 c.

GAUBERT DE CHAMPDUVAL. Ermite (l') angevin ; son histoire et ses poésies. *Paris, l'Auteur; Delaunay,* 1824, in-18 de 186 pag.

GAUBIER, ancien valet de chambre du Roi.
— Brioché, ou l'Origine des marionnettes, parodie de Pygmalion (en un acte ; tout en vaud.). *Paris, Duchesne,* 1753, in-8.
— Pot (le) de chambre cassé, tragédie pour rire, ou comédie pour pleurer (en un acte et en vers), par Enluminé de Métaphorenville, grand colifichetier de la fée Brillante. *A Ridiculomanie, chez Georges l'Admirateur,* sans date, in-8.

Attribuée à Gaubier et à Grandval père, et la préface à Morand.

— Triomphe (le) de la musique italienne, ou les Génies rivaux , com. en 2 actes en vers (libres), mêlée d'ariettes. *Bruxelles* , J.-Jos. Boucherie, 1756, in-8.

GAUBIL (Ant.), savant jésuite et missionnaire à la Chine ; né à Gaillac, le 14 juillet 1689, mort à Pékin, le 24 juillet 1759.
— Chou-King (le), trad. du chinois (1771). Voyez ce titre à la Table des Anonymes.
— Histoire de Gentchiscan et de toute la dynastie des Mongoux, ses successeurs ,

conquérants de la Chine, tirée de l'histoire chinoise. *Paris,* 1739, in-4.
— Traité de chronologie chinoise, publié par M. de Sacy. *Paris,* 1814, in-4, 15 fr.

Extrait du 15e volume des Mém. concernant les Chinois.

— Traité historique et critique de l'astronomie chinoise...

On a encore de ce jésuite une *Histoire de la dynastie des Tang,* qui se trouve à la fin du tom. 15e et au commencement du tom. 16e des Mémoires concernant les Chinois; un Journal de son voyage de Canton à Pékin, inséré dans le tom. V de l'Histoire des voyages de Prévôt ; plusieurs *Notices et Descriptions* dans les « Lettres édifiantes ». La Biographie univ. lui attribue la Description de la ville de Pékin, etc. par Delille et Pingré. 1785, voy. PINGRÉ.

GAUBIUS (Jér.-Dav.), médecin et chimiste allem. distingué du XVIIIe siècle.
— Art (l') de dresser des formules de médecine , traduit du lat. *Paris, Desaint et Saillant,* 1749, in-12.

L'original de cet ouvrage important fut publié sous le titre de *Libellus de methodo concinnandi formulas medicamentorum.*

— Pathologie, trad. du lat. par SUE. *Paris, Th. Barrois le jeune,* 1788, in-8.

Gaubius est auteur de plusieurs autres ouvrages écrits en latin, et qui n'ont pas été traduits en français : on en trouve la liste dans la Biographie universelle.

GAUCHAT (Gabr.), docteur en théologie, abbé commendataire de Saint-Jean de Falaise, ordre des Prémontrés, et prieur de Saint-André, membre de l'Académie de Ville-Franche ; né à Louhans, en Bourgogne, en 1709, mort à la fin de 1779, d'après la Biographie univ., et en 1774, d'après Barbier.

— Accord du christianisme et de la raison, dédié à Mgr le card. de Choiseul. *Paris, Hérissant,* 1768, 4 vol. in-12.
— Catéchisme du livre de l'esprit. 1758 , in-12.
— Extrait de la morale de Saurin. in-12.
— * Lettres critiques , ou Analyse et réfutation de divers écrits contraires à la religion. *Paris, Hérissant,* 1753-63, 19 vol. in-12.
— Paraguay (le), conversation morale. 1756, in-12.
— * Philosophe (le) du Valais, ou Correspondance philosophique, avec des observations de l'éditeur. *Paris, Lejay,* 1772, 2 vol. in-12.
— Philosophie (la) moderne analysée dans ses principes. In-12.
— Rapport des Chrétiens et des Hébreux. 1754, 3 part. in-12.
— Recueil de piété, tiré de l'Écriture-Sainte. 3 vol. in-12.

—Retraite spirituelle. 1755, in-12.

— *Temple (le) de la vérité. *Dijon , Desaint,* 1748, in-12.

Gauchat, ainsi qu'on le voit, fit, de la défense de la religion, contre les incrédules, son occupation principale, et ne fut ni un des moins zélés, ni un de leurs moins redoutables adversaires. Ses écrits sont nourris de raisonnements solides, et « ont, dit un critique, une touche de littérature qui leur donne du prix ». Il emploie contre eux l'ironie avec beaucoup de finesse , et fait retomber sur eux le ridicule dont ils ont si souvent essayé de couvrir ceux qui défendent les principes religieux. Loin que la sécheresse de la controverse se fasse sentir dans ses écrits, on y trouve au contraire de la chaleur et un intérêt qui attache. L'auteur toutefois y eût été plus pressant encore, s'il eût su davantage serrer sa matière, et être un peu moins diffus : du reste, il écrit avec facilité, clarté et décence. *Biogr. univ.*

GAUCHER (Ch.-Ét.), graveur, élève de Basan et de Lebas ; né à Paris, en 1740, où il est mort en 1804.

— *Désaveu (le) des artistes. *Florence (et Paris, Brunet),* 1776, in-8.

— Iconologie, ou Traité complet des allégories ou emblèmes. 1796, 4 vol. in-8.

— Traité d'anatomie, à l'usage des artistes....

Gaucher a fait tous les articles des graveurs en taille-douce dans le Dictionnaire des artistes de l'abbé Fontenai, et un grand nombre d'*Opuscules* sur les beaux-arts, imprimés dans les journaux du temps. On a de lui aussi , dans le Recueil des *Voyages*, la *Relation en vers et en prose*, assez gaie, d'un *Voyage fait au Hâvre-de-Grâce*, en 1783, avec une société d'artistes connus. *Biogr. univ.*

GAUDARD (Benjamin). *Histoire de la mission danoise dans les Indes orientales , etc. , trad. de l'allem. (1745). Voy. NIECAMP.

GAUDE (Aug.). Contemplateur (le) religieux, ou l'Existence de Dieu, l'immortalité de l'âme et la prière. *Paris, Giguet,* 1806, in-18.

—Opuscules. *Londres ,* 1788, in-16.

GAUDEAU (L.), principal du collège de Blois.

—Mission de Blois, en mil huit cent vingt-quatre, chant dithyrambique, suivi de notes. Nouv. édit. , rev., corr. et augm. pour la partie des notes. *Vendôme, Soudry,* 1824, in-8 de 24 pag.

— Une Matinée de printemps passée sur la hutte des Capucins , située au sud-ouest de la ville de Blois, poëme. *Blois , Mme Ve Jahyer,* 1822, in-8.

GAUDEFROY (Abel). Influence (l') du sol natal, poëme. *Paris, Foucault,* 1817, br. in-18 , pap. vélin superfin , 1 fr. 75 c.

GAUDEFROY (L.-F.-A.). *Catalogue de la bibliothèque d'un amateur, avec des notes et une table générale des auteurs et

des matières. *Bruxelles (et Paris , Tillard frères),* 1823, 2 vol. in-8 , 12 fr.

— Catalogue des livres composant la Bibliothèque de feu M. le chev. Delambre. *Paris , l'Éditeur , et Bachelier ,* 1824, in-8, 1 fr. 50 c.

—Description bibliographique d'une très-belle collect. de livres rares et curieux, avec les prix, provenant de la bibliothèque de Mlle la comt. d'Yve. *Bruxelles, Wahlen,* 1819-20, 2 vol. in-8, 12 fr.

Le 1er vol. a été tiré sur gr. pap., et le 2e sur pap. ordinaire.

GAUDEFROY-LAVIGNE. Arithmétique décimale. *Nantes ,* 1806, gr. in-4.

GAUDEN (Jean), évêque anglais au XVIIe siècle.

On lui doit plusieurs ouvrages : le plus remarquable est l'*Eikon Basiliké*, ouvrage qu'il publia comme étant de Charles Ier, peu de jours après l'exécution de ce dernier. Cet ouvrage n'a pas eu moins de cinquante éditions dans le cours d'une année : il fut regardé comme le mieux écrit dans la langue anglaise. L'*Eikon Basiliké* a été traduit en français par le P. Porrée. (Rouen , 1649, in-12) : il a été inséré par M. Guizot dans sa « Collection de Mémoires relatifs à la Révolution d'Angleterre ».

GAUDENS-MONDON. Un petit mot sur l'abus du sulfure de potasse dans les eaux thermo-sulfureuses de Bagnères-de-Luchon. *Toulouse, Bénichet cadet,* 1817, in-8 de 8 pag.

GAUDENS-PIERRILLE. Nouvelles Lettres normandes , ou Considérations sur la grandeur et la décadence de la profession de procureur, son origine, ses révolutions. *Paris, L'Huillier,* 1813, in-8, 1 fr. 80 c.

GAUDET (Fr.-Charl.), de Paris, lieutenant en la prévôté de Weymars.

— * Ami (l') des dames. 1762, in-12.

— *Bibliothèque des petits-maîtres, ou Mémoires pour servir à l'histoire du bon ton et de l'extrêmement bonne compagnie. *Au Palais-Royal, chez la petite Lolo,* 1761, in-18 ; 1762, pet. in-12.

— Colifichets poétiques, par M. Ricomonolafacat. *La Chine (Paris) ,* 1741, 1746 , in-12.

— Épître monorime. 1745, in-12.

— *Essais de poésies. 1745, in-12.

—Étrennes lyriques, ou la Volupté. 1761, in-12.

— Étrennes (nouv.) lyriques. 1758 et ann. suiv. , in-12.

— Muse (la) gasconne. 1745, in-12.

— Nouveaux (les) hommes , ou le Siècle corrigé. 1760, in-12.

— Nouvelles (les) femmes , ou Suite du siècle corrigé. 1761, in-12.

— Ode sur la naissance du duc de Bourgogne. 1751, in-8.

— Requête de la gouvernante du curé de Fontenoy. 1745, in-4.

— * Soirées (les) de Cythère et les récréations d'une jolie fille. 1763, in-12.

— Vers à Mme la marquise de Pompadour. 1746, in-4.

—Vers sur la convalescence de Mgr le Dauphin. 1752, in-4.

— Vers sur un mariage. 1746, in-8.

La France littéraire de 1769 cite, sans date aucune, plusieurs autres opuscules de cet écrivain.

GAUDET, direct.-gén. des vingtièmes.

— * Lettres à différentes personnes sur les finances, les subsistances, les corvées, les communautés religieuses. Amsterdam, MM. Rey, 1778, in-8.

GAUDI (Fr.). Instruction adressée aux officiers d'infanterie pour tracer et conduire toutes sortes d'ouvr. de campagne, et pour mettre en état de défense différents petits postes, etc.; trad. de l'allem. par A. P. J. de BELAIR. Paris, 1792, in-8, ou Paris, Anselin et Pochard, 1821, in-8, 5 fr.

GAUDIN (le P. Jean), jésuite, profond grammairien ; né dans le Poitou, en 1633, (on d'après la Biogr. univ., en 1617), mort à Paris vers 1689.

— Dictionnaire (nouv.) français-latin. Nouv. édit. Paris, Fr. Barbou, 1724, in-4.

La prem. édit. est de 1664, in-4.

— Grammaire (la) de Despautère, abrégée. VIIIe édition. Limoges, 1704, in-12.

— Autre édition, revue. Paris, Barbou, 1722, in-12. — X^e édition (sous le titre de « Rudiments»), entièrement refondue. Bordeaux, Ve Calamy, 1767, in-8.

Il existe encore une édition de cette grammaire sous le titre de « Rudiments ». Poitiers, 1781, in-12.

— Thesaurus trium linguarum latinæ, gallicæ, græcæ. Editio nova. Lemovicis, 1706, in-4.

La prem. édit. est de Tulle et Paris, 1680, in-4: elle a été reproduite en 1728 par les frères Barbou, sous le titre de Novus Apparatus græco-latinus, seu Thesaurus, etc.

— Trésor, ou Dictionnaire des langues latine, française et grecque. Nouv. édition. Limoges, 1709, 2 vol. in-4.

La prem. édit. est de 1678.

—Dictionnaire (nouv.), ou Abrégé du Trésor des deux langues française et latine. Paris, Barbou, 1712, in-8.

Les ouvrages de J. Gaudin se distinguent par la pureté de la diction, par des définitions où la clarté se réunit à la brièveté, et par des observations aussi judicieuses que solides : Gaudin fait assez souvent des remarques critiques sur quelques fautes des grammairiens et des autres Dictionnaires.

GAUDIN (dom Alexis), chartreux, mort vers 1707.

— * Abrégé de l'histoire des savants anc. et modernes, avec un Catalogue des livres qui ont servi à cet abrégé; publ. par l'abbé TRICAUD. Paris, Le Gras, 1708, in-12.

C'est d'après le catalogue de Falconet, que cet ouvrage est attribué à Alex. Gaudin, chartreux; mais il est plutôt d'Aug. Goguet.   Barb.

— * Distinction (la) et la nature du bien et du mal : traité où l'on combat l'erreur des Manichéens, les sentiments de Montaigne et de Charron, et ceux de M. Bayle ; et le Livre de saint Augustin de la Nature du bien, trad. en français, sur l'édit. des bénéd., avec des notes. Paris, Cellier, 1704, in-12.

Bayle répondit par un mémoire qui est inséré dans l'Histoire des ouvrages des Savants, août 1704, pag. 369, et que l'on trouve aussi dans ses Œuvres diverses, tom. IV, pag. 79. L'illustre philosophe prouve très-bien dans ce Mémoire que le solitaire n'a pas entendu l'état de la question.

— * Remarques critiques sur la nouvelle édition du Dictionnaire historique de Moréry, donnée en 1704 (par Vaultier). Paris, Mazières, 1706, in-12. — Nouv. édit. (précédée d'un long Avertissement par BAYLE). Rotterdam, 1706, in-8.

D. Gaudin a eu le P. Tricaud pour collaborateur à ces Remarques; elles ont été insérées dans l'édition du Dictionnaire hist. et crit. de Bayle, publiée en 1740.

D. Gaudin est encore auteur d'un petit Traité sur l'éternité du bonheur et du malheur après la mort, et la nécessité de la religion, impr. en tête du prem. vol. des « Pièces fugitives d'histoire et de littérature » de l'abbé Archimbauld : cet abbé avertit, à la page 95 du 3e tom., que ce Traité est tiré d'un ouvrage important, intitulé : les Caractères de la vraie et de la fausse religion.

GAUDIN (Jacq.), ex-oratorien, ancien vicaire-général de Mariana, en Corse, député du département de la Vendée à l'Assemblée législative, en 1792, depuis correspondant de l'Institut, membre des académies de Lyon et de La Rochelle, juge et bibliothécaire de la même ville; né aux Sables d'Olonne, vers 1740, mort à La Rochelle, le 30 novembre 1810.

— Avis à mon fils âgé de sept ans. Paris, Cocheris fils, an XIII (1805), in-12 de 352 pag.

— Essai historique sur la législation de la Perse; précédé de la traduction complète du « Jardin des roses, » de SAADI. Paris, 1791, in-8.

— Gulistan, ou le Jardin des roses, trad. du poëme de Saadi (1789). Voy. SAADI.

— * Inconvénients (les) du célibat des prêtres, prouvés par des recherches historiques. *Genève, Pellet (Lyon)*, 1781 ; *Paris, Lejay*, 1790, in-8.

Il y a une édition de cet ouvrage qui porte pour titre : *Recherches historiques sur le célibat ecclésiastique.* Genève, Pellet, 1781, in-8.

La réimpression de cet ouvrage, en 1790, est due aux instances que le comte Mirabeau fit au libraire Lejay : elle occasiona la réfutation du canoniste Maultrot, intitulée : *la Discipline de l'Église sur le mariage des prêtres.*

— Mémoires de J. Graham, marquis de Montrose, etc., trad. de l'angl. (1768). Voy. GRAHAM.

— Traduction de différents traités de morale, de Plutarque (1777). Voy. PLUTARQUE.

— Voyage en Corse (en vers et en prose), et Vues politiques sur l'amélioration de cette île. *Paris*, 1788, gr. in-8.

Cet ouvrage est suivi du *Discours de réception de l'auteur à l'Académie de Lyon.*

Pendant sa législature, Gaudin ne se fit connaître que par un *Rapport sur les congrégations séculières,* dont il proposa la suppression : ce rapport a été fait le 5 janvier 1792 ; l'Assemblée législative prononça l'ajournement jusqu'au mois d'août suivant ; elle entendit plusieurs lectures du projet de décret qui reçut beaucoup de développements. La suppression des congrégations séculières, au nombre desquelles la Sorbonne a été comprise, fut enfin prononcée le 18 août 1792 : cette loi a 23 pages, petit in-4.

Le tom. V des anc. Mémoires de l'Institut, section des sciences morales et politiques, renferme, de Gaudin, l'Extrait d'un Mémoire ayant pour titre : *Réflexions philosophiques sur la législation de Solon et le gouvernement d'Athènes* (1804).

GAUDIN (J.), pasteur du canton de Vaud.

— Agrostologia Helvetica, definitionem, descriptionemque graminum et plantarum eis affinium in Helvetia sponte nascentium complectens. *Genevæ et Parisiis, Paschoud*, 1811, 2 vol. in-8, 12 fr.

— Flora Helvetica. Vol. I à IV. *Turici (et Parisiis, Ballimore)*, 1828-29, 4 vol. in-8, 61 fr.

Cette Flore aura 6 volumes.

— Histoire abrégée de la Suisse, trad. de l'allem. (1821). Voy. ce titre à la Table des Anonymes.

— Institutions pratiques de grammaire allemande, avec un Vocabulaire, suivi de dialogues contenant les phrases et façons de parler les plus usitées dans la conversation. Sec. édit., augmentée. *Genève et Paris, Paschoud*, 1815, 2 part. in-8, 5 fr.

— * Manuel du voyageur en Suisse, trad. de l'allem. (1817). Voy. ÉBEL.

On a encore du pasteur J. Gaudin une *Note sur une nouv. espèce d'ombellifère,* insérée dans les Mém. de la Société de phys. et d'hist. natur. de Genève. J.H—t.

GAUDIN (Mart.-Mich.-Charles), duc de GAETE, ex-député, ex-ministre des finances, actuellement gouverneur de la Banque de France ; né à Saint-Denis, en 1756.

— Aperçu théorique sur les emprunts ; suivi de quelques Observations sur le chapitre VIII de l'ouvrage de M. Ganilh, député du Cantal, concernant la législation, etc. *Paris, Delaunay*, 1817, in-8 de 44 pag. avec un tableau, 1 fr.

— Considérations sur la dette publique de France, sur l'emprunt et sur l'amortissement. *Paris, imp. de Tastu*, 1828, br. in-8.

On trouve, à la suite, des Observations additionnelles aux Considérations sur la dette publique, formant 24 pag.

— Mémoire sur le cadastre, et détails statistiques sur le nombre et la division des taxes de la contribution foncière ; sur le revenu commun des propriétaires de biens-fonds en France. *Paris, Delaunay*, 1817, in-8, 1 fr. 50 c.

— Mémoires (ses), souvenirs, opinions et écrits. *Paris, Baudouin frères*, 1826, 2 vol. in-8, 14 fr.

— * Notes concernant la première partie de « l'Opinion d'un créancier de l'État » sur le budget et sur les observations et réflexions dont il a été l'objet, adressées aux créanciers de l'État. *Paris, impr. de Ballard*, 1814, in-4 de 16 pag., 1 fr.

— Notice historique sur les finances de la France (depuis 1800 jusqu'au 1er avril 1814). *Paris, Delaunay*, 1818, in-8, 5 fr.

— * Notions élémentaires de géographie astronomique, naturelle et chimique. *Paris*, 1821, in-8.

Tirées à peu d'exemplaires.

— * Observations et Éclaircissements sur le paragraphe concernant les finances, dans l'Exposé de la situation du royaume, présenté à la Chambre des pairs et à celle des députés. *Paris, Delaunay*, 1814, br. in-4.

Cet écrit a eu deux édit. la même année.

— * Observations sommaires sur le budget présenté à la Chambre des députés des départements dans la séance du 23 janvier 1814. *Paris*, 1816, in-8, 2 fr.

— Observations sur la proposition faite par la commission des dépenses, de réduire à 1,500,000 fr. le crédit à ouvrir pour les travaux du cadastre en 1820. *Paris, imp. de Guiraudet*, 1820, br. in-8, 2 fr.

— Opinion préliminaire sur les finances. *Paris, Delaunay*, 1815, in-4 de 16 pag., 1 f.

GAUDIN (Ém.). Soulèvement (du) des nations chrétiennes dans la Turquie européenne ; ses causes, ses résultats probables, son influence présumable sur les intérêts présents et futurs de l'Europe en général, et sur ceux de la France en particulier. *Paris, C.-J. Trouvé*, 1822, in-8, 3 fr.

GAUDIN (A.-P.). Développement d'une pensée de d'Alembert, ou Introduction à l'application de l'algèbre à la géométrie. *Paris, Eymery; Bachelier*, 1825, in-8 de 34 pag. avec planche, 1 fr. 50 c.

GAUDIN DE LA GRANGE. * Edmond d'Alanville, ou les Effets des haines héréditaires. Par l'auteur du « Solitaire des Pyrénées ». *Paris, Maradan*, 1821, 4 vol. in-12, 10 fr.

— * Solitaire (le) des Pyrénées, ou Mémoires pour servir à la vie d'Armand, marquis de Felcourt. Par G.. L.. *Paris, le même*, 1800, 3 vol. in-12, fig., 5 fr.

GAUDIO (Vinc.). Découverte (nouv.) dans l'Histoire littéraire de Polybe. *Berlin*, 1758, in-12.

L'auteur y soutient que Polybe n'écrivit son Histoire qu'à soixante-un ans.

Gaudio est encore auteur de quelques ouvrages en latin et en italien, impr. en Allemagne, dont on trouve la liste dans le premier volume de l'Examen critique et Complément des Diction. historiques, de Barbier.

Le Journal des Savants, impr. en Hollande, cah. d'avril 1766, contient de Gaudio, des Réflexions très-vives contre les prêtres en général, et en particulier contre le pasteur de Motiers-Travers, à l'occasion de la persécution que J.-J. Rousseau éprouva à Motiers-Travers, de la part du ministre protestant Montmollin. Ces réflexions furent dénoncées au magistrat, et le libraire Rey eut défense de vendre le n° du journal qui les contenait. L'auteur fit paraître sa justification dans le mois de mai suivant.

GAUDOT. Banque nationale, précédée de l'Examen des principales banques publiques de l'Europe, et de la caisse d'escompte. *Amsterdam et Paris, Clavelin*, 1789, in-8 de 179 pag.

GAUDRILLET (l'abbé). Description de la bataille de Guastalla (du 19 septembre 1734). *Dijon*, 1734, in-4.

— *Histoire de Notre-Dame de Bon-Espoir, dont l'image miraculeuse, qui est dans l'église de Notre-Dame, est en grande vénération dans la ville de Dijon. *Dijon, Augé*, 1733, in-8.

Cet ouvrage a eu une troisième édition en 1823, sous ce titre : *Histoire de l'image miraculeuse de N.-D. de Bon-Espoir*, de son culte, et de la confrérie établie en son honneur, dans l'église paroissiale de N.-D. de Dijon. Dijon, Noellat, in-12.

GAUDRILLET (J.-B.), religieux de Clairvaux, protonotaire du S. Siége.

— * Lettre d'un oncle à son neveu. 1749, in-4.

GAUDRON (l'abbé), né en 1672, mort en 1732.

— *Instructions sur tous les mystères de

N. S. J.-C. *Paris*, 1706-1719, 6 vol. in-12.

L'abbé Gaudron est auteur de quelques autres ouvrages dont la publ. est antérieure au XVIIIᵉ siècle.

GAUDY, de Genève. * Glossaire genevois, ou Recueil étymologique des termes dont se compose le dialecte de Genève, avec les principales locutions défectueuses en usage dans cette ville. Sec. édition, corrigée et considérablement augm. *Genève et Paris, Barbezat*, 1827, in-8, 5 fr.

La prem. édit., qui parut en ..., est également anonyme.

GAUFFECOURT (de). Traité de la reliure des livres. Sans date, in-8 de 72 p.

Impr. à douze exempl. par l'auteur lui-même.

L'auteur de ce volume est le Gauffecourt dont il est si souvent question dans les Confessions de Rousseau, et le seul ami de jeunesse que ce dernier ait conservé jusqu'à sa mort.

GAUFRIDI-FOS (le bar. de). Réfutation des «Pensées philosophiques». 1750, in-12.

GAUGER (Nic.), avocat au parlement de Paris, physicien et censeur royal; né près de Pithiviers, vers 1680, mort en 1730.

— *Mécanique du feu, ou l'Art d'en augmenter les effets et d'en diminuer la dépense. Prem. partie, contenant le Traité des nouvelles cheminées qui échauffent plus que les cheminées ordinaires, et qui ne sont pas sujettes à fumer. Par M. G***. *Paris*, 1713, 1749, in-12 orné de 12 pl.

Ouvrage qui a été souvent réimpr. et traduit en diverses langues, et dans lequel on trouve une grande partie des inventions en ce genre, qu'on a depuis données comme nouvelles.

— * Résolution du problème proposé dans le Journal de Trévoux, pour la construction de nouv. thermomètres, par M. G***. *Paris, Quillau*, 1710, in-8.

Réimpr. sous le titre de *Théorie des nouveaux thermomètres et baromètres de toutes sortes de grandeurs*, augm. d'un second Problème et de sa solution. Paris, Quillau, 1720, in-12.

On a encore de Gauger deux *Lettres* imprimées dans les Mémoires de littérature du P. Desmolets; la première, sur la réfrangibilité des rayons de la lumière et sur leurs couleurs, avec le plan d'un Traité général sur la lumière (1728); la seconde, adressée à l'abbé Conti, noble italien, donnant solution des difficultés de Rizetti contre la différence de réfrangibilité des rayons de lumière, et de Mariotte contre l'immutabilité de leurs couleurs (1728). *Biogr. univ.*

GAUGIRAN-NANTEUIL, auteur dramatique; né à Toulouse, en sept. 1778.

— Amour (l') et le Procès, com. en un acte et en vers. *Paris, Ladvocat*, 1820, in-8, 1 fr. 50 c.

— Apollon du Belvéder, ou l'Oracle, folie-vaudeville en un acte. *Paris, Roux*, an IX (1801), in-8, 1 fr. 20 c.

Avec Moras.

— Charme (le) de la voix, opéra-com. en un acte. *Paris, Barba*, 1812, in-8. 1 fr. 25 c.,

Avec Loraux.

— Désirée (la), ou la Paix de village, allégorie en un acte, en vaudev. *Paris, les Auteurs*, an IX (1801), in-8.

Avec Moras et Étienne.

— Eau (l') et le feu, ou le Gascon à l'épreuve, opéra-bouffon, en un acte (et en prose). *Paris, Mme Masson*, an XIII (1804), in-8.

— Lully et Quinault, ou le Déjeuner impossible, opéra-com. en un acte. *Paris, Barba*, 1812, in-8, 1 fr. 25 c.

— Maris (les) garçons, com. en un acte et en prose, mêlée d'ariettes. *Paris, le même*, 1806, in-8.

— Mode (la) ancienne et la mode nouv., com. en un acte, en vers. *Paris, Mme Cavanagh*, au XII (1804), in-8.

— Tuteur (le) fanfaron, ou la Vengeance d'une femme, com. en un acte et en vers. *Paris, Barba*, an XI (1803), in-8.

— * Vie de Fr. René Molé (1802). Voyez ÉTIENNE.

M. Gangiran-Nanteuil est encore auteur, en société avec M. Étienne, de l'Académie française, de sept autres pièces imprimées. (Voy. ÉTIENNE).

GAUJAL (le bar. de), correspondant de l'Institut royal de France, etc.

— Essais historiques sur le Rouergue. *Limoges, impr. de Barbou*, 1824-25, 2 vol. in-8.

GAULDRÉE DE BOILEAU. Voyez BOILEAU.

GAULLE (de). Voy. DEGAULLE.

GAULLYER (Den.), savant humaniste, professeur au collége Du Plessis ; né dans le bourg de Cléri, en Orléanais, le 2 février 1688, mort à Charenton, le 24 avril 1736.

— Abrégé de la grammaire française, comprenant la syntaxe, les règles de la prononciation et de l'orthographe, et la versification. *Paris, J.-B. Brocas*, 1722, in-12.

— Abrégé de l'histoire romaine, de Florus, texte latin, avec des notes et une traduction française. (1733). Voy. FLORUS.

— Cornelius-Nepos, trad. du latin, avec des notes françaises. (....). Voy. CORNELIUS.

— Épigrammes de Martial, traduction en vers et en prose (1722). Voy. MARTIAL.

— Lettres de Cicéron à ses amis, trad. du lat., et rangées par ordre chronologique (....). Voy. CICÉRON.

— Poëmes de S. Grégoire de Nazianze, trad. en lat., avec des notes grammaticales. (1718). Voy. GRÉGOIRE (S.).

— Règles pour la langue latine et française, à l'usage des colléges de l'Université. *Paris*, 1716-19, 5 part. in-12.

La cinquième partie de l'ouvrage est intitulée : *Règles pour traduire le latin en français :* l'abbé Goujet prétend que ces dernières règles tiennent au système de Gaspard de Tende, connu également sous le masque de l'Étang.

— Règles poétiques, tirées d'Aristote, de Despréaux, et autres auteurs célèbres. *Paris*, 1728, in-12.

Cet ouvrage passe pour le meilleur qui soit sorti des mains de ce laborieux écrivain ; l'ordre et la méthode y rachètent ce que le style a souvent de trop lourd. La publication de ces règles de poétique occasiona de longues discussions entre l'auteur et le célèbre Rollin, qui proscrivait, des premières études, la lecture de Térence, qu'autorisait Gaullyer. L'Université prit parti contre ce dernier.

— Térence, Cicéron, César, Salluste, etc., justifiés contre les censures de M. Rollin, avec des remarques sur le « Traité des études ». *Paris, Brocas*, 1728, un vol. en 3 part. in-12 de plus de 600 pag.

La justification de Cicéron se borne à montrer, contre l'auteur du Traité des études, que les Lettres de Cicéron et ses ouvrages de morale et de rhétorique peuvent convenir dans les basses classes. Gaullyer se crut appelé exclusivement à l'étude de la grammaire, des humanités, de tout ce qui peut semer de fleurs la carrière dans laquelle le jeune ami des lettres fait ses premiers pas. Ses écrits tendirent uniquement vers ce but. Les encouragements, ou plutôt les éloges qu'on lui prodigua, l'égarèrent au point que, dans l'Université de Paris, il se crut seul en droit de traiter de la grammaire, de l'éloquence et de la poésie. Dans l'Avertissement, placé à la tête de son *Abrégé de grammaire française*, il parle de ses prétentions avec une naïveté véritablement rare. L'Université de Paris le crut sur parole ; car, non contente d'adopter ses ouvrages, elle l'admit au nombre de ses membres, comme récompense de son zèle à faciliter les travaux des jeunes étudiants.

On doit encore à Gaullyer, comme compilateur ou éditeur, la publication des différents ouvrages suivants : 1° Recueil des fables d'Ésope, de Phèdre et de La Fontaine, qui ont rapport les unes aux autres, etc. (1721) ; 2° Recueil de pièces de vers les plus faciles et les plus belles, tirées des poëtes lat. (1722) ; 3° Abrégé de l'*Epigrammatum Delectus*, etc. ( ) ; 4° Selecta carmina, orationesque quorumdam in Universitate parisiensi professorum (1727) : voy. ces titres à la Table des Anonymes ; 5° la Méthode de M. Lefèvre pour les humanités, avec des notes de l'éditeur (....), voyez LEFÈVRE.

Biogr. univ.

GAULLIEUR L'HARDY (L.-T.-H.).

— Quelques Considérations générales sur la convenance qu'il y aurait d'établir à Bordeaux une promenade couverte, et réfutation des objections publiées contre ce projet. *Bordeaux, impr. de Brossier*, 1826, in-8 de 26 pag.

— Un dernier mot à propos d'un projet d'une promenade couverte à édifier sur l'emplacement des allées d'ormes de Tourmy à Bordeaux. *Bordeaux, imp. du même,* 1826, in-8.

GAULMIER (A.), régent de rhétorique au collége de Nevers.

— Dévouement (le) des médecins français et des sœurs de Sainte-Camille; ouvrage qui a obtenu la première mention honorable au concours de l'Académie Française. *Paris, imp. d'Éverat,* 1822, in-8 de 16 pag.

— Ode sur le dévouement de Malesherbes, ouvrage qui a obtenu la première mention honorable au concours de 1820, à l'Académie de Paris. *Paris, impr. d'Égron,* 1820, in-8 de 8 pag.

— Ode sur le dévouement de Malesherbes, qui a remporté le prix de poésie proposé par l'Académie Française, en 1821. *Paris, Firmin Didot,* 1821, in-4 de 8 pag.

GAULT DE SAINT-GERMAIN (Pierre-Marie), ancien pensionnaire du feu roi de Pologne, ex-prof. des colléges de Guéret, de Clermont-Ferrand, professeur de l'école royale de mathématiques et de dessin en faveur des arts mécaniques, etc.; né à Paris, le 19 février 1754.

— Abrégé élémentaire de l'histoire de France, depuis les temps héroïques jusqu'à nous. *Paris, Masson et fils,* 1820, 3 vol. in-12, 12 fr.

— Annales de la calcographie générale, ou Histoire de la gravure ancienne et moderne, française et étrangère. *Paris,* 1806-1807, in-8, avec fig.

— Choix des productions de l'art les plus remarquables exposées dans le salon de 1817. *Paris, Didot aîné; Destouches, et l'Auteur,* 1817, in-8 de 36 pag.

— Choix des productions de l'art les plus remarquables exposées dans le salon de 1819. *Paris, Poulet,* 1819, in-12 de 88 p.

— Guide des amateurs de peinture dans les collections générales et particulières, les magasins et les ventes. *Paris, Destouches; P. Didot aîné,* 1816, in-8, 5 fr. 50 c.

— Guide des amateurs de peinture : écoles florentine, romaine, vénitienne, lombarde, napolitaine, génoise, espagnole. *Paris, les mêmes,* 1816, in-8, 5 fr. 50 c.

— Guide des amateurs de tableaux pour les écoles allemande, flamande et hollandaise. *Paris, A.-A. Renouard,* 1818, 2 vol. in-12, 7 fr.

Il a été tiré quelq. exempl. sur p. vél. jaune. pr. 18 f.

— Passions (des), et de leur expression générale et particulière sous le rapport des beaux-arts; avec des figures d'après les plus célèbres artistes anciens et modernes qui

ont excellé dans l'expression, dessinées et gravées par MM. Lemire et Tassaert. *Paris, Tassaert; Gabriel Dufour, etc.,* 1804, in-8 avec 25 pl.

Ouvrage très-rare : il a été publ. en plus. livrais., qui coûtaient par souscription : sur pap. gr. raisin superfin, 8 fr.; sur pap. nom de Jésus, vélin superfin, 16 fr., et avec les fig. color., 24 fr.

— Tableau de la ci-devant province d'Auvergne, etc. (1802). Voy. RABANI-BEAUREGARD.

— Traité de la peinture de Léonard de Vinci, commenté, augmenté de la Vie et du Catalogue des OEuvres de ce célèbre artiste florentin. Nouv. édit. *Paris, Perlet,* 1802, in-8.

— Trois (les) siècles de peinture en France, ou Galerie des peintres français depuis François Ier jusqu'au règne de Napoléon. *Paris, Belin,* 1808, in-8, 4 fr. 50 c.

— Vie et OEuvre de Nicolas Poussin, considéré comme chef de l'école française, suivis de notes inédites et authentiques sur sa vie et ses ouvrages, etc.; avec des gravures représentant ses principaux ouvrages. *Paris,* 1806, gr. in-8 avec 37 pl., 36 fr.; avec les fig. avant la lettre, 48 fr., et sur pap. vélin, fig. avant la lettre, 60 fr.

M. Gault de Saint Germain est auteur des textes qui accompagnent la « Collection des fleurs et des fruits peints par J.-L. Prévost » (1805), les « Calques du fameux Cénacle de Léon. de Vinci » (1807);« les Éléments de l'art de la broderie, ou le Parterre du brodeur », publ. chez Bance, march. de grav.; de « l'OEuvre de Wauwermans », ainsi que de la Notice sur cet artiste.

Il a publié un grand nombre d'articles sur les arts, l'antiquité et l'histoire, dans le Moniteur et autres ouvrages hebdomadaires et quotidiens, tant de la capitale que des départ. Le Spectateur, de Malte-Brun, tôm. 3, 1815, renferme une série de six articles, intitulée · *Observations sur l'état des arts au XIX siècle.* (Ces observations ont été citées, par erreur, par la Biogr. univ. et port. des contemporains comme un ouvrage formant 3 vol. in-8). On lui doit, comme éditeur, la publication d'une édition estimée des Lettres de madame de Sévigné, enrichie d'une nouvelle Notice, et de notes de géographie, d'histoire, de politique et de mœurs (1822).

M. Gault de Saint-Germain a, en manuscrit, un ouvrage important, qui a été l'objet des recherches d'une grande partie de sa vie : c'est un *Dictionnaire historique et critique des artistes,* depuis la plus haute antiquité jusqu'à nos jours, qui peut former 7 vol. in-8.

GAULTIER (J.-B.), théologien appelant; né à Louviers en 1685, mort près de Gaillon, le 30 octobre 1755.

— *Abrégé de la vie et des idées des ouvr. de Charles-Joachim Colbert, évêque de Montpellier, avec le recueil de ses lettres. *Cologne (Utrecht),* 1740, in-4.

— * Critique du ballet moral dansé au collége des jésuites de Rouen, au mois d'août 1750. 1751, in-4.

— * Histoire abrégée du parlement durant

les troubles du commencement du règne de Louis XIV. 1754, in-12.

L'abbé Goujet, dans son Catalogue manuscrit, attribue cet ouvrage à Lepaige.

— Jésuites (les) convaincus d'obstination à permettre l'idolâtrie dans la Chine. 1743, in-12.

— * Lettre à M. Berger de Charency, évêque de Montpellier (avec un Avertis. par dom CLÉMENCET). 1740, in-4 et in-12.

Cet ouvrage est connu sous le nom de Verges d'Héliodore; il y a même des exempl. qui portent ce titre.

— Lettre à Mgr. l'archevêque de Sens (M. Languet). 1752, in-12.

— Lettre à Mgr l'évêque d'Angers (M. de Vaugirauld), au sujet du prétendu extrait du Catéchisme de Charency. 1752, in-12.

— Lettre à Mgr l'évêque de Troyes (M. Poncet), en réponse à sa Lettre pastorale aux communautés religieuses. 1750, in-12.

— Lettre à un ami, où l'on réfute les cinq lettres sur les remontrances du parlement de Paris. 1754, in-12.

— Lettre à un duc et pair. 1753, in-12.

— Lettre au sujet de la bulle de N. S. P. le pape, concernant les rits malabares. 1745, in-12.

— Lettre aux évêques qui ont écrit au roi pour lui demander la cassation de l'arrêt du parlement de Paris, du 18 avril 1752. 1752, in-12.

— Lettre d'un théologien à M. de Charency. 1744, in-4.

L'année suivante, l'abbé Gaultier publia une sec. Lettre au même, sur son Instruction pastorale sur la communion pascale. In-4.

— Lettre d'un théologien aux évêques qui ont écrit au roi, pour se plaindre de l'arrêté du parlement de Paris, du 5 mai 1752. 1752, in-12.

— * Lettres apologétiques pour les carmélites du faubourg Saint-Jacques de Paris. 1748, in-12.

Ces Lettres sont au nombre de cinq, ayant chacune sa pagination particulière : les trois premières sont datées du 18 novembre 1748; la quatrième, du 26 janvier, et la cinquième, du 1er avril 1749.

— * Lettres (les) persanes (de Montesquieu) convaincues d'impiété. 1751, in-12.

— Lettres théologiques contre le système impie et socinien des PP. Berruyer et Hardouin. 1736, 3 vol. in 12.

Ces Lettres sont au nombre de dix-sept. On trouve, à la fin du troisième volume, une bonne traduction de la célèbre Épître à Diognète, dont l'auteur grec n'est pas bien connu.

— Mémoire apologétique et défense des curés, etc., du diocèse de Montpellier. 1742, in-12.

— Mémoire pour servir d'éclaircissement

à la lettre du P. Pacifique de Calais, capucin. 1724, in-8.

— Mémoires (deux) sur les plaintes portées contre le gouvernement de Mgr l'évêque de Boulogne. 1723, in-12.

Composés pour M. de Langle, évêque de Boulogne, dont Gaultier était alors le vicaire-général.

— * Poëme (le) de Pope, intitulé : Essai sur l'homme, convaincu d'impiété; suivi de plusieurs lettres destinées à prémunir les fidèles contre l'irréligion, La Haye (Paris), 1746, 1747, in-12.

— * Réfutation d'un libelle (de Voltaire), intitulée : « La voix du sage et du peuple ». 1751, in-12.

— Relation de ce qui s'est passé durant la maladie et la mort de M. de Langle, évêque de Boulogne. 1724, in-4.

— * Relation de la captivité de la mère Des-Forges, Annonciade de Boulogne. 1741, in-12.

— * Vie de messire Jean Soanen, évêque de Senez. Cologne (Paris), 1750, in-12; ou avec les Lettres de ce prélat, 2 vol. in-4.

On trouve dans cette vie une histoire très-curieuse sur le secret de la transmutation des métaux.

Curieux de concilier aux évêques le respect de leur troupeau, Gaultier écrivit des Lettres à M. de Charency, successeur de Colbert à l'évêché de Montpellier, à M. Poncet, évêque de Troyes, à M. de Vaugirauld, évêque d'Angers, Languet, archevêque de Sens, sur ces matières que nous avons citées. On a encore de lui trois ou quatre Lettres contre les jésuites, au sujet des cérémonies chinoises. Il ne faut pas, dit la Biog. univ., chercher de la modération dans les pamphlets de Gaultier; cet écrivain était naturellement brusque et dur, et devenait plus âcre quand il s'agissait des intérêts de son parti.

On croit, et la France littéraire de 1769 dit positivement, que Gaultier fut l'auteur des Instructions, des Mandements, des Remontrances, des Lettres, et en général de tous les écrits publiés par MM. de Langle et Colbert, de qui Gaultier obtint la confiance : ce fut lui qui rédigea la Préface historique mise à la tête des OEuvres de M. de Colbert, en 3 vol. in-4.

GAULTIER, mort en 1759. * Amour (l') mutuel, pastorale en un acte (et en vers libres). Paris, Vᵉ Mézières et J.-B. Garnier, 1730, in-4.

— Basile et Quitterie, tragi-comédie (en 3 actes et en vers) avec un prologue en prose et en vers libres. Paris, Noel Pissot, 1723, in-8.

GAULTIER (Jacq.). Voy. PETITOT.

GAULTIER (l'abbé Alouisius-Édouard-Camille), instituteur, membre de la Soc. d'enseignement élémentaire de France; né en Italie, de parents français, vers 1755, mort le 19 septembre 1818.

— Éléments d'arithmétique rendus sensibles aux yeux par des jetons coloriés. Paris, *A.-A. Renouard*, sans date; 3 tableaux pliés dans un carton de format in-12, 1 fr. 25 c.

— Exercices sur la construction logique des phrases et des périodes françaises. *Paris, le même* .... in-18, 1 fr. 50 c.

On joint à ce volume des *Tableaux de Construction grammaticale et d'analyse graduée des phrases et des périodes françaises*, 1817, in-fol., 2 fr.

— Exposé du Cours complet de jeux instructifs. *Paris*, 1802, in-8.

— Jeux des fables, sujets tirés de La Fontaine. *Paris, A.-A. Renouard*, 1817, in-18, 1 fr. 25 c.

— Jeu raisonnable et moral pour les enfants. 1791, in-8.

— Jeu typographique pour apprendre à lire aux enfants. *Paris, A.-A. Renouard*, 1814, in-fol. de 2 pag.

Réimpr. en 1827. Cette feuille se découpe et se colle sur carton, et forme alors une Boîte typographique : 5 fr.

— Leçons de Chronologie et d'Histoire. Nouv. édit. *Paris, le même*, 1822-23, 4 vol. in-18, 6 fr.

On peut se procurer chaque volume séparément, savoir :
Tom. I. Histoire sainte et Histoire de l'Église jusqu'à la conversion de Clovis Ier.
Tom. II. Histoire de France.
Tom. III. Histoire ancienne.
Tom. IV. Histoire moderne.
Ces Leçons parurent pour la première fois en 1788 : elles ont été souvent réimpr., soit partiellement, soit en totalité, avant et depuis l'édit. de 1822—23 que nous citons. L'Histoire de France a été successivement continuée jusqu'au règne de Charles X.

— Leçons de Géographie. XIXe édit. *Paris, le même*, 1823, in-18 cart., 1 fr. 50 c.

— Atlas de géographie, contenant 7 cartes, plus une feuille d'étiquettes à coller sur carton ou sur des boules, pour servir au jeu de géographie. *Paris, le même*, in-fol., 6 fr.

La prem. édit. est de 1788, in-8.

— Les mêmes, en espagnol : Lecciones de geografia, traducido al castellano para la educacion de los ninos en Espana y en los estados mejicanos, por J. A. J. *Paris, Bossange frères*, 1825, in-18, 3 fr. 50 c.

— Leçons de Grammaire proprement dite, de syntaxe et d'orthographe. XIIe édition. *Paris, Jul. Renouard*, 1827, in-18, 1 fr. 50 c.

La prem. édit. est de 1787, in-8.

— Leçons de Grammaire en action. *Paris, A.-A. Renouard*, 1819-20, 3 vol. in-18, 4 fr. 50 c.

On joint à l'un et l'autre de ces ouvrages un *Atlas de grammaire*, contenant des Tableaux analytiques pour la construction des phrases, in-fol., 4 fr.

— Lectures graduées pour les enfants du premier âge. *Paris, le même*, 1825, 2 vol. in-18, 3 fr.

— Lectures graduées pour les enfants du second âge. *Paris, J. Renouard*, 1826, 3 vol. in-18, 4 fr. 50 c.

Ces *Lectures graduées*, réunies, furent publ. pour la première fois en 1798, 3 vol. in-8.

— Méthode graduée pour prononcer et comprendre la langue italienne. Sec. édit. *Paris, A.-A. Renouard*, 1813, in-12, 1 fr. 50 c.

— Méthode pour analyser la pensée et pour faire des abrégés. IIIe édit. *Paris, le même*, 1825, in-18, 1 fr. 50 c.

La prem. édit. fut publiée sous le titre de *Méthode pour analyser les pensées et les réduire à leurs principes élémentaires*, in-8.

— Méthode pour apprendre grammaticalement la langue latine, sans connaitre les règles de la composition. IVe édition. *Paris, J. Renouard*, 1826, in-18, 1 fr. 50 c.

La prem. édit. est de 1804, 2 vol. in-18.
On ajoute à ce volume deux autres vol., dont l'un contient des *Phrases latines graduées*, et l'autre des *Périodes latines graduées* : prix du prem., 1 fr. 25 c.; et du second, 1 fr. 50 c.

— Méthode pour exercer les jeunes gens à la composition de la langue française et pour les préparer graduellement. *Paris, A.-A. Renouard*, 1811, 1823, 2 vol. in-12, 3 fr.

L'un de ces vol., ou plutôt cahiers, est destiné à l'élève, l'autre au maitre.

— Méthode pour faire la construction des phrases et des périodes, sans rien changer à l'ordre de la diction latine. *Paris*, 1805, 1808, in-18.

Réimpr. par M. Renouard, sous ce titre : *Construction et analyse graduée des phrases et des périodes latines, en tableaux*; gros cab. in-fol., 4 fr.

— Notions de géométrie pratique, nécessaires à l'exercice de la plupart des arts et métiers. *Paris, L. Colas ; A.-A. Renouard*, 1817, br. in-12, 1 fr. 25 c.

Une sec. édition est sous presse pour paraître à la fin de 1829. *Paris, Jules Renouard*, in-18.

— Petit Cours d'études élémentaires, extrait du Cours complet de jeux instructifs. *Paris, les mêmes*, 1817, 3 vol. in-18, 3 fr.

Réimpr. en 1826 pour M. Jules Renouard.
Ces trois petits volumes se composent d'un Syllabaire et de premières lectures, d'Éléments de grammaire et d'orthographe, et d'Éléments de géographie : on peut se procurer chaque volume séparément.

— Petit livre pour les enfants de trois ans. 1786, in-16.

— Principes d'écriture cursive, en 38 modèles. *Paris, A.-A. Renouard*, sans date, 5 cah., 2 fr. 50 c.; ou collé sur carton, en étui, 5 fr.

—— Résumé des leçons d'orthographe, faisant suite au Résumé des leçons de grammaire. *Paris, P. Didot*, 1812, in-18 de 72 p.

—— Traité de la mesure des vers français appliquée aux vers italiens; ouvrage aussi utile que nécessaire à la prononciation correcte des deux langues, divisé en 2 parties. *Paris, A.-A. Renouard*, 1814, in-12, 1 fr. 50 c.

—— Traits caractéristiques d'une mauvaise éducation, ou Actions et Discours contraires à la politesse, et regardés comme tels par les moralistes tant anciens que modernes. Nouv. édit., revue et corr. *Paris, le même; l'Auteur*, 1812, in-18 de 108 p.; 1 fr. 25 c.

La prem. édit. est de 1796.
Tous ces ouvrages réunis forment un Cours complet d'études élémentaires pour les enfants, comprenant la lecture, l'écriture, l'arithmétique, la géométrie, les langues française, latine, italienne, la géographie, la chronologie et l'histoire, l'art de penser et d'écrire, etc., composé de 21 vol. in-18; 6 vol. in-12; 8 cah. in-fol, et de plusieurs étuis. Ces divers ouvrages ont été revus et corrigés en 1829, par les élèves de l'auteur, MM. de BLIGNIÈRES, DEMOYENCOURT; DUCAOS de SIXT et LECLERC aîné. La Collection complète, renfermée dans une boîte, coûte 66 fr.

GAULTIER (Emmanuel). *Observations sur la notice de la galerie des antiques au Muséum Napoléon. Par un amateur. *Paris*, an XI (1803), in-12.

GAULTIER (P.-A.). Recherches sur l'organisation de la peau de l'homme et sur les causes de sa coloration. *Paris, Gabon*, 1809, in-8.

GAULTIER (L.), de Tours.
Auteur d'un Mémoire sur les moyens généraux de construire graphiquement les cercles déterminés par trois conditions, et les sphères déterminées par quatre conditions, impr. dans le tom. IX du Journal de l'École Polytechnique, 1813.

GAULTIER (G.), ancien employé supérieur des vivres, ex-secrétaire général de la régie des sels et tabacs d'Illyrie.
—— Mémoire sur les économies très-importantes que le gouvernement peut faire sur le service manutentionnaire des vivres-pain à distribuer aux troupes des alliés cantonnées en France. *Paris, imp. de Le Normant*, 1817, in-4 de 20 pag.
—— Régie (de la) simple des subsistances militaires, et de la nécessité de l'établir définitivement, prouvée par les abus existant dans le système des entreprises et de la régie intéressée. *Paris, Magimel, Anselin et Pochard*, 1817, in-4 de 56 pag., 2 fr.

GAULTIER DE BIAUZAT (Jean-Fr.), jurisconsulte, mort le 22 février 1815.

—— Doléances sur les surcharges que les gens du peuple supportent en toutes espèces d'impôts; avec des Observations historiques et politiques sur l'origine et l'accroissement de la taille. 1789, in-8.
—— Projet motivé d'articles additionnels à la loi du 19 janvier 1791, relative à l'organisation des ponts et chaussées. 1791, in-8.

GAULTIER DE CLAUBRY (Ch.-Dan.), chirurgien, mort à Paris, le 23 oct. 1821, âgé de 84 ans.
—— Avis (nouvel) aux mères qui veulent nourrir. *Paris*, 1783, pet. in-12.

GAULTIER DE CLAUBRY (H.-F.), bachelier ès-lettres, ex-élève des hôpitaux civils de Paris.
—— Éléments de chimie expérimentale, trad. de l'angl. (1812). Voy. WILLIAM (H.).
—— Lettre à M. Virey, l'un des rédacteurs du Journal de pharmacie, sur son article d'un miracle de Moïse pour adoucir les eaux saumâtres, confirmé par diverses expériences, etc. *Paris, imp. de Fain*, 1815, in-8 de 16 pag.

M. Gaultier de Claubry a recueilli les leçons du Cours de chimie de M. Gay-Lussac.

GAULTIER DE LA FERRIÈRE (Phil.), barnabite; né à Loches, en Touraine, en 1688, mort le 13 décembre 1760.
—— Essai sur la perfection chrétienne. 1757, in-12.

Voyez aussi GAUTHIER et GAUTIER.

GAUNÉ, curé. *Anticénosophie, ou le Contraire de la vraie sagesse, poëme didactique (en IX chants), avec cette épigraphe:

Intelligite insipientes in populo:
et stulti aliquando sapite. Ps. 93, v. 8.

A Rome, et se trouve à Paris, chez Lesclapart, 1782, in-12.
Ce vol. a été impr. à Sens, chez Tarbé.

GAUNÉ DE CANGY, chevalier de St-Maurice.
—— *Traduction des Psaumes et des trois Cantiques du Nouveau-Testament en vers français, sur des airs choisis, anciens et nouveaux, par M. G***. *Paris, Berton*, 1763, in-12.

GAUSS (Ch.-Fr.), de Brunswick.
—— Recherches arithmétiques, traduites de l'allem. par M. A.-C.-M. POULLET-DELISLE, professeur de mathématiques au lycée d'Orléans. *Paris, Courcier*, 1807, in-4, 18 fr.

— Théorie de l'art du mineur. *Maëstricht*, 1778, in-8.

GAUSSEN (S.-R.-L.). Conversion (la), sa nécessité, sa nature et l'unique voie pour l'accomplir. Sermon sur Luc XIII, 2-5. IIIe édition, corrigée par l'auteur. *Montpellier, Mme Ve Picot, née Fontenay*, 1822, in-8 de 56 pag.

GAUSSINEL (J.-B.), de Montpellier. — Recul de cansous patoisas. *Montpellier, imp. de Julien*, 1824, pet. in-8 de 16 pag. — Romances et chansons languedociennes. *Montpellier, J. Martel le jeune*, 1820, in-8 de 16 pag.

GAUSSOIN (P.-C.). Poétique de Vida, traduite en vers français (1819). Voyez VIDA.

GAUSSURON (P.), de Toulouse. — Ode sur les maux de la patrie. *Paris, imp. de Hardy*, 1822, in-8 de 8 pag.

GAUT aîné (N.-G.-M.). * Nécessaire (le) du percepteur des contributions directes, ou Tableaux progressifs, par douzièmes des taxes de ces contributions, depuis 5 centimes jusqu'à 10,000 fr.; ouvr. utile aux contribuables, et au moyen duquel on connaît, sans aucun calcul, pour toutes les taxes et à telle époque que ce puisse être, le montant des douzièmes échus exigibles par le percepteur. *Paris, Audot*, 1825, in-8, 2 fr.

GAUTERON, membre de la Société royale de Montpellier, au XVIIIe siècle.

On trouve de lui, dans les Mémoires de l'Académie des sciences, pour 1709, des *Observations sur l'évaporation qui arrive aux liquides pendant le grand froid; avec des remarques sur quelques effets de la gelée.*

GAUTERON. Coup d'œil sur l'influence à espérer des établissements d'Hofwyl quant au perfectionnement de l'industrie et des mœurs. *Genève et Paris, Paschoud*, sans date, in-8 de 27 pag., 60 c.

GAUTERON (Mme), épouse du précédent.

On doit à cette dame deux traductions de l'allem.: le Village des faiseurs d'or, de ZSCHOKKE (1819), et les Conseils maternels, d'EWALD (1825). *Voyez ces deux noms.*

GAUTHEY (Émilian-Marie), inspecteur-général des ponts et chaussées, membre de l'Académie des sciences de Dijon; né à Challon-sur-Saône, le 3 décembre 1732, mort le 14 juillet 1806. — Dissertation sur les dégradations survenues aux piliers du dôme du Panthéon français, et sur les moyens d'y remédier. *Paris*, 1798, in-4.

— * Expériences sur la propagation des sons et de la voix dans les tuyaux prolongés à une grande distance. 1783, in-8. — Lettre au préfet du département de la Seine, au sujet de la dérivation de la rivière d'Ourcq. *Paris*, 1803, in-8. — Mémoire sur l'application des principes de la mécanique à la construction des voûtes et des dômes. *Dijon*, 1772, in-4.

Dans ce Mémoire, Gauthey répond aux objections faites par Patte contre la solidité de la coupole de l'église de Sainte-Geneviève.

— Projet de dérivation jusqu'à Paris, des rivières d'Ourcq, Thérouenne et Beuvronne, d'une part, et des rivières d'Essone, Juigne, Orge, Yvette et Bièvre, d'autre part. *Paris*, 1803, in-4.

— Traité de la construction des ponts. (Ouvrage posthume, publ. avec des additions considérables et un éloge de l'auteur, par M. NAVIER, son neveu). *Paris, F. Didot*, 1809-16, 3 vol. in-4, gr. pap. avec 36 planches gravées par M. Adam, 72 fr.

Les deux premiers volumes sont divisés en quatre parties. La première donne la description de tous les ponts anciens et modernes qui présentent quelque intérêt sous le rapport de leur hardiesse, de leur magnificence, ou des procédés curieux dont on s'est servi pour les construire. On y a joint un état général des ponts construits en France dont la longueur de l'ouverture est au-dessus de vingt mètres; il contient la nature de leur construction, leur ancienneté plus ou moins grande, la surface et la longueur de leurs débouchés, leur largeur, etc.

La seconde partie comprend les principes généraux de l'établissement des ponts.

La troisième partie a pour objet les cintres des ponts en pierre, les ponts en bois, les ponts en fer, et les ponts mobiles. Ces matières y sont traitées avec le soin que leur importance exige, et avec la perfection que l'état actuel de nos connaissances comporte.

La quatrième partie traite des connaissances qui tiennent à la pratique des constructions; elle contient les principes de la fondation des ponts, les opérations qui se succèdent dans le cours de la construction, toutes les machines dont le secours est nécessaire, etc.

Des Mémoires concernant les *canaux de navigation*, composent le troisième vol. et sont: 1° un Mém. très-détaillé sur le canal du Centre; 2° un Mémoire sur les rivières et canaux navigables de la France; 3° un Mémoire sur l'établissement des canaux de navigation; 4° un du Centre; 5° un Mémoire sur les écluses des canaux de navigation; 6° divers autres Mémoires sur le canal du Centre.

Gauthey est encore auteur d'un *Mémoire contenant des expériences sur la charge que les pierres peuvent supporter*, impr. dans le Journal de physique du mois de novembre 1774, et de divers *Mémoires sur les écluses et le canal du Centre*, impr. vers 1780 parmi ceux de l'Académie de Dijon: les derniers ont été ajoutés par M. Navier au Traité de la construction des ponts.

GAUTHEY (Louis). Sermons (ses). *Lausanne, H. Fischer*, 1827, in-8, 3 fr.

GAUTHIER (Fr.), imprimeur; né dans le XVIIe siècle à Marnay, petite ville de

Franche-Comté, exerça son état à Besançon, où il mourut en 1730.

Il est auteur de *Noëls au patois de Besançon*, très-inférieurs aux Noëls bourguignons de La Monnoye, mais dans lesquels on trouve cependant des traits piquants, et des descriptions pleines d'originalité, entre autres, celle de la procession générale. Il s'en est fait un grand nombre d'éditions, dont la meilleure est celle de 1751, 2 vol. in-12. On doit trouver, en tête, un Avertissement de quatre pag. sur les différentes pièces qui composent ce recueil, et qu'on a retranché mal-à-propos des éditions suiv. M. Ch. Weiss, conservateur de la Bibliothèque publique de Besançon, annonçait, en 1816, en préparer une nouvelle édit., qui devait être augmentée d'un Glossaire contenant l'explication des mots les plus difficiles du patois bisontin. Nous n'avons pas connaissance que cette édition ait vu le jour.

Biogr. univ.

GAUTHIER ou **GAUTIER** (Joseph), chanoine régulier de la congrégation de Notre-Sauveur, professeur de mathématiques et d'histoire des cadets gentilshommes du roi de Pologne, membre de l'Académie de Nanci, mort à Nanci, vers 1776.

— Discours sur l'inutilité de la dispute, qui a remporté le prix de l'Académie Française, en 1745.

— * Observations sur la lettre de M. Rousseau de Genève à M. Grimm (relative à la réfutation de son discours, par le même abbé Gauthier). 1752, in-12.

— * Réfutation du Celse moderne, ou Objections contre le christianisme, avec des réponses, etc. *Lunéville*, 1752, pet. in-8.

L'autorité trouva apparemment les réponses moins fortes que les objections, car ce volume fut défendu à Nanci, ce qui n'empêcha pas de le remettre en circulation, quelques années après, sous la rubrique de Lunéville et Paris, Delalain, 1765. Cet ecclésiastique inséra dans le Mercure, en 1750, une Réfutation du discours de J.-J. Rousseau sur les sciences. On trouve cette réfutation dans plusieurs éditions des Œuvres du philosophe de Genève. J.-J. Rousseau n'a pas cru devoir répondre à cet adversaire; mais ses motifs, exposés dans une Lettre très-piquante adressée à M. Grimm, engagèrent l'abbé Gauthier à répliquer. Il ne put déterminer Rousseau à rompre le silence.

GAUTHIER (Hugues), médecin du roi, docteur en médecine de l'université de Montpellier et de la faculté de Paris; né à Riceys, en Bourgogne, mort vers 1778.

— Dissertation sur l'usage des caustiques pour la guérison des hernies ou descentes. *Paris*, 1774, in-12.

L'auteur établit que le peu de succès des anciens dans l'emploi de ce moyen, tient uniquement aux vices de leurs procédés; mais qu'en se servant de l'acide sulfurique, le seul caustique dont il recommande l'usage dans cette opération, elle est d'une efficacité certaine, et exempte de tous dangers.

— Éléments de chirurgie pratique. *Paris*, 1771, in-12.

Faisant partie des Œuvres de Ferrein, tom. Ier. Ces Éléments, rédigés d'après les leçons de Ferrein,

dont Gauthier fut l'ami et le disciple, quoique incomplets à beaucoup d'égards, sont dignes de la réputation de cet illustre professeur.

— Introduction à la connaissance des plantes, ou Catalogue des plantes usuelles de France. *Avignon et Paris*, 1760, in-12, ou *Paris*, 1785, in-8.

Ce petit ouvrage, dans lequel les plantes sont classées d'après leurs qualités physiques dominantes, telles que la douceur, l'amertume, l'acidité, l'âcreté, etc., est remarquable par la précision avec laquelle l'auteur indique les vertus qu'on leur attribuait alors.

— Manuel des bandages de chirurgie. *Paris*, 1760, in-12.

Gauthier est en outre auteur de plusieurs Mém. qui ont été insérés dans divers recueils.

Biogr. univ.

GAUTHIER (Fr.-Louis), bachelier en théologie, curé de Savigny; né à Paris, le 29 mars 1696, mort dans la même ville, le 9 octobre 1780.

— * Instructions familières pour les dimanches et fêtes de l'année, par l'auteur des « O de l'Avent » et « des Huit béatitudes ». *Paris*, Ve Desaint, 1784, 2 vol. in-12.

Une suite à cet ouvrage est restée manuscrite, ainsi qu'un grand nombre d'ouvrages du même auteur.

— * Réflexions chrétiennes sur les huit béatitudes, ou huit moyens enseignés pour parvenir au véritable bonheur. *Paris*, Méquignon junior, 1783, in-12.

— * Réflexions sur les O de l'Avent, en forme d'homélies. *Paris*, Lottin, 1780, in-12.

— * Traité contre l'amour des parures et le luxe des habits. *Paris*, Lottin aîné, 1779, in-12.

— * Traité contre les danses et les mauvaises chansons. *Paris*, Boudet, 1769. — Autre édition (revue par **RONDET**). 1775, in-12.

GAUTHIER (Mme), Lettres contenant plusieurs anecdotes dans un voyage aux eaux de Barège, et quelques particularités échappées aux autres voyageurs de France. *Bruxelles*, 1787, in-12.

Cet ouvrage existe aussi sous le titre de *Nouveaux Voyages en plusieurs provinces de France*. Londres et Paris, 1787, in-12.

— * Voyage d'une française en Suisse et en Franche-Comté depuis la révolution. *Londres* (Suisse), 1790, 2 vol. in-8.

GAUTHIER (P.), architecte. Plus (les) beaux édifices de la ville de Gènes et de ses environs. *Paris*, l'Auteur; Didot aîné; Laneuville, 1818 et ann. suiv., in-fol.

Cet ouvrage a été annoncé en trente-cinq livraisons, dont vingt pour la ville et quinze pour la cam.

pagne : vingt-sept livr. paraissaient à la fin de sept. 1829. Prix de chaque livraison, de 6 planch., sur pap. de France, 6 fr., et sur pap. de Holl., 10 fr.

GAUTHIER (L.-P.-Aug.). Médecine pratique, etc., trad. du lat., avec un discours préliminaire, etc. (1824). Voy. HILDENBRAND.

GAUTHIER, député de la Gironde.
—Observations sur le projet de la loi concernant les douanes. *Bordeaux, imp. de P. Beaume*, 1824, in-8 de 60 pag.

GAUTHIER DE BRECY (le baron), lecteur du cabinet du roi.
—Révolution royaliste de Toulon en 1793, pour le rétablissement de la monarchie ; manuscrit laissé à Londres en 1802, chez M. John Symmons, membre de l'Académie royale. *Paris, imp. de Poulet*, 1816, in-8 de 72 pag. — IVe édit., augm. du portrait moral de S. M. Charles X, et du Vingt-quatre août 1793. *Paris, Trouvé*, 1828, in-8, 3 fr.
— * Vingt-quatre août 1793, première année du règne de Louis XVII, par M. G. de B. *Paris*, 1816, br. in-8.
Ajouté depuis à l'écrit précédent.

GAUTHIER DE LA PEYRONIE, anc. commis des affaires étrangères, ensuite correcteur à l'imprimerie nationale, mort en 1804.
— Essai historique et politique sur l'état de Gênes. 1794, in-8.
— Voyages de Pallas en différentes provinces de l'empire de Russie, etc., trad. de l'allem. (1789). Voy. PALLAS.
— Voyage en Islande, par ordre de S. M. danoise ; trad. du dan. (1802). Voyez OLAFSEN.

GAUTHIER DE SIMPRÉ. * Voyage en France, de M. le comte de Falckenstein (l'empereur Joseph II). *Paris, Cailleau*, 1778, 2 vol. in-12.

GAUTHIER-DESILES. Vaccine (la), poëme. *Paris, Michaud*, 1810, in-8.

GAUTHIER-LACHAPELLE (A.). Des Sépultures. *Paris, Henrichs*, an IX (1801), in-8 de 109 pag., 1 fr. 25 c.
Voyez aussi GAULTIER.

GAUTIER (Hubert), d'abord docteur en médecine, ensuite ingénieur du roi pour les mathématiques, enfin inspecteur-gén. des ponts et chaussées ; né à Nîmes, le 21 août 1660, mort à Paris, le 27 septembre 1737.
— Art (l') de laver, ou nouvelle Manière de peindre sur le papier, suivant le coloris des dessins qu'on envoie à la cour. *Lyon*,

Thomas Amaulry, 1687, in-12 de xx et 154 pages, ou *Bruxelles*, 1708, in-8.
— Bibliothèque (la) des philosophes et des savants, tant anciens que modernes, avec les merveilles de la nature, où l'on voit leurs opinions sur toutes sortes de matières physiques, comme aussi tous les systèmes qu'ils ont pu imaginer jusqu'à présent sur l'univers, et leurs plus belles sentences sur la morale, et enfin les nouv. découvertes que les astronomes ont faites dans les cieux. *Paris*, 1723, 2 vol. in-8 ; *Paris, Cailleau*, 1733-1734, 3 vol. in-8.
Compilation insignifiante, par ordre alphabétique : Alexandre, Cyrus, le prophète Isaïe, y figurent dans le nombre des philosophes.

— Conjectures (nouv.) physiques concernant la disposition de tous les corps animés. *Meaux*, 1721, in-8.
— * Conjectures (nouv.) sur le globe terrestre. *Paris*, 1721, in-8.
— Dissertation qui résout les difficultés sur la poussée des voûtes et des arches à différents surbaissements, sur les piles, les voussoirs, la charge des pilotis, le profil des murs qui doivent soutenir des terrasses, des remparts, etc.....
Dans cet ouvrage, Gautier cherche à réfuter quelques principes de Vauban sur la poussée des terres, et il critique ce que Labire a écrit sur cette matière : il a été réfuté lui-même dans les Mémoires de l'Académie des sciences, ann. 1726.

— Dissertation sur l'épaisseur des culées des ponts ; sur la poussée des corps différemment inclinés, etc.; avec plusieurs tables dressées sur ces principes de mécanique. *Paris, Cailleau*, 1717, in-8.
— Dissertation sur les eaux minérales de Bourbonne-les-Bains, où il est démontré, par une expérience, que la chaleur de ces eaux ne provient que d'un ferment. *Troyes*, 1716, in-8.
— Histoire de la ville et des antiquités de Nîmes. *Paris, Cailleau*, 1720, ou 1724, in-8.
Production superficielle, sans exactitude, sans critique et sans style.

— Traité de la construction des chemins, tant de ceux des Romains que des modernes, dans toutes sortes de lieux ; les Arrêts, édits et déclarations du roi, concernant les ponts et chaussées ; Dissertation sur les projets des canaux de navigation, d'arrosage, et pour la conduite des fontaines ; autre Dissertation sur la conduite des mâts pour les vaisseaux du roi, depuis les forêts où on les abat, jusque dans les ports de mer auxquels on les destine. *Paris*, 1715, 1721, 1728, 1751, in-8.

— Traité des armes à feu, tant des canons dont on se sert sur terre et sur mer, que des mortiers, pour le jet de la bombe, avec la manière de la diriger. *Lyon*, 1685, in-12.

— Traité des fortifications, avec l'examen des méthodes dont on s'est servi pour fortifier les places. *Lyon*, 1685, in-12.

— Traité des ponts, la manière de les construire, tant ceux de maçonnerie que de charpente, sur toutes sortes de sujets. *Paris*, 1716, in-8. — Éditions augm. *Paris*, 1723, 1728; *Paris, Duchesne*, 1765, in-8 avec 26 planches.

Biogr. univ.

GAUTIER (François), prémontré.
— * Apologie de la Dissertation sur l'apparition de la sainte Vierge à saint Norbert, pour servir de réplique à la réponse du P. Hugo. 1705, in-4.

GAUTIER (le P. J.-Jacques). * Cantiques spirituels à l'usage des missions, en langue vulgaire. *Avignon, F. Labaye*, 1735, in-12.

GAUTIER (J.). Voyages (les) et les expéditions de Pyrrhus, roi d'Épire. *Londres*, 1745, in-8.

GAUTIER ( ), ancien ingénieur-général de la marine espagnole, et directeur de l'École des constructions navales, après la mort du savant Barda, correspondant de l'Académie des sciences.

Nous connaissons de lui une *Histoire du sucre d'érable*, impr. dans le deux. vol. du recueil des Sav. étrangers de l'Académie (1755), et un *Mémoire sur l'arrimage des vaisseaux*, qui a concouru pour le prix proposé par l'Académie des sciences de Paris pour l'année 1765, et qui est impr. dans le tom. IX du recueil de prix de cette Académie.

GAUTIER (Jos.). Racines de la langue anglaise. *Paris*, 1760, in-12.

GAUTIER (Pierre). Essai d'une nouv. méthode pour apprendre et enseigner facilement la géographie. *Genève*, 1783, in-8.

GAUTIER (J.-J.), ancien curé; né à Exmes.
— * Caractères (les), ou Mœurs de ce siècle, par M. G.... *Caen, Le Roy*, 1789, in-12.
— * Essai sur les mœurs champêtres, par J. J. G*** *Londres (Alençon)*, 1787, in-8.
— * Histoire d'Alençon. *Alençon, Malassis*, 1805, in-8. — Supplément. *Alençon, Poulet-Malassis*, 1821, in-8.
— * Histoire de l'Essai sur les mœurs champêtres. *Londres (Alençon)*, 1788, in-8.

— Jean le Noir, ou le Misantrope. *Paris, hôtel Bouthilier*, 1789, in-8.

GAUTIER (P.-N.). * Dictionnaire de la constitution et du gouvernement français. *Paris, Guillaume jeune*, 1794, in-8.
— Manuel des Jurés. 1792, in-8.
— Tarif général et perpétuel des contributions directes. 1792, in-8.

GAUTIER (Jules), de Marseille.
— Essai sur la restauration des finances de la France, et sur l'organisation administrative de l'agriculture et du commerce. *Marseille*, 1799, 1800, in-8.

GAUTIER (H.-H.). Éléments (nouv.) de la grammaire grecque. Par H.-H. G***. Sec. édit. *Paris*, 1813, in-8.

GAUTIER (Isidore-Marie Brignolles), député du département du Var; né à Brignolles (Var), en 1765, mort à Paris, le 20 décembre 1824.
— Annales historiques des sessions du corps législatif (1816-23). Voyez AURÉVILLE (d').
— Attention! Électeurs de la seconde série, sur les choix que vous êtes appelés à faire. *Paris, Pillet aîné*, 1822, in-8 de 44 p.
— Conduite de Bonaparte relativement aux assassinats de Mgr le duc d'Enghien et du marquis de Frotté. *Paris, Ponthieu*, 1823, in-8 de 40 pag.
— * Coup d'œil sur la véritable position des partis en France, adressé aux électeurs de la première série. *Paris, Pillet aîné*, 1822, in-8 de 40 pag.

Il y a deux autres édit. de la même année.

— Indépendants (des), des libéraux et des constitutionnels; ouvrage adressé aux électeurs français. *Paris, Ponthieu*, 1823, in-8, 2 fr. — (Sec. édit.). *Paris, le même*, 1824, in-8 de 80 pag.
— * Précis historique des séances d'une des sections du parlement de Buonaparte, se disant chambre des représentants, enrichi de notes et anecdotes sur quelques-uns des membres les plus marquants qui la composaient. Par ***. *Paris, Patris*, août 1815, in-8.
— * Réflexions sur le dernier ouvrage de M. le vicomte de Châteaubriand, intitulé : « Du Système suivi par le ministère », par les auteurs des «Annales historiques des sessions du Corps législatif». *Paris, Eymery; Delaunay, etc.*, 1818; in-8 de 40 pag., 1 f.

Avec M. d'Auréville.

— Réfutation de l'Exposé de la conduite politique de M. Carnot. *Paris, Desanges*, 1815, in-8 de 56 pag.

— *Résultat (du) des élections de la première série et des causes qui l'ont amené, faisant suite au « Coup d'œil sur la véritable position des partis en France ». Par le même auteur. *Paris, de l'impr. de Pillet*, 1822, in-8 de 40 pag.

— *Vérité (la) aux électeurs de 1818, précédée d'une Lettre à Benjamin Constant, par les auteurs des « Annales historiques des sessions du Corps législatif ». *Paris, de l'imp. de Lebègue*, 1818, in-8 de 52 pag.

Avec M. d'Auréville.

— Vérité (la) aux électeurs de 1820. Réflexions sur la nouvelle loi des élections et sur les avantages de la dissolution de la Chambre des députés. *Paris, Pélicier*, 1820, in-8 de 52 pag.

Avec le même.

— Vérité (la) sur les sessions des années 1815 et 1816, et Aperçu sur les élections de 1817. *Paris, les march. de nouveautés*, 1817, 1818, in-8, 2 f. 50.

Avec le même.

GAUTIER (Alfred), de Genève, licencié ès-lettres et docteur ès-sciences.

— Essai historique sur le problème des 3 corps, ou Dissertation sur la théorie des mouvements de la lune et des planètes, abstraction faite de leur figure. *Paris, Ve Courcier*, 1817, in-4, 6 fr.

On a encore du même, dans les Mémoires de la Société de physique et d'histoire natur. de Genève : Note sur quelques observations astronomiques faites en 1821 et 1822 à l'Observatoire de Genève (tom. Ier, 2e part. 1822). — Mém. sur une nouvelle détermination de longitude de Genève, précédé d'un Coup d'œil sur celles qui ont été obtenues antérieurement (tom. II, 2e part. 1824).

GAUTIER (A.), docteur-médecin à Paris.

— Herbier médical, ou Collection de figures représentant les plantes médicinales indigènes. Supplément au Manuel des plantes médicinales, et à tous les traités de matière médicale, dictionn. d'histoire naturelle et autres ouvrages qui traitent des plantes. *Paris, Audot*, 1822, in-12 renfermant 214 fig., 15 fr.; fig. color., 40 f., et sur format in-8, fig. color., 50 fr.

Ce vol. a été publ. en 10 livraisons.

— Jardinier (le) fruitier, contenant l'histoire, la description, la culture des arbres fruitiers, des fraisiers, et des meilleures espèces de vignes qui se trouvent en Europe; les usages des fruits sous le rapport de l'économie domestique et de la médecine; des principes élémentaires sur la manière d'élever les arbres, sur la greffe, la plantation, la taille, et tout ce qui a rapport à la conduite d'un jardin fruitier. Rédigé d'après les notes de M. Noisette, par L.-A. Gautier. Orné de 90 pl. représentant 200 espèces de fruits coloriés d'après nature. *Paris, Audot*, 1821 et ann. suiv., 3 vol. in-4, 37 fr. 50 c.; fig. color., 225 fr.

— Manuel des plantes médicinales, ou Description, usage et culture des végétaux indigènes employés en médecine. *Paris, le même*, 1821, in-12, 10 fr.

GAUTIER (P.-A.-A.). Voyez Malfilatre.

GAUTIER (Jean), avocat à la Cour de Bruxelles.

— Conducteur (le) dans Bruxelles et ses environs, contenant : 1° l'Histoire de cette ville depuis son origine jusqu'au règne de Guillaume Ier; 2° le Guide dans cette capitale; 3° les renseignements les plus utiles aux étrangers, avec les plans de Bruxelles et de la bataille de Waterloo. *Bruxelles, Berthot et Demat*, 1824, in-18, 3 fr.

GAUTIER, greffier en chef de la Cour royale de Grenoble.

Il est le rédacteur du Journal de jurisprudence de la Cour royale de Grenoble (1824). Voy. ce titre à la Table des Anonymes.

GAUTIER (J.-E.). Ipsara, chant élégiaque. *Paris, Le Normant père*, 1824, in-8 de 16 pag., 75 c.

GAUTIER. Observations sur le projet de loi concernant les douanes. *Paris, Trouvé*, 1824, in-8 de 72 pag.

GAUTIER (Mme). Amours (les) de Camoens et de Catherine D'Ataïde. *Paris, Trouvé; Ponthieu*, 1827, 2 vol. in-12, 6 fr.

— Orphelin (l') du petit séminaire, élégie. *Paris, Trouvé*, 1824, in-4 de 12 pag., 1 fr.

— Tombe (la) royale, poëme en III chants. *Paris, le même*, 1824, in-12, 3 fr.

GAUTIER D'AGOTY (Jacq.), peintre, graveur et anatomiste, membre de l'Académie de Dijon; né à Marseille, en ...., mort à Paris en 1785.

— Anatomie complète de la tête et de toutes les parties du cerveau, en 8 pl., avec les descriptions de Duverney. *Paris*, 1746, in-fol. avec 8 planch. en couleur.

Cette partie représente l'origine des nerfs, diverses coupes du cerveau, propres à en faire ressortir les différentes parties : elle valut à l'auteur une gratification de 600 fr., qui lui fut accordée par le roi.

— Anatomie des parties de la génération de l'homme et de la femme, avec ce qui concerne la grossesse, l'accouchement et

l'angéiologie du fétus. *Paris*, 1778, in-fol.
—Sec. édit., augm. de la coupe de la symphyse, et de la description des parties susceptibles d'être intéressées dans cette opération. *Paris*, 1785, in-fol. de 8 planches.

— Anatomie générale des viscères ; angéiologie et névrologie, avec la figure d'un hermaphrodite décrit par Mertrud. *Paris*, 1752, in-fol. avec 18 planch.

— Collection des plantes usuelles gravées et imprimées en couleur. *Paris*, 1767, in-4.

Ce recueil, que l'auteur promettait de porter jusqu'à 500 plantes, est resté incomplet par la saisie et prise de corps des graveurs. Il n'en a paru que trois livraisons : la première renferme douze plantes, et la dernière quatorze. Pendant l'interruption forcée de cette entreprise, Renaud s'en empara, et donna une suite à cette *Collection*, avec des planch. gravées en noir, sur lesquelles il faisait appliquer des couleurs, en détrempe ; ce qui exigeait plus de travail et de dépense que le procédé de Gautier, et qui n'en eut pas plus de succès pour cela. Ce dernier promettait de joindre à son recueil un texte in-8, où il devait donner la nomenclature de Tournefort, celle de Linné, et son propre système, dans lequel les plantes, dépouillées des organes de la fructification (telles qu'on les voit, dit-il, la plus grande partie de l'année), devaient être classées : en vingt-deux familles, d'après la considération des racines ; en dix familles, sous le rapport des tiges, et en vingt-six, relativement aux feuilles. En février 1768 (Journal des Sav., 1768, p. 148), Gautier publia un Prospectus, où l'on annonçait une nouvelle collection de plantes gravées en couleurs naturelles, *contenant les plantes purgatives tirées du Jardin du Roi et de celui des apothicaires de Paris* : elle devait être composée de 64 pl., et présenter, en français, la description et les vertus médicales de ces plantes. Mais cette nouvelle entreprise ne fut pas plus heureuse, et fut promptement arrêtée, probablement faute de souscripteurs. A en juger par les dessins incorrects et défectueux des huit plantes que renferme le sixième cahier de ce recueil, le seul qui paraisse avoir été publié (Paris, 1776, in-4), la botanique et l'art de la peinture ont peu perdu à l'interruption de cet ouvrage.

— Exposition anatomique de la structure du corps humain, contenant la splanchnologie et la névrologie, en 20 planches ; pour servir de Supplément à celles qui ont déjà été données. *Marseille*, 1759, 1763, 1770, in-fol. de 20 planch.

Un Supplément a été ajouté à la dernière édition.

— Exposition anatomique des maux vénériens sur les parties sexuelles de l'homme et de la femme. *Paris*, 1773, in-fol. de 4 planches.

Représentation des chancres, des bubons et des choufleurs.

— Exposition anatomique des organes des sens, jointe à la névrologie entière du corps humain. *Paris*, 1775, in-fol. de 7 planch.

Les Tables explicatives contiennent différentes hypothèses sur l'électricité animale et sur le siége de l'âme.

— Lettre concernant le nouvel art d'imprimer les tableaux avec quatre couleurs. *Paris*, 1749, in-12.

Cet art, auquel on doit le grand nombre de planches que l'auteur a publiées, consiste à n'employer que le noir, le bleu, le jaune et le rouge, les seules couleurs qu'il regardait comme primitives.

— Myologie complète, ou Description de tous les muscles du corps humain. *Paris*, 1746, gr. in-fol. de 20 pl. en couleur.

C'est la réunion de deux collections publiées par Gautier, l'une sous le titre de *Myologie de la tête*, en huit planches, avec les tables explicatives de Duverney, 1746 ; l'autre sous celui de *Myologie du pharynx*, *du tronc, et des extrémités*, avec les tables de description de tous les muscles du corps humain (de Duverney).

— Observations sur la peinture et sur les tableaux anciens et modernes. *Paris*, 1753, 2 vol. in-12.

— Observations sur la physique, l'histoire naturelle et la peinture. 1752-55, 6 vol. in-4 avec planch., ou 6 vol. in-12, sans planches.

Ces six volumes, qui parurent en 18 numéros, sont un recueil d'observations, d'extraits de mém. et de critiques sur ces différents objets ; ils forment l'origine primitive du *Journal de physique*.

— Opération de la symphyse dans les accouchements impossibles, avec l'anatomie des parties exposées dans cette opération et qu'il est essentiel de ménager. 1778, in-fol.

— Réfutation de la défense des newtoniens. *Paris*, 1752, in-12.

Brochure pleine de frivoles argumentations, d'expériences inexactes, que Gautier publia en réponse aux trop justes critiques que méritait la publication de son *nouv. Système de l'Univers*, et où il fait les plus vains efforts pour soutenir son ridicule système.

— Système (nouv.) de l'univers. *Paris*, 1750-51, 2 vol. in-12.

Le premier volume, publié sous le titre que nous venons d'indiquer, a pour objet de combattre la doctrine de l'attraction universelle, de prouver l'existence du vide, sa nécessité pour le mouvement, et autres semblables rêveries, ridicules et fragiles bases d'une sorte de système qu'il croyait pouvoir opposer à celui de Newton. Le second volume, imprimé en 1751, parut sous le titre de *Chroagénésie*, ou *Génération des couleurs*, *contre le système de Newton* : l'auteur s'efforce de combattre l'analyse des rayons solaires, et leur séparation en sept couleurs primitives, au moyen du prisme ; il nie que le blanc soit le résultat de la réunion des autres couleurs ; il qualifie d'hypothèses les propositions les plus évidentes et les plus brillantes découvertes du philosophe anglais, et leur substitue, avec les opinions les plus bizarres, les idées les plus extravagantes.

— Zoogénie (la), ou Génération des animaux. *Paris*, 1750, in-12.

Ouvrage consacré à la réfutation des différents systèmes des ovaristes, des séminalistes et autres, sur la génération. *Biogr. univ.*

GAUTIER D'AGOTY (Arnauld-Éloy), fils du précédent, mort en 1771.

— Cours complet d'anatomie, peint et gravé en couleur, et expliqué par JADELOT. *Nanci*, 1773, in-fol. de 15 planches en couleur, 10 à 12 fr.

L'auteur a réuni, dans ce recueil, toutes les planches anatomiques qui avaient été gravées et publiées à différentes époques par son père.

— Planches d'histoire naturelle, grav. en couleur. *Paris*, 1775, in-4.

C'est la collection des planches des neuf volumes des «Observations périodiques», depuis leur origine jusqu'en 1771, époque à laquelle l'abbé Rozier introduisit dans ce recueil les figures gravées en noir.

Gautier d'Agoty fils a aussi fait des planches gravées en couleur pour quatre numéros des « Observations périodiques sur l'histoire naturelle, etc. » (1771). *Biogr. univ.*

GAUTIER D'AGOTY (J.-B.), frère du précédent, mort à Paris, en 1786.

— Galerie française des hommes et des femmes célèbres qui ont paru en France, avec un Abrégé de leur vie. *Paris*, 1770, gr. in-4.

On annonçait une livraison par mois, composée de six portraits, et de 50 ou 60 pages de texte : il n'a paru que les deux premières livraisons (mai et juin 1770), l'auteur ayant cédé son privilège à Hérissant fils, qui a publié un sec. vol. pet. in-fol., 1772, avec des portr. gravés par Cochin.

— Monarchie française, ou Recueil chronologique des portraits de tous les rois et des chefs des premières familles. *Paris*, 1770, in-4.

Entreprise plus malheureuse encore que la précédente, puisqu'il n'en parut qu'une livraison, contenant les portraits (en pied) des six premiers rois, depuis Pharamond jusqu'à Childebert, accompagnés de deux ou trois pag. de texte.

Biogr. univ.

GAUTIER DE FAGET, Hollandais. * Mémoires du marquis de Langallery, lieutenant-général des armées de France, etc. *La Haye*, 1743, in-12.

GAUTIER DE MONTDORGE (Ant.), écuyer, maître de la chambre aux deniers du roi, académicien vétéran de l'Académie de Lyon; né à Lyon en 1700, mort à Paris, le 24 octobre 1768.

— Art (l') d'imprimer les tableaux. Traité d'après les écrits, les opérations et les instructions verbales de J.-C. Le Blon. *Paris*, 1756, in-8 avec fig. enlum.

— * Brochure nouvelle. (Conte de fées). 1746, in-8.

— Fêtes (les) d'Hébé, ou les Talents lyriq. opéra-ballet. *Paris*, *Ballard*, 1739, in-4.

— * Nadir, histoire orientale, roman moral et politique. *La Haye*, *Lefébure*, 1769, in-12.

— Opéra (l') de société, opéra. *Paris*, *Delormel*, 1762, in-4.

— * Réflexions d'un peintre sur l'opéra. *La Haye*, 1743, in-12.

Gautier de Montdorge a été l'éditeur des Lettres au chevalier de Luzeincour, etc., par madame BELVO (1761), *voy. ce nom.*

GAUTIER DE SAINT-BLANCARD, conseiller de la justice supérieure française, au service du roi de Prusse.

— Examen d'un livre intitulé : La métaphysique de Newton, composé en allem. par Louis Martin Kahle, et trad. en français. *La Haye*, *P. Gosse*, 1744, in-8.

GAUTIER DE SIBERT (   ), de l'Académie des inscriptions et belles-lettres; né à Tonnerre, en Bourgogne, où il est mort en 1798.

— * Considérations sur l'ancienneté de l'existence du tiers-état, et sur les causes de la suspension de ses droits pendant un temps ; sur l'institution des communes et sur les effets qu'elles ont produits. *Paris*, *Barrois l'aîné*, 1789, in-8.

— Histoire des ordres royaux, hospitaliers et militaires de Saint-Lazare, de Jérusalem et de Notre-Dame du Mont-Carmel. *Liège et Bruxelles*, 1775, in-4.

— Variations de la monarchie française dans son gouvernement politique, civil et militaire, ou Histoire du gouvernement de la France depuis Clovis jusqu'à la mort de Louis XIV. *Paris*, 1765, 1789, 4 vol. in-12.

— Vies des empereurs Tite, Antonin et Marc-Aurèle. *Paris*, *Musier*, 1769, in-12.

Gautier de Sibert a enrichi le recueil de l'Académie des sciences, des divers Mémoires suivants : Dissertation sur la loi Sempronia. Mémoire dans lequel on examine s'il y a eu, sous les prem. races de nos rois, un ordre de citoyens à qui on puisse appliquer le nom de Tiers-État (tom. XXXVII, 1774). — Examen de la philosophie de Cicéron, en 5 mémoires (tom. XLI, XLIII et XLVI, 1780—1793). — Recherches historiques sur le nom de Cour plénière, et sur les différentes acceptions données à cette dénomination (tom. XLI, 1780). — Mémoire dans lequel on examine s'il y a véritablement de la différence entre la doctrine des philosophes académiques et celle des philosophes sceptiques, c'est-à-dire, si être académique ou être sceptique est une même chose (tom. XLIII, 1786). — Notice du registre 219 du Trésor des chartres (tom. XLIII, 1788).

GAUTIER DE TRONCHOY. * Journal de la campagne des îles de l'Amérique, par G.-D.T. *Troyes*, 1709, in-12.

GAUTIER-LACÉPÈDE (Mme). * Sophie, ou Mémoires d'une jeune religieuse, écrits par elle-même, adressés à la princesse de L***, et publ. par Mme G***. *Paris*, *Belin*, 1790, 1792, in-8.

GAUTIER-SAUZIN (A.), l'un des fondateurs de la Société des sciences, agriculture et belles-lettres de Montauban.

— Coup d'œil sur l'éducation. Sec. édit., considérablement augm. *Montauban, Crosilhes*, 1821, in-8.

GAUTRUCHE (le P. Pierre), jésuite; né à Orléans, en 1602, mort à Caen, le 30 mai 1681.

— Histoire (nouv.) poétique, pour l'intelligence des poètes et auteurs anciens. XVIIIe édit., rev. et augm. par l'abbé B***. *Paris, Legras*, 1725, in-12.

Barbier attribue cette édit., qui a encore été réimp. plusieurs fois depuis, notamment en 1730, 1738, et 1773, à Bannier ou à Barillon, et la Biographie universelle à l'abbé de Bellegarde.

— Histoire sainte, avec l'explication des points controversés de la religion chrétienne. XIIIe édition. *Bruxelles (Rouen)*, 1706, in-12.

Les premières éditions de ces deux ouvrages sont de la fin du XVIIe siècle : s'il faut en juger par le grand nombre d'éditions qu'ont eues et l'*Histoire poétique* et l'*Histoire sainte*, il paraît, dit la Biographie universelle, qu'on n'avait alors en France rien de meilleur sur ces deux sujets. Les connaissances relatives aux études préliminaires ayant acquis, depuis, plus de précision et de clarté, les ouvrages de Gautruche ont cessé d'être recherchés.

Ce jésuite est auteur de trois autres ouvrages qui n'ont pas été, comme ceux que nous venons de citer, réimp. depuis le commencement du XVIIIe siècle.

GAUTTIER-DUPORT (Pierre-Henri), capitaine de vaisseau; né à Saint-Malo, en 1772.

Il a été chargé par le gouvernement de dresser des cartes exactes de la Méditerranée et de la mer Noire, ce qu'il a exécuté pendant les années 1818, 1819, 1820 et 1821, en redressant une foule d'erreurs qui se trouvaient dans les cartes antérieures. Ses travaux sont considérés comme un des plus beaux monuments hydrographiques qui existent. Les Anglais ont envoyé à l'auteur la collection complète de toutes les cartes publiées par ordre de l'amirauté britannique, pour le remercier de l'immense service qu'il a rendu aux marins de tous les pays. Ils ont en outre ordonné que les relèvements du capitaine Gauttier serviraient de base à tous les travaux ultérieurs qu'ils veulent entreprendre sur les côtes de la Méditerranée.

GAUTTIER DU LYS D'ARC (Louis-Édouard), neveu du précédent, anc. secrétaire adjoint à l'École roy. et spéciale des langues orientales à la Bibliothèque du roi, aujourd'hui vice-consul de France près le gouvernement de la Grèce; membre de la Société royale des Antiquaires de France, l'un des trois premiers fondateurs de la Société de géographie, membre de plusieurs autres Sociétés savantes et littéraires; né à Saint-Malo, le 19 mars 1799.

— Afrique (l'), ou Histoire, mœurs, usages et coutumes des Africains, etc. (Dahomey); trad. de l'angl. (1821). Voy. MACLEOD.

— Afrique (l'), ou Histoire, mœurs, usages et coutumes des Africains (Fezzan); trad. de l'angl. (1821). Voy. LYON.

— Ceylan, ou Recherches sur l'histoire, la littérature, les mœurs et les usages des Chingulais. *Paris, Nepveu*, 1825, in-18 orné de 8 fig., 4 fr., et fig. color., 5 fr.

— * Équilibre (de l') du pouvoir en Europe, trad. de l'angl. (1820). Voy. LECKIE.

— Essai sur la littérature persane. *Paris*, 1823, br. in-18.

Extrait de l'ouvrage de Narc. Perrin, intitulé la Perse, tiré à 50 exempl. Cet Essai renferme une Notice géographique et diverses traductions en vers des principaux poètes de la Perse.

— Histoire des conquêtes des Normands en Italie, en Sicile et en Grèce, de 1016 à 1085. *Paris, L. Debure*, 1829, in-8, pap. vél., avec atlas, 12 fr.

L'auteur avait poussé ses recherches jusqu'en 1140, mais la mission dont il a été chargé ne lui a pas permis d'en terminer l'impression. M. Gauttier se propose, à son retour, de publier cette partie complémentaire, sous le titre d'*Histoire de l'établissement des Normands en Italie*.

— * Voyage de Naples à Amalfi, par E. G. D. d'A. Extrait d'un Voyage inédit en Italie, pendant les années 1824-27. IIIe édit. *Paris, typogr. de Pinard*, 1829, in-18 pap. vél. de 108 pag.

Les deux premières ont été imprimées à la suite d'un autre ouvrage qui n'est pas de M. Gauttier. Nous ne garantissons pas que la troisième édit., qui n'a été tirée qu'à cent exemplaires, ne soit pas elle-même extraite du même ouvrage.

On a encore, de M. Gauttier, un Chant grec, publ. à Paris, en grec et en français, sans date, et qui, par une destinée assez bizarre, a été chanté lors de la première prise de Tripolitza par les troupes helléniques ; des Notes sur Beccaria ; sur les Lettres persanes, de Montesquieu ; sur l'ouvrage sur l'Égypte, par Mohammed-Aly ; des articles dans la Biographie universelle, dans la Revue encyclopédique de 1820 à 1829 ; une *Notice sur M. Langlès*, impr. en tête du Catalogue de la Bibliothèque de ce dernier (1825) ; quelques pièces de vers et des Nouvelles, insérées dans l'Almanach des Muses et dans le Journal intitulé l'Impartial ; enfin une comédie reçue aux Français et défendue par la censure. M. Gauttier donne, de 1823 à 1824, une nouvelle édition des Mille et une nuits (voy. ce titre à la Table des Anonymes) pour laquelle il a traduit plusieurs contes orientaux, qui ont été impr. dans les derniers volumes.

La Cour royale de Paris a enregistré, en 1827, les lettres-patentes accordées par le roi, de l'avis de son conseil, à M. Gauttier d'Arc, comme descendant de Pierre d'Arc, frère et compagnon d'armes de l'héroïne d'Orléans. C'est donc à tort que l'auteur de l'article Jeanne d'Arc de la Biographie universelle a annoncé que cette famille s'était éteinte vers la fin du siècle dernier.

GAVAND (J.-P.), de Lyon. Vendéenn. (première), adressée à M. le comte de Villèle. *Paris, imp. de Le Normant*, 1825, in-8 de 16 pag. — Sec. Vendéenne, etc. *Paris, imp. du même*, 1825, in-8 de 16 pag.

GAVARD (Hyacinthe), anatomiste célèbre , médecin de l'École de Mars, membre de la Soc. de médecine ; né à Mont-
mélian en 1753 , mort à Paris en 1802.

— Méthode pour apprendre , en même
temps, à écrire , à lire, et à écrire sous la
dictée, à l'usage des écoles primaires. *Paris*, 1795, in-8.

— Traité de miologie , suivant la méthode
de Desault. Sec. édit. *Paris , Méquignon
l'aîné*, 1802, in-8, 4 fr. 5o c.

La prem. édit. est de 1791.

— Traité d'ostéologie , suivant la méthode
de Desault. IIIᵉ édit., rev. et augm. d'un
Traité des ligaments. *Paris, le même*, 1805,
2 vol. in-8, 10 fr.

La prem. édit. est de 1791.

— Traité de splanchnologie, suivant la
méthode de Desault. IIIᵉ édit., rev. et corr.
Paris , Méquignon l'aîné, 1809, in-8, 6 fr.

La prem. édit. est de 1800.

Tous ces traités , remarquables surtout par la méthode sévère et la rigoureuse précision que Gavard
introduisit le premier dans les ouvrages d'anatomie,
assurent à ce chirurgien un rang distingué parmi les
anatomistes du XVIIIᵉ siècle. Sa *Splanchnologie* surtout, infiniment supérieure à tout ce qui avait été
imprimé avant lui sur le même objet, et surpassée
à peine par les excellents Traités que les plus célèbres anatomistes de nos jours ont publiés sur cette
partie de la science, sera toujours un livre classique.
Biogr. méd.

GAVET (Jacq.), médecin ; né à Ru-
milly, vers 1674.

— Nova febris idea, seu Novæ Conjecturæ
physicæ circà febris naturam. *Genevæ*,
1700, in-8.

— Traité de la peste, ou Conjectures physiques sur sa nature et ses causes. *Lyon* ,
1722, in-8.

— Traité des fièvres. *Genève*, 1700, in-8.

GAVIN (Ant.). Histoire des tromperies
des prêtres et des moines. *Rotterdam*, 1708,
pet. in-8 , 4 à 6 fr.

Publ. sous le pseudonyme d'Émiliane. L'auteur
donna une traduction anglaise de cet ouvrage avec
de nombreuses additions , et c'est d'après cette traduction que Fr.-Mich. Janicon a publié le Passe-
partout de l'Église romaine.   *Brun.*

GAVINET (Jean-Marie), pharmacien
de Lyon , membre de l'Académie des Sc. de
cette ville, y est né le 6 décembre 1708 ,
et y est mort, le 17 novembre 1756.

Il a fourni quelques *Mémoires* au recueil de l'Acad.
des sciences de Lyon.

GAVINET, commissaire des poudres à
Besançon.

On a de lui , en société avec CHEVRAND, un *Mémoire qui a partagé le second prix sur la formation et
sur la fabrication du salpêtre*, impr. dans le tom. IX
du Recueil des Savants étrangers de l'Académie(1786).

GAVOTY. Essai sur l'histoire de la na-

ture. *Paris , A. Bertrand*, 1815, 3 vol. in-8,
20 fr.

Avec Toulouzan.

— *État (de l') naturel des peuples , ou
Essai sur les points les plus importants de
la société civile et de la société générale
des nations. *Paris, Vᵉ Hérissant*, 1786, 3
vol. in-8.

— Histoire de sainte Marie-Madeleine ,
divisée en 15 chapitres , etc. *Saint-Maximin, au monastère de la Trappe, et Lyon ,
Rusand*, 1825, in-18 de 116 pag.

— Manuel du fileur-cordier, par demandes
et par réponses. *Paris, Pelletier*, 1810,in-8.

— Opinion sur les idées du jour. *Paris ,
Delaunay ; d'Hautel*, 1814, in-8 de 32 p.

GAY (John), poëte anglais; né en 1688,
mort en 1732.

— *Éventail (l'), poëme en III chants ,
trad. de l'angl., par COUSTARD DE MASSI. *A
Paphos*, 1768 , in-12.

On a encore , dit la Biographie universelle , une
imitation en vers franç. de ce poëme, par M. Millon
de Liége.

— Fables (his), to which are added Fables
by Edw. MOORE. Stereot. edit. *Paris , F.
Didot* (*Hect. Bossange*), an VIII (1800),
in-18, 1 fr.; pap. fin, 1 fr. 25 c. , pap.
vél. , 3 fr. , et gr. pap. vél. , 4 f. 5o c.

— The same, to which is added GRAY's
Elegy writen in a country church-yard.
Paris, A. A. Renouard, 1802, 2 vol.
in-18, 2 fr. 5o c., ou 2 vol. in-12, pap.
vél. satiné, 5 fr.

— Fables (ses), suivies du poëme de l'É-
ventail, trad. par Mᵐᵉ de KÉRALIO. *Paris,
1759, in-12.

— Fables choisies, mises en vers français
(par de MAUROY). *Paris*, 1784, in-12.

— Les mêmes , imitées de l'angl. *Paris*,
1785, in-8.

— Les mêmes, traduites en vers français
(par M. JOLY , de Salins). *Paris, Ancelle*,
1811, in-18, 1 fr. 80 c.

Le « Fablier anglais» publ. par M. Amar-Durivier
(1802 , in-8) renferme la traduction de vingt-huit
fables de Gay.

— Opéra (l') du gueux (en 3 actes), avec
les chansons sur les airs anglais; trad. de
l'angl. par M. A. HALLAM (en prose).
Londres , Guillaume Meyer, 1750, 1759,
ou *Londres, J. Nourse*, 1767, in-12.

Patus a donné, dans son « Choix de petites pièces
du théâtre anglais (1756, 2 vol. in-12), la traduction de deux pièces de John Gay : le *Gueux* , opéra,
et *Comment l'appelez-vous?* trag. burlesque. M. Hen-
net, dans sa « Poétique anglaise», a traduit une
des églogues rustiques et deux fables du même
auteur.

L'abbé Yvart a aussi donné, dans son « Idée de
la poésie anglaise », la traduction de l'opéra du
Gueux et de *Polly*, sa suite, autre pièce de Gay.

GAY (Jean-Antoine), membre de l'ancienne Faculté de médecine et de l'ancienne Société des arts de Montpellier.

— Adresse à S. Exc. le comte de Montalivet, ministre de l'intérieur, ou Défense du traité contre la saignée, et Exposé du véritable traitement de l'hémorragie. *Paris, Gabon ; Cussac*, 1810, in-8.

— Dissertation sur les propriétés du sucre. *Paris*, 1810, in-8.

L'auteur prétend démontrer dans cet ouvrage que le sucre de canne est un poison.

— Essais de médecine contre l'usage de la saignée : 1° Vues sur le caractère et le traitement de l'apoplexie, dans lesquelles on réfute la doctrine du docteur Portal sur cette maladie. 2° Examen de la doctrine de Galien, de Sydenham et de M. Portal, relative à la saignée; et réfutation de l'emploi que ce dernier en fait dans le traitement de la phthisie pulmonaire. 3° Note sur les maladies des femmes, dans laquelle on montre que la saignée leur est toujours pernicieuse. 4° De l'utilité d'un registre domestique des maladies, pour remédier aux épidémies; et du meilleur mode d'honorer les soins des médecins. *Paris, H. Nicolle*, , 1808, in-8, 3 fr.

— Pétition d'intérêt universel, présentée à l'autorité afin de constater dans un hôpital, sous les yeux de commissaires nommés par elle, l'efficacité d'une nouvelle méthode de traiter toutes les maladies, sans jamais verser le sang des malades, etc. *Paris, Petit, et l'Auteur*, 1818, in-8 de 60 pag.

— Traité des papiers publ., dans lequel on montre que la Charte réprouve le régime des journaux, etc. Prem. partie. *Paris, Mme Jacob; Delaunay*, 1819, in-8 de 68 pag. — Sec. Partie. *Paris, Ponthieu*, 1821, in-8, 2 f. — IIIᵉ Partie. *Paris, Hubert; Carnevilliers*, 1822, in-8.

— Vues sur le caractère et le traitement de l'apoplexie, dans lesquelles on réfute la doctrine du docteur Portal sur cette maladie. *Paris*, 1807, in-8.

GAY (Sophie LAVALETTE , dame), épouse de l'ex-receveur-général du départ. de la Roer, de ce nom; née à Paris, vers 1776.

— * Anatole, par l'auteur de « Léonie de Montbreuse ». *Paris, Renard*, 1815, 2 vol. in-12. — Sec. édit. *Paris, Ambr. Tardieu*, 1822, 2 vol. in-12, 6 fr.

La seconde édit. n'est point anonyme.
Ce roman est regardé comme le meilleur ouvrage de madame Gay.

— * Laure d'Estell. *Paris, Ch. Pougens* (* *Ambr. Tardieu*), 1802, 3 vol. in-12, 7 fr. 50 c.

— * Léonie de Montbreuse. *Paris, Renard*, 1813, ou *Paris, Aug. Boulland*, 1823, 2 vol. in-12, 6 fr.

La sec. édit. n'est point anonyme.

— * Malheurs (les) d'un amant heureux, ou Mémoires d'un aide de camp de Napoléon , écrits par son valet de chambre. *Paris, Boulland et comp.*, 1823, 3 vol. in-8, 18 fr.

C'est la reproduction de l'ouvrage qui a commencé à paraître en 1818 , sous le titre des *Malheurs d'un amant heureux* : ouvrage trad. de l'angl., par M***, auteur de plusieurs ouvr. connus. Paris, F. Didot.

— Marie, ou la Pauvre fille, drame en 3 actes et en prose. *Paris, Ponthieu; Barba; P. Dupont*, 1824, in-8, 2 fr.

— Marquis (le) de Pomenars , com. en un acte et en prose. *Paris, Ladvocat*, 1820, in-8, 1 fr. 25 c.

Cette pièce étincelle d'esprit, mais les principales saillies sont anecdotiques et puisées dans les lettres de madame de Sévigné.

— Théobald. Épisode de la guerre de Russie. *Paris, Ponthieu ; P. Dupont*, 1828, 4 vol. in-12, 12 fr.

Il y a des exempl. sur les frontispices desquels on lit : *seconde édition.*

— Une Aventure du chevalier de Grammont, com. en 3 actes et en vers. *Paris, Ambr. Tardieu*, 1822 , in-8, 2 fr.

Sujet tiré de l'ouvrage d'Antoine Hamilton.
Madame Sophie Gay a arrangé en opéra-comique deux comédies bien connues : la *Sérénade*, de RÉGNARD (1818), et le *Maître de chapelle*, de M. Alex. DUVAL (1821). *Voy: ces deux noms.*
Cette dame, qui est en outre grande musicienne, a publié plusieurs romances avec accompagnement de piano, dont elle a composé les paroles et la musique : celle de *Maris* a eu beaucoup de vogue. Nous connaissons encore d'elle une élégie ayant pour titre l'*Inconstant*, insérée dans un des numéros de la « Muse française ».

GAY (Mlle Delphine), fille de la précédente, poète, membre de l'Académie du Tibre; née à Aix-la-Chapelle, vers 1805.

— Dernier (le) jour de Pompéi, poëme, suivi de Poésies diverses. *Paris, P. Dupont; Delaunay*, 1829, in-18, 4 fr., ou in-8, pap. vél., 6 fr.

— Dévouement (le) des médecins français et des sœurs de Sainte-Camille dans la peste de Barcelone : pièce de poésie lue à l'Académie Française, dans la séance du 25 août 1822, et qui a obtenu un prix extraordinaire. *Paris, Amb. Tardieu*, 1822, in-8 de 16 pag., 1 fr. 50 c.

Réimpr. la même année.

— Essais poétiques. *Paris, Dupont; Delaunay; Ponthieu*, etc., 1824, in-8, fig., 3 fr. — IVᵉ édit. *Paris, P. Dupont; Delaunay*, 1829, in-18, 3 fr.

— Essais (nouv.) poétiques. *Paris, Urb.*

Canel; *A. Dupont*, 1825, in-8, 4 fr., ou 1826, in-18, 3 fr.

— Hymne à Sainte-Geneviève. *Paris, les mêmes*, 1825, in-8 de 16 pag., 1 fr. 50 c.

— Ourika, élégie jointe à la 3e édition des «Essais poétiques». *Paris, Ponthieu, Delaunay*, 1824, in-4 de 6 pag.

— Quête (la). *Paris, Urb. Canel*, 1825, in-8 de 12 pag., 1 fr. 50 c.

— Retour (le), épître. *Paris, C. Letellier fils*, 1827, in-8 de 32 pag., 2 fr.

— Vision (la). *Paris, Urb. Canel*, 1825, in-8 de 20 pag., 2 fr.

GAY (J.). Observations sur deux Mémoires de botanique récemment publiés en Italie. *Paris, imp. de Fain*, 1827, br. in-8.

Les deux Mémoires sujets des observations, sont : « Descrizione de' Zafferani italiani », par le docteur Antonio Bertoloni, et «Memoria sulle specie e varietà di crochi della flora napolitana », par le docteur Mic. Tenore.

Antérieurement à 1827, M. Gay a fourni aux « Mémoires du Muséum d'histoire naturelle les deux Monographies suivantes : Monographie des cinq genres de plantes que comprend la tribu des *Lasiopétalées* dans la famille des *Buttnériacées*, avec 8 pl. (tom. VII, 1821). — Fragment d'une Monographie des vraies Buttnériacées, avec 4 planches (tom. X, 1823).

GAY (Le). Voy. LE GAY.

GAY-ALLARD. Voy. ALLARD (Mary).

GAY-DELATOUR (Auguste). Ami (l') du théâtre, ou l'Observateur des coulisses ; choix d'anecdotes critiques, amusantes et théâtrales. *Troyes, Bouquot*, 1815, br. in-8.

— Fête (la) de famille, opéra-vaudeville-impromptu, en un acte et en vers libres. *Versailles, J.-P. Jacob*, 1814, in-8.

— Fête (la) du roi, ou le Blondel franç., divertissement en un acte, en l'honneur de la fête de S. M. Louis XVIII. *Troyes, Bouquot*, 1815, in-12 de 30 pag., 50 c.

— Vive le Roi!...

GAY-LUSSAC (Jos.-Louis), physicien et l'un des premiers chimistes du XIXe siècle, membre de l'Acad. roy. des sciences, de la Société royale de Londres, et d'un grand nombre de sociétés savantes régnicoles et étrangères ; membre du comité consultatif des poudres et salpêtres, du conseil d'administration, de la société d'encouragement et du comité consultatif des manufactures ; professeur de chimie à l'école Polytechnique et à la Faculté des sciences ; né à Saint-Léonard (Haute-Vienne), le 6 décembre 1778.

— Cours de chimie professé à la Faculté des sciences de Paris, contenant l'histoire des sels, la chimie végétale et animale ; recueilli par une société de sténographes, et

revu pour l'exactitude sténographique par GAULTIER DE CLAUBRY. *Paris, Pichon et Didier, Popinot*, 1828, 2 vol. in-8, 18 fr.

— Cours (son) de physique, recueilli et publié par GROSSELIN, en 12 leçons. *Paris, Grosselin, L. Hachette, Papinot*, 1827, in-8, 3 fr.

— Instruction pour l'usage de l'alcoomètre centésimal et des tables qui l'accompaguent. *Paris, Collardeau*, 1824, in-16 de 120 pag.

— Instruction sur l'essai du chlorure de chaux. *Paris, imp. de Feuguerray*, 1824, in-8 de 16 pages avec une planche.

— Lettre à M. le lieutenant-général Sébastiani. *Paris, Thuau*, 1828, in-8 de 8 pag.

Le général Sébastiani a répondu à cette lettre.

— Mémoire sur l'Iode. (Extr. des Mém. de l'Institut pour l'année 1812). *Paris, impr. de F. Didot*, 1816, in-4 de 108 pag.

— Mémoires lus à l'Institut sur l'analyse de l'air atmosphérique. *Paris*, 1804, in-4.

Avec le baron de Humboldt.

— Recherches physico-chimiques, faites sur la pile, sur la préparation chimique et les propriétés du potassium et du sodium, sur la décomposition de l'acide boracique, etc. *Paris, Déterville*, 1811, 2 vol. in-8, 15 fr.

Avec le baron Thénard.

Les nombreuses recherches de ce savant, en chimie, sont presque toutes consignées dans divers recueils consacrés aux sciences : ceux dans lesquels on trouve des mémoires de M. Gay-Lussac en plus grand nombre, sont : 1° les Mémoires de physique et de chimie de la Société d'Arcueil ; 2° les Annales de chimie ; 3° le Bulletin des sciences de la Société philomat. ; 4° les Annales de chimie et de physique (dont il est le principal rédacteur) ; 5° le Journal des mines ; 6° le Journal des savants : nous essaierons d'en donner la liste exacte dans notre Supplément.

GAY-VERNON (J.), maréchal de camp, mort à Saint-Léonard (en Limousin), en octobre 1822, à l'âge de 62 ans.

— Exposition abrégée du cours de géométrie descriptive appliquée à la fortification, à l'usage des élèves de l'École polytechnique. *Paris, Magimel*, 1802, in-4, 30 f.

— Traité élémentaire d'art militaire et de fortification, à l'usage des élèves de l'École polytechnique et des élèves des écoles militaires. *Paris, Allais*, 1805, 2 vol. in-4 avec 39 planch., 60 fr.

Ces deux ouvrages sont rares aujourd'hui ; aussi leur prix primitif a-t-il été doublé.

On a encore du général Gay-Vernon un *Discours sur l'enseignement de la géométrie descriptive* (à l'École polytechnique) pendant les première et seconde années, impr. dans le sec. vol. du Journal de l'École polytechnique, 1799.

GAYA. * Coup-d'œil anglais sur les cérémonies du mariage, avec des notes et des observations, auxquelles on a joint les aventures de M. Harry et de ses sept femmes ; ouvrage (supposé) trad. sur la sec. édition de Londres, par MM***. (Rédigé par HURTAUT, maître de pension). *Genève (Paris)*, 1750, in-12 de 49 et 168 pag., sans compter la table alphabétique, qui en a six.

Cette prétendue traduction de l'anglais n'est, en grande partie, que la copie du petit vol. intitulé : *Cérémonies nuptiales de toutes les nations du monde.* Cologne, P. Marteau, 1694, in-12 de 154 pages, sans compter la table, qui en a six.

GAYET DE SANSALE (Ant. - Aug. Lambert), docteur de Sorbonne, chanoine de Saint-Paul de Lyon, conseiller au parlement de Paris, plus tard bibliothécaire de Sorbonne.

— Panégyriques de saint Louis. 1767, in-4.

Réimpr. en 1814, dans un recueil intitulé : « Les Panégyristes de saint Louis ». Voy. ce titre à la Table des Anonymes.

— * Un mot à M. Pastoret, un rien à M. Gaudin, sur le rapport qu'ils ont fait à l'Assemblée nationale au mois de février 1792, concernant le tribunal de l'Université de Paris, la Faculté de théologie et la Société de Sorbonne. Par un homme de l'Université. *Paris, Crapart,* 1792, in-8 de 28 pag.

M. Pastoret s'était exposé à la haine des théologiens, en composant la belle inscription qu'on a lue long-temps sur la façade du Panthéon : *Aux grands hommes la Patrie reconnaissante.*   Barb.

GAYOT. Voy. SAUVÉ DE LA NOUE.

GAYOT. Chronologie historique et universelle. *Bruxelles,* 1738, et *Maëstricht et Liége,* 1739 à 1745, 20 vol. in-12.

GAYOT (Louis), avocat au parlement. — Pratique des négocians, financiers, banquiers, agents de change et gens d'affaires ; ouvrage utile à tous les avocats, notaires, greffiers, procureurs, huissiers et officiers de justice, et à tous ceux qui courent après la fortune. *Paris, P. M. Delaguette,* 1779, in-12, ou *Paris, Gastellier,* 1789, in-12.

GAYOT DE PITAVAL (Franç.), avocat ; né à Lyon, en 1673, mort en 1743. — Art (l') d'orner l'esprit en l'amusant, ou nouveau Choix de traits vifs, saillants et légers, soit en vers, soit en prose. *Paris, Briasson,* 1728, 2 part. in-12, ou 1738, 2 vol. in-12. — Bibliothèque des gens de Cour, ou Mélanges curieux des bons mots de Henri IV, de Louis XIV, etc. *Paris,* 1722, 2 vol. in-12. — Nouv. édit. *Paris, Le Gras,* 1732,

6 vol. in-12. — Nouv. édit. (refondue par l'abbé PÉRAU). *Paris, le même,* 1746, 8 vol. in-12.

Dans ce recueil, Gayot a beaucoup parlé de lui, sous le nom de Damon, et de sa femme sous le nom de Clélie. C'est une mauvaise compilation en prose et en vers, de mots plaisants, facétieux, etc.

— * Campagne de Villars en 1712. *Paris, Jombert,* 1713, in-12.

— Causes célèbres et intéressantes, avec les jugements des cours souveraines qui les ont décidées. *Paris,* 1734 et suiv., 20 vol. in-12.

Recueil qu'a fait oublier celui de Richer, et qui a donné naissance aux Faits des causes célèbres, de Garsault.

— * Critique des ouvrages de M. L. D. F. (l'abbé Desfontaines). *Amsterdam, Guillaume le Sincère, au Mont-Parnasse,* 1733, in-12.

— Esprit des conversations agréables. 1731, 3 vol. in-12.

— * Faux (le) Aristarque reconnu, ou Lettres critiques sur le « Dictionnaire néologique » (de l'abbé Desfontaines et Bel). *Amsterdam, G. le Sincère,* 1733, in-12.

— Heures perdues du chevalier de ***. *Paris,* 1715, ou *Amsterdam,* 1716, in-12.

Publ. sous le pseudon. de Rior.

Ce serait, en effet, des heures perdues que celles que l'on consacrerait à la lecture de ce livre.

Cet ouvrage ressemble beaucoup à celui intitulé : *les Heures perdues d'un cavalier français,* Paris, 1662, 2 vol. in-12.

— * Histoire des combats d'Almenar et de Pennalva, des batailles de Saragosse, etc. *Paris,* 1712, in-12.

— Recueil des énigmes les plus curieuses de ce temps. 1717, in-12.

— Saillies d'esprit, ou Choix curieux de traits utiles et agréables, pour la conversation. 1732, 2 vol. in-12.

« Tous ces ouvrages, dit Richer, ont été appréciés par les critiques, qui n'ont pas épargné leur auteur. Il faut avouer que son goût et ses talents étaient médiocres ; mais ce qui a le plus contribué à le faire traiter sans ménagement, c'est qu'il se croyait le plus ingénieux des écrivains et ne s'en cachait pas. Il s'était même érigé en juge sur le Parnasse, et critiquait hardiment les écrivains les plus célèbres. »   *Biogr. univ.*

GAZA (A.). Bibliothèque grecque contenant l'histoire chronologique, etc. *Vienne, Beck,* 1810, 2 vol. in-8.

GAZAIGNES (J.-Ant.), chanoine de Saint-Benoît de Paris ; né à Toulouse, le 23 mai 1717, mort en....

— Annales des soi-disant jésuites. *Paris,* 1764, 5 gros vol. in-4.

Publ. sous le pseudon. d'Emmanuel-Robert de Philibert. C'est un recueil de tout ce qu'on a imputé de mal aux jésuites : on y trouve néanmoins, dit-on, quelques renseignements précieux sur cette société célèbre.

GAZET (l'abbé). Ode à Mgr le Dauphin. *Paris, les march. de nouv.*, 1789, in-8.

GAZIL, ancien inspecteur des postes.

— Appel au Roi et au ministre de la marine, pair de France, marquis de Clermont-Tonnerre, d'un Rapport fait à S. Exc. pour l'examen d'un procédé imaginé par le sieur Gazil pour la dessalaison de l'eau de mer. *Paris, impr. de Setier*, 1824, in-4 de 4 pag.

— Tartufe (le) anglais , com. en 5 actes et en vers. *Poitiers, Catineau*, 1808, in-8.

GAZIN. Manière (la) d'enseigner et d'apprendre l'orthographe. *Genève et Paris*, 1787, in-8.

GAZOLA (Gius.), médecin italien aux XVIIe et XVIIIe siècles.

— Préservatif contre le charlatanisme des faux médecins, trad. de l'ital. *Leyde*, 1735, in-8.

GAZON - DOURXIGNÉ (Sébast.-Mar.-Math.); né à Quimper-Corentin, mort le 19 janvier 1784.

— Alzate ou le Préjugé détruit, com. en un acte en vers. Par G.... Dourx.... *Berlin*, 1752, 1753, ou *La Haye* (*Paris*), 1754, in-8.

Pièce qui ne fut pas représentée, et qui ne méritait pas de l'être.

— * Ami (l') de la vérité, ou Lettres impartiales semées d'anecdotes sur les pièces de théâtre de Voltaire. *Amsterdam*, 1767, in-12.

— Anténor, ou la République de Venise, poëme. 1748, in-12.

— Apollon et Daphné , sujet tiré du premier livre des Métamorphoses d'Ovide, et mis en vers croisés. *Paris*, 1762, in-8.

— Ariane à Thésée, héroïde nouvelle. *Paris, Ve Valleyre*, 1762, in-12.

— Éloge de Voltaire. 1779, in-8.

— Épitre à M. de Voltaire. 1760, in-12.

— Épitre aux muses. 1760, in-12.

— * Essai historique et philosophique sur les principaux ridicules des différentes nations ; suivi de quelques poésies. *Pékin et Paris, Durand neveu*, 1766, in-12.

— Héloïse à son époux, héroïde. 1765, in-12.

— * Histoire de Céphale et de Procris. *Paris*, 1750, in-12.

— Jardins (les) poëme, traduit du latin. (1772). Voy. RAPIN.

— * Lettre à M. Fr.... (Fréron), sur la tragédie d'Épicaris, par M. le marq. de

Ximenès. *Paris, Ve Cailleau*, 1753, in-12.

Cette lettre existe aussi sous le titre de *Lettre sur la tragédie d'Épicaris, etc.* 1753.

— * Lettre sur la Sémiramis de Voltaire. *Paris, Clousier*, 1748, in-8.

— * Lettre sur la tragédie d'Aristomène (de Marmontel) et sur le style des auteurs modernes. *Sans lieu d'impression et sans date* (1741): in-12.

— Ode tardive sur les rapides conquêtes du roi. 1745, in-12.

— Vers sur la conquête de Minorque. 1756, in-12.

Les productions de Gazon-Dourxigné, sans être d'un mérite éminent, annoncent du goût et de la littérature; mais ses vers sont médiocres et loin de ressembler à ceux d'Ovide, qu'il avait pris pour modèle.

GAZUL (Clara), pseudon. Voy. MÉRIMÉE.

GAZZERA (Jean-Ant.-Henri-Eugène), abbé commendataire de l'ordre de Saint-Jean de Jérusalem (Malte), membre de l'Académie de Vaucluse, associé de l'Institut et de plusieurs autres Acad.; né à Mondovi, en Piémont, le 16 août 1772.

— Importance (de l') d'une morale publique et privée, et de la nécessité d'une religion dans toutes sortes de gouvernements et de climats, avec cette épigraphe : « Dii multa neglecti dederunt Hesperiæ mala luctuosa.» Italien et Français. *Aux bords du Rhône* (*Avignon, Aubanel*), 1802, 5 vol. in-12, 9 fr.

L'auteur s'occupe depuis long-temps d'un ouvrage qui doit faire suite à celui-ci, et dont le titre est : *Résultats politiques et moraux du Christianisme* : il formera 3 vol. in-8.

— Nuits (les) de sainte Marie-Madeleine pénitente, avec cette épigraphe : « Il faut des torrents de sang pour effacer les fautes aux yeux des hommes , une seule larme suffit à Dieu. (Châteaubriand , Atala) ». *Avignon, Aubanel, et Paris, Samson*, 1807, in-12 , 2 fr.

— Retour (le) en Afrique, ou Veilles de saint Augustin pendant son trajet de l'Italie à Carthage; ouvrage traduit de l'italien. Nouv. édit. française , considérablement augm. *Paris, Le Normant père*, 1826, in-8, 5 fr.

La prem. édit. franç. de ce livre parut en 1803, sous ce titre : *Veilles de saint Augustin*, in-12 : une nouvelle édition fut publiée à Paris sous le même titre, en 1814; les malheureux événements des cent jours obligèrent l'auteur de la retirer de la circulation ; mais en 1826, il se détermina à la reproduire, sous le titre du *Retour en Afrique, etc.*

Les Mémoires de l'Académie de Vaucluse renferment un très-beau discours de M. Gazzera *sur l'utilité et la nécessité des lettres.*

M. Gazzera a institué à Paris, sous le nom de *Cosmorama*, un établissement des plus curieux et des plus utiles de la capitale, et qui a servi de modèle à tous ceux qu'on a faits depuis.

GAZZINO (J.-F.), de Marseille, membre du grand collége électoral du département des Bouches-du-Rhône.

— Éclaircissements sur le mémoire des fabricants de soudes et potasses françaises, fondés sur des calculs démonstratifs, etc. *Paris, impr. de Dentu*, 1822, in-4 de 8 pag.

Ne se sont pas vendus.

GEARY BENNIS (G.). Voy. BENNIS (G.-G.).

GEBELIN Voy. COURT DE GEBELIN.

GEBHART (A.). * Recueil de Traités de paix, d'amitié, etc., conclus entre la république française et les différentes puissances de l'Europe depuis 1792, jusqu'à la paix générale en 1802. Par A. G. *Hambourg*, 1803, 4 vol. in-8.

GEBLER (le bar. de). Clémentine, ou le Testament, drame en 5 actes; trad. (en prose) par M. de JEVIGNY. *Vienne (en Autriche), J. Thom. de Trattnern*, 1773, in-8.

Deux autres pièces du baron de Gebler ont été traduites en français; l'une, intitulée *le Ministre d'état*, impr. dans le Théâtre allemand de Friedel et Bonneville; l'autre, *Thamos, roi d'Égypte*, impr. dans le Théâtre allemand de Junker.

GEDDES. * Réflexions sur le duel et sur les moyens les plus efficaces de le prévenir ; Opuscule trad. de l'angl. par feu C. GODESCARD, chanoine de Saint-Honoré de Paris. *Paris, Fuchs*, an IX (1801), in-8 de 63 pag., 75 c.

GÉDIK (Sim.), écrivain allem. du XVIIe siècle.

— Paradoxes sur les femmes, etc. Voy. ACIDALIUS.

GÉDÉON. Voy. DÉCOUR.

GEDOYN (l'abbé Nic.), membre de l'Académie Française et de celle des Inscriptions; né à Orléans, le 17 juin 1667, mort à Pont-Pertuis, près de Baugency, le 10 août 1744.

— Institution (de l') de l'orateur, trad. du lat. (1718). Voy. QUINTILIEN.

— OEuvres (ses) diverses, publ. par l'abbé d'OLIVET; avec un Mémoire sur la vie de l'auteur, par BACHAUMONT. *Paris, Debure*, 1745, in-12.

Ce vol. contient : 1° De l'Éducation des enfants; 2° la Vie d'Épaminondas; 3° Des anciens et des modernes; 4° Entretien sur Horace; 5° De l'urbanité romaine; 6° Des plaisirs de la table chez les Grecs; 7° Apologie des traductions; 8° Jugement de Photius sur les dix plus célèbres orateurs de la Grèce ; 9° Relation des Indes, tirée du même Photius.

Ces divers morceaux sont insérés dans les Mém. de l'Académie des inscriptions, mais d'une manière abrégée, sans doute, parce qu'ils consistent moins en recherches laborieuses qu'en réflexions morales et littéraires : c'est par ce motif que l'auteur souhaitait qu'après sa mort on les réunît sans aucun retranchement.

Le Mémoire sur la vie de l'abbé Gedoyn, que l'abbé Goujet, dans le Supplément de Moréri publ. en 1749, article Gedoyn, et dans son Catalogue manuscrit, présente à tort comme étant de l'abbé d'Olivet, parut d'abord dans le Mercure de janvier 1745 : il a été réimpr. depuis en tête de Quintilien, édit. de 1752.

— Pausanias, ou Voyage historique de la Grèce ; traduit du grec (1731). Voy. PAUSANIAS.

Les Mémoires fournis par l'abbé Gedoyn au recueil de l'Académie des sciences, et dont une partie a été reproduite depuis dans ses OEuvres choisies, publ. par l'abbé d'Olivet, sont : De l'urbanité romaine : Discours académique. Description de deux tableaux de Polygnote, tirée de Pausanias (tom. VI, 1729). — Recherches sur les hyperboréens (tom. VII, 1733). — Recherches sur les courses de chevaux et les courses de chars qui étaient en usage dans les jeux olympiques, en trois mém. (tom. VIII et IX, 1733 — 1739). — Histoire de Dédale. Histoire de Phidias (tom. IX, 1739). — Vie d'Épaminondas. Extraits de Photius traduits et accompagnés de notes. Histoire des Perses par Ctésias, suivant l'extrait que Photius nous a laissé. Histoire d'Héraclée par Memnon, suivant l'extrait que Photius nous a laissé (tom. XIV, 1743.).

On a encore de l'abbé Gedoyn des *Réflexions sur le goût*, imprimées dans un volume intitulé : « Recueil d'opuscules littéraires publ. par un anonyme (d'Olivet)». Amsterdam, 1767. Ces réflexions sur le goût déposent quelquefois contre celui de l'auteur.

GÉE (Josua). Considérations sur le commerce et la navigation de la Grande-Bretagne, trad. de l'angl. (par J.-B. de SECONDAT). *Genève, Philibert*, 1750, in-12.

— Coup-d'œil rapide sur les progrès et la décadence du commerce et des forces de l'Angleterre, ouvrage attribué à un membre du parlement; trad. de l'angl. (par Jos.-P. FRENAIS.). *Amsterdam (Paris, Dehansy le jeune*, 1768, in-12).

GEER (le bar. Ch. de), maréchal de la cour de Suède, célèbre naturaliste, surnommé le *Réaumur suédois*, membre de l'Académie de Stockholm, correspondant de l'Acad. des sciences de Paris ; né en Suède, en 1720, mort le 8 mars 1778.

— Mémoires pour servir à l'histoire des insectes. *Stockholm*, 1752-78, 7 tom. en 8 vol. in-4 avec 201 fig., 200 à 250 fr.

Ce livre contient la description de plus de 1500 espèces.

C'est l'ouvrage de Réaumur qui avait inspiré à De Geer un goût particulier pour l'entomologie. Si De Geer a moins de charmes dans la narration et dans l'exposition que le naturaliste français, il est moins prolixe, il a plus de méthode, parce que Linné, qu'il imitait aussi, venait de créer un art tout particulier de classer et de décrire les objets de la nature ; et De Geer en a fait son profit. Les Mém. de De Geer et ceux de Réaumur sont les deux ouvrages les plus importants, les plus clairs, les plus profonds, les plus riches en faits et en observations, qu'on ait encore publiés sur les insectes. Il y a peu d'espoir de les voir surpassés et même égalés, parce qu'il faut pour cela un concours de circonstances difficiles à rassembler ; il est même étonnant que les richesses, le génie et la persévérance se soient trouvés également réunis dans deux hommes différents, pour pousser à ce point de perfection une des branches les plus difficiles de l'histoire natur., et qui n'a que très-peu de prosélytes. Le prem. vol. du bel ouvrage de De Geer parut en 1752, et est plus rare que les autres. M. Paykull, membre de l'Académie des sciences de Stockholm, et savant entomologiste, assure que la raison de cette rareté provenait de ce que De Geer lui-même avait jeté au feu toute l'édition de ce premier volume, par dépit du peu de succès qu'il avait eu : depuis il reprit courage., et il envoya en présent chacun des vol. suivants à ceux qui avaient fait l'acquisition du premier. Le septième et dernier vol. n'a paru qu'en 1778, après la mort de l'auteur ; il renferme une méthode générale, fondée sur la nature des ailes pour les insectes ailés, et pour les aptères sur la nature des métamorphoses. On a publié un vol. qui contient tous les insectes décrits par De Geer, classés selon sa méthode.   *Biogr. univ.*

De Geer a enrichi le recueil des Savants étrangers de l'Académie des sciences de Paris des divers Mémoires suivants : Observation sur la propriété singulière qu'ont les grandes chenilles à quatorze jambes et à double queue, du seringuer de la liqueur, avec une pl. (tom. Ier, 1750). — Mémoire sur un ver luisant femelle, et sur sa transformation. Observations sur les éphémères, sur les pucerons et sur des galles résineuses, extraites principalement d'une lettre écrite à M. de Réaumur, de Leufsta en Suède, le 7 mai 1746 (tom. II, 1755). — Observations sur un *jule* ou *millepied* cylindrique, brun-noirâtre, à deux raies feuille-morte tout le long du dos, et qui est pourvu de deux cents jambes, etc. (tom. III, 1760).

GEFFARD, marq. de Sanois. * Caudataires (les), ou Lettre d'un pauvre chevalier de Saint-Louis à Mgr le maréchal prince de Soubise, chevalier du même ordre, sur l'avilissement de l'ordre, par le franc chevalier ou le chevalier franc. (*Deux-Ponts*), 1780, in-8.

Réimpr. à la fin du volume intitulé : Aux États-Généraux, etc. (Voyez ce titre à la Table des Anonymes).

Cette brochure est dirigée contre les confrères indigents qui devenaient valets de chambre ou d'église, d'un cardinal ou d'autre prélat : leurs éminences et grandeurs appelaient caudataires cette espèce de domestiques.

— * Instruction paternelle, laissée en mourant, par un vieillard de soixante-quinze ans, à trois jeunes demoiselles âgées de onze, neuf et sept ans, enfants de sa fille unique. Sans date (vers 1798), in-8.

— * Lettre d'un gentilhomme français sur la nécessité de la réforme de la justice criminelle. 1788, in-8.

— * Questions militaires. 1788, in-8.

GEIGER (Ch.-Fréd.), médecin. Abrégé de myologie, ou Description succincte de presque tous les muscles extérieurs du corps humain. *Paris, Beaucé*, 1812, in-8 de 16 pag., 75 c.

— Dissertation sur le galvanisme et son application. *Paris*, 1802, br. in-8, 75 c.

— Essai d'une histoire pragmatique de la médecine, trad. de l'allem. (1809). Voyez SPRENGEL.

GEILH (de), prêtre, chanoine de l'église collégiale de Massat et succursaliste de Biest, diocèse de Couserans.

— Rétractation publique du concordat, par M. de Geilh, suivie d'un Commentaire (par l'abbé BLANCHARD). *Londres, Juigné*, 1816, in-8.

GEINOZ (l'abbé Fr.), membre de l'Académie des inscriptions et belles-lettres ; né à Bulle, en Suisse, en juillet 1696, mort à Paris, le 23 mai 1751.

L'abbé Geinoz a enrichi le recueil de l'Académie dont il était membre, des divers mémoires suivants : Observations sur les médailles antiques (tom. XII, part. histor., 1740). — Dissertation sur l'ostracisme (*id.* mém.). — Recherches sur l'origine des Pélasges, avec l'histoire de leurs migrations, en deux mém. (tom. XIV et XVI, 1743 et 1751). — Observations et Corrections sur le texte et la version du prem. livre d'Hérodote (tom. XVI et XVII, part. histor).—Défense d'Hérodote contre les accusations de Plutarque, en 3 mém. (tom. XIX, XXII, XXIII, 1753—76). Il a fourni, en outre, un grand nombre d'articles au Journal des savants, dont il était le principal rédacteur depuis 1743.

GEISLER (C.-G.-H.). Costumes et mœurs des Russes (en franç. et en allem.), mis au jour par Gruber, et orné de fig. enl. *Leipzig, Bur. d'industrie,...* 8 cah. in-4, 24 fr.

— Tableaux pittoresques des mœurs, usages, etc., des différentes nations russes, mis au jour par F. Hempel et Richter. *Leipzig, Bur. d'industrie....* 4 cah. in-4, ornés de fig., 96 fr.

La description des deux premiers cahiers est de F. Hempel, et celle des deux derniers est de Richter.

GELABERT (Melchior). Regula cleri ex sacris litteris sanctorum patrum, monumentis, ecclesiasticisque sanctionibus excerpta. Editio IV^a. *Parisiis, J. Barbou*, 1768, in-12.

GELAIS. Voy. SAINT-GELAIS.

GELCEN (F.-Maria). Sympathies (des) des organes du corps humain, considérées sous le rapport de l'utilité de leur connaissance dans la médecine pratique. (Extrait du Journal complet du Dict. des sciences médic.). *Perpignan* (*et Paris, Méquignon-Marvis*), 1822, in-8.

GELÉ (dom), bénédictin. Voy. BAU-DRAND (Mich.-Ant.).

GELÉE (Théophile), docteur en chirurgie; né à Dieppe, mort en 1650.

— Anatomie (l') française, en forme d'abrégé, recueillie des meilleurs auteurs qui ont écrit sur cette science. Nouv. édit., avec les additions de Gabr. BERTRAND. *Paris*, 1742, in-8.

Cet ouvrage a été souvent réimprimé depuis la prem. édit., *Rouen*, 1635, in-8. Celle de 1742 est la dernière.

Gelée a été l'éditeur des ouvrages de Dulaurens, médecin, dont la publication est antérieure au XVIII° siècle.

GÉLIEU (Jonas de), ministre du S. Évangile, pasteur de l'église de Lignères, puis de celles de Colombier et Auvernies, dans la principauté de Neufchâtel et Vallengin; membre de la Société économique de Berne, de la Société d'émulation du canton de Vaud, de la Société de physique et d'histoire naturelle de Genève, et de la Société helvétique des sciences naturelles; né aux Bayards, principauté de Neufchâtel, le 21 août 1740, mort à Colombier, le 17 octobre 1827.

— Conservateur (le) des abeilles, ou Moyens éprouvés pour conserver les ruches et pour les renouveler. *Mulhouse, J. Risler et comp.*, 1816, in-8 avec 2 pl.

— Le même ouvrage en allemand. *Der wohlerfahrene Bienenvater, etc. Mulhausen; Risler und comp.*, 1817, in-8.

Le célèbre Hubert Lulliu a dit de cet ouvrage : « Sous le rapport, non de l'histoire naturelle, mais de l'économie des abeilles et de l'art de « les conduire, qu'on brûle tout ce qui a été écrit « jusqu'à présent, et qu'on ne garde que le livre de « M. de Gélieu. »

— Description des ruches cylindriques de paille et des ruches de bois à double fond. *Neufchâtel, L. Fauche-Borel*, 1795, br. in-8.

— * Exposé des principaux inconvénients qui résulteraient de la plantation de l'arbre de la liberté dans la principauté de Neufchâtel et de Vallengin. *Sans lieu d'impression*, 1793, br. in-8.

— * Réflexions d'un homme de bon sens sur les comètes et sur leur retour, ou Préservatif contre la peur. *Sans lieu d'impression*, août 1773, br. in-8.

— * Tableau de la constitution de la principauté de Neufchâtel et de Vallengin. Par un bourgeois de Vallengin. 1793, in-8.

On a encore du pasteur de Gélieu : 1° Essais pour former des essaims artificiels, insérés dans les Mém. de la Soc. économique de Berne, ann. 1770; 2° Instructions pour les habitants de la campagne, contenant en abrégé la manière la plus simple et la plus sûre de gouverner les abeilles; extrait de l'ouvrage inédit de feu J. de Gélieu, pasteur aux Venières, par son fils : inséré dans le même recueil, même année; 3° Nouv. Méthode pour former des essaims artificiels par le partage des ruches, insérée dans le même recueil, ann. 1772; 4° Lettre sur la durée de la vie de la reine abeille, insérée dans la Bibliothèque univ. de Genève, en 1819.

GELLER (J.-H.-F.); pseudonyme. Atala et Musacop, histoire péruvienne, suivie des Petits orphelins des hameaux. *Paris, Locard et Davy*, 1821, 2 vol. in-12, 4 fr.

Chacune de ces deux nouvelles a été imprimée aussi séparément la même année, en 2 volumes in-18, 1 fr.

— Capucin (le) défroqué, ou la Puissance de la barbe. *Paris, les mêmes*, 1820, in-18, 1 fr. 25 c.

— Elma, ou la Morte vivante. *Paris, les mêmes*, 1820, in-18, 1 fr. 25 c.

— Paul et Virginie, ou les Amants des Bermudes; suivi de Victor, ou l'Enfant des bois. *Paris, les mêmes*, 1821, 2 vol. in-12, 4 fr.

Ces deux nouvelles ont été aussi imprimées séparément (1821, 1827), en 2 vol. in-18, 2 fr.

Les ouvrages publiés sous ce nom de Geller ont pour auteur la seconde madame *Guénard*.

GELLERT (Christian-Furchtgott), l'un des restaurateurs de la littérature allemande au XVIII° siècle.

— Comtesse (la) suédoise, ou Mémoires de madame G*** , trad. de l'allem. (par J. H. S. FORMEY. *Berlin, Schutze*, 1754 ou 1766, 2 part. in-12.

— Le même ouvrage, sous ce titre : les Aventures malheureuses de la comtesse de Suède (trad. de l'allem. par M. de B....). *Paris, Mérigot*, 1784, 2 part. in-12.

Cette traduction a été publiée dès 1779, à Paris, chez Valade, sous le titre de *Comtesse de Suède*, 2 part. in-12.

— Dévote (la), com. en 3 actes (en prose), trad. de l'allem. par M. POIZEAUX. *Berlin, Haude et Spener*, 1756, in-8.

Une autre traduction de cette pièce, sous le titre de *la Fausse dévote*, a été impr. dans un « Théâtre allemand », etc., par C. D. (Amsterdam, 1769, un vol. in-12), vol. dans lequel on trouve aussi la trad. d'une autre pièce de Gellert, intitulée : *la Femme malade*, com. en un acte.

Deux autres pièces de Gellert ont encore été traduites en français; la première, intitulée *les Sœurs amies*, com. en 3 actes et en prose, par une demoiselle de Hambourg, est impr. dans les « Progrès des Allemands dans les Sciences », etc., du baron de Bielfeld (1768); la seconde, intitulée *le Billet de loterie*, est imprimée dans le « Théâtre allemand de Junker. »

— Extrait de ses Œuvres, contenant ses apologues, ses fables et ses histoires; trad.

de l'allem. par M. Toussaint. *Zullichow,
de Fromman*, 1768, 2 vol. in-12.

— Fables et contes, trad. de l'allem. *Strasbourg*, 1750, pet. in-8.

— Fables et Contes, en vers franç. (traduits principalement de l'allemand, de Gellert, par Boulenger de Rivery). *Paris, Duchesne*, 1754, in-12.

— Les mêmes, trad. de l'allem. en vers français, par une femme aveugle (Mme Mar. Wilh. de Stevens). *Breslau*, 1776, in-8.

— Hymnes et Odes sacrées, traduites de l'allem.(par Élisabeth-Christine de Brunswick, veuve de Frédéric II). *Berlin*, 1789, in-8.

— Leçons de morale, trad. de Gellert; on y a joint des Réflexions sur la personne et les écrits de l'auteur, par Ch. Garve. Trad. de l'allem. par L. Es. Pajon de Moncets. *Leipzig et Paris*, 1772, ou *Utrecht, Schonoven*, 1775, 2 vol. in-8, 10 fr.; et *Genève, Mourer*, 1786, 2 part. en un vol. in-8.

— Les mêmes (traduites par Élisabeth-Christine de Brunswick). *Berlin, de l'imp. roy.*, 1790, 2 vol. in-8.

— Lettres (ses) familières, trad. par Huber, et précédées d'un Éloge de Gellert. *Leipzig*, 1770, 1777, in-12.

— Les mêmes, trad. par Mme Lafitte, auxquelles on a joint la traduction de la Vie de Gellert par M. Cramer. *Utrecht*, 1775, in-8.

GELLERT (Christ. - Ehregott), frère aîné du précédent, métallurgiste allemand.

— Chimie métallurgique, dans laquelle on trouvera la théorie et la pratique de cet art; traduite de l'allemand (par le baron d'Holbach). *Paris, Briasson*, 1758, 2 vol. in-12.

GELLUS (Aulus). Voyez Aulu-Gelle.

GELONE * Manuel-Guide des voyageurs aux États-Unis de l'Amérique du nord, etc. *Paris*, 1818, in-12.

GELOZAN (de). Teudimer, ou la Monarchie espagnole. 1805, in-12, 2 fr.

GÉLY (B.), pasteur du canton de Vaud.

— Sermon prononcé pour la consécration de la chapelle de la nouvelle maison de détention du canton de Vaud. *Lausanne*, 1826, in-8.

— Sermon sur les circonstances où se trouve la patrie. 1799, in-8.

Ou cite encore du même les divers écrits suiv. : Adresse à MM. les chefs de fabrique ou d'ateliers et maîtres de métiers, domiciliés à Lausanne. — Avis sur les paragrêles. — Appel en faveur d'un établis-

sement de bienfaisance pour l'enfance malheureuse.
— Rapport sur les fouilles du bois de Vaud.   J. H—t.

GEMELLI-CARRERI (Giov.-Franc.), célèbre voyageur italien au xviie siècle.

— Voyage autour du monde, traduit de l'italien par L.-M. N. (Eust. Le Noble). *Paris, Ganeau*, 1719, ou 1727, 6 vol. in-12.

Cette version manque d'élégance et quelquefois d'exactitude : le traducteur n'a pas donné les Conseils de Gemelli aux voyageurs, qui se trouvent dans l'original.

GEMINIANI (Franç.), célèbre musicien italien au xviiie siècle.

— Art (l') de jouer du violon, avec des règles nécessaires pour la perfection, etc. Nouv. édit. publiée par M. Siéber fils. *Paris, Pleyel*, 1801, in-4.

— * Dictionnaire harmonique, vrai guide à la vraie modulation (trad. de l'ital.). *Paris, 1756, ou Amsterdam*, 1758, in-8.

Ou a encore de Geminiani plusieurs autres traités de musique, mais qui ne sont ni impr. en France, ni en langue française.

GEMINUS. Introduction aux phénomènes célestes, trad. du grec, etc. (1819). Voy. Halma.

GEMMINGEN (le bar.).

Une pièce de lui, intitulée *le Père de famille*, a été trad. par Friedel et Bonneville, et impr. dans leur « Théâtre allemand ».

GÉNARD (François), fils d'un marchand de vin de Paris; né vers 1722.

— * École (l') de l'homme, ou Parallèle des portraits du siècle et des tableaux de l'Écriture-Sainte. *Amsterdam* (Noyon, Rocher), 1752, 3 vol. in-12. — Nouvelle édit. (sous la rubrique de *Londres*), 1753, 1755, 2 vol. in-12.

L'abbé Sepher a soutenu que cet ouvrage était d'un soldat aux gardes nommé Dupuis.   Barb.

Il y a des exempl. de l'édit. de 1752 qui ne portent que le second titre.

On remarqua dans cette production des impiétés couvertes des passages de l'Écriture. On y distingua surtout les portraits de Louis XV, de la marquise de Pompadour, du prince Édouard, etc. La police saisit l'ouvrage et chercha l'auteur ; il fut arrêté et conduit à la Bastille, le 10 mars 1752.

Génard ayant recouvré sa liberté, alla en Hollande, où il fit imprimer, dit M. Barbier, un ouvr. contre Louis XV, intitulé : *la Comédie du temps*, et l'École de la femme, qui devait servir de pendant à l'École de l'homme. Il publia aussi, en 1755, un recueil d'épigrammes contre la religion et les bonnes mœurs. Étant revenu à Paris en 1756, le lieutenant de police le fit conduire de nouveau à la Bastille.

GENCE (Jean - Baptiste - Modeste), archiviste au dépôt des chartes, anc. réviseur en chef à l'impr. roy.; anc. membre de la Société des Antiquaires de France, et de la Société de la morale chrétienne; né à Amiens, le 15 juin 1755.

— Dieu, l'être infini, ou le principe vers lequel tend l'intelligence humaine; ode accompagnée de notes où l'on développe les relations qui, en démontrant la tendance de l'homme à un principe supérieur, manifestent en lui des facultés actives, distinctes des forces organiques, bornées aux affections sensibles. Édition à laquelle on a ajouté le texte revu de la même ode, avec les citations de l'Écriture qui s'y rapportent. *Paris, Migneret*, 1825, in-8, 2 fr. 5o c.

— Imitation de Jésus-Christ, traduction nouvelle (1820). Voy. KEMPIS.

— Livre de prières et de méditations religieuses, à l'usage, etc.; trad. de l'allemand sur la douzième édition (1821). Voyez BRUNNER.

— Notice biographique sur Cl.-Louis de Saint-Martin, ou le Philosophe inconnu. *Paris, imp. de Migneret*, 1824, in-8 de 28 pag.

— Odes philosophiques et sacrées : la première intitulée : Dieu, ou l'être infini, ou le principe vers lequel tend l'intelligence humaine. *Paris*, 1801, in-8.

— Phanorama de la nature et de la création. *Paris, impr. de Decourchant*, 1828, in-8 de 4 pag.

— Tableau méthodique des connaissances humaines, avec une explication. *Paris*, 1816, in-fol.

On doit encore à **M. Gence** : 1° une Notice sur le caractère des éditions ou traductions françaises les plus remarquables de l'Imitation de J.-C., insérée dans le Journal des curés, sept. 1810; 2° une Notice biographique des pères et auteurs cités par Bourdaloue, annexée à la table de l'édition des Œuvres complètes de ce prédicateur; Versailles, 1812; 3° Considérations sur la question relative à l'auteur de l'Imitation de J.-C., impr. à la suite de la Dissertation de M. Barbier sur les traductions françaises de ce livre (Paris, 1812) : M. Gence soutient dans cet écrit que l'auteur de l'Imitation de J.-C. n'est point Thomas à Kempis, ni Gersen, mais bien Jean Gerson, célèbre chancelier de l'église et de l'université de Paris ; 4° des Notices dans la Biographie universelle, entre autres, celles sur Gerson, Massillon, Montaigne, Poussin, Cl. Saint-Martin, etc.; 5° les Tables analytiques de l'Histoire des monuments de l'art, par Séroux d'Agincourt.

M. Gence a participé à la traduction française de l'ouvrage de M. Micali, intitulé : l'Italie avant la domination des Romains (1824), en traduisant sur la seconde édition italienne les additions et changements considérables qu'il a refondus dans la version faite par MM. Joly et Fauriel sur la première édition.

GENCY (de). * Calendrier des héros, ou le Manuel des militaires. *Paris, V° Duchesne*, 1772, in-8.

GENDEBIEN. Mémoire sur les mines de houille des départements réunis, dans lequel elles sont considérées principale-ment dans leurs rapports avec l'agriculture et le commerce. (Extrait du Journal des mines). *Paris, Bossange et Masson*, 1802, in-8.

GENDRE (Le). Voy. LEGENDRE.

GENDRIN (Augustin-Nic.), docteur en médecine de la Faculté de Paris, membre de la Société de médecine de Paris, secrétaire-général du Cercle médical de Paris, membre des Sociétés de médecine de Lyon, de Philadelphie et de Louvain; né à Châteaudun (Eure-et-Loir), le 16 décembre 1796.

— Considérations sur le traitement de la blennorrhagie. *Paris*, 1821, br. in-8.

— Consultations médico-légales sur les faits relatifs à un accouchement terminé par la mutilation de l'enfant, et sur les questions adressées à ce sujet à l'Académie roy. de médecine par le tribunal de Domfront (Eure), saisi de la demande en dommages et intérêts dirigée contre l'accoucheur au nom de l'enfant mutilé. *Paris, J.-B. Baillière*, 1829, br. in-8, 2 fr.

— Éloges de Ph. Pinel et de B. J. H. Bertin; lus à la séance publique du Cercle médical de Paris, du 14 décembre 1817. *Paris, Béchet jeune*, 1828, br. in-8.

Impr. aussi dans les « Annales du Cercle médical.»

— Histoire anatomique des inflammations. *Paris, Béchet jeune; Gabon; J.-B. Baillière*, 1826-27, 2 vol. in-8, 15 fr.

L'Institut a accordé à l'auteur, en 1827, un prix de 1500 fr., fondation Montyon en faveur de ceux qui par des ouvrages publiés dans l'année ont concouru au perfectionnement de l'art.

— Recherches historiques sur les épidémies de fièvre jaune qui ont régné à Malaga depuis le commencement de ce siècle. *Paris, impr. de Belin*, 1824, in-8 de 104 pag.

— Recherches physiologiques sur la motilité. *Paris, Béchet jeune*, 1822, br. in-8.

— Recherches sur la nature et les causes prochaines des fièvres. *Paris, Béchet jeune*, 1823, 2 vol. in-8, 12 fr.

Cet ouvrage a été couronné par la Société de médecine de Paris, dans sa séance du 17 janvier 1823.

— Recherches sur les tubercules du cerveau et de la moelle épinière. *Paris, le même*, 1823, br. in-8, 1 fr. 5o c.

Depuis le 1er janvier 1827, le docteur Gendrin est le rédacteur du Journal de médecine, chirurgie et pharmacie françaises et étrangères, ou Recueil périodique des travaux de la Société de médecine de Paris, et dont il paraît quatre volumes par an : il a inséré dans ce recueil plusieurs mémoires, et notamment deux mémoires sur la variole et la vaccine, 1827, etc., etc.

Une traduction du *Traité des maladies encéphaliques*, du professeur Abercromby, par M. Gendrin, augm. d'un grand nombre de notes, est sous presse pour paraître prochainement.

GENDRON (Claude-Deshais), docteur en médecine de la Faculté de Montpellier, et ensuite médecin du frère de Louis XIV et du Régent, et l'un des plus célèbres oculistes de France; né dans la Beauce, en 1663, mort à Auteuil, près Paris, dans la maison qu'avait habitée autrefois Boileau, son ami, le 3 septembre 1750.

— Recherches sur la nature et la guérison des cancers. *Paris, de l'Aulne*, 1700, in-12.

Ce traité n'est peut-être pas en rapport avec la grande réputation dont jouit l'auteur pendant sa vie, mais il est écrit avec sagesse.

GENDRON (Louis-Florentin-Deshais), neveu du précédent; professeur et démonstrateur oculiste à l'École de chirurgie, en 1762.

— Lettres sur plusieurs maladies des yeux, causées par l'usage du rouge et du blanc. *Paris*, 1760, in-12.

— Traité des maladies des yeux, et des moyens et opérations propres à leur guérison. *Paris, Hérissant*, 1770, 2 vol. in-12.

Cet ouvrage, dans lequel l'auteur aura probablement fondu les lettres qu'il avait précédemment écrites sur le même objet, constitue une fort bonne Monographie sur les maladies des yeux et des parties accessoires. *Biogr. univ.*

GENDRON (Pierre-André), arrière-petit-neveu de Claude Deshais Gendron, et médecin fort habile; né à Büeil, en Tourraine, en 1765, mort à La Chartre-sur-Loir (Sarthe), le 17 avril 1814.

Il a écrit quelques Mémoires, qui sont disséminés dans le recueil de la Société de médecine de Paris, et dans les Annales cliniques de Montpellier.

GENDRON (Arsène-Pierre-Jean-Baptiste), fils de Pierre-André; médecin des épidémies de l'arrondissement de Vendôme, et médecin adjoint de l'hôpital et du collège de Vendôme; né à La Chartre, le 21 janvier 1793.

— Dissertation sur le phlegmon des mamelles et sa terminaison par suppuration. *Paris*, 1815, in-4.

GENDRON (Esprit), second fils de Pierre-André, docteur en médecine à Château-du-Loir (Sarthe), ancien interne des hôpitaux de Paris.

— Mémoire sur les fistules de la glande parotide et de son conduit excréteur. *Paris, Croullebois*, 1820, in-8 de 48 pag., 1 f.

— Observations de médecine pratique sur les poumons, les organes de la digestion, et l'utérus. *Paris*, 1818, in-4.

GENDRON (Édouard), troisième fils

de Pierre André; médecin à Bonneval.

— Dissertation sur la fièvre muqueuse. *Paris*, 1822, in-4.

GÉNÉBRIER, médecin et antiquaire français du XVIIIe siècle.

— * Dissertation sur une médaille de Magnia Urbica, où l'on fait voir que cette princesse n'est point femme de l'empereur Maxence, comme on l'a cru jusqu'ici. *Paris, Lecot*, 1704, in-12.

— * Dissertation sur le Nigrianus. *Paris*, 1704, in-12.

— * Histoire de Carausius, empereur de la Grande-Bretagne, collègue de Dioclétien et de Maximien, prouvée par les médailles. *Paris*, 1740, in-4.

Cette histoire reçut l'approbation du monde savant.

On a encore de Génébrier une *Lettre sur une médaille singulière de Carausius*, adressée à mylord comte de Pembrok, et impr. dans le Mercure, sept. 1731.

GENERÈS-SOURVILLE fils (Édouard).

— Sacerdoce (du) et de la philosophie. *Paris, Beaucé-Rusand*, 1822, in-8 de 160 pag., 4 fr. 50 c.

GENEST (l'abbé Ch.-Cl.), abbé de Saint-Vilmer, aumônier ordinaire de Mme la duchesse d'Orléans, membre de l'Académie Française; né à Paris, le 17 octobre 1639, mort le 19 novembre 1719.

— Dissertation sur la poésie pastorale, ou de l'Idylle et de l'Églogue. *Paris, Coignard*, 1707, in-12.

— * Divertissements de Sceaux. *Trévoux*, 1712, in-12.

— Joseph, tragédie (en 5 actes et en vers) tirée de l'Écriture sainte. *Paris, Ét. Ganeau*, 1711, in-12, ou 1731, in-8; et *Paris, Ve Valleyre*, 1743, in-8.

— * Mémoire sur la vie et les vertus de Mme la princesse palatine de Bavière, abbesse de Maubuisson. *Paris, Guillain*, 1709, in-12.

— * Pénélope (ou le Retour d'Ulysse de la guerre de Troie, pouvant servir de suite aux Aventures de Télémaque), tragédie (en 5 actes et en vers). *La Haye, Adrian Moetjens*, 1701, in-12.

Publ. sous le pseudon. de La Fontaine.

L'abbé Genest ne fit imprimer cette pièce qu'en 1703, à Paris, chez Boudot, in-12, et la dédia à la duchesse d'Orléans. Elle a été réimpr. en 1716, *Paris, Chr. David*, in-12.

Des quatre tragédies que Genest a composées, Pénélope est celle qui eut le moins de succès dans les temps, et cependant elle est la seule qui soit restée. «Elle est, dit Voltaire, au rang des pièces d'un style lâche et prosaïque, que les situations font tolérer à la représentation.»

— Principes de philosophie, ou Preuves

naturelles de l'existence de Dieu et de l'immortalité de l'ame. *Paris, Etienne,* 1716, in-8.

C'est là philosophie de Descartes mise en mauvais vers. « Cet ouvrage, dit encore Voltaire, signala « plus la patience de Genest que son génie ; et il « n'eut guère rien de commun avec Lucrèce que de « versifier une philosophie erronée presqu'en tout ».

— Voyageurs (les), com. en 5 actes et en vers. *Utrecht, Ét. Néaulme,* 1736, in-12.

Pièce qui n'est citée par aucun catalogue ni dictionnaire d'auteurs dramatiques, ni par la Biographie universelle. Est-ce une nouvelle édition, ou bien est-elle posthume ? voilà ce que nous ne pouvons affirmer.

L'abbé Genest est auteur de quelques autres ouvrages dont la publ. est antérieure au xviiie siècle.

Bayle attribue à cet académicien l'ouvrage intitulé : Dialogues entre MM. Patru et d'Ablancourt, sur les plaisirs (1701). Voyez BAUDOT DE JUILLY.

GENEST (J.). Exposition du système naturel des nerfs du corps humain, trad. de l'angl. (1825). Voy. BELL (Ch.).

GENET (Fr. de), évêque de Vaison.

— Théologie (la) morale (dite de Grenoble), ou Résolution des cas de conscience, selon l'Écriture Sainte, les Canons et les Saints Pères. Nouv. édit. *Paris, Pralart,* 1715 ; *Rouen, Ve Ferrand,* 1739, 8 vol. in-12; ou *Paris,* 1763, 7 vol. in-12.

La Vergne de Tressan a eu part à cette théologie, qui fut publ. pour la prem. fois en 1676.

GENET (Edme-Jacq.), secrétaire-interprète de Monsieur, membre de la Société littéraire d'Upsal (Appolini Sacra), mort en 1781.

— * Essais historiques sur l'Angleterre. *Paris, frères Étienne,* 1761, 2 vol. in-12.

—* État politique actuel de l'Angleterre, ou Lettres sur les écrits publics de la nation anglaise. 1757-59, 10 vol. in-12.

—* Histoire des différents siéges de Berg-op-Zoom. 1747, in-12.

— Table ou Abrégé des 135 vol. de la Gazette de France, depuis son commencement, en 1631, jusqu'à la fin de l'année 1765. *Paris,* 1768, 3 vol. in-4.

Genest a donné diverses traductions de l'anglais, telles que : 1° Lettres choisies de Pope (1754), voy. POPE; 2° la Vérité révélée (1755), voyez ce titre à la Table des Anon.; 3° le Peuple instruit (1756), voy. SHABBEAR; 4° le Peuple juge (1756); 5° Petit Catéchisme des Anglais (1757); 6° Mém. pour les ministres d'Angleterre contre l'amiral Byng (1757); 7° Lettre au comte de Bute (1761). Voy. ces titres à la Table des Anonymes.

GENET, fils du précédent.

A traduit : Histoire d'Éric, roi de Suède, etc., traduit du suédois (1777); voyez CELSIUS. — Recherches sur l'ancien peuple finois, etc. (1778); voy. IDMAN.

GENET, pharmacien. * Analyse des eaux minérales de Segray. *Pithiviers,* 1776, in-12.

GENET-CAMPAN (Mme). Voy. CAMPAN.

GÉNEVAUX (l'abbé). * Histoires choisies, ou Livre d'exemples tirés de l'Écriture et des auteurs ecclésiastiques, avec quelques réflexions morales. *Paris, Desprez,* 1718. — Nouv. édit. (revue et augm. par PACCORI). *Paris, le même,* 1747, 1758, in-12.

Le nom de Génevaux se trouve à la suite du privilége dans les anciennes éditions ; mais les nouvelles sont tout-à-fait anonymes.   *Barb.*

GENÈVE (Cl.-Fr. de), prêtre, attaché à la cour de Victor-Amé II ; né à Thonon.

— Abrégé de l'histoire des quatre monarchies et des dignités romaines. *Turin,* 1716.

— Catalogue historique du vieux et du nouveau Testament et des auteurs célèbres qui ont écrit l'histoire ecclésiastique, grecque et latine. *Turin,* 1707.

— Recueil historique et géographique sur le royaume de Sicile. *Turin,* 1714.

— Relation du couronnement de Victor Amé II à Palerme, en 1713.

On doit aussi à cet ecclésiastique une carte du diocèse de Genève, publ. en 1720.

GÉNÉVOIS. Procès (le) de Louis XVI, réduit à ses vrais termes. 1792, in-8.

GÉNIN (J.-L.), professeur de rhétorique à Paris.

On lui doit les traductions, du grec, des Discours de Flavien et de Libanus (1826), voy. FLAVIEN, et de Lettres de saint Basile-le-Grand, saint Grégoire de Nazianze, etc. (1827). Voy. BASILE (S.).

GENISSET (F.-J.), ex-professeur de seconde au collége de Dôle.

— Examen oratoire des Églogues de Virgile, à l'usage des lycées et autres écoles. *Paris, Lefort,* 1801, in-8 de 320 pag., 4 fr. 50 c., et pap. vél., 8 fr.

GENLIS (Stéphanie-Félicité DUCREST DE SAINT-AUBIN, comtesse de), et depuis marquise de SILLERY, ex-gouvernante des enfants du duc d'Orléans; l'une des plus fécondes femmes auteurs de ce siècle; née à Champcéri, petit village près d'Autun en Bourgogne, en 1746.

— Adèle et Théodore, ou Lettres sur l'éducation, contenant tous les principes relatifs aux trois différents plans d'éducation. *Paris, Lambert,* 1782, 3 vol. in-8, 12 fr.; et 3 vol. in-12, 7 fr. 50 c.

Réimpr. à Hambourg, en 1783, 3 vol. in-8 ; à Maëstricht, en 1784, 3 vol. in-12; à Paris, en 1785 et 1789, 3 vol. in-8; à Londres, en 1792, et de nouveau à Paris, pour Maradan, 1798, 1802,

1804, 1813, 3 vol. in-12, et pour Lecointe et
Durey, 1822, 1827, 4 vol. in-12, 10 fr.

Pour une suite, voy. à la Table des Anonymes :
Essais sur l'éducation des hommes, etc.

— Almanach de la jeunesse, en vers et en
prose. *Paris, Alphonse Giroux*, 1819,
in-18 de 72 pag., orné de 12 grav., 5 fr.

— Alphonse, ou le Fils naturel. *Paris,
Maradan*, 1809, in-8, 5 fr.; ou 2 vol. in-12,
5 fr.

Réimp. à Paris en 1819, pour le même libraire, et
en 1824, pour MM. Lecointe et Durey, 2 vol.
in-12.

« Alphonse est un des romans de madame de Genlis les plus faibles. »

— Alphonsine, ou la Tendresse maternelle.
Paris, le même, 1806, 2 vol. in-8, 10 fr.;
ou 3 vol. in-12, 7 fr. 50 c.

La cinquième édit. a été publ. en 1825. Paris,
Lecointe et Durey, 4 vol. in-12.

— Annales de la vertu, ou Histoire universelle, iconographique et littéraire, pour
servir à l'éducation de la jeunesse, et à
l'usage des artistes et des littérateurs.
Paris, le même, 1802, 3 vol. in-8, 18 fr.;
ou 5 vol. in-12, 12 fr. 50 c.

Réimpr. à Paris en 1812 et 1819, pour le même
libraire, et en 1826, pour MM. Lecointe et Durey,
5 vol. in-12.

Deux éditions antérieures à celles que nous venons de citer ont paru sous ce titre : Annales de la
vertu, ou Cours d'histoire à l'usage des jeunes personnes. Paris, 1781, 2 vol. in-8; Maëstricht, 1785,
3 vol. in-12.

— Arabesques mythologiques, ou les Attributs de toutes les divinités de la fable ;
en 78 planch. gravées d'après les dessins
coloriés de madame de Genlis. Le texte
contenant l'histoire des faux dieux, de leur
culte, le détail des cérémonies religieuses,
etc.; précédé d'un Discours sur la mythologie en général et particulièrement sur
l'influence que dut avoir le paganisme sur
le caractère, les mœurs et la littérature
des anciens Grecs et des Romains. Ouvrage
fait pour servir à l'éducation de la jeunesse.
Paris, Ch. Barrois, 1810, 2 vol. in-12,
8 fr.; et en pap. vélin tiré format in-8,
avec les figures coloriées d'après les dessins
originaux de l'auteur, cartonnés à la Bra-
del, 72 fr.

Cet ouvrage a été contrefait à Leipzig et à Vienne
(en Autriche) en 1811. Ces deux contrefaçons
sont in-8.

— Athées (les) conséquents, ou Mémoires
du commandeur de Linanges. *Paris, Trouvé*, 1824, in-8, 6 fr.

— Battuécas (les). *Paris, Maradan*, 1814,
1816, 1817, 2 vol. in-12, 4 fr.

— Bélisaire. *Paris, le même*, 1808, in-8,
4 fr.; ou 2 vol. in-12, 4 fr.

Réimpr. à Paris, en 1824, pour MM. Lecointe
et Durey, 2 vol. in-12, 5 fr.

« Madame de Genlis, dit Chénier, a tiré de l'his-
« toire plusieurs traits du Vandale Gélimer, qu'elle
« a rendu plus brillant que son personnage princi-
« pal; mais, on est obligé de l'avouer, soit pour la
« composition, soit pour les détails, soit pour la
« couleur et l'harmonie du style, la supériorité de
« l'ancien Bélisaire est très-marquée, surtout dans
« ce quinzième chapitre qui valut jadis à Marmon-
« tel des anathèmes frivoles, d'éphémères censures,
« et des éloges que ratifiera la postérité. »

Un anonyme a publié : *l'Ombre de Marmontel à
madame de Genlis, ou Critique raisonnée d'un nouveau
roman de Bélisaire.* Paris, 1808, in-8 de 31 pag.

— Bergères (les) de Madian, ou la Jeunesse de Moïse, poëme en prose en VI
chants. *Paris, Galignani*, 1812, in-12, 3 fr.
50 c., ou in-18, 2 fr. 50 c.

Réimprimées à Paris, en 1821, pour Maradan,
in-18.

— Botanique (la) historique et littéraire,
contenant tous les traits, toutes les anecdotes et les superstitions relatives aux fleurs
dont il est fait mention dans l'Histoire
sainte et profane, et des détails sur quelques plantes singulières, ou qui portent les
noms de personnages célèbres, et sur celles
qui servent aux cultes religieux et dans les
cérémonies civiles des divers peuples et
des sauvages; avec les devises, les proverbes,
etc., auxquels les végétaux ont donné lieu;
suivie d'une Nouvelle intitulée : les Fleurs,
ou les Artistes. *Paris, Maradan*, 1810,
in-8, 5 fr., ou 2 vol. in-12, 4 fr.

— Chevaliers (les) du Cygne, ou la Cour
de Charlemagne, conte historique et moral,
pour servir de suite aux « Veillées du château », et dont tous les traits qui peuvent
faire allusion à la révolution française,
sont tirés de l'histoire. *Hambourg*, 1795,
3 vol. in-8.

Réimpr. à Paris, pour Maradan, en 1805, 3 vol.
in-8, 12 fr.; en 3 vol. in-12, 7 fr. 50 c.; et de nouveau en 1811 et 1819, 3 vol. in-12.

Ce roman est un de ceux de madame Genlis où l'on
a remarqué plus de défauts. Il en existe aussi une
critique, sous le titre d'*Examen critique et impartial
du roman de madame de Genlis, intitulé* : les Chevaliers
du Cygne, 1795, in-8. « On aime assez Olivier, son
« fidèle Ysemhart, la tendre et douce Béatrix, du-
« chesse de Clèves; mais, dit Chénier, le caractère
« et les aventures cyniques d'Armoflède, princesse
« du sang de Charlemagne, repoussent tout lecteur
« qui a quelque respect pour les dames, pour la
« décence et pour le goût. »

— Comte (le) de Corke, etc., ou la Séduction sans artifice ; suivi de sept Nouvelles.
IVᵉ édit. *Paris, Maradan*, 1819, 2 vol.
in-12, 4 fr.

La première édition est de 1805, 2 vol. in-12.

— Contes (nouv.) moraux et Nouvelles
historiques. *Paris, le même*, 1802-03, 4 vol.
in-8, 24 fr.; ou 6 vol. in-12, 15 fr.

Réimpr. à Paris, en 1815 et 1819, pour le même libraire.

Ces contes, qui parurent d'abord successivement dans la nouv. Bibliothèque des romans, sont : Tom. Ier : les Deux Réputations ; conte par lequel madame de Genlis a commencé à décharger sa bile contre Voltaire, les philosophes du XVIIIe siècle et les encyclopédistes. — Daphnis et Pandrose, ou les Oréades. — le Palais de la Vérité. Tom. II : le Malencontreux, ou Mémoires d'un émigré, pour servir à l'histoire de la révolution française. — le Mari instituteur. — l'Apostasie, ou la Dévote. — la Nouvelle Poétique, ou les Deux Amants rivaux de gloire.—les Hermites des marais Pontains. — le Jupon vert. — les Préventions d'une femme. Tom. III : le Journaliste. — la Femme auteur. — la Princesse des Ursins. — l'Amant dérouté. — le Bonhomme. — Mademoiselle de Clermont. Tom. IV : les Fleurs funéraires, ou la Mélancolie et l'Imagination. — le Château de Kolméras. — Dialogues entre deux hommes de lettres. — la Femme philosophe, nouvelle, imitée de l'anglais, de Ch. Lloyd. — les Artisans philosophes. — les Réunions de famille. — les Rencontres. Tom. V : Lindane et Valmire. — Pamrose, ou le Palais et la Chaumière. — le Philosophe pris au mot, ou le Mari corrupteur. — Nourmahal, ou le Règne de vingt-quatre heures ; histoire orientale. — le Surveillant visible et caché, ou l'Amour et l'Amitié. — l'Heureuse hypocrisie. Tom. VI : Arthur et Sophronie, ou l'Amour et le Mystère. — l'Épouse impertinente par air. — le Saphir merveilleux, ou le Talisman du bonheur. — Pygmalion et Galatée, ou la Statue animée depuis vingt-quatre heures, com. en un acte. — la Cloison, com. en un acte, qui se trouve aussi dans le 2e vol. du Théâtre de société.

— Contes, Nouvelles et Historiettes, par madame la comtesse de GENLIS, madame la comtesse de BEAUFORT-d'HAUTPOUL, madame DUFRESNOY, M. L. C. L. (LABLÉE) etc. Paris, Arthus Bertrand, 1819, 2 vol. in-12, avec 7 grav., 6 fr.

— Dernier (le) voyage de Nelgis, ou Mémoires d'un vieillard. Paris, Roux ; Delaunay, etc., 1828, 2 vol. in-8, 12 fr.

Nelgis est, comme on n'a pas manqué de le remarquer, l'anagramme de Genlis. Ce sont alors les Mémoires sur le beau-frère de l'auteur.

—Dictionnaire critique et raisonné des étiquettes de la cour, des usages du monde, etc., contenant le tableau de la cour, de la société et de la littérature au XVIIIe siècle, etc. Paris, Mongie aîné, 1818, 2 vol. in-8, 12 fr.

D'excellents ouvrages sur l'éducation, et des romans écrits, si l'on en excepte quelques-uns, avec une grande délicatesse, ont acquis une brillante réputation à madame la comtesse de Genlis : mais cette portion de gloire ne lui a pas paru suffisante. Il y a plus de quarante ans qu'elle a déclaré la guerre aux philosophes du XVIIIe siècle : elle a cru sans doute leur porter le dernier coup par son Dictionnaire crit. et raisonné des étiquettes de la cour, qu'elle aurait dû plutôt intituler «Dictionnaire anti-philosophique», puisqu'elle tâche d'y réfuter en mille endroits le «Dictionnaire philosophique» de Voltaire et les ouvrages philosophiques du XVIIIe siècle. Qu'y voit-on cependant ? la révélation de quelques préventions et de quelques imprudences : cela doit-il étonner ? ces grands hommes n'en étaient pas moins

des hommes, sujets comme nous aux faiblesses de l'humanité. Nous n'examinerons pas jusqu'à quel point madame la comtesse de Genlis, dont plusieurs faits et dits ont été vertement censurés par ses contemporains, a le droit d'être aussi tranchante. Nous nous bornerons à la question : Madame de Genlis exerce-t-elle la critique avec justesse ?

Si l'on en croit madame de Genlis, au mot Fables, « les littérateurs du dernier siècle n'étaient nulle-« ment laborieux ; jamais hommes de lettres, avec « de la célébrité, n'ont eu moins d'érudition et « n'ont été plus superficiels. » Quand on reproche si amèrement à d'autres le défaut d'érudition, on doit prouver qu'on a fait soi-même de sérieuses études et qu'on n'a jamais rien avancé sans consulter les sources. Si la critique apprécie d'après ce principe les diatribes de madame de Genlis contre les philosophes modernes, elle prouvera aisément que jamais peut-être aucun auteur ne s'est montré plus étranger à la saine et véritable érudition : elle fera remarquer d'abord que les lectures habituelles de madame de Genlis ont été des compilations alphabétiques, tels que les Dictionnaires histor., etc. De tels ouvrages n'ont pu donner une véritable érudition à madame de Genlis, et l'ont fait au contraire tomber dans les plus étranges bévues ; aussi, quand elle veut faire des citations, madame de Genlis montret-elle l'ignorance la plus honteuse et la plus risible. Par exemple : 1° on lit, à la page 48 de ses Dîners, un pompeux éloge d'un ouvr. intitulé « l'Accord parfait de la nature, de la raison, de la révélation et de la politique » : « Si cet ouvrage, dit madame de « Genlis, eût eu la réputation qu'il devait avoir, « il eût servi de préservatif contre le système philo-« sophique moderne. » Quelle est donc cette production si vantée par madame de Genlis ? D'abord elle a oublié d'insérer dans son titre les mots sur la tolérance, qui donnent une idée juste de l'ouvrage. C'est en effet un long plaidoyer en faveur de la tolérance composé par un protestant, nommé le chevalier de Beaumont (voy. notre tom. Ier). Voltaire en a tiré son petit et judicieux «Traité de la tolérance ». C'est donc par une insigne bévue que « l'Accord parfait » se trouve attribué au très-catholique abbé de Caveyrac dans le Dictionnaire histor. de Chaudon, qui a égaré madame de Genlis ; cette méprise ne se trouve pas dans la Biographie univ. ; elle y est même redressée avec étendue. Dans le même article, madame de Genlis ajoute une autre méprise à celle-ci, lorsqu'elle prétend que la Dissertation sur le massacre de la Saint-Barthélemi a été jointe par l'auteur à un « Mémoire sur le mariage des protestants» : on ne la trouve qu'à la suite de l'ouvrage intitulé « Apologie de Louis XIV et de son conseil sur la révocation de l'édit de Nantes.

Dans d'autres articles, les noms de beaucoup d'auteurs sont défigurés par les fautes d'orthographe les plus grossières ; quelques-uns sont confondus avec d'autres de la manière la plus étrange : ainsi, par exemple, elle attribue au P. La Chaise, confesseur du roi, une Vie de saint Louis, qui est de M. Filleau de La Chaise (tom. II, p. 99).

Madame de Genlis adopte la fabuleuse anecdote relative à Jean Hennuyer, évêque de Lizieux, si bien réfutée dans la Biographie universelle (ibid., pag. 96.)

A la page 110 du même volume, elle appelle un volumineux ouvrage le Moreri tel que le publia son premier auteur, d'après les recherches de Gaillard de Long-Jumeau, évêque d'Apt. Elle ignore donc que la première édition n'avait qu'un volume au lieu des dix qui composent aujourd'hui cet ouvrage.

A la page 113, elle nomme Hilaire de Costa le P. Hilaire de Coste, minime.

Le Dictionnaire de M. Chaudon est encore cause que madame de Genlis attribue au S. Colomme, barnabite, un Plan raisonné d'éducation publique, qui est d'un S. Coulomb, laïque. Cette méprise se trouve aussi dans la *Biographie universelle*.

A l'article *Révolution*, on ne peut s'empêcher de rire en voyant madame de Genlis présenter Condorcet comme empressé à *traduire de nouveau, de l'allem. en français*, les Lettres d'Euler à une princesse d'Allemagne, sur la physique, etc., que leur célèbre auteur a écrites lui-même en mauvais français. Elle invite à comparer la nouvelle traduction avec la première, faite par un littérateur de bonne foi. Si madame de Genlis eût pris elle-même la peine de comparer ensemble les anciennes éditions de ces Lettres avec celle dans laquelle Condorcet s'est permis quelques retranchements, elle se serait épargné le ridicule de citer une traduction qui n'existe que dans son imagination.

Enfin madame de Genlis a mis si peu d'attention à recueillir les notes qui composent sa nouvelle compilation, qu'on y trouve beaucoup d'anecdotes répétées jusqu'à trois fois.

Nous concluons donc, d'après ces fautes et d'autres aussi graves, que madame la comtesse de Genlis n'a point les qualités requises pour réfuter des écrivains renommés par leur génie, leurs talents et leur esprit : aussi le public a-t-il fait justice de ses diatribes.

— Diners (les) du baron d'Holbach, dans lesquels se trouvent rassemblés, sous leurs noms, une partie des gens de la cour et des littérateurs les plus remarquables du xviiie siècle. *Paris, Trouvé*, 1822, in-8, 7 fr.

— Discours sur l'éducation de Msr le Dauphin, et sur l'adoption. *Paris, Onfroy*, 1790, in-8.

— Discours sur l'éducation publique du peuple. 1791, in-8.

— Discours sur la suppression des couvents des religieuses, et sur l'éducation publique des femmes. 1790, in-8.

— Discours sur le luxe et l'hospitalité, considérés sous leurs rapports avec les mœurs et l'éducation nationale. 1791, in-8.

— Discours moraux et politiques sur divers sujets, et particulièrement sur l'éducation. *Paris, Maradan*, 1797, in-8, 4 fr. 5o c.; ou in-12, 2 fr. 5o c.

C'est la réunion des discours précédents.

— Duchesse (la) de la Vallière. *Paris, le même*, 1804, in-8, 5 fr.; pap. vél., 10 fr.; ou 2 vol. in-12, 5 fr. — XIe édit. *Paris, Lecointe et Durey*, 1823, 2 vol. in-12, 5 fr.

— Emploi (de l') du temps. *Paris, Arthus Bertrand*, 1823, in-8, 6 fr.; ou 1824, in-12, 3 fr.

— Épitre à l'asile que j'aurai; suivie de deux fables; du chant d'un jeune sauvage; de l'épitre à Henriette Sercey, ma nièce, et des Réflexions d'un ami des talents et des arts. *Hambourg*, 1796, in-8.

— Étrennes politiques pour 1828 : Lettre au duc d'Orléans, etc., ou Profession de foi politique, etc. *Paris, Émile Babeuf*, 1828, in-8 de 16 pag.

C'est la lettre datée de Silk, pays d'Holstein, le 28 février 1796, destinée d'abord à être insérée dans les papiers publics, et imprimée à la suite du Précis de la conduite de madame de Genlis, depuis la révolution. In-12, sans date, mais qui doit être de 1796.

— *Étude du cœur humain, suivie de Cinq premières Semaines d'un Journal écrit sur les Pyrénées. *Paris, Maradan*, 1805, in-12, 2 fr. 5o c.

— Examen critique de l'ouvrage intitulé: «Biographie universelle.» *Paris, le même*, 1811-12, 2 part. in-8, 3 fr. 5o c.

— Feuille (la) des gens du monde, ou le Journal imaginaire. *Paris, Eymery*, 1812, in-8, 6 fr.

— Herbier moral, ou Recueil de fables nouvelles et autres poésies fugitives. *Paris, Maradan*, 1801, in-8 de 229 pag., 3 fr., ou in-12, 2 fr.

La prem. édit. parut en 1799, in-12.

— Hermites (les) des marais Pontins. *Paris, le même*, 1814, in-18 de 36 pag.

Imprimés antérieurement dans la «Nouvelle Bibliothèque des romans», et plus tard dans les Contes moraux de l'auteur.

— Heures (nouv.) à l'usage des enfants depuis l'âge de cinq ans jusqu'à douze. *Paris, le même*, 1801, 1816; ou *Paris, Lecointe et Durey*, 1825, in-18, 1 fr. 20 c.; pap. vél. 2 fr. 40 c.

— Histoire de Henri-le-Grand. *Paris, Maradan*, 1815, 2 vol. in-8, 12 fr., et pap. vél., 24 fr.; ou 1816, 2 vol. in-12, 6 fr.

— Inès de Castro, novela sacada de la historia de Portugal, escrita en frances etc., y traducida al castellano por D.*** *Paris, Wincop*, 1828, 2 vol. in-18.

Traduction d'une des deux Nouvelles des *Tableaux de M. le comte Forbin* (voy. plus bas).

— Influence (de l') des femmes sur la littérature française, comme protectrices des lettres et comme auteurs, ou Précis de l'histoire des femmes françaises les plus célèbres. *Paris, Maradan*, 1811, in-8, 6 fr., ou 2 vol. in-12, 5 fr.

Réimpr. en 1826. (Paris, Lecointe et Durey, 2 vol. in-12, 5 fr.).

Il y a de cet ouvrage une édit. publiée à Londres, sous le titre d'*Histoire des femmes françaises*, 2 vol. in-12.

— Jeanne de France, nouvelle historique. *Paris, le même*, 1816, 1818, 2 vol. in-12, 4 fr.

L'édit. de 1818 est la troisième, car en 1816 on en donna une seconde avec des changements et des additions.

— Jeux (les) champêtres des enfants et de l'île des Monstres, conte de fées, pour

faire suite aux Veillées du château. *Paris,*
A. Marc, 1821 , in-12, 4 fr., fig. color.,
8 fr.; et pap. vél., fig. color., 12 fr.

— La Bruyère (le) des domestiques, précédé de Considérations sur l'état de domesticité en général, et suivi d'une Nouvelle.
Paris, Victor Thiercelin ; Ponthieu, 1827 ,
in-8, ou 2 vol. in-12, 8 fr.

— Leçons d'une gouvernante à ses élèves,
ou Fragments d'un Journal qui a été fait
pour l'éducation des enfants d'Orléans.
Paris, 1791 , 2 vol. in-8, et 2 vol. in-12.

— Madame de Maintenon, pour servir de
suite à l'histoire de la duchesse de La Vallière. *Paris, Maradan,* 1806, in-8, 5 fr. ;
pap. vél., 10 fr. ; ou 2 vol. in-12, 4 fr.

Une sixième édit. a été publiée à Paris en 1826.
(Paris, Lecointe et Durey, 2 vol. in-12, 5 fr.).

— Mademoiselle de Clermont, nouvelle
historique. *Paris, le même,* 1802, 1811,
1813, in-18, avec un portr. 1 fr. 25 c.; et
avec 4 grav., 3 fr.; et pap. vél. 5 fr.

Réimpr. en 1818 , in-18, par le même libraire,
et en 1827, pour MM. Werdet et Lequien, in-32,
pour leur *Collection des meilleurs romans français :* 3 f.
Imprimé d'abord dans la Nouvelle Bibliothèque
des romans, puis dans les *Contes moraux* de l'auteur.

« Un roman fort joli d'un bout à l'autre , c'est
« *Mademoiselle de Clermont;* la brièveté en est le moin-
« dre mérite. Les caractères de la princesse, de son
« frère M. le duc, et de son amant le duc de Melun ,
« sont tracés avec une vérité charmante. Là , ajoute
« Chénier, ni incidents recherchés, ni déclamations
« prétendues religieuses ; action simple, style na-
« turel , narration animée, intérêt toujours croissant,
« voilà ce qu'on y trouve. On croirait lire un ou-
« vrage posthume de madame de La Fayette.»

— Luisa de Clermont, novela historica,
escrita en francès, traducida al castellano
por D. J. C. PAGÈS, interprete real. *Paris ,*
Va de Wincop, 1824, 1828, in-18, con
laminas, 4 fr.

— La même, sous ce titre : La Senorita
de Clermont , novela historica, escrita en
francès, y traducida al castellano, por P.
FERRER. *Bordeaux, Lawalle le jeune,* 1825,
in-18.

— Mademoiselle de La Fayette, ou le
Siècle de Louis XIII. *Paris, Maradan,*
1813 , in-8, 5 fr., ou 2 vol. in-12, 4 fr.

Réimpr. en 1815, 1816 et 1821, pour le même libraire, en 2 vol. in-12.

— Maison (la) rustique, pour servir à l'é-
ducation de la jeunesse, ou Retour en
France d'une famille émigrée ; ouvrage où
l'on trouve toutes les instructions nécessaires pour bâtir une maison de campagne,
pour la meubler, pour y établir une chapelle, une bibliothèque, un laboratoire, un
cabinet d'histoire naturelle, un jardin de
plantes usuelles, etc., et tous les détails
relatifs à la bâtisse d'une ferme, à l'écono-

mie domestique , et à tous les genres de
culture. *Paris, le même,* 1810, 3 vol. in-8,
18 fr.; ou *Paris, Lecointe et Durey ,* 1826,
4 vol. in-12, 12 fr.

— Manuel du voyageur, contenant les
expressions les plus usitées en voyage et
dans les différentes circonstances de la vie,
en 4 langues, anglaise, allemande, française, italienne. *Breslau,* 1807, in-8, ou
Leipzig, 1807, in-24.

La prem. édit. est de Berlin, 1798 , sous ce titre :
Manuel du voyageur, ou Recueil de dialogues, de
lettres, etc., avec trad. allem. , in-8.
Ce *Manuel* a été souvent réimp. en Allemagne en
quatre et en six langues : il l'a été aussi fréquemment en France, entre autres en six langues. Paris,
pour Théoph. Barrois, 1810 , in-8 oblong, 7 fr. 50 c.

— Mémoires inédits sur le XVIIIe siècle
et la révolution française , depuis 1756
jusqu'à nos jours. *Paris, Ladvocat,* 1825,
10 vol. in-8, 70 fr.

Jamais Mémoires , dit le Dictionnaire des gens de
lettres vivants, par un descendant de Rivarol , ne
furent plus mémoires. C'est un compte d'apothicaire,
c'est-à-dire qu'il est enflé à l'avantage de celui qui
tire à son profit une somme d'éloges, de gloire, que
chacun pourra, sans être accusé de parcimonie,
réduire à vingt pour cent.
Bien que madame de Genlis eût à raconter quatre-
vingts ans d'une vie très-active et pleine de vicissitudes comme de travaux, elle n'a pu parvenir jusqu'au tom. Xe qu'en grossissant sa narration d'une
foule d'extraits de ses lectures , bénévolement inter-
calés au jour le jour au milieu de ses souvenirs.
Le VIIIe vol. des Mémoires proprement dits est terminé par les *Opinions littéraires de madame de Genlis,*
et par une *romance* en cent cinq couplets *sur la Bota-*
nique. Les IXe et Xe vol. contiennent les Souvenirs
de Félicie , une Correspondance de deux jeunes
amis, le Médecin , l'Anglomane , et cent vingt-sept
articles du Dictionnaire critique et raisonné des étiquettes, impr. en 1818 , et qui a 296 articles. Les
souscripteurs aux Mémoires de madame de Genlis
ont cru que c'était trop, et se sont plaints que leur
bonheur passait leur espérance.
Il y a des exempl. pour lesquels le libraire-éditeur a fait une seconde édit. des frontispices.
Les productions de madame de Genlis manquent
surtout de verve et d'abandon. Une teinte prononcée de pédanterie est répandue comme un glacis fâcheux sur toutes ses pages. Elle n'échappe à ce défaut que dans la satire. Là ses inspirations sont
vraies, ses touches franches et vives. Elle n'embellit
pas, elle n'ennoblit pas ses portraits ; mais elle accuse, avec une exactitude piquante, toutes les pau-
vretés du modèle. Aussi de tous les ouvrages de
madame de Genlis , les *Souvenirs de Félicie* et ses
Mémoires, si l'on en excepte les derniers volumes,
sont-ils de beaucoup les plus amusants.

— Mères (les) rivales, ou la Calomnie.
Paris, Maradan ; Henrichs, 1800, 4 vol.
in-8, 9 fr. ; papier fin, 12 fr., ou 4 vol.
in-12, 6 fr.; ou *Berlin et Paris, Barba ,*
1800, 4 vol. in-18, 4 fr., et 3 vol. in-8.

Réimpr. depuis en 3 vol. in-12. La dernière édit.
est la septième. (Paris, Lecointe et Durey, 1825, 4
vol. in-12, 10 fr.).

— Méthode (nouv.) d'enseignement pour
la première enfance , contenant l'explica-

tion de la méthode pour les instituteurs, des modèles de composition, etc. *Paris, Maradan*, an x (1802), in-8, 4 fr. 50 c.; ou in-12, 2 fr. 50 c.

Une autre édition a été imprimée la même année à Besançon, chez Métoyer aîné, en un vol. in-12.

— Monuments (les) religieux, ou Description critique et détaillée des monuments religieux, tableaux et statues des grands maîtres, gravures sur pierre et sur métaux, ouvrages d'orfévrerie, etc., qui se trouvent maintenant en Europe et dans les autres parties du monde. *Paris, le même*, 1805 in-8, 6 fr.; et pap. vél., 10 fr.

— Nouvelles. *Paris*, 1804, in-12.

— Nouvelles (six) morales et religieuses. *Paris, L. Janet*, 1821, in-12, avec 5 jolies gravures, 4 fr.

— Observations critiques pour servir à l'histoire littéraire du xixe siècle; ou Réponse de madame de Genlis à M. T. et N. L. etc., sur les critiques de son dernier ouvrage intitulé: De l'Influence des femmes sur la littérature française, comme protectrices des lettres et comme auteurs. *Paris, Maradan*, 1811, in-8 de 104 pag., 1 fr. 80 c.

— Palmire et Flaminie, ou le Secret. *Paris, le même*, 1821, 2 vol. in-8, 9 fr.; ou 2 vol. in-12, 5 fr.

— Parvenus (les), ou les Aventures de Julien Delmours, écrites par lui-même. *Paris, Ladvocat*, 1819, 2 vol. in-8, 12 fr.; ou 3 vol. in-12, 10 fr.

L'édition in-12 a été réimprimée la même année.
— IVe édit. Paris, Lecointe et Durey, 1824, 3 vol. in-12.

« Madame de Genlis fut imbue de très-bonne heure de l'idée que ce qu'on appelait alors *naissance* était la première condition d'une existence honorable. Aussi nous apprend-elle qu'à l'âge de douze ans, ayant inspiré une passion très-vive à un adolescent qui en avait dix-huit, mais qui n'était que le fils d'un médecin, le premier sentiment que la jeune comtesse, alors chanoinesse, éprouva, lorsqu'il lui eut révélé l'existence de l'amour qu'elle avait fait naître, ne fut que de l'indignation. Elle ne pouvait concevoir qu'un roturier osât l'aimer! Il était impossible d'être infecté plus complétement et de meilleure heure de gentilhommerie et de pédantisme. Dans les Aventures de Julien, madame de Genlis, en y retraçant cette circonstance de sa vie, y a reproduit toutes les idées dont elle était imbue dès sa plus tendre jeunesse. »

— Petit (le) La Bruyère, ou Caractères et Mœurs des enfants de ce siècle. Ouvrage fait pour l'adolescence, suivi d'une seconde partie contenant un Recueil de pensées diverses, offert à la jeunesse. Nouv. édit., rev., corr. et augm. de plusieurs chapitres entièrement nouveaux. *Paris, Maradan*, an ix (1801), in-8 de 300 pag., 3 fr. 60 c.

— IIIe édit. *Paris, le même*, 1811, in-12, 2 fr. 50 c.

Réimpr. à Paris en 1824, pour MM. Lecointe et Durey, in-12.

— Petits (les) émigrés, ou Correspondance de quelques enfants. Ouvrage fait pour servir à l'éducation de la jeunesse. 1798, 2 vol. in-8; et 2 vol. in-12.

Une septième édition a été publiée en 1824. (Paris, Lecointe et Durey, 2 vol. in-12, 6 fr.).

— Pétrarque et Laure. *Paris, Ladvocat*, 1819, in-8, 6 fr.; ou 2 vol. in-12, 5 fr.

Réimpr. à Paris en 1825. (Paris, Lecointe et Durey, 2 vol. in-12, 5 fr.)

— Pièces tirées de l'Écriture - Sainte. *Genève*, 1787, in-8.

— Précis de ma conduite pendant la révolution. *Hambourg*, 1796, in-8 et in-12.

— Prières, ou Manuel de piété, proposé à tous les fidèles, et particulièrement aux jeunes personnes et aux maisons d'éducation, etc. Nouv. édit., rev. et augm. *Paris, Maradan*, 1821, in-12 avec 4 fig., 5 fr.

— Prisonniers (les), contenant six Nouvelles, et une Notice historique sur l'amélioration des prisons; ouvrage fait pour les prisonniers, et pour les personnes qui les visitent. *Paris, Arthus Bertrand*, 1824, in-8 avec 2 pl., 6 fr., ou in-12, 3 fr.

— Projet d'une école rurale pour l'éducation des filles. *Paris*, an x (1802), in-8.

— Religion (la) considérée comme l'unique base du bonheur et de la véritable philosophie. Nouv. (3e) édition. *Paris, Maradan*, 1816, in-12, 3 fr.

Les deux prem. édit. sont de 1787, in-8.

— Siège (le) de la Rochelle, ou le Malheur et la Conscience. *Paris, le même*, 1808, in-8, 5 fr., ou 2 vol. in-12, 5 fr.

La dernière édition, la huitième au moins, est de 1820. (Paris, Lecointe et Durey, 2 vol. in-12, 5 fr.).

— Sinclair, ou la Victime des sciences et des arts. Nouvelle. *Paris, le même*, 1808, in-18 de 133 pag., 1 fr. 25 c.

Un anonyme a publié en 1809, pour faire suite à cette nouvelle : « Hortense, ou la Victime des romans et des voyages. *Catal. de Pluchart, de Saint-Pétersbourg.*

— Soupers (les) de la maréchale de Luxembourg. *Paris, Roux; Ponthieu*, 1828, in-8, 7 fr. 50 c.

Réimpr. la même année, aussi in-8.

— Souvenirs de Félicie L***. *Paris, Maradan*, 1804, un vol. — Suite. *Paris, le même*, 1807, un vol., en tout 2 vol. in-12, 5 fr.

L'un et l'autre de ces volumes a eu plusieurs éditions.
La dern. édit. est de 1827. (Paris, Lecointe et Durey, 2 vol. in-12, 6 fr.)

— Tableaux (les) de M. le comte de Forbin, ou la Mort de Pline l'ancien, et Inès de Castro, nouvelles historiques. *Paris, le même,* 1817, in-8 avec deux gravures, 5 fr.

Réimpr. sous ce titre : *Inès de Castro, nouvelle suivie de la mort de Pline l'ancien.* Paris, Lecointe et Durey, 1826, in-12, 3 fr.

— Théâtre à l'usage des jeunes personnes, ou Théâtre d'éducation. *Paris,* 1779-80, 4 vol. in-8 et 4 vol. in-12; ou 1785, 5 vol. in-12.

Réimpr. à Berlin, en 1795, 4 vol. in-8 ; et de nouveau sous le titre de *Théâtre d'éducation.* Paris, 1799; Paris, Maradan, 1813; Paris, Lecointe et Durey, 1825, 5 vol. in-12, 12 fr. 50 c.

Ces cinq volumes contiennent trente pièces en prose, qui sont : Tom. Ier : la Mort d'Adam, tragédie en 3 actes (en prose), imitée de l'allemand (de Klopstock). Dans les premières éditions du Théâtre d'éducation, madame de Genlis avait fait imprimer à la suite de cette pièce celle de Klopstock, de la traduction de Friedel; mais elle a été supprimée dans les éditions nouvelles. — Agar dans le désert, com. en un acte. — Isaac, com. en 2 actes. — Joseph reconnu par ses frères, com. en 2 actes. — Ruth et Noémi, com. en 2 actes. — la Veuve de Sarepta, ou l'Hospitalité récompensée, com. en un acte. — le Retour du jeune Tobie, com. en un acte : ce premier volume formait, dans les premières éditions, un *Théâtre saint :* il y a même des exempl. qui portent ce titre. Tom. II : la Colombe, com. en un acte. — la Belle et la Bête, com. en 2 actes. — les Flacons, com. en un acte. — l'Ile heureuse, com. en 2 actes. — l'Enfant gâté, com. en 2 actes. — la Curieuse, com. en 2 actes. — les Dangers du monde, com. en 3 actes. Tom. III : l'Aveugle de Spa, com. en un acte. — Cécile, ou le Sacrifice de l'amitié, com. en un acte. — les Ennemis généreux, com. en 2 actes. — la Bonne Mère, com. en 3 actes. — l'Intrigante, com. en 2 actes. Tom. IV : le Bal d'enfants, ou le Duel. — le Voyageur, com. en 2 actes. — Vathek, com. en 2 actes. — les Faux amis, com. en 2 actes. — le Magistrat, com. en 3 actes. Tom. V : la Rosière de Salency, com. en 2 actes. — la Marchande de modes. — la Lingère, com. en 2 actes. — le Libraire, com. en un acte. — Le vrai Sage, com. en 2 actes. — le Portrait, ou les Rivaux généreux, com. en 3 actes.

— Théâtre de société. *Paris, Lambert,* 1781, 2 vol. in-8 et 2 vol. in-12; *Suisse,* 1782, 2 vol. in-8; *Genève,* 1781, 2 vol. in-12; *Paris,* 1782, 2 vol. in-18.

Réimpr. à Paris, pour Maradan, en 1811, 2 vol. in-8, 10 fr., ou 2 vol. in-12, 5 fr.; et pour Lecointe et Durey, en 1823, 2 vol. in-12, 5 fr.

La première édition, celle de 1781, est anon. Ce recueil contient huit pièces en prose, savoir : la Mère rivale, com. en 5 actes. — l'Amant anonyme, com. en 5 actes. — les Fausses délicatesses, com. en 3 actes : ces trois pièces ont été imp. d'abord dans le 9e vol. du « Parnasse des Dames françaises ». — la Tendresse maternelle, com. en un acte. — la Cloison, com. en un acte : cette pièce est aussi imprimée dans le 6e vol. des *Contes moraux* de l'auteur. Tom. II : la Curieuse, com. en 5 actes. — Zélie, ou l'Ingénue, com. en 5 actes. — le Méchant par air, com. en 5 actes.

Le 6e volume des *Contes moraux* de l'auteur contient encore une comédie en un acte, intitulée : *Pygmalion et Galatée, ou la Statue animée.* Une autre

pièce de madame de Genlis, intitulée : *J. J. Rousseau dans l'île de Saint-Pierre,* drame en 5 actes, composée en 1790, n'a été imprimée ni dans l'un ni dans l'autre de ces deux recueils dramatiques.

« Mille comédies comme celles de madame de « Genlis, a dit Cérutti, ne donneraient pas une bonne « scène. »

— Thérésina, ou l'Enfant de la Providence, nouvelle écrite au profit de cette jeune personne, âgée de 12 ans. *Paris, Ladvocat,* 1826, in-12 de 120 pag., 2 fr. 50 c.

— Veillées (les) de la chaumière. *Paris, Lecointe et Durey,* 1823, in-8, 6 fr., ou 2 vol. in-12, 6 fr.

—* Veillées (les) du château, ou Cours de morale à l'usage des enfants. Par l'auteur « d'Adèle et Théodore. » *Paris, de l'imprim. de Lambert et Baudouin,* 1784, 3 vol. in-8.

Réimpr. à Paris avec le nom de l'auteur. Paris, 1803, 2 vol. in-8, 12 fr., ou 3 vol. in-12, 7 fr. 50 c., et en 1812 et 1820, 3 vol. in-12, et de nouveau, Paris, Lecointe et Durey, 1826, 4 vol. in-12, 10 fr.

— Vie (la) pénitente de madame la duchesse de La Vallière, avec des Réflexions sur la miséricorde de Dieu. Nouv. édit. *Paris, Maradan,* 1807, 1816, in-12; ou *Paris, Galland,* 1824, in-18, portr.; et *Paris, Lecointe et Durey,* 1825, in-12, 3 fr.

— Vœux (les) téméraires, ou l'Enthousiasme. *Paris, Fuchs,* 1799, 3 vol. in-12, 7 fr. 50 c.

Une sixième édition a été publiée en 1826. (Paris, Lecointe et Durey, 3 vol. in-12).

— Voyages (les) poétiques d'Eugène et d'Antonine. *Paris, Maradan,* 1818, in-12, 3 fr.

On trouve dans ce vol. un Voyage à Ermenonville que l'auteur avait déjà donné en 1816, dans son Journal de la jeunesse. Ce n'est point un voyage, encore moins une description des beaux jardins d'Ermenonville, mais une satire contre J.-J. Rousseau, contre le marq. René de Girardin, qui avait offert à ce dernier Ermenonville pour retraite, et qui plus tard fit élever pour lui un tombeau dans ses jardins délicieux; enfin contre le Voyage à l'île des peupliers, par M. Thiéb. de Berneaud. On voit jusque dans les écrits les plus exigus, le penchant irrésistible de madame de Genlis à poursuivre de ses invectives, de son amère dérision et de diffamation, et les philosophes du XVIIIe siècle et leurs admirateurs. En vain madame de Genlis s'évertue-t-elle à prouver la supériorité de son génie, sa bonne foi, la sincérité de sa philosophie, personne n'y croit : on verra que Voltaire, Rousseau, etc., se liront encore plusieurs siècles, tandis que le plus profond oubli ensevelira tant de bons ouvrages de madame de Genlis, sitôt que ces ouvrages auront perdu leur prôneuse. Ah ! injustice, aveuglement de l'esprit humain !

— Zuma, ou la Découverte du quinquina, suivie de la belle Paule, de Zénéide, et des Roseaux du Tibre. *Paris, Maradan,* 1817, in-12, 3 fr.

— Le même ouvrage en espagnol : Zuma,

ò el Descubrimento de la quina. Novela peruana, segunda de las Canas del Tiber. *Paris, Va Vincop,* 1827, in-18 de 204 p., 4 fr.

La comtesse de Genlis a participé à la rédaction de la « Nouvelle Bibliothèque des romans » (1799 et ann. suiv.), où elle a fourni plusieurs contes et nouvelles, qu'elle a fait réimprimer depuis, soit en recueil, soit isolément. On lui attribue aussi une censure de l'Éloge de Massillon, par d'Alembert, impr. dans le n° 17 du « Journal des arts, » à laquelle censure M. Berriat S. Prix répondit par des « Remarques et Recherches diverses sur Massillon, d'Alembert et La Harpe, insérées dans le Magasin encyclopédique, mai 1811. Plus récemment, la comtesse de Genlis a fondé et rédigé, seule, *les Dimanches, ou Journal de la jeunesse* (1816). Quatre ans plus tard, elle entreprit la publication d'un autre journal, intitulé *l'Intrépide,* qui n'obtint aucun succès, et dont il n'a paru que le premier numéro.

Cette dame s'est faite l'éditeur de divers ouvrages qu'on peut diviser en deux séries; dans l'une nous placerons ceux qui ont enrichi ou nos matériaux historiques, ou notre littérature, tels que l'Abrégé des Mémoires du marq. de Dangeau, 1817; les Mémoires de mad. la marq. de Bouchamps (1823); les Proverbes et Comédies posthumes de CARMONTELLE, précédés d'une Notice de l'éditeur (1825). *Voy.* ces noms. Dans l'autre, nous placerons les suiv., qu'elle a publiés en grande partie pour satisfaire à sa passion contre les philosophes du dix-huitième siècle, qui ne pourra décroître tant que madame de Genlis n'aura pu persuader à ses contemporains que Voltaire, Rousseau, Condorcet, d'Alembert, etc., jouissent d'une célébrité non méritée, et que par ses déclamations prétendues religieuses elle a mérité le titre de *mère de l'Église,* de *saint Augustin femelle,* et qu'enfin elle a acquis la prééminence sur toutes les têtes philosophiques des siècles passés et futurs! Ces divers ouvrages sont de nouvelles éditions : des « Caractères de LA BRUYÈRE, avec de nouvelles notes critiques, et précédés d'une notice historique et critique sur l'auteur (1812); du Catéchisme critique et moral du fougueux jésuite FELLER, avec une préface et des notes (1820); du Siècle de Louis XIV et de Louis XV, de VOLTAIRE (1820); de l'Émile de ROUSSEAU, avec des retranchements, des notes et une préface (1820). *Voy.* ces noms. Madame de Genlis a aussi fourni des notes à la seconde édition de l'Essai sur le sublime, poème du chev. de Charbonnières (1814).

Les ouvrages de madame de Genlis ont été deux fois recueillis sous le titre d'*OEuvres,* mais d'une manière incomplète : la première fois, en 1791, 17 vol. in-8 et in-12; la seconde à Londres, au commencement de ce siècle, 14 vol. in-12. Ces deux recueils diffèrent entre eux : le premier contient les primitifs ouvrages d'éducation de l'auteur, et l'autre, un choix de ses romans historiques. MM. Lecointe et Durey, devenus propriétaires des ouvrages de madame de Genlis en réimprimant chacun d'eux, ajoutent un titre collectif.

Nous terminerons notre Notice bibliographique de madame de Genlis par un jugement emprunté à la « Biographie universelle et portative des Contemporains », qui nous a déjà fourni plusieurs notes pour rédiger cette Notice.

« Madame de Genlis a prodigieusement écrit et s'est exercée dans presque tous les genres, depuis la pièce fugitive jusqu'à la lourde compilation par ordre alphabétique, depuis le roman poème jusqu'au traité d'économie domestique, jusqu'au recueil de procédés culinaires. Elle a écrit pour l'éducation des princes et pour celle des laquais; elle a donné des conseils au trône et tracé des préceptes à l'antichambre. Si l'on rapproche de cette grande variété d'écrits la diversité non moins extraordinaire de ses talents et les merveilles de son industrie depuis les plus jolies corbeilles d'osier jusqu'aux perruques à la brigadière, on sera convaincu de l'évidence des titres de madame la comtesse à l'universalité. Cependant comme c'est par ses romans qu'elle a marqué dans la littérature, nous n'avons à la considérer ici que sous ce rapport. Nous ne dirons pas, avec l'impitoyable Rivarol, que : « le ciel refusa la magie du talent à ses productions comme le charme de l'innocence à sa jeunesse, » et nous reconnaîtrons qu'il y a un mérite d'élégance et de correction très-distingué dans les compositions de madame de Genlis; nous ajouterons même que plusieurs d'entre elles ne sont pas dépourvues de l'intérêt qui peut résulter de situations ingénieusement combinées; mais il ne faut pas y chercher cette expression fortement dramatique qui tient à la vive intelligence et à la peinture fidèle des passions du cœur humain. Le don sublime d'une imagination créatrice et d'un esprit profondément observateur, cette réunion de facultés dans les productions du premier ordre, a totalement manqué à madame de Genlis. Ayant beaucoup vécu dans le monde, imbue de ses idées et de ses préjugés, elle a puisé dans le monde toutes les couleurs dont elle a chargé sa palette, et l'a pris tout ensemble pour modèle et pour maître. Elle a su en saisir tous les ridicules, en distinguer avec finesse toutes les nuances, et surtout en deviner avec sagacité toutes les perfidies; mais, hors de ce monde de convention, madame de Genlis n'a rien su comprendre ni peindre, et elle semble n'avoir jamais scruté les passions de l'homme qu'à travers la veste brodée de la cour de Louis XV, et n'avoir jamais contemplé le spectacle de la nature qu'à travers les persiennes du pavillon de Belle-Chasse. Son impuissance et sa faiblesse se montrent surtout dans ses romans prétendus historiques, où d'autres siècles se reproduisent toujours sous les formes et avec le langage de celui au milieu duquel madame de Genlis a vécu. Pour mieux déterminer, au moyen d'un rapprochement avec deux autres femmes célèbres, le rang qui lui appartient, nous dirons qu'elle est bien au-dessous, pour l'étendue et la vigueur de la pensée, de madame de Staël, et, pour le langage passionné et l'onction éloquente, de madame Coltin. Madame de Genlis a critiqué avec amertume les productions de l'une et de l'autre; nous avons donc lieu de craindre qu'elle ne tienne à grande injure le jugement que nous portons ici : mais qu'elle réprime ce mouvement d'orgueil irrité, car des appréciateurs plus sévères trouveront encore parmi les femmes dont les talents honorent l'époque actuelle une foule de noms qui reculeront bien plus la place du sien sur les listes de la renommée. »

GENNARO (don Ant.), duc de Beaufort.

— Cinto (il) de Venere nelle nozze di Luigi di Borbone real Delphino di Francia, colla archiduchessa Antonietta d'Austria; canto epithalamico. (Italiano et francese). *Parigi, Molini,* 1770, in-8.

— Omaggio poetico. *Parigi, M. Lambert,* 1768, ovvero. *Parigi, Debure,* 1768, in-8.

GENNARO (Gius.-Aurel.), célèbre avocat napolitain au XVIIIᵉ siècle.

— Ami (l') du barreau, ou Traité des manières vicieuses de défendre les causes. Trad. de l'ital. par ROYEZ-DUVAL. *Orléans, Couret de Villeneuve,* 1787, in-12.

— République des jurisconsultes, trad.

de l'ital. par J.-Ant.-Touss. Dinouart. *Paris*, 1768, in-8.

Cette traduction est remplie de contre-sens, et imprimée avec si peu de soin, qu'elle fourmille, à chaque page, d'erreurs grossières dans les noms propres et les titres des livres : d'ailleurs l'abbé Dinouart s'est permis d'élaguer, en plusieurs endroits, l'ouvrage de Gennaro, sans donner d'autre motif de ces mutilations que son propre jugement, dont la sagacité n'était pas assez reconnue pour légitimer de pareilles licences. Un poëme didactique d'environ dix-huit cents vers, sur la loi des Douze Tables, où l'on ne sait ce qu'on doit admirer le plus, du mérite de la difficulté vaincue, ou du talent poétique que Gennaro fait briller dans un sujet si peu propre à la poésie, n'a point été heureusement traduit par l'abbé Dinouart, mais par Drouot, docteur agrégé, et c'est ce qu'il y a de mieux dans ce volume.

Gennaro est auteur de quelques autres ouvr. qui n'ont pas été traduits en franç.: on en trouve la liste dans la Biographie universelle.

GENNES (le P. de), de l'Oratoire.
— *Réponse à une Lettre du R. P. dom Mathieu Petit-Didier, président de la congrégation de Saint-Vannes, du 18 novembre 1723, où l'on réfute la 4e instruction de Mgr le cardinal de Bissy. *Troyes*, 1724, in-4.

GENNETÉ, physicien-fumiste du xviiie siècle.
— Connaissance des veines de houille ou charbon de terre et leur exploitation dans la mine qui les contient. *Nanci, Leclerc*, 1774, in-8, avec fig.
— Construction (nouv.) de cheminées, qui garantit du feu et de la fumée, à l'épreuve du vent, de la pluie et des autres causes qui font fumer les cheminées. IIIe édit. *Paris, Jombert*, 1764, in-12.

La prem. édit. parut en 1759, sous ce titre : Cahier présenté à MM. de l'Acad. des sciences de Paris, sur la construction et les effets d'une nouvelle cheminée, etc.

— Expériences sur le cours des fleuves. 1760, in-8.
— Manuel des laboureurs, réduisant à quatre chefs principaux ce qu'il y a d'essentiel à la culture des champs. *Nanci*, 1767, in-8.

Ouvrage dont il a été fait plusieurs éditions.

— Origine des fontaines, et de là des ruisseaux, des rivières et des fleuves. *Nanci*, 1774, in-8.
— Pont de bois de charpente horizontale sans piles, ni chevalets ou autres appuis que ses deux culées, etc., etc. *Nanci*, 1770, in-8.
— Purification de l'air croupissant dans les hôpitaux, les prisons et les vaisseaux de mer; avec le Manuel du laboureur. *Nanci, J.-B. Hyac. Leclerc*, 1767, in-8.

GENOUD (Ant.-Eugène), plus tard Genoude, enfin, De Genoude, maître d'études avant la restauration, et après, maître des requêtes, ensuite imprimeur; né à Montélimart (Drôme), vers 1792.
— Considérations sur les Grecs et les Turcs, suivies de Mélanges religieux, politiques et littéraires. *Paris, Méquignon fils aîné*, 1821, in-8.
— Grecs (des) et des Turcs. *Paris, Méquignon-Havard*, 1824, in-8 de 104 pag.
— Maison (de la) du Roi. (Extrait du Défenseur). *Paris, imp. de Cosson*, 1820, in-8 de 16 pag.
— Monument (du) à élever à la mémoire de Mgr le duc de Berry. *Paris, imp. du même*, 1821, in-8 de 8 pag.
— Réflexions sur quelques questions politiques. *Paris, Aug. Delalain*, 1814, in-8, 2 fr. 50 c.
— Voyage dans la Vendée et dans le midi de la France, suivi d'un Voyage pittoresque en Suisse. *Paris, H. Nicolle*, 1820, in-8, 3 fr. 60 c.

M. Genoud a donné une traduction de la Sainte Bible, d'après les textes sacrés, 1820 et ann. suiv., 16 vol. in-8 ; il avait préludé à cette publication par une traduction des Prophéties d'Isaïe, imp. dès 1815, et par une autre du Livre de Job, impr. en 1818. Six volumes de prières, *édités* ou trad. par M. Ant. Genoud, font partie de la « Bibliothèque des Dames chrétiennes ».

M. Ant. Genoud a été le rédacteur principal de l'Étoile; plus tard, il est devenu propriétaire de la Gazette de France, journal déjà si vilipendé avant que ce publiciste à gage y prêtât son appui, et qui l'est encore bien davantage depuis qu'il a passé entre ses mains.

GENOUVILLE (V.-R.). Voy. GODART.

GENOVICCI. Art (l') de la composition des feux d'artifices. *Maëstricht*, 1748, in-12.

GENSARD. Jeune (le) séminariste....
— M. de Saint-Jules, ou le Faux Capucin. *Paris, Maison*, 1805, 2 vol. in-12, 3 fr.

GENSOLLEN (Honoré-Zénon), docteur en médecine à Marseille.
— Essai historique, topographique et médical sur la ville d'Hyères, en Provence. *Marseille, et Paris, Méquignon-Marvis*, 1820, in-8 de 96 pag.
— Odes (deux) dédiées à S. A. R. Madame la duchesse de Berry. *Marseille, Achard*, 1822, in-4 de 12 pag.

GENSOUL (Marie-Alexis-Justin), auteur dramatique, sous-chef du bureau des relais à l'administration des postes; né à Connaux, près de Bagnols, en Languedoc, en 1781.
— Chacun son tour, opéra en un acte

(en prose). *Paris*, *Mme Masson*, an XIV (1806), in-8.

— Coureur (le) d'héritages, com. en 3 actes et en vers. *Paris*, *Mme Masson*, 1807, in-8.

— Français (le) à Venise, opéra-comique en un acte. *Paris*, *la même*, 1813, in-8, 1 fr. 25 c.

— Ménage (le) de Molière, com. en un acte et en vers, précédée d'un prologue. *Paris*, *Mme Huet*, 1822, in-8, 2 fr.

Avec Naudet.

— Mon premier pas, par le citoyen Justin G.... *Paris*, *Goujon*, an XI (1803), in-8.

C'est un recueil de plusieurs pièces de vers que l'auteur avait d'abord publiées dans divers journaux.

— Nadir et Selim, ou les deux Artistes, opéra-comique en 3 actes. *Paris*, *Mme Huet*, 1822, in-8, 2 fr.

— Philoclès, opéra en 2 actes et en vers (libres). *Paris*, *Mme Masson*, 1806, in-8.

— Projet (le) singulier, comédie en un acte et en vers. *Paris*, *la même*, an XIII (1805), in-8.

— Tardif (le), comédie en un acte et en vers. *Paris*, *Barba*; *Martinet*, 1824, in-8, 2 fr. 50 c.

— Valet (le) intrigué, comédie en 3 actes et en prose. *Paris*, *Mme Masson*, 1812, in-8, 1 fr. 50 c.

M. Just. Gensoul est encore auteur, en société, de sept autres pièces impr., jusqu'à la fin de 1828. Voy. les art. P. LEDOUX, ROUGEMONT, SCRIBE et VIAL. Dans les Mémoires de la Soc. d'émulation de Cambrai, ann. 1823, on trouve du même une *Épître sur le théâtre*.

GENSOUL (Ferdinand). Quelques mots en réponse au Mémoire du chevalier Aldini, sur les moyens d'échauffer l'eau pour la filature des soies. *Lyon*, *Kindelem*, 1819, in-8 de 20 pag.

— Rapport fait à la Société royale d'agriculture du département du Rhône, le 8 juillet 1825, au nom d'une commission. *Lyon*, imp. de *Barret*, 1825, in-8 de 16 pag.

GENSSANE (de), directeur des mines du Languedoc, concessionnaire de celles de Franche-Comté, membre de la Société des sciences de Montpellier, et correspondant de l'Académie royale des sciences de Paris.

— Histoire naturelle de la province de Languedoc; partie minéralogique et géoponique. *Montpellier*, *Rigaud*, *Pons et comp.*, 1776-79, 5 vol. in-8.

— Géométrie souterraine pour l'exploita-

tion des mines, ou Traité de géométrie pratique appliquée à l'usage des travaux des mines. *Montpellier*, 1776, in-8.

— Traité de la fonte des mines par le feu du charbon de terre. *Paris*, *Ruault*, 1770-76, 2 vol. in-4.

De Genssane a fourni plusieurs Mémoires au recueil de l'Académie des sciences de 1736 à 1744, dit la Biographie universelle. Nous n'en connaissons qu'un seul, impr. dans le recueil des Savants étrangers de cette Académie, tom. IV, 1769, intitulé : *Sur l'exploitation des mines d'Alsace et comté de Bourgogne*, qui a été aussi inséré dans la 2e partie du recueil des « Anciens minéralogistes de France », par Gobel, pag. 743 et suiv. Un autre Mémoire de Genssane, *sur les mines d'une partie de la Corse*, fait partie du tom. II du Journal des mines, 1795. Le fils de ce minéralogiste a aussi fait insérer dans le tom. IX du Journal des mines, des *Recherches pour constater l'origine du plomb métallique trouvé dans le département de l'Ardèche*.

GENTIL (dom André-Ant. P. LE), ou GENTIL, d'après la Biogr. universelle, bernardin, ex-prieur de Fontenet, de l'ordre de Citeaux, l'un des agronomes les plus laborieux du XVIIIe siècle, membre des Acad. de Montpellier, Dijon, Auch, Limoges, et des Sociétés d'agriculture de Paris, de Nanci, du Mans, de Mézières et de Besançon ; né à Pesmes, petite ville de Franche-Comté, en 1725, suivant M. de Fuschambery, auteur de l'Éloge de ce savant, mais en 1731, si l'on en croit le P. Dunaud, mort à Paris, en 1800.

— Avantages (les) et les désavantages de l'incinération simple, de celle à l'écobue et de la fumigation aussi à l'écobue : Mémoire cour. par la Société de Limoges, en 1781.

— Désigner les plantes inutiles et vénéneuses qui infestent souvent les prairies et diminuent leur fertilité, et indiquer les moyens d'en substituer de salubres et d'utiles, de manière que le bétail y trouve une nourriture saine et abondante....

Le Mém. de dom Gentil eut le prem. accessit en 1783, à l'Acad. de Dijon.

— Dissertation sur le café et sur les moyens propres à prévenir les effets qui résultent de sa préparation, communément vicieuse, et en rendre la boisson plus agréable et plus salutaire. *Paris*, *l'Auteur*, 1787, in-8.

— Essai (premier) d'agronomie, ou Diététique générale des végétaux, et application de la chimie à l'agriculture. *Dijon*, 1777, in-8.

— Est-il avantageux ou non de soutirer les vins? Dans le cas de l'affirmative, quand et comment doit-on les soutirer, pour ne point nuire à leurs principes et à leurs qualités? couronné par l'Académie de Lyon, en 1787.

— Manière de faire de très-bon vinaigre avec du petit lait. Imprimé avec l'approbation de l'Académie de Dijon. *Dijon*, 1787, in-8.

— Mémoire indiquant les substances fossiles propres à remplacer la marne, couronné par la Société d'agriculture de Limoges, en 1779.

— Mémoire sur cette question : Les engrais peuvent-ils être suppléés par de fréquents labours ? Jusqu'à quel point les labours influent-ils sur la végétation, et peuvent-ils y suffire ? couronné par la Société d'agriculture d'Auch, en 1779.

— Mémoire sur la question proposée (en 1779) par la Soc. des sciences de Montpellier: « Déterminer par un moyen fixe, simple, « et à la portée de tout cultivateur, le mo- « ment auquel le vin, en fermentation dans « la cuve, aura acquis toute la force et « toute la qualité dont il est susceptible. » *Paris*, *Marchant*; *Merlin*, 1802, in-8, 3 fr.

Le premier prix fut accordé, dit M. Chaptal, à une rapsodie théorique de l'abbé Bertholon; et l'excellent ouvrage de dom Gentil n'obtint que le second. Les deux Mémoires furent impr. ensemble aux frais de la Société, et celui de dom Gentil a eu plusieurs éditions.

— Quel est le meilleur moyen de cultiver les terres basses et nouvellement desséchées ?

Cette question avait été mise au concours par l'Académie d'Amsterdam : un Hollandais remporta le prix; mais dom Gentil eut le premier accessit.

La Société d'agriculture de Besançon possède les manuscrits originaux de plusieurs Mémoires de dom Gentil, entre autres, des *Suppléments* inédits à son *Traité sur les vins*.

Buffon ne parlait jamais qu'avec distinction de ce respectable religieux, « qui ensevelit dans l'ombre « du cloître des talents dignes du plus grand jour. « Souvent créateur, toujours heureux dans ses opé- « rations chimiques, parce qu'il était infatigable « dans ses recherches, il ne voit rien dans la nature « qui ne puisse tourner par ses soins au profit de « l'espèce humaine : il ferait sortir le Chypre et le « Malaga d'une tonne remplie de vin corrompu. « Lisez son ouvrage sur la fermentation, et ses Dis- « sertations sur div. objets d'utilité première, etc. »

GENTIL (Paul), D. M. P. Notice sur la coqueluche qui s'est montrée d'une manière épidémique à Dreux et dans ses environs, pendant les mois de juin, juillet et août 1817. *Dreux, imp. de Lemenestrel*, 1817, in-8 de 20 pag.

— Ode à MM. Parizet, Bally, François, Mazet; dédiée à M. Parizet. *Paris, Brissot-Thivars*, 1822, in-8 de 8 pag.

GENTIL. Mémoires sur l'Indostan, ou l'empire Mogol. *Paris, F. Didot*, 1822, in-8 orné de 3 grav. et d'une carte, 7 f. 50. Voy. aussi LE GENTIL.

GENTIL DE CHAVAGNAC (Michel-Joseph), auteur dramatique, secrétaire particulier du directeur-général des eaux et forêts; né à Paris, vers 1772.

— Banquet (le) maçonnique, dédié à toutes les loges de France. *Paris, F. Louis*, 1820, in-18 de 144 pag.

— Baptême (le) de village, ou le Parrain de circonstance, comédie-vaud. en un acte. *Paris, Martinet*, 1821, in-8, 1 fr. 25 c.

Avec Fulgence (de Bury), P. Ledoux et Ramond de la Croisette.

— Bonne (la) nouvelle, ou le Premier arrivé, vaud. en un acte (en prose). *Paris, le même*, 1811, in-8.

— Comte (le) d'Angoulême, ou le Siège de Gênes, comédie héroïque en 2 actes et en prose, mêlée de chants. *Paris, le même*, 1823, in-8, 1 fr. 50 c.

Avec Fulgence (de Bury), P. Ledoux et Ramond de la Croisette. Il y a des exemplaires de cette pièce qui ne portent que le second titre.

— Jeune (le) Werther, ou les Grandes passions, vaudeville en un acte (et en prose). *Paris, Fages*, 1819, in-8.

— Jeunesse (la) de Favart, comédie anecdotique, en un acte, en prose, mêlée de vaudev. *Paris, Mme Cavanagh*, 1809, in-8.

Avec A. P. C. Favart.

— Nuit (la) et la journée du 29 septembre 1820, ou Détails authentiques de tout ce qui s'est passé le jour de la naissance de Mgr le duc de Bordeaux (1820). Voy. CHAZET.

— Petites (les) Danaïdes, ou Quatre-vingt-dix-neuf victimes; imitation burlesque, etc. de l'opéra des Danaïdes, mêlée de vaudevilles. *Paris, Fages*, 1819, in-8, 75 c.

Cette parodie, qui eut beaucoup de succès au théâtre, et qui n'en est pas moins à la lecture, puisqu'elle a été réimprimée pour la quatrième fois en 1823, est presque entièrement de Désaugiers. Voy., à l'article de ce dernier, la note placée après l'indication de cette pièce.

— Recueil de Chansons et Poésies fugitives. *Paris, Rosa*, 1815, in-18.

— Une visite aux Invalides, à-propos (en un acte et en prose) mêlé de couplets, à l'occasion de la Saint-Louis. *Paris, Mme Huet*, 1822, in-8.

Avec Fulgence (de Bury), P. Ledoux et Ramond de la Croisette.

— Vendange (la) normande, ou les deux Voisins, vaudeville en un acte. (Nouvelle édition). *Paris, Mme Huet-Masson*, sans date (1825), in-8 de 56 pag., 1 fr. 25 c.

Avec MM. Barrière frères, qui ne sont pas nommés, quoiqu'ils soient véritablement les auteurs de la pièce.

M. Gentil a été le collaborateur constant du fécond et spirituel DÉSAUGIERS. Nous connaissons 37 pièces imprimées de ce dernier, auxquelles M. Gentil a eu plus ou moins de part : cinq autres pièces de M. Gentil, en société avec MM. Moreau et Rougemont, ont été aussi impr. (*voy. ces noms*).

GENTILHOMME (Fr.-Jos.-Ben.-Paul), homme de lettres, employé au ministère de la guerre, mort à Paris, le 27 mars 1826, âgé d'environ 50 ans.

— Chant (le) du sacre, cantate. *Paris, imp. de Carpentier-Méricourt,* 1825, in-fol. de 4 pag.

— Crillon et Bussy d'Amboise, fait histor. en un acte, mêlé de couplets. *Paris, Barba,* 1818, in-8, 1 fr. 25 c.

Avec Belle aîné.

— Femme (la) à vendre, vaudeville. (1817). Voy. BELLE.

— Médecine (la) curative prouvée et justifiée par les faits. *Paris, imprimerie de Carpentier-Méricourt,* 1824, in-4 de 8 pag.

En vers et en prose. Les couplets sont signés Gentilhomme.

GENTILLATRE (Nic.-Fr.-Xav.), avocat à la Cour souveraine de Nanci.

— Mémoire au conseil du roi, dans l'affaire du sieur Gentillatre, son père. 1767, in-8.

— Poule (la) au pot, opéra-comique en 2 actes, en prose et en vers. *Paris, Ve Duchesne,* 1778, in-8.

GENTON (de). * Mémoire sur les fossiles du Bas-Dauphiné, par D. G. C. *Avignon,* 1781, in-12.

GENTY (L.), prêtre ; né à Senlis, en 1743, mort à Orléans, le 22 septembre 1817.

— Arbor philosophica. *Aureliano,* 1767, in-8.

— Discours sur le luxe, qui a remporté le prix à l'Académie de Besançon. *Besançon,* 1784, in-8.

— Influence (de l') de Fermat sur son siècle, par rapport au calcul : discours. *Orléans,* 1784, in-8.

— Influence (l') de la découverte de l'Amérique sur le bonheur du genre humain. *Paris, Nyon,* 1788, in-8.

GENTY. Mémoire sur les moyens de suppléer à la traite des nègres par des individus libres, etc. *Blois, Verdier,* 1818, in-8 de 16 pag.

GENTY (F.-J.-H.), professeur de mathématiques et de philosophie, etc.

— Éléments de philosophie, contenant la logique, l'art du langage, la métaphysique et la morale. Sec. édit., rev., corr. et augmentée. *Paris, Égron ; Labitte,* 1824, 2 vol. in-8, 12 fr.

La prem. édit. a paru de 1819—20.

Genty est encore auteur d'une *Défense des nouveaux éléments de métaphysique* contre les attaques de la Minerve littéraire, quatrième livraison, 30 nov. 1820. *Paris, impr. d'Égron,* 1821, in-8 de 8 pag.

GENTY DE LABORDERIE (Gédéon).

— Éloge de Vergniaud, couronné par la Société de Limoges. *Limoges,* 1809, in-8.

GENTZ (Frédéric), l'un des membres les plus influents du conseil aulique de Vienne, l'un des publicistes les plus célèbres de l'Allemagne ; né à Breslau, en Silésie, en 1760.

— Essai sur l'état actuel de l'administration des finances et de la richesse nationale de la Grande-Bretagne. (Trad. de l'allemand). *Londres, Debrett, et Hambourg, Fréd. Perthes,* 1800, in-8, 3 fr.

Lorsque cet ouvrage parut, il fut jugé l'un des plus intéressants et des plus approfondis qui avaient paru jusqu'alors sur les finances de l'Angleterre. L'auteur, quoique étranger, s'était tellement mis au fait de l'administration et des ressources financières de l'Angleterre que les Anglais mêmes convenaient qu'ils ne possédaient rien d'aussi complet en ce genre.

— Observations sur le rapport du ministre des affaires étrangères de France, servant d'introduction aux décrets sur la nouvelle organisation de la garde nationale, etc. *Paris,* 1814, br. in-8, 75 c.

— Vie de Marie Stuart, reine d'Écosse, trad. de l'allem. par DAMAZE DE RAYMOND. *Paris, Rosa,* 1813, in-18 orné de 5 grav., ou *Paris, Ladvocat,* 1820, in-12 avec 5 fig.

Ouvrage estimé.

M. André d'Arbelles publia, en novembre 1806, une « Réponse au Manifeste du roi de Prusse. » M. de Gentz a passé pour avoir rédigé ce Manifeste.

GEOFFRENET DE S. A. (J.-J.).

— Catéchisme des libéraux. *Paris, l'Auteur; Delaunay,* 1821, in-12 de 72 pag.

GEOFFRIN ou **JOFFRAIN** (Cl.), d'abord religieux de l'ordre de S. François, ensuite de celui des Feuillants, sous le nom de JÉRÔME DE SAINTE-MARIE, qu'il conserva depuis ; mort à Paris en 1721, âgé de 82 ans.

— Sermons (nouv.) pour l'avent, le carême, etc. (revus et publ. par les abbés de LA CHAMBRE et JOLY DE FLEURY). *Liège, Broncart (Paris, Guérin),* 1738, 5 vol. in-12.

GEOFFRIN (Mar.-Thér. RODET, dame), femme célèbre par son esprit, la protection qu'elle accorda aux gens de lettres et aux artistes ; née à Paris, le 2 juin 1699, morte en octobre 1777.

— Lettres (ses), etc. (1812). Voy. MORELLET.

GEOFFROY (l'abbé Fr.). Voyez Des-
mahis.

GEOFFROY (Étienne-François), célèbre médecin, petit-fils, du côté de sa mère,
du fameux chirurgien Devaux, professeur
de chimie au Jardin du Roi, et de médec.
et de pharmacie au Collége de France,
membre de l'Acad. des sciences de Paris,
et de la Société royale de Londres, doyen
de la Faculté de médecine de Paris ; né à
Paris, le 13 février 1672, mort le 5 janv.
1731.

— An à vermibus hominum ortus, interi-
tùs ? *Parisiis*, 1704, in-4.

— An hominis primordia vermis ? *Parisiis*,
1704, in-4.

Le singulier sujet de cette thèse excita vivement
la curiosité des dames ; elles voulurent lire la thèse,
et Nic. Andry la traduisit en françois sous ce titre :
Si l'homme a commencé par être ver ? (Paris, d'Houry,
1705, in-12.)

— An medicus philosophus mechanico-
chimicus ? *Pâris*, 1704, in-4.

— Tractatus de materiâ medicâ, sive de
medicamentorum simplicium historiâ, vir-
tute, delectu et usu (edente de Courcelles).
Paris, 1741, 3 vol. in-8.

Le premier volume traite des minéraux , le second des végétaux exotiques, et le troisième des végétaux indigènes. Il manque donc le règne animal,
et le végétal lui-même n'est pas complet, car l'ouvrage, disposé par ordre alphabétique, s'arrête à
la mélisse. Ces trois volumes, les seuls qu'ait dictés
Geoffroy, ont été publ. par Et. Chardon de Courcelles. L'éditeur y a joint au premier volume une
partie des thèses et quelques autres opuscules de
Geoffroy, ainsi que son Éloge, par Fontenelle.
Cette Pharmacologie a été traduite en français,
sous le titre de *Traité de la matière médicale , ou de
l'histoire, des vertus, du choix et de l'usage des remèdes
simples,* par Ant. Bergier (1741—43, 7 vol. in-12),
qui, aidé de Bernard de Jussieu, a complété la
partie des végétaux, depuis la *mélisse* jusqu'au
xyris. (Paris, 1750, 3 vol. in-12) Arnault de Nobleville et Salerne ont rédigé la partie zoologique.
(Paris, 1756—1757, 6 vol. in-12). Enfin on doit à
Jean Goulin une Table alphabétique générale (Paris, 1770, 1 vol. in-12); de sorte que l'ouvrage
primitif et ses suppléments forment maintenant dix-
sept volumes , auxquels on peut joindre les figures
des plantes d'usage en médecine, publiées par Garsault, d'après la matière médicale de Geoffroy. (Paris, 1764, 4 vol. in-8).
Ce savant et laborieux auteur a enrichi les Mém.
de l'Académie des sciences de divers articles , dont
il suffira de mentionner les principaux : Observations sur les dissolutions et sur les fermentations
que l'on peut appeler froides, parce qu'elles sont
accompagnées du refroidissement des liqueurs dans
lesquelles elles se passent (1700). —Extrait des Descriptions que Pisons et Marc Gravius ont données du
Caa-Apia , et Confrontation des racines de caa-apia
et d'Ypecacuanha , tant gris que brun , avec leur
description , par laquelle on voit sensiblement la
différence du caa-apia à l'ypécacuahna (1700). —
Examen des eaux de Vichy et de Bourbon-l'Archambault (1702). — Détail de la manière dont se
fait l'alun de roche en Italie et en Angleterre (1702).
— Manière de recomposer le soufre commun par la

réunion de ses principes, et d'en composer de nouveaux par le mélange de semblables substances,
avec quelques conjectures sur la composition des
métaux (1704). — Problème de chimie : Trouver des
cendres qui ne contiennent aucunes parcelles de fer
(1705). — Analyse chimique de l'éponge de la
moyenne espèce (1706). — Observation anatomique
(1706). — Eclaircissements sur la production artificielle du fer, et sur la composition des autres métaux (1707). — Observations sur les analyses du
corail et de quelques autres plantes pierreuses,
faites par M. le comte Marsigli (1708). — Expériences sur les métaux , faites avec le verre ardent
du Palais-Royal, avec une planche (1709). — Du
changement des sels acides en sels alcalis volatils
urineux (1717). — Table de différents rapports observés en chimie entre différentes substances, avec
une planch. (1718). — Moyen facile d'arrêter les
vapeurs nuisibles qui s'élèvent des dissolutions métalliques (1719). — Éclaircissements sur la Table
insérée dans les Mémoires de 1718 , concernant les
rapports observés entre différentes substances, avec
une planch. (1720). — Des supercheries concernant
la pierre philosophale (1722). — Observations sur
la préparation du bleu de Prusse, ou de Berlin (1725).
— Nouvelles observations sur la préparation du
bleu de Prusse, avec une planch. (1725).

GEOFFROY (Cl.-Jos.), frère puîné du
précédent , pharmacien, membre de l'Académie des sciences ; né à Paris , le 8 août
1685, où il est mort, le 9 mars 1752.

On lui doit soixante-quatre *Mémoires* disséminés
parmi ceux de l'Académie des sciences, à laquelle
il avait consacré tous ses instants , depuis celui de
sa réception (1707) , jusqu'à sa mort (en 1752).
Ces Mémoires sont : Observations sur les huiles essentielles, avec quelques conjectures sur la cause
des couleurs des feuilles et des fleurs des plantes
(1707). — Observations sur le nostoch , qui prouvent que c'est véritablement une plante (1708). —
Observations sur les écrevisses de rivière (1709).
— Observations sur le bézoard et sur les autres
matières qui en approchent , en deux part. (1710 et
1712). — Observations sur la végétation des truffes
(1711). — Observations sur la structure et l'usage
des principales parties des fleurs (1711). — Observations sur les différents degrés de chaleur que l'esprit
de vin communique à l'eau par son mélange (1713).
— Observations sur la gomme lacque, et sur les
autres matières animales qui fournissent la teinture
de pourpre (1714). — Observations sur l'huile
d'aspic, et sur son choix (1715). — Méthode pour
connaître et déterminer au juste la qualité des liqueurs spiritueuses qui portent le nom d'eau-de-vie
et d'esprit de vin, avec une pl. (1718). — Observations sur la nature et la composition du sel am-
moniac , en deux part., avec une pl. (1720 et 1723).
— Observations sur les huiles essentielles, et sur
différentes manières de les extraire et les rectifier, en deux part. (1721 et 1728). — Réflexions sur
le moyen d'éteindre le feu par le moyen d'une poudre (1722). — Nouvel Examen des eaux de Passy,
avec une méthode de les imiter, qui sert à faire
connaître de quelle manière elles se chargent de leur
minéral, avec deux planch. (1724). — Observations
sur les vessies qui viennent aux ormes , et sur une
sorte d'excroissance à peu près pareille qui nous
est apportée de la Chine (*id.*). — Observations sur
un métal qui résulte de l'alliage du cuivre et du
zinc (1725). — Différents moyens d'enflammer non
seulement les huiles essentielles, mais même les
baumes naturels par les esprits acides (1726). —
Observations sur le mélange de quelques huiles essentielles avec l'esprit de vin ; avec une pl. (1727).
— Suite d'observations sur les huiles essentielles ,

leur altération, et la manière de rectifier celles de certains fruits , avec un Examen des changements qui arrivent à l'huile d'anis (1728). — Examen des différents vitriols, avec quelques Essais sur la formation artificielle du vitriol blanc et de l'alun (*id.*). —Examen du vinaigre concentré par la gelée (1729). Examen chimique des viandes qu'on emploie ordinairement dans les bouillons ; par lequel on peut connaître la quantité d'extrait qu'elles fournissent, et déterminer ce que chaque bouillon doit contenir de suc nourrissant (1730). — Suite de l'examen chimique des chairs des animaux, ou de quelques-unes de leurs parties, auquel on a joint l'analyse chimique du pain (1732). — Nouvelles expériences sur le borax, avec un moyen facile de faire le sel sédatif , et d'avoir un sel de Glauber par la même opération (1732). — Mémoire sur l'émeticité de l'antimoine, sur le tartre émétique, et sur le kermès minéral , en quatre part. (1734 à 1736).— Mémoire dans lequel on examine si l'huile d'olive est un spécifique contre la morsure des vipères (par MM. GEOFFROY et HUNAULD) (1737). — De l'étain , premier Mémoire (1738). — Manière de préparer les extraits de certaines plantes (*id.*). — Sur le remède anglais (de mademoiselle Stephens) pour la pierre, avec une addition audit Mémoire (1739). — Moyen de préparer quelques racines à la manière des Orientaux (1740). — Examen du sel de Pecais (par MM. LEMERY, GEOFFROY et HELLOT (*id.*). —Moyens de congeler l'esprit de vin et de donner aux huiles grasses quelques-uns des caractères d'une huile essentielle. (1741.) — Moyens de volatiliser l'huile de vitriol, de la faire paraître sous la forme d'une huile essentielle , et de la réduire ensuite à son premier état (1742). — Différents moyens de rendre le bleu de Prusse plus solide à l'air, et plus facile à préparer (1743). — Observations sur la terre de l'alun; manière de la convertir en vitriol, ce qui fait une exception à la table des rapports en chimie (1744). — Examen d'une préparation de verre d'antimoine , spécifique pour la dyssenterie (1745). — Essais sur la formation artificielle du silex, et Observations sur quelques propriétés de la chaux vive (1746). —Description du petit nain nommé Nicolas Ferry (1746). — Observations sur les préparations du fondant de Rotrou et de l'antimoine diaphorétique (1751).

GEOFFROY (Ét.-Louis), fils d'Étienne-François, médecin et zoonomiste, membre de la Faculté de médecine de Paris, et correspondant de l'Institut ; né à Paris en 1725, mort à Chartreuve, près de Soissons, en août 1810.

— An aer præcipuum digestionis instrumentum ? *Parisiis,* 1748, in-4.

—An in empyematis operatione, scalpellum acu triangulari præstantiùs ? *Parisiis*, 1758, in-4.

— Dissertations sur l'organe de l'ouïe de l'homme, des reptiles et des poissons. *Amsterdam et Paris*, 1778, in-8.

Ces recherches intéressantes, qui contiennent plusieurs découvertes, suffiraient pour démontrer que l'anatomie des brutes répand une vive lumière sur celle de l'homme. C'est principalement dans la description de l'organe auditif des poissons que brille le talent de Geoffroy; dont les travaux, antérieurs à ceux de Camper et de Vicq-d'Azyr, sont cependant les plus complets.

L'auteur avait déjà traité ce sujet dès 1755, dans un Mémoire imprimé dans le tom. II du recueil des Savants étrangers , et intitulé : *Premier Mémoire sur*

l'organe de l'ouïe des reptiles , et de quelques poissons que l'on doit rapporter aux reptiles.

— Ergò recens nato lac recens enixæ matris ? *Parisiis*, 1769, in-4.

— Histoire abrégée des insectes de Paris, dans laquelle ces animaux sont rangés suivant un ordre méthodique. Nouv. édition, revue, corr. et augm. d'un Supplément. *Paris, Delalain fils*, 1799, 2 vol. in-4 avec 22 planches, 24 fr.; fig. color. , 30 fr. , ou sur pap. gr.-raisin-vélin, en 4 vol. pet. in-fol. , 200 fr.

Cet ouvrage parut pour la première fois en 1762, sous le voile de l'anonyme : il en fut fait une contrefaçon en 1764, dont les figures sont beaucoup moins belles.

Cette histoire, très-méthodique et très-commode, est indispensable pour l'étude des insectes. Fourcroy en a publié, en 1785, un excellent abrégé en latin, sous le titre d'*Entomologia Parisiensis*, 2 vol. pet. in-12, dans lequel il a intercalé quelques espèces, et où il admit les noms spécifiques que n'avait point employés Geoffroy.

— Hygieine, sive Ars sanitatem conservandi , poema. *Parisiis*, 1771, in-8.

Ce poëme réunit le double mérite de l'élégance et de l'exactitude. L'auteur chante en beaux vers l'art utile et négligé de conserver la santé. C'est la première bonne hygiène qu'on ait publiée en France.

— Le même, trad. du lat. (sous le titre d'Hygiène, ou l'Art de conserver la santé), par le doct. DELAUNAY. *Paris, P. Guill. Cavelier*, 1774, in-8.

Traduction en prose. Le traducteur s'est montré digne de son modèle.

— Manuel de médecine pratique, ouvrage élémentaire , auquel on a joint quelques formules; à l'usage des chirurgiens et des personnes charitables qui se dévouent au service des malades dans les campagnes. *Paris, Debure aîné*, an IX (1801), 2 vol. in-8, 6 fr.

Fruit infortuné de la décrépitude, ce Manuel de médecine populaire ne méritait pas de voir le grand jour, et surtout de porter au frontispice un nom justement célèbre.

— Traité sommaire des coquilles, tant fluviatiles que terrestres, qui se trouvent aux environs de Paris. *Paris, J. B. G. Musier*, 1767, in-12.

Geoffroy avait l'intention de publier sur les vers une Monographie complète, dont cet opuscule n'est qu'un fragment fort estimé des conchyliologistes.

Biogr. univ.

On a encore de Geoffroy deux Mémoires *sur les bandages propres à retenir les hernies*, dans lesquels on examine en détail les défauts qui les empêchent de remplir leur objet, avec 5 planch., impr. dans le recueil des Savants étrangers , tom. IX, 1780. La Décade égyptienne renferme aussi un ou deux Mémoires de lui.

GEOFFROY, fils de Claude-Joseph, mort le 18 juin 1753.

On a de lui une *Analyse du bismuth*, de laquelle il résulte une analogie entre le plomb et ce sémi-métal, prem. Mém. (impr. parmi les Mém. de l'Académie des sciences, ann. 1753).

GEOFFROY (É.-L.), petit - fils d'Étienne-Louis.

— Hippocrate, des airs, des eaux et des lieux, traduit du latin avec le français à côté (1822). Voy. HIPPOCRATE.

GEOFFROY (l'abbé), sous-maître au collège Mazarin.

— Songe (le) de Scipion, et la Lettre politique de Cicéron à Quintus, trad. du lat. (1725). Voy. CICÉRON.

GEOFFROY (le P. Jean-Bapt.), célèbre professeur de rhétorique au Collège de Louis-le-Grand; né à Charolles, en Bourgogne, le 24 août 1706, mort à Sémur, en Bourgogne, le 20 septembre 1782.

— Amore (de) patriæ. 1744.

— Harangue sur l'amour de la patrie, trad. en franç. (par M. de PULIGNEUX).

— *Exercices en forme de plaidoyers, par les rhétoriciens du collége Louis-le-Grand. *Paris*, Thiboust, 1759, in-12.

— Les mêmes, sous le titre de « Plaidoyers et Discours oratoires ». Nouv. édit., publ. par Jacq. LENOIR DUPARC. *Paris*, *Nyon l'aîné*, 1783, in-12.

— Gallis ob regem ex morbo restitutam extemporalis gratulatio. *Parisiis*, *Thiboust*, 1744, in-4.

— Oraison funèbre du Dauphin (père de Louis XVI). 1766, in-4.

— Quo loco inter cives vir litteratus habendus sit. *Parisiis*, 1756, in-4.

Geoffroy décide ainsi la question : S'il est honnête homme, parmi les meilleurs; s'il est corrompu, parmi les plus dangereux.

— Sermons (ses) (discours et instructions ecclésiastiques, panégyriques, etc), auxquels on a joint les oraisons funèbres de messire Math. PONCET DE LA RIVIÈRE. (Publ. par VERCHÈRE, curé de Chambilly-sur-Loire). *Lyon*, *Bruyset*, 1788, 4 vol. in-12, 8 fr.

Les oraisons funèbres de Poncet de la Rivière, qui forment le dernier volume, sont au nombre de sept.

Le P. Geoffroy est encore auteur de divers écrits de circonstances, en latin et en français, tels que Ludovico Belgico (1748); De pace (1749); In augustissimas Delphini nuptias, etc. (1751); In restitutam Delphino valetudinem (1752); Vers français sur la convalescence du Dauphin (1752).

Quelques bibliographes ont attribué à ce jésuite : « le Songe de Scipion, la Lettre politique de Quintus, et les Paradoxes de Cicéron, traduction nouv., avec des remarques, et le latin à côté, 1725, in-12. M. Beuchot, dans la Biographie universelle, art. Geoffroy, croit que cette traduction est d'un homonyme (voy. l'art. précédent). Le P. Geoffroi n'avait que dix-neuf ans à l'époque où elle parut.

GEOFFROY (Julien-Louis), anc. prof. de rhétorique; né à Rennes, en 1743, mort à Paris, le 26 février 1814.

— Cours de littérature dramatique, ou Recueil par ordre de matières des feuilletons de Geoffroy, précédé d'une Notice histor. sur sa vie et ses ouvrages (par M. Ét. GOSSE). Sec. édit., considérablement augm. et ornée d'un fac-similé de l'écriture de l'auteur. *Paris*, *P. Blanchard*, 1825, 6 vol. in-8, 36 fr.

La prem. édit., qui parut de 1819 à 1820, ne forme que cinq vol.

— Idylles de Théocrite, trad. du grec, avec des remarques. (1800). Voyez THÉOCRITE.

— Manuel dramatique, à l'usage des auteurs et des acteurs, et nécessaire aux gens du monde qui aiment les idées toutes trouvées et les jugements tout faits. *Paris*, *Painparré*, 1822, in-18.

Extraits des feuilletons du Journal des Débats (recueillis par M. René PÉRIN).

Geoffroy fut, après la mort de Fréron, le principal rédacteur de l'Année littéraire, et l'un des principaux du Journal de Monsieur, écrit périodique rédigé dans les mêmes principes que l'Année littéraire (1781-83) : plus tard il entreprit, avec l'abbé Royou, l'Ami du Roi, qui eut et mérita beaucoup de succès; enfin en 1800, il fut chargé de la rédaction des articles de théâtres pour le Journal des Débats, rédaction qu'il a continuée jusqu'à l'époque de sa mort, et par laquelle il s'est rendu justement célèbre.

Cubières de Palmézeaux a publié une de ses pièces, « la Mort de Caton », sous le nom de Geoffroy.

GEOFFROY, médecin-voyageur. *Afrique (l'), ou Histoire, mœurs, usages et coutumes des Africains. — Le Sénégal, par R. G. V. *Paris*, *Nepveu*, 1814, 4 vol. in-18 avec 47 gravures, 15 fr., et avec les gravures color., 25 fr.

GEOFFROY-CRAYON, pseudon. Voy. IRWING (W.).

GEOFFROY SAINT-HILAIRE (le chevalier Étienne), professeur et administrateur au Jardin du Roi, professeur d'anatomie et de physiologie de la Faculté des sc., membre de l'Institut (Académie des sc.), et de plusieurs autres sociétés savantes, nationales et étrangères, l'un des dix associés libres de l'Acad. royale de médec., membre de la Chambre des députés; né à Étampes, le 15 avril 1772.

— Cours (son) de l'histoire naturelle des mammifères, professé au Jardin du Roi, etc., (comprenant quelques vues préliminaires de philosophie naturelle, et de l'histoire des Singes, des Makis, des Chauve-souris et de la Taupe). Recueilli par une société de sténographes, revu par le prof. *Paris*, *Pichon et Didier*; *Papinot*, 1828, in-8, 12 fr.

— Histoire naturelle des mammifères, avec des figures originales, coloriées, dessinées d'après les animaux vivants; ouvrage publ. sous l'autorité de l'administration du Muséum d'histoire natur. Par MM. GEOFFROY SAINT-HILAIRE et Fréd. CUVIER. *Paris*, C. de Lasteyrie (*A.Belin); 1819 et ann. suiv., in-fol. fig. lithogr. et color.

Il paraît de cet important ouvrage (fin de septembre 1829) 60 livraisons de chacune 6 planches, formant ensemble les six premiers volumes. Prix de chaque livraison, 15 fr.

— Le même ouvr. Sec. édit. *Paris, A. Belin*, 1828 et ann. suiv., in-4 sur grand raisin superf. satiné, fig. lithogr. et color.

Cette édition est promise en quatre volumes, qui seront publiés en 60 livraisons : les 7 premières ont paru (fin de septembre 1829) : prix de chaque, 9 fr.

La seconde édition diffère de la première en ce qu'on y publie les animaux dans leur ordre naturel, ce qui permet aux auteurs d'exposer dans des chapitres spéciaux les caractères de chaque genre.

— Philosophie anatomique. *Paris, Méquignon-Marvis ; l'Auteur* (*J.-B. Baillière), 1818-23, 2 vol. in-8, avec 2 atlas in-fol. obl., ensemble de 17 planches, 22 fr.

Cet ouvrage est divisé en deux parties que l'on peut se procurer séparément ; la première sous le titre : *Des Organes respiratoires sous le rapport de la détermination et de l'identité de leurs pièces osseuses*, avec 10 pl., 10 fr. Cette partie est remplie de vues neuves et d'ingénieux aperçus. La méthode que l'auteur y développe détermine rigoureusement l'action physique et morale de chacun des organes. La seconde partie est intitulée : *Des Monstruosités humaines*, avec 7 pl., 12 fr. Dans cette seconde partie, l'auteur démontre l'application nette et facile de sa méthode à tous les cas d'organisation les plus singuliers et les plus difficiles à ramener ; il a recherché, pour cet effet, les monstruosités les plus horribles et les plus désordonnées, et trouvé, la cause étant connue, que l'ordre le plus admirable règne dans les compositions qui paraissent bizarres à quiconque les envisage superficiellement.

— Sur la Girafe. *Paris, de l'imp. de Thuau*, 1827, in-8 de 16 pag.

— Sur le principe de l'unité de composition organique. Discours servant d'introduction aux leçons professées au Jardin du Roi. *Paris, Pichon et Didier*, 1828, in-8 de 48 pag.

Ce Discours forme aussi la 20e livraison du *Cours de l'histoire naturelle*.

— Système dentaire des mammifères et des oiseaux, sous le point de vue de la composition et de la détermination de chaque sorte de ses parties, embrassant, sous de nouveaux rapports, les principaux faits de l'organisation dentaire chez l'homme. (Prem. partie). *Paris, Crevot* (*Méquignon-Marvis), 1824, in-8, 3 fr. 50 c.

Le nombre des Mém. fournis par ce savant à divers recueils périodiques consacrés aux sciences, est très-grand; nous en donnerons ici la nomenclature, sans garantir pourtant qu'elle soit complète : Considérations sur l'aye-aye, mammifère de Madagascar, impr. dans la Décade philosophique, 1794. — Avec

M. CUVIER : Mémoire sur le rhinocéros bicorne; sur une nouvelle classification des mammifères. Sur le didelphis macrotarsus. Classification des singes et des orangs-outangs (*Magasin encycl.*, tom. I, II et III, 1795).—Sur le genre Myrmécophage (*id.*, tom. VI, 1795). — Sur les rapports naturels des makis, et description des nouvelles espèces (*id.*, tom. VII, 1796). — Sur l'oryctérope, ou cochon de terre de Kolbe (*id.*, tom. VIII, 1796). — Dissertation sur les animaux à bourse (*id.*, tom. IX, 1796). — Mémoire sur les prolongements frontaux des animaux ruminants (*Mém. de la Soc. d'hist. natur. de Paris*, 1799). — Anatomie de l'aile de l'autruche (*Décade égyptienne*, impr. au Caire, 1799). — Anatomie des appendices bordant l'organe sexuel des raies mâles (*id.*, 1800). — Histoire naturelle et description anatomique d'un nouveau genre de poisson du Nil, nommé *polyptère*, avec une planch. (*Ann. du Muséum d'hist. nat.*, tom. 1er, 1802). — Description de l'*Achire barbu*, espèce de pleuronecte indiquée par Gronou, avec une pl. (*id.*, *id.*). — Note sur deux kanguroos vivants, achetés en Angleterre (*id.*, *id.*). — Mémoire sur l'anatomie comparée des organes électriques de la raie torpille, du gymnote engourdissant, et du silure trembleur, avec une pl. (*id.*, *id.*).—Observations anatomiques sur le crocodile du Nil, avec 2 pl. (tom. II, 1803).—Notice sur une nouvelle espèce de crocodile de l'Amérique (*id.*, *id.*). — Sur trois bouquetins et un ichneumon nouvellement acquis pour la ménagerie (*id.*, *id.*). — Description d'une nouvelle espèce de bélier sauvage de l'Amérique septentrionale, avec une pl. (*id.*, *id.*). — Notice sur une nouvelle espèce de mammifère apportée vivante par le vaisseau le Naturaliste (*id.*, *id.*). — Mémoire sur les espèces du genre *Dasyure* (tom. III, 1804). — Mémoire sur un nouveau genre de mammifères à bourse, nommé *Péramèles*, avec deux pl. (tom. IV, 1804). — Mouvements de la ménagerie. Article où l'on fait connaître quelques faits nouveaux relatifs à l'histoire naturelle du jaguar, du paca, du vautour royal, des chiens-mulets et de l'agouti (*id.*, *id.*). — Mém. sur un nouveau genre de mammifères nommé *Hydromis*, avec 2 pl. (tom. VI, 1805). — Mémoire sur quelques chauve-souris d'Amérique formant une petite famille sous le nom de molossus (*id.*, *id.*).— Description d'un mulet provenant du canard morillon, *anas glaucion*, et de la sarcelle de la Caroline, *anas querquedula* (*id.*, *id.*). — Note sur quelques habitudes de la grande chauve-souris de l'Ile-de-France, connue sous le nom de *roussette* (*id.*, *id.*). — Notes sur le zèbre et le canard à bec courbe (*id.*, *id.*). — Mémoire sur les singes à main imparfaite ou les atèles, avec une pl. (*id.*, *id.*). — Mém. sur le genre et les espèces de *vespertillion*, l'un des genres de la famille des chauve-souris, avec 3 pl. (tom. VIII, 1806). — Note sur un métis d'âne et femelle zèbre (tom. IX, 1807). — Mémoires (deux) sur les poissons, où l'on compare les pièces osseuses de leurs nageoires pectorales avec les os de l'extrémité antérieure des autres animaux à vertèbres, etc., avec 2 pl. (tom. IX et X). — Observations sur les habitudes attribuées par Hérodote aux crocodiles du Nil (*id.*, *id.*). — Observations sur l'affection mutuelle de quelques animaux, et particulièrement sur les services rendus au *requin* par le *pilote* (*id.*, *id.*). — Description de deux crocodiles qui existent dans le Nil, comparés au crocodile de Saint-Domingue, avec une pl. (tom. X, 1807). — Détermination des pièces qui composent le crâne des crocodiles (*id.*, *id.*). — Considérations sur les pièces de la tête osseuse des animaux vertébrés, et particulièrement sur celles du crâne des oiseaux, avec une pl. (*id.*, *id.*). — Sur le sac branchial de la baudroie, et l'usage qu'elle en fait pour pêcher (tom. X, 1807). — Note sur les objets d'histoire naturelle recueillis en Portugal, par M. Geoffroy de Saint-Hilaire. Extraite du compte de ses opérations (tom. XII, 1808). — Description de deux singes d'Amérique, sous les noms d'*ateles arachnoïdes* et d'*ateles marginatus*, avec 2 pl. (tom. XIII, 1809). — Description d'une nouvelle espèce d'oiseau, voisine du *corvus nudus* et du *corvus calcus*, et établissement de ces trois espèces en autant de genres, sous les noms de *cephalopterus*, *gymnoderus* et *grmnocephalus*, avec une pl. (*id.*, *id.*). — Description du cariama de Marcgrawe, *microdactylus Marcgravii*, avec une planch. (*id.*, *id.*). — Des Usages de la vessie aérienne des poissons (*id.*, *id.*). — Mémoire sur les tortues molles, nouveau, genre sous le nom de *Tryonix*, et sur la formation des carapaces, avec 5 planch. (tom. XIV, 1809). — De la Synonymie des espèces du genre *Salmo*, qui existent dans le Nil (*id.*, *id.*). — Description des roussettes et des céphalotes, deux nouveaux genres de la famille des chauve-souris, avec 4 pl. (tom. XV, 1810). — Addition au Mémoire sur le genre et les espèces de vespertilions (*id.*, *id.*). — Sur les Phyllostomes et les Mégadermes, deux genres de la famille des chauve-souris, avec 4 pl. (*id.*, *id.*). — Description de deux espèces de Dasyures (*Dasyrius cynocephalus et D. ursinus*) (*id.*, *id.*). — Note sur deux espèces d'Emissole (tom. XVII, 1811). — Sur les espèces du genre *Loris*, mammifères de l'ordre des quadrumanes (*id.*, *id.*). — Mémoire sur les espèces des genres Musaraigne et Mygale, avec 3 pl. (*id.*, *id.*). — Tableau des quadrumanes, ou des animaux composant le premier ordre de la classe des mammifères ; suivi d'une Note sur trois dessins de Commençon, représentant les quadrumanes d'un genre inconnu, avec une pl. (tom. XIX, 1812). — De l'organisation et de la détermination des Nyctères, une des familles de chauve-souris, avec une pl. (tom. XX, 1813). — Sur un genre de chauve-souris, sous le nom de Rhinolophes, avec 2 pl. (*id.*, *id.*). — Mémoire sur les glandes odoriférantes des Musaraignes, avec une planch. (*Mém. du Mus. d'hist. natur.*, tom. 1er, 1816). — Description d'un oiseau du Brésil, sous le nom de *Tyran-Roi* (tom. III, 1817). — Sur les nouvelles chauve-souris, sous le nom de *Glossophages*, avec 2 pl. (tom. IV, 1818). — Sur cette question : si les animaux à bourse naissent aux tétines de leur mère? (*Journ. complém. du Dict. des Sc. méd.*, 1819). — Sur un squelette chez les insectes, dont toutes les pièces sont identiques entre elles, et sont de plus ramenées à leurs correspondantes des os du squelette des animaux supérieurs (*id.*, 1819). — Sur quelques règles fondamentales en histoire naturelle (*id.*, 1820). — Sur une colonne vertébrale et ses côtes dans les insectes apiropodes (*id.*, 1820). — Sur les différents états de pesanteur des œufs au commencement et à la fin de l'incubation (*id.*, 1820). — Considérations d'où sont déduites des règles pour l'observation des monstres et pour leur classification (*Ann. gén. des Sc. phys.*, 1821). — Sur le système dentaire des oiseaux (*id.*, *id.*). — Mémoire sur plusieurs déformations du crâne de l'homme ; suivi d'un Essai de classification des monstres acéphales (*Mém. du Muséum d'hist. nat.*, tom. VII, 1821). — De l'os carré des oiseaux sous le rapport de sa composition, des quatre éléments qui le constituent, et de l'existence de tous dans tous les animaux vertébrés, nommément dans l'homme. Extrait, avec 3 planch. (*id.*, *id.*). — Sur les dernières voies du canal alimentaire, dans la classe des oiseaux (*Bulletin de la Soc. philom.*, 1822). — Mémoire pour établir que les monotrèmes sont ovipares, et qu'ils doivent former une 5e classe dans l'embranchement des animaux vertébrés (*id.*, 1822). — M. Geoffroy a fourni aussi à ce dernier recueil beaucoup d'autres articles, dont quelques-uns des principaux ont pour objet les oiseaux de proie, quant à leur classification, les kamichis, les agamis, les manchots, les phénicoptères, l'oiseau Saint-Martin, les hommes porcs-épics, les animaux consacrés en Égypte, etc. — Sur les organes sexuels et sur les produits de la génération des poules dont on a suspendu la ponte en fermant l'oviductus (*Mém. du Muséum d'histoire natur.*, tom. IX, 1822). — Notice sur une nouv. espèce de bœuf, nommé *Gaour* par les Indiens, d'une taille gigantesque, et ayant les apophyses épineuses des vertèbres dorsales prolongées extérieurement (*id.*, *id.*). — Sur les tiges montantes des *vertèbres dorsales*, pièces restreintes dans les mammifères à un état rudimentaire et portées chez les poissons au maximum du développement ; pour servir à l'intelligence de la « Notice sur le Gaour » (*id.*, *id.*). — Considérations générales sur la vertèbre, avec 3 pl. (*id.*, *id.*). — Extrait du Discours d'introduction au nouvel ouvrage de M. Geoffroy de St-Hilaire, intitulé Philosophie anatomique (Monstruosités humaines) (*id.*, *id.*). — Considérations générales sur les organes sexuels des animaux à grande respiration et à circulation (*id.*, *id.*) — Composition des appareils génitaux, urinaires et intestinaux à leurs points de rencontre dans l'autruche et dans le casoar, avec une pl. (*id.*, *id.*). — Organes sexuels de la poule. Prem. Mém. Formation et rapports de deux oviductus, avec une pl. (tom. X, 1823). — Sur l'organe et les gaz de la respiration dans le fœtus (*id.*, *id.*). — Considérations et Rapports nouveaux d'ostéologie comparée, concernant les animaux ruminants (*id.*, *id.*). — Sur les appareils de la déglutition et du goût dans les aras indiens, ou *perroquets* microglosses, avec une pl. (*id.*, *id.*). — Sur les parties de son organisation que la Baudroie emploie comme instrument de pêche (Rapport à l'Acad. roy. des sciences sur un Mém. du doct. Bailly, ayant pour titre : Description des filets-pêcheurs de la Baudroie (tom. XI, 1824). — Sur l'analogie des filets-pêcheurs de la Baudroie avec une partie des apophyses montantes des vertèbres, et spécialement avec les premiers rayons de la nageoire dorsale de silures (*id.*, *id.*). — Sur une nouvelle détermination de quelques pièces mobiles chez la carpe, ayant été considérées comme les parties analogues des osselets de l'oreille ; et sur la nécessité de conserver le nom de ces osselets aux pièces de l'opercule (*id.*, *id.*). — Sur la nature, la formation et les usages des pierres qu'on trouve dans les cellules auditives des poissons (*id.*, *id.*). — De l'aile operculaire ou auriculaire des poissons, considérée comme un principal pivot, sur lequel doit rouler toute recherche de détermination des pièces composant le crâne des animaux ; suivi de tableaux synoptiques donnant le nombre et expliquant la composition de ces pièces, avec une pl. (*id.*, *id.*). — Sur quelques objections et remarques concernant l'aile operculaire ou auriculaire des poissons (tom. XII, 1825). — Recherches sur l'organisation des Gavials ; sur leurs affinités naturelles, desquelles résulte la nécessité d'une autre distribution génér., *Gavialis, Teleosaurus* et *Steneosaurus* ; et sur cette question : si les gavials (*Gavialis*), aujourd'hui répandus dans les parties orientales de l'Asie, descendent par voie non interrompue de génération, des gavials antédiluviens, soit des gavials fossiles, dits crocodiles de Caen (*Teleosaurus*), soit des gavials fossiles du Havre et de Honfleur (*Steneosaurus*), avec 2 pl. (*id.*, *id.*). — Sur les habitudes des castors (*id.*, *id.*). — Sur de nouveaux Anencéphales humains, confirmant, par l'autorité de leurs faits d'organisation, la dernière théorie sur les monstres, et fournissant quelques éléments caractéristiques de plus et de nouvelles espèces au genre *Anencéphale*, avec une pl. (*id.*, *id.*). — Notice sur le comte Lacépède (tom. XIII, 1825). — Sur l'anatomie comparée des monstruosités animales, par M. SERRES. Rapport fait à l'Acad. roy. des Sc. (*id.*, *id.*). — Considérations zoologiques et physiologiques relatives à un nouveau genre de monstruosités, nommé *Hypognathe*, et établi pour trois espèces de veaux-bicéphales, à têtes opposées et attachées ensemble par la symphyse de leurs mâchoires, avec une pl. (*id. id.*). — Sur les déviations organiques provoquées et observées dans un établissement d'incubations artificielles (*id., id.*). — Sur les appareils sexuels et urinaires de l'ornithorhynque, avec 2 planch. (tom. XV, 1827). — Mémoire sur un enfant monstrueux, né dans le département d'Indre et Loire, déterminé et classé sous le nom d'Hétéradelphe de Bénais (*id., id.*). — Rapport sur un Mémoire de M. le docteur Lisfranc, chirurgien en chef de l'hospice de la Pitié, traitant de la rhinoplastie (*id., id.*). — Mémoire sur deux espèces d'animaux nommés Trochilus et Bdella par Hérodote, leur genre, et la part qu'y prend le crocodile (*id., id.*). — Rapport sur le travail de MM. Audouin et Henri-Milne Edwards, ayant pour titre : Recherches anatomiques sur le système nerveux chez les crustacés (tom. XVI, 1828). — Avec M. SERRES : Rapport fait à l'Académie royale des Sc., sur un Mémoire de M. Roulin, ayant pour titre : Sur quelques changements observés dans les animaux domestiques transportés de l'ancien monde dans le nouveau (tom. XVII, 1828). — Sur cette question : Dans quels degrés de rapports organiques et de parenté sont les animaux dits antédiluviens et les animaux des âges historiques ? (*id., id.*).

Indépendamment de ces nombreux mémoires, M. Geoffroi Saint-Hilaire a encore fourni à plusieurs ouvrages non périodiques, des articles d'une étendue plus ou moins grande, tels que les articles relatifs aux chauve-souris et poissons du Nil, à la Description de l'Égypte ; les articles oie d'Égypte, ichneumon, maki macoco, maki brun et galago, à la Ménagerie du Muséum d'hist. nat., par MM. LACÉPÈDE, CUVIER et GEOFFROY ; l'article chauve-souris au Dictionnaire des sciences naturelles; et l'article Anencéphale au Dictionnaire classique d'histoire naturelle.

GEOFFROY SAINT - HILAIRE (Isidore), fils du précédent, docteur en médecine de la Faculté de Paris, aide-naturaliste de zoologie au Muséum d'histoire naturelle, membre de plusieurs Sociétés savantes, etc.; né à Paris, en 1805.

—Considérations générales sur les animaux mammifères. (Extr. du Dict. class. d'hist. nat.). *Paris, de l'imp. de Tastu*, 1826, in-18.
— Notice nécrologique sur André Thouin, membre de l'Institut, professeur de culture au Muséum d'histoire naturelle. (Extrait de la Revue encyclopédique). *Paris, imp. de Rignoux*, 1824, in-8 de 8 pag.
— Propositions sur la monstruosité considérée chez l'homme et les animaux. *Paris*, 1829, in-4.

Thèse inaugurale.

— Traité de la monstruosité considérée chez l'homme et les animaux. *Paris, J.-B. Baillière*, 1829, in-8 et atlas.

C'est le développement de la thèse précédente.

On doit aussi à ce jeune naturaliste les Mémoires suivants, imprimés dans divers recueils : Mémoire sur une chauve-souris américaine formant une nouvelle espèce dans le genre Hyctinôme (*Ann. des Sc. natur.*, tom. I, avril 1824). — Description d'un nouveau genre de mammifères carnassiers, sous le nom de *Proïèle*, avec une pl. (*Mém. du Muséum d'hist. natur.*, tom. XI, 1824). — Sur les Ves-

pertilions du Brésil (*Ann. des sciences natur.*, tom. III, déc. 1824). — Sur des femelles de faisans à plumage de mâles (*ibid.*, tom. XII, 1826). —Mém. sur quelques espèces nouvelles ou peu connues du genre Musaraigne (*Mém. du Muséum*, tom. XV, 1827). — Avec le docteur MARTIN SAINT-ANGE : Recherches anatomiques sur des canaux qui mettent la cavité du péritoine en communication avec les corps caverneux chez la tortue femelle, et sur leurs analogues chez le crocodile, et Remarques sur la structure et la disposition du cloaque, du clitoris et des corps caverneux chez la tortue (*Ann. des Sc. natur.*, tom. XIII, févr. 1828). — *Avec le même* : Note sur les canaux péritonéaux des émides et des crocodiles mâles (*ibid.*). — *Avec le même* : Note additionnelle au Mémoire sur les canaux péritonéaux chez la tortue et le crocodile (*ibid.*, avril 1828). — Remarques sur quelques caractères des chauve-souris frugivores, et Description de deux espèces nouvelles (*ibid.*, tom. XV, octobre 1828). — Remarques sur les caractères généraux des singes américains, et Description d'un genre nouveau sous le nom d'Ériode (*Mém. du Muséum*, tom. XVII, 1829). — Description de deux espèces nouvelles de singes à queue prenante (*ibid.*). — Avec M. DESSALINES D'ORBIGNY : Description d'une nouvelle espèce du genre Phénicoptère ou Flammant (*Ann. des Sc. nat.*, tom. XVII, août 1829).

M. Geoffroy Saint-Hilaire fils contribue encore à la publication de quelques ouvrages, tels que la Description de l'Égypte, où il a traité de l'histoire des reptiles et des poissons ; au Dictionnaire classique d'histoire naturelle, où il est spécialement chargé de l'histoire de la première classe du règne animal, et auquel il a aussi donné un grand nombre d'articles sur l'histoire des reptiles et des oiseaux, ainsi que sur la zoologie générale et l'anatomie comparée; au Bulletin universel des sciences et de l'industrie, depuis sa fondation jusqu'en 1827, et à la Revue encyclopédique, depuis 1826 jusqu'à ce jour.

GEORGE (L.-J.), régent de mathématiques au collège de Neufchâteau.

— Art de lever et laver les plans, destiné aux instituteurs primaires, aux élèves des collèges, et à tous les jeunes gens qui se livrent aux arts mécaniques. *Paris, Bachelier; et Nanci, Senef; Vincenot et Vidart*, 1828, in-8 de 62 pag.
— Cours d'arithmétique théorique et pratique, à l'usage des cours gratuits des sciences appliquées au commerce, aux arts, etc. Sixième édit. Prem. part., premier et second cahier. *Nanci, Grimblot; Senef, etc.*, 1828, in-8 de 68 pag.
— Développement des premiers éléments d'algèbre, ouvrage destiné à précéder les éléments de géométrie. *Neufchâteau, Beaucolin*, 1811, 1814, 1815, in-8.
— Éléments d'arithmétique. IVᵉ édition. *Neufchâteau, le même*, 1821, in-8.
— Essai de géométrie pratique. *Neufchâteau, le même*, 1821, in-8 avec 4 planch. gravées.
— Géométrie pratique, à l'usage des artistes et ouvriers qui suivent les cours publics et gratuits établis par la ville de Nanci. Édition augmentée de l'Art de le-

ver et de laver les plans, avec 33 figures ou dessins au trait et coloriés. *Nanci, Senef*, 1828, in-8.

— Recueil de problèmes numériques relatifs aux équations des deux premiers degrés. *Neufchâteau, Beaucolin*, 1813, in-8.

— Traité de la sphère, précédé de l'Exposition du véritable système du monde, d'après les découvertes des plus célèbres astronomes. *Neufchâteau, le même*, 1817, in-8.

GEORGEL (J.-Fr.), ex-jésuite, secrétaire d'ambassade et chargé d'affaires de France à la cour de Vienne, grand-vicaire de l'évêché de Strasbourg, et en dernier lieu de celui de Nanci; né à Bruyères (Vosges), le 29 janvier 1731, mort dans la même ville, le 14 novembre 1813.

— * Mémoires pour servir à l'histoire des événements de la fin du XVIIIe siècle, depuis 1760 jusqu'à 1806-1810, par un contemporain impartial. (Publiés par M. GEORGEL, avocat). *Paris, A. Eymery*, 1817, ou 1820, 6 vol. in-8, 36 fr.

L'édit. de 1820 n'est point anonyme. On assure que plusieurs hommes de lettres ont retouché le manuscrit de cet ouvrage au moment de l'impression et pendant l'impression. On dit, par exemple, que M. Psaume est auteur de la Notice qui se trouve en tête des Mémoires et de la plupart des notes placées au bas des pages; que M. Desrenaudes a remanié l'article *des Girondins*; que M. J.-F. Baudouin le père a fourni des notes et adouci l'article de Raynal.

Ces Mémoires sont divisés en six sections. La section première fait mention de la destruction des jésuites; la 2e, des dernières années du règne de Louis XV, ce qui comprend les ministères du duc de Choiseul, du duc d'Aiguillon et du chancelier Maupeou; la 3e s'attache au règne de Louis XVI, et aux opérations de ses ministres jusqu'à la convocation des notables; la 4e donne des détails sur l'affaire du collier; la 5e traite de la révolution française jusqu'en 1803; dans la 6e, l'auteur nous a conservé les observations qu'il avait faites pendant son voyage à Saint-Pétersbourg en 1799 et 1800.

— Réponse à un écrit anonyme (de Gibert), intitulé : Mémoires sur les rangs et les honneurs de la cour. *Paris, Le Breton*, 1771, in-8.

Mém. pour M. de Soubise.

— Voyage à Saint-Pétersbourg en 1799-1800, fait avec l'ambassade des chevaliers de l'ordre de Saint-Jean de Jérusalem. Publ. par M. Georgel, avocat. *Paris, Eymery*, 1818, in-8, 6 fr.

C'est la sixième partie des Mémoires de l'auteur, dont il a été tiré un nombre d'exempl. à part.

GEORGEON et POULLIN. * Histoire des révolutions de Pologne (revue par l'abbé DESFONTAINES). *Amsterdam* (Paris), 1735; *Amsterdam*, 1750, 2 vol. in-12.

Georgeon est auteur de la Préface, de la traduction de l'Histoire universelle de De Thou (1734), et le réviseur de la traduction de l'Histoire des guerres d'Italie, de F. Guichardin (1738).

GEORGERET (le P.), religieux à Picpus; né à Beaujeu, en 1726, mort en 1799.

— Observations critiques sur la physique newtonienne. *Amsterdam (Lyon)*, 1784, in-8.

GEORGERET (Eus.). Cours complet d'enseignement mutuel. Sec. édit. *Paris, A. Eymery*, 1820, in-8, 5 fr.

— Cours de lecture, ou l'Art d'apprendre à lire les mots, les syllabes et les sons par 64 grav. et l'histoire des objets qui y sont figurés. *Paris, l'Auteur*, 1820, in-8.

GEORGES (dom). Voy. AUBRY (le P.).

GEORGES. Voy. à la Table des Anon. *Actes des Apôtres.*

GEORGET (Ét.-Jean), médecin attaché à l'établissement de la Salpétrière, ensuite gradué docteur à la Faculté de médecine de Paris, en 1820; né à Vernon (Indre et Loire), le 9 avril 1795, mort à Paris, en mai 1828.

— Discussion médico-légale sur la folie ou aliénation mentale, suivie de l'Examen du procès criminel d'Henriette Cornier, et de plusieurs autres procès dans lesquels cette maladie a été alléguée comme moyen de défense. *Paris, de l'imp. de Migneret* (*J. B. Baillière*), octobre 1826, in-8 de 180 pag., 3 f. 50 c.—Nouvelle Discussion sur le même sujet. *Paris, de l'imp. du même* (*J. B. Baillière*), 1828, in-8 de 108 pag., 3 fr.

— Examen médical des procès criminels des nommés Léger, Feldtmann, Leconffe, Jean-Pierre et Papavoine, dans lesquels l'aliénation mentale a été alléguée comme moyen de défense; suivi de quelques considérations médico-légales sur la liberté morale. *Paris, de l'imp. du même*, (* Béchet jeune*), 1825, in-8, 3 fr.

— Folie (de la). Considérations sur cette maladie, son siége et ses symptômes, la nature et le mode d'action de ses causes, etc. *Paris, Crevot*, 1820, in-8, 6 fr.

— Folie (de la), ou aliénation mentale. (Extrait du Dictionnaire de médecine). *Paris, imp. de Rignoux* (*J. B. Baillière*), 1823, in-8 de 90 pag., 2 fr. 50 c.

— Hypocondrie (de l') et de l'hystérie. (Extrait du Dictionnaire de médecine). *Paris, imp. du même* (*J. B. Baillière*), 1824, in-8 de 44 pag.

— Maladies (des) mentales considérées dans leurs rapports avec la législation civile. *Paris,* * *J.-B. Baillière* , 1827, in-8, 3 fr. 50 c.

— Nevroses (des) ou maladies nerveuses. (Extrait du Dictionnaire de médecine). *Paris* , *imp. du même* (* *J. B. Baillière*) , 1826, in-8 de 16 pag.

— Physiologie du système nerveux, et spécialement du cerveau ; Recherches sur les maladies nerveuses, en général, et en particulier sur le siége , la nature et le traitement de l'hystérie , de l'hypocondrie, de l'épilepsie et de l'asthme convulsif. *Paris, J. B. Baillière,* 1821, 2 vol. in-8, 12 fr.

Indépendamment des trois articles extraits du Dictionnaire de médecine que nous avons cités, le doct. Georget en a fourni beaucoup d'autres, mais qui n'étant point assez volumineux n'ont pas été tirés à part.
M. Georget a été le rédacteur principal des « Archives générales de médecine », depuis leur origine en 1823, jusqu'à l'époque de sa mort.

GEORGI (J. G.), docteur en méd. Description de la ville de Saint-Pétersbourg et de ses environs, traduite de l'allem. (par Samuel Henri CATEL, ministre protestant à Berlin). *Saint-Pétersbourg , J. Zacharie Logan ,* 1793, in-8.

— Description de toutes les nations de l'empire de Russie, où l'on expose leurs mœurs , religions , etc.; trad. de l'allem. *Saint-Pétersbourg ,* 1776-77, 3 part. en un vol. in-4 avec atlas de 95 planch. pet. in-fol.

Ouvrage assez rare en France, mais qui conserve peu d'intérêt aujourd'hui que nous avons sur le même sujet des écrits meilleurs et plus étendus.

GEORGIADES (Anastase). Dictionnaire grec-moderne et français. *Paris, Eberhart ,* 1809 , in-8.

— Tractatus de elementorum græcorum pronunciatione, græcè et latinè. *Parisiis , Eberhart; Debure fratres,* 1812, in-8, 7 fr.

GEORGIN (Jeannot). Pseudon. Voy. COUSTELIER (Ant.-Urbain).

GEORY , principal du collége de Digne.
— Bucoliques (les) de Virgile, traduites en vers français (1822). Voy. VIRGILE.

GOESMAN. Voyage en Guinée (trad. du holl.). *Utrecht,* 1715 , in-12 , avec figures.

GERADON, avocat à la Cour supérieure de justice , à Liége.
— Défense des droits des fabriques des églises , aux biens, rentes et fondations , chargés de messes , obits , anniversaires et autres services religieux. *Liége , Stas et Kersten,* 1822, in-8.—Supplément. *Liége , les mêmes ,* 1824 , in-8.

GERAMB (le baron Ferdinand de), ma-

réchal de camp des armées de S. M. C. Ferdinand VII ; chambellan de S. M. l'empereur d'Autriche.

— Lettre au comte Moira , général des armées de S. M. C.; gouverneur-général de l'Inde , sur les Espagnols et sur Cadix ; suivie d'une Lettre à Sophie , sur la fête donnée par le prince régent, pour célébrer l'anniversaire de la naissance du roi. *Paris, Michaud; Petit,* 1814, in-8.

GERAMB (le R. P. Marie-Joseph de), religieux de la Trappe.

— Aspirations aux sacrées plaies de N. S. J.-C. *Fougères , V* Vannier, 1826, in-16 de 32 pag.; ou *Paris, Adr. Leclère ,* 1827, 1828, in-18.

— Au tombeau de mon Sauveur. *Paris, Adr. Leclère, et Laval, P.-A. Genesley-Portier,* 1829, in-18 de 54 pag., 1 f. 20 c.

— Lettres à Eugène sur l'Eucharistie. *Paris, A. Leclère ; et Laval, Genesley - Portier,* 1827 , in-12, 2 fr. 50 c.

— Lettre à Mgr l'évêque de ***. *Orléans, imp. de Jacob,* 1827, in-4 de 8 pag.

— Litanies pour une bonne mort. *Orléans, imp. du même,* 1828, in-16 de 28 pag. , 35 c.; sur pap. fin, avec une grav., 45 c.

— Les mêmes en allemand : Litaney von guten Tod. *Strasburg, Levrault,* 1828, in-18 de 18 pag.

— Unique (l') chose nécessaire, ou Réflexions, Pensées et Prières pour mourir saintement. *Paris, Adr. Leclère, et Laval, A. Genesley,* 1829, in-18 de 54 p., 1 f. 20.

GÉRANDO (de). Voy. DEGÉRANDO.

GÉRARD (Aug.), religieux de l'Observance de S. François.
— Oraison funèbre d'Étienne , comte de Stainville. *Nanci,* 1721 , in-4.

GÉRARD (Louis), correspondant de l'Institut; né à Cotignac, le 18 juillet 1733, mort dans le même bourg; le 19 novembre 1819.
— Ludovici Gerardi Flora gallo-provincialis. *Parisiis, J. B. Bauche,* 1761 , in-8.

L'auteur avait préparé une nouvelle édition qui devait avoir deux vol.; mais il l'avait abandonnée long-temps avant sa mort.
Outre cet ouvrage, Gérard a fourni plusieurs Mémoires dans quelques ouvr. scientifiques.

GÉRARD (Alex.), métaphysicien écossais du XVIIIe siècle.
— Essai sur le goût, trad. sur la seconde édit. anglaise (par EIDOUS), augmenté de trois Dissertations sur le même sujet, par Voltaire , d'Alembert et Montesquieu. *Paris, Delalain ,* 1766 , in-12.

GÉRARD (l'abbé Louis-Philippe), chanoine de Saint-Louis du Louvre; né à Paris, en 1737, où il est mort, le 24 avril 1813.

— Comte (le) de Valmont, ou les Égarements de la raison. Nouv. édit. *Paris, Bossange, Masson et Besson*, 1801, 5 vol.

— Théorie du bonheur. *Paris, les mêmes*, 1801, un vol.; en tout 6 vol. in-12, ornés de 16 grav. d'après les dessins de Moreau, et du portrait de l'auteur, gravé par Gaucher, 15 fr. ; ou *Paris, les mêmes*, 1807, 6 vol. in-12, 18 fr., et 6 vol. in-8, 36 fr., ou pap. vél. 72 fr.—Autre édition. *Paris, Masson et fils*, 1821, 6 vol. in-12, avec fig., 21 fr.; ou *Paris, L. Dureuil*, 1829, 6 vol. in-12 avec fig., 7 fr. 50 c.

Les égarements dans lesquels Gérard était tombé avant que d'avoir embrassé l'état ecclésiastique, paraissent lui avoir donné l'idée de cet excellent ouvrage, qu'il publia d'abord sous le voile de l'anonyme, en 3 vol., et plus tard (en 1775), en 5 vol., que forme encore aujourd'hui cet ouvrage, non compris la *Théorie du bonheur*. L'édition de 1801, que nous citons, est la XIe, et celle de 1823 porte sur ses frontispices XVIe édit. « L'auteur, dit un écrivain judicieux, y montre dans une fiction les écarts d'un jeune homme entraîné par ses passions et par des sociétés pernicieuses, et y établit les preuves qui ramènent tôt ou tard à la religion un esprit droit et un cœur pur. »

— Esprit (l') du christianisme, précédé d'un Précis de ses preuves, et suivi d'un Plan de conduite (et de quelques Poésies chrétiennes et morales). *Paris, Soc. typogr.*, 1801, in-12, ou 1803, in-18; et *Paris, Belin-Mandar*, 1823, in-18, 1 fr. 50 c.

— Essai sur les vrais principes relativement à nos connaissances les plus importantes. (Ouv. posth.). *Paris, Blaise aîné*, 1826, 3 vol. in-8 avec portrait et fac-simile, 18 fr., ou 3 vol. in-12, 10 fr.

— Leçons (les) de l'histoire, ou Lettres d'un père à son fils sur les faits intéressants de l'histoire universelle. *Paris, Moutard et A. Leclère*, 1787 - 1806, 11 vol. in-12, 44 fr.

Édition reproduite en 1810 et en 1816, avec des titres portant ces dates.
Les premiers volumes de cet ouvrage, ornés de cartes et accompagnés de savantes dissertations, offrent autant d'érudition que de critique; les derniers, qui terminent l'histoire ancienne jusqu'à Jésus-Christ, paraissent traités avec moins de soin. Les leçons de l'histoire sont divisées par grandes époques; et dans chaque période on traite séparément l'histoire de chaque peuple.

— Mélanges intéressants, ou Choix de pensées morales et maximes, etc; précédés des Mémoires de ma vie. *Paris, le même*, 1810, in-12, 3 fr.

— Sermons (ses). Nouv. édit., augmentée de prônes inédits, précédée des Mémoires de ma vie. *Paris, le même*, 1828, 5 vol. in-12, 12 fr. 50 c.

La prem. édit. a été publiée à Lyon, chez Rolland, en 1816, 4 vol. in-12. Rien n'est moins authentique, dit A. A. Barbier, que ces sermons publ. par les libraires de Lyon soient réellement de l'auteur du « Comte de Valmont. »
L'édition primitive est ainsi composée : Avent, 1 vol. — Carême, 2 vol. — Mystères, 1 vol.
Un petit Traité de cet ecclésiastique sur l'*Éducation des filles* a été impr. en 1828, avec une édition de celui de Fénelon sur le même sujet. Voyez FÉNELON.
L'abbé Gérard est encore auteur d'un autre ouvr. resté inédit jusqu'à ce jour, intitulé : *Études de la langue française*, de la rhétorique et de la philosophie, 3 vol. in-8.
Cet écrivain a été le réviseur des « Leçons de la nature », de L. Cousin-Despréaux (1802). Voy. ce nom.
On a publié, comme étant de l'auteur du « Comte de Valmont», un roman intitulé : « les Infortunes de la marquise de Ben***, ou la Vertu malheureuse» (1789, 2 vol. in-12) : ce roman est de Bette d'Étienville.

GÉRARD (J.), provincial des capucins, grand prédicateur; né à Bertry, près Bouillon, le 17 septembre 1723, mort vicaire de Saint-Roch, à Paris, le 3 octobre 1800.

— * Esprit (l') du saint sacrifice de la messe, avec les mystères de la Passion, exprimés en 35 figures. *Paris, Guillot*, 1784, in-12.

J. Gérard, connu en religion sous le nom du P. J.-B. de Bouillon, est aussi l'un des auteurs des « Principes discutés pour faciliter l'intelligence des livres prophétiques ». (Voyez ce titre à la Table des Anonymes).

GÉRARD (L.-G.). *Essai sur l'art du vol aérien. *Paris*, 1784, in-12, avec fig.

GÉRARD (dom), religieux et bibliothécaire de l'abbaye de Trois-Fontaines, ordre de Cîteaux; né dans le Barrois, mort en 1784.

— Patriarche (le), ou le Vieux laboureur, églogue qui a concouru pour le prix de l'Académie Française, en 1784. — Extrait de ladite églogue, lu à la séance du 25 août 1784, par Marmontel. *Paris, Demonville*, 1784, in-8.

Ce religieux a laissé en manuscrit un poème en VIII chants, *sur l'humilité*, rempli, comme l'Églogue que nous venons de citer, de beautés poétiques et de fautes de versification.

GÉRARD. (l'abbé), successivement curé de Saint-Landry, et vicaire épiscopal de Paris, en 1791 et ann. suiv., mort chanoine de la cathédrale.

— *Instruction sur la constitution civile du clergé. *Paris*, 1791, in-8.

GÉRARD (Alex.), alors chirurgien des hôpitaux militaires.

— Perforatious (des) spontanées de l'estomac. *Paris*, 1803 , in-8 , 1 fr. 20 c.

GÉRARD (Étienne) , sous-chef au ministère des finances ; né à Versailles , vers 1760 ; mort dans la même ville , en 1825.

— Chant funèbre, pour l'anniversaire de la mort de Louis XVI. *Paris, impr. de Chaigneau jeune*, 1817 , in-4 de 4 pag.

Cet écrit ne s'est pas vendu.

— Épître aux missionnaires. *Paris* , *imp. de Chaigneau jeune*, 1824, in-4 de 8 pag.

— Étrennes de la France , contenant sa situation, son étendue et sa superficie , un précis de son origine, etc. *Paris, imp. du même* , 1815, in-18 de 162 pag.

— Étrennes impériales , contenant l'étendue et la superficie de l'empire, etc., etc. *Paris, Mᵐᵉ Cavanagh*, 1804 , in-24 , 1 fr.

— Ode sur l'exhumation des restes de S. A. S. Mgr le duc d'Enghien. *Paris* , *imp. de Chaigneau jeune*, 1816 , in-4 de 4 pag.

— Regrets. *Paris, imp. du même* , 1823, in-4 de 4 pag.

Cet écrit est en vers et relatif aux événements d'Espagne.

GÉRARD (P.-J.), de Bruxelles. Itinéraire d'un voyage en Suisse, fait en 1803. *Bruxelles, Weissenbruck*, 1805, in-8, 2 fr. 50 c.

C'est vraisemblablement à l'auteur de cet *Itinéraire* que l'on doit cinq Mémoires imprimés dans le tom. V de l'anc. recueil de l'Académie de Bruxelles, et qui sont : Notice sur la vie et les ouvrages du comte de Fraula. — 2° Notice historique sur don Anselme Berthod. — 3° Sur les monnaies frappées dans les Pays-Bas , aux noms et armes des ducs de Bourgogne. — 4° Description d'un enterrement fait à Tournay en 1391. — 5° Notice de manuscrits et autres monuments relatifs à l'histoire belgique.

GÉRARD. Mémoire sur les fractures du col du fémur. 1806, in-8.

GÉRARD. Éléments de la langue française, à l'usage des écoles primaires de Genève. Sec. édit. *Genève, success. de Donnant*, 1810, in-12 de 235 pag.

GÉRARD, desservant d'Héloup (Orne). — *Hymnes (les) de Santeul, Coffin, etc., trad. en cantiques, etc. (1811). Voy. SANTEUL.

GÉRARD, officier de santé.
— Exposé des bains de vapeurs composés pour la guérison des douleurs et maladies. *Paris, boulevard Bonne-Nouvelle, n° 8* , 1816, in-8 de 14 pag.

GÉRARD (Jos.), teneur de livres.
— Calculs, ou Méthode pour trouver de suite le nombre de jours qui doivent fixer les intérêts dans un compte-courant. *Marseille, Mossy*, 1816, in-4 de 16 pag.

— Cours élémentaire et pratique de la tenue des livres en partie double. *Marseille, l'Auteur*, 1817, 2 vol. in-4, 15 fr.

GÉRARD (l'abbé), grand-vicaire de S. A. Mgr le prince de Croï , évêque de Strasbourg.

— Discours prononcé le 9 juin 1816 , à l'occasion de la bénédiction de la chapelle de l'école de travail de Strasbourg. *Strasbourg, Levrault*, 1816 , in-8 de 8 pag., 60 c.

— Discours prononcé le mercredi 9 juillet 1820, jour de la fête de saint Vincent de Paul dans la chapelle de l'école de travail, pour y recommander à la bienfaisance des ames charitables les enfants pauvres qui y sont rassemblés chaque jour; précédé de l'adresse de MM. les vicaires généraux du diocèse, en date du 20 décembre 1819. *Strasbourg, imp. de Leroux*, 1820, in-8 de 40 pag.

GÉRARD , médecin. *Lettre à M. Guimas sur l'uromancie, ou l'Art de deviner les maladies par l'inspection des urines. *Bar-sur-Seine* , 1818 , in-8 de 29 pag.

GÉRARD, professeur à l'École royale de musique.
— Considérations sur la musique en général , et particulièrement sur tout ce qui a rapport à la vocale, etc. *Paris, Kleffer; Desoer*, 1819, in-8.
— Lettre descriptive à M. le comte Adolphe de Custine (renfermant une description partielle des jardins et de la situation du château de Fervaques, etc.). *Paris, Kleffer*, 1821 , in-8 de 60 pag.

GÉRARD (le général), député de la Seine.
— Discours sur la loi relative aux finances. *Paris , Plancher*, 1822 , in-8 de 8 pag.
— Opinion sur le budjet du ministère de la guerre, pour l'exercice 1822. *Paris , impr. de Dupont* , 1822, in-8 de 20 pag.

GÉRARD, médecin. Mémoire sur la question proposée par la Société de médecine de Paris : « Peut-on mettre en doute l'existence des fièvres essentielles ? » *Paris, imp. de Belin*, 1823, in-8.

GÉRARD (L.-A.). Grammaire particulière de la langue française, etc. *Beauvais, Moisand; et Paris, Lecointe et Durey*, 1825, in-12.

GÉRARD (pseudonyme). Vies et campagnes des plus célèbres marins français, depuis François Iᵉʳ jusqu'à nos jours. *Paris, Corbet aîné*, 1825 , in-12, fig., 4 fr.

GÉRARD. Académie (l'), ou les Membres introuvables, coméd. satirique en vers. *Paris, Touquet*, 1826, in-8 de 52 pag.

Réimpr. la même année, in-8 de 44 pag., 1 fr. 25.

— Couronne poétique de Béranger. *Paris, Chaumerot jeune*, 1828, in-32, 1 fr.

— Élégies nationales et Satires politiques. *Paris, imp. de David*, 1827, in-8, 4 fr.

— Faust, nouvelle traduction complète, en prose et en vers (1827). Voy. GOETHE.

— France (la) guerrière, élégies nationales (1re livraison). Sec. édit., corr. et augm. de pièces nouvelles. *Paris, Touquet*, 1827, in-8 de 32 pag.

— Monsieur Dentscourt, ou le Cuisinier grand homme, tableau politique à propos de lentilles (en un acte et en vers). *Paris, le même*, 1826, in-32.

Publ. sous le nom de M. Beuglant, poète ami de Cadet-Roussel. Cette pièce a été imprimée parmi les *Élégies nationales et Satires politiques* de l'auteur.

— Mort (la) de Talma, élégie nationale. *Paris, le même*, 1826, in-8 de 4 pag. 75 c.

— Napoléon et la France guerrière, élégies nationales. *Paris, Ladvocat*, 1826, in-8 de 32 pag.

— Napoléon et Talma, élégies nationales nouvelles. *Paris, le même*, 1826, in-12 de 12 pag., 30 c.

GÉRARD (le baron Fr.), premier peintre du Roi.

— Portraits historiques : Collection de gravures exécutées à l'eau-forte. *Paris, Urbain Canel*, 1826, in-4.

Douze livraisons, chacune de 6 portraits in-4, avec notices, avaient été annoncées : trois seulement ont été publiées. Chaque livraison coûte 25 fr.

GÉRARD DE BÉNAT. Voy. BÉNAT.

GÉRARD DE MELCY (Cl.-Fr.), jurisconsulte; né à Clermont en Argonne, le 27 mars 1747, mort près de Varennes, en janvier 1817.

— * Abrégé méthodique des lois civiles et du droit commun de la France; ouvrage utile aux hommes de lois, etc. *Paris, Prault, an XIII (1805)*, 6 vol. in-8, 18 fr.

— * Réflexions sur les établissements de bienfaisance, contenant des vues sur les moyens de perfectionner l'administration et la distribution des secours publics à Paris. *Paris, le même, an VIII (1800)*, in-8.

GÉRARD DE RAYNEVAL (Joseph-Mathias), négociateur, chef de division au ministère des affaires étrangères; né en 1746, mort à Paris, le 31 décembre 1812.

— * Droits (les) des trois puissances alliées sur plusieurs provinces de la républi-

que de Pologne, trad. de l'angl. (1774). Voy. LINDSEY.

— Institutions au droit de la nature et des gens. *Paris, Leblanc*, 1803, in-8, 6 fr., et pap. vél., 12 fr.

— Instituciones del derecho natural y de gentes; obra trad. al español, por D. L. B. *Paris, Masson y hijo*, 1825, 2 vol. in-18.

— *Institutions au droit public d'Allemagne. *Leipzig*, 1766, in-8.

— Liberté (de la) des mers. *Paris, Arthus-Bertrand*, 1811, 2 vol. in-8, 8 fr.

— Partage (le) de la Pologne, en sept dialogues en forme de drame, etc.; trad. de l'angl. (1775). Voy. LINDSEY.

— * Principe du commerce entre les nations, trad. de l'angl. (1789). Voyez VAUCHAN (B.).

Gérard de Rayneval a laissé en manuscrit un Commentaire sur Machiavel, dans lequel il s'attache, dit-on, à venger la mémoire de cet écrivain politique, jugé avec trop de rigueur, d'après plusieurs fausses interprétations de ses maximes d'état.

GÉRARD DE VILLARS, fils, correspondant de l'Académie des sciences.

Nous connaissons un *Mémoire sur la sensibilité des parties des animaux*, portant ce nom, impr. dans le tom. IV du recueil des Savants étrangers de l'Académie.

GÉRARDIN (Sébast.), ex-professeur d'histoire naturelle de l'École centrale des Vosges; attaché au Muséum d'histoire naturelle de Paris; l'un des coopérateurs du Dictionnaire des sciences naturelles; membre de l'Académie des sciences, arts et belles-lettres de Dijon, et correspondant de plusieurs sociétés savantes; né à Mirecourt, le 9 mars 1751, mort à Paris, le 17 juillet 1816.

— Dictionnaire raisonné de botanique, contenant tous les termes techniques, tant anciens que modernes, considérés sous le rapport de la botanique, de l'agriculture, de la médecine, des arts, des eaux et forêts, etc. Publié, revu et augm. de plus de 300 articles; par M. N. A. DESVAUX. Sec. édit. *Paris, Dondey-Dupré*, 1823, un fort vol. in-8, avec portr., 10 fr.

La prem. édit. est de 1817.

— Essai de physiologie végétale, ouvrage dans lequel sont expliquées toutes les parties des végétaux; accompagné de planches et tableaux méthodiques, représentant les trois systèmes de Tournefort, de Linné et de Jussieu. *Paris, Schœll (*Maze)*, 1810, 2 vol. in-8, ornés de plus de 52 pl., 25 fr.; et papier vélin, fig. enlum., 60 fr.

— Tableau élémentaire de botanique, dans lequel toutes les parties qui constituent les végétaux sont expliquées et mises à la portée de tout le monde, où l'on trouve les systèmes de Tournefort, de Linné, et les familles naturelles de Jussieu. *Paris, Perlet* (* *Foucault*), 1803, un vol. in-8, 7 fr. 50 c.

— Tableau élémentaire d'ornithologie, ou Histoire naturelle des oiseaux que l'on rencontre communément en France, suivi d'un Traité sur la manière de conserver leurs dépouilles pour en former des collections. *Paris, Tourneisen*, 1803, ou avec de nouveaux titres, *Paris, Tourneisen fils,* 1806, et *Paris, G. Dufour et d'Ocagne* (* *J. B. Baillière*), 1822, 2 vol. in-8 accompagnés d'un recueil de planches gr. in-4, renfermant 41 gravures au burin, 20 fr.; pap. vélin, 40 fr.

Dans une courte Notice qui précède le Dictionnaire raisonné de botanique, il est dit que Séb. Gérardin a laissé deux ouvrages inédits, l'un intitulé : *les Papillons de Lorraine*, l'autre : *Abrégé de l'Ornithologie de Buffon* : dans la même Notice, il est dit que ce naturaliste était l'un des collaborateurs au Dictionnaire des Sciences médicales ; mais c'est par erreur ; l'éditeur a voulu vraisemblablement dire au Dictionnaire des sciences naturelles, où Gérardin a fourni des articles sur les mammifères, signés S.-G., et celui de becfins. *Beuch.*

GÉRARDIN (N.-V.-Auguste), docteur en médecine, professeur agrégé de la Faculté de médecine de Paris, membre de l'Académie roy. de médecine, de celle de Madrid, de la Société médico-chirurgicale de Berlin, honoraire de la Société de médecine de la ville et de l'état de New-Yorck, ex-secrétaire général de la Société médicale de la Nouvelle-Orléans ; membre des Sociétés médicales et littéraires de Toulouse, Bordeaux, Lyon, Strasbourg, Nanci, etc., etc. ; né à Nanci (Meurthe), le 15 février 1790.

— An morbi qui e fomite quodam nascuntur, et miasmatica intoxicatione (gallicè *infection*) disseminantur, a contagio legitimè distinguendi. *Parisiis*, 1824, in-4.

Thèse soutenue en 1824 à la Faculté de Paris, pour le concours de l'agrégation.

— Mémoires sur la fièvre jaune, considérée dans sa nature et dans ses rapports avec les gouvernements. *Paris, Méquignon-Marvis*, 1820, in-8.

— Rapport fait à la Société médicale de la Nouvelle-Orléans, sur la fièvre jaune qui a régné épidémiquement dans cette ville, en 1817. *A la Nouvelle-Orléans*, 1817, in-8 de 60 pag.

Avec M. Gros.

— Recherches physiologiques sur les gaz intestinaux : dissertation soutenue à la Fa-

culté de médecine de Paris, le 10 février 1814. *Paris*, 1814, in-4 de 60 pag.

On a aussi de ce médecin des *Observations de médecine pratique*, envoyées aux différentes Sociétés savantes dont il est membre; des *Rapports* faits à l'Académie royale de médecine : mais la partie la plus considérable de ses travaux est encore inédite : ou cite entre autres : des *Considérations physiologiques et médicales sur les nègres*, communiquées à l'Institut ; des *Réflexions sur la traite et l'esclavage des nègres ;* Mémoire basé sur les recherches faites par l'auteur sur l'organisation des nègres ; une *Notice sur les établissements et les réglements sanitaires des États-Unis d'Amérique*, communiquée à l'Académie royale de médecine ; enfin un *Cours de pathologie générale*, commencé à l'École pratique en 1826, pouvant former 2 vol. in-8.

M. Gérardin est l'un des éditeurs de la « Bibliothèque classique médicale ».

GÉRAUD (Mathieu), docteur en médecine, mort le 12 avril 1824, à l'âge de 76 ans.

— Essai sur la suppression des fosses d'aisance et de toute espèce de voirie, etc. *Amsterdam et Paris*, 1786, in-12.

— Projet de décret à rendre sur l'organisation civile des médecins et des autres officiers de santé, présenté à l'Assemblée nationale. *Paris*, 1791, in-8.

GÉRAUD (Edmond). Poésies diverses. *Paris, Ch. Gosselin*, 1818, ou 1822, in-18, 3 fr.

— Voyage (le) de Marie-Stuart, élégie. *Paris, Lefuel*, 1825, in-32, 1 fr. 50 c.

M. Edm. Géraud est auteur du texte de deux recueils de gravures publiés par le peintre Galard, l'un sous le titre d'Album bordelais (1823), et l'autre, sous celui de Recueil des divers costumes des environs de Bordeaux (1818). Voy. GALARD.

GÉRAUD GRAULHIÉ. Histoire de la géographie artificielle. *Paris, Chantpie*, 1819, in-plano d'une feuille.

Extraite des «Tableaux historiques de la France».

— Remarques sur les âges d'or, d'argent, d'airain, de fer, des anciens poëtes; précédées de recherches sur la découverte et l'invention des métaux. *Paris, G. Dufour et comp.*, 1810, in-8, 1 fr. 80 c.

— Tableaux historiques de la France, ou Histoire de la géographie, des productions naturelles de l'homme physique, et de la cosmogomie, des traditions orales, des traditions écrites de la France. *Paris, Chantpie ; A. Bertrand*, 1819, 48 tableaux sur carré fin, 32 fr.

Ces tableaux ont été publiés en huit livraisons.

GÉRAULD DE MAYNARD. Bibliothèque toulousaine, ou Recueil de notables et singulières questions de droit écrit, décidées par arrêts du Parlement de Toulouse. *Toulouse*, 1751, 2 vol. in-fol.

GÉRAUDLY, chirurgien dentiste.
— Art (l') de conserver les dents. *Paris,
Lemercier,* 1737, in-12.

GERBER (Jos.-Jacq.). De Concursio
creditorum. *Argentorati,* 1729, in-4.

GERBERON (Gabr.), bénédictin de la
congrégation de Saint-Maur, fécond controversiste; né à Saint-Calais, dans le Maine,
le 28 août 1628, mort à l'abbaye de Saint-
Denis, le 29 mars 1711.
— * Confiance (la) chrétienne appuyée
sur quatre principes inébranlables. 1703,
in-12.
— * Étrennes et Avis charitables à MM. les
inquisiteurs, en vers. 1700, in-12.
— * Exercices sur le sacrement de pénitence. *Paris,* 1719, in-12.
— * Histoire de la robe sans couture de N.
S. Jésus-Christ, qui est révérée dans l'é-
glise du monastère des religieux bénédictins d'Argenteuil, avec un Abrégé de l'histoire de ce monastère, par un religieux
bénédictin de la congrégation de Saint-
Maur. Nouv. édit. *Beauvais,* 1703, 1706,
in-12; *Paris,* 1713. — V^e édit. *Paris, Barrois,* 1724. — Autre édit. *Paris, Thiboust,*
1745, in-12.

La prem. édit. est de 1676.

— Histoire du formulaire. (Nouv. édit.).
Cologne, 1755, in-12.
— * Histoire générale du jansénisme, contenant tout ce qui s'est passé en France,
en Espagne, etc., par M. l'abbé***. *Amsterdam, de Lorme,* 1700, 3 vol. in-8.
— Logique (nouv.) courte et facile pour
toutes les personnes qui veulent apprendre
à raisonner juste. *Bruxelles, G. de Backer,*
1705, in-12.

Publ. sous le pseudon. de *Duboisverd.*

— Règle (la) des mœurs contre les fausses
maximes de la morale corrompue. (Nouv.
édit.). *Utrecht,* 1735, in-12.

Gerberon est auteur d'une foule d'écrits, de lettres, de factums et de pamphlets en faveur de ses
amis et contre ses ennemis, dont nous ne donnons
point ici l'indication, parce que leur publication est
antérieure à 1700 : mais on la trouve à l'art. (de
40 pag.) qui le concerne dans « l'Histoire littéraire
de la congrégation de Saint-Maur », par D. Tassin.
Une publication de lui qui appartient encore au
XVIIIe siècle, ce sont les Lettres de Corn. Jansénius,
évêque d'Ypres, etc., avec des Remarques historiques et théologiques (1702). Voy. JANSÉNIUS.

GERBIER (P.-J.-B.), célèbre avocat au
parlement de Paris; né à Rennes, le 29
juin 1725, mort à Paris, le 26 mars 1788.
— Mémoire pour la compagnie des Indes.
1759, in-4.
— Réflexions dans la cause des abbayes

de Chezal-Benoist, sur la nature et l'origine du droit du roi de nommer aux pré-
latures de son royaume. *Paris,* 1764, in-4
de 24 pag.

Réflexions qui sont d'un grand intérêt.
Gerbier s'est illustré par une foule de plaidoiries,
dont la principale est celle contre les jésuites, qui
refusèrent de reconnaître les créanciers des Liony,
négocians à Marseille, sur le P. Lavalette, qui avait
fait banqueroute : deux mémoires de ce célèbre jurisconsulte ont été impr. dans le tom. VI du Barreau français, partie ancienne : l'un pour le sieur
Hatte, l'autre pour lui-même, pour se justifier de calomnies qui avaient été répandues contre lui, et
à la suite desquelles il avait été rayé du tableau des
avocats.

GERBIER. Lettres et Observations au
sujet de deux nouveaux remèdes contre les
maladies squirrheuses, cancéreuses, etc.
Genève et Paris, 1777, in-12.

GERBOIN (Ant.-Cl.), professeur à l'é-
cole spéciale de médecine de Strasbourg,
mort dans cette ville, le 23 mai 1827, âgé
d'environ 69 ans.
— Discours sur la philosophie médicale,
sur sa nature, son étendue et ses limites.
Strasbourg, Levrault, an XIV (1806), in-4.
— Recherches expérimentales sur un nouveau mode de l'action électrique. *Paris,
Gabon; Le Normant,* 1808, in-8, avec une
fig., 5 fr.

GERBOUX (Fr.). Discussion sur les effets de la démonétisation de l'or relativement à la France. *Paris, Le Normant,*
1803, in-4, 1 fr. 50 c.

GERCY (Mme de). * Marguerite d'Alby.
Par Mme de ***. *Paris, Delaunay; Sétier,*
1821, in-12, 3 fr.

Réimpr. en 1826, avec le nom de l'auteur. Paris,
Lecointe, et Pigoreau, in-12.

GERDIL (Hyac.-Sigism.), barnabite,
ensuite cardinal, et l'un des membres les
plus illustres du sacré collège à la fin du
siècle dernier, membre de plusieurs sociétés les plus célèbres de l'Europe, telles
que celles de l'Institut de Bologne, de la
Crusca, de l'Académie des sciences de Turin, de la Société royale de Londres, de
l'Académie des arcades de Rome, etc.; né
à Samoens, en Savoie, le 23 juin 1718,
mort à Rome, le 12 août 1802.
— Anti-Contrat social. *La Haye, Stratman,*
1764, in-12.
— Anti-Émile, ou Réflexions sur la théorie et la pratique de l'éducation, contre
les principes de J.-J. Rousseau. *Turin,*
1763, in-8.

Gerdil y examine les principes de Rousseau sur
l'éducation. En le traitant avec égards, il le suit
pas à pas, signale ses sophismes, et ne fait grace à

aucune erreur. Quelque sensible que Rousseau fût à la critique, l'écrit de Gerdil ne l'offensa pas : il rendit justice à la forme et au fond, et en parla avec estime. La Biographie universelle nous apprend, d'après Fontana, que Rousseau dit au sujet de cette critique : « Parmi tant de brochures imprimées contre ma personne et mes écrits, il n'y a que celle du P. Gerdil que j'ai eu la patience de lire jusqu'à la fin. Il est fâcheux que cet auteur estimable ne m'ait pas compris. » Ces réflexions ne se trouvent ni dans les ouvrages, ni dans la correspondance de J.-J. Rousseau. M. l'abbé Hesmivy d'Auribeau, qui a publié à Rome, en 1802, la traduction française de l'Éloge funèbre de Gerdil, prononcé en italien par le P. Fontana, nous apprend dans ses notes, pag. 105, que ce fait est raconté par l'éditeur des Œuvres du cardinal de Gerdil, publiées à Bologne, dans son Avertissement, tom. VI, et que Gerdil lui-même y fait allusion dans le tom. Ier, pag. 21.

— * Discours de la nature et des effets du luxe, avec des raisonnements de M. Melon, auteur de « l'Essai politique sur le commerce en faveur du luxe. » Par le P. G.-B. Turin, Reycends frères, 1768, in-8.

Gerdil y réfute Montesquieu.

— * Discours philosophiques sur l'homme, considéré relativement à l'état de la nature et à l'état de la société, et sous l'empire de la loi; par le P. G.-B. Turin, Reycends, 1779, in-8.

— Discours philosophiques sur l'homme, sur la religion et ses ennemis (par le card. GERDIL); suivis des Lois ecclésiastiques tirées des seuls livres saints, par feu l'abbé*** (Fromageot, avocat). Publ. par M. F,... D. L. S. P. D. P. (FEUTRY, de la Soc. philanthropique de Paris). Paris, Berton, 1782, in-12.

— Dissertation sur l'incompatibilité de l'attraction, et de ses différentes lois avec les phénomènes, et sur les tuyaux capillaires. Paris, 1754, in-12.

Ouvrage dont le premier travail avait déjà paru dans le « Journal des Savants, » de mai 1752. L'auteur ayant cru trouver, dans les phénomènes des tubes capillaires, des arguments contre le système de l'attraction, Lalande y répondit dans le même journal, oct. 1768; à la suite est un Mémoire sur la cohésion.

— Dissertations (recueil de) sur quelques principes de philosophie et de religion. Paris, Hug. Dan. Chaubert, 1760, in-12 de 230 pag.

Les Dissertations qui composent ce volume sont : 1° un Essai d'une démonstration mathématique contre l'existence éternelle de la matière et du mouvement, déduite de l'impossibilité démontrée d'une suite actuellement infinie de termes, soit permanents, soit successifs; 2° Dissertation : Que l'existence et l'ordre de l'univers ne peuvent être déterminés ni par les qualités primitives des corps, ni par les lois du mouvement : Réponse à quelques objections des athées; 3° Essai sur les caractères distinctifs de l'homme et des animaux brutes, où l'on prouve la spiritualité de l'âme humaine par la nature de son intelligence; 4° Sur l'incompatibilité des principes de Descartes et de Spinosa.

— Éclaircissements sur la notion et la divisibilité de l'étendue géométrique, en réponse à la lettre de M. Dupuis. Turin, 1741, in-12.

— Exposition abrégée des caractères de la vraie religion, pour servir d'introduction à la Doctrine chrétienne; trad. de l'ital., par le R. P. de LIVOY, barnabite. Paris, Hérissant, 1770, in-12.

Cette traduction, faite sur l'édit. de Turin, 1767, augmentée de notes par l'auteur, est précédée d'un Mandement du cardinal des Lances, et suivie d'une Lettre du P. de Livoy, qui réfute les « Réflexions morales du P. Amelot de la Houssaye. »

— Immatérialité (l') de l'âme démontrée contre Locke, et de la Défense du sentiment du P. Malebranche contre ce philosophe. Turin, de l'imp. roy., 1747-48, 2 vol. in-4.

Gerdil y démontre que, des principes de Locke lui-même, il suit que l'âme est immatérielle; les mêmes preuves par lesquelles ce philosophe démontre l'immatérialité de Dieu étant applicables à l'âme. Dans sa réfutation du fameux doute de Locke, relativement à la possibilité de la matière pensante, il combat, avec un égal succès, le philosophe anglais, Montesquieu et Voltaire.

— Précis d'un Cours d'instructions sur l'origine, les droits et les devoirs de l'autorité souveraine dans l'exercice des principales branches de l'administration. Turin, de l'imp. de l'Acad. royale des sciences, 1799, in-8.

Dans cet ouvrage, Gerdil traite une série de questions très-importantes : Des lois. — Des Magistrats. — Choix des sujets dans la distribution des emplois. — Maintien de la probité et des mœurs. — Des Impôts et de leur emploi. — De quelques nouvelles spéculations sur l'impôt. — De la monnaie. — Du Papier-Monnaie. — Rentes viagères. — Dettes nationales. — Argent en réserve. — Exportation de l'or et de l'argent. — Population. — Partage et distribution des biens-fonds. — Luxe. — Application des maximes précédentes à la population d'Italie en différents temps. — Maximes de M. Melon peu conformes aux vues d'un sage politique, au sujet de la ruine des familles occasionée par le luxe. — Des moyens de prévenir la trop grande inégalité. — Culture. — Question sur le genre de culture. — Question sur la libre exportation des grains. — Magasins. — Manufactures. — Commerce. — Du commerce relativement à la noblesse. — Police. — Arts et Sciences. — Cours d'études dans les collèges et universités. — Considérations relatives à l'état de guerre. — Retour de la paix. — Des Traités.

— Traité des combats singuliers ou des duels. Turin, 1759, in-12.

L'auteur y combat ce barbare usage, et y montre l'absurdité du faux point d'honneur sur lequel on l'appuie; il prouve que la religion, la raison et l'intérêt social demandent également qu'on le proscrive.

— Opere (le sue) edite e inedite, dedicate alla santità di N. S. Pio VII P. M. (publ. da D. Leop. SCATI). Roma, delle stampe di Vinc. Poggioli, 1806-21, 20 vol. in-4.

Infatigable au travail, ayant une santé qui y pouvait suffire, et animé de la plus vive ardeur de savoir, Gerdil faisait tout marcher de front : l'étude des langues, la théologie, la philosophie, les mathématiques, la physique, l'histoire; et, sur des matières si diverses, on a de lui de nombreux ouvr. qui ont mérité les suffrages du public et l'approbation des savants : le recueil le plus complet est celui que nous venons de citer, formant 20 vol., non compris la Vie de l'auteur, par le card. Fontana, que l'on promet.

Comme cette collection, qui n'est pas commune en France, renferme beaucoup d'ouvrages français, nous croyons devoir décrire ici son contenu, d'après l'exemplaire que possède la Bibliothèque royale: Tom. 1er : Elogio letterario del cardinale Giac. Sig. Gerdil, dal card. Fontana. Anti-Emile. Examen d'un article du Journal encyclopédique, concernant les Réflexions sur la théorie et la pratique de l'éducation, contre les principes de M. Rousseau. Considerazioni sopra gli studj della gioventù: discorso academico. Plan d'études pour un jeune seigneur appelé aux emplois les plus distingués pour le service du prince et de la patrie. Plan d'études, ou Compte rendu des études de S. A. R. Monseigneur le prince de Piémont, avec une addition de différentes petites pièces de l'auteur relatives au même plan. Logicæ institutiones. Histoire des sectes des philosophes. Pensées sur les devoirs des différents états de la vie. Tom. II : Principes métaphysiques de la morale chrétienne, en quatre livres. Réflexions sur un Mémoire de M. Beguelin, concernant le principe de la raison suffisante, et la possibilité du système du hasard. Della origine del senso morale. Mémoire de l'ordre, impr. pour la prem. fois dans le tom. V des Mélanges de l'Académie de Turin. Della esistenza di Dio, e della immaterialità delle nature intelligenti. Tom. III : L'Immatérialité de l'âme démontrée contre M. Locke. Risposta del P. Gerdil ad un giudizio dato da un Autore anonimo sopra l'opera sua della immaterialità dell' anima contro il Locke. Osservazioni sul modo di spiegare gli atti intellettuali della mente umana per mezzo della sensibilità. Considerazioni sopra i lavori accademici, discorso. Réglements et Statuts proposés pour l'établissement d'une Académie des sciences. Tom. IV : Défense du sentiment du P. Malebranche sur la nature et l'origine des idées, contre l'examen de M. Locke. Recueil de (quatre) Dissertations sur quelques principes de philosophie et de religion, impr. à Paris pour la prem. fois en 1760. Tom. V : Mém. de l'infini absolu considéré dans la grandeur, impr. pour la prem. fois dans le tom. II des Mélanges de l'Académie des sciences de Turin. Esame, e confutazione de' principj della filosofia volfiana sopra la nozione dell' esteso, e della forza. Della nozione dell' esteso geometrico, e della proprietà che ne risultano. Éclaircissement sur la notion et la divisibilité de l'étendue géométrique; pour servir de réponse à la lettre de M. Dupuis. Éclaircissement sur ce que la théorie des incommensurables semble offrir de plus mystérieux. Discours, ou Dissertation sur l'incompatibilité de l'attraction, et de ses différentes lois avec les phénomènes. Dissertation sur les tuyaux capillaires. Mémoire sur la cause physique de la cohésion des hémisphères de Magdebourg. Tom. VI : Virtutem politicam, etc. Oratio. Quæstiones XV, eidem Orationi adjunctæ. Dispatatio de religionis, virtutisque politicæ conjunctione. Prælectio philosophica. Philosophicæ institutiones : quibus ethica, seu philosophia practica continetur. Tom. VII : Elementorum moralis, prudentiæ, juris specimen. Discours philosophiques sur l'homme considéré relativement à l'état de nature et à l'état de société. De l'homme sous l'empire de la loi. Précis d'un cours d'instructions sur l'origine, les droits et les devoirs de l'autorité souveraine dans l'exercice des principales branches de l'administration. Tom. VIII : Traité des combats singuliers. Discours de la

nature et des effets du luxe. Tableau historique de l'empire romain depuis César jusqu'à la prise de Constantinople par Mahomet II. Histoire du temps de Louis XV, roi de France, jusqu'à la paix de Paris et de Hubersbourg. Règles de conduite pour une princesse épouse. Tom. IX : Introduzione allo studio della religione. Epistolæ auctoris de ejus explicatione emanationis pythagoricæ ad Bruckerum. Tom. X : Breve esposizione de' caratteri della vera religione. Considérations sur Julien. Observations sur le 6.e vol. de l'Histoire philosophique et politique du commerce, etc., attribuée à M. l'abbé Raynal. Saggio d'Istruzione teologica per uso di convitto ecclesiastico. Observations sur les époques de la nature (de Buffon), pour servir de suite à l'examen des systèmes relatifs à l'antiquité du monde, inséré dans l'Essai théologique. Tom. XI : Dissertazioni tre dell' autore, aggiunte al Saggio d'Istruzione teologica nella prima stampa di Roma dell' anno 1775. Opuscula ad hierarchiam ecclesiæ constitutionem spectantia. Animadversioni sul piano proposto da alcuni dottori Sorbonici per la riunione alla chiesa latina de' greci disuniti. — De sacris regiminis, ac præsertim pontificii primatus proprio ac singulari jure in omni ecclesiasticæ potestatis communicandæ ratione, adversùs Slevogtium. In Geo. Sigism. Lakies Prælectiones canonicas de legitima episcoporum instituendorum ac destituendorum ratione Animadversiones. Tom. XII : Confutazione di due libelli diretti contro il breve super solidate, in tre parte. Tom. XIII : Analisi, che fa l'autore delle Riflessioni dopo Launoso tra li padri, che alla persona di S. Pietro applicarono le parole dettegli da Cristo; et super hanc Petram, e quelli, che hanno applicate a fede, o confessione di S. Pietro. Apologia compendiaria del breve del S. Padre Pio VI super solidate indirizzata a un giornale ecclesiastico di Roma. Animadversiones in commentarium a Justino Febronio in suam retractationem editum. Appendix de inscriptione in Fabronii monumento incisa. Tom. XIV : Esame de' motivi dell' opposizione fatta da monsign. Vescovo di Noli alla publicazione della bolla Auctorem fidei, in due parte. Animadversiones in notas, quas nonnullis pistoriensis synodi propositionibus damnatis in dogmatica Constitutione sanctissimi D. N. Pii VI, quæ incipit: Auctorem fidei Cl. Eybel clarioris intelligentiæ nomine adjiciendas curavit. Tom. XV : De pontificii primatus auctoritate in Petri cathedrâ, ejusdem successorum a Christo constituti, adversùs Marsilii Menandrini exitialem errorem a Judæco Coccio notatum. Lib. 7 de hierarchiâ Ecclesiæ. Trattato del matrimonio, ossia Confutazione de' sistemi contrarj all' autorità della chiesa circa il matrimonio. Catholici dogmatis de immuni Ecclesiæ auctoritate in sanciendis disciplinæ legibus documenta e tridentina œcumenica synodo petita. Risposta a un quesito intorno ad una proposizione controversa del P. Galiffet, inserita nell' opera intitulata : la Via della santità mostrata da Jesù al fedele, Osservazioni e Note, con Appendice all' Esame de' motivi, etc. ossia Osservazioni sopra la risposta data da monsig. Vescovo di Noli a' Vescovi detti Costituzionali. Responsio ad archiepiscopum Ebredunensem, in quâ errores aliquot in hierarchiam et jurisdictionem ecclesiasticam refutantur. Tom. XVI : De causis disputationum in theologiam moralem inductarum, oratio habita Taurini anno 1754. Theologis moralis, lib. 1, de actibus humanis. Tom. XVII : lib. II, De legibus. Lib. III, de jure et justicia. De contractibus generatim. Tom. XVIII : De contractibus sigillatim. Lib. IV, De peccatis. Tom. XIX : Appendix I, De censuris generatim. Appendix II, De gratia Dei commentariolum. Appendice III, Dell' attrizione, ossia sulla necessità di qualche principio di amor di Dio nel sagramento della penitenzia. Appendice IV, Dell' usura. Synodus abbatiæ S. Michaelis de Clusa. Tom XX : Discours sur la divinité de la religion

chrétienne. Vie du B. Alexandre Sauli, évêque d'A-
leria et de Pavie ; impr. aussi séparément à Rome,
en 1821. Dissertation sur l'usure, contre Puffendorf.
Observations et notes sur la « Religion vengée » du
cardinal de Bernis. Lettres pastorales et Mandements,
en italien. Considerazioni proposte per la forma-
zione di un convitto ecclesiastico.

— OEuvres (ses) choisies, publ. et recueillies par M. l'abbé J. P. Cabanès. (Précédées
de l'Éloge funèbre du cardinal Gerdil,
traduit de l'ital., du R. P. Fr. Fontana,
par M. l'abbé Hesmivy d'Auribeau). (Tom.
I et II). Paris, Trouvé, 1826, 2 vol. in-8.

Cette édit. a été annoncée comme devant former
12 volumes : les deux premiers seulement ont été
publiés, et rien n'indique qu'elle sera achevée.
On trouve dans ces deux volumes les divers ouvrages suivants : Tom. 1er : Éloge funèbre du card.
de Gerdil, trad. de l'ital., du P. Fr. Fontana, par
M. l'abbé Hesmivy d'Auribeau. — Anti-Émile, ou
Réflexions sur la théorie et la pratique de l'éducation, contre les principes de M. Rousseau. — Principes métaphysiques de la morale chrétienne. Tom.
II : Discours philosophiques sur l'homme considéré
relativement à l'état de nature et à l'état de société.
— De l'homme sous l'empire de la loi, pour servir
de suite aux Discours précédents. — Exposition
abrégée des caractères de la vraie religion, pour
servir d'Introduction à la Doctrine chrétienne ; trad.
de l'ital. par le P. de Livoy, barnabite, sur la sec.
édition faite à Turin en 1767, augm. de notes, etc. ,
par l'auteur.
L'éditeur, en faisant usage, pour cette collection,
de la traduction de l'Éloge funèbre du card. Gerdil par M. l'abbé d'Auribeau, a maladroitement supprimé des notes aussi précieuses qu'étendues qui
terminent cette Oraison et qui forment 108 pag.,
in-8, tandis que l'Oraison elle-même est contenue
en 52. M. d'Auribeau, qui a été honoré des bontés
et de la confiance des cardinaux Gerdil et Fontana, a
donné, dans ses notes, les anecdotes les plus intéressantes, et qui caractérisent, à l'égard du premier,
l'homme privé, comme ses écrits peignent l'auteur.
On doit d'autant plus regretter l'inexcusable suppression des notes qui suivent cette traduction, que
l'on ne saurait plus en trouver un seul exemplaire.
Ces notes sont terminées par le Catalogue complet
des ouvrages de Gerdil, divisé en trois parties :
1° les OEuvres renfermées dans l'édition de Bologne ;
2° les autres imprimées à part ; 3° celles de ses
OEuvres posthumes destinées à l'édition romaine.

GERDRET (A.-L.-J.). Léopold, ou le
Pavillon mystérieux. Paris, Eymery, 1818,
4 vol. in-12, 8 fr.

— Nouveaux valets (les) de ferme, opéra
comique en un acte et en prose. Lyon,
Baron ; et Paris, Barba, 1825, in-8.

GERDY (P.-N.), docteur en chirurgie,
chirurgien de l'hôpital de la Pitié, profess.
d'anatomie, de physiologie, de chirurgie,
agrégé de la faculté de médecine de Paris ;
né à Loches (Aube), le 1er mai 1797.

— Analyse détaillée de l'histoire de la
santé, des influences qui la modifient, et
des conséquences positives d'hygiène qui
en découlent. Paris, Béchet jeune, 1827,
in-8 de 80 pag.

— Anatomie des formes extérieures du

corps humain, appliquée à la peinture, à
la sculpture et à la chirurgie. Paris, le même,
1829, in-8 et atlas in-fol, 10 fr.

— — Essai de classification naturelle et d'a-
nalyse des phénomènes de la vie. Paris,
J. B. Baillière, 1823, br. in-8, 2 fr.

— Recherches, discussions et propositions
d'anatomie, de physiologie, de pathologie,
etc. 1° sur la langue, le cœur, et l'anatomie des régions ; 2° sur la prononciation
et la circulation ; 3° sur les rapports naturels des maladies, etc. Paris, Béchet jeune,
1823, in-4, avec 13 figures d'anatomie,
3 fr. 50 c.

Thèse inaugurale.

— Traité des bandages et appareils de
pansements. Paris, Crevot (* Méquignon-
Marvis), 1826, in-8 de 76 pag. avec atlas
de 20 planch., 13 fr., fig. coloriées, 22 fr.

Indépendamment des ouvrages que nous venons de
citer, on doit encore au doct. Gerdy plusieurs articles d'anatomie et de physiologie du Dictionnaire de
médecine de l'Encyclopédie méthodique ; des Recherches sur les aponévroses, dans le Bulletin de M. de
Férussac, tom. IV ; Sur les articulations dans le même
recueil, tom. VI ; Sur la prononciation, même recueil,
tom. VII ; Sur la vision, même recueil, tom. XIV ;
une Lettre à MM. les membres du Conseil général des hôpitaux, sur la question de savoir s'il convient ou non de
conserver des chirurgiens en chef dans les hôpitaux civils,
ainsi que des Remarques sur le résultat du concours
pour la bibliothèque de Moreau, de la Sarthe, ouvert
devant l'Académie royale de médecine, en 1829.
Ces deux derniers écrits ont été impr. dans les Archives générales de médecine, ann. 1829.

GÉRÈS (de), père. Réflexions présentées
au conseil municipal (de Bordeaux) sur le
nouveau plan de la ville, fait par M. Pier-
rugues. Bordeaux, imp. de Lavigne, 1817,
in-4 de 16 pag.

GERÈS DE CAMARSAC. Ainsi va le
monde, comédie ; trad. de l'angl. (1782).
Voy. Congrève.

— Mort (la) de Caton, tragédie d'après
Addison, en 5 actes et en vers. Bordeaux,
Lawalle jeune, 1814, in-8, 1 fr.

GERGONNE (J.-D.), professeur de
mathématiques transcendantes au lycée de
Nîmes.

M. Gergonne a rédigé, de 1810 à 1816, de concert avec M. Thomas-Lavernède, un ouvrage périodique, intitulé : Annales de mathématiques. Un
Mémoire de ce mathématicien sur le cercle tangent
à trois cercles donnés, et sur la sphère tangente à quatre
sphères doubles, est impr. dans le 22e vol. du recueil de l'Académie de Turin.

GERHARD (Carl), naturaliste allemand,
membre de l'Académie royale des sciences
de Berlin.

Nous connaissons en français de ce savant, les
divers Mémoires suivants, dont il a enrichi le recueil de l'Académie dont il est membre : Observa-

tions physiques et minéralogiques sur les montagnes de la Silésie (1771). — De l'action de l'électricité sur le corps humain, et de son usage dans les paralysies (1772). — Sur la pierre changeante, oculus mundi (1776). — Mémoire sur le principe de la tourmaline (1777). — Nouvelle méthode d'extraire le bleu royal de toutes sortes de cobalt, à l'usage des fabriques de porcelaine (1779). — Considérations générales sur les différences du fer et sur leurs causes, trad. de l'allem. (1780). — Mémoire sur le rapport qu'il y a entre les terres et les pierres exposées au feu de fusion, dans des creuses de matières différentes, trad. de l'allem. (1781). — Sur une nouvelle espèce de pierre flexible (1783). — Sur une nouvelle fabrication de verre (id). — Mémoire sur la transmutation des terres et des pierres, et sur leur passage d'un genre dans un autre, en deux part. (1784). — Mémoire servant à l'histoire des mines de plomb et d'argent des environs de Tarnowitz et Beuthen (1786). — Sur les objets auxquels il faut faire attention en établissant des mines (1796).

GERHARDI (T. C. L.). * Recherches sur l'origine de la règle coutumière : « Représentation a lieu à l'infini en collatérale ». Par T. C. L. G. *Strasbourg*, *Kœnig*, 1767, in-8.

GERIKE. Instruction sur la nature et la guérison du tournoiement des brebis ; ouvrage destiné aux économes et aux bergers, et orné d'une planche. *Paris*, 1808, in-12, 1 fr. 80 c.

GÉRIN, pseudon. Voy. DESESSARTS-D'AMBREVILLE.

GERINAL (F.). Derniers vers de madame Dufrénoy ; précédés et suivis de pièces intéressantes sur sa vie et ses ouvrages. *Paris*, *Mongie aîné*, 1825, in-8 de 34 pag.

M. Gérinal a donné, en 1825, une nouv. édition de l'opuscule de Cérutti, intitulé « le Charlatanisme », précédée de quelques notes de l'éditeur.

GÉRINGER. Voy. à la Table des Anonymes. *Inde* (l') *française*, etc.

GERLACHE (E.-C. de), avocat à la Cour de cassation et au Conseil des prises. — A M. le procureur général près la Cour royale. *Paris ; imp. de Carpentier-Méricourt*, 1823, in-4 de 24 pag.

— Salluste, traduction nouvelle. (1812). Voy. SALLUSTE.

GERLET, médecin. Médecin (le) patriote ; ouvrage dans lequel on fait connaître, par les symptômes, la nature des maladies, leurs causes ; on indique leurs préservatifs, ou les moyens les plus prompts pour y remédier, extraits des plus célèbres médecins. On donne la manière de traiter la pleurésie, la fluxion de poitrine, les fièvres malignes putrides, en deux à cinq jours sans saignée ; suivi d'un recueil de secrets de famille contre la rage, remarquable depuis trois siècles, contre le lait

épanché, etc., etc. ; enfin Plan de vie pour vivre sain et vieux. *Paris*, *de l'imp. du Cercle social*, 1792, in-12.

Ce livre a été réimpr. sous ce titre : *le Thérapeute*, *ou Médecine raisonnée*. Paris, l'auteur, 1809, 2 vol. in-8, 10 fr. L'auteur présente cette édit. comme la cinquième.

GERMAIN (J.-B.). Recueil des formules pour les consuls et les chanceliers des Échelles du Levant et de Barbarie. *Paris*, 1783, in-8.

GERMAIN (l'abbé), prêtre du diocèse de Meaux.

— Guide (le) des pères de famille et des instituteurs, ouvrage où l'on traite méthodiquement, et avec détail, de l'éducation physique, intellectuelle et morale des enfants du premier et du second âge ; suivi de Maximes propres à former leur cœur à la religion, aux bonnes mœurs et à la vertu. *Paris*, *L. Haussmann*, 1808, in-8, 6 fr.

— Vues (les) de la religion chrétienne et catholique, classées selon l'ordre graduel et méthodique que M. Pascal leur a assigné ; à l'usage des élèves les plus avancés des lycées et autres maisons d'éducation, et de tous ceux qui désirent de voir les plus beaux caractères de la religion chrétienne et catholique mis dans tout leur jour. *Paris*, *l'Auteur*, 1809, in-8, 6 fr.

GERMAIN (S.-F.), ancien administrateur du département de Seine-et-Oise.

M. Germain est un des auteurs des « Fastes civils de la France, depuis l'ouverture de l'assemblée des notables (1821) ». Voy. ce titre à la Table des Anonymes.

GERMAIN (Mlle Sophie), mathématicienne.

— Recherches sur les théories des surfaces élastiques. *Paris*, *Ve Courcier*, 1821, in-4, avec pl., 5 fr.

— Remarques sur la nature, les bornes et l'étendue de la question des surfaces élastiques, et équation générale de ces surfaces. *Paris*, *imp. de Huzard-Courcier*, 1826, in-4 de 24 pag.

GERMAIN (Henri). Études sur la langue latine, précédées d'un Aperçu de l'origine des progrès et des rapports des langues latine et française. *Paris*, * *Raynal*, 1823, in-12, 1 fr.

— Traité de l'art vétérinaire, ou Description raisonnée, etc., trad. de l'angl., sur la onzième édit. (1822). Voy. WHITE (J.).

GERMAIN, avocat à la Cour royale de Paris.

— Analyse raisonnée du Code de commerce. (1824). Voy. MONTGALVY.

*— Plaidoyer pour M. de Maubreuil, devant la Cour royale, chambre des appels de police correctionnelle, le 15 juin 1827. *Paris, de l'imp. de Guiraudet*, 1827, in-8 de 12 pag. — Second plaidoyer, du 29 août 1827, recueilli par M. BERTON, sténographe. In-8 de 76 pag.

GERMAIN (Alexandre). Réponse en vers de M. le comte de Villèle, à l'auteur de l'épître qui vient de lui être adressée (par M. Méry). *Paris, Castel de Courval*, 1825, in-8 de 16 pag., 1 fr.

GERMAIN, docteur en médecine.
— Méditation poétique : Le chant du tombeau, au souvenir d'un ami. (Suivie de deux autres méditations). *Lons-le-Saulnier, imp. de Gauthier*, 1825, in-8 de 24 pag.
— Méditation (IVe) poétique : la Vertu. *Lons-le-Saulnier, imp. du même*, 1826, in-8 de 8 pag.

GERMAINE (lord Geo.). Voy. (au Supplém.) BOYD.

GERMANÈS (l'abbé de). Histoire des révolutions de Corse, depuis ses premiers habitants jusqu'à nos jours. *Paris, Demonville*, 1774-76, 3 vol. in-12.

GERMANN. Voy. GERMAIN.

GERMÉ. Abdala, mélodrame en trois actes (et en prose). *Paris, *Fages*, 1807, in-8, 40 c.

GERMILLY. Français (les) aux Pyrénées, scène d'avril 1823. (Récit en vers). *Paris, Delaunay*, 1823, in-8 de 8 pag, 75 c.

GERMON (le P. Barthélemy), jésuite; né à Orléans, en 1663, où il est mort, le 2 octobre 1718.
— De veteribus regum Francorum Diplomatibus, etc., ad Mabillonium Disceptatio. *Parisiis*, 1703, in-12.
Contre la Diplomatie de dom Mabillon, et adressée à ce religieux même. Cette Dissertation fut suivie de deux autres, en 1706 et 1707. Le P. Germon en publia plus tard encore une quatrième.
— Lettres et Questions importantes sur l'histoire des congrégations *de auxiliis*.
— Errata de l'histoire des congrégations *de auxiliis*...
Contre l'ouvrage du P. Serry.
Le P. Germon a participé au Journal de Trévoux.

GERNEVALDE. Homme (l') noir, ou le Spleen, comédie en 2 actes et en prose. *La Haye, H. Constapel*, 1778, in-8; ou (retouchée par MAILLÉ), *Paris, Cailleau*, 1783, in-8.
— Monsieur de Saint-Charles, ou l'Homme comme il y en a peu, comédie en prose,

en 3 actes. *Amsterdam, Cés.-Noël Guérin*, 1784, in-8.
— Sculpteur (le) en bois, com. en vers libres et en un acte. *La Haye, H. Constapel*, 1781, in-8.

GERNING (J.-Chr.), conseiller aulique de Saxe-Gotha, et entomologiste; né à Francfort-sur-le-Mein, où il est mort, en 1802.
Gerning doit être considéré comme le principal auteur de l'ouvrage intitulé « les Papillons de l'Europe (voy. ERNST) : il y a fourni la plus grande partie du texte et un grand nombre de figures, tirées de sa collection de papillons et d'insectes.

GÉROME. Crédit public, nouvelle théorie des finances, fondée sur la propriété. 1799, in-4.

GÉRONVAL (E. A. de). Voy. AUDOUIN DE GÉRONVAL.

GERRIER, doyen du conseil de préfecture du département du Jura, ancien jurisconsulte.
— Mémoire sur l'état de l'agriculture dans le Jura, etc. *Lons-le-Saulnier, imp. de Gauthier*, 1822, in-8 de 166 pag.
— Notice sur quelques points d'amélioration de l'agriculture dans la province de Franche-Comté. *Lons-le-Saulnier, imp. de Courbet*, 1826, in-8 de 56 pag.

GERSIN (N.), auteur dramatique; né vers 1766.
— Adam-Montauciel, ou À qui la gloire ? à propos en un acte (en prose), et en vaudevilles. *Paris, Fages*, 1809, in-8.
Avec de Rougemont, Désaugiers.
— Appartement (l') garni, ou les Deux locataires, comédie-vaudeville en un acte. *Paris, Barba*, 1826, in-8.
Avec Carmouche (et Mélesville).
— Arrangeuses (les), ou les Pièces mises en pièces, folie-vaudeville en un acte. *Paris, Constant Letellier*, 1822, in-8, 1 fr. 50 c.
Avec Gabriel (et Mazères).
— Carosse (le) espagnol, ou Pourquoi faire ? comédie-vaudeville en un acte et en prose. *Paris, au théâtre du Vaudeville*, an VIII (1800), in-8.
Avec Année et Jouy.
— Dames (les) à la mode, à propos vaudeville en un acte. *Paris, Duvernois; Barba*, 1826, in-8, 1 fr. 50 c.
Avec Brazier, Gabriel et Gustave (Vulpian).
— Drapeau (le) français, ou les Soldats de Louis XIV, fait historique en un acte, mêlé de vaudevilles. *Paris, Fages*, 1819, in-8, 1 fr. 25 c.
Avec H. Simon.

— Gilles ventriloque, parade (en prose), mêlée de vaudevilles, en un acte. *Paris, Huet et Hugelet*, an VIII (1800), in-8.

Avec Année et Vieillard.

— Ne pas croire ce qu'on voit, com.-vaud. en un acte (et en prose). *Paris, Demonville et Chollet*, an VII (1799), in-8.

Avec Année.

— Papirus, ou les Femmes comme elles étaient, parade historique en un acte, mêlée de vaud. *Paris, Barba*, an IX (1801), in-8.

Avec Vieillard.

— Rosine, opéra en 3 actes (et en vers libres). *Paris, P. Delormel*, 1786, in-4.

— Travestissements (les), comédie en un acte et en prose, par M*.**. *Paris, Mme Masson*, an XIII (1805), in-8.

Avec Année et Vieillard.

— * Triomphe (le) de Camille, opéra en un acte (et en vers libres). *Paris, Ballard*, an VIII (1800), in-8.

Avec Année et Vieillard.

— Un tour de soubrette, com. en un acte et en prose. *Paris, Mme Masson*, an XIII (1805), in-8.

Avec Année.

— Une heure de caprice, comédie en un acte (et en prose), mêlée de vaudevilles. *Paris, Mme Masson*, an XIV (1805), in-8.

Avec Année.

— Une visite à Charenton, folie-vaud. en un acte (et en prose). Par MM***. *Paris, J. N. Barba*, 1818, in-8.

Avec H. Simon et Durieu.

— Valets (les) de campagne, com. en un acte (en prose), mêlée de vaud. *Paris, Mme Masson*, 1806, in-8.

M. Gersin a eu une part plus ou moins grande à vingt-cinq autres pièces imprimées jusqu'à la fin de 1828. Voy. les art. ANNÉE, BRAZIER, DÉSAUGIERS, DIEULAFOI, SEWRIN, THÉAULON et VIAL.

GERSIN (J.-B.-P.), alors maître de pension à Belleville.

— Grammaire (nouv.) latine. *Paris, Cretté*, 1814, in-12, 1 fr. 50 c.

GERSON, (maistre Jehan CHARLIER DE), chancelier de l'Université de Paris, dit le docteur très-chrétien, la plus grande lumière de France et de l'Église dans le XVe siècle; né à Gerson, village près de Rhétel, le 14 décembre 1363, mort le 12 juillet 1429.

— Harangve faicte au nom d'Vniversité de Paris, deuant le roy Charles sixiesme et tout le conseil, en 1405, contenant les remonstrances touchant le gouuernement du roy et du royaume. IIIe édit. (publ. par M. A. M. H. BOULARD). *Paris, Debeausseaux*, 1824, in-8 de 64 pag., 2 fr.

— Gersonii (Joan.) doctoris et cancellarii parisiensis Opera, quibus præfixa sunt Gersoniana, et adjuncta aliorum hujus temporis scriptorum opera ac monumenta omnia ad negotium Joan. Parvi spectantia. Edidit Lud. Ell. DUPIN. *Antverpiæ (Amstelodami)*, 1706, 5 vol. in-fol., 30 à 45 fr.

La première édition générale des OEuvres de Gerson parut à Cologne, de 1483 à 1484, en 4 vol. in-fol.; celle de 1706 est la plus complète de toutes celles qui ont été faites dans cet intervalle. Les différentes pièces qui la composent ont été revues sur les meilleurs manuscrits, et rangées dans un ordre méthodique. On y trouve plus de cinquante traités qui n'avaient jamais vu le jour. Elle comprend toutes les pièces relatives à l'affaire entre Gerson et Jean Petit, et beaucoup d'écrits des auteurs contemporains sur les matières qu'on discutait alors avec chaleur dans l'église et dans l'état. L'éditeur l'a fait précéder d'un *Gersoniana*, contenant un historique abrégé des controverses, de la doctrine et des ouvrages de l'auteur ou qui lui sont attribués. Mais on n'y a pas mis, non plus que dans la liste de ses écrits, arrachée à Gerson par son frère, et qui est loin de les comprendre tous, le *Floretus*, impr. à Lyon, sous le nom de Gerson, en 1494; c'est un Commentaire sur une espèce de *Somme théologique* en vers, mal-à-propos attribué à saint Bernard: le texte est peu de chose; mais le Commentaire a toute la méthode et la clarté qu'on peut désirer. On n'y a pas mis davantage la traduction, en langue vulgaire, du *Stimulus amoris* de saint Bonaventure, paraphrasée par Gerson pour ses sœurs; ni encore l'*Internelle consolation*, en 3 livres, qui aurait été pour le même objet, et qui n'est autre que l'Imitation de J.-C., mais sans l'application aux moines, et avant la disposition qui a donné lieu à l'inscription actuelle de l'ouvrage latin, existant jadis chez les chartreux d'Avignon, et dans d'autres monastères, sous le titre de *De Consolatione interná*.

Gerson, surnommé par les théologiens même de de Flandre et d'Allemagne le docteur des consolations (*doctor consolatorius*), est, comme on sait, un des prétendants-droit de l'Imitation de J.-C. (Voy. KEMPIS).   *Biog. univ.*

GÉRUZEZ (J.-B.-Fr.), anc. professeur de grammaire générale à l'école centrale du département de l'Oise, depuis professeur au collège royal de Reims; membre de la Société libre des sciences, lettres et arts de Paris, et de la Société d'agriculture, de commerce, sciences et arts de Châlons; né à Reims, le 25 novembre 1763.

— Description historique et statistique de la ville de Reims. *Reims, Lebâtard*, 1817, 2 part. in-8.

— Discours sur l'origine et les progrès de la langue française, sur ses caractères, et sur la nécessité de l'étudier pour réussir dans les sciences. *Beauvais, Desjardins*, 1801, br. in-8.

— Étude (l') des langues anciennes et de ses propres langues, seul fondement de toute bonne instruction. *Paris, Le Normant,* 1818, in-8 de 56 pag.

— Mémoire sur le sacre à Reims. *Reims, imp. de Lebâtard,* 1819, in-8 de 16 pag.

— Sur l'Instruction primaire, discours qui a obtenu le premier accessit à l'Académie d'Arras, dans sa séance du 23 août 1820. *Paris, Tourneux; Lecointe et Durey,* 1824, in-8 de 60 pag.

— Traité de morale élémentaire, à l'usage des élèves des écoles, etc. *Paris,* 1799, in-12, 1 fr. 50 c.

D'après Ersch, M. Géruzez a fourni plusieurs morceaux à la Feuille villageoise en 1792—93 : il participe aujourd'hui à la rédaction de la Revue britannique.

GÉRUZET (J.-B.-L.). Géométrie pratique à l'usage du peuple, trad. du holl. (1826). Voy. KARSTEN (J.-W.).

— Recueil de formules notariées, contenues dans le «Parfait notaire», de Massé, traduites en hollandais, suivi d'un Vocabulaire français-hollandais des termes propres à la science du notariat. *Bruxelles, Brest Van Kempen,* 1826 et ann. suiv., gr. in-8.

Il paraissait de cet ouvrage, à la fin de 1827, trois volumes en plusieurs livraisons.

— Recueil de thèmes gradués, propres à faire suite à la plupart des grammaires hollandaises, et principalement aux *rudimenta et syntaxis* de la Société Tot nut van't Algemeen; par J. B. L. G..... *Bruxelles, W. J. Luneman,* 1826, in-12, 1 fr. 50 c.

GERVAIS, marchand de musique, de l'Académie de Lille.

— Méthode pour l'accompagnement de clavecin. *Paris,* 1732, in-4.

GERVAIS, fabricant à Rouen, mort vers 1821.

—* Coup-d'œil (le) purin, ou Abrégé de l'histoire mémorable de la conduite du conseil supérieur de Rouen. (Poëme burlesque, en patois normand). *Rouen,* 1773, in-8 de 84 pag.

— Recherches sur l'origine et les progrès de la fabrication des toiles imprimées à Rouen, dites indiennes. *Rouen, Baudry,* 1816, in-8 de 16 pag.

Avec Arvers.

Cet écrit est extrait de la Séance publique de la Société d'émulation de Rouen, tenue le 2 juillet 1816, in-8.

GERVAIS (Paul). Almanach de la magistrature française, ou Annuaire général de MM. les membres de l'ordre judiciaire. Années 1824-25. *Paris, l'Auteur,* 1824-25, 2 vol. in-8.

— Esprit du roi Henri-le-Grand. *Paris, l'Auteur,* 1822, in-12, avec portr.

— Histoire de saint Louis, roi de France. *Paris, l'Auteur,* 1822, in-8, avec figure, 6 fr., et in-12, 4 fr.

GERVAIS (Jean-Antoine), membre de la Société d'encouragement de l'industrie nationale.

— Mémoire sur les avantages d'un procédé pour perfectionner le moût des fruits et pour clarifier, améliorer et conserver les vins et autres liqueurs par l'application de la chaleur. *Paris, imp. de Mme Ve Ballard,* 1827, in-8 de 36 pag., avec une pl.

— Opuscule sur la vinification, traitant des vices des méthodes usitées pour la fabrication des vins, etc. Nouv. opuscule sur la vinification, traitant, etc. Nouv. édit.; suivie des lettres de M. le comte François de Neufchâteau et de M. le comte Chaptal, pair de France, à mademoiselle Élisabeth Gervais, sur l'importance dudit procédé, de divers rapports, instructions, etc. *Toulouse, imp. de F. Vieusseux,* 1821, in-8.

La première édition, sans les lettres, est de Montpellier; Tournel, 1820, in-8.

— Le même, en italien; Opuscolo sulla vinificazione, etc. Seguito delle lettere del signor conte Francesco di Neufchâteau, del signor conte Chaptal, etc., versione del francese di Felice COEN albites. *Parigi, dai torchi di Hocquet,* 1821, in-8 de 86 pag.

Le véritable inventeur de la méthode dite de Mademoiselle Gervais, pour la fabrication du vin, est dom Nic. Casbois, habile professeur de physique et membre de l'Académie de Metz. Ce procédé, qui a occupé nombre de sociétés savantes, et qui a obtenu, pour son exploitation, une autorisation du gouvernement, n'est-il pas tout entier, théorie et pratique, dans les phrases suivantes : « On conçoit « que moins le vin en fermentation communique « avec l'air extérieur, moins il doit perdre de cette « partie volatile qui fait sa force et que l'on appelle « esprit. Donc, pour avoir le vin le plus généreux, « il faut le faire fermenter dans des vaisseaux par-« faitement clos. Mais la fermentation produit du « gaz, et ce gaz élastique romprait les vaisseaux « ou produirait du vin enragé, s'il ne trouvait pas « d'issue; il faut donc, en fermant les vaisseaux, « faire en sorte que le gaz puisse en sortir sans « que l'air extérieur puisse y pénétrer. Il n'y a « qu'une soupape qui puisse faire cet office.... etc. » C'est ainsi que parlait dom Casbois à Metz, en 1782 (dans les Aff. des Évêch. et Lorr., 1782, n° 32). Mademoiselle Gervais dit-elle autre chose ? »

Essai philolog. sur les commencements de la typogr. à Metz.

GERVAIS-DE-LAPRISE, de l'Académie des sciences, lettres et arts de Caen.

— Accord du livre de la Genèse avec la géologie et les monuments humains, sur les faits et les époques de la création et du déluge universel, et sur le fait d'une révolution universelle qui par l'ordre divin avait frappé à la fois tous les globes de notre monde planétaire, et y avait éteint la lumière et la nature vivante, et ne finit qu'à l'époque où Dieu créa de nouveaux êtres sur la terre, quarante siècles avant l'ère chrétienne. *Paris, Belin, et Caen, Manoury*, 1803, in-8 avec 2 planch., 3 fr.

GERVAISE (dom Franc.-Arm.), d'abord carme déchaussé, ensuite abbé de la Trappe; né à Paris (ou selon d'autres à Tours), vers 1660, mort à l'abbaye des Reclus, dans le diocèse de Troyes, en 1751.

— * Défense de la nouvelle Histoire de Suger, avec l'Apologie pour feu M. l'abbé de la Trappe, contre les calomnies de dom Vinc. Thuillier. *Paris*, 1725, in-12.

Dom Thuillier, dans son édition des Œuvres posthumes de dom Mabillon, eut occasion de parler de la contestation de ce célèbre bénédictin avec l'abbé de Rancé, au sujet des «Études monastiques»: on doit penser, d'après son caractère, qu'il n'a point passé les bornes de la modération, au lieu que celui de dom Gervaise, souvent peu mesuré, rend les qualifications un peu suspectes.

— *Histoire de Boëce, sénateur romain, avec l'analyse de tous ses ouvrages. *Paris, Mariette*, 1715, 2 part. in-12.

— * Histoire de l'abbé Joachim, religieux de l'ordre de Cîteaux, surnommé le Prophète. *Paris, Giffart*, 1745, 2 vol. in-12.

L'auteur essaie d'y montrer l'accomplissement des prophéties de cet abbé, dont il raconte aussi les miracles. Cette production passe pour être plus dénuée de critique qu'il ne convient à un ouvrage de cette nature.

— * Histoire de Suger, abbé de Saint-Denis. *Paris, Fr. Barrois*, 1721, 3 vol. in-12.

Elle est curieuse, mais inexacte.

— * Histoire (l') et la vie de S. Épiphane, archevêque de Salamine. *Paris, J. Lamesle*, 1738, in-4.

— *Histoire générale de la réforme de l'ordre de Cîteaux en France. Tom. I.er, qui contient ce qui s'y est passé de plus curieux et de plus intéressant depuis son origine jusqu'en 1726. *Avignon*, 1746, in-4.

Il devait y en avoir deux volumes, mais il n'a paru que le premier; l'ouvrage ayant été arrêté, ce volume est devenu rare : les supérieurs de l'ordre de Cîteaux n'y sont pas ménagés. C'est à l'occasion de ce livre que l'abbé de Cîteaux obtint du roi l'ordre de conduire dom Gervaise à l'abbaye des Reclus, où il est mort quelques années après son entrée.

— * Honneur (l') de l'Église catholique et des souverains pontifes défendu contre les calomnies, les impostures et les blasphèmes du P. Le Courayer, répandus dans sa traduction de l'Histoire du concile de Trente, par Fra Paolo, et particulièrement dans les notes qu'il y a ajoutées. *Nanci, Fr. Midon*, 1742, 2 vol. in-12, ou 1749, 2 vol. in-8.

— Jugement critique mais équitable des Vies de M. l'abbé de Rancé. *Londres (Troyes)*, 1742, in-12.

Ces Vies sont celles qu'ont données l'abbé de Marsollier et Maupeou, curé de Nonancourt. Dom Gervaise y est fort maltraité. Il repousse de son mieux les imputations de ces deux écrivains, et relève plusieurs fautes et inexactitudes dans lesquelles il prétend qu'ils sont tombés.

— * Lettres d'un théologien à un ecclésiastique de ses amis, sur une « Dissertation touchant les ordinations anglaises (du P. Le Courayer). *Paris*, 1724, in-12.

Ces Lettres, au nombre de deux, ont été supprimées, et le privilège en a été retiré.

— Lettres d'Héloïse et d'Abailard, trad. du lat. (1723). Voy. ABAILARD.

— Vie de Pierre Abailard et celle d'Héloïse, son épouse. *Paris*, 1720, in-12.

— Vie de Rufin, prêtre de l'église d'Aquilée. *Paris*, 1725, 2 vol. in-12.

Refondue depuis par l'abbé Goujet.

— Vie de S. Cyprien. *Paris*, 1717, in-4.

— Vie de S. Irénée. *Paris*, 1723, 2 vol. in-12.

— Vie de S. Martin, évêque de Tours, et Histoire de la fondation de l'insigne église élevée en son honneur à Tours. Nouv. édit., rev., corr. et augm. *Tours, Mame*, 1828, in-12.

— Vie de S. Paul, apôtre des Gentils et docteur de l'Église, éclaircie par l'Écriture-Sainte, par l'Histoire romaine et par celle des Juifs, avec des Réflexions tirées des SS. Pères. *Paris, De L'Espine*, 1734, 3 vol. in-12.

Ouvrage d'un goût singulier, divisé en six livres, dont les quatre premiers contiennent l'histoire de cet apôtre, et les deux derniers exposent ses vertus.

— Vie de S. Paulin. *Paris*, 1743, in-4.

La plupart de ces Vies de saints sont accompagnées de l'Analyse des ouvrages qu'ils ont laissés, de Notes historiques et critiques, et de Dissertations. Les Mémoires de Tillemont ont en grande partie fourni les matériaux de ce travail.

— Vie du vénérable P. Simon Gourdan. 1756, in-12.

Attribuée à dom Gervaise.

On a encore de dom Gervaise cinq lettres contre dom Marquard Hergott, auteur du livre intitulé : « Disciplina monastica »; elles ont été imprimées dans les Journaux de Trévoux, de 1727. Ce dom Marquard Hergott était un savant religieux de l'abbaye de Saint-Blaise, dont l'ouvrage est plein de choses curieuses.

Dom Gervaise écrivait bien; son style est net, coulant et léger, et ses pensées ne manquent pas

d'élévation ; mais il est inégal ; souvent peu exact ;
exagéré, quand le préjugé ou la passion le domi-
nent, il ne connaît plus alors de ménagement, et
sort des bornes d'une sage discrétion.

Outre les ouvrages que nous avons cités, cet écrivain en a laissé plusieurs autres en manuscrit : on
cite, entre autres, un Abrégé de l'*Histoire ecclésiastique de Fleury*, un *Traité des devoirs des évêques*, une
Vie de dom Abraham Braugny, curé du diocèse d'Arras, mort religieux de la Trappe, etc.

GERVAISE (l'abbé), syndic de la Sorbonne. Voy. LEGRAND (L.).

GERVAISE (L.-Alex.), frère de Gervaise de la Touche ; médecin.

— Discours sur la chirurgie. 1756, in-4.

GERVAISE. Traité des contributions
directes en France. *Paris, Leblanc*, 1822,
2 vol. in-8.

GERVAISE DE LA TOUCHE (Jacq.-
Ch.), avocat au parlement de Paris ; né à
Amiens, mort le 28 novembre 1782.
—* Histoire de dom B***** D...... des
C......., écrite par lui-même. Nouv.
édit., avec une dédicace satirique à M. de
Sartine. 1771, in-8. — Autre édit., revue,
etc. *Rome, aux dépens des C...*, 1777,
in-8.

Il y a des éditions intitulées : *Histoire de Gouber-
dom*, etc., et *Mémoires de Saturnin*, écrits par lui-
même. Londres, 1787, 2 part. in-18. Suivant le
catalogue de la Bibliothèque du Roi, Belles-Lettres,
tom. II, pag. 71 Y. 2. 1444. *A*, la première édit.
de cet ouvrage infâme parut dans le format in-18,
vers 1750.

—* Mémoires de mademoiselle Bonneval.
Amsterdam (Paris), 1738, in-12.

GERVILLE (C. de), correspondant de
la Société royale des Antiquaires de France,
et membre de celle de Normandie.

M. de Gerville a fourni aux recueils des deux Sociétés dont il est membre les divers Mémoires suivants : Recherches sur les pays des *Unelli* et sur
les villes qui y ont existé sous la domination romaine (Mém. de la Soc. des Antiq. de France, tom.
IV, 1823). — Recherches noms de
lieu en Normandie; extrait d'une lettre à 4a Soc. roy.
des Antiq. (*id.*, tom. V, 1824). — Lettre adressée à M. de Vanssay, préfet du départ. de la Manche
en janvier 1820, contenant des recherches sur l'architecture des églises de ce département. (Mémoires
de la Soc. des Antiq. de Normandie, tom. Ier 1825).
— Détails sur l'église de Morlain et sur la cathédrale de Coutances (faisant suite au mém. précéd.)
(*id.*, *id.*). — Mém. sur les anciens châteaux du département de la Manche (*id.*, *id.*). — Recherches
sur les abbayes du département de la Manche (*id.*,
tom. II, 1825). — Second Mémoire sur les anciens
châteaux du département de la Manche (*id.*, *id.*). —
Notice sur les camps romains dont on remarque encore les traces dans le département de la Manche,
avec 2 pl. (Mém. de la Soc. des Antiq. de France,
tom. VII, 1826), — Recherches sur l'état des ports
de Cherbourg et de Barfleur pendant le moyen âge
(Arch. ann. de la Normandie, ann. 1826). La même
année il a été publié une réponse à ce dernier mémoire. (Voy. ASSELIN).

GÉRY (André-Guill. de), chanoine régulier, abbé de Sainte-Geneviève, et supérieur-général de son ordre en France,
l'un des orateurs les plus distingués du
XVIIIe siècle ; né à Reims, le 17 février
1727, mort à Paris, le 7 octobre 1786.
— * Dissertation sur le véritable auteur
du livre de l'Imitation de Jésus-Christ,
pour servir de réponse à celle de l'abbé
Valart. *Paris, Cavelier*, 1758, broch.
in-12.

L'abbé de Saint-Léger a fourni à son confrère les
matériaux de cette dissertation. *Barb.*
L'auteur y défend moins l'opinion favorable au
chanoine régulier Kempis, qu'il ne s'attache à combattre l'assertion de Valart, qui attribuait l'Imitation à l'abbé de Verceil, maître de saint Antoine de
Padoue, pour donner quelque réalité au prétendu
personnage de Gersen, à qui Valart attribue l'Imitation.

— Sermons pour l'avent, le carême, l'octave du Saint-Sacrement et autres solenni-
tés. Panégyriques, Oraisons funèbres,
Prônes, Instructions diverses sur le symbole des Apôtres, la première communion,
le renouvellement des vœux du baptême,
la profession de religieuse, et plusieurs
autres sujets. *Paris, Méquignon l'aîné*,
1788, 6 vol. in-12, 15 fr.

Les Sermons et Instructions de Géry, pleins d'une
raison éloquente qui les faisait suivre avec tant
d'empressement, sont encore lus avec fruit. Parmi
ses panégyriques on distingue celui de saint Augustin, composé vers 1758 ; l'Oraison funèbre de
Louis XV, publ. en 1774 ; le Panégyrique de saint
Louis, en 1777, et l'Éloge de Jeanne d'Arc, dite la
Pucelle. *Biogr. univ.*

GESLIN (de). Voy. DEGESLIN.

GESSNER (Jean), frère du célèbre numismate Jean-Jacques Gessner ; médecin
allemand, professeur de mathématiques et
de physique, naturaliste, fondateur du
jardin de botanique de Zurich ; né dans
cette ville, le 28 mars 1709, y est mort
le 28 mars 1790.
— Dissertation sur le thermomètre botanique, traduite du latin. *Bâle*, 1761,
in-4.

Il est auteur de beaucoup d'autres ouvrages en
allemand, et qui n'ont pas été traduits en français.

GESSNER (Salomon), aussi célèbre
comme poète que comme graveur-paysa-
giste suisse du XVIIIe siècle.
— Collection de cinquante-trois différentes
petites vues suisses, dessinées, gravées à
l'eau-forte par Salomon Gessner. *Zurich*,....
in-8, 30 fr.
— Collection de trente-deux paysages,
dessinés et gravés par Salomon Gessner.
Zurich.... 3 cah. in-4, 30 fr.
— Daphnis et le Premier Navigateur,

poëmes, trad. de l'allem. par M. HUBER. *Paris*, 1764, in-12.

— Idylles et Poëmes champêtres, trad. de l'allem. par HUBER. *Lyon, Bruyset*, 1762, in-8.

Turgot, depuis ministre, a traduit le premier livre des Idylles. Il est aussi auteur de la Préface.

— Idylles, traduites en vers français, par J. Cl. Laur. de LA GRAVIÈRE, anc. officier de cavalerie. 1765, in-8.

— Idylles et Poëmes champêtres, avec la traduction française interlinéaire, par A. M. H. BOULARD. *Paris, Colnet; Kœnig*, 1800, 2 vol. in-8, 4 fr. 50 c.

On a publié à Paris, en 1807, sous le titre de Cours de langue allemande, ou OEuvres diverses de Gessner, avec la prononciation figurée d'après la méthode de Luneau de Boisjermain, également en 2 vol. in-8, la traduction interlinéaire des autres ouvrages de Gessner. Le prem. vol. contient *Daphnis* et le *Premier Navigateur*, et le second *la Mort d'Abel*.

— Idylles de Gessner, suivies du poëme de la Nuit, et du Tableau du déluge; mises en vers français par ANRÈS, du Vaucluse. *Paris, Brunot-Labbe*, 1820, in-8, 3 fr.

— Idylles, traduites en vers français, suivies de remarques sur l'art des vers, du chant de la Nuit de Gessner, en prose française mesurée, et du Dartula d'Ossian, en vers iambiques sans rime ni césure. (Par ARCADE). *Lausanne, H. Fischer; et Paris, Delaroque jeune*, 1821, in-8, 5 fr.

— Idylles choisies (trad. en vers franç). *Paris, Ponthieu et comp.*, 1827, in-12, 5 fr.

— Idylles (nouv.), trad. par Jacq.-Henri MEISTER. 1773.

Traduction impr. à la suite des Contes de Diderot. *voy. ce nom.*

— Lettres (recueil de) de la famille de Salomon Gessner (traduites de l'allemand en français par Mme de STECK, et publiées par Henri GESSNER). *Strasbourg et Paris, Levrault*, an XI (1803), 2 part. in-8, 4 fr.

— Mort (la) d'Abel, poëme en V chants, trad. de l'allem. par HUBER. *Paris, Nyon aîné*, 1761, 1775, in-12.

— La même (de la même traduction). *Paris*, 1793, très-gr. in-4, fig. en couleur, 6 à 12 fr., et en gr. pap. vél., 12 à 18 fr.

Cette traduction a été faite en société avec le ministre Turgot, à qui Huber enseignait alors la langue allemande.

Turgot voulut que cette traduction parût sous le nom de son maître seul. « Je suis magistrat, lui « dit-il ; une occupation de ce genre pourrait me « nuire auprès de mes collègues et de mes supé- « rieurs : permettez que notre traduction de la Mort « d'Abel soit imprimée sous votre nom, et adoptez « aussi la Préface que j'y mettrai. » Huber n'osa le refuser. OEuvres de Turgot, tom. 9, pag. 252.

Traduction souvent réimprimée dans le siècle : *Paris, Leprieur*, 1807, in-12, avec 8 figures, 2 fr. 50 c. *Paris*, 1808, in-12, sans figures, 1 fr. *Moulins, Place et Bujon*, 1811, in-24. — Édition

stéréot. *Paris, Mame*, 1811, ou madame Dabo, 1824, in-18 avec fig. — *Paris, Leprieur*, 1811, in-18, 1 fr. — *Paris, Duprat-Duverger*, 1813, in-18, 1 fr. — *Bourg, Bottier*, 1815, in-18. — *Paris, Ledentu*, 1820, in-18 avec fig., 2 fr. — *Paris, Aug. Delalain*, 1822, in-18 avec 5 figures. — *Paris, Caillot*, 1828, in-18. — *Paris, Froment*, 1828, in-32 (jolie édition).

— La même, trad. en vers franç., par Mme M. A. Lepage Du BOCCAGE. 176:.

— La même, traduction (libre en vers) par de BOATON. *Berlin*, 1785; *Hambourg*, 1791, in-8.

— La même, imitation en vers de Gessner; par un officier d'artillerie (Gab. de GAILLON). *Paris, Renard*, 1809, in-18, 2 fr. pap. fin, 2 fr. 50 c.

— La même, traduction libre en vers, par M. LABLÉE. *Paris, P. Blanchard; Rosa*, 1810, in-18 orné de 6 fig., gravées par Lecerf, d'après les dessins de M. Monnet, 2 fr. — Sec. édit., rev. et corr. *Paris, A. Eymery*, 1824, in-18 orné de figures, 1 fr. 50 c.

— La même (sous le titre de la Mort d'Abel, ou le premier Berger), imitée par P. C. *Paris, impr. de Hacquart*, 1811, in-18, 3 fr.

— La même, traduite en vers français, et suivie du poëme du Jugement dernier (poëme en III chants, imité d'YOUNG), par J. L. BOUCHARLAT. *Paris, Béchet; Delaunay*, 1812, in-18, 1 fr. 50 c. — Sec. édit., suivie du Sacrifice d'Abraham (poëme en III chants). *Paris, Béchet*, 1817, in-18 orné de 6 fig., 2 fr. 50 c.

L'Imitation d'Young, qui fait partie de la première édition de cette traduction, avait été impr. séparément dès 1806 : *le Sacrifice d'Abraham*, qui dans la seconde édition a remplacé l'Imitation d'Young, avait été aussi imprimé en 1816, sous le titre de *Sion, ou les Merveilles de la montagne sainte* (voyez BOUCHARLAT).

A la suite de cette traduction, on trouve une pièce intitulée *le Géant Amastador*, fragment de la Lusiade de Camoens.

On doit aussi à Gilbert la traduction en vers du quatrième chant de la Mort d'Abel, impr. dans l'édition de 1772 de son Début poétique.

La Biographie cite encore une autre traduction de ce poëme, celle de Martaux : nous avouons ne pas la connaître.

— La même, traduite en vers latins, par M. DAMAR DU RUMAIN. Chant premier. *Paris, Dondey-Dupré*, 1819, in-8 de 16 pag., 1 fr.

— Pastorales et Poëmes qui n'avaient pas encore été traduits; suivis de deux Odes de M. HALLER, trad. de l'allemand, et d'une Ode de DRYDEN, traduite de l'angl. en vers français (par l'abbé BRUTÉ DE LOIRELLE). *Paris, Vincent*, 1766, in-12.

— Premier (le) Marin, poëme (en IV chants), traduit de l'allemand (par de SELONIÈRES, officier). *Sédan, Jacquemart*, 1764, in-12.

— Le même (sous le titre du Premier Navigateur), imité par Nestor LAMARQUE DE LAGARIGUE. *Toulouse, et Paris, Mame frères; H. Nicolle, etc.* 1814, in-18, 2 fr. 50 c.

— Le même, trad. en vers, par L. C. D. B***. *Paris, Pichard*, 1822, in-8.

Le Premier Navigateur et le Tableau du déluge ont été aussi imités par M. Alex. SARRAZIN, et imprimés à la suite de sa traduction du Printemps, de Kleist (1802). Voy. KLEIST.

— Tableaux en gouache, demi-gouache et dessins au lavis de Salomon Gessner, gravés à l'eau-forte par W. Kolbe. *Zurich*, 1805 - 1811, 6 cah. gr. in-fol. contenant 25 planch., 120 fr.

Recueil très-recherché des amateurs.

— OEuvre (son), ou Collection de ses gravures, vignettes, etc., dessinées et gravées à l'eau-forte par lui-même. *Zurich*, 1752-88, 2 vol. gr. in-fol. contenant 336 grandes et petites planches, 300 fr.

C'est le recueil des planches dessinées et gravées par Gessner pour les différentes éditions de ses ouvrages. « On prétend, dit la Biographie universelle, « qu'il n'en a été tiré que 25 exemplaires complets », ce qui n'est pas probable, d'après le prix peu élevé de 300 fr. porté sur le catalogue des propriétaires actuels de cette collection.

— Yncle et Yarico, tragédie en un acte, traduite de l'allemand (par la baronne Maximilienne de LUTGENDORF). *Vienne, Jos. Stahel*, 1784, in-8.

— Le même ouvrage, sous ce titre : Ynkle et Yariko, Supplément aux OEuvres de Gessner (trad. par de MEISTER). 1795, in-18.

— Saemtliche (seine) Schriften. *Paris, Théoph. Barrois*, 1803, 3 bænde in-8 portr. 7 fr. 50 c., oder, *Metz, Hadamar*, 1824, 2 bænde in-12, 6 fr.

— OEuvres (ses) complètes. Nouv. édit. *Orléans, Rouzeau-Montaut*, 1783, 3 vol. pet. in-12.

— OEuvres (ses), traduites en français (savoir, la Mort d'Abel, Daphnis et les Idylles, par HUBER et TURGOT; les nouvelles Idylles, par M. MEISTER; les Pastorales, par l'abbé BRUTÉ DE LOIRELLE, avec deux Contes de DIDEROT). *Paris, Barrois l'aîné*, 1786-93, 3 vol. in-4 ornés de 74 estampes et de vignettes et culs-de-lampes dessinés par Le Barbier aîné; 150 f.

Il a été tiré, de cette édition, des exemplaires sur format gr. in-fol., fig. avant le n° des pages.

La Lettre à M. Fuessli sur le paysage, traduite originairement par HUBER, a été refondue par WATELET, au point qu'elle ne peut être considérée que comme un bon extrait de l'ouvrage de Gessner. Voy. la Préface du «Manuel des amateurs de l'art», par Huber et Rost.

— Les mêmes. *Dijon, Causse; et Paris, Ant. Aug. Renouard*, 1795, 4 vol. pet. in-8, pap. vélin, avec 2 portr., 21 fr.; ou avec 52 grav. d'après les dessins de Moreau, 42 fr., et gr. pap. vél., 54 fr.

Cette édition n'a de prix qu'avec les gravures, qui appartiennent à l'édition suivante. Il en a pourtant été tiré un exemplaire sur vélin, auquel on a joint les dessins originaux.

M. Renouard ayant cédé le restant de cette édit., M. P. Dupont, l'acquéreur, a fait faire de nouveaux titres, portant son nom et la date de 1827 : il a en même temps diminué le prix de cette édition : les exempl. qui coûtaient 42 fr. sont aujourd'hui de 24 f.

— Les mêmes. *Paris, de l'imp. de Ch. Crapelet*, 1797, 3 vol. pet. in-12.

— Les mêmes. Nouv. édition (revue et publ. par A. A. RENOUARD; augmentée d'une Notice sur la vie et les écrits de Gessner, par PETITAIN). *Paris, Ant. Aug. Renouard*, an VII (1799), 4 vol. in-8, pap. vélin satiné, ornés de 52 grav. d'après les dessins de Moreau le jeune, 72 fr., et gr. pap. vél., avec les fig. avant la lettre, 120 fr.

Belle édition, sortie des presses de Crapelet : il en a été tiré vingt exemplaires sur papier de Hollande mince, et un exemplaire sur vélin. Ce dernier exemplaire, avec les 52 gravures avant la lettre, sur papier de Chine et eaux fortes, et autres fig., rel. en maroquin rouge et renfermé dans un étui, est porté 2,000 fr. sur le catalogue de M. Renouard.

— Les mêmes. *Paris, Payen*, 1826, 4 vol. in-32, avec 13 gravures, 12 fr.

Il y a un grand nombre d'éditions ordinaires de cette collection, entre autres celles de : Paris, Leprieur, 1807, 3 v. in-12, avec 32 fig., 8 fr.; Paris, Duprat-Duverger, 1813, 4 vol. in-18. — Clermont-Ferrand, Landriot, 1815, 3 vol. in-18. — Avignon, Joly, 1815, 4 vol. in-18, 4 fr. — Paris, P. Duprat-Duverger, 1822, 4 tom. in-2 v. in-12. — Paris, F. Denn, ou Guillaume, 1823, 4 vol. in-18 avec 15 fig. — Paris, Const.-Chantpie, 1827—28, 3 vol. in-32. — Trévoux, Damptin, et Paris, Roret, sans date (1828), 2 vol. in-12.

— OEuvres (ses) choisies, et Poésies diverses, trad. de l'allemand en vers franç. (par GILBERT et autres, précédées d'une Notice sur la vie et les ouvrages de l'auteur, par HUBER); avec des Observations historiques sur la littérature allemande (par L. T. HÉRISSANT). *Paris, libr. assoc.*, 1774, in-12.

— Traduction libre en vers d'une partie des OEuvres de Gessner (par de BOATON). *Berlin, Decker*, 1775, in-8.

— Chefs-d'œuvre de Gessner; contenant la Mort d'Abel, le Premier Navigateur, et le Déluge. *Paris, Saintin*, 1820, in-32.

GESTAS (le comte Henri de), sous-préfet de l'arrondissement de Reims.

— Discours prononcé aux élèves du collège royal de la ville de Reims, le jour de la distribution des prix (20 août 1816). *Paris, imp. de d'Hautel*, 1816, br. in-4.

GETNONVILLE (la comtesse de).
— Épouse (l') rare, ou Modèle de patience, de douceur et de constance. *Malte et Paris*, 1789, in-12.

GHESQUIÈRE DE RAEMDONK (Jos. de), ex-jésuite, historiographe de l'empereur d'Allemagne, l'un des Bollandistes, membre des Académies de Zélande et de Bruxelles ; né à Courtrai, vers 1736, mort en Allemagne, au commencement de ce siècle.
—Acta sanctorum Belgii collegit, etc. Jos. Ghesquierus.*Bruxellis*, 1783-94, 6 vol.in-4.
En société avec les Bollandistes.
Ouvrage accompagné des commentaires et des notes critiques, historiques, géographiques, etc.
— * Catalogus numismatum nummorumque Caroli Alexandri, ducis Lotharingiæ. *Bruxellis*, 1781, in-8.
Ghesquière a été aidé dans la rédaction de ce catalogue par Valentin Du Val, Érasme Froelich et Jos. Khell.
— David propheta, doctor, hymnographus, historiographus. *Duisburgo*, 1800, in-8.
— *Dissertation sur l'auteur du livre intitulé : de l'Imitation de Jésus-Christ (publiée par MERCIER, abbé de St-Léger, auteur de l'avertissement et des notes). *Verceil (et Paris, Saillant et Nyon)*, 1775, in-12.
L'abbé Ghesquière, dans cette Dissertation, répondait avec Eusèbe Lamort, aux nouveaux partisans de Gersen, en leur opposant des arguments puisés dans la *Deductio critica* et dans la *Moralis certitudo* d'Amort, doyen de Polling.
— Dissertation sur les différents genres de médailles antiques, ou Examen critique des nouv. Recherches de M. Poinsinet de Sivry. *Nivelle*, 1779, in-4.
— *Lettres historiques et critiques, pour servir à «l'Essai historique sur l'origine des dîmes (de d'Outrepont). » *Utrecht*, 1784, in-8.
— Mémoires sur trois points intéressants de l'histoire monétaire des Pays-Bas, avec les figures de plusieurs monnaies belgiques tant d'or que d'argent, frappées avant l'année 1459. *Bruxelles*, 1786, in-8.
— Notion succincte de l'ancienne constitution des provinces belgiques, tirée des auteurs et documents anciens, suivie de quelques observations, etc. *Bruxelles, Lemaire*, 1790, in-8.
— Observations historiques et critiques sur l'(ouvrage de M. Massez, intitulé :) Examen de la question si les décimateurs ont l'intention fondée en droit à la perception de la dîme des fruits insolites. 1780, in-12.

— Prospectus operis quod inscribetur : Analecta belgica ad 17 provinciarum Belgii ac dictionum interjacentium historiam dilucidandam. *Antverpiæ, ex typis J. Grangé*, ...
Cité par la Bibliothèque des écrivains de la Société de Jésus, prem. suppl. (1794).
— Réflexions sur deux pièces relatives à l'Histoire de l'imprimerie. Sec. édition. *Nivelle, Pion*, 1780, in-8.
— Vraie (la) notion des dîmes, rétablie sur les principes de la jurisprudence canonique, suivie d'un Appendice. 1785, in-8.
Le cinquième volume de l'ancienne série des Mémoires de l'Académie de Bruxelles renferme de ce jésuite les trois mémoires suivants : 1° Sur les médailles romaines trouvées près de l'abbaye d'Aulne.— 2° Dissertatio geographico-historica de majoribus populis, etc.— 3° Suite des Observations sur la Notice des Gaules, de Sirmond, par Berthod.

GHILIOSSY DE LEMIE (Jos.-Ignace), alors président du tribunal civil de Coni.
— Mûriers et vers à soie. *Coni, P. Rossi*, 1812, in-8 de 88 pag.

GHISLAIN DE VOLDER (Jos.), secrétaire de l'évêché de Gand ; professeur au séminaire, et chanoine de la cathédrale de la même ville ; mort à Gand, le 18 mars 1820, âgé de 49 ans.
— Autel (l') et le trône, ou les Droits et les devoirs des deux puissances, eu égard à la situation de l'Église belgique, au commencement de l'année 1817. *La Haye, Van Langenhuysen*, 1825, in-8, 4 fr. 25 c.

GIAN TRAPANY (don Domingo), vice-consul de S. M. C., professeur de langue espagnole, membre de plusieurs sociétés savantes.
— Dictionnaire (nouveau) français-espagnol et espagnol - français, avec la nouvelle orthographe de l'Académie espagnole, rédigé d'après Gattel, Capmany, Nunez de Taboada, Boiste, Laveaux, etc.; augmenté de mots nouveaux, définitions et acceptions, recueillis dans les écrivains français et espagnols les plus estimés, et omis par les dictionnaires faits jusqu'à ce jour; suivi d'un Dictionnaire géographique, établi d'après la division actuelle du globe. Par don Dom. GIAN TRAPANY, et pour la partie française, par A. de ROSILI, revu par Ch. Nodier. *Paris, Desplaces; H. Séguin; etc.*, 1826, 2 vol. in-8, 30 fr.
C'est d'après M. Beuchot (table du Journ. de libr., ann. 1826) que nous mentionnons ici l'auteur de ce Dictionnaire : il serait pourtant plus convenablement placé sous le nom de *Trapany*.

GIANELLA (Fr.), ex-jésuite et mathématicien italien, membre de l'Académie royale des sciences de Turin ; né à Milan, où il est mort, le 15 juillet 1810.

Indépendamment de plusieurs ouvrages de ce mathématicien, écrits en latin et en italien, et publ. en Italie, on a encore de lui plusieurs Mémoires écrits en franç., impr. dans le recueil de l'Académie dont il était membre (1769, 1785 et 1786).

GIANETTI (le docteur F. A.).

— Napoléone il Massimo al Tempio dell' eternità, regnante glorioso imperatore dei Francesi, etc. (azione dramatica in un atto, in versi) per musica. *Parigi, dai torchi di Porthmann*, 1811, in-8 de 75 pag.

GIANNI (Francesco), improvisateur italien ; né à Rome, en 1759, mort à Paris, le 17 novembre 1822.

— Dernière (la) guerre d'Autriche, chant improvisé, trad. en vers français, par J. A. de GOURBILLON. *Paris*, 1809, broch. in-4.

— Jupiter et Léda, chant improvisé, trad. de l'ital., en prose, par J. F. C. BLANVILLAIN, avec le texte en regard. Sec. édition. *Paris*, 25 c. *Leblanc*, 1812, in-12 de 60 pag., 1 fr.

La prem. édit. a été publ. en 1800, in-8.

— Saluti (i) del mattino e della sera, improvvisati dal Francesco Gianni, etc.— Les saluts du matin et du soir, improvisés par M. François Gianni, Romain, etc. Traduits en français par H. DOMENJOUD. (Italien et français). *Paris, imp. de Chaigneau*, 1813, in-8 de 96 pag.

Ces chants sont pour la plupart consacrés à madame de Brignolle, protectrice de Gianni, qui par son crédit lui avait fait obtenir le titre d'improvisateur impérial, avec une pension de 6000 fr.

GIANNINI (Giuseppe), médecin italien.

— Goutte (de la) et du rhumatisme, trad. de l'ital. par M. JOUERNE, docteur-méd., avec des notes du doct. MARIE DE SAINT-URSIN. Extrait de l'ouvrage intitulé : « Traité de la nature des fièvres. » *Paris, D. Colas*, 1811, in-12.

— Nature (de la) des fièvres, et de la meilleure Méthode de les traiter, avec quelques corollaires sur la nature des convulsions, et en général sur celle des maladies à paroxismes ; sur le traitement et l'extinction des fièvres contagieuses ; sur l'usage des immersions froides ; sur l'existence et le caractère de la complication morbense ; enfin, sur la modification relative qu'exige l'indication curative. Trad. de l'ital., avec des notes et des additions, par N. HEURTELOUP, premier chirurgien des armées, membre de la légion d'honneur, etc. *Paris, Léopold Collin*, 1808, 2 vol. in-8, 12 fr.

Ces deux ouvrages réunis forment la traduction complète de l'ouvrage que Giannini a publié sous ce titre : *Della natura della febri e del miglior metodo*

di curare : le prem. est la traduction du sec. vol., et le dernier, celle du prem. volume.

GIANNONE (Pietro), fameux écrivain napolitain.

— Histoire civile du royaume de Naples, trad. de l'italien (par BEDDEVOLLE, avocat de Genève), avec des remarques. *La Haye, Gosse (Genève)*, 1742, 4 vol. in-4.

D'autres attribuent cette traduction à Louis de Bochat et à Desmonceaux, attaché à M. le duc d'Orléans, fils du régent.

Ouvrage qui valut à Gianonne une suite de persécutions, qui ne cessa qu'à sa mort, advenue en prison, où le roi de Sardaigne, qui avait embrassé la cause de la cour de Rome, très-maltraitée dans l'Histoire de Naples, l'avait fait mettre.

Les passages les plus virulents contre la cour de Rome ont été publiés séparément (par Jacq. Vernet), sous le titre d'*Anecdotes ecclésiastiques*. Amsterdam, Catuffe, 1738, in-8.

GIANOTTI. Guide (le) du compositeur, ou Règles sûres pour trouver la basse fondamentale de tons les chants possibles. *Paris*, 1759, in-12.

GIBAULT (H.-B.), avocat, professeur de droit civil à la Faculté de droit de Poitiers.

— * Codex Napoleonanius, traduction latine du Code Napoléon (1808). Voy. ce titre à la Table des Anonymes.

— * Guerre (la) grammaticale, trad. du latin (1811). Voy. GUARNA.

— Guide de l'avocat, ou Essais d'instructions pour les jeunes gens qui se destinent à cette profession. *Poitiers, Catineau, et Paris, Beaucé*, 1814, 2 vol. in-12, 7 fr. 50 c.

— *Paratitles sur les livres du Code civil des Français. Par ***. *Poitiers, Catineau*, 1805, in-12.

— Vues pittoresques, monuments et antiquités du haut Poiton. In-fol.

GIBBON (Edward), célèbre historien anglais du XVIIIe siècle.

— Aperçus historiques sur le droit romain, par GIBBON ; avec les Aperçus sur l'origine du droit français, par FLEURY ; recueil à l'usage des élèves du cours de l'histoire du droit romain et du droit français. *Paris, Gillet et Mlle Leloir*, 1821, in-8, 4 fr.

— Le même, sous ce titre : Précis de l'histoire du droit romain, traduction adoptée par M. Guizot, rev. et rectifiée par WARKÖNNING. *Liége, P. J. Collardin*, 1821, in-8, 3 fr.

— * Essai sur l'étude de la littérature. *Londres, et Paris, Duchesne*, 1762, in-12.

Ouvrage peu commun : il a été réimpr. dans le tom. IV des *Miscellaneous Works* de l'auteur.

— History of the decline and fall of the Roman empire. A new. edit. *Basil (Strasbourg, * Levrault)* 1787-89, 13 vol. in-8.

Édition dont le moindre défaut est d'être très-commune.

— Histoire de la décadence et de la chute de l'empire romain, traduite de l'anglais (par Louis XVI, roi de France, sous le nom de Le Clerc de Sept-Chênes ; continuée dès le quatrième volume par MM. Demeunier et Boulard, finie par MM. Cantwell et Marigné, et revue, quant aux derniers volumes, par M. Boulard). *Paris, Moutard et Maradan*, 1777-95, 18 vol. in-8.

« On prétend, dit la Biographie universelle, que « le premier chapitre de cette histoire avait été « traduit par Louis XVI, qui ne voulut pas conti- « nuer lorsqu'il vit les attaques de l'auteur contre « le christianisme, et remit alors sa traduction à « M. de Sept-Chênes, qui l'acheva. » L'inexactitude de cette assertion est aujourd'hui démontrée par la particularité consignée par M. A. J. R. D. B. de Mou- lières, dans l'ouvrage qu'il a publié sous le titre du « Roi martyr, ou Esquisse du portrait de Louis XVI ». (Paris, 1815, in-8).

« Le troisième ouvrage de Louis XVI est l'*His- toire de la décadence de l'empire romain*, par Gibbon. Après en avoir traduit cinq volumes, M. le Dauphin ne voulant pas être connu, chargea M. Le Clerc de Sept-Chênes, son lecteur du cabinet, de les faire im- primer sous son nom. M. Leclerc de Sept-Chênes ayant prié M. le garde-des-sceaux de lui donner un censeur, l'ouvrage fut envoyé à l'abbé Aubert, qui le remplit avec une approbation motivée et distin- guée. Environ deux ans après, M. le comte de Ver- gennes, ministre des affaires étrangères, fait de- mander le censeur de l'ouvrage ; l'abbé Aubert se rend chez le ministre, qui, en lui remettant un exemplaire relié en maroquin rouge et doré sur tranche, lui dit : « Je suis chargé par le traducteur de cet ouvrage de vous remettre cet exemplaire, pour vous remercier de l'examen que vous avez pris la peine de faire de sa traduction, et de l'approbation que vous lui avez donnée. » Sur l'observation du censeur, que M. Le Clerc de Sept-Chênes aurait pu se dispenser de la magnificence de la reliure, M. de Vergennes lui dit : « C'est M. le Dauphin qui en est le véritable traducteur, et qui m'a chargé de vous faire ce cadeau en son nom. » M. de Moulières af- firme tenir cette particularité de l'abbé Aubert lui- même. »

— La même (de la même traduct.). Nouv. édit., entièrement revue et corrigée (par Mme Guizot) ; précédée d'une lettre à l'édi- teur sur la vie et le caractère de Gibbon, par M. Suard, et accompagnée de notes cri- tiques et historiques, relatives pour la plupart à l'Histoire de la propagation du christianisme. Par M. F. Guizot. *Paris, Maradan*, 1812 ; ou *Paris, Lefèvre*, 1819 et ann. suiv. ; et *Paris, Ledentu*, 1828-29, 13 vol. in-8, 78 fr.

La Table analytique et raisonnée de cette édition est due à M. P. A. M. Miger.

— La même, abrégée, sous ce titre : His- toire de l'empire Romain jusqu'à la prise de Constantinople par les Turcs ; précédée

d'une Introduction, par Meiners ; trad. de l'angl. par J. B. J. Breton. *Paris*, 1810, 10 vol. in-18, 12 fr.

Cette traduction fait partie de la « Bibliothèque his- torique, à l'usage des jeunes gens ».

— La même, abrégée et réduite à ce qu'elle contient d'essentiel et d'utile, par Alex. Adam, et trad. de l'angl. par P. C. Briand. *Paris, Briand*, 1804, 3 vol. in-8, 15 fr.

— * Mémoire justificatif pour servir de réponse à l'Exposé, etc. de la cour de France. *Londres*, 1779, in-4 de 32 pag.

Réimprimé dans le tom. V des *Miscellaneous Works* de l'auteur.

— Mémoires (ses), suivis de quelques Ou- vrages posthumes et de quelques Lettres du même auteur, recueillis et publiés par lord Sheffields ; trad. de l'angl. (par M. Mari- gné). *Paris, an VI (1798), 2 vol. in-8, 10 fr.

Le premier volume contient les Mémoires de Gibbon, et à leur suite, sous le titre de « Pièces détachées », quatre morceaux écrits en franc. par l'auteur, et qui sont : 1º un Essai d'un chapitre à ajouter à « l'Histoire des grands chemins de l'empire romain » (de Bergier) ; 2º Sur les Fastes d'Ovide ; 3º Remarques sur les êtres allégoriques qu'on voit sur les revers des médailles ; 4º Sur les triomphes des Romains. Ces quatre morceaux ont été réimpr. dans les Mélanges de l'auteur, mais en anglais. Le second vol. renferme les lettres de et à Gibbon, au nombre de 77 seulement, tandis que dans les Mé- langes elles ont été portées jusqu'à 268. En tête de ce second volume, on trouve encore, écrit en franc. par Gibbon, un Extrait raisonné de ses lectures, qui forme 137 pag. Cet *Extrait* a été aussi réimprimé dans les « Mélanges » de l'auteur, mais en langue anglaise.

— * Mémoires littéraires de la Grande- Bretagne, pour les années 1767 et 1768. *Londres*, 1768-69, 2 vol. in-8.

Avec Deyverdun.

— Miscellaneous (his) Works, with Me- moirs of his life and writings, composed by himself, illustrated from his letters, with occasional notes and narrative, by J. lord Sheffields. *Basil (Strasbourg, * Levrault)*, 1797, 7 vol. in-8, 28 fr.

Cette édition, très-commune, a été faite sur l'édi- tion anglaise de 1796, qui ne formait que deux vol. in-4 ; depuis 1814, cet ouvrage a été réimprimé en Angleterre avec un tiers d'augmentation, en 5 vol. in-8. Dans l'édition de Londres, 1814, des « Miscellaneous Works », on trouve parmi les écrits en anglais de l'auteur, plusieurs autres écrits en français, indé- pendamment de ceux que nous avons déjà men- tionné y être réimprimés ; ils sont intitulés : 1º Mé- moire sur la monarchie des Mèdes, pour servir de supplément aux Dissertations de MM. Fréret et de Bougainville ; 2º les Principales époques de l'his- toire de la Grèce et de l'Égypte, suivant sir Isaac Newton, comparés avec les chronologies ordinaires, et Remarques critiques sur l'ouvrage de Newton ; 3º Extrait de trois Mémoires de M. l'abbé de La Bletterie sur la succession de l'empire romain, et d'un autre, sur le prénom d'Auguste ; 4º Remarques cri- tiques sur le nombre des habitants dans la cité des Sybarites ; 5º Gouvernement féodal, surtout en France ; 6º Relation des noces de Charles, duc de

Bourgogne, avec la princesse Marguerite, sœur d'É-douard IV, roi d'Angleterre ; 7° Introduction à l'histoire générale de la république des Suisses ; 8° Doutes historiques sur la vie et le règne du roi Richard III, par M. Hor. Walpole, impr. d'abord dans les « Mém. littéraires de la Grande-Bretagne (tom. III) ; 9° *Nomina*, *gentesque antiquæ Italiæ* : sous ce titre on a présenté en seize sections les remarques géographiques et archéologiques de Gibbon (écrites en français) sur l'Italie ancienne; 10° Remarques sur les ouvr. et sur le caractère de Salluste, de Jules-César, de Cornelius Nepos, et de Tite-Live. Remarques critiques sur un passage de Plaute ; 11° Remarques sur quelques endroits de Virgile ; 12° Remarques critiques sur un passage de Virgile (tom. IV); 13° Sur les Mémoires posthumes de M. de Chesaux; 14° Remarques sur quelques prodiges; 15° Remarques critiques sur les dignités sacerdotales de Jules-César; 16° Principes des poids, des monnaies et des mesures des anciens, avec des tables construites sur ces principes; 17° Dissertation sur les poids, les monnaies et les mesures des Anciens, etc., du Bas-Empire, jusqu'à la prise de Constantinople par les Turcs; la France et les Pays-Bas ; l'Allemagne, la Suisse et les pays du Nord ; l'Italie et l'Espagne ; l'Orient, les Indes et l'Afrique (tom. V).

GIBBON (Lee). * Malpas, ou le Pour-suivant d'amour; par l'auteur du « Cavalier » (traduit de l'anglais). *Paris*, *Vernarel et Tenon*, 1825, 5 vol. in-12, 12 fr. 50 c.

Le « Cavalier » n'a pas été plus traduit en français qu'un autre roman du même, intitulé : *King of the Peak*.

GIBELIN (Esprit-Antoine), peintre et littérateur, correspondant de l'Institut de France ; né à Aix, départ. des Bouches-du-Rhône, le 17 août 1739, y est mort, le 23 décembre 1814.

— Discours sur la nécessité de cultiver les arts d'imitation. *Versailles*, an VIII (1800), in-4.

— Éloge funèbre du général Dugommier. *Aix*, an III (1795), in-8.

— Lettre sur les tours antiques qu'on a démolies à Aix, en Provence, et sur les antiquités qu'elle renferme. *Aix*, B. Gibelin-David, 1787, in-4 avec 11 planch.

— Observations critiques sur un bas-relief antique, conservé dans l'hôtel de ville d'Aix, et sur les mosaïques découvertes près des bains de Sextius de la même ville. *Marseille*, 1809, in-8 avec 5 planch.

— Origine (l') et de la forme du bonnet de la liberté. *Paris*, an II (1794), in-8 avec 5 planch.

Ouvrage où l'auteur a démontré que le bonnet de la liberté, dans la forme qu'on lui donnait pendant les désordres de notre révolution, n'était point chez les anciens un emblème de la liberté, mais plutôt un signe d'esclavage.

— Tulikan, fils de Gengiskan, ou l'Asie consolée. *Paris*, L. Lepelletier, 1803, ou 1805, in-8, 5 fr.

On a encore de cet artiste un *Mémoire sur la statue*

antique dénommée le *Gladiateur de Borghèse*, impr. dans les Mémoires de l'Institut, classe de littérature et des beaux-arts, tom. IV : dissertation où l'auteur a cru pouvoir soutenir que cette figure représente un *sphériste*, ou *joueur de ballon*. La Décade philosophique, an XII, 2e trim., contient un second Mémoire sur le même sujet. — Mémoire sur la mosaïque (dans la Décade philosophique, an XII, 1er trim.). — Mémoire sur un groupe de marbre blanc, représentant deux enfants, découvert à Vienne, département de l'Isère (dans le même journal, an X, 3e trim.).

GIBELIN (Jacq.), frère du précédent, docteur en médecine, conservateur de la bibliothèque publique d'Aix, secrétaire-perpétuel de la Société académique de la même ville; né à Aix, le 16 septembre 1744, où il est mort, le 4 février 1828.

Gibelin nous a donné plusieurs traductions, de l'anglais et de l'italien, d'ouvrages scientifiques et historiques : tels que 1° Expériences et Observations sur différentes espèces d'air (1775), voy. PRIESTLEY; 2° Expériences et Observations sur différentes branches de la physique (1784), voy. PRIESTLEY ; 3° (avec DEMEUNIER) : Histoire des progrès et de la chute de la république romaine (1784), voy. FERGUSSON; 4° Observations physiques et chimiques (1784), voy. FONTANA; 5° Observations sur les maladies syphilitiques (1784); voy. SWEDIAUR; 6° Éléments de minéralogie (1785), voy. KIRWAN; 7° plusieurs parties des Transactions philosophiques de Londres (1784—89), voy. ce titre à la Table des Anonymes ; 8° Mémoires de Franklin (1791), voy. FRANKLIN.

On a encore du même, dans le premier vol. des Mémoires de l'Académie d'Aix, un *Mémoire sur l'huile Rouvet*, des *Observations sur les chèvres*, et une *Notice historique sur M. de Fonscolombe*.

GIBERT (Jean-Pierre), l'un des plus savants canonistes de France; né à Aix, en 1660, mort à Paris, le 2 novembre 1736.

— Cas pratique concernant les sacrements en général et en particulier. *Paris*, 1709, in-12.

— Conférences de l'édit de 1695 (sur la juridiction ecclésiastique), avec les ordonnances précédentes et postérieures sur la même matière. *Paris*, 1757, 2 vol. in-12.

— * Consultations canoniques sur les sacrements. *Paris*, *Babuty*, 1721, 12 vol. in-12.

— Corpus juris canonici per regulas naturali ordine digestas. *Genevæ*, 1736, seu *Lugduni*, 1737, 3 vol. in-fol.

Ouvrage fort estimé. L'auteur avait eu le dessein de le publier en français, et il en a donné le plan dans cette langue.

— Devoirs (les) du chrétien, renfermés dans le psaume 118. *Paris*, 1705, in-12.

— Dissertation sur l'autorité du second ordre dans le synode diocésain. *Rouen*, 1722, in-4.

— Doctrinâ (de) canonum in corpore juris inclusorum circà consensum parentum requisitum ad matrimonium filiorum minorum ; Disquisitio historica. *Parisiis, Emery,* 1709, in-12.

— Instructions ecclésiastiques et bénéficiales, suivant les principes du droit commun et les usages de France. *Paris, 1720, 1736, 2 vol. in-4.*

Cet ouvrage est le meilleur de Gibert.

— Mémoires concernant l'Écriture sainte, la théologie scolastique et l'histoire de l'Église, pour servir aux conférences des ecclésiastiques. *Luxembourg,* 1710, in-12.

— * Tradition ou Histoire de l'Église sur le sacrement de mariage. *Paris,* 1725, 3 gros vol. in-4.

L'abbé de Feller, qui ne manque aucune occasion de montrer son opposition aux théologiens et aux avocats qui reconnaissent les droits de l'autorité civile sur le mariage, cite ici, à l'appui de son opinion sur cet ouvrage, un long passage tiré d'un auteur protestant.

Il y a plus à profiter dans le Traité substantiel de M. Tabaraud, intitulé : Principes sur la distinction du contrat et du sacrement de mariage, etc. (1816), que dans l'ouvrage diffus de Gibert.

— Usages de l'Église gallicane concernant les censures, expliqués par les règles de droit. *Paris,* 1724, in-4.

Il y a des exemplaires avec la date de 1750.

On a encore de ce savant des *Notes* sur le « Traité de l'abus », par Févret, et sur la « Pratique du droit canonique », du P. Cabassut ; et il a laissé en manuscrit plusieurs ouvrages dont on trouvera la liste dans la dern. édit. de la « Bibliothèque histor. de la France ».

GIBERT (Balthasar), cousin du précédent, professeur de l'Université de Paris ; né à Aix, en Provence, le 17 janvier 1662, mort le 28 octobre 1741.

— Discours sur la constitution Unigenitus....

Cité par Fontette.

— Jugements des savants sur les auteurs qui ont traité de la rhétorique, avec un Précis de la doctrine de ces auteurs. *Paris,* 1713-19, 3 vol. in-12.

Le premier vol. contient les auteurs grecs et latins jusqu'à Quintilien ; dans le second on trouve tout ce qui a été écrit de plus curieux sur l'éloquence sacrée et profane, depuis Quintilien jusqu'au XVIIe siècle ; enfin dans le troisième volume, l'auteur parle des maîtres les plus fameux des temps modernes. Cet ouvrage est le meilleur de Gibert ; il est bien supérieur, dit la Biographie universelle, à celui que Baillet a publié sous le même titre, et remarquable surtout par la force d'analyse et par des réflexions saines et judicieuses.

A. A. Barbier, dans son Examen critique des Dictionnaires historiques, fait judicieusement observer que la comparaison du rédacteur de l'article Gibert entre les deux ouvrages de Baillet et de Gibert n'est pas juste. Si l'ouvrage de ce dernier ne fait mention que des rhétoriciens, celui de Baillet fait mention des imprimeurs, des critiques, des grammairiens, des philologues, des traducteurs, des poètes grecs et latins, et des poètes modernes. Toutes ces parties ne sont pas également bien traitées ; mais on ne doit

s'en prendre qu'à l'immensité du plan. Gibert ne s'était occupé que d'un seul objet, a pu y mettre plus de soin, et produire un ouvrage plus satisfaisant. On voit néanmoins que ce n'est pas un ouvrage du même titre.

L'ouvrage de Gibert a été réimpr. en Hollande, soit in-4, soit in-12, et il fait, dans ces éditions, la suite ou le 8e vol. de celui de Baillet.

— Mémoire concernant les principaux des petits collèges....

Cité par Fontette.

— Observations sur le « Traité des études » de Rollin. *Paris, L'hermite,* 1727, in-12.

Elles sont adressées à Rollin lui-même. On a reproché au professeur du collége de Mazarin, de s'être élevé avec trop peu de ménagement contre les principes et la méthode de cet illustre maître, son collègue, « laquelle, dit-il, pèche contre le bon « goût, le bon sens, la raison, tend à gâter le goût « des jeunes gens, à les jeter dans des erreurs de « grande conséquence. » Rollin répondit par une lettre de 20 pages seulement, pour se plaindre du ton un peu âpre avec lequel son collègue le régentait. La controverse ne finit pas là ; Gibert, selon sa coutume, répliqua.

— Réflexions (en quatre lettres) sur la rhétorique, où l'on répond aux observations du P. Lamy, bénédictin. *Paris, Ve Cl. Thiboust,* 1702, 1705, 1708, in-12.

— Rhetorica juxta Aristotelis doctrinam dialogis explanata. *Parisiis, G. F. Quillau,* 1730, in-4 de 80 pag.

Ouvrage par demandes et réponses.

— Rhétorique, ou Règles de l'éloquence. *Paris, Thiboust,* 1730, ou *Paris, Montalant,* 1741, in-12.

« Traduction de l'ouvrage précédent, avec des augmentations. C'est un précis de la rhétorique d'Aristote, de celle d'Hermogène, et de ce qu'offrent de mieux l'orateur de Cicéron et l'Institution oratoire de Quintilien ; il est plein de citations et d'observations utiles, et fait avec méthode et érudition. »

— Traité de la véritable éloquence, ou Réfutation des paradoxes sur l'éloquence, avancés par l'auteur de la « Connaissance de soi-même. » *Paris, Mich. David,* 1703, in-12.

Dom Lamy, de la congrégation de Saint-Maur, auteur de l'ouvrage réfuté, y avait dit que la circulation des esprits animaux contribuait à l'éloquence ; et le professeur de philosophie Pourchot avait adopté cette opinion. Gibert s'éleva contre l'un et l'autre avec chaleur. Le bénédictin, pour le soutien de son opinion, publia la « Rhétorique du collège, trahie par son apologiste », Pourchot, de son côté, crut devoir répondre à Gibert par un écrit intitulé : « Lettre d'un juriste », auquel il en joignit bientôt un autre, sous le titre de « Défense du sentiment d'un philosophe contre la censure d'un rhéteur ». Gibert répliqua par des *Lettres,* qui parurent de 1705 à 1707 ; et les journaux retentirent de ce procès littéraire, des pièces duquel on forma un recueil, qui a été imprimé plusieurs fois. Un prélat, M. Brûlart de Sillery, évêque de Soissons, ne dédaigna pas de se mêler parmi les combattants ; et il prit le parti de Gibert, dans deux lettres écrites à dom Lamy, et auxquelles le savant bénédictin répondit, d'autres critiques se partagèrent.

On a encore, de Balth. Gibert, beaucoup de discours latins, prononcés dans différentes occasions, soit comme professeur, soit comme recteur; et, entre autres, les Éloges funèbres des présidents de Lamoignon et de Mesmes, le Panégyrique de Louis XIV, prononcé en Sorbonne en 1708, l'Éloge du professeur Pourchot, etc. *Biogr. univ.*

GIBERT (Jos.-Balth.), membre de l'Acad. des insc. et belles-lettres; né à Aix, en Provence, le 17 février 1711, mort à Paris, le 12 novembre 1771.

— * Dissertation sur l'histoire de Judith, dans laquelle on prouve que cette histoire n'est arrivée qu'après la captivité de Babylone. *Paris, Prault père*, 1739, br. in-8.

— Lettres de M. G***, à M. Fréret sur l'histoire ancienne. *Paris, Leclère et de Nully*, 1741, in-12.

Gibert combat quelques opinions de Fréret.

— Lettre sur la chronologie des Babyloniens et des Égyptiens. *Amsterdam*, 1743, in-8.

— Mémoire sur le passage de la mer Rouge. *Paris*, 1755, in-4.

— * Mémoire sur les rangs et honneurs de la cour (pour servir de réponse aux trois derniers chapitres du « Traité des preuves qui servent à établir la vérité de l'histoire, du P. Griffet). 1770, in-8.

L'abbé Georgel publia ce Mémoire une « Réponse à un écrit anonyme ». (Voy. GEORGEL.)

— Mémoires pour servir à l'histoire des Gaules et de la France. *Paris, Brunet*, 1744, in-12.

Ouvrage dont l'Académie agréa la dédicace; il donna lieu à diverses critiques et répliques dont Foncette donne le détail dans la Bibliothèque historique de la France.

— Prospectus raisonné, ou Aperçu d'un nouveau système des temps. Ouvrage posth. publ. par le fils de l'auteur. *Paris, impr. de Porthmann*, 1811, in-4 de 340 pag.

« Ce n'est qu'un extrait d'un travail immense sur la chronologie sacrée et profane, dont Gibert s'était principalement occupé; et cet extrait devait, d'après les expressions de l'éditeur, servir de préface et d'introduction à l'ouvrage entier. Il ne paraît pas que cette entreprise puisse et doive être continuée. Il s'en faut de beaucoup que les idées de l'auteur eussent été portées à leur point de maturité, et que toutes les bases chronologiques qui sont présentées dans cet aperçu, soient aussi solides que le prétend l'éditeur. La rédaction d'ailleurs, est tellement défectueuse, que la lecture en devient inutile à force d'être rebutante. On sent que la main de l'auteur était nécessaire pour mettre en œuvre tant de matériaux incohérents, et l'on a besoin, pour ne désapprouver hautement une publication si maladroite, de se rappeler les paroles de Tacite : *Professione pietatis erit aut excusatus.* »

— Recherches historiques sur les cours qui exerçaient la justice de nos rois. *Paris*, 1763, in-4.

Impr. aussi dans les Mémoires de l'Acad. des sciences, tom. XXX.

— * Remarques sur la traduction de Virgile de M. l'abbé Desfontaines. 1745, in-8. de 16 pag.

— Tableau des mesures itinéraires des Anciens. 1756.

Jos. Balth. Gibert débuta dans la carrière des lettres par divers écrits qui parurent sous la forme de *Lettres*, dans les journaux du temps, entre autres, dans le Journal des Savants et dans le Mercure : ils furent favorablement accueillis. Admis en 1746 à l'Académie des inscriptions, il ne tarda pas à être l'un des membres qui travaillèrent avec le plus d'ardeur et d'activité à la continuation des Mém. de cette compagnie. Les Dissertations que Gibert a insérées dans ce recueil, prouvent que presque toutes les parties du vaste domaine de l'érudition lui étaient également familières. On y trouve : Observations sur différentes suites de rois d'Égypte (tom. XIX, 1753). — Mémoire sur le nom de *Mérovingiens*, donné à la première race de nos rois (tom. XX, 1753). — Dissertation sur l'histoire de Judith, en deux part. (tom. XXI, 1754). — Dissertation sur l'époque de la mort de Darius, fils d'Hystaspe, et sur le commencement et la durée de son règne. Observations sur la chronique de Paros (tom. XXIII, 1756). — Dissertation sur les premiers habitants de la Grèce (tom. XXV, 1759). — Mémoire sur la chronologie de l'histoire des Machabées (tom. XXVI, 1759). — Remarque sur l'ancienne année des Juifs, et sur la célébration de leur pâque (tom. XXVII, 1761). — Observations sur les mesures anciennes. Dissertation sur le lac Mœris (tom. XXVIII, 1761). — Mém. sur les Mérovingiens. Recherches historiques sur les cours qui exerçaient la justice souveraine de nos rois, sous la première race et la seconde race, et au commencement de la troisième (tom. XXX, 1764). — Mémoire sur la chronologie des rois de Juda et d'Israël. Éclaircissements sur les règnes de quelques rois de Babylone et de Perse. Nouv. Observations sur l'année des anciens Perses. (tom. XXXI, 1768). — Mém. sur l'année grecque. Observations sur l'obélisque interprété par Hermapion (tom. XXXIII, 1770).

Gibert a été aussi l'éditeur des Discours et Morceaux choisis de d'Aguesseau (1756).

GIBERT aîné. Catalogue des livres de M. N. (Naigeon), distribué par ordre alphabétique des noms d'auteurs. *Paris, Didot aîné*, 1770, in-12.

Tiré à 20 exemplaires seulement.

GIBERT (E. Guernsey), ministre de la chapelle royale de Saint-James, à Londres.

— Démonstration du nouveau-Testament. *Londres....* 2 vol. in-8 (10 sh.).

Cité dans le *Bent's London Catalogue*, mais sans date. Le *Watt's Bibliotheca britannica* ne fait aucune mention de cet ouvrage.

— Observations sur les écrits de M. de Voltaire, principalement sur la religion. *Londres*, 1788, 2 vol. in-12.

— Sermons sur la doctrine évangélique. *Londres, Taylor*, 1805, 2 vol. in-8 (12 sh.).

GIBERT (Bernard), membre de la Société d'agriculture, sciences et arts de la Haute-Marne; né à Paris, en décembre 1761.

—* Fera-t-on la noce? com. en un acte, mêlée de vaudevilles. *Paris, Mᵐᵉ Masson*, 1801, in-8.

Avec Ligier.

—* Olimpia, ou la Caverne de Strozzi, mélodrame en 3 actes (et en prose), par l'auteur de « Rozelina, etc. » *Paris, Maugeret*, 1808, in-8.

— Rozelina, ou le Château de Torrento, mélodrame en 3 actes, en prose. *Paris, Barba*, 1801, ou 1811, in-8.

On doit encore à M. B. Gibert plusieurs autres pièces de théâtre, jouées avec succès sur différents théâtres de la capitale, mais qui n'ont pas été imprimées, telles sont : le Faux somnambule, opéra en un acte. (1788) ; le Porteur d'eau, vaud. en un acte (1798) ; Soticet, ou la Porte bâtarde, vaud. en un acte (1801) ; les Petits Auvergnats, vaud. en un acte (1802). On cite aussi de lui, un Abrégé de l'Histoire de France, et une traduction du De Viris illustribus de Lhomond, inédits l'un et l'autre ; diverses poésies signées B. G. et imprimées dans le Journal de la Haute-Marne, dont il fut l'un des fondateurs (1808).

GIBERT (J.), ancien chef d'institution.

— Abrégé raisonné et simplifié du discours, ou Développements de la grammaire française de Lhomond. *Lyon, Boursy*, 1823, in-12, 1 fr.

GIBERT (C.-M.), docteur - médecin, professeur agrégé à la Faculté de médecine, membre de la Société de médecine-pratique ; né à Paris, le 18 août 1797.

— Mémoire envoyé au concours de la Société de médecine-pratique de Paris, pour la solution des questions suivantes, et honoré d'une médaille par cette Société : Existe-il toujours des traces d'inflammation dans les viscères abdominaux, après les fièvres putride et maligne ? Cette inflammation est-elle cause, effet ou complication de la fièvre ? *Paris, Gabon ; Dondey-Dupré*, 1825, in-8 de 80 pag.

Le docteur Gibert est encore auteur de divers Mémoires insérés de 1826 à 1828 dans la Nouvelle Bibliothèque médicale, sur les sujets suivants entre autres : sur l'emploi de la saignée générale et locale (1826) ; sur la rétention des matières stercorales dans le rectum (1827) ; sur l'ophtalmie leucorrhique (1828) : il a aussi fourni des articles au Xᵉ volume du Dictionnaire de médecine de l'Encyclopédie méthodique.

GIBERT DE MONTREUIL. * Histoire du noble et chevaleureux prince Gérard, comte de Nevers, et de la très-vertueuse et très-chaste princesse Euriant de Savoie, sa mie. Nouvelle édit., avec des notes historiques et critiques (par Gueullette). *Paris, Séb. Ravenel*, 1727, in-8, ou *Paris, Saugrain*, 1729, in-8.

La prem. édit. est de 1520.

GIBLET (A.). Voy. Lusignan (le P.).

GIBRAT (J.-B.), prêtre de la doctrine chrétienne ; né aux Cabanes, près de Cordes, diocèse de Tarbes, en 1722 (ou, suivant la France littéraire de 1769, à Gaillac, diocèse d'Albi, le 23 octobre 1727), mort à Castelnaudari, en décembre 1803.

— Géographie ancienne et sacrée. *Paris, Nyon*, 1790, 4 vol. in-12.

A des notions saines sur la géographie l'auteur a joint des détails historiques, intéressants et curieux.

— Traité de la Géographie moderne, à l'usage des collèges ; avec un Abrégé de Géographie ancienne. VIᵉ édition. *Toulouse*, 1787, in-12. — Nouv. édit., entièrement refondue. *Avignon, Chaillot*, 1813, in-12, 3 fr.

On lui doit aussi trois ou quatre livres de liturgie.

GICQUEL-DESTOUCHES (P.-G.), capitaine de vaisseau, membre de la Société de littérature, sciences et arts de Rochefort.

— Tables comparatives des principales dimensions des bâtiments de guerre français et anglais de tous rangs, de leur mâture, gréement, artillerie, etc., d'après les derniers réglements ; avec plusieurs autres Tables relatives à un système de mâture proposé comme plus convenable que celui actuel, aux bâtiments de guerre français ; ouvrage utile aux officiers de la marine roy. *Paris, Bachelier*, 1817, in-4, 9 fr.

— Traité des manœuvres courantes et dormantes, contenant le gréement des bâtiments marchands de différentes espèces de 34 à 15 pieds de largeur. *Paris, Simonnet*, 1818, in-8, 5 fr.

GIDOLPH, maître de langues.

— Grammaire, ou Traité complet de la langue anglaise, théorique et pratique, composé d'après les meilleurs auteurs et les grammairiens les plus modernes. Seconde édition. *Paris, Th. Barrois*, 1817, in-8, 5 fr. — The Key, ou la traduction des thèmes de la Grammaire anglaise. *Paris, le même*, 1817, in-8, 1 fr. 50 c.

La première édition parut sous ce titre : Cours complet, ou Grammaire de la langue anglaise, théorique et pratique, à l'usage de la jeunesse française, contenant les règles de la prononciation, de l'analyse, de l'accent, du régime de la construction, avec un Vocabulaire où toutes les difficultés et les différentes acceptions des mots contenus dans cet ouvrage sont expliquées, et plus des thèmes au moyen desquels l'élève saisira facilement le génie de la langue. Paris, Théoph. Barrois, 1807, in-8. 5 francs.

GIGOT, professeur et recteur de l'Université de Paris.

Institutiones philosophicæ ad usum seminarii Tullensis (edente D. PARISIS). *Tulli-Leucorum*, 1769, 5 vol. in-12.

Avec Camier, autre professeur et recteur de l'Université.

La première édit. a été faite à Épinal en 1763, la seconde, et à Toul en 1769, et la troisième dans la même ville en 1770. Ce cours de philosophie a fait beaucoup de bruit ; il fut adopté par plusieurs évêques pour être suivi dans leurs séminaires ou colléges; mais, dès l'année 1771, le rédacteur des « Nouvelles ecclésiastiques » en fit un examen fort sévère. En 1775, il devint l'objet de plusieurs observations critiques : aussi la quatrième édition, faite à Toul, en 1777, a-t-elle été corrigée par l'éditeur, et elle a été soumise à plusieurs examens ; en conséquence, on a supprimé beaucoup de défauts.

GIGOT (Ph.-Fr.-Matth.), professeur de belles-lettres ; né à Bruxelles, le 7 novembre 1792, mort en la même ville, le 14 juillet 1819.

— Abrégé de l'histoire de la Hollande, formant la partie septentrionale du royaume des Pays-Bas; ouvrage adopté dans les athénées et colléges; suivi d'une Table alphabétique géographique, et d'une série de questions propres à exercer à la fois la mémoire et l'intelligence des élèves. Ouvrage posthume de Ph. GIGOT. Sec. édit., augm. d'un Essai de mnémotechnie, et d'un sommaire du présent ouvrage mnémonisé (par un anonyme). *Bruxelles, P.-J. Demat*, 1826, in-8, 2 fr. 50 c.

La prem. édit. parut en 1819.
On peut se procurer séparément les additions de cette seconde édition, in-8, 50 c.

— Anniversaire de la bataille de Waterloo, ode. *Bruxelles, Ad. Stapleaux*, 1816, in-8.

— Description (nouv.) historique, topographique et critique de Bruxelles, ou le Guide de l'étranger dans cette ville. *Bruxelles, le même*, 1817, in-12 fig., 3 fr.

Il en existe aussi une édition en anglais.

— Destinées (les) de la Belgique, poëme. *Bruxelles, le même*, 1816, in-8, 1 fr. 50 c.

— Encore un tableau de ménage, comédie (posth.) en 3 actes et en prose. *Bruxelles, Delemer frères*, 1819, in-8, 2 fr.

GIGOT D'ORCY. Voy. ERNST.

GIGUET (Antoine), maire de Saint-Côme; né en 1758, mort le 9 juin 1825.

— Art (l') poétique, à l'usage du XIXe siècle, poëme posthume en v chants et en vers. *Paris, Le Normant*, 1826, in-18 de 108 pag., 1 fr. 50 c.

GIGUN (Vital), ex-chirurgien des ar-

mées; né à Mont-de-Marsan (Landes), le 2 juin 1768.

— Traité de la maladie syphilitique, herpétique et psorique, ou de la Maladie vénérienne, des dartres et de la gale. *Paris, l'Auteur*, 1810, in-12 de 168 pag., 2 fr.

— Traité des maladies vénériennes ou syphilitiques, mis à la portée de tout le monde, ou Moyen de se traiter soi-même de ces maladies, par les remèdes les plus commodes, les plus sûrs, dans les cas les plus ordinaires. *Paris, l'Auteur*, 1803, in-12, de 64 pag., 1 fr. 50 c.

GILBERT (Claude). * Histoire (l') de Calejava, ou de l'île des hommes raisonnables, avec le parallèle de leur morale et du christianisme. (*Dijon, Jean Reyseyre*, 1700), pet. in-12.

Cet ouvrage a été détruit par l'auteur lui-même. Il n'en reste qu'un seul exemplaire.

GILBERT (Nic.-Jos.-Laurent), poète ; né à Fontenoi-le-Château, en Lorraine, en 1751, mort à Paris, le 12 novembre 1780.

— Carnaval (le) des auteurs. 1773, in-8.

— Début (le) poétique. *Paris*, 1771, in-8.

— Le même. Nouv. édit., augmentée d'un chant d'Abel (imité de Gessner) et d'autres ouvrages. *Paris*, 1772, in-8.

— Dix-huitième (le) siècle, satire à M. Fréron. *Paris*, 1775, in-8.

— Éloge de Léopold, duc de Lorraine. *Paris*, 1774, in-8.

— *Familles (les) de Darius et d'Éridame, ou Statira et Amestris, histoire persane. *La Haye, et Paris, Dehansy le jeune*, 1770, 2 vol. in-12.

— Génie (le) aux prises avec la Fortune, ou le Poète malheureux ; pièce qui a concouru pour le prix de poésie. 1772, in-8.

— Jubilé (le), ode ; publiée pour la prem. fois à l'occasion du jubilé de 1776. *Lyon, impr. de Coque*, 1826, in-8 de 4 pag.

— Mon apologie, satire. 1778, in-8.

— Odes nouvelles et patriotiques. *Paris*, 1775, in-8.

— OEuvres (ses) complètes. *Paris*, 1788, in-8.

— Les mêmes, contenant ses satires, ses poésies diverses et ses ouvrages en prose; nouvelle édition, ornée du portrait de l'auteur, et augmentée d'un Discours sur la satire et les satiriques tant anciens que modernes, par N. L. M. DESESSARTS. *Paris, Desessarts*, 1806, in-8, et 2 vol. in-18, 2 fr. 50 c.

— Les mêmes. Nouv. édit., où, parmi plusieurs pièces inédites de cet auteur, se trouve le Carnaval des auteurs; suivie de

Remarques critiques et littéraires. *Paris*, *Gay*, an IX (1801), in-12 avec portr., 2 fr.; in-8, 3 fr., et pap. vél., format in-4 , 6 fr.

Le *Carnaval des auteurs*, présenté dans cette édit. comme pièce inédite, avait été publ. dès 1773. Voy. plus haut.

— Les mêmes. *Paris, Raymond et Ménard,* 1811, 2 vol. in-18.

—Les mêmes, précédées d'une Notice historique par M. Ch. NODIER. *Paris, Ménard et Desenne,* 1817 ou 1825, in-18 orné de 4 grav., 2 fr. 50 c.; pap. vél., fig. avant la lettre, 5 fr., ou sur format in-12, 3 fr., et fig. avant la lettre, 6 fr.

Édit. faisant partie de la « Bibliothèque franç. ».

— Les mêmes, publ. pour la prem. fois avec les corrections de l'auteur et les variantes, accompagnées de Notices littéraires et historiques (par M. MASTRELLA). *Paris*, Dalibon (* H. Feret), 1822, in-8 orné d'un portr., de 4 fig., et d'un fac-simile, 7 fr. 50 c.; pap. fin d'Annonay, 12 fr.; gr. pap. vél., fig. avant la lettre, 30 fr.; et avec les eaux-fortes, 40 fr.; gr. pap. vél., fig. avant la lettre, tirées sur pap. de Chine et eaux-fortes, 50 f.; et gr. pap. vél., fig. avant la lettre et eaux-fortes et doubles figures, tirées sur pap. de Chine, 60 fr.

Un exemplaire sur grand-raisin de Chine, auquel on a joint les dessins originaux et fig. avant la lettre et eaux-fortes tirées sur pap. de Chine, 1500 f.

— Les mêmes, avec notes, et variantes, et une nouvelle notice, par M. AMAR. *Paris*, J. Didot aîné, 1824, 2 vol. in-32, figures.

— Les mêmes. Nouv. édit. *Paris, Debure,* 1826, in-32 avec un portrait.

Cette édition fait partie de la « Collection des classiques français, ou Bibliothèque portative de l'amateur ».

— Les mêmes. *Paris, C. Chantpie,* 1826, 2 vol. in-32, 1 fr. 50 c.

Édition ordinaire.

GILBERT (Fr.-Hil.), savant et habile vétérinaire; né à Châtellerault, en 1757, mort dans un village de la Vieille-Castille, en Espagne, le 8 septembre 1800.

— Instruction sur le vertige abdominal, ou indigestion vertigieuse des chevaux. *Paris*, 1795, in-8.

— Instruction sur les claveaux des moutons. *Paris,* 1796, in-8.

—Instruction sur les effets des inondations et débordements des rivières, etc. (1802). Voy. CELS.

— Instruction sur les moyens les plus propres à assurer la propagation des bêtes à laine de race d'Espagne, et la conservation de cette race dans toute sa pureté. *Paris,* 1797, in-8.

— Mémoire sur la tonte du troupeau national de Rambouillet, la vente de ses laines et de ses productions disponibles. *Paris*, 1797, in-4.

— Recherches sur les causes des maladies charbonneuses dans les animaux, et sur les moyens de les combattre et de les prévenir. *Paris*, an III (1794), in-8.

Imprimées par ordre de la commission exécutive d'agriculture et des arts.

— Traité des prairies artificielles, ou Recherches sur les espèces de plantes qu'on peut cultiver avec le plus d'avantage en prairies artificielles et sur la culture qui leur convient le mieux. VIe édition, augmentée de notes par M. A. YVART, et précédée d'une Notice historique sur Gilbert, par M. le baron CUVIER. *Paris*, Mme Huzard, 1826, in-8, 5 fr.

La prem. édit. est de 1790, époque où les prairies artificielles étaient peu connues en France, et où le système des assolements était presque entièrement ignoré : la publication de cet ouvrage a donné à notre culture une impulsion dont nous avons éprouvé les résultats salutaires.

Gilbert a inséré des articles dans la Décade, le Magasin encyclopédique, la Feuille du cultivateur et les Annales de l'Agriculture française. L'article Bestiaux au vert, dans le Cours d'agriculture de Rozier, a été rédigé par lui et par M. Rougier de la Bergerie. Diverses sociétés savantes ont couronné cinq de ses mémoires.

GILBERT (Nic.), médecin, membre correspondant de la Société royale de médecine, médecin en chef des armées de Saint-Domingue, du Rhin et de la grande armée, du Val-de-Grâce, etc.; né à Brest, en 1751, mort à Paris, le 19 déc. 1814.

— Histoire médicale de l'armée française à Saint-Domingue en 1802, ou Mémoire sur la fièvre jaune, avec un Aperçu de la topographie médicale de cette colonie. *Paris*, an XI (1803), in-8.

Gilbert ayant séjourné très-peu de temps en Amérique, n'a fait qu'entrevoir la fièvre jaune; il la regarde comme une fièvre rémittente bilieuse très-intense, et lui refuse le caractère de contagion. Cette opinion est d'un bien faible poids; et le docteur Fournier a eu raison de dire que l'ouvrage dans lequel elle est énoncée ne mérite aucune confiance quant à la partie clinique. Toutefois l'esquisse topographique de Saint-Domingue n'est pas dépourvue d'intérêt.

— Pacte (du) social, ou Examen raisonné de la Constitution de l'an VIII. 1800, in-8.

— Plan d'un cours d'instruction de médecine-pratique sur les maladies les plus fréquentes chez les gens de guerre, classées par famille, précédé d'un Discours sur la médecine morale, etc. *Paris*, 1798, in-8.

Un Discours préliminaire de quelques pages est tout ce qu'il y a de bon dans cet opuscule. La classification nosologique présente le rapprochement le plus bizarre des affections les plus disparates; et, pour établir en quelque sorte la compensation, les maladies les plus analogues sont séparées et comme disséminées au hasard. La distribution en maladies aiguës, mixtes et chroniques, est essentiellement vicieuse.

— Tableau historique des maladies internes de mauvais caractères qui ont affligé la grande armée dans la campagne de Prusse et de Pologne (en 1806 et 1807), et notamment de celles qui ont été observées dans les hôpitaux militaires et les villes de Thorn, Bromberg, Fordon et Culm, dans l'hiver de 1806 et 1807, le printemps et l'été de 1807; suivi de Réflexions sur les divers modes de traitement de ces maladies, adoptés par les médecins français et allemands. Berlin, L. Guien, 1808, in-8.

L'auteur propose dans cet écrit une classification qui n'offre aucun trait de ressemblance avec celle dont il avait tracé l'esquisse dans son plan. Toutes les maladies comprises sous le nouveau nom de Nosogénique fondamentale y sont partagées en deux grandes familles, désignées par les noms impropres de hyperzoodynamie et azoodynamie, suivant qu'elles sont dues à l'exaltation ou à la dépression des forces vitales.

— Théories (les) médicales modernes, comparées entre elles et rapprochées de la médecine d'observation: mém. lu à la Société de médecine de Paris, suivi du plan d'un Cours de médecine-pratique sur les maladies les plus fréquentes des gens de guerre. Paris, Croullebois, an VII (1799), in-8.

Pour faire apprécier une production décorée de ce titre ambitieux, ne suffit-il pas de dire qu'elle est composée de 20 pages?

Nic. P. Gilbert est auteur de divers Mémoires sur la fièvre de Pologne et sur plusieurs points de la science, qui sont insérés dans les journaux de médecine, et dans le recueil périodique de la Société de médecine de Paris, entre autres. Il serait injuste de passer sous silence les articles de médecine légale fournis par lui à l'Encyclopédie méthodique: presque tous sont rédigés avec soin et discernement.

Biogr. univ.

Gilbert a aussi composé un ouvrage sur la concordance entre les nouveaux et les anciens poids et mesures, qui obtint le premier prix proposé par le gouvernement.

GILBERT (Ant.-P.-Mar.), concierge des tours de Notre-Dame, littér. et antiquaire, membre de la Soc. roy. des Antiquaires de France; né à Paris, le 8 novembre 1785.

— Description historique de l'église métropolitaine de Notre-Dame de Rouen. Rouen, Frere, 1816, in-8 de 88 pag. avec le plan et la vue du grand portail de cette basilique, 2 fr. 50 c.

— Description historique de l'église cathédrale de Notre-Dame de Chartres. Nouv. édit., considérablement augmentée et ornée de gravures. Chartres, Garnier-Allabre; et Paris, Corbet, 1824, in-8 avec 4 pl.

La première édition, qui est extraite du Magasin encyclopédique de juin et de juillet 1812, porte pour titre: Notice historique et descriptive sur l'église de Notre-Dame de Chartres.

— Description historique de l'église métropolitaine de Notre-Dame de Reims, avec des détails sur sa restauration. Paris, le concierge des tours de l'église métropolitaine, et Reims, Barbier, 1817, in-8 de 40 pag., 1 fr.

— Description historique de l'église royale de Saint-Denis, avec des détails sur la cérémonie de l'inhumation de Louis XVI et de Marie-Antoinette, reine de France. Paris, Plancher; Eymery; Delaunay, 1815, in-12 de 100 pag.

— Description historique de l'église de Saint-Ouen de Rouen. Rouen, J. Frère, 1822, in-8 orné de 3 grav., 6 fr.

— Description historique de la basilique métropolitaine de Paris, et des curiosités de son trésor. (Ext. du Mag. encycl., de nov. 1811). Paris, l'Auteur, 1811, br. in-8, 75 c.

— Notice historique et descriptive de l'église cathédrale de S. Pierre de Beauvais. Beauvais, Moisand; Dupont-Diot, et Paris, l'Auteur, 1829, br. in-8, avec 2 pl. lith., 1 fr. 50 c.

— Notice historique et descriptive du château de Chambord et de ses dépendances, depuis sa construction jusqu'à l'époque de sa destination à S. A. R. Mgr le duc de Bordeaux, contenant en outre, Sec. édit. Paris, l'éditeur des Annales franç., 1821, br. in-8, ou Blois, Ve Jahyer, 1822, br. in-8.

La prem. édit. a paru dans les Annales franç. La réimpr. de Blois a été faite à l'insu de l'auteur.

M. Gilbert a fourni plusieurs articles intéressants aux « Annales des bâtiments et de l'industrie franç. », continuées plus tard sous le titre « d'Annales franç. ».

GILBERT (Joach.). Essai sur l'art de la navigation par la vapeur. Paris, Bachelier, 1819, in-8, avec 3 pl., 5 fr.

C'est vraisemblablement au même que l'on doit une Notice sur deux statues de granit trouvées dans le mois de pluviôse de l'an XIII, près le bourg de Lominié (Morbihan), avec une planch.; suivie du Rapport de M. Alex. Lenoir sur ces deux statues, imp. dans le sec. vol. des Mém. de l'Acad. celtique (1808).

GILBERT (A.). Amélioration (de l') morale des détenus, ou Observations sur quelques arrêtés du conseil spécial des prisons. Paris, à la librairie rue de l'Arbre-Sec, n° 26, 1820, in-8, 50 c.

— Chambre (de la) des députés; opuscule politique. Paris, Vauquelin, 1822, in-8 de 32 pag.

— Paix (la), ode à la France. Paris, Janet et Cotelle, 1814, in-4 de 10 pag.

— Strophes à l'occasion de la naissance de S. A. R. Mgr le duc de Bordeaux. Paris, imp. de Cosson, 1820, in-8 de 8 pag.

— Vers à M. Delavau, préfet de police, et à M. Bonneau, inspecteur-général des prisons, à l'occasion de la Saint-Louis. Paris, imp. de Didot aîné, 1822, in-8 de 8 pag.

GILBERT (L.-T.), romancier, chansonnier et auteur dramatique; né à Paris, vers 1780, où il est mort, à la fin de 1827.

— Alina, ou le Cloître et le monde. *Paris, Tenon,* 1824, 3 vol. in-12 avec 3 pl., 7 fr. 50 c.

— Figaro (le) de la révolution, ou Mémoires de M. Julibois. *Paris, Tenon,* 1825, 3 vol. in-12 avec 3 pl., 7 fr. 50 c.

— Fille (la) femme et veuve, imitation burlesque du «Renégat» de M. le vicomte d'Arlincourt. *Paris, Hautcœur et Gayet,* 1822, in-12, 3 fr.

— Fille (la) tombée des nues, imitation burlesque de «l'Étrangère» (de M. le vic. d'Arlincourt). *Paris, Bouquin de la Souche; Lugan,* 1825, in-12, 3 fr.

— Fille (la) du pêcheur, ou les Suites d'un vol. *Paris, Pigoreau,* 1827, 3 vol. in-12, 7 fr. 50 c.

— Fortune et revers, ou l'Aventurier portugais. *Paris, Hautcœur,* 1824, 3 vol. in-12, 9 fr.

— Frédéric II, ou le Vainqueur de Freidberg, com.-anecdotique, en un acte et en prose, mêlée de vaudev. *Paris, Maldan,* 1806, in-8.

— Galoubet (le), chansonnier. *Paris, Peytieux,* 1821, in-18 avec une pl., 2 fr. 50 c.

— Grelots (les) de Momus, chansonnier. *Paris, Lugan,* 1825, in-18 avec une pl., et un frontispice gravé, 2 fr.

— Héros (le) de la mort, ou le Prévôt du palais, roman historique. *Paris, Caillot père et fils,* 1824, 3 vol. in-12 fig., 7 fr. 50 c.

— Ineptie-Bonbec, ou la Sibylle du Marais. Imitation burlesque «d'Ipsiboé» de M. le vicomte d'Arlincourt. *Paris, Hautcœur et Gayet jeune,* 1823, 2 vol. in-12, 5 fr.

— Lanterne (la) du crime. *Paris, Dabo jeune,* 1825, 4 vol. in-12 fig., 10 fr.

— Ma tante Rose, com. en un acte et en prose. *Paris, Barba,* 1821, in-8, 75 c.

— Nouveau (le) Solitaire. Imitation burlesque du roman du vicomte d'Arlincourt. *Paris, Peytieux,* 1822, in-12 avec une grav., 3 fr.

La prem. édit. a paru en 1821.

— Pâtre (le) des montagnes Noires, roman historique, imité de l'espagnol. *Paris, G.-C. Hubert,* 1822, 3 vol. in-12, 7 fr. 50 c.

— Père (le) Camus, parade en un acte, en prose, mêlée de vaud. *Paris, sans nom d'imprimeur,* an XII (1804), in-8.

— Renégate (la). *Paris, Béchet aîné,* 1822, 2 vol. in-12, 6 fr.

— Sir Jack, ou le nouveau Fataliste. *Paris, Tenon,* 1824, 3 vol. in-12 avec 3 fig., 7 fr. 50 c.

— Veillées françaises, chansonnier pour 1822. *Paris, Sanson,* 1822, in-18.

Un roman posthume de L.-T. Gilbert, intitulé *le Roi d'Yvetot, ou la Ferme et la Cour,* doit paraître prochainement chez Dabo jeune : il formera 3 vol. in-12.

GILBERT (J.-B.), élève de l'Académie royale de musique, maître des ballets du théâtre de Nantes.

— Philis, ou la Rose et le Rossignol, ballet-pantomime en 2 actes. *Nantes, imp. de la Vᵉ Mangin,* 1826, in-8.

— Pomone, ou la Fête du dieu Terme, ballet anacréontique, en un acte. *Nantes, imp. de la Vᵉ Mangin,* 1826, in-8.

GILBERT DE VOISINS (Pierre), successivement avocat-général au parlement de Paris, conseiller-d'état, conseiller des dépêches du Roi; né le 16 août 1684, mort à Paris, le 20 avril 1769.

— Mémoires sur les moyens de donner aux protestants un état civil en France, composés par ordre du roi Louis XV; suivis d'un Projet de déclaration. Ouvrage posth., publ. par P. Paul GILBERT DE VOISINS, petit-fils de l'auteur. *Paris,* 1787, in-8.

GILBERT DE VOISINS (le comte P.-Paul-Alexandre), arrière-petit-fils du précédent, successivement juge-suppléant au tribunal de première instance, président à la Cour d'appel de Paris, maître des requêtes, enfin prem. président de la Cour impér., et pair de France pendant les cent jours; depuis la restauration, membre de la Chambre des députés, en 1822; né à Paris, le 23 avril 1773.

— Concordance (de la) des doctrines du «Mémorial religieux» avec celles des auteurs jésuites les plus fanatiques, et de la complicité de la commission de la censure dans la publication de ces doctrines. *Paris, chez les principaux libraires,* 1824, in-8 de 40 pag.

— Empiétements (des) du conseil-d'état sur les tribunaux, et de la proposition de M. Jankowitz. *Paris, Baudouin frères,* 1824, in-8 de 28 pag., 1 fr.

— Lettre à M. de Bellart. *Paris, les mêmes,* 1825, in-8 de 20 pag., 1 fr.

Lettre écrite à l'occasion du procès de tendance fait au Constitutionnel à la fin de 1825.

— Procédure contre l'institut et les constitutions des Jésuites, suivie au parlement de Paris, sur l'appel comme d'abus interjeté par le procureur général du roi; recueillie par un membre du parlement et publiée par M. Gilbert de Voisins. *Paris, Ponthieu,* 1823, in-8, 5 fr. — Nouvelles Pièces pour servir de complément à la Procédure contre les jésuites. *Paris*, *imp. de Setier*, 1824, in-8.

M. Gilbert de Voisins a donné de nouvelles éditions de deux ouvrages de Caradeuc de Chalotais, avec introductions (1826). Voyez CARADEUC DE LA CHALOTAIS.

GILBERT-DUCLOS. Connaisseur (le), ou l'Auteur par amour, com. en 4 actes (en prose). *Metz*, *Collignon*, 1809, in-8.
— Politicomanie (la), com. en 3 actes et en prose. *Metz*, *Cl. Lamort*, 1809, in-8.
— Prise (la) de Paris, ou la Journée des dupes, com. en 2 actes, en prose. *Paris*, an III (1794), in-8.

GILCHRIST (Ebenæzer), médec. écossais du XVIIIᵉ siècle.
— Utilité des voyages sur mer pour la cure de différentes maladies, et notamment la consomption, avec un Appendice sur l'usage des bains dans les fièvres ; trad. de l'angl. par Edm. Cl. BOURRU. *Londres et Paris, P. Fr. Didot*, 1770, in-12, 2 fr. 50 c.

Production extrêmement faible sous tous les rapports.

GILET (l'abbé). Voy. MARBEUF (Mme de).

GILG (Geo.-Wolfg.). Excessus et defectus in medicinâ. *Argentorati*, 1721, in-4.
— Exploratione (de) gravidarum. *Argentorati*, 1752, in-4.
— Morbillis (de). *Argentorati*, 1720, in-4.

GILGEN (J.-J.), employé à la préfecture de l'ancien département de la Roër.
— Dialogues français et allemands, à l'usage des deux nations. *Cologne*, *impr. de H. Rommerskirchen*, 1812, in-8 de 176 pag., 1 fr. 50 c.
— Kleine franzœsische Grammatik, etc. (petite Grammaire française). *Cologne*, *imp. du même*, 1813, in-8.
— Protocoles. Formulaires des adresses à LL. MM. l'empereur et l'impératrice des Français, aux princes et princesses de la famille impériale, etc.; précédés d'une courte Introduction à l'art épistolaire, et suivis de modèles de lettres, etc. (en franç. et allem.). *Cologne, imp. du même*, 1812, in-4 de 176 pag., 80 c.

GILIBERT (J.-Emm.), célèbre médec. et naturaliste, médecin de l'Hôtel-Dieu de Lyon, médecin en chef des épidémies, professeur au collége de médecine, et membre de l'Académie, président de la commission du département pendant le siége de Lyon, maire de cette ville, professeur d'histoire naturelle à l'école centrale; né à Lyon, le 21 juin 1741, où il est mort, le 2 septembre 1814.

— Abrégé du Système de la Nature, de Linné ; Histoire des mammifères ou des quadrupèdes et cétacées : contenant 1° la Traduction libre du texte de Linné et de Gmelin ; 2° l'Extrait des observations de Buffon, Brisson, Pallas, et autres célèbres zoologistes ; 3° l'Anatomie comparée des principales espèces; le tout relatif aux quadrupèdes et aux cétacées les plus curieux et les plus utiles. *Lyon*, *Matheron et comp.*, an x (1802), ou 1805, in-8 de 700 pag. avec fig.

Cet ouvrage devait avoir plusieurs volumes, mais il n'en a paru d'autre que celui-ci, qui renferme les mammifères.

Gilibert ne se borne point au rôle d'abbréviateur ; il s'attache principalement à décrire les formes, l'organisation, les mœurs des animaux dont l'homme retire une utilité réelle : il joint ses propres observations à celles des voyageurs, des zoologistes les plus célèbres.

— Adversaria medico-practica prima, seu Annotationes clinicæ quibus præcipuè naturæ medicatricis jura vindicantur, artisque priscæ simplicitas numerosis peculiaribus observationibus stabilitur. *Lugduni*, 1791, in-8.
— Anarchie (l') médicinale, ou la Médecine considérée comme nuisible à la société. *Neufchâtel*, 1772 ; 3 vol. in-12.

C'est à cette production que Gilibert dut le précieux avantage d'être distingué par le grand Haller, qui cite honorablement le médecin-philosophe lyonnais, dans ses Bibliothèques anatomique et chirurgicale : « L'auteur, dit-il, présente un tableau fidèle « et animé de tous les abus qui déshonorent l'art de « guérir ; il peint des plus vives couleurs l'igno- « rance, le monopole, le charlatanisme et la mau- « vaise foi des pharmaciens, des chirurgiens et des « médecins eux-mêmes ». Les réformes qu'il indique, les améliorations qu'il propose, révèlent un esprit judicieux. Gilibert a publié de nouveaux développements à ses premières idées dans une lettre adressée en 1792, à Tissot, de Lausanne, et insérée dans divers journaux.

— Calendrier (le) de Flore. *Lyon*, 1809, in-8.
— * Chefs-d'œuvre de M. de Sauvages, trad. ou commentés (1770). Voyez SAUVAGES.
— * Démonstrations élémentaires de botanique. IIIᵉ édit. *Lyon*, 1789, 3 vol. in-8.
— IVᵉ édit. *Lyon, Bruyset*, 1796, 4 vol. in-8, ou 2 vol. in-4 de planches.

Rédigés d'abord par Marc-Ant. Louis Claret de la Tourette et Fr. Rozier, ces éléments virent pour la première fois le jour en 1766, et pour la seconde en 1773, 2 vol. in-8 fig. Chargé de préparer une 3ᵉ édition, Gilibert agrandit et perfectionna le plan de ses prédécesseurs; les *Démonstrations* parurent à Lyon, en 1789, augmentées d'un volume, et réunirent tous les suffrages. Le besoin d'une quatrième édition ne tarda pas à se faire sentir, et l'infatigable éditeur crut devoir la porter à quatre volumes ; mais cette fois l'entreprise ne fut pas couronnée d'un succès aussi complet : on trouva que le tome *additionnel* surchargeait un Manuel destiné aux élèves, plutôt qu'il ne l'enrichissait; on regarda comme un hors-d'œuvre, comme une superfétation, les deux vol. de planches, par lesquels le libraire prétendit compléter les *Démonstrations élémentaires*. Celles-ci, débarrassées de tout ornement superflu, et réduites aux trois volumes qui les composent essentiellement, sont un guide précieux pour le botaniste et le médecin. Il n'existe peut-être aucun livre où les principes de la science phytologique soient présentés avec plus de méthode, d'exactitude et de clarté.

— Exercitia phytologica, quibus omnes plantæ Europeæ, quas vivas invenit in variis herbationibus, in Lithuaniâ, Galliâ, Alpis, analysi nova proponuntur, ex typo naturæ describuntur, novisque observationibus tempore florendi, usibus medicis et œconomicis, propria auctoris experientia notis. *Lugduni*, 1792, 2 vol. in-8.

— Exercitium botanicum in scholâ principe universitatis Vilnensis peractum. *Wilnæ*, 1782, in-12.

Personne n'a répandu plus de lumières que Gilbert sur l'histoire naturelle de la Pologne: il a fait connaître quelques minéraux, plusieurs animaux, et une immense quantité de plantes qui jusqu'alors avaient été mal observées ou ne l'avaient pas été du tout.

— Flora lithuanica. *Grodnæ*, 1781, 2 vol. in-12.

— Histoire des plantes de l'Europe et étrangères les plus communes, les plus utiles et les plus curieuses, ou Éléments de botanique pratique. *Lyon*, *Périsse frères*, 1798, 2 vol. in-12, fig. — Sec. édit. *Lyon*, 1806, 3 vol. in-8 avec fig.

— Indagatores naturæ in Lithuaniâ. *Wilnæ*, 1781, in-8.

— Médecin (le) naturaliste, ou Observations de médecine et d'histoire naturelle. *Lyon*, *Reymann*, *et Paris*, *Croullebois*, 1801, in-12 avec 2 pl., 2 fr. 50 c.

L'auteur y signale avec énergie les inconvénients et les dangers de la polypharmacie introduite par les galéistes et les arabistes.

— Methodi linneanæ botanicæ delineatio. *Lugduni*, 1790, in-8.

On doit encore à Gilbert une édition des Leçons de HAEN (1785), et deux abrégés de LINNÉ (1785-86). *Voy. ces deux noms.*   *Biogr. univ.*

GILIBERT (Stanislas), fils du précédent, docteur en médecine de la faculté de Montpellier, et membre de plusieurs sociétés savantes.

— Essai sur le système lymphatique considéré dans l'état de santé et dans l'état de maladie, ou Précis de la physiologie et de la pathologie des vaisseaux, des glandes et des fluides lymphatiques. *Paris*, *Méquignon l'aîné*, 1803, in-4, 1 fr. 80 c.

— Monographie du pemphigus, ou Traité de la maladie vésiculaire. *Paris*, *Cl.-L.-F. Panckoucke*, 1813, in-8, 5 fr.

GILIBERT DE MERLHIAC (Mart.-Guill.), lieutenant de vaisseau en retraite, membre des sociétés royales et académiques de Paris, des Antiquaires de France, des sciences et belles-lettres du départ. du Var; membre et secrétaire du comité d'instruction primaire, et président du jury d'examen des institutrices de l'arrondissement de Brive; né à Brive-la-Gaillarde (Corrèze), le 7 septembre 1789.

— Araucana (l'), poëme héroïque de don ERCILLA, trad. pour la première fois et abrégé du texte espagnol, avec des notes, et précédé d'une Dissertation sur Camoens, le Tasse, l'Arioste, Milton et Voltaire, considérés comme poètes. *Paris*; *Igonette* (* Hachette), 1824, in-8, 4 fr.

— Bibliothèque historique de la jeunesse. *Paris*, *Hachette*, 1828 et ann. suiv., in-18.

Il ne paraissait encore de cette Bibliothèque, à la fin d'octobre 1829, que les deux premiers vol.: le premier contient une *Histoire de Henri IV*, et le second la *Vie de La Harpe*. Deux autres volumes, actuellement sous presse, contiendront les biographies de *Kléber* et de *Rollin*. Prix de chaque volume, 2 fr.

— Contemporains (les), ou Portraits et Caractères politiques de ce siècle. *Paris*, *imp. de Dentu*, 1821, in-8, 3 fr.

— Éloge historique du duc de Berry. *Limoges*, *Barbou*, 1820, br. in-8.

— Essai comparatif entre le cardinal duc de Richelieu et M. William Pitt, premier ministre de Georges III, roi de la Grande-Bretagne. *Paris*, *Déterville*, 1816, in-8, 3 fr.

— France (la) et son Roi. *Paris*, *A. Eymery*; *Delaunay*, etc., 1816, in-8 de 64 p., 1 fr. 25 c.

Réfutation des griefs énoncés dans les proclamations de Napoléon.

— Liberté (de la) des mers et du commerce, ou Tableau historique et philosophique du droit maritime. *Marseille*, *et Paris*, *Rémont et fils*, 1828, in-8, 5 fr.

— Lys (le) et la rose, vaudeville en un acte. — Le Roi et la paix, intermède lyrique, représentés à Toulon devant S. A. R. Madame la duchesse de Berri. *Toulon*, *Alex. Curet*, 1816, pet. in-8.

— Retour (le) de saint Louis, tragédie lyrique en 3 actes (et en vers libres). *Toulon*, *Alex. Curet*, 1816, in-8.

M. Gilibert de Merlhiac est encore auteur d'un mélodrame en 3 actes, intitulé: *le Siége de Toulon* (en 1709), représenté en 1816, mais non imprimé.

— Sentiments d'un véritable ami de la patrie. *Toulon*, *Alex. Curet*, 8 mars 1815, in-4 de 8 pag.

A l'occasion du débarquement de Napoléon à Cannes. Cet écrit a eu un grand nombre de tirages.

M. Gilibert de Merlhiac a fourni plusieurs Mém.

aux divers recueils des sociétés dont il est membre, entre autres 1°une *Dissertation sur un autel découvert près d'Anvers en* 1813, *et dédié à une divinité inconnue à tous les mythologues* (au recueil de la Société roy. des Antiquaires) ; 2° *Dissertation sur le voyage des Argonautes*; 3° *Dissertation sur l'écriture runique*; 4° *Expériences et Rapports sur les propriétés électriques et magnétiques de quelques rayons séparés, par le prisme, de la lumière solaire*. Ces trois derniers Mémoires sont insérés dans le recueil de la Société des arts et belles-lettres du département du Var ; cet écrivain a aussi fourni, de 1819 à 1820, des articles à la Quotidienne, qui sont signés G. M. ; beaucoup d'autres, de 1821 à 1826, aux Lettres champenoises, et entre autres ceux intitulés : *Revue littéraire des départements :* tous ces articles portent le nom de leur auteur ; enfin d'autres, en 1829, au Lycée, journal de l'instruction publique.

Parmi les ouvrages inédits de M. Gilibert de Merlhiac on cite : 1° une Dissertation sur le véritable auteur de Gil Blas, lue à la Société académique des sciences de Paris , ainsi que plusieurs Mémoires sur les usages et coutumes du moyen âge, et mentionnés dans l'Annuaire de cette Société; 2° Du Droit des gens considéré dans ses rapports avec les individus, le commerce, la navigation et les sciences; 3° un Dictionnaire anecdotique (par ordre alphabétique) des principaux événements survenus en France, de 1787 à 1815; 4° une Traduction, en prose , de la « Secchia rapita », poème de Tassoni, avec des notes historiques et critiques; 5° une Histoire de la guerre maritime de 1778 à 1783; 6° Description hydrographique des côtes , bancs , écueils , courants et rescifs , depuis Dunkerque jusqu'au Havre (essai d'une nouvelle méthode de Portulane), déposée aux Archives de la préfecture maritime de Toulon ; 7° un Essai grammatical sur la syntaxe et l'origine commune des langues des peuples sauvages et habitants des îles de l'Océan-Pacifique; 8° enfin, le Catalogue raisonné des livres composant la bibliothèque de la marine royale à Brest.

GILLE (Jacq.), notaire et adjoint à la mairie d'Auxonne ; né en cette ville , le 24 juillet 1757, où il est mort dans l'exercice de ses fonctions , le 24 septembre 1812.

— Coup-d'œil sur les finances de la ville d'Auxonne (1800). Voy. AMANTON.

GILLE (Arm.), auteur dramatique.

On trouve sous ce nom, dans le « Théâtre de Comte», deux scènes morales, l'une intitulée *les deux Apprentis*, et l'autre, *Un demi-siècle de la vie d'un écolier.*

GILLÉ (J.), typographe, membre de l'Athénée des arts.

— A MM. les membres du jury pour le concours des progrès de l'industrie française, en 1823. *Paris , l'Auteur; Delaunay*, 1823, in-4 de 32 pag., 2 fr. 50 c.

—Réflexions sur le sacre de S. M. Charles X, son serment au maître-autel de Reims, sa rentrée dans sa capitale avec son auguste famille, accompagné des grands du royaume; et des résultats importants de ces deux actes solennels sous le rapport de la religion, de la politique, du bonheur de la France et de l'Europe. *Paris, l'Auteur; Dentu*, 1825, in-8 de 64 pag., 2 fr.

— Typographie : Notice pour le concours des progrès de l'industrie française, en 1819. *Paris, Gillé; Delaunay*, 1823, in-4. — Notice pour le concours des progrès de l'industrie française, en 1823. *Paris, chez les mêmes*, 1823, in-4.

Ces deux Notices ont eu deux édit. dans la même année.

GILLÉ (C.). Ma Robe de chambre, ou mes Tablettes du soir. *Paris, Lecointe et Durey ; Tenon ; Ponthieu ; Peytieux*, 1825, 2 vol. in-12 avec fig., 6 fr.

GILLER (Petrus). De præcipuis Adstantium erroribus. *Argentorati*, 1726, in-4.

GILLES (Fr.-Bern. ou Bertrand),aveugle, démissionnaire des Quinze-Vingts ; né à Amboise.

— Couplets intéressants pour être substitués à toutes sortes de noms sur le choix d'une épouse, musique et paroles du même auteur. *Paris, l'Auteur*, 1825, in-12 de 4 pag.

— Couplets sur le retour de Louis XVIII dans sa capitale le 8 juillet 1815. *Paris, le même*, 1815, pet. in-8 de 4 pag.

— Développement heureux de l'exécution des desseins de Dieu et la propagation de la philosophie chrétienne. *Paris, le même*, 1818, in-12 de 48 pag., 50 c.

— Discours intéressant, curieux et surprenant de, etc. à Mme la maréchale duch. de Reggio, sur le grand intérêt que nous avons tous pour accomplir la volonté de Dieu. *Paris, le même*, 1826, in-12 de 12 pag. , 10 c.

— Discours sur la charité spirituelle, à tous les fidèles de l'Église catholique. *Paris, le même*, 1824, in-12 de 12 pag., 10 c.

— Discours sur la richesse des dons de Dieu et les avantages qu'ils opèrent dans les cœurs des hommes qui le servent avec amour et fidélité, etc. *Paris, le même*, 1824, in-12 de 12 pag., 15 c.

— Éloge des vertus de la sainte Vierge, et réfutation des systèmes des protestants, par lesquels ils la méprisent et censurent injustement nos ministres de l'Église; résumés par un triomphe aussi complet que général sur tous les ennemis de la foi. *Paris, le même*, 1825 , in-12 de 60 pag.

— Exemple d'émulation, qui réunit un ensemble de morale sur les dispositions que l'homme doit avoir en toutes sortes d'états, pour se rendre utile à soi-même et à la société. 1798, in-12.

— Méditations chrétiennes, ou Discours à

tous les peuples des nations sur les devoirs et les moyens précieux que nous devons mettre en usage pour nous attacher à Dieu. *Paris, l'Auteur*, 1825, in-12 de 12 pag., 10 c.

— Prière sur la reconnaissance que nous devons à Dieu. *Paris, le même*, 1825, in-12 de 4 pag.

Cet écrit se joint aux «Méditations chrétiennes».

— Parallèle de Napoléon Bonaparte et du cardinal de Rohan, sur les œuvres qu'ils ont pratiquées dans l'établissement royal de l'hospice des Quinze-Vingts; suivi d'un Discours adressé à cet égard à S. M. Louis-le-Désiré, et d'un autre Discours au peuple français. *Paris, le même*, 1816, in-12 de 48 pag., 50 c.

GILLES. Famille (la) du Capitoul, drame en 3 actes. *Paris, Quoy*, 1824, in-8, 75 c.

Publ. sous le nom d'Antonin.

GILLET (P.), procureur; né à Montmorency, près de Paris, en avril 1628, mort à Paris, le 5 avril 1720.

— * Arrêts et Réglements concernant les fonctions des procureurs, tiers-référendaires du parlement de Paris, où l'on voit la conduite qu'il faut tenir dans l'instruction des procès jusqu'au jugement définitif. — Nouv. édit., augm. *Paris, Ve Le Fèvre*, 1717, in-4.

La première édition est de 1695. Ce recueil est connu sous le nom de *Code Gillet*, quoique ces mots ne se trouvent ni sur le frontispice, ni dans le corps de l'ouvrage.

GILLET (Fr.-Pierre), avocat au parlement de Paris; né à Lyon en 1648, mort le 23 décembre 1720.

— Plaidoyers (ses). Nouv. édit. 1718, 2 vol. in-4.

La première édition est de 1696. L'auteur y a joint la traduction de trois oraisons de Cicéron (celle pour Célius, celle pour Milton et la 2e Philippique), et il a mis en tête de ses traductions un *Discours sur le génie de la langue française, et la manière de traduire*. L'édition de 1718 contient, de plus que la précédente, quelques autres Plaidoyers et la traduction des quatre Catilinaires.

GILLET (L.-Joach.), chanoine régulier et bibliothécaire de Sainte-Geneviève; né à Fremorel, diocèse de Saint-Malo, en 1680, mort le 28 août 1753.

— Histoire des Juifs, traduction nouvelle, faite sur le grec (1756). Voy. JOSÈPHE.

Gillet est auteur de cinq autres ouvrages cités par la Biographie universelle, mais Barbier affirme qu'aucun autre que sa traduction de Josèphe, n'a été imprimé.

GILLET (J.-B. G.). * Imprimerie (l'), poème en vers français. *Paris, Lemercier*, 1765, in-4 de 35 pag.

C'est en grande partie une traduction du poème latin de L. A. P. Hérissant, et surtout de celui de C. L. Thiboust : mais il n'y a, dans le travail de Gillet, ni talent, ni élégance; et dans les idées qu'il a ajoutées de son chef, il ne fait pas preuve de goût.   *Biogr. univ.*

GILLET, chirurgien de Nantes.

— Observations pour prouver que les fièvres ne sont pas maladies. *Paris*, 1770, in-12.

GILLET (J.-C.-M.), alors tribun et professeur de droit public positif à l'Académie de législation de Paris.

— Discours sur la question : Quels sont les moyens de prévenir les délits dans la société? *Paris*, 1800, in-8.

Cet écrit a eu deux éditions la même année.

GILLET, alors directeur des ateliers publics à Bruxelles.

— Essai sur les moyens d'extirper la mendicité du sol de la république; questions proposées par le Comité de bienfaisance de Paris. 1802, in-8, 1 fr.

GILLET, notaire. * Droit (du) de cité, des droits d'élections qui en dérivent; ou Recherches et Propositions sur l'organisation locale, les droits civiques et les élections, et spécialement des fonctionnaires de l'ordre administratif, juges de paix, gardes nationales et députés. Par G.... *Paris, Delaunay; Mongie aîné; Dècle*, 1820, in-8 de 192 pag., 2 fr. 50 c.

GILLET DE JACQUEMINIÈRE, maître des comptes.

— Rapport fait au nom de la section du comité d'agriculture et de commerce. *Paris, Baudouin*, 1789, in-8.

GILLET DE LAUMONT (Fr.-P.-Nic.), membre de l'Académie royale des sciences, doyen des inspecteurs-généraux du Corps royal des mines, membre du conseil-général et du conseil de l'École, membre du conseil consultatif des arts et manufactures, de la Société royale d'agriculture, de celle d'encouragement, de celle philomatique, de celle d'horticulture, etc.; né à Laumont, près de Montmorency, le 28 mai 1747.

M. Gillet de Laumont a beaucoup écrit; mais ses écrits n'étant pas assez volumineux pour former des publications particulières, ont été consignés dans les recueils des diverses Sociétés dont ce savant est membre, tels que le Journal et les Annales des mines, les Mémoires de la Société d'agriculture du département de la Seine, les Annales d'agriculture, le Bulletin de la Société d'encouragement, etc., etc. Nous tâcherons de donner, dans notre Supplément, la liste complète des *Mémoires* et *Dissertations* de M. Gillet du Laumont.

GILLET DE MOIVRE, avocat au milieu du XVIIIe siècle.

— Vie (la) de Properce, chevalier romain, et la traduction en prose et en vers franç. de ce qu'il y a de plus intéressant dans ses poésies. *Paris, Cailleau*, 1746, in-12.

— Vie (la) et les Amours de Tibulle et de Sulpicie, dame romaine; leurs poésies et quelques autres en vers français, avec des remarques. *Paris, Séb. Jorry*, 1743, 2 vol. in-12.

Gillet de Moivre a été l'éditeur des Mémoires du marq. de Feuquières (1736). *Voy. ce nom.*

GILLIARD (C.-J.), maire de Mouchard (Jura).

— Réflexions sur les sociétés secrètes et les usurpations. Prem. partie. Écueils et Dangers des sociétés secrètes. *Arbois, de l'imp. de Javel*, 1823, 2 vol. in-8.

GILLIER (de), anc. capitaine de caval.

— Essai sur les causes de la perfection de la sculpture antique et sur les moyens d'y atteindre; sujet proposé par l'Institut national de France au mois de juillet 1797. *Londres*, 1798, in-8.

GILLIERON (J.-Sim.-Henri), ministre du S. Évangile; né dans le canton de Genève.

— * Nouvelliste (le) vaudois. 1799, in-4.

GILLIERS, officier d'office du roi de Pologne, duc de Lorraine; né en Alsace, mort le 26 août 1758.

— Cannameliste (le) français, ou Nouvelle Instruction pour ceux qui désirent apprendre l'office. *Nanci, Leclerc*, 1751, 1768, in-4.

GILLIES (John), célèbre helléniste anglais du xviiie siècle.

— * Essai sur les mœurs des temps héroïques de la Grèce, tiré de l'histoire grecque de Gillies (par A.-S.-M. Cantwell). *Londres et Paris, Lejay*, 1787, br. in-8.

— Histoire de l'ancienne Grèce, de ses colonies et de ses conquêtes (jusqu'à la division de l'empire macédonien). Traduit de l'anglais par M. Carra. *Paris, Buisson*, 1787 et ann. suiv., 6 vol. in-8 avec cart.

Cet ouvrage a eu peu de succès en France, peut-être parce que la traduction n'est pas bonne. Les Anglais regardent l'original, au contraire, comme un de leurs meilleurs ouvrages historiques.

— La même, traduction (abrégée) par J.-B.-J. Breton. *Paris, F. Schœll*, 1809, 3 vol. in-18.

Cette traduction fait partie de la « Bibliothèque historique à l'usage des jeunes gens ».

GILLING (F.-M.). Otto de Werterode et Julie d'Espenbach, ou l'Amour et la guerre; roman historique, tiré des Annales du peuple hessois au xviie siècle : traduit de l'allem. par le bar. de Bilderbeck. *Paris, Pigoreau*, 1826, 3 vol. in-12, 7 fr. 50.

GILLOT (Jean), bernardin. Voyez à la Table des Anon. : *Satire Ménippée, etc.*

GILLOT (Jos.), de Savonières, diocèse de Châlons, docteur de Sorbonne, chanoine et théologal, puis sous-chantre de la cathédrale et grand-vicaire de Châlons.

— * Instruction chrétienne sur les indulgences et sur le jubilé, imprimée par l'ordre de Mgr l'évêque de Châlons (Gast.-Jos. B. Louis de Noailles). *Châlons, Seneuze*, 1702, in-12.

L'ouvrage est de M. Gillot, docteur de Sorbonne, mais l'Instruction sur la conversion est de M. Joseph Le Meur, Bas-Breton, aussi docteur en Sorbonne, mort chanoine de Saint-Honoré, à Paris.
Barb.

GILLOT (C.-L.), alors capitaine au corps du génie.

— * Dictionnaire des constitutions de l'empire français et du royaume d'Italie, par C.-L.-G. *Paris*, 1806, 3 vol. in-8.

— Traité de fortification souterraine, ou des Mines défensives et offensives, comprenant la théorie et la pratique des mines, la guerre souterraine, les démolitions, la description de l'attaque des systèmes, et les relations des principales expériences sur les mines. *Paris, Magimel; Levrault et Schœll*, 1805, in-4 avec 16 planch., 15 fr.

Ce Traité a remporté le second prix d'encouragement accordé par le ministre de la guerre. Il est divisé en quatre parties qui contiennent : 1° la Théorie physico-mathématique de la poudre, de sa force expansive et de son action dans les mines; 2° les Constructions souterraines et le mécanisme de l'art du mineur en général; 3° les Moyens d'attaque et de défense employés dans la guerre souterraine; 4° les diverses Dispositions connues des mines défensives et les moyens de les attaquer. Ces trois parties sont précédées d'une courte introduction.

GILLOTTE (le P. Colomban), religieux pénitent du 3e ordre de S. François.

— Directeur (le) des consciences scrupuleuses. IIIe édit. *Paris, Couterot*, 1709, ou *Paris, Ve Le Breton*, 1763, in-12.

La prem. édit. est de 1697.

GILLY (Paul), doyen de l'église de S.-Laud, à Angers, de l'Académie de la même ville, mort en 1763.

— Méditations sur les principales vérités de la religion chrétienne, suivant les rapports qu'elles ont avec le mystère d'un Dieu souffrant. *Paris, Dumesnil*, 1786, in-12.

GILPIN (Will.), écriv. angl. du xviiie siècle.

— Essai sur les gravures, trad. de l'angl. sur la quatrième édition, par le baron de B*** (de BLUMENSTEIN). *Th. Korn, Breslau*, 1800, in-8.

— Essais (trois) sur le beau pittoresque; sur les voyages pittoresques et sur l'art d'esquisser le paysage; suivis d'un poëme sur la peinture du paysage; trad. de l'angl. (par de BLUMENSTEIN). *Breslau*, 1799, in-8.

— Observations relatives à la beauté pittoresque, faites en 1776 sur diverses parties de la Grande-Bretagne, et particulièrement sur les montagnes d'Écosse, etc.; trad. de l'angl. sur la troisième édit. par le bar. de B. (de BLUMENSTEIN). *Breslau*, 1801, 2 vol. in-8.

— Observations pittoresques sur le cours de la Wye et sur différentes parties du pays de Galles, traduites de l'anglais par le bar. de B. (de BLUMENSTEIN). *Breslau*, 1800, in-8.

— Voyage en différentes parties de l'Angleterre, et particulièrement sur les montagnes et sur les lacs de Cumberland et du Westmoreland, contenant des Observations relatives aux beautés pittoresques; ouvr. trad. de l'angl. sur la 3ᵉ édition, par GUÉDON DE LA BERCHÈRE. *Paris, Defer de Maisonneuve*, 1789, 2 vol. in-8, ornés d'un gr. nombre de gravures.

— Le même, trad. de l'angl. par le baron de BLUMENSTEIN. *Breslau*, 1800, 3 vol. in-8.

Traduction plus estimée que la précédente. Les gravures à l'aquatinta dont elle est ornée, sont, dit-on, supérieures à celles de l'original, et ont servi pour une traduction allem. impr. également à Breslau.

Gilpin est auteur de onze ou douze autres ouvrages dont il n'existe pas de traduction franç.

GIMAT DE BONNEVAL. Voyez BONNEVAL.

GIMELLE, docteur en médecine.

C'est l'un des rédacteurs du « Bulletin de la Société médicale d'émulation de Paris » (1824 et années suivantes).

GIMET fils aîné. Établissement (de l') d'un parquet à la bourse de Bordeaux. *Bordeaux, imp. de Brossier*, 1820, in-8 de 16 pag.

— Navigation de l'Isle et du Drot, construction des ponts de Bergerac, Agen et Aiguillon, compagnie des dunes, et considérations nouvelles sur l'établissement d'un parquet à la bourse de Bordeaux. *Bordeaux, imp. de Brossier*, 1821, br. in-8.

GIMET (J.-D.). Thrasybule, tragédie en 5 actes. *Paris, Ponthieu*, 1823, in-8, 1 fr. 50 c.

GIMON (Marius). Épître à M. Réguis, président du tribunal civil, etc. *Marseille, impr. d'Achard*, 1827, in-8 de 4 pag.

— Épître à un journaliste de province sur les acteurs et le public: pièce couronnée par l'Académie de Marseille dans sa séance publique du 28 août 1825. *Marseille, imp. de Terrasson*, 1825, in-8 de 8 pag.

A la suite est le Sacre de Charles X, hymne aux Français, par le même, qui a obtenu une mention honorable.

— Siècles (les) chevaleresques, ode. *Marseille, impr. de Guion*, 1821, in-8 de 8 pag.

Nous connaissons encore de M. Gimon quelques poésies imprimées dans un petit volume intitulé les *Roses provençales*.

GIN (P.-L.-Cl.), fécond écrivain, successivement avocat, puis conseiller au parlement Maupeou, enfin conseiller au gr.-conseil; né à Paris, en 1726, où il est mort, le 19 novembre 1807.

— Analyse raisonnée du droit français, par la comparaison des dispositions des lois romaines, de celles de la coutume de Paris et du nouveau code des Français. (Sec. édit.). *Paris, Garnery*, 1803-06, 6 vol. in-8, 30 fr.

La prem. édition, qui parut en 1780, ne forme qu'un vol. in-4.

Cet ouvrage est peu recherché des jurisconsultes.

— Bucoliques (les) de Virgile, traduction nouvelle. (1788). Voy. VIRGILE.

— Court Plaidoyer pour Louis XVI, adressé à la Convention nationale, avec des notes sur la constitution de 1793; servant de complément à la note politique des harangues de Démosthène. *Bâle*, 1795, in-8.

Ce Plaidoyer ne renferme en tout que huit pag., suivies de cinquante pages de notes et additions: combien cependant l'innocence du roi martyr y brille? Dans ce moment affreux, le défenseur s'est élevé au-dessus de lui-même; et il a trouvé dans son ame, *toute royaliste*, quelques expressions que le génie ne désavouerait pas.

— Discours prononcé à l'Université de jurisprudence. *Paris*, 1804, in-8, 75 c.

— Discours sur l'histoire universelle, depuis Charlemagne jusqu'à nos jours (c'est-à-dire jusqu'à l'ouverture des états-généraux, en 1789). *Paris, Bertrand-Pottier*, 1802, ou 1806, 2 vol. in-12.

Cette continuation à l'ouvrage de Bossuet est divisée en sept livres. Quoique, sans doute, infiniment au-dessous de l'original, cette continuation n'est pas absolument sans mérite; le style a de la force dans quelques endroits, quelquefois de la déclamation, plus souvent encore des négligences. Malgré quelques inexactitudes, l'ouvrage a, sur les deux continuations du même genre publiées en 1704 et 1805 (voy. BOSSUET), l'avantage incontestable d'être poussé jusqu'à nos jours; et il aurait

46

eu sans doute plus de succès sans les fautes d'impression qui s'y trouvent à chaque page : les noms propres, les termes techniques y sont surtout défigurés, et l'on peut croire que l'auteur n'en a pas revu les épreuves.

— * Effets (les) de l'amour du bien public dans l'homme d'état, considérés dans la vie de Suger. *Paris, Moutard*, 1779, in-8.

Réimpr. dans le tom. V « De la Religion », par un homme du monde.   *Barb.*

— * Éloge de Monseigneur le Dauphin, père de Louis XVI. *Lyon et Paris, Moutard*, 1779, in-8.

Réimpr. dans le tom. V « De la Religion », par un homme du monde.   *Barb.*

— Éloquence (de l') du barreau. Par un avocat au parlement de Paris. *Paris*, 1776 (1767), in-12. — Sec. édit., rév., corr. et augm. *Paris, Égron*, 1803, in-12, 1 fr. 80 c.

La prem. édit. est anonyme.

Malgré les nombreux modèles que l'antiquité lui offrait sur cette matière, Gin ne composa qu'un ouvrage dont il est difficile de caractériser le degré de médiocrité. Lorsqu'il s'occupe des objets qui ne méritent que peu d'attention, il est d'une prolixité rebutante : sur les plus importantes de l'art, il est d'une sécheresse et d'une stérilité vraiment déplorables. Ce Traité de l'éloquence ne renferme pas trois pages qui méritent d'être lues. Malgré tous les efforts pour améliorer son livre, la seconde édit. n'est guère meilleure que la première.

— Idylles de Théocrite, traduction nouv. (1788). Voy. THÉOCRITE.

— Influence (de l') de la musique sur la littérature. *Paris*, 1802, in-8.

Cité par Ersch.

— * Lettre (nouv.) d'un patriote à un magistrat sur les questions agitées à l'occasion de la prochaine tenue des états-généraux. 1788, in-8 de 31 pag.

— Mélanges (nouv.) de philosophie et de littérature, ou Analyse raisonnée des connaissances les plus utiles à l'homme et au citoyen, dédiés au Roi. *Paris*, 1784, in-12.

L'auteur y traite les questions les plus importantes de la métaphysique et de la philosophie : il combat à plusieurs reprises l'auteur du « Système de la Nature », le livre « De l'Esprit », et divers autres philosophes modernes. On ne trouve, dans ces *Nouveaux Mélanges*, comme dans tout ce qui est sorti de la plume du même écrivain, qu'un style lourd et incorrect, des pensées dépourvues de profondeur et d'originalité.

— Ministre (le) de Wakefield, trad. de l'angl. (1797). Voy. GOLDSMITH.

— Odes de Pindare, unique traduction complète, en prose poétique (1801). Voy. PINDARE.

— OEuvres complètes d'Homère, traduction nouvelle, avec des notes et des imitations des poètes latins, italiens et angl. (1783-84). Voy. HOMÈRE.

— OEuvres d'Hésiode, traduction nouv.,

enrichie de notes et du Combat d'Homère et d'Hésiode (1785). Voy. HÉSIODE.

— * Religion (de la), par un homme du monde, où l'on examine les différents systèmes des sages de notre siècle, et l'on démontre la liaison des principes du christianisme avec les maximes fondamentales de la tranquillité des états. *Paris, Moutard*, 1778-80, 5 vol. in-8.

— Religion (de la) du vrai philosophe, ou l'Observateur impartial de la nature, contenant l'examen des prétendus sages du XVIIIe siècle, et la preuve de la liaison des principes du christianisme avec les maximes fondamentales de la tranquillité des états. *Paris, Hénée; Le Normant*, 1803, 3 vol. in-8, 15 fr.

Même ouvrage que le précédent, mais retouché et abrégé.

Ce livre porte aussi le titre d'*OEuvres complètes de P. L. C. Gin*, no 1er : l'auteur avait en effet le projet de donner une édition complète de ses OEuvres ; mais il en est resté là. En tête de ce volume, il a placé la liste de ses divers ouvrages, tant imprimés qu'inédits, en y joignant les motifs qui les lui ont inspirés.

— Vrais (les) principes du gouvernement français. IIIe édit., rév., corr. et augm., notamment d'un Supplément aux « Considérations de Montesquieu sur les causes de la grandeur et de la décadence des Romains ». *Paris*, 1787, 2 vol. in-12.—IVe édit. *Paris, Royez*, 1802, 2 vol. in-12, 4 fr.

La première édition parut sous le voile de l'anonyme, en 1777, et sous la rubrique de Genève, in-8 ; la seconde édition est de 1780 : elle est aussi anonyme.

C'est un long plaidoyer en faveur du gouvernement monarchique où Gin combat Montesquieu et Mably, mais avec des armes inégales. On sent à chaque instant qu'il était dépourvu des qualités qui constituent soit le législateur, soit l'écrivain. Ce que cet ouvrage offre de plus curieux, c'est une lettre écrite par Voltaire à Gin, pour le remercier du *cadeau* qu'il lui avait fait de son livre.

Gin a laissé en manuscrit des versions d'Anacréon, Bion, Moschus, Sapho et des autres lyriques grecs : il se disposait, lorsque la mort le surprit, à faire imprimer l'*Analyse raisonnée du Droit français par la comparaison de nos anciennes lois et du code Napoléon* : il avait aussi donné, peu de temps avant, le *Prospectus des OEuvres d'Homère, édition polyglotte en cinq langues* (grec, latin, français, anglais, italien). Cette entreprise n'a pas eu de suite.

Biogr. univ.

GIN D'OSSERY, fils du précédent.

— * Abrégé chronologique de l'histoire de la marine française, depuis son origine jusqu'à la paix de 1783. Par M. G. D. *Paris, Monnot*, 1803, in-12, 1 fr. 80 c.

— Avis (les) d'une mère infortunée à ses filles, trad. de l'angl. (1786). Voy. ce titre à la Table des Anonymes.

GINDRE, auteur dramatique. Voyez HINAUX.

GINDROZ (Fr.), de Lausanne.

— Abrégé d'arithmétique, contenant les six règles principales par les entiers et par les fractions. Sec. édit. 1789, in-8.

GINDROZ (André), professeur de philosophie à l'Académie de Lausanne.

— Lettre sur l'Institut des sourds-muets à Yverdon....

— Nécessité (de la) de l'éducation domestique pour seconder l'instruction publique dans le canton de Vaud. Lausanne, 1828, in-8, 1 fr. 50 c.

— Rapport fait au conseil-d'état du canton de Vaud, par la commission chargée de proposer un plan d'instruction publique pour les classes de la société auxquelles les écoles primaires ne peuvent offrir des moyens d'instruction suffisants. Lausanne, 1827, in-8.

— Tableau comparatif de l'état de l'instruction dans quelques écoles anciennes et modernes....

GINESTE. Voy. à la Table des Anon. : Journal des arrêts de la Cour royale de Toulouse.

GINESTOUS (le marq. Roger de). * Satire du xixᵉ siècle. Par un officier de dragons. Paris, Dentu, 1821, in-8 de 32 p.

GINET, arpenteur à la maîtrise dès eaux et forêts au département de Paris.

— Manuel de l'arpenteur. Paris, Jombert, 1770, in-8. — Nouv. Manuel, ou Supplément. Paris, Brunet, 1775, ou Paris, Lamy, 1783, in-8.

— Toisé général des bâtiments. Paris, Delormel, 1762, in-8.

— Traité et Tarif général du toisé des bois de charpente. Paris, Prault, 1760, in-8.

GINGINS (Fréd.-Charles-Jean de), baron DE LASSARAZ, membre de la Société helvétique d'histoire naturelle, et de la Société cantonale de Berne ; né au château de Lassaraz, canton de Vaud, le 14 août 1790.

— Histoire naturelle des Lavandes. Genève, A. Cherbuliez (et Paris, Ballimore), 1827, in-8 de 184 pag., avec 11 pl. in-4, 7 fr. 50 c.

On a encore du baron de Lassaraz, 1° un Mém. sur la famille des violacées, avec 2 pl., impr. dans le 2ᵉ vol. du recueil de la Société de physique et d'histoire naturelle de Genève (1823) ; 2° un Prodromus de la famille des violacées, publ. en latin dans le prem. vol. du « Prodromus systematis naturalis regni vegetabilis, de M. de Caudolle (1824) ; 3° une Description de quelques espèces nouvelles de violacées, reçues de M. Ad. de Chamisso, examinées en 1825 par M. de Gingins, impr. dans le tom. 1ᵉʳ du Linnæa de M. de Schlechtendel (Berlin, 1826).

Parmi les manuscrits inédits de ce savant, nous mentionnerons une traduction de la Métamorphose

des plantes, de Gœthe, et des Monographies des genres Ajuga et Teurium de Linné, et du genre Salvia du même.

GINGINS-PILLICHODY (de). * Vie politique de M. le colonel Fréd.-César de La Harpe. 1815, in-8.
C'est une espèce de pamphlet.

GINGUENÉ (Pierre-Louis), membre de l'Institut, de l'Académie celtique, etc., associé des Athénées de Niort et de Vaucluse; né à Rennes (Ille-et-Vilaine), le 25 avril 1748; mort à Paris, le 16 nov. 1816.

— * Autorité (de l') de Rabelais dans la révolution présente et dans la constitution civile du clergé, ou Institutions royales, politiques et ecclésiastiques, tirées de Gargantua et Pantagruel. Paris, Gattey, 1791, in-8.

— * Coup-d'œil rapide sur le « Génie du christianisme », ou quelques Pages sur cinq volumes in-8, publ. sous ce titre par Fr.-Aug. Châteaubriand. Paris, Gérard, an x (1802), in-8 de 92 pag., 1 fr. 25 c.

— Catalogue des livres de la bibliothèque de feu P.-L. Ginguené (rédigé en grande partie par lui-même, et précédé d'une Notice sur sa personne et ses écrits, par M. GARAT). Paris, Merlin, 1817, in-8.

— Éloge de Louis XII, Père du peuple, qui a concouru pour le prix de l'Académie française en 1788. Paris, Debray, 1788, in-8.

— Entretiens sur l'état actuel de l'opéra. 1779.
Opuscule anonyme, attribué à Ginguené par plusieurs personnes, mais que M. Beuchot croit être de C.-P. Cocqueau, architecte dijonnais, condamné à mort le jour même de la chute de Robespierre.

— Fables nouvelles. Paris, Michaud fr., 1810, in-18, 2 fr. 50 c.

— Fables inédites, servant de Supplément au recueil publié en 1810, et suivies de quelques autres poésies du même auteur. Paris, Michaud, 1814, in-18.

— Histoire littéraire d'Italie. Paris, Michaud frères, 1811-24, 9 vol. in-8 avec portr., 63 fr.
Il y a des exemplaires sur les frontispices desquels on lit : sec. édit., rev. et corr. sur les manuscrits de l'auteur, et augm. d'une Notice par M. Daunou : mais ils sont de la même édition. Les six premiers volumes sont ceux qui ont été publiés du vivant de l'auteur. Les vol. 7 et 8, qui avaient été disposés par lui pour l'impression, ont été publiés par M. Boissonade. Le neuvième vol. est de M. Salfi.

— Léopold, poëme. 1787, in-8.
Ouvrage estimé, et le plus beau fleuron de la couronne littéraire de Ginguené. Les Italiens lui ont accordé l'honneur de la traduction.

— Lettres (deux) de P.-L. Ginguené, membre de l'Institut de France, à un académicien de l'Acad. de Turin (M. l'abbé

Valperga de Caluso.) sur un passage de la Vie de Vict. Alfiéri. *Paris*, 1809, br. in-8.

Ces deux lettres sont une réponse aux injures dont Alfiéri avait payé un service qu'il avait reçu de Ginguené. Il n'en est resté en France que très peu d'exemplaires, l'auteur ayant fait passer presque toute l'édition en Italie.

— Lettres sur les «Confessions de J.-J. Rousseau». *Paris*, *Barrois l'aîné*, 1791, in-8.

— Necker (de M.) et de son livre intitulé : De la Révolution française. Tiré de la Décade philosophique. *Paris*, 1797, in-8.

— Noces de Thétis et de Pélée, poëme trad. du lat. en vers français (1812). Voyez CATULLE.

— Notice sur la vie et les ouvrages de Piccini. *Paris*, *Vᵉ Panckoucke*, 1800, in-8 de XI et 144 pag., 1 fr. 80 c.

— *Pomponio, ou le Tuteur mystifié, opéra-bouffon en 2 actes, tiré de l'intermède italien «lo Sposo burlato». *Paris*, *Ballard*, 1777, in-8.

— Rapport sur les travaux de la classe d'histoire et de littérature ancienne. *Paris*, *imp. de Baudouin et de F. Didot*, 1807-13, 7 cah. in-4.

— *Satire (la) des Satires, en vers. 1778, in-8.

Ou doit encore à Ginguené : 1° douze Discours dans les *Tableaux de la Révolution française* (1790-91); 2° une *Notice sur l'état actuel de la question relative à l'authenticité des poëmes d'Ossian*, en tête du poëmes d'Ossian, trad. de l'angl. de J. Smith (1810); 3° une *Préface française*, en tête des nouvelles Fables de Phèdre, trad. en vers italiens par Petronj, et en prose française par M. Biagioli, 1812; in-8, 4° un grand nombre de *Poésies*, dans «l'Almanach des Muses», dans le « Nouvel Almanach des Muses », dans le «Journal des Muses», dans les « Quatre Saisons du Parnasse », et autres recueils, entre autres, la jolie pièce intitulée la *Confession de Zulmé* ; 5° Il a travaillé à la *Feuille villageoise*, après la mort de Cérutti (1790—95); à la *Décade*, continuée sous le titre de Revue philosophique (29 avril 1794—21 septembre 1807). Ginguené peut être considéré comme le fondateur et le principal auteur de ce journal; il l'a enrichi d'une multitude d'extraits qui le mettent au rang des meilleurs critiques de ces derniers temps. Ses articles sont généralement signés de la lettre G. Ginguené a encore participé à la rédaction du Moniteur (1790—1816), et à celle du Mercure (sept. 1807—1813); à l'Encyclopédie méthodique (pour la partie Musique); à la Nouvelle Grammaire raisonnée à l'usage d'une jeune personne, par une Société de gens de lettres, publiée par Panckoucke; aux tom. XIII et XIV de l'Histoire littéraire de la France; à la Biographie universelle.

Il a publié, comme éditeur, les Œuvres de Chamfort (an III, 4 vol. in-8), et celles de Lebrun (1811, 4 vol. in-8), l'une et l'autre précédées de Notices sur les auteurs.

Une *Notice historique* sur la vie et les ouvrages de l'abbé Galiani, par Ginguené, a été imprimée en 1818, en tête d'une édition de la Correspondance du premier.

GINOUVIER (J.-F.-T.). Botany-Bey

(le) français, ou Colonisation des condamnés aux peines afflictives et infamantes et des forçats libérés. *Paris*, *Charles-Béchet*, 1826, in-8 de 32 pag.

— Femmes (les) Grecques aux dames Françaises, récit de leurs malheurs, traduit du grec par un philhellène. Sec. édit. *Paris*, *le même*, 1827, in-12.

— Gustave et Aspaïs, ou les Victimes du préjugé de l'époque. *Paris*, *Hesse et comp.*; *Pigoreau*, 1825, 3 vol. in-12, 7 fr. 50 c.

— Mavrogénie, ou l'Héroïne de la Grèce; nouvelle historique et contemporaine : suivie d'une Lettre de l'héroïne aux dames parisiennes. *Paris*, *Delaforest*; *Ponthieu*, 1825, in-12, 4 fr., ou 1826, in-18, 3 fr.

— Tableau de l'intérieur des prisons de France, ou Études sur la situation et les souffrances morales et physiques de toutes les classes de prisonniers ou détenus. *Paris*, *Baudouin frères*, 1824, in-8, 4 fr.

GINTRAC (E.), doct. en médecine.

— Lettre à MM. les rédacteurs du Journal médical de la Gironde sur les remarques insérées à la pag. 189 du tom. II de ce journal. *Bordeaux*, *imp. de Pinard*, 1824, in-8 de 12 pag.

— Observations et recherches sur la cyanose, ou maladie bleue. *Paris*, *Crevot*; *Béchet jeune*, 1824, in-8, 5 fr.

GIOANETTI, alors doyen et vice-prieur de la Faculté de médecine de Turin.

— Analyse des eaux minérales de S. Vincent et de Courmayeur dans le duché d'Aoste, avec un Appendice sur les eaux de la Saxe, de Pré S. Didier et de Fontaine More. *Turin*, 1779, in-8.

GIOBERT (J.-Ant.), professeur de chimie à Turin, anc. directeur de l'école impér. pour la fabrication de l'indigo, membre du conseil des mines de Sardaigne, de l'Académie des sciences de Turin, et de plusieurs autres académies et sociétés savantes.

— Eaux (des) sulfureuses et thermales de Vaudier, avec des Observations physiques, économiques et chimiques sur la vallée de Gesse, et des Remarques sur l'analyse des eaux sulfureuses en général. *Turin*, 1793, in-8.

— Eaux (des) thermales et acidules de l'Échaillon en Maurienne. *Turin*, *Vᵉ Pomba et fils*, 1822, in-8.

— Traité sur le pastel et de l'extraction de l'indigo. *Paris*, *de l'imp. impériale*, 1813, in-8 de XX et 412 pag., avec 4 planches.

Nous connaissons encore en franc., de M. Giobert, les dissertations suiv., impr. dans les Mémoires de l'Académie des sciences de Turin et dans le Journal des mines : Expériences chimiques sur différents corps marins fossiles , avec des Recherches sur les acides phosphorique et prussique , et l'alcali phlogistique (Mém. de l'Acad. des sciences de Turin , tom. IX , 1790). — Observations physiques sur le phosphorisme du tartre vitriolé (id. , id.). — Sur la combinaison de l'oxygène avec l'acide sulfurique, et sur quelques propriétés économiques de l'acide sulfurique oxygéné (tom. X , 1793). — Examen chimique de la doctrine du phlogistique et de celle des pneumatistes par rapport à la nature de l'eau (id. , id.). — Analyse de la magnésie de Baudissero dans le Canavais (tom. XII, et dans le XX° volume du Journal des mines). — Recherches sur l'action que le fluide galvanique exerce sur différents fluides aériformes (tom. XIV , 1805). — Notice sur la magnésie de Castelmonte (Journ. des mines, tom. XX , 1806). — Essai de magnésie (id. , tom. XXX , 1811).

M. Giobert a aussi participé à la rédaction de la « Bibliothèque italienne» (Turin, 1801 et ann. suiv.). Il est auteur de plusieurs ouvrages écrits en italien.

GIORGI. Controverse sur la religion chrétienne et celle des mahométans , ouvr. traduit de l'arabe (par Le Grand). *Paris*, 1766, in-12.

GIORNA , naturaliste, membre de l'Académie des sciences de Turin.

Le recueil de l'Académie de Turin renferme , de M. Giorni , les divers mémoires suivants , écrits en français : Mémoire d'entomologie (tom. XII, 1804). — Observations sur un zèbre métis, avec des détails anatomiques de MM. Buniva et Brugnone (id. , id.). — Sur un poisson accidentellement épineux qu'on trouve dans les rivières du Piémont (tom. XIV, 1805). — Sur des poissons d'espèces nouvelles et de genres nouveaux (tom. XVI , 1809).— Description du flammant, phœnicopterus de Linné (id., id.).

GIOST (Mme), sage-femme. Avis aux bonnes mères sur la manière de soigner les enfants depuis leur naissance jusqu'à l'âge de puberté. *Paris, l'Auteur; Béchet jeune*, 1823, 1825, in-8 de 20 pag., ou 1826 et 1827, in-32 , 30 c.

— Le même, en espagnol : Consejos a las madres sobre il modo de criar y guidar bien à sus hijos desde que nacen , hasta la edad de pubertad. *Paris, Va Wincopp*, 1828 , in-18 de 60 pag.

GIOVANE (la duchesse Juliane de), née baronne de Mudersbach , membre honoraire de plusieurs Acad., préceptrice de l'archiduchesse Marie - Louise d'Autriche, aujourd'hui archiduchesse de Parme ; née à Wutzbourg , morte à Ofen , en août 1805.

— Idées sur la manière de rendre les voyages des jeunes gens utiles à leur propre culture , au bonheur de la société ; accompagnées de tablettes et précédées d'un Précis historique sur l'usage des voyages. *Vienne*, 1796, in-8.

— Lettres sur l'éducation des princesses. *Vienne*, 1791, in-12 , 1 fr. 25 c.

Ouvrage très-estimé, qui a été réimpr. plusieurs fois depuis ce temps.

— Plan pour faire servir les voyages à la culture des jeunes gens qui se vouent au service de l'état dans la carrière politique ; accompagné d'un précis, etc., et d'une table pour faciliter les observations statistiques et politiques ; le tout suivi de l'Esquisse d'un portefeuille à l'usage des voyageurs, et d'une carte statistique. *Vienne, Ve Alberti*, 1797, in-8, 12 fr.

On a encore de cette dame plusieurs opuscules en allemand.   *Schindel's Deutsche Schriftstellerinnen.*

GIRALDES. Voy. Casado-Giraldes.

GIRARD (Philippe), de Vendôme, du xvi° siècle.

— Éloge de quelque chose....

Girard publia ce livre à Paris en 1587 (in-8) , en opposition au petit poëme latin de Passerat, intitulé Rien (Nihil). Celui de Girard fut réimp. plusieurs fois, et entre autres en 1730 , in-12 ; plus tard dans l'Encyclopédie lilliputienne ; enfin dans une *nouv. édit.* de l'an III (1795) , par Mercier, de Compiègne , et toujours avec le *Nihil* de Passerat. Le *Quelque chose* peut tenir sa place dans les bibliothèques , à côté des facéties anciennes que recherchent de temps en temps les amateurs.   *Biogr. univ.*

GIRARD (le P. Ant.). *Batailles (les) mémorables des Français, depuis le commencement de la monarchie jusqu'à présent. *Amsterdam, Gallet*, 1701, 2 vol. in-12.

L'édition originale de l'ouvrage du P. Girard a paru en 1647, in-4, sous le titre : *les mémorables Journées des Français*, où sont décrites leurs grandes batailles et victoires; par le P. Girard. *Paris , Jean Hénault*, 1647, in-4. Il y a eu d'autres éditions encore sous des titres différents de ceux-ci.

—Imitation de J.-C., trad. du lat. (1641). Voy. Kempis.

Le P. Girard est auteur de quelques autres ouvrages qui n'ont pas été réimprimés depuis 1700.

GIRARD (Guill.), grand archidiacre d'Angoulême , anc. secrétaire du duc d'Épernon , mort en 1663.

— Guide (la) des pécheurs , trad. de l'espagnol (   ). Voy. Grenade (L. de).

—Vie du duc d'Épernon. Nouv. éditions. *Paris*, 1730, in-4, ou 4 vol. in-12; ou *Amsterdam (Paris)*, 1736, 4 vol. in-12.

La prem. édit. est de Paris, 1655, in-fol.

Cette Vie, assez bien écrite , et remplie de faits singuliers , est moins l'histoire particulière de ce duc que celle de tout ce qui s'est passé en France depuis 1670 jusqu'en 1672.

Guill. Girard est encore auteur 1° d'une *Apologie de M. de Beaufort contre la cour, la noblesse et le peuple* : c'est une satire de ce duc , dont le plan et les idées furent fournis par les seigneurs de la cour, qui ne cherchaient qu'à s'égayer; Girard ne fit que la rédiger. On la trouve dans les Mémoires de La Rochefoucauld et dans les Œuvres de Saint-Évremond, à qui l'ouvrage fut attribué dans le temps ; 2° d'une *Vie de Balzac*, à la tête des OEuvres de cet auteur, qui était l'ami de Girard. *Biogr. univ.*

On a souvent attribué à cet écrivain la traduction des OEuvres spirituelles de Louis de Grenade : mais cette traduction est due à Jacq. Talon, oratorien. Girard ne nous a donné de l'auteur ascétique espagnol que «la Guide des pécheurs».

GIRARD (l'abbé Gabr.), l'un des grammairiens français les plus distingués, secrétaire-interprète du roi, chapelain de la duchesse de Berri, fille du régent, membre de l'Académie française; né à Clermont en Auvergne, vers 1677, mort le 4 février 1748.

— Justesse (la) de la langue française, ou les Différentes significations des mots qui passent pour synonymes. *Paris, L. d'Houry*, 1718, in-12.

Ouvrage reproduit depuis avec des augmentations et de nouveaux développements, sous le titre de *Synonymes français.*

— Oraison funèbre de Pierre-le-Grand, trad. du russe (1726). Voy. PROCOPOWICH.

— Orthographe (l') française sans équivoque et dans ses principes naturels. Par M. l'abbé G***. *Paris*, 1716, in-12.

Ce livre, adressé en forme de lettres à un ami, est agréablement écrit; et les innovations qu'il propose comme les plus conformes à l'analogie ou au bon usage, ont été la plupart adoptées.

— Synonymes français, leurs différentes significations, et le choix qu'il en faut faire pour parler avec justesse. Nouv. édit. *Paris, L. d'Houry*, 1736, 2 vol. in-12.

— Les mêmes, enrichis des manuscrits de l'auteur. Nouv. édit., considérablement augm., mise dans un nouvel ordre et enrichie de notes par M. BEAUZÉE. *Paris, Lebreton*, 1769; ou *Paris*, 1780, 2 vol. in-12.

— Les mêmes. Nouv. édit., considérablement augm., mise dans un nouvel ordre et enrichie de notes par BEAUZÉE; suivie de la Prosodie française, édition de 1767, et des Essais de grammaire, par l'abbé d'O-LIVET. *Lyon, Am. Leroy*, 1801, 2 vol. in-12, 4 fr.

Voltaire a dit, en parlant de l'ouvrage de l'abbé Girard, que les *Synonymes* subsisteraient autant que la langue, et serviraient même à la faire subsister ».

Aux additions que Beauzée a faites au livre de l'abbé Girard, l'abbé Roubaud, et d'autres écrivains de ce siècle en ont fait de nouvelles. Pour leurs diverses éditions, voy. à la Table des Anonymes : *Dictionnaire universel des Synonymes.*

— * Vrais (les) principes de la langue française, ou la Parole réduite en méthode conformément aux lois de l'usage. *Paris, Lebreton*, 1747, 2 vol. in-12.

Si cet ouvrage n'a pas paru remplir en entier l'objet que l'auteur se proposait, on ne peut nier qu'il

n'offre beaucoup de vues neuves et ingénieuses, et une grande connaissance du caractère de la langue.

GIRARD (Barthélemy), docteur en médecine, correspondant de la Société roy. des sciences de Montpellier, conseiller-médecin ordinaire du roi, intendant des eaux minérales de Bagnols et de Saint-Laurent; plus tard professeur d'histoire naturelle à l'École centrale de la Lozère; né à Saint-Chely (Lozère), vers 1731.

— Discours sur la satire, trad. de l'ital. (1763). Voy. ROMOLINI.

— Dissertatio de vero medicinæ fundamento, observatione eaque rectius instituenda. 1763, in-8.

— Lupiologie, ou Traité des tumeurs connues sous le nom de loupes, avec les Détails sur les effets et la manière d'agir des caustiques; des Recherches sur le ganglion, le goître, les tumeurs enkistées des paupières, la ranule, l'hydropisie de la moelle épinière; et des Recherches sur les moyens de perfectionner l'art de guérir. *Londres et Paris, Ruault*, 1775, in-8.

On a encore du même plusieurs *Mémoires* de médecine et d'histoire naturelle et des *Poésies* dans divers journaux. *Ersch.*

GIRARD (....), curé de Saint-Loup au XVIIIe siècle.

— Petits (les) Prônes, ou Instructions familières pour les peuples de la campagne. *Lyon*, 1753, 1760, 1766, 8 vol. in-12.; *Bruxelles*, 1769, 4 vol. in-12. — Autre édit. (sous le titre de «Prônes, etc.»), rev. et corr. *Avignon, Chambeau*, 1823, 4 vol. in-12.

Ce recueil peut être fort utile aux jeunes ecclésiastiques, auxquels il est principalement destiné : le style en est simple et clair; et les matières les plus relevées de la religion y sont mises à la portée des auditeurs les moins instruits. *Biogr. univ.*

GIRARD (le P.J.-Fr.), de l'ordre des Cordeliers, successivement professeur au collège de Saint-Michel à Fribourg, chanoine de Saint-Nicolas de la même ville, et recteur d'Avry, canton de Fribourg, actuellement professeur de philosophie à Lucerne; né à Fribourg, le 28 janv. 1759.

— * Chemin (le) du bonheur tracé aux jeunes gens, par un de leurs meilleurs amis. *Hambourg*, 1791, in-8.

— Emploi des tableaux de lecture et d'orthographe dans les écoles d'enseignement mutuel. *Fribourg*, 1818, in-8.

— Histoire abrégée des officiers suisses qui se sont distingués aux services étrangers dans les grades supérieurs, rangée par ordre alphabétique, sur des mémoires et ouvrages authentiques, depuis le commencement du XVIᵉ siècle jusqu'à nos jours ; avec des notes généalogiques. *Fribourg, B. L. Piller*, 1781-1783, 3 vol. in-8.

— Mémoire sur l'enseignement religieux de l'école française de Fribourg. *Fribourg*, 1818, br. in-8.

— Nécessité (de la) de cultiver l'intelligence des enfants pour en faire des chrétiens. Discours prononcé à la distribution des prix de l'école de Fribourg, le 30 août 1821. *Toulouse, imp. de Vᵉ Navarre*, 1822, in-12 de 24 pag.

— * Nobiliaire militaire suisse, contenant la généalogie, l'histoire et la chronologie des familles nobles de la Suisse, avec des preuves. *Bâle*, 1776-87, 2 vol. in-8.

Le P. Girard est encore auteur d'une Description de Fribourg, à l'usage des écoles, en un vol. in-12 avec un plan de la ville in-4. Nous ne connaissons pas le titre exact de ce volume.

Il a donné une nouvelle édit. de l'Histoire des Helvétiens (1789). Voy. ALT.

GIRARD (l'abbé), rhétoricien ; né en Franche-Comté en 1742, mort à Rhodez, le 23 avril 1822.

— Préceptes de rhétorique tirés des meilleurs auteurs anciens et modernes. IXᵉ édit. *Rhodez, Carrère*, 1828, in-12, 3 fr.

La première édition parut en 1787, dans la même ville.

GIRARD (J.), anc. secrétaire-général de la préfecture de Marseille, et membre de l'Académie de la même ville; né à Lourmarin, près de Marseille.

— Ami (l') de la nature. *Paris, Vᵉ Hérissant*, 1787, in-8.

— Cri (le) de l'humanité, fragment d'un ouvrage en manuscrit intitulé « l'Ami de la nature ». Nouv. édit. 1802, in-8.

— * Maison (la) paternelle....

Ouvrage qui ne nous est connu que d'après la citation que nous en fit M. Jauffret, bibliothécaire de la ville de Marseille, lors de notre passage en cette ville en 1826.

— * Praxile. (*Paris*) *de l'imp. de Rabaut le jeune*, an VII (1799), in-12.

— Tombeaux (des), ou de l'Influence des Institutions funèbres sur les mœurs. *Paris, Buisson*, an IX (1801), in-12 de 192 p., 1 fr. 75 c.

On a encore du même, dans le second vol. des Mémoires de l'Académie de Marseille (1803), un *Éloge du chevalier Paul*, et un *Discours d'ouverture* (contenant une Notice rapide de plusieurs académiciens morts, tels que MM. Guys, Liquer, Bardou).

La Biographie universelle, ni les diverses Biographies des contemporains publiées depuis 1815 jusqu'à ce jour, n'ont point consacré d'article à cet écrivain : la «Statistique morale de la France», qui est venue après, morcellée des biographies déjà existantes, n'a pas pu réparer cette omission.

GIRARD. Des philosophes qui ont cru à la pluralité des mondes, et de ceux qui n'ont point adopté cette opinion. 1791, in-8.

GIRARD (P.-S.), ingénieur en chef des ponts et chaussées, membre de l'Académie des sciences; né à Caen (Calvados), le 4 novembre 1765.

— Considérations générales sur les avantages respectifs des divers moyens de transport. (Extrait de la Revue encyclopédique). *Paris, imp. de Rignoux*, 1824, in-8 de 16 pag.

— Considérations sur les canaux et sur le mode de leur concession. *Paris, Carillan-Gœury*, 1824, in-8, 1 fr. 50 c.

— Description générale des différents ouvrages à exécuter pour la distribution des eaux du canal de l'Ourcq dans l'intérieur de Paris. *Paris, de l'imp. impériale*, 1810, in-4.

— Description hydrographique et historique des marais Pontins, par M. de PRONY (article sur la). *Paris, imp. de Rignoux*, 1825, in-8 de 24 pag.

Extrait de la Revue encyclopédique.

— Desséchement (du) général de Paris, du lavage de ses rues et de leur assainissement. *Paris, Renouard; Bachelier; Carillan-Gœury*, 1826, in-4, 18 fr.

— Devis des ponts à bascule à construire sur le canal de l'Ourcq. *Paris, de l'imp. impér.*, 1808, in-4.

— Devis général du canal de l'Ourcq depuis la première prise d'eau à Mareuil jusqu'à la barrière de Pantin. *Paris, de l'imp. impér.*, 1806, 2 vol. in-4 fig.; ou *Paris, Vᵉ Courcier*, 1819, in-4, 6 fr.

— Devis général du canal Saint-Martin. *Paris, Gœury*, 1820, in-4 de 48 pag. avec planches, 6 fr.

— Essai sur le mouvement des eaux courantes, et la figure qu'il convient de donner aux canaux qui les contiennent. *Paris, de l'impr. de la république*, 1804, in-4, 3 fr.

— Mémoire sur le canal de Soissons, destiné à joindre le canal de l'Ourcq aux canaux des Ardennes et de Saint-Quentin. *Paris, Bachelier; Carillan-Gœury*, 1824, in-4 avec une carte, 5 fr.

— Observations (nouv.) sur le canal St.-Martin, et Supplément au « Devis général » qui en a été publié. *Paris, Vᵉ Courcier*, 1821, in-4 de 48 pag., avec un plan gravé, 6 fr.

— Rapport à l'assemblée des ponts et

chaussées, sur le projet général du canal de l'Ourcq. *Paris*, 1803, in-4.

— Rapport verbal fait à l'Académie royale des sciences dans sa séance du 19 mars 1827 (à l'occasion du canal maritime de Paris au Havre). *Paris, impr. de P. Renouard*, 1827; in-8 de 16 pag.

— Recherches expérimentales sur l'eau et sur le vent, etc., trad. de l'angl., et précédées d'une Introduction (1810). Voyez SMEATON (J.).

— Recherches sur les grandes routes, les canaux de navigation et les chemins de fer. *Paris, imp. de Huzard-Courcier*, 1827, in-8 de 160 pag.

C'est l'introduction au «Mémoire sur les grandes routes, les chemins en fer, et les canaux de navigation», traduit de l'allem. de M. F. de Gerstner, par M. O. Terquém, et publ. la même année : M. P. S. ne l'a fait tirer séparément qu'à une douzaine d'ex.

— * Renseignements utiles sur l'embouchure du canal du duc d'Angoulème à Saint-Valery-sur-Somme. Par P. S. G. (Chap. I-III) *Paris, Rignoux*, 1822. 3 broch. in-8 ensemble de 70 pag. avec planches.

— Traité analytique de la résistance des solides et des solides d'égales résistances, auquel on a joint une suite de nouvelles expériences sur la force et l'élasticité spécifique des bois de chêne et de sapin. *Paris, F. Didot*, 1798, in-4 fig., 13 fr.

Indépendamment de ces ouvrages, M. Girard est encore auteur de nombreux *Mémoires* insérés dans divers recueils scientifiques, et dont nous donnons ici l'énumération : Notice sur l'aménagement et le produit des terres de la province de Damiette (Décade égyptienne, tom. 1er, 1799). — Mémoire sur l'agriculture, l'industrie et le commerce de la Haute-Égypte (*id.*, tom. III, 1800); réimpr. dans la Description de l'Égypte. — Observations sur l'Histoire physique de la vallée de la Somme (Journ. des mines, tom. II, 1795). — Résumé de deux Mém. sur le nilomètre de l'île de l'Éléphantine, et sur l'ancienne coudée des Égyptiens (Mém. de l'Institut, sect. des Sc. mor. et polit., tom. V, 1804); réimpr. depuis dans la Description de l'Égypte. — Mémoire sur le nivellement général de la France, et les moyens de l'exécuter (Journ. des mines, tom. XVII, 1805). — Sur l'écrasement des corps solides composés de molécules agglutinées (*id.*, tom. XXVII, 1810). — Description de la vallée de l'Égarement (en Égypte), et conséquences géologiques qui résultent de la reconnaissance qu'on en a faite (*id.*, tom. XXXIV, 1813); impr. aussi dans la Description de l'Égypte, où l'on trouve encore de M. Girard un Mémoire sur les mesures agraires des anciens Égyptiens, et des Observations sur la vallée d'Égypte et sur l'exhaussement séculaire du sol qui la recouvre. — Mémoire sur le mouvement des fluides dans les tubes capillaires, et l'influence de la température sur ce mouvement, avec 3 pl. (Mém. de l'Institut, sect. des Sc. math. et phys., tom. XIII, 1818). — Mémoire sur l'écoulement linéaire de diverses substances liquides par des tubes capillaires du verre (Mém. de l'Acad. des Sc., tom. Ier, 1818). — Mémoire sur l'écoulement de l'éther et de quelques autres fluides par des tubes capillaires de verre (*id.*, *id.*). — Observations sur la vallée d'Égypte et sur l'exhaussement séculaire du sol qui la recouvre, avec une pl. (tom. II, 1819). — Mémoire sur les inondations souterraines auxquelles sont exposés périodiquement plusieurs quartiers de Paris (tom. III, 1820). — Mémoire sur les atmosphères liquides, et leur influence sur l'action mutuelle des molécules solides qu'elles enveloppent (tom. IV, 1824). — Mémoire sur l'écoulement de l'air atmosphérique et du gaz hydrogène carbonaté dans des tuyaux de conduite (tom. V, 1826). — Recherches sur les canaux de navigation, considérés sous le rapport de la chute et de la distribution de leurs écluses (*id.*, *id.*). — Sec. Mém. sur les canaux de navigation, etc. (tom. VII, 1827). — Rapport fait à l'Académie, sur un Mémoire intitulé : *Mém. sur la digue de Cherbourg*, etc. (id., id.). — Rapport sur une nouvelle machine à feu, présentée à l'Académie, et exécutée aux abattoirs de Grenelle, par M. le marq. de Manoury-l'Ectot (*id.*, *id.*). — Application des principes de la dynamique à l'évaluation des avantages respectifs des divers moyens de transport (*id.*, *id.*). — Mémoire sur le nivellement général de la France, et les moyens de l'exécuter (*id.*, *id.*). — Troisième Mémoire sur les canaux de navigation, considérés sous le rapport de la chute et de la distribution de leurs écluses, avec une pl. (*id.*, tom. VIII, 1829).

Les ouvrages et mémoires de M. P. S. Girard que nous venons d'indiquer, seront reproduits en grande partie dans les *OEuvres* de ce savant, qui s'impriment actuellement, et qui formeront 3 vol. in-4 avec 75 planches gravées par Adam : elles paraîtront en 1830, 1831 et 1832.

GIRARD (J.), successivement élève, préparateur et sous-professeur d'anatomie, gardien des collections, professeur en chef, et directeur de l'École royale vétérinaire d'Alfort en remplacement de P. Chabert; membre titulaire de l'Académie de médecine, de la Société royale et centrale d'agriculture, etc., de plusieurs compagnies savantes, tant nationales qu'étrangères; né au village de Föhet, près de Clermont-Ferrand (Puy-de-Dôme), le 19 juin 1770.

— Discours prononcé le 12 juin 1812 dans le cimetière de la paroisse de Maisons-Alfort, au moment de l'inhumation de M. Verrier, prof. à l'école imp. vétérinaire d'Alfort, décédé le 10 juin 1812. *Paris, de l'imp. de Mme Huzard*, 1812, br. in-8.

— Lettre (sa) à M. Teissier (sur l'âge des chevaux). *Paris, de l'imp. de Mme Huzard*, 30 mai 1811, in-8 de 8 pag.

— Mémoire sur le claveau et sur les avantages de son inoculation. Sec. édit., revue et augm. *Paris, Mme Huzard*, 1818, in-8 de 64 pag., 1 fr., 25 c.

Opuscule rédigé d'après la demande du gouvernement, qui le propagea dans tous les départements. Ce mémoire est un Manuel propre à diriger dans le choix du virus clavelenx et dans la pratique de son inoculation.

La première édition a été publiée en 1816, sous le titre de *Mémoire sur l'inoculation du claveau*, in-8 de 60 p.

— Mémoire sur les calculs vésicaux et sur les opérations de la taille, dans le cheval.

Paris, Gabon et Comp., 1823, in-8 avec planches, 1 fr. 5o c.

La chirurgie vétérinaire demandait sur ce sujet une dissertation. Les planches lithographiées représentent les différentes variétés de calculs vésicaux du cheval et autres monodactyles : l'auteur a complété l'histoire des calculs dans les quadrupèdes, par des Mémoires insérés dans les journaux vétérinaires.

— Notice sur l'épizootie qui règne sur le (gros bétail) en 1814 et 1815. *Paris, Béchet jeune*, 1816, in-8 de 40 pag., 60 c.

Avec Dupuy.

— Notice sur la maladie (la gastro-entérite) qui règne épizootiquement sur les chevaux. *Paris, le même*, avril 1825, in-8 de 32 pag., 1 fr, 5o c.

Réimpr. deux autres fois la même année.

— Tableaux comparatifs de l'anatomie des animaux domestiques les plus essentiels à l'agriculture. *Paris*, 1799, in-8, 4 fr.

Cet ouvrage fut publié comme un essai de la nomenclature anatomique, appliquée seulement aux organes locomoteurs. Il renferme une Dissertation étendue sur les avantages de cette méthode, sur la nécessité de classer les quadrupèdes domestiques, d'après les dispositions de leurs pieds, en *monodactyles, didactyles* et *tétradactyles*, etc. ; cette classification systématique est aujourd'hui adoptée dans les écoles vétérinaires.

— Traité d'anatomie vétérinaire, ou Histoire abrégée de l'anatomie et de la physiologie des principaux animaux domestiques. Sec. édit. *Paris, Mme Huzard*, 1819, 2 vol. in-8, 12 fr.

A la fin du premier volume l'on trouve trois Mémoires détachés sur les *estomacs des ruminants et les phénomènes de cette rumination*, sur le *fœtus* et sur le *pied*. L'édition de 1820 est plus correcte et plus étendue que celle publiée en 1807 sous le titre d'*Anatomie des animaux domestiques* : elle contient toute la physiologie des animaux domestiques et renferme différents articles qui ne se trouvent pas dans la première édition, tels qu'un Mémoire sur le *vomissement contre nature*, lu à l'Institut le 5 févr. 1810 ; une *Dissertation physiologique sur les attitudes et les mouvements des monodactyles* et sur le *tirage du bœuf*.

Une 3e édition est actuellement sous presse pour paraître dans les premiers mois de 1830 : elle renfermera des considérations étendues sur les tissus et les humeurs.

— Traité des hernies inguinales dans le cheval et autres monodactyles. *Paris, la même*, 1827, in-4 avec 7 planch., 15 fr.; avec les planch. carton. séparément, 17 fr.

Cet ouvrage, qui renferme un grand nombre d'observations pratiques, fut présenté manuscrit à l'Académie royale des sciences, en 1825, sous le titre de *Mémoires sur les hernies*, etc. La chirurgie vétérinaire ne possédait encore aucun travail particulier sur les hernies inguinales dans les chevaux entiers et dans les chevaux hongres ; personne n'avait encore décrit le procédé à suivre pour effectuer le débridement de la hernie étranglée. L'auteur du traité dont il s'agit a tâché de remplir ces lacunes. Les figures lithographiées qui accompagnent le texte sont de grandeur naturelle, et elles ont le

mérite non-seulement de l'exactitude, mais encore de la netteté.

— Traité du pied considéré dans les animaux domestiques, contenant son anatomie, ses difformités, ses maladies, etc. *Paris, la même*, 1814, in-8, 4 fr. 5o c.

— Sec. édit., rev., corr. et augm. *Paris, la même*, 1828, in-8 avec 6 pl., 6 fr.

Cet ouvrage, essentiellement pratique, fait partie des livres élémentaires dans les écoles ; c'est un recueil de tout ce qui concerne le pied, comme son anatomie, ses défectuosités, ses maladies, ses différentes ferrures. L'auteur a fait à sa seconde édition de grandes augmentations, dont les principales sont : une Dissertation particulière sur la ferrure, surtout sur celle que l'on pratique actuellement à Paris, et différents autres articles qui ne se trouvent pas dans la première édition.

M. Girard a créé le Journal de médecine vétérinaire comparée, qui porte aujourd'hui le titre de Recueil universel de médecine vétérinaire ; il est toujours à la tête de cet ouvrage périodique, dans lequel il a déjà fait insérer beaucoup de mémoires : on lui doit une seconde édition, augmentée, d'un Mémoire sur les moyens de reconnaître l'âge du cheval, de Narc. Fr. Girard, son fils (1828). Voyez l'art. suivant.

GIRARD (Narcisse-François), fils du précédent, professeur à l'École vétérinaire d'Alfort, membre de l'Académie royale de médecine ; né à Paris, le 29 mars 1796, y est mort le 22 octobre 1825.

— Existe-t-il en médecine vétérinaire des exemples bien constatés de fièvres essentielles ? *Paris, de l'imp. de Gueffier*, 1824, in-8 de 24 pag.

— Hippelikiologie, ou Connaissance de l'âge du cheval, par feu N.-F. Girard. Sec. édit., rev. et augm. par J. Girard. *Paris, Béchet jeune*, 1828, in-8 de 84 pag. avec 2 planches, 2 fr. 5o c.

La prem. édit. a été publiée en 1824, dans la Nouvelle Bibliothèque médicale, sous le titre de *Mém. sur les moyens de reconnaître l'âge du cheval*, etc. Il en fut dès-lors tiré à part : in-8 de 48 pag.

On a de lui plusieurs Mémoires remarquables dans le Recueil de médecine vétérinaire, dans les Archives générales de médecine, et dans le Bulletin de M. de Férussac. Il a laissé manuscrite une Physiologie vétérinaire et un Traité élémentaire d'anatomie générale.

GIRARD aîné (A.-Fr.). Amour (l') et l'Innocence, pantomime anacréontique en 2 actes. *Paris, Fages*, an XII (1804), in-8.

— *Mont (le) César, ou le Faux père, mélodrame en 3 actes, en prose. *Paris, Fages*, 1806, in-8.

Dans les «Veillées des Muses», 3e année, on trouve un mélodrame en un acte, intitulé *Robinson Crusoé*, qui a peut être pour auteur le même Girard.

GIRARD (G.), docteur-médecin à Lyon.

— Observations relatives à la ligature du cordon ombilical, présentées à S. E. le ministre de l'intérieur, et approuvées par la

Faculté de médecine de Paris. *Lyon , imp. de Ballanche* , 1812 , in-8 de 32 pag., 1 fr.

— Essai sur le tétanos rabien , ou Recherches et Réflexions sur la cause des accidents qui ont suite la suite des morsures faites par les animaux dits enragés. *Lyon , et Paris, Brunot-Labbe* , 1809 , in-8 , 2 fr.

— Réflexions sur la non-existence du virus rabique , ou Objections adressées à M. le docteur Étienne Plaindoux , relatives à son Observation sur la rage , insérée dans la Revue médicale , cahier de février 1826. *Lyon , impr. de Perrin* , 1827 , in-8 de 44 pag., 1 fr. 25 c.

GIRARD (J.-J.) , professeur. Étrennes à l'enfance , ou Recueil de compliments en vers et de dialogues pour le jour de l'an, etc. ; suivi de plusieurs drames , etc. *Lyon , Lions* , 1812 , in-18 , 1 fr. 50 c.

GIRARD , de Lyon. Génies (les) , ou Aventures merveilleuses d'Abou - Mirza , imitées de l'arabe. *Paris, A. Eymery* , 1816 , 2 vol. in-18 avec figures , 3 fr.

GIRARD (Henri de). La Fontaine chez Mme de La Sablière , com.-vaud. en 2 act. (et en prose). *Douai , Carpentier* , 1818 , in-8 , 1 fr.

GIRARD (D.) , premier commis de la direction des droits d'entrée de Paris, chef de bureau, rapporteur au contentieux de l'administration centrale.

— Manuel des contributions indirectes et des octrois , formé des dispositions sur la perception et le contentieux en vigueur en 1820 , annotées des arrêts de cassation , ainsi que des décisions ministérielles et administratives. Sec. édit. *Paris, Smith* , 1826 , in-8, 7 fr.

La première édition est de 1820 : l'auteur publia ensuite quatre supplements qui ont été refondus dans la seconde édition.

— Tableaux des contraventions et des peines en matière de contributions indirectes ; suivis des Dispositions concernant le contentieux de la régie et celui des octrois , etc. IVe édit. *Paris, le même* , 1822 , in-12 , 2 fr. 50 c.

GIRARD (X.). Atlas portatif et complet de la France , contenant les 86 cartes des départements, précédées d'une carte générale, avec un texte en regard de chacune d'elles. *Paris, Dondey-Dupré et fils* , 1823 , in-8 cartonné , 24 fr.

Avec Roger.

GIRARD. Anniversaire (l') du 3 mai 1814, ou le Ressouvenir de la garde nationale de Paris , etc. *Paris, impr. de Lebègue* , 1824 , in-4 de 4 pag.

— Bouquet du jeune duc de Bordeaux à son oncle Louis XVIII , le 25 août 1823, jour de sa fête. *Paris, imp. du même* , 1823 , in-4 de 2 pag.

— Étrennes (mes) à la famille royale pour l'année 1824. *Paris, impr. du même* , 1824 , in-4 de 4 pag.

— Serment (le) des Français à S. M. Louis XVIII, suivi de Couplets pour le 25 août 1824, etc. *Paris, impr. du même* , 1824, in-4 de 4 pag.

GIRARD , procureur du roi. Éloge de M. le duc Mathieu de Montmorency, prononcé à la séance publique de la Société royale d'agriculture, sciences et arts du Mans. *Le Mans, imp. de Fleuriot* , 1826, in-8 de 16 pag.

GIRARD DE CAUDEMBERG (Mlle L.) * Wilmina , ou l'Enfant des Apennins, par Mlle L.-G. de C***. *Paris, Locard et Davy* , 1820, 5 vol. in-12, 12 fr.

GIRARD DES BERGERIES (Jacob), du canton de Vaud.

— Moïse dévoilé. *Genève* , 1770, in-8.

GIRARD DE PROPIAC (Cath.-J.-Ferd.), traducteur et compilateur ; né en Bourgogne vers 1760, mort le 1er novemb. 1823.

— * Année (l') la plus remarquable de ma vie, etc. (1802). *Voy.* KOTZEBUE.

— Beautés de la morale chrétienne, etc. *Paris, A. Eymery* , 1822 , in-12 , 3 fr.

— Beautés de l'histoire de la Suisse, depuis l'époque de la confédération jusqu'à nos jours. *Paris , A. Eymery* , 1817, ou 1822 , in-12 avec fig., 3 fr.

— Beautés de l'histoire du Pérou , ou Tableau des événements qui se sont passés dans ce grand empire ; son origine, les fictions auxquelles elle a donné lieu , ses bornes ; la véritable époque de sa découverte et de son nom ; sa religion , ses prêtres, ses Incas ; ses révolutions, ses mœurs, ses usages , ses grands hommes , ses curiosités. *Paris, Tenon* , 1824 ou 1825, in-12 orné de 4 grav., 3 fr.

— Beautés de l'histoire militaire ancienne et moderne, etc. *Paris, Duprat-Duverger* , 1814 , in-12 orné de 8 grav., 3 fr.

Cet ouvr. n'a pas été mis de suite en circulation. Il renferme beaucoup d'éloges de Napoléon ; les événements de la restauration qui survinrent au moment de sa publication, engagèrent l'auteur à le supprimer momentanément.

— Beautés de l'histoire sainte, ou Choix des traits les plus remarquables et des passages les plus éloquents contenus dans l'ancien et le nouveau Testament. IIIe édit. *Paris, Tenon*, 1825, in-12 avec 16 fig., 3 fr.

La prem. édit. est de 1811.

— Beautés historiques, chronologiques, politiques et critiques de la ville de Paris, depuis le commencement de la monarchie jusqu'à novembre 1821. *Paris, A. Eymery*, 1821, 2 vol. in-12 avec une carte et 14 figures, 6 fr.

— * Bijoux (les) dangereux, imité de l'allem. (1802). Voy. KOTZEBUE.

— Contes (nouv.) moraux, trad. de l'allemand (1802). Voy. LA FONTAINE (Aug.).

— Curiosités (les) universelles, faisant suite aux «Merveilles du monde». *Paris, A. Eymery*, 1823, 2 vol. in-12 ornés de 6 pl., 7 fr.

— Deux (les) Fiancées, trad. de l'allem. (1810). Voy. LA FONTAINE (Aug.).

— * Dictionnaire d'amour. *Paris, Chaumerot*, 1807, in-12, avec une grav., 3 fr.

Il y a des exemplaires portant la date de 1808, sur les frontispices desquels on lit : *seconde édition*, revue et considérablement augm. Les exempl. avec l'une et l'autre date ont 278 pages.

— Dictionnaire d'émulation, à l'usage de la jeunesse. *Paris, A. Eymery*, 1820, in-12 avec une jolie fig., 3 fr.

— Histoire d'Angleterre, à l'usage de la jeunesse, depuis l'invasion de Jules-César dans cette île, jusqu'au 1er janvier 1823. Sec. édit. *Paris, Gérard*, 1823, 2 vol. in-12, 6 fr.

La prem. édit. est de 1818.

— Histoire de France, à l'usage de la jeunesse, depuis l'établissement de la monarchie française jusqu'au 1er juillet 1822. V^e édit. *Paris, le même*, 1822, 2 vol. in-12 ornés de 15 grav., 6 fr.

La prem. édit., qui parut en 1808 sous le voile de l'anonyme, ne forme qu'un volume.

— Histoire de Gustave Wasa, etc., trad. de l'allem. (1803). Voy. ARCHENHOLTZ.

— Histoire sainte, à l'usage de la jeunesse, depuis le commencement du monde jusqu'à la destruction de Jérusalem par Tite. Sec. édit. *Paris, Gérard*, 1822, 2 vol. in-12 avec figures, 6 fr.

La prem. édit. est de 1810.

— La Harpe (le) de la jeunesse, ou l'Art de raisonner, de parler et d'écrire ; extrait du Cours de littérature de ce célèbre auteur. *Paris, A. Eymery*, 1822, 4 vol. in-12, 12 fr.

— Merveilles (les) du monde, ou les plus beaux ouvrages de la nature et des hommes répandus sur toute la surface de la terre.

IIIe édit., revue, corrigée, augm. *Paris, le même*, 1824, 2 vol. in-12 avec 16 fig., 6 fr.

Ouvrage traduit en grande partie de l'anglais : la prem. édit. est de 1820.

— Plutarque, ou Abrégé des Vies des hommes illustres de ce célèbre écrivain, avec des Leçons explicatives de leurs grandes actions. V^e édit. *Paris, Gérard*, 1825, 2 vol. in-12, 6 fr.

La prem. édit. est de 1803 : elle est anon., ainsi que la seconde publiée en 1805. M. J.-B. Dubois, aujourd'hui bibliothécaire du duc de Bourbon, est auteur du premier volume, mais Propiac n'a pas cru devoir le nommer sur les frontispices de la 3e édition, publiée en 1811, qui porte le seul nom de Propiac.

— Plutarque (le) des jeunes demoiselles, ou Abrégé des vies des femmes illustres de tous les pays, avec des leçons explicatives de leurs actions et de leurs ouvrages. IVe édit., revue, corr. et augm. *Paris, le même*, 1825, 2 vol. in-12 avec figures, 6 fr.

La première édit. parut en 1806 sous le voile de l'anonyme.

— Plutarque (le) français, ou Abrégé des vies des hommes illustres dont la France s'honore depuis le commencement de la monarchie jusqu'à nos jours; ouvrage élémentaire. *Paris, Ve Lepetit*, 1813, 2 vol. in-12, 6 fr.; ou *Paris, Tenon*, 1825, 3 vol. in-12 ornés de 60 portraits en 12 planches, 9 fr.

— Plutarque moraliste, ou Choix des principaux sujets de morale du premier des écrivains de l'antiquité ; avec des développements appliqués aux défauts et aux ridicules de la société actuelle, tirés de chacune des moralités de Plutarque, par M. L. M. B*** (LEMAÎTRE-BONIFLEAU). *Paris, A. Eymery*, 1825, 2 vol. in-12, 6 fr.

— Sœur (la) de Sainte-Camille, ou la Peste de Barcelone, roman historique. *Paris, Pollet*, 1822, 2 vol. in-12 avec 2 figures lithogr., 6 fr.

— Tableau (petit) de Paris et des Français aux principales époques de la monarchie. *Paris, A. Eymery*, 1820, in-12 orné d'un plan de Paris et de figures, 4 fr., et les fig. coloriées, 6 fr.

— Voyage d'Almuza dans l'île de la Vérité, trad. de l'allem. (1804). Voy. (au Suppl.) BOUTERWECK.

Le chevalier de Propiac a donné quelques articles à la Biographie universelle, entre autres celui du chevalier d'Éon : il a été aussi l'éditeur de la IVe édit. des Époques, ou Beautés de l'histoire de France, par Durdent.

GIRARD DE VILLETHIERRI (Jean), prêtre de Paris ; né en 1641, mort à Paris, en 1709.

— Chrétien (le) dans la tribulation et

l'adversité; le Chrétien malade et mourant. *Paris, And. Pralard*, 1704, in-12.

— Chrétien (le) étranger sur terre, ou les Sentiments et les devoirs d'une âme fidèle qui se regarde étrangère en ce monde. Nouv. édit. *Paris, le même*, 1709, in-12.

La prem. édit. est de 1697.

—* Églises (des) et des temples des chrétiens. *Paris, Pralard*, 1706, in-12.

— * Traités (deux), l'un de la médisance, et l'autre de la flatterie et des louanges. *Paris, Robustel*, 1701, in-12.

— Véritable (le) pénitent, ou les Devoirs d'une âme pénitente, contenus dans les sept Psaumes de la pénitence. Nouv. édit. *Paris, And. Pralard*, 1709, 2 vol. in-12.

La prem. édit. est de 1689.

— Vertus (les) théologales et cardinales. *Paris, le même*, 1710, in-12.

— Vie (la) de Jésus-Christ dans l'Eucharistie, et la Vie des chrétiens qui se nourrissent de l'Eucharistie. *Paris, le même*, 1702, in-12. — Nouv. édit., augm. d'une Lettre sur la passion de Jésus-Christ. *Paris, Alex. De la Roche*, 1714, in-12.

— Vie (la) des clercs, évêques, prêtres, diacres et autres ecclésiastiques. *Paris, And. Pralard*, 1710, 2 vol. in-12.

— Vie (la) des riches et des pauvres, ou leurs Obligations. *Paris, Ch. Robustel*, 1701, in-12.

— Vie (la) des veuves, ou les Devoirs et les obligations des veuves chrétiennes. Nouv. édit., rev., corr. et augm. de Remarques sur la viduité. *Paris, Ant. Damenonville*, 1736, in-12.

La prem. édit. est de 1697.

L'abbé Girard fit dans son temps ce que de nos jours a fait l'abbé Carron; il présenta, dans une série de biographies pieuses, des modèles pour toutes les conditions de la société.

On trouve dans tous les ouvrages de Girard de l'onction, des lumières, de la solidité; c'est surtout en s'étayant de l'autorité de l'Écriture Sainte, des Pères et des Conciles, que l'auteur propose les règles que chacun doit suivre. Il y règne une noble simplicité qui convient à cette sorte de livres. Du reste, les lecteurs qui cherchent l'esprit dans les livres de piété, des lumières, ne seront pas satisfaits de ceux de M. de Villethierri, qui paraît s'être appliqué à dire des choses utiles et solides, plutôt que d'en dire de neuves. *Biogr. univ.*

GIRARD-RAIGNÉ (R.).*Aventures d'un habitant noir, etc., trad. de l'angl. (1790). Voy. ce titre à la Table des Anonymes.

— Qu'en dira-t-on (le)? conte allégorique. *Paris*, 177:.

— Sens (les), poëme en 5 parties, à mademoiselle de L***. *Amsterdam*, 1769, in-8.

On a encore du même des *Poésies* dans l'Almanach des Muses. *Ersch.*

GIRARD VILLESAISON (...). Considérations sur les divers événements qui ont contribué aux progrès de la civilisation en Europe depuis le XIIe siècle jusqu'au XIXe. *Paris, Th. Barrois*, 1810, in-8.

— Mémoire sur cette question d'économie publique : Pour quels objets et à quelles conditions convient-il à un État républicain d'emprunter? *Paris, Desenne; Goujon fils*, an IX (1801), in-8 de 48 pag., 1 fr. 50 c.

GIRARDEAU (Nic.), docteur de la Faculté de théologie de Paris, chanoine, vicaire-général et official du diocèse d'Évreux.

— Prologomena, seu Prælectiones theologicæ de Religione, etc. *Parisiis, vid. Raym. Mazierès*, 1743, 2 vol. in-8.

GIRARDEAU (l'abbé). * Macariennes (les), poëme en vers gascons. *Nankin (Bordeaux)*, 1767, in-12 de 60 pag.

GIRARDET (P.-Alexis), jésuite, prof. de rhétorique à Strasbourg et à Dijon, et ensuite chanoine du chapitre de Nozeroy; né à Nozeroy, petite ville de Franche-Comté, en 1723, où il est mort, le 13 mars 1789.

— Système (nouv.) sur la mythologie. *Dijon, J.-B. Capel*, 1788, in-4.

L'auteur y traite du *Béthélisme*, c'est-à-dire, du lieu qu'habitait le Seigneur lorsqu'il gouvernait lui-même le peuple qu'il s'était choisi; et il cherche à prouver que toutes les religions ont tiré leur origine de celle des Juifs. Il y a beaucoup d'érudition dans cet ouvrage; mais les faits y sont mal classés, et le style en est peu agréable. On conserve à la Bibliothèque publique de Besançon la seconde partie de cet ouvrage en manuscrit, avec le privilége pour l'impression, qui ne put avoir lieu en raison des circonstances politiques des premiers temps de la révolution.

GIRARDI (Michel), anatomiste et physicien italien du XVIIIe siècle.

— Prolusio de origine nervi intercostalis. *Florentiæ*, 1791, in-12, seu *Parisiis*, 1792, in-12.

Ce discours, destiné à être prononcé à une ouverture de cours, et qui ne le fut point, est l'exposition d'un travail fort étendu et fort exact de Fontana, présenté par Girardi avec des applications heureuses à la théorie et à la pratique de la médecine. L'édition originale étant fort incorrecte; mais le baron Desgenettes en fit imprimer une très-élégante et très-correcte à Paris en 1792, et il en donna un extrait étendu dans le Journal de physique, de chimie et d'histoire naturelle de la même année. Girardi est auteur d'un certain nombre d'ouvrages en italien, lesquels n'ont pas été traduits en français, ni réimpr. en France.

GIRARDIN (Jacq.-Fél.), prêtre, doct. en théologie; né à Fréjus en 1678, mort curé de la même ville, le 13 juin 1753.

— * Histoire de la ville et de l'église de Fréjns, par M. G. C. D. E. T. *Paris, Delarue,* 1729, 2 part. in-12.

La première partie contient l'histoire civile, et la seconde l'histoire ecclésiastique. C'est l'ouvrage le plus complet qu'on ait sur ce diocèse; et cependant il n'est point recherché. L'Épître dédicatoire (au cardinal de Fleury) est attribuée à l'abbé Prévost.

— Histoire de S. Ansile, patron de Callas (près de Draguignan). *Aix*, 1750, in-12.

Ce patron avait échappé aux recherches de l'abbé Chastelain, et ne se trouve point dans son « Vocabulaire hagiologique ».

— Songe historique. Sans date, in-12 de 9 p.

C'est une pièce de vers sur la naissance de Corn. Gallus à Fréjus.

— Vie du serviteur de Dieu François Mets, né au Bar, hermite du cap Roux. *Aix*, 1752, in-12.

— Vie du serviteur de Dieu Laurens Bonhomme, solitaire près de Fréjus (prédécesseur de F. Mets à l'hermitage du cap Roux, et mort en 1704). Sans date (vers 1759), in-12.

GIRARDIN (J.-Bapt.), prêtre du diocèse de Besançon, mort à Mailleroncourt-Saint-Pancras, où il était curé, le 13 octobre 1783.

— Incrédule (l') désabusé par la considération de l'univers contre les spinosistes et les épicuriens. *Épinal*, 1766, 2 vol. in-12.

Cet ouvrage est la suite des *Réflexions physiques* (voy. plus bas). Dans la première partie l'auteur démontre l'existence de Dieu, et prouve sa sagesse par des raisons tirées de ses ouvrages: il s'attache, dans la seconde, à réfuter les objections présentées contre la Providence. Son style manque de correction et d'élégance; mais il est simple, clair, et quelquefois a de la chaleur.

— Lettre d'un gentilhomme à un docteur de ses amis, pour savoir s'il est obligé de se confesser au temps de Pâques à son curé, ou d'obtenir de lui la permission de s'adresser à un autre confesseur, avec la réponse du docteur. *Épinal*, 1762, in-12.

Attribuée à cet ecclésiastique.

— * Réflexions physiques en forme de Commentaire sur le chapitre VIII du livre des Proverbes, depuis le verset 22 jusqu'au verset 31. Par M. G. C. de M. *Paris, Vautrin*, 1758, ou *Besançon, Charmet*, 1759, in-12.

Le but de l'auteur est de prouver la bonté et la sagesse du créateur par l'ordre immuable de l'univers : il ne fait guère que répéter ce qu'on trouve dans tous les livres sur ce sujet; mais il a l'avantage de mettre d'importantes vérités à la portée de la classe commune des lecteurs.

GIRARDIN (le marq. René-Louis de), colonel de dragons; né à Paris, le 25 févr. 1735, mort à Vernouillet (Seine-et-Oise), le 20 septembre 1808.

— Composition (de la) des paysages sur le terrain, ou des Moyens d'embellir la nature près des habitations, en y joignant l'utile à l'agréable. IVe édition, rev. et corr. *Paris, Debray*, 1805, in-8, 2 fr. 50 c.

Ouvrage très-estimé. La prem. édit. est de Paris, P. M. Delaguette, 1777, in-8.

— Discours sur la nécessité de la ratification de la loi par la volonté générale. *Paris*, 1791, in-8.

On a encore de René de Girardin, des *Observations sur les eudiomètres*, dans le Journal de physique de Rozier, tom. XI, pag. 248 et suiv.

GIRARDIN (le comte Cécile-Stanislas Xavier de), ex-préfet de l'Oise, député de la Seine-Inférieure; né à Lunéville en 1765, mort à Paris, le 27 février 1827.

— Discours (ses) et Opinions. *Paris, A. Dupont*, 1828, 2 vol. — Journal et Souvenirs, Discours et Opinions. *Paris, le même*, 1828, 2 vol.; en tout 4 vol. in-8, 28 fr.

— Lettre à M. Musset-Pathay, auteur de l'ouvrage intitulé : « Histoire de la vie et des ouvrages de J.-J. Rousseau ». *Paris, P. Dupont*, 1824, br. in-8, 2 fr.

Lettre sur la mort de Rousseau.

— * Notice historique des descentes qui ont été faites dans les îles Britanniques, depuis Guillaume-le-Conquérant jusqu'à l'an VI de la république française. *Paris, Crapelet*, an VI (1798), in-4 de 43 pag.

— Opinion qui devait être prononcée dans la discussion du projet de loi relatif au crédit de 100 millions. *Paris, Plancher*, 1823, in-8, 60 c.

— Opinion sur la proposition de M. de La Bourdonnaye, tendant à exclure M. Manuel de la Chambre des députés. *Paris, le même*, 1823, in-8 de 8 pag., 75 c.

— Opinion contre le projet de loi relatif au remboursement et à la réduction des rentes cinq pour cent; prononcé dans la séance du 26 avril 1824, et dont l'impression n'a pas été votée. *Paris, Lhuillier*, 1824, in-8 de 28 pag.

— Opinion contre le projet de loi destiné à rétablir les substitutions, lue dans la séance du 9 mai 1826, par M. Méchin. *Paris, de l'impr. de Henri*, 1826, in-8 de 54 pag., ou *Paris, cour de Rohan*, n° 3 bis, 1826, in-32 de 80 pag., 25 c.

— * Promenade, ou Itinéraire des jardins d'Ermenonville, auquel on a joint 25 de leurs principales vues, dessinées et gravées par Mérigot fils. *Paris, Mérigot père*, 1788, in-8 de 68 pag.; ou *Paris, Brunot-Labbe*, 1811, in-8 de 64 pag., 15 fr.

GIRARDIN (le comte de), frère du précédent, capitaine des chasses du roi.
— *Projet de législation pour les chasses. *Paris, de l'impr. roy.*, 1817, in-fol. de 64 pag.

GIRARDIN (Saint - Marc). Éloge de Lesage. *Paris, F. Didot*, 1822 , in-8, 2 fr.

GIRARDIN (J.), pharmacien interne des hôpitaux civils et Paris.
— Éléments de minéralogie appliquée aux sciences chimiques. Ouvrage basé sur la méthode de M. Berzelius, contenant l'histoire naturelle et métallurgique des substances minérales, leurs applications à la pharmacie, à la médecine et à l'économie domestique; suivi d'un Précis élémentaire de géognosie. *Paris, Thomine*, 1826, 2 vol. in-8, 14 fr.

Avec Lecoq, autre pharmacien.

— Manuel (nouv.) de botanique, ou Principes élémentaires de physique végétale à l'usage des personnes qui suivent les cours de botanique du jardin du Roi, des facultés des sciences et de médecine. *Paris, Compère jeune*, 1827, in-18 avec 2 pl., 5 fr. 50 c., et fig. color., 6 fr. 50 c.

Avec Jules Juillet.

GIRARDOT (le P.), carme déchaussé.
— Sermons prêchés à la mission française d'Amsterdam pendant l'avent et le carême. *Bouillon et Paris, Lejay*, 1770-74, 3 vol. in-12.

GIRAUD (Cl.-Mar.), médecin et littérateur; né à Lons-le-Saulnier, en 1711, mort à Paris, vers 1780.
— *Diabotanus, ou l'Orviétan de Salins, poëme (en prose), trad. du languedocien. *Paris, Delaguette*, 1749, in-12.

Cet ouvrage a été réimprimé sous le titre de *la Thériacade, ou l'Orviétan de Léodon* (de Leoduna, nom latin de la ville de Lons-le-Saulnier), poëme héroïcomique ; suivi de la *Diabotanogamie, ou les Noces de Diabotanus*. Genève (Paris), 1769, 2 vol. in-12. Dans la Préface, qui est bien écrite, l'auteur passe en revue les poëmes épiques de toutes les nations, et établit plaisamment la supériorité du sien, non-seulement sur tous les poëmes modernes, mais même sur ceux d'Homère et de Virgile. La conduite de son ouvrage est régulière, et il y fait un emploi assez ingénieux des fables de la Mythologie; mais on lui a reproché le défaut d'invention, et un style trop surchargé d'épithètes. Le titre seul de ces poëmes, dit l'abbé Sabatier, est capable d'effrayer : il faut néanmoins avouer que l'auteur a su y répandre des traits d'esprit, de la morale, et quelques saillies d'une imagination pleine d'enjouement. L'Épisode de Solemnus (dans la *Diabotanogamie*) est comme un tableau d'Albane.

— Épître du diable à M. de Voltaire, par M. le marq. D***. *Avignon et Lille*, 1760, br. in-8. — Nouv. édit. *Paris, Mlle Bou-*

quet, 1823, in-8 de 16 pag., 1 fr.; et pap. vél., 2 fr.

Réimprimée séparément un grand nombre de fois dans l'intervalle de 1760 à 1823, et insérée dans le « Recueil des Satiriques du xviiie siècle ». Les traits en sont ingénieux et piquants ; et l'on trouva que le diable n'avait pas mal choisi son secrétaire.

— * Épître (en vers) sur les ecclésiastiques, adressée à l'abbé Lambert. *Paris*, 1759, in-12.
— Hymne pour le jour de la Pentecôte, couronnée par l'Académie de la Conception de Rouen, en 1778.
— *La Peyronnie aux enfers, ou Arrêt de Pluton contre la faculté de médecine. *Chez Minos (Paris)*, 1748, in-12.

Cette pièce a trait à la dispute qui s'était élevée entre les médecins et les chirurgiens pour la prééminence de leur art.

— * Procopade (la), ou l'Apothéose du docteur Procope, poëme en vi chants, en vers. *Londres (Paris)*, 1754, in-12.

La poésie, dit encore l'abbé Sabatier, y parle le langage du docteur Diafoirus, mais avec assez d'esprit et de talent pour faire regretter que le poëte ait choisi des sujets si bizarres.

— Traité sur le scorbut, traduit du latin (1778). Voy. MEILLEUR.
— Vision (la) de Sylvius Gryphalètes, ou le Temple de Mémoire. *Londres*, 1767, 2 vol. in-12.

Le second volume contient des Lettres mêlées de vers ; le Temple de l'hymen, en prose et en vers ; des Épîtres, des Stances, des Épigrammes, la Peyronnie aux enfers, et la Procopade. Le prem. vol. a été réimprimé, avec des corrections, sous ce titre : *Le Temple de mémoire, ou Visions d'un solitaire.* Paris, 1775, in-8. L'auteur, dit encore l'abbé Sabatier, eut mérité y avoir une place distinguée, s'il eût construit avec un peu plus de soin et plus de goût : on y trouve quelques traits agréables : mais ses jugements sont durs et parfois injustes, et l'ouvrage n'est réellement qu'une très-faible imitation du « Temple du goût », de Voltaire.

On a encore de Giraud des *Poésies fugitives* dans les Almanachs des Muses, et dans d'autres recueils du même genre. On lui attribue la Préface de l'Esprit, de l'abbé Desfontaines.

GIRAUD (J.-B.), de la congrégation de l'Oratoire; né à Troyes en 1701, mort à Rouen, le 5 octobre 1776.
— Fables de La Fontaine, trad. en vers latins (1765). Voy. LA FONTAINE.

GIRAUD, avocat. * Place patriotique avec un palais pour la permanence de l'auguste Assemblée nationale. *Paris*, 1790, in-8.

GIRAUD (P.). Appendice à l'ouvrage intitulé : Recherches sur l'art du statuaire des Grecs, ou Lettre à M. Émeric-David, *Paris, H. L. Peronneau*, an xiii (1805), in-8.
— Tombeaux (les), ou Essais sur les sépultures ; ouvrage dans lequel l'auteur rappelle les coutumes des anciens peu-

ples, cite sommairement celles observées par les modernes, donne les procédés pour dissoudre les chairs, calciner les ossements humains, les convertir en une substance indestructible et en composer le médaillon de chaque individu. Seconde édit., rev., corr. et accompagnée de plan, coupe et élévation d'un monument sépulcral à construire pour le département de la Seine et les environs. *Paris, l'Auteur,* an IX (1801), in-4 de 48 pag., 6 fr.

Voy. aussi ÉMERIC-DAVID.

GIRAUD (P.-Fr.-Fél.-Jos.), né à Bacqueville, en Normandie, le 20 septembre 1764, mort à Paris, le 26 février 1821.

— *Aristippe, com.-lyrique en 2 actes (et en vers libres). *Paris, Roullet,* 1808, in-4, ou *Paris, march. de nouv.,* 1810, in-8.

—— *Beautés de l'histoire des croisades et des différents ordres religieux et militaires qui en sont nés. Par M. G***, auteur des «Beautés de l'histoire de l'empire germanique». Nouv. édition. *Paris, A. Eymery,* 1824, in-12, 3 fr.

La prem. édit. est de 1820.

—— * Beautés de l'histoire de l'empire germanique, etc.; avec une Esquisse des mœurs, usages, sciences et arts de ces pays. Par M. G. *Paris, le même,* 1817, 2 vol. in-12 ornés de fig., 6 fr.

—— Beautés de l'histoire de l'Inde, etc., avec un Précis historique de la vie d'Hyder Ali Kan et de son fils Tipoo-Saëb. *Paris, le même,* 1821, 2 vol. in-12 ornés de fig., 6 fr.

—— Beautés de l'histoire d'Italie, ou Abrégé des Annales italiennes, avec le Tableau des mœurs, des sciences, etc., depuis l'invasion des barbares jusqu'à nos jours. III*e* édit. *Paris, le même,* 1825, 2 vol. in-12 ornés de fig., 6 fr.

La prem. édit. est de 1816.

Ce livre est bien mieux rédigé que les autres ouvrages que nous avons sous le titre de *Beautés.*

— Campagne de Paris, en 1814, précédée d'un Coup-d'œil sur celle de 1813, ou Précis historique et impartial des événements, depuis l'invasion de la France par les armées étrangères jusqu'à la capitulation de Paris, la déchéance et l'abdication de Buonaparte inclusivement; suivie de l'Exposé des principaux traits de son caractère et des causes de son élévation : rédigée sur des documents authentiques et d'après les renseignements recueillis de plusieurs témoins; accompagnée d'une carte pour l'intelligence des mouvements des armées, dressée et gravée avec soin. *Paris, le même,* 1814, in-8 de 124 pag.

La même année il en a été publié une *sixième* édition, rev., corr. et augm. sans que le Journal de librairie nous y ait préparés par les annonces des éditions 2 à 5.

— Mémoire sur la colonie de la Guyanne française, et sur les avantages politiques et commerciaux de sa possession, rédigé sur les notes d'un colon. *Paris, Charles; Cérioux,* 1804, in-8, 1 fr.

— Naissance de S. M. le roi de Rome, ode. *Paris, impr. de Brasseur,* 1811, in-4 de 12 pag.

— Précis des journées des 15, 16, 17 et 18 juin 1815, ou Fin de la vie politique de Napoléon Bonaparte. *Paris, A. Eymery,* 1815, in-8 de 96 pag., 1 fr. 50 c.

— Précis historique de tous les événements qui se sont succédé, depuis la convocation des notables, jusqu'au rétablissement de S. M. Louis XVIII sur le trône de France. (Nouv. édit. (posthume), corr. et considérablement augm.). *Paris, le même,* 1822, in-18, 1 fr. 50 c.

Cet ouvrage a été d'abord publié dans la Biographie moderne, qui a paru chez le même libraire.

On a encore de Giraud plusieurs romances et autres poésies fugitives dans divers recueils et ouvr. périodiques : il a travaillé à la rédaction des Tables du Moniteur, connues sous le nom de Girardin; à l'Observateur des spectacles, au Courrier de l'Europe, au Journal des hommes libres (1792—1800); au Journal de Paris (1793 et ann. suiv.); au Constitutionnel.

Il a fourni des articles à la Biographie moderne, etc. Leipzig (Paris), 1802, et à la Biographie universelle.

Comme éditeur on lui doit une nouvelle édition du Dictionnaire géographique de Vosgien, avec de nombreuses augmentations et une Préface (1810); des notes dans l'ouvrage de M. Reynaud sur les vers à soie (1817) : on lui attribue aussi la Préface des Mémoires de l'abbé Georgel (1817).

Giraud a laissé en manuscrit : une *Chronologie,* plusieurs drames lyriques, et un assez gr. nombre de poésies fugitives. *Mah.*

GIRAUD (Fleury), anc. prof. des maladies vénériennes.

— Heureux effets de l'association du quinquina avec diverses substances médicamenteuses. *Lyon, Maillet,* 1811, in-8 de 32 pag.

— Recherches sur la méthode la plus propre à guérir les maladies vénériennes. *Lyon, l'Auteur,* 1817, in-12 de 48 pag.

— Traité complet des moyens de guérir par le régime et les remèdes simples, les maladies vénériennes. *Lyon, le même,* 1814, in-12.

GIRAUD (le comte J.), fécond auteur dramatique italien, anc. député au Corps législatif de France.

— Pace (la) de 'Numi, dramma di un atto, pel giorno natalizio di S. M. il re di Roma, augusto infante di Napoleone il grande, etc.

Parigi, dai torchi di Dondey-Dupré, 1813, in-4 de 32 pag.

Ne s'est pas vendu.

De toutes les nombreuses pièces du comte Giraud, une seule, *le Précepteur dans l'embarras*, en 3 actes, a été traduite en français, en prose, et insérée dans les Chefs-d'œuvre des Théâtres étrangers : nos auteurs dramatiques l'ont imitée deux ou trois fois.

GIRAUD (J.-B.). Fables et autres légers morceaux de poésie. *Lille, imp. de Marlier*, 1815, in-12 de 36 pag.

GIRAUD (l'abbé), curé de la cathédrale de Clermont.

— Instruction sur le jubilé, prononcée dans l'église cathédrale de Clermont, le lundi 26 juin 1826. *Clermont-Ferrand, Thibaud-Lendriot*, 1826, in-8 de 36 pag.

— Traité du destin, trad. du latin avec des notes (1816). Voy. CICÉRON.

GIRAUD, ancien magistrat. * Histoire de l'esprit révolutionnaire des nobles en France, sous les 68 rois de la monarchie. *Paris, Foulon*, 1818, 2 vol. in-8, 12 fr.

GIRAUD (J.), professeur émérite.

— Relation de la mission de Sisteron, ou Lettres d'un père à son fils sur la mission de Sisteron. *Digne, imp. de Guichard*, 1825, in-8 de 24 pag.

GIRAUD DE LA CLAPE, ex-étudiant en droit.

— Appel aux Français en faveur des Grecs. *Paris, imp. de Constant-Chantpie*, 1821, in-8 de 16 pag.

— Remercîment d'un ex-étudiant en droit au prince Eugène, sur la demande des cendres de Napoléon aux membres de la Sainte-Alliance. *Paris, imp. d'Éverat*, 1821, in-8 de 8 pag.

GIRAUD DE SAINVILLE. Voy. à la Table des Anonymes : Mélanges sérieux, comiques et d'érudition.

GIRAUD DE SOULAVIE. Voy. SOULAVIE.

GIRAUDEAU (le P. Bonaventure), jésuite, célèbre humaniste ; professeur de rhétorique à la Rochelle ; né au bourg de Saint-Vincent sur Jard, diocèse de Luçon, en Bas-Poitou, le prem. mai 1697, mort le 14 septembre 1774.

— Abrégé de la grammaire hébraïque. *Paris (* Barrois l'aîné)*, 1758. — Nouv. édit. *Paris*, 1777, in-12.

— Aixiade (l'), ou l'Ile d'Aix conquise par les Anglais. 1757.

Poëme non achevé : d'après la France littéraire de 1769, il n'y aurait eu que les 24 premiers vers d'imprimés.

— Dictionarium hebraïcum, chaldaïcum et rabbinicum. *Parisiis, Saugrain*, 1777, in-4.

— Évangile (l') médité et distribué pour tous les jours de l'année, suivant la concorde des quatre évangélistes. (Publié par les soins de l'abbé DUQUESNE). *Paris, Breton*, 1773, 12 vol. in-12, ou 1778, 8 vol. in-12.

— Le même. Nouv. édit. augmentée de 80 plans de conférences et d'homélies, publiée par ROMAIN. *Paris, A. Leclère*, 1818, 2 vol. in-8, 15 fr.

La santé de P. Giraudeau ne lui ayant pas permis de publier lui-même cet ouvrage, il remit son manuscrit à M. de Beaumont, archevêque de Paris, qui chargea l'abbé Duquesne de le revoir et de le faire imprimer. Parmi les livres de dévotion, l'Évangile médité jouit d'une juste estime. Il offre non-seulement l'histoire évangélique, mais encore de judicieuses explications du texte.

L'*Évangile médité* a été souvent réimprimé depuis les deux premières éditions que nous citons, à Paris et dans les départements de la France, entre autres : à Avignon, chez Chambeau, 1817, 8 vol. in-12 (édition commune) ; à Lyon, chez Boget, 1817, 8 vol. in-12 ; à Paris, chez Beaucé-Rusand, 1818, 2 vol. in-8 ; de nouveau dans la même ville, chez Méquignon aîné, 1821, et à Lyon, chez Rusand, 1821, 8 vol. in-12 : ces quatre dernières éditions sont bonnes.

— Histoire et Paraboles du P. Bonaventure. *Paris*, 1766, in-12.

Ouvrage écrit d'un style simple et adapté à l'éducation de la jeunesse. Il a été souvent réimprimé, notamment dans ce siècle : Paris, Thomine, 1813 ; Lyon, veuve Buynand, 1813 ; Lille, Lefort, 1824 ; Paris, rue Palatine, 1825 ; Au Mans, veuve Dureau, 1825. Toutes ces éditions sont in-18. Il a reparu aussi, au moins en grande partie, dans la Bibliothèque Bleue. L'abbé Champion de Nilon a donné une continuation à cet ouvrage ascétique. Paris, 1786, in-12, souvent réimprimée (Voyez CHAMPION).

— * Les mêmes, sous ce titre : Paraboles, ou Fables et autres narrations d'un citoyen de la république chrétienne du XVIIIe siècle, mises en vers par César de MISSY. *Londres*, 1769, 1770, 1776, in-8.

— Introduction à la langue grecque. *La Rochelle*, 1751-55. — IVe édition. *Paris*, 1777, 5 part. in-12, 12 à 18 fr.

Ce cours de langue grecque est estimé, et ne se trouve pas facilement ; il contient : Livre pour la 5e. — Livre pour la 4e. — *Regulæ grammaticæ*, pour la 3e. — *Evangelium Matthæi*, gr. et lat., pour la 2e. — *Iliadis Homericæ* quatuor libri priores, grec et lat. pour la rhétorique.

Les deux premiers volumes sont en français, et les trois autres en latin. On y remarque, sous le titre d'*Odyssée*, un petit poëme héroïque en VI chants, dans lequel l'auteur a réuni, en six cent quatorze vers, tous les mots radicaux de la langue grecque, qui forment un texte suivi, une espèce d'Odyssée, au lieu d'être présentés chacun isolément comme dans les « Racines grecques de Port-Royal ». L'Odyssée du P. Giraudeau a été publiée séparément par Fl. Lécluse, qui l'a reproduite avec de savantes notes dans son « Manuel de la langue grecque ». Paris, 1802, in-8 : il l'a fait entrer aussi dans son « Panhellenismo ». Ce petit poëme a encore été réimprimé plusieurs fois depuis, sous le titre d'*Ulysse* (voy. plus bas).

— La même. Prem. partie. Nouv. édition. *Avignon*, *Séguin* aîné, 1818, in-12 de 136 pag.

— Lettre sur la Grammaire de Masclef....

— Praxis linguæ sacræ secundum litteras spectata, complectens grammaticam et dictionnarium hebraïcum biblio-chaldaïcum et rabbinicum. *Rupellæ*, 1757, in-4, 10 à 15 fr.

C'est un Dictionnaire hébreu-latin fait sur le plan du Lexicon de Schrevelius, et plus complet même (en quelques parties) que celui de Guarin, qui venait de paraître. Le P. Giraudeau prétend y avoir fondu tout le grand dictionnaire rabbinique de Buxtorf. L'ouvrage est précédé d'une Grammaire hébraïque, où l'article de lecture est surtout fort détaillé ; le premier chapitre de la Genèse y est donné tout entier pour exemple, avec une version littérale, et la manière de la prononcer avec et sans points. Pour rendre chaque lettre hébraïque par un seul caractère, l'auteur représente le *Tsadé* et le *Sin* par les lettres grecques ψ et ξ. Sa méthode pour lire l'hébreu sans points-voyelles paraît plus simple que celle de Masclef, et moins sujette à l'équivoque : elle consiste à intercaler un *o* entre deux consonnes, toutes les fois qu'elles se suivent dans un même mot. L'ouvrage est terminé par une ample table des abréviations rabbiniques, suivie des racines hébraïques (au nombre d'environ mille quatre cents), en trois cent cinquante vers hexamètres latins, divisés en trente leçons.

—Ulysses, poema heroïcum in quo regulæ radicesque omnes linguæ græcæ ad usum et praxim rediguntur in eorum gratiam qui brevi tempore græcos libros legere cupiunt. Græcè et lat. *Parisiis, Aug. Delalain*, 1825, in-12 de 76 pag., 2 fr. 50 c., seu *Avenione*, *Séguin*, 1826, in-8 de 40 pag.

— Le même, poëme, simplifié et mis en prose. *Nantes, Mellinet-Malassis, et Paris, Raynal*, 1826, in-12 de 72 pag.

—Le même, texte grec. *Toulouse, Vieusseux et fils*, 1827, in-12 de 36 pag.

— Le même, trad. du grec par F. LÉCLUSE, avec le texte grec en regard. *Toulouse, Vieusseux*, 1827, in-12 de 72 pag.

— Le même, expliqué en français par deux traductions, l'une littérale et interlinéaire, avec la construction des mots grecs suivant l'ordre naturel des idées; l'autre conforme au génie de la langue française au-dessous du texte pur, par M. l'abbé SOUTRA, ex-prof. de rhétorique au petit séminaire de Saint-Pé. *Paris, Delalain*, 1827, in-8 de 152 pag., 4 fr.

Poëme qui, ainsi que nous l'avons déja dit, est extrait de « l'Introduction à la langue grecque » de l'auteur : il en existe encore une autre édit. sous ce titre : *Odysseis, poema, in quâ regulæ radicesque omnes linguæ grecæ ad usum et praxim rediguntur.* Avenione et Parisiis, Tournachon, 1821, in-8, 5 fr.

GIRAUDEAU (P.), de Montpellier, négociant à Marseille.

—Abrégé des combinaisons des prix des changes des principales places. 1757, in-8.

—Art de dresser les comptes des banquiers, négociants et marchands. *Genève*, 1746, in-4.

— Art (l') de tenir les livres en parties doubles. In-4.

— Banque (la) rendue facile aux principales nations de l'Europe; suivie d'un nouveau Traité de l'achat et de la vente des matières d'or et d'argent; avec l'Art de tenir les livres en parties doubles, par P. GIRAUDEAU l'aîné, négociant : dernière édition, absolument refondue, corrigée avec soin, et dégagée de plusieurs formules commerciales que le temps a mises hors d'usage, et considérablement augmentée dans toutes les opérations des changes, de commerce, de banque, d'arbitrages, etc., etc.; avec un Traité de toutes les monnaies connues, leur valeur dans chaque pays, et leur rapport avec celles de France; précédée de Tableaux des poids, mesures et monnaies de la république française, comparatifs avec les anciens, et des moyens simples pour en opérer la réduction. Par une société de négociants. *Lyon*, an VII (1799), in-4.

C'est au moins une cinquième édition. Une édit., publ. à Genève en 1756, porte déja sur le frontispice : *revue et corrigée.*

— * Flambeau (le) des comptoirs, contenant toutes les écritures et opérations du commerce. *Marseille*, 1764, in-4.

— Guide (le) des banquiers de l'Europe, contenant les changes réciproquement faits de la France et de pays étrangers. *Paris, Vᵉ Cuvelier*, 1727, in-4.

— Tarif général pour le cinquantième en argent, lequel peut servir pour toutes sortes de rentes à 2 pour °/₀, avec les édits, arrêts, déclarations, mémoires et réglements concernant le cinquantième. *Paris, Cailleau*, 1736, in-8.

GIRAUDEAU (Mar.-L.), ex-chef de diverses administrations.

—Observations sur l'acte additionnel aux constitutions de l'empire du 22 avril 1815. Voy. DALMBERT (Marius-M.).

GIRAUDIAS (J.-J.-C.). Jeanne et Colin, conte dans le genre de Boccace. *Paris, Boucher; Delaunay*, 1823, in-8 de 20 p., 75 c.

GIRAUDY (Charles-François-Simon), médecin, secrétaire-perpétuel de la société de médecine pratique; né à Vaison, dans le comtat Vénaissin, vers 1770.

— Angine (de l') trachiale, connue sous le nom de croup. *Paris , Gabon*, 1812, in-8 , 2 fr. 5o c.

— Conseils aux femmes de quarante-cinq à cinquante ans sur les moyens de préve-nir ou d'arrêter les suites fâcheuses de leur temps critique ; trad. de l'angl. (1803).Voy. FOTHERGILL.

— Fièvre (de la). *Paris, Gabon ; Baillière*, 1826, in-8, 5 fr.

—Manuel des phthisiques (ou pulmoni-ques) dans lequel on a fixé le choix des moyens tant préservatifs que curatifs de cette cruelle maladie. *Paris, Crochard*, 1803, in-18, 1 fr.

— Morale (la) religieuse ne doit-elle pas être employée dans certains cas comme moyen curatif de l'aliénation mentale ? *Paris*, 1804, in-8.

— Tableau des indications thérapeutiques. *Paris, Gabon*, 1827, in-plano de 2 pag.

—Traité de thérapeutique générale , ou Règles à suivre dans le traitement des ma-ladies , avec 2 tableaux synoptiques. *Pa-ris, Gabon*, 1816, in-8, 6 fr.

M. Giraudy a ajouté de nombreuses notes au «Traité des maladies qu'il est dangereux de guérir», de D. RAYMOND (1808) : il est l'un des rédacteurs de la Revue médicale (1820).

GIRAULT , avocat. Essai sur une tra-duction libre des Comédies de Plaute(1761). Voy. PLAUTE.

GIRAULT (Bénigne), médecin franç. ; né à Auxonne, en 1725, mort en 1795 dans cette ville, où il avait été nommé médecin de l'hôpital après avoir terminé ses études tant à Paris qu'à Montpellier.

Il a publié des Observations sur les fièvres in-termittentes, insérées, en 1788, dans le second volume des Observations faites dans le département des hôpitaux, et d'autres de médecine pratique, qui ont paru en 1784 et 1785, dans les qua-trième et cinquième volumes du Journal de méde-cine militaire. On lui doit aussi deux Mémoires sur le privilége des gradués et sur le danger de per-mettre l'exercice de l'art de guérir à ceux qui ne peuvent justifier d'études préalables. (Dijon, 1754, in-8).

GIRAULT (P.). Commodités portatives, ou Moyens de supprimer les fosses d'aisance et leurs inconvénients. *Paris, Cailleau ; l'Auteur*, 1787, gr. in-8.

GIRAULT (J.), chirurgien-dentiste de la cour de Brunswick.

— Bonne (la) Mère, ou Traité des moyens de fortifier les enfants, de leur procurer une dentition heureuse, et de leur con-server les dents pendant toute leur vie. *Brunswick*, 1790, in-8.

—Mémoire sur la guérison d'une sciatique universelle. *Brunswick, P. F. Fauche, et*

Paris , Kœnig, 1800, in-8 de 54 pag. avec une pl., 1 fr. 80 c.

GIRAULT (Claude-Xav.), fils de Bé-nigne Girault , jurisconsulte et antiquaire , président de la commission permanente établie pour la recherche des antiquités du département de la Côte-d'Or, membre des Académies de Dijon, de Besançon , de la Société roy. des Antiquaires de France , et de plusieurs autres académies et soc. savantes ; né à Auxonne, le 13 avril 1764, mort à Dijon , le 5 nov. 1823.

— Annuaire historique et statistique de la Côte-d'Or, pour les années 1820-24. *Dijon, Gaulard*, 1820-24, 5 vol. in-12.

A la fin de l'Annuaire de 1824 , publié après la mort de l'auteur, on trouve une *Notice historique sur les ancêtres, le lieu de la naissance et la vie de saint Bernard*, de 36 pag.

— Archéologie de la Côte-d'Or , rédigée par ordre de localités, etc. *Dijon, Frantin*, 1823, in-8 de 40 pag.

—Combat de Fontaine-Française, soutenu par Henri IV en personne, et qui mit fin aux troubles de la ligue. *Dijon , Frantin, et Paris, Delaunay*, 1822, in-8.

Impr. d'abord dans les *Mém. de l'Acad. de Dijon*, en 1821.

— Conférence de Laône, entre l'empereur Frédéric Barberousse et Louis-le-Jeune. *Paris, Sajou*, 1811, in-8.

Extrait du *Magasin encyclopédique*, de juillet 1811.

— Désastres causés par l'armée de Galas dans le duché de Bourgogne, en 1636. *Dijon*, 1821, in-12.

Extrait de l'*Annuaire de la Côte-d'Or*, 1821.

—Description de deux tombeaux du moyen âge, et Notice historique sur Pierre et Hugues Morel, membre du grand-conseil des ducs de Bourgogne , fondateur de la familiarité d'Auxonne, sur la fin du XIVe siècle. *Paris, Sajou*, 1809, in-8 avec fig.

Extrait du *Magasin encyclopédique*, juillet 1809.

— Détails historiques et statistiques sur le département de la Côte-d'Or, ses arron-dissements , et sur chacun des trente-six cantons qui le composent. *Dijon, Gaulard*, 1818, in-8 de 100 pag. avec une carte.

— Discussion sur l'époque précise de la mort de saint Bénigne, et du séjour de Marc-Aurèle à Dijon. *Dijon*, 1817, in-8.

Extrait des *Mém. de l'Acad. de Dijon*.

— Dissertation historique et critique sur le lieu où la croix miraculeuse apparut à Constantin et à son armée. *Paris, Sajou*, 1810, in-8.

Extrait du *Magasin encyclopédique*.

— Dissertation sur le lieu de supplice de Brunehant. *Paris*, *Sajou*, 1810, in-8.

Extrait du *Magasin encyclopédique*, déc. 1810.

— Dissertation historique et critique sur la position de l'ancienne ville d'*Amagetobria*, aujourd'hui Pontailler-sur-Saône, et sur l'époque de sa destruction. In-8. — Seconde Dissertation sur la position d'*Amagetobria*, en réfutation des systèmes de ceux qui placent à Porentruy, chez les Rauraques, cette antique cité gauloise. *Dijon, Frantin*, 1811, in-8 de 40 pag.

La première Dissertation est extraite du tom. IV des *Mém. de l'Acad. celtique*, 1809.

— Dissertation sur l'époque et les causes de l'érection de la colonne de Cussi, et de sa restauration, etc. *Dijon, Frantin*, 1821, in-8.

— Éclaircissements géographiques et critiques sur la voie romaine de Châlons-sur-Saône à Besançon, et la position de Ponte-Dubis et Crusinie. *Paris*, 1812, in-8.

Extrait du *Magasin encyclop.*, janv. 1812.

— *Entrée solennelle de la reine Éléonore à Dijon en janvier 1530. Par C.-X.-G. *Dijon, Bernard-Defay*, 1819, br. in-24.

Extrait de l'Almanach du départ. de la Côte-d'Or, ann. 1819, tiré à 25 exempl.

— Essais historiques et biographiques sur Dijon. *Dijon, Vict. Lagier*, 1814, in-12, 4 fr.

M. Baudot aîné a publié une « Lettre à M. Girault, pour servir de Supplément à ses Essais historiques et biographiques sur Dijon. »

— Lettre à M. Millin, sur une monnaie (florin) du xiiie siècle. 1809, in-8. — Réplique de M. Girault à M. Baudot aîné, sur une monnaie du xiiie siècle. *Dijon, Frantin*, 1810, in-8.

La Lettre à M. Millin est extraite du *Magasin encyclopédique*, août 1809.

— Lettre à M. Millin sur un sceau de la Bazoche du xvie siècle. 1809, in-8. — Réponse de M. Girault aux derniers écrits publiés par M. Baudot aîné, sur un grand sceau du xvie siècle. *Dijon, Frantin*, 1809, in-8.

Cette Lettre est aussi extraite du *Magasin encycl.*, avril 1809.

— Lettre à M. C.-N. Amanton, insérée dans le Journal de Dijon et de la Côte-d'Or, des 16, 20, 23, 27 novembre 1822. *Dijon*, 1822, in-12 de 12 pag.

— Mémoire sur les noms et la source de la Saône. *Paris, Sajou*, 1812, br. in-8.

Extrait du *Magasin encyclopédique*, septembre 1812.

— Monuments des arts existant à Dijon. *Dijon, Bernard-Defay*, 1818, in-24.

Extrait de l'*Almanach du départ. de la Côte-d'Or*, pour 1818, tiré à 25 exempl. numérotés et signés par l'auteur.

— Nomenclature des hameaux écartés, fermes isolées du département de la Côte-d'Or; suivie du cours des eaux, et de l'Itinéraire du même département. *Dijon, Gaulard-Marin*, 1822, in-12.

— Notice des objets d'antiquités découverts dans le département de la Côte-d'Or. *Dijon, Frantin*, 1821, in-8 de 8 pag.

— Notice historique sur les aïeux de Jacques-Bénigne Bossuet et sa patrie d'origine. *Dijon, Frantin*, 1808, in-8 de 16 p. — Réponse à M. Baudot aîné, sur le même sujet. *Dijon, Frantin*, 1808, in-8 de 8 p.

— Notice sur Eumène et les écoles mœniennes d'Autun, et Discussion sur la valeur du sesterce. *Paris, Sajou*, 1812, in-8.

Extrait du *Magasin encycl.*, avril 1812.

— Notices sur l'ingénieur Didiet, sur le P. Fourcaud, ornithologiste, sur dom Merle, bénédictin. *Dijon*, 1816 ou 1817, in-8.

Extrait du *Journal de la Côte-d'Or*.

— Particularités inédites ou peu connues sur La Monnoye, Crébillon et Piron; avec des notes de M. C.-N. Amanton. *Dijon, impr. de Frantin*, 1822, in-8 de 20 pag.

Extrait du *Journal de Dijon*, des 5, 8 et 12 juin; 3 et 6 juillet 1822.

— Précis historique sur Fr.-Fél. Girault, baron de Martigny, colonel de dragons, officier de la légion-d'honneur. (Opuscule posth.). *Dôle, J.-B. Joly*, 1826, in-8 de 16 pag.

— Rapport sur les fouilles exécutées dans l'été de 1819, sur le plateau du Mont-Auxois, et sur les fouilles exécutées au mois de juillet 1819, dans la rue des Singes, à Dijon. *Dijon, imp. de Frantin*, 1820, in-8 de 32 pag.

— Recherches historiques et géographiques sur l'ancienne ville de *Dittatium*, aujourd'hui le Vieux-Seurre. *Paris*, 1811, in-8. — Nouvelles preuves en réfutation de ceux qui placent à Dôle cette ville ancienne.

Le premier opuscule, extrait du Magasin encyclopédique, mars 1811, a été réimprimé dans les Mémoires de la Société des Antiquaires de France, tom. Ier, 1817; le second est dans les Archives de l'Académie de Dijon, 1812.

— Réfutation du prétendu siége soutenu par la ville d'Auxonne, en 1586. *Paris, Sajou*, 1812, in-8.

Extr. du *Magasin encycl.*, mai 1812.

— Réponse à l'éditeur du « Guide du Voyageur à Dijon ». *Dijon*, 1822, in-8 de 8 p.

— Troisième écrit au sujet du volume intitulé : « le Guide du voyageur à Dijon ». *Dijon*, 1822, in-8 de 8 pag.

—Les Quarante erreurs historiques démontrées jusqu'à l'évidence ; la mauvaise foi matériellement prouvée dans les réponses fournies au nom du sieur Noëllat ; quatrième et dernier écrit au sujet du volume intitulé : le Guide du voyageur à Dijon. *Dijon*, 1823, in-8 de 32 pag.

Le titre du premier écrit nous est inconnu.

—Série, par ordre chronologique de faits, des dissertations et mémoires sur l'histoire des deux Bourgognes, composés jusqu'à 1822 et publ. par Cl.-Xav. Girault. *Dijon, imp. de Frantin*, 1821, in-8 de 8 p.

— Système de Bibliographie, extrait du Cours de Bibliographie (d'Achard) de Marseille, tom. III, chap. IV, n° 14. Sec. édit. *Dijon, Frantin*, 1809, in-8 avec un tableau.

— Tombeau découvert en avril 1819, à Savigny-sous-Beaune. *Dijon*, 1820, in-12.

Extrait de l'*Annuaire de la Côte-d'Or*, 1820.

— Voyage du roi Dagobert en Bourgogne. *Paris, Sajou*, 1812, in-8.

Extrait du *Magasin encyclop.*, juin 1812.

Indépendamment des ouvrages et des opuscules de Girault que nous venons de citer, il est encore auteur d'un grand nombre de dissertations qui n'ont pas été, comme les précédentes, tirées à part, et qui sont consignées dans les divers recueils scientifiques pour lesquels il les composa ; nous en donnerons ici l'indication chronologique : 1° Dissertation sur la question proposée, en 1788, par l'Académie de Besançon : En quel temps le comté d'Auxonne a-t-il été détaché de la province Séquanoise ? ouvrage qui a obtenu le prix ; 2° Étymologie des usages des principales époques de l'année et de la vie (Mém. de l'Acad. celtique, tom. II, 1808) ; 3° Lettre sur la position du *Pagus Arebrignus* (le Beaunois) (Esprit des journaux, février 1810) ; 4° Explication des emblèmes et inscriptions de l'une des portes de la ville d'Auxonne, celle du Jura (Mag. encycl., mars 1810); 5° Tombelle funéraire de Pouilly-sur-Saône, avec une pl. (Mém. de l'Académie celtique, tom. VI, 1810) : ce morceau fut imprimé d'abord dans le *Magasin encyclopédique* ; 6° Digression sur les quatre princesses de Bourgogne qui ont été reines de France (*id.*, nov. 1814) ; 7° Détails historiques sur les ancêtres, le lieu de naissance, les possessions et les descendants de madame de Sévigné (dans les Lettres inédites de madame de Sévigné, publ. en 1814 chez Klostermann, in-8, et réimpr. par Bossange en 1819, in-12) ; 8° la Fête du nouvel an chez les Hébreux, les Celtes, les Romains et les Francs (Journ. de la Côte-d'Or, févr. 1815) ; 9° Discussion sur le concile tenu en 1199, à Dijon, et sur les Chroniques de saint Bénigne (Mém. de l'Acad. de Dijon, ann. 1818) ; 10° Séjour de Henri IV à Dijon, pendant tout le mois de juin 1595 (*id.*, ann. 1818) ; 11° Tombeaux du Mont-Afrique, près Dijon, découverts en 1818 (*id.*, ann. 1819); 12° Entrées solennelles des rois et reines de France à Dijon, depuis Louis XI jusqu'à Henri IV (Journ. de la Côte-d'Or, 1819) ; 13° Rapports sur les fouilles exécutées, dans l'été de 1819, sur le plateau du Mont-Auxois, et sur les fouilles exécutées, au mois de juillet 1819, dans la rue des Singes, à Dijon, avec fig. (Mém. de l'Académie de Dijon, ann. 1820) ; 14° Opinion sur l'emblème des gobelets mis aux mains des personnages Gaulois, sur les monuments funéraires (Mém. de la Société roy. des Antiquaires de France, tom. II, 1820); 15° Monuments celtiques reconnus dans le département de la Côte-d'Or (*id.*, tom. VII, 1826); 16° enfin, pour compléter nos indications, nous ajouterons que Girault a fourni plus de 60 articles aux Biographies de Prudhomme et d'Eymery.

Comme éditeur, cet écrivain nous a donné les Lettres inédites de Buffon, J.-J. Rousseau, Voltaire, Piron, de Lalande, Larcher et autres personnages célèbres, etc., accompagnées de Notes historiques et explicatives, et de fac-simile de leur écriture et de leur signature. (Dijon, Gaulard-Marin, et Paris, Delaunay, 1819, in-8 et in-12).

Le nombre des manuscrits laissés par Girault est grand. M. Amanton, qui a consacré une Notice à ce fécond écrivain, dans son Journal de la Côte-d'Or, en a donné l'énumération : tous sont relatifs à l'histoire de Bourgogne ; l'un des plus importants est une Continuation de l'histoire du parlement de Bourgogne, jusqu'à sa suppression, pour servir de Supplément aux ouvrages de Paillot et de Petitot.

GIRAULT (l'abbé), chanoine honoraire de Troyes, doyen-curé de Bar-sur-Aube.
— Catéchèses (les) d'un pasteur à ses enfants, quelques semaines avant la prem. communion. *Paris, Beaucé-Rusand*, 1822, in-12, 2 fr. 50 c.
— Entretiens (les) d'un pasteur avec ses enfants, sur le symbole des apôtres, etc. *Paris, Adr. Leclère*, 1824, 3 vol. in-12, 7 fr.

GIRAULT (Auguste). Couronne funèbre offerte à Marie-Louise-Pauline Armand, pour l'anniversaire de sa mort. *Paris, imp. de Cellot*, 1823, in-8 de 62 pag.

GIRAULT (B.). A M. le général La Fayette : ode. *Paris, imp. de Cosson*, 1826, in-8 de 16 pag.

GIRAULT ( ), de St-Fargeau (Yonne).
— Annuaire du peuple pour l'année bissextile 1828. *Paris, Renard ; Lecointe et Durey ; Charles-Béchet*, 1827, in-24, 1 fr. 50 c.
— Dictionnaire de la géographie physique et politique de la France, faisant connaître, etc., rédigé sur des documents authentiques d'après un nouveau plan. *Paris, Renard*, 1826, 2 part. en un vol. in-8, 15 fr.
— Histoire nationale et Dictionnaire géographique de toutes les communes de la France, formant pour chaque département un ouvrage complet ; contenant : 1° une Iconographie instructive des grands hommes qui ont illustré chaque département ; 2° un superbe Atlas, dressé sur une très-grande échelle, par les meilleurs géographes, et vérifié sur les lieux par MM. les ingénieurs en chef ; 3° un Recueil de très-belles gravures, représentant les vues perspectives de tous les chefs-lieux de départements, celles des ports de France, et celles des monuments d'architecture les

plus intéressants ; 4° une Collection complète de costumes singuliers des habitants des diverses contrées de la France, dessinés d'après nature et coloriés avec soin ; 5° près de deux cents culs-de-lampe en bois, représentant des sites pittoresques ou des monuments historiques gravés exprès pour cet ouvrage par les meilleurs artistes ; 6° enfin, la Statistique particulière de chaque département, et le Dictionnaire général de toutes les communes, villages et hameaux intéressants, sous le rapport des arts, de l'histoire, du commerce et de l'industrie. Rédigé sur des documents authentiques. *Paris, Baudouin frères* (* *F. Didot*), 1828 et ann. suiv., in-8.

Cet ouvrage, commencé par MM. Baudouin, et qui se continue chez MM. F. Didot, formera 86 livraisons, que l'on pourra se procurer séparément : elles contiendront chacune un département. Cinq livraisons ont paru, savoir : Ille et Vilaine.—Loire-Inférieure. — Seine-Inférieure. — Aisne. — Eure-et-Loir. Prix de chaque livraison avec une carte et dix gravures, 8 fr.

GIRAULT DE KEROUDOU (l'abbé), licencié en théologie, ancien principal du collège de Cornouaille, professeur de philosophie au collège de Navarre.
—Leçons analytiques du calcul des fluxions et des fluentes, ou Calcul différentiel et intégral. *Paris*, 1777, in-8.
— Mémoire contenant 4 problèmes sur les suites, approuvés par l'Académie des Sc., avec addition du 5e problème. *La Haye et Paris*, 1770, in-8.
—Théorie du choc des corps. *Paris, Ve Barrois*, 1770, ou 1774, in-8.

GIRAULT DUVIVIER (C.-P.). Grammaire des grammaires, ou Analyse raisonnée des meilleurs traités sur la langue française; ouvrage mis par l'Université au nombre des livres à donner en prix dans les collèges, et reconnu par l'Académie française comme indispensable à ses travaux et utile à la littérature en général. VIe édit., rev. avec beaucoup de soin et considérablement augmentée. *Paris, Janet et Cotelle*, 1827, 2 vol. in-8, 15 fr.

La première édition parut en 1811, 2 vol. in-8.
— Traité des participes, avec de nouveaux développements, et accompagné de trois tableaux synoptiques. IVe édit. *Paris, les mêmes*, 1817, in-8, 2 fr.

Extrait de la « Grammaire des grammaires ». La prem. édit. de ce Traité est de 1815.

GIRECOURT (le comte de). * Essai sur l'histoire de la maison d'Autriche, par le comte de G***. *Paris*, 1778 et 1785, 9 vol. in-12.

— * Histoire des principaux événements arrivés en Europe, depuis 1733 jusqu'au traité d'alliance de 1756, pour servir de suite à l'Histoire de la maison d'Autriche. *Paris, Moutard*, 1786, 3 vol. in-12.

Cet ouvrage forme les volumes 7 à 9 du précédent.

GIRET-DUPRÉ (Louis-Pierre-Nicolas), docteur-médecin du 4e bureau de bienfaisance à Rouen.
— Rapport à M. le chevalier Stanislas de Girardin, sur les vaccinations opérées dans plusieurs communes des environs de Rouen, ravagées par la petite vérole en 1814; suivi d'une Instruction sur la manière de vacciner, etc. *Rouen, imp. de Baudry*, 1815, in-8 de 36 pag.

GIRIEUX (Mme An.-Mar. DUBREUIL DE SAINTE-CROIX, comtesse de), ancienne chanoinesse du chapitre de Neuville, près de Lyon; née à Rillieux, en Bresse, le 2 octobre 1752, morte à Chiloup, près de Montluel, le 18 avril 1825.
— * Recueil de Poésies fugitives, par Mme la comtesse de G....x, ancienne chanoinesse du chapitre de N. *Lyon, Bohaire*, 1817, 2 vol. in-12.

GIRIN (Barth.). * Imitation de J.-C., trad. du lat. (1712). Voy. KEMPIS.

GIROD (l'abbé C.-J.), anc. vicaire de la métropole à Paris et chanoine de Saint-Claude; né à Saint-Claude (Jura).
— Discours pour le baptême de M. Isidore Reichenbach, négociant, juif converti. *Paris, imp. de Demonville*, 1824, br. in-8.

Ne s'est pas vendu.
— Éloge de Jeanne d'Arc, pour l'anniversaire de la délivrance d'Orléans, le 8 mai 1429, prononcé dans la cathédrale de cette ville, le 8 mai 1826. *Orléans, impr. de Rouzeau-Montaut*, 1826, in-8 de 52 pag.
— Essai sur l'harmonie de la langue latine. *Paris*, 1809, in-12.
— * Fille (de la) légitime de Buonaparte, l'Université, ci-devant impériale et royale, protectrice de la confédération d'instruction, médiatrice des trente-six cantons académiques. Par M. C. J. G. P. D. S. C. (M. C. J. Girod, prêtre de St-Claude). *Paris, Laurens aîné*, 1814, in-8 de 84 pag.
— * Lettres d'un jeune Romain à une vestale. *Hambourg*, 1797, in-12.
— Oraison funèbre et historique de messire Nic. Thouvenin, chanoine, archiprêtre, official de Saint-Claude. *Paris, de l'imp. de Demonville*, 1829, in-8.

M. l'abbé Girod a été l'un des rédacteurs du « Spectateur du Nord ».

GIROD, avocat à Marseille.

Il est, avec M. Clariond, autre avocat, rédacteur du Journal de jurisprudence commerciale et maritime, etc. (1820). Voy. ce titre à la Table des Anon.

GIROD (F.), de l'Ain, officier supér. au corps royal d'état-major, etc.

— Traité (nouv.) sur la laine et les moutons (1824). Voy. PERRAULT DE JOTEMPS.

GIROD (J.), professeur au collége roy. de Bourbon.

— Dictionnaire spécial et classique des monnaies, poids, mesures, divisions du temps chez les Grecs, les Romains, les Juifs et les Égyptiens; suivi d'un Tableau comparatif des monnaies, poids, etc. des anciens, avec notre système décimal. *Paris et Lyon, Rusand,* 1827, in-8.

— Discours sur l'utilité de la méthode appliquée à l'enseignement, prononcé à la distribution des prix du collége royal de Bourbon, le 17 août 1826. *Paris, imp. de Guiraudet,* 1826, in-4 de 16 pag.

GIROD-CHANTRANS, anc. officier du génie, membre du corps-législatif et de plusieurs sociétés savantes.

— Entretiens d'un père avec son fils sur quelques questions d'agriculture. *Besançon,* 1805, in-8, 1 fr. 50 c.

— Essai sur la Géographie physique, le Climat, et l'Histoire naturelle du département du Doubs; ouvrage approuvé par la classe des sciences physiques et mathématiques de l'Institut, et dans lequel on trouve une cryptogamie, enrichie de la Description d'un grand nombre d'espèces inéd. *Paris, Courcier,* 1810, 2 v. in-8, 10 f.

— * Essai sur la destination de l'homme. *Aux Verrières de Suisse,* sans date, in-8.

Tiré à petit nombre.   *Barb.*

— Expériences faites sur les propriétés des lézards, tant en chair qu'en liqueurs. Nouv. édit. *Besançon,* 1805, in-12, 75 c.

— Notice sur la vie et les ouvrages du général d'Arçon; sénateur. *Paris, Magimel,* 1802, in-12.

— Observations microscopiques sur les plantes cryptogames....

— Recherches chimiques et microscopiques sur le nouvel ordre de plantes polipières (les conferves, les bisses, les tremelles, etc.). *Paris, Bernard,* 1802, in-4 avec 36 planches.

— * Voyage d'un Suisse dans l'Amérique, pendant la dernière guerre. *Aux Verrières suisses,* 1787, in-8.

Le Journal des mines renferme de cet écrivain les divers Mémoires suivants : 1° Lettre sur une mine de pétrole qui se trouve près de Poren-

trny (tom. III, 1796); 2° Observations sur la glacière naturelle de chaux, près de Besançon (tom. IV, 1796); 3° Conjectures sur la conversion de la chaux en silice, déduites d'observations faites dans les départements du Doubs, du Jura et de la Haute-Saône (tom. VIII, 1798); 4° Observations géologiques sur des carrières de pierres calcaires, composées d'oolithes et de débris de corps marins, situés dans le département du Doubs (tom. XXVI, 1809). Plusieurs Mém. de M. Girod-Chantrans sur le département du Doubs ont été encore impr. dans le Bulletin de la soc. d'encouragement. Beaucoup d'autres, sur différents sujets, font partie du Bulletin des sciences de la Société philomatique.

GIROD-NOVILLARS, frère aîné du précédent.

— *Essai historique sur quelques gens de lettres nés dans le comté de Bourgogne; avec une Notice de leurs écrits. *Besançon, Fél. Charmet,* 1806, in-8.

GIRODET (A.-E.), l'aîné. Manière (nouv.) de former un colombier, pour en tirer le meilleur parti possible. *Nevers, J.-B. Lefebvre, et Paris, Le Normant,* an IX (1801), pet. in-8 de IV et 32 pag., avec une pl. en bois, 75 c.

GIRODET (Anne-Louis), célèbre peintre et littérateur, membre de l'Institut; né à Montargis, le 5 janvier 1767, mort à Paris, le 9 décembre 1824.

— Amours (les) des dieux: recueil de compositions dessinées par Girodet, et lithographiées par MM. Aubry-le-Comte, Châtillon, Counis, Coupin de la Couprie, Dassy, Dejuinne, Delorme, Lancrenon, Monanteuil et Pannetier, ses élèves, avec un texte explicatif; rédigé par M. P.-A. COUPIN. *Paris, Engelmann,* 1825-1826, in-fol. de 16 pag. et 16 planch., 80 fr.

— Anacréon: recueil de compositions (au nombre de 54) dessinées par Girodet, et gravées par Châtillon son élève, avec la traduction en prose des Odes de ce poète (au nombre de 58), faite également par Girodet. *Paris, Chaillou-Potrelle,* 1825 et ann. suiv., gr. in-4, 108 fr., et avec les épreuves sur pap. de Chine, 180 fr.

Ce vol. a été publ. en 9 livraisons.

— *Critique (la) des critiques du salon de 1806. *Paris, Firmin Didot,* 1806, in-8.

— Énéide (l') et les Géorgiques : suite des compositions dessinées au trait par Girodet, et lithographiées par MM. Aubry-le-Comte, Châtillon, Counis, Coupin de la Couprie, Dassy, Dejuinne, Delorme, Monanteuil et Pannetier, ses élèves. *Paris, Chaillou-Potrelle,* 1823 et ann. suiv., in-4, 168 fr., et avec les fig. sur pap. de Chine, 236 fr.

Ce volume a été publié en 14 livraisons, dont

treize pour l'Énéide et une pour les Géorgiques.

— OEuvres (ses) posthumes.(poétiques et didactiques), suivies de sa Correspondance; précédées d'une Notice historique sur la vie et les ouvrages de Girodet, et mises en ordre par P.-A. Coupin. *Paris*, *Jules Renouard*, 1829, 2 vol. gr. in-8, pap. vél., ornés de 7 grav. et lithogr. exécutées d'après les dessins originaux de Girodet, 40 fr.

Volumes d'une belle exécution : le premier vol. est précédé de la Notice de M. Coupin, qui forme 87 pag.; à sa suite on trouve *le Peintre*, poëme en VI chants et en vers; des *Fragments* (en vers) de six Veillées. Le second volume renferme *Héro et Léandre*, poëme traduit du Musée; des Imitations en vers, d'Anacréon, au nombre de 40; des Imitations de divers poètes grecs et latins; des Considérations sur le génie particulier à la peinture et à la poésie; une Dissertation sur la grâce, considérée comme attribut de la beauté; De l'Originalité dans les arts du dessin; De l'Ordonnance en peinture; les Quatre Saisons, allégories, morceau qui a déjà paru dans les « Leçons françaises de littérature et de morale », publ. par M. Noël; Rapport sur les ouvrages de peinture, architecture et gravure en pierre et en médaille, lu à l'Institut le 5 octobre 1816; Sujet de tableaux. *Correspondance* (elle se compose de 72 lettres). Examen du combat d'Aboukir, tableau de M. Gros.

— Sapho, Bion et Moschus : recueil de compositions dessinées par Girodet, et gravées par M. Chatillon, son élève; avec la traduction en vers par Girodet de quelques-unes des poésies de Sapho et de Moschus, et une Notice sur la vie et les œuvres de Sapho, par M. P. A. Coupin. *Paris, Chaillou-Potrelle*, 1827-29, in-4 de 40 planch., 80 fr., et fig. sur pap. de Chine, 148 fr.

On peut se procurer séparément *Sapho*, 16 pl., 32 fr., et figures sur pap. de Chine, 52 fr. *Bion*, 12 planch., 24 fr., et fig. sur pap. de Chine, 48 fr. *Moschus*, 12 planches, 24 fr., et fig. sur pap. de Chine, 48 fr.

GIRONCOURT (H.-Ant. REGNARD DE), conseiller au bureau des finances de Metz et d'Alsace; né à Nanci, le 13 mai 1719, mort à Varangeville, près de Saint-Nicolas, le 10 janvier 1786.

— Mémoires contre un droit que le chapitre des chanoinesses de cette ville avait usurpé sur le commerce. *Épinal*, 1749-51, 2 part. in-fol.

— Traité historique de l'état des trésoriers de France et généraux des finances, avec des preuves de la supériorité de ces offices. *Nanci*, 1776, in-4.

Cet écrivain a laissé une Histoire de Lorraine et plusieurs Voyages dans ce pays. *Ersch*.

GIRONCOURT (REGNARD DE), fils du précédent.

— Précis statistique du département de la Meurthe, pour servir d'introduction au Dictionnaire topographique, historique et statistique du même département. 1802. in-8.

GIRONNET, de Dijon. * Carmentières, ou les Engagements rompus par l'amour. *Amsterdam*, 1754, 2 part. in-12.

GIRONTELI (le chev. de). Droits des Bourbons au trône de France. *Paris, Babeuf*, 1815, in-8 de 20 pag., 1 fr.

GIROT. * Morale (la) des patriarches et des prophètes, ou Choix des principales pensées des grands hommes de l'ancien Testament, des traits remarquables de l'histoire ancienne sacrée, et des exemples de piété et de vertu proposés par Dieu lui-même, par l'organe de ses prophètes; ouvrage destiné à l'éducation de la jeunesse de l'un et de l'autre sexe, et à faire suite à la Collection de moralistes anciens. *Paris, Poncelin*, 1801, 2 vol. in-18, 3 fr., et pap. vél., 6 fr.

— Moraliste (le) de la jeunesse, ou Pensées et maximes des plus propres à former le cœur et l'esprit, tirées des meilleurs écrivains français, avec des notices. *Paris, Onfroy*, 1801, ou *Paris, Lhuillier*, 1806, 2 vol. in-18, 3 fr. 50 c.; pap. vél., 7 fr.

GIROU (Ch.), agronome et littérateur, correspondant de l'Académie royale des sciences, du Conseil central et de la Société d'agriculture de Paris, membre des sociétés d'agriculture de Rodez et de Milhaud; né à Buzareingues (Aveyron).

— Essai sur la division indéfinie des propriétés. (Extr. de la Feuille villageoise de l'Aveyron). *Rodez, de l'impr. de Carrère*, sans date (1823), in-8 de 60 pag.

L'auteur y considère le morcellement des terres sous le rapport de ses influences sur la fortune publique, sur les mœurs et sur la population.

— Essai sur le bonheur....

Cité dans la Notice publiée par l'auteur.

— Essai sur les mérinos. *Paris, Mme Huzard*, 1812, in-8 de 112 pag., 2 fr. 50 c.

L'auteur y discute les avantages et les inconvénients d'élever la taille de cette race de moutons par une abondante nourriture; et en parlant des animaux de forte taille, il dit, que ce n'était que par une attention soutenue à choisir des béliers très-fins que l'on parvenait à conserver dans leurs produits la finesse des laines, *qui tendent à grossir et à croître en longueur, à mesure que l'animal grandit et croît en force*; il fait en même temps ressortir les avantages des races petites.

— Études de physiologie appliquées aux chevaux. (Extr. des Ann. de l'Agriculture française). *Paris, Mme Huzard*, 1814, br. in-8, 1 fr. 25 c.

On y trouve déterminées mathématiquement les

formes que doit avoir le cheval pour parcourir, toutes choses égales d'ailleurs, le plus d'espace dans un temps donné, et M. Girou y prouve qu'on ne doit s'attendre à conserver la race arabe dans sa perfection, qu'en la tenant dans les habitudes sous l'influence desquelles cette perfection lui est acquise.

— Génération (de la). *Paris, la même,* 1828, in-8, 5 fr. 50 c.

— Mémoire sur les attributions des principaux organes cérébraux, lu à l'Académie des sciences. (Extr. des Ann. des sciences natur.). *Paris, de l'impr. de C. Thuau,* sept. 1828, in-8 de 18 pag.

— Mémoire sur les poils. (Extr. de la Feuille villageoise de l'Aveyron). *Sans lieu, ni date (Rodez, de l'imp. de Carrère),* 1821, in-8 de 56 pag.

Réimprimé à Paris, avec des changements, dans le « Répertoire général d'anatomie et de clinique chirurgicale », 1828, et tiré de nouveau à part, in-4 de 32 pag., et in-8 de 54 pag.

L'auteur y a consigné un grand nombre d'observations, desquelles il a tiré des conséquences physiologiques qui trouvent une application très-utile dans la partie de l'économie rurale qui a les poils pour objet.

— Notice des travaux de M. Girou de Buzareingues, l'un des candidats présentés pour une place de correspondant, vacante à la section d'agriculture et d'économie rurale de l'Institut. *Paris, de l'imprim. de Mme Huzard,* 1826, in-4 de 4 pag.

— Observations sur les rapports de la mère et du père avec les produits relativement au sexe et à la ressemblance. (Extr. des Ann. des sc. natur.). *Rodez, de l'imp. de Carrère,* sans date, in-8 de 24 pag.

— Philosophie physiologique, politique et morale. *Paris, F. Didot,* 1828, in-8, 7 fr.

— Recrutement (du). *Rodez, de l'impr. de Carrère,* 1815, in-8 de 16 pag.

— Revenu (du) actuel d'une ferme dans le département de l'Aveyron. *Sans lieu d'impression* et sans date, in-8 de 20 pag.

Extrait du tom. 1er d'un ouvrage périodique.

— Sur l'empereur Napoléon et les Bourbons. *Rodez, Carrère,* sans date (26 mars 1815), in-8 de 16 pag.

— Utilité (de l') des théories rurales....

L'auteur fait en sorte de montrer aux cultivateurs les avantages qu'ils doivent attendre des sciences physiques, mathématiques et naturelles, et par conséquent de l'étude des sciences.

Indépendamment des Mémoires que nous venons de citer, M. Girou en a fourni beaucoup d'autres aux Annales de l'Agriculture française et au journal d'agriculture du département de l'Aveyron qui se publie sous le titre de la Feuille villageoise : on trouve, entre autres, dans le dernier de ces recueils deux *Mémoires sur la manière dont se développe le tournis chez les agneaux* (1821 et 1822); Sur la question : *S'il est avantageux de changer les semences,* et *de semer dans un lieu des grains provenant d'un autre lieu* ; et dans les Annales de l'Agriculture française, un *Mémoire sur le dépiquage des grains* (1826).

Nous terminerons notre Notice en disant que le zèle de M. Girou pour l'agriculture et les sciences naturelles lui a attiré la bienveillance du gouvernement et des savants. Il a obtenu quatre médailles et différents ouvrages à titre d'encouragement.

GIROU (L.), fils du précédent.

— Considérations sur l'anatomie comparée de l'hyoïde. (Extr. des sc. natur.). *Paris,* sept. 1826, in-8 de 8 pag.

GIROUARD (E.), officier de santé et accoucheur, anc. chirurgien des hôpitaux civils et militaires.

— Avis aux mères et nourrices, ou Conseils aux femmes pour les préserver des maladies du sein, ou les en guérir lorsqu'elles en sont attaquées; avec des Réflexions sur les maladies prétendues laiteuses. *Paris,* 1804, in-8.

— Défenseur (le) des accoucheurs et la Vérité au public, à l'occasion de l'accouchement de Mme Tardieu, épouse de l'artiste de ce nom, graveur de la marine, et du procès qui en a été la suite. On y a ajouté deux lettres sur le même sujet, et une invocation relative. *Paris, Martinet,* 1803, in-12, 1 fr. 20 c.

— Rose (la) sans épine, ou Vénus affranchie du repentir par la découverte d'un moyen infaillible de neutraliser les effets du virus vénérien. *Paris,* 1799, in-18.

GIROUD, ingénieur des mines, mort en....

Nous connaissons de lui plusieurs mémoires insérés dans le Journal des mines; les plus importants sont : 1° Avec Blavier, des Essais pour la carbonisation de la tourbe (tom. 1er, 1794); 2° (seul) un Rapport sur la fusion de la galène (tom. II, 1795); 3° un Essai sur la terre alumineuse de Royat (id., id.); 4° des Observations sur une mine de fer en sable des environs de Naples (tom. III, 1796).

GIROUD, maître de pension. A Monsieur Chenevaz, président de la Cour roy. de Grenoble, député de l'Isère. *Grenoble, imp. de Baratier,* 1825, in-8 de 12 pag.

En vers latins, avec une traduction en prose française.

— Amplissimo Academiæ gratianopolitanæ rectori, Mourre, ex ordine regis legionis honorandæ equiti. *Gratianopoli, ex typogr. Baratier,* 1825, in-8 de 48 pag.

En vers latins, avec une traduction en prose française.

GIROUST (le P. Jacq.), jésuite prédicateur; né à Beaufort en Anjou, en 1624, mort le 29 juillet 1689.

— Sermons (ses) (publ. par le P. Bretonneau). *Tours et Paris,* 1700-04, 5 vol. in-12.

— Vie (la) de saint Louis de Gonzague, de la compagnie de Jésus. *Montbéliard, imp. de Decker,* 1826, in-18 de 36 pag.

GIROUST. Éloge de Gresset. *Paris, Bailly*, 1786, in-8.

GIROUST. Reprise de la réclamation adressée au gouvernement français au déclin du dernier siècle et de la souveraineté du peuple, avec cette épigraphe : « Sic vos non nobis ». *Nogent-le-Rotrou, impr. de Lecomte*, 1825, in-8 de 56 pag. — Suite de la Reprise de la réclamation adressée au gouvernement franç., au temps du serment de haine à la royauté, au déclin du dernier siècle et de la souvenaineté du peuple, et au temps de serment de fidélité au Roi. *Nogent-le-Rotrou, de l'impr. du même*, 1826, in-8 de 32 pag.

GIRY (François), savant et pieux minime du xviie siècle.
— Vies des saints pour tous les jours de l'année, avec le Martyrologe romain. Nouvelle édit. *Paris*, 1715, 2 vol. in-fol.

La prem. édit. est de 1683.
Ce religieux est auteur de sept autres ouvrages dont la publication est antérieure au xviiie siècle, et qui n'ont pas été reproduits depuis cette époque.

GISBERT (Jean), jésuite et théologien français du xviie siècle.
— Antiprobabilismus, sive Tractatus theologicus fidelem totius probabilismi stateram continens. *Parisiis*, 1703, in-4.

La Biographie universelle donne le titre de quatre autres ouvrages de J. Gisbert, dont la publication appartient au xviie siècle.

GISBERT (Blaise), jésuite français du xviiie siècle.
— *Bon Goût (le) de l'éloquence chrétienne, par B.-G. J. Lyon*, 1702, in-12.
— Autre édition, avec des changements et augmentations, sous ce titre : « Éloquence chrétienne dans l'idée et dans la pratique». *Lyon*, 1715, in-4, et avec des Remarques de Jacq. LENFANT. *Amsterdam*, 1728, in-12.

Le P. Gisbert est encore auteur de quelques autres ouvrages dont la publication est antérieure au xviiie siècle.

GISBERT-DULCAT, premier juge en la cour criminelle du département des Pyrénées-Orientales.
— Observations sur la logique. *Paris, Brunot-Labbe*, 1807, in-8, 75 c.
— Observations sur le traité du 17 des calendes, août 1258, considéré principalement dans son rapport avec le Roussillon. *Perpignan, J. Goully*, 1790, in-4.

GISORS (Alphonse), alors sous-chef au ministère de l'intérieur.
— Rudiments (les) de la géographie, ou Traité de la sphère armillaire, du globe terrestre artificiel, et des cartes géographiques, auquel on a joint un Vocabulaire des termes les plus usités dans la géographie, l'hydrographie et la navigation. *Paris, Mme Ve Richard*, 1803, in-12, 2 f. 50.

On doit aussi à M. Gisors une nouvelle édition du Théâtre d'agriculture, etc., d'Olivier de Serres (1803). Voy. SERRES.

GISORS (G.), architecte des bâtiments civils.
— Thermes de Napoléon, projetés sur le terre-plein du Pont-Neuf. *Paris*, 1804, in-8.

GISSEY (P.), avocat. *Jurisconsulte (le) cartulaire. *Paris, Leclère*, 1701, in-12.

GISSEY (L.-A.). Traité (nouv.) de mnémonique, ou l'Art d'aider et de fixer dans la mémoire, appliqué à la géographie, à la chronologie et à l'histoire, avec 100 grav. *Turin, impr. soc.*, 1811, in-8.

GISSON (l'abbé). Défense de la tradition orale. 1759, in-12.

GIUDICELLY (l'abbé), ancien préfet apostolique du Sénégal et de Gorée.
— Observations sur la traite des noirs, en réponse au rapport de M. Courvoisier sur la pétition de M. Morénas. *Paris, imp. de Ve Jeunehomme*, 1820, in-8 de 28 pag.
— Réponse (sa) à une lettre de S. Exc. le baron Portal, ministre de la marine, en date du 30 avril 1821. *Paris, impr. de la même*, 1821, in-8 de 20 pag.

GIULO, de l'Académie des sciences de Turin.
— Rapport présenté à la classe des sciences exactes de l'Académie de Turin, le 27 thermidor, sur les expériences galvaniques faites, les 22 et 26 du même mois, sur la tête et le tronc de trois hommes, peu de temps après leur décapitation. *Turin, de l'imp. nation.*, an x (1802), br. in-4.

On trouve, dans le recueil de l'Académie dont M. Giulo est membre, les Mémoires suivants, écrits en français : Histoire d'un tétanos avec symptômes d'hydrophobie produit par le poison des cantharides, suivie de quelques Considérations physiologiques sur les sympathies nerveuses, et l'action des remèdes absorbés par les vaisseaux lymphatiques de la peau (tom. XII, 1804). — Avec M. ROSSI : Mémoire sur deux monstres, avec des Recherches sur la question : S'il faut rapporter tous les monstres à des causes accidentelles (id., id.).

GIUSSANO (Jean-Pierre), religieux italien de la congrégation des Oblats de S. Ambroise, au xvie siècle.
— Vie de saint Charles Borromée, cardinal du titre de Sainte-Praxède et archevêque de Milan, traduite de l'ital. par

Edme CLOYSAULT, directeur du séminaire de Châlons-sur-Saône. Nouv. édit., rev. et augm. du texte latin et de la traduction française des Discours synodaux du saint cardinal. *Avignon*, *Seguin aîné*, 1824, 2 vol. in-8.

La prem. édit. de cette traduction est de Lyon, 1685, in-4.

GIUSTINIANI (l'abbé Bern.). Voy. à la Table des Anonymes : *Histoire des ordres militaires*, etc.

GIVRY, ingénieur-géographe de la marine.

— Éclaircissements sur les positions géographiques déterminées en 1821, 1822 et 1823, sur les côtes de l'Amérique méridionale. *Paris, imp. de Huzard-Courcier*, 1825, in-8 de 28 pag.

Ne se sont pas vendus.

— Résumé des opérations hydrographiques faites en 1818 et 1819, pendant la campagne de la corvette la Bayadère et du brick le Favori, commandés par M. le baron Roussin, capitaine de vaisseau, etc. *Paris*, *imp. du même*, 1827, in-8 de 36 p.

GLACHANT. Art (l') d'écrire, selon M. Rossignol. *Paris*, 1742, in-fol.

En 1802, il en a été fait une nouvelle édition, ayant deux frontispices, l'un gravé et conforme au titre qui indique l'être indiqué; l'autre imprimé portant : Traité (nouvelle édition du) d'écriture de M. GLACHANT, enrichi de plusieurs pièces gravées d'après le chef-d'œuvre de M. Rossignol, etc. Revo, corrigé et augmenté de nouvelles pièces, par M. SIMONIN. Paris, *Jean, an x (1802), in-fol., 6 fr.

GLADBACH (Jean-Bernard). Pratique médicinale, traduite en franç. avec les Remèdes qui conviennent à la guérison de la plupart des maladies. Par M. D. V. M. C. (Jean DEVAUX). *Paris*, 1705, in-12.

GLADBACH (F.-G.), Hanovrien. Théorie complète de la langue allemande. *Paris et Strasbourg*, *Amand Kœnig*, 1803, in-8, 6 fr.

GLAISE (J.-A.). *Agrestes (les), par l'auteur des « Nuits élyséennes ». *Paris*, *Capelle et Renand*, 1805, in-18, 1 fr. 25 c.

— *Nuits (les) élyséennes. Par J.-A.-G. *Paris*, *Didot aîné*, 1801, in-8.

GLANIUS. Voy. STRUYS (J.).

GLANTZBY. Voyages (les) de Glantzby dans les mers orientales de la Tartarie, avec les Aventures surprenantes des rois Lorinan et Osmandar, princes orientaux; trad. de l'original danois. *Paris*, *Ve Delaulne*, 1729, in-12 de 349 pag. avec une carte.

GLATIGNY (Gabr. de), premier avo-

cat-général en la cour des monnaies de la ville de Lyon, et membre de l'Académie de la même ville, où il était né, le 10 octobre 1690, et où il est mort, le 24 mai 1755.

— Œuvres posthumes de Monsieur de***. *Lyon*, *Fr. Duplain*, 1757, pet. in-8.

C'est un recueil des harangues de l'auteur au palais et de ses Discours académiques. Les Harangues sont au nombre de sept; les Discours académiques sont au nombre de onze, parmi lesquels on remarque les suivans : Sur la bibliothèque d'Alexandrie; Vie de P. Rutilus Rufus ; Sur la vie d'Héraclite ; Sur l'Origine des communes (qu'il trouve dans les villes municipales des Romains, et dont Louis-le-Gros ne fut que le restaurateur); Sur les auteurs qui ont écrit sur la guerre de Troie; Sur l'usage des dictionnaires et sur les grammaires.

Biogr. univ.

GLATZ (J.). Monde (le) des enfants, ou Recueil d'historiettes, dédié aux bons enfants; trad. de l'allem. par M. l'abbé LIBERT. *Leipzig*, *Gerh. Fleischer*, 1810, in-12 avec 10 fig., 8 fr., ou 1814, 2 vol. in-4 avec fig., 16 fr.

GLEDITSCH (J. Gottl.), docteur en philosophie et en médecine, conseiller de cour, professeur en médecine et en botanique au collège royal de médecine et de chirurgie, directeur du jardin de botanique, et membre de l'Académie de Berlin, des académies de Stockolm et de Mayence; né à Leipzig, le 5 février 1714, mort le 5 octobre 1786.

Gleditsch est auteur de plusieurs ouvrages estimés, écrits en latin et en allemand, mais nous ne connaissons en français de lui que les Mémoires suivans, qui ont été imprimés dans le recueil de l'Académie de Berlin, de 1748 à 1784 : Observations sur la véritable Ostéocolle de la Marche de Brandebourg (tom. IV, 1748). — Conjecture sur l'usage des corps diaphanes de Michelius dans les champignons à lame, trad. du lat. (*id.*). — Expérience concernant la génération des champignons (tom. V, 1749). — Relation concernant un essaim prodigieux de fourmis, qui ressemblait à une aurore boréale, trad. du lat., avec une pl. (*id.*, *id.*). — Essai d'une fécondation artificielle, fait sur l'espèce de palmier qu'on nomme *Palma dactylifera folio flabelliformi*, trad. du lat. (*id.*, *id.*). — Système des plantes, fondé sur la situation et la liaison des étamines, trad. du lat., avec une pl. (*id.*, *id.*). — Observation sur la Pneumonanthe, nouveau genre de plante dont le caractère diffère entièrement de celui de la gentiane, trad. du lat., avec une pl. (tom. VII, 1751). — La Sépulture de la taupe, trad. du lat. (tom. VIII, 1752).—Des Sauterelles d'Orient, qui voyagent en troupes, et qui ont fait des ravages dans la Marche de Brandebourg en 1750, trad. du lat. (*id.*, *id.*). — Instructions nécessaires pour la connaissance de diverses plantes du pays, dont l'usage peut servir à épargner les chênes et l'emploi des matières étrangères dans la tannerie des cuirs (tom. X, 1754). — Dissertation sur un pommier à tige basse, en buisson, d'une espèce dégénérée, apétale, et de ses variétés, trad. du lat. (*id.*, *id.*). — Relation abrégée, concernant une excroissance monstrueuse, qui a été trouvée sur un sapin, trad. de l'allem. (tom. XIV, 1755). — Nouv. Observations pour servir de Supplément à l'Histoire de la nielle des blés (tom. XII, 1756). — Remarques abrégées sur quelques indices de ressemblance qui se trouvent entre les corps du règne animal et ceux du règne végétal, trad. de l'allem. (tom. XIII, 1757). — Remarques abrégées sur quelques traces de conformité entre les corps du règne végétal et ceux du règne animal, trad. de l'allem. (tom. XIV, 1758). — Éclaircissements historiques et physiques sur diverses plantes, qui ont été prises pour le véritable *Aegolethron* de Pline, trad. de l'allem. (tom. XV, 1759). — Considérations sur la multiplication précoce des abeilles, retrouvée depuis quelques années dans le Margraviat de Lusace, et qui avait été employée par les Romains à multiplier les essaims trop diminués, trad. de l'allem. (1760). — Sur une espèce de prolification très-rare, arrivée au centre du pistil dans un iris monstrueux, et sur une autre singulière dans un lis blanc, trad. du lat. (1761). — Nouv. Observations concernant deux cas particuliers de grenouilles, qui ont été trouvées dans l'état d'engourdissement où elles ont coutume de passer l'hiver, trad. de l'allem. (1762). — Dissertation botanique sur le *Carpobolus* de Micheli, trad. de l'allem., avec 2 pl. (1763). — Recherches succinctes sur l'Hypociste des anciens, trad. du lat., avec une pl. (1764). — Exposition abrégée d'une fécondation artificielle des truites et des saumons, qui est appuyée sur des expériences certaines (faite par un habile naturaliste), trad. de l'allem. (*id.*). — Nouv. Expériences physiques sur l'accroissement et la diminution du mouvement extérieur par lequel les plantes s'écartent de leur direction perpendiculaire, suivant la diverse température de l'air, trad. de l'allem., avec 2 pl. (1765). — Sur le vrai caractère naturel et générique de la plante nommée *Zietenia*, trad. du lat., avec 2 pl. (1766). — Relation de la fécondité artificielle d'un palmier femelle, réitérée pour la troisième fois, et avec un plein succès, dans le Jardin botanique de l'Académie royale de Berlin, trad. de l'allem. (1767). — Dissertation physico-économique sur la manière utile dont on peut employer quelques-unes des grandes espèces de la plante dite en allemand *Riedgras* (Carex Lin.; Gen. Plant. 482), en particulier pour faire de médiocres ou de petites chaussées sur des lieux marécageux, trad. de l'allem. (1768). — Correction caractéristique succincte du genre de l'*Albuca* et de l'*Alethris* de Linné, trad. du lat. (1769). — Relation succincte concernant la terre de Debrezin, pour servir de Supplément à l'Histoire naturelle du sel lixiviel minéral qui résiste au feu, trad. de l'allem. (1770). — Mémoire pour servir à l'histoire naturelle de la mousse, trad. de l'allem., en 2 part. (1771-73). — Considérations sur la chute des jeunes branches qui, dans certaines années, tombent en abondance des sapins de nos forêts, trad. de l'allem. (1775). — Nouv. Expériences concernant les dangereux effets que les exhalaisons d'une plante de l'Amérique septentrionale produisent sur le corps humain, trad. de l'allemand (1777). — Sur la Mandragore, dont l'histoire a été fort altérée dans l'antiquité, trad. de l'allem. (1778). — Nouveaux Éclaircissements concernant l'ancienne histoire fabuleuse qui se trouve dans Simon Pauli sur la plante de Norwège qu'on nomme *Gramen ossifragum Norwegicum Simon Pauli*, trad. de l'allem. (1781). — Considérations sur les caractères physiques des herbes proprement ainsi dites et des plantes qui en diffèrent, autant que les déterminations de ces caractères peuvent être déduites de l'ordre de la nature et de l'expérience, trad. de l'allem. (1782). — Notices relatives à l'histoire naturelle du Camphrier hors de sa patrie, et particulièrement dans le nord de l'Allemagne, avec une pl. (1784).

GLEICHEN (Fréd.-Guill. de), célèbre naturaliste allemand du XVIIIe siècle.

— Découvertes les plus nouvelles dans le règne végétal, ou Observations microscopiques sur les plantes, etc.; trad. de l'allemand par Jacq.-Fréd. ISENFLAMM. *Nuremberg*, 1770, 3 part en un vol. in-fol. avec 50 fig. color.

— Dissertation sur la génération, les animalcules spermatiques et ceux d'infusion, avec des Observations sur le sperme et différentes infusions; trad. de l'allem. (par LAVAUX). *Paris*, *Digeon*, an VII (1799), in-4 avec 34 planch., 12 fr.

Gleichen a publié sept ouvrages en allemand, et un grand nombre de Dissertations dans divers recueils scientifiques allemands.

GLEIZE, ancien oculiste du comte d'Artois et du duc d'Orléans, maître en chirurgie et oculiste du collège royal de chirurgie d'Orléans, et correspondant de plusieurs Académies.

— Observations (nouv.) pratiques sur les maladies de l'œil, et de leur traitement. Sec. édit., augm., etc. *Orléans*, *de l'imp. de Guyot aîné*, 1811, in-8 avec 4 pl. et le portr. de l'auteur, 6 fr.

La prem. édit. parut en 1786.

— Réflexions judicieuses contre le duel. 1790, in-8.

— Réglement de vie, ou Comment doivent se gouverner ceux qui sont affligés de la faiblesse de la vue, avec les moyens de s'en préserver. *Orléans et Paris*, 1787, in-8.

GLEIZÈS (J.-A.). Thalysie, ou Système physique et intellectuel de la nature, avec cette épigraphe:

Intrandum est in rerum naturam, et penitus quid ea postules pervidendum. Cic.

Paris, *à la libr. nation. et étrang.*, 1821, in-8, 1 fr. 50 c.

GLENAT. Bonheur (du) de la vie. 1754, in-12.

— Contre les craintes de la mort. 1757, in-12.

GLÉNISSON. Aperçu des générosités du Créateur sur la nature de l'âme. *Paris*, *F Didot*, 1804, in-12.

GLÉON (la marq. Geneviève SAVALETTE DE), née à Paris vers 1732, morte à Vicence en 1795.

— * Recueil de Comédies nouvelles. *Paris*, *Prault*, 1787, in-8.

Ce vol. renferme trois com. en prose qui sont: 1° l'Ascendant de la vertu, ou la Paysanne philosophe, en 5 actes; 2° la Fausse Sensibilité, en 5 actes; 3° le Nouvelliste provincial, en un acte.

GLEY (l'abbé Gérard), ancien professeur de philosophie et de théologie, aujourd'hui chapelain de l'hôtel des Invalides;

né à Gérardmer, diocèse de S. Dié (Vosges), le 24 mars 1761.

—Dictionnaire de poche français-allemand, et allemand-français. *Bamberg, Gebhardt,* 1812, 2 vol. in-12, 4 fr. 50 c.

La prem. édit. parut en 1795.

— Doctrine de l'Église de France sur l'autorité des souverains pontifes et sur celle du pouvoir temporel, conforme à l'enseignement de l'Église catholique, avec des Observations sur les lettres de Mʳ C. F. d'Aviau (de Bois-Sanzay), archevêque de Bordeaux. *Paris, Ad. Leclère,* 1827, in-8 de 40 pag., 1 fr. 50 c.

— Essais sur les éléments de philosophie, en français et en latin. *Paris, Gide,* 1817, in-8, 5 fr.

—Grammaire de la langue française, d'après celle de Wailly. *Bamberg,* 1795, in-12.

— *Histoire de Notre-Sauveur, d'après le texte des saints évangiles, selon l'ordre chronologique des faits, en soixante instructions; précédée d'une Harmonie des quatre évangélistes, pour les élèves du collège de Tours. *Tours, Mame, et Paris, l'Auteur,* 1819, 2 part. en un vol. in-12, 2 fr.

—Historia Franciæ, ab anno 420 ad 1820, tabulâ præeunte chronologicâ. Editio sec. *Turoni, Mame,* 1820, 3 part. in-12, 2 fr.

—*Journée (la) du soldat chrétien, sanctifiée par les bonnes actions, offerte à l'armée, par le chapelain d'une maison royale militaire. *Lyon et Paris,* 1827, in-32, 1 fr.

—Langue et littérature des anciens Francs. *Paris, Michaud aîné,* 1814, in-8, 5 fr.

« Sur un rapport fait à l'Institut, le ministre de l'intérieur accorda à l'auteur une récompense de 600 fr. Cet ouvrage, le seul qui jusqu'à présent ait paru en français sur la langue des anciens Francs, contient : 1° des Notes philosophiques sur cet ancien idiome; 2° les Règles de sa Grammaire; 3° l'Analyse des écrits publiés par les Francs, Mérovingiens, Carlovingiens, et par ceux qui ont vécu dans les deux premiers siècles de la troisième dynastie. Ces écrits sont au nombre de dix-neuf. Le premier est la Loi salique, dont on trouve à la Bibliothèque royale vingt et un manuscrits, un seul avec la version mérovingienne, et les autres avec la carlovingienne. Le second écrit francique, dont la Bibliothèque royale possède le manuscrit original, est du viiᵉ et viiiᵉ siècle. Le troisième écrit, parmi les Carlovingiens, est une paraphrase des livres évangéliques, composée en vers et en dialecte francique, par ordre de Louis-le-Débonnaire. Il est à désirer que l'auteur publie un Dictionnaire francique, et qu'il continue ses recherches sur une langue que nos savants connaissaient peu avant lui. »

— Leçons d'histoire, de géographie et de chronologie, pour diriger les élèves des écoles et séminaires dans leurs lectures et dans l'explication des auteurs classiques. Prem. cahier, histoire, géographie et chronologie ancienne, depuis la création jus-

qu'à J.-C. *Tours, Mame, et Paris, Selves fils,* 1822, in-12 de 24 pag., 25 c. — Second cahier, depuis J.-C. jusqu'à la fin de la race mérovingienne, depuis la prem. année de l'ère chrétienne jusqu'à l'an 750. *Paris, Adr. Leclère, Selves fils,* 1824, in-12 de 60 p., 50 c.

— M. l'abbé Dumonteil, sa cause devant les tribunaux; ses défenseurs; leurs plaidoyers. Mémoire pour l'église catholique. *Paris, Méquignon-Havard,* 1828, br. in-8.

— Philosophiæ Turonensis Institutiones, ad usum collegiorum atque seminariorum. *Parisiis, Adr. Leclère,* 1823-24, 3 vol. in-12, 7 fr. 50 c.

Ouv. estimé. Le prem. vol. est composé d'une Histoire de la philosophie, en français et en latin, 1822 ou 1823, que l'on peut se procurer séparément.

— Voyage en Allemagne et en Pologne, pendant les années 1806-1812, avec des notes relatives à l'ambassade de M. de Pradt, archevêque de Malines, à Varsovie (des détails jusqu'ici inconnus sur les amazones de Bohème, etc.). *Paris, Gide fils,* 1816, 2 vol. in-8, 7 fr. 50 c.

L'abbé Gley est l'un des rédacteurs de la Biographie universelle; il lui a fourni les articles suiv. : Corvin (Mathias); Nestor, le père de l'histoire russe; Origène, Poniatowski, Tarnowski, Sainte Thérèse, Tordenskiold, Torfée, Ulphilas, les Wassili, Werceslas, Wladislas, Wratislas, Vladimir, Zamoyski, Zaïonczek, etc. Il a travaillé aussi aux « Tablettes du clergé », au « Bulletin des sciences » de M. de Férussac, et il est l'un des éditeurs de la « Collectio SS. Patrum ».

Comme éditeur, cet ecclésiastique a donné l'Ordonnance royale et la Charte, avec la version latine en regard. (*Paris,* 1818, in-8).

L'abbé Gley s'occupe d'une *Histoire ecclésiastique,* pour diriger les leçons dans les séminaires : elle sera mise prochainement sous presse, et formera 6 vol. in-12.

GLORIOT. * Bibliothèque d'un littérateur et d'un philosophe chrétien, ou Recueil propre à diriger dans le choix des lectures. *Besançon, J. Petit,* 1820, in-4 oblong.

Avec l'abbé Tharin.

« Les auteurs disent, dans leur Préface, que ce n'est pas aux bibliomanes qu'ils présentent leur travail; ils ont eu en vue les personnes du monde; et en particulier les jeunes gens et les jeunes ecclésiastiques. Malheureusement cet ouvrage est défiguré par une multitude de noms estropiés, d'indications fautives, et de jugements qui prouvent plus de piété que de lumières. *Barb.*

GLOVER (Rich.), poète anglais du xviiiᵉ siècle.

— Léonidas, trad. de l'angl. (par J. Bertrand). *La Haye, J. M. Husson,* 1739, in-12.

Il existe une autre traduction de cet ouvrage, mais moins exacte et moins complète. Genève, Barillot, 1738, 2 part. in-12. *Barb.*

La tragédie de *Médée* de Glover a été trad. en franç. (et en prose) avec les chœurs en vers par M. de

Saint-Amand et impr. dans le Théâtre anglais de la baronne de Wasse.

Glover est l'un des nombreux écrivains à qui l'on attribue les célèbres « Lettres de Junius ». Voyez (tom. Ier et au Supplément) BOYD.

GLUTZ - BLOTZHEIM (Robert). Manuel du voyageur en Suisse, quatrième édition originale, trad. de l'allemand. *Zurich, Orell, Fussli et comp., et Genève et Paris, Paschoud*, 1819, in-8 sans carte, 4 fr., et avec la carte, 7 fr.

Traduction réimprimée à Zurich en 1828, in-8 avec une carte et une vignette.

— Le même, sous le titre de Nouveau Manuel du voyageur en Suisse, contenant la description de tous les lieux remarquables de cette contrée; trad. de l'allem., augm. d'un Précis historique et statistique sur la Suisse, d'instructions nécessaires aux étrangers pour le parcourir, etc. *Paris, Mac-Carthy; Pillet aîné*, 1824, in-12 avec une carte, 5 fr. 50 c.

GMELIN (J. Geo.), botaniste-voyageur allemand du XVIIIe siècle.

— Voyage en Sibérie, contenant la description des mœurs et usages des peuples de ce pays, le cours des rivières considérables, la situation des chaînes de montagnes, des grandes forêts, des mines, avec tous les faits d'histoire naturelle qui sont particuliers à cette grande contrée. Trad. de l'allem. par de KÉRALIO. *Paris, Ve Desaint*, 1767; 2 vol. in-12.

Traduction abrégée de l'ouvrage publ. sous ce titre par Gmelin, à Gottingue en 1751-52, 4 vol. in-8 avec fig. Il en existe une autre insérée dans le tom. XVIIIe de «l'Histoire générale des Voyages », de Prévost. Ces deux extraits sont faits d'une manière autrement différente : chacun a son avantage et ses défauts. Le sec. donne au moins les cartes et les figures de l'original.

Un *Sermo academica de novorum vegetabilium post creationem divinam exhortu*, de Gmelin (publ. à Thubingue, en 1749), a été traduit en français par Kéralio, et inséré dans sa collection des différents morceaux sur l'histoire du Nord.

GMELIN (Sam.-Théoph.) , neveu du précédent, médecin et voyageur.

Voyez à la Table des Anonymes : *Histoire des découvertes faites par divers savans voyageurs.*

GMELIN (Léop.), professeur à l'Université de Heidelberg.

— Chimie organique, appliquée à la physiologie et à la médecine, contenant l'analyse des substances animales et végétales ; trad. de l'allem. d'après la seconde édition, par J. INEICHEN. On y a joint des notes et des additions sur diverses parties de la chimie et de la physiologie de M. VIREY. *Paris, Ferra jeune*, 1823, in-8, 6 fr.

— Recherches expérimentales, physiolo-

giques et chimiques sur la digestion, etc. (1826). Voy. TIEDEMANN (Fr.).

— Recherches sur la route que prennent diverses substances pour passer de l'estomac et du canal intestinal dans le sang, etc. (1821). Voy. TIEDEMANN (E.).

GOART, docteur de Sorbonne. *Première lettre à Mlle H***, sur la religion catholique. Nanci*, 1748, in-12.

Il y a une seconde Lettre du même auteur sur le même sujet.

GOBAIN (P). Voy. MOULINIER.

GOBEL (de), conseiller aulique à Helmstadt.

— *Réponse à la lettre de M. de B., touchant la question : Si un prince peut en recevoir et protéger un autre?* etc. 1736, in-4.

GOBEL (J.-B.), né à Thaim, en 1727, mort à Paris en 1794.

— Recueil de quelques particularités sur la vie et la mort de Voltaire. 1781, in-8.

GOBEMOUCHE (Léonard), pseudon. Voy. WILLEMAIN D'ABANCOURT.

GOBE-MOUCHE (M.), pseudon. Voy. GRAVILLE.

GOBERT. * Fausse (la) marquise, mélodrame en 3 actes (en prose), par MM*** *Paris, Barba*, an XIII (1805), in-8.

Avec Dubois.

Cette pièce a été reproduite, sans autre réimpression que les quatre premières pages, sous le titre de la *Dame du château, ou la Ressemblance*, mélodr. com. Paris, Barba, 1816, in-8.

— Tipoo-Saïb, ou la Prise de Seringapatam, mélodrame historique, en 3 actes, en prose. *Paris, le même*, an XII (1804), in-8.

Avec J.-B. Dubois.

GOBERT (C.), prof. de rhétorique en l'Académie de Paris.

— Compendium historiæ romanæ, ou Cours d'histoire romaine, en latin, extrait principalement de Tite - Live, à l'usage des collèges et des institutions. *Paris, Delalain*, 1826, in-12, 3 fr. 50 c.

GOBET (Nic.), garde des archives de Monsieur, mort vers 1778.

— Anciens (les) minéralogistes du royaume de France, avec des notes. *Paris, Prault*, 1779, 2 vol. in-8.

— Examen d'une dissertation sur le comté d'Hédin....

— Lettre sur la garde des églises. 1777, in-4.

— Lettres critiques sur l'histoire de Flandre et du roi sur la ville d'Hédin....

— *Réflexions sur l'histoire d'Auvergne. *Riom*, 1771, in-4.

— Sacre et couronnement de Louis XVI, roi de France et de Navarre, à Reims, le 11 juin 1775; précédé de Recherches sur le sacre des rois de France (par GO-BET), et suivi d'un Journal historique de ce qui s'est passé à cette cérémonie (par l'abbé PICHON), avec figures gravées par Patas. *Paris, Vente*, 1775, in-4.

Gobet a été l'éditeur des *Mémoires de Louis de Nogaret*, cardinal de la Valette, etc., rédigés par Jacq. TALON, son secrétaire (1772) (Voy. TALON); en société avec Faujas de Saint-Fond, des OEuvres de Bern. de Palissy (1777); et seul, il a donné une nouv. édit. des *Essais de J. Rey*, sur la recherche de la cause pour laquelle l'étain et le plomb augmentent de poids quand on les calcine (1777), voy. REY.

GOBET *Contes et Épigrammes, par le citoyen ***. *Paris*, vendémiaire an VIII (1800), in-8.

— *Contes, Fables et Épigrammes. *Paris*, an IX (1801), in-18.

— Contes, Fables et Épigrammes, suivis de M. Feuilleton, scène épisodique, par M***. *Paris*, nivose an XIII (1805), in-18.

Ces deux dern. ouvrages, réunis aux Contes et Épigrammes, forment la collection des *Contes de M. Gobet*. *Barb.*

— Fables nouvelles. *Paris*, 1786, in-8.
— * Gageure (la), ou Lettre du rédacteur de l'article « Spectacles » dans le fameux feuilleton, à M***. *Paris, Dabin*, 1803, in-8.

— *M. Feuilleton, ou Scène additionnelle (en vers libres) à la comédie du « Mercure galant » de Boursault. *Paris, de l'imp. des sciences et arts*, an XII (1804), in-8.

GOBIER. Voy. MORAND.

GOBINEAU (B.). Traité élémentaire d'arithmétique, utile aux personnes qui enseignent et à celles qui étudient cette science. *Paris, Boucher*, 1822, 2 vol. in-8, 10 fr.

GOBINET (Charles), docteur de la maison et de la société de Sorbonne; né à Saint-Quentin, en 1613, mort à Paris, le 9 mars 1690.

— Instruction chrétienne des jeunes filles, tirée pour la plus grande partie de « l'Instruction de la jeunesse, etc. » Nouv. édit. *Paris*, 1709, in-12. — Nouvelle édition. *Lille, Lefort*, 1820, in-18.

La prem. édit. est de 1682.

— Instruction de la jeunesse en la piété chrétienne, tirée de l'Ecriture sainte et des SS. Pères, divisée en cinq parties. Nouvelles éditions. *Troyes, Jacq. Oudot*, 1704;

Reims, Pottier, 1714; *Paris, Leclerc*, 1714; *Sainte-Menehoulde, Gabr. de Liège*, 1719, ou *Paris, Méquignon junior*, 1822, in-12; et *Paris, rue Garancière*, 1826, in-12.

De tous les livres de Gobinet, c'est celui-ci qui a eu le plus de vogue. On s'en servait autrefois dans les écoles pour y apprendre à lire. Aussi depuis sa première édition, qui a été publiée à Paris en 1655, a-t-il eu tant de réimpressions, particulièrement dans nos provinces, qu'il serait impossible d'en fixer le nombre.

— La même, édition retouchée par un professeur de l'Université de Paris (par M. MENERET), suivant le plan de M. Lhomond. *Paris*, 1804; *Lille*, 1815, in-12.

« Il serait à désirer que cette édition fût généralement substituée aux anciennes, qui conviennent peu aux mœurs actuelles de la jeunesse. »
Barb.

Un ecclésiastique, nommé Mortier (et non Morier, comme le nomme la *Biographie universelle*), s'avisa, en 1705, d'en détacher le quatrième chapitre, sur la *Correction fraternelle*, et y ajouta des réflexions qui conseillaient la délation. L'ouvrage fut supprimé, et l'auteur admonesté.

Il existe une *Critique de la correction fraternelle*. Bâle, Schouten, 1707, in-12 de 167 pag. L'anonyme contredit avec énergie Gobinet lui-même, qui, si on l'en croit, a ouvert la voie aux folies de Mortier.

— Instruction (Addition à l') de la jeunesse, contenant cinq traités : 1° De l'Imitation de la jeunesse de Notre-Seigneur; 2° de la Dévotion à la Vierge; 3° de la Prière; 4° de l'Oraison dominicale; 5° de la Méditation. Nouv. édit. *Paris, Ch. Leclerc*, 1714, in-12.

La prem. édit. est de 1689.

— Instruction sur la manière de bien étudier. (Nouv. édit.). *Paris, le même*, 1746, in-12.

Formant le 6e vol. des OEuvres de Gobinet. La première édition de cette Instruction parut en 1689.

— Instruction sur la pénitence et la sainte communion; seconde partie de « l'Instruction de la jeunesse ». VIIe édition. *Paris, le même*, 1715, in-12. — VIIIe édit. *Paris*, 1725, in-12.

La prem. édit. est de 1677.

— Instruction sur la religion, où l'on traite des sentiments qu'il faut avoir de Dieu, de Jésus-Christ, de l'Eglise catholique et de la Vertu. Troisième partie de « l'Instruction de la jeunesse ». Nouv. édit. *Paris*, 1735, in-12.

La prem. édit. est de 1687, in-12.

— Instruction sur la vérité du Saint-Sacrement. *Paris, Lecointe*, 1667, in-12.

Première édition. Ce livre a dû être réimprimé pendant le dix-huitième siècle, quoique nous n'en ayons pas trouvé d'éditions.

Tous ces ouvrages ont vieilli pour le langage; mais la morale en est si pure et si substantielle, ils peuvent si bien contribuer à inspirer l'amour des vertus chrétiennes, qu'ils mériteraient que quelque main habile prît la peine d'en retoucher le style, pour ôter tout prétexte à les écarter de l'éducation, où ils ont été et peuvent être encore si utiles.

Biogr. univ.

GOBLET (F.-V.), né à Coucy-le-Château (Aisne), en 1768.

— Dictionnaire administratif et topographique de Paris, du commerce, des arts et des produits en tous genres de l'industrie qui s'y trouvent, à l'usage des Français et des étrangers. *Paris, Allut, 1808, in-18, 2 fr. 50 c.*

—Indispensable (l'), ou le Fidèle conducteur des étrangers dans Paris. *Paris, l'Auteur, 1820, in-4 avec carte, 4 fr.*

— Itinéraire de Paris à toutes les villes de France et aux principales villes du monde, par toutes les routes praticables, etc., extrait de la troisième édition de Paris et sa banlieue, deuxième partie, corrigée avec soin. *Paris, Anselin et Pochard; Ponthieu; Martinet; Boucher, 1825, in-12, 2 fr.*

Volume servant de continuation au suivant.

— Paris et sa banlieue, ou Itinéraire des administrations, monuments et rues capitales; suivi de l'Itinéraire de Paris à toutes les villes du royaume, etc. IVe édit. *Paris, Anselin et Pochard; Delaforest; Ponthieu; Martinet, 1825, in-12, 2 fr.*

L'édit. précédente est in-8.

— Pierre de touche sur le commerce du numéraire et de l'assignat. 1792, in-8.

— Tableau des hôtels garnis et particuliers de Paris, avec le prix qu'il en coûte en temps ordinaire, et leur importance; contenant, en outre, etc. *Paris, l'Éditeur, 1817, in-8 de 192 pag.*

GOBLIN (D.-J.), docteur en médecine de la Faculté de Paris.

— Réflexions critiques sur la pratique médicale, etc. *Paris, imp. de Gratiot, 1821, in-8 de 28 pag.*

— Manuel du dentiste, à l'usage des examens, ou Traité de chirurgie dentaire, considéré sous les rapports anatomique, physiologique, hygiénique et pathologique. *Paris, Compère; l'Auteur, 1827, in-8, 5 fr.*

GOCHERAND, sculpteur marbrier à l'entreprise générale des monuments funéraires.

— Observations sur les vices de construction des monuments funéraires, et des moyens de les préserver autant que possible des injures du temps. *Paris, imp. de Hocquet, 1822, in-4 de 8 pag.*

GODAILH. Voy. GOETHE.

GODARD (J.-Jacq.-Fr.), prêtre, de l'Académie de Caen, prof. de rhétorique dans la même ville.

— In teterrimum Ludovici XV parricidium, oratio. 1757, in-4.

GODARD (l'abbé L.), né en 1741, mort à Rome en 1824.

—* Examen critique et raisonné de la résolution du 17 floréal an IV, relative aux prêtres dits réfractaires. *Paris, Leclère, an IV (1795), br. in-8.*

— * Rapport général des contestations relatives à la promesse de fidélité à la Constitution. *Paris, Leclère, 1800 et 1801, in-8.*

L'abbé Godard a fourni des notes à la traduction de l'ouvrage de Gonz. de Castiglione, intitulé : l'Homme de lettres, bon citoyen (1785). Voy. CASTIGLIONE.

GODARD, avocat, anc. président de l'Assemblée des représentants de la commune de Paris.

— Exposé des travaux de l'Assemblée générale des représentants de la commune de Paris, depuis le 25 juillet 1789, jusqu'au mois d'octobre 1790, époque de l'organisation définitive de la municipalité. *Paris, de l'impr. de Lottin l'aîné, 1790, in-8 et in-4.*

—* Pétition des Juifs établis en France, adressée à l'Assemblée nationale. *Paris, Prault, 1790, in-8.*

GODARD (P.), manufacturier et anc. administrateur et liquidateur des vivres de la guerre.

— Mémoire et Propositions sur la comptabilité générale des finances du royaume; suivis d'un Modèle de compte général. *Paris, F. Didot; Dentu, 1821, in-4, 6 fr.*

— Observations sur une circulaire ministérielle, concernant la liquidation de la direction générale des vivres de la guerre. *Paris, impr. de Richomme, 1821, in-8 de 8 pag.*

—* Réflexions sur le projet de remboursement de la dette publique. Par M. G***, auteur de l'ouvrage intitulé : « Mémoire et Propositions, etc. ». *Paris, de l'imp. de F. Didot, 1824, in-8 de 44 pag.*

— Traité général et sommaire de la comptabilité commerciale, avec application aux diverses espèces d'associations, à la banque, aux manufactures, à l'agriculture, aux administrations publiques, et à l'administration des fortunes privées. *Paris, Renard, 1827, in-4 avec des tableaux, 5 fr.*

GODARD. Voy. au Supplément.

GODARD DE BEAUCHAMPS. Voyez BEAUCHAMPS (G. de).

GODARD DE VILLEFONTAINE. Histoire des troubles des Pays-Bas depuis (Marguerite de Parme en) l'année 1560, jusqu'à la fin de ceux du XVIIIe siècle. (Tom. Ier et unique). *Bruxelles*, 1788, in-8 de XXIV et 406 pag., avec 23 portr.

Ce premier volume ne va pas au-delà de 1623.

GODART (Guill. Lambert), médecin à Verviers, des Académies de Dijon et de Bruxelles.

—*Dissertations sur les antiseptiques. *Dijon et Paris, Desventes de la Doué*, 1769, in-8.

Les deux autres dissertations sur le même sujet sont de Boisseau et de Bordenave : celle de Godart n'obtint que l'accessit.

— Dissertations sur la nature, la manière d'agir, les espèces et les usages des antispasmodiques, qui a remporté le prix de l'Académie de Dijon. *Dijon*, 1765, in-8.

—Mémoire sur les méthodes rafraîchissante et échauffante. *Dijon, Causse*, 1772, in-8.

—*Physique (la) de l'âme humaine. *Berlin*, 1755, in-12.

Le doct. Godart est en outre auteur des 3 mém. suivants, impr. dans le tom. V du recueil de l'Acad. de Bruxelles, anc. série : Mémoire sur l'origine des butins des fleuves, ou des glaces qu'ils charrient. — 2° Sur les fomentations antiseptiques. — 3° Sur l'ouverture des fenêtres de malades.

GODART (J.-B.), naturaliste, ancien proviseur du lycée de Bonn ; né à Origny-Saint-Benoîte (Aisne), le 25 novembre 1775, mort à Paris, le 27 juillet 1825.

— Histoire naturelle des lépidoptères ou papillons de la France, par J.-B. GODART, et continuée depuis le 6e vol. par P. A. J. DUPONCHEL. Ouv. basé sur la méthode de Latreille, avec les figures de chaque espèce dessinées et color. d'après nature par P. Duménil. *Paris, Crevot* (* Méquignon-Marvis), 1820 et ann. suiv., 10 tom. en 8 vol. in-8.

Cet ouvrage avait été entrepris par M. V. R. Genouville : il n'en avait encore publié que la prem. livraison, lorsque la mort vint le frapper. M. Godart, ayant repris l'ouvrage à la seconde livraison, a refait la première.

Ces huit volumes seront formés d'environ 150 livraisons, et seront ainsi composés : Tom. Ier, Diurnes des environs de Paris, en 15 livraisons ; Tom. II : Diurnes des montagnes alpines et départements méridionaux, en 14 livr.; Tom. III : les Crépusculaires de France, en 6 livr. ; Tom. IV : les Nocturnes (bombycites), en 20 livraisons ; Tom. V : les Nocturnes (partie des tinéites et commencement des noctuélites), en 16 livr. ; Tom. VI : Suite des noctuélites, par Duponchel; Tom. VII : Suite et complément des noctuélites, et les phalénites, par le même, en 64 livr.; Tom. VIII : Complément des tinéites, les crambites, pyralites, ptérophorites. Les sept premiers volumes ont paru :

On peut se procurer séparément chaque partie : les Diurnes, les Crépusculaires, et les Nocturnes. Prix de chaque livraison, 3 fr. Quelques exemplaires ont été tirés sur papier vélin, avec les figures au bistre ; et, en outre, coloriées et encadrées d'un filet dont la prix de la livraison est de 8 fr.

On doit encore à ce naturaliste : l'article *Papillon*, de l'Encyclopédie méthodique; un *Mémoire sur plusieurs espèces nouvelles de lépidoptères diurnes exotiques* (dans les Annales de la Société linnéenne).

GODART (Mme). * Désobéissance (la), trad. de l'angl. Voy. ACTON (E. de).

GODART (C.). Calculs de loterie : tableau raisonné et figuré des probabilités lotonomiques, contenant l'analyse de l'influence numérique, le tableau synoptique du nombre de fois que chaque ambe est sorti, etc. *Paris, l'Auteur*, 1826, in-4 de 28 pag., avec 3 tableaux.

GODART-D'AUCOUR, fermier-général ; né à Langres, au commencement du XVIIIe siècle, mort en 1795.

— *Académie (l') militaire, ou les Héros subalternes, par un auteur suivant l'armée. *Paris*, 1745, 2 vol. pet. in-12. — Nouv. édit., augmentée, avec de jolies gravures. *Paris*, 1777, 2 vol. in-12.

— * Berceau (le) de la France. *La Haye* (Paris), 1744; ou *Bruxelles, H. Dujardin, et Paris, Defer de Maisonneuve*, 1788, 3 part. in-12 avec 3 fig.

— *Bien-Aimé, allégorie. 1744, in-12.

Contenant une critique des écrits qui parurent sur la convalescence de Louis XV.

— * Déroute (la) des Paméla, com. en un acte et en vers (libres). Par M***. *Paris, Ve Pissot*, 1744, in-8.

— * Histoire et Aventures de ***, par lettres. 1744, in-12.

— * Louis XV, poëme. *Paris, David*, 1744, in-4 de 24 pag.

— * Mémoires turcs, avec l'Histoire galante de leur séjour en France. Par un auteur turc. *Amsterdam* (Paris), 1743, 2 vol. in-12.

— Les mêmes. VIe édit., précédée d'une Épître dédicatoire à Mlle D. T. 1776, 2 vol. in-12.

L'Épître dédicatoire, ajoutée à cette édition, est adressée à mademoiselle Duthé, courtisane célèbre, alors existante. L'auteur, sous le voile d'une ironie piquante et bien soutenue, y fait la critique du luxe impertinent des Laïs de la capitale.

—Les mêmes. Nouv. édit. *Paris* (Mlle Bleuet), 1796, 2 vol. in-18.

Bonne édition : elle est précédée de la Lettre à mademoiselle Duthé.

— Les mêmes, sous ce titre : Mémoires turcs, ou Aventures d'un jeune Turc, avec l'Histoire de son séjour en France, et les

Lettres d'Achmet-Dely-Azet à Atalide son esclave favorite. Nouv. édit. *Paris*, 1823, 2 vol. in-18 ornés de 4 vign. d'après Chasselat, 3 fr. 50 c.

L'Épître dédicatoire à mademoiselle Duthé est en tête de cette édition.

Ouvrage trop libre, dit l'abbé Sabatier, mais plein d'intérêt, et dont la seconde partie renferme une excellente critique de nos mœurs. Le style en est vif, élégant et facile.

— * Naissance de Clinquant et de sa fille Mérope, conte allégorique et critique. 1744, in-12.

— * Pariséide (la), ou Pâris dans les Gaules. *Paris*, *Pissot*, 1773, 2 vol. in-8.

— *Quartier (le) d'hyver, com. en un acte et en vers (libres). *Paris*, *Ve Pissot*, 1745, in-8.

Avec Bret et Villaret.

— *Thémidore. *La Haye*, 1745, 1776, 3 part. in-12; *Paris*, 1797, in-12.

Ce livre licencieux, dans lequel on trouve l'histoire du président Dubois, non conformiste, a fait mettre à la Bastille le libraire Mérigot.
Barb.

GODART-D'AUCOUR DE S.-JUST, fils du précédent, connu dans le monde littéraire, sous le nom de DE SAINT-JUST, auteur dramatique; né à Paris, en 1770, mort dans la même ville, le 17 mars 1826.

— Avare (l') fastueux, com. en 3 actes et en vers. *Paris*, *Vente*, 1806, in-8.

— Calife (le) de Bagdad, opéra en un acte (et en prose). *Paris*, *le même*, 1801, 1803, in-8.

— Famille (la) Suisse, opéra en un acte (en prose). *Paris*, *Fauvelle et Sagnier*, an V (1797), in-8.

Cette pièce n'a point été réimprimée dans les «Essais littéraires de l'auteur».

— Gabrielle d'Estrées, ou les Amours d'Henri IV, opéra en 3 actes (et en prose). *Paris*, *Mme Cavanagh*, 1806, in-8.

— Heureuse (l') nouvelle, opéra-impromptu à l'occasion de la paix (en un acte et en prose). *Paris*, *Huet*, an VI (1798), in-8.

Avec Longchamp. Cette pièce n'a point été non plus réimprimée dans les Essais littéraires de Saint-Just.

— Jean de Paris, opéra en 2 actes (et en prose). *Paris*, *Vente*, 1812, in-8.

— Prisonnière (la), opéra-comique. Voy. JOUY.

Cette pièce ne fait point partie non plus des Essais littéraires de Saint-Just.

— Zoraïme et Zulnar, opéra en 3 actes (et en prose). *Paris*, *Migneret*, an VI (1798), in-8.

— Essais littéraires. *Paris*, *Le Normant père*, 1826, 2 vol. in-8, 12 fr.

Indépendamment des pièces que nous venons de citer, on trouve encore dans ces deux volumes : *Mirza*, trag. en 3 act. et en vers ; *les Protecteurs*, com. en 3 act. et en vers; *Ida*, *ou le Tribunal secret*, drame lyrique en 3 actes (tiré du roman allemand intitulé « Herman d'Una »); *la Mort de Jeanne Gray*, en 3 chants, imité d'Young, suivie d'autres poésies; *le Nègre par amour*, opéra en un acte (et en prose); *l'Heureux malgré lui*, opéra en 2 actes (et en prose).

GODART DE BELBOEUF, avocat-général au parlement de Rouen.

— Discours sur les sollicitations. 1742, in-4.

GODDIN (Edw.). Analyse des eaux minérales de Spa, avec des Observations sur leurs propriétés médicinales. *Liége*, *et Paris*, *Gabon*, 1816, in-8, fig., 3 fr.

GODEAU (Ant.), évêque de Grasse et de Vence au XVIIe siècle, l'un des premiers membres de l'Académie française; né à Dreux.

— Éloges des évêques français qui se sont rendus les plus illustres par leur doctrine et leur sainteté, depuis l'établissement de la religion dans les Gaules jusqu'au XVIIe siècle. Édition revue et corr. (par M. JAUFFRET, évêque de Metz), d'après celle publiée par M. Godeau, évêque de Vence, en 1665. *Paris*, *Ve Nyon*, 1802, in-8, 4 fr. 50 c.

Ce vol., dont les additions forment à peu près la cinquième partie, est enrichi d'une Vie de Godeau, qui se trouve à son rang parmi celles des évêques, également illustres par leurs vertus ou leur savoir, depuis le dix-septième siècle jusqu'au milieu du dix-huitième.

— Oraison funèbre de Louis XIII, dit le Juste, mort à Saint-Germain-en-Laye, à 42 ans, le 14 mai 1643, le même jour que Henri IV; prononcée dans l'église cathédrale de Grasse. Sec. édit., publ. par A. M. H. B. (BOULARD). *Paris*, *Debeausseaux*, 1824, in-8 de 40 pag., 1 fr. 50 c.

La première édition est de Paris, Camusat, 1644, in-4.

— Vie de saint Charles de Borromée. Nouvelle édition, corr. et augm. de notes, par l'abbé SÉPHER. *Paris*, 1747, 2 vol. in-12.

Godeau a beaucoup écrit, mais les ouvrages que nous venons de citer, sont, avec un *Discours sur les Œuvres de Malherbe*, réimpr. en tête de l'édition des Œuvres de Malherbe, donnée par Ménage (1723, 3 vol. in-12), les seuls qui aient été reproduits depuis le commencement du XVIIIe siècle. Le Discours sur les Œuvres de Malherbe est, dit-on, remarquable par la sagesse des idées et la pureté du style.

GODECHARLES, anc. chirurgien major.

— Abrégé ou Examen de l'art des accou-

cheurs, par demandes et par réponses.
1780, in-12.

GODECHEAUX BARUCH-VEIL. Réflexions d'un jeune Israélite français sur les deux brochures de M. Tsarphati. *Paris, l'Auteur*, 1821, in-8 de 28 pag.

GODEFROY (Den.), célèbre jurisconsulte français du xvie siècle.
— Immo D. Gothofredi, hoc est : Conciliatio legum in speciem pugnantium, quas in notis ad Pandectas juris civilis D. Gothofredus indicaverat in concordiam adduxit D. G. STRUVIUS. Nova edit. accuratiùs emendata. Recensuit P. PINEL-GRANDCHAMP, in curiâ parisiensi advocatus. *Parisiis, Brière; Videcoq*, 1821, 2 vol. — Appendicem, seu Conciliationes legum in speciem pugnantium, quas in notis ad Pandectas juris civilis D. Gothofredus indicavit, excerptas ex operibus Struvii, Cujacii, Gothofredi, etc. Edidit P. PINEL-GRANDCHAMP. *Parisiis, Videcoq; Brière*, 1822, un vol.; en tout 3 vol. in-8, 18 fr.

GODEFROY (Jacq.), fils du précédent, célèbre jurisconsulte franç. du xviie siècle.
— Aphorismes de droit, ou Traduction du Florilegium, par M. CAILLAU, avocat. *Paris, Clament frères*, 1809, in-12, 2 fr. 50 c.
— Manuale juris ubi quatuor sequentia continentur : Juris Romani I. Historia. II Bibliotheca. III Florilegium sententiarum ex corpore Justinianeo desumptarum. IV Series librorum et titulorum in institutionibus, digestis et codice cujus prima pars, ad institutiones pertinens, scripta est à J. F. BERTHELOT, in scholâ Juris Parisiensi antecessore. Accedunt tituli omnes institutionum, digestorum et codicis, in sex indices collati. Editio nova, accuratior et emendatior. *Parisiis, C. Lud. Metier*, 1803, 1806, in-8 de xij et 428 pag., 5 fr.

Cet ouvrage a déjà eu dix-huit éditions. Dans celles-ci, sur la demande de plusieurs hommes de loi, on a ajouté les deux Index du Corps de droit; de plus, M. Berthelot l'a augmenté d'une partie sur les *Institutes de Justinien*, qui achève de le compléter...... Ce Manuel est cité par l'illustre d'Aguesseau, comme très-utile à ceux qui se destinent à la profession d'avocat du roi......

GODEFROY (J.), avocat au parlement et garde des archives de la Chambre des comptes; né à Paris, en 1653, où il est mort, le 6 juillet 1719.

Il a été l'éditeur de divers ouvrages dont on trouve la liste et dans la Biographie universelle et dans la dernière édit. du Dictionnaire des ouvrages anon. de Barbier.

GODEFROY (F.-C.), ancien vérificateur de l'enregistrement et des domaines.
— Almanach de la direction générale de l'enregistrement et des domaines pour les années 1824-26. *Essey-les-Ponts (Haute-Marne), l'Auteur, et Paris, Migneret*, 1824-27, 3 vol. in-12, plus 3 supplém.

Le même avait annoncé la publication d'un *Manuel des huissiers et des commissaires priseurs*, qui devait former un volume in-8; mais elle paraît avoir été ajournée.

GODEFROY, professeur de clinique interne à l'Hôtel-Dieu de Caen.
— Essai d'une méthode analytique sur les tempéraments, pour servir aux élèves qui suivent la clinique. *Paris, imp. de Crapelet*, 1817, une feuille in-plano, 1 fr.
— Tableau synoptique de la méthode analytique appliquée aux recherches sur la maladie, sa nature, ses causes et son pronostic, pour l'utilité des élèves qui suivent sa clinique. *Paris, impr. du même*, 1817, in-plano d'une feuille, 1 fr.

GODEFROY (J.-P.), pharmacien.
— Principes élémentaires de pharmacie, suivis chacun d'un exemple de leur application à une opération de pharmacie galénique ou chimique. *Paris, Tilliard frères*, 1826, in-8, 5 fr.

GODEHU DE RIVILLE, commandeur de l'ordre de Malte, correspondant de l'Académie des sciences.

Nous connaissons de lui les Mémoires suivants, impr. dans les trois premiers volumes du recueil des Savants étrangers de l'Académie : Histoire d'une chenille mineuse des feuilles de vigne, extr. d'une lettre écrite de Malte à M. de Réaumur, avec une addition (tom. Ier, 1750). — Mém. sur la caprification (tom. II, 1755). — Extrait d'une lettre écrite de Malte, le 8 janvier 1749, à M. de Réaumur sur le passage des oiseaux. Mémoire sur la mer lumineuse. Mémoire sur l'accouplement des cousins, avec une pl. (tom. III, 1760).

GODESCARD (Jean-François), chanoine de Saint-Honoré, de Saint-Louis du Louvre, ecclésiastique érudit, et hagiographe; né à Raquemont, diocèse de Rouen, le 30 mars 1728, mort à Paris, le 21 août 1800.
— Abrégé des vies des pères, des martyrs, etc., avec une pratique et une prière, etc., extrait du grand ouvrage traduit librement de l'anglais (1802). Voyez BUTLER (Alban).
— Essais historiques et critiques sur la suppression des monastères et autres établissements pieux en Angleterre, traduit de l'angl. (1791). Voy. DODD.
— Mort (de la) des persécuteurs, traduction nouv. (1797). Voy. LACTANCE.

— Réflexions sur le duel, etc., trad. de l'angl. (1801). Voy. GEDDES.

— Vies des pères, des martyrs, et des autres principaux saints, traduites de l'angl. (1763 et ann. suiv.). Voy. BUTLER.

On a encore de Godescard des Éloges de l'abbé Bergier et de l'abbé Legros (dans les Annales catholiques), et de nouvelles éditions de l'Analysis fidei, de HOLDEN (1767, 1786), et de De controversiis fidei, d'Adr. et P. de VALEMBURGH (1768). *Voy.* ces deux noms.

Il a laissé en manuscrit la traduction des divers ouvrages suivants : Vie du cardinal Polus, par Philips ; Fondements de la religion chrétienne, par Challonner ; Sermons de Sherloc ; Histoire du sacrilège de Spelmans ; enfin une Table alphabétique des Mémoires de Trévoux, jusqu'en 1740, ainsi que plusieurs opuscules.

GODET (Paul-Henri), anc. secrétaire-interprète au service de Russie.

— Nessire et Zulime, etc., trad. de l'allemand. (1791). Voyez ce titre à la Table des Anonymes.

GODEVILLE (Mme Mar.-Magd. de), née Levassor de la Touche.

— Voyage d'une Française à Londres, ou la Calomnie détruite par la vérité des faits. *Londres,* 1774, in-8.

GODFROY, professeur de grammaire générale à l'école centrale de Metz.

— Abrégé (nouv.) de grammaire franç. rédigée d'après les meilleurs principes des plus célèbres grammairiens modernes. *Metz, Veronnais,* 1798, in-12.

— Abrégé de la doctrine catholique. *Metz,* 1803, in-12, 1 fr.

— Instruction de l'enfance. 1802, in-8, 40 c.

— Okigraphie (l') méthodique, ou Système régulier des caractères abréviateurs. *Metz, Devilly, et Paris,* 1802, in-8, 1 fr. 25 c.

GODIN (Louis), colonel d'infanterie au service d'Espagne, directeur de l'Académie des gardes marines d'Espagne, membre des académies des sciences de France, d'Angleterre, de Russie, de Suède ; né à Paris, le 28 février 1704, mort le 11 sept. 1760.

— Lettre de M. D. L. C. (de La Condamine) à M***, sur le sort des astronomes qui ont eu part aux dernières mesures de la terre depuis 1735. — Lettre de M. Godin, et l'Aventure de Mme Godin dans son voyage de la province de Quito à Cayenne par le fleuve des Amazones. In-8 de 30 p.

La lettre de Godin remplit les pages 7 à 30.

On a de lui une série d'Observations astronomiques dont les résultats ont été consignés dans les Mémoires de l'Académie des sciences, de 1726 à 1739 : Sur le météore qui a paru le 19 oct. 1726

(1726) — Observation de l'éclipse du soleil du 26 septembre 1726, faite à l'Observatoire royal (*id.*).
— Observation de l'éclipse de lune du 13 février 1729 au soir, faite à l'Observatoire royal (1729).
— Observation de l'éclipse totale de lune du 8 août 1729 (*id.*). — Solution fort simple d'un problème astronomique d'où l'on tire une méthode nouvelle de déterminer les nœuds des planètes (1730). — Du quart de cercle astronomique fixe, avec 2 pl. (1731).
— Avec GRANDJEAN : Observation de l'éclipse partielle de lune du 20 juin 1731 (*id.*). — Sur la parallaxe de la lune, avec des fig. dans le texte (1732).
— Observation de l'éclipse totale de lune du 1er décembre 1732, faite à Paris, et Comparaison de cette observation à celles qui ont été faites à Madrid, à Séville et à Chandernagor au royaume de Bengale, d'où résulte la différence des méridiens entre Paris et ces villes (*id.*). — Des apparences du mouvement des planètes dans un épicycle, avec une pl. (1733). — Addition qu'il faut faire aux quarts-de-cercle fixes dans le méridien (*id.*). — Observation de l'éclipse de soleil faite à Paris le 13 mai 1733 (*id.*). — Observation de l'éclipse de lune du 28 mai 1733 (*id.*). — Méthode pratique de tracer sur terre un parallèle par un degré de latitude donné ; et du rapport du même parallèle dans le sphéroïde oblong et dans le sphéroïde aplati (*id.*). — Des apparences du mouvement des planètes dans un épicycle, avec une pl. (*id.*). — Méthode nouv. de trouver la hauteur du pôle (1734). — Que l'obliquité de l'écliptique diminue (et de quelle manière ; et que les nœuds des planètes sont immobiles (*id.*). — Méthode d'observer la variation de l'aiguille aimantée en mer (*id.*). — La longueur du pendule simple, qui bat les secondes du temps moyen, observée à Paris et au petit Goave en l'île Saint-Domingue (1735). — Méthode de déterminer la parallaxe du soleil par observation immédiate (1738). — Observation de l'éclipse de lune du 8 sept. 1737, faite à Quito (1739).

Outre les diverses observations que nous venons de citer de L. Godin, on lui doit encore : 1° la Table alphabétique des matières contenues dans l'Histoire de l'Académie des sciences, depuis son établissement jusqu'en 1730, formant les 4 prem. vol. Cette Table a été continuée par Demours et Cotte jusqu'en 1790, et forme 10 vol. in-4 ; 2° un Appendice aux Tables astronomiques de Lahire, dans l'édition de 1727, in-4 ; 3° la Connaissance des temps, ann. 1730-33 ; 4° une part au Recueil des machines approuvées par l'Académie des sciences, publ. par Gaillon, 6 vol. in-4. Il travaillait, lorsqu'il mourut, à un *Cours de mathématiques* à l'usage de ses élèves.

GODIN (A.-L.-J.). Histoire de Bonaparte, depuis sa naissance jusqu'à ce jour. *Paris, Ménard et Desenne,* 1816, ou 1817, 2 vol. in-12, 6 fr.

GODINE jeune, cultivateur - propriétaire, membre de plusieurs Sociétés savantes et ex-professeur à l'École vétérinaire d'Alfort.

— Éléments d'hygiène vétérinaire, suivis de Recherches sur la morve, le cornage, la pousse et la cautérisation, à l'usage des vétérinaires, des cultivateurs et des officiers de cavalerie. *Paris, Lhuillier,* 1815, in-8, 4 fr.

GODINEAU, poète dramatique français du XIXe siècle.

— * Catherine II, impératrice de Russie,

trag. en 5 actes et en vers. Par M. G***. *Paris, Cellot*, 1807, in-8.

— *Duc (le) de Montmorency, tragédie (en 5 actes et en vers). Par M***. *Paris, Cérioux*, an XIII (1805), in-8.

— *Révolution (la), ou le Triomphe de la République française, opéra en 5 actes (et en vers libres). Par le citoyen G***. *Paris, le même*, au VII (1799), in-8.

GODINEAU (B.). Traité élémentaire d'arithmétique, utile aux personnes qui enseignent, et à celles qui étudient cette science. *Paris, Boucher*, 1822, 2 vol. in-8, 10 fr.

GODINOT (l'abbé). *Du Sacre. Vers 1814, in-8 de 16 pag.

GODON DE SAINT-MEMIN (C.).

On trouve divers Mémoires de ce naturaliste dans les Annales du Muséum d'histoire naturelle et le Journal des mines, qui sont intitulés : Sur la belle couleur verte que le chrôme peut fournir à la peinture (Annales du Muséum, tom. IV, 1804. — Découverte de la pyrite magnétique dans le grünstein du département du Puy-de-Dôme (Journ. des Min., tom. XVII, 1805). — Analyse de l'acier natif de La Bourche (id.; tom. XIX, 1806). — Observations minéralogiques faites dans les environs de Boston, pendant les années 1807 et 1808, insérées dans les Mémoires de l'Académie de Boston, et traduit de l'anglais par M. Deleuze (Ann. du Mus., tom. XV, 1810). — Sur la chaux phosphatée de Pensylvanie (Journ. des mines, tom. XXX, 1811).

GODRON (Victorin). Roi (le) martyr, ou la Mort de Louis XVI; poëme en III chants. *Nanci, imp. de Hissette*, 1826, in-8 de 44 pag.

GODWIN (Will.), célèbre écrivain anglais.

— Aventures (les) de Caleb Williams, ou les Choses comme elles sont; trad. de l'angl.(par le comte Germ. GARNIER).*Paris, Agasse*, 1794, 2 vol. in-8. — Nouv. édit., traduite sur l'édit. dernièrement publ. par l'auteur, avec des changements et des corrections. *Paris, la même*, 1813, 3 vol. in-12, 7 fr. 50 c.

— Le même ouvrage, sous ce titre : Caleb Williams, ou les Choses comme elles sont (trad. par Sam. CONSTANT). *Genève*, 1795, 3 vol. in-12.

— Le même ouvrage, sous ce titre : les Choses comme elles sont, ou les Aventures de Caleb Williams; trad. de l'angl., par des gens de la campagne. *Lausanne*, 1796, 3 vol. in-12, et *Paris*, 1797, 4 vol. in-18.

La traduction du comte Garnier est la plus estimée.

— Fleetwood., trad. de l'angl. par L. VILLETERQUE. *Paris, Dentu*, 1807, 3 vol. in-12, 5 fr.

— Isabelle Hastings, trad. de l'angl. par Mme COLLET. *Paris, Pollet*, 1823, 4 vol. in-12, 10 fr.

— Mandeville, histoire anglaise du XVIIe siècle, trad. de l'angl. par J. COHEN. *Paris, Béchet*, 1818, 4 vol. in-12, 10 fr.

— Recherches sur la population et sur la faculté d'accroissement de l'espèce humaine, contenant une Réfutation des doctrines de M. Malthus sur cette matière; trad. de l'angl. par F. S. CONSTANCIO. *Paris, J. P. Aillaud*, 1821, 2 vol. in-8, 12 fr.

— Saint-Léon, histoire du XVIe siècle, trad. de l'angl. *Paris, Michel; Billois*, 1799, 3 vol. in-12 avec fig., 6 fr.

W. Godwin a été l'éditeur des Mémoires de sa femme (voy. l'art. qui suit).

En 1824 on a émis le prospectus de la traduction, par MM. Cohen et S..., d'une *Histoire de la révolution d'Angleterre*, par W. Godwin, qui devait former 2 vol. in-8, mais rien n'a paru jusqu'à ce jour.

GODWIN (Miss Mary WOLLSTONOCRAFT, depuis Mistriss), épouse du précédent.

— Marie et Caroline, ou Entretiens d'une institutrice avec ses élèves, trad. de l'angl. (par LALLEMANT, secrétaire de la marine). *Paris, Dentu*, au VII (1799), in-12.

— Maria, ou le Malheur d'être femme, ouvrage posthume, imité de l'angl. par B. Ducos. *Paris, Maradan*, an VI (1798), in-12 avec le portr. de l'auteur, 2 fr.

Traduction de l'ouvrage intitulé dans l'original : *The Wrongs of Woman*.

— Le même ouvrage, sous ce titre : les Droits des femmes et l'injustice des hommes; trad. librement de l'angl. sur la huitième édit., augmentée d'un Apologue : l'Instruction sert aux femmes à trouver un mari. Par M. Cés. GARDETON. *Paris, Hivert*, 1826, in-18, 1 fr. 50 c., et pap. vél., 2 fr. 50 c.

Il a été fait la même année une seconde édit..... du titre.

— Mémoires de Mary Wollstonacraft, auteur des «Droits des femmes» (publ. par W. Godwin, son mari); trad. de l'angl. *Paris*, 1802, in-12 avec portr.

GODWIN (Miss Mary), fille des précédents. Voy. SHELLEY (Mrs).

GODWIN (Edme). Voy. GOODWYN.

GOEBEL. * Fragments historiques sur Pierre III et Catherine II. *Paris, impr. du Cercle social*, 1797, in-12.

— Grammaire analytique et pratique de la langue allemande. *Strasbourg, Treuttel et Würtz*, 1796, ou 1798, in-8.

GOEDART (J.), naturaliste et peintre hollandais du xviie siècle.

— Métamorphoses naturelles, ou Histoire des insectes, observés suivant leur nature et leurs propriétés, trad. du hollandais. Nouv. édition. *Amsterdam*, ou *La Haye*, 1700, et sans date, 3 vol. pet. in-8.

Goedart a observé jusqu'à 150 espèces différentes de chenilles et d'autres insectes.

Ce livre, peu recherché, n'a de valeur que quand les figures sont coloriées, 15 à 18 fr. L'édition lotine, Medioburgi, apud Jac. Fierinsium, sans date, 3 volumes petit in-8, dont il y a aussi des exempl. avec les figures enluminées, est encore moins chère.

GOENS (Ryklof Michel Van-), philologue hollandais distingué du dix-huitième siècle.

— * Catalogue fait sur un plan nouveau, systématique et raisonné d'une bibliothèque de littérature, particulièrement d'histoire et de poésie, d'environ dix-neuf mille volumes, en différentes langues anciennes et modernes. *Utrecht*, 1776, 2 vol. in-8.

— * Esprit (l') du système politique de la régence d'Amsterdam, ou Lettre contenant un précis détaillé d'un Mémoire hollandais fort peu répandu et très-intéressant sur les affaires présentes. Sec. édit., rev., corr. et augm. *La Haye*, 1781, in-8.

Cet écrit n'est qu'un extrait de l'ouvrage publ. en hollandais par Van Goens sous ce titre, en réponse au « Système politique de la régence d'Amsterdam, etc » (Voy. Calkoen).

Van Goens a publié comme auteur, traducteur ou éditeur, plusieurs ouvrages en latin et en hollandais.

GOEPP (J.-Jacq.), l'un des pasteurs de l'église des chrétiens de la confession d'Augsbourg, et l'un des présidents du consistoire.

— A messieurs les président et membres de la Chambre des députés, etc. (1816). Voy. Marron.

— Discours funèbre, prononcé dans l'église des chrétiens de la confession d'Augsbourg, à Paris, le dimanche 22 février 1824, aux funérailles de Christian André Guillaume, comte de Bohm, chambellan de S. M. le roi de Prusse. *Paris, impr. de Stahl*, 1824, in-4 de 24 pag.

— Discours funèbre prononcé dans l'église des chrétiens de la confession d'Augsbourg, à Paris, le 24 août 1824, aux funérailles de Gustave, comte de Schlabrendorf, doyen du chapitre de Magdebourg. *Paris, Dondey-Dupré*, 1825, in-8 de 16 pag.

— Erlœser (der), ein episch-elegisches Gedicht, nebst Liedern, Gebeten und einigen neuen Melodien, zur offentlichen und hæuslichen Erbauung. *Strasburg und*

Paris, Treuttel u. Würtz, 1827, in-8, 5 fr., u. auf fein pap., 6 fr.

— * Funérailles du général Foy (en vers allemands). Par un Alsacien, habitant Paris, avec une traduction. *Paris*, 30 novembre 1825, in-8.

— * Précis de la doctrine chrétienne, expliquée par le texte de l'Écriture sainte, par MM. les prof. de l'église chrétienne de la Confession d'Augsbourg, à Paris. IIIe édit. *Paris, Servier*, 1827, in-12, 1 fr. 50 c.

Avec le pasteur Boissard. La première édit. parut en 1814.

— Prières à l'usage du culte domestique, suivies des Exercices de préparation à la Sainte-Cène. *Paris, Treuttel et Würtz* (* Servier), 1815, ou 1820, in-12, 75 c.

Avec le past. Boissard.

— Sermon d'actions de grâces, pour le rétablissement de la paix, et de commémoration de la mort de Louis XVI, prononcé à Paris, dans l'église des chrétiens de la confession d'Augsbourg, le 26 juin 1814. *Paris, imp. de d'Hautel*, 1814, in-8 de 44 pag.

— Sermon prononcé dans l'église des chrétiens de la confession d'Augsbourg, à Paris, en commémoration de S. A. S. Madame la duchesse douairière de Courlande et Sémigalle. *Paris, Smith*, 1821, in-4.

— Sermons français prononcés à Strasbourg dans l'église française de la Confession d'Augsbourg. *Strasbourg, Treuttel et Würtz*, sans date (1809), in-8, 3 fr.

Ces Sermons, au nombre de dix, sont suivis d'un *Discours de Catéchumènes*.

Le pasteur Goepp est l'un des rédacteurs de la Revue encyclopédique, depuis son origine en 1819.

Il a participé au « Recueil de cantiques à l'usage des chrétiens évangéliques (1819), et a même composé la musique de plusieurs d'entre eux.

GOERITZ (Joh.). Subitanea (de) morte à sanguine in pericardium effuso. *Argentorati*, 1731, in-4.

GOERRES (J.-Jos.), écrivain politique allemand du xixe siècle.

— Allemagne (l') et la Révolution, trad. de l'allem. par C. A. Scheffer. *Paris, Brissot-Thivars*, 1819, in-8, 3 fr. 50 c.

GOERTZ (le comte Jean-Eustache de), ministre d'état de Frédéric II, roi de Prusse.

— Mémoire historique, relatif aux négociations qui eurent lieu en 1778 pour la succession de Bavière, par le comte Eustache de Gœrtz, alors envoyé du roi de Prusse, Frédéric-le-Grand, près des princes bavaro-palatins. (Publ. par le comte

BARBÉ-MARBOIS). *Paris, Cérioux*, 1812, in-8, 4 fr.

— Mémoire sur la neutralité armée maritime pour la liberté des mers et la sûreté du commerce ; suivi de pièces justificatives. *Bâle, Decker*, 1801, ou *Paris, Levrault, Schœll et comp.*, 1805, in-8, 1 fr. 50 c.

GOESIN VERHAEGHE (P.-F. de), imprimeur-libraire à Gand.

— Catalogue d'une collection choisie de médailles antiques, grecques et romaines, en or, en argent et en bronze, de plusieurs modules ; et d'une collection de médailles ou monnaies modernes en trois métaux, de la Belgique, de la France, de la Hollande, et autres contrées de l'Europe ; suivi d'objets divers et de livres qui traitent de numismatique ; le tout rédigé par P.-F. de Goesin Verhaeghe, dont la vente s'est faite à Gand, en juillet 1812. *Gand, Goesin Verhaeghe; et Paris, Tilliard frères*, 1812, in-8, 1 fr. 50 c.

GOETGHEBUER (P.-J.). Choix des monuments, édifices et maisons les plus remarquables du royaume des Pays-Bas. *Gand*, 1822 et années suiv., 20 livraisons in-fol., de chacune 6 planch. avec texte. Prix de la livraison, pap. ordin., fig. au trait, 5 fr.; pap. vél. 8 fr. ; pap. ord. fig. ombrées, 7 fr. ; pap. vél., mêmes fig., 10 fr., et le même pap. et fig. color. 25 fr.

GOETHE (J.-Wolfgand), un des plus grands génies littéraires du XIXᶜ siècle dont l'Allemagne s'honore, chef et créateur de l'école littéraire allemande.

— Affinités (les) électives , trad. de l'allemand, (par MM. RAYMOND, SERIEYS, GODAILH, MANGET et DEPPING). *Paris, S. E. Lhuillier*, 1810, 3 vol. in-12, 6 fr. Imité de l'allemand plutôt que traduit.

— Le même ouvrage, sous ce titre : Ottilie, ou le Pouvoir de la sympathie ; trad. de l'allem. par BRETON. *Paris, Vᵉ Lepetit*, 1810, 2 vol. in-12, 4 fr. L'original a paru sous le titre de *Wahlverwandtschaften*.

— Alfred, ou les Années d'apprentissage de Wilhelm Meister, trad. de l'allemand, par C. L. SÉVELINGES. *Paris, F. Louis*, 1802, 3 vol. in-12, fig. 6 fr. Deux premiers volumes d'une autre traduction, qui devait en avoir huit, ont été publiés à Andernach ou Coblentz, chez Lassault, vers 1800 : rien indique que cette traduction ait été achevée.

— Le même , sous le titre : « Wilhelm Meister », trad. par Théodore TOUSSENEL. *Paris, Jules Lefebvre et comp.*, 1829, 4 vol. in-12, 12 fr. Sous le titre de Wilhelm Meister, Gœthe a publié

un roman en deux époques, dont la première est intitulée : *Wilhelm Meister's Lehrjahre :* c'est la traduction de cette première partie que nous ont donnée messieurs Sévelinges et Toussenel. Nous donnerons ici l'opinion qu'a émise le Démocrate littéraire', tom. 1ᵉʳ, pag. 89, sur la première de ces traductions. « M. Sévelinges , qui venait de donner une nouvelle traduction du « Werther » essaya de ramener les esprits sur la littérature allemande , en publiant deux autres productions ; mais cette fois-ci il échoua complétement dans cette entreprise. Cet écrivain , si élégant et si fidèle dans son premier essai , se montra froid et décoloré dans les « Affinités électives » (c'est une erreur, ce roman n'a pas été traduit par M. de Sévelinges); et l'*Alfred* , plus imparfait encore , ne fut qu'une imitation méconnaissable du *Wilhelm Meister's Lehrjahre.* »

« Gœthe ayant publié ce dernier ouvrage sous le nom modeste de roman, le traducteur français voulut y rencontrer les conditions du titre , telles qu'on les exigeait alors en France ; et non content d'élaguer les longueurs *inutiles*, selon lui , à l'intrigue principale , il réforma de plus , dans les mœurs, dans les actes , et même dans les noms des personnages, tout ce qui lui parut contraire à nos habitudes et à nos traditions littéraires. C'est ainsi que M. de Sévelinges supprima la naïve narration du spectacle des marionnettes, la poétique et profonde dissertation sur Shakspeare, les conseils aux acteurs et directeurs de théâtre, etc. C'est ainsi que, sous sa plume, Mariane devient Adolphine ; Mélina , Waldorf ; et Mignon, Fanfan, etc. : il n'est pas jusqu'au peigne d'écaille que Philine donne à Wilhelm , après avoir frisé elle-même ses cheveux , qui ne se change en un joli petit couteau à poignée d'argent et à lame azurée. »

La traduction de M. Toussenel est fidèle : on a seulement reproché à l'auteur d'avoir laissé passer certains germanismes et quelques passages , embarrassés par une multitude de phrases incidentes , et d'avoir changé le rhythme de morceaux de poésie qu'il a pris la peine de traduire en vers.

M. Toussenel a également traduit la deuxième époque du roman de Gœthe, intitulée : *Wilhelm Meister's Wanderjahren :* elle s'imprime actuellement, et sera publiée sous peu.

— Faust, eine tragedie. Neue. aufl. *Paris, von der Smith's Druckerey*, 1825 , in-16.

— Faust, tragédie, trad. de l'allem. *Paris, Ladvocat*, 1823 , in-8.

Extr. des Chefs-d'œuvre des «Théâtres étrangers».

— Le même, nouvelle traduction en prose et en vers, par GÉRARD. *Paris, Dondey-Dupré*, 1827, in-18 avec une planche, 3 fr. 50 c.

— Le même, trad. de l'allem. par M. STAPFER. *Paris, Motte; Sautelet*, 1828, in-fol. orné d'un portr., et accompagné d'une suite de 17 dessins lithographiés par Eugène Delacroix : sur colombier, 36 fr., sur colombier, avec épreuves sur pap. de Chine, 50 fr., et format Jésus, épreuves sur pap. de Chine, 72 fr.

Le libraire Audot a aussi publié une collection de 26 sujets de Faust, gravés au trait, d'après les dessins de RETZSCH, avec une analyse du drame de Gœthe, par madame Élise VOIART. In-8 oblong, 2 fr. 50 c.

— Gœtz of Berlichingen , with the iron hand , a tragedy , translated from the

german by sir Walter SCOTT. *Paris*, *A.
and W. Galignani*, 1826, in-12, 4 fr.

L'édit. originale de cette traduction est de 1799 :
ce fut le début de W. Scott en littérature. Cette traduction ne fit point de sensation.

— Herman et Dorothée, en IX chants,
poëme allemand, trad. (en prose) par BI-
TAUBÉ. *Paris, et Strasbourg, Treuttel et
Würtz*, 1800, in-18 avec une fig., 2 fr.;
et sur gr. pap. vél., fig. avant la lettre,
5 fr. — *Paris, Dentu*, 1801, in-8, 5 fr.

Bitaubé a dépouillé l'original de son principal
mérite, un style plein de charme et d'élégance.
On doit, dit la Biographie des Contemporains, une
meilleure traduction de cet ouvrage à M. le baron
Humboldt, frère du savant naturaliste, mais nous
ne l'avons trouvée citée nulle part.

M. Boulard a donné en outre une traduction interlinéaire de ce poëme.

— Hommes (des) célèbres de la France
au XVIIIe siècle, et de l'état de la littérature
et des arts à la même époque, trad. de l'allem.
par MM. de SAUR et de SAINT-GENIÈS, et
suivi de notes des traducteurs, destinées
à développer et à compléter, sur plusieurs
points importants, les idées de l'auteur.
Paris, Renouard, 1823, in-8, 5 fr.

Le prince Henri de Prusse ayant confié à Gœthe
le manuscrit original et inédit du « Neveu de Rameau », par Diderot, Gœthe fit dessus une version
allemande à laquelle il ajouta grand nombre de
notes sur les hommes célèbres de la France : ce sont
ces notes que MM. de Saur et de Saint-Geniès ont
détachées de leur version du Neveu de Rameau,
d'après celle de Gœthe, et qu'ils nous ont présentées comme la traduction d'un ouvrage écrit par
Gœthe sous le titre énoncé par eux.

— Mémoires (ses), trad. de l'allem., par
AUBERT DE VITRY. *Paris, Ponthieu; Rapilly, etc.*, 1823, 2 vol. in-8, portr. 14 fr.

Traduction incomplète. Les Mémoires de Gœthe,
publ. en allem. sous le titre de *Aus meinem Leben*,
sont divisés en deux parties, et forment huit volumes.

— OEuvres (ses) dramatiques, trad. de
l'allem. (par MM. STAPFER, CAVAGNAC et
MARGUERÉ), précédées d'une Notice biographique et littéraire sur Gœthe, par Albert
S.....r (STAPFER). *Paris, Bobée; Ponthieu, etc.* (* Sautelet et comp.), 1821-
25, 4 vol. in-8, 24 fr.

Édition qui n'a pas été publiée dans un ordre ordinaire : en 1821, a paru le 3e vol.; en 1822, le
second; en 1823, le 4e; en 1825, le premier, et en
1826, un Supplément de 19 feuilles un quart pour
être réparti à la fin des volumes deux à quatre.

En 1828 il a été fait des titres de seconde édit.,
où le millésime est uniforme : dans les exemplaires
avec cette nouvelle date, le Supplément se trouve
placé à la fin de chaque volume à qui il appartient.

Il faut s'assurer si les exemplaires, avec la date
de 1821-25, sont composés ainsi qu'il suit :

Tom. 1er : Notice sur Goethe, de 184 pag.; *le
Grand Cophte*, com. en 5 actes; *la Fille naturelle*,
tragédie en 5 actes. Tom. II : *le Tasse*, pièce de
théâtre en 5 actes; *Egmont*, tragédie en 5 actes;
Stella, pièce de théâtre en 5 actes; *les Révoltés*,
drame politique en 5 actes. Tom. III : *Goetz de Ber-*

lichingen, à la main de fer, pièce de théâtre en 5
actes; *Iphigénie en Tauride*, pièce de théâtre en 5
actes; *Clavijo*, trag. en 6 actes; *les Complices*, en 3
actes. Tom. IV : *Faust*, avec des intermèdes; *la
Manie du sentiment*, fantaisie en 6 actes; *le Frère et
la Sœur*, pièce en un acte; *le Citoyen général*, com.
en un acte en prose; *Jéry et Baetely*, com. mêlée de
chants (en un acte).

Une autre trad.,moins complète, des OEuvres dram.
de Gœthe (par MM. de GUIZARD, Ch. de RÉMUSAT, le
comte de SAINT-AULAIRE, de STAEL, etc.), formant
quatre volumes, fait partie des Chefs-d'œuvre des
Théâtres étrangers publ. chez Ladvocat, 1822—24,
mais ne s'en détache pas.

Antérieurement à ces deux traductions, Friedel
et Bonneville avaient déjà donné, dans leur « Théâtre
allemand », la traduction de trois pièces de Gœthe :
Clavijo, Goetz de Berlichingen, et *Stella*. Cabanis, de
l'Institut, avait encore donné la traduction de la
dernière de ces pièces, dans ses «Mélanges de littérature allemande» (1797, in-8).

— Poésies (ses), traduites pour la première fois de l'allem. par Mme E. PANCKOU-
CKE. *Paris, C. L. F. Panckoucke*, 1825,
in-32, 3 fr.

Cette traduction, qui ne contient qu'une bien petite partie des poésies de Gœthe, puisqu'en allemand
elles forment deux gros volumes, fait partie de la
« Traduction de tous les Chefs-d'œuvre classiques »
publ. chez M. Panckoucke.

Madame Panckoucke visant ainsi que son mari à
un certain degré d'universalité, après s'être fait
connaître comme peintre, a voulu se faire connaître
comme femme auteur; et c'est par des poésies allemandes les plus difficiles à rendre dans notre langue,
celles de Gœthe, que madame Panckoucke a débuté,
si l'on en croit le frontispice du volume; mais des
gens bien informés savent que madame Panckoucke
doit ce nouveau titre à la galanterie de M. LOÈVE-
WEIMARS, le véritable traducteur du choix de *Poésies de Gœthe*.

— Werther (les Passions du jeune), traduites de l'allem. par M. Aubry (ou plutôt par le comte de SCHMETTAU). *Manheim,
et Paris, Pissot*, 1777, in-8; ou *Paris,
Didot, jeune*, 1797, 2 vol. in-18 fig., 6 à
7 fr.; pap. vélin, 10 à 12 fr., et gr. pap.,
18 à 20 fr.; et *Paris, Lebègue jeune*, 1822,
in-12, 2 fr.

La dernière édit. fait partie d'une «Bibliothèque
d'une maison de campagne».

— Werther, (les Souffrances du jeune),
traduites de l'allem. (Par de SECKENDORF).
Erlang, 1776, in-8.

— Werther, trad. de l'allem. (par DEY-
VERDUN). *Maëstricht, Dufour*, 1784, 2
vol. in-12.

— Le même, trad. de l'allem. sur la
nouv. édit. *Bâle, J. Decker, et Paris,
Pougens*, 1801, 2 vol. in-18, 2 fr. 50 c.;
pap. vél., 5 fr.

Les bibliographes s'accordent à citer une traduction de Werther, par DÉJAUNE : c'est vraisemblablement celle-ci.

— Le même, traduction nouvelle (par
M. de LA BÉDOYÈRE), *Paris, Colnet*, an
XII (1804), in-12.

Il n'existe qu'un très-petit nombre d'exempl. de cette traduction.   *Barb.*

Elle a été réimpr. en 1809 (Paris, Didot jeune), in-8 avec 3 fig. de Moreau le jeune. Le traducteur possède un exemplaire de cette réimpression sur vélin et décoré des dessins originaux de Moreau.   *Brun.*

— Le même, traduction nouvelle, par L. Sévelinges. *Paris, Demonville,* 1804, in-8 avec le portr. de Werther, 4 fr. 50 c.; et pap. vél., portr. avant la lettre, 9 fr.; ou *Paris, Dentu,* 1825, in-18, pap. vél., orné de 4 grav., 6 fr.

De toutes les traductions françaises que l'on a faites de Werther, aux xviiie et xixe siècles, celle de Sévelinges est la plus fidèle et la plus élégante; elle a en outre l'avantage sur les traductions du xviiie siècle, d'être faite sur la dernière édition de Goethe, revue et augmentée de douze lettres.

— Le même, en espagnol. *Paris, Louis,* 1804, in-12, 2 fr.; ou *Paris, Séguin,* 1825, in-18, 3 fr. 50 c. — En espagnol et en français. *Paris, Louis,* 1804, 2 vol. in-12, 4 fr.

— Le même, en italien. *Paris, Louis,* 1804, in-12, 2 fr.; ou italien et français, 2 vol. in-12, 4 fr.

GOETZ (Fr. - Ignace), médecin inoculateur; né à Guebersweir, près de Colmar, le 26 décembre 1728; mort à Paris, le 28 juin 1813.

— Preuves des dangers et de l'inefficacité de la vaccine. *Paris,* an xi (1803), in-8.

— Traité complet de la petite vérole et de l'inoculation. *Paris, Croullebois,* 1790, in-12, avec le portrait de l'auteur, 2 fr. 50 c.

La méthode de Goetz est, au fond, celle de Sutton, ou plutôt de Vieusseux, avec quelques perfectionnements. Il insiste particulièrement sur les avantages de l'air frais et pur, et des purgatifs pendant l'inoculation. Les faits nombreux dont cet ouvrage est le dépôt, le feront toujours consulter avec fruit, malgré quelques opinions de théorie qui n'ont pas été adoptées.

Ce médecin était partisan zélé de l'inoculation, et ennemi déclaré de la vaccine; cette haine l'a porté à traduire en français les ouvrages anglais de Rowley, Snoseley et Squirrel, dans lesquels sont accumulées les calomnies les plus atroces contre la vaccine. Ces traductions ont paru sous ce titre : la *Vaccine combattue dans les pays où elle a pris naissance, etc.* (1807, in-8). Voy. ces mots à la Table des Anonymes.

GOEZMANN (Louis - Valentin de), successivement procureur-général au conseil souverain d'Alsace et conseiller au même conseil, enfin conseiller du parlement Maupeou; membre de l'Académie de Metz; né à Landser, diocèse de Bâle, le 16 septembre 1730; mort, selon toute apparence, avant la révolution de 1789.

— * Analyse de l'ouvrage ayant pour titre :

« Questions de droit public». *Amsterdam,* 1770, in-8.

— Discours adressé à l'Académie de Metz, à l'occasion de sa réception. 1769, in-8.

— * Essai politique sur l'autorité et les richesses que le clergé séculier et régulier ont acquises depuis leur établissement. 1776, in-8.

— Essais historiques sur le sacre et le couronnement des rois de France, les minorités et les régences, par L** V** G** de Th.... *Paris, Vente,* 1775, in-8.

— *Histoire politique des grandes querelles entre l'empereur Charles V et François Ier, roi de France; avec une introduction contenant l'état de la milice et la description de l'art de la guerre avant et sous le règne de ces deux monarques : ensemble une Notice des plus célèbres savants qui ont contribué, par leurs lumières, à la renaissance des lettres. Par M. de G..., de la Société royale des sciences et arts de Metz. *Paris,* 1777, 2 vol. in-8.

Cet ouvrage a été réimprimé ou reproduit sous le titre d'*Histoire des démêlés entre François Ier et Charles-Quint.* Paris, 1790, 2 vol. in-8. (Anon.).

— Histoire politique du Gouvernement français, ou les Quatre âges de la Monarchie française. Tom. Ier. *Paris, Grangé,* 1777, in-4.

Cet ouvrage, proposé par souscription, devait avoir quatre volumes; le premier seul a paru.

— * Jurisprudence (la) du grand-conseil examinée dans les maximes du royaume; ouvrage précieux, contenant l'histoire de l'inquisition en France. *Avignon,* 1775, 2 vol. in-8.

— * Lettre d'un jurisconsulte français à un jurisconsulte allemand, sur une question de droit public. *Londres (Paris),* 1771, in-8.

Le Journal historique de la révolution Maupeou, sec. édit., tom. VII, cite une deuxième lettre du même auteur.

— Mémoire sur ce sujet : Comment la ville de Metz est-elle passée sous la puissance des empereurs d'Allemagne ? couronné par l'Acad. de Metz. 1769, in-8.

— Quatre (les) âges de la pairie de France, ou Histoire générale et politique de la pairie de France dans ses quatre âges; pairie de naissance, de dignité, d'apanage, de gentilhomme. *Maëstrich, J. Ed. Dufour,* 1775, 3 vol. in-8.

Publ. sous le pseudon. de Zemganno.

— *Questions de droit public sur une matière intéressante. *Amsterdam,* 1770, in-8.

—Traité du droit commun des fiefs, contenant les principes du droit féodal, avec la jurisprudence qui a lieu dans les pays qui sont régis par le droit commun des fiefs, et notamment en Alsace; suivi d'un chapitre particulier sur le commerce et la multiplication des juifs d'Alsace et de Metz, terminé par un Dictionnaire féodal. Dédié à M. Cochin, intendant des finances. *Paris, Desventes de Ladoué*, 1768, 2 vol. in-12.

Goezmann figura dans le procès célèbre de Beaumarchais. Ce fut sur le rapport de Goezmann, devenu conseiller du parlement Maupeou, que ce même parlement annula la demande de 50 mille écus que Beaumarchais redemandait aux héritiers de Pâris Duverney. Beaumarchais, dans des Mémoires qui lui ont fait une brillante réputation, accusa le conseiller Goezmann et sa femme d'avoir reçu de lui des sommes assez considérables pour lui donner une audience; Goezmann fut mis hors de cour, ce qui le rendit incapable d'exercer aucune place de judicature. Madame Goezmann fut condamnée au blâme et à la restitution de quinze louis. Beaumarchais fut également condamné au blâme. Ses Mémoires ont été lacérés et brûlés. Le public ne fut pas content de ce jugement. Goezmann eut encore dans le même temps une affaire qui lui fit peu d'honneur : on l'accusa de s'être donné un faux nom dans l'acte baptistaire d'un enfant dont il s'était déclaré le protecteur et dont il était probablement le père. Il fut condamné au blâme, et son office déclaré vacant. Goezmann publia pour sa défense deux requêtes qui sont fort bien raisonnées. Il vécut ensuite dans la retraite, livré aux choses qui avaient fait le charme de sa jeunesse : les lettres et la législation.

GOFFAUX (F.-J.), professeur d'humanités au lycée impérial, ensuite professeur émérite du collége royal Louis-le-Grand.
—Conseils pour faire un thême. IIIe édit., augm. de plusieurs thêmes, etc. *Paris, Aug. Delalain*, 1818, in-8 de 32 pag., 1 fr. 50.

La prem. édit. est de 1812.

— Conseils pour faire une version. *Paris, le même*, 1811, in-12, 75 c.; ou *Paris, le même*, 1813, in-8 de 32 pag., 1 fr. — IIIe édit., augm. de plusieurs versions. *Par., le même*, 1818, in-8 de 48 pag., 1 fr. 50 c.
— Devoirs d'humanités, thêmes ou versions, avec leurs corrigés, divisés en quatre parties : 1° Religion et morale; 2° Histoire ancienne; 3° Histoire naturelle; 4° Histoire des arts. Latin-français. *Paris, le même*, 1826, in-8, 9 fr.
—Époques principales de l'histoire, pour servir de précis explicatif au «Tableau chronométrique», indiquant l'origine, les progrès, la durée et la chute des empires. *Paris, Arth. Bertrand*, 1805, in-8 de VIII et 134 pag. avec un tableau color. sur pap. grand-aigle, 6 fr.

Réimprimées pour le même libraire en 1807, et 1818, d'après les derniers changements politiques, 6 fr., et sans le tableau, 2 fr.

— Le même ouvrage. V^e édition, à l'usage des colléges et des pensions. *Paris, le même*, 1826, in-12 avec le tableau sur une échelle plus petite et colorié, 3 fr.
— *Malheurs (les) de la famille d'Ortenberg, trad. de l'angl., d'après l'allemand. (1801). Voy. KOTZEBUE.
— Nouveau (le) Robinson, trad. de l'allemand en latin (   ). Voy. CAMPE.
— Tableau chronométrique des époques principales de l'histoire, avec le Précis explicatif. *Paris, A. A. Renouard*, 1803, in-8, 6 fr.

Ce *Tableau* a eu une quatrième édition en 1823. Paris, Arth. Bertrand, in-12, avec une pl. gravée, 2 fr. 50 c.

— Tableau chronométrique élémentaire de l'histoire de France, indiquant les démembrements des provinces de la monarchie et leur réunion à la couronne, et par des signes, la vie des rois, la durée de leur règne, les événements mémorables, siéges, traités, alliances; l'origine de la féodalité, celle de la noblesse, des parlements, des impôts; les convocations des états-généraux, les changements survenus dans l'état moral et politique des Français, et les hommes célèbres. *Paris, A. Bertrand*, 1826, in-8 avec la carte de France et des tableaux lithographiés, 5 fr. 50 c.; ou avec la carte de France, et deux tableaux gravés et coloriés, sur pap. grand-aigle, 6 fr. 50 c.
— Le même, abrégé, avec les tableaux lithographiés. *Paris, le même*, 1821, in-8 de 88 pag., 3 fr.
— Themata anglo-latina, ad usum juventutis, in studio linguæ latinæ jam profectioris, ex probatissimis anglis et gallicis scriptoribus, etc. *Parisiis, F.-J. Goffaux*, 1825, in-8 de 16 pag.

Latin-français.

M. Goffaux a eu part à la traduction de l'Histoire universelle, etc., composée en anglais (1779—89). Voy. ce titre à la Table des Anonymes. De concert avec M. J.-D. Dumouchel, il a publié, comme éditeur, un volume intitulé : Narrationes excerptæ ex latinis scriptoribus, etc. (1804), qui a eu plusieurs éditions, et dont il y a une traduction par les éditeurs : seul, il a encore donné des Morceaux choisis de Buffon (1809).

De concert avec M. Destours, M. Goffaux a aussi commencé à publier une collection de Cartes chronologiques et généalogiques, pour servir à l'étude de l'histoire ancienne et moderne, et à celle des langues, des sciences et des arts : quatre ont déjà paru, et sont celles 1° de l'Empire romain, depuis Auguste jusqu'à Charlemagne; 2° de la France, depuis l'origine de la monarchie jusqu'à nos jours, en 2 feuilles; 3° des écrivains de la langue latine, depuis l'origine de la langue jusqu'à la fin du VIe siècle; 4° des principaux écrivains de la langue française, en vers et en prose, depuis le XIIe siècle jusqu'à ce jour. Ces cartes se trouvent chez Arth.

Bertrand, et se vendent : celles en une feuille, 4 fr. ; celles en deux, le double : on peut y joindre une Notice explicative des cartes, 2 fr.

GOGUELAT (le baron), lieutenant-général.

—Mémoires sur les événements relatifs au voyage de Louis XVI à Varennes ; suivis d'un Précis de tentatives qui ont été faites pour arracher la reine à la captivité du Temple ; ornés d'une carte de la route de Châlons à Montmédy et de plusieurs *fac-simile* des lettres de la reine Marie-Antoinette. *Paris, Baudouin frères*, 1823, in-8 de 92 pag. avec une carte et 4 pl.

Faisant partie de la « Collection des Mémoires relatifs à la Révolution française. »

GOGUET (Aug.), médecin de Beauvais.
— * Abrégé de l'histoire des savants, anciens et modernes, avec un Catalogue des livres qui ont servi à cet abrégé. (Publié par l'abbé TRICAUD). *Paris, Nic. Le Gras*, 1708, in-12.

Ouvrage que le catalogue de Falconnet à quelquefois fait attribuer, mais à tort, à dom Alex. GAUDIN, chartreux.

GOGUET (Ant.-Yves), conseiller au parlement ; né à Paris, le 18 janvier 1716, où il est mort, le 2 mai 1758.

—Origine (de l') des lois, des arts et des sciences, et de leurs progrès chez les anciens peuples. *Paris*, 1758, 3 vol. in-4 avec fig. ; *La Haye*, 1758, 6 vol. in-12 ; *Paris*, 1759, et 1778, 6 vol. in-12. — Autre édition, augm. d'une Table raisonnée des matières. *Paris, Hausmann*, 1809, 3 vol. in-8 avec planches et tableaux, 21 fr., et pap. vél., 36 fr. ; ou *Paris, G. Mathiot*, 1820, 3 vol. in-8 avec pl. et tableaux, 21 fr.

Avec Fugère. Les deux éditions de 1758 sont anonymes.

Ouvrage très-estimé et qui a été traduit en plusieurs langues. Les éditions originales du XIXᵉ siècle sont peu recherchées, parce que les planches ne sont que de mauvaises épreuves, les cuivres étant tout-à-fait usés.

GOHARD (P.), curé de Montfort-l'Amaury.
— * Traité des bénéfices ecclésiastiques. Par M. P. G. *Paris*, 1734, 3 vol. in-4.
—Sec. édit., publ. par l'abbé de BREZOLLES. *Paris, Vᵉ Garnier*, 1763, 7 vol. in-4.

GOHIER (Louis-Jérôme), successivement avocat au parlement de Bretagne, membre de l'Assemblée législative, ministre de la justice, membre et président du Directoire exécutif, et enfin, consul-général de France en Hollande sous le gouvernement impérial ; né à Semblançay, en 1746.
— * Couronnement (le) d'un Roi, essai

allégorique en un acte, en prose, suivi d'un vaudeville, par un avocat au parlement de Bretagne, joué à Rennes, par les comédiens, le 28 janvier 1775. *Imprimé au Temple de mémoire*, in-8 de 17 pag.

Réimp. en 1825. Paris, Urb. Canel ; A. Dupont, in-8, 1 fr.

— Mémoires (ses). *Paris, Bossange frères*, 1824, 2 vol. in-8 avec un portrait et *fac-simile*, 14 fr.
— * Un mot sur le procès intenté par la famille La Chalotais contre le journal l'Étoile. Par un ancien avocat au barreau de Rennes. *Paris, de l'impr. de Lachevardière*, 1826, in-8 de 40 pag.

M. Gohier a donné une édition de la Mort de César, tragédie de Voltaire, avec des changements (1794).

GOHIER (J.-B.), professeur d'opérations, de maladies et de clinique, à l'École royale vétérinaire de Lyon, correspondant de la Société royale et centrale d'Agriculture, etc. ; mort à Lyon, le 1ᵉʳ octobre 1819.

— Effets (des) de pailles rouillées, ou Exposé des rapports, recherches et expériences sur les pailles affectées de rouille délivrées, pendant le dernier trimestre de l'an IX, aux chevaux du 20ᵉ régiment de chasseurs. *Lyon, et Paris, Mᵐᵉ Huzard*, 1803, in-8, 1 fr.
—Mémoire sur la maladie épizootique qui règne en ce moment (1814) sur les bêtes à cornes dans le département du Rhône et ailleurs. *Lyon, Lions, et Paris, Mᵐᵉ Huzard*, 1814, in-8 de 64 pag., plus un tableau synoptique d'une feuille, 1 fr.
— Mémoire sur les causes qui, dans la cavalerie, donnent lieu à la perte d'une grande quantité de chevaux. *Lyon, et Paris, Mᵐᵉ Huzard*, 1804, in-8, 1 fr.
— Mémoire sur une épizootie qui se manifesta dans le mois de germinal an VIII sur les chevaux du dépôt du 21ᵉ de chasseurs, en garnison à Metz ; suivi d'un Aperçu de celle qui a régné en thermidor an XI sur les bêtes à cornes de la commune de Tramois. *Lyon, Reymann, et Paris, Mᵐᵉ Huzard*, 1803, in-8, 60 c.
— Mémoires et Observations sur la chirurgie et la médecine vétérinaire, ouvrage couronné en grande partie par la Société d'agriculture du département de la Seine. *Lyon, Lions, et Paris, Mᵐᵉ Huzard*, 1813-1816, 2 vol. in-8 avec fig., 12 fr.
— Tableau synoptique des coutumes suivies dans la plupart des ci-devant provinces de France, à l'égard des cas redhi-

bitoires des animaux. *Lyon, Lions, et Paris, Mme Huzard*, 1814, in-fol. de 4 pag., 1 fr.

— Tableaux synoptiques des différentes ferrures, le plus souvent pratiquées aux pieds des animaux monodactyles ou solipèdes. *Lyon, Reymann et comp., et Paris, Mme Huzard*, 1803, in-fol. avec figures, 1 fr. 5o c.

GOIBAUD. Voy. Dubois.

GOIFFON (l'abbé Jos.), aumônier du duc du Maine, membre de l'Académie de Lyon, et associé de l'Académie des sc.; né à Cerdon, dans le Bugey, vers la fin du XVIIe siècle, mort en 1751.

— Felix syderum situs nascente serenissimo Delphino. 1731, in-4. — Autre édition, avec une traduction française. *Paris, Ve Ganeau*, 1738, in-4.

— Harmonie des deux sphères céleste et terrestre, ou la Correspondance des étoiles aux parties de la terre. *Paris, Lemercier*, 1731, in-12, ou 1739, in-4.

Cet ouvrage, dit Lalande, contient des éléments d'astronomie et de géographie, et principalement la comparaison des déclinaisons des étoiles sous les latitudes terrestres. L'auteur fut un exemple assez rare du goût pour l'astronomie dans une province éloignée de la capitale.   *Biogr. univ.*

GOIGOUX. Voy. au Supplément.

GOLBÉRY (Sylvain-Meinrad-Xav. de), anc. officier supérieur du génie, admis le 21 avril 1818, avec le grade de lientenant-colonel, à l'Hôtel royal des Invalides; nommé bibliothécaire de cet établissement le 10 août 1820; né à Colmar (Haut-Rhin), le 24 sept. 1742, mort à l'Hôtel des Invalides, le 13 juin 1822.

— Considérations sur le département de la Roër, suivies de la Notice d'Aix-la-Chapelle et de Borcette; ouvrage composé d'après les recherches de l'auteur et les documents réunis dans les archives de la préfecture. *Aix-la-Chapelle, impr. de J.-G. Beaufort*, 1811, in-8 de IV et 584 pag.

— Fragment d'un voyage en Afrique, fait pendant les années 1785-1787, dans les contrées de ce continent comprises entre le cap Blanc et le cap des Palmes. *Paris, Treuttel et Würtz*, 1802, 2 v. in-8 avec fig.

L'auteur conservait des matériaux tout préparés pour une nouvelle édition, mais on ne sait pas ce qu'ils sont devenus.

— Lettres sur l'Afrique. *Paris, Devaux*, 1791, in-8.

GOLBÉRY (Marie-Phil.-Aimé de), neveu du précéd., conseiller à la Cour roy. de Colmar, correspondant de l'Inst. (Acad. des inscriptions et belles-lettres), de l'Acadé-

mie des sciences de Toulouse, de la Société royale des Antiquaires de France, de celle des Antiquaires de Normandie, de Saxe, de Thuringe, de la Société historique de Fribourg, de la Société des sc. de Strasbourg; né à Colmar, le 1er mai 1786.

— Antiquités de l'Alsace, ou Châteaux, églises et autres monuments des départements du Haut-Rhin et du Bas-Rhin, avec un texte historique et descriptif. Impr. de Levrault à Strasbourg. *Mulhouse et Paris, Engelmann*, 1825, 20 livraisons in-fol. de 4 planches chacune avec texte, 120 fr.; pap. de Chine, 180 fr.

Avec Schweighæuser.

Dix livraisons contiennent les antiquités du Haut-Rhin et dix autres celles du Bas-Rhin.

— Antiquités romaines de Mandeure, du pays de Porentrui et de quelques contrées voisines. *Paris, Engelmann*, 1828, 2 livraisons in-fol., chacune de 7 pag. avec 4 planches, 16 fr., et sur pap. de Chine, 20 f.

L'auteur a obtenu de l'Institut, en 1824, à l'occasion de ces ouvrages, la première médaille de celles accordées pour les antiquités nationales.

— Défense de Tibulle, contre quelques savants qui veulent le vieillir de 15 ans. (Extrait du Bulletin universel des sc.). *Paris, imp. de Fain*, 1826, in-8 de 24 p.

— Histoire romaine, trad. de l'allemand (1829). Voy. Niebuhr.

— Histoire universelle de l'Antiquité, trad. de l'allem. (1828). Voy. Schlosser.

— * Lettres sur la Suisse, accompagnées de vues dessinées d'après nature et lithographiées par Villeneuve. IVe partie : Lac de Genève. *Paris, Engelmann*, 1827, in-fol. avec un frontispice lithographié et 29 pl., 60 fr., et sur pap. de Chine, 72 fr.

Publiées en 6 livraisons.

Ce volume des Lettres sur la Suisse fait suite aux Lettres de M. R. Rochette, qui ont été imprimées semblablement en trois parties, dont la première comprend l'*Oberland Bernois*, la seconde l'*Evéché de Bâle*, la troisième *le Lac des quatre cantons*. Une cinquième partie, décrite par M. de Golbéry, est maintenant sous presse : elle comprend *le Simplon et le Saint-Gothard*, et sera composée de 6 livraisons : deux sont déjà publiées.

— Mémoire sur Argentouaria, ville celtique. *Strasbourg et Paris, Levrault*, 1829, in-8.

— Mémoire sur l'époque à laquelle vécut l'obscur Lycophron, trad. de l'allemand (1826). Voy. Niebuhr.

— Mémoire sur la guerre chrémonidienne, traduit de l'allem. (1826). Voy. Niebuhr.

— Mémoire sur quelques anciennes fortifications des Vosges, où l'on examine la question de savoir quel peuple, au temps de Jules-César, était établi dans la Haute-

Alsace. (Extr. du tom. V des Mémoires de la Société royale des Antiquaires). *Paris, de l'imp. de Smith*, 1823, in-8 avec 2 pl.

— Suétone, trad. nouvelle (1829). Voyez SUÉTONE.

— Tibulli (de) vitâ et carminibus disseruit, etc. *Parisiis, ex typogr. Dondey-Dupré*, 1825, in-8 de 80 pag.

— Villes (les) de la Gaule rasées par J.-A. Dulaure, et rebâties par P.-A. de Golbéry : réfutation. *Strasbourg, Levrault*, 1821, in-8.

Cette réfutation a été ensuite mise en latin par l'auteur, et insérée dans le cinquième volume de l'édition de César de la Bibliothèque classique de M. Lemaire.

M. Golbéry participe à la rédaction de plusieurs recueils scientifiques et littéraires dans lesquels il fournit d'excellents articles : ces recueils sont : la Revue encyclopédique, depuis son origine, en 1819; le Bulletin des sciences, de M. de Férussac; le Journal de la Société des sciences de Strasbourg; la Revue Germanique et le Journal de Jurisprudence étrangère qui se publie à Heidelberg; enfin M. de Golbéry, qui se fait un devoir d'aider de ses lumières les éditeurs de publications utiles, vient de nous promettre sa coopération pour notre France littéraire : ses notices seront particulières aux littérateurs que l'Alsace a vu naître.

On lui doit aussi une bonne édition latine de Tibulli opera, varietate lectionum, novis commentariis, excursibus, imitationibus gallicis, vitâ auctoris et indice absolutissimo instruxit, etc. (1826). Cette édition fait partie de la Bibliothèque classique publiée par M. Lemaire.

Parmi les ouvrages inédits de ce savant, on cite entre autres des Mémoires importants sur les voies romaines du département du Haut-Rhin, sur les tombelles, et un ouvrage sur l'état de la Gaule avant la conquête de ce pays par les Romains, qui a été couronné par l'Académie de Toulouse, en 1826.

GOLDONI (Charles), le plus célèbre poète comique de l'Italie dans le XVIIIe siècle, surnommé dans sa patrie le *Molière italien*.

— Avventuriere (l') onorato, comedia di tre atti, in prosa. *Parigi, Teof. Barrois*, 1818, in-16, 1 fr. 20 c.

— Bourru (le) bienfaisant, comédie en 3 actes et en prose. *Paris, Ve Duchesne*, 1771, ou 1784, in-8.

— Burbero (il) di buon cuore, comedia di tre atti, in prosa : traduzione del «Bourru bienfaisant», fatta dall'autore medesimo. *Parigi, vid. Duchesne e figlio*, 1789, in-8.

— Guerre (la) et la Paix, com. en 3 act. imitée de l'ital., par J.-L. NYON, avec des couplets par CHAZET. *Paris, A. A. Renouard*, 1807, in-8.

Faisant part. du «Théâtre des Variétés étrangères».

— Mémoires pour servir à l'histoire de sa vie et à celle de son théâtre. *Paris*, 1787, 3 vol. in-8.

— Les mêmes. Nouv. édit., précédée d'une

Notice sur la comédie italienne au XVIe siècle, et sur Goldoni, par M. MOREAU. *Paris, Ponthieu*, 1823, 2 vol. in-8, 12 fr.

Cette dernière édition fait partie de la Collection des Mémoires sur l'art dramatique.

— Maison (la) de Molière, com. en 4 actes, imitée de Goldoni (par P. Alph. Guys); représentée à la Comédie franç., sous le nom de L.-Séb. Mercier. *Paris*, 1787, in-8.

— Négociants (les), comédie en 3 actes, imitée de l'italien, par J.-L. NYON. *Paris, A.-A. Renouard*, 1807, in-8, 1 fr. 50 c.

Cette pièce fait aussi partie du Théâtre des Variétés étrangères.

— Pamela, comedia di tre atti, in prosa. *Parigi, Teof. Barrois*, 1818, in-16, 1 fr. 20.

— Paméla, com. en prose (en 3 act.), trad. en français par D. B. D. V. (de BONNEL DU VALGUIER). *Paris*, 1759, in-8.

— Père (le) de famille, comédie en 3 actes, en prose, trad. de l'ital. par M. (DELEYRE), avec cette épigraphe : « Asinorum autem et multorum ingenium in eo cernitur quod.... rarò nec libenter desinant. Hier. Vida de arte poet. » *Avignon*, 1758, *et se vend à Liége, chez Étienne Bleichnnar*, sous les piliers, à l'image de saint Potentien, in-8 de 216 pag., sans l'Épître dédicatoire qui en a quatre, et un Errata ironique qui en a six.

« Il est essentiel d'observer, dit A. A. Barbier, que l'estimable Deleyre n'avait traduit le *Père de famille* et le *Véritable ami* de Goldoni que pour fermer la bouche aux ennemis de Diderot, qui répandaient que son « Père de famille » était un ouvrage de Goldoni. »

— Smanie (la) della villaggiatura, comedia di tre atti, in prosa. *Parigi, Teof. Barrois*, 1820, in-16, 1 fr. 20 c.

— Valet (le) de deux maîtres, com. en 3 actes et en prose; trad. de l'ital. *Amsterdam et Paris, Desaint junior*, 1763, in-12.

— Vero (il) amico, comedia di tre atti, in prosa. *Parigi, Teof. Barrois*, 1818, in-16, 1 fr. 20 c.

— Véritable (le) ami, com. en 3 actes et en prose, trad. de l'ital. en franç., par M. l'abbé ***, chanoine de l'église de Saint-Luc (par DELEYRE), avec cette épigraphe: « In quibus hoc mirabile nimis quod adversùs ventum mingentibus tibia nunquam irrorentur. Arist. de animal., l. IV ». *Avignon (Paris)*, 1758, in-8 de 166 pages, sans l'Épître dédicatoire qui en a six.

Cette traduction et celle du *Père de famille* sont rares; il semble même qu'elles aient été inconnues à Goldoni, puisqu'il n'en parle pas dans les Mémoires de sa vie, lui qui cite avec une scrupuleuse exactitude les traductions de ses pièces de théâtre publiées en français à diverses époques, et même l'extrait de son Véritable ami, fait par Fréron, d'après l'italien.

« Grimm a été l'éditeur de la traduction du *Père de famille* et de celle du *Véritable ami* : il les fit précéder de deux épîtres dédicatoires satiriques adressées à la princesse de Robecq et à la comtesse de La Marck. Ces deux illustres offensées se disposaient à faire punir le malheureux éditeur, lorsque Diderot leur dit, pour les calmer, qu'il était l'auteur de ces deux épîtres. Ces dames surent bientôt qu'il se chargeait du délit de Grimm, mais l'affaire n'eut pas de suite. » *Barb.*

— Veuve (la) rusée, com. en prose, en 3 actes; trad. de l'ital. par D. B. D. V. (de BONNEL DU VALGUIER). *Paris, Vᵉ Quillau*, 1761, in-8.

— Scelta di alcune comedie, per uso di dilettanti della lingua italiana. Xᵃ ediz., accuramente corretta da BELLINGERI. *Parigi, Fayolle; Dauvin*, 1828, in-12, 4 fr.

Les huit ou neuf premières éditions ont été soignées par L. Pio. Ce vol. contient cinq pièces de Goldoni : Pamela, il Vero amico, l'Avventuriere onorato, la Villagiatura, et l'Osteria della posta.

— OEuvres de M***, traduites de l'italien par SABLIER. *Londres (Paris)*, 1761, in-12.

— Autre édition, sous ce titre : « Théâtre d'un inconnu ». *Paris*, 1765, in-12.

Ce volume contient deux pièces de Goldoni : la Suivante généreuse, trad. de l'italien, la Domestique généreuse, imitation en vers libres de la pièce précédente, et les Mécontents.

— Chefs-d'œuvre (ses), traduits pour la première fois en français, avec le texte italien à côté de la traduction, un Discours préliminaire sur la vie et les ouvrages de Goldoni, des notes et une Analyse raisonnée de chaque pièce; par M. A.-A. D. R. (AMAR DU RIVIER, aujourd'hui conservateur à la Bibliothèque Mazarine). Vol. I—III. *Lyon, Reymann et comp.*, an IX (1801), 3 vol. in-8, 10 fr. 50 c.

Le choix avait été promis en 6 vol., mais il n'en a pas été publié davantage.

Ces trois volumes contiennent huit pièces, avec des Préfaces de l'auteur ou du traducteur, et des Examens relatifs à chacune d'elles. On y trouve : Tom. Iᵉʳ : Paméla et l'Auberge de la poste. Tom. II : Paméla mariée, Molière et l'Avare. Tom. III : la Plaisante Aventure, Renaud de Montauban, tragédie, et la Pauvreté de Renaud, comédie.

Une édition du texte italien en un vol., contenant les pièces qui composent les 3 volumes, a été imprimée en même temps, in-8 de VIII et 620 pag., 4 fr. 50 c.

— Les mêmes (trad. par E. AIGNAN, de l'Institut). *Paris, Ladvocat*, 1822, in-8.

Ce volume fait partie des Chefs-d'œuvre des « Théâtres étrangers » dont il ne se sépare pas.

Il contient une Notice sur la vie et les ouvr. de Goldoni, et la trad. en prose de quatre pièces, précédées l'une et l'autre d'examens qui leur sont relatifs : le Menteur, com. en 3 act.; Molière, com. en 5 act.; Térence, com. en 5 act., et l'Auberge de la poste, com. en un acte.

La traduction d'une autre pièce de Goldoni, en 3 actes, intitulée *la Docte intrigante*, ou la Femme accorte et de bon sens, a été imprimée dans un « Choix des meilleures pièces du théâtre italien moderne », trad. en français par M. E. B. D. 1783, in-8.

Le Triomphe de la probité (voy. madame Benoît), l'Avocat de M. Roger, sont imités de l'Avocato veneziano. Les Caquets de Riccoboni, la jeune Hôtesse (voy. Flins), le Conseil imprudent, etc., sont encore des imitations de Goldoni.

GOLDSMITH (Olivier), célèbre écrivain anglais du XVIIIᵉ siècle.

CITIZEN (THE) OF THE WORLD.

— * Citoyen (le) du monde, ou Lettres d'un philosophe chinois dans l'Orient, traduit de l'anglais (par POIVRE). *Amsterdam, Boiste*, 1763, 3 vol. in-12.

DESERTED (THE) VILLAGE.

— Retour (le) du philosophe, ou le Village abandonné; poëme imité de l'anglais (par le chev. de RUTLIDGE). *Bruxelles, de Boubers*, 1772, in-8.

Le chevalier de Rutlige reçut des compliments de Goldsmith à l'occasion de cette traduction.

— Le même (sous le titre du « Village abandonné), traduit du poëme anglais d'Oliv. Goldsmith, par la cit. V. de C... (Mme Victorine de CHASTENAY). *Paris, de l'impr. de Réal*, an V (1797), in-18.

— Le même (sous le titre de « Lismor, ou le Village abandonné)», trad. de l'angl. par N. B. MONVEL fils. *Paris*, 1801, in-8.

— Village (le) abandonné, poëme : les Chants de Selma et Oithona, poëmes d'Ossian, imités par M. P. A. L. (LE BRUN). *Paris, Hénée*, 1803, in-18, 75 c.

— Le même, trad. en vers par FAUDOAS, suivi de quelques Essais. *Moulins, Desrosiers*, 1822, in-12 de 144 pag.

— Le même, trad. en prose par A.-R. B. (BORGHERS). *Paris, Delestre-Boulage*, 1824, in-18 de 36 pag.

— Le même, traduit de l'anglais, par Alfred P.... *Paris, imprim. de Firmin Didot*, 1824, in-12 de 24 pag.

Voy. aussi plus bas ces mots : *Voyageur (le)*.

ESSAYS.

— Essais (ses), trad. de l'angl. (par J. CASTÉRA). *Paris*, 1788, in-8.

— Contes moraux, trad. de l'angl. par le prince Boris de GALITZIN. 1804, in-8.

Ces Contes sont tirés des « Essais de Goldsmith». Ils avaient déja paru disséminés dans l'Année littéraire et dans le Mercure. « Ceux, dit la Biographie universelle, qui veulent prendre en quelques pages une idée de l'esprit naïf et jovial de Goldsmith, doivent lire son histoire d'un pauvre diable, et celle d'un vieux matelot invalide, le plus plaisant optimiste qu'on puisse imaginer. »

— Essais (ses), traduits de l'angl. (par J. Castéra). *Paris*, 1808, in-8.
— Les mêmes (sous ce titre : Essai des Essais de Goldsmith, ou Recueil de contes et anecdotes (traduits par de Larival). *Paris*, *Royez*, 1788, in-18.
— Essais (nouveaux) d'éducation, trad. de l'angl. par A. H. Dampmartin, avec des notes. *Paris*, *Ducauroy*, 1803, in-12.
— Les mêmes (autre traduction, sous ce titre : « Essais d'éducation et de morale, à l'usage de la jeunesse) ». 1808.

Traduction citée par la Biographie universelle, qui remarque que le titre donné à ce livre par le traducteur anonyme est fort mal appliqué; car les Essais de Goldsmith sont plutôt une suite de modèles d'une philosophie insouciante, que des leçons de morale à recommander.

HISTORIES OF GREECE.

— Histoire de la Grèce, depuis son origine jusqu'à la mort d'Alexandre. Traduite de l'angl. sur la sec. édit., par J.-F. Aubin. Avec deux tables, dont l'une alphabétique, analytique et raisonnée des matières, et l'autre chronologique ; enrichie de deux belles cartes, dont l'une de la Grèce, de ses environs et de l'Asie-Mineure, pour l'intelligence de la retraite des dix mille ; et l'autre pour l'expédition d'Alexandre. *Paris*, *H. Langlois*, 1802, 2 vol. in-8, fig., 9 fr.

Une partie de l'Histoire de la Grèce de Goldsmith a encore été traduite par la duchesse de Villeroy, et impr. dans les 2 vol. publ. sous le titre d'Histoire de la Grèce, trad. de plusieurs auteurs angl. (Goldsmith et Gast), revue et corrigée par J. J. Leuliette. Paris, veuve Moutardier, 1802, 2 vol. in-8.

—History of Greece, abridged, for the use of schools, *Bordeaux*, *P. Beaume*, 1810, 2 vol. in-18, 2 fr. 50 c.; or 1816, in-12, 3 fr.; *Paris*, *Theoph. Barrois the son*, 1811, or 1821, in-12, 3 fr., and *Lyon*, *Tournachon-Molin*, 1817, 2 vol. in-18.
—Abrégé de l'histoire grecque, depuis son origine jusqu'à la réduction de la Grèce en province romaine. Trad. de l'angl. sur la douzième édit., par V. D. Musset-Pathay. IVe édit., avec une fig. et une carte de la Grèce et de l'Asie-Mineure. *Paris*, *H. Langlois*, 1823, in-12, 3 fr.

La première édition de cette traduction est de 1802.

— Le même abrégé, trad. de l'angl. par Bruyset. Sec. édition, revue et corrigée ; avec un Vocabulaire des noms anciens et modernes, de tous les lieux et de tous les peuples dont il est fait mention dans l'ouvrage. *Paris*, *Tournachon*, 1823, in-12.

La prem. édit. de cette traduction est de Lyon, Tournachon-Molin, 1817.

—Le même abrégé, trad. de l'angl., précédé de la vie de cet écrivain, et suivi d'une Table de chronologie, etc. ; par M. B*** (Boinvilliers). *Paris*, *Delalain*, 1824, in-12, 2 fr. 50 c.
— Le même abrégé, en espagnol : Compendio de la historia griega escrita en ingles et trad. librem. al español, etc. *Paris*, *Rosa*, 1822, 2 vol. in-12, 6 fr.

ROMAN STORIES.

— Histoire romaine, depuis la fondation de Rome jusqu'à la chute de l'empire romain en Occident, divisée en deux parties, dont l'une contient l'histoire de la république, et l'autre celle des empereurs ; traduite pour la première fois de l'anglais sur la 12e édit., avec des additions marginales. Par M. C. G. (Graux, anc. maître de pension). *Paris*, *Hyac. Langlois*, 1803, 2 vol. in-8 ornés de 4 gravures, et de quatre cartes géographiques d'après d'Anville, 12 fr.
— Roman history, abridged. *Bordeaux*, *P. Beaume*, 1810, 2 vol. in-18, 2 fr. 50 ; or *Lyon*, *Tournachon*, 1817, 2 vol. in-18.
— Abrégé de l'histoire romaine, depuis la fondation de Rome jusqu'à la chute de l'empire romain en Occident. Traduit de l'angl. sur la douzième édit. (par M. Musset-Pathay) ; à l'usage de toutes les classes et pensions de l'Angleterre ; destiné à celles de la France. *Paris*, *Hyac. Langlois*, an IX (1801), 2 part. in-8, avec 4 fig., et 3 cartes enluminées, 5 fr.

On a tiré de cette édition 25 exemplaires sur papier vélin d'Annonay, avec les cartes lavées et les montagnes piquées, 10 fr., et avec les figures avant la lettre, dont il n'y a eu que six exemplaires, 15 fr.
Cette traduction a eu une 6e édition en 1828. Paris, Langlois père, 2 part. en un vol. in-12 avec figures et cartes.

— Le même abrégé, traduit par Bruyset. Nouv. édit. *Paris*, *Tournachon-Molin et Séguin*, 1821, in-12, 3 fr.
—Le même abrégé, trad. de l'angl., précédé de la vie de cet écrivain, et suivi d'une table chronologique et d'un vocabulaire géographique. Par M. B*** (Boinvilliers). *Paris*, *Aug. Delalain*, 1824, in-12, 2 fr. 50 c.
—Le même abrégé, en esp. : Compendio de la historia romana desde la fundacion de Roma hasta la ruina de su imperio de Occidente; trad. del ingles. *Paris*, *Rosa*, 1822, 2 vol. in-12, 6 fr.

HISTORIES OF ENGLAND.

— Histoire d'Angleterre, depuis Jules-César jusqu'en 1760, continuée jusqu'à nos jours par Ch. Coote ; trad. de l'angl. par Mme Alex. Aragon, avec une Notice

sur la vie et les ouvrages de Goldsmith, par
M. Alb. Montémont. *Paris*, *Peytieux*;
P. Dupont, 1825, 6 vol. in-8, 36 fr.

On avait annoncé vouloir donner, à la suite de la traduction de l'Histoire d'Angleterre, celle des autres ouvrages de Goldsmith, qui eût formé quatre autres volumes : mais il paraît que ce projet reste sans exécution.

— History (a) of England, in a series of Letters from a nobleman to his son. To which are added, two letters on the study and biography of the ancient and modern british historians. *Basil, Decker* (* *Strasbourg, Levrault*), 1801, 2 vol. in-8, 8 fr.
— An another edition, to which is added a Continuation till the present times (1812). *Paris, Th. Barrois*, 1812, 2 vol. in-12, 6 fr.
— Le même ouvrage, en français : *Précis philosophique et politique de l'histoire d'Angleterre, dans une suite de lettres, écrites par un lord à son fils. Trad. de l'anglais (par Jean-Baptiste Laboreau). *Londres et Paris*, 1776, 2 vol. in-12.
— Le même ouvrage sous ce titre : « Histoire d'Angleterre, en forme de lettres d'un seigneur à son fils », trad. de l'angl. (par Hérissant des Carrières), à l'usage des écoles. *Londres*, 1777, 2 vol. in-12.
— Le même (sous ce titre : Lettres philosophiques et politiques sur l'histoire d'Angleterre, depuis son origine jusqu'à nos jours), trad. de l'angl. (par Mme Mar.-Cath. Fél.-Fr. Brissot, avec notes de J.-P. Brissot). *Paris, Regnault*, 1786, ou 1789, 2 vol. in-8.
— History of England (an Abridgement of), from the invasion of Julius-Cæsar to the death of Georges the second; and continued to the general peace in the year 1815 : a new edition, carefully corrected, in two volumes. *Lyon, Tournachon-Molin; Paris, Bossange and Masson*, 1817, 2 vol. in-18.—An another edition, continued to the accession of his present majesty king Georges the IV. *Paris, Theoph. Barrois*, 1823, in-12, 4 fr. 50 c.
— Abrégé de l'histoire d'Angleterre, depuis l'invasion de Jules-César jusqu'à la mort de Georges II, et continué jusqu'à l'année 1784; trad. par Le Bas de Saint-Amand. *Londres*, 1788, in-12.
— Le même, continué jusqu'à l'expédition d'Égypte par les Français, et le combat naval d'Aboukir; trad. de l'anglais sur la dernière édition (par P.-F. Henry). *Paris, Dentu*, an IX (1801), 2 vol. in-12, ornés de 36 portr., 5 fr., et pap. vélin 10 fr. ;
— Sec. édit. (de la même traduction), continuée jusqu'aux derniers événements de

1811. *Paris, le même*, 1811, 2 vol. in-12, avec 36 portr. et une carte géogr., 5 fr., et pap. vélin, 10 fr.
— Le même abrégé, continué jusqu'à nos jours, accompagné de notes et suivi d'un Dictionnaire géographique, trad. de l'angl. (par M. Boinvilliers), traduct. des Abrégés de l'histoire grecque et de l'histoire romaine du même écrivain. *Paris, Delalain*, 1826, 2 vol. in-12, 6 fr.
— Instructions sur l'histoire d'Angleterre, par demandes et par réponses, depuis l'invasion de Jules-César jusques et y compris le règne de Georges III, la mort de Paul Ier, et l'expédition d'Égypte; traduit de l'angl. sur la treizième édition : orné de 32 portr. représentant les rois d'Angleterre, et de 4 belles gravures historiques. *Paris, Guesfier jeune; Hyac. Langlois*, an x (1802), 2 tom. en un vol., in-8, 10 fr.; et sur pap. vélin (dont il n'a été tiré que 50 ex.), 20 f.
— Abrégé élémentaire de l'histoire d'Angleterre, par demandes et par réponses, depuis l'invasion de Jules-César jusqu'à ce jour. Trad. de l'angl. sur la dernière édit., pour faire suite à « l'Instruction sur l'histoire de France et Romaine » de Le Ragois. Nouvelle édition. *Paris, Genets*, 1809, in-12 avec une figure et une carte, 2 fr. 25 c.

Traduction qui a été réimprimée plusieurs fois par madame Nyon jeune, notamment en 1822, et par Maire-Nyon, en 1827, in-12.

Miscellaneous Works.

— Miscellaneous (his) Works, with an account of his life and writings. A new edit., in four volumes, edited by Washington Irving, esq. *Paris, Galignani*, 1824, 4 vol. in-8, 28 fr. sur pap. vél. carré, 40 fr. et sur pap. jésus vélin, 72 fr.

Très-belle édition, due aux presses de M. Jules Didot. Elle contient : Tom. I : Memoirs of the life and writings of doct. Goldsmith, by W. Irving, p. 1 à cxxviii. — The Wicar of Wakefield. — An Inquiry into the present state of polite Learning. Tom. II : Miscellaneous Poems. — Dramatic (the Good-naturel man, a comedy ; She stoops to conquer, or the Mistakes of a night, a comedy ; an Oratorio, now first printed). — Prefaces (of various works of Goldsmith). — Criticism on Massey's translation of the Fasti of Ovide. — Criticism on Barret's translation of Ovid's Epistles. Tom. III : the Citizen of the World to his friend in the East. Tom. IV : the Life of doct. Parnell. — The Life of H. lord Visc. Bolingbrocke. — The Bee. — Essays. Ces quatre volumes forment la première livraison (et unique jusqu'à la fin d'octobre 1829) d'une « Collection of english litterature» dont on avait promis 203 volumes. (Voy. le Journal de libr., année 1824, n° 3654).

Poetical Works.

— Poetical (his) Works, containing his

Deserted village, the Traveller, the Hermitt, Retassiation, Miscellanies, etc. With the life of the author. *Paris, Theoph. Barrois, 1808*, in-12, 1 fr. 50 c.; or *Paris, Baudry; Bobée, 1827*, in-32, 3 fr.

La dernière édit. fait partie d'une petite collection intitulée : « The British classics, etc. edited by J. W. Lake.»

THEATER.

— She stoops to conquer, a comedy in five acts; with remarks by Mistr. INCHBALD. *Paris, Bobée; Baudry; Truchy, 1828*, in-18.

La traduction de cette pièce, sous le titre des *Méprises d'une nuit*, a été insérée dans le théâtre anglais faisant partie des « Chefs-d'œuvre des Théâtres étrangers. »

TRAVELLER (THE).

— Voyageur (le), et le Village abandonné, poëmes traduits en vers français: suivis de l'Épître d'Héloïse à Abailard, trad. de POPE. Par Ant. CUNINGHAM. *Paris, A. Bertrand, 1823*, in-8 de 78 pag., 2 fr. 50 c.

Le recueil de madame de La Borde, intitulé : « Divers poëmes imités de l'anglais », Paris, Didot, 1785, contient des traductions du *Village abandonné*, et du *Voyageur*. A la suite de la traduction, par M. Hennequin, ancien législateur, d'un ouvrage de miss Helme, intitulé « Jacques Manners », on trouve encore une traduction du *Voyageur* et de l'*Hermite*, par le même (1801), voy. HELME. Enfin un nouveau Cours de langue anglaise, publ. en 1818, 2 vol. in-12, renferme encore le *Village abandonné*, avec deux traductions, dont l'une interlinéaire, et l'autre suivant le génie de la langue anglaise.

Léonard a imité quelques poésies de Goldsmith, entre autres, sa charmante ballade de l'*Hermite*, que Léonard a donnée sous le titre d'Angeline et Raymond, et le *Village abandonné*, qu'il a donné en forme d'idylle, avec le titre du « Village détruit. »

WICAR (THE) OF WAKEFIELD.

— Vicar (the) of Wakefield, a tale supposed to be written by himself. *Paris, A. A. Renouard, 1800*, in-18, 1 fr. 80 c., et sur format in-12, pap. vélin satiné, avec fig., 5 fr. 50 c. — Stereotype edition, according to the process of Firmin Didot. *Paris, P. Didot aîné, and F. Didot (* Hect. Bossange), 1802, 1812*, in-18 de 240 pages, 1 fr.; pap. fin, 1 fr. 25 c.; pap. vél. 3 fr., et grand pap. vél., 4 fr. 50 c.; *Paris, Louis, 1803*, in-12, 2 fr.; or *Paris, Malépeyre, (*Baudry), 1822*, in-32, 3 fr., and *Paris, Baudry, 1825, ou 1828*, in-18, 1 fr. 80 c.

Il a été tiré de l'édition publiée chez M. Renouard, deux exemplaires sur velin. L'édition in-32 fait partie d'une « Collection of British prose Writers.»

— Ministre (le) de Wakefield, etc., trad. de l'angl. *Londres et Paris, Pissot, 1767, 1785*, in-12.

Traduction souvent attribuée à madame de Montesson, et à M. Rose, retiré en Angleterre lors de sa publication. Nous l'avons vue aussi attribuée quelque part, et d'une manière assez positive, à M. CHARLOS, avocat au parlement, qui, en 1766, avait déjà publié, sous le voile de l'anonyme, la traduction, de l'anglais, d'un ouvrage intitulé « le Lord impromptu », nouvelle romanesque : nous regrettons de ne pouvoir nous rappeler notre autorité. Cette traduction a été réimprimée plusieurs fois. C'est encore elle qui, sous le voile de l'anonyme, a été réimprimée récemment. Paris, Lebègue, 1821, 2 vol. in-12, pour la « Bibliothèque d'une maison de campagne». Paris, Roret et Roussel, 1821, 2 vol. in-12, 4 fr., et Paris, Dauthereau, 1826, 2 vol. in-32, 1 fr. 50 c.; jolie édition, qui fait partie d'une collection de romans, dans le même format.

— Le même, traduction nouvelle (par P.-L.-Cl. GIN). *Paris, 1797*, in-8.

Traduction fort mal écrite et qui renferme beaucoup de contre-sens.

— Le même, sous ce titre : le Curé anglais, ou la Famille de Primerose; trad. de l'angl., par Éléonore de FL. (FLINVILLE). *Paris, 1799*, 2 vol. in-18.

— Le même, sous le titre du « Curé de Wakefield, » traduit de l'angl., par J.-A. VOULLAIRE. IVe édit. *Londres, J. Souter*, in-18, fig. 4 fr. 50 c.

Traduction que les journaux anglais ont vantée comme la meilleure, et dans laquelle, d'après eux, le traducteur a non-seulement rendu chaque passage de l'ouvrage de Goldsmith avec fidélité, mais encore saisi tout l'esprit de l'original.

Il nous est impossible de fixer la date de la première édition de cette traduction, les catalogues des libraires anglais ne les mentionnent presque jamais : nous présumons pourtant qu'elle est du commencement de ce siècle. Watt, dans sa Bibliotheca britannica, n'a pas même cité cette traduction à l'article de Goldsmith.

— Le même, sous le titre du Ministre de Wakefield, ou Histoire de la famille de Primerose. Trad. de l'angl. par J. G. IMBERT. *Paris, Lesguillez, 1802*, 2 v. in-12, fig.

— Ministre (le) de Wakefield, traduction nouvelle, par E** A** (Et. AIGNAN, de l'Institut). *Paris, Louis, 1803*, in-12, 2 fr.; ou franç. et angl., 2 vol. in-12, 4 fr.

— Le même. Traduction nouvelle, précédée d'un Essai sur la vie et les écrits d'Oliv. Goldsmith. Par M. HENNEQUIN. *Paris, Brédif, 1825*, in-8, avec un portr., 7 fr.

GOLDSMITH (Lewis), juif et libelliste anglais du XIXe siècle.

— Adresse à tous les souverains de l'Europe, suivie des proclamations, lettres, réflexions, écrits, enfin de tous les débats survenus jusqu'à ce jour en Angleterre, touchant la destination de Napoléon-Bonaparte; trad. de l'angl. par un volontaire royal, avec des notes et des réflexions du traducteur. *Paris, Moronval, 1815*, in-8, 4 fr.

Le faux-titre porte : Procès de Bonaparte. Il a paru aussi sous ce titre la même année, sans autre changement.

—Histoire secrète du cabinet de Bonaparte, trad. de l'angl. *Londres, Dulau,* 1814, in-8, 16 sh.

Ce dégoûtant pamphlet a été réimprimé à Paris dans le temps de nos réactions politiques, avec de nombreuses additions aux mensonges et calomnies qu'il contient.

On a de la peine à s'expliquer comment, après une telle publication, M. Lewis Goldsmith se soit, en venant à Paris en 1829, exposé à la juste vindicte de tous ceux contre qui il a lancé des personnalités aussi offensantes dans son livre : il a fallu qu'il fût bien persuadé du profond mépris qu'avait inspiré son « Cabinet de Saint-Cloud ».

Ce n'est plus cette fois-ci nos anciens capitaines que M. Goldsmith se propose de traîner dans la fange, mais les hommes de notre patrie qui ont un nom distingué en littérature. M. Goldsmith peut-il s'occuper, d'après ses antécédents, de quelque publication qui ne soit ignoble ?

Cet écrivain, dit la Biographie des auteurs vivants d'Angleterre, fut d'abord un si chaud partisan et apologiste des principes de la France, que rarement les libraires osèrent se charger de publier ses ouvrages. Une condamnation juridique, en 1803, à l'occasion d'un de ses écrits intitulé « les Crimes des cabinets », le força de chercher un refuge en France. M.-L. Goldsmith vint à Paris, offrir au ministère français le secours de sa plume contre l'Angleterre qui venait de le proscrire ; sa proposition fut acceptée. Il fit paraître un Journal anglais intitulé : *l'Argus, ou Londres vu de Paris,* dans lequel le gouvernement de la Grande-Bretagne était traité comme il devait l'être naturellement sous les inspirations et par l'argent de la police française. Il prit part en même temps à la rédaction d'un journal français, le *Mémorial anti-britannique,* dont l'esprit est suffisamment indiqué ici par le titre. Pour prix de ses services, M. Goldsmith obtint d'être attaché aux tribunaux en qualité de traducteur assermenté. Au milieu de ces occupations diverses, il trouva encore le temps de se charger de quelques missions secrètes, de celles qu'en style de haute police diplomatique on appelle délicates, et pour lesquelles les scrupules de conscience ne sont pas, dit-on, les éléments de succès les plus certains. Il s'en acquitta fort bien. Malheureusement quelques indiscrétions qu'il vint à commettre touchant ces affaires délicates lui firent perdre la confiance et les grâces du gouvernement français, qui poussa le ressentiment jusqu'au point de vouloir le livrer à l'autorité britannique, qui s'engageait à reconnaître ce procédé de bon voisinage par un procédé de même nature. Le ministre de la police intervint à temps cependant pour prévenir cette infamie que ne justifiait pas celle de la victime. Mais après le danger qu'il venait de courir, et auquel il n'avait échappé que par miracle, M. Goldsmith, qui connaissait le fort et le faible des consciences politiques et l'inconstance des choses humaines, ne se crut plus en sûreté en France : il chercha donc sérieusement à faire sa paix avec le ministère anglais. Après quelques démarches faites dans ce but, il crut y être parvenu et retourna aussitôt dans sa patrie où, dès son arrivée, en 1809, il publia un journal ayant pour titre *l'Anti-Gallican,* dans lequel il n'épargna rien pour faire oublier les peccadilles de l'Argus et du Mémorial anti-britannique. Il s'était trompé toutefois sur l'efficacité de cet antidote ; il n'en fut pas moins arrêté peu de temps après son retour, et ce ne fut que sous caution qu'il put obtenir sa liberté. Après la restauration, M. Goldsmith a traduit du français plusieurs libelles nés de la circonstance : sous le titre de *Cours politique et diplomatique de Napoléon Bonaparte,* il a publié en français un Recueil de traités, actes, mémoires,

décrets, ordonnances, discours, proclamations, etc. de son ancien maître, depuis 1796 jusqu'à sa seconde abdication en juin 1815 (Londres, 1811 et ann. suiv., 7 vol. in-8.).

GOLOWKIN (le comte de). * Mes idées sur l'éducation du sexe, ou Précis d'un plan d'éducation pour ma fille (dédiées à Mme la comtesse d'H*** (d'Harville), née princesse de la C.). *Londres,* 1777, in-12 de VIII et 81 pag.

GOLOWKIN (Mme la comtesse de).
—* Alphonse de Lodève. *Moscou,* 1807, 2 vol. in-8 ; ou *Paris, Schoell,* 1809, 2 vol. in-12, 4 fr. 50 c., et pap. vél., 8 fr.
—* Élisabeth de S...., ou Histoire d'une Russe, publiée par une de ses compatriotes. *Paris, Ducauroy,* 1802, 3 vol. in-12, 4 fr. 50 c.

GOLOWKIN (le comte Fédor). Éducation (de l') dans ses rapports avec le gouvernement. *Genève et Paris, Paschoud,* 1818, in-8, 3 fr.
— Lettres diverses, recueillies en Suisse ; accompagnées de notes et d'éclaircissements. *Genève et Paris, Paschoud,* 1821, in-8, 5 fr.
— Princesse (la) d'Amalfi. *Paris, Chasseriau,* 1821, in-8, 5 fr.

Ouvrage réimpr. en 1829, suivi du « Voyage de Naples à Amalfi, par E. G. d'A. » (E. GAULTIER DULYS D'ARC). » Paris, typogr. de Pinard, in-18 sur papier vélin. Cette dernière édition n'a pas été destinée au commerce. Il a été tiré à part une centaine d'exempl. du Voyage de M. Ed. Gauthier, qui forme 104 pag.

GOLOWNIN (W.-M.), ancien capitaine de vaisseau de la marine impériale de Russie, aujourd'hui commodore russe.
— Voyage (son), contenant le récit de sa captivité chez les Japonais, pendant les années 1811, 1812 et 1813, et ses observations sur l'empire du Japon ; suivi de la relation du voyage du capitaine Ricord aux côtes du Japon, en 1812 et 1813. Traduit sur la version allemande, par J. B. B. Eyriès. *Paris, Gide fils,* 1818, 2 vol. in-8, 12 fr.

GOMBAULT (Paul-Aug.), auteur dramatique ; né à Orléans (Loiret), le 21 janvier 1786.
—*Petit (le) clerc, com.-vaud. en un acte (et en prose), par M. Auguste G***. *Paris, Duvernois,* 1823, in-8.

Avec Ch. Maurice.

M. Gombault a eu plus ou moins de part à dix autres pièces imprimées jusqu'à la fin de 1828 : voy. les art. CAPELLE (Adolphe), DÉCOUR, LEGRAND (Arm.), et MARÉCHALLE. On doit aussi à cet écrivain plusieurs chansons imprimées dans divers recueils.

GOMEZ (J.-B.), poète dramatique espagnol.

Sa tragédie de *la Nouvelle Inès de Castro*, trad. par F. Denis, fait partie des Chefs-d'œuvre des Théâtres-étrangers, théâtre espagnol.

GOMEZ (Mad.-Angél. Poisson, dame DE), fille du comédien Paul Poisson ; née à Paris, le 22 novembre 1684, morte à Saint-Germain-en-Laye, le 28 décembre 1770.

— *Anecdotes, ou Histoire secrète de la maison Ottomane. *Amsterdam*, 1722, 4 parties in-12.

—Anecdotes persanes.*Paris, Leclerc*, 1727, 2 vol. in-12.

— Belle ('la) assemblée, etc., traduit de l'angl. (1750). Voy. ce titre à la Table des Anonymes.

— Cent Nouvelles nouvelles. *Paris, Gandouin*, 1735, ou 1758, 8 vol. in-12.

Une des meilleures productions de l'auteur, et qui a été réimpr. plusieurs fois, et insérée en 1776 dans la Bibliothèque universelle des romans.

— Cléarque, tyran d'Héraclée, tragédie (en 5 actes, en vers). *Paris*, 1717, in-12 ; ou *Utrecht, Et. Néaulme*, 1733, in-12, et *La Haye, Benj. Gibert*, 1738, in-12.

— Crémentine, reine de Sanga, histoire indienne. *Paris, Prault*, 1727 ; ou *La Haye*, 1740, 2 vol. in-12.

— Entretiens nocturnes de Mercure et de la Renommée au jardin des Tuileries. *Paris, Leclerc*, 1731, in-12.

— Habis, tragédie (en 5 actes et en vers). *Paris, P. Ribou*, 1714, in-12 ; ou *Utrecht, Ét. Néaulme*, 1732, 1736, in-12.

— * Histoire d'Eustache de Saint-Pierre au siége de Calais. *Paris, Vente*, 1765, in-12.

— Histoire d'Osman, premier du nom, dix-neuvième empereur des Turcs, et de l'impératrice Aphendina Asliada. *Paris, Prault*, 1734, 2 vol. in-12.

— Histoire du comte d'Oxfort, avec celle d'Eustache de Saint-Pierre au siége de Calais. *Paris*, 1757, in-12.

— Histoire secrète de la conquête de Grenade. *Paris, d'Houry*, 1723, in-12.

— Jeune (la) Alcidiane. *Paris, David*, 1733, 3 vol. in-12.

C'est la fin d'un roman publié en 1651 par Gomberville sous le même titre.

— Journées (les) amusantes. *Paris*, 1723 et ann. suiv.; ou 1728, 8 vol. in-12 ; et *Londres (La Haye)*, 1754 ; ou *Amsterdam (Rouen)*, 1758, 8 vol. in-12.

C'est un recueil d'historiettes renfermées dans une sorte de cadre banal, à l'imitation des Nouvelles de la reine de Navarre, ou du Voyage de campagne, de madame de Murat.

Les *Journées amusantes* ont été insérées, en 1776, dans la Bibliothèque universelle des romans.

—Lettre sur le poëme de Clovis, de Saint-Didier. *Paris*, 1726, in-12.

— Marsidie, reine des Cimbres, tragédie (en 5 actes et en vers). *Utrecht, Ét. Néaulme*, 1735, in-12.

— Mer (la nouv.) des histoires. *Paris*, 1733, 2 vol. in-12.

— Scélérat (le) trompé, nouvelle. *Lille, imp. de Cailleaux-Lecoq*, 1812, br. in-18.

— Sémiramis, tragédie (en 5 actes et en vers). *Paris*, 1707, in-12, ou *Utrecht, Ét. Néaulme*, 1737, in-12.

— Triomphe (le) de l'éloquence. *Paris, Leclerc*, 1730, in-12.

C'est un plaidoyer tel qu'on en fait dans les maisons d'éducation, où l'éloquence, la poésie, la philosophie et l'histoire se disputent à l'envi la préférence.

— Voleur (le) amoureux, nouvelle. *Lille, Cailleaux-Lecoq*, 1812, in-18 de 72 pag., 40 c.

— OEuvres (ses) mêlées.*Paris, G. Saugrain*, 1724, in-12.

Elles contiennent des Épîtres, des Rondeaux, des Madrigaux, des Chansons, des Stances, des Bouquets, des Acrostiches, un ballet en 3 actes, intitulé : les Épreuves; une Nouvelle américaine, en prose; des Lettres et cinq tragédies, savoir : Habis, Sémiramis, Cléarque, Héraclée, et Marsidie, reine des Cimbres.

GOMEZ DE VASCONCELLE (Louise-Geneviève de), depuis dame GILLOT DE BEAUCOUR.

— Arioste (l') moderne, ou Roland le furieux, traduit de l'italien (1685). Voyez ARIOSTE (Louis).

Cette dame est auteur de divers ouvrages, mais sa traduction de l'Arioste est le seul qui ait été réimprimé depuis le commencement du dix-huitième siècle.

GOMICOURT (D. de). Voy. DAMIENS DE GOMICOURT.

GONDELIER, auteur dramat. Voyez THÉAULON.

GONDEVILLE DE MONTRICHÉ (A...), ex-sous-chef au ministère de la guerre ; gendre du célèbre acteur comique Mira, connu à la scène sous le nom de Brunet ; mort le 14 septembre 1821.

— Égiste et Clitemnestre, tragédie en 5 actes. *Paris, Janet et Cotelle*, 1813, in-8.

— Épître à Carnot. *Paris*, 1815, in-8.

— Épître à ma femme. *Paris, de l'impr. de Nouzou*, 1819, in-8 de 32 pag.

On a encore de cet auteur : la *Conquête de la Prusse*, poëme pouvant servir de Continuation à la *Napoléide* jusqu'à la prise de Berlin, impr. à la suite de la *Napoléide*, par M. M. de G. (MÉNÉGAUT de Gentilly) (*voy. ce nom*) ; une *Cantate* pour la naissance du roi de Rome, 1811 ; in-8 (et dans les Hommages

poétiques). Il a laissé une tragédie intitulée : *Elfride*.
Beush.

. GONDINET. Voyez au Supplément.

GONDOIN, alors architecte du roi, et dessinateur des meubles de la couronne. — Descriptions des écoles de chirurgie. *Paris, Pierres,* 1780, in-fol., 10 à 12 fr.

GONDOT, commissaire des guerres, secrétaire des gardes-françaises et du duc de Biron.
— * Bergers (les) de qualité, parodie de Daphnis et Chloé (en 3 actes, tout en vaud.), avec des divertissements. *Paris, Ve Delormel et fils ; Prault fils,* 1752, in-8 de 50 pag., avec les airs notés.
— Épître à M. Keyser. 1757, in-12.
— * Fêtes (les) des environs de Paris, parodie des Fêtes grecques et romaines (en 3 actes et en vaudevilles). *Paris, Ve Delormel et fils,* 1753, in-8.
— * Gémeaux (les), parodie de Castor et Pollux, en 3 actes, ariettes et vaudevilles, avec spectacle et divertissement. *Paris, Ve Duchesne,* 1777, in-8.
— * Nanine, sœur de lait de la reine de Golconde, parodiée, par imitation, sur les plus jolis airs connus, en 3 actes (en prose), et quelques vaudevilles. *Genève (Paris), Duchesne,* 1768 ou 1773, in-8.
Le Dictionnaire dramatique de Laporte et Champort attribue cette pièce à Desfontaines.
— * Prix (le) de la beauté, ou les Couronnes, pastorale en 3 actes, et un prologue (le tout en vaud.). *Paris, Delormel,* 1760, in-4.
Pièce imprimée avec luxe et ornée de 3 belles gravures.

GONDOU (le P. Bernard), capucin de la province de Paris ; né à Saint-Florentin.
— * Psaumes (les) expliqués dans le sens propre, ou le rapport des psaumes à J.-C. *Paris, Desprez,* 1766, 2 vol. in-12.
Le P. Gondou, dit Ersch, a eu part à l'Explication de la Bible par les capucins de Paris.

GONDOUIN (A.-M.). Essai sur la machine de Marly. *Paris,* 1803, broch. in-4.

GONDRET (Louis-François), docteur en médecine de la Faculté de Paris ; médecin adjoint du troisième dispensaire de la Société philanthropique, médecin du tribunal de première instance, et membre de l'Académie de médecine de Paris ; né à Auteuil, près Paris, le 12 juillet 1776.
— Considérations sur l'emploi du feu en médecine, suivies de l'Exposé d'un moyen épispastique propre à suppléer la cautérisation, et à remplacer l'usage des cantharides ; avec le rapport de MM. Portal,

Percy et Thénard, membres de l'Institut, à l'Académie royale des sciences. *Paris, Blaise jeune,* 1818, 1819, 1820, in-8 de 64 pag., 2 fr. 50 c.
— Dissertation inaugurale sur l'action des purgatifs. *Paris,* 1803, in-8.
— Examen du rapport de MM. Adelon, Orfila, Segalas, Audral fils et Pariset, à l'Académie royale de médecine, sur les expériences de M. Barrey, concernant l'absorption interne. *Paris, Ladvocat ; Crevot ; Gabon,* 1826, in-8 de 76 pag., 2 fr.
— Mémoire concernant les effets de la pression atmosphérique sur le corps humain, l'application de la ventouse dans différents ordres de maladies, etc. *Paris, l'Auteur,* 1819, in-8, 3 fr.
— Mémoire sur le traitement de la cataracte ; lu à l'Académie royale des sciences, le 9 mai 1825. *Paris, Gabon et comp. ; Crevot ; l'Auteur, et Montpellier, Gabon et comp.,* 1825, in-8 de 28 pag., 1 fr. 25 c.
Réimpr. en 1826, in-8 de 54 pag., et en 1828, pour Béchet jeune, in-8 de 66 pag., 2 fr.
— Observations sur les maladies des yeux. *Paris, l'Auteur ; Crevot,* 1823, in-8 de 48 pag., 1 fr. 50 c.
— Observations d'amaurose, communiquées au Cercle médical. *Paris, imp. d'Ant. Bailleul,* 1821, in-8 de 12 pag.
— Tableau analytique des modifications que le docteur Gondret s'est efforcé d'introduire dans la physiologie, la pathologie et la thérapeutique. *Paris, imp. de Pinard,* 1828, in-4 de 4 pag.
— Tableau des forces qui régissent le corps humain. *Paris, imp. du même,* 1828, in-4 de 4 pag.

GONFREVILLE (de), fermier de Sicurey, près de Vernon.
— * Mémoire contenant le détail et le résultat d'expériences faites, par un laboureur du Vexin, pour parvenir à connaître ce qui produit le blé noir, etc. *Paris,* 1760, in-4.

GONGORA (Luis de). Voy. QUEVEDO.

GONNELIEU (le P. Jérôme de), habile prédicateur, de la Société de Jésus ; né à Soissons, en 1640 ; mort à Paris, en 1715.
— Exercices de la vie spirituelle. *Paris,* 1701, in-12. — Nouv. édit. *Marseille, Mossy,* 1827, in-12.
— Instruction pour la confession et la communion. *Paris,* 1710, in-12.
Réimpr. en 1713 avec la Pratique de la vie intérieure, etc.

— Méthode de bien prier. *Paris*, 1710, in-12. — Nouv. édit. *Paris*, 1769, in-12.

— Pratique de la vie intérieure, avec les devoirs de piété que tout chrétien doit rendre à Dieu, pour mener une vie chrétienne et se sauver dans le monde. *Paris*, 1710, in-12.

Réimpr. en 1713, avec l'Instruction sur la confession et la communion.

— Présence (de la) de Dieu qui renferme tous les principes de la vie intérieure. *Paris, L. Josse*, 1703, 1709, in-12.—Nouv. édit. *Marseille, Mossy*, 1827, in-12.

Un nombre d'exemplaires de la réimpression ont brochée à leur suite la nouvelle édition publiée chez le même libraire, des *Exercices de la vie spirituelle*.

— Retraite (nouvelle) de huit jours, à l'usage des personnes du monde et du cloître. *Paris*, 1736, in-12.

— Sermon (le) de Notre-Seigneur à ses apôtres après la Cêne, avec des réflexions. *Paris*, 1712, in-12.

« A cette liste des ouvrages du P. de Gonnelieu presque tous les bibliographes joignent une traduction de l'Imitation ; et en effet il en est une qui, sans cesse réimprimée en concurrence avec la plus en vogue, lui a été constamment attribuée. Le vrai néanmoins est qu'elle ne lui appartient point ; mais à Jean-Baptiste Cusson, fils, et originairement à Jean Cusson, imprimeur à Paris et avocat au parlement, dont la version publiée en 1673, avec les lettres initiales de ses noms et qualités, eut douze à quinze éditions ; l'auteur s'était beaucoup aidé de la célèbre traduction de Sacy. Mais le P. Gonnelieu est auteur des pratiques et prières à la fin de chaque chapitre qui furent, en 1712, ajoutées à cette traduction ».

GONOD (B.), professeur au collége royal de Clermont-Ferrand.

— Traité de la quantité grecque, ou Méthode pour apprendre à connaître la mesure des syllabes, soit pour bien lire et faire les vers, soit pour bien prononcer la prose. *Clermont-Ferrand, Landriot*, 1816, in-8 de 56 pag.

M. Gonod est aussi auteur d'une Ode au Roi sur la bonté, la sagesse et la fermeté qui ont inspiré le Discours prononcé par S. M. à l'ouverture de la session de 1816, impr. avec deux autres Odes sur le même sujet (1817). Voy. à la Table des Anonymes : *Odes au Roi*.

GONTARD (J.-A.), médecin de l'Académie de Villefranche.

— * Cours de chimie de Montpellier (tiré des discours de Fizes). 1749, in-12.

— * Traitement (du) et de l'extinction de la variole et de la rougeole, avec un Discours aux hommes sur leur santé. *Lyon, G. Regnault, et Paris*, 1768, in-12.

— OEuvres (ses). 1796, 2 vol. in-12.

GONTHIER, du canton de Vaud, pasteur à Nyon.

— Abrégé des Confessions de saint Augustin....

— Considérations chrétiennes sur divers sujets de doctrine et de morale. IIIe édit. *Genève, Abrah. Cherbuliez, et Paris, Ballimore*, 1828, in-12, 3 fr.

Formant le prem. vol. de *Mélanges évangéliques*.

— * Coup-d'œil religieux sur quelques-uns des ouvrages de la création. *Genève,Manget et Cherbuliez*, 1824, in-12, 75 c.

— Exercices de piété pour la communion. IVe édit. *Genève, Cherbuliez, et Paris, Ballimore*, 1828, in-12, 80 c.

— Instructions sur l'humilité....

— Lettres choisies de divers auteurs. Sec. édit. *Genève, A. Cherbuliez, et Paris,Ballimore*, 1826, in-12, 3 fr.

— Méditations chrétiennes. Sec. édit. *Genève, A. Cherbuliez, et Paris, Ballimore*, 1829, in-12, 3 fr.

Formant le second volume de *Mélanges évangéliques*.

— Méditations sur la Passion de N. S. J.-C. *Genève*, 1824, in-8.

— * Portefeuille (nouv.) des enfants. Sec. édit. *Paris, Paschoud (* Ballimore)*, 1810, in-12, 2 fr. 50 c.

— * Voix (la) de la religion au XIXe siècle, ou Examen des écrits religieux qui paraissent de nos jours. *Lausanne (et Paris, Ballimore)*, 1802, 3 vol. in-12, 4 fr.

M. L. Roux,

Le pasteur Gonthier a aussi publié des Lettres choisies de Duguet ( ) et de Fénélon ( ). *Voy. ces deux noms*.   J. H—t.

GONZAGA. Marilie, chants élégiaques, trad. du portugais par E. de MONGLAVE et P. CHALAS. *Paris, Panckoucke*, 1825, in-32, 3 fr.

Faisant partie de la « Traduction de tous les Chefs-d'œuvre classiques. »

GONZAGA DI CASTIGLIONE (le prince Louis).

— Homme (l') de lettres bon citoyen, discours philosophique et politique, prononcé à l'Académie des Arcades, à Rome, l'an 1776; trad. de l'ital. (suivi de l'Essai analytique sur les découvertes capitales de l'esprit humain, du même, trad. de l'ital. par lui-même, et par GUENEAU DE MONTBÉLIARD). *Genève*, 1777, in-4.

Tiré à cent exemplaires.

— Le même, avec des notes de M. l'abbé GOBARD; trad. de l'ital. par M. P*** (PARRAUD). *Londres et Paris, Barrois aîné*, 1785, in-12.

GONZAGUE (la princesse de). * Lettres de madame la princesse de G***, écrites à ses amis pendant le cours de ses voyages d'Italie, en 1779 et ann. suiv. *Paris, P. J. Duplain*, 1790, 2 vol. in-8.

Voy. aussi SENAC DE MEILHAN.

GODWYN (Edme), médecin anglais.
— Connexion (de la) de la vie avec la respiration, trad. de l'anglais par J.-N. HALLÉ. *Paris*, 1798, in-8.

Il parut la même année des *Recherches critiques* sur la quatrième partie de cette traduction, publiées par le chirurgien Caron.

GORANI (le comte Jos.), d'une ancienne famille noble de Milan; né vers 1740.
— Éloges philosophiques et très-savants de deux célèbres Florentins, Salluste-Ant. Bandini, archidiacre de Sienne, et le docteur Redi, premier médecin du grand-duc de Toscane....
— Lettres aux souverains sur la révolution française. *Paris*, 1793, in-8.

Ces lettres ont été inspirées par l'enthousiasme de la liberté: elles sont adressées au duc de Brunswick, au roi de Sardaigne, au pape et au roi d'Angleterre: elles ont été d'abord insérées dans le Moniteur, en 1792, et impr. séparément.

— Mémoires secrets et critiques des cours, des gouvernements et des mœurs des principaux états de l'Italie. *Paris, F. Buisson*, 1793, 3 vol. in-8.
— Plan d'instruction publique. 2 vol. in-8.

Ouvrage cité par A. A. Barbier, dans son Examen critique des Dictionnaires historiques.

— Prédictions sur la révolution française. *Londres*, 1797, in-8.
— Recherches sur la science du gouvernement, trad. de l'ital. (par Ch. GUILLOTON-BEAULIEU). *Paris, Guillaume junior*, 1792, 2 vol. in-8.
— Traité de l'impôt. 1772, in-8.

On a encore du même, dit Barbier, un ouvr. anon. *contre le despotisme*, publié en 1770, 2 vol. in-8, et plusieurs Mémoires sur différentes parties des sciences et des arts.

GORCY (Pierre-Christophe), ex-médec. des armées, etc.; né à Pont-à-Mousson, le 19 mars 1758, mort à Metz, le 16 décembre 1826.
— Mémoire extrait d'un Journal d'observations faites pendant l'année 1792, dans les armées françaises du nord, du centre et des Ardennes. *Metz, de l'imp. de Collignon*, an VIII (1800), in-12.
— Recherches historiques et pratiques sur l'hydrophobie. *Paris*, 1821, in-8 de XXII et 454 pag.

L'*Essai philolog. sur les commencements de la typographie à Metz* dit que Gorcy est encore auteur de plusieurs ouvrages estimés.

GORDON (Alexandre), antiquaire et artiste écossais du XVIIIe siècle.
— Vies (les) du pape Alexandre VI et de son fils César Borgia, contenant les guerres de Charles VIII et de Louis XII en Italie, de 1492 à 1506; trad. de l'anglais. *Amsterdam, Mortier*, 1732, 3 vol. in-12.

GORDON (Thomas), célèbre écrivain politique du XVIIIe siècle.
— Discours historiques, critiques et politiques sur Tacite, trad. de l'angl. par M. D. S. L. (Pierre DAUDÉ). *Amsterdam, Fr. Changuion*, 1742, 2 vol. in-12, ou 1751, 3 vol. in-12.
— Discours historiques et politiques sur Salluste, trad. de l'angl. (par P. DAUDÉ). *Sans indication de lieu*, 1759, 2 vol. in-12.

Ces deux ouvrages ont été réimprimés ensemble. Paris, Buisson, an II (1794), 3 vol. in-8.

Gordon est encore auteur de quelques ouvrages qui n'ont pas été traduits en français. Pourtant le baron d'Holbach nous a encore donné l'*Intolérance convaincue de crime et de folie*, ouvrage traduit de l'anglais (de « l'Independent Whig » de Gordon et Trenchard, impr. par les soins de Naigeon à la suite de l'ouvrage de Crellius, intitulé : De la Tolérance dans la religion, ou De la Liberté de conscience. Londres (Amsterdam, M. M. Rey), 1769, in-12.

GORDON (Pat.). * Grammaire géographique, ou Analyse exacte et courte du corps entier de la géographie moderne, trad. de l'anglais (par de PUISIEUX, et augm. par TOUSSAINT). *Paris, Pissot*, 1748, in-8.

Suivant l'abbé Lenglet, la partie qui concerne la France a été composée par *Robert de Vaugondy*.

GORDON (le Rév. James). Histoire d'Irlande, depuis les temps les plus reculés, jusqu'à sa réunion à la Grande-Bretagne en 1801; traduite de l'anglais par M. de LA MONTAGNE. *Paris, Parsons, Galignani et comp.*, 1808, 3 vol. in-8, 18 fr.

GORDON (Cosm.). Life (the) and genius of lord Byron, with additional anecdotes and critical remarks from other publications; to which is prefixed a sketch on lord Byron's death, by sir W. SCOTT. *Paris, Baudry*, 1824, in-12, 2 fr. 50 c.

GORDON DE PERCEL, pseudon. Voy. LENGLET DU FRESNOY.

GORDON LAING. Voy. LAING (G.).

GORÉE (G.). République (la) des Hébreux, trad. du lat. (1705). Voy. CUNEUS.

GORET (le P. Jacques). Ange (l') conducteur dans la dévotion chrétienne, ou Pratiques pieuses en faveur des âmes dévotes; avec une instruction sur les grandes indulgences dont jouissent les personnes associées dans la confrérie de l'Ange gardien....

Livre de prières trop souvent réimpr. à Paris et dans nos provinces pour que nous songions à donner la liste des éditions qui existent; nous nous bornerons à citer les suivantes : édition stéréotype, corr., augmentée de l'Office de la sainte Vierge, des Offices des principales fêtes de l'année, avec les vêpres et complies du dimanche. Paris, Mame, 1812, in-18; Lyon, Périsse frères, 1821, 1822, 1823, 1824, 1827, in-12 ; Lyon, les mêmes, 1824, 1828, in-24; Lyon, Rusand, 1825, in-24. — Autre édition, dans laquelle se trouvent les paroles de Tobie à son fils; l'Oraison de sainte Brigitte ; les Prières pour le Roi, etc. Paris, G. Mathiot, 1825, in-18. — Autre édition, Paris, Carez, 1825, in-12 et in-18.

GORET (Charles), ancien sous-chef vérificateur à la commission des contributions directes de Paris, pensionné, ancien membre de la commune du 10 août 1792.

— * Doléances à MM. les députés généraux de la ville de Paris aux États-généraux, pour les marchands forains et autres. 1789, in-8.

— Exposé sur la nécessité de réformer la commission des contributions directes de Paris. Paris, imp. de Tastu, 1823, in-4 de 24 pag.

— Lanterne (la) sourde. 1791, in-8.

— Lettre à M. le comte de Chabrol, conseiller d'état, préfet du département de la Seine; terminée par l'hommage de l'auteur à ce magistrat. Paris, imp. de Tastu, 1824, in-4 de 44 pag.

— Lettre au rédacteur en chef du journal impertinent dit l'Aristarque. Paris, imp. de Dondey-Dupré, 1825, in-8 de 4 pag.

— Mémoire qui intéresse des propriétaires de terrains ou maisons à Paris, comme acquis anciennement des domaines de l'état, pour M. Petit, propriétaire, neveu de l'auteur. Paris, imp. de Dondey-Dupré, 1827, in-4 de 16 pag.

— Mes Souvenirs, Réflexions et Poésies diverses. Paris, de l'imp. du même, 1826, in-8 de 56 pag.

— Mon témoignage sur la détention de Louis XVI et de sa famille dans la tour du Temple. Paris, Maurice, 1825, in-8 de 72 pag.

— * Observations sur l'approvisionnement de Paris, par l'auteur des «Doléances, etc.». Paris, Grand, 1791, in-8.

GORGERET (Eusèbe), chef d'institution à Paris.

— Cours d'enseignement mutuel. (Prem. part.). Paris, Colas, 1820, in-8, 5 fr.

Réimpr. la même année.

— Cours de lecture, ou l'Art d'apprendre à lire les mots, les syllabes et les sons, par soixante-quatre gravures, et l'histoire des objets qui y sont figurés, à l'usage du pensionnat de l'Abbaye Saint-Germain. Paris, l'Auteur; Eymery; Nyon, 1820, in-8, 5 fr.

— Lettre à un émigré, sur la deuxième lettre de M. le vicomte de Châteaubriand, pair de France. Paris, Ponthieu; Hubert; Mongie; Martinet, 1825, in-8 de 92 p.

— Plan d'instruction générale. Conjugaisons en conversation pour enseigner et apprendre purement la langue française. Paris, l'Auteur; Johanneau; Eymery; Mme Lévi; Mme Nyon; et Lyon, Ayné frères, 1825, in-8.

GORGUEREAUX (Fr.), alors député du département de Paris.

— Duel (le), considéré dans tous les rapports historiques, moraux et constitutionnels, et moyen de l'anéantir radicalement. Paris, Ant. G. Gorsas, 1791, in-8 de 200 pag.

GORGY (..), du Dauphiné.

— * 'Ann'qnin Bredouille, ou le Petit cousin de Tristram Shandy. Œuvre posthume de Jacqueline Lycurgues, actuellement fifre-major au greffe des menus derviches. Paris, Louis, 1792, 6 vol. in-18 avec 6 figures.

On trouve, dans le cinquième volume de cet ouvrage, une comédie en un acte et en prose, intitulée Le******, ou La............, ou Les— — —

— * Blançay, par l'auteur du «Nouveau Voyage sentimental». Londres et Paris, Guillot, 1788, 2 vol. in-18.

— * Lidorie, ancienne chronique allusive, publiée par l'auteur de «Blançay». Paris, Louis, 1792, 2 vol. pet. in-12, avec fig.

Le conte intéressant de Grisélidis, qui a contribué à la réputation de Boccace, et qui se trouve dans le recueil des fabliaux mis au jour par Le Grand, paraît avoir fourni à Gorgy l'idée du caractère de sa Lidorie.

— Mémoires sur les dépôts de mendicité. Paris, 1789, in-8.

— Saint-Alme. Paris, 1790, 2 vol. in-18.

— Tablettes sentimentales du bon Pamphile, pendant les mois d'août, octobre et novembre 1789. Paris, Guillot, 1791, in-12.

— * Victorine, par l'auteur de «Blançay». Paris, Guillot, 1789, 2 vol. pet. in-12.

— Voyage (nouv.) sentimental. Paris, le même, 1788, 2 vol. in-18.

Réimpr. pour la cinquième fois en 1795.

On trouve dans le 2e volume une comédie en

un acte et en prose, intitulée : l'*Abeilard supposé*, et un proverbe dramatique en un acte, intitulé : *un Bienfait n'est jamais perdu*.

GORINI (Joseph CORIO, marquis DE), poète dramatique italien du xviiie siècle.

— Antropologie, Traité métaphysique, trad. de l'ital. *Lausanne*, 1761, in-4, ou 2 vol. in-12.

L'original parut à Lucques en 1756, in-4, sous ce titre : *l'Uomo, trattato fisico-morale*.

GORITIA (François-Antoine), religieux mineur de Saint-François.

— Epitome theologiæ moralis, omnes seorsim in bis centenis trigenta tribus tabulis, clare, distincte ac breviter materias practicas exhibens, confessariorum, examinatorum, examinandorum, nec non novorum sacerdotum usibus accommodata. Opus posthumum quod à Fr. Hier. à GoROTIA, etc. Editio secunda. *Lugduni, Rusand*, 1825, in-4 de 240 pag., 8 fr.

GORJU, contrôleur des contributions directes, résidant à Meaux.

— Observations sur l'état présent de la France, considéré sous le rapport des finances et des mœurs. *Paris, Francart*, 1815, in-8 de 16 pag., 1 fr. 50 c.

—Projet pour payer les créanciers de l'état et sauver la France ; par l'auteur des «Observations sur l'état de la France, considéré sous le rapport des finances». *Paris, le même*, 1815, in-8 de 28 pag., 75 c.

GOROSTIZA (E. de), auteur dramatique espagnol.

— Teatro (suos) original. *Paris, Rosa*, 1822, in-12, 5 fr.

Ce volume contient quatre pièces en vers : Indulgencia para todos, com. en 5 actos; Tal para cual, com. en un acto ; las Costumbres de Antano, en un acto ; y Don Dieguito, en 5 actos.

GORSAS (Antoine-Joseph), journaliste et membre de la Convention nationale; né à Limoges, en 1745, mort à Paris, le 7 octobre 1793.

— * Ane (l') promeneur, ou Critès promené par son âne ; chef-d'œuvre pour servir d'apologie au goût, aux mœurs, à l'esprit et aux découvertes du siècle. *Paris*, 1786, in-8.

Cet écrit a été reproduit en 1788, sous le titre du *Rabelais moderne*.

Gorsas a été le rédacteur du Courrier de Paris à Versailles, et l'éditeur de la Cour plénière, héroï-tragi-comédie de Duvcyrier, qu'il a mutilée (Voy. DUVEYRIER).

GORSSE (L.). Sapho, poëme en x chants, accompagné de notes historiques, critiques et littéraires. *Paris, Giguet et Michaud*, an XIII (1805), 2 vol. in-8, 9 fr.

Deux *Notices*, du même auteur, sur les tombeaux et les médailles trouvés en faisant le déblai du canal d'Arles en germinal an XI, ont été insérées dans les deux prem. vol. des Mémoires de l'Acad. de Marseille, 1803.

GORTAN (C.-J.). Sturz (der) des Wuchers (ein period. Schrift). Voy. ce titre à la Table des Anonymes.

GORY DE BIZÉ. * Voyage au château de Pescheré (et pièces fugitives; le tout en vers). *Paris, de l'imp. de Fain*, 1813, in-18.

GORY-DECOUR (Mlle Adel.), romancière.

—Édouard et Malvina. *Paris, Lecointe et Durey ; Pigoreau ; Masson ; Corbet*, 1824, 4 vol. in-12, 10 fr.

— Frères (les) jumeaux, ou la Ressemblance, conte moral. *Nevers, imp. de Lefèvre jeune*, 1814, in-18.

— Montagnes (les) de Brunswick, roman historique, imité de l'allemand. *Paris, Hubert*, 1823, 4 vol. in-12, 10 fr.

—Netta, ou les Suites de la haine. *Paris, Lecointe et Durey*, 1824, 3 vol. in-12, 7 fr. 50 c.

GOSELAIN (l'abbé), chanoine de Notre-Dame.

— Vocabulaire de noms français et latins de saints et de saintes que l'on peut donner au baptême et à la confirmation. *Paris, L. Jossé*, 1700, in-4.

GOSFORT, pseudon. Voy. LENGLET DU FRESNOY.

GOSMOND DE VERNON. Glorieuses (les) campagnes de Louis XV, depuis 1744 jusqu'en 1748. 1751, in-4, ou 1755, in-fol.

GOSSAND (Prosper). Considérations médicales sur les corsets dont les femmes font usage. *Paris, Petit*, 1821, in-8, 1 fr.

GOSSARD (le P.), clerc régulier théatin de la maison de S. Anne la royale de Paris.

— Motifs de pénitence, trad. de l'italien (1769). Voy. ce titre à la Table des Anonymes.

GOSSART (l'abbé J.-B.), de St.-Quentin.

— * Discours sur la poésie lyrique. *Paris, Brocas*, 1761, pet. in-12.

La France littéraire de 1769 cite encore, du même, les opuscules suivants : Systema Neutonianum publ. actu propugnatum, odé.... Vers à M. le prince de Rohan-Guéménée. — Discours sur la calomnie. — Éloge de la folie, prononcé aux Petites-Maisons.

GOSSE, médecin de l'hôpital militaire de Saint-Amant, en Flandre.

— Observations sur les eaux de St.-Amant en Flandre. *Douai, Derbay*, 1756, in-8.

GOSSE, prieur de l'abbaye d'Arrouaise en Artois, membre de l'Académie d'Arras; né à Saint-Amant, en Flandre.

— Discours prononcé lors de sa réception à l'Académie d'Arras. 1777, in-4.

— Histoire de l'abbaye de l'ancienne congrégation d'Arrouaise, avec des notes critiques, historiques et diplomatiques. *Lille*, 1786, in-4.

On a encore, du même, plusieurs pièces de poésie.

GOSSE (Henri-Albert), médecin, correspondant de l'Institut (Académie des sciences); né à Genève en 1754.

— Mémoire sur la question : Déterminer la nature et les causes des maladies des ouvriers employés dans la fabrique des chapeaux, etc.; couronné par l'Académie des sciences de Paris. 1785.

— Mémoire sur la question : Déterminer les maladies auxquelles sont exposés les doreurs sur métaux, et la meilleure manière de les en préserver; couronné par l'Académie royale de Paris. *Paris*, 1783.

Ces deux mémoires sont cités par Ersch. Nous n'avons encore pu trouver où ils sont imprimés : ils ne font partie ni des Mémoires, ni des Savants étrangers, ni des Prix de l'Académie des sciences.

— Sur l'hygiène des professions insalubres. *Genève*, 1817, in-8.

On doit encore à ce savant des *Expériences sur la digestion*, insérées dans les Considérations de M. Sénebier.

GOSSE (A.-L.), fils du précédent. Maladies (des) rhumatoïdes, mémoire communiqué à la Société helvétique des sciences naturelles, séante à Soleure, le 17 juillet 1825. *Genève et Paris, Barbezat*, 1826, in-8, 6 fr.

GOSSE (l'abbé), anc. prof. de belles-lettres au collège de la Marche; et avocat au Parlement.

— *Exposition raisonnée des principes de l'Université, relativement à l'éducation. *Paris, Buisson*, 1788, in-8.

Attribué par la Biographie univ. et port. des Contemporains à M. Et. Gosse, qui n'avait que quinze ans lorsque cet écrit parut.

GOSSE (Étienne), littérateur, fabuliste et auteur dramatique distingué, membre de la Société philotechnique; né à Bordeaux, en 1773.

— Amants (les) Vendéens. *Paris, André*, an VII (1799), 4 vol. in-12, 5 fr., ou an VIII (1800), 4 vol. in-18, fig., 3 fr. — Nouv. édit. *Paris, Lecointe et Durey*, 1819, 4 vol. in-12, 8 fr.

— *Auguste, ou l'Enfant naturel, drame en 3 actes et en prose, par E. G.... *Paris, Martinet*, 1812, in-8.

— Auteur (l') dans son ménage, comédie en un acte, en prose, mêlée d'ariettes. *Paris, Huet*, an VII (1799), in-8, 1 fr.

— *Épicière (l') bel-esprit, comédie en un acte, en prose, par les citoyens G. et B. V. *Paris, Huet*, an VIII (1800), in-8.

Avec Bernard Valville.

— Épreuve (l') par ressemblance, com. en un acte et en vers (libres). *Paris, le même*, an VII (1799), in-8.

— Fables. *Paris, Chaumerot*, 1818, in-12, 3 fr.

Elles sont au nombre de cent, et roulent presque toutes sur des sujets politiques : ce n'est pas à cette seule circonstance qu'elles ont dû leur succès, elles sont presque toutes charmantes et pleines d'esprit.

— Femmes (les) politiques, com. en 3 actes et en vers. *Paris, Huet*, an VIII (1800), in-8.

— Flatteur (le), com. en 5 actes et en vers. *Paris, Barba*, 1820, in-8, 3 fr.

— Gasparin, ou le Héros provençal, roman éroti-comique. *Paris, André*, 1800, 2 vol. in-18.

— Histoire des bêtes parlantes depuis 89 jusqu'à 124, par un chien de berger. Recueillie par Et. Gosse. *Paris, Delaforest*, 1827 et ann. suiv., in-8.

Ouvrage satirique en vers, qui est promis en 12 livraisons, de chacune de 96 à 108 pag. avec une lithographie. Les trois premières ont paru, et sont intitulées : la Révolution ; les Animaux en république; le Règne des cinq bêtes. Les quatre dern. livraisons seront consacrées à une nouvelle imitation du poëme des *Animali parlanti* de Casti, et d'une partie de ses Nouvelles et de ses Apologues qui n'ont pas encore été traduits. Prix de chaque livraison, 3 fr.

— Jésuites (les), ou les autres Tartuffes, comédie en 5 actes et en vers. *Paris, A. Dupont*, 1827, in-8, 4 fr. 50 c.

Cette pièce a eu deux éditions la même année.

— *Manon Lescaut et le chevalier Desgrieux, mélodrame en 3 actes (et en prose), de M***. *Paris, J.-N. Barba*, 1821, in-8, 1 fr. 50 c.

— Médisant (le), com. en 3 actes et en vers. *Paris, le même*, 1816, in-8, 2 fr.

— Mort (la) de Vincent Malignon, agent national de la commune de Clays, département de l'Ardèche; trait historique en un acte et en vers. *Nantes, P.-F. Hérault*, an III (1795), in-8.

— Nouveau (le) débarqué, com. en un acte, mêlée de vaudevilles. *Paris, Roux*, an IX (1801), in-8.

— Petite (la) musicienne. *Paris, Raymond*

et Chaumerot, 1819, 3 vol. in-12 , 7 fr. 50.
— Pont de Veyle, ou le Bonnet de docteur , vaudeville en un acte (et en prose). *Paris, Mme Masson,* an x (1802), in-8.
— Proverbes dramatiques. *Paris , Ladvocat,* 1819, 2 vol. in-8, 12 fr.

Ces deux volumes contiennent vingt proverbes, qui sont : Tom. Ier : Plus de bruit que de besogne. — Bon chien chasse de race. — Il faut bien prendre ce que le ciel nous envoie. — Ne jugeons pas sur l'apparence. — Il ne s'agit que de s'entendre. — Les Jeux de la Bourse, ou Songeons au lendemain. — Tout va bien, tout va mal, ou Il en parle à son aise. — Tout va bien , tout va mal , ou le Lendemain. — Les jours se suivent et ne se ressemblent pas, ou Sortie d'un théâtre des boulevards. — La fin couronne l'œuvre, ou le Garde-chasse maire de village.—Qu'allait-il faire dans cette galère? Tom. II : Tout ce qui reluit n'est pas or. — L'habit ne fait pas le moine. — L'Ambassadeur de Perse, ou Chacun de son métier. — Le Vieux coquet, ou Rien n'est bon comme le fruit défendu. — Comme on connaît les saints, on les honore. — L'Auteur avare, ou Chacun vit de son métier. — L'Habitude est une seconde nature.—L'Homme propose et la femme dispose, ou les Trois caricatures. — On ne connaît pas ce qu'on désire.

— Pygmalion à Saint-Maur, farce anecdotique (1800). Voy. ÉTIENNE.
— Quel est le plus ridicule? ou la Gravure en action , folie-vaudev. en un acte. *Paris, Roux ,* an ix (1801), in-8.

Avec Étienne et Morel.
M. Gosse a été l'un des rédacteurs du Miroir des spectacles , etc. (1821) , et ensuite de la Pandore; il est l'auteur de la *Notice sur la vie et les ouvrages du critique Geoffroy,* en tête du Cours de littérature dramatique de ce dernier.

GOSSE DE STERLAY , chef de bataillon au corps royal de l'artillerie.
— Mémoire sur les moyens de chauffer l'intérieur des édifices et d'y renouveler l'air, appliqués principalement aux salles de spectacle. (Extr. des Ann. de l'industrie). *Paris, Bachelier,* 1820, in-8 de 32 pag.

GOSSEAUME , docteur en médecine, membre et archiviste de l'Acad. de Rouen.
— Précis analytique des travaux de l'Académie des sciences , belles-lettres et arts de Rouen, depuis sa fondation en 1744 jusqu'à l'époque de sa restauration, le 25 juin 1803; précédé de l'Histoire de l'Académie. (Vol. I à V). *Rouen, imp. de Périaux,* 1814-21, 5 vol. in-8.

Le cinquième volume ne va pas au-delà de 1793.
— Version nouvelle des Psaumes, avec des notes explicatives des passages les plus difficiles tirés de l'Écriture sainte, et des auteurs les plus célèbres. *Paris, Méquignon-Havard; Périsse, et Rouen, Ve Renaud; Frère,* 1826, in-18, 4 fr.

GOSSEC (François-Joseph) , célèbre musicien compositeur, membre de l'Institut de France (Acad. des beaux-arts) ; né à Vergnies, village du Hainaut, le 17 janvier 1733 , mort à Passy, le 16 février 1829.

M. Gossec a participé aux Principes élémentaires de musique (1800, 2 vol. in-fol.) et à la Méthode de chant (1814 , in-4), deux ouvrages publ. par le Conservatoire.

GOSSELIN (Ch.-Rob.), né à Folie, près Caen, vers 1740, mort à Maurecourt, le 26 septembre 1820.
— Antiquité (l') dévoilée au moyen de la Genèse, source et origine de la Mythologie et de tous les cultes religieux. *Paris, Egron,* 1807, in-8.—IVe édit., augmentée de la Chronologie de la Genèse et de la Théogonie d'Hésiode, expliquée par la Genèse; accompagnée de deux gravures représentant les hémisphères célestes, australe et boréale. *Paris, le même,* 1817, in-8, 3 fr. 50 c.

La première édition est anonyme. La seconde ne porte pour titre que l'*Antiquité dévoilée au moyen de la Genèse.*

— * Plan d'éducation, en réponse aux Académies de Marseille et de Châlons. *Amsterdam,* 1785 , in-8.
— *. Réflexions d'un citoyen adressées aux notables, sur la question proposée par un grand roi (Frédéric II): En quoi consiste le bonheur des peuples , et d'où vient la misère, et des moyens d'y remédier? *Paris,* 1787, in-8.

L'Annuaire nécrologique de M. Mahul, ann. 1820, donne la liste de neuf ouvrages manuscrits, la plupart religieux , que ce modeste écrivain a laissés ; ils sont intitulés : 1° Réflexions critiques sur les OEuvres de J.-J. Rousseau ; 2° Conférence entre un conventionnel et un catholiphile ; 3° Lettre à un ami touchant le règne intermédiaire du Messie; 4° Traduction du livre de Job ; 5° Traduction du Cantique des Cantiques de Salomon , précédée du psaume 44 ; 6° Traduction de l'Ecclésiaste , d'après la Vulgate, corrigée sur le texte; 7° Recueil de lettres à un ami, contenant une Explication abrégée de l'Apocalypse, et une Réfutation du système des nouveaux millénaires; 8° Projet adressé à l'empereur de Russie, en 1818, touchant la réunion de l'église grecque à l'église latine; 9° Mémoire sur le magnétisme animal. Nous ajouterons à cette liste un travail sur Hésiode, où l'auteur prétend combattre Dupuis. Selon Gosselin, les vérités et les faits de l'histoire sacrée sont défigurés par les traditions du paganisme, et ces mêmes traditions militent en faveur des livres saints.

Cet auteur avait composé sur le mariage un écrit que des gens estimables l'ont engagé à supprimer, et il a suivi leur conseil.

GOSSELIN , traducteur.
Nous connaissons de lui les deux traductions suivantes, qui sont anonymes : Histoire de Rasselas, prince d'Abyssinie, etc. (1820). Voyez JOHNSON (Samuel). — Journaux des sièges entrepris par les alliés en Espagne, pendant les années 1811 et 1812, etc. trad. de l'angl. (1821). Voyez JONES (J.-T.).

GOSSELIN (l'abbé). Voy. FÉNÉLON.

GOSSELLIN (Pascal-Fr.-Jos.), l'un des plus savants géographes de l'Europe; membre de l'Institut (Académie des inscriptions et belles-lettres) , l'un des conservateurs-administrateurs de la Bibliothèque du Roi, membre de l'Académie de Gœttingue, etc; né à Lille , le 6 décembre 1751.

— * Catalogue des médailles antiques, en or, en argent, etc., du cabinet de M. d'Ennery. *Paris, Didot le jeune*, 1788, in-4.

Avec l'abbé de Tersan.

— Géographie des Grecs analysée , ou les Systèmes d'Ératosthènes , de Strabon et de Ptolémée, comparés entre eux et avec nos connaissances modernes ; ouvrage couronné par l'Académie. *Paris, Didot* (* Debure frères), 1790, gr. in-4 avec 10 cartes.

— Observations générales sur la manière de considérer et d'évaluer les anciennes stades itinéraires. *Paris, de l'impr. de la Républ.*, an XIV (1806), in-4.

Extrait de la traduction française de Strabon. L'auteur a reproduit ce mémoire, mais avec beaucoup d'augmentations, dans ses *Recherches sur la Géographie*, etc.

— Recherches sur la Géographie systématique et positive des Anciens, pour servir de base à l'histoire de la géographie ancienne. *Paris, de l'impr. de la République et ensuite impériale* (* Debure frères), 1798-1813, 4 vol. gr. in-4 , avec 54 cartes géographiques contenues en 29 feuilles, et la Rose des vents des Anciens.

Ces quatre vol. renferment les dix-neuf mémoires suivants, dont quelques-uns ont été imprimés d'abord autre part : 1° Recherches sur le système géographique d'Hipparque ; 2° sur celui de Polybe; 3° sur celui de Marin de Tyr ; 4° Recherches sur les connaissances géographiques des Anciens, le long des côtes occidentales de l'Afrique ; 5° le long des côtes orientales de l'Afrique ; 6° Examen des principales autorités d'après lesquelles on pense communément que les Anciens ont fait le tour de l'Afrique ; 7° Recherches sur les connaissances géographiques des Anciens dans le golfe Arabique ; 8° le long des côtes de l'Arabie : réimpression, avec quelques changements, d'un mémoire inséré dans le 49e vol. de l'ancien recueil de l'Académie des sciences (1808); 9° Recherches sur les connaissances géographiques des Anciens dans le golfe Persique ; 10° le long des côtes de la Gédrosie ; 11° le long des côtes de l'Inde; 12° des côtes occidentales et septentrionales de l'Ibérie et de l'Espagne ; 13° des côtes occidentales de la Celtique ou de la Gaule; 14° de celles de la Germanie, de la Sarmatie, etc. ; 15° de celles des îles Britanniques; 16° Recherches sur la Sérique des Anciens, et sur les limites de leurs connaissances dans la Haute-Asie ; 17° Recherches sur les connaissances géographiques des Anciens le long des côtes méridionales de l'Arabie : ces deux derniers mémoires sont encore la réimpression, avec quelques changements, de ceux qui ont été insérés, sous le même titre, dans le 49e vol. de l'ancien recueil de l'Académie des sciences ; 18° de l'Évaluation et de l'emploi des mesures iti-

néraires des Grecs et des Romains : réimpression, avec beaucoup d'augmentations, d'un mémoire inséré dans le premier volume de la traduction française de Strabon (1805); 19° Éclaircissements sur les différentes roses des vents des Anciens : autre réimpression, avec peu de changements, tirée aussi du premier vol. de Strabon.

A ces quatre volumes on joint la *Géographie des Grecs analysée, etc.* Prix des 5 vol., 96 fr.

On doit encore à ce savant : une *Lettre sur la fausse configuration de l'Écosse dans la carte de Ptolémée*, imprimée dans les « Recherches sur l'origine des divers établissements des Scythes ou Goths , de M. Pinkerton (1804) » ; toutes les *notes* signées G. , dans les cinq volumes de la traduction française de Strabon (1805-19); l'article *Géographie ancienne*, dans le « Rapport historique sur les progrès de l'histoire et de la littérature ancienne depuis 1789, et sur leur état actuel , présenté à l'empereur (1810) » ; des *Recherches sur le principe, les bases et l'évaluation des différents systèmes métriques linéaires de l'antiquité*, imprimées dans le VIe vol. des Mémoires de l'Académie des inscriptions, nouv. série (1822) , et avant, dans le Ve volume de la traduction de Strabon ; des *Observations sur une coudée égyptienne découverte à Memphis*, impr. dans le Journal des savants, déc. 1822, recueil à la rédaction duquel M. Gosselin participe depuis 1816 ; enfin, un *Mémoire sur l'origine des erreurs commises par les géographes grecs dans les mesures en longitude, et sur les moyens de rectifier ces mesures en les ramenant à leurs modules primitifs*, impr. dans le VIIe vol. du recueil de l'Académie des inscriptions.

GOSSET (J.-B.-Zach.), doct. de Sorbonne, grand-archidiacre de Soissons , et chanoine de l'église cathédrale.
— Oraison funèbre de Louis XIV. *Paris*, 1716, in-4.

GOSSET. Commentaire sur la coutume de Ponthieu. *Paris*, 1726, in-fol.

GOSSET , médecin. * Révélations cabalistiques d'une médecine universelle tirée du vin, etc., avec une Manière d'extraire le sel de rosée, et une Dissertation sur les lampes sépulcrales. *Utrecht* (*Amiens*), 1735, in-12.

GOSSIN (l'abbé), ancien chanoine , grand - chantre, prieur - commandataire, nommé en 1789 chapelain de S. A. R. Madame Adélaïde , aumônier de l'association royale de Normandie et de Picardie.

Il a traduit de l'anglais deux opuscules poétiques d'Herb. Croft (*voy. ce nom*).

GOSSNER (Johann) ; prêtre catholique à Munich.
—Uralte (der) katolisches Glaube. Zweyte Auflage. *Strasburg , gedruckt bei Heitz*, 1820, in-8 de 56 pag.
— Catholicisme (le) primitif, traduit de l'allem. sur la seconde édition , publiée à Strasbourg en 1820. *Colmar, Decker*, 1821, in-8 de 44 pag., ou *Toulouse, Ve Navarre*, 1822, in-12 de 60 pag., et *Paris, Servier*, 1826, in-12 de 60 pag. , 40 c.

GOSSUIN (César-Eugène). Défense et profession de foi de César-Eugène Gossuin, prévenu d'outrages à la morale publique et religieuse, pour un article inséré dans le 2ᵉ cahier du xıᵉ volume de la Bibliothèque historique. *Paris, imp. de Patris*, 1820, in-8 de 16 pag.

L'article incriminé paraît être l'unique que M. Gossuin ait fourni à ce recueil.

— Discours prononcé à la Cour d'assises du département de la Seine, le 30 juin 1820. *Paris, Brissot-Thivars*, 1820, in-8 de 8 pag.

GOTELING-VINNIS, enseigne de vaisseau.

— Méthode pour réduire la distance apparente de deux astres à la distance vraie, etc.; trad. du holl. (1814). Voy. SWINDEN (Van).

GOTTER (Frédéric-Guillaume), poète allemand du xvıııᵉ siècle.

— Médée, mélodrame (en un acte et en vers libres) imité de l'allemand par BERQUIN. *Paris, Pissot*, 1781, in-8.

Voy. aussi BENDA.

GOTTIS (Mᵐᵉ Augustine), romancière.

— Abbaye (l') de Sainte-Croix, ou Radegonde, reine de France. *Paris, Lecointe et Durey*, 1822, 5 vol. in-12, 12 fr.

— Catherine première, impératrice de Russie. *Paris, Arth. Bertrand*, 1819, 5 vol. in-12, 12 fr.

— Contes à ma petite-fille. Par Mᵐᵉ GOTTIS; suivis de « Paresse et Travail, Précipitation et Lenteur »., contes pour les enfants, trad. de l'angl. de miss EDGEWORTH. *Paris, A. Eymery*, 1821, 2 vol. in-18 avec 6 grav., 3 fr., ou 1829, in-12, 3 fr.

— Ermance de Beaufremont, comtesse de Gatinois; chronique du ıxᵉ siècle. *Paris, A. Eymery*, 1818, 2 vol. in-12, 5 fr.

— François Iᵉʳ et Madame de Châteaubriant. *Paris, le même*, 1816, 2 vol. in-12 avec gravures, 5 fr.

Réimpr. en 1816 et 1821.

— Jeanne d'Arc, ou l'Héroïne française. *Paris, Arth. Bertrand*, 1822, 4 vol. in-12, avec 5 grav., 12 fr.

— Jeune (la) fille, ou Malheur et Vertu; suivie du Sultan et l'Arabe, nouvelle. *Paris, Vᵉ Lepetit*, 1818, 2 vol. in-12, 4 fr.

— Jeune (le) Loys, prince des Francs, ou les Malheurs d'une auguste famille. *Paris, A. Eymery*, 1817, 4 vol. in-12, 10 fr.

— Marie de Clèves, princesse de Condé; suivie de Valentine de Milan, anecdote du

xvᵉ siècle. *Paris, Lecointe et Durey*, 1820, 3 vol. in-12, 7 fr. 50 c.

— Marie de Valmont. *Paris, Maradan*, 1812, in-12, 2 fr. 25 c.

— Morale des jeunes princes, ou Pensées de Marie Lecksinska, reine de France. Publié par Mᵐᵉ de Gottis. *Paris, A. Eymery*, 1828, 2 vol. in-12 avec 4 gravures, 6 fr.

Reproduite en 1829, sous ce titre : *Contes à mon neveu*, tirés d'un Choix des plus belles maximes de morale.

— Robert de France, ou l'Excommunication. *Paris, Dentu, etc.*, 1826, 4 vol. in-12, 10 fr.

— Tour (la) de Bramafan, ou le Cri de la faim, et Deuterie, Lampagie et Montouz; Charles III, Regine de Rochebrune; Childéric et Neliska; chroniques françaises. *Paris, Boulland et comp.*, 1824, 3 vol. in-12, 7 fr. 50 c.

— Vœu (le) de la France exaucé, fragments composés pour la naissance de S. A. R. Mᵍʳ le duc de Bordeaux. *Paris, Hubert*, 1820, in-8 de 8 pag., 30 c.

Quoique ces productions aient été publiées sous le nom de madame de Gottis, on prétend que toutes ne sont pas d'elle. Une personne digne de foi nous a assuré que cette dame est devenue l'héritière des nombreux manuscrits de J.-B. Brès, avec qui elle avait été liée, et que dans ces manuscrits se trouvaient plusieurs romans : *le Jeune Loys*, et *Marie de Clèves*, entre autres, y ont été vus.

GOTTSCHALK (Frédéric). Histoire des châteaux de Rodenstein et de Schnellert, dans le comté d'Erbach, au grand duché de Hesse-Darmstadt, et Précis des événements singuliers et effrayants qui se sont renouvelés près de ces châteaux, du 8 au 9 août 1821; trad. de l'allem. *Paris, imp. de Rougeron.*, 1821, in-12 de 12 pag.

GOTTSCHALK VALERIUS (Jean). Agriculture (l') réduite à ses vrais principes, ouvrage traduit en français sur la version latine, auquel on a ajouté un grand nombre de notes tirées de la version allemande (par le baron d'HOLBACH). *Paris, Lacombe*, 1774, in-12.

— Principes raisonnés de l'Agriculture, ou l'Agriculture démontrée par les principes de la chimie économique d'après les observations de plusieurs savants; trad. du suédois. Par J.-F. de FONTALLARD. *Paris, de l'impr. polyglotte*, 1795, in-8.

GOTTSCHED (Jean-Christophe), un des patriarches de la littérature allemande du xvıııᵉ siècle.

— Grammaire allemande, traduite en français, par Gottfr. QUAND. *Paris*, 1753, in-12. — III⁰ édit. *Vienne et Prague*, J. -*Th. Tratner*, 1763, in-8. — *Strasbourg*, 1766, in-8.

Grammaire souvent réimprimée : il en existe une autre réimprimée plus souvent encore, faite d'après Gottsched, Adelung, Junker et autres. (Voy. la Table des Anon., aux mots: Abrégé de la Grammaire allemande).

Une tragédie de Gottsched, intitulée *Caton*, a été traduite en français, et imprimée dans un « Théâtre allemand ». Amsterdam, 1769, un vol. in-8.

La *Mésalliance*, comédie en un acte et en prose, par une dame L. A. V. Gottschen, a été traduite en français, et imprimée dans le Parnasse des Dames.

GOUAN (Ant.), médecin, professeur de matière médicale et de botanique à l'École de Montpellier; né à Montpellier, le 15 novembre 1733, y est mort, le 1ᵉʳ sept. 1821.

—Description du Ginkgo-biloba, dit Noyer du Japon. *Montpellier*, 1812, in-8 de 12 pag. avec une planche.

— Discours sur les causes du mouvement de la sève dans les plantes, prononcé à la rentrée de l'École de médecine de Montpellier, le 9 brumaire an x, imprimé dans le programme de la séance de l'École de médecine. *Montpellier*, an x (1802), in-4.

— Explication du système de botanique du chevalier von Linné, etc. *Montpellier*, 1787, in-8 avec une planche. — Nouv. édition, sous ce titre : « Nomenclature de botanique, ou Explication, etc. 1795, in-8.

Réimpr. en tête de la *Matière médicale des plantes du jardin de Montpellier.* Voy. ci-après.

— Flora Monspeliaca, sistens plantas n. 1850, ad sua genera relatas et hybrida methodo digestas, etc. *Lugduni*, sumptibus *Bened. Duplain*, 1765, in-8.

— Herborisations des environs de Montpellier, ou Guide botanique à l'usage des élèves de l'Ecole de santé. Ouvrage destiné à servir de supplément à la « Flora Monspeliaca ». *Montpellier*, G. Izar et Ricard, an IV (1796), in-8 avec une carte itinéraire.

— Historia piscium, sistens ipsorum anatomen atque genera in classes et ordines redacta. Cum iconibus. *Argentorati*, Arm. Kœnig, 1770, in-4 avec planches.

Une traduction française est en regard du latin.

— Hortus regius Monspeliensis, sistens plantas tum indigenas, tum exoticas n° 2200 ad genera relatas, cum nominibus specificis, synonymis selectis, nominibus trivialibus, habitationibus indigenarum, hospitiis exoticarum, secundùm methodum digestas. *Lugduni, sumptibus fratrum*

de *Tournes*, 1762, in-8 avec 3 planches.
— Illustrationes et Observationes botanicæ, seu variarum plantarum pyrenaicarum exoticarum adumbrationes, synonymorum observationes, varietatum determinationes et icones. *Tiguri*, 1773, in-fol. avec 28 planches.

L'auteur avait promis un second cahier, mais il n'a point été publié.

— Leçons de botanique faites au jardin royal de Montpellier, etc. (1762). Voyez **Cusson** (P.).

— Lettre critique à l'auteur d'un article inséré dans le Moniteur du 27 oct. 1811. *Montpellier*, 1811, in-8 de 16 pag.

L'auteur y défend une thèse qu'il avait fait soutenir sur la monographie des renoncules, et l'école de Montpellier que le journaliste avait attaquée avec peu de ménagement.

— Matière médicale des plantes du jardin de Montpellier, précédée d'une nouvelle édition de l'Explication du système de Linné, ou Nomenclateur botanique, etc. *Montpellier*, G. Izar et A. Ricard, an XII (1804), in-8 avec portr.

— Nomenclateur botanique, contenant : 1° l'Explication et traduction française des noms et termes latins, relatifs à toutes les parties de la plante; 2° l'Énumération méthodique des classes, ordres, genres, et de leurs caractères essentiels, d'après le système de Linné. *Montpellier*, 1803, in-8.

— Traité de botanique et de matière médicale, contenant : 1° l'Explication du système de Linné; 2° le Nomenclateur botanique; 3° l'Énumération méthodique des caractères, des classes, ordres, genres; 4° l'Exposition des vertus des plantes médicinales et économiques: à l'usage des étudiants en médecine. *Montpellier*, an XII (1804), in-8.

GOUAZÉ (Auguste), prêtre; né à Toulouse, en 1758, où il est mort le 30 nov. 1812.

— * Traité sur la fin du monde et sur les circonstances qui l'accompagneront. Par un solitaire. (Ouvr. posth.). *Versailles*, Lebel, 1814, in-8.

GOUBAUX (P.-P.), chef de la pension Saint-Victor.

— Esquisses des mœurs françaises à différentes époques. *Paris*, Arth. Bertrand, 1822, in-8, 5 fr.

— OEuvres choisies d'Horace, nouvelle traduction du latin, avec le latin en regard (1827). Voy. **Horace**.

— Trente ans, ou la Vie d'un joueur;

cédent ; née en Angleterre , morte à Paris, vers 1800.

— Remarques sur la musique et la danse , ou Lettres à milord Pembroke. 1773 , in-8.

Ces Remarques portent au frontispice la lettre initiale du mari, cependant l'épouse les a insérees dans ses *OEuvres mêlées.*

— Remarques sur les «Anecdotes de Mme Du Barry». Par SARA G... *Londres*, 1777, in-12.

— OEuvres (ses) mêlées. *Amsterdam*, 1777, 2 vol. in-12.

On y trouve : tom. 1er, Lettres au comte Alexis Orlow sur le carnaval de Naples, 2° Lettres à milord Tilney sur les divertissements de l'automne de Toscane ; 3° Lettres à un noble vénitien ; 4° Lettre à la république de Luques. Le second volume renferme, en douze lettres, des remarques sur la musique italienne et sur la danse. Les deux premières sont celles qui avaient paru séparément en 1773.

GOUDAREAU (J.-M.-C.). Traité de médecine pratique, trad. du lat. (1817-23). Voy. FRANCK (P.).

GOUDELIN ou GOUDOULI (Pierre), créateur de la poésie languedocienne ; né à Toulouse, en 1579, y est mort le 10 septembre 1649.

— Obros (las), augmentados noubelomen de forço pessos, ambé le Dictiounari sur la lengo moundina ; Ount és més per ajustié sa Bido Remarcos de l'antiquitat de la lengo de Toulouso, le Trinfle moundi, soun Oumbro; d'ambun Manadet de berses de Gautié, é d'aütres pouetos de Toulouso. *Toulouso, Gilles, Lecamus*, 1713, in-12, ou *Toulouso, J. A. Caunes*, 1811, in-12, 2 fr. 50 c.

La prem. édit. est de 1638, in-8 ; depuis il y en a eu plusieurs, entre autres, celle de 1693, intitulée le Ramelet moundi, ou la Floreto noubelo del ramelet moundi : 3 part. in-12 ; et celle d'Amsterdam , 1700, in-12 ; suivie d'un 2e vol. qui renferme d'autres poésies d'auteurs gascous ; les Folies de Lesage et les Embarras de la foire de Beaucaire.

GOUDEMETZ, prêtre réfugié en Angleterre.

— Époques historiques de la révolution française. *Londres*, 1796 , in-8.

GOUDIN (Math.-Bern.), astronome et mathématicien ; né à Paris, le 14 janvier 1734, où il est mort, le 9 mai 1817 (et non vers 1805, à Torcy en Brie, comme le dit la Biographie universelle).

— Éclipses du soleil calculées en prenant pour premier méridien celui de Paris. *Paris, Marchant*, 1806, in-8.

Impr. d'abord en 1778 et en 1788, avec de nouv. développements, à la suite du Traité des propriétés, etc., et de nouveau , en 1799, parmi les OEuvres mathématiques de l'auteur.

— Mémoire sur les usages de l'ellipse dans la trigonométrie sphérique. *Paris*, 1797, in-4.

—* Recherches sur la gnomonique, les rétrogradations des planètes, et les éclipses du soleil. *Paris*, 1761, in-8.

Avec Dionis de Séjour.

— Théorie de la distance d'un point à un autre sur la surface d'un solide de révolution. *Paris, Haussmann*, 1812, in-4 de 4 pag.

—* Traité des courbes algébriques. *Paris, Ch. Ant. Jombert*, 1756, in-12.

Avec Dionis de Séjour.

— Traité des propriétés communes à toutes les courbes ; suivi d'un Mémoire sur les éclipses de soleil. *Paris*, 1778, in-8. — Sec. édit. (augm. des Relations entre quatre coordonnées). *Paris, Didot l'aîné*, 1788, in-4.

Avec Dionis de Séjour.

— OEuvres mathématiques et astronomiques, contenant : un Traité sur les propriétés communes à toutes les courbes, un Mémoire sur les éclipses de soleil , et un sur les usages de l'ellipse dans la trigonométrie sphérique. *Paris, Bernard* (* Ve Courcier), 1799, 1803, in-4 de 168 pag. avec une pl. , 7 fr.

Goudin est encore auteur de différents Mémoires impr. dans la «Connaissance des temps».

GOUDON. * Droit (du) public et du droit des gens, ou Principes d'association civile et politique. 1808, 3 vol. in-8.

GOUDOULI. Voy. GOUDELIN.

GOUEY (Louis Léger de). Véritable (la) chirurgie. *Rouen*, 1716, in-8.

GOUFFÉ (Armand), doyen des sous-chefs de prem. classe de la prem. division du ministère des finances, chansonnier et vaudevilliste, convive des Dîners du Vaudeville, surnommé le Panard du XIXe siècle; né vers 1773.

— Ballon d'essai, ou Chansons et autres Poésies. *Paris, Capelle*, an X (1802), in-18.

— Ballon perdu, ou Chansons et Poésies nouvelles, faites depuis la publication du Ballon d'essai. *Paris, Nepveu*, 1804, in-18.

— Encore un ballon , ou Chansons et Poésies nouvelles. *Paris, Capelle et Renand*, 1807, in-18. — Le dernier ballon, ou Recueil de Chansons et autres Poésies nouv., etc. *Paris, Delaunay*, 1813, in-18 ; en tout 4 vol. in-18, 6 fr., et pap. vél., 12 fr.

— Chaudronnier (le) de Saint-Flour, comédie en un acte (en prose), mêlée de vaudevilles. *Paris*, *Barba*, an ix (1801), in-8.

Avec Henriquez.

— Clémence Isaure, ou les Jeux floraux, com. en un acte et en prose, mêlée de vaudevilles. *Paris, Mme Cavanagh*, an xi (1803), in-8.

Avec G. Duval.

— Clément Marot, vaudev.-anecdot. en un acte (et en prose). *Paris, au théâtre du Vaudev.*, an vii (1799) , in-8.

Avec Geo. Duval.

— Coco-Rico, folie-vaud. en un acte (et en prose.) *Paris, Barba*, an v (1797), in-8, 75 c.

— Cri-Cri, ou le Mitron de la rue de l'Oursine, folie grivoise en un acte et en vand. *Paris, André; Barba*, an ix (1801), in-8.

Avec Geo. Duval.

— Deux (les) Jocrisses, ou le Commerce à l'eau, vaudev. en un acte (en prose). *Paris, Barba*, an iv (1796), in-8.

— Directeur (le) dans l'embarras, prologue (en prose, mêlé de vaud.), pour remplacer le «Tonnelier», que l'on devait jouer en société, avant «Maison à vendre». *Sans nom de ville, ni d'imprimeur, et sans date*, in-8.

— Duel (le) et le Déjeuner, ou les Comédiens vengés, com.-anecdot. en un acte et en prose, mêlée de couplets. *Paris, Barba*, 1818, in-8. — Sec. édit., avec des additions. *Paris, le même*, 1825, in-8, 1 fr. 50 c.

Avec P. Ledoux.

— Garrick double, ou les deux Auteurs anglais, com. en un acte et en prose, mêlée de vaudev. *Paris, au Magasin de pièces de théâtre du Vaudev.*, an viii (1800), in-8.

Avec Geo. Duval.

— Gilles aéronaute, ou l'Amérique n'est pas loin, com.-parade en un acte (en prose), mêlée de vaudev. *Paris, Logerot*, an vii (1799), in-8.

Avec Buhan et Desfougerais.

— Intrigue (l') dans la hotte, vaudev. en un acte (et en prose). Sec. édition. *Paris, Barba*, 1809, in-8.

La prem. édit. est de 1806.

— Mariage (le) de Charles Collé, ou la Tête à perruque, vaud. en un acte (et en prose). *Paris, Barba*, 1089 (1809), in-8.

Avec Brazier et Simonnin.

— Médard, fils de Gros-Jean, parodie d'Oscar, fils d'Ossian, en 2 actes. *Paris, Toubon*, 1796, in-8.

Avec Rouhier-Deschamps.

— Médecin (le) turc, opéra-bouffon en un acte (et en prose). *Paris, Mme Cavanagh*, 1804, ou 1813, in-8, 1 fr. 25 c.

Avec P. Villiers.

— M. Beldam, ou la Femme sans le vouloir, com.-vaud. en un acte (et en prose). *Paris, Barba*, 1816, in-8.

Avec P. Villiers.

— M. Mouton, ou la Journée mystérieuse, vaudeville en un acte (et en prose). *Paris, Barba*, 1818, ou 1820, in-8, 1 fr. 25 c.

Avec Paul de Kock.

— Monsieur Seringa, ou la Fleur des apothicaires, parade en un acte et en prose, mêlée de vaud. Par les auteurs de Cri-Cri et M. T***. *Séringapatam (Paris)*, an xi (1803), in-8.

Avec G. Duval et Tournay.

— Nicodème à Paris, ou la Décade et le Dimanche, vaud. en un acte (et en prose). *Paris, Barba*, an iv (1796), in-8.

Avec Rouhier-Deschamps.

— Nouvelle (la) Cacophonie, ou Faites donc aussi la paix! impromptu pacifique, en un acte (et en prose), mêlé de vaud. *Paris, le même*, an v (1797), in-8.

— Officléide (l'), ou le Serpent moderne, chanson dédiée à M. Labbaye, inventeur de cet instrument. *Paris, imp. de Carpentier-Méricourt*, 1827, in-8 de 4 pag.

— Piron à Beaune, ânerie anecdotique en un acte et en prose, mêlée de vaud. *Paris, André*, an ix (1801), in-8.

Avec Geo. Duval.

— Qui l'aura? ou l'Impromptu de village, divertissement (en un acte et en prose, mêlé de vaudev.). *Paris, imp. de Brasseur*, 1813, in-8.

Tiré à 50 exempl. qui n'ont pas été mis dans le commerce.

— Retour (le) à Valenciennes, ou Rentrons chez nous, vaud. en un acte (et en prose). *Paris, Barba*, 1818, in-8.

Avec Belle aîné.

— Tante (la) et la nièce, ou C'était moi, com.-vaud. en un acte (et en prose). *Paris, Quoy*, 1824, in-8, 1 fr.

Avec Belle aîné.

— Tivoli, ou le Jardin à la mode, vaud. en un acte (et en prose). *Paris, Barba*, an v (1797), in-8, 1 fr.

— Vadé à la Grenouillère, folie poissarde, en un acte et en prose, mêlée de vaudev. *Paris, au théâtre du Vaudeville*, an viii (1800), in-8.

— Val-de-Vire (le), ou le Berceau du

vaudeville, divertissement en un acte et en prose, mêlé de vaud. *Paris, au théâtre du Vaudeville*, an VII (1799), in-8.

Avec Geo. Duval.

Indépendamment de ces pièces, M. Gouffé a eu une part plus ou moins grande à onze autres, imprimées jusqu'à la fin de 1829 : voy. les articles BARRÉ, CHAZET, DIEULAFOI, LÉGER, RADET, ROUHIER-DESCHAMPS, TOURNAY, VILLER et P. VILLIERS : il a remis au théâtre, avec des changements, l'opéra-comique de Vadé, intitulé « Nicaise » (1796). Voy. VADÉ. On lui doit aussi, comme éditeur, une édition des OEuvres choisies de Panard, précédées d'une Notice sur la vie de cet auteur. (Paris, 1808, 3 vol. in-18).

Beaucoup de chansons de cet auteur ont été insérées dans les divers recueils lyriques annuels qui se publient à Paris, tels que les Dîners du Vaudeville, le Caveau moderne, le Chansonnier français, le Chansonnier des demoiselles, etc.

GOUFFÉ DE TROISVILLES (le chevalier).

—Mémoire sur l'olivier; suivi du Rapport sur les Mémoires adressés à l'Académie de Marseille, pour concourir aux prix sur les moyens de réparer les désastres qu'ont éprouvés les oliviers, par le froid de l'an 1820, par M. le chev. LAUTARD, secrétaire-perpétuel de la classe des sciences. *Marseille, Achard*, 1823, in-8 de 64 pag.

GOUGÉ (J.-B.). Rondeau redoublé, dédié à la gloire de Mgr le duc d'Angoulème. *Paris, l'Auteur*, 1824, in-8 de 4 p., 50 c.

—Rossignol (le), nouvelles chansons et Poésies diverses. *Paris, Lagier jeune*, 1826, in-18, 1 fr. 25.

—Troubadour (le), recueil de chansons inédites. *Paris, l'Auteur*, 1824, in-18 avec une figure.

GOUGE DE CESSIÈRES (Fr.-Et.), avocat au présidial de Laon, sa patrie; né le 8 février 1724.

—*Art (l') d'aimer, nouveau poëme héroïque en vi chants. Édition fidèle et complète, enrichie de figures. *Londres, aux dépens de la compagnie*, 1759, ou 1760, in-8, et *Avignon*, 1787, in-12 avec fig.

Ce poëme parut pour la première fois en 1745, in-8, anonyme; il fut réimprimé à Amsterdam en 1748, in-12, et à Paris, en 1757, et à sa suite, le Remède d'amour, d'Ovide, trad. en vers français (par Gouge de Cessières), in-8. Ces trois éditions de l'Art d'aimer, ne sont qu'en quatre chants.

—Jardins (les) d'ornements, poëme. 1758, in-8.

—Poëmes. 1769, in-8.

Ces poëmes sont au nombre de trois, et sont sur tion, les Jardins d'ornements, et les Res-

GOUGELET (Mme). Abrégé (petit) de l'histoire sainte, de l'histoire romaine, de la Fable et de l'Histoire de France. 1783, in-8.

GOUGES (Olympe DE), dame AUBRY, fille naturelle de Lefranc de Pompignan (si nous ajoutons foi à une note qui nous a été communiquée); née à Montauban, en 1755, morte à Paris, le 4 novembre 1793.

—Adresses au Roi et à la Reine, au prince de Condé, et Observations à M. Duveyrier sur sa fameuse ambassade. *Sans lieu d'impression*, et sans date, in-8 de 24 pag.

—*Bonheur (le) primitif, ou les Rêveries patriotiques. *Amsterdam et Paris, Royez*, 1789, in-8 de 126 pages.

Opuscule écrit, dit l'auteur, dans les accès d'une fièvre violente.

—Comédiens (les) démasqués, ou madame de Gouges ruinée par la Comédie-Française, pour se faire jouer. Sans date, in-8 de 52 pages.

—Convent (le), ou les Vœux forcés, drame en trois actes (et en prose). *Paris, Ve Duchesne*, mars 1792, in-8.

—Départ de M. Necker et de madame de Gouges, ou Adieux de madame de Gouges aux Français et à M. Necker. 1790, in-8.

—Discours de l'Aveugle aux Français. 1789, in-8.

—*Droits (les) de la femme, à la Reine. In-8.

—Entrée de Dumourier à Bruxelles, ou les Vivandières, pièce en 5 actes et en prose. *Paris, Regnaud*, 1793, in-8.

—Esclavage (l') des Noirs, ou l'Heureux naufrage, drame en 3 actes et en prose. *Paris, Ve Duchesne*, 1792, in-8.

—Homme (l') généreux, drame en 5 actes et en prose. *Paris, Knapen et fils*, 1786, in-8.

—*Lettre au peuple, ou Projet d'une caisse patriotique, par une citoyenne. *Vienne et Paris*, 1788, in-8.

—Lettre aux représentants de la nation. 1789, in-8.

—Mariage (le) inattendu de Chérubin, com. en 3 actes et en prose. *Séville (Paris), Cailleau*, 1786, in-8.

—Mes vœux sont remplis, ou le Don patriotique; dédié aux États-Généraux. 1789, in-8.

—Mirabeau aux Champs-Élysées, comédie en un acte et en prose. *Paris, Garnery*, 1791, in-8.

L'auteur a consacré, dans ce drame épisodique, son admiration pour Mirabeau.

—Molière chez Ninon, ou le Siècle des grands hommes; pièce épisodique en prose es. *Paris, Cailleau*, 1788, in-8.

— Olympe de Gouges, défenseur officieux de Louis Capet, au président de la Convention nationale. 1792, in-8.

— * Ordre (l') national, ou le comte d'Artois inspiré par Mentor; dédié aux États-Généraux. 1789, in 8 de 24 pag.

— Philosophe (le) corrigé, ou le Cocu supposé, comédie en 5 actes et en prose. Sans nom de ville, ni d'impr., et sans date, in-8.

— Prélat (le) d'autrefois, etc. (1795). Voy. Pompigny.

— * Prince (le) philosophe, conte oriental. Par l'auteur de la pièce intitulée: « l'Esclavage des Nègres ». Paris, Briand; Lavillette, 1792, 2 vol. in-12.

— * Remarques patriotiques, par la citoyenne auteur de la « Lettre au peuple ». 1788, in-8 de 48 pag.

— Séance royale : Motion de Mgr le duc d'Orléans, ou les Songes patriotiques. 1789, in-8.

— Trois (les) urnes, ou le Salut de la patrie. 1793, in-8.

Cette brochure occasionna l'emprisonnement de l'auteur.

— Zamore et Mirza, ou l'Heureux naufrage, drame indien, en 3 actes et en prose. Paris, Cailleau, 1788, in-8.

— OEuvres (ses). Paris, l'Auteur; Cailleau, 1788, 3 vol. in-8.

Ces 3 vol. contiennent une Préface pour les dames, ou le Portrait des femmes; Mém. de madame de Valmont sur l'ingratitude et la cruauté de la famille des Flaucourt avec la sienne, espèce de roman en lettres; Dialogue entre mon esprit, le bon sens et la raison, ou Critique de mes œuvres; l'Homme généreux, comédie; le Mariage inattendu de Chérubin, comédie; le Philosophe corrigé, etc., com.; Réminiscence, pièce contre C.; Zamore et Mirza drame; Molière chez Ninon, comédie; la Bienfaisance, ou la Bonne mère, conte mêlé d'anecdotes; la Bienfaisance récompensée, ou la Vertu couronnée, comédie en un acte et en prose, mêlée d'ariettes; Mes vœux sont remplis, ou le Don patriotique, 4 pag.; les Comédiens à la Bastille. Presque toutes les pièces qui composent ce recueil ont leur pagination particulière.

« Je savais bien, dit madame de Gouges, dans une note manuscrite qu'elle a mise à la fin de beaucoup d'exemplaires de ses œuvres», que j'avais fait de mauvais vers; j'en ai plaisanté dans mon dialogue; mais je ne m'attendais pas que mon imprimeur, M. Cailleau, voulût devenir mon teinturier en poésie. Le bourreau pour mettre la rime m'a ôté la raison et le sens commun : ajoutez à cela des fautes d'impression impardonnables qui font ressortir avec beaucoup plus d'éclat les fautes multipliées que j'ai glissées (sic) dans mes ouvrages. Je prie donc mon lecteur de ne me tenir compte que de la moitié, etc., etc. »

GOUGET (Maur.), procureur. * Table générale alphabétique et abrégée des édits, déclarations, lettres-patentes, ordonnances, règlements et arrêts du conseil, i

primés à Dijon depuis 1666 jusques et y compris 1735. Dijon, P. Marterel, 1738, in-4.

Pour une suite à cette table, voy. Lucan (B.).

GOUGET (L.-E.), correspondant du comité de poids et mesures.

— Arithmétique linéaire, ou nouvelle Méthode abrégée des calculs, que l'on peut pratiquer sans savoir lire ni écrire. 1795, in-8.

GOUGET DES LANDRES, ancien juge suppléant au tribunal de cassation pour le département de la Côte-d'Or, membre de l'ancienne Société des Amis de la constitution.

— Crédit (du) public en France, ou Moyens de réunion pour l'accroissement du crédit public, pour le maintien des fortunes particulières, et pour la destruction absolue de toute espèce d'agiotage. 1793, in-8.

— Développement de nouveaux principes sur le système de l'imposition. 1791, in-8.

— Discours sur les finances, le crédit des assignats, la circulation de l'argent, et la baisse de son intérêt. 1790, in-8.

— Fragments d'un mémoire sur le système électoral en France, adressé au conseil des ministres. Paris, impr. de Mme Ve Courcier, 1824, in-8 de 20 pages.

Cet écrit n'a pas été mis dans le commerce.

— Incendies (des), des inondations, de la gelée, de la grêle; fléaux qui tous ont détruit des propriétés et presque toutes les productions de la terre dans dix-huit départements. Paris, Delaunay; Bleuet, 1821, in-8 de 56 pag., 1 fr. 25 c.

— * Législation (nouv) de l'impôt et du crédit public. Par M. G... D..., ancien magistrat. Paris, Delaunay; Eymery, 1816, in-8.

— Réponse au Mémoire de M. Necker, sur la liquidation de la dette publique. 1790, in-8.

GOUGIBUS (J.-T.). Homme (l') d'airain, ou Rozabella et Alberto, pantomime en 3 actes. Paris, Fages, an XII (1804), in-8.

— Mioco et Filoli, ou le Triomphe de l'humanité, pantomime en deux actes. Paris, Barba, an V (1797), in-8.

GOUGY. Zelly, ou le Naufrage, pantomime en un acte. Sans nom de ville, ni d'impr., et sans date (Paris, an III), in-8.

GOUIN (Nic.-Louis), l'un des administrateurs des postes; n'. l'Évêque,

— Essai historique sur l'établissement des postes en France, sur les produits progressifs de ce domaine royal, les changements ou améliorations opérées dans son organisation depuis l'année 1464 jusqu'au mois d'octobre 1823. *Paris*, 1823, in-4.

— Hymne à la Divinité, sur le retour du roi. 1814.

— Pétition des chiens à la Convention nationale. 1796.

— Procès criminel de la révolution. 1799.

— Projet d'une pompe funèbre pour le 21 janvier. 1797.

— Réponse à la dénonciation de M. Méhée de la Touche, contre les ministres du Roi. *Paris, Le Normant*, 1814, in-8 de 16 pages.

On a publié en 1824, sous le nom de Gouin, un nouveau Bon Jardinier, qui avait déjà paru sous le nom de C. d'Av., auteur du « Parfait Agriculteur ». Voy. (au Suppl.) COUSIN d'Avallon.

GOUISSES. Essai de théorie sur la digestion, ramenée à l'état actuel des sciences physiques. 1796, in-12.

GOUJET (l'abbé Cl.-P.), chanoine de Saint-Jacques de l'hôpital, l'écrivain du XVIII° siècle le plus versé dans l'histoire littéraire; membre des académies de Marseille, de Rouen, d'Angers et d'Auxerre; né à Paris, le 19 octobre 1697, où il est mort, le 1er février 1767.

— * Abrégé de la Vie de M. Tricalet, directeur du séminaire de Saint-Nicolas-du-Chardonneret. *Paris, Lottin aîné*, 1762, in-12.

Imprimé aussi la même année en tête du 9e volume de la « Bibliothèque portative des Pères de l'Église », de Tricalet.

— Almanach de Dieu, pour l'année 1738. In-24.

— * Bibliothèque des Auteurs ecclésiastiques du XVIII° siècle, pour servir de suite à celle de Dupin. *Paris, Pralard*, 1736, 3 vol. in-8.

C'est une continuation de la Bibliothèque des écrivains ecclésiastiques de Dupin. Les ennemis de l'auteur parvinrent à faire interrompre l'impression du quatrième volume.

— * Catalogue de l'OEuvre de Fr. Poilly, graveur, avec un extrait de sa vie. *Paris*, 1752, in-12.

— * Continuation des Essais de morale, contenant la Vie de M. Nicole, et l'histoire de ses ouvrages. *Luxembourg*, 1732, in-12. — Nouvelle édit. (publiée avec des augmentations de l'auteur, par DAGUES DE CLAIRFONTAINE). *Liége, Chevalier (Paris)*, 1767, in-12.

— * Dictionnaire portatif de la langue française, extrait du grand dictionnaire de P. Richelet. *Lyon, frères Duplain*, 1756, 1761, in-8.

Dictionnaire souvent réimprimé depuis 1775, époque où M. de Wailly y a fait des augmentations.

— * Discours sur le renouvellement des études, et principalement des études ecclésiastiques depuis le XIVe siècle. In-12.

Ce Discours a été réimprimé parmi ceux de l'abbé Fleury sur l'histoire ecclésiastique, édition de 1763.

— Dissertation sur l'état des sciences en France, depuis la mort de Charlemagne jusqu'à celle du roi Robert. *Paris*, 1737, in-12.

Pièce couronnée par l'Académie des inscriptions.

— * Éloge historique du cardinal Passionei. *La Haye*, 1763, in-12.

— * Histoire des inquisitions (tirée des Mémoires historiques de DUPIN, de l'histoire de MARSOLLIER et du Voyage de DELON); avec un discours sur quelques auteurs qui ont traité de l'inquisition. *Cologne Marteau (Paris)*, 1759, 2 vol. in-12.

On trouve le Manuel des inquisiteurs de l'abbé Morellet à la fin d'une nouvelle édit. de cet ouvrage publ. en 1769.

— * Histoire du pontificat de Paul V. *Amsterdam (Paris, Nyon)*, 1765, 2 vol. in-12.

— Lettre à l'abbé Papillon. *Paris, imprim. de Firmin Didot*, 1827, in-8 de 12 pages.

Cette lettre est du 29 juillet 1737; elle fait partie du 5e vol. des Mélanges, publ. par la société des Bibliophiles.

— * Lettre de l'auteur de » l'Histoire du collége royal de France », à l'auteur de «l'Histoire de l'Université de Paris (Crévier)», au sujet du collége royal de France. *Amsterdam (Paris, Lottin)*, 1761, in-12.

— * Lettre de M*** à un ami, au sujet du » Temple du goût (de Voltaire) ». 1753, in-12.

— * Lettre de N. N. au marquis N. N. sur le Supplément au n° 41 du « Messager de Modène », etc. Trad. de l'ital. (1758). Voy. ZACHARIE (le P.)

— Lettre au marquis de Guabrielli, etc. trad. de l'ital. (1761). Voy. GUABRIELLI.

— * Maximes sur la pénitence (par l'abbé GOUJET, avec la Solide dévotion du Rosaire, du P. BOYER). *Paris, Lottin*, 1727, in-12.

Ce vol. a eu cinq ou six éditions.

— Mémoires historiques et littéraires de M. l'abbé Goujet, dans lesquels on trouve une liste exacte de tous ses ouvrages. (Écrit posth., publ. par l'abbé BARRAL). *La Haye, du Sauzet (Paris)*, 1767, in-12.

— Mémoires historiques et littéraires sur le

collége royal de France. 1758, in-4, ou 3 vol. in-12.

— * Observations critiques d'un Romain sur les « Réflexions d'un Portugais, etc. », trad. de l'ital. (1760). Voy. ce titre à la Table des Anonymes.

— * Plan du Traité des origines typographiques, trad. du latin (1762). Voy. MERRMAN.

— * Principes de la vie chrétienne, trad. du latin. (1728). Voy. BONA (le card.).

— * Relation abrégée de la vie et de la mort de madame Marie-Élisabeth Tricalet, veuve de M. Lebœuf. *Paris, Lottin*, 1761, in-12.

— * Supplément au Dictionnaire de Moréri. *Paris, Vincent*, 1735, 2 vol. in-fol.

— Nouv. Supplément, pour servir à l'édition de 1732 et aux précédentes. *Paris, le même*, 1749 et 1750, 2 vol. in-fol.

L'abbé Goujet possédait un exempl. du premier Supplément sans aucun des soixante-quatorze cartons que l'on a faits à ce supplément, qui sont du S. abbé Thierry, chanoine de l'église de Paris, et qui sont remplis de mensonges, de faussetés et de calomnies. Ce fut le cardinal de Fleury qui obligea ledit sieur à faire ces cartons, sur le refus constant que l'auteur du Supplément fit de s'y prêter.
Catalogue manuscrit de l'abbé Goujet.

— * Supplément aux « Réflexions d'un Portugais (de Pinault)», trad. de l'ital. (1760). Voy. ce titre à la Table des Anonymes.

— * Traité de la vérité de la religion chrétienne, trad. du latin (1724). Voy. GROTIUS.

— * Vie de M. Duguet, avec le catalogue de ses ouvrages. 1741, in-12.

— * Vie (la) de Laurent de Médicis, trad. du lat. (1761). Voy. VALORI (Nic.).

— Vie de Rufin, prêtre de l'église d'Aquilée (par dom GERVAISE, refondue par l'abbé GOUJET). *Paris, Barrois*, 1724, 2 vol. in-12.

— * Vie de M. Singlin, directeur des religieuses de Port-Royal. *Utrecht (Paris)*, 1736, in-12.

Impr. aussi la même année en tête d'une nouvelle édition des « Instructions chrétiennes sur les mystères de N. S. J.-C., etc. », de SINGLIN.

— * Vie (la) de messire Félix Vialart de Herse, évèque et comte de Châlons en Champagne. *Utrecht*, 1738, 1739; *Rouen*, 1741, in-12.

Il y a des exemplaires accompagnés d'une « Relation de miracles » à laquelle Goujet n'a eu aucune part. Voy. les Mémoires de sa vie, pag. 155.

On doit encore à ce laborieux et savant écrivain : 1° un Abrégé de la Vie de Boileau-Despréaux, en tête de l'édition de ses Œuvres, donnée par l'abbé Souchay, ou l'abbé Pérau (1735, 1745); 2° un Éloge de Lambert, en tête d'une nouvelle édition de la Cité de Dieu, de saint Augustin, traduite par ce dernier (1736); 3° Éloge du P. Fleuriot, en tête du 6° vol. de la Morale chrétienne de ce dernier, duquel vol. l'abbé Goujet a été l'éditeur (1741); 4° un Éloge du P. Regnaud, de l'Oratoire, en tête de la

Science du calcul de ce dernier (1741); 5° Abrégé de la Vie d'Avrillon, servant d'avertissement à une édition des Pensées de ce dernier sur différents sujets de morale (1741); 6° Origine et Histoire de la Poésie française et celle des poètes français avant Clément Marot, servant d'introduction à la Bibliothèque poétique, publ. par Lefort de la Morinière (1745). Voy. aux Anonymes : Bibliothèque poétique. 7° Éloge du P. Tricalet, en tête du 9° volume de sa Bibliothèque portative des Pères de l'Église. L'abbé Goujet a coopéré d'une manière très-active aux divers ouvrages suivants : Bibliothèque française, ou Histoire littéraire de France (1723 et ann. suiv.); Nouvelles littéraires (1723—1er mars 1724) ; Mém. pour servir à l'histoire des hommes illustres de la république des lettres (1726 — 45); Cantiques spirituels (1727); Vies des saints pour tous les jours de l'année (1730, 6 vol. in-12, ou 2 vol, in-4); Dictionnaire de Moréri, éditions de 1732, 1735, 1749, et 1759; Extraits des assertions soutenues et enseignées par les ci-devant jésuites.

Comme éditeur l'abbé Goujet a encore publié les suivants, qu'il a enrichis de préfaces ou de notes, ou auxquels il a fait des augmentations : Prières et affections, etc., de GUYONNET DE VERTRON ; les Gémissements d'un cœur chrétien, trad. de HAMON ; Vie de M. de Pâris, diacre du diocèse de Paris; Dictionnaire des cas de conscience, de LAMET et FROMAGEAU ; Essai sur divers sujets de politique et de morale de Fr. BACON ; Mémoires de messire Rob. ARNAULD D'ANDILLY (*Voy. ces noms*); Mémoires pour servir à l'histoire de Port-Royal (voyez ce titre à la Table des Anonymes) ; Histoire de la nouvelle édition de saint Augustin, donnée par les bénédictins, de dom THUILLIER; Institution d'un prince, de DUGUET; Traité de la paresse, de COURTIN; Traité de l'ortographe, par LEROY ; Mémoires de Mich. de MAROLLES; du duc de ROHAN ; de la ligue, par GOULART; Dictionnaire de la langue française, par RICHELET ; le Franc et véritable discours au roi, d'Ant. ARNAULD. (*Voy. ces noms*), etc.

À la sollicitation de plusieurs personnes, l'abbé Goujet avait commencé une *Histoire du Concile de Constance* : c'était une continuation de l'Histoire ecclésiastique de Fleury. Tandis qu'on l'imprimait, Goujet ayant appris que le P. Fabre s'occupait d'un semblable travail, il renonça au sien, et prit même l'engagement de revoir l'ouvrage de son rival.

GOUJIS DE FAVRIL, jurisconsulte, membre de l'Académie de législation, de la Société académique des sciences de Paris.
— * Digeste (le), ou Pandectes de l'empereur Justinien, trad. du latin (1804). Voy. JUSTINIEN.

GOUJET (dom Benoît). Question politique où l'on examine si les religieux rentés sont utiles à l'état. 1762, in-12.

GOUJON (Jac.-Mich.). Questio de febribus. *Avenione, Petr. Delaire*, 1762, in-4.

GOUJON (J.-Mar.-Claude-Alexandre), administrateur du département de Seine-et-Oise, en 1793, depuis, membre de la Convention ; né à Bourg-en-Bresse, le 13 avril 1766, mort en 1795.
— Lettre à l'Assemblée nationale, en réponse à celle de Raynal. 1791, in-8.

Dans un volume publié par M. F. P. Tissot fils, intitulé «Souvenirs de la journée du premier prairial an II (Paris, 1800, in-12), on trouve de Goujon, une pièce dramatique intitulée : *Damon et Pythias;* un *Discours sur l'influence de la morale des gouvernements sur celle des peuples*, un *Hymne de mort*, la *Défense de Goujon*, etc.

GOUJON (Alex.-Mar.), littérateur, frère du précédent, anc. capitaine d'artillerie; né à Beauvais, mort à Paris, le 9 avril 1823.

— * Citateur (le) politique, moral et littéraire, ou le Passé, miroir du Présent. (Tom. Ier et unique). *Paris*, 1820, in-8.

— * Hymne à la Vierge d'août. Par l'auteur de la « Pensée d'un soldat», etc. Sec. édit., revue et corrigée. *Paris, Daubrée,* 1821, in-8.

La prem. édit. est aussi de 1821.

— Manuel des Français sous le régime de la Charte. *Paris, Delaunay,* 1818, in-8.

— Seconde édit., augmentée de toutes les lois promulguées dans la session de 1819. *Mongie,* 1820, in-8, 3 fr.

— * Pensées d'un soldat sur la sépulture de Napoléon. *Paris, imprim. de Huzard-Courcier,* 1821, br. in-8.

Cette brochure a eu cinq éditions la même année.

— * Véritable (la) conspiration dévoilée, ou Réflexions sur un ouvrage de M. de Châteaubriand. Par un ami de la monarchie constitutionnelle. *Paris, Lhuillier,* 1816, in-8 de 47 pag.

— Tablettes chronologiques de la révolution française, depuis le 10 mai 1774, jour de l'avènement de Louis XVI. *Paris, J. Esneaux,* 1823 et ann. suiv., in-8.

Cet ouvrage devait être composé de 15 à 18 livraisons : mais il n'en avait été publié encore que 5 lorsque la mort surprit l'auteur.

On doit encore à A. M. Goujon quelques *Poésies légères;* la Table analytique et raisonnée des matières des Œuvres de Voltaire, pour l'édition compacte publ. chez Desoer (1818); un Recueil des Bulletins officiels de la grande armée (1820—21) : cet écrivain était l'un des principaux rédacteurs des Fastes civils de la France : le tom. VIII, qui est le IIIe dans l'ordre de la publication, est entièrement de lui. Goujon a aussi coopéré aux Annales des faits et des sciences militaires.

GOUJON (   ), anc. jurisconsulte, membre de l'Assemblée législative, associé libre du Lycée des arts, etc.; né à Amiens (Somme), en 1746, mort en ....

— Année militaire, ouv. périodique. *Paris,* 1799, in-8.

Il n'en a pas paru davantage.

— * Annuaire forestier, pour l'an XIII, contenant l'état, tant au personnel qu'au matériel, de toute la partie forestière au Ier nivose an XIII, fin de l'année 1804. *Paris,* 1804, in-24, 1 fr.

— Bois (des) de construction navale, ou Manuel à l'usage des agents forestiers et

maritimes. *Paris, Goujon fils,* 1803, in-12 de 150 pages avec 27 fig., 3 fr.

Ce Manuel contient les lois, réglements et instructions relatifs à la disposition et à l'usage des bois dits de marine. Il est suivi d'un Dictionnaire des principaux termes d'architecture navale.

— Essai sur la garantie des propriétés littéraires. *Paris, Goujon fils,* an IX (1801), in-8 de 38 pag., 50 c.

- - Étude (de l') du Droit, cours particulier coordonné avec la marche des écoles publiques. *Paris,* 1805, in-8.

— * Mémorial forestier, ou Recueil complet des lois, arrêtés et instructions relatifs à l'administration forestière, depuis le 14 juillet 1789 jusqu'à la fin de l'an x (1801-1802); mis en ordre et rédigé par G***** (D. L. S.), ancien jurisconsulte. *Paris, Goujon fils,* 1801-03, 2 vol. in-8, 6 fr.

— Tableau historique de la Jurisprudence romaine, depuis la fondation de Rome jusqu'au XVIIIe siècle; suivi du texte de la loi des douze Tables et de notes explicatives, pour servir de préliminaires à « l'Étude du Droit». *Paris,* 1803, in-12, 2 fr. 50 c.

On lui doit une nouvelle édition des traductions des Lettres de Cicéron, avec des remarques historiques et des tables. (1801). Voy. CICÉRON.

GOUJON (Achille), de Beauvais (Oise).
— Coriolan chez les Volsques, trag. en 3 actes et en vers. *Paris, Goujon fils,* an VIII (1800), in-8.

GOUJON, libraire à Saint-Germain-en-Laye.
— Histoire de la ville et des antiquités de Saint-Germain-en-Laye. *Saint-Germain, Ve Goujon,* 1815, in-16.

Avec Odiot fils.

— * Manuel de l'homme du bon ton, ou Cérémonial de la bonne compagnie, comprenant des notions sur la manière de faire les honneurs d'une table, sur l'art de dépecer, et terminé par un choix des plus jolis jeux de société, et de rondes à danser avec les airs notés. *Paris, Parmentier; Audin,* 1822, in-12, 3 fr. 50 c. — IIIe édit. *Paris, Aug. Udron,* 1825, in-18 avec un frontisp. gravé, une fig. et 4 feuillets de musique.

La seconde édition est de 1821 ainsi que la première.

— * Manuel (petit) de la politesse, ou l'Art de se présenter et de se conduire dans le monde. *Paris, Eymery,* 1822, in-8 de 88 pag. avec une fig.

GOULARD (Thomas), maire d'Alèt; démonstrateur royal de chirurgie à Montpellier, membre de la Société royale de cette ville; né à Saint-Nicolas de la Grave, près de Montauban.

— Lettre à M. de La Martinière, sur les bougies pour les carnosités. 1751, in-8.

— Mémoires sur les maladies de l'urètre. 1746, in-8.

— OEuvres (ses) de chirurgie, avec son traité sur les effets des préparations de plomb et principalement de l'extrait de saturne. *Montpellier, Ve Gonthier,* 1770, 2 vol. in-12, ou *Pezénas, J.-Fr. Bassompierre,* 1779, 2 tom. en un vol. in-12.

Cet ouvrage renferme les deux suivants : Remarques et Observations, etc., et Traité des effets des préparations, etc.

— Remarques et Observations pratiques sur les maladies vénériennes et de l'urèthre, avec la manière de composer les bougies pour ces maladies, avec une sec. édit. des «Maladies de l'urètre».1761, in-12, ou *Londres, Elmsley,* 1772, in-8.

— Traité des effets des préparations de plomb et principalement de l'extrait de saturne, employées sous différentes formes et pour différentes maladies chirurgicales. *Pezenas, Jos. Fuzier,* 1760, 2 tom. en un vol. in-12.

Un Mémoire de Goulard *sur quelques nouveaux instruments de chirurgie* a été imprimé parmi ceux de l'Académie des sciences, pour l'année 1740.

GOULARD (J.-Fr.-Thom.), membre du Corps-Législatif, sous le gouvernement impérial, et administrateur des domaines, après la restauration.

— * Agis ; parodie d'Agis, en un acte. *Paris, Brunet,* 1782, in-8.

— * Cassandre mécanicien, ou le Bateau volant, comédie-parade en un acte et en vaudevilles. *Paris, Brunet,* 1783, in-8.

— Florestan, ou la Leçon, com. en deux actes, en prose et en vaudeville. *Paris, Fages,* an VII (1799), in-8.

M. Goulard a eu part aux « Dîners du Vaudeville ».

GOULART (Simon), ministre protestant, écrivain laborieux du XVIe siècle; né à Senlis, en 1543, mort à Genève, le 3 février 1628.

— Mémoires de la Ligue sous Henri III et Henri IV, rois de France. Nouv. édit., publiée par l'abbé Goujet. *Amsterdam (Paris),* 1758, 6 vol. in-4.

La première est de Genève 1587, 2 vol. in-8. L'édition donnée par l'abbé Goujet est augmentée de pièces qui ne se trouvaient pas dans les éditions de 1590—96, et 1602.

Goulart est auteur d'un assez grand nombre d'ouvrages et de traductions qui n'ont pas été réimpr. des puis 1700.

GOULD (Thomas), abbé de Saint-Léon de Thomas; né en Irlande, en 1657, mort à Poitiers, en France, en 1734.

— Abrégé des psaumes de David, sur la conduite qu'un chrétien doit tenir dans le cours de sa vie. In-18.

— * Entretiens où l'on explique la doctrine de l'Église catholique, par la Sainte-Écriture, et où l'on fait un juste discernement de sa croyance d'avec celle des protestants. *Paris, Coignard,* 1727, in-12.

— Preuves (les) de la doctrine de l'Église, fondées sur l'Écriture-Sainte, pour réfuter un écrit contre la lettre précédente. 1720, in-12.

C'est un petit Traité des sacrements.

— * Recueil des différentes objections que font les protestants contre les catholiques, sur quelques articles de foi controversés, et les réponses des catholiques auxdites objections, qui les réfutent avec évidence et sans réplique par la Sainte-Écriture. Imprimé par ordre du roi. *Paris,* 1735, in-12.

— Traité du sacrifice de la messe. 1724, in-12.

— Véritable (la) croyance de l'Église catholique et les preuves de tous les points de sa doctrine. Nouvelle édit. *Paris, J.-B. Coignard,* 1713, 1717, 1720, in-12.

La première édition parut en 1705, sous ce titre : Lettre à un gentilhomme du Bas-Poitou, touchant la véritable croyance de l'Église catholique, contre les dogmes qui lui sont faussement imputés dans les écrits des ministres. In-12.

GOULET (Nic.), architecte du cadastre, membre de plusieurs sociétés savantes; né à Paris, en 1745, y est mort en janvier 1820.

— Description des fêtes à l'occasion du mariage de Napoléon. *Paris, Soyer,* 1810, in-8 avec des planches.

Avec Krafft. Le texte est de Goulet et les planch. de Krafft.

— Dissertation sur les murs des quais, sur les trottoirs et sur les fontaines de Paris...

— Inconvénients des fosses d'aisances; possibilité de les supprimer, et nouveau moyen de contenir et exporter les matières, sans qu'elles soient vues et senties. *Yverdon et Paris, Méquignon l'aîné,* 1785, in-8.

— Observations sur les embellissements de Paris, et sur les monuments qui s'y construisent, auxquelles on a joint une nouvelle distribution des arrondissements municipaux, et un Essai sur les contributions. *Paris, de l'imp. de Leblanc,* 1808, in-8.

On a reproduit dans ce volume : Sur les moyens d'éviter les incendies, etc.; Inconvénients des fosses d'aisances, etc., et la Dissertation sur les murs des quais, etc.

— Recueil d'architecture civile, contenant les plans, coupes et élévations des châteaux, maisons de campagne, etc., situés aux environs de Paris. *Paris,* 1806-1807, ou avec un nouv. titre, *Paris,* 1812, gr.-in-fol., avec fig.

On doit encore à Goulet le texte du 3e volume de la Description de Paris et de ses édifices, etc., de Landon.   *Mah.*

GOULET DE SAINT-MARIEN, maître de pension à Paris.

— Mémorial des principes de l'écriture, par demandes et par réponses. *Paris,* 1802, in-12, 75 c.

GOULETTE (Sébast.). Pétitions (les), com. en un acte et en prose. *Au Mans, de l'impr. des amis de la Constitution,* 1792, in-16.

GOULIANOFF (J.-A.), conseiller de la cour de Russie, membre de l'Académie de Saint-Pétersbourg.

— Discours sur l'étude fondamentale des langues, lu à l'académie Russe, etc., traduit du russe en français, par l'auteur lui-même. *Paris, Dufart,* 1822, in-8 de 44 pag.

— Essai sur les hiéroglyphes d'Horapollon, et quelques mots sur la Cabale. *Paris, Dufart,* 1827, in-4 de 50 pag.

— Opuscules archéographiques. Première livraison. *Paris, le même,* 1824, in-4 de 44 pag., 3 fr.

Publ. sous le pseudon. de Th. Ausonioli. C'est une analyse de la théorie de M. Champollion le jeune, sur les hiéroglyphes des anciens Égyptiens. L'auteur en avait promis quatre livraisons, mais la première seulement a été publiée.

M. Goulianoff a publié, en 1824, le prospectus d'un ouvrage intitulé : *Étude de l'homme dans la manifestation de ses facultés :* rien n'en avait encore été mis au jour à la fin de 1829.

GOULIARD. Voy. GOULLIART.

GOULIN (Jean), professeur d'histoire de la médecine à l'École de médecine de Paris, membre de plusieurs académies; né à Reims, le 10 février 1728, mort à Paris, le 30 avril 1799.

— * Abrégé de l'histoire naturelle. *Paris, Nyon l'aîné,* 1777, 1798, 2 vol. in-12.

— Antiquités romaines. 1765, in-12.

— Confiturier (le) royal. 1765, in-12.

— Conjectures sur le temps où ont vécu plusieurs anciens médecins. 1781, in-12.

— * Dictionnaire raisonné universel de la matière médicale. *Paris, Didot le jeune,* 1773, 4 vol. in-8; ou sous ce titre : Dictionnaire des plantes usuelles. *Paris, Lamy,* 1793, 8 vol. in-8.

Labeyrie a eu part à cet ouvrage.   *Barb.*

— Dissertation dans laquelle on explique un passage de Cicéron relatif à la médecine, et dans laquelle on démontre, par occasion, que Lyso, dont parle cet auteur, ne fut point médecin, bien que Bernier, Leclerc, Éloy et Mathias lui aient donné cette qualité. *Paris,* 1779, in-4.

— Éloge historique de Pâris, célèbre opticien....

— * État de la médecine, chirurgie et pharmacie de l'Europe, et principalement en France, pour l'année 1777. *Paris, Ve Thiboust,* 1777, in-12.

Fait en société avec de Horne et de La Servolle.

— Explication d'un passage des Épidémies d'Hippocrate. 1783, in-8.

— Lettre à M. Fréron, ou Critique de «l'Histoire de l'anatomie et de la chirurgie» de M. Portal. *Paris,* 1772, in-8.

— * Lettres à un médecin de province sur l'histoire de la médecine en France. *Copenhague et Paris, Pyre,* 1769, in-8 de 96 pag.

Ces lettres sont au nombre de six : une septième n'a point paru quoiqu'elle ait été imprimée. L'auteur en a rapporté les raisons dans la préface du dixième volume de la Bibliothèque de médecine, et dans ses Mémoires littéraires, critiques, etc. 1775, in-4.

— * Médecin (le) des dames; ou l'Art de conserver sa santé. *Paris, Vincent,* 1771, in-12.

Avec Jourdain.

— * Médecin (le) des hommes, depuis la puberté jusqu'à l'extrême vieillesse. *Paris, Vincent,* 1771, in-12.

Avec le même.

— * Mémoires littéraires, critiques, philologiques, biographiques et bibliographiques, pour servir à l'histoire ancienne et moderne de la médecine. *Paris, J. Fr. Bastien,* 1775-76, 2 vol. in-4.

Ouvrage d'une érudition étendue et variée : il commença à paraître le 15 janvier 1775. L'auteur en publia 52 numéros cette année, et 36 pendant l'année 1776.

— Traité des fièvres, trad. de l'angl. (1768). Voy. HUXMAN.

— * Vocabulaire français, ou Abrégé du Dictionnaire de l'Académie française. *Paris, Ve Regnard,* 1771, 2 vol. in-8.

On doit encore à Goulin la traduction de la thèse de Falconnet, sur l'appareil latéral, qu'il a faite insérer en 1757, dans le premier volume de la collection des Thèses, donnée par Macquart, 1759, in-12, et la Table alphabétique générale de la traduction du Traité de la matière médicale d'Ét. Fr. Geoffroy, formant le dix-septième volume de l'ouvrage. Ce médecin a participé à la rédaction du Journal économique (de 1758 à 1772), à celle des Annales typographiques (1760—63), au Dictionnaire domestique portatif (1762—63).

« Goulin a aussi travaillé à l'Encyclopédie mé-
« thodique. Le morceau qui lui fait le plus d'hon-
« neur est l'article intitulé : *Anciens médecins*, qui
« a été imprimé en 1791. Mais, dans la plupart des
« autres articles qu'il a fournis à ce grand ouvrage,
« il n'a fait que copier Éloy, sans en rectifier les
« dates , les titres d'ouvrages, les fautes gramma-
« ticales ; sans corriger même les fautes d'impres-
« sion. On peut consulter, pour avoir de plus grands
« détails, le Mémoire historique, littéraire et cri-
« tique sur la vie et les ouvrages de cet écrivain,
« par P. Sue, imp. à Paris, an VIII (1800), in-8.
« On y trouve le détail de soixante huit ouvrages ou
« opuscules dont Goulin a été l'éditeur ou le colla-
« borateur, et une Notice intéressante sur ses ma-
« nuscrits ».

Comme éditeur on lui doit la publication du 10ᵉ
vol. in-4 de la Bibliothèque de médecine, de Plan-
que, formant les tom. 28—31 de l'édition in-12, et
l'Histoire raisonnée des Discours de Cicéron par
De Fréval (1765) : il a donné une édition latine de
la Pharsale de Lucain, avec le supplément de Th.
Maio (1767), et une nouvelle édition de l'Essai
sur les fièvres de Huxham, traduction de Marinier
(1768).

Parmi les ouvrages manuscrits de Goulin, on remarque le Cours d'histoire de la médecine qu'il
avait rédigé pour les leçons qu'il a faites dans cette
école, et qui forme 5 vol. in-fol. « Pour donner
« une idée de cet important recueil , Sue en rap-
« porte les passages les plus importants, qu'il par-
« tage en deux époques, avant et depuis l'ère chré-
« tienne. Il insiste surtout sur l'objet qui fait le prin-
« cipal mérite de ce grand travail ; savoir : la
« chronologie pour l'histoire de la médecine. Les
« manuscrits étrangers à l'art de guérir ont princi-
« palement pour objet des recherches relatives à
« l'histoire naturelle de Pline ; des interprétations
« très-curieuses de différents passages d'Hérodote ;
« des détails chronologiques sur la naissance et la
« vie de Plutarque ; des recherches historiques et
« chronologiques sur les philosophes grecs depuis
« Thalès ; l'explication de quelques passages de
« Virgile, de Longin et de Lucien, etc. Cette par-
« tie du travail de Sue prouve combien de services,
« encore peu connus, Goulin avait rendus à la
« médecine et aux lettres ; et quels nouveaux titres
« il aurait à la reconnaissance publique, si les fruits
« de tant de veilles laborieuses étaient mis au jour,
« et livrés à la méditation des hommes instruits ? »

Biogr. univ.

GOULLARD, anc. curé de Roannes ,
députéà l'Assemblée nationale, aujourd'hui
curé de N.-D. de Saint-Louis , à Lyon.
— Épître à M. Camus, homme de loi,
théologien de l'Assemblée nationale ; touchant ses Observations sur les deux brefs
du pape. 1791, in-8.
— Méditations offertes à ses paroissiens ;
précédées de son testament, et suivies d'un
bref du souverain pontife, pour la confrérie de la bonne mort , etc. *Lyon, Rusand,*
1821, in-18 de 144 pag.
— Pratique de la dévotion au sacré cœur
de Jésus, à l'usage de la confrérie ; suivie
de différents exercices pour la dévotion au
sacré cœur de Marie. IIIᵉ édit., augm. *Lyon,*
Périsse frères, 1827, in-18.

Les deux premières éditions sont de 1824.

GOULLIART (P.-L), professeur en
droit.
— * Contes arabes. *Paris*, an VI (1798),
in-12.
— Exposition des règles du droit ancien
suivant l'ordre où elles se trouvent placées
au Digeste, avec les exceptions dont elles
sont susceptibles et les Observations relatives à notre nouvelle législation. *Paris*,
1799, in-8, 3 fr. 75 c.
— * Lettres critiques sur la Franche-maçon-
nerie d'Angleterre. *Londres*, 1773 , in-8
de 60 pag.
— * Observations sur le cahier du tiers-
état. 1788, in-8.
— * Suite (nouv.) des « Mille et une nuits »,
contes arabes , traduits par Galland, trouvée dans les papiers de ce célèbre écrivain.
Paris, 1799, 2 vol. in-12.

Ouvrage de la composition de Goulliart.

GOULLIER , maître de pension à Versailles ; mort en 1788.
— Art (l') d'écrire et d'orthographier, etc.
1782, in-12.
— Grammaire française , élémentaire et
raisonnée. 1787, in-12.
— Grammaire latine, avec une Dissertation sur la Syntaxe, à l'usage des collèges.
1773, ou 1787, in-12.
— Lettre à M. l'abbé*** sur la manière
d'étudier les langues. 1769, in-12.

GOULLU DUPLESSIS DE LA HAU-
TERIE.
— Système (nouv.) de la quadrature du
cercle. *Orléans* , 1786 , in-8.

GOULON, ingénieur et général de l'Em-
pereur.
— Mémoires (ses) sur l'attaque d'une place.
La Haye, Bulderen, 1706, 1730, in-8.—
Nouv. édit., augm. *Paris , Jombert*, 1764,
in-8.

GOULU (dom Jean), général des
Feuillants ; né en 1576, mort à Paris, le
5 janvier 1629.
— Vie de S. François de Sales, évêque de
Genève. Nouv. édit. 1725, in-8.

La prem. édit. est de 1624, in-4.

Dom Goulu est auteur, traducteur ou éditeur de
plusieurs ouvrages qui n'ont pas été réimprimés
depuis 1700.

GOUPIL. Manuel de l'administration et
de la vérification des masses d'habillement
et de harnachement, et ferrage. *Paris*,
Anselin et Pochard, 1812, in-8, 9 fr.

GOUPIL.

On doit, d'après la nouvelle édition du Dictionnaire des ouvrages anonymes, à une personne de ce

nom, et une traduction en vers français des Odes, Épodes et du Poëme séculaire d'Horace (1823), voy. Horace ; et une nouvelle édition de Berlin (1823, in-32), ainsi que la publication d'un Choix de poésies de Cl. Marot et de ses devanciers (1825, in-32).

GOUPIL (J.-M.-A.). Consultation médico-légale pour le sergent-major P.-M.-H. Meudie, accusé du crime de voies de fait envers ses supérieurs. *Strasbourg, imp. de Mᵐᵉ Silbermann*, 1825, in-4 de 32 pag.
— Exposition des principes de la nouvelle doctrine médicale; avec un précis des thèses soutenues sur ses différentes parties. *Paris, J.-B. Baillière*, 1824, in-8, 8 fr.

GOUPIL-DESPALLIÈRES (Cl.-Ant.), docteur en médecine, ancien maire de Nemours; mort dans cette ville, en 1825.
— *Dialogue sur la Charte entre le maire d'une petite ville et celui d'un village voisin. *Paris, imp. de Boucher*, 1819, in-8 de 88 pag.
— Hommes (les) du jour, ou Coup-d'œil sur les caractères et les mœurs de ce siècle; précédé de Réflexions critiques sur les causes productrices. *Paris, Boucher*, 1820, in-8. 6 fr.
— Lettres d'un père à ses fils. *Paris, Desmonville*, 1823-24, in-8, 8 fr.
Ces lettres, au nombre de dix, et qui ont été publiées en six livraisons, sont relatives à la morale, à la philosophie et à la religion.
— Réflexions de M. Aignan (publ. dans la Minerve) sur le «Dialogue entre le maire etc. », suivies de la Réponse de l'auteur. *Paris, Boucher*, 1819, in-8 de 24 pag.
— Réflexions sur les doctrines et principes des dix-huitième et dix-neuvième siècles. *Paris, de l'imp. du même*, 1819, in-8 de 136 pag.
Goupil avait annoncé un ouvrage intitulé *la Philosophie du dix-huitième siècle citée au tribunal de la raison*, mais il n'a pas paru.

GOUPY (J.-B.). Voyez au Supplément.

GOURBILLON (Joseph-Antoine de), ex-secrétaire des commandements de S. M. feue Marie-Joséphine-Louise de Savoie, reine de France et de Navarre; ex-ordonnateur-général de l'armée du roi dans la Vendée, et l'un des vingt-quatre officiers attachés à l'expédition de 1816, sous les ordres de feu le marquis de La Rochejacquelin; né à Paris.
— *Angleterre (l') et les Anglais, ou petit Portrait d'une grande famille, copié et retouché par deux témoins oculaires. *Paris, Le Normant*, 1817, 3 vol. in-8, 15 fr.
Avec Dickenson.
— *Astolphe, ou la Fortune au bout du Monde, drame héroïque en 4 actes et en

vers (libres). Par l'auteur du « Marquis de Tulipano ». *Paris, Fayolle*, 1829, in-8, 4 fr.
— Dernière (la) guerre d'Autriche, poème trad. de l'ital. en vers français (1809).Voy. Gianni.
— Lettres à madame de T... sur un voyage d'Italie en Hollande, suivies de quelques Poésies détachées. *Paris, Migneret*, 1806, 2 part. en un vol. in-12.
— Marquis (le) de Tulipano, opéra bouffon en 3 actes et en vers blancs, parodié sur la musique de Paësiello. *Paris, Barba*, 1803, in-8.
— Révolution (la), l'usurpateur et le retour, prédits 777 ans avant Jésus-Christ; vision prophétique, tirée d'Isaïe. *Paris*, 1814, in-8.
— *Stellino, ou le nouveau Werther. *Paris, Debure et Valade*, 1791, 2 part. in-8.
— Vision (la), ou le Spectre de Saint-Dizier, avec un Dithyrambe sur l'arrivée des Bourbons en France. *Paris, imp. de Michaud*, 1814, in-4 de 16 pag.
Réimpr. la même année, in-4 de 8 pag.
— Voyage critique à l'Etna, en 1819. *Paris, Mongie aîné*, 1820, 2 vol. in-8 avec des planches, 13 fr.
M. de Gourbillon proposa par souscription, en 1809, la traduction du Théâtre d'Alfiéri, en 10 vol. in-8 : le premier volume était prêt à être mis sous presse, mais la souscription ne s'étant pas remplie, l'entreprise échoua. Seize ans plus tard, en 1825, il a émis de nouveau le prospectus d'un autre ouvrage : « Dante, son poëme et ses commentateurs, considérés dans leurs rapports avec la première partie de la Divine Comédie, analysée, commentée et mise en vers sur un texte tiré des manuscrits les plus célèbres et des principales éditions anciennes et modernes ». Cette dernière traduction qui devait former 3 vol. in-8 n'a pas trouvé plus d'amateurs que celle d'Alfiéri : l'une et l'autre étaient encore inédites à la fin de 1829.

GOURCY (l'abbé de), vicaire-général de Bordeaux, et membre de l'Académie de Nanci.
— Apologétique (l') et les Prescriptions de Tertullien, trad. du latin (1780). Voy. Tertullien.
— *Droits (des) et des devoirs du citoyen dans les circonstances présentes, avec un jugement impartial sur l'ouvr. de l'abbé Mably. 1789, in-8.
— Éloge de René Descartes. 1765, in-8.
Il avait été composé pour le prix de l'Académie française. Le discours de Thomas fut préféré; mais l'Académie distingua celui de de Gourcy, et le fit imprimer.
— *Essai sur le bonheur, où l'on recherche si l'on peut aspirer à un vrai bonheur sur

la terre, par l'abbé de G***. *Vienne et Paris, Mérigot,* 1777, in-8.

— * Histoire philosophique et politique de la doctrine et des lois de Lycurgue, par M. l'A. D. G. *Nanci, et Paris, Valade,* 1768, in-8 de 108 pag.

Ouvrage couronné par l'Académie des inscriptions et belles-lettres.

— Quel fut l'état des personnes en France, sous la première et la seconde race de nos rois? *Paris,* 1769, in-12; ou 1799, in-8.

Discours couronné par l'Acad. des inscriptions et belles-lettres. C'est un excellent morceau, rempli d'érudition.

— * Résumé des observations essentielles sur les biens du clergé, par l'auteur de « l'état des personnes sous les deux premières races de nos rois. » *Paris, Debray,* 1790, in-8.

— * Rousseau (J.-B.) vengé, ou Observation sur la critique qu'en a faite M. de La Harpe, et en général sur les critiques qu'on fait des grands écrivains. *Londres, et Paris, Delalain,* 1772, in-12.

— Suite des anciens Apologistes de la religion chrétienne, traduits et analysés. *Paris, Lambert,* 1786, 2 vol. in-8.

Ouvrage demandé par l'assemblée du clergé.

« Le caractère des ouvrages de l'abbé de Gourcy est la méthode et la netteté des idées. Son style est simple et sa critique judicieuse; ses raisonnements sont solides et ses connaissances étendues. »
Biogr. univ.

GOURCY (P. de). Traduction libre en vers d'un fragment des Métamorphoses d'Ovide; précédée de Lettres philosophiques et suivie de quelques Poésies fugitives. *Metz, C. Antoine,* 1806, in-18 de VIII et 272 pag.

Cette traduction ne comprend qu'une partie du 13e livre des Métamorphoses; elle n'occupe que 40 pages de ce volume. L'avis de l'éditeur est signé D. M. L.
Essai phil. sur les commenc. de la typogr. à Metz.

GOURDAN (le père Simon), pieux chanoine régulier de l'abbaye de St-Victor de Paris; né dans cette ville, le 24 mars 1646, mort dans l'abbaye de son ordre, le 10 mai 1729.

— Cœur (le) chrétien formé sur le cœur de J.-C. In-12.

— Élévations à Dieu sur les psaumes, disposées pour tous les jours du mois. 1729, in-12.

La dernière édit. est de 1792.

— Instruction et pratique pour la dévotion au sacré cœur de Jésus. In-12.

— Lettres et protestations au sujet de la constitution Unigenitus. In-12.

— Méditation continuelle de la loi de Dieu, ou Projet de considérations et d'élévations sur tous les livres de l'Écriture-Sainte. Tom. Ier, contenant le Pentateuque. *Paris, Coignard,* 1727, in-12 avec un portr.

Ce volume n'a pas eu de suite, ni de seconde édition.

— Sacrifice de foi et d'amour au saint sacrement de l'autel, pour servir de préparation et d'actions de grâces à la réception de l'eucharistie et à la célébration des divins mystères, etc. *Paris,* 1714, in-12.

Reproduit, avec des augmentations, par l'auteur, et réimpr. au moins dix-sept fois: la dernière édit., faite d'après les éditions originales, est de Paris, Onfroy, 1789, in-12. Ce livre, en forme de prières, plein d'une instruction variée et d'une piété vive, a été revu avec un soin scrupuleux par M. l'abbé Viguier, qui en a donné une 19e édition, où, sans altérer le texte, il a fait plus de six mille corrections et améliorations. Paris, Demonville, 1816, in-12 de plus de 500 pag., 2 fr. 50 c.
« On a encore, du P. Gourdan, des *Hymnes* et des *Proses,* employées dans les chants de l'église, surtout dans le diocèse de Paris; on y trouve peut-être moins d'élégance et de poésie que dans les hymnes de Santeul; mais il y a plus d'onction ».
Biogr. univ.

GOURDIN (Dom Fr.-Ph.), bénéd., anc. bibliothécaire de Rouen; né à Noyon, le 8 novembre 1739, mort à Rouen, le 11 juillet 1825.

— * Considérations philosophiques sur l'action de l'orateur, précédées de Recherches sur la mémoire. *Amsterdam et Paris, Ve Desaint,* 1775, in-12.

— * Nos Après-dînés à la campagne. *Rouen,* 1772, in-12.

C'est Barbier qui, dans son Dictionnaire des ouvrages anonymes, sec. édit., cite cette édition sous le n° 23,020. M. Beuchot qui a consacré, dans son Journal de librairie, ann. 1826, pag. 206, une courte Notice à dom Gourdin, dit que cet ouvrage est imprimé à la suite de « l'Homme sociable et Lettres philosophiques sur la jeunesse ». Paris, Desaint, 1772, in-12.

— * Observations d'un théologien sur l'Éloge de Fénélon (par La Harpe), couronné à l'Académie française. *Amsterdam, et Paris, Valade,* 1771, in-8.

L'auteur s'y plaint de l'imputation de tolérantisme faite par La Harpe à Fénélon, et blâme l'Académie d'avoir couronné un éloge dans lequel Fénélon n'est présenté que comme citoyen et homme de lettres, tandis qu'on avait encore à le présenter comme chrétien et évêque. Ces Observations éveillèrent l'attention des archevêques de Paris et de Reims, qui dénoncèrent l'éloge de La Harpe et le firent supprimer. (Voy. LA HARPE).

— Principes généraux et raisonnés de l'art oratoire. *Rouen et Paris,* 1785, in-12.

— Traduction (de la), considérée comme moyen d'apprendre une langue, et comme moyen de se former le goût. 1789, in-12.

Gourdin est encore auteur d'une traduction de l'Art poétique d'Horace ; d'un Traité de la prescription en matière de foi, de morale et de discipline : ce dernier ouvrage est resté en manuscrit ; d'une Histoire de Picardie... ; d'un Recueil d'extraits de poètes allemands, et d'une Rhétorique française, composée lorsque Gourdin était professeur de rhétorique à Beaumont-en-Auge. Il est aussi auteur d'un grand nombre de Mémoires, Pièces, ou Dissertations, présentées à l'Académie de Rouen. Leur nombre était déjà de 35 en 1791 ; de 1802 à 1810 il en a fourni beaucoup d'autres. Le Magasin encyclopédique contient encore de lui les articles suivants : Observations sur un grand nombre de médailles de Lucinius le jeune (prem. ann., tom. II); Notice sur la vie et les écrits de Dambourney (id., tom. III); Explication d'une des peintures découvertes à Portici (id., tom. V) ; Dissertation sur les médailles satiriques (deux. ann., tom. II); Dissertation sur cette question : De la conformité entre les hiéroglyphes des Égyptiens et les anciens caractères chinois, doit-on conclure, ou que les Chinois soient une colonie égyptienne, ou que les Égyptiens aient commercé en Chine (sept. ann., tom. VI).   *Beuch.*

GOURDON DE BACQ. Voy. Campistron.

GOURDOUX-DAUX (J.-H.), maître de danse.

— Art (de l') de la danse, considéré dans ses vrais rapports avec l'éducation de la jeunesse ; ou Méthode, principes et notions élémentaires sur l'art de la danse pour la ville. IIIᵉ édit. *Paris, Dondey-Dupré*, 1823, in-8, 5 fr.

La première édition est de 1804, la seconde de 1811 : l'une et l'autre ont été publiées sous le titre de *Principes et Notions élémentaires sur l'art de la danse pour la ville*, suivis des Manières de civilité qui sont des attributions de cet art ; par J. H. G. Ces deux éditions sont anonymes.
La première édition n'a point été rendue publique.

— Différents enchaînements de pas réglés en quatre mesures, selon la règle et pour les principaux traits de la contredanse. *Paris, imp. du même*, 1819, in-8 de 20 pages.

— Recueil d'un genre nouveau de contredanses et de walses de différents auteurs ; avec une description méthodique des figures les plus à la mode, etc. *Paris, l'Auteur*, 1819, in-8 de 56 pages.

GOURDOUX fils. Description des figures les plus usitées de la contredanse française. *Paris, l'Auteur*, 1828, in-18 de 36 pag., 2 fr.

GOURÉ (Édouard), professeur de mathématiques.

— Exposé des motifs comme d'abus scandaleux d'autorité maçonnique, etc. (1826). Voy. Hardouin.

— Traité élémentaire d'arithmétique, etc., revu, corrigé et augmenté (1824). Voy. Courtot (J.).

GOURGAUD (le baron Gaspard), lieutenant-général, ancien officier d'ordonnance et aide-de-camp de Napoléon ; né à Versailles, le 14 septembre 1783.

— A MM. les membres de la Chambre des députés ; demande des restes de Napoléon Bonaparte. *Paris*, 1821, in-8.

— Campagne (la) de 1815, ou Relation des opérations militaires qui ont eu lieu en France et en Belgique, pendant les cent jours ; écrite à Sainte-Hélène. *Londres, J. Ridgway*, 1818, in-8 avec une carte ; 12 fr.; ou *Paris, Mongie aîné*, 1818, in-8 ; et *Paris, Plancher*, 1818, in-12.

— Lettre de sir Walter-Scott, et Réponse du général Gourgaud, avec notes et pièces justificatives. *Paris, A. Dupont*, 1827, in-8 de 80 pag., 1 fr. 50 c.

Le général Drouot, assure-t-on, a concouru à la rédaction de cet écrit ; du moins est-il certain qu'à l'époque où parut le livre de M. de Ségur, le général Drouot vint de Nanci à Paris pour se concerter avec son ami le général Gourgaud sur une réponse à faire aux allégations de M. de Ségur.

— Mémoires pour servir à l'histoire de France sous Napoléon, écrits à Sainte-Hélène, par les généraux qui ont partagé sa captivité, et publiés sur les manuscrits entièrement corrigés de la main de Napoléon. *Paris, F. Didot; Bossange frères*, 1822 et ann. suiv., 8 vol. in-8, 60 fr. ; et pap. vél. 120 fr. — Sec. édit., disposée dans un nouvel ordre, et augmentée de chapitres inédits, etc., etc. *Paris, Bossange père; Dufour et comp.*, 1830, 9 vol. in-8, 67 fr. 50 c.

Avec le général Montholon.

— Les mêmes en espagnol : Memorias de Napoléon, escritas por el mismo en Santa-Helena ; y publicadas por los generales Montholon y Gourgaud : traducidas al castellana, par D. J. C. Pagès, interprete real. *Paris, Bossange hermanos*, 1825, 6 vol. in-12, 30 fr.

Voy. Bonaparte (Napoléon).

— Napoléon, et la Grande-Armée en Russie, ou Examen critique de l'ouvrage de M. le comte Ph. de Ségur. *Paris, Bossange frères*, 1825, in-8, 8 fr. — IVᵉ édit., augmentée d'un grand nombre de pièces officielles et inédites. *Paris, les mêmes*, 1826, 2 vol. in-18, 8 fr.

Les deux et troisième éditions sont de 1825, ainsi que la première ; et du même format.

GOURICHON, vérificateur principal à la préfecture du Pas-de-Calais.

— Code des poids et mesures (1826). Voy. Stouder.

GOURIET (J.-B.), littérateur et journaliste; né à Paris, en 1774.

— * Anti-gastronomie (l'), ou l'Homme de ville sortant de table, poëme en IV chants, pour faire suite à « la Gastronomie »; manuscrit trouvé dans un pâté, et augm. de remarques importantes. *Paris,, Hubert et comp.*, 1806, in-18, 2 fr.

Très-loué par Ginguené dans le Mercure de France. Beaucoup de recueils ont répété l'épisode d'une colombe victime des expériences d'un gastronome.

— * Chaumière (la) de Clichy; nouvelle historique, dédiée aux personnes qui ont souscrit pour son rétablissement. *Paris, A. Eymery*, 1820, in-12, 3 fr.

— * Dissertation sur les girouettes et les marionettes, par le bonhomme Thomas, concierge logé dans la lanterne du dôme des Invalides. *Paris*, 1817, in-8.

— Églogue (première) française, précédée d'une épître à Napoléon. *Paris, Hubert et comp.*, 1804, in-8.

Dans cette Églogue, l'auteur célèbre le retour des proscrits frappés par la loi des suspects.

— Hymne latine au rétablissement de la religion, avec la traduction en vers français. Dédiée à S. Ém. Mgr le cardinal de Belloy. *Paris, Gillé fils*, 1803; br. in-8 avec la musique.

— * Il est minuit, ou le Mot de ralliement du Pont-des-Arts. *Paris, Lerouge*, 1816, in-18 avec un portrait de M. Pigeon, 50 c.

— Isidore et sa belle Marraine. *Paris, Callixte Volland*, 1803, 2 vol. in-18, 1 fr. 50 c.

— Personnages célèbres dans les rues de Paris, depuis une haute antiquité, jusqu'à nos jours. *Paris, Lerouge*, 1811, 2 vol. in-8, 10 fr.

Ouvrage qui a été fort critiqué : on l'a reproduit en 1819, sous ce titre : les *Charlatans célèbres*. Sec. édit. Paris, le même.

— * Souterrains (les) de la roche de Baume, ou le Fantôme et les brigands. *Paris, Lerouge*, 1811, 3 vol. in-12, 6 fr.

— Tablettes militaires : étrennes aux braves; avec un calendrier milit. *Paris, Louis Janet*, 1818, in-18 avec 8 grav., 5 fr. 50 c.

Avec Baudouin jeune.

— Violette, ou le Conservateur déchiré, poëme politique et anecdot. en IV chants. *Paris, Delaunay*, 1819, in-12 de 132 pag., avec le portr. de l'héroïne.

Réimpr. la même année pour Ladvocat. (In-12 du même nombre de pages).

— Voltaire en un volume. Édition dialoguée. *Paris, l'Auteur; Baudouin*, 1821, in-12, 3 fr.

M. Gouriet a présenté dans ce volume, dans autant de chapitres que le classement méthodique des ouvrages de Voltaire l'exige, une série de questions adressées à cet homme illustre par divers personnages auxquels M. Gouriet lui fait répondre par des opinions extraites de divers ouvrages de Voltaire, et en citant chaque fois l'endroit d'où elles sont tirées.

Ce volume a eu une seconde édit. la même année.

— * Voyages du capitaine Cook dans la mer du Sud, aux deux pôles et autour du Monde; précédés des Relations de Byron, Carteret et Wallis. Édition réduite à la partie historique, accompagnée de notices, de vocabulaires, et présentant l'histoire non interrompue des îles de la mer du Sud pendant un intervalle de quarante ans. Par G.....T. *Paris, Lerouge*, 1811, 6 vol. in-12, ornés d'une carte générale et de 30 gravures, 20 fr.

Édition estimée et souvent donnée en prix dans les colléges et pensions.

Bien que M. Gouriet ait profité pour la publication de ces six volume des trois Voyages de Cook qui avaient été déjà traduits, il n'en est pas moins vrai de dire, que la rédaction de ceux-ci, ainsi qu'elle est présentée, est de lui toute entière.

M. Gouriet a débuté en littérature par plusieurs petits vaudevilles qui ont été joués dans une ville du département de l'Yonne, où il était professeur particulier à la fin du siècle dernier; mais ils n'ont pas été imprimés : Il a fourni des pièces fugitives à divers recueils, entre autres à la Lyre d'Apollon, au Mercure, et au recueil de la Société des XIX dont il était membre : voilà le budget littéraire de M. Gouriet; mais le côté le plus brillant de l'homme de lettres qui fait l'objet de cette notice, et sous le rapport duquel il est le plus avantageusement connu, c'est la part plus ou moins active qu'il a prise à la rédaction des divers journaux suivants : il a coopéré au Mercure de France (ann. 1815 et 1816), à l'ancien Aristarque et au Nain rose : en 1815 il était le directeur de l'Indépendant, aujourd'hui le Constitutionel; plus tard il a fondé les Tablettes universelles, qu'il a rédigées et publiées depuis le mois d'octobre 1820 jusqu'au mois de mai 1822, époque où il céda la propriété de ce recueil à M. Jacques Costes, aujourd'hui directeur du « Temps. » La collection de ce recueil forme 7 vol. in-8. En 1824, il fonda les «Lunes pariennes,» supprimées par M. de Corbière au sixième mois de leur publication. (Leur recueil forme 2 vol. in-8). Ensuite le Panorama des Nouveautés Parisiennes, qui a paru de 1824 à 1826, et dont le recueil forme 6 vol. M. Gouriet est aujourd'hui le directeur de «la France nouvelle, nouveau journal de Paris» qu'il a créé en 1827 : il passe en ce moment, non sans raison, pour le fondateur d'une feuille nouvelle que l'on annonce sous le titre de «Journal des Abus» ainsi que d'une petite feuille d'annonces gratuite et coloriée, qui paraît sous celui d'Arlequin-Afficheur.

Comme éditeur M. Gouriet a publié : 1° sous le titre des Orateurs Sacrés, dits de la petite propriété, un fort vol. in-12, qui contient le Petit Carême et les Pensées de Massillon, précédés d'une Notice sur la vie de ce célèbre orateur (1821); 2° une édition latine des Fables de Phèdre (1826); 3° une Collection relative au projet de loi sur la police de la presse proposé le 29 décembre 1826 (1827, in-8).

Enfin M. Gouriet, qui n'a jamais cultivé la littérature que comme distraction, a, dit-on, en portefeuille plusieurs poëmes et autres ouvrages, au nombre desquels on cite comme devant paraître incessamment, un roman à la manière de Paul de Kock, offrant un mélange du classique et du romantique, intitulé *le Chevalier d'Irancy*, et qui formera 4 vol. in-12.

GOURJU (Pierre), ancien professeur de philosophie, doyen de la Faculté des lettres de l'Académie de Lyon ; né à Morestel, en Dauphiné, en 1762, mort à Lyon, le 5 avril 1814.

— Philosophie (la) du XVIIIe siècle dévoilée par elle-même, etc. ; suivie d'Observations sur les notes dont Voltaire et Condorcet ont accompagné les « Pensées de Pascal. » *Lyon, et Paris, Le Normant*, 1816, 2 vol. in-8, 10 fr.

Ouvrage posthume.
Gourju a laissé en manuscrit des cahiers de physique, une rhétorique et une logique.

GOURLIN (Pierre-Sébastien, et selon d'autres Jean-Étienne), prêtre de Paris, théologien appelant ; né à Paris, le 26 décembre 1695, où il est mort, le 15 avril 1775.

— *Acte d'appel de la constitution Unigenitus et du nouveau Catéchisme donné par M. Languet, archevêque de Sens, au futur concile général , interjeté par plusieurs curés, chanoines et autres ecclésiastiques de la ville et du diocèse de Sens. (Rédigé par l'abbé GOURLIN). 1742-55 , 2 gros vol. in-4.

— Appelants (les) justifiés. In-12.

Ce sont des additions aux « Nouvelles ecclésiastiques pour les années 1750 et 1753 : elles ont été impr. d'abord sous ce dernier titre.

— * Catéchisme et Symbole résultant de la doctrine des PP. Hardouin et Berruyer. *Avignon*, 1762, 2 vol. in-12.

— Examen du nouvel ouvrage du P. Berruyer, intitulé : « Réflexions sur la foi ». *Paris*, 1762, in-12.

— * Institution et Instruction chrétiennes, dédiées à la reine des Deux-Siciles. *Naples* (*Paris*), 1776, 3 vol. in-12.

Ouvrage réimpr. plusieurs fois depuis, sous le titre de *Catéchisme do Naples*.
Pour un Abrégé de cet ouvrage, voyez au nom HAUTEFAGE (l'abbé de).

— * Instruction pastorale de monseigneur l'archevêque de Tours (de Rastignac) sur la justice chrétienne. *Paris, Desprez*, 1749, in-12.

— * Lettres d'un théologien à l'éditeur des OEuvres de M. Petitpied. *Paris*, 1756, 2 vol. in-12.

Ces Lettres sont au nombre de cinq, et relatives à une dispute entre ce docteur et les autres appelants.

— Lettres d'un théologien à un évêque député à l'Assemblée de 1765....

— * Mandement et Instruction pastorale de Mgr l'évêque de Soissons (Fr. de Fitz-

James), portant condamnation des ouvrages des PP. Hardouin et Berruyer. *Paris, Desaint et Saillant*, 1760, 7 vol. in-12.

— * Mémoire des curés de Sens. Par M. G. 1732, in-4.

Contre une instruction pastorale de M. Languet, archevêque de Sens.

— * Mémoire sur le Catéchisme de Sens. 1742-55, 3 vol. in-4.

Ce Mémoire fait suite au précédent : il est composé de 14 articles qui parurent successivement de 1742 à 1755. Il était dirigé aussi contre M. Languet, qui y était traité comme un novateur qui bouleversait toute la doctrine de l'Église.

— * Observations importantes sur la thèse de l'abbé de Prades. 1752, in-12.

Réimprimées dans le « Recueil des pièces concernant cette thèse ». Paris, 1753, in-4, et Utrecht, 1754, in-8.

— OEuvres posthumes de Mgr le duc de Fitz-James, évêque de Soissons, concernant les Jésuites, etc. *Avignon*, 1769-70, 3 vol. in-12, y compris un Supplément.

La plus grande partie des écrits, qui composent ces trois volumes, est plutôt de Gourlin que de l'évêque.

— * Préparation (de la) à la sainte-communion. In-12 de 48 pag.

— Requête d'un grand nombre de fidèles, contre les actes de l'assemblée de 1765....

— * Tractatus de gratiâ Christi Salvatoris, ac de prædestinatione sanctorum in sex libros distributus. *Sine loco*, 1781, 3 v. in-4.

Ouvrage posthume qui fut publié par l'abbé Pelvert, ami de l'auteur.
Gourlin composa aussi , pour M. de Beauteville , évêque d'Alais, une ordonnance et instruction pastorale contre les assertions, 1764, et il continua de tenir la plume pour ce même prélat dans les différends que cette ordonnance lui attira. Il eut part à la plus grande partie des écrits des appelants, pendant les trente dernières années de sa vie, et présida à la rédaction des Nouvelles ecclésiastiques. Il s'y chargeait principalement de ce qui concernait la théologie, et fournit, entre autres, les feuilles des 25 avril 1770, 10, 17, 24 avril et 1er mai 1771. Enfin Gourlin a été l'éditeur du « Traité de la nature de l'âme et de l'origine de ses connaissances, par ROCHE (1759). », *voy. ce nom.*

GOURMEAU (Jean), prêtre de Nantes, connu sous le nom de Saint-André, mort le 21 novembre 1761.

— * Vie de M. de La Noë-Ménard, directeur du séminaire de Nantes, mort en odeur de sainteté le 15 avril 1717. *Bruxelles* (*Paris*), 1734, in-12.

GOURNAY (Vinc. de). Voy. CLIQUOT-BLERVACHE, et CHILD.

GOURNAY (B.-C.), ancien avocat au Parlement.

— Almanach général des marchands, négociants, armateurs, etc. Année 1788. In-8.

— Tableau général du commerce, des marchands, négociants, armateurs, etc. (connu ci-devant sous le nom d'Almanach général du commerce). Années 1789 et 1790. *Paris*, *l'Auteur*; *Belin*, 1789, in-8 de 950 pag.

Cet Almanach a été continué depuis par De Latynna, et après sa mort par M. Bottin.

— Bibliothèque anglaise, ou Recueil d'histoires, contes moraux, romans, aventures, anecdotes et caricatures tirées des meilleurs auteurs anglais; trad. en français. *Paris*, 1787, 4 vol. in-12.

— État général de l'armée de terre. Prem. année. *Paris*, 1791, in-8.

— Lettre à M. l'abbé Roussier sur une nouvelle règle de l'octave que propose M. l'abbé de Culant. 1785, in-8.

Gournay a revu, en 1792, le Réglement concernant l'exercice et les manœuvres de l'infanterie, et a été le rédacteur du Journal militaire (1791 et ann. suiv.).

GOURNAY (F.-A. de), avocat. Art (l') d'aimer, poëme en III chants, trad. du lat. en vers franç. (1817). Voy. OVIDE.

GOURNÉ (l'abbé Pierre-Mathias de); géographe, prieur de Notre-Dame de Taverny; né à Dieppe, le 23 février 1702, mort vers 1770.

— Atlas (petit) stéréographique et géographique....

— Description géographique des provinces intérieures de la France. *Paris*, 1744, in-12.

— Description géographique des royaumes d'Espagne et de Portugal. *Paris*, 1743, in-12.

— * Dissertation sur le choix des cartes de géographie. *Paris*, 1737, 1740, in-12.

— Essai sur l'histoire de la géographie. 1743, in-12.

— * Géographe (le) méthodique, ou Introduction à la géographie ancienne et moderne, à la chronologie et à l'histoire, avec cartes et figures, et une Préface historique, ou Essai sur l'histoire de la géographie (par de QUERLON). *Paris*, *Robinot*, 1741-1742, 2 vol. in-12.

— * Lettre de M. Hardy, maître de quartier au collége des Grassins, à M. l'abbé Guyot-Desfontaines, au sujet de la nouvelle traduction de Virgile. *Paris*, 1743, in-4 de 16 pag.

— Lettre sur la géographie. 1743, in-12.

— * Lettres d'un particulier à un seigneur de la cour, ou Observations irénaïques sur la science métallique et le style lapidaire, et en particulier sur les deux inscriptions proposées et actuellement tracées sur le plâtre à la place de Louis-le-Bien-aimé. (*Avignon et Paris*, *Panckoucke*), 1765, in-8.

Ces lettres, au nombre de trois, impr. à un petit nombre d'exempl., furent distribuées par l'auteur à ses amis.

— Prospectus d'une Histoire synoptique du royaume et de la maison de France. *Paris*, 1751, in-8.

On en a donné un extrait dans le Journal de Verdun, août 1751.

— Table de la France ancienne et moderne. *Paris*, 1752, une feuille in-fol.

GOUROFF (de). Voy. (tom. II et au Supplément) DUGOUR.

GOURRAIGNE (Hugues), docteur-médecin, et professeur de la Faculté de Montpellier; né en Gascogne, vers la fin du XVIIe siècle, mort à Montpellier, en 1752.

— Dissertatio de ferri usu et abusu in medicinâ. *Monspeliensis*, 1736, in-8.

— Dissertatio de humorum crassitudine, ubi de incidentibus et attenuantibus, cum theoriâ et curatione obstructionum in genere. *Monspeliensis*, 1741, in-8.

— Dissertatio de sanguinis missione. *Monspeliensis*, 1743, in-8.

— Dissertatio de morbis chronicis in genere. 1727, in-8.

— Dissertatio de morbis inflammatoriis in genere. 1727, in-8.

— Dissertatio de motu mechanico in corpore humano. *Monspeliensis*, 1743, in-8.

— Dissertatio de naturâ et causis fluiditatis sanguinis, naturali et contra naturalis, ubi de diluentibus et emollientibus, de naturâ lactis et usibus in medicinâ. *Monspeliensis*, 1741, in-4.

— Dissertatio de tumoribus humoralibus in genere. *Monspelliensis*, 1731, in-8.

— Dissertatio de tumoribus humoralibus simplicibus. *Monspeliensis*, 1731, in-4.

— Dissertatio de tumoribus tunicatis. *Monspeliensis*, 1732, in-8.

— Dissertatio physiologica de respiratione. *Monspeliensis*, 1729, in-4.

— Dissertationes medicæ, cum specimine de febribus. *Arausionis*, 1725, in-8.

— Dissertationes medico-chirurgicæ de circulationis legibus, seu de tumoribus. *Monspeliensis*, *Joh. Martel*, 1731, in-8.

— Pathologiæ conspectus. *Monspeliensis*, 1743, in-8.

— Physiologiæ conspectus. *Monspeliensis*, 1743, in-8.

— Questiones medicæ duodecim, a diversis viris propositæ. *Monspeliensis*, 1732, in-4.

— Questiones medicæ duodecim ; pro regià cathedrâ vacante. 1748, in-4.

— Réponse aux objections qu'on trouve dans le Journal des savants, du mois de novembre 1729, et à quelques difficultés qu'on a faites contre la Dissertation de la respiration. *Montpellier*, 1730, in-4.

— Tractatus de febribus, juxtà circulationis leges. *Monspeliensis*, 1730, 1753, in-12.

Le recueil de l'Académie des sciences pour l'année 1741, renferme de Gourraigne, un *Mémoire sur un fœtus monstrueux.*

GOURRÈGES (l'abbé J.-B.), mort en 1780.

— *Popel, ou le Cuisinier de Bordeaux, poëme héroï-comique en vi chants. *Bordeaux, J. Chappuis* .... in-8.

GOURRIET. Voy. GOURIET.

GOURVILLE (de). Mémoires (ses), contenant les affaires auxquelles il a été employé depuis 1642 jusqu'en 1698 (publiés par Mlle de BUSSIÈRE). *Paris, Ganeau*, 1724, ou *Paris, Barrois l'aîné*, 1781, 2 vol. in-12.

GOURY aîné (G.), ingénieur en chef au corps royal des ponts et chaussées, membre professeur de l'Acad. des beaux-arts de Florence.

— Souvenirs polytechniques, ou Recueil d'observations, mémoires et projets concernant la navigation intérieure, les bacs, les dessèchements, les ports maritimes, les routes, les ponts, l'architecture et autres objets divers. *Paris, Carilian*, 1827, 2 vol, in-4 et atlas in-fol. de 59 planch., 65 fr. — Appendice des Souvenirs politechniques, ou Recueil complémentaire d'observations, de mémoires et projets, concernant l'hydraulique, les dunes, les ponts, l'architecture et autres objets divers. *Paris, le même*, 1829, in-4 avec 6 planches, dont 4 doubles, 15 fr.

GOURY. Voy. SAINT-MAURICE.

GOURY DE CHAMPGRAN. * Almanach du chasseur, contenant un calendrier perpétuel, des remarques sur la chasse, etc. *Paris, Pissot*, 1773, in-12.

— * Traité de vénerie et de chasse. *Paris, Hérissant*, 1769, in-4 avec 39 figures.

GOUSSAULT (l'abbé), écrivain moraliste de la fin du XVIIe siècle.

— Lettres choisies de divers auteurs. *Bruxelles, Léonard*, 1725, in-8.

On croit que c'est une nouvelle édit. du recueil de Milleran.

— Lettres (nouv.) familières, avec les

Maximes et Conseils pour plaire dans le grand monde. 1734, in-8.

— Portrait (le) d'un honnête homme. IIIe édit. *Lyon, Baritel*, 1700, in-12.

La prem. édit. est de Paris, 1693.

— Réflexions sur les différents caractères des hommes. Par M. E. F., évêque de N. *Maëstricht, Jacq. Delessart*, 1714, in-12.

Cet ouvrage n'est autre qu'une nouvelle édition d'un volume publié par Goussault à Paris dès 1692, sous le voile de l'anonyme, et sous le titre de *Réflexions sur les défauts ordinaires des hommes et sur leurs bonnes qualités.* Ce volume eut du succès, mais il fit encore plus de sensation sous ce nouveau titre que sous l'ancien. L'abbé Fléchier, croyant que ces Réflexions étaient réellement de son oncle, les inséra en 1715 à la suite des Lettres de l'évêque de Nîmes. Les journalistes du temps n'élevèrent aucune réclamation à ce sujet. Aussi trouve-t-on cet ouvrage dans le tom. IX de la collection des Œuvres de Fléchier, en 10 vol. in-8. Il y a cependant une grande différence entre le style quelquefois incorrect de l'abbé Goussault, et celui de Fléchier qui est toujours pur.

Barbier, dans son Examen des Dictionnaires historiques, cite cinq autres ouvrages de l'abbé Goussault, mais dont l'impression est antérieure au XVIIIe siècle, et qui n'ont pas été réimpr. depuis cette époque, et par cette raison, nous nous dispensons de les indiquer.

GOUSSET (Thomas), directeur et professeur de théologie au séminaire de Besançon; né à Montigny-les-Cherlieu, arrondissement de Vesoul (Haute-Saône), le 1er mai 1792.

— Code (le) civil commenté dans ses rapports avec la théologie morale, ou Explication du Code civil, tant pour le for intérieur que pour le for extérieur. Sec. édit., revue et consid. augm. *Paris, Belin-Mandar et Devaux*, 1829, in-8, 9 fr.

La prem. édit., publiée en 1828 sous le nom d'un professeur de théologie, en un vol. in-18, est beaucoup moins étendue : elle ne contient que des notes sur les principaux articles du Code civil.

— *Exposition de la doctrine de l'Église sur le prêt à intérêt, extraite des « Conférences d'Angers », édition de l'an 1823. *Besançon et Paris, Gauthier frères*, 1825, in-12. — Sec. édit., augm. *Besançon et Paris, les mêmes*, 1826, in-12, 2 fr.

M. Gousset est l'éditeur des Conférences d'Angers (mises en concordance avec le Code civil actuel), et augmentées de notes nombreuses et intéressantes. (Besançon, 1823, 26 vol. in-12); du Rituel de Toulon (id., 1825, 6 vol. in-8); du Dictionnaire théologique de Bergier (id., 1826, 8 vol. in-8), et l'un des co-rédacteurs des « Selecta SS. Patrum opera », annoncés en 30 vol. in-8.

GOUSSIER (Louis-Jacques, et non pas Jean-Jacques, comme on l'a dit par erreur dans le Dictionnaire universel de Prudhomme), physicien, professeur de mathématiques, membre de plusieurs Académies; né à Paris, le 7 mars 1722, mort le 31 octobre 1799.

—Discours préliminaire et Prospectus d'un traité de géographie physique du royaume de France. *Paris*, 1779, in-4.

Avec le baron de Marivetz.

— Physique (la) des gens du monde. *Paris*, 1780-87, 5 vol. in-4.

Avec le même.

— Système général, physique et économique des navigations naturelles et artificielles de l'intérieur de la France. *Paris*, 1788-1789, 2 vol. in-8 et atlas in-fol.

Avec le même.

Goussier a fourni à l'Encyclopédie quelques articles sur les arts mécaniques, entre autres l'horlogerie, la serrurerie, la menuiserie, etc. La Condamine le chargea de mettre en ordre et de publier ses Mémoires sur la mesure des trois premiers degrés du méridien.

GOUTTES (Jean-Louis), d'abord curé d'Argelliers en Languedoc, puis évêque constitutionnel de Saône-et-Loire, député aux États-Généraux; né à Tulle en 1740, mort le 26 mars 1794.

— Discours sur la vente des biens du clergé, prononcé le 12 avril 1790. In-8.

— Opinion (son) sur l'établissement du papier monnaie, prononcé à l'Assemblée nationale le 15 avril 1790. 1790, in-8.

— Projet de réforme, ou Réflexions soumises à l'Assemblée nationale. 1790, in-8.

— Théorie de l'intérêt de l'argent, tirée des principes du droit naturel, de la théologie et de la politique, contre l'abus de l'imputation d'usure. *Paris*, *Barrois l'aîné*, 1780, in-12.

Le fonds de cet ouvrage est de Rulié, curé de Saint-Pierre de Cahors; l'abbé Gouttes le refit, aidé, dit-on, de Turgot.

Il en a paru en 1782 une seconde édition, augmentée, avec une défense, etc.

Gouttes a été le rédacteur principal de l'ouvrage suivant : Exposé des principes de la constitution civile du clergé par les évêques députés à l'Assemblée nationale. 1790, in-8.

GOUTTIÈRE (Henri-Auguste), poète et professeur de langues; né à Dunkerque, le 21 janvier 1800.

— Immortalité (l') de l'âme, poëme dédié à l'ombre de Camille. *Lille*, *de l'impr. de Leleux*, 1822, in-8 de 12 pag., ou *Paris*, *de l'impr. de F. Didot*, 1826, in-8 de 16 pag.

Quelques poésies de M. Gouttières ont été insérées dans les Muses de Dunkerque, recueil littéraire in-32, qui paraît à Dunkerque depuis 1826 deux fois par mois, et plusieurs morceaux de littérature, depuis 1827 jusqu'à ce jour, dans le Journal du département du Nord. La plus grande partie des productions de cet écrivain est encore inédite : elle se compose d'odes, d'élégies, d'épîtres et d'idylles : le recueil pourrait former un volume.

GOUVENAIN (C.-A. de), ancien régisseur du droit sur les cartes, etc.

— Découverte fort importante pour les finances, le commerce, la banque, l'industrie, etc. *Dijon*, *l'Auteur*; *Douiller*, 1826, in-8 de 64 pag.

— Résultat de quelques expériences sur la fermentation vineuse, faite comparativement et sans additions de substances étrangères, avec et sans le contact immédiat de l'air, tentées dans des vaisseaux absolument clos ; Réflexions à ce sujet et sur la nécessité d'améliorer les vins en plusieurs cas pour en assurer la conservation. *Dijon*, *de l'impr. de Frantin*, 1822, in-8 de 32 pag.

— Table exacte de la pesanteur spécifique de mélanges d'alcool et d'eau faits par centièmes de volume, déterminée par l'expérience et le calcul, depuis le 0 jusqu'au 20e degré du thermomètre de Réaumur ; précédée de la Description de quelques aréomètres pour servir à l'usage de cette table, et de plusieurs observations et expériences. *Dijon*, *l'Auteur*, 1825, in-8 de 16 pag. avec 4 tabl.

GOUVION, médecin. Nosologie méthodique, trad. du lat. (1772). Voy. SAUVAGES (Fr.-B. de).

GOUVION - SAINT - CYR (le marquis Louis de), pair et maréchal de France, ministre de la guerre en 1815 et 1817; né à Toul, le 13 avril 1764.

— Journal des opérations de l'armée de Catalogne en 1808-09, sous le commandement du général Gouvion-Saint-Cyr, ou Matériaux pour servir à l'histoire de la guerre d'Espagne. *Paris*, *Anselin et Pochard*, 1821, in-8 avec atlas in-fol. de 14 cartes, 25 fr.

— Mémoires sur les campagnes des armées du Rhin et de Rhin et Moselle, de 1792 jusqu'à la paix de Campo-Formio. *Paris*, *Anselin*, 1829, 4 vol. in-8 avec 15 cartes ou planch., un grand nombre d'états de situation, et accompagnés d'un très-bel atlas, 70 fr.

GOUX (A.), notaire à Agen.

— Manuel du notaire. IV. édit., revue et augmentée. *Toulouse*, *Bellegarigue*, 1818, in-8, 6 fr.

La prem. édit. est de 1811.

GOUY (C.). Atlas hydrographique de l'Empire français, suivi du Tableau des départements dont la nomenclature est étrangère aux rivières, avec les explications de cette nomenclature, terminé par un Tableau des divisions militaires de la France. *Paris*, * *D. Colas*, 1807, in-4, 2 pag. de texte, et 5 feuilles, en forme de tableaux imprimés, formant la carte hydrographique de la France, 3 fr.

GOUY (de), volontaire royal de la XI° légion.

— Mémoire aux deux Chambres. *Paris*, *impr. de Herhan*, 1819, in-8 de 12 pag.

GOUYE DE LONGUEMARE, avocat, greffier du bailliage de Versailles; né à Dieppe, en 1715, mort à Versailles, le 11 août 1763.

— Dissertation historique sur l'état du Soissonnais sous les enfants de Clotaire I°r. *Paris*, 1745, in-12.

Cette Dissertation partagea le prix avec celle de l'abbé Fenel.

— Dissertation pour servir à l'histoire des enfants de Clovis. *Paris*, 1744, in-12.

— Dissertation sur la chronologie des rois Mérovingiens, depuis la mort de Dagobert I°r, avec des réponses aux critiques de deux autres dissertations, et des éclaircissements sur le roi des Ribauds. *Paris*, 1748, ou 1756, in-12.

Cette pièce a remporté le prix à l'Académie de Soissons en 1746.

On trouve à la suite: 1° une Lettre de Longuemare, adressée à l'auteur du Mercure, au sujet d'un extrait de deux dissertations, des abbés Fenel et Lebeuf; couronnées en 1743, par l'Académie de Soissons; 2° une Lettre de l'abbé Lebeuf, sur la position de Truccia, où se donna une mémorable bataille en 593, et la réponse de Longuemare: le premier place Truccia à Droissy, et le second à Bruel; 3° Dissertation sur le roi des Ribauds, dans laquelle Longuemare soutient, contre Dutillet et quelques autres écrivains, que cet officier n'avait pas les mêmes fonctions que le prévost de l'hôtel, puisqu'ils existaient dans le même temps. L'abbé Lebeuf, et un savant qui s'est caché sous le nom de Bonnevie, appuyèrent son sentiment par des lettres insérées au Journal de Verdun, novembre 1751, et avril 1752.

— *Lettre d'un avocat au parlement sur les entreprises de la juridiction de la prévôté de l'hôtel. *Paris*, 1758, in-12.

L'auteur y soutient les droits et les priviléges du prévost.

— * Lettre importante sur l'histoire de France de la première race. *Paris*, *Chaubert*, 1755, in-12.

L'auteur y relève des fautes de chronologie de Velly et du président Hénault.

On a encore de Gouye de Longuemare, dans le Mercure, de mai 1746, une *Lettre à Rémond de Saint-Albine*. C'est une réponse à la critique de la chronologie des rois Mérovingiens, par un bénédictin de province.

La France littéraire de 1769 attribue encore à cet écrivain une *Dissertation sur le sacerdoce des Grecs*.

GOUYN. Voy. GOUIN.

GOUZÉE, médecin.

L'un des rédacteurs de la Bibliothèque médicale, nationale et étrangère.

GOVERNEUR-MORRIS. Discours prononcé à New-York, à l'occasion du rétablissement de la maison des Bourbons; traduit de l'anglais par M. DES VAULX. *Paris*, *Michaud*; *Petit*, 1814, in-8 de 24 pag.

GOWERECK (M¹⁰). Mémoire et Observations sur l'hydropisie du bas-ventre, avec un nouveau moyen contre cette maladie. *Nantes*, *imp. de Busseuil*. — *Aux Herbiers (Vendée)*, *chez Simon*, 1826, in-8 de 32 pag., 1 fr.

GOY, alors apothicaire et démonstrateur de chimie à Besançon.

— Avantages (les) infinis et réels de la chimie. 1755, in-4.

GOY. Art (l') d'économiser les bois, etc., traduit de l'allemand (1792). Voy. SACHT-LEBEN.

GOYARD. Répertoire ou Vocabulaire analytique et indicatif des Codes civil, pénal, d'instruction criminelle, de procédure civile, de commerce, des avis du conseil-d'état, arrêtés, circulaires, décisions ministérielles, arrêts de la cour de cassation et des différentes cours royales, concernant l'état civil, les actes privés, publics et authentiques, les promesses, reconnaissances, billets à ordre, lettres de change, inscriptions, les intérêts, contributions, mutations, droits d'enregistrement, les contraventions et autres matières indiquées dans le plan de ce traité, et suivi de plusieurs formules. Publié par M. Goyard; dédié à son excellence M⁹r le comte de Peyronnet, garde-des-sceaux, ministre secrétaire de la justice, par M° Daniel Bellart, ancien avocat au parlement de Paris, M° Michel Floquet, ancien avoué, et plusieurs jurisconsultes. *Paris*, *Nève*; *Pichard*; *Delaunay*, 1823, in-8, 7 fr. 50 c.

GOYER DUPLESSIS. Réflexions sur l'arrivée de Buonaparte à Paris, le 20 mars 1815, et sur le retour du roi. *Paris*, *Gide fils*, 1815, in-8 de 16 pag.

GOYET (Ch.), écrivain politique, du Mans. Voy. au Supplément.

GOYON D'ARSAC (le vicomte Guill.-Henri-Ch. de), ancien conseiller au parlement de Bordeaux, membre des académies de Montauban, de Châlons-sur-Marne, de Besançon et de l'Académie royale de Berlin; né à Paris, vers 1740, suivant la France littéraire de 1769, mort, selon toute apparence, dans le premier *decennium* de ce siècle, à Berlin, où il s'était fixé avant la révolution.

— Age (l') d'or réalisé, ou les Moyens de soulager le peuple, surtout les habitants de la campagne : discours couronné par l'Académie de Châlons-sur-Marne....

— Corruption (la) du cœur est la première source des égarements de l'esprit : discours couronné à l'Académie de Montauban. 1778, in-12.

— Éloge de Guy Dufour de Pibrac, chancelier de la reine de Navarre. *Toulouse*, 1779, in-12.

— Éloge du cardinal George d'Amboise, ministre d'état sous Louis XII, couronné par l'Académie de Montauban. *Montauban*, 1784, in-12.

— Éloge du chancelier Mich. L'Hospital, cour. par l'Académie de Montauban. *Montauban*, 1782, in-12.

— Éloge de Louis XII, roi de France : discours qui a concouru pour le prix de l'Académie française. 1785.

— Essai sur ce sujet : la dépravation des mœurs et l'irréligion sont les principales causes de la dissolution des sociétés politiques. *Berlin, Unger*, 1795, in-8, 2 fr.

— Mémoire sur le meilleur plan d'éducation pour le peuple, couronné par l'Académie de Châlons-sur-Marne. 1781, in-8.

D'après Meusel's Gelehrtes Deutschland, il y aurait des exemplaires de ce mémoire sous le titre d'*Essai de Laopédie*. Châlons-sur-Marne, 1783.

— Quel serait le meilleur code des lois criminelles? discours couronné par l'Académie de Châlons-sur-Marne. *Châlons-sur-Marne*, 1780, in-12.

— Quel serait le meilleur plan d'éducation pour les personnes du sexe? discours. *Châlons-sur-Marne*, 1786, in-12.

— Quel serait le meilleur plan de réforme pour l'éducation des colléges? discours couronné par l'Académie de Châlons-sur-Marne. *Châlons-sur-Marne*, 1785, in-12.

— Quels seraient les dédommagements dûs par la société à un citoyen condamné injustement et dont l'innocence serait reconnue? discours couronné par l'Académie de Châlons-sur-Marne....

Cité par Meusel.

— Quels seraient les moyens d'administrer la justice avec le moins de frais et le plus de célérité? discours couronné par l'Académie de Châlons-sur-Marne. *Châlons-sur-Marne*, 1784, in-12.

— Respect (le) pour la vieillesse contribue au maintien des mœurs publiques : discours couronné à l'Académie de Montauban. 1781, in-8.

— Vertu (la) annoblit les plus petites choses; le vice dégrade les plus grandes : discours. *Montauban*, 1778, in-12.

— Voyages (les) envisagés comme moyen d'éducation sont-ils plus utiles que nuisibles? *Besançon*...

Dès le 24 septembre 1784, le vicomte Goyon d'Arsac lut à l'Académie des sciences de Berlin, un Mémoire sur cette question : *Quelles sont les causes de l'universalité de la langue française en Europe?* Ce mémoire n'a point été imprimé, mais on en trouve des extraits dans le Journal littéraire de Berlin; ils ont été reproduits dans les «Essais philologiques sur la langue et la littérature de l'Europe». Depuis cette époque, M. de Goyon a lu de nouveau, dans le sein de la même Académie, des *Considérations sur les devoirs et les droits des gens de lettres dans la société civile*, qui ont été impr. de 1794 à 1797 parmi les' Mémoires de cette Académie, ainsi que des recherches sur l'*Art de se vêtir, et sur les vêtements considérés sous leurs divers rapports*, en quatre mémoires, impr. dans les vol. pour les années 1798 à 1804. Meusel, de qui nous empruntons une partie de cette notice, dit qu'on a encore du même, indépendamment de ce que nous venons de citer, divers extraits littéraires et des poésies, impr. dans les recueils de diverses Académies.

Le vicomte Goyon d'Arsac s'était occupé d'un ouvrage intitulé : *Tableau historique de l'influence des femmes sur les grands événements de leur siècle et de leur pays*. Quatre fragments, ou plutôt quatre mémoires faisant partie de cet ouvrage ont été lus par l'auteur à l'Académie de Berlin, le dernier en 1799 (Voy. le Mag. encycl., Ve ann., tom. VI, pag. 259), mais ils ne paraissent pas avoir été imprimés : il y a lu aussi un mémoire sur les conjonctions *mais, si et car*.

La Biographie universelle, ni aucune Biographie des contemporains n'ont consacré d'articles à cet écrivain.

GOYON DE LA PLOMBANIE (Henri de), né à Bassa, diocèse de Périgueux, mort près d'Agen, en 1808.

— *France (la) agricole et marchande. *Avignon (Paris), Boudet*, 1762, 2 vol. in-8.

— * Homme (l') en société, ou nouvelles Vues politiques et économiques pour porter la population au plus haut degré en France. *Amsterdam, Marc Michel Rey*, 1763, 2 vol. in-12.

Barbier dit avoir vu le manuscrit de la moitié de cet ouvrage relié en maroquin rouge et portant le nom de l'auteur.

— *Unique (l') moyen de soulager le peuple et d'enrichir la nation française. Par M. de G. *Paris*, 1775, in-8.

— * Vues politiques sur le commerce des denrées. *Amsterdam et Paris, Vincent*, 1766, in-12.

GOYRAND (Jos.-Louis), médecin à Aix, sa patrie.

— Quæstiones medicæ sex pro regiis cathedris chimie et botanices vacantibus in universitate Aqui-Sextaná. 1753, in-4.

GOYSEAU. *Alexandre et Darius, tragédie (en 5 actes et en vers). *Paris, Ve Guil-laume* , 1723 , in-12.

GOZZI (le comte Charles), auteur dra-matique italien du XVIIIe siècle.
— Tartana (la) degli influssi per l'anno bissextile 1757 (ou la Tartane chargée des influences pour l'année etc.) (*Paris*), 1757.

Ce fut un ami, à qui l'auteur avait confié son ouvrage manuscrit, qui l'envoya imprimer à Paris, où il n'en fit tirer que peu d'exemplaires, qu'il ré-pandit ensuite dans Venise, afin de surprendre agréablement l'auteur.
Le comte Charles Gozzi, l'un des écrivains italiens les plus originaux de son temps, a composé un très-grand nombre d'ouvrages dramatiques et autres, mais dont l'indication n'entre point dans le plan de ce livre, étant écrits en italien, et imprimés à Venise.

GRAAF (R. de). * Description anato-mique des parties de la femme qui servent à la génération , avec un Traité des mons-tres. *Leyde*, 1708 , in-4.

GRÅBERT DE HEMSÖ (Jacq.), écri-vain suédois , consul de Suède à Tripoli , correspondant de l'Institut de France, et membre de trente-quatre académies et so-ciétés savantes; né à Gannarfoc de Hemsö, dans l'île de Gottland, le 7 mai 1776.
— Doutes et Conjectures sur les Bohé-miens et leur première apparition en Eu-rope. *Turin*, 1813 , in-4.
Extrait du XXIe volume des Mémoires de l'Aca-démie de Turin, publié la même année.
— Doutes et Conjectures sur les Huns du Nord et sur les Huns Franciques. *Florence*, 1810, br. in-8.
— Leçons élémentaires de cosmographie, de géographie, et de statistique, à l'usage des jeunes personnes et des maisons d'édu-cation. *Gênes, imp. dePagano*, 1813, in-12.
— Précis de la littérature historique du Mogh-nit-el-Aska. *Lyon, Ballanche*, 1820, in-8.
— Scandinavie (la) vengée de l'accusation d'avoir produit les peuples barbares qui détruisirent l'empire de Rome. *Lyon, et Pa-ris, Parmentier*, 1822 , in-8.
M. Gräberg de Hemsö est auteur de quinze ou vingt autres ouvrages, mais écrits en italien.

GRACE (Thomas-François de), cen-seur royal, sous-secrétaire de l'Académie des inscriptions; né en 1714 , mort à Pa-ris, le 29 décembre 1799.
— * École d'agriculture pratique suivant les principes de M. Sarcey de Sutières, par M. de G.... *Paris*, 1770 ; *Paris, Meurant*, an v (1796), in-12.
Ce n'est proprement, dit M. de Musset (Biblio-graphie agronomique), qu'une nouvelle édition de l'Agriculture pratique de Sutières; mais de Grace a beaucoup augmenté cet ouvrage.
— Principes généraux de la langue franç.,

extrait des « Tableaux historiques, etc. ». *Paris, Onfroy*, 1789, in-12.
— Tableaux historiques et chronologiques de l'histoire ancienne. *Paris, le même*, 1789, in-12.
— Tableaux historiques et chronologiques de l'histoire ancienne et du moyen âge, des principaux pays de l'Asie, de l'Afrique et de l'Europe, etc., avec un Précis de la mythologie grecque, expliquée d'après Hé-siode; et un Tableau des principes géné-raux de la langue française. *Paris, Prault*, 1789, in-8.
Ces tableaux ont aussi été impr. à la suite de l'Atlas moderne.
On doit encore à de Grace une nouvelle édition de l'Introduction à l'histoire générale de l'Univers, trad. de Puffendorf par Bruzen de la Martinière, et continuée par l'éditeur jusqu'en 1750 (1753—59, 8 vol. in-4) ; une *Lettre sur l'origine de la monarchie française*, impr. dans le Mercure de mai 1765; un grand nombre de bons articles dans le Journal de Verdun , dans le Journal de médecine, depuis 1769 ; beaucoup d'autres dans la Gazette d'agriculture, dont il fut l'un des principaux rédacteurs (1770 et ann. suiv.) ; l'Almanach du Bon Jardinier depuis 1783 à 1796 ; enfin, la rédaction des tomes II et III de la Table des Mémoires de l'Académie des Ins-criptions.

GRACIAN (Balthazar), jésuite espa-gnol du XVIIe siècle.
— Héros (le), trad. de l'esp. (par le P. Fr. de COURBEVILLE). *Paris*, 1725 , ou *Rotter-dam* , 1729, in-12.
— Homme (l') de cour, trad. et commenté par Ab.-Nic. AMELOT DE LA HOUSSAYE. Nouv. édit. *Paris, de Beugnie*, 1702 , in-12, ou *Paris, Léop. Collin*, 1808, in-8, 5 fr.
La première édition de cette traduction est de 1684, in-4.
— Le même ouvr., sous ce titre : les Ma-ximes de B. Gracian, trad. de l'espagn. avec les Réponses aux critiques de « l'Homme universel » et du « Héros », traduites du même auteur (par le P. Fr. de COURBEVILLE). *Paris, Rollin*, 1730, in-12.
— Homme (l') détrompé, ou le Criticon de Balth. Gracian; trad. de l'esp. (quant au premier vol. seulement par MAUNORY). *La Haye, van Ellinckuysen*, 1705, 1708 ; *La Haye (Rouen)*, 1709; *La Haye*, 1723; *Genève*, 1725; *La Haye*, 1734, 3 vol. in-12.
Cet ouvrage est un tableau allégorique moral de la vie humaine, divisé en périodes ou saisons. Le premier volume de cette traduction, dit A. A. Bar-bier, parut à Paris en 1696, avec le nom du tra-ducteur, qui avait promis de donner la suite. Comme il ne tint pas sa promesse, le libraire hollandais (ou plutôt Rouennais, si l'on en croit la Biographie universelle), confia à un anonyme la traduction des tom. II et III de l'*Homme détrompé*.
— Homme (l') universel, trad. de l'esp. (par le P. Fr. COURBEVILLE). *Paris*, 1723, in-12.

— Réflexions (ses) sur les plus grands princes, et particulièrement sur Ferdinand le Catholique ; trad. de l'espagn. , avec des notes historiques et critiques, par M. de S**** (par de SILHOUETTE). *Paris* , *Allix* , 1730, in-4 ou in-12.

— Le même ouvrage, sous ce titre : le Politique Don Ferdinand le Catholique ; trad. de l'esp. , avec des notes (par le P. Fr. de COURDEVILLE). *Paris* , *Rollin* , 1732, in-12.

GRADIS (Dav.), négociant à Bordeaux.
— Discussions philosophiques sur l'athéisme et sur les preuves pour l'existence de Dieu , en réponse à l'introduction à l'analyse des sciences , et faisant suite à l'Essai de philosophie rationnelle sur l'origine des choses. *Bordeaux* , 1803, in-8.
— *Discussions philosophiques sur la pré-existence de la matière , etc. , etc. Par D. G. *Bordeaux et Paris* , 1800, in-8.
— * Dissertation sur l'origine du monde. *Bordeaux* , 1798 , in-8.
— *Essai de philosophie rationnelle sur l'origine des choses, etc. , par D. G. *Bordeaux* , 1805, in-8.
— *Réponse à divers contradicteurs sur la coéternelle existence de la matière, etc. *Bordeaux et Paris* , *Pougens* , 1799, in-8.

GRÆVIUS, Voy. DURAND (Dav.).

GRAFF. Galerie des combinateurs, ouvrage dédié aux actionnaires de la loterie de l'École royale militaire. *Paris* (*Bachelier*), 1773 , in-8, 6 fr.

GRAFF (Math.), docteur en médecine.
— Beytræge zur kenntnitz der Geschichte der Synode von Dordrecht , aus doctor Wolfg. Meyers und Ant. Joh. Jac. Breitinger's papieren gezogen. *Strasburg* , *gedruckt bei Schuler* , 1825, in-8.
— Dissertation sur l'asphyxie, soutenue à l'École spéciale de médecine de Strasbourg. *Strasbourg* , 1803 , in-4.
— Geschichte der Stadt Muelhausen und der dœfern von Illzach und Modenhein. *Mulhausen* , *Rissler* , 1821-23 , 3 theile klein in-8.

Ces trois volumes ont été publiés en 9 livraisons.

GRAFFENAUER (Jean-Philippe), docteur en médecine , ancien médecin de la grande armée, membre associé national de la Société de médecine et de la Société médicale d'émulation de Paris, correspondant de la Société des curieux de la nature de Berlin , et membre résidant de celle des

sciences , agriculture et arts du département du Bas-Rhin, séante à Strasbourg, etc. ; né à Strasbourg , le 27 juin 1775.
— Description de la ville de Wiesbade et de ses eaux thermales, traduite de l'allem. (1826). Voy. RULMANN.
— Essai d'une minéralogie alsacienne économico-technique, ou Distribution méthodique de toutes les substances minérales et fossiles qui se trouvent dans la ci-devant Alsace, avec indication de leurs principaux caractères, de leurs gisemens et localités , des travaux des mines et du produit de leur exploitation , des ateliers, manufactures et fabriques y relatives , ainsi que des applications de ces mêmes substances dans les arts, l'agriculture, l'économie domestique, la médecine, l'art vétérinaire, etc. , avec une Carte minéralogique de l'Alsace. *Strasbourg* , *L. Eck* , 1806 , in-8.
— Histoire naturelle, chimique et technique du succin, ou ambre jaune. *Strasbourg et Paris* , *Levrault* , 1821, in-8 de 104 p.
— Lettres écrites en Allemagne, en Prusse et en Pologne dans les années 1805, 6 , 7 et 8; contenant des Recherches statistiques, historiques, littéraires, physiques et médicales; avec des détails sur les monumens publics, les usages particuliers des habitans, les établissemens utiles, les curiosités, les savans et leurs découvertes, etc. , ainsi que des Notices sur divers hôpitaux militaires de l'armée et des fragmens pour servir à l'histoire de la dernière campagne. *Paris et Strasbourg* , *Amand Kœnig* , 1809, in-8, 4 fr.

Une traduction allemande de ces lettres a été publiée à Chemnitz en Saxe, en 1811.
L'auteur ayant eu l'honneur d'offrir son ouvrage à feu S. M. le roi de Wurtemberg, ce prince, protecteur des sciences et des arts, daigna lui en témoigner sa satisfaction par une lettre très-flatteuse, accompagnée d'une tabatière en or, enrichie de diamants.

— Topographie physique et médicale de la ville de Strasbourg, avec des Tableaux statistiques, une vue et le plan de la ville. *Strasbourg* , *Levrault* , 1816, in-8, 6 fr. 50 c.
— Traité du camphre, considéré dans ses rapports avec l'histoire naturelle, la physique , la chimie et la médecine. *Strasbourg et Paris* , *Levrault* , 1803 , in-8 avec une planche, représentant le Laurus camphora, 2 fr. 50 c.

Indépendamment des ouvrages que nous venons de citer, M. Graffenhauer est encore auteur des divers mémoires suivants : 1° Notice sur la vertu anti-odontalgique de plusieurs insectes coléoptères (impr. dans le Journ. de pharmacie, 3° année , 1799) ; 2° Mémoire sur l'épidémie variolique qui a régné à Strasbourg dans les ann. XI et XII , avec le rapport du doct. Double (impr. dans le Journ. gén. de médecine, par Sédillot, tom. XX); 3° Notice sur les effets de la teinture de digétale pourprée dans les fièvres intermittentes (impr. dans le Bulletin des sciences médic. , sept. 1809); 4° Observation d'une apoplexie traitée avec succès par l'application simultanée de fomentations froides sur la tête, et de sinapismes aux jambes; et Réflexions de M. le doct. d'Avrigny à ce sujet (impr. dans le Journ. gén. de médecine, tom. LXIX, 1819, et dans la Gazette de santé, n° 32, 15 nov. 1819); 5° Observations d'une céphalalgie syphilitique très-opiniâtre (impr. dans le Journ. gén. de médecine, oct. 1819); 6° Mémoire sur le succin ou ambre jaune (Mémoires de la Société des sciences, agriculture et arts de Strasbourg, tom. II, 1823); 7° Observation d'un empoisonnement par l'acide sulfurique (Journ. de la Soc. des sciences, agriculture et arts du départ. du Bas-Rhin, n° 1er, 1825); 8° Extrait d'un Mémoire contenant des analyses chimiq. de matières colorantes des anciens Égyptiens, trad. de l'allem. du prof. John (id., id.). Nous terminerons nos indications, en disant que M. Graffenhauer a en portefeuille un recueil d'observations de médecine pratique; et un autre de médecine légale.

GRAFFIGNY (Franç. d'Issembourg d'Happoncourt, dame de), membre de l'Acad. de Florence ; née à Nanci, en 1694, morte à Paris, le 12 décembre 1758.

— * Cénie, pièce en 5 actes (et en prose). *Paris, Cailleau*, 1751, in-12, ou *La Haye, P. Gosse*, 1751, in-8. — IIIe édit. *Paris, Duchesne*, 1764, in-12.

— La même, mise en vers par M. (Montier) des Longchamps. *Paris, Mérigot fils* (1751), in-12.

— * Fille (la) d'Aristide, comédie en 5 actes (et en prose). *Paris, N. B. Duchesne*, 1759, in-12.

— Lettres d'une Péruvienne. *A Peine* (1747), 1749, in-12.

La première édition est anonyme.

— Les mêmes. Nouv. édit., augmentée de plusieurs lettres et d'une Introduction à l'histoire du Pérou. *Paris*, 1752, 2 vol. in-12 ; *Amsterdam*, 1761, in-12 ; *Paris, Duchesne*, 1761, 2 vol. in-12 ; *Genève*, 1777, 2 vol. in-16.

— Les mêmes. Nouv. édit., augm. d'une suite de quinze lettres (celles d'Aza) qui n'avaient point encore parues, et qui terminent ce roman, resté jusqu'à ce jour imparfait. *Paris, Bleut*, an VI (1798), 2 vol. in-18 ornés de 8 figures gravées par Coigny, d'après les dessins de Lefebvre, 6 fr., et pap. vélin, 12 fr.

Bonne édition, sortie des presses de P. Didot. Il en a été tiré cent exemplaires sur pap. gr. raisin vélin, format in-12, figures avant la lettre, dont le prix de mise en vente était de 24 fr.

— Les mêmes, suivies des Lettres d'Aza. *Paris, Duprat-Duverger*, 1812, 2 vol. in-18 ; ou *Paris*, 1813, in-8 avec 7 grav. et le portrait de l'auteur, 7 fr.

— Les mêmes. *Paris, Lebègue*, 1822, 2 vol. in-12, 4 fr.

Édition commune faisant partie d'une « Bibliothèque de campagne ».

— Les mêmes. *Paris, Ménard et Desenne*, 1822, in-18 avec 4 fig., 2 fr. 50 c.; pap. vélin, fig. avant la lettre, 5 fr.; ou sur format in-12, 3 fr., et pap, vél., figures avant la lettre, 6 fr.

Édit. faisant partie d'une «Bibliothèque française».

— Les mêmes, précédées d'une Introduction à l'histoire du Pérou. *Paris, Werdet et Lequien*, 1826, in-32 avec un frontispice gravé et une figure, 3 fr.; fig. avec la lettre sur pap. de Chine, 4 fr., et avant la lettre, 5 fr.; et avec les figures avant la lettre et eaux-fortes sur papier de Chine, 6 fr.

Très-jolie édition.

L'abbé Pérau assurait avoir eu une grande part dans la composition et dans la rédaction de ces *Lettres*.

Les *Lettres d'Aza*, que l'on a ajoutées à plusieurs éditions, ne sont point de madame Graffigny, mais de M. Lamarche-Courmont, ancien chambellan du margraff de Bareith. C'est, dit la Biographie universelle, un roman fort ennuyeux, quoique fort court.

— Les mêmes en anglais : Letters of a Peruvian princess, translated from french (by Robert). A new edition, with the prosodical accent. *Avignon, Séguin*, 1818, in-18, 2 fr. 50 c.

La prem. édit. de cette traduction est de Londres, 1775.

— Les mêmes, en espagnol : Cartas peruanas, trad. al esp. *Paris, Rosa*, 1823, in-12.

— Les mêmes, en italien : Lettere d'una Peruviana, trad. dal francese da G. L. Deodati. *Parigi, vedova Duchesne*, 1760, 1777, o *Parigi, Briasson*, 1774, in-12.

— Nuova edizione, con accentuazione sulli voci. *Avenione, Seguin*, 1811, 1817, o 1824, in-18, 1 fr. 50 c., o col testo francese, 2 vol. in-18, 3 fr.; *Leone, Janon*, 1822, in-18.

La prem. édit. de cette traduction est de 1759, 2 vol. in-12.

— * Vie privée de Voltaire et de madame Du Châtelet, ou Six mois à Cirey. Par l'auteur des « Lettres péruviennes »; suivi (sic) de cinquante Lettres inédites, en vers et en prose, de Voltaire. (Publ. avec des notes par M. Du Bois). *Paris, Treuttel et Würtz ; Pélicier ; Delaunay, etc.*, 1820, in-8, 6 fr.

— OEuvres (ses) complètes. *Londres (Paris, Dufart)*, 1788, 4 part. in-12.

Ces OEuvres se composent des Lettres d'une Péruvienne, de Cénie, com. ; de la Fille d'Aristide, com., et d'une Nouvelle espagnole, premier ouvr. de l'auteur.

— Les mêmes. *Paris*, 1798, 2 vol. in-18.

— Les mêmes. Nouv. édit. *Paris, Briand,* 1821, in-8 avec 9 grav. et portrait, 9 fr.

— OEuvres (ses) de théâtre (contenant Cénie et la Fille d'Aristide). *Paris, Vᵉ Duchesne,* 1770, in-12 de 120 pag. —
OEuvres posthumes, contenant Ziman et Zénise, suivi de Phaza, comédies en un acte et en prose. *Amsterdam (Paris, la même),* 1770, in-12 de 106 pag,

Les deux pièces contenues dans les OEuvres posthumes, furent représentées à Vienne par les enfants de l'Empereur.

— OEuvres (ses) choisies, augmentées des Lettres d'Aza. *Londres (Paris, Cazin),* 1783, ou *Paris, Caille et Ravier,* 1820, 2 vol. in-16, 2 fr. 50 c.

Madame Graffigny débuta en littérature par une Nouvelle espagnole, intitulée : *Le mauvais exemple produit autant de vertus que de vices,* et qui fut imprimée dans le « Recueil de ces Messieurs » (Amst., 1745, in-12). Ce roman déplut à quelques-uns des associés pour ce recueil : madame de Graffigny blessée des critiques que sa production essuya, résolut d'y répondre par un ouvrage meilleur que le premier : c'est alors qu'elle composa ses *Lettres d'une Péruvienne.*

GRAHAM (John), marq. de Montrose.
— Mémoires (ses), contenant l'histoire de la rébellion de son temps; trad. de l'anglais par Jacq. GAUDIN. *Paris, Prault le jeune,* 1768, 2 vol. in-12.

GRAHAM (Maria). Journal d'un séjour fait aux Indes orientales pendant les ann. 1809-1811; trad. de l'angl. *Genève et Paris, Paschoud,* 1818, in-8, 4 fr.
— Mémoires sur la vie de Nic. Poussin, trad. de l'angl. *Paris, Dufart,* 1821, in-8 avec 2 planch. lithogr., 4 fr.
— Séjour de trois mois dans les montagnes près de Rome, pendant l'année 1819; trad. de l'anglais sur la seconde édition. *Paris, Béchet aîné,* 1822; in-8 avec une figure lithographiée, 5 fr.

GRAILLARD DE GRAVILLE (Barth.-Cl.), journaliste; né à Paris, en 1727, y est mort en 1764.
— *Ami (l') des filles. Paris, Dufour,* 1761, 1762, 1763, 1776, in-12.
— *Entendons-nous,* ouvrage posthume de M. Gobe-mouche. *Aux Boulevards,* 1760, in-12.

Avec Guichard.

— * Génie (le) de la littérature italienne. *Paris, Chaubert,* 1760, 2 vol. in-12.

Avec San-Severino.

— *Homme (l') vrai. Amsterdam et Paris, Dufour,* 1761, in-12.
— *Journal (le) villageois.* 1759, in-12.

Cette feuille n'eut que trois numéros; Graville en avait obtenu le privilège sous le nom supposé de J.-J. Thibault de Pierrefitte.

— * Lettre de M. Gobe-Mouche à tous ceux qui veulent entendre. (Suite de la brochure intitulée : Entendons-nous). *Amsterdam,* 1765, in-8.
— * Mage (le) de Chica. *Paris, Cuissart,* 1759, in-12.

Cet écrivain a eu quelque part au recueil A. B. C., depuis le troisième volume. (1745-62).

GRAIMBERG (L. de). Cours de langue et de littérature françaises, à l'usage des lycées et écoles du grand duché de Bade. *Manheim,* 1810, 2 vol. in-8.
— Lettres sur la Westphalie. *Carlsrouhe,* 1807, in-8.

GRAIMBERG (le comte de). Épître à la bienfaisance, adressée à S. A. R. Mgr le comte d'Artois, en février 1794, suivie de Lettres de Mgr le comte d'Artois et de Mgr le duc d'Angoulême à M. le maréchal de Broglie et d'une de ses lettres en réponse à ces princes. *Paris, imp. de Le Normant,* 1815, in-8 de 80 pag.
— Juste aperçu, qu'afin de les faire évanouir, l'on croit devoir opposer aux craintes qu'a pu faire naître un écrit de M. le vicomte de Châteaubriand, intitulé : « De la monarchie et de la Charte ». *Paris, imp. d'Éverat,* 1815, in-8 de 8 pag.
— Juste et nouvel aperçu de l'état présent des choses en France. *Paris, impr. de Le Normant,* 1817, in-8 de 40 pag.
— Lettre, en réponse à un de ses amis. *Paris, imp. du même,* 1818, in-8 de 4 p.

GRAINCOURT. Hommes (les) illustres de la marine française, leurs actions mémorables, et leurs portraits. *Paris, L. Jorry,* 1781, in-4 avec portraits.

GRAINCOURT. Défense des Picards et du « Défenseur de la religion ». *Paris, imp. de Lefèvre,* 1814, in-8 de 8 pag.

GRAINVILLE (P. Jos., ou selon la Biographie universelle, Nicolas de), jésuite; habile dans la connaissance des médailles, et bon humaniste; né à Rouen, mort en 1730.

On lui doit une édition de C. Suetonius expurgatus ab obscenitate et varié illustratus. Rothomagi, 1707, in-12, et une de Paterculus, cum notis. Limoges, 1714, in-12, auxquelles il n'a pas attaché son nom. L'on sait qu'il préparait une édition de Valère Maxime. On trouve dans les Mémoires de Trévoux, dans le Mercure de France, et ailleurs, des Dissertations ou Lettres de ce jésuite, sur les médailles. Plusieurs de ces morceaux ont été traduits en latin par Wolterecke, dans le volume intitulé : *Electa rei nummariæ,* Hamburgi, 1707, in-4. Banduri cite avec éloge, dans sa *Bibliotheca nummaria,* les Opuscules du P. de Grainville. Saxius en donne la liste exacte dans le sixième volume de son *Onomasticon.*

GRAINVILLE (Charles-Joseph de LES-
PINE DE), conseiller au Parlement de Paris ; né en cette ville vers la fin du XVIIᵉ
siècle , mort le 16 décembre 1754.

— Mémoires sur la vie de Pibrac , avec
les pièces justificatives, ses lettres amoureuses et ses quatrains. *Amsterdam.(Paris),*
1758, 1761, in-12.

L'abbé Sépher, connu des amateurs par sa riche
bibliothèque, fut l'éditeur de cet ouvrage, et y fit
des additions.

— Recueil d'arrêts rendus sur plusieurs
questions jugées dans des procès de rapport,
en la quatrième chambre des enquêtes. *Paris,* 1750, in-4.

GRAINVILLE (l'abbé Jean-Baptiste-Fr.-
Xavier COUSIN DE), né au Havre, le 3 avril
1746, mort à Amiens, le 1ᵉʳ février 1805.

— Dernier (le) homme (poëme en prose),
ouvrage posthume. *Paris, Déterville,* 1805,
2 vol. in-12, 3 fr. — Sec. édit., publiée
(avec une préface) par M. Ch. NODIER. *Paris,
Ferra jeune ; Déterville,* 1811, 2 vol. in-12.

Le Dictionnaire historique de Prudhomme , et
d'après lui , presque toutes les Biographies modernes , soit générales , soit de la Normandie , ont répété le jugement qui suit sur ce livre. « *Le dernier
homme* offre des conceptions dignes de la plus haute
épopée. Une invention simple et touchante, un
genre merveilleux tout neuf et admirablement tiré
du fonds du sujet ; un style plein de vigueur et de
feu, et , en général, une imagination qui ne le cède
peut être pas à celle de Milton et de Klopstock.
Quoique cet éloge puisse paraître exagéré , on n'a
vu personne qui ne soit tenté d'y ajouter encore
après l'avoir lu. »

—Discours qui a remporté le prix d'éloquence
de l'Acad. de Besançon en l'année 1772, sur
ce sujet : Qu'elle a été l'influence de la philosophie sur ce siècle. *Paris,* 1772 , in-8.

— Épître sur les progrès et la décadence
de la poésie. 1762, in-12.

Citée par la France littéraire de 1769. C'est donc
à tort que la Biographie universelle dit que le début
en littérature de l'abbé de Grainville fut le *Discours*
que nous avons cité , puisque l'*Épître* lui est antérieure de dix ans.

Il s'était essayé aussi dans le genre dramatique ,
et une pièce de lui , intitulée le *Jugement de Paris*,
avait été reçue au Théâtre-Français , et allait être
représentée à l'époque de la révolution.

GRAINVILLE (Jean-Bapt.-Christophe),
avocat au parlement de Rouen, membre
des académies de Rouen, de Caen, d'A-
lençon, de Bordeaux, et des Arcades de
Rome ; né à Lisieux, le 15 mars 1760, y
est mort, le 13 décembre 1805.

— Aventures (les) d'une jeune sauvage,
trad. de l'ital. (1789). Voy. CHIARI.

— Carnaval (le) de Paphos, poëme. *Paris,*
1784 , in-12.

—Fatalité (la), roman poétique. 1791, in-12.
La scène est en Arcadie , et présente un tableau
allégorique des premiers jours de la révolution.

— Hymnes (les) de Sapho , nouvellement
découvertes, trad. de l'ital. (1796). Voyez
IMPERIALI.

—Ismène et Tarsis, ou la Colère de Vénus,
roman poétique, suivi de quelques pièces
de vers de Métastase, traduites en prose.
Londres (Paris), 1785, in-12.

—Musique (la), poëme, trad. de l'esp.,
d'Yriarte : suivi d'un poëme sur le même
sujet, trad. du lat. (1800). Voy. YRIARTE.

— Panthéon (le) , ou les Dieux de la Fable
représentés par des figures, avec leurs explications. *Paris,* 1790 , in-8 et in-4.

Avec Sylv. Maréchal.

— Remède (le) d'amour, traduit du latin
(1797). Voy. OVIDE.

— Vendangeur (le), poëme , traduit de
l'ital. (1792). Voy. TANSILLO.

Grainville a rédigé les Étrennes du Parnasse, années 1788 et 1789; il a fourni une foule de dissertations, d'articles littéraires , de morceaux traduits
au Journal encyclopédique , au Magasin encyclopédique , au Mercure , au Journal littéraire de Clément, au Courrier des spectacles, etc. Il avait aussi
entrepris de publier un Choix des monuments inédits de Winkelman ; mais la révolution arrêta le
cours de cette publication : les deux premières livraisons sont les seules qui aient vu le jour (1789).

On lui a attribué , dit la Biographie universelle,
quelques ouvrages qui pourraient bien être de
Cousin de Grainville.

Grainville a laissé en portefeuille, entre les mains
de son fils, plusieurs ouvrages manuscrits , parmi
lesquels on remarque : 1° la Chasse, poëme en
prose en IV chants ou livres; 2° une traduction de
l'Araucana , poëme espagnol d'Alonzo Ercilla , dont
on a imprimé un fragment; 3° l'Italie délivrée des
Goths , trad. de l'italien , du Trissin ; 4° les Argonautes , poëme traduit du latin , de Valérius-Flac-
cus : tous ces ouvrages, excepté la Chasse, étaient
terminés , au commencement de la révolution et accompagnés de savantes notes; 5° les Héraclides ,
opéra, etc.

GRAMAGNAC , médecin. Essai sur les
désavantages polit. de la traite des nègres,
trad. de l'anglais (1789). Voy. CLARKSON.

GRAMBERT (Jos.). Voy. au Suppl.

GRAMME (J.-Ph.). Coutumes et Ordonnances du pays de Namur, avec le style
et la manière d'y procéder. Édit. augm.
des Édits politiques, renouvellement des
chartes, etc. dudit pays. *La Haye,* de
Hondt, 1736, in-4.

GRAMMONT (le duc Ant. de), pair et
maréchal de France, gouverneur de Navarre
et de Béarn, mort en 1678.

— Mémoires (ses), publiés par le duc (Ant.
Ch.) de Grammont, son fils, pair de France.
Paris, David, 1716, 2 v. in-12, ou 1717, in-8.

Le premier volume contient ses principales actions
depuis 1625 jusqu'en 1649. Le second renferme ses
négociations à la diète de Francfort, en 1951 , pour
l'élection de l'empereur (Léopold Iᵉʳ) ; et celles de
Madrid, en 1659, avec Philippe IV, roi d'Espagne,

pour le mariage de l'infante Marie-Thérèse avec le roi Louis XIV. Il y a peu de choses à la fin sur les années 1660 et suivantes jusqu'en 1672; le tout est précédé de la vie de ce maréchal de France.

— Mémoires contenant diverses particularités de l'élection de l'empereur Léopold Ier. *Francheville*, 1742, in-8.

Le duc de Grammont est un des nombreux personnages dont la Biographie universelle a omis de faire mention.

GRAMMONT (Mme de), née Renaud d'Allen.

— Principes de musique. Sec. édit. *Paris, Nouzou*, 1823, in-4 de 32 pag.

GRAMONT (Louis). Victorine, ou la Fille guerrière; tableau militaire en un acte mêlé de vaudev. *Bordeaux, Coudert*, 1818, in-8, 1 fr. 25 c.

GRANADA (Luis de). Voy. GRENADE.

GRANATA (Grégoire). Printemps (le), par Mlle***, trad. du français en italien (1803). Voy. ce titre à la Table des Anon.

GRANCHER (J.-Cl.), ancien professeur de langues anciennes à l'école centrale du du département des Ardennes, aujourd'hui recteur de l'Académie de Limoges, membre de la Société d'agriculture, sciences et lettres de la Haute-Vienne; né à Paris, le 3 mars 1779.

— Lusus poetici. *Parisiis, ex typogr. F. Didot*, 1819, in-8 de 43 pages, 2 fr. 50 c.

L'*Hermès romanus* et l'*Apis romana* ont parlé avec éloge de plusieurs pièces de ce recueil. L'auteur en prépare depuis plusieurs années une nouv. édit., avec des corrections, retranchements et augmentations.

— Poésies (françaises et latines). *Paris, Capelle et Comp.*, 1803, in-18, 1 fr. 25 c.

Essais d'un jeune homme, qui comprennent des fables, des épigrammes (françaises et latines), et des poésies diverses. L'auteur a retiré ce volume de la circulation, il y a à peu près vingt-cinq ans, et l'a livré aux flammes.

— Traité de l'orthographe française (à l'usage des élèves de l'auteur). *Brive, Craufon*, 1807, in-12.

Ouvrage que l'auteur a aussi entièrement supprimé.

M. Grancher a en portefeuille un *Recueil de Poésies françaises*, dont trois livres d'épigrammes, le tout presqu'entièrement inédit, et un *Essai sur l'étymologie analytique appliquée spécialement aux langues latine et française*.

GRANCOLAS (Jean), savant et laborieux docteur de Sorbonne, chapelain de Monsieur, frère de Louis XIV; né à Paris, vers le milieu du dix-septième siècle, mort le 1er août 1732.

— Bréviaire (le) des laïques, ou l'Office divin abrégé. *Paris*, 1715, in-12.

— Catéchèses (les) de saint Cyrille de Jérusalem, avec des notes et des dissertations. *Paris, Le Comte*, 1715, in-4.

— * Critique (la) abrégée des ouvrages des auteurs ecclésiastiques. *Paris, Laurent Lecomte*, 1716, 2 vol. in-12.

— Dissertations sur les messes quotidiennes, et sur la confession. *Paris*, 1715, in-12.

— * Histoire abrégée de l'église, de la ville et de l'université de Paris. *Paris*, 1728, 2 vol. in-12.

Cet ouvrage fut supprimé parce que le cardinal de Noailles y était traité avec trop peu de ménagement.

— Imitation (l') de J.-C., traduction nouvelle; précédée d'une Dissertation sur l'auteur de ce livre (1729). Voy. KEMPIS.

— Instruction sur le Jubilé, avec des résolutions de plusieurs cas sur cette matière. *Paris, Leclère*, 1722, in-12.

— Science (la) des confesseurs, ou la Manière d'administrer le sacrement de pénitence selon les conciles et les SS. Pères; avec la règle qu'on doit suivre pour la conduite des âmes. Sec. édit., augm. *Paris, De Batz*, 1700, 2 vol. in-12.

— * Traité de la messe et de l'office divin. Par J.-G. *Paris*, 1713, in-12.

Grancolas est encore auteur d'un assez grand nombre d'ouvrages dont la publication est antérieure à 1700.

GRAND (J.-B.). Abrégé élémentaire d'astronomie, de physique, d'histoire naturelle, de chimie, d'anatomie, de géométrie et de mécanique. 1777, in-8.

GRAND (N.), docteur en médecine.

— Réfutation de la discussion médico-légale du docteur Michu sur la monomanie homicide, à propos du meurtre commis par Henriette Cornier. *Paris, l'Auteur; Gabon*, 1826, in-8 de 20 pag., 75 c.

GRAND (Paul). Droit (le) d'aînesse, ou Épître à mon cadet, adressée à M. Pierre Grand, par son aîné Paul, avocat près la même cour (royale de Paris). *Paris, Ledoyen*, 1826, in-8 de 32 pag., 1 fr. 25 c.

GRAND (P.), frère du précédent, avocat à la Cour royale.

— Consultation pour Pierre-Victor, artiste du Théâtre-Français, contre M. le baron Taylor, commissaire royal près le même théâtre. *Paris, Delaforest; Ponthieu*, 1828, in-8 de 16 pages, 1 fr.

— Coup-d'œil impartial sur l'organisation politique en France. *Paris, au Palais-Royal, Galerie de bois*, n° 233, 1825, in-8 de 72 pages.

— Cri (le) de la France. *Paris, imprim. de Brasseur aîné*, 1821, in-8 de 8 pages, 1 fr.

— Marque (de la) ou flétrissure. *Paris*,

imprim. de Crapelet, 1826, in-8 de 8 pag.
— Pétition sur une décision arbitraire de l'Université, à MM. de la Chambre des députés. Paris, impr. de Constant-Chantpie, 1822, in-4 de 4 pages.
—Pétitions sur de graves intérêts, présentées à la Chambre des députés, l'une sur la nécessité et les moyens de répandre les lumières dans la Basse-Bretagne, d'interdire aux curés de brûler le prince d'Orange en effigie; et l'autre sur la nécessité d'abolir la marque ou flétrissure. Paris, Delaforest, 1828, in-8 de 28 pages, 1 fr.
Voyez aussi Le Grand.

GRANDCHAMP (de), capitaine en pied dans le régiment de Lillemarais, tué à l'attaque de la citadelle de Liége, en 1702.
— * Guerre (la) d'Italie, ou Mémoires du comte D***. Cologne, Marteau, 1702, 1707, in-12.
L'édition de 1707 a été augmentée par un anonyme, qui n'est autre que le fameux Sandras de Courtilz; voilà pourquoi différents bibliographes lui ont attribué cet ouvrage. Il est à remarquer que la réimpression parut à La Haye, chez le même libraire Foulque, en même temps que la « Guerre d'Espagne ».
— * Télémaque (le) moderne, ou les Intrigues d'un grand seigneur pendant son exil. Cologne, 1701, in-12.   Barb.

GRANDCHAMP (Mme Sophie). Aperçus de l'état des mœurs et des opinions dans la république française, trad. de l'angl. (1801). Voy. Williams (H. M.).
Le mérite de cette dame, dit Madame Briquet, n'est guère connu que des savants : elle a fait tour à tour, en faveur de quelques femmes, des cours gratuits d'astronomie, de grammaire générale, et de littérature. Les progrès de ses élèves, surtout en astronomie, ont été remarqués par plusieurs maîtres de pension, et leur ont fait naître l'idée d'engager madame Grandchamp à publier ses leçons. Sa modestie s'y est toujours opposée.
Madame Grandchamp, ajoute Madame Briquet, est auteur, outre la traduction que nous venons d'indiquer, de plusieurs ouvrages qui n'ont point été imprimés sous son nom, et de quelques autres qui sont restés inédits.

GRANDCHAMP (J.-L.), chirurgien. Essai philosophique jusqu'à quel point les traitements barbares exercés sur les animaux intéressent la morale publ. 1804, in-8.

GRANDET (Joseph), hagiographe, supérieur du séminaire d'Angers, curé de Sainte-Croix d'Angers; né dans cette ville en 1646, y est mort le 1er décembre 1724.
— Vie de M. Crétey, curé de Baranton, diocèse d'Avranches. Rouen, 1722, in-12.
— Vie de Gabriel Dubois de la Ferté, chevalier de Malte. Paris, 1712, in-12.
— * Vie (la) de M. Louis-Marie Grignion

de Montfort, prêtre, missionnaire apostolique. Nantes, 1724, in-12.
Grandet est auteur de plusieurs autres ouvrages dont l'impression a précédé 1700.
Il publia encore plusieurs ouvrages ascétiques peu importants, dont on trouve la liste dans le Dictionnaire de Moréri, édition de 1759.
On conservoit en manuscrit, au séminaire d'Angers, les Mémoires de Grandet, pour servir à l'histoire ecclésiastique de la province d'Anjou.

GRANDIDIER (l'abbé Philippe-André), savant historien, historiographe de France, chanoine du grand chœur de Strasbourg, archiviste de l'évêché de Strasbourg, membre de vingt-une académies littéraires ou de physique de France et d'Allemagne; né à Strasbourg, le 9 novembre 1752, mort à l'abbaye de Lucelle, le 11 octobre 1787.
—Essais historiques et topographiques sur l'église cathédrale de Strasbourg. Strasbourg, F.-G. Levrault, 1782, in-8, 3 fr.
— Histoire de la Vallée de Lièvre. (Ouvr. posth.). Sainte-Marie-aux-Mines, 1810, in-8.
— Histoire de l'évêché et des évêques de Strasbourg. Tom. I et II. Strasbourg, 1777-78, 2 vol. in-4.
Ce savant ouvrage devoit former 8 volumes, mais les deux premiers sont les seuls qui aient paru.
— Histoire ecclésiastique, militaire, civile et littéraire de la province d'Alsace. Tom. 1er. Strasbourg, 1787, in-4.
Ce vol. seul a été publié; les pièces justificatives du tom. II, au nombre de 212 chartes ou diplômes, sont aussi imprimées.
— Mémoire pour servir à l'histoire des poëtes du XIIIe siècle, connus sous le nom de Minnesingern.
— Mémoire sur l'état ancien de la ville de Strasbourg. Strasb., Levrault, 1778, in-4.
— Notice historique sur l'état ancien de la ville de Sultz, département du Haut-Rhin; mise au jour par M. Méglin. Strasbourg, imprim. de Levrault, 1817, in-8 de 24 pag.
— Vues pittoresques de l'Alsace; dessinées, gravées et terminées au bistre par Walter, et accompagnées d'un texte hist. Paris, 1785, sept livraisons in-4.
Les ouvrages de l'abbé Grandidier sont pleins d'érudition et de recherches savantes.
Grandidier est auteur de plusieurs pièces de poésies françaises peu connues : il a fourni un grand nombre de Dissertations sur des sujets curieux ou intéressants, à divers journaux de France et d'Allemagne, et au Journal de Lorraine et de Barrois, entre autres. La Bibliothèque du Nord, année 1778, renferme de lui une Notice sur la vie et les ouvrages d'Oufrid, poëte allemand. Le marq. de Luchet a fait imprimer, dans son « Essai sur la secte des illuminés, sec. édit. (1789) », l'Extrait d'une Lettre de Grandidier à Madame de *** sur l'origine des Francs-Maçons, et particulièrement ceux d'Alsace, dont le siège était à Strasbourg. Cet Extrait a été réimprimé, comme une Lettre entière, dans les « Cérémonies religieuses, édition de Prudhomme, tom. X, pag. 394 ». Gran-

didier a encore fourni des notes à l'abbé Godescard., pour une nouv. édit. des Vies des saints.

Il a été un des plus zélés collaborateurs de la *Germania sacra*.

Enfin l'abbé Grandidier a laissé en manuscrit des Mémoires sur l'origine et les progrès de la lèpre; un Bréviaire à-l'usage du diocèse de Strasbourg; un Nécrologe des hommes illustres et savants alsaciens.; un poëme intitulé *la Dohomacie*, etc.

GRANDIN (Martin), savant docteur de la maison et société de Sorbonne; né à Saint-Quentin en 1604, mort en 1691.

— Opera theologica, adjectis quibusdam recentioris theologi notis.*Paris*., *Cl.Rigaud*, 1710, in-4, ou 6 vol. in-8.

Cet ouvrage, reconnu excellent, a été publié par l'abbé d'Argentré., depuis évêque de Tulle, qui y inséra plusieurs de ses ouvrages.

GRANDIN, bachelier en théologie de la Faculté de Paris, et professeur de philosophie au collége de Navarre.

Il a donné, en 1724, une nouvelle édition des *Récréations mathématiques* d'Ozanam, dont il a retouché le style en plusieurs endroits, et retranché plusieurs propositions peu dignes d'un philosophe. Il y avait aussi ajouté les problèmes de musique. Cette édition a eu du succès pendant quarante ans, jusqu'à ce que Montucla en eût donné une tellement supérieure, qu'elle peut passer pour un nouvel ouvrage.

En 1739 il présenta à l'Acad. des sc. un mém. *sur la nature du feu et sa propagation*, qui n'a pas été imprimé; mais dont on peut voir l'extrait dans le Journal des savants de la même année.

GRAND-JARQUET. * Muse (la) d'un théologien du Mont-Jura. *Lausanne*, 1777, 2 vol. in-8.

GRANDJEAN DE FOUCHY. Aventures d'un jeune officier français dans le royaume de Naples. *Paris*, *Lecointe et Durey*, 1821, 2 vol. in-12, 5 fr.

Voy. aussi FOUCHY.

GRANDJEAN DE MONTIGNY (A.), architecte.

— Architecture toscane (1806-15). Voy. FAMIN.

— Recueil des plus beaux tombeaux exécutés en Italie dans les xvᵉ et xviiᵉ siècles, d'après les dessins des plus célèbres architectes et sculpteurs.*Paris*, *l'Auteur; P. Didot*, 1814-15, in-fol.

Cet ouvrage a été annoncé comme devant avoir 12 livraisons de chacune 6 planches avec texte : les deux premières seulement ont été publiées. Le prix de souscription pour chaque livraison était de 4 fr.; pap. de Hollande, 8 fr.; et lavé et colorié, 30 fr.

GRANDMAISON. Petite (la) Guerre, ou Traité du service des troupes légères en campagne. *Paris*, 1756, 2 part. en un vol. in-12.

GRANDMAISON (de), docteur en méd.

—Tablettes morales et histor. 1762, in-12, 5 fr.

GRANDMAISON (P.). Voy. PARSEVAL.

GRANDMAISON VAN-ESBECQ (Mᵐᵉ).

— * Adolphe, ou la Famille malheureuse. *Paris*, *Lepetit*, 1797, 3 vol. in-12, ou 3 vol. in-18.

— Adolphe, ou la Prédiction accomplie, roman historique. *Paris*, *A. Costes*, 1814, 2 vol. in-12, 5 fr.

— Antoine et Camille, ou la Sympathie. *Paris*,*l'Auteur; Debray*, 1810, 2 vol. in-12.

— Edwige de Milvar, par madame G. VAN***, auteur d'Adolphe, ou la Famille malheureuse; et de l'Héritière de Babylone. *Paris*, *Frechet*, 1807, 3 v.in-12, 5 f.

— *Époux (les) philosophes, au xviiiᵉ siècle. Par Mme G.... Van......., auteur d'Adolphe, etc.; d'Edwige de Milvar, etc. *Paris*, *Allais*, 1808, 3 vol. in-12, 5 fr. 50 c.

— Ernest de Saint-Omer, ou les Épreuves de l'adversité. *Paris*, *Vᵉ Lepetit*, 1813, 2 vol. in-12, 4 fr. 50 c.

—*Synaïb et Zora. Par Mme G....V.... *Paris*, *Ouvrier*, 1800, 2 vol. in-12, 3 fr., ou 2 vol. in-18, 2 fr.

Il y a des exempl. avec la même date qui portent pour titre : Sinaïb et Zora, ou l'Héritière de Babylone. Par Madame G... V..., auteur d'Adolphe, ou la Famille malheureuse.

GRANDMAISON Y BRUNO (G. de), chef d'institution à Calan, départ. du Cher.

—Abrégé de l'histoire sacrée. *Paris*,*Petit*; *et Bourges*, *Mauceron*, 1825, in-12, 2 fr.

— Annales de la maison de Bourbon, depuis Robert-le-Fort jusqu'à Charles X. *Paris (Brunot-Labbe); Petit*, *et Bourges*, *P. A. Mauceron*, 1826, in-12, 2 fr.

Sous le titre, *A S. Exc. Monseigneur le bar. de Damas*, *pair de France et ministre des affaires étrang.*, l'auteur a fait imprimer à Paris, chez Delalain, en 1826, en 4 pag., une dédicace de cet ouvrage.

— M. de Villèle (de) et de M. de Chateaubriand à l'abolition de la censure. *Paris*, *Le Normant père*, 1824, br. in-8, 75 c.

— Vives alarmes du ministère à l'avénement de Charles X, brochure dont la censure a interdit l'annonce dans les journaux. *Paris*, *march. de nouv.*, 1824, br. in-8.

M. Grandmaison y Bruno a participé au Chansonnier royaliste (1823).

GRANDMENIL. Voyez (au Supplément) FAUCHARD DE G.

GRANDMOTTET (l'abbé J.-D.), traducteur.

Il a donné des traductions de l'allem. de plusieurs ouvrages d'éducation de CAMPE, tels que les Conseils d'un philosophe allemand à sa fille, le Nouveau Robinson, la Petite Bibliothèque des enfants, Théophron, ou le Guide de la jeunesse, etc. Toutes ces traductions ont été primitivement imprimées en Allemagne.

GRANDPERRET (C.-L.), de la Société

roy. académique des sciences de Paris, etc.
— Grecs (les), épître à M. Alphonse de
Lamartine. *Lyon, imp. de Perrin*, 1826,
in-8 de 24 pag.
— Traité classique de littérature, conte-
nant les humanités et la rhétorique. V[e] édit.
Lyon et Paris, Rusand, 1827, 2 vol. in-12.

La prem. édit., qui parut en 1816, est, ainsi que
celles postérieures, en 2 vol. in-12.

GRANDPONT (Ph.-Fr.). Abrégé de
Grammaire française; avec un Plan sur la
manière d'enseigner, à l'usage des jeunes
gens élevés dans les institutions militaires.
Berlin, 1804, in-8.

GRANDPRÉ (François-Joseph-DARUT,
baron de), lieutenant-général des armées
du roi; né à Valréas, en 1726, mort à
Charleville, vers 1792.
— * Aimable (l') petit-maître, ou Mémoires militaires et galants de M. le
comte de G*** P***, capitaine au régiment de Touraine, écrits par lui-même à
M. de Té***. *Cythère*, 1750, in-12.
— Mémoires sur les moyens qu'il serait
facile d'employer pour parvenir sûrement,
promptement, sans bouleversement et sans
commotion, à toute la perfection dont le
militaire de France est susceptible. Sec.
édit., augmentée du Récit de la campagne
de Louis-Jos. de Bourbon, prince de
Condé (en 1762). 1789, 3 vol. in-8.

GRANDPRÉ (Frédéric-Vincent DARUT
DE), frère du précédent; grand-vicaire de
l'évêque de Vaison; membre du conseil-
général et président de Valréas, membre
de l'Athénée de Vaucluse et de plusieurs
sociétés savantes et littéraires; né à Valréas,
le 22 janvier 1738, où il est mort, le 11
décembre 1809.

Il a rédigé, sur différents objets d'économie
politique, des Mémoires aussi remarquables par la
profondeur des idées que par la clarté et la précision
du style. On en trouve quelques-uns dans les Mém.
de l'Athénée de Vaucluse.
On a trouvé parmi ses papiers des manuscrits
intéressants sur l'histoire et sur les sciences exactes.
Ils n'ont pas encore été publiés jusqu'ici, mais ils
le seront sans doute quelque jour.

GRANDPRÉ (le comte Louis-Mar.-Jos.
O'HIER DE), anc. capitaine des vaisseaux
du Roi, aujourd'hui en retraite à l'Hôtel
roy. des Invalides, membre de la Soc. de
géographie et de celle des Antiq. de France;
né à Saint-Malo (Ille-et-Vilaine), le 7 mai
1761.
— Abrégé élémentaire de géographie physique. *Paris, F. Didot*, 1825, 2 part. en un
vol. in-8 avec un tableau et 6 cartes, 8 fr.
— Dictionnaire universel de Géographie

maritime, ou Description exacte de tous
les ports, havres, rades, baies, golfes et
côtes du monde connu; des courants,
fleuves, rochers, bancs de sable, et de
tous les dangers, etc. traduit de l'anglais,
refait presque entièrement, soigneusement
corrigé et augmenté. *Paris, imp. de Marchant (* F. Didot)*, 1803, 2 vol. in-4,
24 fr.; ou 3 vol. in-8, 21 fr.
— Manuel théorique et pratique du serrurier, ou Traité complet et simplifié de cet
art, d'après les renseignements fournis par
plusieurs serruriers de la capitale. *Paris,
Roret*, 1827, in-18 avec 3 planches, 3 fr.
— Répertoire polyglotte de la marine, à
l'usage des navigateurs et des armateurs,
contenant par ordre alphabétique, la nomenclature des termes de la marine, leur
explication raisonnée, et les méthodes à
employer pour résoudre les questions d'astronomie, de statique et de physique, relatives à l'art de la marine; suivi de cinq Vocabulaires des termes techniques en anglais,
espagnol, allemand, italien et portugais.
Paris, Mahler et comp., 1829, 2 vol. in-8,
20 fr.
— Voyage à la côte occidentale d'Afrique,
fait dans les années 1786 et 1787, contenant la description des mœurs, usages,
lois, gouvernement et commerce des états
du Congo, fréquentés par les Européens,
et un Précis de la traite des noirs, ainsi
qu'elle avait lieu avant la révolution française; suivi d'un Voyage fait au cap de
Bonne-Espérance, contenant la description
militaire de cette colonie; les détails d'une
excursion sur la fameuse montagne de la
Table; l'ordre dans lequel elle doit être
classée; la réfutation de quelques voyageurs
précédents, et une Discussion où l'on examine si les anciens avaient doublé ce pro-
montoire avant les Portugais. *Paris, Dentu*, an IX (1801), 2 vol. in-8 avec 11 gravures et le plan de la citadelle du cap de
Bonne-Espérance, 10 fr. 50 c.; pap. vél.,
avec les figures réunies en atlas, 24 fr.
— Voyage dans l'Inde, à travers du grand
désert, par Alep, Antioche et Bassora.
Trad. de l'angl., avec des notes critiques
(1803). Voy. TAYLOR.
— Voyage dans l'Inde et au Bengale fait
dans les années 1789 et 1790, contenant
la description des îles Séchelles et de
Trinquemalay; des détails sur le caractère
et les arts industriels des peuples de l'Inde;
la description de quelques pratiques religieuses des habitants du Bengale; suivi
d'un voyage fait dans la mer Rouge, con-

tenant la description de Moka et du commerce des Arabes de l'Yémen, des détails sur leur caractère et leurs mœurs, etc. *Paris, Dentu,* an IX (1801), 2 vol. in-8 avec 7 grav. et le plan de la citadelle de Calcutta, 10 fr.
— Voyage dans l'intérieur de l'Afrique en 1797-98, trad. de l'angl. (1801). Voyez BARROW (J.).

Un Mém. du comte de Grandpré, intitulé *Carnac. Dissertation sur le camp de César et sur la bataille navale entre les Romains et les Vénètes,* a été imprimé dans le second vol. du recueil de la Société royale des Antiquaires de France *(1820).*

Cet écrivain a en portefeuille un *Voyage en Russie,* en une série de lettres, et des *Considérations sur le déluge, et sur le naufrage de l'Atlantide.*

GRANDPRÉ (Gustave). Abbaye (l') de la Trappe. *Paris, Corbet,* 1827, in-18, 3 f.
—- Humoristes (les), ou le Château de Bracebridge. Traduit de l'anglais (1826). Voy. IRWING (W.).
— Promenade au Croisic, suivie d'Iseul et Almanzor, ou la Grotte à Madame, poëme. *Paris, Corbet aîné; Ponthieu,* 1828, 3 vol. in-18, 9 fr.

GRAND-THORANE, avocat au parlement de Grenoble. Voy. au Supplément.

GRANDVAL (Nicolas RAGOT DE), organiste et homme de lettres; né à Paris, en 1676, où il est mort, le 16 novembre 1753.
— Agathe, ou la chaste Princesse, tragédie (pour rire, en 3 actes, et un prologue: le tout en vers). *Paris, sans nom d'impr.* et sans date, in-8.
— Almanach des Proverbes pour l'année 1745. Sec. édit., rev. et corr. *Anvers (Paris),* 1745, in-8 de 45 pages.

Publ. sous le pseudon. de Cartouchi-Vandeek, astronome privilégié suivant les arts.

— Essai sur le bon goût en musique. *Paris, Prault,* 1732, in-12.
— * Persiflès, tragédie (pour rire) en 5 actes (et en vers). *La Haye, sans nom d'impr.,* 1748, in-8.

Le catalogue du duc de la Vallière, rédigé par Nyou, n° 18,267, attribue cette pièce à Moncrif, et le catalogue de Pont de Veyle, au feu duc de la Trémouille.

— * Pot (le) de chambre cassé, tragédie pour rire, ou comédie pour pleurer (en un acte et en vers), par Enluminé de Métaphorenville, grand colifichetier de la fée Brillante. *A Ridiculomanie, chez Georges l'Admirateur,* sans date, in-8.

Cette pièce est aussi attribuée à Gaubier

— Quartier (le) d'hiver, com. en un acte et en prose. *Rouen,* 1697, in-12.
— * Théâtre de campagne, ou les Débauches de l'esprit, *Londres et Paris, Duchesne,* 1755, in-8; ou 1758, in-12.

— Vice (le) puni, ou Cartouche, poëme héroïque, comique et trag., en XIII chants. Suivi du Dictionnaire argot-français et français-argot. *Paris, Mme Demoraine et Douquin,* 1827, in-18 de 108 pag., avec une pl.

La prem. édition de ce poëme parut anonyme en 1723, sous le titre de *Cartouche, ou le Vice puni,* avec une Lettre critique et un examen dudit poëme, par le même auteur (in-8). Deux ans plus tard, ce poëme fut réimprimé sous le titre du *Vice puni, ou Cartouche.* (Paris, Prault, 1726, in-8).

Ce ne sont pas seulement, comme on l'a dit, les plus beaux vers de la Henriade qui y sont parodiés, ce sont surtout Corneille, Racine, et autres auteurs dramatiques que Grandval, qui était comédien, a parodiés. Voici, à ce sujet, dans quels termes Grandval s'exprime : J'ai affecté de prendre quantité de vers des meilleures pièces de théâtre et autres ouvrages, que j'ai semés le plus qu'il m'a été possible, pour en relever le peu de mérite. Ils sont, en très-grand nombre, tant pris en entier que parodiés ou imités, et j'aurais souhaité pouvoir en composer les trois quarts et demi de mon livre : je me suis contenté de les mettre en lettres italiques ; ils sont assez connus, et j'aurais cru, ami lecteur, te faire injure de citer les endroits d'où je les ai tirés. »

Grandval est auteur de deux autres pièces qui ont été représentées, mais non imprimées : le Valet astrologue (1697), et le Camp de Porchefontaine (1722).

GRANDVAL (Charles-François RAGOT DE), fils du précédent, célèbre acteur du Théâtre-Français; né à Paris, en 1711, où il est mort, le 24 septembre 1784.
— * Deux (les) Biscuits, tragédie (en un acte), trad. de la langue que l'on parlait jadis au royaume d'Astracan, et mise depuis en vers français. *Astracan (Paris),* 1752, 1759, in-8 avec figures et vignettes.
— * Eunuque (l'), ou la Fidèle infidélité, parade (en un acte) en vaudevilles, mêlée de prose et de vers. *Montmartre, sans nom d'imp.,* 1750, in-8; ou *Paris,* 1767, in-8.
— * Léandre Nanette, ou le double Quiproquo, parade (en un acte) en vers et en vaudevilles. *Clignancour,* sans date, in-12, ou 1756, in-8.
— Nouvelle (la) Messaline, tragédie (burlesque) en un acte (et en vers). *Sans nom de ville, ni d'impr.,* et sans date, in-12.— *Ancône, Clitoris,* 1752, in-4; ou 1773, in-8.

Les deux dernières éditions ont été publ. sous le nom de Pyron, dit Prépucius.

— *Sirop-au-cul, ou l'Heureuse délivrance, tragédie héroï-merdifique (en 3 actes et en vers), par M***, comédien italien. *Au Temple du Goût,* sans date, in-8.
— * Tempérament (le), tragédie-parade, traduite de l'égyptien en vers français et réduite en un acte, par M. G***. *Au grand Caire, sans nom d'impr.,* 1756, in-8.

L'*Eunuque* et *Sirop-au-cul* ont été aussi imprimés dans le « Théâtre de campagne », cité à l'article précédent, et qui est composé, en grande partie, des pièces plus souvent ordurières que plaisantes de Grandval père et fils.

GRANDVAL, conseiller au conseil d'Artois.

Il a fait insérer, dans le premier recueil de l'Académie de Montauban, un Mémoire intitulé : *Réflexions sur l'usage des machines dans les poëmes dont les héros sont chrétiens;* l'avocat Lacombe en a emprunté plusieurs idées pour son Spectacle des Beaux-Arts, 1757, in-12.

GRANDVOINET DE VERRIÈRE, mort à Paris, le 4 juin 1745.

— Mémoires et Aventures de M. de ***, traduits de l'italien par lui-même. *Paris, Prault*, 1735, 2 vol. in-12.

Traduction supposée.
Suivant l'abbé Goujet, Grandvoinet est encore auteur de deux opéras-comiques et d'autres ouvrages non imprimés.

GRANET (Jean-Joseph), avocat au conseil et censeur royal, né à Aix, en 1685, mort à Paris, le 26 janvier 1759.

— Histoire de l'hôtel royal des Invalides. enrichie d'estampes. *Paris, Desprez*, 1736, in-fol. avec fig.

Voy. aussi PÉRAU (l'abbé).

GRANET (l'abbé François), littérateur; né à Brignolles, en 1692; mort à Paris, le 2 avril 1741.

— Chronologie (la) des anciens royaumes, corrigée, etc., traduite de l'angl. (1728). Voy. NEWTON.

— * Entretiens sur les Voyages de Cyrus. *Nanci, Nicolay*, 1728, in-12.

Avec l'abbé Desfontaines.

— * Essai sur les guerres civiles de France, trad. de l'angl. (1729). Voy. VOLTAIRE.

— * Nouvelliste (le) du Parnasse. *Paris, Chaubert*, 1731, 3 vol. in-12; ou 1734, 2 vol. in-12.

— * Recueil de pièces d'histoire et de littérature. *Paris, Chaubert*, 1731, 4 vol. in-12.

Avec le P. Desmolets.

— * Réflexions sur les ouvrages de littérature. *Paris, Briasson*, 1736-1740, 12 vol. in-12.

Suivant l'abbé Goujet, dans son Catalogue manuscrit, ce journal a été commencé par de La Blontière et Bointel, noms tout-à-fait inconnus dans la république des lettres.   *Barb.*

— * Spectateur (le) inconnu. *Paris*, 1724, in-12.

On trouve dans ce journal un Examen critique de la Henriade de Voltaire.
L. T. Hérissant l'attribuait au P. Buffier.

— Vérités littéraires sur la tragédie d'Hérode et de Marianne de M. de Voltaire. *Paris*, 1725, in-8.

Outre les ouvrages que nous venons de citer, l'abbé Granet a participé à plusieurs recueils littéraires du temps, tels que les Nouvelles littéraires (1723 et ann. suiv.); la Bibliothèque française (1723 et ann. suiv.); les Observations sur les écrits modernes (1735 et ann. suiv.).

Comme éditeur, on lui doit des éditions des ouvrages suivants, avec de bonnes préfaces : des Discours sur la comédie, par le P. LEDRUN (1731), et du Traité des pratiques superstitieuses, du même auteur, auquel il ajouta un quatrième volume composé de pièces rares et singulières; de la traduction de l'Histoire des Flagellants, par Jacq. BOILEAU (1732); des OEuvres choisies de P. Corneille (1738); des Mœurs des Romains, par LEFÈVRE DE MORSAN (1739); des OEuvres complètes de LAUNOY, augm. de la Vie de l'auteur, et d'un Launoyana, morceau curieux et qui part d'un bon humaniste; enfin un Recueil de Dissertations sur plusieurs tragédies de Corneille et de Racine, avec des réflexions pour et contre la critique des ouvrages d'esprit; et des jugements sur ces dissertations. *Paris*, 1740, 2 vol. in-12. On ne trouve pas dans ce recueil la critique de Britannicus, par Boursault; mais Granet répara cet oubli qui lui fut reproché, en l'insérant dans le tom. XI de ses Réflexions sur les ouvrages de littérature.

GRANET (Franç.-Omer), conventionnel; né à Marseille, en 1755, mort le 10 septembre 1821.

— Rapport et projet de décret sur les consulats de France en pays étranger, présenté au nom du comité de marine. *Paris*, 1792, in-8.

GRANET. Mémoire sur les moyens de conserver la pomme de terre, sous la forme de riz ou de vermicel. 1794, in-8.

GRANET (B.), chef d'institution. Odes d'Horace trad. en vers (1823). Voy. HORACE.

— Poésies diverses. *Paris, impr. de David*, 1824, in-8 de 20 pag.

GRANGE. Nouveau Traité du change, etc. *Paris, Hocquart*, 1802, in-8, 5 fr. 25 c.

GRANGE (J.-B.-A.), notaire, membre de plusieurs académies; né à Marseille, le 9 février 1795, y est mort, le 23 février 1826.

— Éloge de M. l'abbé Féraud, couronné par l'Académie des sciences, lettres et arts de Marseille, dans sa séance du 29 août 1819. *Marseille, impr. de Guion*, 1819, in-8 de 68 pag.

A la suite est une pièce intitulée « l'Ombre de Cicéron ».

— Essais littéraires. *Paris, impr. de Lebel*, 1824, 2 vol. in-18 avec deux gravures.

Le premier volume contient 16 élégies, 13 épîtres, 7 prosopopées et odes; la Pudeur, poème, et 4 soirées poétiques. Le tom. second : 4 éloges, de l'abbé Féraud, de M. Poivre, de Vauvenargues, de Belsunce; un Essai sur les romans; un Essai sur le sonnet et Discours de réception à l'Acad. de Marseille.

Voy. aussi LA GRANGE.

GRANGÉ, libraire. Almanach général des marchands, par MM. G. R. L. V. *Paris, Grangé*, 1778. in-8.

Avec Rei et Levent.

GRANGÉ (A.). Voy. DESROCHES.

GRANGÉ (H.-F.). Abrégé de l'histoire grecque, depuis le commencement jusqu'à l'entière destruction de cet empire, avec un supplément sur les mœurs, usages, institutions, sciences et les productions littéraires des Grecs, accomp. de notes explicatives. *Berlin*, *Maurer*, 1821, in-8, 2 fr. 50 c.

GRANGENT (J.-Math.), membre de l'Académie royale de Nimes.

— Description des monuments antiques du midi de la France. *Paris*, *Gœury*; *Treuttel et Würtz*, 1819 et ann. suiv. in-fol.

Avec C. Durand, S. Durant, et autres membres de l'Académie de Nimes.

Cet ouvrage formera, complet, un vol. en deux parties : il n'avait encore paru, en janvier 1830, que la première, avec 43 planch., 45 fr.

— Faits historiques sur l'île ou presqu'île de Cète, et Observations sur son port et sur son commerce. *Montpellier*, 1805, in-8.

GRANGER, membre de la cour de justice criminelle.

—* Idées des abus, surtout dans l'ordre de procéder en matière criminelle, et des moyens d'y remédier. *Paris*, *Guerbart*, an VIII (1800), in-8.

GRANGER (E.), avocat aux conseils du roi et à la cour de cassation.

— Au Roi en son conseil : Mémoire pour le sieur Paret, concessionnaire des concessions d'Afrique, contre une décision de S. Exc. le ministre de l'intérieur, en date du 11 juin 1824. *Paris*, *impr. de Boucher*, 1825, in-4 de 12 pag.

— Consultation. *Paris*, *impr. de Boucher*, 1825, in-4 de 4 pag.

— Dissertation sur cette question : Le pavillon couvre-t-il la marchandise? et de son application à la dernière convention entre la France et l'Espagne. *Paris*, *Dondey-Dupré fils*; *Ponthieu*; *Delaunay*, 1824, in-8.

— Guide du colon, ou Commentaire sur la loi d'indemnité des colons de Saint-Domingue. *Paris*, *Delaforest*, 1826, in-8.

Cet ouvrage a eu, la même année, une sec. édit. (on second tirage).

Voy. aussi TOURTECHOT-GRANGER.

GRANGERET DE LA GRANGE (Jean-Bapt.-André), orientaliste, élève de l'école spéciale des langues orientales vivantes, membre du conseil de la Société asiatique de France, sous-bibliothécaire à la bibliothèque de l'Arsenal; né à Paris, en 1790.

— Cantique de félicitation à S. M. T. C. Louis-le-Désiré, trad. de l'arabe (1814). Voy. SABBAGH.

— Défense de la Poésie orientale, ou Réplique à un passage de l'art. que M. Schulz, membre de la Société asiatique de France,

a inséré dans le 40e cahier du Journal asiatique. *Paris*, *impr. de Fournier*, 1826, in-8 de 24 pag.

M. Grangeret de la Grange a fourni divers articles de littérature orientale; 1° aux Mines de l'Orient; 2° au Journal étranger, publié par M. Amaury Duval; 3° au Journal et Nouveau Journal asiatique, dont il est l'un des rédacteurs (1822 et ann. suiv.) : il a fourni au dernier de ces recueils, entre autres morceaux, des *Poëmes extraits du divan d'Omar Ibn-Faredh* dont on a tiré un certain nombre d'exempl. à part (Paris, Dondey-Dupré, 1823, in-8 de 20 pag.), et *les Arabes en Espagne*, extrait des historiens orientaux, dont il y a aussi des exemplaires tirés à part (Paris, le même, 1824, br. in-8, 1 fr).

M. Grangeret de la Grange a été le premier traducteur de l'Anthologie arabe, ou Choix de Poésies arabes inédites, qu'il a accompagnées d'observations critiques et littéraires, et terminées par un morceau français de sa composition, intitulé : *Hymne au grand Jehova*, où il a fort bien imité la forme et la manière orientales. (1828). Voyez à la Table des Anonymes : Anthologie Arabe.

GRANGIER (le P.). *Examen théologique sur la société du prêt à rente; dialogue entre Bail et Pontas, doct. en théologie. *Paris*, 1741, in-8.

GRANIÉ. * Art d'aimer d'Ovide, traduction nouvelle (1785). Voy. OVIDE.

GRANIÉ (P.), anc. avocat aux conseils du roi et à la cour de cassation.

— Histoire de Charlemagne, roi de France et empereur d'Occident au renouvellement de l'empire; précédée d'un Précis historique sur les Gaules. *Paris*, *Gide*, 1819, in-8, 7 fr.

— Histoire de l'Assemblée constituante. *Paris*, 1799, in-8. — Nouv. édit. (sous ce titre : Histoire des États-Généraux, ou Assemblée nationale en 1789 sous Louis XVI). *Paris*, *Porthmann*, 1814, in-8, 3 fr.

La première édition porte pour nom d'auteur : par un citoyen des États-Unis de l'Amérique septentrionale, et la seconde celui de Granié.

— Lettre au citoyen D*** sur l'ouvrage intitulé : Mes rapports avec J.-J. Rousseau, par le cit. Dusaulx. 1798, in-8.

— Lettre à M***, sur la philosophie dans ses rapports avec notre gouvernement. *Paris*, 1802, in-8, 1 fr. 20 c.

— * Lettre (petite) sur un grand sujet. *Paris*, *Martinet*, janv. 1812, in-8.

Relative à la discussion sur « Conaxa ».

— Observations sur les lois maritimes dans leurs rapports avec le Code civil. *Paris*, *Brig. Mathey*, 1799, in-8 de 74 pag., 1 fr.

— Réflexions sur Machiavel....

GRANIER (J.-L.). Forfaits de Santhonax, Vict. Hughes et Lebas, agents particuliers de l'ex-directoire exécutif à Saint-Domingue et à la Guadeloupe, dévoilés. 1799, in-8.

GRANIER (Louis-Raymond-Antoine), alors greffier en chef du tribunal de prem. instance de l'arrondissement de Forcalquier.
— Matières du Code pénal, par ordre alphabétique, avec des notes extraites des motifs donnés par le conseil d'état, et des rapports faits au nom de la commission de législation. *Avignon, imprim. de Guichard aîné*, 1813, in-4, 10 fr.

GRANIER (J.-E.), ancien chirurgien militaire, médecin, associé des soc. roy. de médecine de Marseille, Besançon, correspondant de celles de Montpellier, Toulouse, Lyon, correspondant de l'ancien comité central de vaccine à Paris.
— Topographie médicale de l'île de Walcheren, suivie d'une Exposition clinique des principales maladies qui ont paru dans les hôpitaux de Middelbourg (île de Walcheren) depuis l'automne de 1811 jusqu'au milieu de l'été de 1812. *Breda, van Bergen*, 1813, in-8, 2 fr. 50.
— Traité sur l'apoplexie, considérée en elle-même, d'après les vues anciennes et modernes, et relativement aux maladies qui la simulent, la précèdent, l'accompagnent ou lui succèdent. *Toulouse, Vieusseux, et Paris, Béchet jeune*, 1826, in-8, 5 fr.

GRANIER DE SAINTE-CÉCILE (J.-M.), maire de Treffort (Ain).
— Mémoire contenant plusieurs projets de finance, de politique et d'administration, adressé aux gouvernements de toutes les nations policées. Troisième édit. *Bourg, impr. de Bottier*, 1821, in-8.
— Moyen pour produire spontanément et à peu de frais un moteur capable de suppléer aux pompes à feu ou à tout autre agent mécanique. *Lyon, impr. de Barret*, 1824, in-8 de 16 pag.

GRANT (Guill.). Recherches sur les fièvres, selon qu'elles dépendent des variations de saisons, et telles qu'on les a observées à Londres pendant vingt années consécutives; avec des observations de pratique sur la manière de les guérir. Trad. de l'angl. par M. LEFEBVRE (DE VILLEBRUNE). *Paris*, 1773, 3 vol. in-12. — Nouv. édit., suivie de l'Histoire des constitutions épidémiques de St.-Domingue et de la description de la fièvre jaune. Par M. POUPPÉE-DESPORTES. *Montpellier, Ve Picot*, 1821, 2 vol. in-8, 12 fr.

GRANT (A.) Histoire du Brésil, contenant la description des mœurs, la religion des habitants, et un tableau du commerce intérieur de cette colonie. *Brunswick et St.-Pétersbourg, Pluchart*, 1811, in-8, 5 fr.

GRANTE D'IVERK. Théorie des mouvements de la terre et de la lune. *Paris*, 1740, in-8.

GRANVILLE, act. du Théâtre-Louvois.
— * Paulin, ou les Aventures du comte de Walter. *Paris, Desenne*, 1792, 2 vol. in-12.

GRAPPIN (Dom P.-Philippe), anc. bénédictin, chanoine de Besançon, ci-devant secrétaire-perpétuel de l'Académie des sciences, belles-lettres et arts de Besançon; des académies de Rouen, de Metz, de Châlons-sur-Marne, d'Arras, de Hesse-Cassel, etc.; né à Ainville en Franche-Comté, le 1er février 1738.
— *Abrégé du «Traité du pouvoir des évêques» de Pereyra. *Paris, an xi (1803), in-8.
— * Almanach historique de Besançon et de la Franche-Comté, pour les années 1785 et 1786. *Besançon, Tissot*, in-8.
Ces almanachs contiennent une description très-bien faite des villes, bourgs et villages de la province; aussi ont-ils été fort recherchés, et commencent-ils à devenir rares, même à Besançon.
— *Éloge histor. de M. l'abbé Grandidier. *Strasbourg, Lorenz et Schuler*, 1788, in-12.
— * Éloge historique de Jean Jouffroy, cardinal d'Alby, lu à l'Académie des sciences de Besançon, par un membre de cette académie, le 23 avril 1785. *Besançon*, 1785, broch. in-12.
— *Essais poétiques. *Besançon, Couché*, 1786, in-8.
— * Histoire abrégée du comté de Bourgogne. *Avignon (Vesoul); Poirson*, 1773, in-12. — Seconde édit., considér. augm. *Besançon, J.-Félix Charmet*, 1780, in-12.
— *Lettre à l'auteur de «l'Examen philosophique de la règle de Saint-Benoît» (Dom Cajot), ou Examen religieux de l'Examen philosophique. *En France (Besançon)*, 1768, in-8.
— * Mémoire historique, où l'on essaie de prouver que le cardinal de Granvelle n'eut point de part aux troubles des Pays-Bas dans le xvie siècle. *Besançon, Couché*, 1788, in-8.
— * Mémoire sur les ville et abbaye de Faverney. 1771, in-8.
— * Mémoires historiques sur les guerres du xvie siècle dans le comté de Bourgogne. *Besançon, J.-Fr. Couché*, 1768, in-8.
— * Ode à la religion. In-8.
— * Ode aux états-généraux. In-8.
— * Ode contre le duel. In-8.
— * Ode sur la question. In-8.
— Quelle est l'origine des droits de mainmorte, dans les provinces qui ont com-

posé le premier royaume de Bourgogne?
Besançon, et Paris, 1779, in-8.

— * Recherches sur les anciennes monnaies, poids et mesures du comté de Bourgogne. *Besançon, Couché, et Paris; Nyon*, 1782, in-8.

Ces deux derniers ouvrages ont été couronnés par l'Académie de Besançon en 1782.

Outre les ouvrages que nous venons de citer, Dom Grappin est auteur de Dissertations et de Notices imprimées dans divers recueils, dont nous donnons ici la liste aussi complète qu'il nous est possible : 1° Réponse à l'auteur de « l'Histoire des variations de la confession » (Journ. ecclés., 1775); 2° Quand et pourquoi s'est introduit l'usage de faire gras le jour de Noël? arriva-t-il un vendredi ou un samedi (*id., id.*)? 3°. Lettre contre l'usage des pensions annuelles des religieux (*id.*): signée Dinouart, pour l'auteur qui l'en avait prié; 4° Relation de ce qui s'est passé à la fête des mœurs établie à Saint-Farjeux, le 25 août 1776 (*id.,* 1776); 5° Lettre touchant les dots ou pensions des novices (*id.*); 6° Mémoire sur les Sorciers d'Arras et de Franche-Comté (Chronique religieuse); 7° beaucoup d'autres articles dans les Annales de la religion, dans la Chronique religieuse, dans la France catholique et dans le Journal de Franche-Comté; 8° enfin dans le recueil de l'Académie de Besançon, comme secrétaire-perpétuel, les *Éloges historiques* de messieurs Lecoz, Moïse, Grandidier, Simon, de Troyes; de Toulongeon, Démeunier, Laire, Berthod, Bergier, Talbert, Rose, de Marnésia père et de Marnésia fils. Ces Éloges sont imprimés dans les recueils de l'Académie de Besançon, ainsi que les *Notices* suivantes : Notices historiques sur MM. Trouillet, David de Saint-George, D'Usies, le P. Chrysologue, de Grandfontaine, Requet, Nonotte, Palliot, Charles et Dom Sornet. Une très-grande partie de ces écrits ne porte pas le nom de leur auteur.

Dom Grappin a été l'éditeur de l'ouvrage intitulé : Quelques détails sur Latour d'Auvergne, etc. (1815). Voy. Lecoz.

A tous les ouvrages dont Dom Grappin est auteur, il faut encore ajouter les suivants, non publiés jusqu'à ce jour : Histoire des ville et abbaye de Luxeuil; couronné par l'Académie de Besançon. — Histoire de l'abbaye de Saint-Paul de Besançon. — Recherches sur les anciens états-généraux de France. — Histoire des états provinciaux de Franche-Comté, tenus en 1788. — Dissertation sur la taille des anciens Bourguignons. — Vie de M. Lecoz, archevêque de Besançon. — Notices historiques sur MM. de Courbouzon, de Clévans et le prieur D'Audeux. — Trois lettres à l'auteur d'un Mémoire (M. Philipon de la Madeleine) contre les curés et familiers de Dôle. — Journal du siége de Besançon par les Autrichiens immédiatement avant l'heureux retour des Bourbons. — Loisirs du chevalier de ***, pièces de poésie. — Chronologie des landgraves d'Alsace. — Chronologie historique des comtes de Ferrette. — Trois petites pièces de théâtre, chacune en un acte, composées en 1790 : *Le Nouveau bourgeois gentilhomme ; le Serment civique; le Retour à la raison.*

GRAS. Barème (nouv.) de réduction, ou Guide des marchands, notaires, arpenteurs, etc. *Bordeaux, Pinard*, 1803, in-8.

GRASLIN (Louis-Franç.), receveurgénéral des fermes à Nantes; né à Tours, en 1727, mort à Nantes, en 1790.

— Correspondance contradictoire, etc., sur un des principes fondamentaux des

économistes. *Paris, Onfroy*, 1779, in-8.

— * Essai analytique sur la richesse et sur l'impôt. *Londres*, 1767, in-8.

On a encore de Graslin plusieurs écrits peu importants, dont on trouve la liste dans le Lycée armoricain, tom. IV.

GRASSAVAL (Bertrand de), avocat et homme de lettres.

— Adieux de MM. les habitants de Bordeaux aux zélés, éloquents, autant que désintéressés missionnaires, qui viennent d'y répandre, avec tant d'ardeur et de fruits, les semences de la parole de Dieu. *Bordeaux, imp. de Vᵉ Cavazza*, 1817, br. in-8.

— Douzaine (la) poétique, ou l'A-propos de cœur, hommage rendu au mérite éminent de M. l'abbé Rauzan aîné, prédicateur du roi, et aux talents des honorables missionnaires de Bordeaux. *Bordeaux, imprim. de Vᵉ Cavazza*, 1817; br. in-8.

C'est une pièce de 12 vers.

— * Mort (la) de M. Calicot, ou Détail de son voyage avec Mlle Perkale pour la foire de Bordeaux. (Chanson). *Bordeaux, impr. de Vᵉ Cavazza*, 1817, in-8 de 4 pag.

— Vers élégiaques sur les services funèbres célébrés le jeudi 18 juin 1818, dans l'église de Saint-Michel de Bordeaux, et à Saint-André, l'église métropolitaine, le 29 dudit mois, pour le repos de l'âme de très-haut, très - puissant, et surtout très - vertueux prince, le prince de Condé, prince du sang royal, à la demande de la société royale dite de Montuzet. *Bordeaux, impr. de Fernel*, 1818, in-8 de 2 pag.

GRASSE (le comte de). Mémoire sur le combat naval du 12 avril 1782, avec les plans des positions des armées respectives. In-4.

GRASSE, médecin. Voyez à la Table des Anonymes : Journal de médecine.

GRASSET (Frédéric ou François), libraire à Lausanne.

— * Épître à M. J.-J. Rousseau, citoyen de Genève, sur sa « Nouvelle Héloïse », donnée au public par les soins, le sincère attachement et l'admiration de son très-humble, très-obéissant serviteur et compatriote F. G....

Citée par Ersch.

— Guerre littéraire, ou Choix de quelques pièces de M. de V******* (Voltaire), avec les réponses, pour servir de suite et d'éclaircissements à ses ouvrages. *Lausanne*, 1759, in-12.

Il y a des exemplaires qui portent pour titre : *Choix de pièces polémiques.*

La publication de ce volume choqua Voltaire,

qui s'en plaignit dans un Mémoire ou Déclaration du 12 février 1759, et peu de jours avant ou après, dans une Lettre au baron de Haller : dans la lettre à ce dernier, Voltaire y qualifie le vol. de Grasset de libelle abominable, lequel renferme aussi un libelle sur feu Saurin; ce dernier écrit, qu'il attribue à un nommé Lervéche, ministre d'un village près de Lausanne, est une lettre qui a été insérée primitivement dans le Journal helvétique du mois d'octobre 1758.

Voy. Journal de librairie, ann. 1822, pag. 143, une Note de M. Beuchot, son rédacteur, sur la date d'une lettre de Voltaire à Haller.

— * Nuits (les) romaines au tombeau des Scipions, trad. de l'ital.(1796).Voy.VERRI.

— République (la) littéraire, ou Description allégorique et critique des sciences et des arts; trad. de l'esp. (1770). Voy. SAAVEDRA FAJARDA.

GRASSET DE SAINT-SAUVEUR (Jacques), vice-consul de France en Hongrie et dans les Échelles du Levant; né à Montréal, en Canada, le 16 avril 1757, mort à Paris, le 3 mai 1810.

— Amours (les) d'Alexandre et de la sultane Amazille. 1797, 2 vol. in-18.

— Amours (les) du fameux comte de Bonneval, pacha à deux queues, connu sous le nom d'Osman; rédigé d'après quelques mémoires particuliers. 1796, in-18.

— Antique (l') Rome, ou Description historique et pittoresque de tout ce qui concerne le peuple romain dans les costumes civils, militaires et religieux, dans les mœurs publiques et privées, depuis Romulus jusqu'à Auguste. Paris, Campenon, an IV (1796), 2 vol. in-4 avec 50 pl.

— Archives (les) de l'honneur, ou Notices historiques sur les généraux, officiers et soldats qui ont fait la guerre de la révolution. Paris, Laurens aîné, 1806, 4 vol. in-8.

Voyez BABIÉ.

— Costumes civils actuels de tous les peuples connus. Paris, 1784 et ann. suiv. 4 vol. in-4 avec 305 pl., ou 4 vol. in-8.

Avec Sylv. Maréchal.

— Costumes des représentants du peuple, membres des deux conseils, du directoire, des ministres, des tribunaux. 1796, in-8.

— Description des principaux peuples d'Asie, contenant le détail de leurs mœurs, coutumes, usages, etc. Paris, an VI (1798), in-4.

— Description des peuples de l'Europe, etc. Paris, Suret, 1798, in-4.

— Encyclopédie des voyages, contenant l'Abrégé historique des mœurs, usages, habitudes domestiques, religions, etc. Paris, Deroy, 1795-96, 5 vol. in-4 avec 432 planches coloriées.

Ouvrage d'une exécution médiocre.

— Esprit (l') des Ana, ou de Tout un peu. Paris, Barba, 1802, 2 vol. in-12, 3 fr.

— Fastes du peuple français, ou Tableaux raisonnés de toutes les actions héroïques et civiques du soldat et du citoyen français, etc. Paris, 1796, in-4.

— Hortense, ou la jolie Courtisane; suivie de Warejulio et Zelmire. 3 vol. in-18.

— Manuel des infortunés, des indigents et de l'homme de bien. 1796, in-12.

— Muséum de la Jeunesse, ou Tableau historique des sciences et des arts. Paris, Ve Courcier, 1809-11, un fort vol. in-4 avec des figures color., 50 fr.

Cet ouvrage a été publié en 24 livraisons : les 6 premières l'ont été par Grasset, et les 18 autres, après sa mort, par Babié.

— Plantes usuelles, indigènes et exotiques. 1807, 2 vol. in-4.

— Sérail (le), ou Histoire des intrigues secrètes et amoureuses du Grand-Seigneur. Paris, 1795, 3 vol. in-18.

— Tableau cosmographique de l'Europe, de l'Asie, de l'Afrique et de l'Amérique; avec l'histoire générale et détaillée des peuples sauvages. Paris, 1788, in-4.

— Tableaux de la Fable représentés par figures, accompagnés d'explications. Paris, 1785, in-4.

Avec Sylv. Maréchal.

— Voyages pittoresques dans les quatre parties du Monde. Paris, 1806, in-4.

On y retrouve plusieurs des planches de l'Encyclopédie des voyages.

— Waréjulio et Zelmire, histoire véritable, trad. de l'angl. Paris, 1796, in-12.

GRASSET DE SAINT-SAUVEUR jeune (André), commissaire des relations commerciales de France, et consul de S. M. I. et R. (Napoléon) aux îles Baléares.

— Voyage dans les îles Baléares et Pithiuses, fait dans les années 1801, 1802, 1803, 1804 et 1805. Paris, Léopold Collin, 1807, in-8 avec planches, 6 fr.

— Voyage historique, littéraire, pittoresque des îles et possessions ci-devant vénitiennes du Levant. Paris, Tavernier, an VIII (1800), 3 vol. in-8 et atlas in-4, 24 fr.

GRASSI (Jos.). Aperçu sur le commerce, l'industrie, les arts et les manufactures du Piémont. Turin, Pane.... br. in-8.

GRASSI (Alfio), chef d'escadron, officier supérieur, colonel, commandant militaire de la ville de Syracuse; né à Aci-Reale, en Sicile, en 1774, mort en France, en mai 1827.

— Charte turque, ou Organisation religieuse, civile et militaire de l'Empire ottoman ; suivie de quelques Réflexions sur la guerre des Grecs contre les Turcs. *Paris, Mongie aîné*, 1825, 2 vol. in-8, fig.

En 1826 on a ôté les titres et faux-titres de cet ouvrage, pour en mettre d'autres portant *sec. édition.*

— Extrait historique sur la Milice romaine et sur la phalange grecque et macédonienne, avec une Table d'application qui démontre que nous devons aux Romains et aux Grecs ce qu'il y a de plus important et de plus essentiel dans notre milice ; suivi d'une courte Notice sur l'invention de la poudre à canon. *Paris, Béchet, et Charles*, 1815, in-8, 2 f. 50 c.

— Sainte-Alliance (la), les Anglais et les Jésuites ; leur système politique à l'égard de la Grèce, des gouvernements constitutionnels et des événements actuels. *Paris, A. Dupont*, 1826, in-8, 7 fr.

Grassi travaillait à une Histoire polit. du Portugal lorsque la mort est venue le surprendre.

GRASSI (Candide-Fréd.-Ant. de), né à Dresde, en 1753, mort le 20 avril 1815.

— Manuel des vaccinateurs, ou Notice sur la vaccine : ouvrage dans lequel les principes de la vaccine sont mis à la portée des pères de famille, des pasteurs et des gens du monde. 1804, in-8.— Sec. édit., précédée d'une Notice biographique sur l'auteur, par M. J.-B. de SAINCRIC, médecin. *Bordeaux*, 1817, in-8 de 40 pag.

GRASSOT, professeur de matière médico-chirurgicale à Lyon, membre de l'Académie de la même ville, et de l'Académie royale de chirurgie.

— Discours public pour la rentrée des écoles de chirurgie de la ville de Lyon. *Lyon*, 1777, in-4.

— Lumière (la) tirée du chaos. *Amsterdam*, 1784, in-12.

— Mémoire et Observation sur la méthode d'insérer la petite vérole. *Bruxelles et Paris*, 1766, in-8.

— Spécifique simple pour l'entière guérison du mal horrible du cancer, traduit de l'esp. (1784). Voy. FLORES (J.).

GRATACAP (A.). *Philosophiæ rationalis et moralis Elementa ; auctore M. A. G..... presbytero, philosophiæ professore. *Gratianopoli, ex typ. J. Baratier*, 1826, in-8.

GRATELOUP. Tableau synoptique et synthétique du diagnostic des affections thorachiques. *Paris, Igonette*, 1818, in-fol., 4 fr.

GRATIAN (G.), avocat, etc. Tableau biographique et chronologique de l'histoire sainte, depuis le commencement du monde jusqu'à la mort de J.-C. *Bordeaux, impr. de Castillon*, 1823, in-fol. oblong de huit tableaux et un frontispice.

GRATIANI. Voy. GRAZIANI.

GRATIEN (F). Traduction des Psaumes de David, selon la nouvelle version latine du texte hébreux. (1767). Voy. à la Table des Anonymes au mot *Bible.*

GRATIEN (Jean-Baptiste-Guillaume), lazariste, et évêque constitutionnel de la Seine-Inférieure (Rouen); né à Crescentin en Piémont, mort à Rouen, en juin 1799.

— Contraste de la réformation anglicane par Henri VIII, et de la réformation gallicane par l'Assemblée constituante. 1792, in-8.

— Exposition de ses sentiments sur les vérités auxquelles on prétend que la constitution civile du clergé donne atteinte, et Recueil d'autorités et de réflexions qui la favorisent. 1791, in-8.

— Instruction pastorale sur la continence des ministres de la religion. 1792, in-8.

— Lettre pastorale. *Rouen*, 1792, in-8.

— * Lettre théologique sur l'approbation des confesseurs. *Chartres, et Paris, Leclère*, 1791, in-8 de 43 pag.

— Traité ecclésiastique sur les contrats usuraires, en langue latine. *Chartres*, 1790, in-8.

L'auteur y est favorable au prêt.

— Vérité (la) de la religion chrétienne démontrée par les miracles de Jésus-Christ....

GRATIEUX. Ami (l') de la jeunesse, ou Plan de réforme dans les pensions. *Paris*, 1791, in-8 de 65 pag.

GRATTAM (Th.). Grandes routes et chemins de traverses, ou Contes recueillis dans les provinces françaises par un Irlandais voyageant à pied; trad. de l'angl. sur la troisième édition, par Mlle Louise Sw. BELLOC. *Paris, A.-A. Renouard*, 1825, 3 vol. in-12, 9 fr.

— Le même ouvrage, sous ce titre : Contes sur les grandes et petites routes. Par un voyageur à pied, M. Grattam; traduit de l'angl. sur la 3e édit., par le traducteur des romans de Walter Scott (A. J. B. DEFAUCONPRET). *Paris, Hautecœur*, 1825, 3 vol. in-12, 9 fr.

— Philibert, a poetical romance. *Bordeaux*, Pinard, 1819, in-8.

GRATTE (H.). Cours de langue anglaise

à l'usage de la jeunesse française. *Bruxelles*, *Lecharlier*, 1809, in-12.

GRATTEPAIN. Tarif où Comptes faits des droits seigneuriaux dus aux seigneurs, à cause des acquisitions qui se font de leurs mouvances. *Paris*, *Valeyre jeune*, 1777, in-12.

GRAULHIÉ (G.). Voy. GÉRAUD-GRAUL-HIÉ.

GRAUMANN (Jean-Philippe), savant financier prussien, sous le règne du roi Frédéric II, au XVIIIᵉ siècle.
— Copie d'une lettre concernant les systèmes de monnaie en usage en Allemagne et chez d'autres peuples, surtout de celui adopté dans la principauté de Brunswick; trad. de l'allemand. *Berlin*, 1752, in-8.
— Lettre sur la proportion entre l'or et l'argent; sur les monnaies de la France, etc.; trad. de l'allem. par J.-P.-L. BEYERLÉ. *Paris*, 1788, in-8.

GRAUSSET (J.), docteur en médecine.
— Dentition (de la), ou Développement des dents dans l'homme, et des maladies qui en sont souvent le résultat. *Paris*, 1805, in-8, 1 fr.

GRAUTHE (de), alors professeur au collège Louis-le-Grand.
— Abus de l'ancienne éducation, dévoilés et réformés par les progrès de la raison. *Paris*, 1790, in-8.

GRAUX, ancien maître de pension.
— * Histoire romaine, etc. Trad. de l'angl. (1803). Voyez GOLDSMITH.

GRAVE (le vicomte de), capitaine au régiment de Cambis; né à Narbonne.
— * Varron, tragédie en cinq actes et en vers, par le vicomte de G., capitaine au régiment de Cambis. *Paris*, *Duchesne*, 1752, in-12.
— Œuvres (ses) (contenant Varron, Phædime, ou la Piété filiale, tragédie en cinq actes; et des Poésies fugitives). *Londres* (*Paris*, *Duchesne*; *Cailleau*), 1777, in-12 de 198 pag.

GRAVE (Ch.-Jos. de), conseiller au conseil de Flandre, membre du conseil des anciens; né à Ursel, en Belgique, mort le 30 juillet 1805.
— République des Champs-Élysées, ou Monde ancien: ouvrage dans lequel on démontre principalement que les Champs-Élysées et l'enfer des anciens sont le nom d'une ancienne république d'hommes justes et religieux, située à l'extrémité sep-

tentrionale de la Gaule, et surtout dans les îles du Bas-Rhin; que cet enfer a été le premier sanctuaire de l'initiation aux mystères, et qu'Ulysse y a été initié; que la déesse Circé est l'emblême de l'église élysienne; que l'Élysée est le berceau des arts, des sciences et de la mythologie; que les Élysiens, nommés aussi, sous d'autres rapports, Atlantes, Hyperboréens, Cimmériens, etc., ont civilisé les anciens peuples, y compris les Égyptiens et les Grecs; que les dieux de la fable ne sont que les emblêmes des institutions sociales de l'Élysée; que la voûte céleste est le tableau de ces institutions et de la philosophie des législateurs atlantes; que l'aigle céleste est l'emblême des fondateurs de la nation gauloise; que les poètes Homère et Hésiode sont originaires de la Belgique, etc., etc., etc. *Gand*, *P.-F. de Goesin-Verhaeghe*, 1806, 3 vol. in-8.

GRAVE (le marq. P.-Mar. de), pair de France; né le 27 septembre 1755, mort à Paris, le 10 janvier 1823.
— *Essai sur l'art de lire, etc. *Twickenham*, *de l'impr. de G. White*, 1816, broch. in-12.
On a encore du marquis de Grave, une Nouvelle intitulée: *la Folle de saint Joseph*, imprimée dans les Folies sentimentales, ou l'Égarement de l'esprit par le cœur, etc. Paris, Royez, 1787, 2 vol. in-12.   *Mah.*

GRAVELLE (L.). Voyez LÉVÊQUE.

GRAVELLE, élève du sieur Robin père, membre de l'Académie.
— Description abrégée d'une grande pendule de 25 pouces et demi de hauteur, sur 17 pouces et demi de longueur et 5 pouces de largeur, établie par le sieur Gravelle. *Paris*, *impr. de Rougeron*, 1812, in-12 de 8 pages.

GRAVELOT (Hubert-François BOURGUIGNON, dit), dessinateur, frère du célèbre géographe d'Anville; né à Paris, en 1699, mort dans la même ville, le 20 avril 1773.
— * Almanach iconologique ou des arts. *Paris*, 1764 à 1773 inclusivement, 10 vol. in-24.
C. N. Cochin en a publié une suite de 1774 à 1780; 7 vol. in-24.
— Iconologie par figures, ou Traité complet des allégories, emblêmes, etc. Orné de 208 planches, et accompagné d'un texte explicatif, par Ch.-Ét. GAUCHER. *Paris*, *Lattré*, 1796, 4 vol. in-8.
Ce recueil est le même qui avait paru successivement depuis 1773, sous le titre d'*Almanach iconologique*.
On a de Gravelot un recueil de 90 petites figures allégoriques sur les numéros de la loterie de l'École-

Militaire, accompagnées chacune d'un madrigal, parmi lesquels il y en a quelques-uns d'heureux.

GRAVER (Joh.-Mart.), prêtre du diocèse de Strasbourg.

— Dissertatio philologica de Καταπόντισμω sive supplicio submersionis apud antiquos. *Argentorati, apud Heitzius*, 1753, in-4.

— Dissertatio theologica de justicia facta Josuæ in causam contra Gibeonitas. *Argentorati*, 1763, in-4.

GRAVERELLE. * Traité de l'éloquence dans tous les genres. Par M. G***. *Paris, Brocas*, 1757, in-12.

On trouve dans ce volume trois ou quatre cents pages transcrites mot à mot du *Traité des études* de Rollin.

GRAVEROL (Jean), ministre du S. Évangile ; né à Nimes, le 28 juillet 1647, mort à Londres, en 1718.

— Histoire abrégée de la ville de Nimes, où il est parlé de son origine, des beaux monuments de l'antiquité qui s'y voient, des hommes illustres qu'elle a produits, de ses martyrs, etc. *Londres*, 1703, in-12.

— * Instructions pour les Nicodémites, ou pour ceux qui feignent d'être d'une religion dont ils ne sont pas, et qui cachent leurs véritables sentiments. Par J. G. P. *Amsterdam, H. et J. Boom*, 1700, in-12.

C'est un ouvrage publié à Amsterdam dès 1687, pour lequel on a refait un nouveau frontispice. La *Biographie universelle* a faussement attribué à J. Gagnier la reproduction de ce livre avec la date de 1700. *Barb.*

— Réflexions désintéressées sur certains prétendus inspirés, qui depuis quelques temps se mêlent de prophétiser dans Londres....

Ce sont trois lettres qui parurent en 1707.
Cet écrivain a publié quelques autres ouvrages antérieurement à 1700.

GRAVEROL (Henri-François de), de la même famille que le précédent ; né à Bernis, vers 1728, mort le 19 mai 1771.

— Dissertation sur l'origine de la loi Papia Poppea. 1765, in-12.

GRAVERON (le P. de), prêtre de l'Oratoire.

— Conférences sur divers sujets de morale et de piété. *Paris, Thom. Hérissant*, 1763, 2 vol. in-2.

GRAVERS (de), oculiste. Description de la vision. *Londres*, 1776, in-8.

On a encore du même, des *Mémoires* dans le Journal de médecine.

GRAVESANDE (Guillaume-Jacob.'s), physicien, géomètre et philosophe hollandais ; né à Bois-le-Duc, le 27 sept. 1688, mort le 28 février 1742.

— Éléments de physique, trad. par le chev. Louis de JAUCOURT. *Leyde*, 1746, 2 vol. in-4, fig.

— Introduction à la philosophie, contenant la métaphysique et la logique ; trad. du lat. (par Élie de JONCOURT). *Leyde, J. et H. Verbeek*, 1737, 1748, in-8.

— La même. IIIᵉ édit., augmentée de quelques chapitres sur Dieu, ses attributs et la création ; par J.-N.-S. ALLAMAND. *La Haye*, 1756, in-8.

L'éditeur a rédigé les trois chapitres additionnels d'après un manuscrit laissé par l'auteur. Cet ouvrage a été regardé comme excellent par de bons juges.

— La même. Nouv. édition, augm. de l'Art de raisonner par syllogismes (du même auteur). *Paris, Delalain*, 1821, in-12.

— Œuvres (ses) philosophiques et mathématiques rassemblées et publ. par J.-N.-S. ALLAMAND, qui y a ajouté l'Histoire de la vie et des écrits de l'auteur. *Amsterdam, M. M. Rey*, 1774, 2 vol. in-4 avec 29 pl.

Cette curieuse collection est ainsi composée : Tom. Iᵉʳ, Histoire de la vie et des ouvrages de 'sGravesande, par Allamand, formant 59 pag. Essai de perspective avec 21 planches. — Usage de la chambre obscure pour le dessin, avec 3 pl. — Matheseos universalis elementa, quibus accedunt specimen commentarii in arithmeticam universalem Newtoni : ut et de determinanda forma seriei infinitæ adsumtæ regula nova, avec 4 pl.—Essai d'une nouvelle théorie du choc des corps, fondée sur l'expérience, avec un supplément et une pl. — Remarques sur la force des corps en mouvement, et sur le choc; précédées de quelques Réflexions sur la manière d'écrire de M. le doct. Sam. Clarcke. — Dissertation sur la force des corps, par M. CALENDRIN. — Nouvelles Expériences sur la force des corps en mouvement, précédées d'une Réponse à la Dissertation de M. Calendrin.—Remarques sur la construction des machines pneumatiques, et sur les dimensions qu'il faut leur donner, avec quelques problèmes qui ont rapport à cette matière.—Lettre à M. Newton sur une machine inventée par Orffyreus. — Remarques touchant le mouvement perpétuel. — Lettre sur l'utilité des mathématiques, écrite à l'occasion d'une remarque de M. Leclerc, dans l'extrait qu'il donne de l'Analyse démontrée du P. Reyneau, dans le XVIIᵉ tome de sa Bibliothèque choisie, à M. B***, de la Société roy. de Londres. Tom. II, Introduction à la Philosophie. — L'Art de raisonner par syllogismes. — Essais de métaphysique.—Lettre sur la liberté.—Démonstration mathématique du soin que Dieu prend de diriger ce qui se passe dans ce monde, tirée du nombre des garçons et des filles qui naissent journellement.—Lettre sur le mensonge et examen des raisons par lesquelles on combat le mensonge officieux.—Examen des raisons employées par M. Bernard pour combattre le mensonge officieux. — Dissertation morale sur le commerce des actions de la compagnie du Sud. — Examen de la question : si des personnes de religion différente peuvent se marier ensemble sans crime? — Lettre sur le mouvement de la terre, écrite à M. Saurin, à l'occasion du miracle opéré par Josué.—Discours sur l'utilité des mathématiques dans toutes les sciences, et particulièrement dans la physique ; et sur les secours que fournit la physique pour perfectionner l'astronomie. — Discours sur l'évidence. — Discours sur la vraie philosophie.

La vie de 'sGravesande avait déjà paru dans le Dictionnaire de Marchand : c'est un excellent morceau de biographie. L'éditeur a traduit du latin, pour cette précieuse collection, trois Discours académiques de 'sGravesande, et du hollandais, une Dissertation mathématique. *Barb.*

'sGravesande a participé au Journal littéraire publié à La Haye (1713—20), au Chef-d'œuvre d'un inconnu (1714), et à la Bibliothèque raisonnée des ouvrages des savants, publiée à Amsterdam (1728—53).

GRAVIER, prévôt de l'église cathédrale de Riez, en Provence.

— Traité de la vie solitaire, selon les sentiments et les maximes des SS. Pères. *Lyon, Briasson*, 1706, in-12.

GRAVIÈRE DU RAULOY (Ant.-Gabr.), avocat au parlement de Paris ; né à Toulouse.

— Discours sur la nécessité et les avantages de la prudence. 1741, in-4.

— Mémoire à consulter sur l'excommunication des religieuses hospitalières. 1756, in-4.

— Mémoire dans la cause du sieur Hogu du Fargot. 1758, in-4.

Il y a un second Mémoire sur le même sujet.

— Mémoire pour M. l'abbé de Gourné, contre l'abbé Desfontaines. 1743, in-4.

On a encore du même, un Compliment à M. de Maupeou.
La Biographie Toulousaine n'a point consacré d'article à cet avocat.

GRAVIÈRES (l'abbé J.-Patr.), poète patois, mort en 1824.

— Jean, ou le Cousiné del séminari d'Agen, poëme burlesque en dus chants et en bers patois. (Annado 1762). *Imprimat pel prumé cop a Agen*, en 1825, in-12 de 22 pages.

GRAVILLE. Voy. **GRAILLARD.**

GRAVINA (Jean-Vincent), écrivain italien distingué du XVIIIᵉ siècle.

— Esprit des lois romaines, trad. du lat., par J.-Bapt. REQUIER. *Amsterdam et Paris, Saillant*, 1766, ou 1776, 3 vol. in-12 ; ou *Paris, Videcoq ; Brière*, 1821, in-8, 6 fr.

— Origines du droit civil, ou Histoire de la législation chez les Romains; trad. de l'ital., par J.-B. REQUIER. Nouv. édit., revue et corrigée. *Paris, Ant. Bavoux*, 1822, in-8, 6 fr. 50 c.

— Raison ou Idée de la Poésie ; ouvrage concernant la poésie grecque et latine. Trad. de l'ital. par J.-B. REQUIER. *Paris, J.-B. Despilly*, 1755, in-12.

GRAY (Thomas), célèbre poète anglais du XVIIIᵉ siècle.

ÉLÉGIE.

— Elegy written in a country churchyard. *Paris, A. A. Renouard*, 1802, in-12.

— Élégie composée dans un cimetière de campagne, trad. en français, vers pour vers, par M. P. G. D. B. (Pierre GUÉDON DE BERCHÈRE), avec une traduction en vers latins de la même pièce, par un membre de l'Université de Cambridge. *Paris*, 1788, broch. in-8.

— Cimetière (le) de campagne, élégie anglaise; traduction nouv. en vers français (par M.-J. CHÉNIER), avec le texte en regard. *Paris, Dabin*, an XI (1803); ou an XIII (1805), in-8 de v et 16 pag.

Cette traduction a été réimprimée dans les divers recueils poétiques de l'auteur, et en 1828 à la suite d'une édition des Nuits d'Young (Paris, H. Langlois, 2 vol. in-18).

— Cimetière (le) de village, imitation en vers de l'élégie de Gray, par P. J. CHARRIN; suivi de Poésies diverses. *Paris, Delaunay*, 1808, broch. in-8, 2 fr.

— Élégie sur un cimetière de campagne, traduite en vers par Fr.-Jos.-Mar. FAXOLLE (avec le texte en regard), et suivie d'une traduction en vers italiens, par G. TORELLI. *Paris, de l'impr. de P. Didot l'aîné*, 1812, in-8.

Cette traduction n'a pas été destinée au commerce.
La traduction italienne de M. Torelli avait été déjà imprimée en 1801. (Paris, A. A. Renouard, in-12).

— Cimetière (le) de campagne, imitation libre en vers français de l'élégie anglaise de Gray, par M. F. D. V. *Paris, imprim. d'Égron*, 1813, in-8 de 8 pages.

Cette traduction n'a pas été non plus destinée au commerce.

— Cimetière (le) et le Printemps, traduits par SAPINAUD. *Paris, de l'impr. de Boucher*, 1822, in-8 de 32 pag., 1 fr.

Il existe plusieurs autres traductions de cette élégie, qui font partie de recueils : nous citerons, entre autres, celle en prose de madame de NECKER, ainsi que le Portrait d'un ami, traduit du même, et insérés dans les Variétés littéraires, publ. par Arnaud et Suard (1768) ; celle en vers de M. Adr. de SARRAZIN, impr. à la suite de sa traduction des Quatre printemps de Kleist (1802), voy. KLEIST.

ÉVENTAIL (L').

— Éventail (l'), poëme, trad. de l'angl. par COUSTARD DE MASSI. *A Paphos*, 1768, in-12.

RECUEIL DE POÉSIES.

— Poésies (ses), traduites en français (par LEMIERRE neveu), le texte anglais vis-à-vis la traduction, avec des notes. *Paris,* *Lemierre*, 1798, in-8.

—Bucoliques (les), et l'Églogue élégiaque, traduites en vers libres, texte en regard, par Hippolyte M. *Paris, imprimerie de Du-* *verger*, 1827, in-18.

GRAY (S.-F.). Traité pratique de chimie appliquée aux arts et manufactures, à l'hygiène et à l'économie domestique. Trad. de l'angl., considérablement augmenté et mis en harmonie avec nos besoins, nos usages et les matières que nous pouvons employer, par T. RICHARD. *Paris, Anselin,* 1828, 3 vol. in-8 avec 100 planches, 33 fr.

Ces 3 volumes ont été publiés en 13 livraisons, à 2 fr. 50 c.

GRAY (le major W.). Voyage dans l'A- frique occidentale pendant les années 1818, 1819, 1820 et 1821, depuis la rivière Gam- bie jusqu'au Niger, en traversant les états de Woulli, Bondoo, Galam, Kassou, Kaarta et Foulidou; enrichi de vues pit- toresques et de costumes lithographiés. Trad. de l'angl. par Mme Charlotte HUGUET. *Paris, Avril de Gastel*, 1826, in-8 avec un Atlas d'une carte et 14 planches, 11 fr.

Avec feu Dochard, chirurgien d'état-major.

GRAZAC (le P. André de), capucin.

— * Principes catholiques, opposés à ceux des tolérants qui reçoivent dans leur com- munion les ennemis de la bulle Unigenitus. *Avignon*, 1727, in-8.

Il y a des exemplaires où l'on trouve une lettre du cardinal Lercari, écrite à l'auteur de la part du pape Benoît XIII, le 5 mai 1728, pour approuver son ouvrage. Cette lettre est suivie de l'approbation de huit autres cardinaux et de plusieurs prélats de la cour de Rome. Les exemplaires dans lesquels on ne trouve pas ces approbations sont véritablement anonymes.

—*Réplique aux tolérants de ce temps, qui soutiennent que la communion ecclésiasti- que avec les vrais hérétiques et schisma- tiques notoires, n'est défendue que de droit ecclésiastique, où l'on démontre qu'elle est défendue de droit divin et naturel. Par un religieux de l'ordre de Saint-François. *Avignon*, 1729, in-8.

Il y a des exemplaires où l'on trouve une lettre écrite à l'auteur, le 20 septembre 1730, par le cardi- nal Banchieri, de la part du pape Clément XIII, pour approuver son ouvrage.

— * Traité théologique où l'on démontre que les fidèles ne peuvent communiquer en matière de religion avec les ennemis dé- clarés de la bulle Unigenitus. *Nanci*, 1726, in-8.

Il y a des exemplaires où l'on trouve une Lettre écrite à l'auteur, par le cardinal Lercari, de la part du pape Benoît XIII, le 18 septembre 1726, pour

approuver son ouvrage. Cette lettre est suivie de l'approbation du cardinal Paluccia et de Monseign. Mayella, archevêque d'Émèse.

GRAZIANI (Antoine-Marie), écrivain italien du XVIe siècle.

— Casibus (de) virorum illustrium; trad. en français par LEPELLETIER, et publié avec une préface, par Fléchier....

— Vie du cardinal Commendon, traduite par Esprit FLÉCHIER (et publ. par l'abbé SÉGUIN). IIIe édit. *Paris, Dupuis*, 1702, 2 vol. in-8.

La prem. édit. est de 1671, in-4. Cette Vie a été réimpr. dans les Œuvres du traducteur.

GRAZIETTI (Louis), docteur en mé- decine, médecin inspecteur des eaux ther- males de Pietra Pola dans le Finmorbo.

— Avis. *Bastia, impr. de Fabiani*, 1823, in-8 de 16 pag.

GRAZZINI dit LASCAR (Ant.-Fr.).

— Cena (la prima et la seconda), con una novella della terza Cena, etc. *Londra* (*Parigi*), 1756, pet. in-8, 5 à 6 fr.

Il y a des exemplaires tirés sur format petit in-4, 12 à 18 fr., et d'autres sur gr. papier.

Cette édition a été contrefaite sur la même date (à Lucques); mais la contrefaçon est facile à recon- naître, parce qu'elle ne contient que 27 lignes à la page, tandis que l'édition originale en a 28. *Brun*.

— Nouvelles (ses), trad. de l'ital. par J.- B. LEFEBVRE DE VILLEBRUNE; et complé- tées dans cette traduction, d'après un ancien manuscrit français. *Berlin et Paris*, 1776, 2 vol. in-8.

GRÉARD (L.), écuyer, anc. avocat au parlement de Normandie.

— Mémoires concernant le droit de tiers, et danger sur les bois de la province de Normandie, par L. GRÉARD; avec les preuves, notes et observations, par L. FRO- LAND. *Rouen, Abr. Viret*, 1737, in-4.

GRECO (Gioach.), calabrois.

— Jeu (le) des échecs, trad. de l'italien. Nouvelles éditions. *Paris, Jacq. Lefèvre*, 1713; *Paris, Mouchet*, 1714, in-12.

GRÉCOURT (J.-Bapt.-Jos. WILLART DE), chanoine de Saint-Martin de Tours, célèbre poète érotique; né à Tours, en 1684, où il est mort, le 2 avril 1743.

— * Maranzakiniana. 1730, in-24.

Cet ouvrage est très-rare, n'y en ayant eu qu'une cinquantaine d'exemplaires de tirés par ordre, aux frais et sous les yeux de madame la duchesse douai- rière. C'est l'abbé Grécourt, anagnoste (lecteur) de cette princesse, qui l'a rédigé. Maranzac était un écuyer d'écurie ou piqueur de feu Monseigneur, fils de Louis XIV, et qui lui servait de fou ou de plai- sant. Après la mort de ce prince, en 1711, il passa au service de madame la duchesse, où il est encore, très-âgé. Ce livret est une vraie caricature sur les

Ana : c'est un in-24 de 54 pag., très-bien imprimé. M. Lancelot, de qui je tiens cette note, l'a acheté 72 livres d'une femme de garde-robe de madame la duchesse, à son départ de Paris, en allant dire adieu à Grécourt.

(*Note extraite, par l'abbé de Saint-Léger, des Stromates de M. Jamet*, tom. 2, pag. 1741).

— * Philotanus, poëme français et latin, avec des remarques. Sans date (1720), in-12.

Le poëme français est généralement attribué à l'abbé de Grécourt, mais on le croit de Nic. Jouin. La traduction en vers latins est de Larchant, mort principal du collège de Bayeux.

Il y a une troisième édition française seulement, dont les lacunes sont remplies et augmentées de quelques notes. Paris, 1733, in-12.

Ce poëme a été réimprimé dans les diverses édit. des Poésies et OEuvres diverses de Grécourt, ainsi que dans des « Pièces et anecdotes intéressantes (1755, 2 vol. in-12): voy. ce titre à la Table des Anonymes.

—*Supplément au « Polissonniana». 1725, in-12.

Jamet le jeune cite plusieurs fois ce *Supplément* dans les notes manuscrites qu'il a placées sur un exemplaire du Traité de l'excellence du mariage, par Jacq. Chaussé, Paris, 1685, in-12. Il l'attribue à la duchesse douairière et à l'abbé de Grécourt. Dans ces mêmes notes, Jamet présente l'abbé Desfontaines comme auteur du « Polissonniana ».

—OEuvres (ses) diverses. *Paris*, 1747, 2 vol. in-12.

— Les mêmes, sous le titre de « Poésies diverses. » *Lausanne et Genève, MM. Bousquet*, 1748, 2 tom. en un vol., in-12.

— Nouvelle édition, augmentée d'un très-grand nombre de pièces ; revue sur les originales, et purgée de celles qu'on a faussement publiées sous le nom de l'auteur. *Lausanne et Genève, aux dépens de la compagnie*, 1750, 2 vol. in-12.

Le *Philotanus* fait déja partie de l'édition de 1750.

— Les mêmes. *Amsterdam, Arkstée et Merkus*, 1759, 2 vol. in-12.

— Les mêmes, sous le titre d'OEuvres diverses. Nouvelle édition, soigneusement corrigée, et augmentée d'un grand nombre de pièces qui n'avaient jamais été imprimées. (Publ. de QUERLON). *Luxembourg (Paris)*, 1761, 8 part. en 4 vol. pet. in-12, ou 1764, 4 vol. in-12.

Éditions estimées.

-- Les mêmes. Nouvelles éditions, augmentées du Philotanus, de la « Bibliothèque des Damnés », etc. *Amsterdam, Arkstée et Merkus*, 1765, 1772, 1775, 1782, 4 tom. en 2 vol. in-12, avec figures.

— Les mêmes. *Londres (Paris, Cazin)*, 1780, 4 vol. in-18.

Jolie édition et qui est estimée.

— Les mêmes. *Paris*, 1796, 4 vol. in-8,

20 fr.; pap. fin, avec figures, 24 fr. et sur pap. vélin, 50 fr.

Dans presque toutes les éditions en 4 volumes les trois prem. contiennent les pièces de Grécourt, et le quatrième, celles qui lui sont attribuées.

Une petite pièce de Grécourt, intitulée : *Opéra-comique sur la suppression du mandement de M. l'abbé Dumont, grand-chantre de St-Martin de Tours* (en un acte et en vers), imprim. pour la première fois dans le Portefeuille de J. B. Rousseau (Amsterdam, 1751, 2 vol. in-12), a été réimpr. dans les œuvres de l'auteur sous le titre des *Rillons Rillettes, etc.*

— OEuvres (ses) choisies. *Paris, impr. de Plassan*, 1827, in-32.

Grécourt est l'un des auteurs de la «Suite de la nouv. Cyropédie, ou Réflexions de Cyrus sur ses voyages (1728, in-8) », et il a eu part au Recueil de poésies choisies rassemblées par les soins d'un cosmopolite, 1735, in-4; ouvrage imprimé par les soins du duc d'Aiguillon, et tiré seulement à une douzaine d'exemplaires.

GRÉE. Navigation (la), poëme en IV chants. *Paris, Mérigot jeune*, 1781, in-8.

GREFFEVILLE (Ch.), chanoine de Montpellier.

— Histoire de la ville de Montpellier. *Montpellier*, 1737, in-folio.

— Histoire ecclésiastique de Montpellier. *Montpellier*, 1739, in-folio.

GRÉGOIRE (S.), de Nazianze, évêque de Constantinople au IVe siècle.

— Choix de poésies et de lettres, avec le texte en regard, publié par J. PLANCHE. *Paris, Gide fils*, 1827, in-12.

— Discours contre Julien l'Apostat (trad. du grec en français, par l'abbé TROYA D'ASSIGNY). *Lyon, Duplain*, 1735, in-12.

—Discours sur l'excellence du sacerdoce et les devoirs des pasteurs (trad. du grec en franç., par l'abbé TROYA D'ASSIGNY). *Paris, Lottin*, 1747, 2 vol. in-12.

— Lettres (ses), traduites du grec (1827). Voy. (au Supplément) BASILE-LE-GRAND.

— Poëmes (ses), traduits en latin, par Den. GAULLYER, avec des notes grammaticales. *Paris*, 1718, in-12.

— Sermons (ses), trad. par l'abbé J.-B. Morvan de BELLEGARDE. *Paris*, 1701, 2 vol. in-8.

Nous avons encore, traduit en français, de cet éloquent Père de l'Église, son poëme des *Vicissitudes de la vie*, par Lefranc de Pompignan, et impr. dans les « Mélanges de traductions » de ce dernier. Paris, 1779, in-8.

— Sancti Gregorii Nazianzeni quam in laudem Cesarii dixit funebris oratio, novissimè et in gymnasiorum potissimum gratiam accuratissimè edita, rhetorica partitione argumentisque latinè expressis ac præcipuarum rerum illustri indice adornata. *Parisiis, Delalain*, 1820, br. in-12.

—Opera, gr. et lat. (Tomus primus). *Parisiis*, 1788, in-fol.

Cette belle édition, entreprise par les bénédictins de la congrégation de Saint-Maur, devait avoir trois volumes : le premier est le seul qui a été publié ; il contient les Discours, avec une Vie du saint, composée principalement d'après ses ouvrages.

GRÉGOIRE (S.), évêque de Tours, au IV⁰ siècle.

Sauvigny a donné une édition de Grégoire de Tours dans ses Essais historiques sur les mœurs des Français. 1785 et suiv., 10 vol. in-8 et in-4. Antérieurement, Cl. Bonnet, Dauphinois, avait donné une traduction de l'Histoire française de saint Grégoire de Tours; contenue en dix livres, augm. d'un onzième livre (Tours, 1610, in-8).

GRÉGOIRE I⁰ʳ (S.), surnommé le Grand, père de l'Église, et pape au VII⁰ siècle.

— Curà (de) pastorali liber. Editio nova, accurate emendata. *Parisiis*, *Méquignon-junior*, 1826, in-32.

La prem. édit., publ. en 1668, in-24, est due à Jacq. Boileau.

—Livre (le) du soin et du devoir des pasteurs (trad. par J. LECLERC). Nouv. édit. *Paris*, 1747, in-12.

La prem. édition de cette trad. est de 1700. *Brun.*

— Le même, sous le titre : le Pastoral de saint Grégoire-le-Grand, du ministère et des devoirs des pasteurs, trad. nouvelle, par P. Antoine de MARSILLY. Nouvelles éditions. *Paris*, *Savoye*, 1739, in-12; ou *Paris*, *Denn*, 1825, in-18.

La prem. édit. de cette traduction est de Paris, 1694, in-12. A. A. Barbier, d'après une note de l'abbé de Saint-Léger, dit que le traducteur, qui s'est caché sous le nom de Marsilly, est l'abbé Prévost, chanoine de Melun en 1695.

— Homélies (les) de saint Grégoire, pape, sur Ezéchiel ; trad. en français (par Pierre LECLERC). *Paris*, *Lottin*, 1747, in-12.

Il n'y a eu que le premier livre.

— Sentences et Instructions chrétiennes, tirées des œuvres de S. Grégoire-le-Grand et de S. Paulin, par de Laval (le duc de LUYNES). *Par.*, *Villette*, 1701, 1734, in-12.

Plusieurs autres ouvrages de saint Grégoire ont été traduits en français, mais leur impression étant antérieure à 1700, nous n'en donnons pas l'indication.

— Gregorii (S.) Magni Opera, studio et labore monachorum ordinis S. Benedicti (Dionysii de SAINTE MARTHE, Bartholomæi DE LACROIX, et Guillelmi BESSIN). *Parisiis*, 1705, 4 vol. in-fol.

La meilleure de toutes les éditions. Le prem. vol. contient les trente-cinq livres de morale sur Job, deux livres d'homélies sur Ézéchiel, et deux sur les évangiles ; le second renferme le Pastoral, quatre livres de Dialogues, et quatorze livres de Lettres; le troisième est composé du Sacramentaire et de l'Antiphonaire ; le quatrième offre la Vie de saint

Grégoire, écrite trois cents ans après lui par Jean-le-Diacre.

GRÉGOIRE (le P. Fr.), prêtre, et prédicateur capucin, de Rostrenen (Côtes-du-Nord).

— Dictionnaire français-celtique ou français-breton. *Rennes*, *Fr. Vatar*, 1732, in-4, 18 à 21 fr.

— Grammaire française-celtique, et française-bretonne. *Rennes*, 1738, in-8, 5 à 6 fr.

M. Brunet est le seul bibliographe qui, à notre connaissance, ait fait mention de cet auteur, mais il l'a *catalogué* sous le nom de son lieu de naissance.

GRÉGOIRE, médecin à Bordeaux sa patrie, membre de l'Académie de la même ville.

—Objets de réflexions sur la petite vérole. 1761, in-12.

GRÉGOIRE (Gasp.), négociant à Aix.

— * Explication des cérémonies de la Fête-Dieu d'Aix en Provence (instituée par le roi René), ornée de figures du lieutenant de prince d'Amour, du roi et bâtouniers de la Bazoche; de l'abbé de la ville, et des jeux des diables, des razcassetos, des apôtres, de la reine de Saba, des tirassons, des chevaux-frux, etc., etc., etc., et des airs notés consacrés à cette fête (dessinées par Paul Grégoire, et gravées par Gasp. GRÉGOIRE, son frère). *Aix*, *Espr. David* (* *Pontier*), 1777, in-12 orné d'un portr. du roi René, et de 13 pl. 2 fr. 25 c.

Ce vol. est dédié à La Curne de Sainte Pélaye. On doit encore quelques poésies provençales au même auteur.

GRÉGOIRE. Mémoire sur les couleurs des bulles de savon, suivi de quelques observations particulières sur l'évaporation de l'eau et sur les propriétés des couleurs. *Paris*, *Bleuet*, 1789, in-8.

GRÉGOIRE (le comte Henri), d'abord curé d'Embermenil, député du départ. de la Meurthe aux États-Généraux, plus tard évêque de Blois, représentant du départ. de Loir-et-Cher à la Convention, membre du conseil des Cinq-cents, anc. membre de l'Institut, du Sénat, etc.; né à Vého, près de Lunéville, le 4 décembre 1750.

— Abdication volontaire et motivée du titre de commandeur dans la Légion d'honneur. Nouvelle édition. *Paris*, *impr. de Fain*, 1828, in-8 de 6 pages.

— Actes du Synode diocésain de Blois, en 1801...

— Adresse aux députés de la seconde législature, lue à la Société des amis de la constitution, séante aux Jacobins, et imprimée par son ordre, etc. *Paris*, 1791, in-8.

— Apologie de Barthélemy de Las-Casas, évêque de Chiappa. *Paris*, 1802, in-8.

Impr. aussi dans les Mém. de l'Institut, section des Sciences politiques et mor., tom. IV, 1803.

Cette Apologie a été réimprimée par Llorente à la suite de sa traduction des ouvrages du célèbre évêque de Chiappa.

— Bénédiction des flammes du district de l'abbaye royale de Saint-Germain-des-Prés (Discours prononcé à la). *Paris, Cl. Simon*, 1789, in-8.

— * Catéchismes (des) qui recommandent et prescrivent le paiement de la dîme, l'obéissance aux seigneurs de paroisse, etc., et de leur réimpression sous l'empire de la charte, par M. G. A. E. D. B. Nouv. édit., augm. *Paris, Baudouin frères*, février 1822, in-8 de 16 pag.

La première édition a paru deux ans auparavant dans le tome V de la Chronique religieuse, sous ce titre : *Obéissance et respect aux seigneurs des paroisses ; paiement de la dîme, etc. ; recommandés dans des catéchismes officiellement réimprimés depuis l'année 1814. Observations critiques sur ces éditions nouvelles.* Il en fut dès-lors tiré des exempl. à part (in-8 de 20 pag.).

— Compte rendu au concile national des travaux des évêques réunis à Paris. *Paris*, 1797, in-8.

— Compte rendu aux évêques réunis, par le citoyen Grégoire, de la visite de son diocèse. 1796, in-8.

— Conférences publiques sur le schisme de France, décrétées par le second concile national. *Paris*, an x (1801), in-8.

— Considérations sur le mariage et le divorce, adressées aux citoyens d'Haïti. *Paris, Baudouin frères*, 1823, in-12 de 54 pag., 1 fr. 25 c.

— Constitution (de la) française de l'an 1814. IVe édit., corrigée et augmentée. *Paris, Égron*, 1819, in-8 de 68 pag.

La première édition est de Paris, Le Normant, 1814, in-8 : elle est anonyme. Les 3e et 4e éditions sont plus amples que les deux premières, qui ne formaient que 34 pag.

— Consultation contre la translation du dimanche au *decadi*...

— Déclaration du droit des gens, lu à la Convention nationale...

Réimprimée plusieurs fois dans divers recueils.

— Desséchement des marais. Supplément au rapport et au décret. In-8. — Observations sur le Rapport du comité d'agriculture (touchant le desséchement des marais, les défrichements et plantations). In-8.

— Détails (nouv.) sur l'ouvrage fameux de *Rege, lege et grege*...

— Développements (nouv.) sur l'amélioration de l'agriculture par l'établissement de maisons d'économie rurale. Imprimés

par ordre de la Convention nationale. *Paris, de l'impr. nationale*, an II (6 décembre 1793), in-8, de 18 pages.

— Discours pour l'ouverture du concile national de France, prononcé le 29 juin 1801, en l'église métrop. de Paris. *Paris, de l'impr. chrét.*, 1801, in-8 de 42 pages.

— Discours prononcé à l'inhumation du jeune Ant. Maudru, le 25 septembre 1820. *Paris*, 1820, in-8.

— Discours prononcé dans l'église cathédrale de Blois.... au service célébré pour les citoyens morts à Paris le 10 août 1792. *Blois, J. F. Billault*, 1792, in-8.

— Discours prononcé dans l'église cathédrale de Blois.... au service célébré pour Jacq.-Guill. Simonot, maire d'Étampes, assassiné pour avoir défendu la loi. *Blois, J. Fr. Billault*, 1792, in-4.

— Discours (son) sur l'Éducation commune, prononcé à la séance du 30 juillet. *Paris, de l'imprim. nationale*, sans date (1793), in-8 de 10 pages.

— Discours sur la fédération du 14 juillet 1792. *Orléans, Jacob aîné*, 1792, in-8.

— Discours sur la liberté des cultes, à la Convention nationale. *Paris, de l'impr. de la républ.*, an III (1794), in-8.

Ce Discours a eu cinq éditions.

— Domesticité (de la) chez les peuples anciens et modernes. *Paris, Égron*, 1814, in-8.

— Éloge de la poésie : discours qui a remporté le prix proposé par l'Académie de Nanci. *Nanci*, 1773, in-8.

— Essai historique et patriotique sur les arbres de la liberté. *Paris, Desenne; Bleuet, F. Didot*, an II (1794), in-24 de 68 pages.

Rare et recherché, 24 à 30 fr.

L'un des écrits de l'ancien évêque de Blois dont ses ennemis ont cherché le plus à se prévaloir pour lui susciter des tribulations. Bien que le royal martyr de la révolution et l'auteur de la charte aient commandé l'oubli du passé, les absolutistes n'ont pu pardonner à l'ancien évêque de Blois plusieurs opinions empreintes de l'esprit de l'époque et de l'exaltation républicaine de l'auteur, émises dans le chapitre VI de ce livret, intitulé : Réflexions civiques sur l'arbre de la liberté ; on y trouve, entre autres opinions, les suivantes : Tout ce qui est royal ne doit figurer que dans les archives du crime (pag. 46); La destruction d'une bête féroce, la cessation d'une peste, la mort d'un roi, sont pour l'humanité des motifs d'allégresse (pag. 47); l'arbre de la liberté ne peut prospérer qu'arrosé du sang des rois (pag. 48), etc. Il est à la connaissance de beaucoup de personnes que plusieurs passages de cet essai sont désavoués par M. Grégoire, qui se propose d'en publier une nouvelle édition.

— Essai historique sur les libertés de l'Église gallicane et des autres Églises de la catholicité pendant les deux derniers siècles. *Paris, au bureau du Censeur; Baudouin frères*, 1818, in-8, 6 fr. — Nouv. édit., corr. et augm. *Paris, Brissot - Thivars; Charles-Béchet,*, 1826, in-8, 6 fr. 50 c.

— Le même ouvrage, en espagnol : En-sayo historico sobre las libertades de la Iglesia galicana y delas otras del catolicismo durante los dos ultimos siglos. *Paris, Rosa*, 1827, 2 vol. in-12.

— Essai sur la régénération physique, morale et politique des Juifs. *Metz, Cl. Lamort*, 1789, in-8.

Cet ouvrage a été couronné par la Société roy. de Metz.

— *Essai sur la solidarité littéraire entre les savants de tous les pays, dédié à M. Legendre, membre de l'Académie des sciences. *Paris, de l'impr. de Plassan*, 1824, in-8 de 23 pag.

— Essai sur l'état de l'agriculture en Europe au XVIᵉ siècle. (Extrait des Mém. de la Soc. d'agriculture). *Paris, Mᵐᵉ Huzard*, 1804, in-4.

Cet Essai a été imprimé aussi dans la nouv. édit. du Théâtre d'agriculture d'Olivier de Serres, à laquelle le comte Grégoire a eu part.

— Fête séculaire de la fondation du diocèse de Blois en 1797...

— *Gardes-malades (des) et de la nécessité d'établir pour elles des cours d'instruction. Par M. G. A. E. D. B. *Paris, Baudouin frères*, 1819, in-8 de 11 pag.

— Histoire des confesseurs des empereurs, des rois et d'autres princes. *Paris, Baudouin frères*, 1824, in-8, 7 fr.

— Grégoire, député à l'Assemblée nationale, évêque du département de Loir-et-Cher, à ses diocésains, sur le départ du roi. *Paris, de l'imp. nationale*, 8 janvier 1791, in-8.

— Histoire des sectes religieuses qui sont nées, se sont modifiées, se sont éteintes dans les différentes contrées du globe, depuis le commencement du siècle dernier, jusqu'à l'époque actuelle. IIIᵉ édition , corrigée et considérablement augmentée. *Paris, Baudouin frères*, 1828 et ann. suiv., 6 vol. in-8, 48 fr.

Les cinq prem. volumes ont été publiés en dix livraisons : le 6ᵉ est sous presse.

« L'*Histoire des Sectes* a un intérêt tout philosophique ; ce qu'il nous en sera révélé servira à nous guider dans des questions de faits qui semblent ne pas se rattacher à des idées religieuses, et qui cependant en recevront leur explication. C'est un écrit qui répond essentiellement à la connaissance intellectuelle de notre époque, l'étude approfondie de l'histoire ».

« En lisant le nom de M. Grégoire, on a pu penser que son livre contient de ces discussions théologiques, où l'auteur, fanatisé par sa croyance, s'emporte à des déclamations haineuses contre les chefs de secte et leurs prosélytes. Attaché par le caractère sacré dont il est revêtu, et par les principes de toute sa vie, aux préceptes évangéliques, l'ancien évêque de Blois n'a jamais connu l'intolérance. Dévoué à sa foi, mais ami des hommes, il ne s'exaspère pas contre leurs erreurs et leurs superstitions. Ce n'est point par des réflexions amères et avec une partialité hostile qu'il nous fait connaître les sectes diverses dont il parle ; il nous explique leur naissance et leur mort par leur caractère et leurs œuvres.

« L'ouvrage de M. Grégoire est, dans toutes ses parties, plein de choses et de faits. Son érudition immense et sa féconde mémoire les lui fournissent à profusion ; son esprit logique les place toujours en leur lieu pour les mettre en relief. Par là, son livre est une source abondante d'instruction. Est-il besoin de parler du style ? On sait assez que quand l'auteur veut fortement caractériser ce qu'il décrit, l'expression originale ne manque pas à sa plume. »

Cet ouvrage a paru pour la première fois dans l'édition publiée à Paris en 1810 des « Cérémonies et Coutumes religieuses », 13 vol. in-folio. Mais l'auteur n'en ayant pu voir les épreuves, les citations et les titres de livres en langues étrangères sont très-défigurés.

La même année, 1810, parut l'Histoire des sectes religieuses, en 2 vol. in-8 : la police impériale fit saisir l'édition ; il n'en avait été émis qu'une cinquantaine d'exemplaires. Toute l'édition fut rendue à l'auteur en juin 1814, mais on exigea quelques cartons, au nombre de dix, et l'on fit un nouveau titre (Paris, Potey, 1814, 2 vol. in-8 avec fig., 10 fr.)

L'édition de 1828 est donc la troisième de cet ouvrage.

— Histoire du mariage des prêtres en France, particulièrement depuis 1789. *Paris, Baudouin frères*, 1826, in-8 de 192 pages, 3 fr.

— La même, en espagnol : Historia del matrimonio de los ecclesiasticos, particularmente despues del ano de 1789, revista y aumentada por el autor; traducido al castellano por D. M. V. *Paris, Rosa*, 1828, in-12, 6 fr.

— Homélie du cardinal Chiaramonti, évêque d'Imola (depuis pape, sous le nom de Pie VII), adressée au peuple, le jour de la naissance de J. C.; traduite de l'italien. (1814). Voy. PIE VII.

— Inauguration du buste de Desiles par la société des amis de la constitution de la ville de Blois (Discours prononcé à l'occasion de l'). *Blois, Masson*, 1791, in-8.

— Indirizzo a' cittadini del departemento dell'Alpi maritime. *Nizza, Cognet* 1793, in-8.

— Indirizzo agli abitanti del Valese. 1793, in-8.

— Influence (de l') du christianisme sur la condition des femmes. *Paris, Baudouin frères*, 1821, in-8 de 48 pag. 1 fr. 50 c., ou 1826, in-18 de 132 pag., 1 fr.

— Légitimité du serment civique exigé des fonctionnaires ecclésiastiques. *Paris, de l'impr. nation.*, 1791, in-8. — Défense de l'ouvrage intitulé : « Légitimité du serment civique. » *Paris*, *de l'imp. nationale*, 1791, in-8 de 36 pag.

M. le comte Grégoire a publié quelques autres brochures dans ce genre.

—Lettre à don Ramond Joseph de Arce, grand inquisiteur-général d'Espagne. *Paris*, 1798, in-8.

Traduite et imprimée à Paris la même année en espagnol, in-16.
Réimprimée en 1828, avec l'Histoire abrégée de l'inquisition, de Llorente, par Léon. Gallois.

—Lettre aux citoyens de couleur et nègres libres de Saint-Domingue et des autres îles françaises de l'Amérique. *Paris, de l'imp. du Patriote français*, 8 janv. 1791; in-8.

— Lettre aux citoyens du département de la Meurthe (sur les salines de ce département). *Paris*, 10 mai 1790, in-8.

L'auteur a fait imprimer en juillet de la même année, dans les Affiches des Trois-Évêchés et de Lorraine, un article sur *les salines nationales*, dont il y a eu des exemplaires tirés à part.

— Lettre aux électeurs du département de l'Isère. *Paris, Baudouin frères*, 1819, in-8 de 24 pag. — Seconde lettre aux mêmes. *Paris, les mêmes*, 1820, in-8 de 31 pages.

—Lettre aux philantropes sur les malheurs, les droits et les réclamations des gens de couleur de Saint-Domingue, et autres îles françaises de l'Amérique. *Paris, Belin, Desenne et Bailly*, octobre 1790, in-8.

— Lettre circulaire à ses diocésains pour la convocation des élèves au séminaire de Blois. *Paris*, 7 juillet 1791, in-8.

— Lettre (nouv.) d'un curé à ses confrères députés aux États-Généraux. *Paris*, 1789, in-8 de 40 pag.

— Lettres adressées, l'une à tous les journalistes, l'autre à M. de Richelieu; précédées et suivies de Considérations sur l'ouvrage de M. Guizot, intitulé : « du Gouvernement de la France depuis la restauration, etc., par Benjamin LAROCHE. *Paris, imprim. de Mme Ve Jeunehomme-Crémière*, 1820, in-8 de 64 pages.

Cet écrit a été réimprimé la même année.

—Lettres pastorales....

Les *Lettres pastorales* de l'ancien évêque de Blois que nous connaissons sont au nombre de six : 1° du 24 mars. Paris, de l'impr. nat., 1791, in-8; 2° Aux pasteurs et aux fidèles de son diocèse, sur le paiement des contributions publiques. Blois, J. F. Billault, 1792, in-8; 3° Aux pasteurs et aux fidèles de son diocèse sur la confirmation. Blois, Billault, 1792, in-8; 4° du 12 mars 1794. Paris, in-4 de 17 pag.; 5° Sur la réorganisation du culte dans les diocèses de Bourges, Guéret et Moulins. Paris, 29 juin 1796, in-8; 6° pour annoncer sa démission. Paris, 1802, in-8.

—Liberté (de la) de conscience et de culte à Haïti. *Paris, Baudouin frères*, 1824, in-12 de 43 pag., 1 fr. 50 c.

—Littérature (de la) des nègres, ou Recherches sur leurs facultés intellectuelles, leurs qualités morales et leur littérature. *Paris, Maradan*, 1808, in-8.

Pour une critique de cet ouvrage, intitulée « Cri des colons, etc. », voyez TUSSAC.

—Manuel de piété, à l'usage des hommes de couleur et des noirs. *Paris, Baudouin frères*, 1818, in-12 de 103 pag. avec une fig., 1 fr. 50 c.—Sec. édit., corr. et augm. *Paris, les mêmes*, 1822, in-12 de 111 pages, avec 6 gravures, 2 fr. 50 c.

—Mémoire en faveur des gens du sang mêlé de Saint-Domingue et des autres îles françaises de l'Amérique, à l'Assemblée nationale. *Paris, Belin*, 1789, in-8.

La même année il a été publié des *Observations d'un habitant des colonies sur le mémoire en faveur des gens de couleur*. Paris, le 16 décembre 1789, in-8.

— Mémoire sur la dotation des curés en fonds territoriaux, lu à la séance du 11 avril 1790. *Paris, Baudouin*, 1790, in-8.

— Motion à la séance du 14 juillet 1789 (pour l'établissement d'un comité pour connaître et révéler les crimes ministériels). *Paris, Baudouin*, 1789; in-8 de 4 pag.

— Motion en faveur des Juifs, précédée d'une Notice historique sur les persécutions qu'ils viennent d'essuyer en divers lieux, notamment en Alsace, et sur l'admission de leurs députés à la barre de l'Assemblée nationale. *Paris, Belin*, 1789, in-8 de XVI et 47 pag.

—Noblesse (de la) de la peau, ou du Préjugé des blancs contre la couleur des Africains et celle de leurs descendants, noirs et sang-mêlés. *Paris, Baudouin frères*, 1826, in-8 de 80 pages.

— Le même ouvrage en anglais : Essay on the nobility of the skin, etc. Freely translated from the french, etc., by Charlotte NOOTH. *Paris, printed by Setier*, 1826, in-8 de 104 pages.

—*Notice biographique sur M. Grégoire, ancien évêque de Blois, présenté au Sénat par le Corps législatif, etc. Sans lieu d'impression (Paris), et sans date, in-8 de 8 pages.

—Notice sur la colonie de Sierra-Leone....

— Notice sur une association de prières le dernier jour de chaque mois. (Extrait de la « Chronique relig., » tom. v). *Paris, de l'imprim. de Baudouin*, 1820, in-8 de 10 pages.

—*Observations critiques sur l'ouvrage de M. de Maistre, de l'Église gallicane, etc. Par M. G. A. E. D. B. (Extrait de la « Chronique religieuse, » tom. VI). *Paris*, *de l'impr. de Baudouin*, 1821, in-8 de 22 pages.

— Observations critiques sur le poëme de M. Joël Barlow, intitulé « The Columbiad ». *Paris, Maradan*, 1809, in-8.

— Observations nouvelles sur les Juifs, et spécialement sur ceux d'Allemagne. In-8.

— Observations nouvelles sur les Juifs, et spécialement sur ceux d'Amsterdam et de Francfort. *Paris*, 1807, in-8.

— Observations sur ce qu'on appelle *reservas* en Espagne. *Paris*, an VII (1799), in-8.

— Observations sur le décret de l'Assemblée nationale qui ordonne une nouvelle circonscription des paroisses. *Paris, Belin*, 1790, in-8.

— Observations sur les calomniateurs et les persécuteurs (en matière de religion). *Paris*, 1796, in-8.

— Opinion (son) concernant le jugement de Louis XVI, séance du 15 novembre 1792. — * De l'Opinion de M. Grégoire, anc. évêque de Blois, dans le procès de Louis XVI. (Vers 1816), in-8 de 14 pag.

— Opinion (son) sur la sanction royale. In-8.

— Oraison funèbre de M. Maudru, évêque de Saint-Dié...

— Oraison funèbre de M. Sermet, évêque de Toulouse...

— Peines (des) infamantes à infliger aux négriers. *Paris, Baudouin frères*, 1822, in-8 de 64 pages, 1 fr.

— * Plan d'association générale entre les savants, gens de lettres et artistes, pour accélérer les progrès des bonnes mœurs et des lumières. (*Hollande*), vers 1815, in-8 de 64 pages.

— Questions relatives à l'histoire de l'Église gallicane (en 1793, quand les temples furent fermés). In-8.

— Rapport et projet de décret, présenté au nom du comité d'instruction publique, à la séance du 8 août. *Paris, de l'imprim. nationale*, in-8 de 14 pag.

— Rapport sur la réunion de la Savoie à la France, fait au nom des comités diplomatique et de constitution; suivi du décret de la Convention nationale du 27 novembre 1792. *Paris, de l'imp. nationale* (1792), in-8 de 12 pages.

— Rapport présenté à la Convention nationale au nom des commissaires envoyés par elle pour organiser les départements du Mont-Blanc et des Alpes-Maritimes. *Paris, de l'impr. nationale*, 1793, in-8 de 49 pages.

— Rapport sur la nécessité et les moyens d'anéantir le patois et d'universaliser l'usage de la langue française, séance du 16 prairial an II. *Paris, de l'impr. nationale*, an II (1793), in-8 de 19 pages.

— Rapport sur les moyens de rassembler les matériaux nécessaires à former les annales du civisme, et sur la forme de cet ouvrage; séance du 28 sept. 1793. *Paris, de l'imprim. nationale*, 1793, in-8 de 12 pages.

— Rapport sur l'état des arts et des lettres en France, lu à la Convention nationale. 1794, in-8.

— Rapport sur les encouragements, récompenses et pensions à accorder aux savants, aux gens de lettres et aux artistes. *Paris, de l'imp. nation.*, an II (1794), in-8.

— Rapport sur la Bibliographie, séance du 22 germinal an II. *Paris, de l'imp. nation.*, an II (1794), in-8.

— Rapport sur les moyens d'améliorer l'agriculture. *Paris*, an II (1794), in-8.

— Rapport sur un établissement d'un conservatoire des arts et métiers, séance du 8 vendémiaire, l'an III de la république. *Paris, de l'impr. nationale*, an III (1794), in-8 de 20 pages. — Rapport fait, au nom d'une commission spéciale, sur le conservatoire des arts et métiers. *Paris, de l'imprimerie nationale*, an VI (1798), in-8.

— Rapports (trois) sur les destructions opérées par le vandalisme, et sur les moyens de les réprimer. *Paris, de l'impr. nationale*, 1794, in-8.

Ces trois rapports ont été, la même année, trad. et impr. en italien, à Paris.

On a encore de M. le comte Grégoire une foule d'autres opinions et rapports prononcés ou lus aux assemblées législatives; parmi les plus importants nous citerons entre autres ses opinions sur le duel; sur la gabelle; ses rapports à la Convention : 1° sur l'établissement du bureau des longitudes; 2° sur les jardins de botanique; 3° sur les inscriptions des monuments; 4° sur l'ordre de Malte, etc., etc.

— Recherches historiques sur les congrégations hospitalières des frères pontifes, ou constructeurs de ponts. *Paris, Baudouin frères*, 1818, in-8 de 72 pages.

— Réflexions générales sur le duel, en réponse à un ami. In-8.

— Réflexions (nouv.) sur la déclaration des droits de l'homme. (Son opinion sur celle des devoirs du citoyen). *Versailles, Baudouin....*, in-8.

— * Réponse aux libellistes. *Paris, impr. d'Égron*, 1814, in-8 de 24 pages.

— Ruines (les) de Port-Royal; en 1801. *Paris, de l'imp. chrétienne*, 1801, in-8 de

40 pag. — Autre édition, sous ce titre : les Ruines de Port-Royal-des-Champs, en 1809, année séculaire de la destruction de ce monastère. Nouv. édit., considérablement augm. *Paris, Levacher, 1809, in-8* de 177 pag.

Voy. Pseaume.

— Systèmes de dénominations topographiques pour les places, rues, quais, etc., de toutes les communes de la république. Impr. par ordre du comité d'instruction publique. *Paris, de l'impr. de la républ., an II (1794), in-8.*

— Traité de l'uniformité et de l'amélioration de la liturgie. *Paris, 1801, in-8.*

Extrait des Actes du second concile national tenu à Paris (1801, 3 vol. in-8), auquel le comte Grégoire a pris beaucoup de part.

— * Traité (de la) et de l'esclavage des noirs et des blancs, par un ami des hommes de toutes les couleurs. *Paris, Égron, 1815, in-8 de 84 pag.*

Une très-grande partie des ouvrages du savant et fécond écrivain qui fait l'objet de cette notice a été traduite dans presque toutes les langues de l'Europe. Nous regrettons que notre cadre ne nous permette de citer que celles de ces traductions qui ont été imprimées en France.
Le comte H. Grégoire a composé beaucoup de mandements et d'instructions pastorales. Le premier volume des Mémoires de l'Institut, section des sciences polit. et morales, renferme des *Réflexions extraites d'un ouvrage du citoyen Grégoire sur les moyens de perfectionner les sciences politiques* (1798). Le même écrivain a lu à l'Institut, en 1810, des *Recherches sur les oiseliers, les collibets, les agots, etc., et autres classes d'individus frappés d'injustes mépris par l'opinion, ou par les lois* : ces Recherches sont restées inédites en français, mais elles ont été traduites en allemand, par le baron de Lindeneau, et imprimées : il en est ainsi de *Considérations sur les moyens de rendre le clergé plus utile à la religion et à l'état,* du même, qui n'ont jamais été imprimées en français, et qui ont été traduites et impr. en espagnol à Menici. Cet écrivain a aussi participé, avec beaucoup d'activité, aux Annales de la Religion, publ. par Desbois de Rochefort (1795—1800), à la Correspondance sur les affaires du temps, etc. (1798), aux Constitutions des différents peuples, etc. (1817), à la Chronique religieuse (1818—21).
Dans le courant de l'année 1827, le gouvernement du Port-au-Prince a fait imprimer une épître que M. Grégoire avait adressée à la république haïtienne, sous la date du 6 octobre 1826 ; on y retrouve toute la sollicitude de cet infatigable philanthrope pour la race africaine et pour les destinées d'un peuple qu'il a vu naître à la liberté.
Enfin le comte H. Grégoire a donné une nouv. édition de l'Histoire du commerce homicide appelé Traite des noirs ; trad. de Clarkson, par Benj. La Roche, à laquelle l'éditeur a ajouté des Observations préliminaires (1822).
Dans l'Histoire de la vie et des ouvrages de Scipion de Ricci, il est souvent parlé de son ami M. l'évêque Grégoire ; mais ce dernier n'a point été co-éditeur, ni réviseur de cet ouvrage de M. Potter ainsi que quelques biographies modernes l'ont avancé par erreur.
Si malgré tous nos efforts nous n'avons pu réussir à donner une liste plus complète des écrits de l'ancien évêque de Blois, et si dans la citation que nous avons faite de plusieurs, nous n'avons pu compléter les minutieuses indications que requiert la Bibliographie, la cause provient de la difficulté de se procurer une grande partie des opuscules de M. Grégoire. Une seule personne pouvait nous mettre dans le cas d'être complet et exact ; mais nous regrettons de devoir le dire, elle est la seule, jusqu'à ce jour, près de qui nous ayons trouvé absence totale d'obligeance, malgré nos démarches réitérées : M. Deschiens, avocat, de qui nous parlons, annonce, dans sa Bibliographie des journaux, posséder 14 portefeuilles remplis des écrits de M. Grégoire. MM. Van Praet et Lerouge, de qui nous tenons les matériaux qui nous ont servi pour cette notice, nous ont dédommagé de leur mieux du manque d'obligeance de M. Deschiens.

GRÉGOIRE, de Nantes. Voy. Feller.

GRÉGOIRE D'ESSIGNY (L.-A.-J.). Mémoire sur l'origine du patois picard, sur ses caractères, sur ses rapports avec les langues qui l'ont précédé, etc. ; ouvrage qui a remporté le prix de l'Académie du département de la Somme ; suivi d'un Mémoire sur les voies romaines, qui a obtenu une mention honorable de la même académie. *Paris, de l'impr. de Sajou ; Péronne, Laisney, 1812, in-12 de 168 pages, 2 fr. 50 c.*

Extrait du Magasin encyclop. de la même année, septembre et décembre.

GREGORY (Jean), médecin écossais du XVIIIe siècle.

— Essai sur les moyens de rendre les facultés de l'homme plus utiles à son bonheur ; trad. de l'angl. (par Mlle de Kéralio, depuis Mme Robert). *Paris, Lacombe, et Deux-Ponts, 1775, ou Lausanne, 1781, in-12.*

Ébauche précieuse d'un grand ouvrage que Gregory n'eut pas le loisir d'exécuter, où il s'était promis de rechercher jusqu'à quel point la perfectibilité de l'homme a contribué à son bien-être. »

— Father's Legacy (a) to his daughters. A new edition. *Paris, Caillot ; Louis, 1800, in-12, 1 fr. ; vellum pap., 2 fr. — Paris, Louis, 1819, in-18, 1 fr.*

— Legs (le) d'un père à sa fille, trad. de l'angl. sur la quatorzième édition (par l'abbé Morellet). *Londres, et Paris, Pissot, 1774, in-8 ; ou Paris, Caillot, Louis, 1800, in-12, 1 fr. ; pap. vél., 2 fr.*

— En français et en anglais. *Paris, les mêmes, 1800, in-12 de 239 pag., 2 fr., et pap. vél., 4 fr.*

— Le même, trad. par Bernard. *Leyde, 1781, in-8.*

— Le même, traduit en français (par un anonyme), avec le texte en regard. *Londres, 1793, in-12.*

Traduction plus fidèle qu'élégante.

— Le même, traduit par C. Dousset,

prof. de langue française. *Londres*, 1810, in-12.

— Le même, trad. par J. Richardson, auteur du « Rudiment de la langue anglaise » (avec le texte en regard). *Paris*, *le Traducteur*, 1822, in-12 ; ou *Paris*, *Girard*, 1826, in-12, 2 fr.

— Le même (sous ce titre : « Conseils moraux, rédigés pour l'instruction des jeunes personnes »); trad. librement de l'anglais par M. Boinvilliers : précédés d'une vie de l'auteur et d'une épître aux femmes, accompagnés de notes, et suivis de quelques réflexions sur l'éducation des jeunes personnes. *Paris*, *A. Eymery*, 1825, in-18.

« Ce livre, ouvrage posthume, est le seul de Gregory qui soit généralement connu hors de l'Angleterre : il est rempli de sagesse, de sensibilité, de sollicitude paternelle, et prouve autant de connaissance du cœur humain que de la société ; mais son utilité, en raison de la différence des mœurs, diminue beaucoup hors de l'Angleterre, et il a été jugé fort inférieur aux ouvrages de Fénelon et de madame de Lambert sur le même sujet. »

— Instructions d'un père à son fils. Ouvrage posth. trad. de l'angl. par Bernard. *Leyde et Paris*, 1777, in-8.

— Observations sur les devoirs et la profession du médecin ; trad. de l'angl. 1774, in-12.

— Le même ouvrage, sous ce titre : Discours sur les devoirs, les qualités et les connaissances du médecin, avec un Cours d'études ; trad. de l'angl., sur la nouv. édit., par Bertr. Verlac. *Paris*, 1787, in-12.

Le docteur Gregory a publié un Choix des lettres du lord Chesterfield, dont il y a des éditions et traductions françaises. Voy. Chesterfield.

GRELLET (J.-B.), professeur de belles-lettres.

— Théologie payenne, ou Cours de mythologie, divisé en quatre parties : ouvrage élémentaire et unique dans son genre. *Paris*, *Périsse et Compère*, 1803, ou 1807, broch. in-12, 1 fr. 20 c.

GRELLIER. Art (l') de se moucher, poème en III chants. *Paris*, 1805, in-8, 1 fr.

GRELLMANN. Histoire des Bohémiens, ou Tableau des mœurs, usages et coutumes de ce peuple nomade ; trad. de l'allem. *Paris*, *Chaumerot*, 1810, in-8.

— Mémoire historique sur le peuple nomade appelé, en France, Bohémiens, et en Allemagne, Zigeuner ; trad. de l'allem. par le baron Ét. de Bock.

Imprimé en 1788 dans le second vol. des Œuvres diverses du traducteur.

GRÉMILLIET (J.-J), officier d'infanterie, ancien quartier-maître.

— A MM. Rodriguez et Maas, en réponse à leur brochure intitulée : Théorie de la caisse hypothécaire. *Paris*, *Brissot-Thivars*, 1821, in-8 de 8 pag.

— Observations sur les annuités, sur les avantages qu'elles procurent aux emprunteurs, et sur les rapports qui existent entre les opérations de la caisse hypothécaire et ces sortes de prêts ; avec deux tableaux indicatifs des différents coûts de l'argent emprunté à la caisse, suivant l'époque à laquelle l'emprunteur fait son remboursement. *Paris*, *Brissot-Thivars*; *Cretté*, 1820, in-8 de 16 pag., 75 c.

— Recueil de problèmes amusants et instructifs, avec les démonstrations raisonnées et l'application des règles de l'arithmétique à leurs solutions ; ou Cours complet d'analyses arithmétiques ; ouvrage propre à former le jugement des jeunes gens ; et les habituer à résoudre toutes sortes de questions, en employant seulement les quatre principales opérations de l'arithmétique. IV° édit. *Paris*; *Cretté*; *Aimé-André*, 1828, 2 vol. in-8, 11 fr.

Cette quatrième édition, revue et corrigée par l'auteur, renferme les suppléments publiés jusqu'à ce jour ; en sorte que les numéros des solutions concordent maintenant avec la suite naturelle des numéros des questions.

On peut se procurer séparément le premier volume, contenant les Questions, 5 fr. ; et le second, contenant les Solutions, 6 fr.

La prem. édit. de cet ouvrage, publ. en 1817, ne forme qu'un volume.

— Théorie (nouv.) du calcul des intérêts simples et composés des annuités des rentes et des placements viagers, suivie d'un grand nombre de tables pour opérer ces sortes de calculs, par années, mois et semaines, sur divers taux, depuis un quart jusqu'à 10 pour cent, et pour toutes les époques, etc. *Paris*, *Cretté*; *Brunot-Labbe*, 1823, in-8, gr. pap., 7 fr. 50 c.

Les Tables étant la partie dont on se sert le plus souvent, on a pensé qu'il ne serait pas inutile de les imprimer séparément, pour ne pas forcer ceux qui en auraient un besoin habituel à acheter tout l'ouvrage : 3 fr. 75 c.

— Vérité (la) aux emprunteurs de la caisse hypothécaire. (Réfutation des écrits de MM. Bricogne, Berthevin et autres). *Paris*, *Brissot-Thivars*, 1820, in-8, 1 fr. 75 c.

GRENADE (le R. P. Louis de), dominicain célèbre, appelé ainsi du nom de la ville où il reçut le jour ; l'un des plus grands écrivains ascétiques de l'Espagne au XVI° siècle.

— Catéchisme, ou Introduction au symbole de la foi; trad. de l'espag., par Nic-Colin. Nouvelle édition. *Paris, Delaunay,* 1709, 4 vol. in-8.

La méthode, la clarté, la justesse, caractérisent cette œuvre théologique, qui a été traduite en différentes langues, et même en persan, suivant la relation d'Ant. de Gouvéa.

La première édition de la traduction que nous citons est de 1684.

— Guide (la) des pécheurs, composée en espagnol, et traduite de nouveau en français, par M. Girard. Nouv. édit., rev. et corr. *Paris, Delaunay,* 1711, in-8. — *Avignon, Chambeau,* 1823, 2 vol. in-12; ou *Paris,* 1824, 2 vol. in-12.

La première édition de cette traduction est de Paris, 1669.

« L'auteur préférait, avec raison, cet ouvrage à ses autres écrits; et en le relisant encore la dernière année de sa vie, il s'étonnait, dit-on, d'avoir pu le composer. Saint François de Sales conseillait beaucoup la lecture des œuvres spirituelles de Grenade, et surtout de ce dernier livre, qui a été aussi le plus souvent publié et traduit. »

— Mémorial (le) de la vie chrétienne, trad. de l'espagnol. *Paris,* 1701, 2 vol. in-8.

— Rhétorique (la) de l'Église, ou l'Éloquence des prédicateurs; tiré de Grenade et d'autres écrivains célèbres (par Nic. Jos. Binet). Nouvelle édition. *Avignon,* 1743, in-12.

La première édit. est de 1673.

— Sermons (ses) pour l'avent, le carême, l'octave du Saint-Sacrement, etc.; trad. de l'espagnol (par Nic.-Jos. Binet). *Paris, de Nully,* 1698, 3 vol. in-8.

Les sermons de L. de Grenade, cités fréquemment par S. Charles Borromée, par Martin de Navarre, etc., réunissent à la force de la raison celle de l'éloquence; et Baillet, qui, à l'époque de ses jugements sur les orateurs, n'a pu parler des discours imprimés de Massillon, dit que « Grenade est peut-être, de tous les prédicateurs, celui dont les sermons ont conservé à la lecture le plus de ce feu qui les animait dans la chaire. »

— Traité de l'oraison, trad. de l'espagnol. Nouv. édit. *Paris, P. Delaunay,* 1702, 2 vol. in-8.

La première édition de cette traduction est de 1685.

« C'est le premier ouvrage qu'ait composé Grenade, dans sa solitude de Cordoue. Mais l'auteur de ce livre n'eût-il fait que développer le plan de celui de Pierre d'Alcantara sur l'oraison mentale, qu'on a supposé même être l'abrégé du premier, c'est un des livres les plus faits pour être médités utilement par ceux qui pratiquent les voies de la piété intérieure. » *Biogr. univ.*

Il existe des traductions de plusieurs autres ouvrages de Louis de Grenade, même de ses Œuvres complètes (10 vol. in-8, ou 2 vol. in-fol.), mais dont l'impression est de beaucoup antérieure à 1700, et que par cette raison nous passons ici sous silence.

GRENAN (Pierre), savant doctrinaire; né à Noyers, mort le 17 février 1722, âgé de 62 ans.

— * Apologie de l'équivoque. (Satire en vers). 1710, in-12 de 22 pag.

Réimprimée aussi dans divers recueils, dans la Bibliothèque française de Du Sauzet, tom. 1er, 1re partie, art. 5, entre autres, et dans l'Art de dépoiler la rate, publ. par Ch. A. Panckoucke, en 1756, in-12, p. 897. L'éditeur de ce dernier recueil donne à entendre que cette satire est de Racine le fils.

On a attribué au P. Grenan quelques écrits anonymes, et des Lettres adressées à M. de Caumartin, évêque de Blois, les uns et les autres relatifs à la bulle Unigenitus; mais rien ne prouve qu'il y ait eu part.

GRENAN (Bénigne), frère du précédent, célèbre professeur en l'Université de Paris; né à Noyers, en Bourgogne, mort en 1723, âgé de 42 ans.

— Epistola de amore divino, conversa e gallico in latinum. (1706). Voyez (au Supplém.) Boileau (Nic.).

— Paraphrase sur les lamentations de Jérémie, en vers latins avec le texte à côté. *Paris,* 1715, in-8; ou *Londres (Paris), Barbou,* 1771, in-12.

— Recueil de ses Discours publics. *Paris, Quillau,* 1728, in-12.

— Vin (le) de Bourgogne, ode, et Journée de Féricy, trad. du latin (en vers français) par le comte L. de Chevigné (avec le texte latin). *Imprimerie de J. Didot aîné à Paris. Villers-en-Prayères,* 1826, in-8 de 24 pag.

Ce poëme a été réimprimé en 1828, avec le poëme de la Chasse du traducteur. Voy. Chevigné.

On a encore, de Bén. Grenan, quelques écrits polémiques, un Éloge de Louis XIV, et diverses pièces de poésie, qui ont été imprimées dans le 8e volume d'un recueil publié en 1716. Son Ode latine sur le vin de Bourgogne fait aussi partie du même recueil, tom. VI. Enfin Grenan est auteur de Discours latins sur différents sujets : on en trouve quatre dans les Selecta carmina, orationesque clarissimorum in universitate Parisiensi professorum.

GRENIER (le vicomte de), d'abord enseigne de vaisseau, plus tard chef de division, enfin lieutenant-général des armées navales, membre de l'ancienne Académie de marine; mort à Paris, en janvier 1803.

— Art (l') de la guerre sur mer, ou Tactique navale assujettie à de nouveaux principes et à un nouvel ordre de bataille. *Paris, Didot et Jombert (* F. Didot),* 1787, gr. in-4 de 54 pag. avec 8 planches, 6 fr.

— Mémoires de la campagne des découvertes dans les mers de l'Inde, où il propose une route qui abrége de 800 lieues la traversée de l'île de France à la côte de Coromandel et en Chine. *Brest, R. Malassis,* 1770, 1772, in-4.

Volume peu commun, 10 à 30 fr.

GRENIER. * Mélomanie (la), opéra-comique, en un acte et en vers, *Nantes,*

Brun l'aîné, 1783. — Nouvelle édition. Paris, Vente, 1825, in-8, 1 fr. 25 c.

La prem. édition est anonyme.

GRENIER (le comte Paul), général, membre de plusieurs Sociétés savantes; né à Sarre-Louis, le 29 janvier 1768, mort à Morembert, près de Gray, le 18 avril 1827.

— Correspondance du général Grenier et de son état-major, avec les généraux Jourdan, Kléber, Ernouf, etc., pour servir à l'histoire des campagnes sur le Rhin en 1795 et 1796. Bamberg, 1800, in-8 de 348 pag.

GRENIER (le baron Jean), anc. membre du conseil des Cinq-Cents, du Tribunat et du Corps-Législatif, président du Tribunat en l'an XI, plus tard procureur-général de la cour impériale de Riom, enfin premier président de la même cour après la restauration, et membre de l'Académie des sciences, belles-lettres et arts de Clermont; né à Brioude (Haute-Loire), le 16 septembre 1753.

— Commentaire sur l'édit des hypothèques (de 1771). Riom, Degoutte, 1785, in-12. — Sec. édit. (considérablement augmentée). Riom, le même, 1787, in-12.

— Essai sur l'adoption considérée dans ses rapports avec l'histoire, la morale et la législation. Paris, Baudouin, Charpentier, 1801, in-12, 1 fr.

— Traité des donations, des testaments et de toutes autres dispositions gratuites, suivant les principes du Code Napoléon; précédé d'un Discours historique sur l'ancienne législation relative à cette matière. On y a joint un Traité de l'adoption et de la tutelle officieuse; précédé d'un Discours historique sur l'adoption. IIIe édition, rev., corr. et considérablement augmentée. Clermont-Ferrand, Thibaut-Landriot, 1826-27, 2 vol, in-4, 30 fr.

La première édition est aussi de Riom, 1807, 3 vol. in-8. La seconde a été publiée dans la même ville en 1812, 2 vol. in-4. En publiant sa troisième édition, l'auteur a donné un Supplément à la seconde, pour les personnes qui la possédaient. Clermont-Ferrand, Thibaut-Landriot, 1827, in-4.

— Traité des hypothèques. IIIe édition, sans aucun changement, et absolument conforme à la première. Clermont, le même, 1829, 2 vol. in-4, 26 fr.

La première édition a paru en 1822.
Il n'y aura plus de nouvelle édition de cet ouvrage, mais seulement un Supplément, dont l'auteur s'occupe actuellement: il formera un volume in-4, et se vendra séparément aux possesseurs des trois éditions publiées, et de celles qui pourraient l'être avant que le Supplément voie le jour.

Le baron Grenier est auteur de plusieurs Rapports et Discours en matière de législation, et notamment d'un Rapport important fait sur le titre du Code civil, des privilèges et hypothèques, et d'un autre également important, fait sur le titre de la Saisie mobilière, du Code de procédure civile : on les trouve dans les recueils imprimés des Rapports et Discours qui ont préparé les différents codes.

Indépendamment de ces Rapports et Discours, le baron Grenier et M. le chevalier Faure, actuellement conseiller d'état, étant secrétaires de la section de législation du Tribunat, ont rédigé alternativement sur chacun des titres du Code civil les observations arrêtées par cette section, telles qu'elles furent envoyées au conseil d'état, et qu'on les voit dans les discussions imprimées qui ont précédé le Code. Le Tribunat ayant été dissous au mois d'août 1807, le baron Grenier, en vertu de l'article 9 du sénatus-consulte du 19 du même mois, devint membre du Corps-législatif, dans lequel il fut formé trois commissions de sept membres chacune : il fut nommé membre de la commission de législation civile et criminelle, qui le fit son secrétaire : en cette qualité il rédigea les Observations arrêtées dans le sein de cette commission sur le « Code criminel », et telles qu'elles furent présentées au conseil d'état. Le gouvernement d'alors ne crut pas devoir en ordonner l'impression, pour ne pas donner lieu à des commentaires qui auraient pu être dangereux, s'agissant d'une matière d'aussi haute importance : elles demeurèrent inédites. La copie authentique de ces Observations fut déposée aux archives du Corps-législatif. Un double est demeuré en la possession de M. le baron Grenier. Ces Observations ont dû être imprimées depuis.

Plusieurs biographes ont attribué au jurisconsulte qui fait l'objet de cette notice et un « Manuel des nouveaux tribunaux civils » et un « Manuel des tribunaux de commerce »: c'est à tort: l'un et l'autre appartiennent à un de ses homonymes. (Voy. l'article suivant).

GRENIER ..., anc. empl. au ministère de la justice, bureau de l'envoi des lois.

— Manuel des nouveaux tribunaux civils, contenant toutes les lois non abrogées, sur le nouvel ordre judiciaire, les successions, donations, transactions, demandes en rescision, fermages, locations, etc.; rédigé suivant l'ordre alphabétique des matières. Paris, Garnery, Rondonneau, an IX (1801), in-8 de 232 pag., 2 fr. 50 c.

— Manuel des tribunaux de commerce, contenant, non-seulement toutes les lois antérieures à la révolution, mais encore toutes celles nouvelles, non abrogées, depuis l'Assemblée constituante; rédigé suivant l'ordre des matières. Paris, Garnery, 1801, in-8, 3 fr.

GRENIER. Elvira, ou l'Ile fatale, pantomime dialog. en 3 actes (en prose). Paris, de l'impr. à prix fixe, an VIII (1800), in-8.

— M. de Craquignac, ou le Pauvre ermite, com. en un acte et en prose, mêlée de vaud. Paris, de la même impr., an VII (1799), in-8.

GRENIER (Hippolyte), jurisconsulte.
— Aperçu sur la division et le morcelle-

ment des héritages, et sur le choix des moyens pour y remédier. *Montpellier, imp. de Martel aîné*, 1826, in-8 de 48 pag.

GRENLOW DE NEUVILLE (A.-F.-H.).
— Plainte à la Chambre des pairs contre M. le duc de Cazes, pair de France. *Paris, Le Normant*, 1820, in-8 de 32 pag.
Réimpr. la même année.

GRENUS (Jacq.), avocat à Genève, anc. membre des états du pays de Gex; né à Genève, où il est mort vers 1818.
— Correspondance de Grenus et Desonnaz, ou État politique et moral de la république de Genève, où se trouvent quelques détails sur la neutralité helvétique, etc. etc. Ouvrage très-utile aux citoyens qui veulent connaître les ressorts secrets des événements passés, présents et futurs. (Publiée par DESONNAZ). *Genève, P. Francou*, 1794, 2 vol. iu-8.
Desonnaz a publié, pour servir de suite (et de 3ᵉ vol.) à cette Correspondance, une « Histoire de la conjuration de Grenus, Soulavie, etc., contre la république de Genève (1794) ». Grenus est présenté dans cette Histoire comme auteur de divers écrits, autres que ceux que nous citons, tels qu'un *Appel à la nation* (1791); une *Correspondance sur Genève*. Annecy, Durand, 1792; un *Coup-d'œil sur le Mont-Blanc*, etc., etc.
— Éloge d'Hon. Riqueti Mirabeau, prononcé à Gex, le 16 juin 1791, imprimé par ordre des amis de la constitution de Gex. *Saint-Claude*, 1791, in-8.
— Essai sur la législation contre l'usure, où l'on traite de l'organisation, des effets et des ravages de l'usure dans le département du Léman et dans la ville de Genève. *Genève, Paschoud; Paris, Gautier et Bretin*, 1808, in-8 de 114 pag., 1 fr. 80 c.
— Fragments de l'histoire ecclésiastique de Genève au xixᵉ siècle. *Genève*, 1817, in-8. — Supplément. *Genève*, 1817, br. in-8.
— Mémoire sur les avantages réciproques de l'introduction de l'horlogerie de Genève en France, suivant le tarif arrêté. *Genève et Paris, Paschoud*, 1818, in-8 de 24 pag., 75 c.

GRENUS (Jacq.-Louis), anc. banquier à Paris; né à Genève, vers 1755.
— Adieux à Lyon, pièce de vers composée en 1786.
— *Fables diverses, critiques, politiques et littéraires, faisant suite aux « Fables pour l'enfance et la jeunesse ». 1807; in-18 fig.
On trouve à la fin de ce volume des Poésies mêlées.
— * Fables pour l'enfance et la jeunesse, par J. L. G. *Paris, Bossange*, 1806, 2 vol. pet. in-12.

Les Fables de M. Grenus se distinguent par une ingénieuse et piquante originalité.
— * Imitations d'Horace, et Poésies diverses, par J. L. G. *Paris, impr. de l'Auteur*, 1800, in-18.
— Quelques Fables et Poésies diverses. *Paris, de l'imp. de l'Auteur*, an VIII (1800), in-18.
Les Biographies antérieures à celle universelle et portative des contemporains ont fait naître cet écrivain à Genève, vers 1755; mais cette dernière, nous ne savons d'après quelle autorité, le fait naître à Lyon, vers 1750.

GRENUS-SALADIN (le baron de), originaire du canton de Vaud.
— * Documents relatifs à l'histoire du pays de Vaud, de 1293 à 1750. *Genève*, 1817, in-8.
— * Fragments biographiques et historiques extraits des registres du Conseil d'état de Genève, 1535 à 1792. *Genève*, 1815, in-8.
— Glanures, ou pièces et citations historiques, littéraires et philosophiques. Nº Iᵉʳ. *Genève*, 1829, br. in-8.
Cet écrit a occasioné un duel entre l'auteur et M. Simonde de Sismondi.
Voy. aussi TISSOT-GRENUS.

GREPPO (l'abbé J.-G.-H.), aumônier des chasseurs des Pyrénées.
— Description d'une médaille inédite de Pescennius-Niger. *Paris, impr. de Didot jeune*, 1820, in-8 de 8 pag.

GRENVILLE (lord Geo. de), membre du parlement d'Angleterre et ministre d'état au xviiiᵉ siècle.
— Mémoire sur l'administration des finances de l'Angleterre depuis la paix, ouvrage attribué à M. de Grenville, ministre d'état; trad. de l'angl. (par MAUDUIT), et augmenté de notes. *Mayence, J. Faust (Paris)*, 1768, in-4; ou *Leyde*, 1769, in-12.
L'ouvrage original a pour titre : Considérations sur le commerce et les finances de l'Angleterre, et sur les mesures prises par le ministère depuis la conclusion de la paix, relativement à ces grands objets d'intérêt national.
— Tableau de l'Angleterre, relativement à son commerce et à ses finances, présenté au Roi, etc.; trad. de l'angl. (par GUYARD, de Troyes). *Londres et Paris, Desaint*, 1769, in-8.
Autre ouvrage attribué au lord Grenville.

GRESELY (L.), docteur en médecine de la Faculté de Paris.
— Observation de grossesse extra-utérine, suivie de quelques réflexions, lue à l'Académie royale de médecine, le 4 juin 1822. *Paris, impr. de Gaultier-Laguionie*, 1826, in-8 de 40 pag.

GRESLÉ (Philippe), ingénieur de la marine en retraite.

— Essai sur les aérostats. *Paris , impr. de Coniam*, 1825 , in-8 de 32 pag.

— Mémoire sur les forces navales de la France. *Paris , impr. d'A. Bobée*, 1822 , in-8 de 52 pag.

Ce mémoire n'a pas été destiné au commerce.

GRESSET (Jean-Baptiste-Louis), célèbre poète , membre et directeur de l'Académie française ; né à Amiens, en 1709, mort dans la même ville, le 16 juin 1777.

— Carême (le) impromptu , imité en vers latins, par M. le professeur FORMAGE. *Paris , impr. de Panckoucke* , 1823 , in-12 de 24 pag.

La traduction en vers latins a 94 vers hexamètres : elle est précédée du texte.

— Discours prononcé dans la séance publique de l'Académie française, le 4 août 1774. Nouv. édition, précédée d'une lettre de l'auteur à M.... 1774, in-8.

— Discours sur l'harmonie. 1737 , in-8.

— Édouard III , tragédie (en 5 actes et en vers). *Paris , Prault père*, 1740 , in-8 ; ou *Paris, Belin et Brunet*, 1788, in-12.

Cette pièce a été aussi imprimée en 1740, à La Haye , pour Benj. Gibert , in-12, et à Amsterdam, pour Ét. Ledet , in-8.

— Épître à M. Mauregard, intendant des postes. *Amiens*, 1776, in-8.

— Épîtres (trois) : la Chartreuse, les Ombres, et l'Abbaye. *Paris , Lugan*, 1826 , in-32 de 64 pag., 25 c.

— Lettre à M*** sur la comédie. *Sans nom de ville, ni d'imp.*, 1759, in-12.

— * Lettre à M. le duc de Choiseul, sur le «Mémoire historique de la négociation entre la France et l'Angleterre ». 1761, in-12.

— Lutrin (le) vivant....

— * Pluteus spirans. 1753, in-8.

Traduction du Lutrin vivant de Gresset , par J. Desaint.

— Méchant (le), com. en 5 actes , en vers. *Paris , Séb. Jorry*, 1747, 1748, in-12 ; ou *Paris, Belin et Brunet*, 1787, in-12.

— *Paris , Lemoine*, 1826, in-32, 50 c.

— Ode à la convalescence du roi. *Paris*, 1744, in-4.

— Parrain (le) magnifique , ou la Réunion de famille, poëme en x chants. Œuvre posthume. *Paris, Renouard*, 1810 ou 1828 (sous la date de 1810), in-8 de 100 pag., 2 fr. 50 c. ; et pap. satiné avec 2 gravures, 4 fr. ; ou *Paris, Boulland*, 1824 , in-32, 2 fr. 25 c.

Il a été tiré de l'édition de M. Renouard quelques exemplaires sur vélin : ces exemplaires, gr. in-8, figures avant la lettre et eaux-fortes, cartonnés, avec étui , sont portés sur le catalogue de l'édit., 300 fr.

— Poésies (ses). *Blois*, 1734 , in-12. — Autre édition , sous le titre d'Œuvres poétiques. *Genève, Pelissari*, 1742, in-12.

— Sydney, com. (en 3 actes et en vers). *La Haye, sans nom d'impr.*, 1745, in-8 ; ou *Dijon , Defay fils*, 1777, in-8 ; et *Paris, Belin et Brunet*, 1787, in-12.

— Vert-Vert, poëme en IV chants. *La Haye*, 1734, in-12 ; *Paris , Lugan*, 1826, in-8 de 32 pag. ; ou *Paris, de l'impr. de Barthélemy*, 1826 , in-32 de 32 pag.

— Vert-Vert, avec la traduction en vers latins. *Paris, d'Houry*, 1752, in-8.

— Le même, traduit en vers latins (par Magl. THEVENOT), avec le texte en regard, suivi de la traduction en vers français de la paraphrase 8ᵉ, par Th. de BÈZE. *Troyes*, 1811, in-8 de 40 pag.

Tiré à petit nombre.

— Le même, traduit en vers portugais , par Filinto Elysio (c'est-à-dire MANOEL). *Paris, de l'impr. de Rougeron*, 1816 , in-8 de 64 pag.

— Vert-Vert, poëme, suivi de sa Critique, com. en un acte ; du Lutrin vivant, et du Carême impromptu. Nouv. édit. *Paris, A. Leroux*, 1822, in-18 avec 2 planches lithographiées , 1 fr. 50 c. ; ou *Paris, Lugan*, 1826, in-32 de 64 pag.

— Œuvres (ses). *Genève*, 1744, in-12 ; ou *Londres*, 1751, 2 vol. in-12.

— Les mêmes, enrichies de la Critique de Vairvert (sic). *Amsterdam , aux dépens de la compagnie*, 1748, 4 parties , in-12.

— Les mêmes. Nouv. édition, revue, corrigée , considérablement augmentée , et donnée au public par l'auteur. *Londres, Édouard Kelmarneck*; 1758, 1762, 1765, 2 vol. in-12 ; ou *Paris*, 1758, 2 vol. in-12.

— Les mêmes. *Orléans*, 1765, 2 vol. in-12.

— Les mêmes. *Londres (Paris , Cazin)*, 1780, 2 vol. in-16.

— Les mêmes. Nouv. édition, revue, corrigée et considérablement augmentée, et donnée au public par l'auteur. *Amsterdam , libr. associés*, 1787, 2 vol. pet. in-12.

— Œuvres (ses) complètes. Nouv. édit. , augmentée de pièces inédites qui ne se trouvent dans aucune autre édition. (Publiée par M. FAYOLLE). *Paris, Bleuet*, 1804, 3 vol. in-18 avec gravures, 7 fr. 50 c. ; pap. vél. , 12 fr. ; et gr. pap. vélin , format in-12, 18 fr.

Assez jolie édition , sortie des presses de Didot aîné : il y en a un exemplaire sur papier vélin.

—Les mêmes, précédées d'une Notice sur la vie de ce poète (par M. Fayolle). Édition stéréot. d'après le procédé de F. Didot. *Paris, P. Didot l'aîné*, 1806, 1811, 2 vol. in-18, 2 fr.; pap. fin, 2 fr. 50 c.; pap. vél., 6 fr., et gr. pap. vél., 9 fr.

—Les mêmes, avec le Parrain magnifique, poëme posthume du même auteur. *Paris, A.-A. Renouard*, 1811, 3 vol. in-8, avec portrait, 12 fr.; et avec 9 grav. de Moreau jeune, 22 fr.; pap. vélin satiné avec les 9 gravures, 39 fr.; et pap. vélin satiné avec les gravures avant la lettre, 48 fr.

Belle édition, la plus complète et la meilleure que nous ayons de ce poète. Le Parrain magnifique forme le 3ᵉ volume. Il en a été tiré un exemplaire sur vélin, et deux sur gr. papier.

On peut ajouter à cette édition de Gresset les six anciennes petites gravures de Moreau le jeune, dont il reste quelques exemplaires de belles et anciennes épreuves, sur pap. in-8, 7 fr.

— Les mêmes (sous le titre d'OEuvres complètes). *Paris, Ménard et Desenne*, 1822, 3 vol. in-18, ornés de 8 grav. et d'un portrait, 7 fr.; pap. vél., fig. avant la lettre, 14 fr.; ou sur format in-12, 9 fr.; et pap. vélin, figures avant la lettre, 18 fr.

Édition qui n'est pas aussi complète que le titre le semble indiquer, puisqu'on n'y trouve pas le *Parrain magnifique :* elle fait partie d'une « Bibliothèque française ».

— Les mêmes, précédées d'une Notice biographique, et des jugements de nos plus célèbres critiques. *Paris, Aug. Boulland et comp.*, 1824, 4 vol. in-32, ornés du portrait de l'auteur, et de 6 jolies vignettes d'après les dessins de Moreau, 9 fr.

Le Parrain magnifique, qui se trouve dans cette édition, forme le 4ᵉ volume. On peut se le procurer séparément.

— Les mêmes, *Paris, Debure*, 1826, 3 vol. in-32 avec portrait, 7 fr. 50 c.

Jolie édition, qui fait partie de la Collection des Classiques français, publiée chez le même libraire.

—OEuvres (ses) choisies. *Paris, Didot jeune*, an II (1794); in-18, pap. vélin, figures de Moreau, 4 à 5 fr.; figures avant la lettre, 6 à 7 fr., et plus en gr. papier.

— OEuvres choisies, édition stéréotype d'Herhan. *Paris, H. Nicolle et Aug. Belin*, 1802, 1808, 1812; ou *Paris, Mᵐᵉ Dabo*, 1824, in-18 et in-12.

— Les mêmes, avec celles de Boileau-Despréaux. *Tulle, impr. de Chirac*, 1812, 2 vol. in-12.

Édition commune.

— Les mêmes (Gresset seul), précédées d'un Essai sur sa vie et ses ouvrages, par M. Campenon. *Paris, Janet et Cotelle*, 1823, in-8 avec une fig., 6 fr. 50; pap. fin d'Annonay sat., 7 fr. 50; grand pap.

vélin d'Annonay sat. fig. avant la lettre, 21 fr.; même pap.; fig. avant la lettre et avec l'eau-forte, 23 fr.

— Les mêmes. *Paris, Maine-Delaunay; Ch. Gosselin*, 1824, in-32.

— Les mêmes, avec un Essai sur sa vie (par M. P. Hédouin), et une Romance inédite, musique de J.-J. Rousseau. *Boulogne, Berger*, 1824, in-12.

La romance, annoncée comme inédite, est l'idylle intitulée : *Le siècle pastoral.*

— Les mêmes. *Paris, Lemoine*, 1826, 2 vol. in-32, 1 fr. 50 c.

—Les mêmes. *Paris, Dufour et comp.*, 1827, in-48, 2 fr.

Outre le Parrain magnifique, laissé par Gresset, ce poète avait composé un autre petit poëme intitulé : *l'Ouvroir des Nones, ou le Laboratoire de nos sœurs*, faisant suite au Vert-Vert, et brûlé par Gresset quelque temps avant sa mort. On n'en connaît point de copie manuscrite, et l'on assure qu'il n'existe que dans la mémoire de deux vieillards d'Amiens, amis de Gresset, et qui le lui avaient souvent entendu réciter.

GRESSET, professeur de rhétorique au collége de Toulouse et membre de l'Académie des sciences de cette ville.

— Essai sur la langue grecque, ou Précis de sa formation, de sa grammaire et de sa prosodie, avec des notes contenant surtout des applications au latin. *Paris, Aug. Delalain ; Eymery ; Lecointe et Durey*, 1825, in-8 de 120 pag., 3 fr.

GRESSIER (Maximilien), officier dans la légion du Pas-de-Calais.

— Avénement (l') et le sacre de Charles X. *Metz, impr. de Verronnais*, 1826, in-8 de 8 pag.

— Discours sur cette question proposée en 1817 par l'Académie de Lyon : Des moyens à employer, après une longue révolution, pour confondre tous les sentiments dans l'amour de la patrie et du roi. *Metz, Vᵉ Verronnais ; Paris, Magimel, Anselin et Pochard*, 1819, in-8 de 32 pag., 60 c.

— Tombeau (le) de lord Byron, chant lyrique; suivi de quelques Observations sur la guerre des Hellènes. *Paris, Béchet aîné*, 1826, in-8 de 60 pag. 1 fr. 50 c.

GRESSY (le chev. C. de). Voy. Cisa.

GRÉTRY (André-Ernest-Modeste), l'un des plus célèbres musiciens de la France, membre de l'Institut national de France, de la Société d'émulation de Liége, de l'Académie de musique de Stockholm, etc., censeur royal pour la musique, etc.; né à Liége, le 11 février 1741, mort à l'Ermitage de Montmorency, le 24 septemb. 1813.

—Mémoires, ou Essais sur la musique. *Paris*, 1789, 1 vol. in-8.

Le gouvernement français fit réimpr. cet ouvrage, l'an v (1796) avec deux nouveaux volumes, contenant des observations sur la partie dramatique de la musique. Il y a de cette dernière édit. des exemplaires sur papier vélin.

On trouve à la fin du 3ᵉ volume la liste des ouvrages dramatiques mis en musique par Grétry. Il y a des exemplaires de la nouvelle édition qui portent pour titre : Du caractère des passions et de la manière de les exprimer en musique.

— Méthode simple pour apprendre à préluder. *Paris*, 1802, in-8.

— Vérité (de la). Ce que nous fûmes, ce que nous sommes, et ce que nous devrions être. *Paris*, *l'Auteur ; Pougens*, an ix (1801), 3 vol. in-8, 12 fr., et pap. vél., 24 fr.

Cet homme célèbre s'occupait dans ses dernières années d'un ouvrage qu'il annonçait sous le titre vague de *Réflexions d'un solitaire*; il disait deux ans avant sa mort, à un de ses amis, qu'il en était au sixième volume, et qu'on y verrait des rapprochements curieux entre les beaux-arts.

GRÉTRY aîné (André-Joseph), neveu du précédent, membre associé du Muséum de Francfort, de la Société d'émulation de Liége, etc. ; né à Boulogne-sur-Mer, le 20 novembre 1774, mort le 19 avril 1826.

— Amour (l') et le Crime, ou quelques Journées anglaises. *Paris*, *Caillot*, 1807, 2 vol. in-12, 3 fr. 50 c.

— Armand et Mathilde, ou la Carrière, mélodr. en 3 actes et en prose. *Paris*, *Ducrocq*, 1806, in-8.

— Barbier (le) de village, ou le Revenant, opéra-comique en un acte et en vers. *Paris*, *Huet*, an v (1797), in-8.

— Boira-t-il encore? comédie en un acte et en prose. *Paris*, *Mᵐᵉ Masson*, 1806, in-8, 7 fr. 50 c.

— Calabrois (le), ou les Poignards accusateurs. *Paris*, *Noel Lefebvre*, 1823, 3 vol. in-12, 7 fr. 50 c.

— Château (le) de Cliffort, ou le Souterrain de la forêt, roman imité de l'allem.; avec une romance inédite du célèbre Grétry. *Paris*, *Lerouge*, 1819, 2 vol. in-12, 5 fr.

— Coraly, ou la Lanterne magique, opéra-comique en un acte et en prose. *Paris*, *Mᵐᵉ Masson*, an xii (1804), in-8.

— Duval, ou une Erreur de jeunesse, com. en un acte et en prose, mêlée de chants. *Paris*, *Roullet*, an x (1802), in-8.

— Élisca, ou l'Habitante de Madagascar, etc. (1812). Voy. FAVIÈRES.

— Entretiens de Mᵐᵉ de Gerville avec ses enfants, divisés en dix parties, et ornés de dix gravures propres à piquer la curiosité de la jeunesse studieuse; contenant : 1° des dialogues moraux pour exciter l'émulation ; 2° des fables allégoriques pour porter les jeunes gens à la bienfaisance, avec le sens moral; 3° une relation descriptive du nouveau théâtre de Séraphin, sur tout ce qui est moral et instructif, etc., etc. Sec. édit. *Paris*, *Delacour*, 1812, 2 vol. in-18, 1 fr. 50 c.; ou *Besançon*, *de l'impr. d'Ant. Montarsolo*, 1821, in-18 avec 10 grav.

Cet ouvrage parut d'abord sous ce titre : *le Nouveau Théâtre de Séraphin*, ou Entretiens instructifs, amusants et moraux d'une mère de famille avec ses enfants. Par P. B***. *Paris*, Vᵉ Stouf, 1809, et Paris, Philippe, 1810, 2 vol. in-18 avec 6 figures.

— Fables de Lessing, mises en vers (1811). Voy. LESSING.

— Faustine et l'ancien Paris, ou l'Enfant de la chaumière lancé dans le grand monde, roman traduit de l'allemand. (1809). Voy. WILLEBECK (G.-F.).

— Grétry en famille, ou Anecdotes littéraires et musicales, relatives à ce célèbre compositeur ; précédées de son Oraison funèbre, par M. BOUILLY; rédigées et publiées par A. GRÉTRY neveu. *Paris*, *Chaumerot*, 1815, in-12 avec le portrait de Grétry.

— Haine aux deux sexes, ou Amour et mensonge, comédie en un acte et en prose. *Paris*, *Fages*, 1815, in-8.

— Juliani, ou les Masques napolitains. *Paris*, *Castel de Courval*, 1824, 2 vol. in-12, 5 fr.

— Lutineau, ou le Château de Narrenbourg, com. en 4 actes et en prose. *Paris*, *Mᵐᵉ Masson*, 1806, in-8.

Avec Hermann.

— Madame de Beaufort, ou Correspondance d'autrefois. *Paris*, 1807, in-12.

— Mes moments de loisir à l'Ermitage d'Émile, ou quelques Essais poétiques, dédiés au célèbre Grétry. *Paris*, *Flamand, beau-frère de l'auteur ; Belin fils; Debray*, 1811, in-18 de 120 pages avec 4 grav., 1 fr. 50 c.

— Oncle (l') et le neveu, com. en un acte et en prose, mêlée de chant. *Paris*, *Roullet*, an xii (1804), in-8.

— Portefeuille de la jeunesse (le), ou nouveau Recueil de contes, d'histoires, de dialogues, d'anecdotes, de traits d'histoire, de fables et de notices intéressantes sur quelques grands hommes; ouvrage propre à former à la fois l'esprit et le cœur des enfants. Précédé de l'Épitre en vers au prince primat, archevêque de Ratisbonne. *Paris, Freschet,* 1810, 2 vol. in-12, avec fig., 3 fr. 60.

— Roses et Pensées, ou contes, fables, épigrammes, romances, chansons, et autres poésies fugitives. *Paris, Caillot,* an XIV (1805), in-18 fig., 75 c.

Avec Décour.

— Sifflomanie (la), folie-vaudeville en un acte et en prose. *Paris, Allut,* 1804, 1 fr.

— Sigebert, roi d'Austrasie, ou l'Amour gaulois, drame héroïque en 3 actes et en prose, mêlé de chants. *Paris, Ducrocq,* an XV (1807), in-8.

— Tom et Betsi, roman traduit de l'angl. (1809). Voy. SOWARS (Caroline).

— Treize à table, ou le Préjugé de société, comédie-vaudeville en un acte et en vers. *Paris, Ducrocq,* 1807, in-8.

— Un peu de méchanceté, comédie en un acte et en vers (libres). *Paris, M*me *Masson,* an XIII (1805), in-8.

Avec Décour.

— Une aventure de Plombières, comédie-vaudeville en un acte et en prose. *Paris, Maldan,* 1806, in-8.

— Une Matinée des deux Corneilles, comédie-vaudeville en un acte et en prose. *Paris, M*me *Masson,* an XII (1804), in-8.

Grétry neveu a laissé inédit ou non représenté : Zelmar, ou l'Asile, opéra-comique en un acte, destiné pour l'Académie royale de musique.

Il a composé aussi plusieurs romances, paroles et musique.

GREUZE (J.-B.). Divers habillements suivant le costume de l'Italie : dessinés par Greuze, ornés de fonds, par J.-B. Allemand, et gravés par P.-E. Moitte. *Paris,* 1768, in-fol. de 24 pièces, 20 à 26 fr.

GRÉVÉ, de Bordeaux. Théâtre (le) à la mode, com en 3 actes et en vers. *Bordeaux* (1767), in-8; ou *Lyon, M*lle *Olier* (1768), in-8.

La prem. édit. a été publiée sous le nom de *Biennourri*, qui est celui d'un ami de l'auteur.

GRIBEAUVAL (Jean-Baptiste VAQUETTE FRECHENCOURT DE), lieutenant-général, premier inspecteur de l'artillerie, commandant du génie et du corps des mineurs, gouverneur de l'Arsenal; né à Amiens, le 4 décembre 1715, mort le 9 mai 1789.

— Tables des constructions des principaux attirails de l'artillerie, proposées et approuvées depuis 1764 jusqu'en 1789, par M. de GRIBEAUVAL, exécutées et recueillies par M. de MANSON, maréchal-decamp, et par plusieurs autres officiers du corps royal d'artillerie de France. Impr. et grav. par ordre du roi. (*Paris, de l'impr. royale,* 1792), 3 vol. en 4 parties in-fol. avec 125 planches formant 2 vol. in-fol. atlantique en 3 parties.

Le titre gravé est ainsi conçu, mais le faux-titre imprimé porte : *Réglement concernant les fontes et constructions de l'artillerie de France.* La date que nous assignons à l'impression de cet ouvrage est celle que porte le recueil de planches.

Cet ouvrage n'a été tiré qu'à cent vingt exemplaires seulement, dont le gouvernement s'est réservé la distribution : aussi lorsqu'il en passe dans les ventes, sont-ils vendus à des prix élevés. Un exemplaire, qui a appartenu au général Pommereuil, a été vendu récemment 2,000 fr.

La rareté de ce livre nous porte à en donner une description bien précise, description qui résulte de la collation faite par nous de deux exempl., l'un de la Bibliothèque du roi, l'autre de la Bibliothèque du dépôt de l'artillerie. Ces trois volumes contiennent quatre réglements qui sont ainsi distribués : Tom. I er, première partie : Réglement fixant les dimensions des canons, obusiers, mortiers, pierriers de l'artillerie de France, et celle des instruments de leur vérification. 1 er janv. 1785: de 82 pag., plus 8 autres à la suite, de Légendes des planches pour cette partie. En tête de cette partie se trouvent quelques feuilles qui n'ont pas de pagination, et qui sont : 1° l'Avertissement, 2 pages ; Table des matières contenues dans cette partie, 2 pag.; 3° Errata de la première partie, 2 pages ; 4° Supplément à l'avant-train de 4 à limonière, 4 pages. Tom. I er, seconde partie : Réglement fixant les dimensions des affûts de siège, de place, de côtes, de campagne, de troupes légères, d'obusiers, de mortiers et pierriers, celles de leurs divers avant-trains ou châssis, celles des armements et assortissements des pièces, et celles des chèvres, chevrettes, brouettes et civières en usage dans l'artillerie de France. 1 er janv. 1785 : de VI et 294 pag., plus, à la suite, 17 pages de Légendes des planches de cette partie. Entre les six pages préliminaires et le Réglement sont placées quatre pages, non paginées, qui contiennent un Errata et un Supplément à l'avant-train de 4 à limonière. Tom. II : Réglement fixant les dimensions des caissons, chariots, charrettes, camions, forges, tombereaux, traîneaux et triques-bales, celles de leurs avant-trains, celles des hacquets, bateaux, pontons, nacelles et agrès nécessaires aux équipages de pont : et généralement de toutes les voitures en usage dans l'artillerie de France. 1 er janvier 1785: de 358 pag. plus 18 autres à la suite, pour les Légendes des planches de ce volume. En tête de ce volume, on trouve, non paginé, et sa Table, 2 pages, et un Errata qui en forme 4. Tom. III : Réglement fixant les dimensions des fers plats, carrés, platinés, à 8 pans, et ébauchés à martinet, celles des parties en bois et en fer des constructions, qui, ne se trouvant pas dans les tables particulières, sont rassemblées dans les tables générales, celles du débit des bois dans les arsenaux, celles des fers coulés, des outils à pionniers, à mineurs, et tranchants, des filières, tarauds, balles de fer battu, grils à boulets rouges, réchauds de rempart, pierres à feu, etc., etc., suivi d'une Instruction relative aux magasins à poudre, magasins ordinaires, ateliers d'ouvriers, salles d'armes et autres bâtiments d'artillerie; d'une Instruction sur la fabrication des gargousses et cartouches; et d'une Table des poids et prix des bouches à feu, affûts, voitures et autres machines, outils et effets à l'usage de l'artillerie de France. 1 er janv. 1785 : de 11 et 232 pag. Entre les deux pages de préliminaires et le Réglement se trouve une page d'errata.

Les 125 planches sont distribuées en 2 volumes, savoir : Tom. 1er, 1re partie, 40 ; et seconde partie, 50. Tom. II : 35. Les planches qui représentent des ferrures sont lavées en bleu, et celles qui représentent des cuivres le sont en jaune.

Le volume publié sous le titre de « Collection de Mémoires authentiques qui ont été présentés à MM. les maréchaux de France (Aelothopolis, 1744, in-8), renferme quelques pièces de Gribeauval.

GRIECK (Jodocus de). Vie (la) et les actions héroïques et plaisantes de l'invincible empereur Charles V. Dédiée à S. A. Élect. Mgr le duc de Bavière. Nouv. édit. *Amsterdam*, *J. Malherbe*, 1704, 2 vol. in-12.

GRIFFET (Henri), jésuite, laborieux et estimable écrivain ; né à Moulins, le 9 octobre 1698, mort à Bruxelles, le 22 février 1771.

— Année (l') du chrétien, contenant des instructions sur les mystères et les fêtes, etc. *Paris*, *Coignard et Guérin*, 1747, 18 vol. in-12. — Nouv. édit. *Lyon*, *Pitrat*, et *Paris*, *Soc. typograph.*, 1811-12, 18 vol. in-12.

La prem. édit. est anonyme : elle est plus belle que la réimpression.

— * Coup-d'œil sur l'arrêt du parlement de Paris, concernant l'institut des Jésuites. *Avignon*, 1761, 2 part. in-8.

Avec le P. Menoux.

— * Éclaircissements (nouveaux) sur l'histoire de Marie, reine d'Angleterre, adressées à M. David Hume. *Amsterdam et Paris*, *Delatour*, 1766, in-12.

— Exercices ou Prières pendant la messe. *Paris*, 1762, in-12.

— Exercices de piété pour la communion. Nouv. édit. *Paris*, *Mame fr.*, 1812, in-18 ; *Lyon*, *Rusand*, 1818, in-12 ; *Paris*, *Aug. Delalain*, 1818, in-18 ; *Paris*, *Th. Leclerc*, et *Lyon*, *Blache*, 1825, in-18 ; *Paris*, *Denn*, 1826, in-18, 1 fr.

Livre journellement réimprimé, et dont il existe beaucoup d'autres édit. La première est de 1748.

— * Histoire de Tancrède de Rohan, avec quelques autres pièces concernant l'histoire de France et l'histoire romaine. *Liége*, *Bassompierre*, 1767, in-12.

— * Histoire des hosties miraculeuses. *Bruxelles*, 1770, in-8.

— Histoire du règne de Louis XIII. *Paris*, 1758, 2 vol. in-4.

Faisant aussi partie de la nouvelle édition de l'Histoire de France du P. Daniel.

— Insuffisance (l') de la religion naturelle, prouvée par les vérités contenues dans les livres de l'Écriture-Sainte. *Liége*, *Bassompierre*, et *Paris*, *Desaint*, 1770, 2 vol. in-12.

L'auteur a rassemblé, dans ce recueil, des pièces qui n'ont presque aucun rapport avec son titre, puisqu'on y trouve des dissertations sur la version des septante, sur la vulgate et sur les nouveaux systèmes du P. Hardouin et de l'abbé de Villefroy.

— Lettre à M. D***, sur le livre intitulé : » Émile, ou de l'Éducation, par J.-J. Rousseau ». *Amsterdam et Paris*, 1762, in-12.

Attribuée au P. Griffet.

— Méditations pour tous les jours de l'année, sur les principaux devoirs du christianisme. *Paris*, *Guérin et Delatour*, 1759, in-12 ; 1769, in-16. — *Paris*, *Lamy*, 1801, in-18, 1 fr. 50 c. ; et sur pap. carré, 2 fr. — *Bruxelles*, *Lecharlier*, et *Paris*, *Onfroy*, 1807, in-18, 1 fr. 80. — *Paris*, *Lefuel*, 1823, 2 vol. in-16, ornés de frontispices grav. et de deux portr., 6 fr. — *Paris*, *Potey*, 1823, in-12, 2 fr. — *Lyon et Paris*, *Périsse frères*, 1826, in-18.

— * Mémoire concernant l'institut, la doctrine et l'établissement des Jésuites en France. *Avignon*, *Giroud*, 1761 ; *Rennes*, *Vatar*, 1762, in-12.

— * Mémoire sur l'établissement des Jésuites en France. *Rennes*, *Vatar*, 1762, in-8.

La seconde édition contient une troisième partie.

— * Mémoire sur l'institut et la doctrine des Jésuites. *Rennes*, *N. Paul Vatar* (vers 1763), in-8.

— * Mémoires pour servir à l'histoire de Louis, dauphin de France, mort à Fontainebleau, le 20 décembre 1765, avec un traité de la Connaissance des hommes, fait par ses ordres, en 1758. (Publ. par l'abbé de QUERBEUF). *Paris*, *Simon*, 1777, 2 vol. in-12.

« Lorsque l'on imprima ces Mémoires, dit A. A. Barbier, les scrupules du censeur ou d'autres motifs obligèrent l'éditeur de supprimer, dans le traité de la *Connaissance des hommes*, quelques passages. J'ai lu ces morceaux, ajoute ce savant bibliographe, copiés en tête d'un exemplaire ; les plus piquants sont relatifs 1° aux écrits de Voltaire et de Montesquieu (le P. Griffet se plaint de ce qu'on a fermé la bouche à ceux qui voulaient leur répondre) ; 2° aux sollicitations dont on assiège les princes, lorsqu'ils ont des places à donner (le P. Griffet cite la sollicitation toute-puissante de madame de Maintenon, qui fit faire de mauvais choix à Louis XIV) ».

— Panégyrique de S. Louis. 1743, in-4.

— * Remarques sur un écrit intitulé : « Compte-rendu des constitutions des Jésuites », par M. (Caradeuc) de La Chalotais. 1762, in-12.

Un anonyme a publié trois lettres contre ces *Remarques*.

— Sermons pour l'avent, le carême et les principales fêtes de l'année. *Paris*, *Desaint*,

1766 ou 1767, 4 v. in-12. — *Liége*, 1774, 3 vol. in-12.

— Traité des différentes preuves qui servent à établir la vérité de l'histoire. *Liége, Bassompierre*, 1769, in-12.

Réimprimé l'année suivante, in-12, avec augmentation de deux chapitres, l'un (chapitre x), *De la vérité dans les généalogies*; et l'autre (chapitre xv), *de la vérité dans les harangues* rapportées par les historiens. On y ajoute quelquefois la réponse de M. de Saint-Foix.... et recueil de tout ce qui a été écrit sur le prisonnier masqué. Londres (Paris), 1770, in-12 de 131 pag.

Pour une réponse aux trois derniers chapitres de cet ouvrage, voy. GIBERT.

— Varia Carmina. *Leodi, Bassompierre*, 1766, in-8.

Le P. Griffet a publié plusieurs pièces dans l'affaire des jésuites; il a fourni des matériaux pour l'Apologie de cette société célèbre. (Voyez Cérutti). Dans sa jeunesse il avait composé des Poésies latines, parmi lesquelles on distingue les Hymnes pour le nouveau bréviaire du diocèse de Bourges. Il avait le projet de traduire toutes les oraisons de Cicéron : mais il ne put achever la traduction que des vingt premières; et Fréron dit qu'on y retrouvait la force, l'élégance et la vivacité de l'original.

On doit au P. Griffet, comme éditeur, 1° la publication des Fabulæ dramaticæ du P. PORÉE (1749); 2° une nouvelle édition, corrigée et considérablement augmentée, de l'Histoire de France par le P. DANIEL. (Paris, 1755-58, 17 vol. in-4; ou Amsterdam, 24 vol. in-12). Les tom. XIV et XV contiennent l'Histoire de Louis XIII; et le XVIe le Journal du règne de Louis XIV : ces deux ouvrages sont du P. Griffet. Les Dissertations critiques et historiques dont il a enrichi ce grand ouvrage sont, dit Sabatier, d'une instruction et d'une netteté qui jettent le plus grand jour sur plusieurs points de nos annales qui n'étaient pas encore connus; 3° la publication des Mémoires de la Vie du maréchal Fr. de Scepeaux de Vielleville, par Vinc. CARLOIX, avec une préface et des notes de l'éditeur (1757); 4° une nouv. édit. de Mémoires pour servir à l'histoire universelle de l'Europe, depuis 1600 jusqu'en 1716, par le P. d'AVRIGNY, augm. d'un cinquième volume (1757); 5° la publication d'un recueil de lettres pour servir à l'Histoire militaire du règne de Louis XIV, depuis 1671 jusqu'en 1694 (1761-64, 8 vol. in-12); 6° celle des Mémoires de Ch. H. de LA TRÉMOUILLE (1767); 7° enfin, une nouvelle édition, augmentée de notes, des Délices des Pays-Bas, de CHRYSTIN et FOPPENS (1769).

GRIFFET (Claude), jésuite, frère du précédent; né à Moulins, le 30 mars 1702.

On a de lui un poëme latin intitulé *Cerebrum* (Rotomagi, 1727, in-12); un autre *De arte regnandi*, insérés dans le Suppl. aux Poemata didascalica, Parisiis, 1813, in-12; et une pièce de vers franç., sur la majorité de Louis XV : mais il est principalement connu comme édit. des ouvr. du P. Porée. (*Voy. ce nom*).

GRIFFET DE LA BEAUME (Antoine-Gilbert), neveu du précédent, écrivain et traducteur; né à Moulins, le 21 novembre 1756, mort le 18 mars 1805.

— Agathis, scène en vers et en prose. In-8.

— Galatée, comédie en un acte et en vers. 1776, in-8.

Ces deux pièces sont citées par la Biographie univ., mais il est très-douteux qu'elles aient été imprimées.

— Lettre sur le désastre de Messine, traduite de l'italien. 1779 , in-8.

Traduction supposée.

— Messe (la) de Gnide. *Genève (Paris)*, 1794, in-24.

Ouvrage de Griffet de la Beaume, et qu'il a publié comme un livre posthume du citoyen *Nobody* (qui en anglais signifie *personne*). Cette pièce, qui est licencieuse, a été réimprimée dans les « Fêtes et Courtisanes de la Grèce», de Chaussard.

— Quelques Vers. *Paris, Royez*, 1786, in-16. — Nouv. édit. *Paris*, an IX (1801), in-12.

La prem. édit. est anonyme.

Griffet de la Beaume est encore auteur d'une *Vie de Daniel Foé*, auteur de Robinson Crusoé, imprimée en tête de l'édition de ce roman, publiée par la Vᵉ Panckoucke, en 1799, 3 vol. in-8.

— Il a coopéré au Censeur universel anglais, sous la lettre Z; au Bulletin de littérature; au Mercure de France; au Journal encyclopédique; à la Décade, sous la lettre L.; au Magasin encyclopédique. Dans ce dernier journal, il a donné (7ᵉ année, tom. III, pag. 159, et 9ᵉ année, tom. 1ᵉʳ, pag. 203) une *Notice biographique et littéraire sur les femmes auteurs les plus distinguées de la Grande-Bretagne*, par ordre alphabétique.

Comme traducteur, on lui doit les divers ouvr. suivants, traduits de l'angl. et de l'allem. : Évélina (1785), voy. ARBLAY (mistr.); Sermons choisis de STERNE (1786); les Épanchements de l'imagination et de l'amitié (1787), voy. LANGHORNE; Lettres de STERNE à ses amis (1788); Poëmes d'OSSIAN (1788); (voy. ces noms); Réflexions sur l'abolition de la traite des nègres (1788) : voy. ce titre à la Table des Anon.; le Fou de qualité (1789), voy. BROOKE; le Sens commun (1790), voy. PAYNE; les Souffrances maternelles (1793); la Victime de l'imagination, ou l'Enthousiaste de Werther (1794); voy. ces titres; Marianne et Charlotte, ou l'Apparence trompeuse (1794), voy. JUNGER; Léopoldine, ou les Enfants perdus et retrouvés (1795), voy. SCHULZ; Histoire des Suisses (1795), voy. MULLER; Pérégrinus Protée (1795), voy. WIELAND; le Tableau du déluge (1797), voy. BODMER; Contes orientaux et autres (1799), voy. ce titre; Recueil de Mémoires sur les établissements d'humanité (1799); Louise, poëme champêtre (1800), voy. VOSS; les Enfants de l'abbaye, traduction nouvelle (1801), voy. ROCHE; les Abdérites, etc. (1802) voy. WIELAND; Aperçu statistique des États de l'Allemagne (1802), voy. HOEK; Voyage de Fréd. HORNEMANN dans l'Afrique septentrionale (1803); Recherches asiatiques, etc. (1805), voy. ce titre; enfin, Anna Bella, ou les Dunes de Barham; traduction posthume (1810), voy. BAGE.

GRIFFET DE LA BEAUME (Charles), frère du précédent, ingénieur en chef du département des Alpes-Maritimes; né à Moulins, en 1758, mort à Nice, le 10 mars 1800.

— *Daniel, ouvrage trad. de l'allem. (1787). Voy. MOSER.

— Théorie et pratique des annuités décrétées par l'Assemblée nationale de France pour le remboursement du prix des acquisitions des biens nationaux. *Roanne et Paris*, 1791, in-8 de 46 pag.

On trouve du même auteur, dans le premier volume du Journal de l'École polytechnique, des

Moyens de construction appliqués aux travaux publics, relatifs aux communications (1794).

GRIFFIN (Mistr.Elis.). Jeunes (les) amis, ou les Suites de la bonne et de la mauvaise conduite. Conte moral, trad. de l'angl., par MOREAU. *Paris, Parmentier*, 1824, 2 vol. in-18 avec fig., 3 fr.

GRIFFITH (Mistr.). Lady Barton, trad. de l'angl. 1788, 2 vol. in-12.

GRIFFITH, américain. Indépendance absolue des Américains des États-Unis, prouvée par l'état actuel de leur commerce avec les nations européennes. *Paris, Laran*, an VI (1798), in-8.

GRIFFITHS (John), M. D., membre de la Société royale d'Édimbourg et de plusieurs sociétés littéraires étrangères.

— Nouveau Voyage dans la Turquie d'Europe et d'Asie, et en Arabie; trad. de l'angl., par B. BARRÈRE DE VIEUZAC. *Paris, Blankenstein*, 1812, 2 vol. in-8, 10 fr.

M. Griffiths est aussi auteur de la Description historique et critique qui accompagne la «Galerie du Louvre (1803)». Voy. ce titre à la Table des Anonymes.

GRIFFOUL-DORVAL, statuaire. Essai sur la sculpture en bas-relief, ou Règles particulières à observer dans la pratique de cet art; tribut académique, lu à la Société des beaux-arts de Toulouse, dans les séances des 9 et 23 décembre 1820. *Toulouse, imprim. de Caunes*, 1822, in-8 de 40 pag.

GRIFFY DE JUVIGNAC. Valet (le) Prothée, comédie en 3 actes. *Bordeaux, J. Chappuis*, 1764, in-8.

GRIGNON (......), métallurgiste et antiquaire, directeur des forges de Bayard, correspondant des Académies royales des sciences et des inscriptions; membre associé des académies de Dijon et de Châlons; né dans la Champagne, vers le milieu du XVIIIe siècle; mort à Paris, vers 1785.
— Analyse du fer, trad. du suédois (1783). Voy. BERGMANN (T.).
— Bulletin des fouilles faites, par ordre du Roi, d'une ville romaine sur la petite montagne de Châtelet, entre Saint-Dizier et Joinville en Champagne, découverte en 1772. *Paris*, 1774, in-8. — Sec. Bulletin. 1775, in-8.

C'est une Description intéressante des antiquités trouvées sur cette montagne, et dont la plus grande partie a passé dans le cabinet de M. l'abbé de Tersan. (Voy. GRIVAUD DE LA VINCELLE.)

— Mémoire sur la nécessité et la facilité de rendre navigable la rivière de Marne, depuis Saint-Dizier jusqu'au-dessus de Join-

ville. *Amsterdam (Paris, Delalain)*, 1770, in-12.

— Mémoires de physique sur l'art de fabriquer le fer, d'en fondre et forger des canons d'artillerie; sur l'histoire naturelle, et sur divers sujets particuliers de physique et d'économie : avec une table analytique des matières en forme de dictionnaire, pour servir à l'intelligence des termes techniques. Ouvrage orné de 13 planches en taille-douce. *Paris, Delalain*, 1775, in-4.

Reproduit en 1807, par le libraire Delalain, comme un nouvel ouvrage, et sous ce titre : l'*Art de fabriquer le fer, de fondre et de forger des pièces d'artillerie*; ouvrage contenant un grand nombre de méthodes nouvelles, qui toutes ont été vérifiées par des commissaires de l'Académie des sciences, et qui, après avoir reçu l'assentiment de cette illustre compagnie, ont été publiées avec son privilège; livre indispensable à tous les maîtres de forges, à tous les minéralogistes et à toutes les personnes qui s'occupent des arts, si nombreux et si utiles, dans lesquels on emploie le fer, orné de 13 planches en taille-douce, et suivi d'une Table analytique de matières en forme de dictionnaire, pour servir à l'intelligence des termes techniques. Par M. GRIGNON, maître de forges, correspondant de l'Académie roy. des sciences de Paris, etc., 16 fr.

— Observations sur les épizooties contagieuses, particulièrement sur celle qui a régné en Champagne. *Londres (Paris)*, 1776, in-8.

GRIGNON DE MONTFORT (L.-M.). prêtre; né en Bretagne, le 31 janvier 1673, mort en odeur de sainteté, le 28 avril 1716.
— Cantiques des missions. Nouv. édit. *Poitiers, Barbier*, 1817, in-12.

GRIGY-BELLECOUTURE (Fr.). Deux Scènes de circonstance (en vers). *Rouen, imprim. de Lecrène-Labbey*, 1822, in-8 de 12 pages.
— Lettre à madame veuve Grigy-Bellecouture. *Rouen, imprim. du même*, 1822, in-8 de 24 pages.
— Lettre à M. Désappointé. *Rouen, impr. du même*, 1822, in-8 de 12 pag.
— Quelques Considérations adressées à M. le procureur du roi de Pont-Audemer. *Rouen, imprim. du même*, 1822, in-8 de 8 pages.

GRILLE, pharmacien, membre de la Société des sciences et arts de Grenoble.
— Quelques Vues sur l'emploi de l'oxide de manganèse dans les maladies cutanées. *Grenoble*, 1800, in-8.

Avec Morelot.

GRILLE (F.), ancien chef-adjoint de la division des sciences et des beaux-arts au ministère de l'intérieur. Voy. au Supplém.

GRILLEMONT (l'abbé de). Voy. MA-
ROLLES.

GRILLET * Mémoire sur divers objets
qui intéressent la province et la capitale de
la Franche-Comté, et réplique à sa réfutation. Besançon, 1788, in-8.

GRILLET (J.-Louis), savant et laborieux écrivain, chanoine de La Roche en
Savoie, successivement directeur du collége
de Carrouge, professeur de rhétorique et
préfet des études, puis directeur-adjoint de
l'école secondaire de Chambéri, en 1806;
professeur de philosophie, en 1807; censeur du lycée de Grenoble; principal du
collége d'Annecy; membre de l'Académie
italienne, correspondant de la Société des
georgeofili de Florence; né à La Roche,
en Savoie, le 16 décembre 1756, y est
mort, le 11 mars 1812.
— Dictionnaire historique, littéraire et
statistique des départements du Mont-
Blanc et du Léman, contenant l'histoire
ancienne et moderne de la Savoie, et spécialement celle des personnes qui y étant
nées ou domiciliées, se sont distinguées
par des actions dignes de mémoire, ou par
leurs succès dans les lettres, les sciences et
les arts. Chambéri, Puthod, 1807, 3 v. in-8.

« Cet ouvr. est un recueil précieux, où l'on trouve
des choses curieuses, qu'on chercherait vainement
ailleurs. L'Introduction surtout, qui occupe plus
de 200 pag. du tom. 1er, offre un morceau historique absolument neuf et d'un grand mérite. »
« L'ouvrage est rangé par ordre alphabétique de
noms de lieux ; et après une courte description, il
donne par ordre chronologique, sous chaque localité,
la notice des personnes plus ou moins remarquables
dont elle est la patrie ou le domicile. Ceux dont on
ne connaît pas le lieu de naissance, sont renvoyés
à la capitale de la province : ainsi l'article Chambéri en contient cent dix-neuf; Annecy, quarante-
trois, et la totalité de l'ouvrage, environ sept cent
soixante. »
La Biographie universelle a rendu une pleine
justice aux connaissances de Grillet en tout genre,
et à ses vertus religieuses; les continuateurs de
Feller lui reprochent son excès de tolérance religieuse.
Peu d'ecclésiastiques aujourd'hui s'exposent au même
reproche.　　　　　　　　　　　　Barb.

— Éléments de chronologie et de géographie adaptés à l'histoire de Savoie. Chambéri, 1788, in-8.
C'est un bon abrégé à l'usage des colléges.

— Histoire de la ville de La Roche, depuis
sa fondation en l'an 1000, jusqu'en 1790.
Genève, 1790, in-8.

Grillet a aussi composé un Éloge de Saussure, et
quelques autres morceaux insérés dans le recueil de
l'Académie italienne de Florence : il est auteur de
plusieurs ouvrages écrits en italien.
Il a laissé en manuscrit une Histoire généalogique
de la maison de Sales, 1792, in-4; un recueil de
Mémoires et de titres intéressants pour servir à l'histoire
du diocèse de Genève. 1792, 2 vol. in-folio, etc.

GRILLO (l'abbé). Favole Esopiane in
versi. Parigi, Molini, 1789, in-8.

GRILLON (l'abbé), curé de Château-
roux, mort à Poitiers, le 1er juillet 1820.
— *Analyse et Discussion de la lettre que
M. Lambert a adressée aux soi-disant dis-
sidents. 1820, in-8 de 52 pages.
— * Lettre des soi-disant dissidents à
M. Lambert, missionnaire, prédicateur à
Poitiers, à l'occasion des erreurs de per-
fection qu'il attribue à la classe des soi-
disant dissidents. 1820, in-8 de 8 pag.
Réimprimée la même année à Toulouse.

GRILLON, architecte, rapporteur près
le conseil.
Voyez à la Table des Anonymes : Choix d'édifices
publics construits ou projetés en France.

GRILLOT (Jean-Joseph), chanoine de
Chablis; né dans cette ville, le 26 mars
1708, y est mort, le 31 septembre
1765.
— Recueil de Cantiques spirituels sur les
principales vérités de la religion. In-12.
— Suite au Catéchisme historique et dogmatique. In-12.
— Vie de M. Creusot, curé de S.-Loup à
Auxerre....
L'auteur la supprima par humilité pour en laisser
paraître une d'une autre main.
Il avait fait un recueil fort étendu sur l'histoire
de la religion, depuis la création du monde jusqu'à
son temps, lequel est resté inédit. On prétend
qu'on a trouvé dans ses papiers une réfutation complète de la théologie de Collet.
Grillot fut un des principaux éditeurs des Œuvres
de M. Colbert, évêque de Montpellier. Il participa,
sous la direction de Legros, à l'édition des Mémoires
de Fontaine, Lancelot et Dufossé.
Il fit réimprimer et augmenta de beaucoup l'ouvrage de Dusnussois, curé d'Haucourt en Normandie,
intitulé : la Vérité rendue sensible à tout le monde,
etc. 1743, 2 vol in-12.　　　　　Biogr. univ.

GRILLPARZER (François), célèbre
poète dramatique allemand du xixe siècle.
— Aïeule (l'), tragédie en 5 actes, trad.
de l'allem. (en prose), par un membre de
la Société littéraire de Genève. Genève,
Marc Sestié fils, 1820, in-8.
— Sapho, tragédie en 5 actes et en vers,
trad. de l'allem., par de L***. Paris, Barba,
1821, in-8, 2 fr.

GRIMA (Mich.-Angel.). Nuovo (del)
e sicuro Metodi di cucire gl'intestini : dis-
certazione. Parigi, Lebreton, 1760, in-4.

GRIMALDY (Ch.-Louis-Sextius), marquis DE RAGUSSE, président au parlement
d'Aix, sa patrie.
— Arrêts de réglement rendus par le parlement de Provence, avec des notes. Aix,
David, 1744, in-4. — Arrêts notables

rendus par le parlement de Provence. *Aix*, *David*, 1746, in-4.

GRIMALDY (de), prem. médecin du roi de Sardaigne.

—OEuvres (ses) posthumes, avec une Dissertation physique sur les sujets qui entrent dans la composition de ses remèdes, par M*** (E. JOURDAN DE PELLERIN), éditeur de ces œuvres posthumes. *Paris, Durand*, 1745, in-12.

GRIMANI. Conversations, en français et en italien. *Londres, Barfield*.... 2 vol. in-12, 10 sh.

— Grammaire philosophique. In-8, 5 sh.

GRIMAREST (Jean-Léonor LE GALLOIS, sieur DE), écrivain très-médiocre; né à Paris, dans le XVIIe siècle.

—*Campagnes (les) de Charles XII, roi de Suède. *Par., J. Lefèvre*, 1705, 2 v. in-12.

Pitoyable ouvrage, qui n'a, ni l'agrément des plus mauvais romans, ni la vérité, qui est l'âme de l'histoire.
Il a pourtant été réimprimé à La Haye, avec le nom de l'auteur.

— * Commerce de Lettres curieuses et savantes, par le sieur G***. *Paris, A. Cramoisy*, 1700, in-12.

C'est, dit M. Hérissant, la suite d'un autre vol. in-12, intitulé : Commerce savant et curieux, qui pourrait être de Germain Brice, que Grimarest avait remplacé dans les fonctions de Cicerone auprès des seigneurs étrangers qui venaient visiter Paris.

—Éclaircissements sur les principes de la langue française. *Paris*, 1712, in-12.

— * Traité du récitatif dans la lecture, dans l'action publique, dans la déclamation, et dans le chant; avec un Traité des accents, de la quantité et de la ponctuation. *Paris, Jacq. Lefèvre*, 1707, in-12.— Nouvelle édit., augm. *Amsterdam*, 1740, in-12.

—Traité sur la manière d'écrire des lettres et sur le cérémonial; avec un Discours sur ce qu'on appelle usage dans la langue française. *Lyon, A. Boudet, et Paris, Jacq. Estienne*, 1709; ou *La Haye, Adr. Moetjens*, 1709, *et Paris, Ve Estienne*, 1735, in-12.

— * Vie de M. de Molière. *Paris, Lefèvre*, 1705, in-12.—*Addition à la Vie de M. de Molière, contenant une réponse à la critique qu'on en a faite. *Paris, Jacques Lefèvre*, 1705, in-12.

Le P. Lelong, et d'après lui la Biographie universelle, attribuent à cet écrivain des Mémoires historiques de la révolte des fanatiques, *Paris*, 1708, in-12, qui sont de Fr. Duval, de Tours.

GRIMAREST (Ch.-Honoré LE GALLOIS DE), fils du précédent.

— Grammaire (nouvelle) française, réduite en tables. *Paris*, 1719, in-4.

Ce que cette grammaire renferme de passable est tiré mot pour mot des grammaires de Regnier-Desmarais et du P. Buffier.

— *Lettre d'un gentilhomme périgourdin à un académicien de Paris, sur la réfutation de la Grammaire italienne de l'abbé Antonini, par M. Delalande, interprète du roi, etc. *Paris, Cl. Robustel*, 1730, in-12.

Cette lettre contient des réflexions assez communes sur les qualités qui constituent l'élégance et la politesse du style. Elle a été réimprimée l'année suivante avec la réponse du sieur Delalande, maître de langues.

— Recueil de Lettres sur divers sujets. *Paris, Nyon*, 1725, 1729, in-12.

GRIMAUD (J.-Ch.-Marq.-Guill. DE), médecin, prof. de l'Université de Montpellier; né à Nantes (Loire-Inférieure), en 1750, y est mort le 5 août 1789.

— Cours complet de physiologie, distribué en leçons. Ouvrage posthume, publié par LANTHOIS. Seconde édition, revue, corrigée, et enrichie de notes. *Paris, Égron; Gabon, etc.*, 1824, 2 vol. in-8, 12 fr.

La prem. édit. a été publiée à Paris, par Méquignon-Marvis, en 1818, 2 vol. in-8.
C'est cette même édition que l'on a reproduite en 1824, avec de nouveaux titres.

— Cours de fièvres. Seconde édition, augmentée d'une Introduction et de Suppléments qui rendent ce cours complet. Par J.-B.-E. DEMORCY-DELLÈTRE. *Montpellier, de l'impr. de Mme Picot, née Fontenay*, 1815, 4 vol. in-8, 16 fr.

On trouve, en tête de cette seconde édition, une Notice sur J. Ch. Marg. Guill. de Grimaud.
La prem. édition de ce Cours fut publiée par le docteur Dumas, en 1791, en 4 volumes in-8, sur les manuscrits de l'auteur. Il y en eut aussi une autre la même année, en 3 vol. in-8, et que l'on attribua à feu Goguet, docteur en médecine, disciple de Grimaud, et qui, devenu général à l'armée du Nord, mourut sur le champ de bataille en 1794. Cette édition, très-mauvaise, avait été faite sur une copie mutilée par des suppressions et corrections inconsidérées.

— * Essai sur l'irritabilité, par D. G. *Avignon*, 1775, in-12; ou *Montpellier*, 1776, in-4.

—Mémoires (premier et second) sur la nutrition. *Montpellier*, 1787 et 1789, 2 part. in-8, 6 fr.

GRIMAUD (Aymé), d'Angers, docteur en médecine de la Faculté de Paris.

— Précis d'une nouvelle doctrine médicale fondée sur l'anatomie pathologique, et modifiant celles de MM. Pinel, Broussais, Tommasini, etc. *Paris, J.-B. Baillière*, 1829, in-8 de 30 pag., 1 fr. 50 c.

M. A. Grimaud est l'éditeur de l'Indicateur médical, qui a commencé à paraître en 1823, et qui en 1824 a été continué sous le titre du Propagateur des sciences médicales.

GRIMAUD (G.). Essai sur la physiologie humaine. *Paris, Raymond*, 1825, in-12.

Avec V. C. Durocher. Ce volume fait partie de la « Bibliothèque du xix siècle. »

GRIMAUD DE VELANUDE (don Franç.). Consejos à mi hija, trad. dal franeès. (1825). Voy. BOUILLY.

GRIMBERGHEN (le prince). Voy. ALBERT (le comte L.-Jos. d').

GRIMM (le baron Fréd.-Melchior DE), philosophe et littérateur critique du xviiie siècle, envoyé du duc de Saxe-Gotha à la cour de France, et ministre plénipotentiaire de l'impératrice de Russie près des états du cercle de la Basse-Saxe; né à Ratisbonne, le 26 décembre 1723, mort à Gotha, le 19 décembre 1807.

—Correspondance littéraire, philosophique et critique, adressée à un souverain d'Allemagne. Par le baron de GRIMM et DIDEROT. Première partie, de 1753 à 1770 (publiée par MM. MICHAUD aîné et CHÉRON). *Paris, Buisson*, 1813, 6 vol. — Seconde partie, de 1771 à 1782 (publ. par M. SALGUES). *Paris, le même*, 1812, 5 vol. —Troisième partie, pendant une partie des années 1775 et 1776, et pendant les années 1782 à 1790 inclusivement (publiée par M. SUARD). *Paris, Buisson*, 1813, 5 vol. — Supplément à la Correspondance littéraire de MM. Grimm et Diderot, contenant : 1° les opuscules de Grimm; 2° treize lettres de Grimm à Frédéric II, roi de Prusse; 3° plusieurs morceaux de la Correspondance de Grimm qui manquent aux 16 vol.; 4° des remarques sur les 16 vol., par Ant.-Alexis BARBIER, bibliothécaire de S. M. et de son conseil d'état. *Paris, Potey; Buisson; Delaunay*, 1814, 1 vol.; en tout 17 vol. in-8, 110 fr.

« Cette espèce d'histoire littéraire de la France, qui comprend une série de près de 40 ans, offre un tableau assez complet de la littérature française pendant la dernière moitié du xviiie siècle, et qu'on ne lit pas sans intérêt et sans profit. Il s'en faut de beaucoup, cependant, que le goût puisse approuver tous les jugements qu'elle renferme. Grimm, né allemand, n'a jamais cessé de l'être; pour lui, le drame est le genre par excellence, et Diderot est bien supérieur à Voltaire : on ferait un livre assez volumineux, si l'on voulait recueillir toutes les hérésies de ce critique, et toutes les contradictions de ce philosophe. »

M. Salgues; éditeur de la sec. part., qu'on a impr. la prem. comme étant la plus intéressante, a mis en tête une notice sur Grimm. Cette partie, publiée en 1812, 5 vol. in-8, et qui s'étend de 1770 à 1782, a eu l'honneur d'une seconde édition, précédée d'un avertissement où l'on répond à quelques critiques, et d'un portrait de Grimm, gravé sur un dessin de Carmontelle. On s'est empressé de la traduire en anglais, mais en l'abrégeant. Il a été donné aussi une édition française de cet abrégé.

— La même (sous le titre de Mémoires historiques, littéraires et anecdotiques, et Correspondance). *Londres, Colburn*, 1814, 7 vol. in-8 (4 liv. 16 sh).

Cette édition nous semble ne pas devoir renfermer les dix-sept volumes précédents. Cela n'a pas empêché le même libraire d'en publier un abrégé, qui a eu deux éditions. 4 vol. in-8 (2 liv. 16 sh.).

— La même. Nouv. édit., revue et mise dans un meilleur ordre, avec des notes et des éclaircissements, et où se trouvent rétablies pour la première fois les phrases supprimées par la censure impériale. (Publ. par M. Jules TASCHEREAU). *Paris, Furne; Ladrange*, 1829 et ann. suiv., 15 vol. in-8, 97 fr. 50 c.; et sur pap. vélin superfin satiné (dont il n'a été tiré que 25 exempl.), 195 fr. —Correspondance inédite de Grimm et Diderot, et Recueil de lettres, poésies, morceaux et fragments retranchés par la censure impériale en 1812 et 1813. (Publ. par MM. CHÉRON et THORY). *Paris, H. Fournier jeune*, 1829, in-8, 7 fr. 50 c.

Un bibliographe dont la science a naguère eu à déplorer la perte, Barbier, a dit : « La célérité que Grimm a dû mettre dans la rédaction de ses lettres l'a exposé souvent à transmettre à ses correspondants de fausses indications sur les auteurs de plusieurs ouvrages; et fréquemment, malgré le zèle qu'il a mis à découvrir la vérité, il hésite dans les renseignements qu'il fournit. De courtes notes devaient relever les fautes qui lui sont échappées, et fixer ses incertitudes; il eût été à désirer que des notes du même genre indiquassent les auteurs des ouvrages que Grimm n'avait pu connaître. Ces éclaircissements, joints à ceux dont on lui est redevable, eussent donné plus de prix à sa Correspondance. Il était difficile aussi que Grimm ne commît pas plusieurs erreurs de fait, par la difficulté de se procurer tous les ouvr. où il eût trouvé à éclaircir ses doutes : ces erreurs devaient être relevées avec tous les ménagements dus à la position de l'auteur. »

Les premiers éditeurs ont, pour ainsi dire, porté les ménagements jusqu'à n'en relever aucune; mais ils ont poussé trop loin la délicatesse, s'ils ont cru devoir justifier la négligence de Grimm par la leur; c'est une abnégation, un sacrifice dont personne ne peut leur savoir gré, l'ombre de Grimm moins peut-être encore que ses lecteurs.

Barbier publia en 1814 un volume de *Supplément* à cette Correspondance, qu'il termina par un relevé assez étendu, quoique bien incomplet, des inexactitudes et des fautes qu'une lecture sans doute fort rapide lui avait permis d'entrevoir dans cette publication. M. Beuchot, dans un excellent article, inséré au Mercure de France de mai 1814, en signala d'autres encore : mais ces travaux, si précieux pour une édition nouvelle, et que le nouvel éditeur a recueillis et complétés, n'ont guère pu servir jusqu'ici qu'à démontrer l'insuffisance de la première édition.

M. Taschereau s'est attaché à rectifier, p[ar] de courtes notes, les faits que Grimm a altérés ; à expliquer les allusions à des événements contemporains que ses lettres renferment; à indiquer les véritables titres, et à donner le nom des auteurs des ouvrages dont il rend compte.

Cette édition, dans laquelle l'ordre chronologique se trouve rétabli, renferme de plus que celle originale : 1° les notes et éclaircissements ; 2° trois mois de la *Correspondance*, publiés par Barbier dans son Supplément ; 3° les remarques de ce bibliographe comprises dans ce même volume ; 4° enfin des rétablissements nombreux de texte altéré par les premiers éditeurs, et les articles tronqués par la censure.

Extr. du prosp. de la dern. édit. de la Correspondance de Grimm.

— Lettre (sa) sur Omphale, tragédie lyrique, reprise par l'Académie royale, le 14 janv. 1752. *Sans nom de ville, ni d'impr.*, 1752, in-8.

—* Petit (le) Prophète de Boehmischbroda. 1753, in-8 ; ou *La Haye*, 1774, in-12.

« Comme Jean-Jacques Rousseau, Grimm prit parti pour la musique italienne, lorsque les bouffons italiens vinrent chanter pour la première fois sur les théâtres de Paris, et publia contre ses adversaires le pamphlet dont nous venons de donner le titre. Parmi tous les écrits qui parurent sur cette question, cette petite brochure, aussi ingénieuse que plaisante, est la seule dont on ait conservé le souvenir. » Il y a une édition de cet écrit sous ce titre : *Les Vingt-un chapitres de la prophétie de Gabriel-Joannes-Nepomucenus-Franciscus du Paula Waldstorch dit Woldstoerchel qu'il appelle sa vision.* Impr. à Prague en Bohême, sans date, in-12. Ce pamphlet a été réimprimé dans le Supplément à la Correspondance de Grimm, publ. par A. A. Barbier.

On a encore de Grimm, des Lettres à l'auteur du Mercure sur la littérature allem.; un morceau intitulé : *Du poëme lyrique*, inséré dans l'Encyclop. ; une Lettre en réponse à Volney. (Voy. VOLNEY) ; des Lettres à Frédéric II, qui ont été réimpr., par les soins de A. A. Barbier, dans le Supplément donné, par ce dernier, à la Correspondance de Grimm. Enfin, Meusel, dans sa Gelehrtes Deutschland, lui attribue quelques écrits en langue allemande.

Cet écrivain a été aussi l'éditeur des traductions de Deleyre, du Père de famille et du Véritable ami, deux pièces de Goldoni, auxquelles il a ajouté des épîtres dédicatoires ; et le réviseur des Dialogues sur le commerce des blés de l'abbé Galiani.

On a publié en 1829 un ouvrage intitulé : *Mémoires politiques et anecdotiques, inédits, du baron de Grimm*, agent secret à Paris de l'impératrice de Russie, de la reine de Suède, du roi de Pologne, du duc de Deux-Ponts, du prince de Saxe-Gotha, et autres souverains du Nord, depuis l'année 1743 jusqu'en 1789. Trad. de l'allem. par ZIMMER (Paris, Lerouge, 2 vol. in-8, 15 fr.). Quand même le libraire-éditeur de cet ouvrage n'aurait pas devancé d'une trentaine d'années ses confrères Mame et Delaunay-Vallée, Ladvocat et autres, dans la publication de mémoires apocryphes, rien ne serait encore moins certain que l'authenticité de ces Mémoires de Grimm. (Voy. à la Table des Anonymes : *Mémoires politiques et anecdotiques, etc.*).

GRIMM (A.-L.). Description pittoresque et historique de la Bergstrasse, de l'Odenwald et des environs du Neckre, à l'usage des voyageurs. Trad. de l'allem. *Darmstadt*, *Leske*, 1826, in-12 orné de 34 grav., 9 fr.

GRIMOARD (le comte Philippe-Henri

de), gén. et littérateur franç. ; né à Verdun vers le milieu du XVIIIᵉ siècle, mort en 1815.

—* Collection de pièces originales, inconnues et intéressantes sur l'expédition de Minorque ou de Mahon, en 1756. *Paris, Paquot*, 1798, in-8 de 106 pag.

Ouvrage très-rare.

Antérieurement à cette publication, en 1789, le comte de Grimoard avait déjà donné des *Mémoires relatifs à l'expédition de Minorque*, à la suite de la Correspondance part. et histor. du maréchal de Richelieu, de 1756 à 1758, avec Paris-Duverney, dont il est l'éditeur.

—* Considérations sur l'état de la Russie sous Paul Iᵉʳ, envoyées en 1737 à Voltaire par le prince royal, depuis roi de Prusse, auxquelles on a joint sa Dissertation sur la littérature allemande, diverses pièces sur la Russie, et le Mémoire par le roi de Prusse, remis en 1746, au cardinal de Fleury par le marquis de Beauvau, ambassadeur de France à la cour de Berlin. *Berlin (Paris)*, 1791, in-8.

« Les *Considérations sur la Russie* ont été, sinon rédigées en partie, du moins ratifiées, à un grand nombre d'égards, par le prince royal lui-même, sur les notes et mémoires que lui adressait de Saint-Pétersbourg M. de Tockenrable, envoyé de Prusse auprès de cette cour. »

« La copie a été fournie par feu le prince Henri de Prusse ». *Barb.*

— Essai théorique sur les batailles. *Paris, Vᵉ Desaint*, 1775, in-4, avec 36 planch.

— Histoire des conquêtes de Gustave-Adolphe, roi de Suède, en Allemagne, ou Campagnes de ce monarque en 1630, 1631, 1632 ; précédée d'une Introduction contenant l'origine et le commencement de la guerre de 30 ans, avec les plans des principales batailles. *Stockholm*, 1782, in-fol.

Cet ouvrage, composé sur la demande de Louis XVI et du roi de Suède, Gustave III, qui fournit des matériaux, commença à s'imprimer à Stockholm avec un grand luxe typographique, en 1781 ; mais il n'a pas été achevé, il n'en a paru que onze livraisons. Il existait, entre les mains de l'auteur, le seul exemplaire qui contient, imprimé et manuscrit, ce qu'il avait composé, et qui s'étend jusqu'en février 1632. Il y a des cartes et des plans qui n'ont pas été publiés. Il en circule en France et en Suède un fort petit nombre de l'introduction.

La Société typographique de Neufchâtel en Suisse, s'étant procuré une grande partie du texte de cet ouvrage, le fit réimprimer sous le même titre, sous le nom du comte de Grimoard, et en 3 v. in-8, quoique son travail finît avec la page 288 du 3ᵉ volume. Le surplus a été suppléé par les éditeurs, et ne vaut pas mieux que les plans qu'ils ont joints à leur édition subreptice, qui porte ce type : Neufchâtel, 1789. Ce brigandage typographique engagea le comte de Grimoard à publier des Mémoires et Lettres de Gustave-Adolphe (1790). Voy. GUSTAVE-ADOLPHE.

— Histoire des dernières campagnes du maréchal de Turenne, de 1672 à 1675,

Paris, 1780, 2 vol. in-fol. avec 24 planch.,
6o fr.

Une introduction, pleine de documents précieux
sur les affaires du temps, et qui va de 1668 à 1672,
précède cette histoire, rédigée uniquement d'après
les papiers originaux du maréchal.

On sait que dans la dernière de ces 4 campagnes,
Montecuculli était opposé à Turenne, et ils étaient
sur le point d'en venir aux mains, auprès du village
de Salzback, lorsque Turenne fut tué en allant choisir
une place pour établir une batterie.

M. de Grimoard fut si mécontent des mutilations
considérables que la censure fit éprouver à l'Histoire des campagnes de Turenne, qu'il ne laissa
subsister son nom qu'à une dixaine d'exemplaires
distribués à ses amis; les autres ont paru sous le
nom de Beaurain fils, qui s'érigea en auteur, sans
autre titre que celui d'avoir fait graver les cartes
et les plans.

— Lettre du marquis de Caraccioli à M. d'A-
lembert (publiée avec quelques additions
par DAUDET DE JOSSAN). *Londres*, 1781,
in-4 et in-8.

Réimprimée dans le Recueil de pièces pour et
contre Necker.

« Les ennemis de Necker profitèrent du moment
où le marquis de Caraccioli, ambassadeur de Naples,
quitta Paris, pour publier cette satire pseudonyme.
Personne ne l'a cru de celui dont elle portait le
nom. Les « Mémoires secrets de Bachaumont (tom.
17, 25 mai) et la Correspondance secrète de Métra
(tom. II, édit. de 1788, pag. 299) nous apprennent
qu'on l'attribuait à Beaumarchais. Cette conjecture
ne s'est pas vérifiée; car l'intime ami de Beaumarchais, Gudin, n'eût pas manqué de faire insérer
cette pièce dans la collection des OEuvres de l'auteur
de Figaro, publiée par le libraire Léop. Collin. Le
comte de Grimoard, ajoute le savant bibliographe de
qui nous empruntons cette note, dans les entretiens littéraires que j'ai eus avec lui, m'a avoué
qu'il était l'auteur de la lettre du marquis de Caraccioli, et qu'elle avait été publiée, avec quelques
additions, par le fameux Daudet de Jossan.

« En 1821, M. de La Rue, archiviste du royaume,
a fait réimprimer dans son « Histoire du 18 brumaire » la Lettre du marquis de Caraccioli, sans
donner aucun détail sur ce morceau. Les journaux
les plus répandus, entre autres le Moniteur et le
Journal des Débats, ont loué cette pièce comme un
petit chef-d'œuvre, et comme l'ouvrage de celui dont
elle portait le nom. *Barb-*

— * Recherches sur la force de l'armée
française, les bases pour la fixer selon les
circonstances, et les secrétaires d'état ou
ministres de la guerre depuis Henri IV
jusqu'en 1805. *Paris, Treuttel et Würtz*,
1806, in-8, 3 fr. 5o c., et pap. vél., 7 fr.

— Tableau historique de la guerre de la
révolution de France depuis son commencement, en 1792, jusqu'à la fin de 1794;
précédé d'une Introduction générale,
contenant l'Exposé des moyens défensifs
et offensifs sur les frontières du royaume
en 1792, et des Recherches sur la force
de l'armée française, depuis Henri IV jusqu'à la fin de 1806; accompagné d'un Atlas militaire, ou Recueil de cartes et plans
pour servir à l'intelligence des opérations
des armées, avec une Table chronologique

des principaux événements de la guerre
pendant les campagnes de 1792, 1793 et
1794. *Paris, Treuttel et Würtz*, 1808
(1807), 3 vol. in-4, avec un Atlas composé de 19 cartes et plans enluminés, 6o fr.,
et pap. vélin, 120 fr.

Ces trois volumes devaient être suivis de quelques autres; mais le gouvernement de Napoléon en
arrêta l'impression.

Le 1er volume, dans lequel on a réimprimé les
Recherches sur la force de l'armée, publiées en
1805, a été rédigé par M. le gén. de GRIMOARD. Le
2e est tiré de ses mémoires particuliers sur les campagnes de 1792 et de 1793, dont un militaire de ses
amis a fait l'extrait. Le 3e, contenant la campagne
de 1794 et une Table chronologique des événements
militaires de 1792, 1793 et 1794, est de M. le général SERVAN.

— Tableau historique et militaire de la vie
et du règne de Frédéric-le-Grand, roi de
Prusse, avec des plans de batailles. *Londres*
(*Paris, Didot fils aîné*), 1788 (1787), gr. in-8
avec 18 plans, 8 fr., et pap. vélin, 15 fr.

L'ouvrage allemand de Muller, traduit en français par de Laveaux, a servi de guide à l'auteur dans
sa composition.

— * Traité sur la constitution des troupes
légères, et sur leur emploi à la guerre. *Paris, Nyon*, 1782, in-8.

La partie dogmatique de cet ouvrage est du comte
de Grimoard, et la partie systématique, de M. de Guat,
alors officier dans les gardes-suisses, et depuis lieutenant-colonel du régiment suisse de Sonnenberg.

— Traité sur le service de l'état-major-gé-
néral des armées, contenant son objet,
son organisation et ses fonctions sous les
rapports administratifs et militaires, accompagné de tableaux et de planches. *Paris*, 1809, in-8, 6 fr.

Réimprimé à Brunswick, par Pluchart, en 1811,
2 vol. in-8, 12 fr.

Le général de Grimoard est encore auteur d'un
Mémoire sur la politique de la France envers l'Autriche,
qu'on trouve fort mutilé dans les Mémoires de Louis
XVI, publiés par Soulavie.

Comme éditeur, le gén. de Grimoard a publié les
ouvrages suivants, presque tous précédés de notices
historiques sur les auteurs : 1° Collection de Lettres
et Mémoires du maréchal de TURENNE (1782); 2°
Correspondance particulière et historique du maréchal de RICHELIEU avec Pâris-Duverney, de 1756
à 1758 (1789); 3° Correspondance particulière du
comte de SAINT-GERMAIN avec le même Pâris-Duverney (1789); 4° Correspondance du cardinal de
BERNIS avec le même, de 1752 à 1769 (1790); 5°
Lettres et Mémoires de GUSTAVE-ADOLPHE, etc.,
sur les guerres des Suédois en Pologne et en Allemagne (1790); 6° Mémoires sur la guerre que les
Français ont soutenue en Allemagne depuis 1757,
jusqu'en 1762, par BOURCET (1792); 7° Correspondance du général DUMOURIEZ avec Pache, ministre de la guerre (1793); 8° Lettres et Mémoires
choisis du maréchal de SAXE (1794); 9° Mémoires
de Henri de CAMPION (1806); 10° Mémoires et
Lettres du maréchal de TESSÉ; 11° Lettres du baron
de VIOMÉNIL sur les affaires de Pologne en 1771
et 1772 (1808); 12° Lettres historiques, politiques,
philosophiques et particulières du lord BOLINGBRO-
CKE (1808); 13° enfin, il a publié, de concert avec

Grouville, une édition des Lettres de madame de Sévigné, et les OEuvres de Louis XIV. (Voyez ces divers noms).

GRIMOD (Benoît). Pensées et affections sur la Passion de J.-C., pour tous les jours de l'année. Trad. de l'ital. du R. P. Cajetan Marie, de Bergame, Lyon, 1766, 3 vol. in-12.

GRIMOD DE LA REYNIÈRE (Alex.-Barth.-Laur.), ancien avocat au parlement de Paris, membre de plusieurs Académies ; né à Paris, le 20 novembre 1758.

— Alambic (l') littéraire, ou Analyse raisonnée d'un grand nombre d'ouvrages publiés récemment. Paris, 1803, 2 vol. in-8, 7 fr. 5o c.

— * Almanach des gourmands, ou Calendrier nutritif, servant de guide dans les moyens de faire excellente chère; suivi de l'Itinéraire d'un gourmand dans différents quartiers de Paris, et de quelques variétés morales, apéritives et alimentaires, anecdotes gourmandes, etc. Par un vieil amateur. Paris,, Maradan, 1803-12, 8 vol. in-18 avec figures.

Avec Coste.
Les premiers volumes ont eu plusieurs éditions : le premier en a eu jusqu'à trois.
Il a commencé à paraître en 1825 une suite à cet Almanach, sous le titre de Nouvel Almanach des gourmands, servant de guide dans les moyens de faire excellente chère. Par A. A. de Périgord. Cette continuation est attribuée à M. Léon Thiessé (Voy. ce nom).

— Censeur (le) dramatique. Paris, Desenne, 1797 - 98, 4 vol. in-8.

— Lettre à M. Mercier, ou Réflexions philosophiques sur la ville de Lyon. 1788, grand in-8.

— * Lettre d'un voyageur à son ami sur la ville de Marseille. 1792, in-8.

— * Lorgnette philosophique trouvée par un R. P. capucin sous les arcades du Palais-Royal, et présentée au public par un célibataire. Londres et Paris, 1785, 2 vol. in-12.

Cet ouvrage est presque entièrement copié de la Berlue, de Poinsinet de Sivry.

— * Manuel des Amphitryons, contenant un Traité de la dissection des viandes à table, la Nomenclature des menus les plus nouveaux pour chaque saison, et les Éléments de la politesse gourmande : ouvrage indispensable à tous ceux qui sont jaloux de faire bonne chère, et de la faire faire aux autres ; par l'auteur de « l'Almanach des Gourmands ». Paris, Capelle et Renand, 1808, in-8 avec planches, 6 fr.

— Mémoire littéraire contre Fariau de Saint-Ange. Sec. édit. 1786, in-4.

Cité par Ersch.

— *Moins que rien, suite de « Peu de chose ». 1793, in-8.

— Peu de chose : idées sur Molière, Racine, Crébillon, Piron, etc.; hommage à l'Académie de Lyon. Paris, 1788, in-8.

— * Réflexions philosophiques sur le plaisir, par un célibataire. Neufchâtel et Paris, 1783, in-8 de 80 pag.

M. Grimod de la Reynière a coopéré au Journal des Théâtres (1776-78); au Courrier des Spectacles, et au Journal de Neufchâtel, pour la partie dramatique (1781-82) ; il a été l'éditeur du Fakir, conte en vers, de Lantier (1780).On dit aussi qu'il a eu beaucoup de part au roman publ. par Car. Wuiet sous le titre de «Mémoires de Babiole » (1803).
On a imprimé sous le nom de M. Grimod de la Reynière une pièce intitulée le Songe d'Athalie, qui est de MM. de Rivarol et Champcenetz.

GRIMOND, de Besançon. * Veuvage (le) du cygne, par M. G. Besançon, 1787, in-4.

M. Grimond est mort en Russie, où il était passé au commencement de la révolution, à la suite de nos princes. Il est auteur de quelques autres pièces de vers qui ne dépareraient pas nos recueils.

GRINDEL (David-Henri), médecin allemand, d'abord pharmacien à Riga, et nommé, en 1806, professeur de chimie et de pharmacie à l'Université de Dorpat.

— Ueber die verschiedene mittel, die athmosphærische Luft zu reinigen. Paris, 1802, in-8.

GRISEL (l'abbé Jos.), grand-vicaire de Notre-Dame de Paris ; né à Noinville, diocèse de Coutances.

— Adoration perpétuelle du sacré cœur de Jésus. 1784, in-12.

— Année (l') religieuse, ou Occupation intérieure pendant les divers offices. Paris, d'Houry, 1766-68, 8 vol. in-12.

— * Chemin (le) de l'Amour divin ; description de son palais, etc. Paris, 1746, in-12.

Cet ouvrage a été composé en partie par le duc et la duchesse d'Ayen ; le duc d'Ayen lui-même y a mis la main. Barb.

— * Lettre d'une religieuse du Calvaire. Paris, 1755, in-12.

GRISOT ou Grizot, ancien directeur au séminaire de Besançon.

— * Histoire de la sainte jeunesse de J.-C. tirée de l'Évangile, par forme d'entretiens. Besançon, Charmet, 1769, 2 part. in-12.

— * Histoire de la vie publique de Jésus-Christ, tirée des quatre évangélistes, avec des réflexions, et une règle de vie pour se sanctifier dans le clergé. Besançon, Daclin, 1765, 3 vol. in-12.

— * Histoire de la vie souffrante et glorieuse de J.-C. dès la dernière Pâque jusqu'à son Ascension au ciel, tirée des évangélistes, par un prêtre du diocèse de Besançon. *Besançon, Charmet*, 1770, 2 vol. in-12.

— * Instructions sur les fonctions du ministère pastoral, adressées par Mgr l'évêque de Toul, prince du Saint-Empire, au clergé séculier et régulier de son diocèse (publ. par DROUAS). *Paris , Berton*, 1773, 5 vol. in-12.

— Les mêmes , sous ce titre : Projets et prônes pour tous les dimanches et fêtes de l'année, connus sous le nom d'Instruction de Toul. Édit. mise en ordre et augm. par l'abbé BREUILLHOT. *Besançon , Petit* , 1819-20 , 4 vol. in-12.

— * Lettre à un ministre protestant , au sujet d'une abjuration; par un prêtre du diocèse de Besançon. *Besançon , Daclin*, 1755, in-12 de 48 pag.

— * Lettre à un protestant sur la Cène du Seigneur, ou la divine Eucharistie ; par un prêtre du diocèse de Besançon. *Besançon , Charmet*, 1767, in-12.

— * Lettre à une dame sur le culte que les catholiques rendent à Jésus-Christ; par un prêtre du diocèse de Besançon. *Besançon , Métoyer*, 1770 , in-12.

GRIVAUD (C.), architecte et mathématicien.

— * Dissertation sur l'architecture franç. *La Haye et Châlons-sur-Saône* , 1762 , in-12.

GRIVAUD DE LA VINCELLE (Cl.-Madeleine), historiographe, antiquaire et littérateur , sous-chef de la comptabilité des bureaux à la Chambre des pairs; né à Châlons-sur-Saône, en 1762, mort à Paris , vers la fin de 1819.

— Antiquités gauloises et romaines, recueillies dans les jardins du palais du Sénat, pendant les travaux d'embellissement qui y ont été exécutés depuis l'an IX jusqu'à ce jour; pour servir à l'histoire des antiquités de Paris ; précédées de Recherches sur cette grande capitale, sur le palais du Sénat (ci-devant Luxembourg), ses dépendances et ses environs. On a joint aux planches d'antiquités, le plan du jardin de ce palais , avec les changements qui y ont été faits , et les vues des parties intérieures les plus curieuses de ce bel édifice. *Paris, F. Buisson*, 1807, in-4 de 264 pages avec atlas in-fol. de 40 planches, 30 fr.; pap. jésus d'Auvergne, 40 fr.; pap. vél. 50 fr. ; sur jésus vélin , 60 fr.

— Arts et Métiers des Anciens, représentés par les monuments en 130 planches om-

brées au trait, ou Recherches archæologiques servant principalement à l'explication d'un grand nombre d'antiquités recueillies dans les ruines d'une ville gauloise et romaine, découverte entre Saint-Dizier et Joinville, etc. *Paris, Nepveu*, 1819 et ann. suiv., 18 livraisons in-fol. de 8 à 10 planches chacune.

Le prix de souscription était de 15 fr. la livraison, et de 30 fr., sur pap. vélin.

Cet ouvrage avait d'abord été conçu et exécuté par l'abbé Tersan , qui de son vivant avait chargé Grivaud de la Vincelle de le publier. A la mort de l'abbé Tersan, Grivaud continua seul l'ouvrage, et fit paraître trois livraisons. M. G. Jacob père a terminé l'ouvrage , en se conformant au premier plan de l'abbé Tersan, dont Grivaud s'était beaucoup écarté. (Voy. aussi GRIGNON).

— Description d'un camée antique du cabinet de M. D***. V****. (Extrait des Annales encyclopédiques, de décembre 1817). *Paris, imprim. de Le Normant*, 1818, in-8 de 12 pages.

— Dissertation sur la situation du jardin d'Éden , ou le Paradis terrestre , etc. (1824). Voyez PASUMOT.

— Dissertation sur une médaille inédite d'Arsace XV, Phraate IV, roi des Parthes ; et sur quatre médailles d'Attambilus, roi de la Characène , dont on ne connaissait point jusqu'à ce jour, ni le nom, ni les monnaies. (Extrait des Annales encyclopédiques , juin 1817). *Paris, imprim. de Le Normant*, 1817 , in-8 de 20 pag.

— Dissertation sur une pierre gravée inédite du cabinet de l'auteur. (Extrait des Annales encyclop.) *Paris , imprim. de Le Normant*, 1818 , in-8 de 12 pages.

— Recueil des monuments antiques , la plupart inédits et découverts dans l'ancienne Gaule. Ouvrage enrichi de cartes et planches en taille-douce, qui peut faire suite aux recueils du comte de Caylus et de La Sauvagère. *Paris , l'Auteur ; Treuttel et Würtz*, 1817 , 2 vol. in-4, avec 3 cartes et un atlas de 40 planches, 25 fr.

Grivaud de la Vincelle a inséré différentes Notices ou Dissertations dans le Magasin encyclopédique , dans les Annales encyclopédiques , et on a de lui un *Mémoire sur l'usage des vases lacrymatoires* , dans le recueil de l'Académie celtique, tom. IV, 1809.

Il a mis en ordre et publié les Annales des voyages, de la géographie et de l'hist. , ou Dissertations, etc. , de PASUMOT (1810). Voy. ce nom.

GRIVAULT (le P. Boniface). * Abrégé du Catéchisme du concile de Trente. *Paris, Fr. Matthey* , 1736 , in-12.

GRIVEAU, secrétaire-général , archiviste et bibliothécaire de l'hôtel des Invalides.

— * Description de l'hôtel royal des Invalides, publiée avec l'autorisation de S. Exc. le ministre de la guerre. *Paris*, 1823, in-8.

GRIVEL (Guill.), avocat à Bordeaux, et plus tard professeur de législation aux écoles centrales ; membre des académies de Dijon, La Rochelle, Rouen, et de la Société philosophique de Philadelphie ; né à Uzerche, en Limousin, le 16 janvier 1735, mort à Paris, le 17 octobre 1810.

— * Ami (l') des jeunes gens. *Lille*, *Henry*, 1766, in-12.

C'est un traité sur l'éducation.

— * Bibliothèque (nouv.) de littérature, d'histoire et de critique, ou Choix des meilleurs morceaux tirés des « Ana. » *Lille*, *Henry*, 1765, 2 vol. in-12.

L'auteur avait promis deux autres volumes si les deux premiers réussissaient.

— Ile (l') inconnue, ou Mémoires du chevalier de Gastine, contenant l'histoire de la formation et de la civilisation de la société. 1783-87, 6 vol. in-12.

Réimprimé en 1804 et 1806. Quatrième édition. Paris, Ledoux et Tenré, 1812, 2 gros vol. in-12, ornés de 11 fig., 6 fr.

— * Principes de politique, de finance, d'agriculture, de législation et autres branches d'administration, par M. G.*** *Paris*, *Briand*, 1789, 2 vol. in-8.

— Théorie de l'éducation. *Paris*, *Moutard*, 1776, ou 1783, 3 vol. in-12.

Grivel a fourni à la « Nouvelle École du monde, par LEBRET », une Préface et un Cours de belles-lettres (1764) : il a coopéré à la partie *Économie politique* de l'Encyclopédie méthodique, et a été l'éditeur des « Entretiens d'un jeune prince avec son gouverneur », par le marquis de MIRABEAU (1785). M. A. A. Lorin a donné une Analyse synoptique du Cours de législation de Grivel. 1802, in-8.

GRIVEL, alors officier de marine.

— Conseils à un ami qui destine son fils à la marine militaire. *Paris*, 1803, in-8.

GRIZOT. Voy. GRISOT.

GROBERT (Jacques-François-Louis), officier-supérieur d'artillerie, membre de l'Institut de Bologne ; né à Alger, en Afrique, de parents français, le 17 mai 1757.

— Description des pyramides de Ghizé, de la ville du Caire et de ses environs. *Paris*, *Logerot-Pétiet; Rémont*, an IX (1801), in-4 avec 4 pl., 6 fr.; pap. vél., 12 fr.

— Description des travaux exécutés pour le déplacement, transport et élévation des groupes de Couston. *Paris*, *de l'impr. de la républ.*, an IV (1796), in-4 oblong avec 8 planches.

— Exécution (de l') dramatique considérée dans ses rapports avec le matériel de la salle et de la scène. *Paris*, *Fr. Schœll*, 1809, in-8 avec figures, 6 fr.

— Fêtes publiques chez les modernes. *Paris*, 1802, in-8.

— Machine pour mesurer la vitesse initiale des mobiles de différents calibres, projetés sous tous les angles depuis zéro jusqu'à 45° (ou la huitième partie du cercle). *Paris*, *Ant. Bailleul*, an XII (1804), in-4.

— Mémoire sur les moyens de traîner en bataille les pièces de gros calibre. *Paris*, an III (1794), in-4.

— Observations sur le Mémoire du général Lloyd concernant l'invasion et la défense de la Grande-Bretagne. *Paris*, *Ch. Pougens*, 1803, in-8 de 96 pag., 1 fr. 50 c.

— Observations sur les voitures à deux roues pour l'usage du commerce et le service du canon de bataille. *Paris*, *de l'imp. du Journal de Paris*, an V (1797), in-4.

Le colonel Grobert a fourni beaucoup d'articles aux journaux, surtout au Moniteur. La pièce jouée au théâtre de la Porte Saint-Martin, sous le titre de *Bataille des Pyramides*, passe pour être de lui.

GROENENDAELS (G. B.). Examen des opinions sur l'ophthalmie des armées. *Anvers*, *Ancelle*, 1825, in-8, 1 fr. 25 c.

— Essai sur la zoologie médicale. *Anvers*, *Janssens et Van Merlen*, 1823, in-8, 4 fr.

GROGNARD (Fr.), anc. négociant ; né à Lyon, en 1748, mort à Fontenay-sous-Bois, près de Paris, le 5 novembre 1823.

— A MM. les amateurs du « Voyage pittoresque à Lyon, par M. FORTIS, anc. avocat-général, etc. » : Réponse de M. Fr. Grognard, anc. négociant, à une lettre anonyme, écrite par un prétendu Lyonnais à M. Fortis, et par lui insérée à la fin du second volume de son ouvrage, qui était sous presse en 1823. 1823, in-8 de 8 p.

— A Son Ex. Madame la duchesse d'Albe: Songe à réaliser dans la décoration de son palais. *Madrid*, 15 juillet 1790, in-8 de 24 pag.

— Extrait d'un Voyage pittoresque en Espagne, en 1788, 1789 et 1790. Description d'une partie des appartements de S. Ex. Mgr le duc d'Albe à Madrid. *Bayonne*, *de l'imp. de la Ve Dubart-Fauvet*, 1792, pet. in-8 de 60 pag.

C'est probablement des mêmes presses qu'est sorti l'écrit adressé à la duchesse d'Albe. L'extrait d'un Voyage pittoresque consiste en douze lettres. Les onze premières sont de Grognard, et la plus grande partie est mêlée de vers. La douzième est de l'ami à qui les onze premières lettres sont adressées. C'est de cet ami que sont les vers qu'on trouve dans les lettres précédentes. Ces deux opuscules ont été tirés à petit nombre et sont rares.

On croit que Grognard a fait aussi imprimer à

petit nombre, et pour ses amis, quelques morceaux sur ses voyages en Russie et en Suède.

GROGNET (Pierre), poète français, maître-ès-arts, puis ecclésiastique; né dans le xv⁰ siècle, à Toucy, petite ville du diocèse d'Auxerre, mort vers 1540.

— Louange et excellence des bons facteurs qui ont bien composé en rimes, tant deçà que delà les monts...

Cette pièce, en vers de huit syllabes, contient l'éloge des plus grands poètes de l'Italie, Le Dante, Pétrarque, Boccace, et des poètes français les plus célèbres alors, mais dont plusieurs ne sont plus connus que par les vers de Grognet. L'abbé Goujet a cité des fragments de cette pièce dans sa Bibliothèque française; et l'abbé Lebeuf l'a insérée en entier dans le Mercure de juin 1739.
Cette pièce a été imprimée dans l'origine à la suite de l'ouvrage du même auteur intitulé: Les mots dorés du grand et sage Caton, en latin et en français, avec aucuns bons et très-utiles adages, autorités et dits moraux des sages, profitables à un chacun. Paris, 1530-33.
Grognet est auteur d'autres ouvrages publiés dans le xvi⁰ siècle, et non réimprimés depuis. 1700.

GROGNIER (L.-F.), professeur à l'École d'économie rurale et vétérinaire de Lyon, secrétaire-adjoint de la Société d'agriculture, d'histoire naturelle et des arts utiles de la même ville, correspondant de la Société médicale de Montpellier.

— Comptes rendus des travaux de la Société d'agriculture, histoire naturelle et arts utiles de Lyon, depuis le 4 décembre 1811 jusqu'au 9 septembre 1812; — pendant le cours de 1817; — depuis le 1ᵉʳ mars 1821 jusqu'au 1ᵉʳ avril 1822; — depuis le 1ᵉʳ avril 1822 jusqu'au 1ᵉʳ mai 1823; — depuis le 1ᵉʳ mars 1823 jusqu'à la fin de 1824. Lyon, de l'impr. de Pelzin, et de celle de Barret, 1812-25, 5 cah., in-8.
— Éloge de M. Varenne de Fenille, couronné en 1813 par la Société d'émulation et d'agriculture du département de l'Ain. Paris, Mᵐᵉ Huzard, mai 1817, in-8 de 40 pag.

« Ce morceau de biographie contient d'amples et intéressants détails sur la vie et les ouvrages de l'homme estimable qui en est l'objet. »
Mélanges biogr. et littér. pour servir à l'Histoire de Lyon.

— Notice historique et raisonnée sur C. Bourgelat, fondateur des écoles vétérinaires, où l'on trouve un aperçu statistique sur ces établissements. Paris, Mᵐᵉ Huzard, 1805, in-8, 2 fr. 50 c.
— Notice sur M. Rieussec. Lyon, impr. de Barret, 1828, in-8 de 28 pages.
— Rapport sur l'établissement pastoral de M. le baron de Staël à Coppet, lu à la Société royale d'agriculture, etc., de Lyon. Lyon, impr. de Barret, 1827, in-8 de 56 p.

M. Grognier est l'un des rédacteurs du Recueil de médecine vétérinaire (1824).

GROHMANN (Jean Godefroi), auteur, traducteur et compilateur très-laborieux, professeur de philosophie à l'Université de Leipzig; né à Gusswitz, dans la Haute-Lusace, le 13 juillet 1763, mort à Leipzig, le 12 mars 1805.

— Costumes et mœurs des Chinois, d'après les tableaux du peintre Pu-Qua à Canton; pour servir de supplément aux Voyages de Maccartney et de Van Braam-Honckgeest, en allemand et en franç. Leipzig, comptoir d'industrie, 1800-04, 12 cahiers in-4 ensemble de 60 pl. coloriées, 96 fr.

Avec Hempel.

— Fragments d'architecture gothique. Ouvrage aussi intéressant qu'utile et instructif pour les architectes et amateurs de l'architecture. Leipzig, Baumgaertner, 1802, in-fol. de 24 pl., 24 fr.
— Magasin (petit), ou Recueil d'idées d'une exécution peu dispendieuse, contenant des plans de petites maisons de campagne, pavillons de jardins, temples, ermitages, chaumières, monuments, obélisques, ruines, portails, portes, grilles, bancs de jardins, chaises, volières, gondoles, ponts, etc. Ouvrage extrêmement intéressant pour cette classe d'amateurs qui, sans vouloir faire de grandes dépenses, sont pourtant bien aises d'embellir leurs jardins d'ornements nouveaux et pleins de goût. Leipzig, Baumgaertner, 1804, 12 cah. in-fol, 96 fr.
— Magasin d'idées pour les amateurs des jardins, des plantations anglaises, etc., pour embellir les jardins et les sites champêtres dans le goût anglais, gothique et chinois; en allemand et en français. Leipzig, 1796-1804, 43 cahiers in-4 avec figures.
— Magasin (petit) d'idées pour les amateurs des jardins, ou Recueil de projets d'embellissements des jardins, qu'on peut exécuter à peu de frais; en français et en allemand. Leipzig, 1799-1805, 8 cahiers in-4, 60 fr.
— Magasin d'idées nouvelles pour servir à l'embellissement des jardins, etc. (en français et en allemand). Leipzig, Baumgaertner, 1779-1806, 60 livraisons formant 5 vol. in-4, 320 fr.
— Recueil de dessins d'une exécution peu dispendieuse pour maisons de campagne, etc. Venise, 1805, in-4.
— Restes d'architecture égyptienne, ouvrage utile aux architectes qui veulent acquérir une connaissance approfondie de leur art, et aux amateurs qui désirent d'é-

tendre leurs connaissances. *Leipzig, Baumgaertner*, 1802, in-fol. avec pl., 12 fr.

Cet ouvrage existe aussi en allemand.

Grohmann est auteur de différents autres ouvrages en latin et en allemand.

GROHMANN (J.-Ch.-Aug.). Lettres sur l'éducation, ou Psychologie de l'âge de l'enfance. *Hambourg, impr. de Bohn*, 1812, in-8, 3 fr.

GROIGNARD (..), constructeur des vaisseaux du roi.

Deux Mémoires de ce savant ont été imprimés dans le Recueil des prix de l'Académie des sciences : le premier est intitulé : *Mémoire sur le roulis et le tangage d'un vaisseau*, composé à l'occasion du prix proposé par l'Académie des sciences, de 52 pages, avec 6 pl., (tom. VII); le second est intitulé : *De l'Arrimage des vaisseaux*, et forme 36 pages, (tom. IX). Ce dernier a été réimprimé, en 1814, à la suite du Manœuvrier de Bourdé de Villehuet.

GROJARD DE MONTGENAULT (J.-A.). * Recueil des pièces concernant l'amirauté de France. *Paris, d'Houry*, 1759, in-12.

GROLLEAU (P.), docteur en droit de la Faculté de Paris.

— Examen institutionum civilium, cum Synopsi ejusdem Examinis. *Parisiis, vid. Clousier*, 1708, in-12.

GROLLIER (Nicolas), comte DE SERVIÈRES, lieutenant-colonel, commissaire provincial des guerres, membre de l'Académie de Lyon, directeur de la Société des beaux-arts; né à Lyon, en 1677, où il est mort, le 26 février 1745.

— Recueil d'ouvrages curieux de mathématiques et de mécanique, ou Description du cabinet de Nicolas Grollier de Servières. *Lyon, Dav. Forcy*, 1719, 1732; et *Paris, Ch.-Ant. Jombert*, 1751, in-4, fig.

La dernière édition est la plus recherchée.

L'ouvrage est divisé en trois parties : la première comprend les objets simplement agréables; la seconde ceux qui à l'agrément joignent quelque utilité; et la troisième les machines uniquement utiles. Dans cette dernière partie, on trouve des modèles de machines pour l'élévation des eaux, le dessèchement des marais, la construction des ponts et des usines, le passage des rivières, l'attaque ou la défense des places de guerre.

Grollier a laissé en manuscrits les deux ouvrages suivants : 1° *Mécanique abrégée des arts et métiers*, dans laquelle il traite principalement des arts du serrurier, du ferblantier et du menuisier; 2° *Moyen dont on s'est servi à Malte, en 1738, pour faire sauter un rocher tombé dans la mer à l'entrée du port.*

GRONOVIUS. Discours sur la loi royale et sur la loi sort, trad. du lat. par BARBEYRAC. *Amsterdam*, 1731, 2 vol. in-12.

GROOT (de). Agréments (les) de la campagne, ou Remarques particulières sur la construction des maisons de campagne

plus ou moins magnifiques, des jardins de plaisance, et des plantages, avec les ornements qui en dépendent, avec la manière de cultiver dans un pays froid les plantes des climats chauds, et des observations sur la culture des fruits de terre et des légumes. Le tout orné des planches nécessaires. (Traduit du holland.) *Leyde, Sam. Luchtmans*, 1750, in-4; ou *Paris, David le jeune*, 1752; 3 vol. in-12 avec pl.

La dernière édition est beaucoup plus correcte que la première.

GROS (M. F.-F.), de Marseille. Recueil de Pouësies prouvençalos. Nouvello edicion, courrigeado et augmentado per l'auteur, eme uno explicacion dei mots lei plus difficiles. *Marseille*, 1763, in-12.

GROS (J. J.). Cantiques adaptés à la doctrine et à la méthode du catéchisme d'Heidelberg. *Lausanne*, 1783, in-8.

GROS (C.). Introduction à la connaissance de la nature, trad. de l'angl. ( ). Voy. TRIMMER (Mistr.).

Il a donné une édition d'Élisabeth de Madame Cottin, augmentée de notes historiques et géographiques.

GROS (Ét.), professeur au collége royal de Saint-Louis, à Paris.

— Discours sur l'alliance de la sagesse avec le goût des sciences et des lettres. *Paris, impr. de Bobée*, 1824, in-8 de 16 pages.

— Examen critique des plus célèbres écrivains de la Grèce, traduit en français (1826). Voyez DENYS D'HALICARNASSE.

— Rhétorique (la) d'Aristote, traduite du grec (1822). Voyez ARISTOTE.

GROS (Adr.-Arm.), de Nantes, ancien maître en chirurgie.

— Essai sur l'hygiène des maisons centrales de détention en général, et de celle de Fontevrault en particulier. Dissertation présentée et soutenue, etc., pour obtenir le titre de docteur en médecine. *Strasbourg, impr. de Levrault*, 1820, in-4 de 32 pag.

GROS (le bar.), célèbre peintre, membre de l'Institut (Académie des beaux-arts).

— Funérailles de M. le baron Denon. Discours. *Paris, impr. de F. Didot*, 1825, in-4 de 4 pages.

GROS DE BESPLAS (l'abbé Jos.-Mar.-Anne), docteur de Sorbonne, vicaire-général de Besançon, prédicateur du roi, aumônier de Monsieur, membre de l'Académie de Béziers; né à Castelnaudary, le 13 novembre 1734, mort à Paris, le 28 août 1783.

— Causes (des) du bonheur public. 1768, ou 1774 , 2 vol. in-12.

— Essais sur l'éloquence de la chaire ; avec le Tableau de ses progrès et de sa décadence dans les différents siècles de l'Église, accompagnés de Réflexions. *Amsterdam* (*Paris*), 1767, ou *Paris*, *Debure*, 1778 , in-12.

— * Rituel (le) des esprits forts , ou le Voyage d'un philosophe dans l'autre monde. *Paris*, *Berthier*, 1760. — Sec. édition , augm. *Paris*, 1762, in-12.

— Utilité (de l') des voyages , relativement aux sciences et aux mœurs : discours prononcé à sa réception en sa qualité d'associé de l'Académie de Béziers au mois d'août 1762 ; avec des Réflexions sur les voyages. *Paris*, 1763, in-12.

GROS DE BOZE (Cl.) Voy. Boze.

Voyez aussi Le Gros.

GROSE (François), auteur anglais du XVIIIme siècle.

— Principes de caricature, suivis d'un Essai sur la peinture comique ; traduit en français avec des augmentations. *Leipzig*, *Baumgaertner*, 1779, ou *Leipsig*, 1802, in-8 avec 29 figures , 11 fr.

M. Renouard a donné à Paris , en 1802, une édition in-8 de cette traduction , retouchée par lui ; elle contient les mêmes planches que l'édition de Leipzig , et elle n'a été tirée qu'à 200 exemplaires, plus un sur vélin.   *Brun*.

GROSE (J. - H.). Voyage aux Indes-Orientales , trad. de l'angl. , par Ph. Hernandez. *Londres*, 1758, in-12.

GROSEZ (le R. P. Jean-Étienne), de la compagnie de Jésus.

— Journal (le) des saints , où sont représentées leurs images, avec un abrégé de leur vie, et une méditation pour chaque jour de l'année, tirée ou de la vie du saint ou d'une maxime de l'Évangile. Nouvelle édition, très-soignée, avec les oraisons en français. *Lyon et Paris*, *Rusand*, 1822, 1828 , 2 vol. in-12.

Ouvrage dont la prem. édit. date de la fin du XVIIe siècle, et qui a été plusieurs fois réimp. dans le XVIIIe.

GROSIER (l'abbé J.-Bapt.-Gabr.-Alex.), écrivain critique et historien , ancien chanoine de Saint-Louis du Louvre, conservateur de la bibliothèque de Monsieur, frère du roi (aujourd'hui Charles X) à l'Arsenal ; né à Saint-Omer , le 17 mars 1743 , mort à Paris, le 7 décembre 1823.

— Chine (de la), ou Description générale de cet empire, rédigée d'après les mémoires de la mission de Pékin, ouvrage qui contient : 1° la descript. topograph. des 15 provinces qui composent cet empire, celle de la Tartarie, des îles et des états tributaires qui en dépendent ; le nombre de villes, etc.; 2° l'exposé de toutes les connaissances acquises et parvenues jusqu'en Europe sur le gouvernement, la religion , les lois, les mœurs, les sciences et les arts des Chinois. IIIe édit., revue et considérablement augmentée. *Paris*, *Pillet aîné*, 1818-1820 , 7 vol. in-8, 42 fr.

La prem. édit. de cet ouvr. parut en 1786 en un fort vol. in-4 qui forme le 13e de l'Hist. gén. de la Chine, trad. à Pékin par le P. de Mailla, sur les originaux chinois, et de laquelle publication l'abbé Grosier, de concert avec Leroux des Hauterayes, s'occupa pendant quarante ans (Voy. Mailla). Le volume de l'abbé Grosier eut le plus grand succès ; on le vendit séparément, avec un frontispice particulier ; et trois mois après on en fit une seconde édition en 2 vol. in-8. Il obtint la même faveur de l'étranger ; il fut traduit en anglais et en italien. Ce volume n'était cependant qu'un supplément jugé nécessaire pour l'intelligence de la grande histoire chinoise. L'auteur s'occupa depuis à compléter cette description , qui parut pour la troisième fois en 1818 et ann. suiv.

Grosier, qui fut d'abord jésuite, débuta dans la carrière des lettres en insérant dans le Mercure de juillet 1760, une imitation en vers français de l'ode 10e du prem. livre d'Horace. Il fut ensuite coopérateur de l'Année littéraire de Fréron, de 1754 à 1790, et plus tard le seul rédacteur (Voy. Ann. littér.). Il rédigea, en 1779, le Journal de littérature, des sc. et des arts, qui est la continuation des Mémoires pour servir à l'histoire des sciences et des beaux-arts, ou Journal de Trévoux, qui était tombé en discrédit : il a encore travaillé à la Gazette de France et à la Biographie universelle, où il a donné, entre autres articles, celui de Confucius.

L'abbé Grosier a été l'éditeur des « Mémoires d'une Société célèbre considérée comme corps littéraire et académie, etc. (1792, 3 vol. in-8) ». Voy. ce titre à la table des Anonymes.

Il a laissé en manuscrit une nouvelle édition de l'Histoire générale de la Chine, traduite par le P. de Mailla, refondue quant au style, au choix et à la disposition des faits, et dans laquelle l'éditeur s'était attaché à la présenter sous la forme que nous donnons à notre histoire moderne.

La Biographie des hommes vivants, publiée chez Michaud, attribue à cet écrivain l'ouvrage intitulé : Antidote de l'athéisme, ou Examen du Dictionnaire des Athées (de Sylv. Maréchal). Paris, 1801, in-8. Mais il paraît, d'après A. A. Barbier, que c'est une erreur ; car ce dernier attribue l'Antidote à Léon Aléa (Voy. ce nom).

GROSJEAN, doct. en médecine, anc. inspect. des eaux minérales de Bunsang, anc. médecin des hôpitaux militaires.

— Essai (nouv.) sur les eaux minérales de Plombières. *Remiremont*, 1799, in-8.

GROSLEY (Pierre-Jean), maire de Saint-Loup, bailli de Chapes et de Vaucharsis, membre de l'Académie des inscriptions et belles-lettres de Paris, des sociétés académiques de Nanci, Châlons, etc. ; né à Troyes, le 18 novembre 1718, mort le 4 novembre 1785.

— Discours (sur la question : Si le rétablissement des sciences et des arts a contribué à épurer les mœurs) qui a balancé les suffrages de l'Académie de Dijon pour le prix de 1750. Par M. D. C., de Troyes en Champagne. Sec. édit. 1751, in-12 de 72 pag.

Ce discours a d'abord paru dans le Mercure. Les exemplaires tirés à part n'ont qu'un faux-titre, sur lequel on lit ce qui est hors de notre parenthèse; mais à la pag. 5 on lit celui entre la parenthèse. Ce discours obtint l'accessit à l'Académie de Dijon, qui décerna le prix à J.-J. Rousseau. Grosley avait pris les mêmes conclusions que le philosophe de Genève; mais, en traitant ce grave sujet, il n'avait cherché qu'à s'amuser : il publia son ouvrage sous les lettres M. D. C., initiales de M. Duchasselas, nom burlesque qu'il paraît avoir mis à quelques exemplaires.

— * Discussion historique et critique sur la conjuration de Venise, et sur l'histoire de cette conjuration par l'abbé de Saint-Réal, présentée à la Société littéraire de Châlons en Champagne. Par P. J. G. Paris, Cavelier, 1756, in-12.

Réimprimée dans le 4ᵉ volume de la seconde édition des Observations sur l'Italie du même auteur.

—*Éloge historique et critique de M. Breyer, chanoine de Troyes. Troyes, 1753, in-12.
—*Éphémérides (les) troyennes. Troyes, 1757-68, 12 vol. in-32.

C'est une espèce d'almanach; à la suite du calendrier, on trouve différentes pièces ou dissertations relatives à l'histoire de Troyes. « A dater de leur origine jusqu'en 1761,° l'année 1763 (sic) exceptée, dit A. A. Barbier, ces Éphémérides furent supprimées par sentences du présidial de Troyes, comme contenant des calomnies, des faussetés, des indécences, etc.»

Montrocher, ingénieur à Troyes, en publia deux critiques en 1762 : la première, sous le titre de la « Ramponide, critique des Ephémérides troyennes», in-12; et la seconde, sous celui de « Lettres de M. Haye, maître savetier, à l'auteur des Éphémérides troyennes», in-12.

— Le même ouvrage, mis dans un nouvel ordre, corrigé sur les manuscrits de l'auteur, et augmenté de plusieurs morceaux inédits, avec un Précis de sa vie et de ses écrits, et des notes; par L. M. PATRIS DE BREUIL. Troyes, Lefèvre, et Paris, Durand, 1811, 2 vol. in-8 et 2 vol. in-12.
— * Histoire des guerres civiles de la France, etc. trad. de l'ital. (1757). Voy. AVILA (D').
— Influence (de l') des lois sur les mœurs. Discours prononcé par l'auteur pour son installation à la Société des belles-lettres de Nanci, en 1756. Nanci, 1757, in-4.

Nous ne savons, dit pourtant la Biographie universelle, si l'ouvrage est imprimé en français (le catalogue de la Bibliothèque était là pour s'en assurer); mais, ajoute-t-elle, il en existe une traduction italienne par J.-P. Lelong, Troyen. Florence, 1766, in-8.

— * Iniquités (les) découvertes, ou Recueil des pièces curieuses et rares qui ont paru lors du procès de Damiens. Londres, 1760, pet. in-8.

Ce Recueil contient cinq pièces : les trois premières sont de Grosley. On lit à la fin du volume que la grand'chambre condamna au feu, sur la fin de mars, ces trois écrits, comme contenant des faits calomnieux, faux dans leur substance, etc., et composés dans le dessein criminel d'altérer la juste confiance due à la magistrature.

— Lettre à monseigneur ****, au sujet des observations sur l'almanach de Troyes. 1757, in-24 de 5 pages.
— * Lettre à M. Desm.*** J. D. M. D. L. (Desmarest, inspecteur des manufactures de Lyon, ou Réponse à la lettre de M. Lefèvre, sur les Mémoires de l'Académie de Troyes.) Datée de Troyes, le 2 mai 1768, in-12.
— Lettre à M*** (Trasse), pour servir de réponse à ses observations. In-4 de 15 pag.

Grosley parle lui-même de cette lettre dans ses Mémoires sur les Troyens célèbres, à l'article Grozelier.

— * Londres. Lausanne (Paris), 1770, 3 vol. in-12. — Nouv. édit., considérablement augmentée. Lausanne (Paris), 1774, 4 vol. in-12.

L'auteur ne se borne pas à parler de Londres; mais il embrasse beaucoup de choses concernant l'Angleterre.

— * Mémoire pour Étiennette Boyau, femme de Louis-le-Large, tisserand, demeurant à Troyes; ladite Étiennette Boyau, garde-malade, etc. demanderesse; contre maître François Bourgeois, chanoine de l'insigne église collégiale et papale de Saint-Urbain de Troyes, défendeur...

Réimprimé dans le tom. 2 des « Causes amusantes et connues».

— * Mémoires de l'Académie des sciences, inscriptions, belles-lettres, beaux-arts, nouvellement établie à Troyes en Champagne. Liége, 1744; Troyes, 1756, 2 tom. en un vol. in-12; 1768, in-12.

Avec Lefèvre.

C'est une facétie assez piquante, quoiqu'elle ne soit pas toujours du meilleur ton, touchant une société qui n'avait pas pris, mais qui avait agréablement reçu le titre d'académie.

L'édition de 1744 fut imprimée à Troyes, chez Lefèvre; l'édition de 1756 fut donnée à Paris par le même, avec des additions purement de lui : l'édition de 1768 contient, entre autres pièces ajoutées, le Banquet des sept sages. La plus connue de toutes ces facéties, est celle qui roule sur un ancien usage.

Lefèvre, le collaborateur de Grosley, publia sous le voile de l'anonyme, une « Lettre sur les Mémoires de l'Académie de Troyes ». Amsterdam (Paris), 1755 (1765), in-12. Cette lettre est très-rare. L'abbé Goujet assure qu'on n'en a tiré que douze exempl. C'est à cette lettre que répondit Grosley, le 2 mai 1768. (Voy. ci-dessus).

—* Mémoires historiques et critiques pour l'histoire de Troyes. (Tom. Ier et tom. II, pag. 1 à 190). *Paris, Ve Duchesne*, 1774, 2 vol. in-8.

— Les mêmes, avec une Notice sur la vie et les ouvrages de l'auteur, par Ét.-T. Simon, professeur d'éloquence. *Troyes, Sainton et fils*, et *Paris, Cal. Volland*, 1812, 2 vol. in-8, 12 fr.

« Ces Mémoires, dit A. A. Barbier, ont été rédigés « par Grosley, et sont fort curieux, comme tout ce « qui est sorti de la plume de cet écrivain laborieux, « savant et original. Il avait le projet d'y intercaler « dans un ordre méthodique les différents morceaux « historiques qu'il avait successivement publiés sur « la ville de Troyes dans les Éphémérides troyennes », mais, effrayé des fautes de son typographe, il suspendit l'impression de cet ouvrage. Ce ne fut que longtemps après sa mort que M. E. T. Simon, ancien ami de Grosley, conçut l'idée de terminer le second volume, dont 190 pages étaient déjà imprimées, en composant cette fin de plusieurs morceaux des Éphémérides et de quelques notices sur des illustres Troyens, qu'il publia en 1812, en raffraichissant le frontispice du premier.

« Il résulte de cette publication, ajoute Barbier, « et de celle, tant des Éphémérides troyennes, que des « Œuvres posthumes de Grosley, publ. par M. Patris-Dubreuil, que l'on trouve, dans trois ouvrages « portant le nom de Grosley, les mêmes notices sur « des hommes célèbres, et dans deux les mêmes « morceaux tirés des Éphémérides troyennes. Ces « doubles et triples emplois sont un outrage à la « mémoire de Grosley. »

—* Mémoires pour servir de supplément aux Antiquités ecclésiastiques du diocèse de Troyes, par M. N. Camusat. *Troyes*, 1750, in-12. — Sec. édit., très-augm., 1757, in-12.

La première édition fut saisie en arrivant à Paris, et brûlée à la Bastille : Grosley a fait mettre cette inscription au milieu du frontispice de chaque édition : J. N. R. J. On sait qu'elle signifie : *Jesus Nazarenus Rex Judæorum*. Mais Grosley lui donnait ce sens : *Jésuits n'aura rien ici.*

« L'exemplaire de la seconde édition de ces mémoires, envoyé ou donné par Grosley lui-même aux prêtres de la doctrine chrétienne de Paris, se trouve aujourd'hui dans la bibliothèque royale de Fontainebleau. Il a deux frontispices, l'un est conforme à celui que nous venons d'indiquer; sur l'autre on lit : Mémoires pour servir à l'histoire des Jésuites, contenant le précis raisonné des tentatives qu'ils ont faites pour s'établir à Troyes. »   *Barb.*

—* Mémoires sur les campagnes d'Italie, de 1745 à 1746, auxquels on a joint un journal des mêmes campagnes, tenu dans le bureau de M. le maréchal de Maillebois, avec une explication de tous les passages et cols du Dauphiné versant en Savoie et en Piémont. *Amsterdam*, 1777, in-12.

Volume rare, dont il n'existe que cette édition, qui est très-fautive, n'ayant pas été imprimée sous les yeux de l'auteur.

—* Observations d'un patriote (relativement à l'attentat de Damiens). *Troyes, Gobelet....*

Un espion des jésuites dénonça l'envoi que Grosley avait fait à Paris de cet écrit, et Gobelet et sa femme furent par suite mis à la Bastille.

—* Observations sur l'Italie et sur les Italiens. Par deux gentilshommes suédois. *Londres*, 1764, 3 vol. in-12. — Nouv. édit., augm. *Paris, Dehansy*, 1774, 4 vol. in-12.

Le quatrième volume est composé de la *Discussion sur la conjuration de Venise*, de Grosley, et de l'ouvrage de Baretti, intitulé les *Italiens*.

—* Recherches pour servir à l'histoire du droit français. *Paris, Ve Étienne et fils*, 1752, in-8.

Cet ouvrage plut beaucoup à Joly de Fleury, qu'on croit même en avoir été le réviseur.

—* Réflexions sur l'attentat commis, le 5 janv. (1757), contre la vie du roi (Louis XV). (*Troyes, Ve Gobelet*), 5 mars 1757, in-12 de 35 pag.

— Vie de Pierre Pithon, avec quelques mémoires sur son père et ses frères. 1756, 2 vol. in-12.

Cet ouvrage est très-estimé : on en trouve un extrait dans les Éphémérides troyennes de 1763.

— Vie de Grosley, écrite en partie par lui-même, continuée et publiée par M. l'abbé Maydieu; dédiée à un inconnu. *Londres* (*Paris, Théoph. Barrois le jeune*), 1787, in-8.

Il n'y a de Grosley que les 144 premières pages, qui ne vont que jusqu'en 1757. Ce qui est de lui est assez piquant, quoique un peu confus. Maydieu a donné dans ce vol. un extrait infidèle du testament de Grosley. Ce testament a été réimprimé dans les opuscules en prose et en vers (publiés par M. Patris-Dubreuil) 1810, in-12.

—Œuvres (ses) inédites, publ. par L.-M. Patris-Dubreuil. *Troyes et Paris*, 1813, 3 vol. in-8 avec portr. 15 fr.

Ces trois volumes contiennent : 1° Des Mémoires sur les Troyens célèbres; 2° Un Voyage en Hollande, dont le manuscrit n'a pas été conservé en entier; 3° Extrait de la correspondance de Grosley pendant ses deux voyages d'Italie; 4° Une Réfutation d'une critique du baron de Grimm ; ce morceau est de l'éditeur; 5° Une table des matières à la suite de laquelle on a ajouté, depuis l'impression, des corrections, remarques et additions, et l'éloge de Grosley par M. Dacier.

On peut se procurer séparément le *Voyage en Hollande*, dont il a été tiré à part un nombre d'exemplaires, 5 fr.

Indépendamment des ouvrages que nous venons de citer, Grosley est encore auteur de plusieurs morceaux fournis à divers journaux, ainsi que de beaucoup d'articles communiqués à Chaudon pour les éditions de 1766 et 1769 de son Dictionnaire historique portatif. La Société des Bibliophiles a fait imprimer, en 1827, dans le tom. V des Mélanges qu'elle publie, un conte inédit de Grosley, intitulé *la Canonisation de saint Yves*.

Grosley a été l'éditeur de la Théorie des bénéfices (contenant le Traité des bénéfices de Fra Paolo, trad. en français, avec des notes, par Amelot de la Houssaye, et l'Histoire de l'origine des revenus ecclésiastiques, par M. R. Simon, avec un avis au lecteur par Grosley). 1767, 2 vol. in-12.

GROSLEY, conseiller de préfecture à Luxembourg.

— * Entrée (l') des Français à Madrid, drame en un acte et en vers. *Luxembourg*, 1809, in-8.

— Mort (la) de Louis XVI. In-8.

GROSS (le baron de) , anc. lieutenant-colonel au service de la Hollande et de la Grande-Bretagne , chambellan du duc de Saxe-Weimar et Eisenach.

— Premier (le) navigateur, poëme en IV chants. *Weimar*, 1803 , gr. in-8.

On doit aussi au baron Gross plusieurs ouvrages , en anglais, sur l'art militaire. *Ersch*.

GROSSARD (J.-Ch.) , docteur en médecine de la Faculté de Montpellier, alors maître en chirurgie à Bordeaux, sa patrie. — De optimâ et tutissimâ celeberrimi Rothomagensis professoris methodo , quâ in viris calculosis celebratur sectio lateralis : Dissertatio anatomico-chirurgica. 1766 , in-4.

GROSSE , chimiste français du XVIIIᵉ siècle, membre de l'Académie des sciences.

Nous ne connaissons de ce savant que les divers mémoires suivants , qui ont été consignés dans le recueil de l'Académie dont il était membre : 1° Avec DUHAMEL : Des différentes manières de rendre le tartre soluble , en deux part. (1732-33) ; 2°, seul : Recherche sur le plomb, prem. part. (1733) ; 3° Avec DUHAMEL : Recherche chimique sur la composition d'une liqueur très-volatile, connue sous le nom d'éther (1734) ; 4°, seul : Manière de purifier le plomb et l'argent quand ils se trouvent alliés avec l'étain (1736).

GROSSE. Chlorinde , nouvelle espagnole, tirée des papiers de don Juan de B***, traduite de l'allemand par M. d'A*** de R***, officier prussien. *Paris*, *Tourneisen*, 1803 , in-8, 3 fr. ; ou *Paris, Crapart, Caille et Ravier*, 1805, in-8, 5 fr. 50 c.

GROSSELIN (A.) , sténographe.

— Système de sténographie. Méthode facile pour apprendre soi-même , et dans l'espace de quelques heures, les principes de l'art d'écrire aussi vite que l'on parle. *Paris*, *l'Auteur*, 1822, in-18 de 36 pag.

— Vocabulaire sténographique, composé sur le système de Taylor, et servant à rendre facile, en très-peu de temps, la lecture de cette écriture aussi prompte que la parole ; précédé d'un Exposé des règles de la sténographie , à l'aide desquelles on peut, en moins de deux heures, connaître les éléments de cet art. *Paris, l'Auteur*, 1822, in-8. — Sec. édit. *Paris, Gautier*, 1824, in-8.

M. Grosselin a recueilli comme sténographe et publié le Cours de physique de M. Gay-Lussac.

GROSSIN DU HAUME (Étienne), docteur en médecine des Facultés de Paris et de Montpellier, docteur-régent, professeur de chirurgie et médec. de l'Hôtel-Dieu.

— Conspectus œconomiæ animalis , seu Compendium physiologiæ. *Parisiis, Cellot*, 1777 , in-12.

— Discours sur la véritable gloire de la chirurgie. *Paris*, 1779, in-4.

— * Lettre d'un médecin de Paris à un médecin de province, sur le traitement de la rage. *Paris*, 1776 , in-8.

— Mémoire sur les dissolvants de la pierre. *Paris*, 1776 , in-4.

— Tableau de l'économie animale, ou nouvel Abrégé physiologique , concernant le mécanisme et l'organisation du corps humain. On y a joint un Mémoire sur les dissolvants de la pierre , avec une Lettre sur le traitement de la rage. *Paris*, 1778, in-12.

— * Traité de la petite vérole , tiré des Commentaires de G. Van Swieten , sur les Aphorismes de Boërhaave, avec la méthode curative de M. Haen. *Paris*, 1776, in-12.

— Nouv. édit. , augm. de remèdes domestiques. *Paris*, 1779 ; in-12.

GROSSIN DUBOIS. Art (l') de mesurer la surface du cercle géométriquement, de trouver une ligne droite égale à sa circonférence , etc. *Paris, Martinet*, 1814, in-8, 2 fr.

GROSSMANN (Gustave-Frédéric-Guillaume), auteur dramatique et acteur célèbre de la Prusse au dix-huitième siècle.

— Pas plus de six plats, tableau de famille en 5 actes (et en prose) , par M. G*** de Bonn, trad. de J. H. E. (EBERTS). *Paris, L. Cellot*, 1781, in-8.

La Biographie universelle cite, sous la date de 1781, une seconde traduction de cette pièce qu'elle attribue à Jacques Mauvillon : il y a lieu de croire que cette traduction n'existe pas. Une autre fait partie du « Nouveau Théâtre allemand, » tom. II.

Grossmann a donné une traduction française (assez mauvaise) de la comédie de Lessing, intitulée : Minna de Barnhelm, ou les Aventures des militaires, en 5 actes. (Berlin , 1772, in-8.)

GROSSON (J.-B.-Bernard) , courtier royal à Marseille, sa patrie, de l'Académie de cette ville, de celles de Lyon et de Nîmes.

— * Almanach historique de Marseille. *Marseille*, 1770 et ann. suiv. , in-18.

Grosson a inséré dans cet almanach plusieurs mémoires et observations sur la découverte de l'ancien volcan de Beaulieu en Provence.

— Recueil des antiquités et monuments marseillais qui peuvent intéresser l'histoire et les arts. *Marseille*, 1773, in-4, 8 à 10 fr.

GROSSON (le chevalier de), chef de bataillon retraité.

— Notice historique sur la vie du chevalier Du Repaire (Tardivet), maréchal-de-camp, etc. *Versailles, impr. de Vitry,* 1826, in-8 de 32 pag.

GROSTESTE (A.), sieur de la Mothe, ministre de l'Église calvinienne savoyarde à Londres.

— * Entretiens sur la correspondance fraternelle de l'église anglicane avec les autres églises réformées. *La Haye, G. de Voye,* 1705, ou *Amsterdam et Londres,* 1707, in-12.

GROTIUS (Hugues), savant jurisconsulte hollandais du XVIe siècle.

— Droit (le) de la guerre et de la paix, de M. Grotius, trad. du lat., par Ant. COURTIN, augm. dans cette édit., de la Dissertation sur la liberté de la mer. *La Haye,* 1703, 3 vol. in-12.

Cette traduct. fut publiée, pour la première fois, à Paris, en 1687, 2 vol. in-8 : elle reçut un bon accueil du public, mais elle a été effacée depuis par la suivante.

— Le même ouvrage, trad. par J. BARBEYRAC. *Amsterdam,* 1724, 1729; *Bâle,* 1746, 2 vol. in-4 ; *Leyde,* 1759, in-4.

Les notes de cette traduction sont très-estimées. La meilleure édition est de Bâle.

En 1792, M. Dugour, ancien doctrinaire, et aujourd'hui recteur de l'Université de Saint-Pétersbourg, annonça une traduction nouvelle de cet ouvrage, avec des notes choisies de Barbeyrac. Cette traduction, qui devait former 5 vol. in-8, n'a point vu le jour.

— Traité de la vérité de la religion chrétienne, traduit par LEJEUNE, augmenté de deux dissertations de LECLERC. *Amsterdam,* 1728, in-8.

La première édition est d'Utrecht, 1692.

— Le même, trad. du lat. avec des remarques (une préface sur l'ouvrage de Grotius, les traductions françaises qui avaient précédé, et la vie de l'auteur, par l'abbé GOUJET). *Paris, Lottin,* 1724, in-12. — Nouv. édit. augm., 1754, 2 vol. in-12.

Les traductions françaises de cet ouvrage qui avaient précédé celle-ci, sont d'Étienne de Courcelles, Amsterdam, 1636, in-8; de Mézeray, Paris, 1644, in-8, et du P. Talon, oratorien, Paris, 1659, in-12, et de Lejeune, 1692.

— Traité du pouvoir du magistrat politique sur les choses sacrées, traduit du latin (par LESCALOPIER de NOURAR). *Londres (Paris),* 1751, in-12.

Deux autres ouvrages de Grotius ont été traduits en français : les *Annales et Histoires des Pays-Bas,* et l'*Antiquité de la république Batave* ; mais leur impression est antérieure au XVIIIe siècle.

GROU (Jean), anc. jésuite; né au Ca-

laisis, diocèse de Boulogne, le 24 novembre 1731, mort en Angleterre, le 13 décembre 1803.

— Caractères (les) de la vraie dévotion. *Paris,* 1788, in-18.

Petit ouvrage souvent réimprimé, particulièrement dans ce siècle : Lyon, Barret, 1822 ; Lille, Lefort, 1823 et 1827 ; Lyon et Paris, Périsse frères, 1826; Paris, Beaucé-Rusand, 1828 : ces diverses éditions sont in-24.

— Intérieur (l') de Jésus et de Marie. (Ouvrage posthume). *Paris, Beaucé,* 1815, 2 vol. in-12. — IIIe édit., rev. et corr., précédée d'une notice sur Grou. *Paris, Méquignon-Havard,* 1828, 2 vol. in-12.

La seconde édition a été publiée en 1824.

— Maximes de la vie spirituelle (en vers), avec des explications en prose. 1788, in-12. — Autre édition, sous le titre de Maximes spirituelles, etc. *Besançon, Montarsolo,* 1827, in-12.

— Méditations, en forme de retraite, sur l'amour de Dieu, avec un petit écrit sur le don de soi-même à Dieu. *Londres,* 1796, petit in-12. — Nouv. édit. *Besançon, Petit,* 1824, ou 1828, in-18.

— Morale tirée des « Confessions de saint Augustin ». *Paris,* 1786, 2 vol. in-12.

Le P. Grou devait publier l'analyse des autres ouvrages de saint Augustin ; mais la révolution dérangea son plan en l'éloignant de Paris et même de la France.

— * Réponse au livre intitulé : « Extraits des assertions dangereuses et pernicieuses en tout genre », que les soi-disant jésuites ont, dans tous les temps et persévéramment soutenues, enseignées et publiées dans leurs livres, avec l'approbation des supérieurs et généraux, vérifiés et collationnés par les commissaires du parlement. 1763-65, 4 vol. in-4.

Le P. Sauvage, jésuite, a présidé à cet ouvrage; mais le P. Grou a eu la plus grande part à sa rédaction.

— * Science (la) pratique du crucifix dans l'usage des sacrements de pénitence et d'eucharistie, pour servir de suite à la « Science du crucifix » du P. Marie, par l'abbé G***. *Paris, Onfroy,* 1789, in-12. — Nouv. édit. *Lyon et Paris, Périsse frères,* 1827, in-18.

Le P. Grou a traduit du grec trois ouvrages de Platon : sa République (1762), ses Lois (1769), et ses Dialogues (1770) : il a aussi donné une nouvelle édition du Premier Alcibiade, traduit du même par Lefèvre, qu'il a corrigée et augmentée de remarques (de Ruhnkenius) sur la traduction française des livres de la République (1766). Voy. PLATON.

Il a encore donné une nouvelle édition de la Science du Crucifix, du P. MARIE (1786).

Grou s'occupa, en société avec le P. Guérin, frère de l'historien des temps fabuleux, de la composition d'un *Traité dogmatique de la vraie religion,* ouvrage étendu dont les matériaux furent remis à l'abbé

Bergier, qui le revit, l'augmenta et le publia sous son nom seul, en 1786, 12 vol. in-12.

GROU, prêtre. * Examen de la lettre de MM. les vicaires-généraux du chapitre à MM. les curés et desservants du diocèse de Troyes. *Troyes, Ve André*, 1814, br. in-8.

GROUARD (G-Y), avocat et docteur en droit.

— Galerie de littérature, de législation et de morale. *Paris, Testu et comp.; Mongie aîné; Delaunay*, 1818, 3 vol. in-8.

— Législateur (du), du magistrat et du citoyen, d'après la charte constitutionnelle. *Paris, Testu*, 1815, in-8.

— Lettre au roi sur la situation intérieure et politique de la France. Deuxième édit., revue et augmentée. *Paris, impr. de Testu*, 1815, in-8 de 40 pag.

— Traité analytique des matières principales du droit et de la morale, considérés dans leur rapport avec le sens actuel de la civilisation. (Tom. Ier). *Paris, Testu*, 1815, in-18.

L'ouvrage avait été annoncé comme devant former quatre volumes; mais il n'en a paru que le premier. M. Grouard a été un des rédacteurs du Recueil de décisions commerciales et maritimes (1825). Voyez ce titre à la Table des Anonymes.

GROUBENTALL DE LINIÈRE (Marc-Ferd. de), secrétaire, en 1762, de M. Hévin de Thébaudais, maire et député de la ville de Rennes; né à Paris, en 1739, où il est mort, vers 1815.

— * Irus, ou le Savetier du coin. *Genève*, 1760, in-8.

— * Jesuitiques (les), odes enrichies de notes curieuses pour servir à l'intelligence, etc. (1761). Voy. DULAURENS (l'abbé).

— * Sexe (le) triomphant, poëme. *Paris*, 1760, in-8.

Groubentall de Linière est encore auteur d'une Notice sur l'abbé Dulaurens, imprimée en tête d'une nouv. édition de la Chandelle d'Arras, poëme de ce dernier (1807).

Les bibliographes qui nous ont devancé ont fait du collaborateur de l'abbé Dulaurens et de l'avocat qui suit, un seul et même personnage; c'est une erreur qui se trouve aujourd'hui rectifiée par la publication de l'ouvrage de M. Delort, intitulé « Histoire de la détention des philosophes et des gens de lettres à la Bastille ». (Voy. cet ouvrage, tom. III, pag. 1 à 36.)

GROUBER DE GROUBENTAL, écuy., avocat au parlement de Paris; né en Allemagne.

— * Anti-Moine (l'), ou Considérations politiques sur les moyens et la nécessité d'abolir les ordres monastiques en France. 1790, in-8.

— * Conseils de la sagesse à la nation française. *En France*, 1795, in-8.

— * Discours philosophique servant d'introduction aux législations civile et criminelle, par M. G. D. G. *Paris, Fauvelle*, 1802, in-8.

— Discours sur l'autorité paternelle et le devoir filial, considérés d'après la nature, la civilisation et l'acte social. 1790, in-8.

— Finance (la) politique, réduite en principes et en pratique. — Nouv. édit., considérablement augm. *Paris, Bastien; l'Auteur*, 1775, in-8.

— * Moyens assurés de parvenir à la formation d'un système général de finance en France, et d'amortir l'intégralité de la dette publique; etc. Par M. G. D. G. *Paris, Debray*, an VIII (1800), in-8.

— Moyens comparatifs de libération des dettes nationales de l'Angleterre et de la France. *Paris, l'Auteur*, 1788, in-8.

— * Principes élémentaires du gouvernement, pour parvenir à l'établissement d'une constitution générale. Constitution religieuse ou morale, par M. G. D. G. *Paris, Fauvelle*, 1802, in-8.

— Théorie générale de l'administration des finances. *Paris*, 1788, 2 vol. in-8.

Il avait annoncé en 1771 la publication de *Mémoires et OEuvres de jurisprudence*, contenant des questions intéressantes en matière civile, criminelle et de commerce, avec les jugements et le précis de leurs motifs. Cet ouvrage, qui devait former 4 vol. in-12, ne paraît pas avoir eu d'exécution.

GROUCHY (le marq. Emmanuel de), l'un des plus célèbres généraux de Napoléon, maréchal de l'empire, aujourd'hui lieutenant-général; né à Paris, le 23 octobre 1766.

— Fragments historiques relatifs à la campagne et à la bataille de Waterloo. (No I). Lettre à MM. Barthélemy et Méry. *Paris, F. Didot*, 1829, in-8 de 20 pag.—(No II). Influence que peuvent avoir sur l'opinion les documents relatifs à la bataille de Waterloo, publiés par M. le comte Gérard. *Paris, le même*, 1830, in-8 de 66 pag.

— Observations sur la relation de la campagne de 1815, publiée par le général Gourgaud, et réfutation de quelques-unes des assertions et écrits relatifs à la bataille de Waterloo. (Nouv. édit.). *Paris, Magimel; Anselin et Pochard; Delaunay; Ladvocat*, 1819, in-8.

L'édit. originale a été imprimée en Amérique, lors du séjour que le marquis de Grouchy y fit en 1819.

— Réfutation de quelques articles des Mémoires du duc de Rovigo. Première lettre. *Paris, F. Didot*, 1829, in-8 de 16 pag.

GROUCHY (Sophie de), sœur du précédent. Voy. CONDORCET (Mme).

GROULT, docteur en droit, membre de plusieurs Académies, correspondant de l'ancienne Académie de marine, et procureur du roi à l'amirauté de Cherbourg, sa patrie.

— Catalogue des ouvrages manuscrits sur la législation de la marine, recueillis pendant l'espace de trente années. *Cherbourg*, 1791, in-8.

— Discours sur le droit maritime ancien et moderne, français et étranger, civil et militaire, et sur la manière de l'étudier. *Cherbourg*, 1786, in-8.

— Indication des ouvrages et pièces de législation relatifs à la saisie des bâtiments neutres. *Paris*, 1780, in-8.

Deux *Mémoires* du même ont été imprimés, avec le Nouveau Code des prises, par Dufriche-Foulaines (1804). *Ersch.*

GROULT DE TOURLAVILLE (F. L.).
— Malheurs (les) de la France renouvelés par la mort de S. A. R. Mgr le duc de Berri, poëme. *Paris*, *Masson*, 1820, in-8 de 16 pag.

GROUNER. Voy. GRUNER.

GROUSSET, prêtre, directeur du séminaire de Mende, chanoine honoraire de l'église cathédrale.

— Instructions intéressantes sur les divines Écritures, pour en faciliter l'intelligence et répondre aux principales difficultés que les incrédules ont coutume de proposer contre nos livres saints. *Mende*, *Ignon*, 1822, in-12.

L'abbé Grousset est l'éditeur du Recueil des décisions contenues dans le Traité des saints mystères de M. Collet. (Mende, 1817, in-12).

GROUSTEL (Louis), procureur au parlement de Paris; né à Mortagne, en Perche, vers 1710, mort en décembre 1777.
— * Essai sur la profession de procureur. 1749, in-8.
— Mémoire apologétique contre le mémoire de M. Falconet, dans l'affaire de M. de Morangiès. 1774, in-4.

GROUVEL. Faits historiques sur Saint-Domingue, depuis 1786 jusqu'en 1805, et résultats des moyens employés par les colons de la partie de l'ouest, pour s'opposer à l'entière dévastation de l'île, ainsi que de ceux mis en usage, par les Anglais, en 1796, 1797 et 1798, pour les soumettre à leur domination. *Paris*, *Renard*; *Delaunay*, 1814, in-8.

L'auteur a publié la même année deux brochures servant de supplément à cet ouvrage: la première intitulée: *Note Supplémentaire* faisant suite aux Faits historiques, paginée 137-152; la seconde intitulée: *Développement du plan* proposé pour la rentrée en

possession de l'île Saint-Domingue, faisant suite à la Note supplémentaire, et paginée 153-199.

— Nécessité (de la) d'un port sur les côtes du golfe de Gascogne, pour le petit cabotage de France, et notice sur les anciens marins de Cap-Breton, et sur l'état actuel de ce bourg. *Paris*, *Renard*; *Delaunay*, 1814, in-8 de 16 pages.

GROUVEL (J.), alors employé au ministère de l'intérieur.

— Répertoire alphabétique et chronologique, par ordre de matières, des lois, tant anciennes que nouvelles, imprimées et manuscrites, depuis 1040, jusques et compris 1815; ouvrage utile aux administrateurs, juges, jurisconsultes, avoués, etc., etc. *Paris*, *Dondey-Dupré*, 1816, gr. in-8 impr. sur deux colonnes, 9 fr.

GROUVELLE (Philippe-Antoine), littérateur, secrétaire des commandements de M. le prince de Condé, secrétaire du conseil exécutif provisoire de la Convention, ministre de France en Danemarck, correspondant de l'Institut; né à Paris, en 1758, mort à Varennes, le 30 septembre 1806.

— * Adresse des habitants du ci-devant bailliage de.... à M. de.... leur député à l'Assemblée nationale, sur son duel et sur le préjugé du point d'honneur; publiée et mise au jour par M. G. *Paris*, *Moutard*, 1790, in-8.

Cet écrit a eu une seconde édition sous ce titre: *Point de duel, ou Point de constitution*, adresse des habitants d'un ci-devant bailliage à leur député, sur son duel et sur le préjugé du point d'honneur. 1790, in-8.

— * Autorité (de l') de Montesquieu dans la révolution présente. 1789, in-8.

Réimpr. dans le septième vol. de la Bibliothèque de l'homme public.

— Duc (le) de Brunswick, ode. 1786, in-8.
— * Lettre en vers à ma sœur, sur le roman philosophique et sentimental de « Woldemar. » *Copenhague*, 1797, in-8.
— * Mémoires historiques sur les Templiers, ou Éclaircissements nouveaux sur leur histoire, leur procès, les accusations intentées contre eux, et les causes secrètes de leur ruine; puisés en grande partie dans plusieurs monuments ou écrits publiés en Allemagne. Par Ph. G***. *Paris*, *Buisson*, an XIII (1805), in-8.
— Réponse à tout! Petit colloque entre un sénateur allemand et un républicain français, Taciturnus - Memoriosus, et traduit librement par un sans-culotte. *Copenhague*, 1793, in-8 de 47 pag.

Composé et publ. par Grouvelle.

— * Satire (la) universelle, prospectus dédié à toutes les puissances de l'Europe. *Paris*, 1788, in-8 de 33 pag.

Pamphlet très-piquant contre Rivarol, composé par Grouvelle et Cérutti : il a été réimprimé dans les Œuvres diverses de ce dernier.

Grouvelle a été l'un des continuateurs de la Feuille Villageoise après la mort de Cérutti, et l'un des rédacteurs du Journal de la Société de 1789, qui n'eut que quinze numéros, dont le premier avait paru le 15 juin.

Il a publié, comme éditeur, une bonne édition des Lettres de madame de Sévigné, avec des pièces préliminaires et des notes historiques, etc. (1806, 8 vol. in-8, et 11 vol. in-12), et, en société avec le comte de Grimoard, les Œuvres de Louis XIV (1806, 6 vol. in-8).

GROUX, mécanicien. Réflexions sur l'acier fondu. *Paris, de l'impr. de Boiste,* 1811, in-4 de 8 pag.

GROZELIER (le P. Nic.), prêtre de l'Oratoire, prof. de belles-lettres, de philosophie et de théologie ; né à Beaune, le 29 août 1692, mort le 19 juin 1778.

— * Observations curieuses sur toutes les parties de la physique, tirées des meilleurs écrivains. *Paris*, 1719-1771, 4 vol. in-12.

Le premier volume de cette compilation, tirée des Transactions philosophiques, du Journal des savants, et autres grandes collections de ce genre, est en entier du P. Bougeant. Grozelier le fit réimprimer, en 1726, avec un second volume ; le troisième n'a été publié qu'en 1730, et le quatrième en 1771.

— Pastorale sur le mariage du dauphin. *Paris*, 1747, in-12.

— Prose sur la résurrection de Jésus-Christ, trad. en vers franç. (1742). V. VOISIN (le P.).

— Recueil de fables nouvelles en vers français. *Paris, Desaint et Saillant*, 1760, in-12.

— Recueil (nouveau) de fables, divisé en six livres. *Paris*, 1768, in-12.

Grozelier est encore auteur d'une dissertation dans laquelle il s'attache à prouver que saint Ennodius, évêque de Pavie, est né à Arles, et que tous ses parents y demeuraient. Cette dissertation n'a point été imprimée.

Gandelot, dans son Histoire de la ville de Beaune, page 210, donne la liste des autres ouvrages du P. Grozelier, qui tient un rang honorable parmi les soixante-douze écrivains, savants ou littérateurs, qu'a produits cette ville, en dépit des sarcasmes attribués à Piron.

GRUBER (J. C.). Enfer (l') sur terre, traduit de l'allemand, par C. G. D. *Paris, Lepetit*, 1803, 2 vol. in-12 avec gravures, 3 fr.

GRUET, avocat au parlement, mort en décembre 1788.

— Adieux (les) d'Hector et d'Andromaque, pièces qui ont partagé le prix de l'Académie française. *Paris*, 1776, in-8.

Avec André Murville.

GRUET (P.), jardinier-pépiniériste.

— Constitution (de la) propre aux Cisalpins, ou Lettre de P. Gruet, citoyen français, à son ami Picolozero, citoyen cisalpin. *Paris, Dentu ; Tavernier*, an IX (1801), br. in-8.

— Mémoire sur la culture du pêcher. *Paris, Mme Huzard ; et Metz, Ve Thiel ; Devilly*, 1824, in-8 de 40 pages, avec 2 pl.

GRUNDLER. Traité zoologique et physiologique sur les vers intestinaux de l'homme. Trad. de l'allemand (1824). Voy. BREMSER.

GRUNER (Théophile-Sigismond), laborieux naturaliste et magistrat suisse, mort en 1778.

— Histoire naturelle de la Suisse dans l'ancien monde, trad. de l'allem. (par le ministre DULON). *Neufchâtel, Renaud*, 1776, in-12.

— Histoire naturelle des glacières de la Suisse, traduit librement de l'allem., par de KÉRALIO. *Paris*, 1770, in-4.

GRUSON (J.-Ph.), mathématicien allemand, membre de l'Académie de Berlin.

— Pinacothèque, ou Collection de tables pour multiplier et diviser. *Berlin*, 1798, in-8.

Le recueil de l'Académie dont Gruson était membre, renferme de lui les mémoires suivants, écrits en français. Le Calcul d'exposition, inventé par J. Ph. Gruson, en deux mém. (1798-1800). Recherches sur la formation des séries, dont chaque terme procède selon une loi connue. Sur la transformation des séries (1804).

GRUVEL, médecin. Essai sur l'histoire naturelle du Chili, trad. de l'ital. et enrichi de notes. (1788). Voy. MOLINA.

GRUYER (L.-A.). Dissertation sur le mouvement. *Paris, Lugan ; Ponthieu*, 1825, in-8 de 92 pag.

— Essai de philosophie physique. *Bruxelles, Delemer frères*, 1823, in-8, 4 fr.

— Mémoire sur l'espace et le temps. *Bruxelles, Coche-Mommens*, 1824, in-8 de 92 p.

GUA DE MALVES (l'abbé Jean-Paul de), mathématicien, membre de l'Académie des sciences, trésorier du chapitre de Ménigoute ; né à Carcassonne, vers 1714, mort le 2 juin 1785.

— Projet d'ouverture et d'exploitation des minières et mines d'or et d'autres métaux. *Paris, Desaint junior*, 1764, in-8.

— Usage de l'analyse de Descartes, pour découvrir, sans le secours du calcul différentiel, les propriétés des lignes géométriques. 1740, in-12.

Le recueil de l'Académie des sciences renferme de l'abbé Gua de Malves, les diverses dissertations suivautes: Démonstration de la règle de Descartes pour connaître le nombre des racines positives et négatives dans les équations qui n'ont point de racines imaginaires (ann. 1741). — Recherches du nombre des racines réelles ou imaginaires, réelles positives, ou réelles négatives, qui peuvent se trouver dans les équations de tous les degrés, avec 2 planch. (id.). — Trigonométrie sphérique, déduite très-brièvement et complètement de la seule solution algébrique du plus simple de ses problèmes généraux, au moyen des diverses transformations dont les rapports des sinus et cosinus, tangentes et cotangentes, sécantes et cosécantes d'un même arc ou d'un même angle plan, rendent cette solution susceptible, et comprennent quelques formules et observations qu'on croit utiles et neuves (ann. 1783).—Diverses mesures, en parties neuves, des aires sphériques et des angles solides, triangulaires et polygones, dont on est supposé connaître des éléments en nombre suffisant, avec des remarques qu'on croit pouvoir contribuer à simplifier les intégrations de plusieurs équations différentielles et inconnues actuellement séparées (id.). — Propositions neuves, et non moins utiles que curieuses, sur le tétraèdre, ou Essai de tétraèdrométrie, avec trois planches.

On doit aussi à l'abbé Gua de Malves les trois traductions suivantes : Dialogues entre Hylas et Philonoüs contre les Sceptiques (1750), voy. BERKELEY; Essai sur les causes du déclin du commerce étranger de la Grande-Bretagne (1757), voy. DECKER; Discours pour et contre la réduction de l'intérêt de l'argent (1757), voy. ce titre à la Table des Anonymes; et une nouv. édit. de la trad. du Voyage autour du monde de Geo. Anson, par Élie de Joncourt (1750).

GUABRIELLI (le marquis). Lettre (sa) dans laquelle il désavoue un fait qui le concerne dans le Supplément aux Réflexions d'un Portugais; avec la réponse (trad. de l'ital. par l'abbé GOUJET). 1761, in-12.

GUADET (Fr.-Charlemagne). * Essais de poésies. 1745, in-12.

GUADET (Marguerite - Élie), ancien avocat, député de la Gironde à l'Assemblée législative et à la Convention nationale; né à Saint-Émilion, en 1768, mort à Bordeaux, le 16 juillet 1794.
—Opinion (son) sur le jugement de Louis, ci-devant roi des Français. 1792, in-8.

GUADET (J.), avocat. Dictionnaire universel, abrégé, de géographie ancienne comparée. (1820). Voy. DUFAU.
— Esquisses historiques et politiques sur le pape Pie VII; suivies d'une Notice sur l'élection de Léon XII. Paris et Rouen, Béchet, 1823, in-8, 3 fr.

M. Guadet est auteur, seul, du Précis de géographie historique, politique et administrative de la France, et, en société, de l'Analyse des cartes composant l'Atlas géographique, historique et administratif de la France, de BRUÉE (1820); de concert avec M. Dufau et autres, il a publié la Collection de constitutions, chartes et lois fondamentales des peuples de l'Europe et des deux Amériques (1821, 6 vol. in-8.); en société avec M. Dufau, il a encore donné la traduction de l'État de l'Angleterre au commencement de 1823, ouvr. attrib. au marq. de London-

derry (1823), voy. ce titre à la Table des Anonymes, ainsi que celle d'Extraits de l'Introduction à l'Histoire de Charles-Quint, de ROBERTSON (1823), voy. ce nom ; enfin, seul, il a été l'éditeur des Mémoires de Buzot, auxquels il a ajouté un Précis de sa vie et des recherches historiques sur les Girondins.

GUALDO PRIORATO (le comte Galeazzo).
— * Histoire des dernières campagnes et négociations de Gustave-Adolphe en Allemagne, ouvrage trad. de l'ital. ; avec des notes historiques et géographiques, et une dissertation où l'on détruit les soupçons jetés de nos jours sur la conduite de Ferdinand II à la mort du monarque suédois, par l'abbé de FRANCHÉVILLE, chanoine d'Oppeln ; augm., 1° d'un Tableau des Impériaux et des Suédois ; 2° de Remarques sur les principaux événements de cette histoire ; 3° d'un Discours sur les batailles de Breitenfeld et de Lutzen, avec des plans levés sur le terrain par un officier prussien (Charles-Guillaume HENNERT, lieutenant à Reinsberg). Berlin, Decker, 1772, in-4, 12 fr.

GUARIN (Pet.). Grammatica hebraïca et chaldaïca. Lutet.-Paris., 1724, 2 vol. in-4, 15 à 20 fr.
—Lexicon hebraïcum et chaldaïcum. Parisiis, Collombat, 1746, 4 vol. in-4 fig., 24 à 27 fr.

GUARINI (le cavalier Baptiste), poète italien.
— Pastor (il) fido ; nuova ediz., corretta dal l'abb. ANTONINI. Parigi, Herrico, 1729, in-12, o Parigi, Lug. Nyon, 1759, 1766; e Parigi, Prault, 1768, in-12, 3 à 5 fr.
— Il medesimo. Parigi, nella stamp. di Fr. Ambr. Didot, a spese di G. C. Molini, 1782, gr. in-8, pap. d'Annonay, 6 à 9 fr.

Il y a des exemplaires sur vélin, vendus 130 à 180 fr. Outre cette édit. in-8, tirée à un petit nombre d'exemplaires, Molini en a donné dans la même année une autre en petit in-12. Brun.

—Il medesimo. Avignione, Séguin, 1816, in-18, 1 fr. 50 c. — Altra edizione, affidata al cavaliere Pio. Parigi, Lefèvre, 1821, in-32, 3 fr. 50 c.

Ces dern. éditions font partie de deux collections : la première, de celle intitulée : Parnasso italiano; et la seconde, de celle intitulée : Bibliotheca poetica italiana, publ. da A. Buttura.

— Berger (le) fidèle, traduit de l'italien en vers français (par l'abbé de TORCHE), avec le texte à côté. (Nouv. édit.) La Haye, 1702, in-12.— Autre édition (avec le texte italien), augmentée de ses rimes italiennes et de belles figures en taille-douce (gravées par Harrewin). Bruxelles, 1706, in-12.
— Autre édit., conforme à la précédente.

Lyon , Léonard de la Roche , 1720, in-12.

Traduction qui a été souvent réimprimée depuis la première édition, qui parut chez Barbin, en 1664, in-12. « Dans les anciennes éditions, l'Épître dédicatoire à Madame (mère du régent), est signée D. T., lettres initiales des noms du traducteur; dans l'édition de Lyon, on y lit les lettres L. D. L. R. (Léonard de la Roche) au bas de la même épître. C'est une supercherie d'un genre neuf. »   *Barb.*

— Le même (sous ce titre : le Berger fidèle , tragi-comédie pastorale), traduit en français (par Antoine Pecquet), avec le texte. Nouvelle édition. *Paris, J. L. Nyon,* 1759, 2 vol. petit in-12 ; ou *Paris, Vissé,* 1789, in-12 ; et *Paris , Rochette ; Pigoreau ,* an VIII (1800), in-12 de xx et 326 pages, 2 fr.

La première édition de cette traduction a été publiée en 1733, sous ce titre : *nouvelle Traduction françoise du Pastor fido,* avec le texte à côté (par Pecquet). Paris, Nyon fils, 1733, 2 vol. in-12. Il en fut fait une contrefaçon à léna, en 1785, in-8.

GUARNA (André), de Salerne.

— Bellum grammaticale , adjectis ad interpretas notis. (Edid. H.*B. Gibault). *Pictaviensis, E. P. J. Catineau ,* 1811 , in-12.

La plus ancienne édition que l'on connaisse de ce livre singulier est de Crémone, 1511 : quarante ans plus tard, il en fut donné une nouvelle à Lyon.

— Guerre (la) grammaticale , traduit en français , par M. H. B. G. (Gibault). *Poitiers, le même,* 1811 , in-12.

GUASCO (l'abbé Octavien de), de Turin, chanoine de Tournai, membre de la Société royale de Londres, de l'Académie des inscriptions, de celles de Berlin, de Toulouse, Bordeaux , Pau, Amiens et Nanci ; né à Pignerolles, en 1712, mort le 10 mars 1781.

— Dissertation sur l'autonomie des villes et des peuples soumis à une puissance étrangère. *Avignon ,* 1748, in-8.

— Dissertations historiques , politiques et littéraires. *Tournai,* 1756, 2 vol. pet. in-8.

On n'y trouve pas la pièce couronnée en 1749 par l'Académie des inscriptions, l'*État des Sciences en France sous le règne de Louis XI,* quoiqu'il l'eût annoncée , dans son avant-propos, comme devant être insérée dans le tom. II. Cette omission fait craindre que ce travail ne soit perdu.

Les éditeurs des Recueils 4 et 5 de la Société typographique de Bouillon , en 1769 et en 1770, nous ont conservé la *Dissertation de l'abbé de Guasco pour fixer le temps où les sciences et les arts ont commencé à être cultivés chez les Volsques ,* couronnée en 1749 par l'Académie royale des sciences, inscriptions et belles-lettres de Toulouse : le tom. XXIII des Mémoires de l'Académie des inscriptions de Paris n'en présente qu'un court extrait.

— Économie (l') de la vie humaine, traduit de l'angl. (1755). Voyez Dodsley.

— * Satires du prince Cantémir , traduit du russe. (1750). Voyez Cantémir.

— * Usage (de l') des statues chez les Anciens, essai historique. *Bruxelles, de Boubers ,* 1768 , in-4.

L'abbé de Guasco a été l'éditeur des Lettres familières de Montesquieu (1767, in-12).

GUAZIARONI (G.). Grammaire italienne , composée d'après les meilleurs auteurs, et renfermant toutes les instructions particulières que peut dicter une longue expérience dans l'enseignement ; suivie d'un Recueil d'idiotismes et d'un Traité de versification. Seconde édition, revue, corrigée, et considérablement augmentée par l'Auteur; redigée en français, par C. J. Dupont, professeur de langue française, *Londres ,* 1822, in-12, 8 shel.

GUBIAN (P.), membre de la commission départementale dans les murs de Lyon , pendant le siége en 1793.

— Allégories, pensées , maximes et fables, dédiées aux Français. Sec. édition, revue, corrigée et augmentée par l'Auteur. *Lyon, impr. de Brunet,* 1825, in-8 de 32 pages.

La première édition a été publiée en 1824.

— Cantique dédié aux chrétiens dans le saint temps du jubilé en l'année 1826. *Lyon , Ayné,* 1826 , in-8 de 4 pages.

GUDIN DE LA BRENELLERIE (Paul-Philippe), littérateur , correspondant de l'Institut, membre de l'Académie de Marseille , de l'Athénée de Lyon , et du Lycée de l'Yonne ; né à Paris, le 6 juin 1738, où il est mort, le 26 février 1812.

— Astronomie (l'), poëme en III chants. *Auxerre, L. Fournier,* an IX (1801), in-8 de 68 pages, 1 fr. 20 c. — Nouv. édition, augmentée d'un IVe chant et de notes savantes. *Paris, F. Didot,* 1811, in-8 de 228 pages, 4 fr.

Lalande en loue la versification et l'exactitude. Un nouveau poëme sur le même sujet s'imprime actuellement chez MM. F. Didot : c'est un ouvrage posthume du comte Daru , qui bien vraisemblablement diminuera le mérite de celui de Gudin.

— * Aux Mânes de Louis XV et des grands hommes qui ont vécu sous son règne , ou Essai sur les progrès des arts et de l'esprit humain sous le règne de Louis XV. *Aux Deux-Ponts , imprimerie ducale ,* 1776 , 2 vol. in-8 ; ou *Lausanne ,* 1777 , in-8.

L'introduction de cet ouvrage en France fut défendue par la police. Le style , dit Grimm , en est inégal ; mais on y trouve des vues, de la chaleur, et les sentiments d'un bon citoyen. C'est ou plutôt ce devrait être le tableau des progrès de l'esprit humain dans le XVIIIe siècle. On a reproché à l'auteur de louer lorsqu'il fallait peindre , et de prodiguer des éloges avec si peu de discernement, qu'il représente Beaumarchais comme le Caton de la France, pour avoir osé plaider contre un membre du parlement de Paris.

Cet ouvrage valut à son auteur des remercîments de la part de Voltaire.

— * Conquête (la) de Naples par Charles VIII, poëme héroï-comique, composé sous le règne de Louis XV. *Paris, Fuchs,* 1801, 3 vol. in-8.

Poëme dans le genre de l'Arioste. L'auteur y avait travaillé pendant trente ans : cependant ce poëme n'a point eu de succès en France ; mais il est, dit-on, fort connu en Allemagne.

— Contes, précédés de Recherches sur l'origine des contes , pour servir à l'histoire de la poésie et des ouvrages d'imagination. *Paris , Dabin ,* 1803 , 2 vol. in-8 , 6 fr.

Ces contes avaient été publiés, dès 1779, sous le titre de « Graves Observations sur les bonnes mœurs » (Voy. plus bas). En les faisant réimprimer l'auteur y ajouta des « Recherches sur l'origine des contes » qui sont assez superficielles sous quelques rapports. La versification des contes est facile; mais les sujets sont peu piquants, quoique licencieux. Les meilleurs sont ceux que Gudin a imités des anciens fabliaux ; les autres ne sont guère que des anecdotes et des mots licencieux qui ne peuvent être soufferts que parce qu'ils donnent une idée des mœurs de l'époque qui a précédé la révolution ; ce qui était le véritable but du conteur.

— Coriolan (Caïus Marcius), ou le Danger d'offenser un grand homme, tragédie en 5 actes et en vers. *Paris, Ruault,* 1776, in-8.

Cette pièce a été jouée primitivement en quatre actes. L'auteur a fait imprimer en tête une Dissertation où il passe en revue les tragédies dont Coriolan a fourni le sujet, antérieures à la sienne; elles sont au nombre de dix-huit, savoir : une latine, neuf françaises, cinq italiennes et trois anglaises. Celles de La Harpe, d'Ach. Goujon , de M. de Ségur et de M. Levacher de la Feutrie ont paru depuis. Voltaire adressa des remercîments à Gudin pour l'envoi qu'il lui fit de cette pièce.

— Discours en vers sur l'abolition de la servitude. *Paris ,* 1781 , in-8.

C'est dans cette pièce , adressée au concours de l'Académie française, mais qui n'y obtint pas le prix , qu'on trouve ce vers connu :
Le roi d'un peuple libre est seul un roi puissant.

— * Essai sur l'histoire des comices de Rome, des états-généraux de France et du parlement d'Angleterre. *Paris , Maradan,* 1789 , 3 vol. in-8.

Cet ouvrage a remporté le prix d'utilité à l'Académie française. Il a le mérite, rare dans ces sortes d'ouvrages , d'être écrit avec beaucoup de clarté.

— Graves Observations faites sur les bonnes mœurs. *Paris ,* 1779, in-12.

Publiées sous le pseudonyme de Frère Paul , ermite des bords de la Seine.
Ces observations, qui ne sont que des contes, ont été réimprimées en l'an XII (1804) sous le véritable nom de l'auteur, avec des Recherches sur l'origine des contes. (Voy. ci-dessus).
Gudin prit encore le nom de frère Paul pour critiquer les idées systématiques de Court de Gébelin. Voy. le Mercure de France du mois de janvier 1780, et le Monde primitif de Gébelin, tom. VIII. La Dixmerie paraît avoir répondu à Gudin sous le nom de *frère Pacôme.*

— * Lothaire, roi de Lorraine , tragédie. *Genève,* 1767, in-8.

Cette pièce n'a jamais été représentée, mais elle n'en a pas moins eu trois éditions ; la seconde est intitulée : *Lothaire et Valrade , ou le Royaume mis en interdit,* tragédie brûlée à Rome par les moines inquisiteurs de cette ville, le 28 septembre 1768. Rome, de l'impr. du Vatican , 1777, in-8. La troisième est intitulée : *le Royaume mis en interdit.* Sans date (Paris, 1801). Cette dernière édition est précédée d'une préface et d'une Épître dédicatoire à Voltaire ; elle fut enlevée à l'instant, sans que l'auteur ait jamais su par quelle voie elle s'était écoulée.

— Réponse d'un ami des grands hommes aux envieux de la gloire de Voltaire. *Paris,* 1791 , in-8.

— * Supplément à la « Manière d'écrire l'histoire, » ou Réponse à l'ouvrage de M. l'abbé Mably, par M. G*** de L. B***. (*Kehl*), *de l'impr. littér.-typograph.,* 1784, 12.

Cette critique d'un ouvrage de l'abbé de Mably aurait pu être, dit Grimm , plus piquante et plus polie ; mais on y trouve des observations importantes et des anecdotes curieuses. Mably n'avait osé attaquer Voltaire qu'après sa mort. Gudin le défendit lorsqu'il ne pouvait plus se défendre lui-même.

— Supplément au « Contrat Social ». *Paris, Maradan,* 1790 , in-12 ; 1791 , in-8 ; et 1792 , in-12.

Dans ce livre , adressé à l'Assemblée constituante, Gudin démontre que le gouvernement monarchique est le seul qui puisse convenir à la France : aussi l'auteur fut-il proscrit pendant la terreur.
On a encore de Gudin de la Brenellerie , son *Discours de réception à l'Académie de Marseille ,* imprimé dans le douzième vol. du Journal de lecture (Paris, 1778, in-12); une *Épître à Beaumarchais,* insérée en 1776 dans le Courrier de l'Europe; un pamphlet en forme de conte ou d'apologue, plein d'esprit et de malignité, publié aussi, vers 1778 , sous le titre de *Madame Hermiche.*
Dans une notice sur Gudin (publiée par sa veuve), Paris , 1812, in-8, on apprend que cet auteur a aussi composé une *Histoire de France jusqu'à la mort de Louis XIV.* Cet ouvrage important, fruit d'un travail de quarante ans, et qui peut former trente-cinq vol. in-8 , est resté manuscrit, et a été donné par ses héritiers à la Bibliothèque du roi.
Enfin, Gudin est l'éditeur des OEuvres de Beaumarchais, Paris , 1809, 7 vol. in-8; outre les préfaces et les notes, il a inséré dans le dernier volume un morceau intéressant de 100 pages d'impression , intitulé : *Des Drames et des Comédies de Beaumarchais, et de quelques critiques qui en ont été faites.* C'est, comme on le pense bien , une apologie des pièces de son ami ; mais elles ne sont pas dépourvues d'un certain intérêt. *Biogr. univ.*

GUDVERT. * Jésus - Christ sous l'anathème. In-12.

Brûlé par la main du bourreau en 1734.

GUÉ (Ernest), de Bordeaux. Désespoir d'un jeune poëte qui par méprise a tué un rossignol à la chasse. *Bordeaux , impr. de Pinard ,* 1824 , in-4 de 4 pages.

GUEAU DE REVERSEAUX DE ROU-

VRAY, ancien officier au régiment de la Sarre.

— Paix (la) de l'Europe avec la France, et la paix de la France avec elle-même. *Paris, impr. de Nouzou*, 1814, in-8 de 16 pages.

— Réflexions politiques sur les moyens d'affermir le retour de l'ordre et de la monarchie en France. *Paris, Le Normant*, 1815, in-8, 2 fr.

— Réfutation du Rapport présenté au roi le 15 août 1815, attribué à M. le duc d'O-trante. *Paris, Dentu*, 1815, in-8, 2 fr.

Réimprimée une seconde fois la même année.

— Un émigré à ses concitoyens, en réponse à diverses brochures avec ou sans noms d'auteurs. *Paris, impr. de Nouzou*, 1814, in-8 de 16 pages.

GUEBHARD (L. M.). * Précis de l'histoire d'Espagne depuis les temps les plus reculés, etc., trad. de l'esp. (1823). Voyez ASCARGORTA.

GUÉDIER DE SAINT-AUBIN (Henri-Mich.). * Histoire sainte des deux alliances, composée du seul texte des livres historiques, prophétiques et moraux de l'Écriture, etc. *Paris, Didot*, 1741, 7 vol. in-12.

GUÉDON DE LA BERCHÈRE (P.), ancien notaire à Londres, puis avocat à Bruxelles.

Nous connaissons de M. Guédon les traductions de cinq ouvrages anglais, qui sont : 1° l'Élégie composée dans un cimetière de campagne, traduite en français, vers pour vers (1788), voyez GRAY; 2° le Voyage en Crimée et à Constantinople (1789), voy. CRAVEN; 3° le Curé de Lansdown, roman (1789), voy. (au Supplément) DALTON. 4° Voyage en différentes parties de l'Angleterre, etc. (1789), voy. GILPIN; 5° De la Direction de l'entendement (1826). Voy. LOCKE.

GUÉDY, ancien procureur au parlement de Grenoble.

— Instruction sur la contribution foncière, etc. (1792). Voyez ROYER-DESGRANGES.

GUEFFIER (C.-P.), pseudon. Voyez MONTJOYE (l'abbé de).

GUEGAN (Henri). Analyse de la tachygraphie française, ou Méthode facile pour apprendre seul l'art d'écrire aussi vite qu'on parle. *Paris, Locard et Davy*, 1817, in-8 de 16 pages avec une planche, 1 fr. 50 c.

— Tachygraphie, ou l'Art d'écrire aussi vite que l'on parle; divisée en six leçons; suivie d'une instruction méthodique pour l'apprendre soi-même. Sec. édition. *Paris,*

l'Auteur, 1818, in-8 de 32 pages avec 4 planches, 1 fr. 50 c.

GUÉHENEUC DE LANO, professeur commercial.

— Calepin du banquier, contenant, etc. *Bayonne, Cluzeau*, 1816, in-12, 6 fr.

— Invention utile aux teneurs de livres...

— Manuel (nouv.) du banquier. Seconde édition, revue, corrigée, et divisée en trois parties par Narcisse GUÉHENEUC DE LANO, fils. *Paris, Fortic*, 1825, in-8 avec tableaux. 6 fr. 50 c.

— Tableau de monnaies...

GUÉIDAN DE VALABRE (Gasp. de), président à mortier au parlement d'Aix, sa patrie.

— * Discours prononcés au parlement de Provence, par un des avocats-généraux. *Paris*, 1741 et ann. suiv., 4 vol. in-12.

GUÉLON - MARC (P.-P.), otage de Louis XVI; né à Troyes, mort dans cette ville, à la fin de décembre 1822.

— Influence (de l') de la morale publique et de la médecine légale sur le jugement par jury. *Paris, impr. de Didot jeune*, 1814, in-8 de 32 pages.

— Lettre sur l'ouvrage de M. le chevalier de Foulaines, intitulé : de l'Éducation selon l'Évangile, la Charte et l'esprit du siècle. *Paris, impr. de Gueffier*, 1820, in-8 de 20 pages.

GUENAL, officier retraité.

— Tenue (de la) des livres, ou Méthode simplifiée à comprendre en une seule lecture. *Paris, Renard; l'Auteur*, 1823, in-8 de 24 pages, 1 fr. 50 c.

GUÉNARD (Antoine), ancien jésuite; né à Damblin, en Lorraine, le 25 décembre 1726, mort au château de Bléville, près de Nanci, au commencement de 1806.

— Discours sur cette question : En quoi consiste l'esprit philosophique, conformément aux paroles de saint Paul, « Non plus sapere quam oportet sapere? » *Paris*, 1775, in-4.

Morceau non moins recommandable par l'élégance de l'élocution que par la sagesse et la profondeur des pensées. Ce discours a été couronné par l'Académie française l'année même de sa publication.

— * Sommaire de la doctrine du P. Berruyer. In-12 de 32 pages.

Le P. Guénard avait composé une réfutation des principes de l'Encyclopédie, qu'il brûla lui-même en 1793.

GUÉNARD (P.-Fr.), anc. avocat au parlement de Paris, et l'un des représentants de Paris, en 1789 et 1790.

— Dames (les), poëme. *Paris*, 1800, in-18, 75 c.

P. F. Guénard est encore auteur de Tableaux historiques et de Notices biographiques pour les Portraits des personnages célèbres de la révolution, par Fr. Bonneville (1796).

GUÉNARD (Mme), baronne de MÉRÉ, romancière aussi médiocre que féconde ; née à Paris, en 1751, morte dans la même ville, le 18 février 1829.

— * Abbaye (l') d'Harford, ou Lise et Amédée. Par l'auteur « d'Agathe d'Entragues. » *Paris, Lerouge,* 1813, 4 vol. in-12, 8 fr.

— Abbaye (l') de Saint-Remi, ou la Fille de l'abbesse, histoire véritable. *Paris, le même,* 1807, 4 vol. in-12, 7 fr. 50 c.

Publ. sous le pseudon. de Faverolles.

— * Achille, fils de Roberville, ou le Jeune homme sans projets ; histoire morale publiée par l'auteur de « Chrysostôme, père de Jérôme ». *Paris, Locard et Davy,* 2 vol. in-12.

— Acquéreur (l'), ou le Château de Surville. *Paris, Locard et Davi,* 1820, 3 vol. in-12, 7 fr. 50 c.

Publ. sous le pseudon. de Faverolles.

—*Agathe d'Entragues, roman historique. Par l'auteur «d'Irma.» *Paris, Lerouge,* 1807, 6 vol. in-12, avec 6 fig. ,10 fr. 50 c.

—*Agnès Sorel, ou la Cour de Charles VII, roman historique. Par l'auteur des «Amours de Louis XIV ». *Paris, Lerouge,* 1809, 4 vol. in-12, fig., 8 fr.

— Albano, ou les Horreurs de l'abîme, mêlé d'une Nouvelle espagnole. *Paris, Pigoreau,* 1824, 4 vol. in-12, 10 fr.

— Altamor, ou les cinq Frères, histoire asiatique, manuscrit trouvé dans les ruines de Delhy, lors de la prise de cette ville, par Thamas Koulikan, en 1739. 1820, 3 vol. in-12, 7 fr. 50. — Sec. édition, augm. d'une Notice par de B*****. *Paris, Plancher,* 1821, 3 vol. in-12, 7 fr. 50 c.

Publ. sous le pseudon. de M. A. L. Boissy.

— Amies (les) du couvent, ou Mémoires de Mlle de Monglas. *Paris, Lerouge,* 1812, 4 vol. in-12, 7 fr. 50 c.

Publ. sous le pseudon. de Faverolles.

— * Antonine de Châtillon. Par l'auteur de « Agathe d'Entragues ». *Paris, Lerouge,* 1812, 4 vol. in-12, 8 fr.

— Atala et Musacop, histoire péruvienne, suivie des petits Orphelins des hameaux. *Paris, Locard et Davy,* 1821, 2 vol. in-12, 4 fr.

Publ. sous le pseudon. de J. H. F. de Geller. Chacune de ces deux nouvelles a été imprimée aussi séparément la même année en 2 vol., in-18, 2 fr.

— Augustes (les) victimes du Temple. *Paris, Guillaume et comp.,* 1818, 3 vol. in-12, avec 6 fac-simile, des titres gravés et des vignettes, 7 fr. 50 c.

—Aventine de Mercœur, ou le Secret impénétrable. *Paris, Delacour,* 1811, 2 vol. in-12, 4 fr. ; ou 3 vol. in-18, 2 fr. 50 c.

Publ. sous le pseudon. de Faverolles.

— * Bannière (la) noire, ou le Siége de Clagenfurth. Par l'auteur de « Mystères sur Mystères. » *Paris, Dentu,* 1820, 5 vol. in-12, 12 fr.

— * Baron (le) de Falkenheim...

Roman cité sur le frontispice du précédent, mais que nous ne connaissons pas.

— Blanche de Ransi, ou Histoire de deux jeunes Françaises dans les déserts et chez les sauvages. Par l'auteur de « Irma ». *Paris, Lerouge,* 1802, 2 vol. in-12, fig., 3 fr.

— Captif (le) de Valence, ou les Derniers moments de Pie VI. *Paris, Lepetit,* 1802, 2 vol. in-12, 4 fr.

— Captivité de l'Homme au masque de fer, ou les Illustres jumeaux. *Paris, Locard et Davy,* 1823, 2 vol. in-12, 3 fr.

— Capucin (le) défroqué, ou la Puissance de la barbe. *Paris, les mêmes,* 1820, in-18, 1 fr. 25 c.

Publ. sous le pseudon. de J. H. F. de Geller.

— *Capucins (les), ou le Secret du cabinet noir, histoire très-véritable. Par l'auteur des « Forges mystérieuses » et des «Trois moines.» *Paris, Marchand,* 1801, 2 vol. in-12, 4 fr.; ou 1808, 2 vol. in-18, 2 fr.

Ce roman a eu une troisième édition en 1815. Paris, Th. Dabo, 2 vol. in-12, 4 fr.; ou 2 vol. in-18, 2 fr.

— * Cécile de Châtenay, ou le Pouvoir et les charmes de l'harmonie. Par l'auteur de «Irma », de « la Laitière de Bercy. » *Paris, Lerouge; Philippe,* 1814, 2 vol. in-12, 4 fr.

— Charles-le-Mauvais, ou la Cour de Navarre, roman historique. *Paris, Lerouge,* 1817, 4 vol. in-12, 8 fr.

— Charpentier (le) de Saardam, anecdote du règne de Pierre-le-Grand. *Paris, Pigoreau,* 1817, 3 vol. in-12, 7 fr. 50 c.

— * Château (le) de Vauvert, ou le Chariot de feu de la rue d'Enfer, manuscrit trouvé dans les décombres de l'ancien couvent des Chartreux. Par B***. *Paris, Lerouge,* 1812, 4 vol. in-12, fig., 8 fr.

— *Chevalier (le) Blamont, ou Quelques folies de ma jeunesse. Par l'auteur des « Forges mystérieuses » et des « Capucins ». *Paris, Renard,* 1802, 3 vol. in-12.

— * Chrysostôme, père de Jérôme, de Pigault-Lebrun. *Paris, libr. écpnom.*, 1803, 2 vol. in-12, 3 fr. 60 c.

— Contes à nos enfants; suivis des deux Agneaux, pastorale en un acte et en prose. *Paris, Locard et Davy*, 1825, in-18 avec figures, fr. 50 c.

— * Conteur (le petit) de poche, ou l'Art d'échapper à l'ennui. IIIe édit., rev., corr. et considérablement augm. *Paris, Ledentu*, 1817, in-18.

Nous ignorons la date de la publication de la première édition.

— Dame (la) masquée, ou Malheur et Prospérité. *Paris, Locard et Davy*, 1820, 4 vol. in-12, 10 fr.

Publ. sous le pseudon. de Boissy.

— Deux (les) filles naturelles, ou Bonheur et Malheur. *Paris, Lerouge*, 1812, 4 vol. in-12, 9 fr.

— Dialogue de Pie VI avec Tarquin...

— Duchesse (la) de Kingston, ou Mémoires d'une Anglaise célèbre, morte à Paris en 1789. *Paris, Lerouge*, 1813, 4 vol. in-12, 7 fr. 50 c.

Publ. sous le pseudon. de Faverolles.

— Éléonore, ou la belle Blanchisseuse. *Paris, Délobelle*, 1807, 1808, 2 vol. in-12, 3 fr.

— Elma, ou la Morte vivante. *Paris, Locard et Davy*, 1820, in-18, 1 fr. 25 c.

Publ. sous le pseudon. de J. H. F. de Geller.

— * Émilie de Valbrun, ou les Malheurs du divorce; par l'auteur de « Irma ». *Paris, libr. écpnom.*, 1808, 3 vol. in-12, 6 fr.

— * Enfant (l') du Marché-Neuf, ou les Aventures du duc ***. *Paris, Lerouge*, 1812, 4 vol. in-12, 8 fr.

— Enfant (l') du prieuré, ou la Chanoinesse de Metz. *Paris, Surosne*, 1802, 2 vol. in-12, fig., 3 fr.; ou 1803, 2 vol. in-18, avec fig., 3 fr.

— Enfants (les) voyageurs, ou les Petits botanistes. *Paris, A. Éymery*, 1819, 1826, 4 vol. in-18, ornés d'environ 200 vignettes, 8 fr., et fig. color., 12 fr.

— Ermite (l') de la forêt de Loizia. *Paris, Lerouge*, 1823, 4 vol. in-12, 10 fr.

Publ. sous le nom de Faverolles.

— Eugène de Nerval, ou le Tuteur infidèle. *Paris, le même*, 1814, 4 vol. in-12, 8 fr.

— Fille (la) sans souci. *Paris, Lerouge*, 1818, 2 vol. in-12, 5 fr.

Publ. sous le nom de Faverolles.

— Forges (les) mystérieuses, ou l'Amour alchimiste. *Paris, Ve Bouquet*, 1801, 4 vol. in-12, 6 fr.

Publ. sous le nom de Guénard de Faverolles, anc. capitaine de dragons.

— Fou (le) criminel, roman historique, ou Mémoire (sic) d'une jeune Anglaise enlevée à sa famille dans le jardin des Tuileries à Paris. *Paris, Locard et Davy*, 1829, 4 vol. in-12, 10 fr.

Publ. sous le nom de Faverolles.

— * Garde à vous ! ! !, ou les Fripons et leurs dupes; aventures plaisantes des filous les plus renommés de la capitale, des provinces et de l'étranger, etc., publiées par l'auteur des « Repaires du crime », « du Petit Conteur de poche », etc. *Paris, Corbet*, 1819, in-18.

— Hélène et Robert, ou les Deux Pères. *Paris, Desrosiers*, 1802, 2 vol. in-12, 3 fr.

— Histoire de Mme Élisabeth de France, sœur de Louis XVI, avec des détails sur ce qui s'est passé dans l'intérieur des châteaux de Versailles et des Tuileries, ce qui lui est arrivé de plus remarquable pendant sa détention au Temple; auxquels on a joint un grand nombre de lettres écrites par elle-même. *Par., Lerouge*, 1802, 3 vol. in-12, 5 fr.

— * Histoire de soixante-trois descentes faites dans les trois royaumes d'Angleterre, par les Français, les Saxons, les Danois, depuis Jules-César jusqu'à l'expédition du général Hoche en Irlande. *Paris, Lerouge*, 1804, in-18, 75 c.

— Histoire des amours de Louis XIV, roi de France. Ouvrage contenant des particularités intéressantes sur la minorité du roi, sur ses liaisons avec les nièces du cardinal de Mazarin, sur ses amours secrets et publics avec plusieurs filles d'honneur de sa cour et avec la belle Jardinière; les Intrigues galantes de Louis avec différentes princesses, et des détails curieux sur la retraite de Mme de La Vallière, sur celle de Mme de Montespan, et principalement sur la fin malheureuse de la belle de Fontanges, et le mariage secret du roi avec Mme de Maintenon. *Paris, Lerouge*, 1808, 5 vol. in-12, avec 5 portr., 10 fr.

Publié sous le pseudon. de Boissy.

— Histoire des invasions et des expéditions militaires en Espagne, depuis les Phéniciens jusqu'à nos jours. Ouvrage donnant un aperçu géographique et statistique de la Péninsule, avec l'origine, les mœurs et le caractère de ses habitants. *Paris, Ponthieu*, 1823, in-18, 3 fr.

Publ. sous le nom de M. de Boissy.

— * Histoire d'une chatte, griffonnée par elle-même, et publ. par Mme ***. *Paris, Mme Masson*, 1802, in-12, 1 fr. 50 c.

— Hommage à la gloire et à la religion. *Paris, Héné; Lenormant*, 1803, broch. in-8, 50 c.

— Homme (l') au masque de fer, ou les Illustres jumeaux, histoire véritable. *Paris, Locard et Davy*, 1821, 4 vol. in-12; ou 4 vol. in-18, fig., 4 fr.

Réimpr. pour le même libraire en 1828, 4 vol. in-12, avec 4 pl.

— Irma, ou les Malheurs d'une jeune orpheline, histoire indienne. *Paris*, 1801, 2 vol. in-12, ou 4 vol. in-18.—VIe édit. *Paris, Ve Lepetit*, 1815, 4 vol. in-18, 5 fr.

Ce roman a obtenu un brillant succès populaire: l'auteur s'était attachée à y retracer les malheurs de la fille de nos rois. Après la restauration, madame Guénard se hâta de publier une conclusion. *Paris, Ve Lepetit*, 1815, 2 vol. in-18, 2 fr. 50 c. Les deux derniers volumes forment les cinquième et sixième de l'ouvrage.

—* Isaure et Elvire. Par l'auteur de « Émilie de Valbrun ». *Paris, Guillaume*, 1810, 3 vol. in-12, 6 fr.

— Jeanne et Isabelle, ou la Cour de Henri IV, roi de Léon, sujet tiré de l'histoire d'Espagne au xve siècle. *Paris, Masson*, 1824, 3 vol. in-12, 7 fr. 50 c.

— Jeunes (les) pèlerins, ou la Famille provençale. *Paris, Locard et Davy*, 1825, in-18, avec 6 grav., 1 fr. 50 c.

— Jolie (la) ferme, ou la Vertu récompensée. *Paris, les mêmes*, 1821, in-18, avec 6 fig., 1 fr. 50 c.

— Laitière (la) de Bercy, anecdote historique du siècle de Louis XIV. Sec. édit. *Paris, les mêmes*, 1817, 2 vol. in-12, 4 fr.

— Laure et Hermance, ou les Victimes de la cour de Savoie, fait historique. *Paris, Dujardin*, 1804, 3 vol. in-12, 5 fr.

—* Le fut-il, ne le fut-il pas? ou Julie et Charles; suite et conclusion de l'Égoïsme, de M. Pigault-Lebrun. *Paris, Delavigne*, 1821, 2 vol. in-12.

— Libussa, reine de Bohême. *Paris, Castel de Courval; Corbet; Lecointe et Durey; Pollet; Tenon*, 1825, 3 vol. in-12, 6 fr.

—* Lise et Valcourt, ou le Bénédictin. Par la cit. G*** D. *Paris, Pigoreau*, 1799, 2 vol. in-18, 1 fr. 50 c.

— Lucien de Murcy, ou le Jeune homme d'aujourd'hui. Par P. L. B., auteur de Chrysostôme, père de Jérôme. *Paris, Locard et Davi*, 1816, 2 vol. in-12, 4 fr.

—* Madame Billy, ou les Bourgeois de Paris. Par l'auteur de « Irma », etc. *Paris, Lerouge*, 1808, 4 vol. in-12, 7 fr. 50 c.

—* Madame Bloc, ou l'Intrigante. Par l'auteur du » Page de la reine Marguerite », des « Forges mystérieuses ». *Paris, Locard et Davy*, 1817, 4 vol. in-12, 8 fr.

Le *Page* et les *Forges* ont été publ. sous le nom de Faverolles.

—* Madame de Chaumont, ou les Soirées des Alpes; par l'auteur des « Matinées du hameau. » *Paris, Dujardin*, 1807, 4 vol. in-12, avec une gravure, 6 fr.

— Madame de Sainte-Hermine, ou la Famille napolitaine; histoire d'Iuès et de Clara, des Princes jumeaux, etc. *Paris, Lerouge*, 1811. 4 vol. in-12, 7 fr. 50 c.

— Madame de Sedan, ou la Cour de François Ier. *Paris, Lerouge*, 1820, 4 vol. in-12, 10 fr.

Publ. sous le pseudon. de Faverolles.

— Mahamouth, ou l'Aventurier espagnol. *Paris, Castel de Courval*, 1824, 4 vol. in-12, 10 fr.

—* Maître Pierre, ou Jeunesse et Folie; histoire plus que véritable, précédée d'une dédicace à l'auteur de « l'Enfant du Carnaval ». *Paris, Desrosiers*, 1803, 3 vol. in-12, fig., 6 fr.

— Malédiction (la) paternelle, ou la Perfidie d'une belle-mère; histoire véritable des malheurs de Hurtado et Miranda. *Paris, Desrosiers*, 1801, 2 vol. in-12, 3 fr.

—* Matinées du hameau, ou Contes d'un grand-père à ses petits-enfants: ouvrage destiné à l'instruction et à l'amusement des enfants du second âge. Par l'auteur de « Irma ». Seconde édition. *Paris, Mme Desmarets*, 1808, 4 vol. in-12, 6 fr.; ou 4 vol. in-18, 4 fr.

— Méline, ou les Horreurs de la jalousie. *Paris, Lerouge*, 1816, 5 vol. in-12, 10 fr.

— Mémoires d'Athanaïse, comtesse d'Ormont. *Paris, Ch. Pougens*, 1803, 4 vol. in-12, 7 fr. 50 c.

Le libraire Lerouge, ayant acquis ce roman peu de temps après sa publication, fit faire de nouv. frontispices à son nom, qui sont ainsi conçus: *Athanaïse, ou l'Orpheline de qualité, pensionnaire de l'abbaye Saint-Antoine.* Paris, madame G.-D.

— Mémoires de Mlle de Montpensier, petite-fille de Henri IV, contenant ce qu'elle a vu et ce qui lui est arrivé pendant les dernières années de la vie de Louis XIII, la minorité et le règne de Louis XIV, écrits par elle-même, revus, corrigés et mis en ordre par M. A. L. de Boissy. *Paris, Lerouge*, 1803, 4 vol. in-12, 10 fr.

— Mémoires historiques de Jeanne Gomart de Vaubernier, comtesse Dubarry, dernière maîtresse de Louis XV; rédigés sur des pièces authentiques. *Paris, le même*, 1803, 4 vol. in-12, 7 fr. 50 c.

Pour d'autres mémoires de madame Dubarry, plus récents, mais aussi authentiques que ceux-ci, voy. LAMOTHE-LANGON.

— Mémoires historiques de Mlle Aïssé. *Pa-*

ris, *Léopold Collin*, 1807, 2 vol. in-12, 3 fr. 50 c.

— Mémoires historiques de Marie-Thérèse-Louise de Carignan, princesse de Lamballe, une des principales victimes immolées dans les horribles journées des 2 et 3 septembre 1792. *Paris, Lerouge*, 1801, 4 vol. in-12, fig., 6 fr.; ou 4 vol. in-18, 4 fr.

Une quatrième édition a été publiée en 1815, par le même libraire, en 2 vol. in-12.

— Meunière (la) du Puy-de-Dôme, ou l'Infortune et le Crime ; histoire véritable de deux forçats. *Paris, Vᵉ Lepetit*, 1822, 2 vol. in-12, 5 fr.

— * Ministre (le) de Wastbury, ou Fanny Balding. Par l'auteur de « Agathe d'Entragues ». *Paris, Lerouge*, 1813, 2 vol. in-12.

— * Mystères sur Mystères, ou les Onze chevaliers ; histoire merveilleuse. *Paris, Chaumerot*, 1807, 4 vol. in-12, 8 fr.

Ce roman paraîtrait avoir dû porter un autre titre, car à la première page de chacun des quatre volumes on lit celui de *Rodolphe*.

— Nella de Sorville , ou la Victime des événements de 1814. *Paris, Lerouge ; Philippe*, 1814, 2 vol. in-12, 4 fr.

Publ. sous le pseudon. de Faverolles.

— Nouvelles à l'usage de l'enfance, où l'on a inséré des sentences tirées de l'Évangile. *Paris...* 2 vol. in-18.

— Page (le) de la reine Marguerite , ou l'Ermite du mont Apennin. *Augsbourg (Paris, Lerouge)*, 1806, 4 vol. in-12, 7 fr. 50 c.

Publ. sous le nom de Guénard de Faverolles, anc. capitaine de dragons.

— * Palais-Royal (le), ou Mémoires secrets de la duchesse d'Orléans, mère de Philippe. Par D. F. *Hambourg (Paris, Lerouge)*, an XIV (1806), 2 vol. in-12, 4 fr.

— Parc (le) aux cerfs, ou Histoire de jeunes demoiselles qui y ont été renfermées. *Paris, Lerouge*, 1809, 4 vol. in-12, 7 fr. 50 c.

Publ. sous le nom de Guénard de Faverolles, anc. capitaine de dragons.

— Paul et Virginie , où les Amants des Bermudes ; suivi de Victor, ou l'Enfant des bois. *Paris, Locard et Davy*, 1821, 2 vol. in-12, 4 fr.

Publié sous le pseudonyme de J. H. F. de Geller.

Ces deux Nouvelles ont été aussi imprimées séparément (1821 , 1827), en 2 vol. in-18, 1 fr.

— Pauline de Ferrière , ou Histoire de vingt jeunes filles enlevées chez leurs parents , sous le règne de Louis XIV. *Paris, Dujardin*, 1802 , 2 vol. in-12, 3 fr.

Publié sous le pseudon. de Faverolles.

— Petits (les) amis, ou Bonheur et Innocence. *Paris, Locard et Davy*, 1822, 1825, in-18 avec 6 figures, 1 fr. 50 c.

— Philiberte , ou le Cachot , roman anecdotique du règne de Louis XIII. *Paris, Pigoreau*, 1828, 4 vol. in-12, 10 fr.

— Pierre, Paul et Jean, ou le jeune Tambour. *Paris, Vᵉ Lepetit*, 1822, 2 vol. in-12, fig., 6 fr.

— Précis de l'histoire d'Espagne depuis l'origine de cette puissance jusqu'à 1814 ; et continuation depuis 1814 jusqu'à ce jour, par M. le comte de Barrins. *Paris, Sanson*, 1824 , in-18, avec une carte et une grav. , 3 fr.

Publ. sous le nom de M. de Boissy.

— * Prévôt (le) de Paris , ou Mémoires du sire de Caparel, sous le règne de Philippe V, dit le Long. Par l'auteur de « Agnès Sorel ». *Paris, Lerouge*, 1817, 4 vol. in-12, 8 fr.

— * Repaires (les) du crime, ou Histoire de brigands fameux en Espagne, en Italie, en Angleterre , et dans les principales contrées de l'Europe, etc. ; imitation libre de l'angl. et de l'allemand. Par le rédacteur du « Petit Conteur de poche. » *Paris, Longchamps ; Ledentu*, 1812 , in-18, 1 fr. — Sec. édition, rev., corr. et augm. d'un Coup-d'œil sur les bandes de Schinderhannes et autres associés des bords du Rhin. *Paris, Ledentu*, 1814, in-18.

— Robert de Neustrie , ou le Château d'Annebeau. *Paris, Lerouge*, 1825 , 4 vol. in-12, avec une planche , 12 fr.

— Saint Vincent de Paule, l'apôtre des affligés. *Paris, Davy et Locard*, 1818, 4 vol. in-12, 10 fr.

— Sœur (la) grise , ou les Mémoires de Mᵐᵉ de Canès. *Paris, Pigoreau*, 1819, 3 vol. in-12, 7 fr. 50 c.

Publ. sous le pseudon. de Faverolles.

— Soirées (les) du château de Valbonne , ou la Morale évangélique mise en action. *Paris, Locard et Davy*, 1816, 2 vol. in-18.

— * Sophie de Valençay, ou la Beauté persécutée. Par l'auteur des « Capucins », des « Trois Moines », des « Forges mystérieuses ». *Paris, Marchand*, 1809, 4 vol. in-12, ornés de 4 fig., 7 fr. 50 c.

— Souterrains (les) de Birmingham , ou Henriette Herrefort. *Paris, Lerouge*, 1822, 4 vol. in-12, 10 fr.

— Thébaïde (la), ou le Diable ermite. *Paris, Lecointe et Durey ; Pigoreau ; Castel de Courval ; Bonnet*, 1825 , 3 vol. in-12, 7 fr. 50 c.

Publ. sous le pseudon. de Boissy.

— Thérèse de Volmar, ou l'Orpheline de Genève. *Paris, Hubert*, 1821, 3 vol. in-12, 9 fr.

—Tour (la) infernale, ou les Aventures de Grégoire de Montœgre. *Paris , Locard et Davy*, 1819, 3 vol. in-12, 7 fr. 5o c.

— Triomphe (le) d'une auguste princesse, suite de « Irma ». *Paris, A. Bonnet; Locard; Petit; Lecointe et Durey*, 1825, 3 vol. in-18, 5 fr.

—* Trois (les) moines. *Paris*, an XI (1803), 3 vol. in-18.

Réimpr. sous le nom de Faverolles, pour Théod. Dabo , en 1815 , et pour Masson en 1821, 2 vol. in-18, 2 fr. 5o c.

— Vallée (la) de Mittersbach , ou le Château de Blackenstein. *Paris , Lerouge*, 1816, 4 vol. in-12, 8 fr.

Publ. sous le nom de Faverolles.

— Vie du duc de Penthièvre. *Paris, Dujardin*, 1802, 2 vol. in-12, 3 fr.

— Vie et aventures de Marion de Lorme, contenant l'histoire de ses liaisons avec les plus grands personnages de la cour de Louis XIV, roman historique , écrit par elle-même. *Paris, Dalibon*, 1822, 4 vol. in-12, 12 fr.

Publ. sous le nom de Faverolles.

Ce roman a eu une troisième édition en 1828 (Paris, H. Feret, 4 vol. in-12).

— Vingt années de captivité, ou Mémoires d'une grande dame. *Paris , Lerouge*, 1825, 3 vol. in-12, 9 fr.

— *Zulmé, ou la Veuve ingénue; nouvelle trad. de l'italien. *Paris , Mlle Durand*, an VIII (1800), in-18.

Traduction vraisemblablement supposée : ce qui nous porte à le croire, c'est que la première phrase de cette nouvelle est l'adage italien : *Si non è vero, ben è trovato*, et dans lequel on remarque deux fautes d'italien; versée dans cette langue, madame Guénard ne les eût pas laissées passer.

Quelque longue que soit cette liste des productions de madame Guénard , elle pourrait bien encore n'être pas complète; quoi qu'il en soit, elle contient tous les ouvrages véritablement de cette dame, que nous connaissons. Honteuse de sa fécondité, d'une part, et de l'autre, voulant conserver des lecteurs de goûts et de besoins tout-à-fait différents , car cette dame écrivait à la fois pour l'instruction de la jeunesse et pour l'amusement des casernes , madame Guénard a été souvent obligée de publier ses productions sous le voile de l'anonyme, ou sous des masques qui , comme on doit bien le penser, ne peuvent pas tous être connus. Elle n'a pas craint d'attacher son nom aux ouvrages composés pour les pensionnats, les gens du monde et même les antichambres ; mais ses ouvrages graveleux sont anonymes ou ont paru sous le pseudonyme de *Boissy*, de *Faverolles* , de *Geller*, etc. Les faiseurs de Biographies modernes ont manqué de perspicacité, et dans leurs répertoires d'*illustrissimes* où se trouvent beaucoup plus d'*obscurissimes*, figurent, grace à madame Guénard, trois ou quatre écrivains qui sont encore à naître. M. Pigoreau a consacré à cette dame deux articles dans sa « Bibliographie biographico-romancière », l'un sous le nom de Guénard, et l'autre sous celui de Faverolles : ces deux articles réunis sont incomplets et présentent quelques inexactitudes : M. Pigoreau y attribue à madame Guénard la Duchesse de Mazarin, qui est de Nougaret; l'Histoire du jeune

comte d'Angeli, qui est d'un médecin ; Madame de Lignolles, qui est de madame de Rome , etc. Il a été publié, sous le nom de la femme auteur qui fait l'objet de cet article, un roman intitulé : *Appoline*, ou la *Novice de Saint-Paul* (1824, 4 vol. in-12), qui est de madame de Couéval.

GUÉNARD (Mlle), fille de la précédente. Voy. DESHAYEUX (Mde).

GUENEAU DE MONTBEILLARD (Philibert), naturaliste; né à Sémur, en Auxois, en 1720 , mort le 28 novembre 1785.

— Abrégé de l'Histoire et des Mémoires de l'Académie royale des sciences., contenant l'histoire naturelle, la physique , la chimie , la médecine et toutes les sciences naturelles. *Paris*, 1770 , 5 vol. in-4.

Cet ouvrage fait partie de la *Collection académique, etc.*

— Homme (l') de lettres bon citoyen, discours philosophique et politique; trad. de l'ital. (1777). Voyez GONZAGA DE CASTIGLIONE.

Gueneau s'annonça dans la république des lettres en se chargeant de continuer la Collection académique de Dijon, commencée par Berryat, recueil qui contient un choix de tout ce qu'il y a de plus intéressant dans les Mémoires de différentes Académies de l'Europe : mais n'étant pas secondé par les coopérateurs qu'exigeait une si vaste entreprise , il fut obligé de l'abandonner. Ce ne fut pas néanmoins sans y laisser une preuve de son talent : à la tête du troisième volume (le premier de la partie étrangère), on trouve un Discours rempli de vues sages et profondes; l'élégance et la clarté du style y rehaussent des idées philosophiques que Bacon lui-même n'eût pas désavouées. Dans le sixième vol. , partie étrangère de la même collection académique (1761), on trouve encore de Gueneau un travail intéressant : Liste chronologique des éruptions de volcans, des tremblements de terre , de quelques faits météorologiques les plus remarquables , des comètes, des maladies pestilentielles, etc.; jusqu'en 1760 ; tirée des Mémoires des Académies de l'Europe, des ouvrages périodiques, des histoires générales et des relations particulières.

Buffon, pressé d'appliquer son génie à l'histoire des minéraux, proposa à Montbeillard , dont il était l'ami, de s'occuper de la description des oiseaux : celui-ci accepta la proposition ; mais il laissa paraître les premiers articles sous le nom de l'illustre écrivain qui l'associa à son travail. Le plus grand nombre des lecteurs ne s'aperçut point qu'ils partaient d'une main étrangère; mais Buffon nomma au public son collaborateur dans la préface du tom. V de l'Histoire des oiseaux. Le style de Montbeillard n'a point la pompe, la majesté de celui de Buffon , et il n'est pas toujours exempt de recherches et de mauvais goût. Cet écrivain était d'ailleurs très-faible naturaliste; et les six premiers volumes auxquels il travailla , ne peuvent être comparés , pour l'exactitude , aux trois derniers, pour lesquels Buffon s'aida des secours de Baillon et de Bexon. Montbeillard avait quitté les oiseaux pour s'occuper entièrement des insectes ; et les matériaux qu'il a laissés ont servi, en partie , à l'Insectologie de l'Encyclopédie méthodique. L'article *étendue* de la première Encyclopédie lui appartient, et fut composé en une nuit : il est encore auteur de deux *Discours* importants , l'un *sur la peine de mort*, l'autre *sur l'inoculation*; et ce dernier, il l'écrivit de la même main dont il venait d'inoculer son fils. L'habitude singulière qu'il avait de commencer toutes ses journées par un madrigal ou une chanson, ne put le quitter dans ses derniers instants. »

Biogr. univ.

GUENEAU DE MUSSY (Philibert), membre du conseil royal d'instruction publique.

— * Observations sur les développements présentés à la Chambre des députés par M. Murard de Saint-Romain sur l'instruction publique et l'éducation. Par un membre de l'Université royale de France. *Paris, Nicolle,* 1816, in-8 de 33 pages.

M. Gueneau de Mussy a fourni beaucoup d'articles au Mercure, de 1802 à 1810 : il a publié une nouvelle édition de la Manière d'enseigner et d'étudier les belles-lettres, etc., de Rollin, avec une Notice sur la vie et les écrits de l'auteur, et des notes (1805).

GUENEAU DE MUSSY (Frédéric), alors garde du corps de la compagnie écossaise.

— France (la) délivrée, ode présentée à S. A. R. Madame, duchesse d'Angoulême. *Paris, Méquignon fils aîné ; Dijon, Gaulard-Marin,* 1814, in-8 de 12 pag., 30 c.

GUÉNÉE (l'abbé Antoine), chanoine d'Amiens, littérateur distingué, membre de l'Université, sous-précepteur des enfants de Mgr le comte d'Artois, associé de l'Académie des inscriptions et belles-lettres; né à Étampes, le 23 novembre 1717, mort à Fontainebleau, le 27 novembre 1803.

— Lettres de quelques Juifs portugais, allemands et polonais à M. de Voltaire; suivies d'un petit Commentaire extrait d'un plus grand. *Lisbonne, et Paris, Laur. Prault,* 1769, 1 vol. in-8.

Première édition.

Guenée publia cet ouvrage pour répondre aux attaques de Voltaire contre le christianisme, reproduites sous toutes formes dans les pamphlets sans cesse renaissants. Le succès en fut complet ; et les journalistes comme le public, les Français comme les étrangers, admirèrent les connaissances et la modération de l'auteur. Voltaire lui-même, dans quelques moments de sagesse, rendit justice au mérite de l'abbé Guénée. « Le secrétaire juif, dit-il (dans sa lettre à d'Alembert, du 8 déc. 1776), n'est pas sans esprit et sans connaissances; mais il est malin comme un singe : il mord jusqu'au sang, en faisant semblant de baiser la main. » Il est vrai qu'ensuite il revint à son ton goguenard, et lança des sarcasmes contre son adversaire. Mais le public, qui n'avait pas les mêmes raisons pour changer d'avis, continua d'accueillir les *Lettres de quelques Juifs.* Il s'en fit plusieurs éditions, que l'auteur augmenta successivement ; et l'ouvrage, en se perfectionnant par ces additions, obtint de plus en plus le succès qu'il méritait. L'abbé Guénée y ajouta, en dix lettres; des *Considérations sur la loi mosaïque,* qui supposent beaucoup de savoir et de critique. *Biogr. univ.*

La dernière édition publiée du vivant de l'auteur est la cinquième. Paris, 1781, 3 vol. in-12. Le baron de SAINTE-CROIX publia la sixième, précédée d'une Notice sur la vie et les écrits de l'auteur. Pa-

ris, Méquignon junior, 1805, 3 vol. in-8 et in-12.

— Les mêmes . VIIe édition, revue, corrigée d'après les manuscrits de l'auteur, et augmentée de ses Mémoires sur la fertilité de la Judée, faisant le complément de cet ouvrage. *Paris, Méquignon junior père,* 1815, 4 vol. in-12, 10 fr.

Les Mémoires ajoutés à cette septième édition n'ont été imprimés, pour la première fois, qu'en 1808, dans le 50e vol. des Mémoires de l'Académie des Inscriptions, et sous le titre de *Recherches sur la Judée, considérée principalement par rapport à la fertilité de son terroir, depuis la captivité de Babylone jusqu'à nos temps,* en quatre mémoires. Ces Mémoires, dit la Biographie universelle, ont pour objet de réfuter ce que Voltaire et quelques autres écrivains ont avancé d'après l'état actuel de la Judée, contre l'autorité des livres saints. Ils sont pleins de recherches, et prouvent, par une foule de témoignages, que la Judée était véritablement, dans les temps anciens, telle qu'elle est représentée dans l'Écriture, c'est-à-dire, abondante et fertile.

— Les mêmes, avec un petit Commentaire extrait d'un plus grand, à l'usage de ceux qui lisent les Œuvres de Voltaire; et Mémoires sur la fertilité de la Judée. VIIIe édition, rev., corrigée avec soin, augmentée de notes qui mettent les Lettres de quelques Juifs en rapport avec les éditions de Voltaire faites à Kehl, ou leurs réimpressions, et d'une Table alphabétique et raisonnée des matières (par M. BEUCHOT). *Paris, Le Normant ; Pillet; Brunot-Labbe, etc.,* 1817, in-8, 9 fr.

Cette édition a servi de type aux suivantes: Paris, Méquignon junior, 1817, 1821, 1826, 1828, 3 vol. in-12, 9 fr.; Lyon, Savy, 1820, 3 vol. in-12 ; Paris, au Bureau de la Bibliothèque catholique, 1826, 5 vol. in-18, et Paris, Dufour et comp., 1827, 3 vol. in-12.

— * Observations sur l'histoire et sur les preuves de la résurrection de Jésus-Christ, traduit de l'anglais. (1757). Voyez WEST.

— * Religion (la) chrétienne démontrée par la conversion et l'apostolat de saint Paul, traduit de l'anglais (1754). Voyez LYTTELTON.

L'abbé Guénée a été l'éditeur de la seconde édition de l'ouvrage intitulé : « Les Témoins de la résurrection de J.-C., examinés suivant les règles du barreau », traduit de l'angl. de Sherlock, par Lemoine (1753).

GUENET (Ant.-J.-Bapt.), médecin de la Faculté de Paris ; né à Rouen.

— Éloge historique de Mich. Ph. Bouvart, doct. régent de la Faculté de médecine en l'Université de Paris, etc. *Paris,* 1787, in-8.

— Instruction sur les maladies des enfants. *Paris, Pierres,* 1779, in-12.

GUENIFEY (le baron de), conseiller du roi près son conseil des manufactures, membre de la Société royale des prisons, de celle d'encouragement pour l'industrie nationale, de la Société philantropique, de celle des amis des arts, de la Société d'horticulture, et de celle de géographie.

L'Almanach de 25,000 adresses, pour l'année 1829, présente le baron de Guenifey comme auteur de *plusieurs Mémoires* sur les arts et manufactures, et sur l'économie politique.

GUÉNIN, directeur des aides à Amiens.
— * Traité de la culture de l'auricule ou Oreille d'ours; par un curieux de province. *Bruxelles*, 1735, in-12.

GUÉNIN, chirurgien à Crespy en Valois.
— Histoire de deux opérations césariennes. 1750, in-12.

GUÉNIN (Marc-Claude), plus connu dans la république des lettres sous le nom d'abbé de SAINT-MARC, qu'il avait adopté; né à Tarbes, en 1730, mort à Paris, le 12 avril 1807.

Guenin fut chargé, après la mort de Fontaine de la Roche, de la rédaction des « Nouvelles ecclésiastiques » qu'il continua jusqu'à la fin de 1793 : il travailla ensuite aux «Annales de la religion », qui s'imprimaient chez Desbois de Rochefort.
Biogr. univ.

GUENTZ (Jean-Georges). Fondement du droit humain. *Paris, Verdière*, 1811, in-8.

GUENYVEAU (A.), ingénieur en chef des ponts et chaussées, professeur de chimie à l'École royale des mines de France.
— Essai sur la science des machines, des moteurs de roues hydrauliques, des machines à colonne d'eau, du bélier hydraulique, des machines à vapeur des hommes, des animaux. *Paris, Brunot-Labbe; Lyon, Reymann et compagnie (Paris, * Bachelier)*, 1810, in-8, 5 fr.
— Manuel d'exploitation des mines de houille....
— Principes généraux de métallurgie. (Extrait du Dict. des sc. natur.). *Paris, Levrault*, 1824, in-8, avec 2 pl., 3 fr. 50 c.
— Les mêmes en espagnol : Principios generales de metallurgia, traducidos al castellano y aumentados considerablemente. Por D. Angel VALLÉJO. *Paris, Parmentier*, 1826, in-12 avec 4 planches, 5 fr.

Le Journal des mines renferme de M. Guenyveau, les divers mémoires suivants : Mémoire sur le traitement métallurgique du cuivre pyriteux en usage aux mines de Chessy et Sainbel (tom. XX , 1806). — Mémoire sur la désulfuration des métaux (tom. XXI, 1807). — Analyse de quelques sulfures métalliques (*id.*, *id.*). — Analyse de quelques minérais de fer et de produits de fourneaux du Creuzot (tom. XXII, 1807). — Rapport sur les mines et usines du département de la Loire (*id.*, *id.*). — Sur l'emploi des bœufs au service des machines à molettes (tom. XXXI, 1812). Ce savant a fourni d'autres Mémoires aux Annales des mines et à di

vers recueils périodiques consacrés aux sciences naturelles.

GUÉPRATTE (C.), docteur ès-sciences, professeur de mathématiques et conservateur chargé de la direction de l'observatoire de la marine au port de Brest.
— Problèmes d'astronomie nautique et de navigation, précédés de la description et de l'usage des instruments, et suivis d'un Recueil de tables nécessaires à la résolution de ces problèmes. Seconde édition. *Brest, Lefournier et Depériers*, 1823, in-8 avec pl.

La première édition est de 1816. En 1825, l'auteur a publié une *addition* à la seconde formant 16 pages (Brest, de l'impr. de Lefournier).

— * Traité élémentaire et complet d'arithmétique ; à l'usage des écoles secondaires, etc. Par C. G***. *Paris*, 1809, in-12.

GUÉPRATTE (Fr.-J.), ancien contrôleur ambulant de l'administration des contributions indirectes.
— Barème du jaugeage métrique, ou Comptes faits de la contenance des tonneaux, et de leur contenance à chaque centimètre de la hauteur du liquide. Contenant un Traité du jaugeage métrique des vaisseaux, basé sur les principes géométriques. *Metz, Thiel; et Paris, Carillan-Gœury*, 1824, in-12 de IV et 166 pages, avec une pl. lithogr.
— Le même, abrégé. *Metz et Paris*, les mêmes, 1824, in-12 de 119 pages, avec une pl. lithogr.
— Tableau comparatif de l'hectolitre avec la botte de 20 pots faisant suite au «Barème du jaugage métrique ». *Metz, impr. de Dosquet*, 1824, in-12 de 16 pages.

GUER (Jean-Ant.), né à Sallanches, en Savoie, le 19 octobre 1713, mort à Paris en 1764.
— *César aveugle et voyageur. *Londres*, 1740, in-12.
— Cour (la) du soleil, dédiée à Mme de Pompadour....
— Décaméron historique, etc. In-4.
— Histoire critique de l'ame des bêtes, contenant le sentiment des philosophes anciens et modernes sur cette matière. *Amst. (Paris)*, 1749, 2 vol. in-8.
— Histoire générale et particulière de l'électricité. 1752, 3 vol. in-12.
— * Infortuné (l') reconnaissant, poëme en IV chants, et Pièces fugitives; dédiés à M. de Machault. *Paris, Ballard*, 1751, in-8.
— Mœurs et usages des Turcs, leur religion, leur gouvernement. *Paris, Coustellier*, 1746, 2 vol. in-4, avec planches.
— * Pinolet; ou l'Aveugle parvenu, his-

toire véritable, composée sur les faits fournis par Pinolet lui-même, actuellement existant à Paris. *Amsterdam*, *Rey* (*Paris*), 1755, 4 vol. in-12.

— Réflexions sur la Mérope de Voltaire...

J. A. Guer a été l'éditeur de l'ouvrage de M. de Maillet, intitulé Telliamed, etc. (1748). Voy. MAILLET. Il a laissé quelques manuscrits.

GUER (le chev. de), membre des anciens états de Bretagne avant la révolution; né.... mort à Paris, le 27 ou 28 juin 1816.

— Au roi, aux monarques alliés et à la nation française. *Paris*, *imprim. de Patris*, 1815, in-8.

— Budjet (du), de ses erreurs, et des moyens d'y remédier. *Paris*, *impr. de Hocquet*, 1816, in-8.

— Considérations sur les finances. *Paris*, 1803, in-8.

— Crédit (du) public. *Paris*, 1807, in-8.

— * Essai sur le crédit commercial, considéré comme moyen de circulation, et suivi de l'Exposition des principes de la science du crédit public, et de celle de l'imposition. *Paris*, 1801, in-8.

— État de la situation des finances de l'Angleterre et de la banque de Londres au 24 juin 1802. *Paris*, 1803, in-4.

— * Lettre au peuple de Rennes. (1788). broch. in-8.

— * Précis d'un ouvrage sur le budget et ses erreurs. *Paris*, *impr. de Patris*, 1816, in-8.

— Recherches sur le produit réel des possessions et du commerce anglais dans les Indes-Orientales et à la Chine. Sans date, br. in-8.

— Tableau comparatif du revenu général de l'Angleterre et de celui de la France. *Paris*, *Ve Nyon*, 1808, in-8.

GUÉRARD (Dom Robert), religieux de la congrégation de Saint-Maur; né à Rouen, en 1641, où il est mort en 1715.

— Abrégé de la sainte Bible, en forme de questions et de réponses familières, avec des éclaircissements tirés des SS. PP. et des meilleurs interprètes, divisés en deux parties. *Rouen*, *Nic. Lebouclier*, 1707; ou *Paris*, 1739, 1777, 2 vol. in-12.

Ouvrage estimé, et qui a eu quatre éditions. La première partie contient l'Ancien Testament, et la seconde le Nouveau.

GUÉRARD (E.), de Provins.

— Mémoire sur l'antiquité de la civilisation et des dernières révolutions de la terre. *Paris*, *impr. de Gaultier-Laguionie*, 1823, in-8, de 88 pages, avec un portrait lithog.

GUÉRARD (B.), attaché à la Bibliothèque du roi, section des manuscrits.

— Discours sur la vie et les ouvrages du président Jacques-Auguste de Thou. Discours qui a obtenu la première mention honorable de l'Académie française. *Paris*, *Lheureux*, 1824, in-8 de 48 pages.

M. Guérard a eu part à la rédaction de la 3e partie de « l'Art de vérifier les dates », et il en est l'éditeur.

GUÉRARD DE ROUILLY (le bar. Antoine), auditeur au conseil d'état, trésorier de la 15e division militaire, ex-sous-préfet de Bar-sur-Aube; né à Troyes (Aube), le 13 septembre 1777.

— Esprit (de l') public et de la toute-puissance de l'opinion. *Paris*, *Ladvocat*, 1820, 1821, in-8, 5 fr.

— Principes généraux d'administration, ou Essai sur les devoirs et les qualités indispensables d'un bon administrateur. *Paris*, *Favre*, 1815, in-8, 3 fr.

— Système (du) financier, ou Coup-d'œil analytique sur le budget de 1822. *Paris*, *Ladvocat*, 1822, in-8, 3 fr.

GUERBOIS, chirurgien du collège Louis-le-Grand, chirurgien consultant du collège Charlemagne, chirurgien à l'hospice Cochin, membre du Cercle médical, et de la Société de vaccine, membre honoraire de l'Académie de médecine.

— Anatomie pathologique des organes les plus importants du corps humain; trad. de l'anglais. (1815). Voyez BAILLIE (M).

GUERCHY (le marq. Louis REYNIER DE), alors membre de l'Assemblée provinciale de l'île de France, et de la Société royale d'agriculture.

— * Calendrier du fermier, etc.; trad. de l'angl. (1789). Voyez ce titre à la Table des Anonymes.

GUÉRET (Gabriel), avocat au parlement; né à Paris, en 1641, où il est mort, le 22 avril 1688.

— Journal du Palais. Nouv. édit. 1727, 2 vol. in-fol.

« Dernière édition d'une bonne compilation, rédigée avec beaucoup d'ordre, de méthode et de solidité, et où l'on n'a inséré que les causes les plus intéressantes. » Guéret composa ce recueil conjointement avec Blondeau.

— * Parnasse (le) réformé, et la Guerre des auteurs. Nouv. édit. *La Haye*, *Néaulme*, 1716, in-12. — Autre édit., sous ce titre: les Auteurs en belle humeur, par G***. *Amsterdam*, *l'Honoré*, 1723, in-12.

La première édition de cet ouvrage est de Paris, 1697, in-12.

« C'est une satire ingénieuse, pleine de bonnes

« plaisanteries, d'une ironie fine, et de cette gaîté
« qui formait le fonds du caractère de Guéret, et
« que les occupations du cabinet n'altérèrent ja-
« mais. »

Gabr. Guéret est auteur ou éditeur de plusieurs
ouvrages qui n'ont pas été réimprimés depuis 1700.
Une *Promenade de Saint-Cloud, ou Dialogue sur les
auteurs,* de lui, a pourtant été insérée dans les Mémoires de Bruys (1751).   *Biogr. univ.*

GUÉRET (l'abbé Louis-Gabriel), fils du
précédent, docteur de Sorbonne, d'abord
grand - vicaire du diocèse de Rodez, puis
curé de la paroisse de Saint-Paul à Paris;
né à Paris, en 1678, où il mourut, le 9
septembre 1759.

— *Avis d'un docteur de Sorbonne, au
sujet de la déclaration du roi, du 17 août
1750, et de la réponse du clergé de France.
Berlin (*Paris*), 1751, broch. in-12.

— *Droits qu'ont les curés de commettre
leurs vicaires et les confesseurs dans leurs
paroisses. 1759, in-12.

L'auteur y ajouta, en forme de supplément, une
«Dissertation sur les interdits arbitraires des confesseurs», qui est de Besoigne.

Pour une continuation à cette Dissertation, voyez
LIVOR (le P. de).

— Lettre au sujet du nouveau bref de Benoît XIV. 1756, in-4.

— *Lettre d'un théologien, sur l'exaction
des billets de confession, pour administrer
le saint viatique. 1751, in-12.

— Mémoire sur le refus des sacrements.
1752, in-12.

— Mémoire sur les immunités du clergé.
1751, in-12.

— Observations sur le sentiment de M. l'archevêque de Cambrai. In-4.

— Réflexions d'un théologien sur l'instruction pastorale de M. de Cambrai. 1735,
in-4.

L'abbé Guéret est encore auteur de brochures peu
importantes sur les affaires ecclésiastiques. A. A.
Barbier lui attribue aussi l'*Éloge de Bernard Couet,*
impr. à la tête du Catalogue de la Bibliothèque de
ce dernier (1751, in-12).

GUÉRETTE, pharmacien principal
d'armée.

— Mémoire sur le sulfate de quinine, retiré des quinquinas épuisés par les décoc-
tions. *Toulouse, impr. de Bellegarigue,*
1825, br. in-8.

GUERGUIL (J.-Bapt.), grand archidiacre de Narbonne, anc. professeur de
théologie à l'Université de Toulouse, sa
patrie, mort en mars 1764.

— Oraison funèbre de M. de Beauveau.
1740, in-4.

— Oraison funèbre de M. de Crillon, archevêque de Narbonne. 1753, in-4.

GUÉRIN (N.-Arm.-Mart.), né vers 1678.

— Églogue (l') de Marly, divertissement
(en 6 scènes et en vers libres) chanté devant monseigneur, à Marly, le (4e) du mois
de (janvier 1702). *Sans nom de ville, ni
d'impr.,* et sans date. In-4.

— Myrtil et Mélicerte, pastorale héroïque
(en 3 actes, un prologue et des divertissements : le tout en vers libres). *Paris, Tra-
bouillet,* 1699, ou *Amsterdam, H. Schelte,*
1699, in-12, fig.

Pièce commencée par Molière, et achevée par
Guérin, dont le père avait épousé la veuve de Molière.

GUÉRIN (Franç.), professeur à l'Université de Paris; né à Loches en Touraine,
vers 1681, mort le 19 mai 1751.

— Annales (les) et Histoires de Tacite,
avec la Vie d'Agricola, traduites du latin.
(1742). Voy. TACITE.

— De regis a morbo valiorarum incolumi-
tate, carmen; cum ode gratulatoriâ Ant.
Portail de recenti honore. 1724, in-12.

— *Lettre de M*** à un de ses amis, au
sujet de l'oraison funèbre de Louis XIV,
prononcée par le P. Porée, jésuite. 1716,
in-12 de 20 pag.

— Ode ad musam historiæ præsidem.
1710, in-4.

— *Réflexions critiques sur l'éloge funèbre du roi (Louis XIV), prononcé par le
R. P. P*** (Porée), J. (jésuite). 1716,
in-12 de 64 pag.

— Tite-Live, trad. du latin. (1739). Voy.
TITE-LIVE.

GUÉRIN, secrétaire-perpétuel de l'Académie des arts de peinture et de sculpture.

— Description de l'Académie des arts de
peinture et de sculpture. *Paris, Collombat,*
1715, in-12.

GUÉRIN (Nic.-Franç.), professeur et
ancien recteur de l'Université de Paris; né
à Nanci, le 20 janvier 1711, mort à Paris, en avril 1782.

On a de lui quelques *Hymnes* insérées dans les
bréviaires des différents diocèses; un *Discours sur
l'émulation ;* une *Oraison funèbre du Dauphin;* une
Ode sur la paix, 1739; la *Victoire de Fontenoi,* poëme,
1745 ; un *Discours, en vers, sur l'éducation d'un prince,*
1753, in-4 ; *Deambulatio poetica, seu Lutetia renovata,
ornata, amplificata,* 1752, in-4. C'est une Description, en vers latins, des embellissements de Paris.
On peut ajouter à cela un grand nombre de discours
sur différents sujets. »   *Biogr. univ.*

GUÉRIN (P.-Nic.). *Pensées extraites
des Satires de Juvénal. Voy. JUVÉNAL.

GUÉRIN (Fr.-Ant.). Dissertatio medica
de vegetabilibus venenatis Alsatiæ. *Argentorati, Heitz,* 1766, in-4.

GUÉRIN, de l'Académie des sciences

de Montpellier, anc. chirurgien en chef de l'Hôtel-Dieu de Lyon, démonstrateur des opérations au collège de chirurgie de la même ville.

— Essai sur les maladies des yeux. *Lyon, Berthoud,* 1771, in-12.

— Traité sur les maladies des yeux. *Lyon,* 1769, in-12.

GUÉRIN, avocat au parlement d'Aix.

— Éloge historique de M. Surian, évêque de Vence. 1779, in-8.

GUÉRIN, anc. chirurgien-major de la marine, maître en chirurgie à Rouen, et membre du collège de Saint-Côme de cette ville.

—Dissertation sur les maladies de l'urètre. *Paris, Didot,* 1782, in-8.

— Extrait des traités des maladies de l'urètre et gonorrhées. IV᷈ᵉ édition, corr. et augm. *Paris,* 1805, in-8.

— Traité sur les gonorrhées. 1780, in-12.

GUÉRIN, anc. chirurgien en chef de l'hôpital de Saint-André de Bordeaux.

— Réponse au cit. Deschamps, chirurgien en chef de la Charité de Paris. *Paris,* 1802, in-8, 1 fr. 20 c.

GUÉRIN (Jean), docteur en médecine, médecin de la maison royale de santé, médecin honoraire de l'hôpital général d'Avignon, professeur des sciences physiques au collège royal, et conservateur du muséum Calvet de la même ville; membre de l'Athénée de Vaucluse, des académies de Grenoble, Turin, Gottingue, et de plusieurs autres sociétés savantes; né à Avignon, en 1774.

—Description de la fontaine de Vaucluse; suivie d'un Essai sur l'histoire naturelle de cette source, auquel on a joint une Notice sur la vie et les écrits de Pétrarque. *Avignon, Séguin,* 1804, ou 1813, in-18 avec 2 pl., 2 fr.

— Discours sur l'étude de la médecine. *Montpellier, Ricard,* sans date, in-8.

—Essai de médecine (ouvrage périodique). (1798 et ann. suiv.). Voy. ce titre à la Table des Anonymes.

—Fragments d'une Topographie physique et médicale du département de Vaucluse. *Montpellier, Ricard.....* In-4.

— Observations sur la vaccine. 1802, in-8.

L'auteur y donne les Instructions du docteur Ed. Jenner, inventeur de cette précieuse découverte.

— * Vie d'Esprit Calvet, suivie d'une Notice sur ses ouvrages et sur les objets les plus curieux que renferme le muséum dont il est le fondateur. *Avignon, Séguin aîné,* 1825, in-18 de 194 pag.

Cette Vie est abrégée de celle que Calvet lui-même avait écrite.

— Voyage à la grande Chartreuse et à la trappe d'Aigue-Belle; suivi d'une Notice sur les pétrifications des environs de Saint-Paul-Trois-Châteaux. *Avignon, Séguin aîné,* 1826, in-18 de 108 pag., 75 c.

Le docteur Guérin a publié, en 1821, le prospectus d'un *Voyage pittoresque dans la partie la plus élevée des Alpes françaises,* suivi de quelques Observations de physique et d'histoire naturelle faites dans les mêmes contrées. Cet ouvrage, qui devait former un vol. in-8 de plus de 300 pag., n'a point encore paru (janv. 1830). Le prospectus, qui a 29 pages, contient les descriptions du col Longet, de celui de la Traversette, des notes, et des hauteurs mesurées à l'aide du baromètre.

GUÉRIN (Camille), fils du précédent, alors élève en médecine.

— Légitimité (la) reposant sur sa véritable base. Discours dédié à Charles X; suivi d'un Essai sur le moyen général de prévenir les résultats, souvent funestes, de l'étude des sciences. *Paris, Lenormant père,* 1824, in-8 de 28 pag.

— Nouveau cours. Aux amis de la nature, et en particulier à MM. les élèves en médecine. (Programme). *Lyon, impr. de Jullien,* 1823, in-8 de 8 pag.

GUÉRIN, propriétaire, associé de l'Académie de Marseille.

— Mémoire sur l'art de faire et de conserver les vins de Provence, couronné par l'Académie de Marseille. *Marseille, J. Mossy,* 1809, in-8 de 160 pag., 2 fr.

Ce Mémoire a été imprimé d'abord en 1807 dans le sixième volume du recueil de l'Académie de Marseille.

GUÉRIN, peintre. Vues et Descriptions du jardin des plantes. *Paris, Guérin,* 1813, in-4 avec 4 pl.

Avec Schwartz. Les Descriptions sont de Durdent.

— Vues et Descriptions du Palais-Royal. *Paris, le même,* 1813, in-4 avec 4 pl.

Avec le même. Les Descriptions sont aussi de Durdent.

GUÉRIN, ex-principal du collège de Civrai (Vienne).

— Éléments de lecture. *Poitiers, impr. de Catineau,* 1815, in-12 de 112 pag.

GUÉRIN. Séance publique de l'Académie royale des beaux-arts. *Paris, impr. de Firmin Didot,* 1820, in-4.

GUÉRIN (Jules-René). Ode sur la guerre actuelle. *Paris, impr. de Tastu,* 1823, in-8 de 8 pages.

GUERIN (H.), docteur en médecine de la Faculté de Paris, ancien interne de première classe de l'Hôtel-Dieu de Paris, membre du Cercle médical et de la Société médicale d'émulation de Paris, correspondant de la Société médicale d'Amiens, de la Société des sciences de Strasbourg, de la Société de médecine pratique de Montpellier, etc.; né à Mamers (Sarthe), en 1792.

—Analyses d'ouvrages et Articles divers (extraits du Bulletin universel des sciences et de l'industrie). *Paris, impr. de Fain*, 1825, in-8 de 24 pages.

Ne se sont pas vendues.

—Application (de l') de la physiologie à la pathologie, et de l'indispensable union de ces deux parties de la science. *Paris, impr. de Lachevardière fils*, 1826, in-8 de 20 pag.

— Essai sur quelques points de pathologie médicale. *Paris, de l'imp. de Didot jeune,* 1821, in-4.

Thèse.

— Histoire et Description de la taille latérale, suivant la méthode, etc.; traduite de l'angl. (1818). Voy. CHESELDEN (W.).

— Irritations (des) encéphaliques, rachidiennes et nerveuses, sous le rapport de l'éthiologie et de la thérapeutique. (Extr. des Ann. de la méd. physiol.) *Paris, Mlle Delaunay*, 1827, in-8 de 24 pag.

— Irritations (des) nerveuses, sous le rapport de la thérapeutique. (Extr. des Ann. de la méd. physiol.) *Paris, impr. de Lachevardière fils*, 1826, in-8 de 64 pag.

Ces deux écrits ont été reproduits, avec plus de développements, dans le Journal complémentaire du Dictionnaire des Sciences médicales, de 1828 à 1830.

— Propriétés (des) vitales, de l'expansibilité en particulier, et spécialement de cette force considérée comme principe de l'exhalation et de l'absorption. (Extrait des Annales de la médecine physiologique). *Paris, impr. du même*, 1827, in-8 de 24 pag.

— Quelques cas, dits de chirurgie, traités conformément aux principes de la nouvelle médecine, et suivis de Considérations sur certains points de thérapeutique externe. *Paris, imp. du même,* 1825, in-8 de 48 pag.

— Résumé des travaux de la médecine physiologique dans le cours de l'année 1824. *Paris, Mlle Delaunay*, 1825, in-8 de 40 pag., 1 fr. 50 c.

— Toxicologie (nouvelle), ou Traité des poisons et de l'empoisonnement sous le rapport de la chimie, de la physiologie, de la pathologie et de la thérapeutique. *Paris, la même*, 1826, in-8, 6 fr.

Indépendamment des ouvrages et dissertations de M. Guerin que nous venons de citer, dont quelques-uns ont été traduits en italien et en allemand, ce médecin est encore auteur de quelques mémoires qui n'ont pas été tirés à part et qui se trouvent insérés dans deux ou trois recueils périodiques consacrés à la science médicale : nous citerons, entre autres, un *Mémoire sur l'emploi des évacuants* (impr. dans le Bullet. de la Soc. médic., 1823); *De la nature et du traitement de la colique de plomb* (dans les Annales de la médec. physiol., ann. 1827); *De l'Aliénation mentale* (dans le Journal complém. du Dict. des sc. médic.). M. Guerin a aussi commencé à publier, en 1827, une *Physiologie du système nerveux* : cet ouvrage, dont sept articles ont paru jusqu'à ce jour (février 1830), est annexé aux « Annales de la médecine physiologique. »

On annonce de ce médecin, comme devant paraître bientôt, une *Pathologie et Physiologie du système nerveux*. Cet ouvrage se compose de la réunion des divers écrits que l'auteur a déja publiés sur ces deux matières, mais avec tous les développements qui résultent d'une publication mûrie.

Pour se distinguer de ses nombreux homonymes, M. Guerin paraît avoir adopté le nom de *Guerin de Mamers*, et c'est sous celui-là que tous ses ouvrages ont été publiés, à l'exception de sa traduction du livre de W. Cheselden.

GUÉRIN (Félix-Édouard), naturaliste, membre de la Société d'histoire nat. de Paris, de l'Acad. royale des sciences de La Rochelle, de la Société linnéenne de Bordeaux, de la Société des sciences, arts et belles-lettres de Lille, de la Société centrale d'agriculture, sciences et arts de Douai, de l'Académie royale des sciences, arts et littérature de Marseille, etc.; né à Toulon (Var), le 12 octobre 1799.

—Iconographie du «Règne animal» de M. le baron Cuvier, ou Représentation, d'après nature, de l'une des espèces les plus remarquables, et souvent non encore figurée de chaque genre. Ouvrage pouvant servir d'atlas à tous les traités de zoologie, dédié à M. le baron Cuvier et à M. Latreille. *Paris (* J.-B. Baillière),* 1829 et ann. suiv., in-8 et in-4.

Cet ouvrage, au sujet duquel M. Fréd. Cuvier a fait un rapport verbal très-favorable à l'Académie des sciences, forme, comme le dit le rapporteur, le complément naturel du «Règne animal ».

Il a été annoncé comme devant être composé de vingt-cinq livraisons de dix planches chacune : mais l'étendue du sujet fait présumer qu'il en aura de 40 à 50 : à la fin de l'ouvrage l'auteur se propose de donner une explication détaillée des planches. Cinq livraisons paraissaient à la fin de 1829. Prix de chaque livraison, in-8 fig. noires, 6 fr.; in-4 mêmes figures, 10 fr.; in-8 figures coloriées, 15 fr.; in-4 mêmes figures, 20 fr.; in-8 doubles figures, noires et coloriées, 20 fr., et in-4 mêmes figures, 28 fr.; in-8 figures avant la lettre, tirées sur pap. de Chine (à 25 exempl. seulement), 12 fr., et in-4 mêmes figures, 20 fr.

Il existe un exemplaire unique, qui est composé: 1° des planches in-4 avant la lettre, tirées sur pap. de Chine, figures noires; 2°. des mêmes planches, tirées sur papier blanc, et avant la lettre; 3° des planches avant la lettre, tirées en couleur et retouchées au pinceau; 4° enfin, des dessins originaux peints sur vélin.

Outre cet ouvrage, M. Guérin est auteur des divers mémoires d'histoire naturelle suivants; 1° Note topographique sur quelques insectes coléoptères, et Description de deux espèces des genres *Badister* et *Bambidion*. Mémoire lu à la Société philomatique de Paris, et à celle d'histoire naturelle, en juillet 1823, et dont il a été publié un extrait dans le Bulletin des sciences de la société philomatique, en juillet 1823; 2° Mémoire sur un insecte diptère du genre *Bolitophile*, lu à la société d'hist. natur. de Paris, en mars 1827; 3° Mémoire sur l'*Eury, pode*, nouveau genre de crustacé décapode Brachyure, présenté à l'Académie royale des sciences, le 14 avril 1828, et au sujet duquel M. Latreille a fait un rapport très-favorable à ce corps savant. Impr. dans le XVIe vol. des Mémoires du Muséum d'histoire natur. ( ); 4° Mémoire sur le nouveau genre *Themisto*, de la classe des crustacés, lu à la société d'hist. natur. de Paris, le 29 août 1828, et publ. dans le tom. IV du recueil de cette société; 5° un grand nombre d'articles d'entomologie dans le Dict. classique d'histoire natur.; 6° plusieurs analyses d'ouvrages d'entomologie dans le Bull. des sciences natur., publ. par le baron de Férussac; 7° enfin la section *crustacés arachnides et insectes*, du Voyage autour du monde, du capitaine Duperrey (in-fol. de 30 pl.).

Comme éditeur M. Guérin a donné la troisième édition de l'histoire des insectes, de Tigny, augm. et mise au niveau des connaissances actuelles (1828).

Parmi les ouvrages encore inédits de ce naturaliste, mais qui doivent être livrés très-prochainement à l'impression, on cite: 1° un Mémoire sur l'organisation extérieure des *phyllosomes*, et Monographie de ce genre de crustacés, avec plusieurs planches. Ce Mémoire a été présenté à l'Académie royale des sciences, le 19 novembre 1829, et M. Latreille a fait à l'Académie, dans sa séance du 18 janvier 1830, un rapport à son sujet, très-flatteur pour M. Guérin: un extrait en a été publié dans le Bulletin des sciences natur. du baron de Férussac, en novembre 1829; 2° Monographie des *Alimes* et des *Eryclées*, genre de crustacés stomapodes, avec pl.; 3° *Magasin de conchyliologie*, ou Description et figures de mollusques vivants et fossiles, inédits ou non encore figurés. Ouvrage destiné à établir une correspondance entre les conchyliologistes de tous les pays, à leur faciliter les moyens de faire connaître les espèces qu'ils possèdent, à compléter les traités de conchyliologie, et dans lequel les géologues trouveront des matériaux importants; 4° *Magasin d'entomologie*, ou Description et figures d'insectes inédits, ou non encore figurés. Ouvrage destiné à établir une correspondance entre les entomologistes de tous les pays, à leur faciliter les moyens de faire connaître les espèces qu'ils possèdent, et à compléter tous les traités d'entomologie. Ces deux Magasins paraîtront par livraisons mensuelles; chaque souscripteur sera admis à y insérer la description et la figure des espèces qu'il désirera faire connaître. A la fin de chaque livraison, M. Guérin donnera la liste des ouvrages qui auront paru soit sur les mollusques, soit sur les insectes, avec l'indication des sujets traités dans chacun de ces mémoires, afin de tenir les souscripteurs au courant de la science. Chaque livraison sera composée de 8 feuillets volants de texte, et de 8 planches coloriées et gravées. Prix de la livraison, 2 fr. 50 c. On souscrit à Paris, chez M. Lequien, éditeur. La

première livraison paraîtra en avril 1830; 5° enfin M. Guérin s'est chargé de la description des crustacés arachnides et insectes d'un Voyage dans l'Inde que va publier M. Bellanger, directeur du jardin royal de Pondichéry, in-4 avec planches.

GUÉRIN DE FRÉMICOURT (J.-Nic.).

— Ensorcelés (les), ou Jeannot et Jeannette. (1758). Voy. FAVART (Mme).

— Jumeaux (les), parodie de Castor et Pollux, en 3 actes (tout en vaudevilles). *Paris, Duchesne*, 1755, in-8.

Avec un anonyme.

— Tributs (les) de l'amour et de l'amitié; bagatelles galantes. *Paris*, 1757, in-12.

Le même auteur a publié, sous le même titre, un recueil de chansons gravées.

GUÉRIN DE TUBERMONT. ★ Traité des contrats de mariage. *Paris, Beugnié*, 1718, in-12.

GUÉRIN-DESBROSSES, d'Angers.

— Mémoires concernant l'analyse des titres pour les landes et terrains vagues du départ. de Maine-et-Loire. 1804, in-4.

GUÉRIN DU ROCHER (P.-Mar.-Stan.), jésuite, anc. professeur de droit canonique en Pologne; né près de Falaise, en Normandie, en 1731, massacré au séminaire de Saint-Firmin, à Paris, le 2 septembre 1792.

— Histoire véritable des temps fabuleux, dévoilée par l'histoire sainte. *Paris, Ch. P. Berton*, 1777, 3 vol. in-8.

L'auteur cherche à y prouver que tout ce que l'on sait des Égyptiens, depuis Ménès jusqu'à la fondation de l'empire des Perses, n'est qu'un extrait altéré et défiguré des passages de l'Écriture-Sainte qui regardent cette contrée. Ainsi, suivant lui, Ménès n'est autre que Noé; Moeris, Mesraïm; Sésostris, Jacob; Prothée, Joseph, etc.; et de quelque manière qu'on envisage ce système, on est obligé de convenir que les rapprochements indiqués par Guérin entre ces personnages offrent quelquefois des traits d'analogie singulièrement frappants: beaucoup d'autres paraîtraient tout-à-fait arbitraires et tirés de trop loin, si l'immense érudition qui est prodiguée dans l'ouvrage permettait de s'en apercevoir. Le but de l'auteur était seulement de démontrer, contre Voltaire et Paw, l'antiquité des livres de Moïse; et il ne prévit pas qu'il réunirait contre lui les philosophes et les savants. Voltaire commença l'attaque par un petit pamphlet plus gai que méchant, qui fut inséré dans le n° 15 du Journal de politique et de littérature, ann. 1777: ce morceau fut attribué dans le temps à La Harpe; mais on le trouve dans le 48e vol. des Œuvres de Voltaire, édit. in-8. L'ex-jésuite trouva encore d'autres adversaires, sinon aussi spirituels, du moins plus redoutables dans de Guignes, Anquetil et Duvoisin. (Voyez les *Extraits* de l'ouvrage de Guérin du Rocher, par de Guignes, dans le Journal des savants de septembre et décembre 1777; l'Avant-propos de la Législation orientale, par Anquetil Duperron; et l'Autorité des livres de Moïse établie et défendue contre les incrédules, par l'abbé Duvoisin). Guérin, naturellement modeste, ne voulut point s'engager dans une lutte polémique, et laissa à ses amis le soin de prendre sa défense: parmi ces derniers, deux, l'abbé Chapelle et l'abbé Bonnaud, publièrent des défenses de l'Histoire des temps fabuleux, qui ont été réimprimées l'une et l'autre à la suite de l'édition suivante de l'ouvrage de Guérin du Rocher. Ce dernier renonça à publier la continuation de son ouvrage, qui devait présenter l'Histoire des Assyriens, des Babyloniens et des Lydiens, et les commencements de celle des Mèdes et des Perses, éclaircie de la même manière. »   *Biogr. univ.*

— La même, accompagnée de l'Histoire véritable des temps fabuleux, confirmée par les critiques qu'on en a faites, par l'abbé CHAPELLE, et de l'Hérodote historien du peuple hébreux sans le savoir, par l'abbé J.-J. BONNAUD. *Paris et Besançon, Gauthier frères,* 1824, 5 vol. in-8, 25 fr.

... GUÉRIN DU ROCHER (le P. Rob.-Fr.), frère du précédent, jésuite et missionnaire en Orient; né le 23 octobre 1736, massacré, ainsi que son frère, le 2 septembre 1792.

— Lettre d'un missionnaire apostolique, curé dans le Levant, à Mgr l'archevêque de Paris, touchant l'état présent de la religion parmi les Grecs. *Paris, Crapart,* 1792, in-8 de 30 pag.

Un poëme latin du même, intitulé : *Architecturæ leges, seu Prima Principia,* a été imprimé pour la première fois dans le Supplément aux « Poemata didiscalisca ». Paris, 1813.

Voyez ce que nous avons dit à l'article du P. Gron, au sujet d'un grand ouvrage sur la religion dont il s'était occupé avec ce dernier.

GUÉRINEAU (Jean). Essai sur les causes prédisposantes et déterminantes de la fièvre jaune. *Paris, Béchet jeune, et Poitiers, Doussin Delys, et Catineau,* 1826, in-8 de 84 pag., 1 fr. 50 c.

GUÉRINEAU (Mlle Virginie). Bons (les) petits enfants, ou la Piété filiale récompensée. *Paris, Masson,* 1825, in-18 avec grav., 1 fr. 50 c.

GUÉRIOT-SAINT-MARTIN (Félicité), née en Champagne, le 18 mai 1767.

— Éducation (de l') et du bonheur des femmes. *Paris, Ducauroy,* an x (1802), in-12.

— Mémoires de mistriss Robinson, célèbre actrice de Londres, trad. de l'angl. (1802). Voy. ROBINSON.

— Paix (la). *Paris,* an x (1802), in-8.

GUÉRITEAU (L.-D.-C.), de l'Yonne.

— Siége (le) de Pontoise, ou l'Arrivée de Charles VII à l'abbaye de Maubuisson, en 1441, comédie en 4 actes (et en prose). Sec. édit. *Pontoise et Paris,* an x (1802), in-12.

GUERLE (de). Voy. DEGUERLE.

GUÉROULT (Henri), professeur au

collége Dubois, à Caen, mort en 1758.

— Rudiment nouveau. 1757, in-12.

GUÉROULT (l'abbé Louis-Nic.), ecclésiastique de Rouen, sa patrie; mort en cette ville, en 1774.

— Allégorie latine sur le sacrifice de madame Louise de France. 1772, in-8.

— La même, trad. en franç. par M. GUIOT. 1772, in-8.

— Ode latine sur ces paroles : Justus ex fide vivit...

— Spectacula, carmen....

Ces Poésies ont remporté le prix de l'Académie de l'Immaculée conception à Rouen.
France littér. de 1769.

GUÉROULT (Pierre-Cl.-Bern.), professeur émérite de l'Université de Paris, conseiller titulaire de l'Université, directeur de la nouvelle École normale; né à Rouen, le 7 juin 1744, mort à Paris, le 11 novembre 1821.

— Constitutions des Spartiates, des Athéniens et des Romains. 1794, in-8.

— Discours choisis de Cicéron, traduction nouvelle, etc. (1819). Voy. CICÉRON.

— Grammaire française. 1806, in-12.

Ouvrage classique plusieurs fois réimprimé.

— Histoire naturelle des animaux; traduction nouvelle, avec le texte latin en regard, etc. (1803). Voy. PLINE.

— Méthode (nouv.) pour étudier la langue latine, suivant les principes de Dumarsais. 1798, in-8. — VIe édit. *Paris,* 1805, in-12.

Très-souvent réimprimée.

— Morceaux extraits de l'Histoire naturelle de Pline. (1785). Voy. PLINE.

P. C. B. Guéroult a traduit, avec son frère, le 8e vol. des Œuvres de Cicéron, édit. de 1783—89 (Voy. l'article suivant).   *Mah.*

GUÉROULT jeune (P.-Remi-Ant.-Guill.), professeur d'éloquence latine, frère du précédent; né à Rouen, le 19 janvier 1749, mort à Paris, le 14 décembre 1816.

— Dictionnaire abrégé de la France monarchique, ou la France telle qu'elle était en janvier 1789. *Paris, Bernard; Fuchs,* 1802, in-8, 4 fr.

Guéroult a traduit, en société avec son frère (voy. l'article précédent), le 8e vol. des Œuvres de Cicéron, publiées de 1783 à 1789: ce volume contient la Harangue sur les réponses des aruspices, celle pour Sextus, les Plaidoyers pour Plancius et pour Célius, et l'Invective contre Vatinius. Il avait continué la traduction des Discours de Cicéron; mais elle est restée inédite.

Guéroult a présenté à l'Assemblée législative un *Plan d'éducation nationale,* et à l'Académie de musique, en 1798, un opéra intitulé *Étéocle et Polynice,* qui n'a été ni représenté ni imprimé. Il a fait hommage à la Convention d'une autre pièce dramatique intitulée : *Origine de la république, une et indivisible.*

Voyez aussi COURNAND (l'abbé).

GUÉROULT (J.-Franç.), né à Rouen.
— Journée (la) de Marathon, ou le Triomphe de la liberté, comédie en 4 actes et en prose, avec des intermèdes et des chœurs, mis en musique, par Kreutzer. *Paris*, 1792, in-8.

La biographie Gosselin attribue faussement cette pièce à Claude Bernard Guéroult, ancien directeur de l'école Normale, qu'il ne faut pas confondre avec Jean François Guéroult, qui vit encore.

GUÉROULT DE PIVAL. Voy. BOULAINVILLIERS (le comte).

GUERRAPAIN (Cl.-Th.), botaniste; né à Merry-sur-Seine, en 1754, mort à Troyes, le 17 mars 1821.
— Almanach des roses, dédié aux dames. *Paris, Belin; et Troyes, Gobelet*, 1811, in-8 de 64 pag., 1 fr. 50 c.
— Notice sur la culture du sophora, du platane et de l'aune. *Paris, D. Colas*, 1809, br. in-8, 60 c.

GUERRE, avocat, membre de l'Académie de Lyon.
— Mémoire pour les propriétaires et manufacturiers riverains du cours d'eau de la Gère à Vienne, sur leurs droits aux eaux de cette rivière, à l'occasion du rétablissement de l'un des aqueducs des Romains, destiné à détourner de leurs cours une partie des eaux de la même rivière. *Lyon, impr. de Durand et Perrin*, 1824, in-8 de 92 pag.
— Notice historique sur la vie de M. P. F. Rieussec, conseiller honoraire à la Cour royale de Lyon. *Lyon, impr. de Perrin*, 1827, in-8 de 24 pag.

GUERRIER, ancien professeur au collège de Lunéville.
— Annales de Lunéville, ou Essai historique sur cette ville depuis sa fondation jusqu'à nos jours. Sec. édit., rev. et augm. de détails intéressants sur l'affaire de Malseine et le congrès de Lunéville. *Lunéville, l'Auteur*, 1818, in-8 de 232 pag.

La première édition, qui parut en 1817 sous le titre d'Essai historique sur la ville de Lunéville, ne formait que 104 pag.

GUERRIER DE DUMAST (Aug.-Prosp.-Franç.), avocat, sous-intendant militaire-adjoint; né à Nanci (Meurthe), le 26 février 1796.
— * Appel aux Grecs, trad. du grec moderne (1821). Voy. ATHOMÈTE.

— Chio, la Grèce et l'Europe, poëme lyrique, accompagné de notes explicatives. *Paris, Maur. Schlesinger*, 1822, gr. in-8, 2 fr. 50 c.
— * Maçonnerie (la), poëme en III chants. *Paris, Arth. Bertrand*, 1820, in-8, 7 fr.

« Cet ouvrage d'un savant, d'un poète et d'un homme de talent, valut à son auteur, sur le rapport de M. Lemaire, professeur de poésie latine au collège de France, une médaille d'or décernée par la loge des Frères Artistes, où M. Guerrier de Dumast avait reçu la lumière, et dont il était l'orateur adjoint.»

— Rapport fait à la loge des artistes, le 19 juillet 1821, sur l'établissement dit manufacture des apprentis-pauvres et orphelins. *Paris, impr. de Dondey-Dupré*, 1821, in-8 de 8 pag.
— * Rime (la), par D. *Paris*, 1819, in-8.

Bien jeune encore, M. Guerrier de Dumast remporta le prix proposé par l'acad. de sa ville natale pour l'*Éloge de Gilbert*. Sa *Défense de la reine*, dit M. Besuchet, lui valut les suffrages de madame la princesse de Salm, quoique M. Guerrier de Dumast eût combattu les théories littéraires de cette illustre dame. Une traduction de l'ouvrage romaïque connu sous le titre de *Salpisma polemisterion*, a été pour M. Guerrier de Dumast l'occasion d'un nouveau succès. Les Grecs en le réimprimant ont traduit à leur tour la préface de l'écrivain français. Il a donné dans des recueils périodiques différentes traductions de poésies orientales.   *Biogr. Franc-maçonne.*

GUERSENT (L.-B.), docteur en médecine, membre titulaire de l'Académie royale de médecine.
— Discours prononcé sur la tombe de J.-B.-Charles Asselin. *Paris, impr. de Rignoux*, 1826, in-4 de 4 pag.
— Essai sur les épizooties. *Paris, Panckoucke; Mme Huzard*, 1815, in-8.

Ce n'est qu'une réimpression de l'article Épizootie du Dictionnaire des sciences médicales. On y a seulement ajouté une notice sur la clavelée.

— Quels sont les caractères des propriétés vitales dans les végétaux? 1803, in-8.

Le doct. Guersent a participé à la rédaction du Dictionnaire des sciences médicales (1811 et ann. suiv.), et plus tard à celle du nouveau Journal de médecine.

GUESDON (Alex.-Fursy), petit-fils de Préville, littérateur, connu d'abord sous ce nom dans la république des lettres, et plus tard sous le pseudonyme de MORTONVAL qu'il a adopté depuis 1825.
— Arlequin libraire, vaudeville en un acte (et en prose). *Paris, Maradan jeune*, 1806, in-8, 1 fr.

Publ. sous le nom d'Alexandre.

— Cendrillon, ou la Petite pantoufle de verre, mélodrame-féerie, en 4 actes et en prose. *Paris, Hugelet*, an XIV (1806), in-8.

Avec Constant (Forgeaux).

— Comte (le) de Villamayor, ou l'Espagne sous Charles IV. *Paris, A. Dupont,* 1825, 5 vol. in-12, 15 fr.

Publ. sous le pseudon. de Mortonval.

— Dame (la) de Saint-Bris, chroniques du temps de la ligue, 1587. *Paris, le même,* 1827, 4 vol. in-12, 12 fr.

Publ. sous le même pseudonyme.

Cet ouvrage a eu une sec. édit. (ou plutôt un second tirage) la même année.

— Danières à Gonesse, vaudeville en un acte. (1805). Voy. SIMONNIN.

— Fils (le) du meunier. Première partie : Le Siége de Rouen. *Paris, Ambr. Dupont,* 1828, 4 vol. in-12, 12 fr. — Seconde partie : Le Siége de Paris. *Paris, le même,* 1828, 5 vol. in-12, 15 fr.

Publ. sous le pseudon. de Mortonval.

Ce sont des chroniques du temps de la ligue.

— Fray Eugenio, ou l'Auto-da-fé de 1680. *Paris, le même,* 1826, 4 vol. in-12, 12 fr.

Publ. sous le pseudon. de Mortonval.

— Gilles Robinson et Arlequin Vendredi, imitation burlesque de Robinson-Crusoé, en 3 actes qui n'en font qu'un, à grand spectacle. *Paris, Fages,* 1805, in-8, 50 c.

Avec Simonnin.

— Histoire de la guerre de Russie en 1812. *Paris, Ambr. Dupont,* 1828, 2 vol. in-18 ornés de portraits, plans et cartes, 7 fr. 50 c., ou 2 part. in-8, 9 fr.

— Histoire des campagnes d'Allemagne, depuis 1807 jusqu'en 1809, pour les détails stratégiques, par M. le général BEAUVAIS. *Paris, le même,* 1826, in-18 avec portraits, plans et cartes, 3 fr. 75 c., ou 1827, in-8, 6 fr.

— Histoire des campagnes de France en 1814 et 1815. *Paris, le même,* 1826, in-18 avec portraits, plans et cartes, 3 fr. 75 c., ou in-8, 6 fr. — IIIᵉ édition. *Paris, le même,* 1827, in-18.

— Histoire des guerres de la Vendée, depuis 1792 jusqu'en 1796. *Paris, le même,* 1827, in-18 avec un portr. et 2 cartes, 3 fr. 75 c., ou 1828, in-8, 6 fr.

Faisant partie d'une collection intitulée : *Histoire des guerres de la révolution par campagne.*

— Martin Gil, histoire du temps de Pierre-le-Cruel. *Paris, Eug. Renduel,* 1830, 2 vol. in-8, 15 fr.

— Maurice Pierret, épisode de 1793. *Paris, le même,* 1829, 5 vol. in-12, 15 fr.

Ces six derniers ouvrages ont été publiés sous le pseudon. de Mortonval.

— Petit-Jacquot (le), opéra en un acte (et en prose). *Paris, Mᵐᵉ Masson,* an IX (1801), in-8, 1 fr.

Publ. sous le nom d'Alexandre.

— Prétendu (le) de Gisors, folie-vaudeville, en un acte (et en prose). *Paris, André,* an VIII (1800), in-8.

Publ. sous le nom d'Alexandre.

— Revue (la) des Gobe-Mouches, ou les Visites du jour de l'an, folie-épisodique en un acte (en prose) et en vaudevilles. *Paris, Petit,* 1807, in-8.

Publ. sous le nom d'Alexandre.

— Robinson cadet. (1806). Voy. SIMONNIN.

C'est vraisemblablement encore M. Guesdon qui, sous le nom d'Alexandre, a eu part à la pièce intitulée : « M. de Bièvre, ou l'Abus de l'esprit », etc.

— Tartuffe (le) moderne. *Paris, les march. de nouveautés (Amb. Dupont),* 1825, 3 vol. in-12, 10 fr.

Publ. sous le pseudon. de Mortonval. Ce roman a été réimprimé une seconde fois la même année.

M. A. F. Guesdon a fondé quelques journaux, et a participé à la rédaction d'un certain nombre d'autres.

Il serait possible que cet écrivain fût aussi auteur de quelques-uns des opuscules que nous avons cités au nom de FUNCY.

GUESDON (D.-A.) Fables orientales et nouvelles Idylles. *Paris, Barba,* 1812, in-18, 2 fr. 50 c.

Un autre M. Guesdon (J.-F.) a fait imprimer, dans le 4ᵉ volume du recueil de la Société royale des antiquaires de France, un *Mémoire sur le camp romain de Fains, près de Bar-le-Duc*, avec une planch. (1823).

GUESNAY DE BEAUREPAIRE (le chev.), fondateur et président d'une Acad. littéraire à Richmond, en Amérique.

— Mémoire et Prospectus concernant l'Académie des sciences et beaux-arts des États-Unis d'Amérique, établie à Richemond, capitale de la Virginie. 1785, in-8.

GUESNET (A.). Réfutation du mémoire de Carnot. *Paris......* 1815, br. in-8.

GUESNIÉ (dom Cl.). Voy. AUGUSTIN (Saint).

GUESNOIS, curé du diocèse de Blois.

— * Entretiens d'Ariste et d'Eugène sur les affaires du temps, par M***, élève de M. Duguet. *Sans indication de lieu,* 1743, in-12.

GUESQUIÈRE. Voy. GHESQUIÈRE.

GUESTARD (Ch.), avocat, ex-secrétaire de la dette publique.

— Idée financière soumise à MM. les membres des Chambres. *Paris, impr. de Lebègue,* 1824, in-4 de 4 pag.

GUETTARD (Jean-Étienne), médecin natural., conservateur du cabinet d'histoire naturelle du duc d'Orléans, membre de l'Académie royale des sciences, et des académies de la Rochelle, de Florence et de Stockholm ; né à Étampes, le 22 septembre 1715, mort à Paris, le 8 janvier 1786.

— Atlas et Description minéralogique de la France (première partie et unique). *Paris*, 1780, in-fol.

Guettard est le premier qui ait eu l'idée de représenter sur des cartes géographiques la nature des substances renfermées dans l'intérieur de la terre. Il s'est servi, à cet effet, de caractères minéralogiques analogues à ceux que les anciens chimistes ont employés. Dès 1746, Guettard avait rassemblé assez d'observations pour dresser une carte générale minéralogique de la France, divisée par terrains ; il en est parlé dans cet ouvrage. Depuis cette époque il donna successivement des cartes plus détaillées des environs de Paris, de ceux d'Étampes, de la Suisse, de la Champagne, etc., dont il forma ensuite l'Atlas ci-dessus. On a laissé à chaque carte des marges assez étendues ; on a placé dans l'une l'explication des caractères minéralogiques, dans l'autre, une coupe ou profil des montagnes : l'échelle est la moitié de celle de Cassini, ce qui a permis à l'auteur de donner un très-grand détail, qui fait connaître en même temps les substances qui se présentent dans une province à la surface de la terre, et celles qui se trouvent à différentes profondeurs.

Cet atlas, publié par Monnet, et dressé par Dupain-Triel pour la partie géographique, ne contient que trente-deux cartes ; on trouve cependant des exemplaires auxquels on en a ajouté huit, qui devaient paraître avec la suite de l'ouvrage, ce qui porte le nombre total à quarante : il en aurait contenu deux cent seize, s'il avait été terminé, comme on le voit par la carte générale mise en tête de l'ouvrage. Il est bien à regretter que cet important travail n'ait pas été continué.

— Histoire de la découverte faite en France de matières semblables à celles dont la porcelaine de la Chine est composée. *Paris*, 1765, in-4 ; ou 1766, in-12.

C'est cette découverte importante qui a donné lieu à l'établissement de la manufacture de Sèvres.

— Mémoires sur la minéralogie du Dauphiné. *Paris, Clousier (*Treuttel et Würtz*),* 1782, 2 vol. in-4, 30 fr.

Réimprimé in-fol. dans la « Description générale de la France » par de Laborde, à laquelle Guettard a eu part.

— Mémoires sur les différentes parties des sciences et des arts. *Paris, Laur. Prault,* 1768-83, 5 vol. in-4.

Collection très-estimée ; le libraire Lamy a divisé les deux derniers volumes en trois parties, et les a reproduits, en 1786, sous le titre de *Nouvelle Collection de mémoires, etc.*

— Observations sur les plantes. *Paris, Durand,* 1747, 2 vol. in-12.

On y trouve le catalogue des plantes qui croissent aux environs d'Étampes et d'Orléans, et des remarqués sur celles que l'auteur avait observées dans le Bas-Poitou et l'Aunis.

Indépendamment des ouvrages que nous venons de citer, Guettard est encore auteur d'un grand nombre de mémoires qui ont été imprimés, de 1744 à 1778, dans le recueil de l'Académie des sciences ; nous en donnerons ici l'énumération chronologique.

— Observations sur une espèce de plante, appelée Franca, par lesquelles on détermine son caractère générique plus exactement qu'il ne l'a encore été fait, avec une planche (1744).—Mémoire sur une des causes qui peuvent rendre les chevaux poussifs, et sur les précautions que l'on peut apporter pour prévenir cette maladie (1745). — Mémoires sur les glandes de plantes, au nombre de 4 (1745 à 1756).— Expériences par lesquelles on fait voir que les racines de plusieurs plantes de la même classe que la garance, rougissent aussi les os, et que cette propriété paraît être commune à toutes les plantes de cette classe (1746). — Mémoire et carte minéralogique sur la nature et la situation des terrains qui traversent la France et l'Angleterre, avec deux cartes (*id.*): dans ce mémoire, l'auteur démontre l'analogie des terrains de ces deux pays, qu'il divise en trois bandes, sablonneuse, marneuse et métallique. — Mémoires (deux) sur la transpiration insensible des plantes (1748 et 1749).— Description de deux espèces de nids singuliers faits par des chenilles, avec 4 pl. (1749).—Mémoire sur les granits de France, comparés à ceux d'Égypte, avec une pl. (1751). — Mém. sur quelques corps fossiles peu connus, avec 9 pl. (id.). — Mém. sur quelques montagnes de la France qui ont été des volcans (1752). Guettard y prouva, le premier, que les principales montagnes de l'Auvergne sont des volcans éteints, et ce qu'il y a de singulier, c'est que cette assertion parut alors un paradoxe dans le pays même. — Mémoire dans lequel on compare le Canada à la Suisse, par rapport à ses minéraux ; en deux parties, avec deux cartes, de la Suisse et du Canada, et 4 pl. (1752). Le même volume contient aussi une addition à ce Mémoire. Guettard y établit que les fossiles de ces deux pays sont absolument semblables ; mais son travail à cet égard, comme il en convient, est très-incomplet. — Mém. sur les poudingues, avec 5 pl. et une carte (1753). — Mém. sur plusieurs morceaux du cabinet de S. A. S. M. le duc d'Orléans, avec 2 pl. (id.). — Mém. sur les stalactites ; en trois parties ; avec 7 pl. (1753 et 1754).— Mém. sur l'ostéocolle des environs d'Étampes, avec deux pl. (1754). — Mém. où l'on examine en général le terrain, les pierres et les différents fossiles de la Champagne et de quelques endroits des provinces qui l'avoisinent, avec une pl. et une carte (id.).—Mém. sur le tripoli (1755).—Mém. sur les encrinites et les pierres étoilées, dans lequel on traitera aussi des entroques, des trochites, etc., en deux parties ; avec 6 pl. (id.). — Mém. sur les plantes qu'on peut appeler fausses parasites, ou plantes qui ne tirent point d'aliment de celles sur lesquelles elles sont attachées (1756). — Observations qui peuvent servir à former quelques caractères de coquillages (id.). — Description minéralogique des environs de Paris et des corps marins qui s'y trouvent ; en trois mémoires ; avec 14 planches (1756, 1761 et 1764).—Mém. sur les ardoisières d'Angers, avec 7 pl. (1757). — Description des salines de l'Avranchin en Basse-Normandie, avec 2 pl. (1758).—Mém. sur la pierre meulière (id.). — Mém. sur plusieurs rivières de Normandie qui entrent en terre, et qui reparaissent ensuite, et sur quelques autres de la France, avec une planch. (1758). — Observations en médecine (1759).— Mém. sur le caractère spécifique des plantes (id.). — Mém. sur les accidents des coquilles fossiles, comparés à ceux qui arrivent aux coquilles qu'on trouve maintenant dans la mer, en trois parties ; avec 9 pl. (id.).— Mém. sur la minéralogie de l'Auvergne, avec une pl. et une carte (id.).—Mém. sur le rapport qu'il y a entre les coraux et les tuyaux marins, appelés communément tuyaux vermiculaires ; et entre ceux-ci et les coquilles, avec 5 pl. (1760).— Mém. sur des os fossiles, découverts, le 28 janvier 1760, dans l'intérieur d'un rocher auprès de la ville d'Aix en Provence, avec 2 pl. (id.). — Mém. sur les paillettes et les grains d'or de l'Ariége, fait d'après les lettres et les remarques de M. Pailhès, changeur pour le roi à Pamiers, envoyées à M. l'abbé Nollet(1761).—Mém. sur les tourbières de Villeroy, dans lequel on fait voir qu'il serait très-utile à la Beauce qu'on en ouvrît dans les environs d'Étampes (id.).—Mém. sur l'ocre (1762).—Mém. sur la nature du terrain de la Pologne et des minéraux qu'il renferme, en 2 parties ; avec 6 pl. et une carte de la Pologne (id).—Observations météorologiques, faites à Varsovie, pendant les années 1760, 1761 et 1762 (id.). — Mém. sur les mines de sel de Wieliczka en Pologne (id). — Observations par lesquelles on détermine le caractère générique de la plante appelée Marsilea, plus exactement qu'il ne l'a été fait jusqu'à présent, avec une pl. (id.). — Mém. sur une espèce de pierres appelées salières ; avec 3 pl. (1763). — Observations minéralogiques faites en France et en Allemagne, en deux parties ; avec 2 pl. et une carte (id.).—Avec LAVOISIER : Expériences sur une espèce de stéatite blanche, qui se convertit seule, au feu, en un beau biscuit de porcelaine (1778). — Avec le même : Description de deux mines de charbon de terre, situées au pied des montagnes de Voyes, l'une en Franche-Comté, l'autre en Alsace, avec quelques expériences sur le charbon qu'on en tire (idem).

On a aussi de ce savant des *Lettres* et des *Dissertations* dans les Journaux économique et de médecine. Il a fourni des notes et des éclaircissements pour la traduction française de l'Histoire naturelle de Pline, par Poinsinet de Sivry.

GUEUDEVILLE (Nic.), journaliste, compilateur et traducteur médiocre, d'abord religieux de l'ordre de Saint-Benoît, et plus tard calviniste ; né à Rouen, vers 1650, mort à La Haye, vers 1720.

— * Censeur (le), ou les Caractères des mœurs de La Haye. Par G***. *La Haye*, 1715, in-12.

— * Critique générale des Aventures de Télémaque. *Cologne*, 1700, 2 vol. petit in-12.

Cette critique est oubliée depuis long-temps ; et, en la lisant, on a peine à concevoir qu'elle ait été applaudie. C'est cependant ce que Bayle assure dans ses Lettres.

« Cette critique, dit Barbier, est composée de cinq parties. A la honte de la littérature, la première a eu quatre éditions, et la seconde trois. La cinquième, publiée en 1701, a pour titre : *Le critique ressucité*, ou la Fin de la critique des Aventures de Télémaque, où l'on voit le véritable portrait des bons et des mauvais rois. »

— * Dialogue de M. le baron de la Hontan et d'un sauvage de l'Amérique. *Amsterdam*, 1704, in-8.

Réimprimé à la suite du Voyage de la Hontan. Amsterdam, 1724, 2 vol. in-12, dont Gueudeville a été l'éditeur. Ce discours est une critique très-amère des usages de l'Église romaine.

— * Esprit (l') des cours de l'Europe (1699-1709). Voyez ce titre à la Table des Anonymes.

— * Grand (le) Théâtre historique, ou nouvelle Histoire universelle, tant sacrée que profane, avec médaillons. *Leyde, Vander Aa*, 1703 et années suiv., 5 vol. in-fol.

C'est une traduction libre d'un ouvrage allemand

d'Imhof : les gravures en font le principal mérite.

On a encore du même un *Parallèle de Paul III et de Clément XI*, suivi de *Pensées libres*, impr. à la suite des Maximes politiques de Paul III. La Haye, 1716, in-12.

Comme traducteur, Gueudeville a publié des traductions des divers ouvrages suivants, qui sont très-défectueuses, et qui cependant ont eu quelque succès : 1° Éloge de la folie, par ÉRASME (1713) ; 2° l'Utopie de Thom. MORUS (1715) ; 3° les Colloques d'ÉRASME (1720) ; 4° le traité de Corneille AGRIPPA, sur la noblesse et l'excellence du sexe féminin, avec un autre sur l'incertitude et la vanité des sciences, (1726) ; 5° et enfin, les Comédies de PLAUTE (1719 : Voy. ces noms. Il est l'éditeur de l'Éloge de la goutte, par Goulet, auquel il joignit l'Éloge de la fièvre quarte, traduction du latin de Guill. Ménapius, confondu mal-à-propos avec Gilles Ménage, dans le beau « Catalogue de la bibliothèque de M. Mac-Carthy ». Il a été aussi l'éditeur de l'Atlas historique, de CHATELAIN (1718-20, 7 vol. in-fol.). Les rédacteurs du « Catalogue de la bibliothèque du roi » attribuent à Gueudeville l'Éloge de l'ivresse, qu'on sait être de Sallengre.

Biogr. univ.

GUEULLETTE (Thom.-Sim.), l'un des plus féconds et des plus agréables imitateurs de ces contes orientaux adoptés par tous les peuples de l'Europe ; né à Paris, le 2 juin 1683, mort à Charenton, le 22 décembre 1766.

— * Amour (l') précepteur, comédie en 3 actes (en prose). Par M. G***. *Paris, Flahaut*, 1726 ; *Paris, Briasson*, 1729, 1732, in-12.

— * Aventures (les) merveilleuses du mandarin Fum-Hoam, contes chinois. *Paris, J.-B. Mazuel*, 1723 ; ou *Amsterdam, H. Desbordes*, 1728, 2 vol. in-12.

L'édition d'Amsterdam porte pour titre : *Contes chinois, ou les Aventures, etc.* Cet ouvrage a été réimprimé dans le « Cabinet des fées », tom. 19.

— * Horoscope (l') accompli , comédie (en un acte et en prose). *Paris, Briasson*, sans date (1727), ou 1729 et 1732, in-12.

— Mémoire de Mademoiselle Bontemps, ou de la comtesse de Marlou. *Amsterdam*, 1738, in-12.

— * Mille (les) et un quarts d'heure, contes tartares. *Paris, Saugrain*, 1715, 2 vol ; 1723, 3 vol. ; *et Paris , les libraires associés*, 1753, 3 vol. in-12 avec figures.

Réimpr. dans le Cabinet des fées, tom. 21 et 22. On avait cru ces contes réellement traduits du persan : rien ne prouve mieux que la manière des contes orientaux y est heureusement imitée.

— * Mille (les) et une heures, contes péruviens. *Amsterdam, Wetstein*, 1733, 1734, 2 vol. in-12 et pet. in-12.

— Pieds (les) de mouches, ou les nouv. Noces de Rabelais. 1732, 6 vol. in-8.

Avec Jamet l'aîné.

— * Soirées bretonnes, nouveaux contes de fées. *Paris, Saugrain*, 1712, in-12.

Réimpr. dans le 30e vol. du « Cabinet des fées. »

— * Sultanes (les) de Guzarate, ou les Songes des hommes éveillés, contes mogols. *Paris, Mouchet*, 1732, 3 vol. in-12.

Réimpr. sous le titre des *Mille et une soirées*. La Haye (Paris), 1749, 3 vol. in-12; et dans le « Cabinet des fées », tom. 22 et 23.

— Trésor (le) supposé, comédie (en 3 actes et en prose). *Paris, Briasson*, sans date, in-12.

Gueulette est auteur d'un grand nombre de Parades, mais nous ne connaissons d'imprimées que les suivantes : *Caracatara et Caracataqué*, en 3 actes et en prose, et *le Muet* aveugle, sourd et manchot, en un acte et en prose : ces deux parades sont impr. dans le Théâtre des boulevards (Mahon, 1756, 3 volumes in-12).

— * Vie (la) est un songe, tragi-comédie, imitée de l'esp. (1717). Voy. CALDERON.

« Les différents ouvrages de Gueulette, dit l'abbé Sabatier, sont le fruit d'une plume facile; mais plus attentive à consulter le goût des personnes frivoles et oisives que l'utilité du lecteur éclairé et judicieux. »

Gueulette a traduit la plupart des canevas italiens, insérés dans le Théâtre de Riccoboni, et a fourni aux frères Parfaict les matériaux pour l'histoire de l'établissement de ce spectacle en France. On lui doit aussi de nouvelles éditions : 1° de l'Histoire du petit Jéhan de Saintré, par Ant. de LASALLE (1724, 3 vol. in-12), avec l'explication des termes de chevalerie, des remarques sur les tournois, et des notes grammaticales; 2° de l'Histoire de Gérard, comte de Nevers, et d'Euryant de Savoye, sa mye (par GIBERT de Montreuil, 1725, in-8), avec des notes instructives; 3° des Contes et Fables de Pilpay et de Lockman (1724, 2 vol. in-12); 4° des Essais de Montaigne (1725, 3 vol. in-4); 5° des OEuvres de Rabelais (1732, 6 vol. in-8); 6° de la Farce de Pathelin (1748, in-12), que l'éditeur attribue à Villon, mais que l'on sait être de P. Blanchet.

GUEVARA (Ant. de), prélat espagnol du XVIe siècle.

— Esprit (l') de D. Antonio de Guevara en quatre cents maximes et traits d'histoire choisis dans ses lettres et dissertations. *Francfort-sur-le-Mein*, 1760, petit in-8.

Ce volume est imprimé en quatre langues, latine, italienne, française et allemande. L'épître dédicatoire, à la maréchale de Broglie, est signée Amman.

GUEVARA (Louis VELEZ DE LAS DUENAS Y), auteur dramatique espagnol; né en 1574, mort en 1646, surnommé, à juste, titre le Scarron de l'Espagne.

— Diablo (el) coxuelo, verdades sonadas y novelas de la otra vida, traducidas a esta. Nuev. edic. *Paris, Th. Barrois hijo*, 1812; o *de la empr. de Gaultier-Laguionie*, 1828, in-32 avec portr., 6 fr.

L'édition originale de cet ouvrage est de Madrid, 1648, in-8. « C'est une satire aussi spirituelle que juste des mœurs de Madrid, au temps où vivait l'auteur. Le style en est pur, élégant, plein de feu, et pétille de bonnes plaisanteries. Ce roman a servi de canevas à Lesage, pour composer son « Diable boiteux », ou, pour mieux dire, le roman de ce dernier n'est qu'une continuation de celui de l'espagnol.

Il existe une traduction française littérale de l'ouvrage de Guevara, faite par l'auteur des « Lectures amusantes. »

GUFFROY (Armand-Benoît-Joseph), écrivain révolutionnaire, ex-avocat, membre de l'Assemblée provinciale de l'Artois, juge-de-paix à Arras, représentant du Pas-de-Calais à la Convention nationale; né aux environs d'Arras, en 1740, mort à Paris, chef-adjoint au ministère de la justice, en 1800.

— Censure républicaine, ou Lettre de Guffroy aux Français, habitants d'Arras et communes environnantes, à la Convention nationale et à l'opinion publique. An III (1794), in-8 de 82 pag.

— Discours sur ce que la nation doit faire du ci-devant roi. 1792, in-8.

— Lettre en réponse aux observations sommaires de M. l'abbé Syeyes sur les biens ecclésiastiques. 1789, in-8.

— * Liberté (la), Barra et Viala, ode. Par un représentant du peuple. An II (1793), in-8.

— Offrande à la nation. 1789, in-8.

— * Queue (la) de Robespierre. 1794, in-8.

— * Sanction (la) royale examinée par un Français. 1789, in-8.

— Secrets (les) de Joseph Lebon et de ses complices, ou Lettre de A.-B.-J. Guffroy à la Convention nationale et à l'opinion publique. *Paris*, an III (1794), in-8.

Cet ouvrage, ainsi que la *Censure républicaine*, écrits dans le style des hommes de ce temps-là, contiennent de précieux renseignements sur les crimes que commirent en Picardie Lebon et ses agents.

— * Tocsin (le), sur la permanence de la garde nationale, sur l'organisation des municipalités et des assemblées provinciales, sur l'emploi des biens de l'église à l'acquit des dettes de la nation. 1789, in-8.

Guffroy a rédigé, en 1792, un Journal intitulé : le *Rougiff* (anagramme de son nom), ou la *France en vedette*, dans lequel il surpassait quelquefois Hébert et Marat en cynisme et en férocité.

GUFFROY (P.), professeur de mathématiques.

— Développement du nouveau système des poids et mesures, et Traité d'arithmétique adapté à ce système. *Lille*, 1798, in-8.

GUIARD (Dom. Ant.). Voy. GUYARD.

GUIARD DE SERVIGNÉ, de Rennes.

— * Rhinocéros (le), poëme en prose, divisé en VI chants, par Mlle de ***. *Paris*, 1750, in-12.

— * Sonnettes (les), ou Mémoires du marquis de ***.*Berg-op-Zoom* (*Londres*), 1749, 1751, 1781, in-12.

GUIART (D.-L.), professeur à l'école de pharmacie de Paris.

— Classification végétale et exposé d'une nouvelle Méthode calquée sur celle de Tournefort, d'après laquelle sont rangées les plantes de l'École de pharmacie de Paris. *Paris, Couturier*, 1807, in-8; ou *Paris, le concierge de l'École de pharmacie*, 1823, broch. in-8 de 48 pages, avec un tableau.

GUIAUD fils, docteur en médecine de la Faculté de Paris.

— Considérations littéraires et médicales sur la musique, lues à la séance publique de la Société de médecine de Marseille. *Marseille, de l'impr. d'Achard*, 1816, in-12 de 20 pages.

M. Guiaud est l'un des rédacteurs de « l'Observateur provençal des sciences médicales (1821) ». Voyez ce titre à la Table des Anonymes.

GUIBAL (Nicolas), premier peintre de la cour de Stuttgard, architecte, et directeur de la galerie de tableaux de cette ville; né à Lunéville, le 29 novembre 1725, mort à Stuttgard, le 3 novembre 1784.

— Éloge du Poussin. *Paris*, 1783, in-8.

Ouvrage couronné à l'Académie de Rouen.

— Éloge historique de M. Mengs. *Paris*, 1781, in-8 de 63 pages.

Cet ouvrage a été rédigé par M. L. T. Hérissant, sur les notes de Nic. Guibal, et reproduit, en 1782, dans les Œuvres de Mengs, traduites par Doray de Longrais.

GUIBAL (C.-F.), ancien élève de l'École polytechnique, successivement professeur à l'école d'artillerie de Valence, avoué à Lunéville, adjoint du maire, enfin, notaire de la même ville.

— Ruth, poëme en III chants. *Lunéville, impr. de J. E. B. Guibal*, 1818, in-8 de 84 pages.

GUIBAUD (le P. Eustache), oratorien, professeur de philosophie, et préfet des classes aux colléges de Pézenas, Condom, Marseille, Soissons et Lyon; né à Hières, le 20 septembre 1711, où il est mort en 1794.

— * Explication des Psaumes, à l'usage des colléges. *Avignon*, 1781, 3 vol. in-8; ou avec un nouveau frontispice, *Paris, Leclerc*, 1792, 3 vol. in-8.

— * Explication du Nouveau Testament, à l'usage principalement des colléges. *Paris, Barbou*, 1785, 8 tom. formant 5 vol. in-8.

Cette explication consiste dans de courtes notes sur plusieurs versets de chaque chapitre.

— * Gémissements d'une ame pénitente, tirés de l'Ecriture-Sainte. *Bruxelles*, 1778, in-16. — IIIe édit., augm. des Maximes propres à conduire un pécheur à une véritable conversion. *Louvain*, 1779; *Rouen*, 1780, in-12.

Petit livre qui a été souvent réimprimé : l'édition la plus récente que nous connaissions est celle qui a paru sous ce titre : les Gémissements d'une ame pénitente pendant les trente jours fixés par l'indult apostolique pour gagner l'indulgence du jubilé. Paris, veuve Richard, 1804, in-18, 1 fr. 50 c.

Ce petit ouvrage est suivi de deux publications de l'Indulgence plénière accordée par le pape à tous les fidèles catholiques habitant la France, à l'occasion du concordat, et d'une Instruction abrégée sur le jubilé. Il contient en outre un modèle de pénitence, extrait de la Vie des Saints, avec des réflexions tirées des Saints-Pères.

— Manuel (le) de la jeunesse française, suite de la « Morale en action, ou Élite de faits mémorables et d'anecdotes instructives », par Béranger. (Nouv. édit.) *Lyon et Paris, Périsse frères*, 1824, in-12.

La première édition a paru en 1787, sous le titre de Morale en action, tom. 2 : elle est anonyme.

Cet ouvrage porte pour titre courant : Recueil de faits mémorables.

Cet écrivain a été le rédacteur des Heures du collége de Lyon; il a donné une édition du Catéchisme de Naples, en 3 vol. in-12. Il était un des collaborateurs de l'abbé de Barral au Dictionnaire historique, littéraire et critique (1758), où par erreur on a écrit Gaubil au lieu de Guibaud. Il y a fourni, entre autres, l'article de l'abbé de S. Cyran.

GUIBERT (Mme), pensionnaire du roi; née à Versailles, le 31 mars 1725, morte vers 1787.

— Fille (la) à marier, comédie en un acte et en vers. *Amsterdam* (*Paris*), *Ve Duchesne*, 1768, in-8.

— Pensées détachées. *Bruxelles*, 1770, in-12.

— Philéniens (les), ou le Patriotisme, poëme qui a concouru pour le prix de l'Académie française, en 1775. *Paris, Lesclapart*, 1775, in-8.

— Sommeil (le) d'Amynthe (en vers). *Amsterdam* (*Paris, Ve Duchesne*), 1768, in-8 de 12 pages.

— Poésies (ses) et Œuvres diverses. *Amsterdam* (*Paris*), 1764, in-12.

On trouve dans ce recueil la Coquette corrigée, tragédie en cinq scènes, en vers de huit syllabes, contre les femmes, dictée par M. Guibert, âgé de neuf ans; le Rendez-vous, com. en un acte et en vers; les Triumvirs, tragédie représentée le 5 juin 1764; des épîtres, des poëmes, des vers de société, etc.

On a encore de cette dame beaucoup de pièces de poésie dans l'Almanach des Muses de 1766, 1767, 1768 et 1769.

Les ouvrages de madame Guibert, dit madame Briquet, sont marqués au coin de la facilité et de l'esprit.

GUIBERT (le comte Jacques-Antoine-

Hippolyte de), tacticien et littérateur ; colonel - commandant de la légion corse , en 1772 , puis du régiment de Neustrie en 1782 , maréchal de camp , inspecteur divisionnaire pour l'infanterie dans la province d'Artois , membre et rapporteur du conseil d'administration du département de la guerre , membre de l'Académie française ; né à Montauban , le 12 novembre 1743 , mort le 6 mai 1790.

— * Connétable (le) de Bourbon, tragédie en cinq actes (en rimes croisées). Paris , de l'impr. de Didot aîné, 1785, in-18 de 106 pages.

Pièce tirée à 50 exemplaires seulement, qui n'ont pas été mis dans le commerce. Il en existe une autre édition, in-8 sans date, aussi rare que celle-ci.
Brun.

— * Défense du système de guerre moderne , ou Réfutation complète du système de M. de Mesnil-Durand. Neufchâtel, 1779, 2 vol. in-8.

— * Discours sur l'état actuel de la politique et de la science militaires en Europe, avec le plan d'un ouvrage intitulé : « la France politique et militaire ». Genève, 1773 , in-12.

Réimpr. en tête de «l'Essai de tactique» du même auteur.

— Discours (son) de réception à l'Académie française. Paris , 1786 , in-8.

— * Éloge du maréchal de Catinat. Édimbourg (Paris), 1775, in-8.

— * Éloge du roi de Prusse (Frédéric II) par l'auteur de l' « Essai général de tactique ». Londres (Paris), 1787 , in-8 de 304 pages.

Cet éloge a été réimprimé, en 1812, dans le recueil intitulé : « Choix d'Éloges français. » (Voy. ce titre à la Table des Anonymes).

— * Éloge historique de Michel de L'Hôpital, chancelier de France, avec cette épigraphe : Ce n'est point aux esclaves à louer les grands hommes. Sans lieu d'impr. , 1777, in-8.

— Éloges du maréchal de Catinat, du chancelier de L'Hôpital, de Thomas (c'est-à-dire les discours prononcés à la réception du comte de Guibert, successeur de Thomas à l'Académie); suivis de l'Éloge inédit de Claire-Franç. de Lespinasse. Publiés par la veuve de l'auteur, sur ses manuscrits et d'après ses corrections. Paris , d'Hautel, 1803, in-8, 4 fr. , et sur pap. vél., 8 fr.

— Essai général de tactique, précédé d'un Discours sur l'état actuel de la politique et de la science militaires en Europe, avec le plan d'un ouvrage intitulé : « La France politique et militaire ». Londres (Liége , C.

Plomteux), 1772, 2 vol. in-8; ou 1773 , 2 vol. in-4 ; et Paris , Magimel, 1804 2. vol. in-4 avec portr. , 15 fr.

Le général de Warnery (voy. ce nom) a publié, sous le voile de l'anonyme, des « Remarques sur cet ouvrage ». Varsovie, 1782, in-8.

— * Force (de la) publique , considérée dans tous ses rapports. Paris, Didot aîné, 1790 , in-8.

Cet ouvrage n'est pas compris dans les Œuvres de Guibert.

— Journal d'un voyage en Prusse et en Allemagne , fait en 1773. Paris , Treuttel et Würtz , 1804, 2 vol. in-8 avec de belles grav. , 7 fr. 50 c.

Ouvrage posthume, publié par madame Guibert , et en tête duquel on a réimprimé, revue et corrigée, la Notice sur le comte de Guibert, par F. E. Toulongeon (Paris, 1802).

— Lettre à l'Assemblée nationale. Marseille, ce 10 décembre (1789), in-8 de 94 pages.

Cet écrit fut imprimé sous le pseudonyme de l'abbé Raynal; mais Grimm, les journaux du temps, et les éditeurs de Guibert , l'ont restitué à ce dernier.

— * Lettres d'un habitant de la campagne à son ami , sur un ouvrage célèbre (l'Administrat. des finances, de Necker). In-12.

L'édition de cet ouvrage a été brûlée en présence de M. Necker et à sa sollicitation, à l'exception d'un très-petit nombre d'exemplaires.
Barb.

— * Mémoire adressé au public et à l'armée , sur les opérations du conseil de la guerre. 1789 , in-8.

— * Observations sur la constitution militaire et politique des armées de S. M. prussienne, avec quelques anecdotes de la vie privée de ce monarque ; suivies de l'Etat militaire en Prusse en 1774. Amsterdam (Paris), 1778, in-12.

— Œuvres (ses) dramatiques, publiées par sa veuve, sur les manuscrits et d'après les corrections de l'auteur. Paris , Persan (* A. A. Renouard), 1822, in-8, 5 fr.

Ce volume, imprimé en 1822, n'a été mis en vente qu'en 1825 : il y a pourtant des exemplaires qui portent ou l'une ou l'autre date.

On y trouve : 1° le Connétable de Bourbon; 2° les Gracques, tragédie en 3 actes et en vers; 3° Anne de Boleyn , tragédie en 5 act. et en vers; 4° Apelle et Campaspe , opéra en un acte et en vers ; 5° l'Heureux jour, épître à mon ami; 6° des Poésies fugitives et diverses.

— Œuvres (ses) militaires. Nouvelle édition , publiée par sa veuve, sur les manuscrits et d'après les corrections de l'auteur. Paris , Magimel, 1804, 5 vol. in-8, avec le portrait de l'auteur et 38 pl.

Les deux premiers volumes de cette édition contiennent l'Essai général de tactique ; les vol. trois et quatre renferment la Défense du système de guerre moderne ; le cinquième, intitulé Œuvres diverses, est composé 1° de la Préface sur l'introduction de l'ouvrage annoncé par Guibert , et qui devait avoir ce litre: Histoire de la constitution militaire de France. 2° du Mémoire adressé au public et à l'armée, sur les opérations du conseil de la guerre, en 1788; 3° de l'Éloge de Frédéric II, roi de Prusse; 4° d'une Invitation à la nation française, sur l'année séculaire de Turenne.

— Voyage (son) dans diverses parties de la France et en Suisse, fait en 1775, 1778, 1784 et 1785; contenant, 1° Libourne, ville et port; 2° Brest: marine anglaise et française; isthme et retranchements de Que-lerne, etc.; 3° Lorraine, Alsace, Franche-Comté, Suisse: Villars à Sterck, abbaye d'Orval; Turenne, champ de bataille de Turckheim; montagne du Ballon, glacier de Grindelvald; 4° Weissembourg; 5° Parties méridionales: Bordeaux, port et salle de spectacle; Parallèle entre les Alpes et les Pyrénées; canal du Languedoc; fontaine de Vaucluse; déserts de Drais; Coup-d'œil sur toutes les places et châteaux fortifiés de ces provinces, leur situation et leur uti-lité; génie de Vauban, etc., etc. Ouvrage posthume, publié par sa veuve (ou plutôt par M. Toulongeon). *Paris, d'Hautel,* 1805, in-8 de 414 pag., 5 fr.

GUIBERT (la comtesse Louise-Alexan-drine de), épouse du précédent.

On doit à cette dame la traduction, de l'anglais, des quatre ouvrages suivants: Agatha, ou la Reli-gieuse anglaise (1797); Margaretta, comtesse de Rainsford (1797 ou 1804); Fedaretto (1803): voy. ces titres à la Table des Anonymes; et des Leçons sur la nature, etc. (1803): voy. Ventum. Madame de Guibert a été l'éditeur de quelques ouvrages post-humes de son mari (voy. l'art. précédent), ainsi que des Lettres de mademoiselle de Lespinasse, de 1773 à 1776 (1809, 2 vol. in-8).

GUIBERT, avocat à la cour royale.

— Observations sur la Charte constitution-nelle donnée par S. M. Louis XVIII, le 4 juin 1814, et soumise, quant à quelques articles, à la révision de la puissance lé-gislative. *Paris, impr. de Testu,* 1815, in-8 de 88 pages.

GUIBERT (François-Théodore), doc-teur en médecine.

— Considérations sur le diagnostic et le traitement du croup, ou angine suffo-cante des enfants. Thèse présentée et sou-tenue à la Faculté de médecine de Paris, le 15 novembre 1821. *Paris, impr. de Didot jeune,* 1821, in-4 de 28 pag.

— Recherches nouvelles et Observations pratiques sur le croup et sur la coqueluche, suivies de Considérations sur plusieurs ma-ladies de la poitrine et du conduit de la respiration dans l'enfance et dans la jeu-nesse. *Paris, Béchet jeune,* 1824, in-8, 5 fr.

GUIBOURS (P.). Voy. Anselme de Sainte-Marie.

GUIBOURT (N. J. B. G.), pharma-cien à Paris, membre adjoint de l'Acadé-mie de médecine, etc.

— Histoire abrégée des drogues simples. *Paris, L. Colas; Méquignon-Marvis,* 1822, 2 vol. in-8, 12 fr. — Seconde édit., cor. et augmentée. *Paris, Méquignon-Marvis,* 1826, 2 vol. in-8, 15 fr.

— Pharmacopée raisonnée, ou Traité de pharmacie pratique et théorique. (1828). Voyez Henry (N. E.).

GUICCIARDI (le comte), ex-chance-lier du sénat.

— Relation historique de la révolution du royaume d'Italie, en 1814; traduit de l'i-talien, par M. Saint-Edme (E. Th. Bourg). *Paris, Corréard,* 1822, in-8, 3 fr.

M. Guibourt est l'un des rédacteurs du Dict. de médec. et de chirurgie pratiques.

GUICCIARDINI ou GUICHARDIN (François), célèbre historien italien, lieu-tenant-général du Saint-Siége, gouverneur de Bologne, au XVIᵉ siècle.

— Essai historique sur la puissance tempo-relle des papes; trad. de l'ital. (par M. Tur-petin). *Paris, Lhuillier,* 1810, in-8.

— Histoire des guerres d'Italie, depuis 1490 jusqu'en 1534; traduite de l'italien (par Favre), revue ensuite et retouchée par Georgeon). *Londres (Paris),* 1738, 3 vol. in-4.

L'historien expose d'abord l'état paisible où se trouvait l'Italie avant les troubles qui déchirèrent ses plus belles provinces. Il décrit les guerres sanglantes qui y portèrent les Français sous trois rois consécutifs. On y voit comment la face de l'Italie a été presque entièrement changée. Les papes s'agrandirent par la ruine de plusieurs petits tyrans. Naples et Milan re-connurent la domination de Charles-Quint. Gênes, qui s'était d'abord donnée à la France, reprit sa liberté sous la protection de ce même empereur, qui, d'un autre côté, donnait un souverain à la république de Florence. Si, dans cette révolution, quelques princes d'Italie se maintinrent, ils ne le durent qu'à leur soumission au vainqueur, etc. Tel est en raccourci le grand spectacle que nous offre l'Histoire des guerres d'Italie, ouvrage qui ayant rendu immortel le nom de Guichardin, a été traduit dans presque toutes les langues.

GUICHARD (Henry), contrôleur des bâtiments du Roi.

— Ulysse, tragédie (en musique, en cinq actes et un prologue; le tout en vers libres). *Paris, Christ. Ballard,* 1703, in-4, ou *Amsterdam, H. Schelte,* 1707, in-12.

GUICHARD (le P. Louis-Anastase), re-ligieux du tiers-ordre de Saint-François, écrivain laborieux; né à Sens, mort à Pa-ris, le 15 août 1737.

— Histoire du socinianisme, divisée en deux parties. *Paris, Barrois,* 1723, in-4.

L'auteur avait composé et même commencé de faire imprimer un second volume, qui était la suite de son histoire, et contenait l'exposition suivie des dogmes sociniens; mais il en fit lui-même suspendre l'impression.

Cet auteur a laissé en manuscrit : 1° une *Histoire de Sens*, 2 vol. in-8, et dont on prétend qu'il se trouve des exemplaires écrits à la main dans plusieurs bibliothèques de Sens; 2° un *Traité canonique sur les livres défendus*, par ***, composé en 1721.

GUICHARD (Éléonore), fille d'un receveur des tailles de Normandie; née en 1719, morte à Paris, en 1747.

— * Mémoires de Cécile. (Ouvrage posthume, publié par P. Ant. de LA PLACE). *Paris*, *Rollin*, 1751, 4 part. in-12; ou *Rouen*, 1788, 2 vol. in-12.

GUICHARD (Jean-François), littérateur, membre de l'Athénée et de plusieurs autres sociétés littéraires; né à Chartrette, près Melun, le 5 mai 1731, où il est mort, le 23 février 1811.

—Amant (l') statue, pièce en un acte (en prose), mêlée d'ariettes (avec un prologue en vers libres). *Paris*, *Duchesne*, 1759, in-8.

— * Apprêts (les) de noces, représentés sur le théâtre de la Rochelle. Sans date (vers 1758), in-12.

Il n'est pas certain que cette pièce ait été impr. séparément l'année que nous indiquons; mais au moins la trouve-t-on avec une pagination particulière dans un recueil qui porte la date de 1758, et qui est intitulé : « Nouveau Choix de pièces, ou Théâtre comique de province (Amst. et Paris, 3 vol. pet. in-8).

— * Bûcheron (le), ou les trois Souhaits, comédie en un acte (et en prose), mêlée d'ariettes. (*Paris*), *Christ. Ballard*, 1763, in-8, ou *Paris*, *Cl. Hérissant*, 1763, in-8.
Avec Castel.

—Éloge (l') de la voix; suivi de l'Absence d'Églé; le Réveil d'Alcidon; l'Heureuse rencontre (cantatilles gravées)...

— * Entendons-nous , ouvrage posthume de M. Gobe-Mouche(1760). Voyez GRAILLARD DE GRAVILLE.

— * Épigrammes faites dans un bon dessein. 1809, in-8 de 15 pages.

Brochure anonyme renfermant vingt-sept épigrammes contre Geoffroy. A peine deux ou trois sont-elles au-dessus du médiocre.

— Fables, Contes et autres Poésies; suivis de quelques mots de Piron, mis en vers. *Paris*, 1802, 2 vol in-12.

Les Fables sont au nombre de cent quatre-vingt seize, et divisées en huit livres.
Ces deux volumes ont été reproduits, en 1808, avec de nouveaux frontispices, portant *Sec. édit.* Paris, Léop. Collin, 2 vol. in-12, 3 fr. 60 c.

—*Lettre de M. Gobe-Mouche à tous ceux qui veulent entendre (1765). Voy. GRAILLARD DE GRAVILLE.

— Ode sur la paix. 1748.

— Vers sur la prise d'habit d'une de ses parentes au couvent de Sainte-Élisabeth à Paris...

— * Voyage de Chantilly, à M. D. P. *Paris*, 1760, in-12.

Guichard a publié des poésies dans divers recueils. Plusieurs sont indiquées dans la France littéraire de 1769. Il avait préparé avant sa mort une édition de ses OEuvres nouvelles, qui devait avoir le titre de *Dessert des Muses*.

Il avait composé des pièces de vers dans le genre licencieux, et quelques-unes plus obscènes encore, qui devaient entrer dans un volume annoncé, en 1780, sous le titre du *Sottisier*, recueil qui devait n'être tiré qu'à 60 exemplaires; et qui, s'il a paru, est digne d'être mis à côté du « Recueil d'un cosmopolite. »

GUICHARD (l'abbé Fr.), alors de la musique de la cathédrale de Paris; né au Mans, le 26 août 1745.

— Essais de nouvelle psalmodie ou Faux-Bourdons à une, deux ou trois voix, etc. *Paris*, 1783, in-8.

GUICHARD (Aug.-Ch.), d'abord défenseur officieux à Paris, ensuite professeur à l'Université de jurisprudence de la même ville; depuis la restauration, avocat du contentieux de la liste civile, avocat à la cour de cassation et au conseil d'état; né dans le diocèse de Meaux, vers 1760.

— Code criminel, formant le tome 2 du « Code de police», contenant tous les décrets relatifs à la nouvelle organisation de la justice criminelle, et une Instruction sur la procédure des jurés. *Paris*, *l'Auteur*, 1792, in-12.

On trouve assez ordinairement relié à la suite de ce Code, un *Code des délits et des peines*, du même auteur, formant 253 pag.

— Code de famille ou de l'état civil. Nouv. édition, contenant toutes les lois nouvelles, rendues jusqu'à l'an VII, relatives aux naissances, décès, mariages, divorces, adoptions, tutelles, etc., avec des notes instructives. *Paris*, an VII (1799), 3 vol. in-12, 6 fr. 50 c.

La première édition est de 1795 : elle portait le titre de *Code de l'état civil des citoyens*, et était anonyme.

— * Code de la justice de paix, contenant de nouvelles explications et formules sur les affaires de la compétence des juges de paix; suivi d'un grand nombre de décisions des comités de constitution et conseil de justice; terminé par une table alphabétique des matières. *Paris*, *l'Auteur*, 1791, 2 vol. in-12.

— * Code de police, contenant 1° toutes les lois et extraits des lois nouvelles, en vigueur, sur toutes les parties de la police, rendus jusqu'à l'époque de frimaire an VII; 2° les arrêtés du Directoire exécutif, sur leur exécution ; 3° des arrêts des bureaux centraux des principales communes de la république, concernant cette matière ; avec des notes, formules et explications tirées des lettres du ministère de la justice et des jugements du tribunal de cassation; le tout précédé et suivi de tables chronologique et alphabétique. III° édit. Paris, Garnery, an VII (1799), 3 vol. in-12, 6 fr.

La prem. édition est de 1792, en un volume.

— Code des confiscations et séquestres, contenant le texte exact de tous les décrets relatifs aux confiscations et séquestres, et dont les dispositions intéressent spécialement les veuves, enfants et autres parents, les créanciers, associés, co-propriétaires, fermiers et débiteurs des émigrés, déportés, condamnés et détenus. Avec un discours préliminaire et tables chronologique et alphabétique. Paris, Garnery, an III (1794), in-12 de 264 pages.

— Code des délits et des peines... avec les lois additionnelles postérieures; plusieurs décisions du Directoire, et lettres du ministère de la justice, y relatives ; terminé par une table alphabétique. Sec. édit., rev., corr., et augm. Paris, le même, an VI (1798), in-12.

Le Code criminel, dans cette édit., forme le sec. vol. (Voy. Code criminel).

— * Code des émigrés, contenant la série complète des décrets, lois, arrêtés, instructions et autres matières concernant le personnel des émigrés et des prévenus d'émigration, depuis et compris la loi générale du 25 brumaire an III, jusques à la fin de floréal an VI; les certificats de résidence, les demandes en radiation, etc., etc.; avec une analyse des lois antérieures, et une table chronologique. Paris, le même, an VII (1799), 2 part. in-8.

Une première édition a été publiée sous ce titre : Code des émigrés, contenant la nouvelle loi générale révisée sur les émigrés, précédée du discours préliminaire du rapporteur de la commission de révision, avec les décrets additionnels postérieurs. Paris, Garnery, an III (1794), in-12 de 144 pag.

— Code des expropriations forcées, ou Instructions et formules sur l'exécution des lois du 11 brumaire an VII, en ce qui concerne les expropriations volontaires et forcées ; contenant une analyse très-sommaire des anciennes formes d'expropriations forcées, leurs inconvénients, etc.; 2° le texte de la loi précitée, avec des notes et explications sur chacun de ses articles; des formules de tous les actes, exploits, pro-

cès-verbaux à faire en conséquence. Faisant suite au « Code hypothécaire ». Paris, le même, an VII (1799), in-12 de 580 p., 3 fr.

—*Code des femmes, ou Récits et Entretiens sur leurs droits et privilèges. Par un avocat. Paris, l'Auteur, Vᵉ Porthmann, 1828, in-8 avec 2 fig., 6 fr. — Seconde édition (sous ce titre : le Code des femmes, de leurs droits, privilèges, devoirs et obligations), considérablement augmentée. Paris, N. Pichard, 1828, 2 vol. in-18 avec 2 planches, 6 fr.

La seconde édition n'est pas anonyme.

— Code des hypothèques et des expropriations forcées. Paris, Garnery, an VII (1799), in-12, 1 fr. 50 c.

— Code des juges de paix, contenant, 1° la réunion des lois rendues sur cette partie, jusques et y compris frimaire an VII; 2° les arrêts du Directoire exécutif, depuis son installation; 3° les lettres instructives du ministre de la justice, concernant cette matière; 4° des instructions et formules y relatives, le tout précédé et suivi de tables chronologique et alphabétique. III° édition. Paris, le même, an VII (1799), 3 vol. in-12, 7 fr. 50 c.

La prem. édition est de 1791.

— * Code des prises et des armements en course. Par le cit. G..., homme de loi, défenseur officieux du tribunal de cassation. Paris, le même, an VII (1799), 2 vol. in-12, 6 fr.

Cet ouvrage contient les lois anciennes et nouvelles, les règlements, arrêtés et décisions concernant cette matière, avec des notes et observations sur tous les articles qui en sont susceptibles. Il est précédé d'un Discours préliminaire sur l'origine et les progrès des lois maritimes; d'une Dissertation sur les neutres; et terminé par une Analyse de tous les actes, procédés et jugements qui peuvent avoir lieu en matière de prises, suivie d'un Tableau de tous les ports, rades et tribunaux de commerce maritime; avec des tables chronologique et alphabétique.

— Code des successions, donations, substitutions, testaments et partages; contenant toutes les lois relatives à ces matières rendues jusqu'à ce jour (messidor an V). Nouv. édition, rev., corr. et augm. de plusieurs décrets importants relatifs aux successions des étrangers, déportés, condamnés et détenus, et d'une table alphabétique, contenant l'analyse abrégée de tous les décrets rapportés dans ce code. Paris, 1797, 2 vol. in-12.

— * Code domanial, contenant la loi du 14 ventôse an VII, concernant les domaines engagés ou concédés par l'ancien gouvernement, la discussion y relative, et une instruction officielle sur son exécution. *Paris, Garnery*, an VII (1799), in-12 de 165 pages.

— Code et Guide des Notaires publics, contenant toutes les lois et résolutions relatives à leur organisation, toutes celles qu'il leur importe particulièrement de connaître et dont ils ont un besoin journalier; avec des instructions et observations sur ces lois, et des formules de tous les actes qui dépendent de leur ministère, notamment de ceux dans lesquels il faut observer les stipulations nouvelles, pour se conformer aux lois et aux circonstances. *Paris, le même*, an IX (1801), 3 vol. in-12, 5 fr.

— Nouvelle édition, augmentée d'un Supplément, formant un 4ᵉ volume, contenant la loi du 25 ventose an XI, les motifs de cette loi et le rapport fait au Tribunat. *Paris, le même*, 1803, 4 vol. in-12.

— Code hypothécaire, ou Instructions et formules sur l'exécution de la loi du 11 brumaire an VII, concernant les hypothèques, les privilèges et les mutations d'immeubles. Seconde édition, corrigée et augmentée. *Paris, le même*, an VII (1799), in-12, 2 fr. 50 c.

La prem. édit. est de la même année.

— Code judiciaire, contenant tous les décrets sanctionnés relatifs au nouvel ordre judiciaire, à la destruction de l'ancien, au remboursement des offices supprimés, et autres décrets dont la connaissance importe le plus aux juges et hommes de loi; avec des notes et explications la plupart extraites des avis des comités de constitution, de judicature et de féodalité. *Paris, l'Auteur*, 1791, 2 vol. in-12.

Le second volume renferme tous les décrets rendus sur la nouvelle organisation d'alors, des tribunaux et de la justice, ainsi que tous ceux relatifs aux suppressions, liquidations et remboursement des anciens offices de judicature. Il est terminé par une Table alphabétique et raisonnée des matières contenues dans les deux volumes.

— * Code et Mémorial du tribunal de cassation, contenant: Tom. Iᵉʳ, tous les décrets, articles de lois et arrêtés, relatifs au tribunal de cassation; le règlement de 1738, sur la forme de procéder qui s'y observe, etc.; Tom II, l'analyse alphabétique, ou Dictionnaire de tous les jugements rendus par ce tribunal, en matière civile, depuis son installation. Recueillis et publiés par le citoyen G......., homme de loi et défenseur officieux près de ce tribunal. *Paris, l'Éditeur; Rousseau*, an VI (1798), 2 vol. in-8.

— Code méthodique et complet des lois sur les transactions pendant le papier monnaie. *Paris*, 1798, 2 vol. in-8.

— * Code municipal, ou Bréviaire des officiers municipaux, contenant dans un ordre méthodique l'universalité des décrets rendus par l'Assemblée nation. constituante, concernant le régime des municipalités, avec des notes explicatives du texte, les réponses du comité de constitution aux diverses questions qui lui furent proposées par les corps administratifs et municipaux sur le sens de ces décrets, et enfin un formulaire de tous les actes relatifs à l'exercice des fonctions de toute nature des divers officiers des communes. *Paris*, 1791, in-8.

— Code universel et méthodique des nouvelles lois françaises, ou Recueil complet des décrets des législatures acceptées et sanctionnées par le roi; divisé par ordre de matières avec des notes et explications. *Paris, de l'impr. de P.-F. Didot*, 1792 et ann. suiv., 6 vol. in-4.

— Consultation en forme de Traité méthodique et élémentaire sur les demandes en rescision des ventes d'immeubles faites pendant le cours du papier monnaie. *Paris*, 1798, in-8.

— Cours de droit rural, ou Conférences villageoises, dans lesquelles un juge de paix explique méthodiquement et sous une forme récréative, aux habitants de son canton, les lois, règlements, décisions et usages qui régissent les biens ruraux de toutes espèces. *Paris, l'Auteur; Dentu; Delaunay; Nève*, etc., 1826, in-8, 7 fr.

— * Défense des propriétaires attaqués comme détenteurs de biens prétendus domaniaux. Moyens de consolider leurs propriétés, et d'assurer leur repos. Par M. G...... p. (père), avocat à la Cour de cassation et aux conseils du roi. *Paris, Pichard; Delaunay; Nève*, etc., 1829, in-8 de 92 pag. — Suite. *Paris, les mêmes*, 1829, in-8.

La suite est paginée de 93 à 188.

— Dictionnaire criminel, correctionnel et de police. Sec. édition, considérablement augmentée. *Paris, Garnery*, an VII (1799), 2 vol. in-8, 10 fr.

Ce Dictionnaire contient, par ordre alphabétique, toutes les matières du ressort, tant de la justice criminelle et correctionnelle que de la police administrative et judiciaire.

— Dictionnaire de l'indemnité, ou Résumé alphabétique et raisonné des nombreuses décisions rendues jusqu'à ce jour, tant par la commission et le conseil d'état que par les cours et tribunaux, sur des questions relatives à l'indemnité des émigrés, des déportés et condamnés; avis et opinions sur les cas indécis ou controverses. *Paris, l'Auteur; Dentu; Ponthieu, etc.*, 1827, in-8, 7 fr.

— Dictionnaire des jugements du tribunal de cassation en matière criminelle, correctionnelle et de police, depuis le commencement de l'an IV, jusques et compris l'an VI. *Paris, Rousseau*, an VII (1799), 2 vol. in-8, 5 fr.

Ce Dictionnaire contient, par ordre alphabétique, l'analyse des jugements de ce tribunal qui ont annulé des procédures et jugements des tribunaux criminels, correctionnels et de police, pour contraventions aux règles et aux formes prescrites par le Code des délits et des peines, et autres lois pénales en vigueur.

— * Dissertation historique sur les communes de France, leur origine, leurs progrès, leur régime, leurs diversités et vicissitudes, leur dernière organisation, leur état actuel; et particulièrement sur la question de savoir à qui appartient la nomination des officiers municipaux. Par M. G...... *Paris, Delaunay; Rondonneau*, 1819, in-8 de 84 pages.

— Dissertation sur le régime actuel des successions. *Paris*, 1797, in-12. — Nouv. édit., augmentée. *Paris, Garnery*, an VII (1799), in-12, 1 fr. 50 c.

Cette Dissertation contient l'historique, l'analyse et l'explication par ordre de matières, des nouvelles lois rendues en cette partie, et des Observations morales et critiques sur les inconvénients graves qui résultent du nouveau mode de succéder introduit par ces lois.

— Dissertation sur les conflits d'attributions entre l'autorité administrative et l'autorité judiciaire. *Paris, Rondonneau; Nève; Delaunay*, 1818, in-8 de 80 pag.

— Jurisprudence communale et municipale, ou Exposition raisonnée des lois et de la jurisprudence concernant les biens, les dettes et les procès des communes. *Paris, Renard*, 1820, in-8, 6 fr.

— Jurisprudence hypothécaire, ou Recueil alphabétique des questions et décisions sur les points les plus importants de la matière des hypothèques, privilèges, gages, nantissements, inscriptions, transcriptions, saisies, expropriations, ordres, contributions, etc. Ouvrage faisant suite à la « Législation hypothécaire. » *Paris, Clament frères; Garnery*, 1810 et années suiv., 3 vol. in-8, 18 fr.

— Législation hypothécaire, ou Recueil méthodique et complet des lois, décrets impériaux, avis du conseil d'état, et instructions législatives sur le nouveau système hypothécaire; avec des notes de concordance et de rapprochement; précédée, 1° d'un Précis historique de la législation, tant ancienne que moderne, sur la matière des hypothèques; 2° de définitions préliminaires servant d'introduction à l'étude de cette partie de la législation; 3° d'une notice chronologique des lois anciennes sur la même matière. *Paris, Clament frères*, 1809, 3 vol. in-8, 12 fr.

— * Lettre à un député sur les apanages. *Paris, impr. de Porthmann*, 1814, in-8 de 48 pag.

— * Manuel de la gendarmerie nationale, rédigé par l'auteur du « Code de la justice de paix », et contenant l'ensemble des décrets relatifs à l'organisation et aux fonctions de la gendarmerie nationale, et autres qu'il importe le plus aux membres de ce corps de bien connaître; avec une instruction pratique sur l'exécution de ces décrets, et la formule de tous les actes qui peuvent être à rédiger en conséquence. *Paris, l'Auteur*, 1791, in-18.

— Manuel des gardes-champêtres et gardes-forestiers, contenant les lois et formules relatives aux fonctions de ces officiers. *Paris, Garnery*, an VI (1798), in-12, 1 fr.

— Manuel hypothécaire, contenant 1° la loi sur les hypothèques, du 17 brumaire an VII; 2° une instruction sommaire sur la cause, l'objet et le nombre des inscriptions hypothécaires à prendre en conséquence; 3° les formules desdites inscriptions et des bordereaux de créances à former pour les obtenir; 4° le tableau des droits et salaires y relatifs. *Paris, le même; Rondonneau*, an VII (1799), in-12 de 100 pag., 1 fr.

— Plaidoyer (son) pour Joseph Aréna, natif de Corse, ci-devant adjudant-général chef de brigade, accusé d'avoir pris part au complot tendant au meurtre du premier consul, et condamné à la peine de mort, par le tribunal criminel de Paris, le 19 nivose an IX; suivi d'un extrait de sa requête en cassation contre ledit jugement. *Paris, l'Auteur*, an XI (1801), br. in-8.

On doit à M. Guichard plusieurs autres plaidoyers dans des affaires importantes; un pour MM. de Polignac dans l'affaire de la conspiration de l'an XII, entre autres.

— * Principes du Droit français, à l'usage des juges de paix. *Paris, l'Auteur*, 1791, in-8 de 300 pag.

— * Procès célèbres de la révolution, ou Tableau hist. de plusieurs procès fameux, etc. Par M. G. *Paris*, 1814, 2 vol. in-8.

— Questions possessoires, ou Explication

méthodique des lois et de la jurisprudence concernant les actions possessoires; avis et solutions sur les nombreuses questions et difficultés que présente cette matière. (Suite au « Cours de droit rural »). *Paris, l'Auteur; Dentu; Ponthieu; Nève*, 1827, in-8, 7 fr.

— * Traité du tribunal de famille, contenant une Instruction détaillée sur la compétence et les fonctions de ce tribunal dans toutes les affaires susceptibles d'y être décidées; terminée par plusieurs divisions des comités de constitution et conseil de justice, confirmatives de ladite instruction. *Paris, l'Auteur*, 1791, in-8 de 340 pag.

M. Guichard fonda, vers 1795, un journal intitulé : *le Courrier des enfants*, qui a eu quelques années d'existence : plus tard il en fonda un autre intitulé *Journal des municipalités*, qui fut bientôt réuni au Journal de législation et de jurisprudence (1796 et ann. suiv.).
Une *Dissertation sur les terres vaines et vagues, les défrichements et dessèchements*, de ce fécond jurisconsulte, doit paraître prochainement, en 1 vol. in-8.

GUICHARD (J.-C.-M.), officier dans l'armée royale de Bretagne.
— Légitimité (de la) des gouvernements, ou Réfutation du mémoire de M. Carnot. *Paris, impr. de L.-G. Michaud*, 1815, in-8 de 28 pag.

GUICHARD (J.), avocat à la cour royale de Paris.
— Traité des droits civils, ou Notions analytiques sur leur nature et définition, sur leur distinction d'avec les droits politiques et les facultés du droit naturel et des gens, etc. *Paris, Nève; Delaunay; Plée*, 1821, in-8, 7 fr.

GUICHARD (J.-B.-P.), employé aux contributions indirectes.
— Barême des contributions indirectes, établi d'après les lois du 24 juin 1824 et les instructions de l'administration. *Le Mans, impr. de Monnoyer*, 1825, in-8.
— Guide (le) des débitants de boissons. *Le Mans, le même*, 1826, in-12 de 108 pag.; 1 fr. 25 cent.

GUICHARD (V.), avocat à la cour royale de Paris.
— Consultation ni jésuitique, etc. (1826). Voy. DUPONT fils (J.-F.).
— Manuel du juré, ou Exposition des principes de la législation criminelle, dans ses rapports avec les fonctions de juré, et Commentaire de la loi du 2 mai 1827 sur l'organisation du jury, et sur les articles du code d'instruction criminelle qui traitent de l'examen et du jugement par jurés.

Paris, Sautelet, 1827, in-8 , 7 fr. — Sec. édition, mise en rapport avec la loi du 2 juillet 1828. *Paris, le même; Alex. Mesnier*, 1828, in-8 , 7 fr.
Avec M. J. J. Dubochet, autre avocat à la cour royale de Paris.

GUICHARD DE BEURREVILLE (P.).
— Pseudo-diva Bullencuriana in Ascelinâ colendâ vana religio; disquisitio. *Eleutheropoli (Trecis)*, 1711, in-8 de 32 pag.
Publiée sous le pseudonyme de Peristophorius.
L'auteur obtint de sa brochure tout le succès qu'il pourrait désirer, et le culte de sainte Asceline a été aboli dans le diocèse de Troyes. (*Note manuscrite de l'abbé de S. Léger*).

GUICHARD DE PERAY (Cath.). Voy. DUMOULIN (P.).

GUICHARDIÈRE, fabricant de chapeaux, membre du conseil-général des manufactures près le ministère de l'intérieur.
— Mémoire sur les perfectionnements apportés dans l'art de la chapellerie, depuis environ 30 ans. *Paris, l'Auteur*, 1824, in-8 de 76 pag.

GUICHE (le comte de). Mémoires (ses), concernant les Provinces-Unies des Pays-Bas (publiés par Prosp. MARCHAND, d'après un manuscrit acheté à Paris, en 1740, à la vente de la bibliothèque du ministre d'Angervilliers). *Londres, Changuion*, 1744; in-12; *Utrecht*, 1744, 2 vol. in-12.

GUICHELET (l'abbé). * Fables nouv., suivies de Pièces fugitives en vers; par l'abbé G... *Paris, Arthus-Bertrand*, 1816, in-12, 2 fr. 50 c.

GUICHELIN (Mlle). Voy. STECK (Mme).

GUICHENON (Samuel), historiographe de France, de Savoie et de Dombes; né à Mâcon, en 1607, mort en 1664.
— Histoire généalogique de la royale maison de Savoye, prouvée par titres, etc. Nouv. édit. *Turin*, 1778, 5 vol. in-fol.
Cette édition est inférieure à la première, publiée en 1660, 2 vol. in-fol. avec figures. Les éditeurs de Turin avaient promis une continuation jusqu'à nos jours; mais cette édition se termine néanmoins, comme la première, à l'année 1660. Cet ouvrage, très-estimé, a été abrégé par Math. Kraemer (catal. Biblioth. Rinckianæ), Nuremberg, 1760, in-4.
Les autres ouvrages de Sam. Guichenon n'ont pas été réimpr. depuis le commencement du XVIIIe siècle.

GUICHENON (Germain), neveu du précédent, religieux augustin.
— Histoire de Bresse. *Lyon*, 1709, in-8.
C'est l'abrégé d'une Histoire de Bresse, publiée par l'oncle de Germain, en 1650.
Germain Guichenon a composé une Vie de Camille de Neufville, archevêque de Lyon, impr. en 1695, in-12.

GUICHON (Cl.), prêtre et chanoine du

S. Sépulcre, à Paris, mort le 29 octobre 1757.

— Panégyrique de saint Louis. 1726, in-4.

GUIDANT (Toussaint). Examen chimique et pratique des eaux de la Loire et du Loiret, et des puits de la ville d'Orléans. 1769, in-12.

— Exposition des variations de la nature dans l'espèce humaine. 1771, in-8.

— Nature (la) opprimée par la médecine moderne, ou la Nécessité de recourir à la méthode ancienne et hippocratique dans le traitement des maladies. *Paris, Debure père*, 1768, in-12.

GUIDE (François). Épître à M. A*** sur l'état actuel de la littérature. *Paris, Béchet aîné*, 1826, in-8 de 16 pag., 75 c.

— Voyageurs (les), épître à mon ami Pacho. *Paris, le même*, 1826, in-8 de 16 p.

GUIDI (Louis), prêtre de l'Oratoire; né à Lyon, en 1710, mort à Paris, le 7 janvier 1780.

— * Ame (l') des bêtes. *Paris*, 1783, in-12.

C'est une défense du système de Descartes, et une suite des *Entretiens sur la religion*, de Guidi.

— * Dialogue entre un curé et un évêque, sur le mariage des protestants. 1775, in-12.

— Suite du dialogue, etc. (par le même auteur). 1776, in-12.

— * Entretiens philosophiques sur la religion, avec la suite. *Paris, Moutard*, 1772-80, 3 vol. in-12.

— * Entretiens sur la religion, entre un jeune incrédule et un catholique, à l'occasion d'un miracle opéré par le saint-sacrement, sur une paralytique, à la procession de la paroisse de Saint-Côme, le jour de la Fête-Dieu, 25 mai 1769. *En France*, 1769, in-12.

— * Épître d'un constitutionnaire aux évêques de France (en vers). 1755, in-8 de 31 pag.

— * France (la) au Parlement, poëme. *Paris*, 1761, in-12 de 43 pag.

— * Jugement d'un philosophe chrétien sur les écrits pour et contre la « Légitimité et la nécessité de la loi du silence ». *Paris*, 1760, in-12.

— * Lettre à l'auteur de l'écrit intitulé: « la Légitimité et la nécessité de la loi du silence (Le Paige) ». 1759, in-12.

— * Lettre à M. de ***, docteur de Sorbonne, sur la pièce (de Chamfort) qui a remporté le prix à l'Académie française (en 1765). 1765, in-12.

— * Lettre à un ami, sur un écrit intitulé: « Sur la Destruction des Jésuites en France,

par un auteur désintéressé (d'Alembert) ». (1765), in-12 de 57 pag.

— * Lettres à M. le chevalier de ***, entraîné dans l'irréligion par un libelle intitulé : « Le Militaire philosophe (par Naigeon et le baron d'Holbach) ». *En France*, 1770, in-12.

« Le prétendu chevalier n'est autre que le littérateur Barthe, qui, dans une société où se trouvait l'abbé Guidi, avoua que la lecture du « Militaire philosophe » lui avait fait reconnaître, ainsi qu'à M. Thomas, la fausseté de la religion chrétienne. »

(*Note mss. de l'abbé Guidi*).

— * Réflexions sur le despotisme des évêques et les interdits arbitraires. 1769, in-12.

— * Religion (la) à l'assemblée du clergé de France, poëme. 1762, in-12.

— * Vues proposées à l'auteur des » Lettres pacifiques (Le Paige) ». *Paris*, 1753, in-12.

Cet écrivain fut un des rédacteurs des Nouvelles ecclésiastiques, ou Mémoires pour servir à l'histoire de la constitution Unigenitus (1713 et ann. suiv.).

GUIDI (Jean-Baptiste-Marie), neveu du précédent, doyen des gentilshommes ordinaires du roi et des censeurs royaux, mort à Paris, en 1816, âgé de plus de 84 ans.

— * Lettres contenant le journal d'un voyage fait à Rome en 1773. *Genève et Paris*, 1783, 2 vol. in-12.

— * Véritable (la) dévotion, traité trad. de l'ital. (1778). Voy. MURATORI.

GUIEN (A.). Fin (la) du monde, etc. (1816). Voy. CHABRAN.

GUIENNE (D. de). Voy. JUSTINIEN.

GUIGNARD. École (l') de Mars, ou Mémoires instructifs sur toutes les parties qui composent le corps militaire en France, avec leurs origines et les différentes manœuvres auxquelles elles sont employées. *Paris*, 1725, 2 vol. in-4 avec 30 pl., 24 fr.

GUIGNES (Jos. de), célèbre orientaliste, secrétaire-interprète pour les langues orientales à la Bibliothèque royale, censeur royal, professeur de syriaque au collège royal, garde des antiques du Louvre, membre de l'Académie roy. des inscriptions de Paris et de la Société royale de Londres; né à Pontoise, le 19 octobre 1721, mort à Paris, le 19 août 1800.

— * Abrégé de la vie d'Étienne Fourmont, avec la notice de ses ouvrages. *Paris*, 1747, in-4.

Avec Leroux Deshauterayes. Cette Vie est impr. en tête des exemplaires des « Réflexions sur l'origine, l'histoire et la succession des anciens peuples, par Fourmont l'aîné, portant la date de 1747. (Voyez FOURMONT).

— Essai historique sur la typographie orientale et grecque de l'imprimerie royale. *Paris, de l'impr. royale,* 1787, petit in-4.

Essai plein de recherches curieuses : il a été imprimé d'abord en tête du premier volume des « Notices et Extraits des manuscrits de la Bibliothèque du Roi, publ. en 1785. Aux exemplaires de 1787, se trouvent ordinairement joints les *Principes de composition typographique,* etc.

— Histoire générale des Huns, Turcs, Mogols et autres Tartares occidentaux, avant et depuis Jésus-Christ jusqu'à présent ; précédée d'une introduction contenant des tables historiques et chronologiques des princes qui ont régné dans l'Asie. *Paris,* 1756-1758, 4 tom. en 5vol. in-4, 66 à 80 fr. — Supplément à l'Histoire générale des Huns, des Turcs et des Mogols, contenant un Abrégé de l'histoire de la domination des Uzbèks dans la grande Bukharie, depuis leur établissement dans ce pays jusqu'à l'an 1709 (par Mouhammod Youssouf el Mounschi, fils de Khodja Bega) ; et une Continuation de l'histoire de Kharèzm, depuis la mort d'Aboul-Ghazi-Kan, jusqu'à la même époque ; par M. Jos. Senkowski. *Saint-Pétersbourg, de l'imp. académique,* 1824, in-4 de 132 pag. et 24 pages de texte persan.

« Cet ouvrage, dans lequel on trouve les renseignements les plus précieux sur l'histoire des califes, sur celle des croisades et des princes chrétiens qui ont gouverné dans la Syrie, est, à proprement parler, l'histoire des Tartars occidentaux, à laquelle se trouve mêlée celle des autres peuples, mais seulement dans leurs rapports avec ces Tartars. Les journalistes de Trévoux attaquèrent l'histoire des Huns. De Guignes répondit à cette critique par une lettre, insérée dans le Journal des savants, de 1757, et à la fin du cinquième vol. de cette histoire. Une réponse fut faite, et la dispute se termina par une note qu'on lit dans le même vol., et dans laquelle l'auteur renvoie aux « Annales chinoises ».

« On reproche à De Guignes un style incorrect, des inexactitudes dans les dates, des répétitions et même des contradictions ; on lui reproche d'avoir admis trop facilement plusieurs fables orientales, et surtout d'avoir négligé la philosophie et la critique, qui lui donnaient les moyens de rendre son histoire intéressante par des réflexions et des rapprochements : mais il n'en reste pas moins certain que son ouvrage, puisé dans une foule de manuscrits composés en langues orientales, chinoise, dans les idiomes du moyen âge, et qui exigeaient des connaissances aussi étendues que celles de De Guignes, a servi pour éclaircir la cause des grands changements arrivés dans l'Europe et dans l'Asie par suite des invasions des peuples du Nord. »

Cet ouvrage très-estimé ne se trouve que difficilement.

M. Sylvestre de Sacy, en rendant compte du Supplément dans le Journal des Savants de juillet 1824, a corrigé les noms propres qui ont été tronqués.

— Mémoire dans lequel on prouve que les Chinois sont une colonie égyptienne. *Paris,* 1759, ou 1760, in-12.

« C'est un système que les savants ont regardé comme le fruit de l'imagination d'un homme d'esprit, qui est séduit par une idée plus brillante que solide : il pourrait bien faire croire que les Égyptiens et les Chinois ont une origine commune, mais qui ne prouve nullement l'identité que l'auteur suppose établie dans la langue et dans l'histoire de ces peuples. La conformité qui existe entre les anciens caractères chinois et les caractères hiéroglyphes égyptiens, lui fit admettre l'erreur dans laquelle étaient tombés Huet et d'autres savants, que la Chine avait été peuplée par une colonie d'Égyptiens : mais cette opinion a été victorieusement combattue par les missionnaires de la Chine, et par Deshauterayes, élève, comme De Guignes, du savant Fourmont, et comme lui, versé dans la connaissance du chinois et des langues orientales, doué d'une érudition solide et d'un jugement sain : ce dernier publia, contre le mémoire de son condisciple, des « Doutes sur la dissertation de M. de Guignes, qui a pour titre : *Mémoire,* etc., proposés à MM. de l'Académie des belles-lettres (1759, in-12).

— Mémoire historique sur l'origine des Huns et des Turcs. *Paris,* 1748, in-12.

Ce mémoire n'était que le prélude de l'Histoire générale des Huns, etc. : il fit admettre son auteur, alors âgé de 27 ans, à la Soc. royale de Londres.

— Principes de composition typographique, pour diriger un compositeur dans l'usage des caractères orientaux de l'Imprimerie royale. *Paris,* 1790, in-4.

— Réponse aux « Doutes proposés par M. Deshauterayes ». *Paris,* 1759, in-12.

Deshauterayes avait présenté dans ses « Doutes » une suite d'observations critiques dans lesquelles il combattait, et point en point, tous les faits avancés par De Guignes dans son mémoire, et les preuves dont ils étaient appuyés. Les répliques de De Guignes furent plus spécieuses que décisives.

Indépendamment des ouvrages que nous venons de citer, on doit à M. De Guignes un grand nombre d'articles fournis par lui au Journal des savants, dont il a été, du 18 juin 1752 à la fin de 1792, l'un des plus laborieux rédacteurs. Vingt-huit mémoires de ce savant ont été imprimés, de 1759 à 1800, dans le recueil de l'Académie des inscriptions et belles-lettres ; nous en donnons ici la liste chronologique : Recherches sur quelques événements qui concernent l'histoire des rois grecs de la Bactriane, et particulièrement la destruction de leur royaume par les Scythes, l'établissement de ceux-ci le long de l'Indus, et les guerres qu'ils eurent avec les Parthes (tom. XXV, 1759). — Recherches sur les philosophes appelés Samanéens (tom. XXVI, 1759). — Recherches sur quelques-uns des peuples barbares qui ont envahi l'empire romain, et qui se sont établis dans la Germanie, les Gaules, et autres provinces du Nord, en deux mémoires (tom. XXVIII, 1761). — Recherches sur les navigations des Chinois du côté de l'Amérique, et sur quelques peuples situés à l'extrémité de l'Asie (*id.,* id.). — Mém. dans lequel, après avoir examiné l'origine des lettres phéniciennes et hébraïques, etc., on essaie d'établir que le caractère épistolique, hiéroglyphique et symbolique des Égyptiens, se retrouve dans les caractères des Chinois, et que la nation chinoise est une colonie égyptienne (tom. XXIX, 1764). — Recherches sur les chrétiens établis à la Chine dans le VIIe siècle (tom. XXX, 1764). — Réflexions générales sur les liaisons et le commerce des Romains avec les Tartares et les Chinois (tom. XXXII, 1768). — Mémoire dans lequel on entreprend de fixer la situation de quelques peuples scythes, dont il est parlé dans Hérodote, et de rechercher si du temps de cet historien on connaissait la Chine (tom. XXXIII, 1770). — Essai sur le moyen de parvenir à la lecture et à l'intelligence des hiéroglyphes égyptiens. Explication de l'inscription du tombeau de Sardanapale (tom. XXXIV, 1770). — Mémoire historique et critique sur les langues orientales. Examen critique des Annales chinoises, ou Mémoire sur l'incertitude des douze premiers siècles de ces Annales, et de la Chronologie chinoise. Idée de la littérature chinoise en général, et particulièrement des historiens et de l'étude de l'histoire à la Chine (tom. XXXVI, 1774). — Mémoire dans lequel on examine quel fut l'état du commerce des Français du Levant, c'est-à-dire en Égypte et en Syrie, avant les croisades ; s'il influa sur ces croisades, et quelle a été l'influence de celles-ci sur notre commerce et sur celui des Européens en général (tom. XXXVII, 1774). — Essai historique sur l'étude de la philosophie chez les anciens Chinois, en deux mém. Réflexions sur un livre indien, intitulé Bagavadam, un des dix-huit Pouranam, ou livres sacrés des Indiens, dont la traduction a été envoyée en 1769 à M. Bertin, ministre et secrétaire d'état (tom. XXXVIII, 1777). — Observations sur quelques points concernant la religion et la philosophie des Égyptiens et des Chinois. Recherches historiques sur la religion indienne, et sur les livres fondamentaux de cette religion, qui ont été traduits de l'indien en chinois, en 3 mém. (tom. XL, 1780). — Mémoire dans lequel on examine quelle fut l'étendue de l'empire de la Chine, depuis sa fondation jusqu'à l'an 249 avant Jésus-Christ, etc. (tom. XLII, 1786). — Réflexions sur quelques passages rapportés par les missionnaires, concernant la chronologie chinoise ; avec un tableau fidèle de l'état de l'ancienne histoire de la Chine, et des sources dans lesquelles les historiens modernes ont puisé (tom. XLIII, 1786). — Observations historiques et géographiques sur le récit de Pline, concernant l'origine, l'antiquité des Indiens, et la géographie de leur pays, avec des Recherches sur les principales révolutions de l'Inde. Observations sur le degré de certitude des éclipses du soleil rapportées par Confucius, dans son ouvrage intitulé Tchun-Tsieou, depuis l'an 700 jusqu'en 495 avant Jésus-Christ (tom. XLV, 1793). — Idée générale du commerce et des liaisons que les Chinois ont eus avec les nations occidentales (tom. XLVI, 1793). — Observations sur les sacres des Chaldéens, et sur le nombre incroyable d'années qu'on assigne aux règnes de leurs premiers rois. Mém. concernant l'origine du zodiaque et du calendrier des Orientaux, et celle des différentes constellations de leur ciel astronomique (tom. XLVII, 1793). — Observations sur plusieurs familles juives établies anciennement à la Chine (tom. XLVIII, 1808).

Les deux premiers volumes des Notices et Extraits des manuscrits de la Bibliothèque du Roi contiennent cinq Notices de M. De Guignes, dans lesquelles il fait connaître les traités arabes de géographie, composés par Ibn Alouardi et Yacouti, les ouvrages historiques d'Ibn Elathir et de Massoudi, et l'original arabe du Voyage de deux Musulmans aux Indes et à la Chine, publ. par Renaudot. Le prem. vol. de ce recueil commence par l'Essai historique sur l'origine des caractères orientaux de l'imprimerie royale, etc.

On doit aussi à De Guignes, comme éditeur, la publication de deux traductions du P. Amyot ; l'Éloge de Moukden (1770), et l'Art militaire des Chinois (1771), ainsi que d'une autre du P. Gaubil, le Chou-King, un des livres sacrés des chinois (1770).

De Guignes a laissé plusieurs manuscrits : 1° diverses Notices d'écrivains arabes ; 2° Mémoire sur le commerce des Chinois avec les Russes, remis au

comte du Nord (Paul Ier), qui l'avait demandé à l'auteur après la séance de l'Académie, à laquelle il avait assisté ; 3° Histoire de la Chine, traduite des Annales chinoises, et divisée en trois parties, qui contiennent la traduction du Tchun-Tsieou de Confucius, un Traité de la religion chinoise, et l'examen des anciens caractères chinois, comparés avec ceux des Égyptiens, des Hébreux, etc. ; 4° Mémoires historiques et géographiques sur l'Afrique, d'après les auteurs arabes. On trouve une notice détaillée de ces manuscrits dans le Ier volume du Voyage à Canton de M. de Guignes le fils.

GUIGNES (Chr.-Louis-Jos. de), fils du précédent, chargé des affaires de France à la Chine, consul à Canton, correspondant de l'Académie des sciences et de celle des inscriptions et belles-lettres ; né à Paris, le 20 août 1759.

— Dictionnaire chinois, français et latin (ouvrage posthume), publié par ordre du gouvernement français. Paris, de l'impr. impér., 1813, gr. in-fol. de LVI et 1114 pages, 120 fr.; et sur pap. vél., 240 fr.— Supplément, publié d'après l'ordre de S. M. le roi de Prusse, par M. KLAPROTH. Première partie. Paris, 1819, in-fol. de 160 p., 36 fr., et pap. vél., 72 fr.

« Cet ouvrage immense a été l'objet de plusieurs critiques, mais il n'en est pas moins le plus complet de ce genre qui existe en Europe, et il est en outre un chef-d'œuvre de typographie.

Il a été rédigé d'après un Dictionnaire chinois-latin du P. Basile de Glemona, dont le manuscrit appartient à la Bibliothèque du Roi. Le Supplément que M. Klaproth a commencé à publier est composé et rédigé d'après un grand nombre de matériaux tirés des livres chinois.

— Observations sur le voyage de Barrow à la Chine, en 1794. Paris, Dentu, 1809, in-8 de 60 pages avec quelques caractères chinois, 1 fr. 50 c.

Cette brochure est le résumé des voyages de l'auteur à Péking, et d'un séjour de 17 ans en Asie.

— Voyages à Péking, Manille et l'Ile-de-France, faits dans l'intervalle des années 1784 à 1801. Paris, de l'impr. impér., 1808, 3 vol. in-8, et atlas in-fol. de 6 cartes et 59 pl., 48 fr. ; et sur pap. vélin, 96 fr.

Il y a six exempl. auxquels M. de Guignes a joint la gravure représentant la grande pagode située à l'entrée du port Macao, et une vue de la porte occidentale de la ville tartare à Péking.

« Cette relation est curieuse, et elle se trouve souvent en contradiction avec celle du lord Macartney. » Le doct. Montucci (voy. ce nom) en a publié une critique.

M. De Guignes se fit d'abord connaître par la publication d'un Mémoire sur le Planisphère céleste chinois, et par un Catalogue des comètes connues et observées par les Chinois, qui furent insérés dans le recueil des savants étrangers de l'Académie des sc., tom. X, 1785 : en 1793, on imprima des Observations de lui sur l'ouvrage manuscrit d'un historien arabe nommé Masoudi, concernant l'Histoire de France, dans la partie historique des Mémoires de l'Académie des inscriptions, tom. XLV, 1793. Depuis son retour de Chine, M. de Guignes a publié, indépendamment des ouvrages que nous avons cités, divers mémoires qui ont été insérés dans des recueils périodiques, entre autres, 1° des Réflexions sur les anciennes observations astronomiques des Chinois, et sur l'état de leur empire dans les temps les plus reculés (impr. dans les Annales des voyages, tom II....); 2° des Réflexions sur la langue chinoise, et sur la composition d'un Dictionnaire chinois-français-latin (dans le même recueil, tom. X....); 3° une Lettre à M. Millin sur le Panthéon chinois (impr. dans le Mag. encycl., 12° ann., tom. II, 1807); etc.

GUIGNIAUT (J.-D.), ancien professeur d'histoire et maître de conférences à l'École normale.

— Description et essai d'explication des peintures symboliques et des légendes hiéroglyphiques d'une caisse de momie égyptienne, conservée, etc. à Paris. *Paris, Treuttel et Würtz*, 1825, in-8 avec une planche, 1 fr. 50 c.; pap. vél. 3 fr.; pap. vél., fig. col., 10 fr.

Extrait des Religions de l'antiquité, etc., de Creuzer, trad. par M. Guigniaut.

—Dieu (le) Sérapis et son origine, ses attributs et son histoire. Dissertation jointe aux notes du tome V des œuvres compl. de Tacite, par J.-L. Burnouf, et pouvant servir d'appendice aux éclaircissements du tome Ier des Religions de l'antiquité, d'après Creuzer. *Paris, L. Hachette; Treuttel et Würtz*, 1828, in-8 de 40 pag.; 1 fr.

—Religions de l'Antiquité, etc., ouvr. traduit de l'allemand, etc., refondu, développé, complété, etc. (1825). Voy. CREUZER (Frédéric).

— Vénus (la) de Paphos et son temple. *Paris, Hachette; Treuttel et Würtz*, 1827, in-8 de 24 pag., 1 fr.

GUIGOU (P.), doct. en médecine.
— Dissertation sur la fièvre qui a régné à Livourne en 1804. *Paris, Ant.-Aug. Renouard*, 1810, br. in-8, 1 fr.

Il en a été tiré quelques exemplaires sur papier vélin de couleur.

— Mémoire sur la topographie de Livourne et ses bains de mer. *Livourne*, in-8.

GUIGOUD-PIGALE (P.), auteur dramatique; né à Lyon, le 18 mars 1748, y est mort, le 20 août 1816.

—*Adresse aux Lyonnais à l'occasion de l'installation de leur municipalité. Par un habitant de l'île de Pérache. 1790, in-8 de 8 pag.

— * Arlequin à Genève, comédie en vers libres et en trois actes, par M. P. G., auteur du «Baquet magnétique». *Lyon, sans nom d'impr.*, 1785, in-8.

—*Baquet (le) magnétique, com. en vers (libres) et en deux actes. Par M. P. G. *Londres, sans nom d'imprimeur*, 1784, in-8.

— Camp (le) de Salente, fête martiale, impromptu patriotique, opéra-ballet. 1790, in-8 de 32 pag.

— Triomphe (le) de la raison publique: pièce patriotique et républicaine, dédiée aux sans-culottes; comédie en trois actes en vers libres. *Ville-Affranchie (Lyon, de l'impr. de Lammolière)*, an II (1793),in-8.

Guigoud-Pigale a laissé sept pièces de théâtre; on en trouve la liste dans le Journal de M. Beuchot, année 1818, pag. 140.

GUIJON (Jacques), ecclésiastique et instituteur; né à Noyers, en 1663, mort le 11 octobre 1739.

—* Apophtegmes (les), ou les belles paroles des saints. *Paris, Mariette*, 1721, in-12.

—* Longueruana, ou Recueil de pensées, de discours et de conversations de Louis Dufour de Longuerue. *Berlin (Paris)*, 1754, in-12.

Ouvr. posth. de Guijon, publ. par M. Desmarets, refondu, en un meilleur ordre, dans les «Opuscules de M. Louis Dufour de Longuerue, Yverdon, 1784, 2 vol. in-12 ». On a rétabli dans cette dernière édition les passages qui avaient été cartonnés dans la première.

—* Relation de la vie et de la mort de Mme de Clermont (Tonnerre), abbesse de Saint-Paul, près Beauvais. *Paris, Mariette*, 1709, in-12.

Guijon est encore auteur d'un *Éloge de Rassicod*, avocat au parlement, impr. dans le Journal des savants, an 1718.: il a laissé en manuscrit des *Réflexions sur les mœurs des Français*, qu'il remit quelque temps avant sa mort à Bonamy.

GUILBERT (l'abbé Pierre), auteur ascétique, précepteur des pages de Louis XV; né à Paris, en 1697, mort le 20 octobre 1759.

—* Amour (l') pénitent, traduit du latin. (1741). Voy. NÉERCASSEL.

— Description historique de Fontainebleau. *Paris*, 1731, 2 vol. in-12 avec fig.
— Jésus au Calvaire. 1731, in-16.
—*Mémoires historiques et chronologiques sur l'abbaye de Port-Royal-des-Champs. *Utrecht*, 1755-58, 9 vol. in-12.

Guilbert avait divisé le plan de cet ouvrage en trois parties: il commença par donner la troisième, peut-être parce que, plus rapprochée de son temps, il la jugea plus propre à piquer la curiosité. Elle est composée de 7 volumes in-12, Utrecht, 1755, et comprend environ 84 ans depuis 1668 jusqu'en 1752. Il publia la première partie, Utrecht, 1758, 2 vol. in-12; elle s'arrête à 1632. La deuxième partie n'a point paru.

— Offices propres de l'église de Saint-Germain-l'Auxerrois. 1729, in-12.

GUILBERT, médecin. *Recherches sur les moyens de dissoudre la pierre et la gra-

velle ; trad. de l'angl. (1775). Voy. BLAC-
KERIE.

GUILBERT (Ph.-Jacq-Ét.-Vinc.), associé correspondant de la Société des amateurs des sciences physiques et naturelles
de Paris ; des athénées des arts de Paris
et de Niort ; des académies de Caen et de
Nanci ; des sociétés des sciences et arts de
Lille , de Valenciennes et du Mans ; des
sociétés d'agriculture de Seine-et-Oise , de
l'Ain, de Caen, etc.; né à Saint-Jean-sur-
Cailly, près de Rouen , en....
— *Correspondance entre quelques hommes honnêtes , ou Lettres philosophiques,
politiques et critiques sur les événements
et les ouvrages du temps ; publiées par un
homme désintéressé , à l'usage de tous les
amis de la raison et de la vérité. *Lausanne
et Paris, Pougens*, 1794-95 , 3 vol. in-8.

Le premier volume, publié en novembre 1794,
contient 299 pag.; le second, imprimé à Lausanne,
la même année, en contient 262, et offre au titre
cette différence : Publiées par une société de gens
de lettres ; le troisième volume parut en mars 1795,
sous le même titre que le second : il renferme 384
pag., et est terminé par l' « Essai de M. SERVAN sur
la conciliation de l'intérêt et de la justice. »
« L'auteur, dit lui-même M. Guilbert, tom. II,
pag. 495 de ses *Mémoires biographiques*, publia cette
Correspondance à Lausanne, en 1794 et 1795, conjointement avec M. Servan , anc. avocat-général au
parlement de Grenoble , mort membre du Corps-Législatif. »

— Éloge historique de Jeanne-d'Arc, accompagné de notes historiques relatives
à cette héroïne. In-8.
— Éloge nécrologique de M. Defontenay,
ancien maire de Rouen, imprimé par ordre
de la Société d'émulation de ladite ville.
Rouen , 1806, in-8.
— Essai sur la Pologne. *Rouen*, 1807, in-8.
— Mélanges en prose et en vers. *Rouen*,
1809, in-8.
— Mémoires biographiques et littéraires ,
par ordre alphabétique , sur les hommes
qui se sont fait remarquer dans le département de la Seine-Inférieure , par leurs
écrits , leurs actions , leurs talents , leurs
vertus , etc. , etc. *Rouen, Fr. Mari*, 1812,
2 gros vol. in-8 ornés de grav. , 13 fr.
— Notice biographique et littéraire sur
Mme Du Boccage, lue, dans la séance publique de la Société libre d'émulation, le
9 juin 1807. *Rouen*, 1807, in-8.
— Notice historique sur Broche, organiste, impr. par ordre de la Société d'émulation de Rouen. *Rouen, an xi* (1803), in-8.
— Notice historique sur le général Desaix.
— Notice historique sur Ducastel , ex-
député à l'Assemblée législative. *Rouen*,
an ix (1801), in-8.

— Notice sur la vie de Joubert, général
en chef de l'armée d'Italie. 1799, in-12.
— Voyage du premier consul dans le département de la Seine-Inférieure et de
l'Oise en l'an xi. *Rouen*, an xi (1803),
3 part. in-8.

Les *Mémoires biographiques* de M. Guilbert, d'où
nous avons tiré ces indications, citent encore divers opuscules du même écrivain, entre autres :
1° Discours sur la nécessité de l'allaitement des enfants par leurs mères; 2° un Fragment d'une tragédie allemande, trad. de Klopstock ; 3° des Romances et Invitations à la santé, en vers de l'angl. ;
4° un premier et un second Hommage à Corneille ,
en vers héroïques ; 5° Aux mânes de mon père ,
aussi en vers héroïques. Toutes ces pièces ont été
vraisemblablement imprimées dans le recueil de la
société libre d'émulation de Rouen ; mais il en a
été tiré à part, car l'auteur dit : « Il n'a été tiré
qu'un très-petit nombre d'exemplaires de ces divers
Opuscules. »
Ersch attribue à l'écrivain qui fait l'objet de
cette notice, une nouvelle édition de l'École amusante des enfants, traduite du holl., revue (et augm.
de Fables inédites de Formage, 1799, in-12) : il peut
avoir raison ; pourtant M. Guilbert n'en fait aucune
mention dans ses Mémoires biographiques.

GUILBERT (P.-C.-N.) , alors manufacturier à Paris.
— Banque départementale , destinée à venir au secours de l'agriculture, des manufactures, du commerce, des sciences et
des arts, suivie de quelques idées sur les
faillites , attermoiements et abandons de
biens , comme ayant trait à la banque départementale. *Paris, Petit*, an x (1801),
in-8 de 33 pages, 50 c.

GUILBERT (J.-N.), de S. D., docteur
en médecine de la Faculté de Paris.
— Considérations pratiques sur certaines
affections de l'utérus , en particulier sur la
phlegmasie chronique avec engorgement
du col de cet organe, et sur les avantages
de l'application immédiate des sangsues ,
méthodiquement employée dans cette maladie. *Paris, J.-B. Baillière*, 1826 , in-8
avec 2 planches, 2 fr. 50 c.
— Goutte (de la) et des maladies gout-
teuses. (Extr. du Diction. des sciences médicales). *Paris, Panckoucke ; Gabon*, 1817,
in-8.

Cet ouvr. a été réimprimé et à sa suite des « Recherches sur le rhumatisme », traduites de l'angl.,
de Jam. JOHNSON, D. M. chirurgien de S. A. R. le
duc de Clarence. Paris, J. B. Baillière, 1820, in-8 ,
5 fr.
Le docteur Guilbert a coopéré au Dictionnaire
des sciences médicales (1811 et ann. suiv.).

GUILBERT (Urbain). Deuil (le) de la
ville de Caen, au sujet de la mort de
Mgr. le duc de Berry, poëme qui a remporté le prix à l'Académie de Caen, le 12
février 1821, avec des notes. *Paris, impr.
de Le Normant*, 1821, in-8 de 16 pag.

GUILBERT DE PIXERÉCOURT (René-Charles), fécond auteur dramatique, successivement directeur des théâtres de l'Opéra-Comique, de la Gaîté, etc.; né à Nanci, en 1773.

— Aigle (l') des Pyrénées, mélodrame en 3 actes (et en prose). *Paris, Barba*, 1829; in-8.

Avec Mélesville.

— Ali-Baba, ou les Quarante voleurs, tiré des « Mille et une Nuits », mélod. en trois actes. *Paris, Pollet*, 1822, in-8, 1 fr.

— Ange (l') tutélaire, ou le Démon femelle, mélodrame en 3 actes et à grand spectacle. *Paris, Barba*, 1808, in-8, 1 fr.

— Avis aux femmes, ou le Mari colère, comédie en un acte en prose, mêlée d'ariettes. *Paris, le même*, an XIII (1804), in-8, 1 fr. 20 c.

— * Baril (le) d'olives, vaudeville (1825). Voy. BRAZIER.

— Belvéder (le), ou la Vallée de l'Etna, mélodrame en 3 actes. *Paris, Barba*, 1819, in-8.

— Berceau (le), divertissement en un acte (en prose), à l'occasion de la naissance du premier enfant impérial. *Paris, le même*, 1811, in-8, 1 fr. 25 c.

— Bouton de rose, ou le Pêcheur de Bassora, mélodrame-féerie en 3 actes. *Paris, Barba*, 1819, in-8, 75 c.

— Chansonnier de la paix, impromptu en un acte et en vaudevilles. *Paris, Huet; Barba*, an IX (1801), in-8, 1 fr.

Avec MM. Lambert et Pillon.

— Chapelle (la) des bois, ou le Témoin invisible, mélodrame en 3 actes. *Paris, Barba*, 1818, in-8, 75 c.

— Charles XII, roman, trad. de l'allem. (1822). Voy. ce titre à la Table des Anonymes.

— Charles-le-Téméraire, ou le Siége de Nanci, mélodrame historique en 3 actes. *Paris, Barba*, 1814, in-8.

— Château (le) de Loch-Leven, mélodrame historique en 3 actes, imité de W. Scott. *Paris, Pollet*, 1822, in-8, 1 fr. 50 c.

— Château (le) des Apennins, ou le Fantôme vivant, drame en 5 actes, en prose. *Paris, Barba*, an VII (1799), in-8.

— Chefs (les) écossais, mélodrame historique en 3 actes. *Paris, Barba*, 1819, in-8, 75 c.

— Chien (le) de Montargis, ou la Forêt de Bondi, mélodr. hist. en 3 actes. *Paris, le même*, 1814, in-8, 75 c.

— Christophe-Colomb, ou la Découverte

du Nouveau-Monde, mélodrame histor. en 3 actes. *Paris, Barba*, 1815, in-8, 75 c.

— Citerne (la), mélodr. en 4 actes en prose. *Paris, le même*, 1819, 1813, in-8, 40 c.

— Cœlina, ou l'Enfant du mystère, drame en 3 actes, en prose. *Paris, le même*, an IX (1801), ou an XI (1803), in-8.

— Deux (les) valets, comédie en un acte et en prose. *Paris, le même*, an XI (1803), in-8.

— Ennemi (l') des modes, ou la Maison de Choisy, comédie en 3 actes et en prose. *Paris, le même*, 1814, in-8.

— Faits (des) opposés à des mensonges, ou Réponse à un libelle intitulé : « Confidences de l'hôtel Bazancourt, par M. Pigeon ». *Paris, de l'impr. d'Éverat*, 1818, in-8 de 24 pag.

Attribué à M. de Pixerécourt.

— Fanal (le) de Messine, mélodr. en trois actes. *Paris, Barba*, 1812, in-8.

— Femme (la) à deux maris, mélodr. en 3 actes. *Paris, le même*, 1803, 1813, ou 1822, in-8, 1 fr.

— Fille (la) de l'Exilé, ou Huit mois en deux heures, mélodr. en 3 actes. *Paris, Barba*, 1819, in-8, 75 c.

— Flaminius à Corinthe, opéra en un acte et en vers. *Paris, Ballard*, an IX (1801), in-8.

Avec M. Lambert.

— Forêt (la) de Sicile, drame lyrique en 2 actes, et en prose. *Paris, Barba*, an VI (1798), in-8.

— Forteresse (la) du Danube, mélodrame en 3 actes, en prose. *Paris, le même*, an XIII (1805), in-8.

— Grand (le) chasseur, ou l'Ile des Palmiers, mélodrame en 3 actes (1804). Voy. LOAISEL-TRÉOGATE.

— * Guerre au mélodrame!!! *Paris, Delaunay; Barba; Mongie*, 1818, in-8 de 36 pag., 75 c.

— Guillaume Tell, mélodrame en six parties, imité (de l'allem.) de Schiller. *Paris, Barba*, 1828, in-8.

Avec Benjamin (Antié). Cette pièce a eu trois éditions la même année.

— Homme (l') à trois visages, ou le Proscrit, drame en 3 actes, en prose. *Paris, au théâtre*, an X (1802), in-8.

— Koulouf, ou les Chinois, opéra-com. en 3 actes et en prose. *Paris, Barba*, 1807, in-8.

— Marguerite d'Anjou, mélodrame histo-

rique en 3 actes, en prose. Sec. édit. *Paris,
Barba*, 1810, in-8.

— Maures (les) d'Espagne, ou le Pouvoir de l'enfance, mélodrame en 3 actes, en prose. *Paris, le même*, 1804, in-8.

— Mines (les) de Pologne, mélodrame en 3 actes. *Paris, le même*, 1803, in-8, 1 fr.

— Monastère (le) abandonné, ou la Malédiction paternelle, mélodr. en 3 actes. *Paris, le même*, 1816, ou 1821, in-8, 75 c.

La première édition a été publ. sous le nom de Charles.

— Mont (le) sauvage, mélodr. en 3 actes. *Paris, le même*, 1821, in-8, 1 fr.

— Muette (la) de la forêt. (1828). Voy. (au Suppl.) ANTIÉ.

— Pavillon (le) de fleurs, ou les Pêcheurs de Grenade, com.-vaud. en un acte. *Paris, Pollet*, 1822, in-8, 2 fr.

— Peau (la) de l'ours, folie en un acte et en vaudevilles. *Paris, Barba*, an x (1802), in-8.

— Pélerin (le) blanc, drame en 3 actes et en prose et à grand spectacle. *Paris, André; Barba*, an IX (1801), in-8.

— Peste (la) de Marseille, mélodrame historique en 3 actes. *Paris, Duvernois*, 1828, in-8.

— Petit (le) carillonneur, ou la Tour ténébreuse, mélodrame en 3 actes. *Paris, Barba*, 1812, in-8, 40 c.

— Petit (le) page, ou la Prison d'état, comédie en un acte et en prose, mêlée d'ariettes. *Paris, André*, an VIII (1800), ou *Paris, Barba*, an XIII (1805), in-8.

— Petits (les) Auvergnats, vaudeville en un acte. *Paris, * Barba*, an VII (1799), in-8.

— Pizarre, ou la Conquête du Pérou, mélodrame historique en 3 actes. *Paris, le même*, 1803, in-8, 1 fr.

— Place (la) du palais, mélodr. en 3 actes. *Paris, Quoy; Barba*, 1824, in-8, 1 fr.

— Polder, ou le Bourreau d'Amsterdam, mélodr. en 3 actes. *Paris, Pollet*, 1828, in-8, 2 fr.

Avec M. Victor Ducange.

— Précipice (le), ou les Forges de Norwège, mélodr. en 3 actes. *Paris, Barba*, 1812, in-8, 1 fr. 25.

— Raymond de Toulouse, ou le Retour de la terre sainte, drame lyrique en 3 actes. *Paris, le même*, 1803, in-8, 1 fr.

— Robinson Crusoé, mélodr. en 3 actes. *Paris, le même*, 1805, ou 1813, in-8, 40 c.

— Rosa, ou l'Hermitage du torrent, drame

en 3 actes, en prose. *Paris, Barba*, an VIII (1800), in-8.

— Rose (la) blanche et la Rose rouge, drame lyrique en 3 actes et en prose. *Paris, le même*, 1809, in-8.

— Ruines (les) de Babylone, ou Giafar et Zaïda, mélodrame historique en 3 actes, en prose. *Paris, le même*, 1810, in-8.

— Soirée (la) des Champs-Élysées, comédie épisodique en un acte et en prose, mêlée de vaudevilles. *Paris, André*, an VIII (1800), in-8.

— Solitaire (le) de la Roche-Noire, mélodrame en 3 actes (et en prose). *Paris, Barba*, 1806, in-8.

— * Souvenirs de Paris, en 1804, trad. de l'allem. (1805). Voy. KOTZEBUE.

— * Souvenirs d'un voyage en Livonie, à Rome et à Naples; trad. de l'allem. (1806). Voy. KOTZEBUE.

— Suicide (le), ou le vieux Sergent, mélodrame en 3 actes. *Paris, Barba*, 1816, in-8.

Publ. sous le nom de Charles.

— Tekeli, ou le Siége de Montgatz, mélodr. en 3 actes. *Paris, le même*, 1804, ou 1811, in-8.

— Tête (la) de mort, ou les Ruines de Pompéïa, mélodr. en 3 actes. *Paris, Quoy*, 1827, in-8, 1 fr.

— Trois (les) moulins, divertissement allégorique en un acte (et en prose), mêlé de chants. *Paris, Barba*, 1810, in-8.

Avec J. B. Dubois.

— Valentine, ou la Séduction, mélodr. en 3 actes. *Paris, J.-N. Barba*, 1821, in-8, 1 fr. 50 c.

— Victor, ou l'Enfant de la forêt, mélodrame en 3 actes, en prose. *Paris, Barba*, an VI (1798), ou an XI (1803), in-8.

— * Vie de Dalayrac, etc., contenant la liste complète des productions de ce célèbre compositeur; par R. C. G. P. *Paris, Barba*, 1810, in-12.

— Vieux (le) major. (1801). Voy. LÉGER.

— Zozo, ou le Mal avisé, comédie en un acte et en prose. *Paris, Barba*, an VIII (1800), in-8.

M. Guilbert de Pixérécourt a fait tirer de toutes ses pièces de théâtre quatre exemplaires seulement sur pap. vélin, et plus tard des titres portant : *Théâtre de René Charles Guilbert de Pixérécourt*, pour les réunir en volumes. Les propriétaires de ces quatre exemplaires sont : l'Auteur, MM. de Soleinne, et de Chateaugiron, et la Bibliothèque publique de Nanci.

M. Guilbert de Pixérécourt est en outre le rédacteur de la 45e partie des « Spectacles de Paris » (1801), et l'éditeur des Œuvres inédites de Florian (1824).

GUILHERMIER (E. de). Vers (les) à soie, poëme en deux chants. *Paris, Le Normant*, 1803 ; in-12 de xii et 52 pag. ; ou 1809, br. in-8, 1 fr. 20 c.

GUILHON (C.-G.), procureur du roi près le tribunal de Lectoure.

— Traité des donations entre-vifs. *Toulouse, Bellegarigue* (* *Vieusseux*), 1818-19, 3 vol. in-8, 15 fr.

GUILLAIN (Mich.), ingénieur ordinaire du roi.

— *Dissertation sur la fête de Pâques, où l'on fait voir que ladite fête ne se célèbre jamais dans la lune de mars, par le S. M. G. I. O. D. R. *Dunkerque*, 1715, in-8.

GUILLARD (Nicolas-François), poète dramatique-lyrique ; né à Chartres, le 15 janvier 1752, mort à Paris, le 26 décembre 1814.

— Arvire et Évélina, tragédie lyrique en 3 actes. *Paris, Bertrand*, 1788, in-8.

Ouvrage couronné par l'Acad. française.

— La même pièce, réduite en deux actes, par M***. *Paris, Roullet*, 1820, in-8.

— * Casque (le) et les Colombes, opéra-ballet en un acte (et en vers libres). *Paris, Ballard*, an x (1802), in-8.

— * Chimène, ou le Cid, tragédie (lyrique) en 3 actes (et en vers libres). *Paris, P. R. C. Ballard*, 1783, in-8 ; ou *Paris, P. Delormel*, 1784, in-4.

— * Électre, tragédie (lyrique) en 3 actes (et en vers libres). *Paris, P. Delormel*, in-8.

— * Émilie, comédie (lyrique) en un acte et en vers libres, faisant partie de la « Fête de Mirza », ballet. (1781). Voy. GARDEL.

— *Horaces (les), tragédie lyrique en 3 actes, mêlée d'intermèdes (en vers libres). (*Paris*), *Delormel*, 1786, in-4 ; ou *Paris, Ballard*, 1786, in-8 ; et an ix (1801), in-8.

— * Iphigénie en Tauride, tragédie (lyrique) en 4 actes (et en vers libres). *Paris, P. Delormel*, 1779, in-4 ; ou *Paris, P. R. C. Ballard*, 1781, in-8 ; et *Bordeaux, Ph. Phillippot*, 1786, in-8.

— *Louis IX en Égypte, opéra en 3 actes (et en vers libres). *Paris, P. Delormel*, 1790, in-4.

Avec M. Andrieux, de l'Institut.

— *Miltiade à Marathon, opéra en 2 actes (et en vers libres). *Paris, le même*, an ii (1794), in-4 et in-8.

— Mort (la) d'Adam et son apothéose, tra-

gédie lyrique, en 3 actes (et en vers libres). *Paris, Roullet*, 1809, in-8.

— * OEdipe à Colone, opéra en 3 actes (en vers libres). *Paris, P. R. C. Ballard*, 1786, in-8 ; ou *Paris, P. Delormel*, 1787, in-4 ; et *Paris, Ballard*, an x (1802), in-8.

Ouvrage couronné par l'Acad. française.

— * Olympie, tragédie lyrique en 3 actes (et en vers libres). *Paris, Ch. Houel*, an vii (1799), in-4.

Guillard débuta en littérature par quelques poésies qui furent imprimées en 1776, dans la Journée de l'amour (voy. ce titre à la Table des Anonymes) ; plus tard, divers recueils périodiques s'enrichirent de ses Poésies fugitives. Outre les opéras que nous avons cités, Guillard a retouché celui de La Bruère, intitulé « Dardanus » (1784), mais les changements qu'il a faits à cette pièce sont si grands, qu'on a le droit de l'en considérer comme auteur : long-temps après il retoucha aussi la Proserpine de Quinault (1803). Voy. LA BRUÈRE et QUINAULT.

Deux pièces de Guillard sont restées inédites, *Elfrida*, représentée au théâtre italien, en 1791, et *Orosta*, tragédie-lyrique en 3 actes. Il est à regretter, dit la Biographie universelle, que l'Académie royale de musique n'ait pas fait représenter ce dernier ouvrage, auquel l'Académie française avait cru devoir décerner un prix.

GUILLARD, agrégé divisionnaire de mathématiques au Collège royal de Louis-le-Grand.

— Arithmétique (l') des premières écoles et des écoles secondaires, approuvée par M. Chaptal, ministre de l'intérieur ; contenant un grand nombre d'applications au commerce, aux impositions et aux mesures de superficie et de solidité, et terminée par une instruction familière sur le mode de peser et de calculer avec les nouveaux poids. *Paris, Gattey, Vᵉ Devaux*, an xi (1803), in-8 de 224 pag., 3 fr.

— Lettre sur l'Université, adressée à MM. les députés des départements, à l'occasion du budget de l'instruction. Par M. GUILLARD, agrégé de l'Université, suspendu de ses fonctions de professeur de mathématiques au Collège royal de Louis-le-Grand. *Paris, impr. de Tillard*, 1828, in-8 de 12 pag.

— Mémoire justificatif adressé à MM. les membres du Conseil royal de l'instruction publique. *Paris, de l'impr. du même*, 1826, in-4 de 28 pag.— Second Mémoire justificatif adressé, etc. *Paris, de l'impr. du même*, 1826, in-4 de 24 pag.

— Traité des opérations de change, et des arbitrages de change, etc. *Paris, Crapart, Caille et Ravier*, 1803, in-8 de 130 pag. 2 fr.

— Traité élémentaire d'arithmétique décimale ; spécialement destiné aux orfèvres.... et autres personnes qui font le commerce des matières d'or et d'argent. *Paris*, 1802, in-16, 1 fr. 20 c.

Ce professeur a donné une nouv. édit. du Cours de mathématiques de Bezout.

GUILLARD D'ARCY (le P.), de l'Oratoire.

— * Règles de la discipline ecclésiastique, etc. Nouv. édit., augm. (et publ. par le P. QUESNEL). *Paris*, 1714, in-12.

La prem. édit. de ce livre est de 1665. La réimpression du P. Quesnel date de 1679.

GUILLARD DE BEAURIEU. V. BEAURIEU.

GUILLARD-SENAINVILLE, agent-général de la Société d'encouragement pour l'industrie nationale.

— Notice sur les travaux de la Société d'encouragement pour l'industrie nationale. *Paris, Mᵐᵉ Huzard*, 1818, in-4.

GUILLAUME (J.), avocat. Voy. BOUHIER.

GUILLAUME (Charles), libraire, mort à Paris, le 8 décembre 1778.

— * Almanach Dauphin, ou Histoire abrégée des princes qui ont porté le nom de Dauphin, avec leurs portraits, par le S. C. G***. *Paris, Guillaume*, 1751, in-8.

— * Almanach des dames savantes françaises pour 1742. *Paris*, 1742, in-32.

— *Nouvelle (la) Mer des histoires. *Paris, Guillaume*, 1733-35, 6 vol. in-12.

GUILLAUME (l'abbé Jean-Baptiste), historien, archiviste du comte de Saint-Florentin, membre de l'Académie de Besançon; né dans cette ville, en 1728, mort près de Dijon, en 1796.

— Histoire généalogique des sires de Salins, au comté de Bourgogne, avec des notes historiques et généalogiques sur l'ancienne noblesse de cette province. *Besançon*, 1757-58, 2 vol. in-4.

Cet ouvrage est superficiel et inexact; mais l'auteur a réuni, à la fin de chaque volume, un grand nombre de pièces originales assez intéressantes. Les Mémoires de l'Académie de Besançon contiennent quatre pièces de Guillaume, dont voici les titres : *Dissertation sur l'usage de la preuve du duel, tel qu'on l'observait anciennement en Franche-Comté.* — *Éloge historique de Jean de Vienne, amiral de France.* — *Éloge de Guy, Armenie, président du parlement des deux Bourgognes.* — *Dissertation sur une statue antique, trouvée à Mandeure en 1753.*

Cet écrivain a laissé divers ouvrages manuscrits, entre autres : *Généalogie de la maison de Bauffremont*, in-fol. — *Notes sur le nobiliaire de Franche-Comté*, 4 vol. in-fol. C'est le résultat des recherches qu'il avait faites dans les archives de la province.

Biogr. univ.

GUILLAUME. * Guide (le) d'Italie,

pour faire agréablement le voyage de Rome. *Paris*, 1775, in-8.

GUILLAUME (Sim.), maître de danse.

— Almanach dansant, ou Positions et attitudes de l'allemande. 1776 et ann. suiv., in-12.

GUILLAUME (L.). Réfutation du système de Copernic. *Avignon, Chaillot*, 1813, in-8 de 64 pag.

GUILLAUME (F.-J.-L.), professeur au collége royal de Bourbon.

— Éloge du duc d'Enghien. *Paris, Égron*, 1818, in-8.

— Examen critique d'une brochure de M. L. Devisme, membre du Corps législatif, intitulée : Hugues Capet, fragment historique; suivi de l'extrait d'un discours prononcé en août 1807, pour la distribution des prix du lycée Bonaparte (aujourd'hui collége Bourbon). *Paris, impr. du même*, 1814, in-8 de 48 pag.

— Horoscope du duc de Bordeaux. *Paris, Trouvé*, 1825, in-8, 1 fr. 75 c.

— Introduction à la Chronologie. *Paris, Amyot*, 1820, in-12, 3 fr.

GUILLAUME, anc. agent de change.

— Mémoire sur les finances. *Paris, Bailleul; Delaunay*, 1817, in-4, 2 fr. 50 c.

Avec M. Rey, ex-payeur général des troupes françaises en Toscane.

GUILLAUME (Ch.). Instruments aratoires inventés, perfectionnés, dessinés et gravés, avec une explication des figures. *Paris, l'Auteur*, 1821, in-fol. oblong de 28 pag. et 12 pl., 15 fr.

GUILLAUME. Recherches sur les auteurs dans lesquels La Fontaine a pu trouver les sujets de ses fables. *Besançon et Paris, Debure frères*, 1822, in-8 de 60 pag., 1 fr. 50 c.

GUILLAUME (C.-F.-A.). Manière facile de jauger, à l'usage des propriétaires et vignerons; accompagnée de plusieurs tables et d'une planche explicative. *Metz, L. Devilly*, 1823, in-8 de 84 pag., avec une planche gravée.

GUILLAUME D'ESKIL (Saint), chanoine de Sainte-Geneviève, en France, puis abbé de Saint-Thomas du Paraclet, en Danemark, au XIIIᵉ siècle.

On connaît de lui plus de cent lettres, publiées en 1786, dans les Rerum Danicarum Scriptores, tom. VI, et quatre opuscules, dont dom Brial a donné une courte notice à l'Institut, classe d'histoire et de littérature ancienne, le 2 septembre 1814.

GUILLAUME DE LORRIS. Voy. Lorris.

GUILLAUME DE VAUDONCOURT. Voy. Vaudoncourt.

GUILLAUME-LE-FLANEUR (pseudon). Voyez à la Table des Anonymes : Biographie (petite) dramatique, etc.

GUILLAUMOT (Charles-Alex.), officier dans les gardes wallones, ingénieur en chef de la généralité de Paris, directeur et inspecteur-général des carrières, contrôleur des bâtiments du roi, directeur des Gobelins, membre de l'Académie royale d'architecture; né à Stockholm, de parents français, en 1730, mort le 7 octobre 1807.

— Considérations sur l'état des beaux-arts à Paris, particulièrement sur l'architecture, et sur la nécessité d'y élever plusieurs monuments importants. 1802, in-8.

— Considérations sur les connaissances et les qualités nécessaires à un architecte pour exercer son art avec distinction. In-8.

— Essai sur les moyens de déterminer ce qui constitue la beauté essentielle en architecture. 1802, in-8.

— * Lettre à M. Grosley sur l'administration des corvées. 1773, in-8.

— Mémoire aux administrateurs du département de la Seine. In-8.

— Mémoire sur la manière d'éclairer la galerie du Louvre. 1797, in-8.

— Mémoire sur les travaux de l'inspection des carrières. 1805, in-8.

— Mémoire sur les travaux ordonnés dans les carrières sous Paris et plaines adjacentes, et Exposé des opérations faites pour leur réparation. 1797, in-8.

— Notice sur la manufacture nationale des Gobelins. 1799, in-12.

— Observations sur le tort que font à l'architecture les déclamations hasardées et exagérées contre la dépense qu'occasionne la construction des monuments publics. In-8.

— Réponse aux questions sur les travaux qui s'exécutent dans les carrières. In-8.

— * Remarques sur un livre (de l'abbé Laugier), intitulé : Observations sur l'architecture. Paris, 1767, in-8.

On a encore de Guillaumot plusieurs Mémoires et Rapports sur la manufacture des Gobelins.

GUILLEAU DE FORMONT. Jean de Bourgogne, tragédie en 5 actes. Paris, Barba, 1820, in-8, 2 fr. 50 c.

GUILLEBERT (Alphonse), actuelle-ment pasteur et professeur à l'Académie de Neufchâtel, en Suisse.

— Dialecte (le) neufchâtelois, dialogues. Neufchâtel, 1825, in-4.

Une seconde édition est sous presse.

— Sermons (deux) sur la mort. Neufchâtel, 1829, in-8.

— Sermons (trois) sur les plaisirs. Neufchâtel, 1826, in-8.

GUILLEM DE CASTRO, écrivain portugais.

Une traduction, par M. La Beaumelle, de sa pièce intitulée la Jeunesse du Cid, fait partie de la Collection des chefs-d'œuvre des théâtres étrangers.

GUILLEMAIN (Charles-Jacob), le plus fécond des auteurs dramatiques des théâtres du second ordre à la fin du dernier siècle; né à Paris, le 23 août 1750, mort le 25 décembre 1799.

— Alexis et Rosette, mélodrame en un acte (et en prose). Paris, Cailleau, 1786, in-8.

— Amant (l') de retour, comédie en un acte et en prose. Londres (Paris), le même, 1782, in-8.

— Amour (l') et Bacchus au village, com. en prose, en un acte. Paris, le même, 1784, in-8.

— Annette et Basile, mélodrame comique en un acte et en prose. Paris, Brunet, 1787, in-8.

Réimpr. la même année dans la petite Bibliothèque des théâtres, in-12.

— Auberge isolée, comédie en un acte, en prose, mêlée de vaudevilles. Paris, Huet, sans date (1794), in-8.

— Bienfaisance (la), fête donnée à M. le duc de Penthièvre, par Mme l'abbesse du prieuré de St. Jacques du Petit-Andelys. Paris, de l'impr. de Delaguette, 1785, in-4 de 30 pag.

On trouve dans cet opuscule les Bouquets, dialogue en un acte et en vers libres, mêlé de vaudevilles.

— Boniface Pointu et sa famille, comédie en un acte et en prose. Amsterdam (Paris), Cailleau, 1782, 1792, in-8.

— Bonnes (les) gens, ou Boniface à Paris, com. en un acte et en prose. Paris, le même, 1783, in-8.

— Café (le) des halles, comédie en un acte (en prose). Paris, le même, 1788, in-8.

— Cent (les) écus, drame comico-poissard en un acte et en prose. Paris, le même, 1784, in-8.

— Chorégraphie, ou l'Art de décrire la danse. Paris, le même, 1784, in-8.

— Churchill amoureux, ou la Jeunesse de Marlborough, comédie en deux actes et en prose. *Paris*, *Cailleau*, 1783, in-8.

— Directeur (le) forain, comédie épisodique en un acte et en prose. *Paris, le même*, 1784, in-8.

— Enrôlement (l') supposé, comédie en un acte (et en prose). *Paris, Cailleau*, 1789; *Paris, C. Antoine*, 1791; *Paris, S. A. Hugelet*, an IV (1795), in-8.

Cette comédie a été mise en vaudeville par Maguan, et impr. en 1799, in-8.

— Faux (le) talisman, ou Rira bien qui rira le dernier, comédie proverbe en un acte et en prose. *Amsterdam (Paris), Cailleau*, 1782, in-12.

Réimprimé dans le recueil de Proverbes, en 16 volumes.

— * Fête (la) des balles, petite pièce en un acte et en prose, mêlée de vaudevilles. *Paris, le même*, 1782, in-8.

— Mariage (le) de Janot, avec la pantomime des ombres, comédie en un acte, en vers et en prose; précédée de son prologue (aussi en vers et en prose). *Paris, le même*, 1783, in-8.

— Mariage (le) de Jocrisse, comédie en un acte, précédée du prologue en vers. *Paris, Barba*, an V (1797), in-8.

— Mensonge (le) excusable, comédie en un acte et en prose. *Amsterdam (Paris), Cailleau*, 1783, in-8.

— Menuisier (le) de Bagdad, comédie en un acte (en prose), mêlée de vaud. *Paris, le même*, 1790, in-8.

— Nègre (le) aubergiste, fait historique, en un acte et en prose, mêlé de vaud. *Paris, le même*, an II (1794), in-8.

— Nouveau (le) parvenu, comédie en un acte et en prose. *Amsterdam (Paris), le même*, 1782, in-8.

— Prisonniers (les) français à Liége, comédie et fait historique en un acte et en prose, mêlée de vaudevilles. *Paris, Huet*, sans date, in-8.

— Rose (la) et l'Épine, comédie pastorale en un acte et en prose. *Paris, Cailleau*, 1784, in-8.

— Solitude (la), comédie en prose, en un acte. *Paris, le même*, 1786, in-8; ou *Paris, Belin et Brunet*, 1787, in-12.

— Vannier (le) et son seigneur, comédie en un acte et en prose. *Paris, Cailleau*, 1783, in-8.

Guillemain a composé et fait représenter un très-grand nombre de pièces; mais celles que nous venons de citer paraissent être les seules qui aient été imprimées : la Biographie universelle en cite plu-

sieurs qui ne sont pas dans cette dernière catégorie, et par contre-coup en omet d'autres qui s'y trouvent.

GUILLEMAIN DE SAINT-VICTOR.
* Amusements d'une société innombrable, etc., ou la véritable Maçonnerie, etc., dédiée aux dames, par un chevalier de tous les ordres maçonniques, etc. *Au sanctuaire des mœurs (Londres)*, 1779, pet. in-12.

L'épître dédicatoire est signée de Gaminville, anagramme de Guillemain. Le véritable titre de l'ouvrage est celui-ci : *la Vraie Maçonnerie d'adoption....*, dédiée aux dames, par un chevalier de tous les ordres maçonniques. Londres, aux dépens de l'auteur, 1779, pet. in-12. Dans ces exemplaires, l'épître dédicatoire est signée Guillemain.

Le fond de la *Vraie Maçonnerie d'adoption* est tiré de l'ouvrage qui a pour titre : « l'Adoption, ou la Maçonnerie des femmes en trois grades ». A la Fidélité, chez le Silence (La Haye, Gosse), 100070075, pet. in-8 de 64 pag.

— Histoire critique des mystères de l'antiquité, avec des observations et des notes sur la philosophie, la superstition et les supercheries des mages, etc. *Hispahan*, 1788, pet. in-12.

Le libraire qui publia, seulement vers 1797, cet ouvrage, resté dix-sept années dans son magasin, nous apprend la raison de ce retard: Dans un Avertissement assez mal écrit, il se plaint amèrement de l'auteur Guillemain de Gaminville, et l'accuse d'avoir vendu son manuscrit à deux personnes; action infâme, dit-il, envers moi, qui pendant plus d'un an le combloit (*sic*) de bienfaits, soit en lui prêtant de l'argent, soit en lui avançant des impressions pour annoncer un vaisseau volant, qu'il a fait voir rue Dauphine, à l'ancien hôtel du Musée de Paris, au ci-devant Palais-Royal, etc., où il devait le faire enlever au moyen de l'air inflammable, et *dont l'exécution n'a pas eu lieu*, à cause de l'ignorance de l'auteur.

L'*Histoire critique* est pleine de fautes de langage et de mauvais raisonnements. Les règles les plus connues de la critique y sont violées; on voit sur la même ligne, dans cette compilation, les auteurs anciens et les écrivains modernes, les fictions de l'abbé Terrasson à côté des récits d'Hérodote, de Diodore de Sicile, etc. : tel est le précis du compte qu'en a rendu le savant de Sainte-Croix dans le *Magasin encyclopédique*, tom. XIIe, pag. 347.

Le libraire acquéreur de la première copie du manuscrit du sieur Guillemain de Gaminville, publia l'ouvrage sous ce titre : *Origine de la maçonnerie adonhiramite*, ou Nouvelles Observations critiques et raisonnées sur la philosophie, les hiéroglyphes, les mystères, la superstition et les vices des mages; dédiée à monseigneur le duc de Gèvres, par l'auteur du *Recueil précieux de la maçonnerie adonhiramite*. Héliopolis, 1787, pet. in-12 de 172 pag. L'Épître dédicatoire est signée Louis Guillemain de SAINT-VICTOR, vrais noms de l'auteur, car on peut soupçonner que Gaminville est l'anagramme de Guillemain.

M. Lerouge, amateur de livres à Paris, possède ces deux ouvrages. Son exemplaire de l'Histoire critique porte un titre conçu dans ces termes : *Histoire critique des mystères de l'antiquité*, et particulièrement chez les Égyptiens; avec des Observations sur ce qu'elle était, ce qu'elle devint, et ce qu'elle est; et des Notes sur la philosophie, la superstition et les supercheries des Mages. Paris, Moutardier, an VII de la république (1799).

Le nombre des pages est le même que dans les exemplaires datés de 1788, à Hispahan, tom. II, f. 5, pag. 65.

Cette édition contient, de plus que l'*Origine de la Maçonnerie adonhiramite* : 1° un Tableau de la réception des initiés ; 2° une Digression sur le nombre *ternaire* : ces deux articles ne sont autre chose que la réimpression d'une brochure intitulée : *Essai sur l'ancienne initiation*, par D. L. P., sans indication de lieu, 1785, in-8 de 28 pag. L'auteur de ce dernier ouvrage ne dit pas que pour tracer la réception d'un initié, il n'a fait que traduire ce que Xénophon raconte d'Hercule ; 3° des Recherches historiques sur les initiations des premiers peuples du monde. C'est la première moitié de la brochure publiée à Paris en 1779, par M. l'abbé Robin, sous le titre de *Recherches sur les initiations anciennes et modernes*. L'on voit que tout est ainsi dire supercherie dans les compilations du sieur Guillemain de Saint-Victor.

— * Recueil précieux de la Maçonnerie adonhiramite..., par un chevalier de tous les ordres maçonniques. *Philadelphie, chez Philarèthe (Paris)*, 1781, 4 vol. in-18 ; ou 1786, 3 part. in-18. — Nouv. édit., augmentée. *Paris*, 1789, 3 vol. in-18.

La dernière édition n'est point anonyme.

GUILLEMARD, écrivain de la marine, secrétaire de l'intendance de la marine en Bretagne.
— Caton, tragédie, trad. de l'angl. (1767). Voyez ADDISON (Jos.).

GUILLEMARD, alors sous-commissaire de la marine.
— Épître d'un père à son fils, prisonnier de guerre en Angleterre. 1802, in-8.

GUILLEMARD (le sergent Robert), pseud. Voy. BARBAROUX.

GUILLEMART, acteur du théâtre de Dunkerque.
— Henreuse (l') témérité, comédie en 3 actes et en prose. *Dunkerque, Drouillard*, an III (1794), in-8.

GUILLEMEAU (J.-Louis-Mar.), médecin et naturaliste ; né à Niort, le 4 juin 1746, où il est mort, en novembre 1823.
— *Annuaire statistique du département des Deux-Sèvres, 1802 et 1803. *Niort*, 1802-03, 2 vol. in-12.
— Calendrier de Flore des environs de Niort, ou Temps approximatifs de la floraison d'à-peu-près onze cents plantes, décrites méthodiquement d'après le système sexuel de Linnée ; précédé d'un Abrégé élémentaire de botanique. *Niort et Paris, Vatar-Jouanet*, 1801, in-12 de IV et 276 pag., 3 fr.
— Coup-d'œil historique, topographique et médical sur la ville de Niort et ses environs. 1793, in-12.
— Essai sur l'histoire naturelle des oiseaux de France, classés d'après la méthode dichotomique. 1806, in-8.
— Essai sur les minéraux et les fossiles des départements de la Vendée, des Deux-Sèvres et de la Vienne. *Niort*, 1798, in-8.
— Histoire naturelle de la marguerite...
— Histoire naturelle de la rose, où l'on décrit ses différentes espèces, sa culture, ses vertus, ses propriétés ; suivie de la Corbeille de Roses, ou choix de ce que les anciens et les modernes ont écrit de plus gracieux sur la rose, et de l'histoire des insectes qui vivent sur le rosier. *Paris, Vatar-Jouanet*, 1801, in-8 de IX et 340 pag., 3 fr. ; et avec les fig. col., 5 fr.
— Quòd cogitant auctores de hymene et de signis virginitatis deversis. *Monspeliensis*, 1788, in-8.
— Vasselage (le), poëme, trad. de l'ital. (1791). Voyez ce titre à la Table des Anonymes.

Guillemeau a rédigé long-temps le « Bulletin du département des Deux-Sèvres ».

GUILLEMIN, membre de la Société d'histoire naturelle. Voyez CHEVALIER (A.).

GUILLEMIN. Tarif pour la réduction des bois équarris et ronds, en pieds cubes. *Dôle, impr. de Prudont*, 1822, in-12 de 144 pages.

GUILLEMIN (Alexandre), avocat docteur en droit.
— Ode sur la naissance de S. A. R. Mgr. Henri-Charles-Ferdinand-Marie-Dieudonné, né d'Artois, duc de Bordeaux. *Paris, impr. de Renaudière*, in-4 de 8 p.
— Patriotisme (le) des volontaires royaux de l'École de droit de Paris. *Paris, A. Leclerc*, 1822, in-8, 4 fr.

GUILLEMINAULT, propriétaire-cultivateur, à Magny-le-Hongre.
— Mémoire sur l'avantage des prairies artificielles. *Paris, Dujardin*, 1807, in-8, 30 c.

GUILLERMET, professeur au collége royal de Rouen.
— Bonheur (le) de la France sous Louis XVI, ode couronnée par l'Académie de l'Immaculée-Conception. 1776, in-8 et in-12.
— Déisme (le), ode couronnée, en 1767, par l'Académie de l'Immaculée-Conception. 1768, in-8.

GUILLEMINET. * Livre (le) de la Sagesse en français, avec des réflexions morales sur chaque verset. *Paris, Simart*, 1712, in-12.

GUILLEMINET (J. B.). Confédération parisienne, proposée par un patriote de 89. *Paris, impr. de Setier*, 1815, in-8 de 4 pages.

GUILLEMINOT (le comte). Armée d'Espagne : Campagne de 1823 : Exposé sommaire des mesures administratives adoptées pour l'exécution de cette campagne. *Paris, impr. de Guiraudet*, 1826, in-4 de 71 pages.

GUILLEMOT. Mémoire sur les anciennes habitations rurales du département du Nord, sur les terres qui étaient affectées à chacune d'elles, et sur la diversité de leurs mesures. *Douai,....*, in-8 de 70. p.

GUILLERAGUES (le comte de LAVERGNE DE); premier président de la Cour des aides de Bordeaux, puis ambassadeur de France à Constantinople ; né à Bordeaux, dans le XVIIe siècle, mort à Constantinople, le 5 mars 1684.

— Relation de l'audience donnée sur le sopha par le grand visir à M. le comte de Guilleragues, le 28 octobre 1684.

Cet écrit a été inséré dans le recueil intitulé : « Curiosités historiques, etc. » Amst. (Paris), 1759, 2 vol. in-12.

Le comte de Guilleragues fut chargé quelque temps de la direction de la *Gazette de Paris*, et le style, dit Bayle, en était devenu fort beau et fort coulant. On lui attribue la traduction des Lettres d'une Portugaise de Mariane Alcaforado. Il est aussi auteur de divers écrits imprimés antérieurement à 1700.

GUILLERMAIN (Cl.-Nic.), député du département de Saône-et-Loire à la Convention nationale.

— Quelques Réflexions sur le procès de Louis Capet, et notamment sur la question de savoir : si le peuple peut et doit lui faire grâce. 1792, in-8.

GUILLERMIN DE MONTPINAY (Gilbert de), d'abord chef d'escadron, et plus tard lieutenant-colonel au corps royal d'état-major.

— Considérations sur l'état moral et physique de l'Amérique espagnole et sur son indépendance. *Paris, Boucher*, 1824, in-8 de 64 pages.

— Colonie de Saint-Domingue, ou Appel à la sollicitude du roi et de la France. *Paris, Delaunay*, 1819, in-8 de 120 pages.

— Journal historique de la révolution de Saint-Domingue. *Philadelphie*, 1810, in-8.

— Mémoire sur cette question : Quels seraient les meilleurs moyens à employer, soit dans le régime des colonies actuelles, soit dans la fondation de colonies nouvelles, pour rendre ces établissements utiles à eux-mêmes et aux métropoles ? *Paris, impr. de Dondey-Dupré*, 1821, in-8 de 64 pages.

— Opinion sur le rétablissement des colonies, publiée en 1811, etc. *Paris, Arthus-Bertrand*, 1814, in-8 de 48 pag.

— Précis historique des derniers événements de la partie de l'est de Saint-Domingue, depuis le 10 août 1808, jusqu'à la capitulation de Santo-Domingo. Avec des notes historiques, politiques et statistiques sur cette partie ; des réflexions sur l'Amérique septentrionale, et des considérations sur l'Amérique méridionale, et sur la restauration de Saint-Domingue. Dédié à S. Exc. Mgr le vice-amiral Decrès, ministre de la marine et des colonies, etc. *Paris, Arthus-Bertrand*, 1811, in-8, avec un portrait du général Ferrand, une vue de l'ancien palais de Christophe Colomb, et une carte des positions respectives des deux armées. 6 fr.

GUILLET. Alcindor pénitent, ou le Triomphe de la grace ; poëme. *Paris*, 1786, in-8.

GUILLET, curé constitutionn. d'Épuisé.

— Mort (la) d'Abel, tragédie en 3 actes. *Blois, J. B. Durié*, 1792, in-8.

GUILLET (...), auteur dramatique.

— Gascon (le), gascon malgré lui, opéra bouffon, en un acte et en prose. *Paris, Mme Masson*, 1803, in-8, 1 fr. 20 c.

Avec Eugène Hus.

— Henriette et Verseuil, comédie en un acte (en prose), mêlée de chants. *Paris, Huet*, 1803, in-8, 1 fr. 20 c.

Avec le même.

— * Prisonnier (le) français, ou le Bienfait récompensé, fait historique en un acte et en vers, mêlé d'ariettes, paroles du citoyen.... *Paris, Cretté*, an VII (1799), in-8.

— Un quart d'heure de silence, opéra en un acte. *Paris, Mme Masson*, 1804, in-8, 1 fr. 20 c.

GUILLET (Ch.). Quelques idées sur l'économie ayant pour but d'améliorer le sort des hommes, en mettant constamment à la disposition de la caisse d'amortissement un fonds de 100 millions. *Paris, Mad. Cavanagh*, 1803, in-8 de 8 pag. avec 8 tableaux, 60 c.

GUILLET, supérieur du séminaire de Chambéry.

— Petit réglement de vie, à la portée des gens de la campagne. *Dijon , de l'impr. de Frantin, 1818; ou Poitiers , Barbier, 1818; et Rhodez , de l'impr. de Carrère , 1827,* in-24.

— Projets pour un cours complet d'instructions familières, à l'usage des ecclésiastiques. *Paris, Saint-Michel , 1815 ; ou Lyon et Paris , Rusand, 1825, 4 vol.in-12.*

GUILLET DE BLARU (Philippe), avocat au parlement de Paris; né vers 1671, mort le 16 février 1757.

— Mémoire en faveur de cent docteurs de la Faculté de théologie de Paris. 1756, in-12.

— Mémoire pour le cardinal de Noailles contre l'abbesse de Port-Royal de Paris. In-4.

— Mémoire pour le chapitre de l'église métropolitaine de Reims et autres Appelants comme d'abus des ordonnances de l'archevêque de Reims. 1717, in-4.

France littéraire de 1769.

GUILLIAUD (Christophe), commerçant en quincaillerie et fabricant d'armes ; né à Saint-Étienne (Loire), en 1750.

— Extrait d'un Mémoire sur les moyens de porter toutes les manufactures et le commerce de France au plus haut degré de splendeur et d'utilité publique. *Paris, et Lyon , 1797, in-8.*

— Mémoire sur la mise en œuvre de tous les métaux du département de la Loire...

GUILLIÉ (le docteur), directeur-général et médecin en chef de l'institution royale des jeunes aveugles de Paris, médecin oculiste de S. A. R. Madame, duchesse d'Angoulême , etc.

— Bibliothèque ophthalmologique, etc., ouvrage périodique (1820—21). *Voy.* ce titre à la Table des Anonymes.

— Essai sur l'instruction des aveugles, ou Exposé analytique des procédés employés pour les instruire. *Paris, à l'Institut des aveug.es, 1817 ou 1819, in-8 avec 25 pl.,* 10 fr.

— * Histoire du cabinet des Tuileries depuis le 20 mars 1815, et de la conspiration qui a ramené Buonaparte en France. *Paris, Chanson, 1815, in-8 , 2 fr.*

Cet ouvrage a eu trois éditions la même année.

— Rapport fait à MM. les membres du conseil et les souscripteurs de la Clinique oculaire de Paris, sur l'état de cet établissement et les résultats obtenus pendant l'exercice de 1820—1821. *Paris, imp. de Dondey-Dupré, 1821, in-4 de 20 pag.*

— Rapport fait à S. Exc. le ministre secrétaire d'état au département de l'intérieur sur l'état de l'institution royale des jeunes aveugles, pendant les exercices de 1816 et 1817. *Paris, impr. de Chanson , 1818 , in-8 de 44 pag.*

— Recherches (nouv.) sur la cataracte et la goutte sereine. *Paris, Croullebois, 1818, in-8 de 160 pag.*

— Traité de l'origine des glaires, de leurs effets, etc. X^e édit. *Paris, l'Auteur, 1827, in-12 de 60 pag.*

— Tratado del origen de las flemas, etc. *Paris, de la imprenta de Goëtschy, 1828 , in-12 de 60 pag.*

— Tratado sobre a origem das materias viscosas, etc. *Paris, de la emprenta de Goëtschy, 1828, in-12 de 60 pag.*

GUILLOBÉ (Mme). *Joseph Eelt et Séraphine de Saint-Prix, ou l'Influence de la religion. *Paris, Delaunay, 1821, in-12.*

GUILLOIS (Fr.).

Il a eu part à la rédaction de la *Gazette nationale, ou le Moniteur universel* (1790 et ann. suiv.), et a été l'éditeur des « Consolations de ma captivité, etc. » (1797). *Voy.* Roucher.

GUILLOIS (Mme Eulalie), fille du poète Roucher, et épouse du précédent; né le 7 décembre 1776.

La *Correspondance de Roucher* (*voy.* ce nom), publiée par son gendre Guillois, renferme un grand nombre de lettres de mademoiselle Roucher. Ces lettres, dit madame Briquet, offrent de l'esprit et du sentiment.

GUILLON (l'abbé Marie-Nicolas-Silvestre), chanoine honoraire de l'église métropolitaine de Paris, professeur d'éloquence sacrée dans la Faculté de théologie de Paris; né à Paris, le 1er janvier 1766.

— * Brefs et instructions du saint-siége , relatifs à la révolution française; collection accompagnée de discours, notes et dissertations qui en prouvent l'authenticité. 1799.

— Chant funèbre, exécuté dans l'église royale de Saint-Germain-l'Auxerrois, trad. du français en latin (1817). *Voy.* (au Supplément) Baour-Lormian.

— Collection ecclésiastique, ou Recueil complet des ouvrages faits depuis l'ouverture des États-Généraux relativement au clergé. *Paris, 1791 et ann. suiv., 7 vol. in-8.*

Publiée sous le nom de l'abbé Barruel.

— * Contes (nouveaux) arabes , ou Supplément aux mille et une Nuits , par M. l'abbé ***. *Paris, 1788, in-12.*

—Discours prononcé dans l'église de St.-Sulpice sur l'autorité de l'Église romaine. *Paris*, 1802, in-8.

— Discours pour la fête de l'Assomption de la sainte Vierge, et de la naissance de S. M. l'empereur et roi. *Paris, Laurens*, 1805, in-8 de 32 pag., 50 c.

— Discours pour l'anniversaire du sacre de S. M. l'empereur et roi, et de la victoire d'Austerlitz, prononcé dans l'église paroissiale de Saint-Roch, le dimanche 7 décembre 1806. *Paris, Laurens jeune*, 1807, in-8 de 40 pag., 75 c.

Trois autres Discours de l'abbé N. S. Guillon, prononcés dans l'église de Notre-Dame, à l'occasion de l'anniversaire du sacre de Napoléon, ont été imprimés en 1806.

— Discours prononcé le samedi 24 août 1816, à l'occasion des mariages de mesdemoiselles Justine et Rosa Dondey-Dupré, avec le chevalier Bourdet et M. Delarue, célébrés le même jour, etc. *Paris, impr. de Dondey-Dupré*, 1816, in-8 de 16 pag.

Ne s'est pas vendu.

—Discours du pape Pie VI, etc, trad. du lat., et accompagné de notes (1818). Voy. PIE VI.

— Discours prononcé en l'église de la Madeleine, par, etc., au service funèbre de M. Charles Delamalle, décédé procureur-général en la Cour roy. d'Angers. *Paris, impr. de Mme Ve Porthmann*, 1827, in-8 de 8 pages.

— Discours (deux) prononcés à l'ouverture des cours de la faculté de théologie de Paris. *Paris*, 1814, 1815, in-8.

— Discours (ses) prononcés dans des séances d'ouverture et de clôture depuis 1815. In-8.

— Dissertation sur les Psaumes, trad. du lat., etc., avec des notes. (1822). Voy. BOSSUET.

— Éloge de M. d'Orléans de Lamotte, évêque d'Amiens, suivi de notes historiques : Discours qui a remporté le prix à l'Académie des sciences et lettres d'Amiens, en 1809. *Paris, Arth. Bertrand*, 1809, in-8, 1 fr. 25 c.

— Entretiens sur le suicide, ou Courage philosophique opposé au courage religieux, et Réfutation des principes de J.-J. Rousseau, de Montesquieu et de Mme de Staël, en faveur du suicide ; avec cette épigraphe : « S'abandonner au chagrin sans « résister ; se tuer pour s'y soustraire ; « c'est abandonner le champ de bataille « avant d'avoir vaincu. » Le premier consul Bonaparte, ordre du 22 floréal. *Paris*,

Ve *Nyon*, an X (1802), in-18, 2 fr. 25 c., et pap. vél., 4 fr. 50 c. — *Paris, G. Mathiot*, 1809, in-18, 1 fr. 80 c.

— La Fontaine et tous les fabulistes, ou La Fontaine comparé avec ses modèles et ses imitateurs... Nouv. édit., avec des observations critiques, grammaticales, littéraires, et des notes d'histoire naturelle. *Paris*, 1803, 2 vol. in-8, 12 fr.

— Lettre à Mgr l'archevêque de Paris (sur une ordonnance de ce prélat). *Paris, imp. de Tilliard*, 1828, in-8 de 16 pag.

— Mélanges de littérature orientale, traduits de l'arabe, suivis de Lettres et Dissertations. *Paris*, 1788, in-8.

— Nomination (de la) aux évêchés dans les circonstances actuelles, ou Recherches historiques et critiques sur les élections populaires, la pragmatique, le concordat. *Paris, Laurens jeune*, an IX (1801), in-8 de 142 pag., 1 fr. 80 c.

— Panégyrique de saint Louis, roi de France ; prononcé le 25 août 1818, devant MM. de l'Académie, etc. *Paris, F. Didot*, 1818, in-4 de 44 pag., 2 fr.

— Parallèle des révolutions sous le rapport des hérésies qui ont désolé l'Église. *Paris*, 1791, in-8.

Réimpr. depuis plusieurs fois.

— * Promenade savante des Tuileries, ou Notice historique et critique des monuments du jardin des Tuileries, dans laquelle sont relevées les erreurs commises dans les précédentes descriptions. Par M. N. S. G. P***. *Paris*, an VII (1799), in-8.

Le P*** qui se lit sur le frontispice de ce volume ne signifie pas prêtre, mais PASTEL, qui est le nom de la mère de M. Guillon.

— * Qu'est-ce donc que le pape? Par un prêtre. *Paris, Briand* (vers 1789), in-8 de 50 pag.

— Rapprochements de la lettre des évêques soi-disant constitutionnels au pape Pie VI, avec des Lettres de Luther à Léon X. *Paris*, 1791, in-8.

— * Sur le respect dû aux tombeaux et sur l'indécence des inhumations actuelles. Par le C. N. S. G. *Paris*, 1799, in-8 de 39 pages.

— Rétablissement (du) des études ; discours suivi de notes, avec un Tableau historique et chronologique des plus célèbres docteurs de l'Université et de la Faculté de théologie (de la Sorbonne), depuis le IXe siècle jusqu'à nos jours. *Paris, Méquignon junior*, 1823, in-8 de 82 pag.

L'abbé N. S. Guillon a été l'éditeur d'une Collection des brefs du pape Pie VI, avec la traduction française en regard (2 vol. in-8); des 4ᵉ et 5ᵉ édit. du Manuel chrétien des étudiants, de l'abbé Yves Bastiou (1814 et 1825); des Sermons du P. Lenfant (1818); de la Bibliothèque choisie des Pères de l'Église grecque et latine (1822 et ann. suiv.); enfin il a donné une nouv. édit. des OEuvres complètes de Massillon, avec un Discours préliminaire sur sa vie et sur ses écrits (1828).

Cet écrivain se disposait, à publier l'Histoire ecclésiastique de l'abbé Fleury, revue par M. Émery, supérieur-général de Saint-Sulpice; mais ce travail, fruit de quarante années de recherches, a péri durant la seconde invasion en 1815, dans une campagne où il était déposé.

GUILLON (l'abbé Aimé), associé des académies de Lyon, de Mantoue, de Rome ; de celles qui existaient avant la révolution à Villefranche, à Valence; maître ès-arts et docteur de l'ancienne Université de cette dernière ville, ci-devant prieur de Saint-Benoît-de-Monteleone, prédicateur, etc., aujourd'hui l'un des conservateur de la Bibliothèque Mazarine; né à Lyon, le 24 mars 1758.

— * Abréviateur (l') grammatical, ou la Grammaire française réduite à ses plus simples éléments, en italien et en français, à l'usage des pages d'Italie. Milan, de l'imprimerie de Cairo et comp., 1807, in-12.

— Basilidès, évêque grec, de Carystos en Eubée, tant en son nom qu'en celui de la plupart des archevêques et évêques de l'église grecque, à M. le comte de Montlosier, sur son mémoire à consulter (relativement aux jésuites), et sur les raisonnements que lui opposent les prélats, qui, sans clergé ni troupeau, se parent commodément en France du titre de nos églises, sans vouloir en supporter les charges, ni courir les dangers. Trad. du grec moderne, par N...o. Paris, A. Dupont, 1826, in-8, 2 fr. 50 c.—Sec. Lettre du même, adressée à son drogman de Marseille, en février 1828; trad. du grec moderne par ledit drogman, sur le triomphe indestructible de l'ultramontanisme en France, par la puissance du seigneur d'Hermopolis et les manèges patents ou secrets des autres évêques in partibus et ci-devant in partibus. Paris, le même, 1828, in-8 de 60 pag.

Le premier de ces écrits a déjà été mentionné, par erreur, dans notre premier volume, au nom de l'évêque dont il porte le nom : pourtant l'un et l'autre sont attribués, non sans fondement, à M. l'abbé Guillon.

— Belisario, roman istorico, trad. del francese (1808). Vedi (al Suppl.) GENLIS.

— Cénacle de Léonard de Vinci; essai historique, psychologique, etc. Milan, 1811, in-8.

Tous les journaux de Paris ont parlé de cet ouvr. avec éloge, en 1811.

— * Conflits (des) de la juridiction de l'ordinaire avec les prétentions des grands-aumôniers de France ; dissertation extraite d'un ouvrage encore manuscrit. Paris, Gauthier frères ; N. Pichard, 1824, in-8 de 108 pag.

— * Épître à M. Lamourette, évêque de Rhône-et-Loire, sur son Instruction pastorale du 16 juillet 1791, etc. Paris (Vienne en Dauphiné), 1791, in-8.

C'est par erreur que M. Picot, rédacteur de l'Ami de la religion et du Roi, a attribué cet opuscule à M. Camille Jordan, qui, de société avec M. Degérando, a publié une brochure anonyme sous le même titre, mais qui n'a que quatre feuilles.
Barb.

— * Étrennes aux amis du 18, ou Almanach pour l'an de grâce 1798, avec cette épigraphe : Le Vrai seulement est aimable. Paris, de l'impr. des Théophilanthropes, à l'enseigne de Polichinelle, an VII de la république (1799), in-8.

En face du frontispice se trouvait une gravure où l'on voyait un polichinelle (La Réveillère-Lépeaux) en costume de directeur, et posé sur le point le plus élevé d'un quart de cercle figurant une portion du calendrier républicain, avec ces mots en bas : Mahomet, théophilanthrope.

Celui qu'on avait raison d'en croire l'auteur fut arrêté, subit un long procès criminel qui se compliqua, parce qu'il fut alors dénoncé comme auteur de l'Histoire du siège de Lyon, publiée quelques semaines avant le 18 fructidor. Il faillit être condamné à mort, parce que les jurés déclarèrent unanimement que les Étrennes aux Amis du 18 étaient contre-révolutionnaires, et il n'échappa au supplice que parce que sept d'entre eux refusèrent de se convaincre qu'il en fût l'auteur. L....., dans son dépit, le fit aussitôt livrer au bureau central de la police, qui voulut le faire déporter à Sinnamary comme ecclésiastique. C'était l'abbé A. Gu (Aimé Guillon, aujourd'hui conservateur de la Bibliothèque Mazarine), qui a dans la suite éprouvé bien d'autres persécutions non moins cruelles et beaucoup plus longues.

(Extrait d'une brochure publiée en 1815, par M. Fauche-Borel, anc. impr.-libraire à Hambourg, et rapporté par Barbier, dans son Dictionnaire des Anonymes.)

— Exhortation royaliste, prêchée à Lyon, le 14 novembre 1790. Lyon, 1790, in-8.

Prêchée au milieu des troubles, et presque à la lueur des châteaux incendiés.

— Feuille impartiale et Variétés morales. Paris, 1798-99, 3 vol. in-8.

Cette feuille périodique, rédigée dans le sens de la monarchie, a subsisté jusqu'au 18 brumaire; Napoléon la comprit dans le nombre des journaux qu'il supprima, dès qu'il se vit premier consul.

— Fraternité (de la) consanguine du peuple lyonnais avec la nation vraiment milanaise. Dissertation. Lyon, J.-M. Barret, 1828, in-8 de 58 pag.

— Grand (le). Crime de Pépin-le-Bref ; dissertation historique et critique sur l'usurpation et l'intronisation du chef de la seconde dynastie française. *Londres, Dulau (Paris)*, 1800, in-8 de 100 pag.

Publ. sous le pseudon. de G. Andry, P. D. L. D. E. T. M. D. P. A. (prêtre de Lyon, membre de plusieurs Académies). Cette brochure, qui révélait et contrariait l'arrangement suivant lequel Napoléon devait se faire porter directement au trône de France, par une décision formelle de Pie VII (particularité peu connue du public), fut saisie par ordre du gouvernement : on n'en sauva qu'un petit nombre d'exemplaires.

— * Histoire du siége de Lyon, des événements qui l'ont précédé, et des désastres qui l'ont suivi. *Paris, Ad. Leclerc*, 1797, 2 vol. in-8.

— * Histoire générale de l'Église pendant le xviiie siècle, dans laquelle s'expliquent les causes, l'origine, les développements et les catastrophes de la révolution française. (Tome Ier et unique). *Besançon et Paris, Gauthier*, 1823, in-8, 6 fr.

Cet ouvrage devait avoir six volumes; mais le libraire-éditeur s'étant aperçu, sitôt la publication du premier, que ce livre, quoique plein de recherches curieuses et de choses inconnues jusqu'alors, ne plaisait point au clergé, à cause des principes gallicans dans lesquels il est écrit, en arrêta l'impression. M. Gauthier s'est chargé depuis d'une autre Histoire de l'Église, mais écrite dans des principes tout aussi ultramontains que ceux des Mémoires de M. Picot, et cette dernière obtient un brillant succès. Il y a tout lieu de croire que l'ouvrage de M. Guillon ne sera point achevé de sitôt, si toutefois il l'est jamais.

— * Lettre à M. C. (Charrier), curé d'A... (Ainay.), député à l'Assemblée nationale. 5 janv. 1791, in-8.—Sec. Lettre à M. Charrier de la Roche, curé d'Ainay de Lyon. *Paris, Crapart*, 1791, in-8 de 63 pag.

— * Lettre du chevalier *** à M. l'abbé Charrier, au sujet de son écrit du 3 janvier 1792, sur sa conduite dans la démission de l'évêché constitutionnel de Rouen. *Lyon*, 6 février 1792, in-8.

— Lettre (nouvelle) à M. Lamourette. *Paris (Lyon)*, 1791, in-8.

— * Machiavel commenté par Napoléon Bonaparte, manuscrit trouvé dans la carrosse de Bonaparte, après la bataille du Mont Saint-Jean, le 15 juin 1815. *Paris, Nicolle*, 1816, in-8 de 335 pag., 5 fr.

— Le même en espagnol : Maquiavelo comentado por N. Bonaparte, manuscrito hallado en el coche de Bonaparte, despues de la batalla del monte San Juan, el 18 de junio de 1815. *Paris, Rosa*, 1827, 2 vol. in-12.

— Martyrs (les) de la foi pendant la révolution française, ou Martyrologe des pontifes, prêtres, religieux, religieuses, laïques de l'un ou de l'autre sexe, qui périrent alors pour la foi. *Paris, G. Mathiot*, 1820-21, 4 vol. in-8, 35 fr.

— Mémoires pour servir à l'histoire de la ville de Lyon. *Paris, Baudouin, et Gauthier frères*, 1824, 3 vol. in-8 avec fig. et cartes, 24 fr.

Les deux premiers volumes ne vont que jusqu'aux 4 et 5 décembre 1793 : ils font partie de la « Collection de Mémoires relatifs à la révolution franç. », publ. chez les frères Baudouin. Le troisième comprend la continuation des événements jusqu'à la fin du règne de la convention, 28 avril 1794 : on peut se procurer ce volume séparément, chez Gauthier frères.

Pour des Réflexions historiques sur quelques chapitres de cet ouvrage, voy. VALLÈS.

— Notice sur l'édition *Princeps* du recueil des œuvres de Cicéron, et sur Alexandre Minutianus, auteur de cette édition. *Paris, de l'impr. de Pillet*, 1820, in-8 de 16 pag.

Extrait de la Bibliographie de la France, des 10 et 17 juin de la même année.

Quelques erreurs commises par M. A. Guillon dans cette notice ont été relevées l'année même de sa publication.

— * Politique (la) chrétienne, ouvrage périodique. Par Aimé G. *Paris, Lamy*, 1797, in-8. — Politique chrétienne et Variétés morales et littéraires pour l'an 1800. Par l'auteur de celle de 1797. *Paris*, 1800, in-8.

Ouvrage par lequel l'abbé Guillon débuta, à son arrivée à Paris : il eut du succès, mais la catastrophe du 18 fructidor vint le détruire après six mois d'existence. La reprise, que le ministre Fouché n'tarda pas à supprimer, fut dirigée, dans les intérêts du souverain légitime, contre les promesses et serments de fidélité que Napoléon exigeait du clergé. Au commencement de février 1815, l'auteur reprit de nouveau la publication de cet ouvrage, sous le titre de *la Politique chrétienne de 1815, et Variétés morales et littéraires*, faisant suite à celles de 1797 et 1800 ; mais le 20 mars arriva, et l'abbé Guillon se sentant dans l'impossibilité de parler avec respect le lendemain, et, par la suite, de l'homme que la veille on vouait à l'exécration publique, renonça à cette publication : il n'en a paru que quatre livraisons.

— Preuve de la fidélité des Français à leurs rois légitimes, lors du passage de la première à la seconde dynastie, résultant de l'examen de cette question encore indécise : Est-il vrai que Pepin ait été autorisé par le pape Zacharie à s'emparer de la couronne des Mérovingiens ? *Paris, Michaud; Nicolle*, 1817, in-8, 3 fr.

Cette dissertation a été reproduite la même année, sous ce titre : Pepin et le pape Zacharie, ou la Consultation, dans laquelle le premier aurait été autorisé par le second à s'emparer de la couronne des descendants de Clovis; démontrée fausse, etc. (Paris, Le Normant).

— Quelques (de) préventions des Italiens contre la langue et la littérature françaises; lettre à M. Denina. *Milan*, 1805, in-8.

Réponse à l'opuscule que l'abbé Denina avait composé par ordre de Napoléon, et qui avait pour titre : « Dell' uso della lingua francese nel Piemonte ».

— Raoul ou Rodolphe, devenu roi de France, l'an 923, ne serait-il pas le même personnage que Rodolphe II, roi de Bourgogne transjurane? et d'où vient que le cinquième de nos rois, du nom de Charles, n'est pas appelé Charles IV? dissertation historique. *Paris, Dupont*, 1827, in-8 de 152 pages avec des médailles et des tables généalogiques, 1 fr. 50 c.

— Réflexions sur la compétence ou l'incompétence en fait de jugements littéraires, à l'égard d'une littérature étrangère, en italien et en français. *Milan*, 1808; in-8.

— * Ressemblances historiques entre les commencements de la révolution française et celle de la révolution d'Angleterre qui fit périr Charles Ier. *Lyon*, 1789, in-8.

Publ. après les horribles scènes des 5 et 6 octobre à Versailles et à Paris.

— Sulle Sedici colonne corintie antiche di marmo, stanti in Milano, volgarmente chiamate colonne di S. Lorenzo, e sulle terme Ercolee cui appartenevano : Dissertazione, etc. *Milano*, 1812, in-8.

Cette Dissertation a été imprimée aux frais et par l'ordre du gouvernement du royaume d'Italie.

— Sur deux traductions nouvelles de l'Imitation de J.-C., et principalement sur celle de M. Genoude. — Lettre d'un docteur en théologie à M. l'abbé de Bonnev.... à Vienne en Autriche. *Paris, impr. de Baudouin*, 1820, in-8 de 20 pag.

Extrait de la Chronique religieuse, tom. V, premier cahier, juillet 1820.

— Sur l'ancienne copie de la Cène de Léonard de Vinci, qu'on voit maintenant au Musée royal, comparée à la plus célèbre de toutes, celle des Chartreux de Pavie, et à la copie récente, d'après laquelle s'exécute à Milan une mosaïque égale en dimensions à l'original : dissertation lue à la quatrième classe de l'Institut de France, le 15 février 1817. *Paris, Le Normant*, 1817, in-8 de 51 pag.

— * Sylphe (le), ou Journal invisible. *Paris*, 1800, in-8.

Ce journal tendait à détromper le public de l'illusion que lui faisait Bonaparte, et à déconcerter les manœuvres de son ministre Fouché.

— * Tableau historique de la ville de Lyon. *Lyon*, 1792, in-12.

Réimpr. avec des additions à Paris en 1797, sous le titre de *Lyon tel qu'il est, et tel qu'il était* (in-12), et de nouveau en 1807.

— Tribut de l'amitié à la mémoire de M. Borde, réfutateur de J.-J. Rousseau. Éloge historique. *Lyon*, 1785, in-8.

L'abbé Guillon a publié en 1791 et 1792 de nom-

breuses Réfutations des écrits des abbés Lamourette et Charrier, en faveur de la constitution civile du clergé, dont le recueil forme un fort vol. in-8 : nous avons cité précédemment ceux de ces écrits qui nous sont connus. Pendant son exil en Italie, il publia une *Lettre aux Académiciens de Mantoue, sur la mort du célèbre Bettinelli*, insérée dans le recueil de « Prose e Poesie in morte dell' abbate Bettinelli (Mantoua, 1808)». Dans ce laps de temps, de 1805 à 1814, il rédigea pour le Journal officiel du royaume d'Italie, intitulé : « Giornale italiano » la majeure partie des articles de littérature italienne. Plus tard, il a participé à la rédaction de la Biographie universelle depuis le VIIe jusqu'au L^e volume inclusivement : ses articles concernent des savants italiens peu connus en France : les premiers ont été envoyés de Milan à Paris par leur auteur, et les autres ont été fournis à Paris sur des notes qu'il a apportées. Depuis sa rentrée à Paris, en juillet 1814, M. l'abbé Guillon a coopéré à plusieurs recueils périodiques, tels que 1° la Quinzaine littéraire (1817), à laquelle il a fourni plusieurs Dissertations sur des objets d'arts et de points d'histoire ; 2° la France catholique (1825), dont il a été le principal rédacteur : ce dernier recueil renferme de cet écrivain plusieurs Dissertations théologico-historico-gallicanes, et sur la peinture de la coupole de Sainte-Geneviève; 3° l'Encyclopédie moderne, publiée par M. Courtin, dans laquelle on trouve de lui un article sur les *Libertés gallicanes, leurs vicissitudes successives et leur sort actuel*, imprimées au tom. XV de l'ouvr. précité (1829).

Enfin, pour terminer nos indications, nous ajouterons que M. l'abbé Guillon a donné, comme éditeur, une nouvelle édition, corr. et augm., de l'Éloge de Madame Élisabeth, sœur de Louis XVI, par M. de FERRAND (1795), et qu'il a publié l'ouvrage de M. Baston, intitulé : Réclamation pour l'Église de France et pour la vérité, etc., auquel il a ajouté une préface (1821). (Voyez BASTON et FERRAND).

Depuis 1824, comme il en a prévenu dans la préface du premier volume de ses Mémoires sur Lyon, M. A. Guillon a ajouté à son nom celui de son ancien bénéfice *Montléon*, afin de n'être pas confondu avec son homonyme, aussi ecclésiastique. (Voyez l'article précédent.)

GUILLON (Ch.), maître de pension à Grenoble.

— Méthode facile pour apprendre promptement l'orthographe et les premiers principes de la grammaire française. *Grenoble, Allier*, 1818, in-8.

GUILLON (Ch.), géomètre en chef.

— Cadastre (du) suivant le nouveau mode, ou Examen des motifs qui doivent actuellement faire reprendre dans Vaucluse la suite de cette opération, laquelle est en pleine activité dans quatre-vingts départements, depuis la session de 1823. *Avignon, impr. de Bonnet fils*, 1824, in-8 de 48 pag.

GUILLON D'ASSAS, ancien jurisconsulte.

— Plan de régénération, ou Moyens de rendre à la France toute son énergie. 1798, in-8.

Avec le bar. Taintot.

— Réflexions sur la nécessité du rétablissement des études de la jurisprudence romaine. *Paris, Moutardier; Rondonneau*, 1801, br. in-12.

GUILLOT (E.-M.), instituteur à Paris.

— *Jacobinisme (le) réfuté, ou Observations critiques sur le Mémoire de M. Carnot, adressé au roi, en juillet 1814. Par M. F. M. G******. *Paris, Plancher; Delaunay; Pélicier*, 1815, in-8 de 64 pag., 1 fr. 50 c.

Réimpr., ou peut-être mieux reproduit, la même année, avec le nom de l'auteur.

— Réponse aux calomnies insérées dans le Journal de l'Empire, depuis le retour de Bonaparte jusqu'à son abdication, contre l'auguste famille des Bourbons. *Paris, Pélicier*, 1815, in-8.

GUILLOT (C.), prof., bach.ès-lettres.

— Positions géographiques, ou Table des latitudes des principales villes du royaume de France et villes voisines, et de leurs longitudes ou différences de méridiens par rapport à l'Ile-de-Fer. Seconde édition, revue et augmentée. *Rouen, impr. de Périaux*, 1816, in-12 de 36 pag.

GUILLOT, inspecteur-général adjoint de la salubrité et de l'éclairage.

— Réflexions sur la malpropreté des rues de Paris, sur ses causes et sur les moyens d'y remédier. *Paris, l'Auteur*, 1824, petit in-8 de 64 pag.

GUILLOT DE LA CHASSAGNE (l'abbé Ign.-Vinc.), romancier français du XVIII° siècle.

— * Amours (les) traversés, histoires intéressantes, dans lesquelles la vertu ne brille pas moins que la galanterie. *La Haye (Paris)*, 1741, deux parties, in-12.

— * Chevalier (le) Des Essarts et la comtesse de Bercy, histoire remplie d'événements intéressants. Par M. G. D. C. *Amst., l'Honoré (Paris)*, 1735, 2 vol. in-12.

Ce roman n'est autre chose que l'histoire des amours de Caliste et de Lisandre, par d'Audiguier, Paris, 1615, in-8 : c'est le même plan, ce sont les mêmes circonstances et les mêmes épisodes; ce sont aussi les mêmes pensées, mais dégagées, comme on le pense bien, de toute l'enflure qui était à la mode du temps de d'Audiguier. Cependant l'imitation a eu bien moins de succès que l'original. Le *Chevalier Des Essarts* ne paraît pas avoir eu l'honneur de la réimpression, tandis que l'original a été réimpr. non-seulement plusieurs fois, mais traduit en plusieurs langues. On ne peut attribuer ce dernier succès qu'à la rareté des romans passagers au commencement du 17° siècle.

— * Histoire du chevalier de l'Étoile, contenant l'histoire secrète et galante de Mlle M*** avec M. du ***. *Amsterdam*, 1740, in-12.

— * Mémoires d'une fille de qualité qui

s'est retirée du monde. *Amsterdam et Paris*, 1742, 1755, 2 part., in-12.

L'édition de 1742 porte les lettres initiales par M. D. L. P., et l'avertissement donne à entendre qu'elles désignent M. de la Place; mais tous les bibliographes attribuent cet ouvrage à la Chassagne. *Barb.*

GUILLOTIN (Joseph-Ign.), médecin; né à Saintes, en 1738, mort à Paris, le 26 mai 1814.

— Pétition des citoyens domiciliés à Paris, du 8 décembre 1788 : résultat du conseil d'état du roi, et très-humble adresse de remerciment présentée au roi par les six corps de la ville de Paris. *Paris*, 1788, in-4.

C'est ce médecin qui, étant chargé par le Comité de législation de trouver un genre de supplice qui joignit à l'avantage d'un grand appareil celui de causer le moins de douleur possible, proposa la décapitation au moyen d'une machine aujourd'hui trop connue, mais qu'à cette époque on n'avait encore vue à Paris que dans une parade du théâtre d'Audinot, bien qu'elle eût été jadis en usage en Italie. Des expériences furent faites sur des animaux, et Louis XVI, dit la Biogr. médic., fit voir pour atteindre le but désiré, il fallait que le tranchant du couperet fût oblique. Guillotin faillit être lui-même une des victimes de son innovation qu'il déplora par la suite, quand il eut vu qu'elle avait servi à priver de la vie un nombre considérable de personnes.

GUILLOU (Jean-René), curé des Essarts-le-Roi; né à Châteaudun, en 1730, mort dans sa cure, en 1776.

— Oraison funèbre de la reine de France, prononcée, en 1768, dans l'église de l'abbaye de Saint-Cyr.

— Oraison funèbre du Dauphin, prononcée le 27 février 1766, à l'abbaye de Saint-Remi-des-Landes, près Rambouillet. *Chartres*, 1766, in-8.

GUILLOUD (J.-J.-V), prof. de mathématiques.

— * Art (l') de faire les vins de fruits, etc., trad. de l'angl. (1825). Voy. Accum.

— Traité de physique appliquée aux arts et métiers, et principalement à la construction des fourneaux, des calorifères à air et à vapeur, etc. *Paris, Raynal*, 1827, in-12 avec 3 planches représentant 160 fig., 5 fr. 50 c.

GUILLOUTET (l'abbé A.-L.), membre de plusieurs Sociétés savantes.

— Considérations sur les éléments constitutifs des corps. *Paris, A. Bertrand*, 1812, in-8 de 80 pages, 2 fr.

— * Fables nouvelles, suivies de Pièces fugitives, en vers; par M. l'abbé ***, de plusieurs sociétés. *Paris, le même*, 1816, in-12, 2 fr. 50 c.

— Théorie (nouv.) de la vie. *Paris, le même*, 1807, in-8, 1 fr. 50 c.

GUIMARD (de). Dissertatio de irritabilitate. *Monspeliensis*, 1776, in-4.

GUIMARD, avocat. Placet au roi, pour la conservation de la Cour royale de Poitiers. *Paris, impr. de Dubray*, 1815, in-4 de 8 pag.

GUIMOND DE LA TOUCHE. Voyez GUYMOND.

GUIMONT (le R. P.), de la comp. de Jés.
— Projet de conduite spirituelle pendant l'année, selon l'esprit de l'Église, en faveur des ames pieuses. *Lyon, Périsse fils*, 1825, br. in-18.

GUIMPS (la baronne de). Histoire (l') mise à la portée des enfants, contenant ce qu'ils doivent connaître de l'histoire ancienne, de celle des Romains et du Bas-Empire; précédée d'une Introduction à l'étude de l'histoire, et suivie d'un Précis sur les Arabes. *Paris, L. Colas*, 1819, 3 vol. in-12, 6 fr.
— Léonard et Gertrude, trad. de l'allem. (1827). Voy. PESTALOZZI.

GUINAN-LAOUREINS (J.-B.). Classique (le) des dames, ou Cahiers élémentaires d'histoire, de mythologie, de langues française, italienne et anglaise, et de morale universelle. *Paris, mad. Plauzoles; Firmin Didot*, 1803, 3 vol. in-8, 9 fr.
— Dépôts (des) de mendicité, et de l'influence qu'ils peuvent avoir sur la prospérité publique. *Paris, Rosa*, 1814, br. in-8.
— Influence (de l') anglaise. *Bruxelles, Weissenbruck (*A. Lacrosse)*, 1817, in-8, 4 fr. 50 c.
— Projet d'une censure agraire à établir en France. *Paris, Moussard*, 1802, in-8 de 24 pag., 50 c.
— Tableau de Rome vers la fin de 1814. *Bruxelles, Weissenbruck (*A. Lacrosse)*, 1816, in-8, 6 fr.; ou *Paris, Rosa*, 1821, 3 vol. in-12, 10 fr.
La seconde édit. porte pour titre *Tableau de Rome en 1814*.

GUINAND (F.-A.). Éloge de P. Corneille, proposé pour prix d'éloquence en 1808. *Paris, Le Normant*, 1822, br. in-8.

GUINARD (E.-C.), avocat. France (la) délivrée, chant présenté à S. A. R. Monsieur. *Paris, Gueffier; Dabo; Debray*, 1814, in-8 de 16 pag.

GUINCHARD (F.-M.). * Extraits poétiques, et Morceaux choisis dans les meilleurs poètes anglais. *Paris, A. A. Renouard*, 1807, in-18.
— *Supplément au « Catéchisme de l'Empire français ». *Paris*, 1807, in-12.

GUINDANT (Toussaint), médecin de l'Hôtel-Dieu d'Orléans, membre de la Société d'agriculture de la même ville.
— Examen chimique et pratique des eaux de la Loire, du Loir, et des puits de la ville d'Orléans. 1769, in-12.
Avec Prozet.
— Exposition des variations de la nature dans l'espèce humaine. 1771, in-8.
— Nature (la) opprimée par la médecine moderne, ou la Nécessité de recourir à la méthode ancienne et hippocratique dans le traitement des maladies. *Paris, Debure père*, 1768, in-12.

GUINÉ (F.). Traité du droit de représentation, suivant la diversité des coutumes de France. Nouv. édit. 1777, in-12.

GUINEMER (C.). Voyez VASSELIN.

GUINET (Jean), ingénieur des ponts et chaussées.
— Mémoire sur le port de Marseille, indiquant les moyens de le remettre dans le meilleur état, avec le projet d'un second port, pour faciliter l'arrivée des vaisseaux par tous les vents, et pour y établir le dépôt de la franchise, sans nuire aux intérêts du fisc. *Marseille*, 1802, in-8.
— Plan d'un nouveau port qui faciliterait l'entrée des vaisseaux à Marseille. *Marseille*, 1803, in-4, 1 fr. 50 c.

GUINET D'ORBEIL, né à Yssoire en Auvergne, en 1753.
— Automate (l'), com. en un act. 1781, in-8.
— Ode au comte d'Estaing. 1779, in-8.
— Ode au roi et à la reine. 1779, in-8.

GUINGRET, chef de bataillon en demi-activité.
— Relation historique et militaire de la campagne de Portugal sous le maréchal Masséna, prince d'Essling, contenant les opérations militaires qui se rapportent à l'expédition de Masséna, et les divers faits de l'armée de Portugal jusqu'à la fin de la guerre d'Esp. *Limoges, Bargeas*, 1817, in-8.
M. Guingret a eu part à la rédaction des «Annales des faits et des sciences militaires (1817)».

GUINOT (l'abbé), prêtre préhendé de l'église primatiale de Nanci; déporté....
— Leçons philosophiques, ou le Germe des connaissances dans ses premiers développements. *Nanci et Paris*, 1773, 2 vol. in-12.
On a encore de cet ecclésiastique quelques pièces sur la constitution civile du clergé. *Ersch.*

GUIOT, jurisconsulte. * Discours sur la prédication, où l'on propose divers moyens de la rendre plus utile au public. *Paris, J. Estienne*, 1714, in-12.

—.Écrit où l'auteur du « Discours sur la prédication » explique un des principaux moyens qu'il a proposés pour la rendre utile au public. *Paris, le même*, 1715, in-12.

GUIOT (J.). Voyez à la Table des Anonymes: *Bibliothèque des sciences et des arts*.

GUIOT, garde-marteau de la maîtrise des eaux et forêts de Rambouillet.

— Arpenteur (l') forestier, ou Méthode nouvelle de mesurer, calculer et construire toutes sortes de figures, suivant les principes géométriques et trigonométriques, avec un Traité d'arpentage appliqué à la réformation des forêts, très-utile tant aux arpenteurs et géographes, qu'aux marchands et propriétaires de bois. *Paris, Guillyn*, 1764, in-8 de IV et 184 pages, avec 3 pl.

GUIOT (Joseph-André), vicaire de la paroisse de Saint-Cande-le-Jeune, bibliothécaire de l'abbaye de Saint-Victor, à Paris, membre et secrétaire de l'Académie de l'Immaculée Conception, prieur de Saint-Guénault, à Corbeil, et enfin curé du Bourg-la-Reine; né à Rouen, le 31 janvier 1739, suivant la Biographie universelle, art. de M. Beuchot, ou le 29 février de la même année, suivant le nouv. Nécrologe français (par M. Beuchot, 1810), mort le 21 septembre 1807.

— *Abrégé de la vie du vénérable frère Fiacre, contenant plusieurs traits d'histoire et faits remarquables, arrivés sous les règnes de Louis XIII et Louis XIV; ceux aussi relatifs à son ordre et à sa maison, sous Louis XV, Louis XVI et Napoléon. *Paris, Leclerc*, 1805, in-8.

— * Adieux d'un curé à ses paroissiens, le dimanche veille de la Toussaint 1802, imprimés en faveur des absents et à la prière des présents. *Corbeil, Gelé* (1802), in-8.

— * Almanach de la ville, châtellenie et prévôté de Corbeil, année 1789. *Paris, Didot*, 1789, in-16 de 148 pages.

Ce petit Almanach est de beaucoup supérieur aux Annuaires statistiques publiés long-temps après.

— * Cantiques nouveaux, à l'usage des catéchismes, en l'église paroissiale de Saint-Spire, à Corbeil. *Paris, Perroneau* (1801), in-16.

— * Cantiques en l'honneur de saint Spire ou Exupère, premier évêque de Bayeux, patron de Corbeil et de Palluau. *Corbeil*, 1788, in-8, avec musique.

— *Chistophori (S.) Parisiensis elegia. (*Parisiis*, 1784), in-8.

Cette élégie est relative à la statue colossale de saint Christophe, qui était adossée à l'un des piliers de la cathédrale de Paris.

— * Discours sur la translation des reliques de saint Étienne, pape et martyr, en l'église de Marly-la-Ville, le 7 mai 1805. *Paris, Égron* (1805), in-8 de 24 pages.

— Hymnes et proses en l'honneur et pour les fêtes de saint Spire et de saint Leu, patrons de Corbeil, mises en vers français, 1801, in-18.

C'est la traduction des hymnes qu'avait composées Simon Gourdan pour ces deux saints.

— * Manuel (petit) scholastique, pour apprendre facilement à lire. *Corbeil*, an VIII (1800), in-8.

— * Mélanges historiques, oratoires et poétiques, relatifs à quelques événements de la fin de l'an VIII et du commencement de l'an IX, à Corbeil. *Corbeil, Christ. J. Gélé* (1800), in-12.

— *Notice périodique de l'histoire moderne et ancienne de la ville et district de Corbeil. *Paris, Didot*, 1792, in-18.

Cet ouvrage fait suite à l'*Almanach*, et contient de même des recherches et renseignements sur les antiquités civiles et ecclésiastiques, l'histoire littéraire de Corbeil, etc.

— * Présent (le) de noces, ou Almanach historique et moral des époux. *Hymenopolis et Paris, Fuchs*, 1802, in-8.

Volume attribué à cet écrivain : il donne, à chaque jour de l'année, des anecdotes assez curieuses et relatives au mariage : le genre de quelques-unes de ces anecdotes autorise à douter qu'un ecclésiastique en soit l'auteur.

— * Sermon sur l'altération de la foi. *Paris*, 1805, in-8 de 32 pag.

— * Supplément (nouveau) à la « France littéraire, » ou tome IV. (*Paris*), 1784, deux parties petit in-8.

L'origine de la France littéraire remonte à 1753 (voy. FORMEY). Une nouvelle édition en avait été donnée, refondue, par les abbés Hébrail et de Laporte, 1769, 2 vol. petit in-8. L'abbé de Laporte donna seul le Supplément, 1778, in-8. C'est à ces trois volumes que fait suite le travail de Guiot, qui, pour l'exactitude, est bien inférieur aux deux premiers volumes.

— * Translation du tombeau de sainte Geneviève en l'église de Saint-Étienne-du-Mont; traduction libre d'un poëme latin. *Paris, Égron*, 1804, in-8 de 8 pag.

Le poëme latin dont il s'agit ici est anonyme, et du traducteur. Il a paru avec ce titre : « B. Genovefæ Tumulus in eccl. S. Stephani de Monte translatus (Carmen). Parisiis, 1805, in-8 de 11 pag. Plusieurs compositions de Guiot, couronnées par l'Académie de l'Immaculée Conception, sont impr. dans les recueils de cette société, entre autres : *Tumulus Joannis Saas* (année 1774, pag. 148), et *Gallicas ad oras debellatus Anglus*, que, dans un tableau des académiciens, on désigne, vaguement au moins, sous le titre d'*Épigrammes sur S. Cast*: l'auteur chante, dans cette pièce, la victoire remportée à Saint-Cast, sur les Anglais, lors de leur troisième descente sur les côtes de France, le 4 septembre 1758.

Il avait entrepris, à l'imitation des *Fastes d'Ovide*, des *Fasti Corbolicuses* : ce sont de très-courts fragments de cet ouvrage, qu'il a publiés sous les titres suivants : 1° *Majoris Instauratio*, in-18 ; 2° *Typographia Corbolii instituta*, 1799, in-18 de 16 pag.; 3° *Bibliotheca corboliana publici juris facta*, 1799, in-18 de 20 pag.; 4° *Joannis de Labarre antiquitates corbolienses, bibliothecæ corboliensi publicæ hac-ce donatæ diē*, in-18 de 16 pag. Guiot chante le don fait à la Bibliothèque publique de Corbeil, des *Antiquités de Corbeil, par J. de Labarre*, cent cinquante-trois ans après leur impression; 5° *Georgius Ambrosius cardinalis, Lugduni*, 25 maii extinctus, olim Corbolii captivus, in-18 : c'est à Corbeil que, sous le règne de Charles VIII, Georges, cardinal d'Amboise, fut emprisonné en 1488.

Ces cinq fragments, en vers latins, sont accompagnés d'une traduction en prose française, et suivis d'une Imitation en vers francais.

J. A. Guiot a laissé quelques manuscrits peu importants, dont M. A.-M.-H. Boulard avait fait l'acquisition.

Cet auteur avait projeté d'écrire l'histoire de l'Académie de l'Immaculée Conception, dont il avait été secrétaire ; et, en 1784, il annonçait lui-même avoir composé les deux premiers livres de cet ouvrage, dont rien n'a été imprimé.

GUIOT aîné, notaire. Charte (la) constitutionnelle donnée en 1814 par S. M. Louis XVIII, roi de France et de Navarre; par demandes et par réponses, par Guiot aîné, notaire à Vernon. *Tours, impr. de Letourmy*, 1820, in-12 de 24 pag.

GUIOT (L. V.), étudiant en droit.
— Cours de mathématiques (Traité d'arithmétique). *Paris, Salmon*, 1826, in-8.

GUIRAUD (P. J.), ancien contrôleur-général des fermes royales.
— Banque territoriale, projet présenté au roi. *Avignon, de l'impr. d'Alph. Berenguier*, 1814, in-8.

GUIRAUD (le baron P.-Mar.-Alex.), poète, membre de l'Acad. franç.; né à Limoux, en Languedoc, le 25 décembre 1788.
— Cadix, ou la Délivrance de l'Espagne, ode. *Paris, impr. de F. Didot*, 1823, in-8 de 8 pag.
— Chants hellènes. Byron. — Ipsara. *Paris, Ladvocat*, 1824, in-8 de 40 pag.
— Comte (le) Julien, ou l'Expiation, tragédie en 5 actes. *Paris, Barba*, 1823, in-8, 3 fr. 50 c.
— Discours prononcés dans la séance publique tenue, par l'Acad. franç.; pour la réception de M. Guiraud, le 18 juillet 1826. *Paris, F. Didot*, 1826, in-4 de 34 p.
— Élégies savoyardes. *Paris, Mondor; Ponthieu*, 1823, in-8 de 16 pag.

Cet opuscule s'est vendu au profit de l'association en faveur des petits Savoyards, auxquels il a rapporté plus de 4,000 fr.

— Machabées (les), ou le Martyre, tragédie en 5 actes. *Paris, Ambr. Tardieu*,

1822, in-8 avec une figure, 3 fr. 50 c.

Cette pièce a eu une troisième édition en 1823.

—Pharamond, opéra. (1825). V. ANCELOT.
— Poëmes et Chants élégiaques. *Paris, Boulland et comp.; Ladvocat*, 1824, in-18 orné de gravures, 4 fr.; grand raisin vélin, figures avant la lettre, 18 fr.

Ce vol. a eu une troisième édit. en 1825.

— Prêtre (le). (En vers). *Paris, imprim. de Gratiot*, 1826, in-8 de 4 pag.

Cette pièce est extraite du Journal des Débats, du 9 février de la même année : elle a été impr. aussi dans la Galerie lithographiée des tableaux de S. A. R. le duc d'Orléans.

— Virginie, tragédie en cinq actes, et en vers. *Paris, Ponthieu*, 1827, in-8.

Réimpr. la même année.

Le baron Guiraud a composé, en 1820, une tragédie intitulée : *Pélage*, que la censure a mise à l'index, et un poème jusqu'à ce jour inédit, intitulé *le Roi*, dont un fragment a été lu à la séance publique des quatre classes de l'Institut, au mois d'avril 1828, en l'absence de M. Guiraud, par M. Soumet, son compatriote, son confrère et son émule.

GUIRAUD - LA - MALVIÈRE (A.). Considérations sur les émigrés. *Paris, de l'impr. de Gratiot*, 1815, in-8 de 32 p.

GUIRAUDET (Ch.-Philippe-Touss.), successivement lecteur de Madame, secrétaire en chef de la mairie de Paris, secrétaire-général des relations extérieures, député à l'Assemblée constituante, préfet de la Côte-d'Or ; membre des académies de Dijon, du Gard et de Cassal; né à Alais, en 1754, mort à Dijon, le 5 février 1804.
—* Contes en vers, suivis d'une Épitre sur les bergeries. *Amsterdam*, 1780, in-12.
— Discours prononcé le 1er vendémiaire an IX (1800), par le préfet de la Côte-d'Or....
— Discours sur Machiavel....
— Doctrine sur l'impôt, précédée de quelques Vues sur l'économie politique en général. (Nouv. édit.). Lu à l'Institut. *Paris, Dugour*, an VIII (1800), in-8 de 230 p., 2 fr. 50 c.

Guiraudet avait déjà publié en 1790 un vol. portant exactement le même titre.

— Erreurs des économistes sur l'impôt, et nouveau mode de perception, qui remédie à l'un des principaux vices de l'impôt prétendu direct. 1790, in-8.
— Examen rapide d'un mode d'organisation de la garde nationale. 1790, in-8.
— Explication de quelques mots importants de notre langue politique, pour servir à la théorie de nos lois et d'abord de la loi ; discours prononcé dans l'assemblée des amis de la constitution. 1792, in-8.

— Famille (de la) considérée comme l'élément de la société. *Paris*, 1797, 2 vol. in-8.

— Influence (de l') de la tyrannie sur la morale publique. 1796, in-8.

— Mémoires sur les forges du département de la Côte-d'Or. 1802, in-8.

OEuvres de Machiavel, traduites de l'italien. (1799). Voy. MACHIAVEL.

— * Qu'est-ce que la nation, et qu'est-ce que la France. 1789, in-8.

Guiraudet a participé au Journal de la Société de 1789. Ami intime du fameux Mirabeau, Guiraudet l'aida souvent de sa plume, et c'est lui qui est le véritable auteur de la traduction de l'*Histoire d'Angleterre*, de Macauley Graham (1791), dont le commencement a été publié sous le nom de Mirabeau : la preuve irrécusable de ce fait subsiste entre les mains de la famille de Guiraudet. *Biogr. univ.*

GUIRONDET (Nic.). *Nouvelles écossaises, traduites de l'angl. (1821). Voy. AUSTIN.

GUISAIN ou GUIZAIN (D.), prêtre de Saint-Sulpice, et directeur du séminaire Saint-Irénée de Lyon.

— * Sages (les) entretiens d'une ame dévote et désireuse de son salut. Nouvelles éditions. *Paris, Ve Nicolas Belley*, 1719; ou *Paris, Ve Maugé*, 1722, in-24.

La prem. édit. fut publiée à Caen, en 1668; le privilège est du 8 mai de la même année.
Après la mort de l'auteur, arrivée en 1700, les *Sages Entretiens* ont été revus et augmentés, 1° à Nanci, par Jean-Baptiste Cusson, vers 1710; 2° à Paris, en 1719, par un anonyme. Des éditions plus récentes contiennent de nouveaux changements. On a retranché des nouvelles éditions quelques histoires apocryphes, telles que celle du chanoine ressuscité en présence de saint Bruno.
Barb., Exam. des Dict. hist.

GUISAIN (J. Sam.), alors chef de brigade du génie helvétique, et inspecteur-général des ponts et chaussées de Berne; né à Avanches, canton de Fribourg en Suisse.

— Observations sur la construction et l'amélioration des chemins, surtout ceux de traverse (en franc. et en allem.). *Berne*, 1800, in-8.

GUISARD (Pierre), médecin, profes. de physique expérimentale; né à la Salle, dans les Cévennes, en 1700, mort à Montpellier, en 1746.

— Art (l') de guérir les plaies, trad. du latin des préleçons de chirurgie dictées dans l'Université de Montpellier, par M. GUISARD, docteur en médecine. Nouv. édition, considérablement augmentée par l'auteur, enrichie de quelques observations, et mise dans un plus bel ordre que celle qui a paru en 1735. Impr. à Amsterdam, et se vend à Paris, chez Durand, 1742, in-12 de x et 450 pag.

— Essai sur les maladies vénériennes. *La Haye* (*Avignon et Paris*), 1741, in-8. — Autre édition, sous ce titre : Dissertation pratique, en forme de lettres, sur les maux vénériens. *Paris*, 1743, in-12.

L'auteur proscrit les méthodes violentes, et en propose une beaucoup plus simple et beaucoup plus douce.

— Pratique de chirurgie, ou Histoire des plaies, en général et en particulier, contenant une méthode simple, courte et aisée, pour se conduire sûrement dans les cas les plus difficiles. *Paris*, 1733, 2 vol. in-12. — *Avignon*, 1735, 2 vol. in-12. — *Paris*, 1747, 2 vol. in-12.

La troisième édition est généralement la plus estimée; elle contient de nouvelles Observations, et l'on y trouve les Questions médico-chirurgicales de l'auteur, traduites en français.

— Quæstiones medico-chirurgicæ duodecim pro cathedrâ regiâ vacante. *Monspeliensis*, 1731, in-4.

Cet ouvrage, traduit en français, a été joint, comme on vient de le lire, à la suite de la Pratique de chirurgie, etc.

GUISCHARDT (Ch.-Théoph.), officier français au service de Frédéric II, roi de Prusse, membre de l'Académie de Berlin; né à Magdebourg, en 1724, d'une famille de réfugiés français; mort à Berlin, le 15 mai 1775.

— Mémoires militaires sur les Grecs et les Romains, où l'on a fidèlement rétabli, sur le texte de Polybe et les tacticiens grecs et latins, la plupart des ordres de bataille et des grandes opérations de la guerre, en les expliquant selon les principes et la pratique constante des anciens, et en relevant les erreurs du chevalier Folard et autres commentateurs. On y a joint une dissertation sur l'attaque et la défense des places des anciens; la traduction d'Onosandre et de la Tactique d'Arien, et l'analyse de la campagne de Jules-César en Afrique, avec quantité de notes critiques, d'observations militaires, de plans et de cartes répandus dans tout l'ouvrage. *La Haye*, 1758, 2 tom. en un vol. in-4, 10 à 12 fr., et plus en grand papier; ou *Lyon*, 1768, in-4 et 2 vol. in-8, 8 à 10 fr.

Dans ses Mémoires sur les Grecs et les Romains, l'auteur attaque en plusieurs endroits les idées de Folard sur les colonnes et l'ordre profond. Pour cela, il choisit les plus brillantes actions des anciens, il en fait un texte, et il les discute souvent d'une manière contraire au sens que leur a donné Folard, qui, selon lui, ignorait la langue de Polybe.
Critiqué à son tour par Lo-Looz dans ses *Recherches d'antiquités militaires* (voy. Lo-Looz), Guischardt répondit à son antagoniste dans ses *Mémoires sur quelques points d'antiquités militaires* (Voy. ci-après).

Lo-Looz répondit de nouveau par sa « Défense du chevalier Folard ».

Dans sa *Dissertation sur l'attaque et la défense des places des anciens*, il paraît encore plus opposé à Folard.

La traduction, en trente-deux chapitres, des *Institutions d'Onosandre*, pour servir à l'instruction d'un *général*, et celle de la *Tactique d'Arien*, qui est un excellent abrégé de toute la tactique des Grecs, annoncent dans l'auteur une immense érudition militaire, et font le plus grand honneur à sa plume.

Enfin, dans l'analyse qu'il donne de la guerre de César en Afrique, il dissipe les obscurités d'Hirtius, qui a été consul romain et compagnon de César.

Il y a une édition de cet ouvrage sous le titre de *Principes de l'art militaire, extraits des meilleurs ouvr. des anciens*. Par un officier-général au service de S. M. le roi de Prusse. Berlin (Lyon), 1763, 2 vol. in-8.

Une autre avait été publiée peu auparavant sous ce titre : *Mémoires militaires sur les anciens*, recueillis et mis en ordre par Maubert de Gouvest (ou plutôt tirés des Mémoires de Guischardt). La Haye, 1762, 2 vol. in-8.

« Il est bien vrai, dit A. A. Barbier, que Maubert a fait imprimer ces deux volumes en 1760, à l'impr. roy. de Bruxelles, dont il était alors le directeur ; mais il devait ajouter un troisième volume sur les modernes. L'ouvrage était resté dans l'imprimerie, sans titre et sans préface ; les créanciers de Maubert s'emparèrent des deux volumes : on leur en vola mille exemplaires sur les trois mille qui avaient été tirés ; ce qui donna lieu à une double publication d'une même édition. Mille exemplaires parurent avec un Avertissement de la façon de Chévrier, ennemi particulier de Maubert. Le perfide éditeur annonça que c'était une édit. différente de celle de Bruxelles. Les autres exemplaires portent *Amsterdam* sur le frontispice.

— Mémoires critiques et militaires sur plusieurs points d'antiquités militaires, contenant l'histoire des légions de César, etc., enrichis de beaucoup de figures. Dédiés à S. M. le roi de Prusse. *Berlin*, 1773, 2 vol. in-4 avec figures, 8 à 10 fr.; on *Paris*, 1773, et *Strasbourg*, 1774, 4 vol. in-8.

Cet ouvrage, remarquable par la clarté et par la vaste instruction militaire qu'on y trouve, contient : Tom. I et II : Histoire détaillée de la guerre de César contre les lieutenants de Pompée en Espagne, en neuf sections, avec des preuves, observations, cartes et plans. C'est un point d'histoire militaire très-important qu'el auteur examine, discute et éclaircit ici. Tom. III : 1° Histoire des légions de César, en huit sections, etc. ; 2° Dissertation sur le vrai rapport des années romaines avec les années juliennes, avec un Journal des principaux événements arrivés dans les quatre dernières années, avant la réforme du calendrier; 3°. les Cestes de Jules Africain, traduits du grec, etc. Les titres seuls des première et deuxième parties de ce tom. III, en donnent, pour ici, une idée suffisante. Quant à la troisième, on sait qu'Homère appelle *Ceste* la ceinture que Vénus prêta à Junon, et qu'il la décrit comme un tissu admirablement diversifié : Jules Africain a cru devoir donner à sa compilation le titre de *Cestes*, à cause de la variété des matières qu'il y a fait entrer, mais dont le traducteur n'a guère extrait que ce qui a rapport à l'art militaire. Le tom. IV est entièrement consacré à la défense des *Mémoires sur les Grecs et les Romains*, contre les *Recherches d'antiquités militaires* de Lo-Looz.

Dans cette réponse, Guischardt ajoute de nouvelles preuves à celles qu'il a données dans ses premiers

mém. De cette dispute entre de tels antagonistes il est résulté des éclaircissements très-précieux sur les divers points qui sont traités dans les deux ouvrages.

Les auteurs de la Biographie universelle ont confondu en un seul ces deux ouvrages très-remarquables.

— Observations sur la campagne de Jules-César, en Espagne, contre les lieutenants de Pompée. *Milan*, 1782, 1 vol. in-8, 6 fr.

Guischardt publia, dès 1744, à Herborn, une Dissertation intitulée : *De Famâ Salomonis apud exteros*; en 1746, il donna un petit poëme latin sous ce titre : *Carmen in obitum* Francisci Fagel (Hagæ-Comitis, in-4).

La Biographie universelle dit que la collection de l'Académie de Berlin renferme des mémoires de Guischardt; mais c'est une erreur.

GUISE (mademoiselle de). Voy. CONTI (la princ. de).

GUISLAIN (J.), médecin à Gand.

— Traité sur l'aliénation mentale et sur les hospices des aliénés. Ouvrage couronné et publ. par la commission de surveillance médicale dans la province de Nord-Hollande, séant à Amsterdam. *Amsterdam*, J. van der Hey, 1826-27, 2 vol. in-8, avec 12 pl., 23 fr. 50 c.

GUISNÉE, habile géomètre français, professeur royal et ingénieur ordinaire du roi, membre de l'Académie des sciences; né dans le XVIIᵉ siècle, mort en 1718.

— Application de l'algèbre à la géométrie, ou Méthode de démontrer par l'algèbre les théorèmes de géométrie, et d'en résoudre et construire tous les problèmes. *Paris*, Boudot, 1705, in-4. — Nouv. édit., corr. et augm. par l'auteur. *Paris*, Quillau, 1733, in-4.

Guisnée a en outre fourni au recueil de l'Acad. des sciences les dissertations suivantes : Observations sur les méthodes de maximis et minimis, où l'on fait voir l'identité et la différence de celle de l'analyse des infiniment petits avec celles de MM. Fermat et Hude, avec une planche (1706). — Sur les courbes de la plus vite descente (1709). — Manière générale de déterminer géométriquement le foyer d'une lentille, formée par deux courbes quelconques, de même ou de différente nature, telle que puisse être la raison de la réfraction, et de quelque manière que puisse tomber les rayons de lumière sur une des faces de cette lentille, c'est-à-dire soit qu'ils y tombent divergents, parallèles, ou convergents (1704). — Théorie des projections ou du jet des bombes, selon l'hypothèse de Galilée, avec une planche (1707).

GUISY, prêtre du diocèse d'Amiens.

— Méthode (nouvelle) d'enseigner l'arithmétique, à l'usage des écoles primaires. Irᵉ partie. *Abbeville*, Grabe, 1817, in-12.

GUITARD (J.-F.), docteur en médecine de la Faculté de Paris, médecin de bienfaisance du 3ᵉ arrondissement de Bordeaux.

— Mémoire qui a remporté le prix, au jugement de l'Académie des sciences, arts et belles-lettres de Caen, dans sa séance publique du 3 juillet 1811, sur la question proposée en ces termes : Quels sont les effets de la terreur sur l'économie animale? *Bordeaux, de l'imprim. de Lawalle jeune*, 1811, in-8 de 32 pag.

— Mémoire sur la fièvre jaune. *Bordeaux, Moreau*, 1814, in-8, 1 fr. 50 c.

— Recherches sur les maladies héréditaires. 1804, in-8.

GUITON (Marc). *Lettres à un protestant français, touchant la déclaration concernant la religion, du 14 mai 1724. *Londres*, 1725, 2 vol. in-12.

GUITON (J.-F.). Double (le) assaut, ou Il faut plus d'un talent, comédie en un acte et en prose. *Paris*, *Barba*, an x (1802), in-8, 1 fr. 20 c.

GUITON. Manuel du commerçant, ou Dictionnaire de législation commerciale. *Paris*, 1808, in-8.

GUITON l'aîné (N.). *Traité du jeu de trictrac, avec figures, contenant les principes et les règles de ce jeu, avec des tables de calculs qui ne se trouvent dans aucun des traités connus. *Paris, Michaud*, 1816. — Sec. édit., dans laquelle on trouvera des additions essentielles dans les règles, et des changements dans la distribution des matières ; suivie d'un Traité du jeu de backgammon. *Paris, Barrois l'aîné*, 1822, in-8, avec fig. gravées sur bois, 6 fr.

GUITTET (François - Marie), ancien professeur d'un cours de commerce établi au collège de Vienne.

— Grand (le) indicateur du commerce de France, sur ses productions, sur son industrie, sur ses fabriques et sur ses manufactures, etc. *Marseille, de l'impr. de Terrasson*, 1822, in-8, 4 fr.

GUIVARD. Paix (la), ou le Triomphe de l'humanité, fait historique en 2 actes et en prose, mêlé de chants. *Nanci, Guivard*, an vi (1798), in-8.

GUIZARD. Voy. à la Table des Anonymes: Chefs-d'œuvre des Théâtres étrangers.

GUIZOT (F.), successivement secrétaire-général du département de la justice, maître des requêtes au conseil d'état, conseiller d'état, membre du comité du contentieux, directeur-général de l'administration départementale, enfin, professeur d'histoire moderne dans la Faculté des lettres de l'Académie de Paris; né à Nimes, en 1787.

— Annales de l'éducation. *Paris, Le Normant*, 1811-1815, 6 vol. in-8.

Ouvrage périodique, qui a paru en 36 livraisons.

— Conspirations (des) et de la Justice politique. *Paris, Ladvocat*, 1821, in-8 de 72 pag., 3 fr. — Sec. édit. *Paris, le même*, 1821, in-8 de 132 pag., 3 fr.

— Cours d'histoire moderne, professé à la Faculté des lettres de Paris. *Paris, Pichon et Didier*, 1828-1830, 6 vol. in-8.

Ces six volumes contiennent les leçons des trois cours faits par ce célèbre professeur en 1828, 1829 et 1830 à la Faculté des lettres de Paris : publiés l'un et l'autre par livraisons, ils ont été réunis plus tard en volumes : le premier cours, sous le titre d'*Histoire générale de la civilisation en Europe, depuis la chute de l'empire romain jusqu'à la révolution franç.*, un fort vol. in-8 avec portr., 11 fr.; le second, sous celui d'*Histoire de la civilisation en France, depuis la chute de l'empire romain jusqu'en 1789* : première époque jusqu'au xe siècle. 3 vol in-8, 27 fr. Le troisième cours, celui de 1830, comprend la deuxième époque ou xi, xii et xiiie siècles, et, formera complet, 2 vol. du prix de 18 fr.

— Dictionnaire (nouv.) universel des synonymes de la langue française, contenant les synonymes de GIRARD, BEAUZÉE, ROUBAUD, D'ALEMBERT, etc., etc., généralement tout l'ancien dictionnaire, mis en meilleur ordre, corrigé, augmenté d'un grand nombre de nouveaux synonymes, et précédé d'une Introduction. *Paris*, 1809.—Sec. édit., rev. et corr. avec soin. *Paris, A. Payen*, 1822, 2 vol. in-8, 12 fr.

— Discours prononcé pour l'ouverture du cours d'histoire moderne, le 11 décembre 1812. *Paris, impr. de Le Normant*, 1812, in-8.

— Discours prononcé pour l'ouverture du cours d'histoire moderne, le 7 décembre 1820. *Paris, Ladvocat*, 1820, br. in-8.

— Espagne (de l') en 1808, trad. de l'allem. (1811). Voy. REHFUES.

— Essai sur l'histoire et sur l'état actuel de l'instruction publique en France. *Paris, Maradan*, 1816, in-8, 3 fr.

— Essai sur l'histoire de France, pour servir de complément aux « Observations sur l'histoire de France », par l'abbé MABLY. *Paris, J.-L.-J. Brière*, 1823, 1824, in-8, 8 fr.

M. Guizot a publié en même temps une nouvelle édition des « Observations sur l'histoire de France », par l'abbé Mably, en 3 vol. in-8 : le vol. de M. Guizot en forme le quatrième.

— État (de l') des beaux-arts en France, et du salon de 1810. *Paris, Maradan*, 1811, in-8 de 132 pag., 2 fr.

— Gouvernement (du) de la France depuis la restauration, et du ministère actuel. IVe édition, revue, corr. et augm. d'un avant-propos, et d'une note sur l'état actuel des royaumes d'Espagne, de Naples et de Portugal. *Paris, Ladvocat*, 1821, in-8, 5 fr.

La prem. édit. a été publ. en 1816, sous ce titre : *Du gouvernement représentatif, et de l'État actuel de la France.* In-8 de 88 pag.

L'auteur fit réimprimer cet écrit la même année, et une troisième édition, augmentée d'une préface et d'une Notice sur les révolutions d'Espagne, de Naples et de Portugal, parut en 1820. Le supplément à ces deux éditions, et qui forme le complément de cette troisième, a été impr. séparément la même année, in-8 de 64 pages.

— Histoire du gouvernement représentatif. *Paris* (*Videcoq*), 1821-1822, 2 vol. in-8, 10 fr.

C'est encore le résumé d'un Cours fait par M. Guizot, mais à la publication duquel le professeur est resté étranger. Ces deux vol. font partie du « Journal des cours publics ».

— Histoire de la révolution d'Angleterre, depuis l'avénement de Charles Ier jusqu'à la restauration de Charles II. Prem. part. tome I et II. *Paris, Béchet; Pichon et Didier*, 1826-1827, 2 vol. in-8, 14 fr.

Cette prem. partie, qui comprendra l'*Histoire de la révolution d'Angleterre*, formera trois vol.; une sec. partie comprendra l'*Histoire de la restauration*, et formera deux autres volumes. L'une et l'autre sont destinées à servir d'introduction à la « Collection des Mémoires relatifs à la révolution d'Angleterre», dont M. Guizot est l'éditeur.

Prix de chacun de ces six volumes, 7 fr.

— Le même ouvrage en allemand : Geschichte der Englischen Staatsumwaelzung; durch den Uebersetzer von Lascaris deutsch bearbeitet und mit Anmerkungen versehen. *Strasbourg und Paris, Levrault*, 1827 u. folg. jahr., 4 vol. in-8, 24 fr.

Il ne paraît encore, de cette traduction, que les deux premiers volumes.

— Moyens (des) de gouvernement et d'opposition dans l'état actuel de la France. *Paris, Ladvocat*, 1821, in-8, 6 fr. 50 c.

Réimpr. la même année.

— Peine (de la) de mort en matière politique. *Paris, Béchet aîné*, 1822, in-8, 4 fr.

Réimprimé la même année, et de nouveau en 1828.

— Quelques idées sur la liberté de la presse. *Paris, Le Normant*, 1814, in-8 de 52 pages, 1 fr. 50.

— Souveraineté (de la) et des formes du gouvernement, trad. de l'allem. (1816). Voy. ANCILLON.

— * Sur le projet de loi relatif à la presse. *Paris, Le Normant*, 1814, in-8 de 27 pag.

En faveur du projet de loi : l'auteur était secrétaire-général du ministère de l'intérieur lorsqu'il l'écrivit.

— Vies des poètes français du siècle de Louis XIV. (Tom. Ier et unique). *Paris, Schœll*, 1813, in-8.

Cet ouvrage devait avoir trois volumes, mais il n'en a pas paru davantage.

Outre les ouvrages que nous venons de citer, M. Guizot a participé à divers autres ainsi qu'à plusieurs recueils périodiques, dont nous donnerons ici l'indication chronologique : 1° au *Publiciste* (1797—1800); 2° en société avec M. ÉMERIC-DAVID, au *Musée français*, publ. par MM. Robillard-Péronville et Laurent, pour lequel il a fait les discours et les notices; 3° avec VISCONTI, au *Musée royal*, pour les explications (1814—23); 4° au *Moniteur* de Gand (1815); 5° aux *Archives philosophiques, politiques et littéraires* (1817); 6° à la *Revue encyclopéd.* (1819); 7° à la traduction des *Chefs-d'œuvre des théâtres étrangers* (1821); 8° au *Bulletin des sciences*, publ. par le baron de Férussac ( ); 9° à l'*Encyclopédie progressive*, dans laquelle se trouve deux articles de M. Guizot, celui *encyclopédie*, et celui *abrégé* (1826); 10° à la *Revue française*, recueil périodique créé par lui en 1828. Comme éditeur M. Guizot a publié de nouv. édit. estimées de divers ouvrages dont la réputation est faite depuis long-temps, ainsi que quelques collections historiques importantes : parmi ceux de la première catégorie, nous citerons l'*Histoire de la décadence et de la chute de l'empire romain*, de Gibbon (traduction de Cantwell et autres, revue par madame Guizot), à laquelle l'éditeur a ajouté des notes critiques et historiques (1812 et ann. suiv.) : voy. GIBBON ; les *OEuvres de Rollin*, avec des notes sur les principales époques de l'histoire ancienne et de l'histoire rom. (1821); voy. ROLLIN ; les *OEuvres de Shakespeare*, traduction de Letourneur, revue, et à laquelle M. Guizot a joint une *Notice biographique et littéraire sur ce célèbre tragique* (1821); voy. SHAKESPEARE; les *Observations sur l'histoire de la France*, de l'abbé Mably, auxquelles l'éditeur a ajouté un vol. de sa composition (1824) : voy. MABLY. Dans la sec. catégorie nous citerons la *Collection des Mémoires relatifs à la révolution d'Angleterre*, trad. de l'angl. (par une société de gens de lettres), et accompagnés d'une introduction, de notes, de notices, etc., de l'éditeur (1823 et ann. suiv., 26 vol. in-8); la *Collection des Mémoires relatifs à l'hist. de France*, depuis la fondation de la monarchie française jusqu'au XIIIe siècle (règnes de saint Louis et de Philippe-Auguste), avec une introduction, des suppléments, des notes et des notices par l'éditeur (1823 et ann. suiv., 31 vol. in-8). (Voy. ces titres à la Table des Anonymes); l'*Histoire constitutionnelle d'Angleterre, depuis l'avénement de Henri VII, jusqu'à la mort de Georges II*, trad. de l'angl., de Henri Hallam, revue par M. Guizot, et accompagnée d'une préface de lui (1828): voy. HALLAM.

GUIZOT (Élisabeth-Charlotte-Pauline DE MEULAN, dame), épouse du précédent; née le 2 novembre 1773, morte à Paris, le 1er août 1827.

— Chapelle (la) d'Ayton, ou Emma Courtenay (imité de l'angl. de Marie HAYS). *Paris, Maradan*, 1799, 5 vol. in-12; ou 1810, 4 vol. in-12.

L'ouvrage est tellement différent de l'original, qu'il est une imitation et non une traduction. Frappée de la médiocrité du modèle, et de l'intérêt de quelques situations, madame Guizot refit l'ouvr. au lieu de le traduire, et sur un fonds presqu'entièrement neuf, sema une foule d'observations fines et de traits touchants.

— Conseils de morale, ou Essais sur l'homme, les mœurs, les caractères, le monde, les femmes, l'éducation, etc. Ouvrage inédit. Précédé d'une Notice par

M. Ch. Rémusat, et publié par M. Guizot. *Paris, Pichon et Didier*, 1828, 2 vol. in-8 avec portrait de l'auteur, 14 fr.

— Contes (nouveaux). *Paris , Béchet aîné* (* *Pichon et Didier*), 1823 , ou 1824 , 2 vol. in-12, ornés de 6 gravures, 9 fr.

—* Contradictions (les), ou ce qui peut arriver. *Paris, an* VII (1799), in-12.

Cet ouvrage a été la première production de madame Guizot. Il eut beaucoup de succès, mais actuellement il est oublié entièrement.

— Écolier (l'), ou Raoul et Victor. Ouvrage couronné par l'Académie française, comme le plus utile aux mœurs. *Paris, Ladvocat*, 1821, ou 1827, 4 vol. in-12, 14 fr.

— Éducation domestique, ou Lettres de famille sur l'éducation; ouvrage couronné par l'Académie, dans sa séance du 31 août 1827, comme le plus utile aux mœurs. Sec. édit. *Paris, Pichon et Didier*, 1828, 2 vol. in-8, 14 fr.

La prem. édit. est de 1826; l'ouvrage n'a donc été couronné qu'après son impression.

— Enfants (les), contes à l'usage de la jeunesse. *Paris, Klostermann fils; Delaunay*, 1812, ou 1819 et 1824, 2 vol. in-12 avec gravures, 8 fr.

— * Essais de littérature et de morale. *Paris*, 1802, in-8, pap. vél.

Ce vol. renferme des articles que madame Guizot, n'étant alors que mademoiselle de Meulan, avait fait insérer dans le Publiciste, journal très-connu, dont Suard était rédacteur principal et propriétaire : il n'a été tiré de ces Essais qu'un très-petit nombre d'exempl. pour l'auteur,

— Une famille, ouvrage à l'usage de la jeunesse, suivi de nouveaux Contes moraux. Ouvrage inédit, précédé d'une Notice par M. Guizot. *Paris, Pichon et Didier*, 1828, 2 vol. in-12, 8 fr.

Madame Guizot a aussi fourni, lorsqu'elle n'était encore que mademoiselle de Meulan, un gr. nombre d'articles : au Publiciste, outre ceux réunis sous le titre d'Essais, etc.; aux Mélanges de Suard (ses articles sont signés C. H.) ; aux Archives littéraires de l'Europe (1804—06) ; et, bien plus tard, aux Archives philosophiques, politiques et littéraires.

GUIZOT (J.-J.), frère du professeur d'histoire moderne du même nom.

M. Guizot jeune a donné, en société avec M. Loyson, la traduction du Tableau de la constitution d'Angleterre (1817), voy. Custance, et seul, celle du premier volume du Manuel historique du système politique des états, etc. (1821), voyez Heeren.

GULDENSTAEDT (Jean-Antoine), médecin et naturaliste russe du XVIIIᵉ siècle.

— Mémoire sur les produits de la Russie, propres à tenir la balance du commerce toujours favorable. 1777, in-4.

Ce morceau écrit en français par un auteur russe et allemand à la fois, n'est pas en style académique,

et un Français y trouverait beaucoup à corriger, mais le fonds en est bon. Il fut lu dans une séance de l'Académie de Saint-Pétersbourg, pour célébrer l'anniversaire de sa fondation. Les productions de la Russie y sont rangées d'après les trois règnes de la nature, et bien décrites.

— Mémoires historiques et géographiques sur les pays situés entre la mer Noire et la mer Caspienne, etc. *Paris*, 1797, in-4.

On a inséré dans ces Mémoires des vocabulaires de plusieurs peuplades du Caucase, comprenant, dans un même tableau et dans des colonnes séparées, les idiomes qui offrent entre eux de l'analogie. Le plus grand nombre de ces vocabulaires est tiré du second volume d'un Voyage en Russie et dans les montagnes du Caucase, publ. par Guldenstaedt en allemand, de 1787—91, 2 vol. in-4. Malheureusement des vocabulaires qui sont joints au volume imprimé à Paris en 1797 sont tirés d'une version anglaise du Voyage de Guldenstaedt faite sur le manuscrit allemand de l'auteur, et le traducteur français n'a pas changé l'orthographe anglaise ; ce qui les défigure presque tous.

Cet écrivain voyageur a publié plusieurs autres ouvrages, mais écrits en allemand, et imprimés à l'étranger.

GULLENCE. *Amours (les) de Fontamorose, roi des Bobelins, ou le Fat par excellence, com. en prose et en vers, en un acte. *Liége, épouse Bollin*, 1791, in-8.

GUMILLA (le P.). Histoire naturelle civile et géographique de l'Orénoque; trad. de l'espagn., par M. Ant. Eidous. *Avignon, et Paris*, 1758, 3 vol. in-12, avec figures.

GUMPERTZ, officier. Traité pratique et théorique des mines; ouvrage qui a obtenu une mention honorable au concours proposé pour le meilleur ouvrage sur les mines. *Paris, Magimel; Levrault; Schœll*; 1803, 1806, in-4 avec 15 planches, 15 fr.

Avec Lebrun.

GUNNING (Miss). Voy. Plunket (Mistr.).

GUNTHER (Fréd.-Chrét.). Collection de figures de nids et d'œufs de différents oiseaux, tirés des cabinets de Smidel et de celui de l'auteur; gravée par Ad.-L. Wirsing, avec la description (trad. de l'allem. avec des remarques). *Nuremberg, Wirsing*, 1777, in-fol., fig. color.

Ce volume porte sur son titre, premier cahier ; mais il paraît qu'il n'a pas été continué. Il renferme 34 pl.

L'édition allemande, publiée en 1772, contient 75 planches très-bien exécutées. Brun.

GUSTA (le P.), jésuite espagnol.

— * Mémoires de Sébastien - Joseph de Carvalho et Mello, comte d'Oeyras, marquis de Pombal ; traduits de l'italien (par Gattel). (*lyon*), 1784, 4 vol. in-12.

GUSTAVE III, roi de Suède; né à Stockholm, le 24 janvier 1746, mort le 29 mars 1792.

—*Réflexions sur la nécessité d'affranchir l'habillement suédois de l'empire des modes étrangères. *La Haye, De Tune,* 1778, in-12.

— Siri-Brahé, ou les Curieuses, drame historique, en 3 actes et en prose; trad. et arrangé pour la scène française, par le général Thuring. *Paris, Mme Masson,* 1803, in-8, 1 fr. 50 c.

— Collection des écrits politiques, littéraires et dramatiques de Gustave III, roi de Suède, suivie de sa Correspondance, avec une notice historique sur sa vie, par M. Dechaux, secrétaire du roi, et traducteur de ses OEuvres. *Stockholm, et Paris, Levrault (* Blaise aîné),* 1803, 5 vol. in-8, pap. grand-raisin vél., avec 8 belles grav. et le portrait, 36 fr.

Cette collection est ainsi divisée; tom. Ier : *Discours littéraires et politiques.* Tom. II et III : *Amusements dramatiques* (contenant un plan de Gustave Wasa, tragédie lyrique en 3 actes; Gustave Adolphe et Ebba Brahe, drame héroïque en 3 actes; Siri Brahé, ou les Curieuses, drame en 3 actes; Helmfelt, drame en 5 actes; le Jaloux napolitain, drame en 3 actes; Marthe Banner et Laurent Sparre, drame en 3 actes; Alexis Michaelowitsch et Natalie Narischkin, com. en 2 act.: le tout trad. en prose). tom. IV et V : *Correspondance.*

GUSTAVE, auteur dramatique, pseud. Voy. Vulpian.

GUSTAVE (Mme Rob.). Nouvelles petites Études de la nature, ou Entretiens d'une mère avec ses enfants, sur la botanique, l'agriculture et l'histoire naturelle, mêlées de réflexions morales sur les merveilles de la nature, tirées des ouvrages de Bernardin-de-St.-Pierre. *Paris, Thiériot et Belin,* 1824, in-18 avec fig.

GUSTAVE, professeur de philosophie et de sciences morales.
— Auteur (l') réconcilié avec la mode, suivi de Ternaux, jugé par le commerce. (En prose et en vers). *Paris, Mongie aîné; Ponthieu,* 1825, in-12.

GUSTAVE-ADOLPHE. Lettres et Mémoires de Gustave-Adolphe, de ses ministres et de ses généraux, sur les guerres des Suédois en Pologne et en Allemagne, depuis 1625 jusqu'en 1632, avec un appendice relatif aux campagnes de 1633 et de 1634; collection tirée des archives de Suède. (Publ. par le gén. de Grimoard). *Paris, Firmin Didot,* 1790, in-8.

GUSTAVSON, ex-roi de Suède. Reflexion sur le phénomène de l'aurore boréale, et sur son rapport avec le mouvement diurne. *Francfort,* 1821, in-8.

GUTH. Voy. Montjoye.

GUTHRIE (Math.), alors médecin du corps impérial des cadets à Saint-Pétersbourg.
— Dissertations sur les antiquités de Russie; contenant l'ancienne mythologie, les rites païens, les fêtes sacrées, les jeux ou *Ludi;* les oracles, l'ancienne musique, les instruments de musique villageoise; les coutumes, les cérémonies, l'habillement, les divertissements de villages, les mariages, les funérailles, l'hospitalité nationale, les repas, etc., etc., des Russes, comparés avec les mêmes objets chez les anciens, et particulièrement chez les Grecs. Trad. de l'angl. *Saint-Pétersbourg,* 1795, in-8 de 224 pag. avec 6 planches de figures et musique.

L'auteur avait déjà publié en anglais, dans le 2e vol. des Transactions philosophiques de la Soc. roy. d'Édimbourg, une Dissertation sur le climat de la Russie.

GUTHRIE (William), géographe écossais du XVIIIe siècle.
— Géographie (nouv.) universelle, descriptive, historique, industrielle et commerciale des quatre parties du monde; traduite de l'anglais, sur la 23e édit. de Londres (par MM. Noël, Soules et Cantwel). IVe édit. française, originale par ses nombreuses améliorations et augmentations; refondue d'après les derniers traités de paix.... et les derniers changements survenus en Europe, jusqu'à ce jour, avec toutes les nouvelles divisions. Contenant 12,000 nouveaux articles importants; l'Itinéraire de l'Europe, de 1050 pages, par M. Reichard. Augmentée d'une Analyse succincte et raisonnée des statistiques, topographies et géographies nationales et étrangères, les plus nouvelles et les plus estimées de chaque pays; des voyages les plus récents et les plus célèbres qui ont paru en France et chez l'étranger. Le tout revu et augmenté par l'auteur de l'Abrégé du même ouvrage (M. Hyac. Langlois). Les parties astronomique et cosmographique ont été entièrement retouchées par J. Lalande. *Paris, Hyac. Langlois,* 1809, 9 vol. in-8 avec Atlas de 49 cartes in-fol., 66 fr., et avec un Atlas gr. in-fol. composé de 60 cartes, 124 fr.

La prem. édition de cette traduction est de 1797, 3 vol. in-8 et atlas in-4. Cette géographie, qui a obtenu en Angleterre un très-grand succès, traduite en français, en a obtenu chez nous beaucoup moins que les divers abrégés qu'en a faits M. Langlois (*Voy. ce nom*).

GUTIERREZ (E.-S.). Voy. Louvet de Couvray.

GUTTINGUER (Ulrich), membre de l'Académie de Rouen; né à Rouen, vers 1786.

— * Amour et Opinion, histoire contemporaine. *Paris, Udron; A. Dupont,* 1827, 3 vol. in-12, 9 fr.

— Bal (le), poëme moderne, suivi de poésies. *Paris, Ladvocat,* 1825, br. in-18.

— Charles VII à Jumiège : Edith, ou le Champ d'Hastings: poëmes suivis de poésies. *Paris, Sautelet,* 1826, in-18 de 124 pages.

— Discours (pour la distribution des prix). *Rouen, impr. de Périaux fils aîné,* 1827, in-8 de 18 pag.

— Dithyrambe sur la mort de lord Byron. *Paris, Ladvocat,* 1824, in-8 de 12 pag.

— * Goffin, ou les Mineurs sauvés. Opuscule par U. G. *Rouen, Baudry,* 1812, in-8.

— Mélanges poétiques. *Paris, Aug. Boulland,* 1824, in-8. — Sec. édit., augm. du Bal des Bois, et de plusieurs autres poëmes, élégies, fables et romances. *Paris, Aug. Udron,* 1825, in-18, 3 fr.

La seconde édition a été reproduite en 1828 avec un frontispice portant *troisième édition.* (Paris, Renduel).

C'est vraisemblablement une nouvelle édition des Mélanges, qu'un vol., sans titre, impr. à Paris chez H. Fournier, en 1829, gr. in-8 de 112 pag. dont la prem. commence par ces vers :

« Mais dérober sa vie, en offenser le cours,
« Porter, sur la fraîcheur où dorment ses beaux jours,
« Un souffle qui l'altère, un poison qui la blesse,
« Imposer à son cœur une chaîne de tristesse!
« Oh! non, je l'aime trop pour vouloir être aimé. »

Ce vol. paraît avoir été impr. pour être offert en présent.

— * Nadir, lettres orientales. *Paris, Ladvocat,* 1822, in-12, 3 fr.

GUY. * Abrégé élémentaire des sections coniques, extrait des leçons données cidevant sous l'inspection de l'Université de Paris, aux élèves du collège royal de la Flèche. *Paris, Pierres,* 1777, ou 1779, in-8.

GUY (Jean-Henri), auteur dramatique; né à Compiègne, ou à Villeneuve-Saint-Georges, le 30 août 1765.

— Anacréon chez Polycrate, opéra en 3 actes (en vers libres). *Paris, Delance,* an V (1797); ou *Paris,* an VII (1799), in-8.

— Baiser (le) donné et rendu, comédie en un acte et en prose, mêlée d'ariettes. *Paris, * Barba,* an V (1796), in-8, 1 fr. 20 c.

— * Delphis et Mopsa, comédie-lyrique en 2 actes (et en vers libres). *Paris, Roullet,* an XI (1802), in-8.

— * Natalie, ou la Famille russe, opéra en 3 actes (en en vers libres). *Paris, le même,* 1816, in-8.

— * Roger de Sicile, ou le Roi troubadour, opéra en 3 actes (et en vers libres). *Paris, Roullet,* 1817; in-8.

— Rosière (la) espagnole, comédie en 3 actes et en vers libres. *Paris, le même,* an IX (1801), in-8.

— Sophie et Moncars, ou l'Intrigue portugaise, comédie-lyrique en 3 actes et en prose, mêlée de chants. *Paris, Tiger,* an VI (1797), in-8.

M. Guy est encore auteur de trois opéras non représentés et non imprimés : Cimon d'Athènes, 1801 ; Isaure et Almanzor, 1807; Alfred, 1810.

GUY (P.-G.), officier d'artillerie, ancien élève de l'École polytechnique.

— Art (l') du géomètre arpenteur, ou Traité de géométrie pratique, comprenant la levée des plans, le nivellement et le partage des propriétés agricoles, suivi de l'exposition du nouveau système métrique; à l'usage des géomètres-arpenteurs, ingénieurs civils et militaires, et officiers des armes spéciales. *Paris, Malher et comp.,* 1826, in-12 avec 5 planches, 4 fr. 60 c.

GUY-ALLARD. Voy. ALLARD.

GUY DE CHAULIAC, célèbre médecin du XIVe siècle; né à Cauliaco (d'où lui est venu le nom de Chauliac), village du Gévaudan, frontières de l'Auvergne.

— Chirurgiæ tractatus septem, cum antidotario, trad. du latin par Laur. JOUBERT, avec des annotations par son fils Isaac JOUBERT, et abrégé par L. VERDUC. Nouv. édit. *Paris,* 1731, in-12.

Cet ouvrage important a exercé la sagacité de plusieurs médecins célèbres, qui ont consacré leurs veilles à l'expliquer et à le commenter; quelques-uns, tels que Symphorien Champier, Jean Faucon, Jean Tagault, François Ranchin, et Simon Mingelousaulx l'ont enrichi ou surchargé d'additions, de corrections, de remarques, de questions, de commentaires. La première édition originale est de Venise, 1470, in-folio; il a été fort souvent réimpr. depuis; la prem. édit. traduite par Joubert est de Lyon, 1592, in-8, et sec. édit., 1659, in-8. L'abrégé qu'en a fait Louis Verduc a été publié pour la première fois à Paris, 1693, in-12 ; *idem,* 1716, in-12; celle de 1731 est donc une troisième édition de cet abrégé.

GUY DE CRESSÉ. Manuel des grands et des petits séminaires, ou Recueil des textes sacrés sur toutes sortes de sujets, classés par ordre alphabétique. *Paris, Emler,* 1826, in-12, 4 fr.

Le prospectus et specimen distribué quelques mois auparavant portait le nom de M. BOUVET DE CRESSÉ.

GUY DE KERSAINT. Voy. KERSAINT.

GUY DE NISSAN. Seul moyen de réconciliation : Supplément à l'exposé aux Chambres, sur l'indemnité aux émigrés, prise sur l'accroissement de valeurs des biens dits nationaux. *Paris, Ponthieu; Delaunay; Dentu*, 1824, in-8 de 40 pag.

GUY-JOLY. Voy. JOLY.

GUY-PATIN. Voy. PATIN.

GUYARD ou GUIARD (Dom Ant.), bénédictin de la congrégation de Saint-Maur; né à Saulieu, diocèse d'Autun, en 1692, mort le 25 août 1760.

— * Dissertation sur l'honoraire des messes, plus pur dans sa source que dans ses effets. Sec. édit., rev., corr. et augm., pour servir en même temps de réponse à la critique des journalistes de Trévoux. 1757, in-8.

Cette Dissertation fut publiée pour la prem. fois en 1748: elle fut attaquée avec aigreur et mauvaise foi, en 1749, par les jésuites rédacteurs du Journal de Trévoux.

L'auteur voulut répondre en particulier à cette critique, mais il s'est contenté de donner une nouvelle édition de sa Dissertation. Cet ouvrage, mis à l'*index* de Rome, a été traduit en italien. D. Tassin, dans son « Histoire littéraire de la congrégation de Saint-Maur, parle de la réponse de D. Guyard aux journalistes de Trévoux; mais on ne croit pas, ajoute-t-il, qu'elle ait été imprimée. On voit que D. Tassin ne connaissait pas la seconde édition de l'ouvrage de son confrère.

— Entretiens d'une dame avec son directeur sur les modes du siècle. 1736, in-12.

— * Histoire du culte et pélerinage aux reliques de sainte Reine d'Alise, qui se voient dans l'abbaye de Flavigny en Bourgogne. *Avignon*, 1757, in-12.

— * Réflexions politiques et intéressantes sur la régie du temporel des bénéfices consistoriaux. 1738, in-12.

GUYARD, colonel du ci-devant premier régiment de hussards à pied.

— Instruction pour le service et les manœuvres de l'infanterie légère en campagne. *Paris, Magimel*, 1803, in-12, 75 c.

GUYARD DE BERVILLE (...), né à Paris, en octobre 1697.

— Histoire de Pierre Terrail, dit le chevalier Bayard, sans peur et sans reproche. *Paris*, 1760, in-12.

Première édition d'un livre trop fréquemment réimprimé pour citer les diverses éditions qui existent: nous nous bornerons à citer les suivantes : Paris, Ménard, 1817; Paris, Depélafol, 1819; Paris, Delalain, 1820; Édition revue et corr. par Alph. de Beauchamp. Paris, Villet, 1822, in-12 avec portrait, 3 fr.; Édit. stéréot. Paris, madame Dabo, 1824 et 1826, in-12, 2 fr. 50 c.; Paris, Boiste fils-aîné, Dufour et comp., in-12 avec figures, 3 fr.; Paris, Garnery, 1827, in-12.

— Histoire de Bertrand du Guesclin, comte de Longueville, connétable de France. *Paris, Dehansy le jeune*, 1766, 2 vol. in-12.

Réimpr. dans ce siècle, notamment à Lyon, par la veuve Buynand, en 1817 et 1821, 2 vol. in-12,

et à Paris, pour Boiste fils aîné; Dufour et comp., en 1826, 2 vol. in-12 avec figures, 6 fr.

GUYART (l'abbé). Voy. AUVIGNY (d').

GUYENNE (Ét.-Louis de), avocat à Paris. Voy. POTHIER.

GUYET (François), poète latiniste estimable, mais critique plus ingénieux que solide; né à Angers en 1575, mort à Paris, le 12 avril 1655.

— Notes sur Lucain. *Leyde*, 1728, in-4.

Cet écrivain a composé un grand nombre d'ouvrages poétiques, mais impr. tous antérieurement à 1700.

GUYET (Isidore). Arc de triomphe de l'Étoile; gravures au trait par Normand (avec des explications par M. Isidore Guyet). *Paris*, 1810 et 1811, in-4 oblong.

GUYETAND (Cl.-Mar.), littérateur, ex-secrétaire du marquis de Villette; né à Septmoncel, village de Franche-Comté, en 1748, mort à Paris, en 1811.

— Examen raisonné du Plan d'imposition économique. 1774, in-4.

— Génie (le) vengé. 1780, in-8.

Réimpr. dans les Poésies satiriques du XVIIIe siècle, 1782, 2 vol. in-18.

— Noces (les) de Rosine, élégie. *Paris*, 1795, in-8.

— Poésies satiriques du XVIIIe siècle. *Paris*, 1782, 2 vol. in-18.

— Poésies diverses. *Paris*, 1790, in-8.

Ce sont les morceaux de poésies que Guyetand avait fait insérer séparément dans différents recueils périodiques.

Guyetand a publié plusieurs lettres sous le nom du marquis de Villette, dans le temps qu'il était son secrétaire.

Il avait composé, presqu'avant de mourir, une satire contre le genre humain, et un poëme de 600 vers sur la navigation de l'Escaut. Ces deux ouvr. ont été perdus parce qu'il ne les avait pas écrits. Cet auteur, doué d'une grande facilité, avait encore rédigé sur un plan entièrement neuf des Éléments de mathématiques, auxquels il attachait beaucoup de prix, mais ils n'ont pas été imprimés.

GUYETANT (P.). Essai sur l'état actuel de l'agriculture dans le Jura, les améliorations qu'elle a reçues depuis 30 ans et celles dont elle parait encore susceptible; ouvrage couronné par la Société d'émulation du département du Jura. *Lons-le-Saulnier, impr. de Gaultier*, 1823, in-8.

GUYMOND DE LA TOUCHE (Claude), auteur dramatique; né à Châteauroux en Berri, le 17 octobre 1723, mort le 14 février 1760.

— * Épître à l'amitié. *Londres (Paris)*, 1758, in-8.

C'est une pièce de trois cents vers de huit syllabes ; elle fut insérée dans presque tous les recueils du temps, et imprimés à la suite des *Soupirs du cloître.*

—Iphigénie de Tauride, tragéd. (en 5 actes, en vers). *Paris, N. B. Duchesne,* 1758, ou 1784, in-8. — Nouv. éditions. *Paris, Cavanagh,* 1811; *Paris, Fages,* 1815. — Autre édit., avec une Notice sur Guymond de la Touche. *Paris, Barba,* 1818, in-8, 1 fr. 50 c.

Réimpr. à Amsterdam, pour Marc Mich. Rey, 1758, in-8, et dans la petite Bibliothèque des théâtres, 1784, in-18.

— Mars au berceau, ode sur la naissance de Mgr le duc de Bourgogne. 1751.

— Ode sur la naissance de M. le duc de Bourgogne. 1751, in-8.

— * Soupirs (les) du cloître, ou le Triomphe du fanatisme, à M. D. M***. *Londres,* 1765, 1770, in-8. — IIIe. édit., augm. d'une Notice sur la vie et les ouvrages de l'auteur (par MERCIER de Compiègne). *Paris,* 1795, in-18.

Les Soupirs du cloître sont une épître en vers de huit syllabes, au nombre de 750 : à leur suite on a réimprimé la pièce intitulée : *Épître à l'amitié.*

L'éditeur anonyme des *Soupirs du cloître, etc.*, de Guymond de la Touche, avance que cet auteur a laissé beaucoup de pièces fugitives en vers et en prose, plusieurs Discours latins et français, et les quatre premiers actes d'une tragédie intitulée : *Régulus.*

GUYNÉE (milord), pseudonyme. Voy. A. PAJON (H.).

GUYON (Mme Jeanne-Marie BOUVIÈRES DE LA MOTHE), célèbre par sa mysticité et plus encore par la dispute qu'elle fit naître entre Bossuet et Fénélon sur le quiétisme; née à Montargis, en 1648, morte à Blois, le 9 juin 1717.

— * Ame (l') amante de son Dieu, représentée dans les emblèmes de H. Hugo et O Vaenius sur l'amour divin, accompagnée de vers. (Publ. par POIRET). *Cologne,* 1716, in-8.

—Bible (la), traduite en français, avec des explications et des réflexions qui regardent la vie intérieure. *Cologne, Delapierre,* 1713-15, ou *Paris,* 1790, 20 vol. in-8.

Il y a des exemplaires de cette traduction ainsi intitulés ; *Les livres de l'Ancien et du Nouveau Testament, avec des explications qui regardent la vie intérieure.* Cologne, Jean Delapierre, 1713—1715, 20 tom. en 21 vol. petit in-8.

— * Discours chrétiens et spirituels sur divers sujets qui regardent la vie intérieure. *Cologne,* 1716, ou *Paris,* 1790, 2 vol. in-8.

— * Lettres chrétiennes et spirituelles sur divers sujets qui regardent la vie intérieure, ou l'Esprit du vrai christianisme. *Cologne,* 1717, 4 vol. in-8.

Du Toit-Mambrini en a donné une nouvelle édition en 1768, avec de nouv. remarques. *Barb.*

— Opuscules spirituels. *Cologne, Delapierre,* 1704, in-12. — *Cologne,* 1720, 2 vol. in-12. — *Paris,* 1790, 2 vol. in-8.

Le traité des Torrents (spirituels) a été imprimé pour la première fois dans ces opuscules, où l'on trouve aussi une Préface de l'auteur touchant sa propre personne.

— Poésies et Cantiques spirituels sur divers sujets qui regardent la vie intérieure. *Cologne, Delapierre,* 1722 ; ou *Paris,* 1790, 4 vol. in-8.

— Vie (la) de madame Jeanne-Marie Bouvières de la Mothe-Guyon, écrite par elle même. *Cologne,* 1720 ; *Paris,* 1790, 3 vol. in-8.

Cette production est la moins commune de toutes celles composées par madame Guyon.

Van Thol pensait que cette Vie a été rédigée par l'abbé de Brion sur les papiers de madame Guyon ; mais Nicéron (tom. X, pag. 142) dit qu'il est plus vraisemblable que P. Poiret a été l'éditeur de cette Vie ; c'est lui qui a fait la longue et ennuyeuse préface qui est en tête.

—OEuvres (ses). (Publ. par DU TOIT-MAMBRINI). *Paris, libraires associés,* 1790, 40 vol. in-8.

Cette collection, qu'on ne peut guère parcourir maintenant que par curiosité, est composée des ouvrages suivants : 1° *la Sainte Bible*, 20 vol. ; 2° *Opuscules spirituels,* contenant le moyen court et facile de faire oraison, le Traité des torrents, etc., 2 vol. ; 3° *Justification de la doctrine de madame de La Mothe-Guyon,* pleinement éclaircie, démontrée et autorisée par les SS. PP. grecs, latins, et auteurs canonisés ou approuvés ; écrite par elle-même ; avec un examen de la neuvième et dixième Conférences de Cassien sur l'état fixe de l'oraison continuelle. Par M. de FÉNÉLON, archevêque de Cambrai. Cologne, 1720, ou Paris, 1790, 3 vol. ; 4° *Poésies et Cantiques spirituels, etc.,* 4 volumes ; 5° *l'Ame amante de son Dieu,* etc., un vol. ; 6° *Lettres chrétiennes et spirituelles,* etc. Nouv. édit., augm. d'un cinquième volume contenant la Correspondance secrète de l'auteur avec M. de Fénélon, etc., laquelle n'avait jamais paru, et précédée d'Anecdotes intéressantes où il est parlé des jésuites, des jansénistes, etc. Londres, 1767—68, 5 vol. in-12 ; 7° *la Vie de madame Guyon,* 3 vol.

On ajoute à cette collection : *le Directeur mystique,* ou les OEuvres spirituelles de M. Bertot, directeur de madame Guyon. Cologne, 1726, 4 vol. in-8.

Une première édition des OEuvres de madame Guyon, dirigée par Poiret, et imprimée à Amsterdam, sous la rubrique de Cologne, en 1713 et ann. suiv., n'avait que 39 vol. in-8.

GUYON (l'abbé Claude-Marie), historien; né à Lons-le-Saulnier, le 13 décembre 1699, mort à Paris, en 1771.

— * Apologie (l') des Jésuites convaincue d'attentat contre les lois divines et humaines. 1763, 3 parties in-12.

L'abbé Goujet, dans son *Catalogue manuscrit,* attribue cet ouvrage à l'abbé Guyon, et il ajoute qu'il a été imprimé à Paris avec permission tacite, par Aug. Martin Lottin. C'est donc à tort que la France littéraire de 1769 l'attribue à dom Mouginot.

— Bibliothèque ecclésiastique par forme d'instruction dogmatique et morale sur toute la religion. *Paris*, 1771-72, 8 vol. in-12.

— Essai critique sur l'établissement et la translation de l'empire d'Occident ou d'Allemagne, avec les causes singulières qui l'ont fait perdre aux Français. *Paris*, 1753, in-8.

— Histoire des Amazones anciennes et modernes. *Paris*, 1740, 2 tom. en un vol. in-12; ou *Bruxelles*, 1741, in-8; et *Amsterdam*, 1748, in-12.

— Histoire des empires et des républiques depuis le déluge jusqu'à Jésus-Christ. *Paris*, 1736-41, 12 vol. in-12.

— Histoire des Indes orientales anciennes et modernes. *Paris*, 1744, 3 vol. in-12.

— * Oracle (l') des nouveaux philosophes, pour servir de suite et d'éclaircissements aux Œuvres de M. de Voltaire. *Berne*, 1759-60, 2 vol. in-8.

Le second vol. porte pour titre : *Suite de l'Oracle*, etc.

— Réponse à M. de Cossigny sur l'histoire des Indes. 1744, in-12.

Cet auteur a donné une Continuation de l'Histoire romaine, par Laurent Echard, depuis Constantin jusqu'à la prise de Constantinople. Paris, 1736, et années suiv., 10 vol. in-12. On assure, dit la Biographie universelle, que les derniers volumes furent retouchés par l'abbé Desfontaines.

L'abbé Guyon avait promis une *Histoire de l'idolâtrie*, qui n'a pas paru.

GUYON (P.-F.). Réponse au libelle de M. de Châteaubriand intitulé : De Bonaparte et des Bourbons, ou des Bourbons et de Bonaparte. *Paris*, *Le Normant*, 1815, in-8 de 80 pages.

GUYON (   ) de Saulieu (Côte-d'Or), correspondant de la Société d'agriculture de Seine-et-Oise.

— Ce que nous avons été, ce que nous sommes, ce que nous pouvons devenir; suivi d'une réfutation sur la doctrine de quelques académiciens qui confondent la théorie avec la pratique. *Paris*, *impr. de Lebègue*, 1819, in-8 de 100 pag.

— Coup-d'œil sur l'agriculture considérée sous ses rapports avec la politique et l'état des esprits; suivi du mode de culture particulière au sol des environs de Paris. *Paris*, *Colnet*; *Delaunay*, 1818, in-8 de 84 pag., 2 fr. 50 c.

— Esquisse sur un mode d'élection qui satisferait à la fois tous les partis, consoliderait les bases fondamentales de cette loi, selon leur désir et dans l'intérêt général. *Paris*, *impr. de Patris*, 1819, in-8 de 8 pag.

GUYON, missionnaire de France.

— Lectures (nouvelles) et méditations pour le temps des missions. Extraites des instructions données, etc., à Montpellier, dans l'église de Saint-Pierre, pendant la mission de 1821. *Montpellier*, *Aug. Séguin*, 1821, in-12 de 96 pag.

GUYON. Biographie des commissaires de police et des officiers de paix de la ville de Paris, suivie de l'Essai sur l'art de conspirer, et d'une Notice sur la police centrale, la police militaire, la police du château des Tuileries, la police de la garde royale, la police de la place, la police des alliés (sic), les inspecteurs de police, etc. *Paris*, *Mme Goullet*, 1826, in-8.

— Police (la) dévoilée depuis la restauration et notamment sous MM. Franchet et Delavau. *Paris*, *rue de la Bibliothèque*, n° 17; *Lecointe*, 1829, 3 vol. in-8, 19 fr. 50 c.

Publ. sous le nom de Froment, ex-chef de brigade du cabinet particulier du préfet, qui n'a fait que fournir des notes et des renseignements au rédacteur.

GUYONNET DE VERTRON. * Prières et affections pour servir d'exercice pendant la sainte messe (rev., corr. et augmenté par l'abbé GOUJET), avec des fig. (par Mariette). *Paris*, *Mariette*, 1728, in-12.

GUYOT (Alex.-Touss.), frère du fameux abbé Desfontaines, maître en la cour des comptes de Rouen; mort en 1734.

— Chemin (le) du ciel, traduit du latin (1708). Voy. BONA.

— * Histoire des reines Jeanne première et Jeanne seconde, reines de Naples et de Sicile. *Paris*, *Barbin*, 1700, in-12.

Réimpr. dans les « Amusements du cœur et de l'esprit », pour l'année 1748.

GUYOT (Edme), conseiller du roi, président du grenier à sel à Versailles.

— Système (nouv.) de microcosme, ou Traité de la nature de l'homme. *La Haye*, 1727, in-8.

Publ. sous le pseudon. de *Tymogue*.

— Traité du microcosme. *La Haye*, *Guyot de Merville*, 1727, in-8.

Publ. sous le même pseudon.

Cet écrivain a participé à la rédaction du « Mercure historique et politique ».

GUYOT (Germain-Antoine), avocat au parlement de Paris; né dans cette ville, où il est mort, le 27 janvier 1750.

— Traité ou Dissertations sur plusieurs matières féodales, tant pour le pays de droit civil que pour le pays coutumier. *Paris*, 1738 et ann. suivantes, 7 vol. in-4.

On doit encore à Guyot une nouv. édit. du texte des *Coutumes de Mantes et Meulan*, avec les notes de

Dumoulin. Paris, 1739, in-12; et une autre de la Coutume de la Marche, avec les notes de Barthélemi Sabely, 1744, in-12. L'éditeur de ces Coutumes enrichit de ses propres réflexions les notes de ses devanciers.

Le commentaire de Lemaître sur la Coutume de Paris, réimpr. en 1741, a été augm. de plusieurs notes importantes de Guyot. Enfin ce jurisconsulte soignait l'impression des *Observations sur le droit des patrons et des seigneurs* sine addito, c'est-à-dire purement et simplement d'un tel village, lorsque la mort vint terminer ses occupations. Ce traité ne vit le jour qu'en 1751.

GUYOT (J.). * Dictionnaire médicinal portatif, par M***, docteur en médecine. *Paris, Prault*, 1747. — *Paris, d'Houry*, 1763, in-8.

GUYOT (Dan.), maître en chirurgie à Genève, associé de l'Académie de chirurgie et de médecine de Paris; né à Pragelas, en 1704, mort en 1780.

« Guyot eut une pratique heureuse et considérable; son génie dirigeait sa main et dictait ses conseils : il s'est surtout distingué dans l'art des accouchements. Guyot remporta un prix à l'Académie royale de chirurgie de Paris, par une Dissertation sur les remèdes anodins; il composa une autre Dissertation sur les remèdes émollients : on les trouve dans le deux. volume des Prix de l'Acad. de chirurgie de Paris (1757). On a encore de lui un Mémoire hist. sur l'inoculation pratiquée à Genève depuis 1750-52 (dans les Mémoires de l'Acad. de chirurgie, tom. II); une Observation sur un polype utérin (*id.*, tom. III), et une Lettre à M. Levret, sur l'usage du forceps courbe dans les accouchements (impr. dans le prem. vol. du Journal de médecine).

Sénébier.

GUYOT (l'abbé Guillaume-Germain), aumônier de Mgr le duc d'Orléans, ensuite doyen de l'église de Soissons, prédicateur ordinaire du roi, membre de la Société royale des sciences et belles-lettres de Nanci, de celles de Caen, de Soissons et de Besançon; né à Orléans, le 21 juin 1724, mort dans la même ville, vers 1800.
— Discours sur le projet d'une Histoire philosophique du génie français, suivi de notes historiques. *Paris*, 1770, in-8.
— Discours sur les ressources nécessaires à l'homme de génie, lu à la réception de l'auteur à l'Académie de Nanci...
— Discours sur un statut particulier à plusieurs acad. du royaume. 1768, in-4.
— Éloge historique de feu M. Carrelet de Rosoy, doyen de l'église de Soissons; suivi d'une Lettre des Champs-Élysées...
— Exercices spirituels pour le sacrifice de la messe. *Paris*, 1751, in-8.
— Hymnes pour l'office du sacré cœur de Jésus. *Caen*, 1748, in-12.
— Oraison funèbre de Louis XV, prononcée à Soissons. 1774, in-4.
— Oraison funèbre de Stanislas Ier, roi de Pologne. 1766, in-4.

— Panégyrique de S. Louis, prêché devant les académies. 1758, in-4.
— Panégyrique de la bienheureuse de Chantal. 1772, in-12.
— Recueil de Panégyriques et d'Oraisons funèbres, suivis d'un Sermon sur le jubilé. 1776, in-12.
— * Réflexions sur les moyens qui conduisent aux grandes fortunes. 1758, in-8.

Attribuées à cet écrivain par Van Thol.

L'abbé Guyot a travaillé, de septembre 1764 jusqu'en octobre 1765, au Journal de Trévoux; il a donné une nouvelle édition de l'Essai sur le beau, du P. André (1763), et a été l'éditeur des OEuvres de cet auteur (1766).

L'abbé G. G. Guyot est encore auteur de pièces de vers latins sur la convalescence du roi en 1744 (Caen, in-4), sur le mariage de monseigneur le Dauphin (Caen, 1747, in-4); de deux pièces de vers français, l'une sur la naissance de monseigneur le duc de Bourgogne, l'autre sur le rétablissement de monseigneur le Dauphin (Paris, in-4.).

France littér. de 1769.

Ersch et Debray attribuent à cet écrivain le texte ou partie du texte des Histoires d'Angleterre et de France, représentées par figures.

GUYOT (P.-J.-J.-Guill.), frère du précédent, successivement conseiller au bailliage de Bruyères, en Lorraine, avocat au bailliage et docteur-régent en l'Université d'Orléans, juge au tribunal de cassation, enfin membre du bureau de consultation et de révision au ministère du grand-juge; né à Orléans.
— Dictionnaire raisonné des lois de la république française. *Paris*, 1796-97, 3 vol. in-8.

Avec plusieurs collaborateurs.

— Répertoire universel et raisonné de jurisprudence civile, criminelle, canonique et bénéficiaire; ouvrage de plusieurs jurisconsultes, mis en ordre et publié par M. Guyot, écuyer, anc. magistrat. Nouv. édition, corr. et augm. tant des lois nouvelles, que des arrêts rendus en matière importante par le parlement et autres cours du royaume, depuis l'édition précédente. *Paris, Visse*, 1784-85, 17 vol. in-4.

Sec. édit.; la première avait paru en 81 vol. in-8, dont 17 de supplément. L'édition in-4 a valu jusqu'à 260 fr.; mais elle a perdu presque tout son prix depuis les nouvelles éditions qu'a publiées M. Merlin (voy. MERLIN).

M. Guyot a participé au Grand Vocabulaire français (1767), au Traité des droits, fonctions, franchises, etc., etc. (1788); il a rédigé un ouvrage périodique sous le titre « d'Annales du Droit français, etc. » (1803). (Voy. ces titres à la Table des Anonymes) : il a été l'éditeur des OEuvres posthumes de Pothier (1776-77).

GUYOT, membre de la Société littéraire et militaire de Besançon.
— Essai sur la construction des ballons

aérostatiques, et sur la manière de les diriger. 1784, in-8.

— Récréations physiques et mathématiques, contenant ce qui a été imaginé de plus curieux dans ce genre et qui se découvre journellement, etc. Nouv. (4ᵉ) édit. *Paris, an* VIII (1800), 3 vol. in-8 avec 105 fig. 15 fr.

La prem. édit. est de 1769.

Ersch et quelques autres bibliographes attribuent ces *Récréations physiques* à G. G. Guyot, mais rien n'est moins certain qu'elles soient de ce dernier.

GUYOT, garde-marteau des eaux et forêts de Rambouillet, et géographe du duc de Penthièvre.

— Arpenteur (l') forestier, ou Méthode nouvelle de mesurer, calculer et construire toutes sortes de figures. 1764, in-8.

— Manuel forestier et portatif..., extrait du Traité des forêts de M. Du Hamel du Monceau. *Paris, Saillant et Nyon*, 1770, in-12.

GUYOT (Alexandre), lieutenant de frégate.

Cet officier fit en 1766 un voyage au détroit de Magellan, sur la frégate l'Aigle : un extrait de sa relation manuscrite, inséré dans le Journal des savants (mai 1767, pag. 288—292), donne de grands détails sur les Patagons.

GUYOT (l'abbé Jos.-André). Voyez GUIOT.

GUYOT (Edme-Gilles), employé au bureau général des postes; né à Paris, en 1706, où il est mort, le 28 octobre 1786.

— Dictionnaire des postes, contenant le nom de toutes les villes, etc. *Paris*, 1754, in-4.

— Dictionnaire géographique et portatif de la France, avec les bureaux de postes. *Paris*, 1765, 4 vol. in-8.

— Étrennes des postes, contenant l'ordre général du départ et de l'arrivée des courriers. *Paris*, 1763, in-4.

Réimprimées avec des additions, et ornées d'une carte de France, sous le titre de *Guide des postes*, 1765, in-4.

La France littéraire de 1769 lui attribue encore : *Observations sur les fleurs et sur les causes de la variété de leurs couleurs;* mais on ignore s'il est le même que l'auteur d'un Essai sur la construction des ballons aérostatiques et sur la manière de les diriger, que M. Ersch attribue à Guillaume-Germain Guyot.

GUYOT (Florent.), député de la Côte-d'Or à la Convention nationale, membre du conseil des Anciens, ex-ministre plénipotentiaire à La Haye, membre du Corps-Législatif.

— Motion d'ordre proposée dans l'affaire du procès de Louis XVI. 1792, in-8.

GUYOT (Mme). * Amélie de Saint-Far,

ou la Fatale erreur, par Mme de G***, auteur de « Julie, ou J'ai sauvé ma rose » *Hambourg, et Paris, Léop. Collin*, 1808, 2 vol. in-12, 4 fr.

— * Julie, ou J'ai sauvé ma rose, avec cette épigraphe : « La mère en défendra la lecture à sa fille. » *Hambourg et Paris, le même*, 1807, 2 vol. in-12, 4 fr.

Ces deux romans licencieux ont été et sont encore attribués par grand nombre de personnes à madame Choiseul-Meuse; mais c'est une erreur : ils sont bien de madame Guyot; ils ont été revus et publ. par M. Rougemont.

Loin de chercher à dissuader le public de l'opinion que madame de Choiseul était l'auteur de ces deux romans, cette dernière l'a encore accrédité par la publication de deux ouvrages qui portent sur le frontispice : Par l'auteur de Julie, et d'Amélie de Saint-Far; mais ces deux derniers sont bien de madame de Choiseul (*voy. ce nom*): ils sont intitulés : Entre chien et loup (1809, 2 vol. in-12), et Amour et Gloire (1817, 4 vol. in-12).

GUYOT (A.-J.), ancien curé de la ville métropolitaine de Cambrai.

— Accord du gouvernement français avec l'évangile, pour faire suite à l'Étendue du pouvoir souverain. *Paris, l'Auteur; Debray; Brunot-Labbé; Delaunay*, 1811, in-8 de 76 pag., 1 fr. 50 c.

— Éloge historique de M. le comte de Maurepas. 1782, in-8.

— Étrennes à Napoléon-le-Grand, ou Étendue du pouvoir souverain. *Paris, Debray; Chaumerot; l'Auteur*, 1810, in-8 de 32 pag., 75 c.

GUYOT (Henry). * Indiscret (l') conteur des aventures de la garde nationale de Paris, par H...y G...t. *Paris; Delaunay*, 1816, in-12, 1 fr. 50 c.

GUYOT (Gilb. Joseph Madeleine).

— Essai sur la femme considérée dans les différentes périodes de la vie. *Montpellier, de l'imp. de Martel aîné*, 1817, in-4 de 24 pag.

GUYOT DEFÈRE. Lettres philantropiques d'un ancien commerçant, adressées aux manufacturiers, fabricants, négociants, etc., contenant des vues d'améliorations, des documents importants pour le commerce et l'industrie, des détails intéressants sur quelques inventions et perfectionnements, et généralement tout ce qui peut intéresser la classe commerçante et industrielle. *Paris, l'Auteur; Chaigneau jeune; Mongie aîné*, 1825, in-8.

Il a paru six lettres, formant ensemble 84 pages.

— Routes (des) à ornières en fer, canaux artificiels, bateaux et autres moyens de transport. *Paris, l'Auteur*, 1826, in-8 de 16 pag.

M. Guyot Defère a fondé, en 1825, le Philantrope, journal consacré à la bienfaisance, à la morale et à la prospérité publique, et en 1826, les Tablettes des arts et métiers, etc., etc.

GUYOT DE MARNE (Jos.-Cl.), grand-vicaire de l'ordre de Malte, aumônier du roi de Pologne; né à Bar-le-Duc, le 8 janvier 1693, mort le 9 mars 1767.

— Commentaire latin sur les actes des Apôtres...

— Dissertation latine pour prouver que S. Paul a passé d'Afrique à Malte. 1731.

— Vindiciæ melitenses. 1736, in-4.

GUYOT DE MERVILLE (Mich.), auteur dramatique et historien; né à Versailles, le 1er février 1696, mort le 4 mai 1755.

— Achille à Scyros, com. héroïque en 3 actes, en vers. Paris, Chaubert, 1738, in-8.

— Apparence (l') trompeuse, com. en un acte, en prose, avec un divertissement. Paris, * Duchesne, 1765, in-12.

— Consentement (le) forcé, com. en un acte, en prose. Paris, Chaubert, 1738, in-12; ou La Haye, 1740, in-12, et Paris, Belin et Brunet, 1787, in-12.

— Dédit (le) inutile, ou les Vieillards intéressés, com. en un acte, en vers. Paris, Prault, 1742, in-12.

— Dieux (les) travestis, ou l'Exil d'Apollon, com. en un acte, en vers (libres), avec un divertissement. Paris, le même, 1742, in-8.

— Époux (les) réunis, ou la Veuve, fille et femme, com. en 3 actes et en vers. Paris, Prault père, 1739, in-8.

— *Histoire littéraire de l'Europe, depuis le mois de janvier 1726, jusqu'en décembre 1726. La Haye, G. de Merville, 1726, 6 vol. in-8.

— Impromptus (les) de l'amour, com. en un acte, en vers. Paris, Prault père, 1742, in-8.

— Mascarades (les) amoureuses, com. en un acte et en vers. Paris, Chaubert, 1736, in-8, ou Paris, Briasson, sans date, et 1736, in-12; et Paris, Prault père, 1742, in-8.

— Roman (le), com. en 3 act., en vers. Paris, Jacq. Clousier, 1746, in-8.

Avec Procope-Couteau.

— Talents (les) déplacés, com. en vers, en un acte, avec un divertissement. Paris, Grangé, 1744, in-8.

— Œuvres (ses) de théâtre. Paris, Ve Duchesne, 1766, 3 vol. in-12.

Le troisième volume de ce recueil renferme quatre pièces qui n'ont pas été imprimées séparément, et

qui sont : 1° les Tracasseries, ou le Mariage supposé, com. en 5 actes, en vers; 2° le Triomphe de l'amour et du hasard, com. en 3 actes, en vers; 3° la Coquette punie, com. en 3 actes, en vers; 4° le Jugement téméraire, comédie en un acte et en vers. On trouve, à la suite de ces pièces, des Poésies diverses du même auteur.

— * Voyage historique d'Italie. La Haye, Guyot de Merville, 1729, 2 vol. in-12.

GUYOT DE NEUVILLE. Vertu héroïque d'une femme, ou Triomphe de la vertu; écrit de quarante heures (en prose). Paris, imp. de Bobée, 1824, in-12 de 108 pages.

GUYOT DE SAINT MICHEL, Voyez HENRI IV.

GUYOT DESFONTAINES (l'abbé P.-F.). Voy. DESFONTAINES.

GUYOT-DES-HERBIERS, littérateur.

— Chants (les)...

— État (l') restitué, ou le Comte de Bourgogne, etc. Trad. de l'allemand (1814). Voy. KOTZEBUE.

— Heures (les), poëme...

— * Robespierre aux frères et amis, et Camille Jordan aux fidèles enfants de l'Église et de la Monarchie. Paris, Gratiot, mars 1799, in-8.

Attribué à Guyot-Desherbiers.

De concert avec M. Labouisse, M. Guyot-Desherbiers a donné une nouvelle édition des Lettres de Ninon de l'Enclos au marquis de Sévigné (1800). Voy. DAMOURS.

GUYOT-DUVIGNEUL (Th.). Étrennes aux B...nois. Sec. édit. Paris, Pigoreau, 1811, in-18 de 100 pag., 1 fr.

GUYS (J.-Bapt.), auteur dramatique, membre de l'Académie de Caen; né à Marseille.

— * Abailard et Héloïse, pièce dramatique en cinq actes et en vers libres, non représentée. Londres (Paris), 1752, in-12.

Réimpr. avec trois autres pièces, en 1755, par le libraire Duchesne, dans un recueil publié sous le titre de «Théâtre bourgeois».

— * Baguette (la) mystérieuse, ou Abizai, histoire orientale. Paris, 1755, 2 parties in-12.

— Térée, tragédie en 5 actes et en vers. Paris, 1753, in-12.

GUYS (P.-Ang.), négociant à Constantinople, à Smyrne, puis à Marseille, membre de l'Académie de Marseille, de celle des Arcades de Rome, et correspondant de l'Institut de France; né à Marseille, en 1720, mort dans l'île de Zante, en 1799.

— Éloge de René Duguay-Trouin. 1761, in-8.

Ce fut l'éloge de Thomas qui fut couronné, mais celui de Guys n'est pas sans mérite.

— Essais sur les élégies de Tibulle, auxquels on a joint quelques Poésies légères. *La Haye et Paris*, 1779, in-8.

Il s'en faut de beaucoup que cette traduction soit parfaite. Le texte est en regard de la copie, qui, comme on le pense bien, n'en rend pas toute la beauté, mais qui exprime avec assez de sensibilité les idées gracieuses du poète latin.

— Marseille ancienne et moderne. *Paris, Vᵉ Duchesne*, 1766, in-8.

Ouvrage où l'auteur montre un zèle vif, mais éclairé, pour sa patrie : Guys a inséré dans cet ouvrage un *Mémoire sur les hôpitaux*, dans lequel il y propose leurs ventes pour le bien des pauvres, et cherche à prouver l'avantage de cette mesure.

— Mémoire sur le commerce d'Angora. 1760, 3 part. in-12.

— Mémoires et Observations en faveur des négociants de Marseille. 1760, 2 vol. in-12.

— Relation abrégée de ses voyages en Italie et dans le Nord. 1787, in-8.

— Voyage littéraire de la Grèce, ou Lettres sur les Grecs anciens et modernes; avec un parallèle de leurs mœurs. *Paris, Vᵉ Duchesne*, 1771, 2 vol. in-12. — Nouv. (sec.) édition, rev., corr. et considérablement augmentée. On y a joint un Voyage de Sophie (aujourd'hui capitale de la Bulgarie) à Constantinople (écrit en 1744, en une série de lettres); un Voyage d'Italie, et quelques Opuscules du même auteur. *Paris, le même*, 1776, 2 vol. in-8 avec figures. — IIIᵉ édition. *Paris, la même*, 1783, 4 vol. in-8 avec un grand nombre de figures très-bien gravées; 16 à 20 fr.

Il a été tiré de la dernière édition des exemplaires sur format in-4, en 2 vol., avec les figures avant la lettre, 18 à 24 fr.

Cet ouvrage, véritable titre littéraire de Guys, est composé de 46 lettres, dont la première est datée de Constantinople, le 10 janvier 1750. Le rédacteur de l'article de la Biographie universelle qui concerne Guys a fait quelques erreurs à l'occasion du voyage de ce dernier : M. Fortia d'Urban dit : « Ce fut en 1776 que Guys se décida enfin « à faire imprimer, pour la première fois, son « *Voyage de la Grèce*, qui lui valut de jolis vers de « Voltaire. Quelques observations, où il cherchait à « prouver que la prononciation des Grecs modernes « était la meilleure, furent critiquées par le savant « helléniste Larcher, auquel Guys répondit par une « lettre adressée à son fils, et qui n'est pas démons-« trative sur ce point. Plus loin M. Fortia d'Urban « ajoute : l'auteur se préparait à publier une troi-« sième édition de son Voyage, pour laquelle il « avait amassé de nouveaux matériaux depuis douze « ans, lorsque la mort le surprit. » Nous avons dit que la première édition est de 1771; celle publ. en 1783, que M. de Fortia prend pour la seconde, est bien la troisième, puisqu'une nouv. édit. avait été publiée dès 1776.

Cet écrivain a composé de plus : 1° une Relation de son second voyage de Marseille à Smyrne et de Smyrne à Constantinople, écrite en plusieurs lettres de l'année 1748; 2° des Lettres écrites d'Italie en

1772; 3° un poème sur les saisons, écrit en petits vers dans le genre de ceux de Gresset, mais où il est loin d'égaler son modèle; 4° une traduction d'une Élégie d'Ovide sur la mort de Tibulle : ces divers ouvrages ont été réimprimés dans la seconde édition du Voyage de la Grèce en 1783; 5° le Bon vieux temps, petite brochure où Guys soutient, avec raison, que c'est une chimère des vieillards, qui regrettent les plaisirs de leur jeunesse.

Il a laissé, en outre, divers ouvrages manuscrits, dont plusieurs ont été envoyés à l'Institut; tels que l'Éloge historique de l'anglais Silethrop, et un Mémoire sur les écrivains de la Grèce. Le recueil de ses ouvrages inédits est entre les mains d'un savant distingué, qui en prépare la publication.

(*Biogr. univ.*, tom. XIX, 1817).

GUYS (P.-Alph.), second fils du précédent; diplomate et littérateur, successivement consul en Sardaigne, puis aux îles Canaries, chargé d'affaires à Tripoli de Barbarie et à Tripoli de Syrie, etc.; né à Marseille, le 27 août 1755, mort à Tripoli de Syrie, le 13 septembre 1812.

— * Antonin, par M. G***, de Marseille. *Paris, Duchesne*, 1787, in-18 de 36 pag.

« Un sieur Moulon de la Chesnaye, se disant « professeur de belles-lettres, membre de la société « académique de Paris, etc., a eu la hardiesse de « faire réimprimer à Caen en 1819, cet opuscule « sous son nom; il s'est contenté d'y ajouter une « autre préface, où il dit que cet ouvrage, inspiré « par le sentiment, *a coulé sans peine de sa plume*. » Cette réimpression porte pour titre : Antonin, par M. Moulon de la Chesnaye, professeur de belles-lettres, etc. Caen, Poisson, 1819, in-8 de 17 pag.

— Éloge d'Antonin le Pieux. 1786, in-8.

L'auteur y relève, dans ses notes, une erreur importante de Gibbon, qui a cru, sur la foi de médailles mal interprétées, que cet empereur avait préféré Marc-Aurèle à son propre fils.

— Lettres (deux) sur les Turcs, écrites de Constantinople, en 1776...

L'auteur y fait voir comment les Turcs ont acquis et perdu leur puissance : mais cette grande matière y est traitée un peu superficiellement.

— Maison (la) de Molière, comédie en 4 actes et en prose, imitée de Goldoni, représentée en 1787, au Théâtre-Français, sous le nom de S. L. Mercier. *Paris*, 1787, in-8.

Cette pièce est aussi mentionnée dans l'Almanach des spectacles sous les initiales de M. de la R...

Guys a laissé manuscrits divers mémoires sur la Sardaigne, sur les révolutions de Tripoli de Barbarie, sur la Cyrénaïque, et sur les autres pays qu'il a parcourus. Ces mémoires existent soit aux Archives du ministère des affaires étrangères, soit entre les mains de ses fils, qui se proposent de les publier avec des ouvrages inédits de leur aïeul.

Biogr. univ.

GUYS DE SAINT-CHARLES. Voyez FORTIA DE PILES.

GUYSE (Jacques de), cordelier, professeur de théologie, de philosophie et de mathématiques; né à Mons, au XIVᵉ siècle, mort à Valenciennes, le 6 février 1399.

— Histoire du Hainaut, traduite en français, avec le texte latin en regard, et des notes. (Publ. par le marq. de FORTIA D'UR-BAN). *Paris, Sautelet, et Bruxelles, Arn. Lacrosse*, 1826 et ann. suiv., in-8.

Cette histoire, annoncée d'abord devoir former dix volumes, en aura quinze au moins : les sept premiers paraissaient à la fin de 1829. Prix de chaque volume, 9 fr.

La traduction d'une Chronique de Jacq. de Guyse a été imprimée à Paris, de 1531—3a, 3 part. in-fol. (Voy. la Biogr. univ., tom. XIX, p. 261).

GUYTON DE MORVEAU (Louis-Bernard), chimiste érudit et laborieux, anc. avocat-général au parlement de Dijon, administrateur des monnaies, membre de l'Institut royal de France, membre et chancelier de l'Académie de Dijon, membre de la Société royale de Londres, et d'un grand nombre d'académies nationales et étrangères; né à Dijon, le 4 janvier 1737, mort à Paris, le 1er janvier 1816,

— * Défense de la volatilité du phlogistique, ou Lettres de l'auteur des « Digressions académiques » à l'auteur du Journal de médecine. *Sans lieu, ni date d'impression* (Dijon, Frantin, 1772), in-12; ou 1773, in-8.

— Description de l'aérostat de l'Académie de Dijon, contenant le détail des procédés, la théorie des opérations, les dessins des machines, et les procès-verbaux d'expériences, etc.; suivi d'un Essai sur l'application de la découverte de MM. de Montgolfier à l'extraction des eaux des mines. *Dijon et Paris, Th. Barrois le jeune*, 1784, in-8 avec fig.

Avec Chaussier et Bertrand.

— Digressions académiques, ou Essais sur quelques sujets de physique, de chimie et d'histoire naturelle. *Dijon et Paris*, 1772, in-12.

— Discours sur l'état actuel de la jurisprudence. 1768, in-8.

— Discours sur les mœurs, prononcé à l'ouverture des audiences du parlement de Bourgogne. 1770, in-12.

— * Discours publics et Éloges, auxquels on a joint une lettre où l'auteur développe le plan annoncé dans l'un de ses discours pour réformer la jurisprudence. *Paris, Simon*, 1775 et 1782, 3 vol. in-12.

— *Éléments de chimie théorique et pratique. *Dijon, Frantin*, 1777, 3 vol. in-12.

C'est le résumé du Cours de Guyton, en commun avec Maret et Durande.

— Éloge de Charles V. 1767, in-8.

Cité par Ersch.

— Éloge du président Jeannin. 1766, in-8.

— Instruction sur le mortier de Loriot. *Dijon*, 1775, in-8.

— Mémoire sur l'éducation publique. 1764, in-12.

— Mémoire sur l'utilité d'un cours de chimie dans la ville de Dijon. *Dijon*, 1775, in-4.

— Mémoire sur les dénominations chimiques, la nécessité d'en perfectionner le système, les règles pour y parvenir; suivi d'un tableau d'une nomenclature chimique. *Dijon*, 1782, in-8.

— Méthode d'une nomenclature chimique, et Essai sur le phlogistique. 1787, in-8.

Avec Lavoisier.

— Moyen (nouv.) de purifier absolument et en très-peu de temps une masse d'air infecté. *Dijon*, 1773, in-8.

— Opinion dans l'affaire de Louis XVI. *Paris*, 1793, in-8.

— Opuscules chimiques et physiques, trad. du latin. (1780-85). Voyez BERG-MANN (Tob.).

— Plaidoyer pour la cause entre le général de l'ordre de Citeaux et les premiers Pères. *Dijon*, 1766, in-4.

— Plaidoyers sur plusieurs questions de droit. *Dijon*, 1785, in-4.

— Rapport fait à l'Institut, sur la restauration du tableau de Raphaël, connu sous le nom de la Vierge de Foligno. *Paris*, 1802, in-4.

Avec MM. Vincent, Tannay et Berthollet.

— * Rat (le) iconoclaste, ou le Jésuite croqué; poëme héroï-comique en VI chants. *Dijon*, 1763, in-12, ou *Paris, de l'imp. de Mme Huzard*, 1810, in-8.

C'est M. Huzard, de l'Institut, qui nous a fait connaître l'existence de la dernière édition, qu'aucun bibliographe ne cite.

— Traité des moyens de désinfecter l'air, d'éviter la contagion ou d'en arrêter les effets. Troisième édition, avec des planches qui donnent la description des appareils permanents de désinfection, et des augmentations considérables relatives à l'extirpation de la fièvre jaune. *Paris, Bernard*, 1805, in-8 avec 3 planches, 4 fr. 50 c.

La prem. édit. est de 1801.

Guyton de Morveau fut l'un des premiers qui conçut l'idée de réformer la nomenclature chimique, et il travailla très-activement, avec Lavoisier, à mettre cette idée à exécution. Il est en outre auteur d'une très-grande quantité d'articles et de mém. de chimie dont il a enrichi les recueils de sociétés savantes ou les publications périodiques. Ersch dit qu'il a aussi donné des Suppléments à la première Encyclopédie (alphabétique) de 1776 à 1777; mais le bibliographe allemand a confondu avec l'Encyclopédie méthodique, pour laquelle ce célèbre chimiste a composé le premier volume du *Dictionnaire de chimie*, où l'on admire encore l'article *acide*. Les recueils auxquels Guyton de Morveau a participé sont : la Collection académique de Dijon, le Journal de physique, le Journal des savants, le Bulletin des sciences de la Société philomatique, les Annales de chimie, le Journal des mines, le Journal de l'École polytechnique, les Mémoires de l'Institut, et, suivant Ersch, quelques journaux allemands publiés par Crell, Scherer, Nicholson et autres. La nomenclature que nous devrions donner aujourd'hui des divers mémoires de Guyton de Morveau serait trop incomplète, nous préférons ne la donner que dans notre Supplément.

GUYTON-MORVEAU (madame PICARDET, et depuis madame), épouse du précéd.

On doit à madame Guyton-Morveau la traduction, souvent attribuée à son mari, des Mémoires de chimie de SCHEELE (1785), et celle du Traité des caractères extérieurs des fossiles, de Werner (1790). *Voy. ces deux noms.*

GUYTON DE MORVEAU (N.....), frère de Louis-Bernard.

— Traité curieux des charmes de l'amour conjugal. *Berlin, et Bâle, Decker,* 1784, in-8.

C'est une traduction ou plutôt un extrait du latin de Swedenborg, et qui a été publ. sous le pseudon. de Brumore.

— Vie privée d'un prince célèbre, ou Détail des loisirs du prince Henri de Prusse, dans sa retraite de Reinsberg. *Veropolis,* 1784, in-8, et *Berlin,* 1785, in-18.

Publiée sous le nom de BRUMORE, sous lequel l'auteur était connu dans la maison du prince Henri.

GUZMAN Y CARRION (D. Antonio de), capitaine de navire de la marine royale d'Espagne, né à Saint-Luc de Barrameda, le 26 octobre 1764.

— Exposicion de los hechos que pueden calificar la conducta politica que observò el capitan de navio graduado y del puerto de Malaga D. Antonio de Guzman, desde el anno de 1808 hasta junio 1813 que entro en Francia. *Paris, de la empr. de Rougeron,* 1816, in-folio de 4 pages.

Ne s'est pas vendu.

— Relation de meritos y servicios, etc. *Paris, de la misma empr.,* 1818, in-fol. de 12 pages.

GYLLENBORG (le comte Gust.-Fréd. de), littérateur suédois du XVIIIe siècle, mort en 1809.

Cet écrivain est auteur de divers ouvrages dramatiques et autres, écrits en langue suédoise; sa tragédie intitulée : *Sune Jarl, ou la Mort de Sverker,* est le seul qui ait été traduit en français. Cette traduction, due à M. Vincens Saint-Laurent, fait partie des « Chefs-d'œuvre des Théâtres étrangers. »

FIN DU TOME TROISIÈME.